New Interpreter's
설교 핸드북

책임 편집

폴 스콧 윌슨

번역 위원

최진봉 · 주교돈 · 이상규 · 구이름

기독교문서선교회

기독교문서선교회 (Christian Literature Center: 약칭 CLC)는 1941년 영국 콜체스터에서 켄 아담스에 의해 시작되었으며 국제 본부는 미국 필라델피아에 있습니다.
국제 CLC는 약 650여 명의 선교사들이 59개 나라에서 180개의 서점을 운영하며 이동 도서 차량 40대를 이용하여 문서 보급에 힘쓰고 있으며 이메일 주문을 통해 130여 국으로 책을 공급하고 있는 국제적 문서선교 기관입니다.

NEW INTERPRETER'S HANDBOOK OF PREACHING

Edited by
Paul Scott Wilson

Translated by
Choi Jinbong · Joo Kyo Don · Lee Sangkyu · Ku Eliana Ah-Rum

Copyright © 2008 by Abingdon Press

Originally published in English under the title as
New Interpreter's Handbook of Preaching
by Abingdon Press(UMPH),
Translated and used by the permission of Abingdon Press(UMPH),
810 12th Avenue South Nashville, Tennessee 37203 USA.

All rights reserved.

Korean Edition
published in arrangement with Abingdon Press (UMPH)
through Riggins Rights Management.
Copyright © 2025 by Christian Literature Center
Seoul, Korea

추천사

윤 철 호 박사
장로회신학대학교 명예교수(조직신학)

폴 스콧 윌슨(Paul Scott Wilson)이 책임 편집한 『New Interpreter's 설교 핸드북』(*New Interpreter's Handbook of Preaching*)은 설교 준비와 전달의 다양한 측면을 종합적으로 다루는, 설교학에 관한 오늘날 최고의 단일 교재입니다. 이 핸드북에는 설교와 관련된 다양한 학문 분야의 전문가들이 기고한 2백 편 이상의 글이 실려 있습니다.

본서는 이론과 실천의 거리를 좁히는 것을 목표로 하는 학문적이면서도 실용적인 가이드입니다. 다시 말하면, 본서는 신학교의 설교학 수업 교과서로 사용되기에 적합할 뿐만 아니라, 매주 설교해야 하는 설교자들에게도 더할 나위 없이 큰 도움이 되는 책입니다. 설교자를 위한 본서의 실제 효용과 가치는 "이 본문을 가지고 어떻게 설교할 것인가" 하는 설교자의 물음에 대해 성서학, 신학, 설교학 세 분야가 상호 보완적 관계 안에서 답을 찾을 수 있도록 도와준다는 데 있습니다.

이 핸드북은 설교의 핵심 요소를 다루는 11개의 주요 주제, 즉 성경, 성경의 문학 장르, 윤리, 문학비평, 시학, 설교자, 사회적 위치, 경험, 수사학, 설교, 신학으로 구성되어 있습니다. 각 주제를 다루는 섹션에는 학술 논문, 주요 자료에 대한 간략한 참고 문헌, 그리고 설교자를 위한 실질적 제안이 포함되어 있습니다.

본서가 한국 교회 강단의 설교를 한 차원 더 높이는 디딤돌이 될 것을 의심치 않습니다. 이 귀한 책의 역사적 출판을 함께 기뻐하며, 본서의 번역을 위해 수고하신 네 분의 설교학 교수님들께 심심한 감사의 말씀을 드립니다.

안 선 희 박사
이화여자대학교 기독교학과/신학대학원 예배학 교수

"외치는 자 많건마는 생명수는 말랐어라!"

이 찬송 가사는 설교자를 늘 고달픈 자기 성찰로 이끕니다. 나의 설교 또한 이런 탄식을 유발하는 것은 아닌가 하는 성찰을 하게 합니다. 그러나 설교자의 고달픔은 엄정한 자기 성찰에서뿐만 아니라 시대의 흐름 속에서도 느끼게 됩니다.

요즘 젊은이들의 찬양 집회에는 설교 시간이 없는 경우가 적지 않습니다. 대신 간증이 넘쳐납니다. 간증이 설교보다 영적 성장에 도움이 된다는 통계 수치도 나왔습니다. 설교가 간증과 구별되지 않는 현실입니다. 설교 중에도 간증이 많이 들어 있다 보니 간증이 설교를 대체할 수 있다고 생각하는 것 같기도 합니다. 심지어 예배 중에 무슨 말이든 하면 그것이 설교가 된다고 생각하는 것 아닌가 하는 의구심이 들기도 합니다.

이러다가 차고 넘치는 찬양 시간에 이어 늘어만 가는 간증 시간에 설교가 또 밀려나는 상황이 되지 않을까 염려한다면 예배학자의 쓸데없는 기우일까요?

캐주얼한 느낌을 선호하는 세대, 하여 탈(脫)교권적 교회를 선호하며 평신도 사역을 추앙하는 현대인들에게 간증이 갖는 힘은 셉니다. 이런 시대의 분위기와 유행은 가볍게 여길 일이 아닙니다. 물론, 신앙을 가진 모두가 나름대로 받은 감동에 따라 성경을 해석하고, 받은 은혜를 나누는 일은 의미가 없지 않지만, 한편 조심스러운 것도 사실입니다.

이런 흐름 속에서 신학 교육을 체계적으로 받은 목회자의 성경 해석을 기반으로 한 설교에 권위를 두는 시대가 저물어 가고 있는 것은 아닐까 염려한다면 이 또한 예배학자의 철 지난 기우일까요?

신학 교육은 여전히 중요합니다. 더욱이 신학 교육을 받은 사람의 성경 해석과 설교는 더없이 중요합니다. 그러니 평신도가 사역을 이끈다고 해도, 설교는 성경에 근거해야 하고, 성경 해석은 전문적 지식을 전제해야 합니다. 이 점에서 "본서는 예배에서 성경을 읽고, 한두 개 이상의 본문으로 설교하는 데 관심을 둡니다. 설교는 본문 묵상에서부터 시작된다"는 선언으로 제1장 서문을 시작하는 본서를 만나게 된 것은 예배학자로서 여간 반가운 일이 아닙니다.

그렇습니다. 설교는 성경에 근거해야 합니다. 너무도 당연한 말이지만, 실제로 성경을 새롭게 이해하기 위해 애를 쓰며 설교를 준비하는 일은 쉽지 않습니다. 물론, 성경의 이해를 돕기 위해, 그리고 보편적 진리가 청자에게 의미로 전달되는 과정을 돕기 위해, 설교자 자신의 경험담과 예화를 설교 안에 넣을 수는 있지만, 그렇다고 그것만으로 설교가 완성되지는 않습니다.

설교는 무엇보다 성경 해석에 기반을 두어야 합니다. 그리고 그 해석은 자의적 묵상을 통해서보다는 전통적 성경해석학, 언어학, 문헌학, 역사학, 그리고 설교학 등의 전문 지식을 통해서만 가능합니다.

이번에 기독교문서선교회에서 또 하나의 좋은 책을 출판하여 성경에 근거한 설교를 제대로 준비할 수 있도록 돕게 된 일을 참으로 다행이라 생각합니다. 본서의 수준과 품질을 언급하기에는 추천사를 쓰는 필자의 능력이 부족할 뿐임을 고백하지 않을 수 없습니다. 설교자들이 설교를 준비하면서 직면하게 되는 거의 모든 난제에 대해 신학적으로 그리고 역사적으로 정리해 준 이토록 귀한 책을 우리말로 공부할 수 있게 된 것이 감격스럽습니다. 기쁘고 감사합니다.

신학, 특히 예배설교학을 공부하는 신학도는 물론 목회 현장에서 일주일에도 수차례의 설교를 준비해야 하는 목회자들의 서재에 꼭 비치해야 할 설교학 사전이라고 해도 과언이 아니라 생각합니다.

번역 작업은 언어적 능력만으로 가능하지 않습니다. 언어적 능력은 최소한의 것입니다. 전문 지식과 열정과 정성은 쉽게 보이지는 않으나 번역 작업에 필수적인 요소입니다. 오랜 시간 앉아서 번역하느라 눈과 허리 건강이 나빠졌을 여러 교수님께 찬사와 위로의 말씀을 전하고 싶습니다. 그분들의 피와 땀과 눈물을 담은 본서는 한국 교회의 설교자들에게 도움이 될 것은 물론, 나아가 한국 교회 강단의 외침을 한층 더 깊이 있게 해 줄 것입니다. 본서가 한 모금의 생명수를 담은 설교를 위해 고달픔을 견뎌 내고 있는 설교가들에게 특별한 선물이 될 것을 확신합니다.

정 창 균 박사
전 합동신학대학원대학교 총장, 전 한국설교학회 회장, 설교자하우스 대표

설교 행위는 결국 본문의 해석으로 출발하여 청중에 대한 전달로 완성됩니다. 설교의 근거는 성경 본문이고, 대상 목표는 청중이며, 이룰 목적은 청중의 변화입니다. 그런 점에서 설교는 단순히 설교자와 청중 사이의 의사소통 행위가 아닙니다. 내용의 정당성과 현장의 적실성을 동시에 갖춰야 하는 신학 행위입니다. 신학 혹은 이론은 설교의 정당성의 근거가 되고, 현장에서 효과적인 전달은 설교 적실성의 보증이 됩니다. 이런 점에서 이론과 실천의 통합은 설교의 운명이고, 이것이야말로 설교가 모든 신학을 아우르고 통합하는 최종 행위라는 점에서 신학의 꽃이라고 할 만합니다.

본서는 무엇보다도 이론과 실천이라는 두 영역을 하나의 통일체로 전제합니다. 그리하여 이론을 설명하고, 그 이론이 어떻게 현장에서 작동하게 할 수 있는가로 이끄는 구체적인 방법과, 그 방법을 활용한 실례와 시범을 제시함으로써 이론과 실천을 통합하려는 시도를 일관되게 시도하고 있다는 점에서 특별합니다. 이 점에 있어서는 이전의 어느 설교 혹은 설교학 사전보다 뛰어납니다.

그 작업을 다수의 설교학자는 물론 신구약 성경학자, 예배학자, 조직신학자, 교육학자, 커뮤니케이션학자, 그리고 현장의 설교자 등 135명 기고자가 해냈고, 설교가 직간접으로 관련을 맺어야 하는 광범위한 영역의 다양한 주제를 소상하게 다루었다는 점에서 고맙기도 합니다. 본서는 학문적 전문성과 실천적 효용성을 동시에 확보하고 있고, 해석학적 입장에서 설교의 주제들을 소상히 다루어 설교에 큰 기여가 됩니다.

본서는 필요한 항목이나 주제를 필요에 따라 찾아가는 백과사전식으로 사용하는 것보다는, 설교를 위한 이론과 실천을 통합하는 교과서를 차근차근 공부하는 자세로 처음부터 차례로 꾸준히 살피면서 읽어 나갈 것을 권합니다. 그런 과정에 설교자의 이론적 안목과 실천적 저력을 갖추게 될 것입니다. 이 방대한 책을 번역하여 소개하는 번역자들께도 평생 설교를 고민해 온 나로서는 고마운 마음입니다. 설교에 관심 있는 모든 이가 큰 유익을 얻을 수 있기를 기대하며 일독을 권합니다.

박 종 환 박사
전 한국예배학회 회장, 실천신학대학원대학교 예배학 교수

　오늘날 설교는 신학적, 성서학적, 그리고 사회적 맥락에서 새로운 방향을 모색하는 가운데 있습니다. 『New Interpreter's 설교 핸드북』은 이러한 도전 속에서 설교의 본질을 따뜻하고 실용적으로 안내하며, 설교자들에게 중요한 학문적, 실천적 지침을 제공합니다.
　본서는 설교자의 일상적 고민을 심도 있게 다루며, 본문 선정, 메시지 구성, 회중 이해, 그리고 전달 방식에 이르기까지 설교의 모든 과정을 체계적으로 설명합니다. 단순한 매뉴얼을 넘어 설교라는 창조적 과정에서 동반자로서 역할을 하며 설교자들이 강단에서 더 효과적으로 소통할 수 있도록 돕습니다.
　특히, 다양한 배경의 저자들이 각자의 경험과 지혜를 공유하며 공동 집필한 본서는 특정 신학적 관점에 치우치지 않고 설교의 공통된 소명을 중심으로 풍성한 대화를 담아냅니다. 이러한 접근법은 신학교 교육부터 지역 교회의 실천까지 폭넓게 활용될 수 있는 학문적 깊이를 제공합니다.
　설교가 하나님의 말씀을 생생하게 전하는 과정이라면, 본서는 그 과정을 더욱 진실되고 풍요롭게 만들고자 하는 모든 설교자에게 필수 도구가 될 것입니다. 『New Interpreter's 설교 핸드북』은 설교 사역의 의미와 기쁨을 새롭게 발견하는 여정에 동반자가 되어 줄 것입니다.

오 현 철 박사
전 한국복음주의실천신학회 회장, 성결대학교 설교학 교수

　크랩트리(T. T. Crabtree)의 『연중 목회자를 위한 설교 아이디어와 자료』(Pastor's Annual)는 미슐랭 1스타이고, 윌리몬·리스처(Willimon & Lischer)의 『설교학 사전』(Concise Encyclopedia of Preaching, CLC 刊)은 미슐랭 2스타라면, 본서는 미슐랭 3스타입니다. 윌리몬·리스처의 것보다 새롭고, 크랩트리의 것보다 풍성합니다. 편집자들이 자부하듯, 사려 깊은 요리사처럼 편식의 우려까지 해소한 건강한 한상차림입니다. 넷플릭스의 요리 예능 프로그램 〈흑백요리사 2〉를 준비 중이라는데 우승은 이미 확정됐습니다.

류원렬 박사
평택대학교 피어선신학전문대학원 설교학/실천신학 교수

『New Interpreter's 설교 핸드북』은 설교와 관련한 다양한 주제를 광범위하게 다루고 있는 학문성과 실용성을 동시에 겸비하고 있는 설교에 대한 종합 안내서입니다. 설교의 이론적, 실천적, 신학적 해석과 적용을 위해 성서학, 신학, 수사학, 윤리학, 설교학 등의 전문 학자들이 집필 과정에 함께 참여하여 설교의 보고(寶庫)로 가꾸었습니다.

이제 복음 사역의 현장에서 하나님의 말씀 선포를 위해 애쓰는 설교자들에게는 설교를 위한 지침서가 될 것이고, 설교학 공부에 관심 있는 신학생들, 기독교 사역자들에게는 설교의 이론적 기초와 실천적 수행을 이해하는 데 있어 효과적인 참고서가 될 것입니다. 본서는 단지 일독하는 것으로 서재에 소중히 보관하는 것이 아니라, 설교의 내비게이션이 되어 설교의 목적지로 나아가는 모든 여정 가운데 늘 함께하는, 때로는 시끄럽지만 교정하고, 반성하고, 새로운 길을 열어 나가는 설교 사역의 안내서가 되리라 확신합니다.

이승진 박사
전 한국설교학회 회장, 합동신학대학원대학교 설교학 교수

하나님의 말씀을 제대로 선포하려는 설교자라면, 기독교 설교의 준비와 실제 전달에 관한 모든 신학적 쟁점을 올바로 숙지해야 합니다. 본서는 성경의 다양한 장르에 관한 해석학 이론들과, 수사학과 시학, 설교자의 역할과 사회적인 위치, 다양한 설교 장르와 이에 관한 청중의 다양한 경험, 그리고 설교 신학의 모든 주제를 총망라하고 있습니다. 설교 메시지에 관한 설교학적 정당성을 추구하는 모든 설교자와 설교학자라면 가까이 두고서 참고할 만한 필독서로 추천합니다.

나 형 석 박사
협성대학교 명예교수(예배설교학)

본서는 본문에서 선포에 이르기까지 다루어져야 할 해석, 신학, 문학, 커뮤니케이션, 회중 분석에 대한 실천적 이론을 제시하고 있습니다. 저자들과의 대화를 통해 설교자들은 겸손, 용기, 설득력을 가지고 강단에 서게 될 것입니다.

안 덕 원 박사
전 한국예배학회 회장, 횃불트리니티신학대학원대학교 실천신학 교수

설교자로서의 부름은 참으로 영광스러운데 그 여정은 버겁고 고단하기 짝이 없습니다. 거룩한 소임을 신실하게 수행하기 위해 오늘도 분투하는 이들에게 본서는 훌륭한 지침이 되리라 확신합니다. 탄탄한 이론의 제시와 현장에서의 실제 활용이 알차게 담겨 있습니다. 풍부한 경험을 갖춘 다양한 배경의 기고자가 들려주는 살아 있는 이야기가 설교자들의 걸음에 친절하고 유익한 동행이 되어 줄 것입니다.

김 영 봉 박사
와싱톤사귐의교회 담임목사

진작에 번역되어야 했습니다. 설교 사역을 준비하는 이들에게는 교과서로, 사역 중인 이들에게는 무뎌진 칼날을 벼리는 숫돌로 이만한 책이 없습니다. 모든 설교자의 서재에 비치되어 두고두고 손때가 묻어야 할 귀한 선물입니다.

책임 편집자 서문

폴 스콧 윌슨(Paul Scott Wilson) | Emmanuel College, University of Toronto 명예교수(설교학)

느헤미야 8장에 기록된 사건 이래로 사람들은 함께 모여 읽혀지고 해석되는 하나님의 말씀을 들어 오고 있습니다.

하나님의 율법책을 낭독하고 그 뜻을 해석하여 백성에게 그 낭독하는 것을 다 깨닫게 하니(느 8:8).

이 말씀은 우리가 아는 대로 해석학과 설교의 시작을 알립니다. 에덴동산에서 뱀은 이렇게 주장했었을 것입니다.
"하나님의 명령은 그분이 의도한 바가 아니었다."
그러나 우리는 느헤미야에서 본문이 말하는 바와 그것이 의미하는 바 간에 드러나는 첫 번째 평이한 차이를 봅니다. 이처럼 초기부터 신학과 성경 연구, 그리고 설교학은 서로 긴밀히 연결되어 왔습니다. 적어도 최근 몇십 년 전까지 만해도 각 분야는 그들의 목적이 교회의 설교를 돕는 데 있다고 생각했습니다. 왜냐하면, 하나님의 말씀이 교회의 삶과 목회의 전 영역에서 중심이라고 간주했기 때문입니다.
그러나 오늘날은 그 외 다른 목적들도 많아졌습니다. 즉, 신학은 더 이상 말씀하시는 하나님에만 관심을 두지 않습니다. 성경학은 역사적 연구에 몰입하여 계시와 하나님의 말씀에 관해 침묵하곤 합니다. 그리고 설교학은 너무도 자주 실제적이기를 망각하곤 합니다. 그러나 이러한 세 분야가 각자의 역할을 다할 때, 본서에서 알 수 있는 대로, 그들은 각자 독립적이지 않고 서로가 서로를 상호 보완하는 대화의 영역들로 만남으로써 교회를 세우는 하나님의 사역에 참여하게 됩니다.

이 『New Interpreter's 설교 핸드북』(New Interpreter's Handbook of Preaching)의 프로젝트를 시작하면서 두 가지 목적을 분명히 했습니다.

첫째, 말씀의 신학을 포함하여 설교 준비와 전달과 관련된 거의 모든 주제를 본서에 기재된 내용들과 일치시키고, 그와 부합하여 최고 집필진들의 학문성을 유지하는 것이었습니다.

둘째, 본서는 모든 저자에게 "어떻게 이 본문을 설교할 것인가"와 같은 실제 주제들에 주의 깊은 관심을 가져 줄 것을 당부했습니다. 본서의 실제 내용들은 학자들만이 알아들을 수 있는 전문적 방법들이 아닌, 설교자들이 정규적으로 감당해야 하는 일상적 사역들에 초점을 맞추고 있습니다. 본서를 저술한 많은 학자가 다양한 교단과 학문적 배경들을 가지고 있고, 기독교 신앙만이 아닌, 설교를 거룩한 소명으로 보면서 그에 관한 깊은 관심을 함께 공유하는 분들입니다.

결과적으로 『New Interpreter's 설교 핸드북』은 특수한 학술 자료로서 새로운 밀리니엄 시대에 설교학이 신학과 실천의 전반에 어떤 위치를 차지하는지를 안내해 줍니다. 또한, 본서는 다가오는 세대를 위해 설교에 필요한 새로운 기준을 설정하고자 합니다. 사실 본서는 신학교의 설교학 수업들에서 기초적 독서 자료로 사용될 수 있습니다. 이를 위한 몇 가지 가능한 수업이 이후 서문에 예시되어 있습니다. 더불어 본서는 매주 설교를 위해 본서를 어떻게 사용할지에 대한 안내도 제시하고 있습니다.

본서는 전체적으로 성경적이고 하나님 중심적이며 하나님과의 관계성에 있는 인간에 기반한 설교를 장려하지만, 설교학이나 신학 내의 어떤 하나의 특수한 학파나 사상이 아닌 다양한 많은 관점을 소개하고 있습니다. 이를 위해 본서의 내용은 간학문적이며 실천으로 옮길 수 있는 이론이나 신학을 다루고 있습니다. 그 이론들은 과거와 오늘의 최고 설교들과 실제 설교 준비와 작성에 관한 연구에서 얻어진 결과들입니다.

저자들은 가능한 부분에서 관련된 설교문을 예시해 주고 있습니다. 이론과 실제가 서로 충돌할 경우, 그 결과로 도출되는 지침들은 복음을 설교하는 데보다 나은 질적 효과를 제공해 줍니다. 본서의 각 장이 추천하는 실천 방안들은 "여기 시도해 볼 만한 게 있어"라는 좀 더 기발한 것들이 아닌, "여기 제대로 작동되는 게 있다"에 관한 방안들입니다.

설교자들은 본서가 가진 실제 내용 때문에 본서를 자신들의 책장 지정 책꽂이에 올려놓고 "필수 참고자료"라는 표를 붙여 놓을 것입니다. 설교자가 어떤 예상치 못한 이유로 성경이나 주석서, 조직 또는 체계 신학서들, 그리고 뉴스 정보지 외에 오직 한 권의 책만을 가져야 한다면, 본서가 바로 그 책이 될 것입니다. 설교자들은 본서에서 광범위한 범위의 주제들만이 아닌, 그와 관련된 다양한 본보기, 제안들, 그리고 참고할 수 있는 주요 도서와 논문들을 간략하게 정리한 도서 목록들도 얻을 수 있습니다.

또한, 강단이 주는 설교의 두려움에서부터 주해, 성경의 다양한 책에 대한 설교, 인터넷을 비롯한 미디어 기술의 활용, 그리고 계시의 자리 등에 이르기까지 다양한 글들도 만날 것입니다.

본서가 소개하는 설교의 형태는 연역적 강해 설교를 비롯해 귀납적이고 대화적인 설교까지 다양합니다. 나아가 그 설교는 주일 정규예배, 부흥 집회, 청소년 사역, 장례와 결혼식, 텔레비전 설교 등 다양한 상황에서 행해지는 설교들입니다.

독자들이 본서를 읽는 몇 가지 방식이 있습니다. 본서의 내용은 총 열 개의 장으로 구성되었습니다. 그리고 각 장은 설교자들이 일반적으로 감당하는 설교 사역들과 관련된 내용입니다. 그것들은 예를 들어, 성경, 신학, 수사학, 사회적 위치 등입니다. 목차는 알파벳 순서로 목록화되어서 독자들이 관심 주제별로 해당 글들을 쉽게 찾도록 해 두었습니다(번역서에서도 원서와 같은 목차순으로 편집했습니다. -역주). 그리고 각 글의 내용은 본서 내의 다른 글들과 교차될 때 그 관련 주제들을 밝히고 있습니다.

『New Interpreter's 설교 핸드북』의 출간에 있어 북미설교학회(the Academy of Homiletics)의 여러분에게 감사를 표합니다. 많은 분이 격려와 자신들의 통찰을 보내 주었습니다. 특히, 주제와 저자 선정에 있어 구체적인 도움을 주신 분들께 감사합니다. 무엇보다 편집위원회는 본서를 집필해 주신 저자들께 깊은 고마움을 느낍니다. 그분들은 수고를 아끼지 않고 기고해 주었고 이를 통해 그분들을 더욱더 알게 된 기회였으며, 그분들 중에는 처음 만나게 된 분들도 있었습니다. 이러한 과정에서 설교에 관한 다양한 생각과 관점을 접할 수 있는 특권을 갖게 되어 개인적으로 깊은 기쁨의 시간이 되었습니다.

몇몇 기고자는 편집위원회가 정한 분량 제한으로 어려워했고 때로는 주제의 중요한 내용을 완전히 전개하지 못하기도 했습니다. 그런데도 너른 마음으로 집필해 주

책임 편집자 서문

신 그분들의 깊은 이해와 수고에 감사드립니다. 저자 선정의 기준은 그들의 전문성을 따랐으며 그들은 모두 우리의 기대를 뛰어넘는 일들을 해 주었습니다. 그분들은 종종 어려운 주제들을 명확하고 간결하게 개요화하고 여러 정보에 따른 분석과 제안, 지침들로 다듬는 놀라운 능력을 보여 주었습니다. 진심으로 본서를 모든 기고자에게 바치는 바입니다.

마지막으로, 자나 칠더스(Jana Childers)와 클레오퍼스 라루(Cleophus J. LaRue), 그리고 존 로트만(John M. Rottman) 교수님께 감사를 전합니다. 본서가 출간될 수 있었던 것은 온전히 이분들의 혜안과 헌신적인 수고 때문입니다. 이들과 함께 한 논의와 대화들은 여러 차원에서 풍성했고, 그 과정에서 재밌고 유익한 시간을 많이 가질 수 있었습니다. 이분들과 함께 저는 어빙돈출판사(Abingdon Press)의 여러분에게 감사를 전합니다.

먼저 폴 프랭클린(Paul Franklyn) 박사는 본서의 프로젝트를 계획하고 시작할 수 있도록 했습니다. 또한, 로버트 랫클리프(Robert Ratcliff) 박사에게도 고마움을 전합니다. 그는 흔쾌히 본 프로젝트를 중간에 떠맡아 결국 그 끝을 볼 수 있도록 힘써 주었습니다. 두 분 모두 도움을 아끼지 않은 든든한 안내자였고 그들의 경험과 우정은 출판의 전문성에서만이 아닌 개인적 차원에서 깊은 감명을 주었습니다.

더불어 본서의 작업을 책임진 존 쿠츠코(John F Kutsko) 박사와 기고자 초청 및 글 수집을 관리하고 편집 및 출판 과정 전반에 걸쳐 도움을 준 아빙돈의 직원에게 진심으로 감사드립니다. 그들이 없었다면 이 모든 글을 모으는 것은 훨씬 더 어려웠을 것이고 고역이었을 것입니다.

물론, 이러한 핸드북 작업에는 중복되거나 많은 양의 글이 있습니다. 게다가 여러 빈틈도 있습니다. 가령, 다른 제목이 더 낫겠다고 생각해 두었는데 결국엔 그대로 나간 주제들이 있고 다른 경우는 우리 목록에 포함되었는데, 어떤 이유로 인해 빠진 이름도 있습니다. 이러한 실수들로 인해 본서는 아쉬운 부분들이 있습니다.

우리는 본서가 설교의 모든 중요한 주제를 다 다루었다고 확신하지 않습니다. 단지 우리가 중요하다고 여긴 주제들을 다루었다고 생각합니다. 그 외 지면의 제약으로 인한 빈틈들도 있음을 아쉽게 생각합니다. 예를 들어, 부분적으로 본서의 실용적 특성 때문에, 역사적 내용이 언급될 필요가 반드시 있는 경우를 제외하고는 설교의 역사나 중요한 인물의 전기를 다루려 하지 않았습니다. 더욱이 설교는 세계의 많은 지역과 다른 문화권에서 각기 다르게 나타납니다. 그러한 분야들과 관련한 연구는 이제 막 성장하기 시작했기 때문에 본서에서는 충분히 다루지 못했습니다.

본서 『New Interpreter's 설교 핸드북』의 몇 가지 아쉬운 부분은 단순 실수로 인한 것이며(얼마 없기를 바랍니다), 그것은 우리 편집자들의 몫이지 우리를 도와준 조언자들 누구의 탓이 아닙니다. 어찌 되었든, 우리는 겸손한 마음으로 본서를 설교자들에게 바치는 바이며 많은 사람이 함께 만든 수고가 건강함이 지속되어야 할 교회의 본질적 분야에 값지게 쓰이리라 희망해 봅니다. 우리는 본서에 모아진 공동 노력으로 예수 그리스도의 복음 선포가 보다 힘을 얻기를 바랍니다.

역자 서문

최진봉, 주교돈, 이상규, 구아름

지난 2008년 출간과 함께 북미를 비롯한 영미권의 주류 신학계와 강단에서 애독되고 있는 『New Interpreter's 설교 핸드북』(*New Interpreter's Handbook of Preaching*)이 17년 만에 한국 교회와 신학계에 나오게 됨을 하나님께 감사드립니다. 이는 오늘날 우리 사회가 글로벌 디지털 환경의 변화와 기후 위기, 국가·민족적 갈등과 혐오의 확산, 글로벌 이주 및 다문화 사회로의 전환이라는 도전 앞에서, 그리고 무엇보다 한국 교회와 강단이 내적으로 몽매한 지성과 빈곤한 말씀, 혼탁한 정신으로 길을 잃은 현실 앞에서 더욱 그렇습니다.

설교는 교회의 역사 속에서 영광과 더불어 고통의 시간들을 겪어 왔습니다. 설교자들은 신자들의 삶의 자리에서 교회의 책인 성경을 해석하고 그 의미를 성령의 조명에 힘입어 생동하는 계시의 말씀으로 공언하기 위해 힘써 왔습니다. 이러한 노력은 단순히 교회 내부의 담론이나 개인적 교훈에 머무르지 않고, 신앙공동체의 삶을 풍요롭게 하며 복음을 통해 그들이 세상에서 사명을 다할 수 있도록 이끈 헌신의 과정이었습니다. 데이비드 랜돌프(David J. Randolph)의 말대로, 설교는 그 자체를 위해 있지 않고 하나님과 하나님이 사랑하시는 세상을 위해 신학의 모든 분야와 연대하여 보다 예언적이고 구체적인 메시지를 전달하고 소통하는 과정입니다.

본서는 본문 묵상에서 전달에 이르기까지 설교자에게 필요한 설교의 다양하고 복합적인 측면들을 안내합니다. 다시 말해, 설교가 하나의 공적이고 책임 있는 교회의 선언이 되기 위해 본서는 설교자들이 알아야 할 성경적, 신학적, 철학적, 해석학적, 역사적, 문화-윤리적, 수사학적, 예술적, 심리적, 목회실천적 차원 등 총 11개 분야의 내용들을 제공합니다. 이를 통해 본서는 설교자들의 지적 사유와 실천적 통찰을 보다 폭넓게 확장하고자 합니다. 나아가 본서는 설교의 다양한 주제에 대한 학술적 논의와 그와 관련한 참고 자료들을 소개하고 보다 효과적인 방법론들을 포괄적으로 제공하여 이론과 실천을 통합적으로 검토할 수 있도록 돕습니다.

역자들이 『New Interpreter's 설교 핸드북』을 번역한 계기는 두 가지입니다.

첫째, 설교학 교실에서 설교에 필수적이거나 그와 관련된 부분들을 간결하면서도 포괄적으로 설명할 수 있는 신뢰할 수 있는 교재가 필요했습니다.

둘째, 그 가운데서 본서가 학문적 연구뿐만 아니라, 다양한 배경과 복잡한 현실 속에서 설교자들이 지속적으로 활용할 수 있는 모범적 참고서가 될 수 있으리라 확신했습니다.

본서는 설교학의 주요 신학과 이론들을 체계적으로 설명, 정리하고 있어, 설교에 대한 전반적 이해와 통찰을 필요로 하는 학생과 목회자들에게 유용한 자료가 될 것입니다. 특히, 본서는 특정한 하나의 관점을 제시하기보다, 다양한 주제를 전문적이면서도 실천적인 방식으로 다루고 있어 설교학 교실의 기존 교과서들을 보완하는 요긴한 참고서가 될 것입니다. 또한, 본서에 포함된 방대한 참고 문헌 목록은 보다 확장되고 심화된 연구를 위해 친절한 안내자가 되어 줄 것입니다. 더욱이 본서는 매주 설교해야 하는 목회자들에게 다양한 분야에 관한 유용한 자료들을 제공해 주고 각자의 목회 상황에 맞게 필요한 도움을 줄 것입니다.

그러나 역자로서 본서를 읽게 될 독자들에게 양해를 구할 것이 있습니다. 그것은 세심한 주의를 기울였음에도 번역상 피하지 못한 작은 오류나 실수들입니다. 때론 명칭이나 용어에 있어 미처 통일되지 못했거나 다소 생소한 번역 용어들도 있을 수 있습니다. 이는 본서의 영문판이 다양한 신학적 배경을 가진 다수의 집필진에 의해 쓰여진데다 그 내용 역시 국내에 소개되지 않은 생소한 내용과 자료들이 많은 데 따릅니다. 그로 인해 역자들은 두 언어 간의 간극을 메움에 있어 어느 때보다 여실한 한계가 있음을 알게 되었습니다. 그러나 그러한 부분들은 본서의 내용에 견주어 극히 미미한 것들로 독자들의 읽기를 방해하지 않을 것입니다.

모쪼록 본서가 하나님의 말씀을 연구하고 가르치며 설교하려는 주님의 사람들에게 소중히 쓰임 받는 유익한 동반자가 되기를 기대합니다.

설교학 수업에서 『New Interpreter's 설교 핸드북』 사용법

존 M. 로트만(John M. Rottman) | Calvin Theological Seminary 설교학 교수

『New Interpreter's 설교 핸드북』은 설교를 가르치고 배우려는 이들에게 유용한 학습 자료들을 제공합니다. 설교를 가르치는 자들은 각자 애용하는 교과서가 있어서 그것에 기반해 개론 수업을 설계합니다. 학생 설교자들을 설교학의 입문 과정으로 안내하는 데 단일한 방법을 제시하는 한 권의 교과서를 사용하는 것이 종종 유용할 수 있습니다. 그들은 거기서부터 뻗어 나갈 수 있기 때문입니다.

일반적으로는 초보 설교자를 위해 사용하기 편리한 하나의 검증된 기초 방법을 추천합니다. 그러나 안타깝게도 하나의 입문서는 공통으로 중요한 주제들을 생략하거나 간과하곤 합니다. 물론, 어떤 교과서도 모든 것을 다루지 못합니다. 가령, 설교 방법론을 가르치는 데는 하나의 교과서가 제격일 수 있습니다. 반면, 그것은 선포에 관한 신학은 거의 또는 전혀 소개하지 않을 수도 있습니다.

또 다른 교과서는 성경적 설교를 위한 모범적인 방향을 제시할 수 있습니다. 반면, 그 책은 전통적으로 전달이라고 불리는, 곧 설교자의 설교가 실행되는 다차원적 요소를 둘러싼 과제들을 거의 생략할 수도 있습니다. 그러한 결함을 해결하기 위해 설교를 가르치는 교사는 종종 기본 교과서에 추가 자료들을 보충할 필요성을 느끼게 됩니다. 학생들에게 다량의 추가 교재들을 요구하는 것은 비용적인 면에서 추천할 만하지 않습니다. 수업을 위한 추가 논문이나 책의 부분들을 필수적 승인 절차를 밟아 모으는 것은 시간이 소요되고 교수자나 학생 편에서 많은 수고가 요구됩니다.

이러한 어려움을 고려할 때, 본서는 여러 가지 이유로 반가운 자료입니다.

첫째, 『New Interpreter's 설교 핸드북』은 초보 또는 숙련된 설교자들이 지참하고 싶어 할 종류의 학습 자료입니다. 이는 설교학에 관한 오늘날 최고의 단일 교재로서 다가오는 세대를 위한 새로운 표준을 세워 줍니다.

둘째, 본서는 여러 설교 수업에 요구되는 다양성과 전문성을 충분히 갖춘 독서 목록을 제공해 줍니다.

셋째, 만일 본서가 수업을 위한 기초 교재가 아니더라도 교수자는 본서 내의 각각의 글을 사용할 수 있습니다.

본서는 각기 그들의 분야에서 인정된 최고의 전문가들이 집필한 자료로서, 학습자들에게 너무 많은 추가적 독서량을 요구하지 않고서도 어려움 없이 학생들이 기본 교과서와 다른 접근법들을 접할 수 있도록 도와줍니다. 만일 기본 교재가 설교의 기술적 측면에서 취약하다면, 본서 제5장 "시학"(Poetics)의 글에서 도움을 얻을 수 있을 것입니다.

때때로 어떤 학습자는 전체 학생과 달리 어떤 특정 부분에서 좀 더 도움이 필요할 수 있습니다. 그러한 경우에, 핸드북 내의 개별 글이 방안들을 제공해 줍니다. 한 예로, 만일 학생들이 그들의 원고에 매달려 있거나 거기서 눈을 떼지 못한다면, 무원고 설교(Without Notes)에 관한 글은 적합한 처방이 될 것입니다. 만일 학생들이 교회에 대한 배경 지식이 부족하다면, "외모" 또는 "하나님 말씀"이라는 제목의 글이 필요할 것입니다. 설교에 관한 주제로 에세이를 써야 하는 학생은 본서를 출발점으로 삼아 그 안에서 관련된 글들을 찾아 다양한 관점과 추가 심화 학습을 위한 참고도서 목록들을 얻을 수 있습니다.

본서는 또한 수업 전체를 구성할 수 있는 교육 재료들을 안내해 줍니다. 그 가운데 어떤 부분들은 수업에 필요한 독서 범위로 사용될 수도 있습니다. 예를 들어, 〈설교 형태와 구조〉라는 수업은 제10장에 기초해서 구성될 수 있는데, 그 부분은 전통적 설교학과 새로운 설교학 전반에 걸친 거의 모든 내용을 다루고 있습니다. 만일 교수자가 〈구약의 장르별 설교〉라는 수업을 개설하고자 한다면, "성경 장르"에서 자세한 재료들을 얻을 수 있습니다. 만일 수업이 학기제 방식이라면 학기를 대략 전반부와 후반부로 나누어 전반은 이론에 집중하고 후반부는 설교 실행과 그것에 대한 토의로 진행함으로써 이론을 실행으로 옮겨 보는 수업을 운영할 수 있습니다.

수업 내용에 있어, 교수자는 성경의 권별 차례대로 각 장르를 따라가는 방식을 취할 수 있습니다. 이 경우 수업은 창세기의 원역사에서 시작할 수 있습니다. 그다음엔 오경 내러티브와 출애굽기의 글이 이후 수업을 위한 두 개의 초점을 제공할 수 있습니다. 공동 성서정과는 그 본문들을 충분히 다루지 않는 편이지만, 교수자는 수업을 위해 정복 내러티브를 읽고, 그것과 더불어 윤리와 하나님의 글을 보충해서 사용할 수 있습니다.

〈시편 설교〉 수업은 또 다른 한두 개의 내용으로 도움을 받을 수 있습니다. 교수자는 탄식시를 중심으로 애가의 글을 교육 자료로 읽을 수 있습니다. 법률 및 규정들, 그리고 레위기 성결 법전은 종종 간과되는 구약의 많은 부분에 집중할 수 있도록 도울 것입니다. 도덕주의와 네 페이지 설교는 학습자들이 율법 규정과 관련한 내용을 반드시 고수해야 하는 의무 사항인 것처럼 설교하지 않도록 도울 것입니다.

그뿐만 아니라 교수자는 수업의 마무리를 예언자적 설교로 매듭지을 수 있습니다. 그 글은 학습자들로 예언서 문학에 대한 설교를 고민하게 하도록 할 것이고, 사회 정의의 글은 그들로 예언서 문학이 오늘 시대에 주는 함의들을 볼 수 있도록 도울 것입니다.

다른 방식도 가능합니다. 상기한 성경 장르에 관한 수업은 전반부의 이론 중심 수업에서 내러티브 설교를 먼저 다룰 수 있습니다. 이때 수업은 오경 내러티브, 정복 내러티브, 출애굽기, 룻기, 에스더, 공관복음, 그리고 누가복음/사도행전의 글을 내러티브 설교를 위한 자료로 읽을 수 있습니다. 그런 후 수업의 후반부는 비내러티브 장르들에 집중하여 법률 및 규정들, 시편, 설교적, 신학적 서신서, 그리고 묵시의 글들을 사용할 수 있습니다.

〈설교와 돌봄 목회〉의 수업일 때 또 다른 방식도 가능합니다. 심리학이 대중적으로 주목받게 되면서 사람들은 목회적 돌봄을 목회상담으로 생각하는 경향을 가질 수 있습니다. 그러나 대집단으로서 전체 회중을 생각할 때, 모든 성도와의 개인적 만남은 주로 설교를 통해 이루어집니다. 그래서 목회적 돌봄에 대한 필요성이 설교 강단의 중심 과제로 자리합니다. 이와 관련해서 핸드북의 여러 부분과 글은 그에 대한 도움을 줄 수 있습니다.

이를 위해 교수자는 상황 서신, 설교자의 권위, 인품, 자기 주해, 에토스, 리더십, 경청과 관찰 기술 등의 글로 시작할 수 있는데, 이를 통해 그는 수업을 위한 토론을 설교자와 관련된 주제를 중심으로 진행할 수 있습니다. 회중 주해, 교단은 설교에서의 협력, 동일화, 성별, 인종, 민족의 내용과 더불어 회중에 대한 논의에 유용합니다.

만일 교수자가 설교를 회중의 삶들이 만나는 긴요한 교차로로 이해한다면, 수업은 결혼 설교와 장례 설교에 관한 글들에 대한 토의가 필요할 수 있습니다.

결혼 관계의 초기를 위한 목회적 돌봄과 사랑하는 가족과 사별한 자들을 위한 설교는 학습자들이 필수로 접해야 하는 목회 사역의 중요한 영역입니다. 그래서 위기와 논란은 다른 잠재적 주제들도 함께 다루어질 수 있도록 돕고 제3장의 윤리와 연결해서 사용될 수 있습니다.

교수자가 교리 설교에 관한 수업을 만들기 바란다면, 제11장은 학습자들을 안내하고 토의를 독려할 풍부한 교육 자료들을 제공해 줍니다. 교수자는 기독론, 구원론, 삼위일체, 하나님 말씀, 교회론, 그리고 종말론과 같은 핵심 교리들에 관한 글들을 참고할 수 있습니다. 이런 식으로 전통적 교리의 주제들을 짚어 갈 수 있습니다. 성경의 권별 장르에 관한 제2장에서 부활 설교에 관한 글은 매우 탁월한 내용으로 교리 설교와 관련된 수업에서는 필수적으로 읽어 볼 만한 자료입니다.

설교를 위한 교리들은 성서정과 교회력 그리고 장기적 설교 계획과 관련해서 살펴볼 수 있습니다. 교리들이 설교 계획 과정에서 어떻게 놓일 수 있는지는 설교자의 창작 과정, 설교자의 한 주, 설교와 연구, 시간 관리 내용을 참고할 수 있습니다. 교리별 주제들을 전통적 교단들의 신조나 교리들과 연결 짓는 것은 미래 목회자들이 매주 설교의 과정을 통해 기독교 신앙에 관해 성찰하고 사고하는 습관을 배양하도록 훈련합니다.

위의 예시들은 가능한 방식들에 대한 단순한 제시에 불과합니다. 어떤 다른 수업들이라도 본서가 담고 있는 여러 글을 교회와 설교를 배우고 훈련받는 학습자들의 필요에 따라 활용할 수 있습니다. 만일 수업의 성격이 목회자 계속 교육이라면, 본서는 그들이 신학교에서 배운 것들을 새롭게 하고 확장해 줄 점검 기준표가 될 것입니다. 본서가 제공하는 참고 문헌 목록은 매우 유용해서 신학교 이후의 전문화된 교육 과정에 몸담은 설교자들을 위한 독서 자료로 사용될 수 있습니다.

편집 위원들은 『New Interpreter's 설교 핸드북』이 학문성과 그 실제적 사용에 있어 탁월한 기여를 하리라 확신합니다. 부디 본서가 매주 강단에 서는 설교자들과 더불어 신학교의 강의실과 연구실에서 가르치고 배우는 교수와 학생들에게도 도움이 되기를 기대합니다.

『New Interpreter's 설교 핸드북』을 활용한 매주 설교 준비

자나 칠더스(Jana Childers) | San Francisco Theological Seminary 설교학 교수

『New Interpreter's 설교 핸드북』은 매주 설교를 준비해야 하는 설교자들을 도우려는 목적으로 제작되었습니다. 본서는 설교 사역과 관계된 모든 주요 영역을 위한 자료들을 제공합니다. 그것이 성경적이든 신학적이든 설교학이든 설교자 일상의 사역과 목회적 책임들에 반복되는 다양하고 수없이 많은 주제를 다루고 있습니다. 매주 영감을 기다리는 설교자들에게 본서의 글들은 실제 제안들에 더해 설교자의 창의적 발상을 끌어내 줄 구체적인 사례들도 안내합니다.

명확성이 필요한 설교자들은 본서에서 각 개념과 용어의 정의들과 배경 정보들, 설명들, 그리고 설교에 필수적인 방법과 주제들에 관계된 참고 문헌을 얻게 될 것입니다. 다른 설교자들도 본 설교 핸드북을 그들의 설교 역량을 끌어올리는 데 사용할 수 있습니다. 본서를 통해 설교자들은 새로운 설교학의 방법론들을 시도하거나, 이전에 다루지 않았던 성경의 특정 책이나 본문들과 씨름하도록 자극받을 것입니다. 그 외 다른 설교자들도 본서의 이곳저곳에서 각기 필요한 글들과 자료들을 얻을 수 있습니다. 그리고 설교의 메시지 창안과 작성 과정에서 본서의 도움에 빠져들 것입니다.

설교자들이 사라지지 않는 한 설교를 돕는 핸드북들도 그것이 현장의 강의든 인쇄물이든, 성경에 기초했든 신학적이든, 공시적이든 비공식적이든 사라지지 않을 것입니다. 오늘날 서점가를 둘러봐도 설교 영역에서 그것이 다루는 주제나 실천적 적용의 범위에 있어서 이런 종류의 교육 자료는 찾을 수 없습니다. 사람은 대부분의 경우 어떤 하나의 주제와 관련해서 여덟이나 아홉 개 이상의 아이디어를 제시하지 못하기에 좋은 설교자들은 태생적으로 외부로부터 도움을 받아야 합니다. 그들이 그

것을 "냄비 휘젓기"(stirring the pot)라고 하든 "마중물 붓기"(priming the pump)로 부르든, 설교자들에게는 대화의 파트너와 참고 문헌, 그리고 핸드북이 있어야 합니다.

각각의 설교자는 각기 다른 도움이 필요합니다. 어떤 분들은 설교의 메시지를 생각해 내는 데 도움이 필요할 테고, 다른 설교자는 설교 자체가 무엇인지에 대한 이해가 필요합니다. 또 어떤 설교자는 설교 작성에 도움을 받아야 하고, 어떤 분은 전달을 어떻게 해야 할지 도움이 필요합니다. 어떤 설교자들은 본문에 대한 해석학적 판단을 보다 신중하게 하려고 도움을 원합니다. 또 다른 설교자들은 회중을 분석하고 파악하는 데 도움이 되는 문헌들을 찾습니다. 설교자마다 필요로 하는 도움이 각기 다를 뿐만 아니라 설교와 설교 간에도 그렇다는 것은 두말할 필요가 없습니다.

본서를 사용하는 한 가지 방법은 자유 연상, 즉 교차-상호 참조를 따라 하나의 글이 또 다른 글로 안내해 가는 방식을 따르는 것입니다. 아래의 내용은 한두 가지의 설교 상황과 관련해서 내가 어떻게 이 핸드북을 사용할 수 있는지 그 예시입니다.

1. 사례: 불안해하는 설교자를 위한 자료집

어떤 설교자들은 설교 준비를 시작하는 지점에서 도움이 절실합니다. 제가 자리에 앉아서 집중해서 설교 준비를 시작하려 할 때, 제 뇌의 정렬 기능이 움직이기 시작합니다. 먼저 저는 이메일 수신함에 밀려 있는 메일들과 해야 할 목록에 적어 둔 감사 메모에 관해 생각합니다. 그리고 저는 제가 백지 화면을 응시하고 있어야 하는지를 생각해 본 후에야 일어나서 세탁기에서 꺼내지 않은 옷들을 건조기로 옮기며 생각합니다.

'쿠키 접시를 얼마나 가까이 놓을 것인가?'

'오레오(쿠키 이름-역주)는 몇 개까지 먹을 것인가?'

그런 다음에야 본문으로 시선을 돌립니다. 분석이 필요한 동사를 봅니다. 그리고 정리가 필요한 제 손톱도 봅니다. 파악해야 할 장소의 이름이 보입니다. 마지막으로, 본문이 제기하는 질문들의 목록을 작성합니다. 이때 답변 불가능한 질문들은 살짝 노트의 가장자리 여백에 밀어 놓습니다.

첫 문장을 완성하기도 전에 저는 도움의 손길을 찾습니다. 『New Interpreter's 설교 핸드북』에서 불안에 관한 글이 저의 눈에 들어옵니다. 저와 같은 설교자가 또 있음을 알게 됩니다. 거기엔 불안을 진정시키는 몇 가지 실제 요령들이 제시되고 있습니다. 저는 심호흡을 해 봅니다. 설교와 연구의 글은 저를 좀 더 안심시킵니다. 결국, 저는 본문에 대해야만 하는 일들을 마무리했습니다.

『New Interpreter's 설교 핸드북』의 글들은 본문 연구에 필요한 하나 이상의 방식을 줍니다. 페미니스트 관점에서 저는 저의 본문에 대한 초기 생각들이 무모하지만은 않음을 알게 되고 대신 세상 모든 여성의 경험과 가능한 방식으로 관련됨을 배웁니다. 마지막으로, 저는 누가복음/사도행전의 글로 이동합니다. 그것이 설교를 작성하기 전 제가 읽은 마지막 내용입니다. 그것은 저에게 본문의 더욱 넓은 맥락을 떠올려 주면서 누가의 이야기가 가진 힘을 다시 한번 느끼도록 나를 감화시켰습니다. 그 순간에 저는 설교를 작성하고 싶어졌습니다.

설교의 시작이 본문의 페이지에서 튀어나온다고 할지라도 설교의 중심 메시지와 연결된 질문은 즉시 저를 괴롭히기 시작합니다. 제 뇌의 정렬 회로가 또다시 거칠게 작동합니다. 몇 개의 대략적 개요를 습작지에 적어 봅니다. 그러나 그것 중 어느 것도 서로 연결되는 것 같지 않습니다. 『New Interpreter's 설교 핸드북』의 제10장을 훑어보면서 생각을 다시 해 봅니다.

'저는 네 페이지 설교자인가 아니면 청교도적 알기 쉬운 스타일의 설교자인가?'
'아니면 전혀 새로운 것을 시도해야 하나?'

귀납적 설교가 친숙해 보입니다. 저는 누군가가 저를 향해 저에게 실제로 맞는 설교를 작성해도 문제없다는 허락을 준 것 같은 느낌을 받습니다. 저는 앞서 메모한 개요들을 지우고 주제 문장을 진술합니다. 조심스럽게 『New Interpreter's 설교 핸드북』의 조언을 따라갑니다. 마지막으로, 설교의 초점과 목적 진술 문장을 작성하라는 내용을 참고하면서 저는 흩어진 여러 생각을 한데 묶어 내는 붉은 실을 찾습니다. 이제 저는 편한 마음으로 설교를 씁니다.

2. 사례: 난해한 성경 본문을 위한 자료집

물론, 모든 설교자가 설교 준비 과정에서 몸을 비트는 것은 아닙니다. 어떤 분들은 자신의 리듬을 유지하고, 다른 분들은 그 위로 날아오르기도 합니다. 또 다른 설교자들은 준비 과정을 아예 건너뛰기도(실제로) 합니다. 모든 설교자가 작가의 장벽으로 고통스러워하는 것은 아닙니다. 그러나 모든 설교자가 그 과정에서 하나같이 행복해하고 고통스러워하며 씨름합니다.

  때때로 설교자가 밤늦게까지 씨름하는 것은 주해와 해석 작업 때문입니다. 본문 해석으로 인해 설교자를 당황케 하고 짜증 나게 하고 어지럽게 하는 문제는 그것이 설교 준비를 심각하게 지체시킨다는 데 있습니다. 우리 중 몇몇 설교자에게 설교 준비의 지체는 추진력을 상실하는 것과 같습니다. 그리고 그것은 오레오를 너무 많이 먹어 갑자기 체한 것처럼 갑작스러운 정지와도 같습니다.

  그러나 확신에 찬 설교자들조차도 주해와 해석의 과정에서 발견한 질문들을 풀어가는 것이 난해할 수 있습니다. 그리고 당신이 아무리 평온하게 마음먹을지라도 목요일임에도 본문 해석으로 여전히 씨름하고 있거나, 금요일에 와서 전혀 새로운 생각이 끼어든다면 문제는 심각해집니다.

  이사야서 설교를 준비하면서, 저는 제게 가장 필요한 부분을 『New Interpreter's 설교 핸드북』의 제1장과 제2장에서 찾았습니다. 그러나 보다 확실히 하기 위해 저는 제4장을 먼저 들여다보았습니다. 저는 설교학적 (신학적) 비평과 수사비평을 비교하고 싶었습니다. 왜냐하면, 제가 그 둘 간의 차이를 바르게 기억하고 있다는 것을 재차 확인하기 위해서였습니다. 저는 무엇을 확인할지를 정한 후 제1장의 해석학에 대한 간략한 글로 향했습니다.

  거기서부터 저는 알레고리, 알레고리적 해석에 관한 연구를 좀 더 여유롭게 해 봅니다. 저는 저 자신이 그 분야에 관심을 두고 있음을 충분히 인식합니다. 저는 아직 이단으로 기울지 않은 것에 안심하면서 예언적 설교와 은유와 비유에 관한 글을 읽습니다. 그 과정에서 이사야의 세계가 저에게 조금씩 구체화하기 시작합니다.

  설교의 본말로 들어가면서 저는 제가 오랫동안 익히 알고 있었던 본문에 대한 몇 가지 해석으로 그 주변에서 맴돕니다. 도덕주의에 관한 글은 본문의 목소리를 근대적 설교자들의 시각으로부터 분리해 내도록 합니다. 그것은 저에게 이사야가 이해한 죄의 본성에 대해 약간의 혼란을 줍니다. 그래서 저는 그 부분을 명확하게 하고자 죄와 악에 관한 글을 읽습니다. 비록 설교가 이제 제 입에서 부드럽게 흥얼거리기 시작한 듯하지만, 저는 이사야의 몇 가지 이미지를 우리 교회 예배실의 전면 스크린에 바로 올리는 것에 관한 생각으로 마음이 어수선해집니다.

  이에 관해 미디어 기술과 설교에 관한 글은 몇 가지 선택 사항을 제시해 줍니다. 마지막으로, 저에게는 마지막 질문만 남았습니다. 회중 주해와 교단에 관한 글은 그 질문들을 다루도록 돕습니다. 전쟁 중 설교에 관한 글(설교, 전쟁 중)은 제가 전쟁에 대해 갈라진 양쪽 진영의 성도들을 고려해 설교자인 제가 될 수 있으면 그 문제에 발을 들여놓지 않도록 실제 조언을 줍니다.

3. 설교하는 설교자들

설교학 분야에 관한 독서를 하면서 알게 되는 것 중 분명한 한 가지는 설교학자들은 일반적으로 비유적 집단이라는 점입니다. 그들은 말하듯이 글을 쓰곤 합니다. 그들은 모든 것에서 이야기를 떠올립니다. 신선한 이미지, 감동적 은유, 그리고 절묘한 전환구 등(이런 것들이야말로 설교학자들의 빵이고 버터입니다. 그러나 본서의 모든 페이지의 관심사인 그 설교하는 설교자들은 설교학자들과 달리 특별한 이점을 가지고 있습니다).

그들은 또 다른 설교자들에게 설교를 쓰는 사람들입니다. 그들에게 있어서 설교의 현장 전문가들에게 설교 현장에 관해 솔직히 말할 수 있다는 것은 그들의 모든 가능한 사역 중 최고의 일입니다. 그것은 그들에게서 남다른 탁월함과 통찰을 주는 아이디어를 끌어내면서 그들 안에서 최고의 것을 불러냅니다.

그래서 설교학자나 현장의 설교자에게, 조용한 부류의 사람에게나 늘 긴장 속에 사는 사람에게, 초보 수련생이나 베테랑 설교자 모두에게, 그리고 신학교의 정규 신학 교육 과정에서 마지막으로 배웠던 모든 지식을 기억하지 못하는 모든 이에게 있어서도, 본질적인 것은 바로 현장의 다른 설교자들과의 대화입니다.

여러분이 대답을 원하는 질문이나 확인하고픈 이론이 있든, 아니면 하늘로부터의 영감을 기대하고 있든 여러분이 다른 설교자들의 경험과 지혜에 관심이 있다면, 『New Interpreter's 설교 핸드북』은 모든 설교자가 필요로 하는 특별한 내용을 가지고 있습니다.

본서에서 여러분은 중요하고 핵심적인 정보들, 여러분의 설교를 살찌울 예리한 분석과 실제 조언들만이 아닌, 사람들을 만나게 될 것입니다. 지구상의 어디에서도 살아 있는 설교자들 간의 이보다 좋은 조합을 만나지 못할 것입니다. 우리는 그들과 설교의 이론과 기술에 관해 함께 얘기 나눌 수 있습니다. 본서를 위한 편집자들과 기고자들은 설교자 여러분의 관심에 감사하고 여러분을 더욱 높고 넓은 대화의 장으로 초대하는 바입니다.

목차 Contents

- 추천사

윤철호 박사 _ 장로회신학대학교 명예교수(조직신학)	5
안선희 박사 _ 이화여자대학교 기독교학과/신학대학원 예배학 교수	6
정창균 박사 _ 설교자하우스 대표	8
박종환 박사 _ 실천신학대학원대학교 예배학 교수	9
오현철 박사 _ 성결대학교 설교학 교수	9
류원렬 박사 _ 평택대학교 피어선신학전문대학원 설교학/실천신학 교수	10
이승진 박사 _ 합동신학대학원대학교 설교학 교수	10
나형석 박사 _ 협성대학교 명예교수(예배설교학)	11
안덕원 박사 _ 횃불트리니티신학대학원대학교 실천신학 교수	11
김영봉 박사 _ 와싱톤사귐의교회 담임목사	11

책임 편집자 서문 ｜ 폴 스콧 윌슨 _ University of Toronto 명예교수(설교학)	12
역자 서문　　　｜ 최진봉, 주교돈, 이상규, 구아름	17
설교학 수업에서『New Interpreter's 설교 핸드북』사용법	19
『New Interpreter's 설교 핸드북』을 활용한 매주 설교 준비	23
기고자	38

제1장 성경 — 45

서문: 본문의 경계와 확정(Choosing and Delimiting The Text)	45
아프리카계 미국인 성경 해석(African American Biblical Interpretation)	49
알레고리, 알레고리적 해석(Allegory, Allegoresis)	53
묵시 사상(Apocalypticism)	61
고고학(Archaeology)	66
경전비평(Canonical Criticism)	70
주해(Exegesis)	74
양식비평(Form Criticism)	84
성경의 사중 해석(Four Senses of Scripture)	91
장르비평(Genre Criticism)	92
지리학(Geography)	92
해석학(Hermeneutics)	96

역사비평(Historical Criticism) 105
해석(Interpretation) 119
해방비평(Liberation Criticism) 119
문자적 의미(Literal Sense) 126
문학비평(Literary Criticism) 129
철학적 해석학(Philosophical Hermeneutics) 132
해석학적 의심(Suspicion) 136
유형론(Typology) 140

제2장 성경의 장르들   150

서문: 문학 형태들(Literary Forms) 150
묵시(Apocalyptic) 154
외경 또는 제2정경(Apocrypha, Deuterocannoniclas) 158
정복 내러티브(Conquest Narratives) 160
상황 서신(Contextual Epistles) 163
전도서(Ecclesiastes) 166
에스더(Esther) 169
출애굽기(Exodus) 171
치유와 엑소시즘(Healing and Exorcism) 174
욥기(Job) 178
요한 서신(Johannine Epistles) 180
요한복음(John) 180
애가(Laments) 184
법과 규정(Laws and Regulations) 186
레위기 성결 법전(Levitical Holiness Codes) 189
누가복음/사도행전(Luke/Acts) 191
기적(Miracles) 193
비유(Parables) 196
수난 내러티브(Passion Narratives) 199
목회 서신(Pastoral Epistles) 201
오경 내러티브(Pentateuchal Narratives) 202
베드로 서신(Peterine Epistles) 205
원역사(Prehistory) 205
예언자적 설교(Prophetic Preaching) 210
잠언(Proverb) 214

시편(Psalms) 216
부활(Resurrection) 220
룻기(Ruth) 224
설교적, 신학적 서신서(Sermonic, Theological Epistles) 227
아가서(Song of Songs) 230
공관복음(Synoptic Gospel) 233
지혜서(Wisdom) 235

제3장 윤리 236

서문: 윤리와 설교(Ethics and Preaching) 236
논란(Controversy) 240
기업 윤리(Corporate Ethics) 244
환경 윤리(Environmental Ethics) 246
윤리적 방법(Ethical Methods) 249
개인 윤리(Ethics, Personal) 252
윤리와 하나님(God, Ethics and) 252
개인 윤리(Individual Ethics) 256
도덕주의(Moralism) 258
표절(Plagiarism) 259
윤리와 정치(Politics, Ethics and) 261
설교의 윤리(Preaching, Ethics of) 264
자기 노출(Self-Disclosure) 267
사회 정의(Social Justice) 271
이야기 사용 시 윤리(Stories, Ethics in Use of) 274

제4장 문학비평 278

서문: 주관성과 설교(Subjectivity and The Sermon) 278
문화해석학(Cultural Hermeneutics) 282
해체주의(Deconstruction) 287
페미니스트비평(Feminist Criticism) 291
형식주의비평(Formalist Criticism) 295
설교(신학)비평(Homiletical [Theological] Criticism) 299
신역사주의(New Historicism) 305
탈식민주의비평(Postcolonial Criticism) 307

독자/청자반응비평(Reader/Listener Response) 311
수사비평(Rhetorical Criticism) 315
사회과학비평(Social Scientific Criticism) 318
구조주의(Structuralism) 321
우머니스트비평(Womanist Criticism) 325

제5장 시학 330

서문: 시학과 설교의 맥락(Poetics and The Context of Preaching) 330
적용(Application) 335
예술(Arts) 337
다리 놓기(Bridging Then and Now) 340
본문의 관심들과 설교의 관심들(Concerns of the Text and Sermon) 344
현재화하기(Contemporizing) 347
비유적 표현(Figures of Speech) 350
영화(Film) 350
초점 진술과 기능 진술(Focus and Function Statement) 354
융합(Fusion) 356
예화와 이야기(Illustration and Stories) 358
상상력/창의력(Imagination/Creativity) 362
확대(Magnification) 364
은유와 비유적 표현(Metaphor and Figures of Speech) 365
움직임(Moves) 375
음악(Music) 378
내러티브 설교(Narrative Preaching) 378
내러티브 이론(Narrative Theory) 382
소설(Novels) 385
주제 문장(Theme Sentence) 390
비디오 영상(Video Clip) 393
예배 환경(Worship Environment) 396

제6장 설교자 399

서문: 설교자의 수행(The Preacher's Performance) 399
아프리카계 미국인 설교자의 견습 제도(African American Apprenticeship) 403
불안(Anxiety) 406

외모(Appearance) ... 407
설교자의 권위(Authority of the Preacher) ... 409
소명(Call) ... 416
인품(Character) ... 419
헌신적 삶/삶의 스타일(Devotional Life/Life-Style) ... 423
리더십(Leadership) ... 427
학습 유형(Learning Styles) ... 430
경청과 관찰 기술(Listening and Observation Skill) ... 432
장기적 설교 계획(Long-Range Sermon Planning) ... 433
수행적 언어(Performative Language) ... 436
원고 수행(Performing the Manuscript) ... 439
설교자의 창작 과정(Preacher's Creative Process) ... 444
설교자의 한 주(Preacher's Week) ... 448
흘러넘치는 설교(Preaching Out of The Overflow) ... 451
설교를 위한 연구(Sermon Research) ... 455
시간 관리(Time Management) ... 457
여성(Women) ... 460

제7장 사회적 위치   **465**

서문: 정체성과 커뮤니케이션(Identity and Communication) ... 465
이중 언어 환경(Bilingual Setting) ... 469
진로/생의 주기(Career Path/Life Stage) ... 471
협업(Collaboration) ... 474
위기(Crisis) ... 481
회중, 교단의 주해(Exegesis of the Congregation, Denomination) ... 487
자기 주해(Exegesis of Self) ... 490
성별, 인종, 민족(Gender, Race, and Ethnicity) ... 492
세계화(Globalization) ... 498
평신도 설교자(Lay Preacher) ... 501
선교적 설교(Missional Preaching) ... 503
어린이 설교(Preaching to Children) ... 508
청소년 설교(Preaching to Youth) ... 511
설교단의 사용(Pulpit, Use of) ... 515
성례전 설교 및 가르침(Sacraments, Preaching and Teaching of) ... 517
성적 지향(Sexuality) ... 518

전쟁 중 설교(War, Preaching during)   518
예배 스타일(Worship Style)   520

제8장 경험   525

서문: 다양한 세상에서의 설교(Preaching in a Diverse World)   525
아프리카계 미국인 설교의 관점(African American Preaching Perspectives)   529
부름과 응답(Call and Response)   534
경축(Celebration)   536
이머징교회 설교(Emerging Church Preaching)   537
전도 설교(Evangelistic Preaching)   539
페미니스트 관점(Feminist Perspectives)   543
성일과 휴일(Holy Days and Holidays)   546
성지 순례(Holy Land Tours)   549
성령/열정(Holy Spirit/Passion)   552
인터넷 설교 데이터베이스(Internet Preaching Databases)   556
인터넷 설교 포럼(Internet Preaching Forums)   559
유대/기독교 관점(Jewish/Christian Perspectives)   563
렉시오 콘티누아(Lectio Continua)   567
렉시오 디비나(Lectio Divina)   569
성서정과와 교회력(Lectionary and the Christian Year)   572
라디오(Radio)   579
부흥(Revivals)   583
사회 정의 네트워크(Social Justice Networks)   586
기술(Technology)   589
텔레비전(Television)   595
청소년 사역(Youth Ministry)   597

제9장 수사학   605

서문: 회중의 반응(Seeking a Response)   605
배열(Arrangement)   610
비교(Comparison)   614
정의(Definition)   616
에토스(Ethos)   617
동일화(Identification)   619

로고스(Logos) 623

기억(Memory) 625

구두/청각 의사소통(Oral/Aural Communication) 628

파토스/감정(Pathos/Feeling) 632

설득(Persuasion) 635

수사적 장치(Rhetorical Devices) 639

스타일(Style) 643

기술과 설교(Technology and the Sermon) 647

제10장 설교　　　　　　　　　　　　　　　　　　　　　651

서문: 들리는 설교(Seeking to Be Heard) 651

결론(Conclusions) 655

대화적 설교(Conversational Preaching) 656

매일 설교(Daily) 658

연역적 설교(Deductive) 661

전달(Delivery) 665

교리적 설교(Doctrinal) 665

주해식 설교(Exegetical) 669

강해 설교(Expository) 672

타락한 모습에 집중(Fallen Condition Focus) 676

네 페이지 설교(The Four Pages of the Sermon) 676

장례 설교(Funeral) 679

귀납적 설교(Inductive) 687

도입(Introductions) 690

원고(Manuscript) 693

미스타고지 설교(Mystagogical Preaching) 696

내러티브 양식(Narrative Form) 697

새로운 설교학(New Homiletic) 700

시학(Poetics) 705

대지 설교(Point Form) 705

대중 심리학과 설교(Popular Psychology and Preaching) 709

설교 준비(Preparation) 713

예언자적 설교(Prophetic Message) 717

청교도적 평이한 스타일 설교(Puritan Plain Style) 720

수사학(Rhetoric) 722

구도자 메시지(Seeker Messages)	722
선포로서의 설교(Sermon as Proclamation)	726
시리즈 설교(Sermon Series)	730
교회 정체성을 형성하는 설교(Shaping Congregational Identity)	733
특별한 날을 위한 설교(Special Occastion)	735
가르치는 설교(Teaching)	737
간증 설교(Testimonial)	741
빅 아이디어 설교(The Big Idea)	743
주제 설교(Topical)	745
구절별 강해 설교(Verse by Verse)	747
결혼 설교(Wedding)	747
메모 없는 설교(Without Notes)	752

제11장 신학 756

서문: 말씀의 전달자(Bearer of the Word)	756
인류학(Anthropology)	761
권위(Authority)	768
기독론(Christology)	775
교리와 성경 본문(Doctrine and Biblical Texts)	782
교회론(Ecclesiology)	789
종말론(Eschatology)	795
성령과 설교(Holy Spirit and Preaching)	802
선교학(Missiology)	809
안수(Ordination)	817
계시(Revelation)	823
죄와 악(Sin and Evil)	829
구원론(Soteriology)	837
조직신학, 구성신학(Systematic, Constructive Theology)	844
설교 안의 신학(Theology in the Sermon)	850
선포의 신학(Theology of Proclamation)	856
삼위일체(Trinity)	863
하나님 말씀(Word of God)	871

편집자
(Editors)

책임 편집자 폴 스콧 윌슨(Paul Scott Wilson)
　　　　　　　Emmanuel College, University of Toronto 명예교수(설교학)

편집 위원 자나 칠더스(Jana Childers)
　　　　　　　San Francisco Theological Seminary 설교학 교수

　　　　　　　클레오퍼스 J. 라루(Cleophus J. LaRue)
　　　　　　　Princeton Theological Seminary 설교학 교수

　　　　　　　존 M. 로트만(John M. Rottman)
　　　　　　　Calvin Theological Seminary 설교학 교수

책임 기획 존 F. 쿠츠코(John F. Kutsko)
　　　　　　　Abingdon Press 기획감독
　　　　　　　Atla 전무이사

편집 고문 로버트 A. 래트클리프(Robert A. Ratcliff)
　　　　　　　Abingdon Press 편집 고문

역자
(Translators)

최진봉
장로회신학대학교 예배설교학 교수

주교돈
장로회신학대학교 예배설교학 조교수

이상규
협성대학교 예배설교학 초빙교수, 평택대학교 예배설교학 외래교수

구아름
실천신학대학원대학교 설교학 조교수, 서울장신대학교 예배설교학 객원교수

기고자
(Contributors)

웨슬리 앨런 주니어(O. Wesley Allen Jr.)
Lexington Theological Seminary 설교학 교수

로날드 알렌(Ronald J. Allen)
Christian Theological Seminary 설교학 교수

데일 앤드류(Dale P. Andrews)
미국 Boston University, School of Theology
설교학 교수

제프리 아서스(Jeffrey D. Arthurs)
Gordon-Conwell Theological Seminary 설교와 커뮤니케이션 교수

레이몬드 베일리(Raymond Bailey)
Seventh & James Baptist Church 담임목사

데이비드 바틀렛(David L. Bartlett)
Columbia Theological Seminary 설교학 교수

캐시 바튼(Casey Barton)
School of Theology 박사 과정 중

찰스 L. 바르토우(Charles L. Bartow)
Princeton Theological Seminary 커뮤니케이션 교수

다이앤 베르간트(Dianne Bergant C.S.A.)
Catholic Theological Union 명예교수(구약학)

데이브 L. 블랜드(Dave L. Bland)
Harding University Graduate School of Religion
설교학 교수

찰스 E. 부샤드(Charles E. Bouchard, O.P.)
Aquinas Institute of Theology 총장

랄프 T. 바우마(Rolf T. Bouma)
University of Michigan 환경과학과 교수

마이클 브라더스(Michael A. Brothers)
Princeton Theological Seminary 설교와 커뮤니케이션 교수

캐롤린 C. 브라운(Carolyn C. Brown)
기독교 교육사(Certified Christian Educator)

셀리 브라운(Sally A. Brown)
Princeton Theological Seminary 예배설교학 교수

제프리 F. 불록(Jeffrey F. Bullock)
University of Dubuque 총장

기고자

찰스 L. 캠벨(Charles L. Campbell)
Columbia Theological Seminary 설교학 교수

윌리엄 칼 3세(William J. Carl III)
Pittsburgh Theological Seminary 설교학 교수

제리 카터(Jerry Carter)
Calvary Baptist Church 담임목사

브라이언 채플(Bryan Chapell)
Covenant Theological Seminary 실천신학 교수

자나 칠더스(Jana Childers)
San Francisco Theological Seminary 설교학 교수

제임스 M. 차일즈 주니어(James M. Childs Jr.)
Trinity Lutheran Seminary 조직신학 교수

린다 리 클레이더(Linda Lee Clader)
Church Divinity School of the Pacific and the Graduate 설교학 교수

로버트 코노버(Robert E. Conover)
Presbytery of the Redwoods 사무장

로버트 쿠테(Robert B. Coote)
San Francisco Theological Seminary and the Graduate Theological Union 구약학 교수

데이비드 데이비스(David A. Davis)
Nassau Presbyterian Church 담임목사

스콧 K. 데이비스(Scott K. Davis)
Lehigh Valley Hospital and Health Network 임상목회 교육감독관

켄다 크리지 딘(Kenda Creasy Dean)
Princeton Theological Seminary 청소년/교회/문화 교수

마크 드브리스(Mark DeVries)
Youth Ministry Architects 대표

토마스 도즈만(Thomas B. Dozeman)
United Theological Seminary 구약학 교수

마이클 두두이트(Michael Duduit)
Preaching Magazine 발행인
Graduate School of Ministry at Anderson University 기독교 교육학 교수

패트리샤 더쳐-월스(Patricia Dutcher-Walls)
Vancouver School of Theology 히브리 성경 교수

테리 W. 에딩어(Terry W. Eddinger)
Carolina Evangelical Divinity School 구약학 교수

O. C. 에드워즈 주니어(O. C. Edwards Jr.)
Seabury-Western Theological 명예교수(설교)

데이비드 알버트 파머(David Albert Farmer)
Silverside Church 담임목사
Palmer Theological Seminary 외래교수(설교)

스티븐 패리스(Stephen Farris)
캐나다 St. Andrew's Hall 설교학 교수

고든 D. 피(Gordon D. Fee)
Regent College 신약학 교수

피터 W. 플린트(Peter W. Flint)
Trinity Western University 성경학 교수

스콧 M. 깁슨(Scott M. Gibson)
Gordon-Conwell Theological Seminary 설교학 교수

켄야타 길버트(Kenyatta R. Gilbert)
Howard University School of Divinity 설교학 교수

프란시스코 하비에르 고이티아 -파디아
(Francisco Javier Goitía-Padilla)
Iglesia Luterana Del Buen Pastor 목회자
Evangelical Seminary of Puerto Rico 조직신학·설교학 교수

마이크 그레이브스(Mike Graves)
Saint Paul School of Theology 명예교수(설교)
Greater Kansas City Christian Church 담임목사

데이비스 그린하(David M. Greenhaw)
Eden Theological Seminary 총장

조엘 C. 그레고리(Joel C. Gregory)
George W. Truett Theological Seminary
설교와 전도학과 학장

시드니 그레이다누스(Sidney Greidanus)
Calvin Theological Seminary 명예교수(설교)

데이비드 P. 거쉬(David P. Gushee)
McAfee School of Theology 기독교 윤리학 교수

아담 해밀턴(Adam Hamilton)
The United Methodist Church of the Resurrection 담임목사

폴 핸선(Paul D. Hanson)
Harvard University 설교학 교수

리처드 B. 헤이스(Richard B. Hays)
The Divinity School 명예교수(신약학)

수잔 K. 헤다(Susan K. Hedah)
Gettysburg Lutheran Theological Seminary 설교학 교수

그레고리 헤일, O.P.(Gregory Heille, O.P.)
Aquinas Institute of Theology 설교와 전도학 교수

알프레드 J. 휄스(Alfred J. Hoerth)
Wheaton College 명예교수(고고학)

루시 린드 호간(Lucy Lind Hogan)
Wesley Theological Seminary 예배설교학 교수

존 홀버트(John C. Holbert)
Perkins School of Theology 설교학·구약학 교수

데이비드 E. 홀베르다(David E. Holwerda)
Calvin Theological Seminary 명예교수(신약학)

로버트 R. 하워드(Robert R. Howard)
Louisville Presbyterian Theological Seminary 명예교수(신학 교육)

제임스 C. 하웰(James C. Howell)
Myers Park United Methodist Church 담임목사

메리 S. 헐스트(Mary S. Hulst)
Calvin Theological Seminary 설교학 교수

F. 헤릿 임밍크(F. Gerrit Immink)
Protestant Theological University 설교학 교수

기고자

데이비드 슈나사 제이콥슨(David Schnasa Jacobsen)
Waterloo Lutheran Seminary 설교학 교수

조셉 R. 제터 주니어(Joseph R. Jeter Jr.)
Brite Divinity School 설교학 교수

파블로 지메네즈(Pablo A. Jiménez)
Chalice Press 편집 고문

셰릴 브리지스 존스(Cheryl Bridges Johns)
Church of God Theological Seminary 외래교수(오순절 연구)

제임스 F. 케이(James F. Kay)
Princeton Theological Seminary 예배설교학 교수

마이클 P. 놀즈(Michael P. Knowles)
McMaster Divinity College 설교학 교수

폴 E. 콥탁(Paul E. Koptak)
North Park Theological Seminary 명예교수

헨리 랑크네히트(Henry J. Langknecht)
Trinity Lutheran Seminary 설교학 교수

클레오퍼스 J. 라루(Cleophus J. LaRue)
Princeton Theological Seminary 설교학 교수

토마스 롱(Thomas G. Long)
Candler School of Theology 설교학 교수

제니퍼 L. 로드(Jennifer L. Lord)
Austin Presbyterian Theological Seminary 설교학 교수

데이비드 J. 로스(David J. Lose)
Lutheran Theological Seminary 총장

유진 L. 라우리(Eugene L. Lowry)
Saint Paul School of Theology 명예교수(설교)

바바라 K. 룬드블라드(Barbara K. Lundblad)
Union Theological Seminary 명예교수(설교)

던컨 맥퍼슨(Duncan Macpherson)
University of Wales 설교학 객원 교수
College of Preachers (UK) 설교 지도 교수

부르스 J. 말리나(Bruce J. Malina)
Creighton University 신약학 교수

레이 존 마렉, O.M.I (Ray John Marek, O.M.I.)
Oblate School of Theology 종교학 교수

J. 클린튼 매칸 주니어(J. Clinton McCann Jr.)
Eden Theological Seminary 성경해석학 교수

존 S. 맥클루어(John S. McClure)
The Divinity School, Vanderbilt University 설교학 교수

앨리스 M. 맥켄지(Alyce M. McKenzie)
SMU Perkins School of Theology 예배설교학 교수

마빈 A. 맥미클(Marvin A. McMickle)
Antioch Baptist Church 원로목사

헨리 H. 미첼(Henry H. Mitchell)
Colgate-Rochester-Crozer Divinity School 명예교수(설교학)

윌리엄 S. 모로우(William S. Morrow)
Queen's University 히브리 성경 교수

브렌던 모스, O.S.B.(Brendan Moss, O.S.B.)
St. Meinrad School of Theology 종교 교육 교수

마크 T. 뉴먼(Marc T. Newman)
MovieMinistry.com 대표

제임스 R. 니만(James R. Nieman)
Hartford Seminary 실천신학 교수

제임스 A. 노엘(James A. Noel)
San Francisco Theological Seminary
미국종교학 교수

데니스 T. 올슨(Dennis T. Olson)
Princeton Theological Seminary 구약학 교수

데보라 A. 올간(Deborah A. Organ)
The Saint Paul Seminary School of Divinity
설교학 교수

유진 응천 박(Eugene Eung-Chun Park)
San Francisco Theological Seminary 신약학 교수

에이미 플랜팅가 파우(Amy Plantinga Pauw)
Louisville Presbyterian Seminary 역사신학 교수

메리 마가렛 파즈단(Mary Margaret Pazdan)
Aquinas Institute of Theology 성경학 교수

코넬리우스 플란팅가 주니어(Cornelius Plantinga Jr.)
Calvin Theological Seminary 조직신학 교수

루크 파워리(Luke A. Powery)
Princeton Theological Seminary 설교학 교수

B. 키스 풋(B. Keith Putt)
Samford University 철학 교수

마이클 퀵(Michael J. Quicke)
Northern Baptist Theological Seminary 설교학 교수

G. 리 램지 주니어(G. Lee Ramsey Jr.)
Memphis Theological Seminary 목회신학, 설교학 교수

바바라 E. 레이드(Barbara E. Reid)
Catholic Theological Union 신약학 교수

로버트 S. 레이드(Robert S. Reid)
University of Dubuque 명예교수(커뮤니케이션)

안드레 레스너(André Resner)
Hood Theological Seminary 예배설교학 교수

찰스 L. 라이스(Charles L. Rice)
Emeritus, Drew University 명예교수(설교학, 목회돌봄)

신시아 L. 릭비(Cynthia L. Rigby)
Austin Presbyterian Theological Seminary 신학교수

제프리 S. 로저스(Jeffrey S. Rogers)
First Baptist Church 담임목사

토마스 G. 로저스(Thomas G. Rogers)
Pacific Lutheran Theological Seminary 설교학 교수

기고자

존 M. 로트만(John M. Rottman)
Calvin Theological Seminary 설교학 교수

텍스 S. 샘플(Tex S. Sample)
Saint Paul School of Theology 교회와 사회 교수

클래이튼 J. 슈미트(Clayton J. Schmit)
Fuller Theological Seminary 설교학 교수

쿠엔틴 J. 슐체(Quentin J. Schultze)
Calvin College 커뮤니케이션 교수

메리 J. 시프레스(Mary J. Scifres)
The United Methodist Church 목사

에드윈 서시(Edwin Searcy)
University Hill Congregation of the United Church of Canada 담임목사

게리 V. 심슨(Gary V. Simpson)
The Concord Baptist Church of Christ 담임목사

크리스틴 M. 스미스(Christine M. Smith)
United Theological Seminary of the Twin Cities 설교학 교수

로버트 스미스 주니어(Robert Smith Jr.)
Beeson Divinity School 설교학 교수

라켈 A. 세인트 클레어(Raquel A. St. Clair)
St. James A.M.E. Church 사역 디렉터

리처드 C. 스턴(Richard C. Stern)
Saint Meinrad School of Theology 설교학 교수

로렌스 훌 스투키(Laurence Hull Stookey)
Wesley Theological Seminary 명예교수(예배설교학)

테레사 록하트 스트릭클렌(Teresa Lockhart Stricklen)
Pittsburgh Theological Seminary 설교학 교수

바바라 브라운 테일러(Barbara Brown Taylor)
Piedmont College, Columbia Theological Seminary 영성 교수

존 V. 토른펠트(John V. Tornfelt)
Evangelical Theological Seminary 설교학 교수

토마스 H. 트뢰거(Thomas H. Troeger)
Yale Divinity School 기독교 커뮤니케이션 교수

패트리샤 K. 툴(Patricia K. Tull)
Louisville Presbyterian Theological Seminary 히브리 성경 교수

메리 도노반 터너(Mary Donovan Turner)
Pacific School of Religion 설교학 교수

하워드 A. 반더웰(Howard A. Vanderwell)
Calvin College and Calvin Theological Seminary 예배학 교수

레이몬드 C. 반 레이우엔(Raymond C. Van Leeuwen)
Eastern University 명예교수(성경학)

칼뱅 P. 반 레켄(Calvin P. Van Reken)
Calvin Theological Seminary 윤리신학 교수

아서 반 세터스(Arthur Van Seters)
Knox College, Toronto School of Theology
Toronto 명예학장(설교학 교수)

제임스 A. 월리스 C.SS.R.(James A. Wallace, C.Ss.R.)
Washington Theological Union 예배설교학 교수

리처드 F. 워드(Richard F. Ward)
Iliff School of Theology 설교학 교수

돈 M. 워드로(Don M. Wardlaw)
McCormick Theological Seminary 예배설교학 교수

조셉 M. 웹(Joseph M. Webb)
Gardner-Webb University 커뮤니케이션 교수

마이클 윌리엄스(Michael E. Williams)
First United Methodist Church 담임목사

윌리엄 H. 윌리몬(William H. Willimon)
North Alabama Conference of The United Methodist Church 실천신학 교수, 주교

폴 스콧 윌슨(Paul Scott Wilson)
Emmanuel College, University of Toronto
Toronto 명예교수(설교학)

비벌리 A. 징크-소여(Beverly A. Zink-Sawyer)
Union Theological Seminary and the Presbyterian School of Christian Education 예배설교학 교수

제1장 성경

서문: 본문의 경계와 확정 (Choosing and Delimiting The Text)

스티븐 패리스 (Stephen Farris)

기독교 설교는 성경을 본문으로 읽지만, 전통에 따라 그것을 사용하지 않거나 일절 그것과 상관없이 설교하는 경우들도 있다. 그러한 설교에도 유익이 있지만, 본서는 예배에서 성경을 읽고, 한두 개 이상의 본문으로 설교하는 데 관심을 가진다. 설교는 본문 묵상에서부터 시작된다. 여기서 중요한 것은 본문을 경계 짓고 확정하는 일인데, 이것이 설교의 중요한 첫 과제다. 본문의 경계와 확정은 성경을 책임 있게 해석하는 설교의 초기 단계다.

본문의 구분과 선정에 안일할 경우, 설교자는 본문이 전혀 의도하지 않은 바를 마치 본문이 말하려는 것처럼 제시할 수 있다. 역으로, 본문을 신중히 경계 짓고 정할 경우, 설교자는 본문에 자신의 말을 덧입히기보다는 가능한 한 본문이 말하려는 바를 드러내려 할 것이다.

설교를 위해 본문의 경계를 정하고 확정하는 일은 본문 묵상의 분리된 두 단계이면서도 그것들은 동시에 일어나기도 한다. 그러나 본 글에서는 그 두 가지를 구분해서 다룰 것이다.

첫째, 설교자는 본문을 확정해야 한다. 이를 위한 전통 방식은 설교자가 성경을 읽으면서 회중 상황이나 교회력에 부합한 본문을 발견할 때까지 찾는 방식이다. 이런 방식이 가진 잠재적 이점은 현시점의 상황에 응답하려는 본문을 찾을 수 있다는 것이고 성령이 역사하실 수 있는 여지를 가질 수 있다는 점이다(그런데도 성령은 더욱 체계적인 방식을 통해서도 역사하신다).

그러나 실제로 설교자는 여러 후보군 사이에서 시간을 소모하거나, 아니면 자신에게 익숙하거나 자신이 말하고자 하는 바를 지지하는 본문을 선택하게 된다. 그런 일이 반복되면, 설교자는 자신이 이미 알고 있거나 믿고 있는 바에 쏠린 자신만의 축소된 성구 체계에 의존할 가능성이 크다.

이보다 더욱 나은 방식은 여러 교회에서 사용하는 성구집, 일명 개정공동성서정과(*Revised Common Lectionary*)의 안내를 따르는 것이다(성서정과와 교회력 참고). 성서정과(교회력에 맞춰 만든 성경 읽기표, 성경 통독표를 말한다)는 매주 예배와 설교를 위한 세 개의 본문(시편 별도)을 제공하는 성구 체계다.

성서정과는 본문 배정과의 연결에 있어 한계가 분명하다. 그러나 그것은 적어도 광범위하고 다양한 본문을 나름의 기준으로 균형 있게 제시하고 있고, 그것에 기초한 기독론과 교회력 신학은 체계화될 수 있는 그 어떤 체계들 못지않게 유용한 이점을 가지고 있다.

많은 경우 성서정과는 단순히 신구약 내 독서를 선택하도록 안내하는 도구로 사용되지만, 성서정과에 기초한 설교가 갖는 장점은 여러 가지로 많다. 그중 하나로 설교자는 다가오는 주일을 앞두고 성경 전체를 이리저리 헤매며 다급하게 시간을 소모할 필요가 없게 된다. 더군다나 성서정과는 설교자에게 낯설고 그가 원치 않는 본문까지도 연구하고 설교하도록 안내할 수 있다.

이처럼 설교자가 생소한 본문을 다루는 영적 도전을 받을 때, 그것은 설교자를 보다 깊은 빛과 진리의 차원으로 이끌어 준다. 설교자는 성서정과를 활용한 다양한 설교자료들을 도서와 잡지, 인터넷을 통해 접할 수 있다. 그러한 매체들은 기도를 비롯해 예배의 다른 순서들과 어린이들을 위한 교육과 예배를 위한 찬양곡도 안내해 준다. 나아가 교회 교육을 위한 커리큘럼도 성서정과에 기반하기도 한다.

여러 교회에서 소그룹으로 성서정과 공부반이 있고, 지역교회만으로 어려운 경우는 온라인으로 얼마든지 그 내용을 접할 수 있다. 성서정과에 기반한 설교 자원들은 놀랄 정도로 넘쳐난다.

그러나 최종적 선택은 여전히 설교자의 몫이다. 설교자가 그날의 설교를 위해 성서정과의 네 가지 본문(시편 포함) 가운데 하나를 본문으로 삼을 수도, 또는 두 가지, 혹 그 이상의 본문들을 서로 연결하여 설교할 수도 있다. 이 가운데 네 개의 본문들을 모두 연결하여 설교하는 것은 매우 어려운 작업이다. 그들 가운데 모이는 연결점들은 종종 자연스럽지 않을 때도 있다. 더군다나 상대적으로 시간이 제한된 설교에서 네 개의 본문을 모두 다룬다는 것은, 바꿔 말해 그 모든 본문을 충분히 다루지 못한다는 뜻이기도 하다.

그러나 적어도 두 개의 본문 간에는 평이하고 설득력 있어 보이는 연결점을 발견하게 된다. 그들 간의 연결점을 다룰 때 설교의 깊이는 더해진다. 그런데도 일반적으로 네 개 중에 하나의 본문으로 설교한다. 그런 경우, 어떤 전통에서는 설교 본문으로 복음서를 선택할 것을 요구하기도 한다. 그러나 복음서만을 본문으로 선택할 경우 회중은 성경의 다른 부분들을 간과할 수 있다.

그렇게 되면 설교자는 오늘날의 마르시온주의자가 될 수 있다. 마르시온(Marcion)은 2세기의 기독교 이단자로서 구약의 권위를 인정하지 않았다. 설교가 성경의 한 부분이나 다른 어느 곳을 배제할 때, 결과적으로 성경이 지닌 권위를 부정하게 된다. 시편의 경우, 성서정과 자료집들도 간과하곤 하는데, 시편은 인간 감정을 숨김없이 드러내고 그것을 불편할 정도로 직설적으로 표현하곤 한다. 그렇기에 시편은 놀랄 만한 설교의 자원이 되기에 충분하다.

둘째, 본문 확정에 있어 성서정과 외에 또 다른 체계적인 방법을 생각할 수 있다. 그것은 연속적 읽기, 곧 '렉시오 콘티누아'(Lectio Continua)이다. 이것은 고대 교회와 그 이전 유대교 회당에서부터 내려오는 유산이다(비록 신약 시대의 회당과 그보다 앞선 시대에 성경을 읽어 간 방식을 특정할 수 없지만, '연속적 읽기'가 일반적인 방식이었을 것이 분명하다).

연속적 읽기는 성경의 순서대로 성경을 읽고 설교하는 방식을 일컫는다. 이 방식은 교회가 성경의 경전적 맥락에 따라 설교하는 본문을 들을 수 있도록 한다. 이 경우 성경은 언제나 그것의 문맥과 관련하여서 읽히고 해석되게 된다. 성서정과의 경우, 예배자들은 각 본문을 그날의 다른 본문들과 관련하여 큰 소리로 읽고 듣기에 그 연결된 체계 안에서 자체의 흐름을 갖는다.

그러나 성서정과의 방식은 구약 본문을 다루기에는 적합지 않을 수 있다. 왜냐하면, 구약 본문은 성서정과의 기독론적 맥락 안에서 급진적으로 재해석되는데, 그것이 항상 최상의 방식은 아니다. 구약 본문이 그것 자체의 문맥 안에서 정당하고 일관되게 다루어지기 위해선 때때로 그것이 성서정과로부터 거리를 둘 필요가 있다.

성경의 '연속적 읽기'가 설교자에게 주는 또 다른 이점은 연속되는 여러 번의 설교를 통해 매번 본문의 배경과 맥락의 이해를 위해 들여야 할 시간과 에너지를 줄일 수 있다는 것이다.

'연속적 읽기'는 회중에게 성경에 대한 지식과 존경심을 고무시키곤 한다. 교회력의 어떤 성서정과에는 연속적 읽기의 독서가 포함되기도 한다. 그러한 경우, 연속적 읽기의 유익에 성서정과의 이점이 더해지게 된다.

설교자는 또한 신앙의 주요 교리들을 가지고 연속적으로 읽어 갈 본문을 확정할 수 있다. 여기에는 사도신경이나 그 밖의 요약된 기독교 신조가 사용될 수 있다. 어떤 설교자들은 인간의 필요 상황이나 그날의 질문들, 또는 당시 사회적 이슈들에 따라 본문을 고르기도 한다. 결국, 연속적 설교를 위해 본문을 배정하는 가능한 원칙들은 설교자의 창의적인 역량에 의존한다.

그러나 어떤 경우에라도 설교자에게 본문 선정은 부차적이다. 왜냐하면, 본문이 선정되는 주된 기준은 그날의 주제이기 때문이다. 이런 방식의 일반적인 예는 특정 구절이나 구절의 한 부분을 본문으로 하는 것으로서 그 본문 자체를 설교하기보다는 그 구절에서 발견되는 교리를 설교하는 것이다.

그런 설교의 경우, 설교자는 그 구절이 속한 경전적 맥락을 신중히 다루기보다는 성경 전체에 걸쳐 동일한 교리적 주제를 다루는 여타의 구절을 찾아 이동해 간다. 교리적 설교는 대체로 성경을 그런 용도로 사용하곤 한다. 그런데 광범위한 성경의 맥락 안에서 특정 주제만을 언급하는 설교는 성경적 설교가 아니라는 이해는 성경적 설교에 대한 협소한 이해이다. 설교에서 설명되는 교리는 본문의 주요 관심사이지, 지나가면서 잠깐 언급되는 어떤 것이 아니다.

여기에서 설교자의 과제는 그가 본문의 뜻을 제대로 포착했는가이다. 왜냐하면, 거기에서부터 설교의 교리적 성찰이 시작되기 때문이다. 조직신학에서처럼 설교에서도 좋은 교리는 언제나 좋은 주석에서 얻어지는 법이다.

설교를 위한 본문이 확정되면, 그 범위의 경계가 한정되어야 한다. 설교자가 성서정과를 엄격하게 고수하지 않는다면, 그는 설교의 본문이 어디서 시작해서 어디에서 끝날 것인지를 판단해야 한다. 공관복음서나

제1장 성경

선지서와 같이 본문의 구간(periscope)이 명시적으로 정해져 있는 경우, 그 구간이 일반적으로 설교를 위해 읽힐 본문이 되어야 한다.

본문의 구간은 기적 설화, 심판 이야기, 비유, 탄식시와 같은 본문의 양식으로 판단될 수 있다. 그러한 경우, 본문의 경계 한정은 상대적으로 어렵지 않다. 그러한 본문은 일반적으로 분명한 시작 절과 끝 절을 갖는다. 설교자는 그 구간을 존중해야 한다. 그 외 설교자는 성경 내에 다양한 구간 표시들을 발견할 수 있다. 어떤 시점에 대한 표시가 본문의 시작에서 나타날 수 있는데, 예를 들어, "안식일 날에" 혹은 단순히 "그 때"와 같다. 또는 장면이나 인물, 또는 관심 주제의 변화도 그 표시가 된다.

만일 본문이 어떤 이야기라면, 설교자는 그 이야기 내의 문제(problem), 고조되는 긴장점(increasing tension), 대단원(denouement)과 같은 플롯의 특징을 쉽게 목격할 수 있다. 그러한 특징들이 구절에서 보일 경우, 설교자는 이야기의 시작에서 본문을 시작하여 중간에 어떤 건너뜀 없이 진행하여 그 이야기가 끝나는 지점에서 본문 봉독을 끝내면 된다.

때때로 본문의 범위는 바울의 서신이나 권면의 교훈들에서처럼 유동적이고 명확하지 않다. 그와 달리, 요한복음의 이야기 같은 경우, 본문의 범위는 상대적으로 분명하지만, 개별 이야기의 단위가 너무 길어서 대부분 예배 현장에서 큰 소리로 봉독하기가 어렵다. 이를 위한 실제 고려 사항은 해석의 일관성을 간과하지 않으면서도, 이야기 자체로서 그것이 갖는 특성을 살리는 것이다.

현명한 설교자는 청중의 이해력의 한계를 감안한다. 설교자는 여기서 '읽히는 본문'(read text)과 '효과적인 본문'(effective text) 사이의 차이를 구분할 수 있다. '읽히는 본문'이란 예배 현장에서 큰 소리로 읽히는 본문을 뜻하지만, '효과적인 본문'은 실제로 설교하는 본문을 뜻한다. 이 두 가지는 중첩되지만, 동일시될 필요는 없다. 다소 난해한 본문의 경우, 설교는 본문의 한 측면을 정합하게 집중할 수 있다.

또는 설교는 이웃한 전후 본문 간의 연결점이나, 같은 책 내의 본문들을 엮어 주는 공통된 주제에 집중하여 설교해 갈 수 있다. 어떤 경우에는, 전체 이야기를 새롭게 이야기하지 않고서는 그 긴 이야기 내의 특정 구절을 설교하기가 어려운 예도 있다. 예를 들어, 설교자는 다윗왕을 향한 나단 선지자의 책망을 다윗과 밧세바의 이야기를 말하지 않고서는 설교할 수 없다.

여기서 원칙은 설교자가 봉독한 본문에 엄격하게 매일 필요가 없다는 것이다. 교회의 역사에서 실제로 설교하는 효과적인 본문은 한 절 또는 본문의 한 부분이 경우가 많았다. 오늘날 설교의 효과적인 본문은 읽힌 본문의 길이에 맞춰 점점 더 길어지고 있는 편이다.

이러한 문제는 설교를 다시 성서정과로 되돌린다. 성서정과의 가장 취약한 점은 그것이 본문을 한정하는 방식에 있다. 성서정과는 본문의 한 부분이나 심지어 한 구절의 어느 부분조차 생략하곤 한다. 그와 동시에 성서정과는 이야기의 마지막 장면을 떼어 내기도 한다. 이러한 절단은 종종 난해한 구절인 경우가 많다. 그러한 구절들은 분노나 증오, 자기의 혹은 아마도 반유대주의 감정을 담고 있을 수 있다.

그러나 그러한 문제를 제거하는 것은 본문을 왜곡시킬 뿐만 아니라, 설교적으로도 재앙을 가져오게 된다. 오히려 설교자들은 그러한 난해함을 통해 본문과 긴밀히 연결될 수 있다. 여러 설교학 이론가들은 본문 내의 문제점을 파악하는 것은 효과적 설교에서의 가장 첫 번째 과제임을 강조한다. 여기에 더해 설교자가 오늘의 세상에 있는 분노, 증오, 또는 자기 의를 언급해야 한다면, 오히려 그러한 부분을 고대 경전에서 떼어 내지 않는 것이 가장 필요한 일일 것이다.

성경을 일률적이고 명료하게 다듬는 것은 성경을 무미건조한 것으로 만들어 놓는다. 본문 내의 난해하거나 불편한 감정들을 다루는 방안은 그 본문을 단순히 편집하는 것이 아닌, 그 본문을 이해하려는 자세에 있다. 교회 전통이 성서정과와 관련하여 어느 정도의 자유를 허락한다면, 설교자는 그러한 절단된 부분들을 복구해 볼 만하다. 반면, 전통이 성서정과를 그대로 따를 것을 요구한다면, 설교자는 설교의 효과적인 본문에 그 생략된 부분을 포함할 수는 있을 것이다.

설교자가 성서정과를 사용하든 그렇지 않든 본문의 구간 확정에 있어 주의해야 할 것은 설교자의 임의적이거나 주관적인 분절이 야기할 수 있는 본문에 대한 왜곡이다. 설교를 위한 본문 선정과 범위의 한정은 성경 해석의 다른 모든 차원과 같이 과학이나 수학이 아닌 예술적 작업이다. 우리는 그 과정을 정당하고 옳게 수행할 수 있는 확실한 길을 제시할 수 없다. 그러나 어떤 것이 부적절하고 그릇된 방식인지는 보다 분명하게 나타날 것이다.

참고 주제 교리적 설교; 주해; 네 페이지 설교; 성서정과와 교회력; 주제 설교

참고 문헌 Stephen Farris. *Preaching That Matters: The Bible and Our Lives*.(1998); Eugene Lowry. *Living with the Lectionary: Preaching Through the Revised Common Lectionary*.(1992).

❖   ❖   ❖   ❖

아프리카계 미국인 성경 해석(African American Biblical Interpretation)

데일 앤드류(Dale P. Andrews)

설교를 위한 성경 해석의 과제는 아프리카계 미국인 교회의 사명과 목회 사역을 규정하는 그들의 핵심적인 신앙고백들을 포함하고 있다. 아프리카계 미국인 설교의 전통은 대부분의 기독교 전통들이 그런 것처럼, 권위에 대한 확고한 신뢰가 성경 본문과 신적 영감에 대한 그들의 신학적 주장의 한가운데 자리해 있다. 성경은 역사적이면서도 교회의 신중한 식별을 요하는 신적 계시에 의한 초역사적 축적물이다.

신적 영감은 설교라는 특수한 행위와 관련되는 권위적 계시로 기능하고, 그것은 설교 행위만이 아닌 설교 준비 과정에 깊이 관계한다. 하나님이 설교 현장에 임하여 활동하신다는 신학적 확신은 성경의 신적 영감에 대한 그들의 강한 신앙을 비춰 준다.

그들에게 설교는 오늘의 삶을 위해 성경을 해석해 가는 행위이다. 여기에 설교자들을 위한 중요한 질문들이 제기된다.

교회가 여러 위기에 대한 응답으로 세워졌든, 인간과 연합하는 하나님에 대한 신앙의 전통에서 나왔든, 아프리카계 미국인 교회는 성경 해석을 그들만의 독특한 경험이나 그들이 당한 삶의 위급성에 대한 응답으로 접근해 간다. 아프리카계 미국인 설교의 해석학은 적어도 성경 본문을 다루는 지배적인 두 가지 방법 위에 세워진다.

첫째, 하나님의 섭리하시는 방식을 분별한다.
둘째, 우리의 삶의 중심에 임하시는 하나님의 임재를 분별한다.

이 두 가지는 미국인 설교가 목회적이면서 예언자적일 수 있는 변증적 성격을 갖도록 하는데, 그들에게 설교는 하나님의 말씀을 함께 나누고 그분의 이야기를 들려주는 행위이다. 성경이 하나님의 말씀인 이유는, 그것이 인간의 역사에 개입하시는 하나님의 활동을 증언하는 이야기이기 때문이다. 성경은 하나님의 성품과 신실하심을 증언하는 말씀이다.

아프리카계 미국인 설교에서 성경이 지니는 힘은 그것이 살아 있는 하나님의 말씀이라는 데 있다. 손에 익은 현대 주석학 연구의 주요 방법론들(역사, 자료, 문학, 수사비평 등)을 사용해, 우리는 설교에서 성경의 하나님을 만난다. 왜냐하면, 그것은 우리의 역사에 개입해 들어오시는 하나님의 자기 계시 때문이다. 성경은 하나님의 사람들 한가운데서 활동하는 하나님의 말씀으로서 스스로의 유산과 미래를 가지고 있다.

교회가 형성되는 데 있어 인간 경험이 차지하는 위치는 아프리카계 교회만의 특성이 아니다. 그래서 성경 해석에 있어 아프리카계 미국인들의 경험이 시작부터 과장되어서는 안 된다.

"흑인들의 인간성(humanity)이나 그들의 공동체는 어떻게 하나님을 찾으며 그분께 응답하고 있는가?"

이런 질문은 예언적이면서도 동시에 상당히 목회적이다.

목회적 관점에서 볼 때, 성경 해석의 중심 과제는 신앙적 정체성을 발달시키는 데 있다. 목회적 설교자는 신앙인과 구도자들의 삶에 성경의 의미를 밝혀 주고 그들의 삶을 형성해 주는 데 깊이 헌신된 사람이다. 이러한 부분을 생각할 때, 설교의 과제는 신학적 교리나 역사적 전통, 신앙적 상징들을 해석하는 일을 포함해야 한다. 왜냐하면, 그것이 사람들의 삶을 연결하고 그를 통해 신앙공동체를 형성해 주기 때문이다.

그런데도 설교자의 목회적 지도력은 제자도를 위한 틀을 구축하는 데 제한되지 않는다. 그것은 위기의 국면에 놓인 우리에게 도전을 주는 근원적 질문들을 다루기도 한다. 그뿐만 아니라, 아프리카계 미국인 설교는 모든 인류 사회를 돌보시는 하나님의 이야기를 들려주려 한다.

그리고 그것이 특수한 삶의 상황에 있는 우리에게 신앙의 정체성을 표현할 언어를 제공해 준다. 아프리카계 미국인 설교에서 이야기 설교(storytelling)는 성경 해석과 관련하여 중요한 목회적 임무를 수행한다. 이 이야기 설교는 공동체 안에 모인 개인들의 삶에 하나님의 구속 역사를 재구성해 주어야 한다. 이런 차원에서 이야기 설교의 과제는 의미 생산 과정에서 우리의 삶을 해석해 내는 것이다. 설교 행위는 자체적으로 대화적 성격이 있으므로 삶의 의미와 공동체의 필요를 위한 우리의 분투에 집중하지 않을 수 없다.

한편, 예언자적 관점에서 보면, 성경 해석의 중심 과제는 설교라는 실천을 의미와 관계의 차원으로 더욱 깊게 넓혀가는 데 있다. 인류를 돌보고 그들의 필요에 응답하는 하나님은 개인적이면서 동시에 공동체적이다. 교회는 신앙공동체로서 개인 신자 못지않은 소명이 있다. 바꿔 말해, 예언자적 설교는 인간 필요의 사회적 상황과 인류공동체를 향한 하나님의 돌보심을 언명하려고 한다.

예언자적 목회는 그러한 하나님의 돌보심에 따라 세상에 관여하는 것이다. 그러한 하나님의 돌보심이 곧 세상에 드러내시는 하나님의 자기 계시의 증거이다. 하나님의 자기 계시라고 말할 수 있는 것은 하나님이 신앙공동체를 통해 인간 사회와 함께하시는 그분을 이야기하기 때문이다. 교회의 형성과 별개로, 하나님의 이야기는 세상과 만나시고, 세상을 돌보시는 하나님의 이야기이다. 설교를 위한 성경 해석은 그 세상과 만나고 그 세상을 돌보시는 하나님의 역사에 참여하는 것이다. 하나님의 이야기를 통한 세상 돌봄은 정의를 통한 자유와 고통으로부터의 보호를 추구한다.

아프리카계 노예들과 초기 북미의 흑인들은 자신들이 폭력적 노예제와 서구 사회의 인종 차별주의에 희생양이 된 것에 대해 즉각적인 재해석을 내놓아야 했다. 그래서 신학적 세계관의 핵심은 한때 인종 간 충돌에 집중되었고 그 중심엔 인류와 함께하시는 하나님의 사랑과 공감의 관점에서 아프리카계 흑인들의 역사를 재해석해야 했다. 아프리카의 구두전승 민요나 신성화된 조상 제사, 잠언적 지혜, 그리고 종교 의례들이 멸절되면서, 성경은 신학적 세계관과 영적 가치들을 제공하는 근거로서 인식되게 되었다.

간단히 말해, 히브리 경전의 조상 제사의 서사와 지혜 문학, 그리고 기독교인의 성경의 복음서 서사는 모두 아프리카계 미국인의 노예 역사를 해석하고, 서구 기독교를 재해석하는 데 필수적이었다. 아프리카계 북미 미국인 설교는 성경적 전통과 신앙의 거룩한 유산을 간직해 온다. 성경은 그것의 역사적이고 구두전승적 문화와 함께 살아 있는 하나님의 말씀으로 간주했다.

성경과 아프리카계의 뚜렷한 구두전승 문화와 영성 간에 존재하는 연속성은 아프리카 노예들과 초기 아프리카계 미국인들에게 그들에 대한 교육 금지와 문맹 정책이 야기시킨 차별을 개선할 수 있게 한 기반이 되었다. 아프리카계 미국인들은 예배에서 성경에 대한 구두적이고 청각적인 만남을 통해 성경의 서사와 교훈들을 배우고 재해석할 수 있었다. 그들의 성경 해석은 성경의 중심적 서사와 신앙적 주제들을 영가를 부르는 것만이 아닌, 설교 행위를 위한 의미의 틀로 변환하고자 한 것이었다. 그리고 그것은 압제당하는 하나님의 백성들을 향한 하나님의 신실하심과 관계된 일이었다.

아프리카계 미국인 설교의 성경 해석을 이해하는 해석학적 열쇠는 두 가지다. 그것은 흑인의 전인성이 지닌 인격적 특성과 하나님의 해방과 사회적 정의의 가치를 붙드는 동료애 또는 공동체적 감수성이다.

아프리카계 미국인 설교는 성경적이고 신학적인 핵심 교리들에 기초하여 자신들의 삶을 하나님의 말씀으로 해석해 간다. 그들을 지탱하는 핵심 교리들은 하나님의 형상으로 지어진 창조, 출애굽과 노예 해방, 흑인들의 고초와 연대하는 예수님의 고난, 구원과 회심의 복음, 그리고 영원한 하나님 통치의 침입과 같은 사건들로 증언되는 하나님의 주권과 역사적 개입이 그것이다.

그들은 성경 해석을 통해 그들의 신앙을 재해석하고 교회를 도전해 왔다. 그렇게 함으로써 아프리카계 미국인 설교는 개인적 전인 회복과 공동체의 대리인이라는 입장에서 목회적 돌봄과 예언자적 개혁을 위한 소명을 감당해 왔다.

목회적 성경 해석은 신자들을 향한 돌봄 사역과 관계한다. 그것은 영적이면서 공동체적인 가치들을 지니고 있다. 반면, 예언자적 성경 해석은 비타협적으로 사회 정의에 힘쓰는, 곧 그것이 개인적 관계이든 문화적이고 정치적이든 또는 경제적이든 사회적 가치와 신앙적 의식을 관련시키는 사역이다. 그것은 인간 해방이 갖는 역사적 가치와 영적 차원의 해방 간의 관계에 초점을 둔다.

그렇지 않으면, 설교는 개인적 안정만을 만족시키는 일이 될 것이다. 설교는 의도적이며 목적이 분명한 행위로서, 그것은 압제적 환경 아래에 있는 개인들의 요구와 관심이 무엇인지를 언명하는 일이다.

아프리카계 미국인 설교자들은 성경적 전통과 서사들에 따라 북미 기독교를 개혁하고 노예제의 잠재적 파멸성과 인종 차별주의라는 사라지지 않은 유산에 맞서곤 한다. 심지어 흑인교회라는 제도는 그러한 인종 차별적 현실로부터 파생했다고 해도 과언이 아니다. 왜냐하면, 그러한 현실은 신앙 공동체와 예배에 직접 지대한 영향을 미치기 때문이다. 아프리카계 미국인들의 전인성과 자유를 향한 추구는 설교에서 이어져 왔다. 그들의 설교는 압제의 폭풍을 헤쳐 나가면서 기본적인 생존과 해방을 향한 그들의 갈망의 표현이기도 했다.

그러나 전인성의 추구와 역사적 해방 사이의 균형은 취약하다. 그 둘 간의 조화가 가능한 것은 아프리카계 흑인 해석학이 많은 부분 설교의 수사학적 전략에 의존해 있기 때문이다. 압제의 상황에서 전인성과 해방을 추구하는 것이 목회-예언자적 변증학이 성경 해석을 지속할 수 있게 한다. 그렇기에 그런 변증법적 균형이 보장되지 않을 때 성경 해석은 위기를 맞이한다. 왜냐하면, 그런 위기에서 전인성을 향한 주요 수사학은 해방과 사회적 책무를 향한 비전을 상실하고 말기 때문이다.

역으로, 만일 역사적 해방을 향한 운동이 하나님의 복음과 그에 수반되는 영적 가치들을 간과하게 되면, 설교는 파괴적 억압으로부터의 영적 해방을 추구하는 본질적 비전을 잃게 된다. 그러므로 미국인 설교와 성경 해석은 응당 생존과 회복, 자조(self-help)와 해방의 차원에서 신앙의 해석을 포함하고 있다. 아프리카계 미국인 설교는 흑인공동체의 전인성을 배양하고 흑인공동체의 정치 사회적이고 경제적 해방을 향한 신적 소명을 더욱 분명히 하기 위해 성경적 서사와 복음의 메시지를 공고히 붙들고 있다.

생존과 해방, 전인성과 자유라는 변증법적 관계의 양극은 다양하게 표현된다. 흑인들의 전인성을 위한 목회적 돌봄과 사회 정의에 대한 예언자적 의식을 통해 북미 기독교의 성숙한 변화는 진행 중이다.

참고 주제 아프리카계 미국인 설교자의 견습제도; 아프리카계 미국인 설교의 관점; 해방비평; 탈식민주의비평; 해석학적 의심

참고 문헌 Dale P. Andrews. *Practical Theology for Black Churches*. (2002); Lawrence W. Levine. *Black Culture and Black Consciousness*. (1997); Gayraud S. Wilmore. *Black Religion and Black Radicalism*. (1973, 1998); Vincent L. Wimbush, ed., with Rosamond C. Rodman. *African Americans and the Bible*. (2000).

알레고리, 알레고리적 해석(Allegory, Allegoresis)

데이비드 바틀렛(David L. Bartlett)

알레고리는 하나의 문학 장치로 두 가지 대상 간의 관계에서 비교점을 만들어 내는 기술이다. 직유와 은유가 일반적으로 하나의 서술어를 하나의 개념(즉, "이것은 그것과 같다" 또는 "이것은 그것이다")으로 비유하는 것이라면, 알레고리는 하나 이상의 서술어(가령, 하갈과 사라)를 복수의 개념(가령, 옛 언약, 새 언약)으로 비유하는 것이다. 알레고리는 땅의 실재에서 영적 진리를 찾으려는 관심에 기초해 "이것은 그것을 뜻한다"라고 말한다.

그러나 알레고리라고 하는 알레고리적 해석은 위험성을 지닌다. 그러나 그와 동시에 교회가 그리스도와 관련지어 온 그간의 많은 해석적 방법론은 여전히 알레고리적 해석에 뿌리내리고 있으며, 그런 점에서 알레고리는 오늘날 교회에 여전히 중요한 역할을 하고 있다.

1. 알레고리란 무엇인가?

'알레고리'란 말의 어원은 그리스어의 *allos*(또 다른)와 *agoreuein*(말하다)의 합성이다. 알레고리적 해석은 평이한 의미로 보이는 한 구절에 관해 '또 다른 방식으로 말하기'를 제공하는 것이다.

다른 수사적 표현법들(은유, 직유, 비유, 유형론)과 마찬가지로 알레고리는 본문의 서사를 또 다른 실재와 병렬시킨다. 그 실재는 알레고리를 위한 현실적이거나 숨겨진 의미를 제공하는 것이다.

알레고리들은 서사 안에 있는 많은 대상을 그에 상응하는 현실 세상의 대상들과 비교한다. 그래서 알레고리적 해석은 언제나 다의적 차원을 갖는다.

전통적 알레고리는 일반적으로 역사적 서사에서 추정하여 그것의 초역사적 또는 비역사적 의미를 뽑아낸다. 그렇기에 알레고리는 본문의 이야기 이면에 숨어 있는 영적

알레고리, 알레고리적 해석(Allegory, Allegoresis)

이거나 이상적이거나 신앙적인 의미들을 찾아낸다. 그러나 우리가 곧 보게 되듯이 성경적 알레고리는 많은 경우 예언자적이거나 역사적 차원을 상실하지 않고 있다. 그것이 서사의 본래 표현들을 취하는 것은 그 이면에 숨은 비역사적 영적 진리를 지시하려는 것이 아니다. 그것은 일종의 서사 역사 내적 성취를 가리키기 위함이다.

알레고리가 종종 성경적 서사의 역사적 의미를 중요하지 않게 여기는 것은 서사의 기능이 그 배후의 참된 의미를 지시한다고 보기 때문이다.

1) 알레고리 vs. 유형론

알레고리와 유형론은 서로 매우 닮아 있고 때때로 상당히 중첩되어 있다. 그런데도 둘 간의 차이는 다음과 같이 정리될 수 있다.

유형론은 비교되는 양쪽 모두의 역사적 실재와 신학적 중요성을 전제로 한다. 반면, 알레고리는 원서사의 역사적 의미를 부인하거나, 그것의 참된 의미로서 영적 또는 새롭게 적용된 의미 중의 하나를 주장할 수 있다. 유형론은 각 서사의 한 표현을 다른 서사의 한 표현에 비유한다. 반면, 알레고리는 복수의 표현들에 대한 비유를 든다. 유형론은 일반적으로 전형(type)과 그 예표(anti-type) 모두를 하나님의 활동을 가리키는 중요한 지시체로 보지만, 알레고리는 전형으로서의 서사는 일반적으로 그것의 내적 의미의 설명을 위한 하나의 통로로 있다고 주장하는 편이다.

2) 알레고리 vs. 알레고리적 해석

문학비평가들은 알레고리적(allegorical) 본문과 해석방법론으로서 알레고리적 해석(allegoresis) 간의 차이를 구분하는 유용한 시각을 제공한다. 알레고리적 본문은 그 스스로가 상징적으로 해석될 내용임을 드러내고 있다(겔 17장; 막 4장;『천로역정』을 보라). 반면, 알레고리적 해석은 어떤 본문이라도 그 이면에 감춰진 영적 의미를 읽어 내도록 돕는 읽기의 방법을 가리킨다. 필로(Philo)의 창세기 족장 서사들에 대한 해석은 그에 대한 탁월한 본보기이다.

3) 알레고리 vs. 예언

알레고리처럼 예언서 문학은 그것 자체 너머의 의미를 지시하곤 하지만, 동시에 유형론과 같이 예언서 문학은 일반적으로 미래의 역사적 사건을 지시해 준다. 성경의 예언은 대부분 비서사인데다가 종종 알레고리의 경우처럼 복수의 여러 개념보다는 해석을 위한 하나 또는 두 개의 개념을 다룬다.

2. 성경의 알레고리

1) 구약

구약은 다수의 은유와 직유를 담고 있는 책이다. 그런데도 몇몇 부분에서 그 언어들은 온전한 알레고리의 형태를 취하고 있다. 에스겔 17:1-21은 단적인 알레고리의 예이다.

여호와의 말씀이 내게 임하여 이르시되 인자야 너는 이스라엘 족속에게 수수께끼와 비유를 말하라 여호와께서 이같이 말씀하여 이르시되 색깔이 화려하고 날개가 크고 깃이 길고 털이 숱한 큰 독수리가 레바논에 이르러 백향목 높은 가지를 꺾되 그 연한 가지 끝을 꺾어 가지고 장사하는 땅에 이르러 상인의 성읍에 두고 또 그 땅의 종자를 꺾어 옥토에 심되 수양버들 가지처럼 큰 물가에 심더니 (겔 17:1-5).

주석서들은 그 큰 독수리는 느브갓네살 왕을, 백향목의 높은 가지는 다윗 왕가를, 상고의 성읍은 바벨론 등을 가리킨다고 기술한다. 이러한 해석은 일종의 역사적 알레고리, 즉 알레고리적 언어들이 가리키는 것은 영적 진리가 아닌 성취될 역사로서 예언서에 적합한 알레고리인 것이다.

호세아 2장은 보다 발전된 알레고리의 예가 될 수 있다. 호세아의 아내와 그녀의 매춘에 관한 이야기는 이스라엘의 배교에 대한 하나님의 반응과 하나님이 의도하신 심판의 예고를 상징한다. 호세아의 혼인 이야기와 함께 그의 자녀들의 이름들("자비 없음"과 "내 백성 아님")은 배후의 의미가 있는 것들로서 이스라엘의 불순종과 회개의 외면을 뜻하고 있다.

이사야 5:1-10은 알레고리이면서 그에 대한 해석을 제시한다.

내가 나의 사랑하는 자를 위하여 노래하되
내가 사랑하는 자의 포도원을 노래하리라
내가 사랑하는 자에게 포도원이 있음이여 …
무릇 만군의 여호와의 포도원은
이스라엘 족속이요

그의 기뻐하시는 나무는
유다 사람이라 …(사 5:1-10).

에스겔과 호세아, 이사야의 알레고리들은 이스라엘에 관한 묘사와 예언들로 풀이된다.

사무엘하 12장의 알레고리는 다윗왕을 직접 겨냥한다. 나단 선지자의 이야기는 어떤 부자와 가난한 사람, 그들의 양 떼와 암양에 관한 알레고리이다. 그리고 다윗이 나단의 조심스러운 도움으로 결국 그 뜻을 알아차렸을 때, 그는 부자는 자신을, 가난한 자는 우리야를, 암양은 밧세바를 암시함을 알게 된다. 그리고 그 이야기의 속뜻을 읽고 난 후, 다윗은 자신을 향한 심판을 선언하기에 이른다.

2) 신약

신약에서 가장 많이 언급되는 알레고리는 마가복음 4:1-12, 13-20과 비유들이다.

신약 학자들은 마가복음과 초기 교회의 누군가가 예수님의 하나님 나라 확장에 관한 꽤 명시적인 비유에 알레고리적 해석을 추가했다고 주장하곤 한다. 그에 대한 편집사가 어떻든 성경의 구절은 알레고리로 해석된다.

다른 종류의 땅은 복음에 응답하는 각기 다른 종류의 사람을 뜻한다. 뿌려지는 씨를 받지 않는 모습을 자세히 묘사하는 비유의 표현들은 예수님 또는 교회의 설교에 대한 각기 다른 모습의 거부들에 대한 알레고리로 해석될 수 있다. 비유에 등장하는 새들은 사탄과 같고, 가시덤불은 세상에 대한

알레고리, 알레고리적 해석(Allegory, Allegoresis)

염려를 가리킨다.

구약에서와 같이 이러한 알레고리는 영적 진리를 향하기보다는 신앙공동체가 놓인 삶의 실재를 향한다. 이것이 그 비유가 암시하고 지시하는 의미이다.

마가복음 12:1-12(평행본문: 마 21:33-33; 눅 20:9-19)은 이사야 5:1-10의 알레고리에 대한 알레고리를 나타내고 있다. 포도원으로 묘사되는 이스라엘의 이미지는 이제 그 포도원을 망치는 다른 종류의 거주민을 뜻하는 쪽으로 의미가 확장된다. 그 이야기에서 보냄을 받은 "종"은 분명히 예언자들을 뜻하고 있다. 그리고 "죽임"을 당한 마지막 종은 세례자 요한을 가리킬 수도 있다. 확실한 것은, "사랑하는 아들"은 창세기에서 제물이 될 뻔했던 이삭이나, 마가복음 15장에서 죽임당하는 그 사랑하는 아들을 가리킬 수도 있어서 그 암시하는 바가 단일하지 않지만, 그것은 의문의 여지 없이 예수님 자신을 의미한다.

요한복음 13:1-11은 분명히 알레고리이고 이사야 5장에 대한 하나의 해석이 될 수 있다. 거기서 그리스도는 이스라엘의 포도원에 심긴 참된 포도나무이다. 이 알레고리의 세부 내용은 하나님과 그리스도, 그리고 교회의 성도 각각의 역할에 대한 신학적 교리에 상응한다.

갈라디아서 4장에서 바울은 유형론과 알레고리 모두를 사용하면서 그가 하는 바가 무엇인지를 묘사하는 언어들을 사용한다. 유형론적으로 사라와 하갈의 자녀에 관한 이야기는 율법 아래 있는 유대인들과 율법으로부터 자유한 이방인 성도들의 이야기를 가리키고 있다. 그러나 하갈 이야기의 해석은 동시에 알레고리적 장치들로 가득 차 있다.

> 이 하갈은 아라비아에 있는 시내산으로서 지금 있는 예루살렘과 같은 곳이니 그가 그 자녀들과 더불어 종 노릇 하고 오직 위에 있는 예루살렘은 자유자니 곧 우리 어머니라(갈 4:25-26).

창세기 21:10("이 여종과 아들을 내어쫓으라")의 명령은 알레고리적으로 갈라디아 교회에 주시는 명령으로서 그것은 그들 중에 있는 거짓 교사들을 내어 쫓으라는 명령으로 해석되는 것이다.

고린도전서 10:1-13은 홍해와 만나를 먹은 이스라엘의 자녀들과 세례와 주의 만찬을 경험한 고린도의 성도들 간의 유형론적 연결을 보여 준다. 그러나 그 본문은 또한 알레고리적 장치들을 포함하고 있다.

> 다 같은 신령한 식물을 먹으며 다 같은 신령한 음료를 마셨으니 이는 그들을 따르는 신령한 반석으로부터 마셨으매 그 반석은 곧 그리스도시라(고전 10:3-4, 참고, 벧전 3:20-22을 보라).

3. 초기 교회의 알레고리

1) 전례들

헬라 철학의 세계에서 알레고리는 시, 특별히 호머(Homer)와 같은 고전 작품들을 해석하는 하나의 방법으로 등장했다. 알레고리의 목적은 미신으로 보이는 것을 보다 이성적인 방식으로, 모순되어 보이는 것을 보다 일관된 방식으로, 원시적으로 보이는 것을 보다 현대적이고 세련된 방식으로 풀이하기 위함이었다. 호머에 대한 철학적이면서 알레고리인 해석은 이르면 BCE 5세기에 번성해서 신약 시대에 이르기까지 지속했다.

가장 많은 글을 남긴 알레고리 작가들 가운데 한 사람이면서 초기 기독교 설교에 가장 큰 영향을 끼친 사람이 알렉산드리아의 필로(Philo of Alexandria)였다. 필로는 호머에 대한 해석이 아닌, 히브리 성경의 헬라어 번역본에 대한 알레고리적 해석(allegorical interpretations)을 썼다(알렉산드리아의 클레멘트와 오리게네스 역시 알렉산드리아 출신으로, 그들 모두 기독교의 알레고리적 해석자였다).

2) 기독교인과 알레고리

알레고리적 해석은 CE 3세기부터 적어도 계몽주의 시기까지 기독교 설교의 주요 특징이었다. 그러나 분명한 것은 알레고리적 해석이 성경의 우화적 본문에만 국한되지 않았다는 것이다.

기독교 저술의 아주 초기 세대인 바나바서신(the Epistle of Barnabas)은 대략 CE 2세기 초엽에 쓰인 작품으로 구약에 대한 알레고리적 해석으로 가득 차 있다. 오리게네스(CE 254년)는 알레고리적 해석에 가장 많이 의존했던 초기 기독교 신학자였다. 그는 필로와 알렉산드리안 주석에 대해 잘 알고 있었고, 성경에 대한 영지주의적 알레고리적 해석서들로부터 영향을 받았다. 오리게네스는 자신의 알레고리적 해석과 설교에 대한 신학적 이유를 다음과 같이 진술한다.

성경은 하나님의 영으로 기록되었기에 첫 눈에 보이는 대로 명확한 의미만이 아닌, 많은 이가 눈치채지 못하는 또 다른 의미를 품고 있다. 왜냐하면, 그 기록된 문자와 언어들은 일종의 신비의 외양들이며 거룩한 일들의 형상들이기 때문이다(Greidanus 1999, 84).

아우구스티누스(CE 430년)는 알레고리 설교자로 유명하다.

삼손은 어느 공장 안에 붙잡혀 있었다. 그는 눈도 멀었고, 감옥에 투옥되어 있었다. 감옥과 공장은 그의 삶의 고초를 가리킨다. 눈먼 삼손은 믿음이 없어 눈이 먼 자들, 그리스도를 알지 못하는 자들, 주님의 능력과 하늘로 오르신 주님의 승천을 알지 못하는 자들을 가리키는 상징이다(Howe 1967,124).

4. 알레고리 설교의 이점과 취약점

알레고리 설교는 이점과 취약점 모두를 가지고 있다.

1) 이점

첫째, 알레고리는 구약을 설교하는 유용한 길을 제시하는데, 알레고리는 구약의 말씀이 기독교 회중에게 하나님의 말씀이 되도록 구약을 해석하는 방식을 제공한다. 그래서 알레고리는 구약 본문을 인정하지 않은 마르시온(Marcionism)의 해석을 극복하는 방법을 제공한다. 알레고리 설교는 또한 신약과 기독교인의 필요에 따라 구약 본문을 다루는 합법적인 방법을 제공해 준다. 예를 들어, 마가복음 12장과 요한복음 15장 모두 이사야 5장에 대한 알레고리적 해석이라는 점과 갈라디아 4장이 하갈 이야기의 알레고리라는 점은 구약에 대한 기독교공동체의 알레고리적 해석을 잘 보여 준다.

한편, 20세기의 비유 해석(parable criticism)은 비유로서 예수님을 알레고리에 친숙했던 초기 교회에서 떼어 내려 했지만, 비유 해석은 방법론적으로 의문점이 많고 신학적으로도 강한 편향성을 가지고 있다. 그러나 이유가 무엇이든, 교회는 교훈을 주는 선생은 존중하지만, 알레고리를 가르치는 교사는 경계하도록 교육받아 온 것이 사실이다. 그러나 신약성경은 예수님이 양쪽 모두에 능숙한 교사이셨음을 보여 준다.

둘째, 알레고리는 성경의 경전적 일체성을 인정하는 해석 방식을 제공해 준다. 구약이나 신약의 본문들은 공히 서로가 공유하는 보다 큰 신학적 주장이 무엇인지를 드러내곤 한다.

셋째, 알레고리 설교는 과거 천 년 동안, 그리고 전체 기독교 설교의 절반이 사용해 온 설교학적 방법론의 기준이었다. 교회가 크리스소톰이나 아우구스티누스와 똑같은 방식으로 알레고리를 설교할 수 없다고 말할 수 있지만, 반대로 그들과 달리 알레고리를 전혀 설교하지 않는다고도 주장할 수 없다.

넷째, 알레고리 설교는 세련된 수사학적 장치로 설교자가 설교의 두 가지 근본적인 은사를 인정할 수밖에 없게 한다.

- 알레고리는 설교에서 이미지의 사용을 자극한다. 그리고 그 이미지들은 명제적이거나 추상적이지 않고 보다 구체적일 수 있다.
- 알레고리는 성경 본문이 단순히 반복되거나 의역되는 것을 넘어 실제적으로 삶에 적용되도록 한다.

2) 취약점

첫째, 구약의 서사 배후에 숨겨진 보다 보편적인 진리를 뽑아내려고 시도함으로써 설교자는 구약을 선언되어야 할 증언보다는 답을 찾아야 하는 수수께끼로 취급하는 경향을 보이게 된다. 본문이 어떤 배후의 진리를 감춘 암호가 될 때, 성경이 드러내는 이스라엘의 현실과 그 백성들의 삶은 설교자의 시야에서 사라지게 된다.

둘째, 알레고리 설교(또는 적어도 알레고리적 해석 방식에 따른 설교)는 종종 경전의 다양성을 놓칠 수 있다. 성경의 거의 모든 본문이 알레고리일 수 있는 것은 그 어떤 본문도 알레고리로 읽어 낼 수 있기 때문이다. 성경의 이런 특성은 설교가 서사와 시, 알레고리와 비유 간의 차이를 간과하도록 이끌기도 한다.

셋째, 알레고리 설교는 회중이 설교에 집중하기 어려울 정도로 은유와 개념의 양극단 사이를 바쁘게 오가곤 한다. 이는 설교자가 성경의 다양한 개념과 이미지를 동시적으로 한 번에 다루는 데 있어 얼마나 부족한지를 보여 주는 예이다. 오늘날 설교자들은 그러한 면에 있어 자신들이 미숙함을 인정해야 한다.

넷째, 알레고리 설교는 역사비평 방법이 가져다준 혜택들을 평가절하하곤 한다. 본문이 무엇을 뜻하는지 알아내기까지 많은 설교자가 초기의 역사적, 문학적 정황하에서 본문이 의도한 바가 무엇이었는지를 어느 정도 이해하고자 할 것이다.

마가나 바울, 크리소스토무스와 아우구스티누스의 시대는 역사비평의 방법론이 등장한 후기 계몽주의 시대와는 전혀 다른 시대였다. 그렇기에 우리는 그들을 마치 우리 시대의 인물인 것처럼 여겨서는 안 된다. 더군다나 여러 문제가 있지만, 역사비평은 설교자들이 경전으로서의 성경 본문이 가진 풍성한 다양성을 주의 깊게 다룰 수 있도록 도움을 제공해 왔다. 그리고 알레고리로 해석한 마가가 아닌, 역사적 마가의 주장을 존중하게 될 때 비록 시간과 공간에 의해 그에게서 떨어져 있지만, 설교자는 이웃을 향한 일종의 이지적인 사랑을 실천하게 된다.

다섯째, 알레고리 비평, 적어도 알레고리적 해석은 때로 그 어떤 제한 없이 자유롭게 활개 칠 수 있는 것처럼 보인다. 만일 설교자가 야곱과 에서, 그리고 장자권의 이야기를 오늘 21세기 북미의 정신과 마음을 가진 회중을 향한 정치적 투쟁의 알레고리로 해석한다면, 알레고리적 방식 그 자체로는 설교자를 제어할 근거를 찾아내기 어렵다.

여섯째, 알레고리 비평은 도덕주의로 환원되곤 한다. 특별히 이는 어린이 설교에서 더욱 두드러진다. 어린이 설교에서는 신학적으로 깊이가 있든 역사적으로 문제가 있든 상관없이 거의 모든 본문이 어린 회중에 더욱 착한 어린이가 되어야 한다는 식으로 풀어지기 십상이다.

5. 알레고리 설교를 위한 지침들

전체적으로 가장 적합한 알레고리 설교는 알레고리 본문에 기반한 설교이다. 이는 알레고리 설교를 위한 보다 일반적인 규칙에 대한 보조 원칙이다. 설교의 일반 규칙에 따르면, 서사 본문을 설교하는 서사 설교가 가장 최상의 서사 설교이고 시편을 본문으로 한 설교가 묵상 설교로 가장 적합하다.

예를 들어, 요한복음 15장에 대한 알레고리 설교의 유익은 그 본문이 듣는 이들이 그렇게 행동하도록 초청을 넘어 요구한다는 것이다. 또 다른 유익은 그 본문이 청중에게 몇 가지 삶의 지침을 주고 그 알레고리가 나갈 수 있는 방향을 몇 가지로 한계 지운다는 것이다. 예를 들어, 요한복음 15장은 그리스도인 가정이나 국가나 정부에 관한 알레고리는 아니다.

일반적으로 최상의 알레고리 설교는 역사비평으로부터 도움을 받으려는 설교이다. 설교자가 자신이 알고 있는 모든 것을 말하든 그렇지 않든 설교자는 신약성경에 나오는 포도원 알레고리들의 뿌리들이 이사야 5장의 알레고리라는 것과 적어도 갈라디아 4장의 사라와 하갈을 설교하기 전에 그들이 창세기에서 무엇을 행하고 있는지를 알아야 한다.

알레고리 설교는 그날 본문의 모든 부분에 대한 신학적이거나 도덕적인 연결점을 만들어야 하는 설교가 아니다. 그러한 설교는 일반적으로 설교자가 회중의 삶에서 발견되는 것들보다는 더 많은 성경의 배경과 더 오래 기억할 수 있는 내용에 집중하려 할 때 나타난다. 알레고리는 신실하게 설교하려는 설교자가 다른 많은 장치 가운데 사용 가능한 하나의 수사학적이고 해석학적인 방법이다.

만일 설교자가 알레고리 설교를 할 경우, 그는 설교를 통해 그 알레고리를 끌고 가야 한다. 때때로 이런저런 방식이 혼재하는 설교가 효과적이기도 하다. 그러나 알레고리가 다른 여러 가지와 섞이게 되면, 설교는 역효과를 주게 된다.

설교는 그리스도를 붙들고 가야 한다. 그러므로 알레고리 설교 역시 언제나 복음적이어야 하고 그렇지 않다면, 그것이 어린이 설교라 할지라도 단순히 착한 행동을 독려하는 도덕적 교훈에 지나지 않게 된다.

6. 알레고리 설교의 사례들

오늘날 포도원 본문에 기반한 한 알레고리 설교는 초기 설교자들과 후대 설교자들의 작업을 더욱 단순히 구분하고, 그런 후 그 둘 그룹의 설교들에서 모여 앉은 회중의 삶에 대한 단서를 찾고자 했다.

> 우리는 모두 이른 시간에 포도원에 왔습니다.
> 우리는 모두 포도원에 늦게 온 자들입니다.

케이시 제네바 캐논(Katie Geneva Gannon)은 창세기 21:1-21을 설교하면서 갈라디아 4장에 있는 그 내용에 대해 차별된 알레고리적 해석을 제시했다.

설교는 회중에 사람들을 즐겁게 하려는 아브라함 증후군이나 하나님의 영역을 침범하는 사라 증후군을 닮지 말라고 권면하면서 설교는 그 대신 "하갈의 자매들"이 될 것을 강조했다. 그런 후, 설교자는 하갈 서사에서 오늘의 삶에 적합한 지침이 될 이야기 내 특징들을 끌어냈다(Cannon 1985, 43-50).

에스겔 37장의 마른 뼈에 대한 설교는 많은 경우 다음의 후렴구를 해석하고 확장하면서 알레고리를 만들었다.

> 우리에게 소망은 사라졌습니다.
> 우리의 뼈는 말라 버려 깨끗할 정도입니다.

이 후렴구는 개인과 교회, 그리고 국가적으로 적용되었다. 이럴 때 설교자는 일종의 훈계적 알레고리를 제시하게 된다.

보다 일반적으로 앞서 언급한 대로 모범적인 설교들 대부분은 유비와 이미지, 또는 은유를 사용한다. 때로 설교 전체가 은유를 중심으로 전개되기도 하고, 그렇지 않더라도 적어도 은유나 이미지가 설교의 한 부분을 전개를 차지하기도 한다.

그러나 회중의 입장을 좀 더 세심히 배려하는 설교자는 설교에서 과도한 은유 사용을 지양할 것이다. 필요 이상의 은유는 말씀을 조명하기보다는 회중의 이해를 힘들게 할 수 있기 때문이다.

참고 주제 성경의 사중 해석; 역사비평; 유형론; 하나님 말씀 참고 문헌 "Allegory." *The New Princeton Handbook of Poetic Terms*.(1994) 7-12; Augustine. *Selected Sermons of St. Augustine*. Translated and edited by Quincy Howe Jr. (1967): Katie G. Cannon. "On Remembering Who We Are." *Those Preaching Women*. Edited by Ella Pearson Mitchell. (1985)43-50; Sidney Greidanus. *Preaching Christ from the Old Testament*.(1999); Paul Scott Wilson. *God Sense: Reading the Bible for Preaching*.(2001).

묵시 사상(Apocalypticism)

폴 핸선(Paul D. Hanson)

예언서와 마찬가지로 묵시적 예언가들은 개인과 공동체가 문제의 상황들을 당면했을 때, 신적 영역으로부터 그들을 이끌어 줄 말씀이나 환상들을 전달했다. 정의와 자비라는 하나님의 목적과 그것에 상응하여 그에 반대하는 자들은 심판을 받게 된다는 개념은 예언서와 묵시서 모두에게 공통된 규범이다. 그런데도 예언과 묵시는 언명의 방식과 그 적용의 범위에서 차이가 있다. 즉, 예언자의 메시지는 공적이며 세속적 제도와 기관을 향하지만, 묵시적 메시지는 신비나 초월적 영역에 초점을 둔다.

1. 묵시 사상에 따른 오늘날의 문제

묵시 사상은 신비하고 심원한 현상이다. 그것은 세상의 종말이 임박해 있다는 믿음에서 기인한다. 묵시적 분위기를 풍기는 표현들은 "큰 용", "악의 종말", "아마겟돈" 등이다. 우리는 종말적인 모든 것을 현재에 대한 집중을 흩어 놓는다고 생각하지만, 모든 종교의 여러 신앙 중에서 묵시 사상이야말로 세상의 완성을 가져오는 결정적인 기회가 있음을 제시해 준다. 그것은 우리가 알고 있는 현 질서는 소멸할 것임을 의미한다.

과거의 유산이 갖는 현대적 의미를 이해하는 것은 그것의 역사적 정황과 그것의 본래적 의미를 파악하려는 데서 시작한다. 그러나 그러한 기본을 저버리는 사례가 많다. 에스겔 38-39장은 러시아와 중국이 이스라엘 왕국을 침략할 것이라는 묵시로 제시되기도 한다. 광신도들은 요한계시록에 나오는 일곱 인이 풀릴 날을 고대하면서 자신들의 세계관에 포섭될 자들을 모으려 한다. 그러한 신앙의 현상들은 쉽게 발견된다.

한스 릴지(Hans Lilje)는 요한계시록을 제 3 제국의 통치 아래에서 고통당하는 기독교인들을 위한 안내와 위안의 책으로 주석했다. 적그리스도적 정세는 디트리히 본회퍼(Dietrich Bonhoeffer)와 그의 고백교회 신자들을 심중한 결의로 이끌었는데, 그들은 결국 히틀러에 대한 저항 운동을 선택했다.

성경의 묵시적 예언들은 오늘날의 정세와 관련되어 추론되곤 한다. 때론 오사마 빈 라덴(Osama bin Laden)이나, 팻 로버트슨(Pat Robertson, 기독교 정치평론가-역주), 또는 고위직 정치인들과 연결되곤 한다. 교회의 책임은 성경의 묵시서를 신실하고 책임 있게 해석하는 것이 무엇인지를 명료화하는 데 있다.

묵시 사상(Apocalypticism)

2. 성경적 묵시 사상의 뿌리

유대교와 기독교의 묵시 사상이 발전하던 시기에 여러 다양한 영향, 곧 일부는 내부적으로, 어떤 부분은 외부적 영향들이 작용했음에도, 무엇보다 묵시 사상은 성경의 예언에서 기인한 현상이다. 누군가 이사야(BCE 7세기)를 다니엘 7-12장의 예언자(BCE 2세기)에 견준다면, 그 둘 다 공통된 권위에 기반해 있음을 발견한다. 그것은 그들이 공동체 앞에서 말할 수 있는 근거는 그들이 하나님으로부터 부름을 받은 소명의 경험을 공유한다는 것이다.

피조 세상을 주관하시는 하나님을 생각하면서, 이스라엘의 예언자들과 묵시자들은 이스라엘에 맡겨진 특별한 사명을 믿게 되었다. 그것은 토라에 성문화된 무력하고 약한 자들을 향한 하나님의 정의를 증언하는 일이었다. 그들은 자신들이 언약 때문에 하나님과 특수하게 묶인 관계임을 자각했다. 그것은 곧 하나님께 대한 순종은 평화와 안녕을 약속하지만, 하나님에 대한 거역은 종국적 심판을 초래한다는 의식이었다. 그렇기에 예언가나 묵시가는 하나님의 뜻을 전하는 전령이나 보도자로 간주했고, 그들의 메시지가 축복의 소식 또는 저주의 소식인지는 토라와 관련해서 백성들의 삶 속 행동에 달려 있다고 보았다.

이제 예언과 묵시 사이의 주된 차이점에 대해 주목하자. 예언자와 백성들 간의 만남은 명시적 사건들, 곧 모든 사회적 관계를 포함한 역사적 사건들 속에서 발생했다. 사업주가 사기 치고, 건물주가 세입자를 압제하며, 판사가 뇌물을 받는 일이 빈번했다.

반면, 양심적 개혁가들은 압제당하는 자들을 위해 목소리를 높였다. 심지어 그들은 주변국들의 무력 침략과 천재지변을 통한 임박한 하나님의 심판을 알리거나, 의로운 통치자 아래에서의 나라가 회복될 것을 약속하기도 했다. 때론 탄압당하고, 심지어 박해를 당했지만, 예언자들은 자신들이 하나님의 목적을 위해 행동하고 있다는 확신 속에 고통의 현실을 견뎠다. 이러한 시각에서 볼 때, 그들은 역사와 매일의 삶 영역에서 활동하시는 하나님의 강복과 심판의 도구로 자신을 이해했다.

반면, 예언자와 묵시가들의 후세대는 초월적 영역에서의 선악 간 투쟁을 내다봤다. 천상의 적들은 세상을 파괴하는 권세들을 그리지만, 구원은 하나님의 직접 개입의 형태로 묘사되었다. 하나님의 위탁 명령은 전령의 역할을 바꾸어 놓았다. 즉, 그들은 이제 사회적 개혁가("가서 이 백성에게 말하라"[사 6:9])에서 선택된 자들에게 비밀스러운 지혜를 드러내는 계시자("다니엘아 마지막 때까지 이 말을 지키고 이 글을 봉함하라"[단 12:4])가 되었다.

3. 예언에서 묵시 사상까지

이 세상의 것에서 저 세상의 것으로 우리의 시야를 전환하는 것은 무엇인가?

그러한 변화는 긍정적 차원에서 사회와 세상을 하나님의 명령과 목적에 순응케 하거나, 이 세상의 권력 제도와 그 지도자들에 대한 부정적 판단을 자극하기도 한다. 이것은 불가피한 과정(가령, 이스라엘과 조로아스터교의 만남)도 단일한 영향에 의한 것도

묵시 사상(Apocalypticism)

아니다. 그러한 전환은 심중한 역사적 경험의 한가운데서 발생하기에 실제 본문에서 실마리를 찾는 것이 가장 안전하다.

역사적으로 그 주요 발단은 BCE 567년 바벨론에 의한 예루살렘 멸망과 이어지는 포로기와 겹쳐 있다. 이사야 40-55장에서 익명의 예언자(제2 이사야)는 고대의 우주적 전투 신화의 이미지들(사 51:9-11)을 사용해 하나님 거처의 파괴와 바벨론인들에 의해 함락당한 그들의 땅에 대한 난해한 역설을 설명하려 애썼다. 그 후 묵시적 저술들은 이원적 세계관으로 특징지워졌고, 그것은 시대를 두 시대로 구분했다. 그것은 혼돈의 질서에 사로잡힌 과거와 우주적 평화와 번영을 약속하는 미래다(사 43:18-19). 비록 그것이 묵시 사상으로의 본격적 전환은 아니지만 역사적 인물인 고레스왕(Cyrus)을 하나님의 기름 부음 받은 전령으로 간주하면서, 그 메시지는 역사적 연결성이 견고하지 않았지만 그 예언적 관점을 가지고 있었다.

그 후 묵시 사상의 발전은 BCE 538년 고레스의 칙령과 관련해 있다. 이사야 59장은 고전적인 예언적 양식으로 시작된다. 거기서 하나님의 대변인은 이스라엘을 고발한다. 그러나 그 고발은 회개를 둘러싼 예언자들의 투쟁이 아닌 나라의 상황에 개입하시는 하나님의 행동을 직접 선언하는 방식을 취했다.

> 사람의 없을 보시며 중재자가 없음을 이상히 여기셨으므로 자기 팔로 스스로 구원을 베푸시며 (사 59:16).

여기서 우리는 하나님의 개입을 중개하지 않는 인간이 아닌, 하나님이 친히 주도권을 잡으시는 상황을 주목하게 된다(사 65-66장). 이스라엘공동체가 얻게 될 회복은 지파별로 약속되었고, 그 가운데 소수 시민은 그들이 주권자들로부터 압제를 받았지만, 자신들이 하나님의 신실한 종임을 주장했다. 그들은 개혁적 예언자들의 투쟁 방식을 버리고 궁극적 승리를 가져다줄 근원적 힘을 기다렸다.

> 여호와의 손은 그의 종들에게 나타나겠고 그의 진노는 그의 원수에게 더하리라 보라 여호와께서 불에 둘러싸여 강림하시리니 그의 수레들은 회오리바람 같으리로다 그가 … 맹렬한 화염으로 책망할 것이라 여호와께서 불과 칼로 모든 혈육에게 심판을 베푸신즉 여호와께 죽임당할 자가 많으리니 (사 66:14-16).

위 본문은 BCE 6세기 후반의 기록으로 묵시의 원형(proto-apocalyptic)으로 분류될 수 있다. 그것은 여전히 이원적 우주론과 신화적 관점 같은 묵시적 세계관의 특징들을 취하고 있지만, 그렇다고 예언의 역사적 성격을 완전히 잃어버린 것은 아니다. 본격적인 묵시는 더욱 광범위하고 복합적인 차원들로 특징지을 수 있다. 예를 들어, BCE 2세기 주변 열강들의 위협 속에서 묵시적 열망이 타올랐음에도 이사야 56-66장이 보여주듯이 당시 유대공동체는 내부적으로 암울했는데, 이유는 당시 그들이 내세적 구원에 경도되어 있었기 때문이다.

존 콜린스(John J. Collins, 1988, 5-7)는 후대 본문을 통해 당시 "역사적 묵시"(historical apocalypse)가 "내세로의 출입"(otherworldly

묵시 사상(Apocalypticism)

journeys)으로 간주했음을 확인했다(예를 들어, 에녹1서 17-36장).

예언에서 묵시로의 전환을 보여 주는 또 다른 본문들은 이사야 24-27장, 스가랴 12-14장, 에스겔 38-39장 등이다. 그들은 모두 구원관에 있어 뚜렷한 변화를 나타내는데, 그것은 역사적 구원에서 내세적 구원으로의 전환이다.

에스겔서는 후대에 추가된 본문을 표시해 주면서, 마곡의 곡이 절망적인 이스라엘을 공격한 내용을 기술한다. 하나님의 군대의 맹렬한 반격은 죽임당한 육체들이 모인 잔치의 장면에서 절정을 이룬다. 그런데도 그것은 37장의 민족의 갱신에 대한 비전부터 40-48장의 회복의 과정에 이르는 민족적 운명의 연속성을 단절시킨다. 여기서 위협적 요인은 유대공동체 내부가 아닌 그 바깥, 보다 구체적으로 페르시안 제국의 지배력이었다. 그것은 학개와 스가랴의 환상에서 본 영광스러운 회복의 비전을 배신한 것이었다.

4. 묵시 사상의 팽배 시대

유대 묵시 사상은 비록 더욱 이른 시기에 그 흔적을 찾을 수 있지만 대체로 BCE 마지막 2세기와 CE 첫 번째 세기에 번성했다. 말라기서(BCE 5세기 중엽)는 '예언자'에 의해 예고된 심판주의 오심에 대한 선언만이 아닌, 성전의 제사장들(사독 가문)에 대한 하나님의 저주 선언으로 유명하다. 사독 가문의 제사장들은 이스라엘 내 존경과 축복의 모범으로서 하나님이 '언약을 맺은 레위 지파'의 삶에 대비되었다.

여기에 에녹1서의 초기 부분들(BCE 3세기 후반에서 2세기 초반)에 나타나는 공동체 내부의 투쟁에 대한 실마리를 알게 된다. 에녹1서의 앞부분은 제2 성전이 그 시작부터 더럽혀졌다고 기술한다(89:72-77). 반면, 고대 인물이었던 에녹은 쿰란공동체의 에세네파로부터 존경을 받았다. 에세네파 역시 예루살렘 성전이 더럽혀졌고 그것도 불법적인 사제들에 의해 운영된다고 여겼다. 그들은 자신들이 동료 유대인들과 이방인들(특별히 로마인들)로부터 박해를 받고 있다고 여겼는데, 그런 상황에서 그들이 토라를 굳건히 붙들 수 있었던 것은 하나님의 군대가 마지막 날의 전투에서 승리할 것이고, 그들에게 하늘 잔치가 준비되어 있다는 성례적 기대감(sacramental anticipation) 때문이었다. 그들은 그 마지막 날의 전투에서 자신들이 천사들과 함께 싸우게 될 것을 믿었다.

이제 성경적 묵시의 고전적 표현들을 살펴보자. 다니엘 7-12장은 안티오쿠스 4세(Antiochus IV)의 성전 모독 사건과 마카비안(the Maccabeans, BCE 167-64)의 승리에 따른 성전 봉헌 운동 사이에 쓰였다. 셀레우코스 왕조(the Seleucid)의 두려운 위협 속에서 하나님을 전적으로 의지하면서 토라 신앙을 버리지 않은 남은 자들은 묵시적 이미지, 곧 신화적 짐승, 천사들 간의 천상 전쟁, 옛적부터 계신 지존자의 왕국이 인자의 손에 맡겨지는 마지막 날의 심판대 등의 이미지들을 통해 자신들만의 언어를 찾으려 했다. 그들은 죽음을 무릅쓰고 자신의 고백을 통해 의로움을 지킨 순교자들에게는 영원한 생명이 약속되었다고 믿었다.

신약성경은 매우 많은 묵시적 요소를 가

지고 있다. 어떤 학자는 묵시를 "기독교의 어머니"(mother of Christianity)라고 이름하기까지 했다. 마가복음 13장은 CE 70년 예루살렘 멸망을 염두에 두면서 광범위한 묵시적 주제와 이미지들을 위한 내용을 묘사한다. 데살로니가후서는 사도 바울이 묵시적 표현에 얼마나 친숙했는지를 보여 준다. 그렇지만 신약성경에서 묵시에 관한 가장 대표적인 책은 요한계시록이다.

요한계시록 13-22장은 로마제국의 황제 숭배 강제하에서 박해당한 그리스도인공동체가 묵시적 주제와 상징을 어떻게 사용했는지를 여실히 보여 준다. 그 가운데 묵시적 이미지만으로도 당시 위중함이 얼마나 심중했는지를 알 수 있다. 바다로부터 올라온 짐승은 땅의 거주민들을 꾀어 그것을 숭배하라고 한다.

그러나 그 짐승의 공포 통치는 묶여 있었다. 왜냐하면, 천상의 드라마에서는 어린 양인 그리스도께 충성하는 천사장들이 그 짐승과 그 우두머리를 무찌르고 쓰러진 성도들을 새로운 예루살렘이라는 영원한 평안으로 일으켜 세운다. 여기에는 에스겔, 다니엘, 그리고 다른 여러 묵시에서 등장하는 수많은 이미지가 엮여 있다. 그 이미지 중에 대부분은 그 기원이 BCE 2천 년 대의 고대 신화에까지 올라간다(예를 들어, BCE 14세기의 우가릿 신화).

5. 설교와 묵시 본문

설교자는 여러 묵시 본문이 마치 하나인 것처럼 그리고 그것들이 세상 마지막 날까지의 시간표인 것처럼 제시하지 않도록 주의해야 한다(가령, 세대주의와 천년왕국주의). 묵시서의 저자들은 하나님의 부름에 신실히 응답한 사람들이고 시대의 역경과 충돌을 당대의 특정하고 구체적인 사회적이고 역사적 상황 내에서 이해하려 했다. 그들은 구약성경의 여러 이미지를 새로운 방식으로 재구성할 수 있는 많은 자유를 가졌습니다 (겔 38-39장과 단 7-12장의 이미지에 대한 요한계시록의 응용).

또한, 그들은 초기 예언들을 수정하면서도 양심의 가책을 보이지 않았다(가령, 단 9:20-27의 70주는 렘 25:11-12에서 70년으로 수정되었다). 왜냐하면, 그들은 절망 속에 있는 백성들에게 위로와 소망의 소식을 주고자 했다. 당시 사람들은 그런 세상에서 하나님을 향한 믿음, 곧 하나님은 그분만을 예배하고 그분과의 언약을 저버리지 않는 자들에게 여전히 신실하다는 신앙을 붙잡을 이유를 갖지 못했다.

묵시 본문을 위한 또 다른 해석학적 원리는 설교자는 본문이 속한 성경의 전체 메시지를 염두에 두면서 특정 본문의 의미를 찾아야 한다. 그 메시지의 중심에는 언제나 모든 만물을 존재케 하신 하나님이 있다. 예수 그리스도의 심판과 용서는 이 세상의 도덕적 토대를 제공하고 우리를 이 세상의 마지막 지점으로 이끌고 간다. 그러나 그 지점은 몇 명만을 남겨 둘 인류 소멸의 날이 아니고, 세상과 만물이 썩어짐에서 구원되고 우주적 평화와 정의, 치유가 온전히 완성되는 회복의 날이다.

묵시 본문은 어떤 점에서 설교 본문으로 적합한가?

묵시 본문은 가혹한 고난 속에 있는 신앙

공동체, 특별히 하나님 이외의 다른 권위를 거부함으로 고초를 겪는 성도들에게 용기와 소망을 주고자 기록되었다. 묵시가들은 잔혹한 박해와 격동의 전란을 뚫고 일어서는 그들의 남다른 은사를 바탕으로 참되신 하나님을 가장하는 모든 거짓된 권세를 예리하게 고발하고, 하나님 통치의 궁극적 승리와 배교와 변절의 유혹에 죽기까지 대항한 자들의 최후 승리를 극화하는 풍부한 이미지들을 가지고 이야기를 기술했다.

그래서 묵시 본문을 본문으로 하는 설교의 관건은 미래에 대한 예견이 아니라, 그 어떤 어둠의 시대 속에서도 변치 않고 신실하신 하나님의 역사를 확증하는 데에 있다. 설교자는 또한 유대교와 기독교가 성경의 진리를 기술하기 위해 유사한 묵시적 표현 방식을 사용하고 있음에 주목해야 한다. 신실한 유대교 신자들은 토라에 완전히 순종함으로 메시아가 강림하는 때, 곧 영원한 평화와 정의의 나라가 세워지는 날의 도래를 고대했다. 이와 연속선상에서 초기 예수 공동체는 예수님의 가르침과 삶을 하나님 나라의 표지로 이해했다. 마가복음 13장의 묵시 그림은 하나님 통치의 최후 승리를 묘사한 유대교의 묵시 본문을 이용하여 그린 묘사이다.

한때 팀 라헤이(Tim LaHaye)와 제리 젠킨스(Jerry B. Jenkins)의 소설 *Left Behind*(남겨진 자들, 1995-2006)는 독자들에게 죽음을 도피처로 생각하게 할 정도로 공포의 감정을 극도로 유발했는데, 소설은 그런 방식으로 독자들에게 묵시 사상이 무엇인지를 규정했다. 또한, 할 린세이(Hal Lindsey)의 *The Late Great Planet Earth*(위대한 행성 지구 최후의 날, 1970)는 묵시 작품들이 사용하는 세대주의와 같은 왜곡된 정치적 함의로 세상 끝날에 불타는 지옥이 예비되었음을 암시한다.

그러나 설교자는 성경의 묵시 본문에 대해 충분히 이해하고 에스겔과 다니엘, 그리고 요한계시록을 통해 소망과 위로가 절박하고 신앙으로 인해 조롱과 박해를 견디는 자들에게 구원의 기쁜 소식을 전해야 한다. 설교자가 가진 막중한 책임은 신앙공동체에 박해의 상황이 없다고 하더라도, 그들이 사탄의 공격으로 인한 위협만이 아닌, 위안과 풍요의 유혹에 넘어가 선과 악조차 구분하지 못하는 도덕 불감증이 팽배한 세상의 현실을 잊지 않는 것이다

참고 주제 묵시

참고 문헌 John J. Collins, *The Apocalyptic Imagination*.(1988); Paul D. Hanson. *Old Testament Apocalyptic*.(1987); Paul S. Minear. *New Testament Apocalyptic*.(1983).

고고학(Archaeology)

알프레드 휄스(Alfred J. Hoerth)

고고학은 설교에 유익한 도움을 약속한다. 고고학은 발굴된 유물과 발견한 자료들에 대한 해석을 통해 과거를 파헤친다. 20세기 중엽까지만 해도 성경 세계에 관한 연구는 크게 주목받지 못했다. 그 후로 많은 고고학자가 그들의 관심사를 본문과 역사에서 인류학과 자연과학으로 전환했는데, 이

는 '성경고고학'이라는 용어 사용의 적절성에 대한 논쟁을 유발했다(Davis 2004 참조). 1998년에는 오랜 역사를 지닌 학술 잡지인 *Biblical Archaeology*(성경고고학)이 그 이름을 바꾸고 *Near Eastern Archaeology*(근동 지역 고고학)로 연구의 방향을 바꾸었다.

고고학을 성경의 진술을 증명하려는 목적으로 사용해서는 안 된다. 고고학의 기능은 신학적 메시지가 아닌, 성경의 몇몇 사건이 가진 역사성에 대한 정보 제공이다. 그러나 그러한 용도로만의 사용은 고고학이 아니면 인지하지 못할 본문의 난해한 질문들을 풀어낼 단서들을 놓치곤 한다.

사실 몇몇 전문가는 고고학이 성경 주해의 어떤 부분들과는 상충한다고 주장하기도 한다. 고대의 유물과 기록들은 전부는 아니지만, 그 일부를 기대할 수 있고, 복구 가능한 조각들은 이미 발견되거나 전문가들의 평가를 받아 출판되기도 했다. 그러므로 고고학을 성경의 한 부분에 대한 역사 사실성을 판단하고자 사용하는 것은 그리 유익하지 못하다.

1. 고고학적 유물의 해석

'해석'이라는 말은 고고학적 유물들을 활용할 때 사용되는 핵심 용어이다. 게다가 어떤 한 개인의 관점을 따라가면, 고고학은 상반된 결론에 이를 수 있다. 예를 들어, 1979년에 두 개의 부적이 예루살렘 남쪽에 있는 힌놈 계곡(Hinnom Valley)의 한 무덤에서 발견되었다. 그 부적들에는 민수기 6:24-26을 요약한 내용이 적혀 있었는데, 그 덮개를 보건대 그것은 적어도 BCE 6세기 초엽에 사용된 제사장의 강복 기도로 추정되었다. 몇몇 학자는 그것이 모세오경의 초기 기록 과정을 보여 주는 증거라고 믿었다.

반면, 다른 이들은 그 축원문이 민수기에 후대에 삽입된 하나의 강복 기도문에 불과하다고 주장했다. 이처럼 같은 고대 유물이라 할지라도, 그에 대한 상반되고 다른 해석이 다양할 수 있음을 알 수 있다. 가령, 윌리엄 데버(William G. Dever, 2001)와 케넷 키친(Kenneth A. Kitchen, 2003)은 상반된 입장들을 견지하는데, 그 가운데서 키친은 족장 시대를 역사적 시대로 보았지만 데버는 그에 동의하지 않는다.

간단히 말해, 설교자는 고고학으로 자신이나 어느 한쪽의 신학적 입장을 대변해서는 안 된다. 저명한 고고학자 윌리엄 올브라이트(William F. Albright)는 고고학과 신학 간의 구분이 왜 필요한지를 보여 준다. 30여 년 전, 그는 고고학이 갈수록 성경의 역사성을 존중토록 해 준다는 점을 인정했다. 그렇지만 그는 자신이 신학적으로는 점점 자유주의적 입장에 서게 됨을 알게 되었다(Albright 1983).

2. 조명

그렇다면 설교와 관련해서 고고학이 가진 역할은 무엇인가?

무엇보다 중요한 것은, 고고학은 성경 본문을 비춰 준다는 것이다. 고고학적 정보는 성경의 많은 사건이나 이야기들에 대한 이해를 확장해 준다. 그러면서 그것은 성경의 많은 인물을 입체화한다. 그렇게 함으로

고고학 (Archaeology)

써 그들의 행동 이면이나 그들이 기록 이면에 있는 그들의 이유를 더욱 잘 이해할 수 있도록 한다. 고고학적 자료를 통해 설교자는 그들이 본 것을 느낄 수 있다. 그러한 방식으로 고고학은 설교자에게 신학적 메시지를 담고 있는 역사적 정황을 제공한다.

지금까지 발굴된 성경의 고대 유물은 적다. 그렇지만 그 대부분은 자료로 정리되어 있다. 성경의 도시와 성곽의 계획, 기념비, 복구, 심지어 현장 탐방도 가능하다. 구약의 뿔 달린 제단(출 29:12), 바울의 전도여행 시에 사용된 듯한 곡물 수송 선박(행 27장) 등. 성경고고학은 그러한 추적을 가능케 할 뿐만 아니라, 그것들을 오늘 우리가 생생하게 느낄 수 있도록까지 한다. 설교 내용의 효과적 전달을 위해 컴퓨터 시각 연출 프로그램의 사용이 갈수록 늘어나는 추세인데, 성경 유물의 그림이나 사진들은 인터넷에서 무료로 내려 받을 수도 있고(www.HolyLandPhotos.org), 아니면 교회를 통해 구매도 가능하다(www.Bibleplaces.com).

단순히 시각 자료만이 아닌, 고고학적 연구에 바탕을 둔 주석서들도 설교 자료들로 이용가능하다(예, Anchor Bible 주석서).

한 예로, 로마서 주석은 고고학적 정보에 대한 소개를 제공해야 하는데, 특별히 로마서 16:23의 경우가 그렇다. 바울은 서신을 다음과 같이 마무리한다.

> … 이 성의 재무관 에라스도와 형제 구아도도 너희에게 문안하느니라(롬 16:23).

보다 철저한 주석서라면 고린도의 한 도로에서 발견된 비문의 내용을 제공해야 한다. 그것은 다음과 같다.

> 에라스도, 에딜레의 집무실을 위해 자신의 비용으로 도로를 놓았다.

그의 도로 포장은 CE 50년경으로 추정되고 에딜레는 재정관리 담당자였다. 다른 증거들도 그 비문이 로마서에 기록된 에라스도가 기증하여 세워진 것으로 말하고 있다. 바울이 별로 대수롭지 않게 소개하지만, 에라스도가 당시 회심한 그리스도인 가운데 가장 높은 사회적 지위를 가진 로마인이었음이 분명할 때 그것은 쉽게 지나칠 수 있는 내용이 아니다. 당시 예수님의 복음은 평민들만을 위한 소식이 아니었다. 에라스도가 그의 흔적을 세상에 새겨 두기로 마음먹음으로써 세상이 그의 수고를 알 수 있게 된 것이다. 이와 같은 본문 배후의 역사를 안다면 설교자는 설교의 관심과 이해도를 더할 수 있다.

구약의 경우, 최근 몇 세대에 걸쳐 블레셋에 대해 알려진 바가 많은데, 한 예로, 그 가운데 다윗과 골리앗의 싸움에 관한 내용을 보자. 성경은 골리앗의 창 자루가 "베틀채" 같았다고 한다(삼상 17:7). 블레셋인들은 에게해 사람들로 그들은 '소총 줄'(rifling cords)을 이용해 창의보다 좋은 안정성과 거리를 확보할 줄 아는 사람들이었다. 성경 저자의 눈에 그 창 자루에 붙은 고리가 바로 그러한 장치를 알게 해 준 표였다.

좀 더 믿을 만한 주석서라면 골리앗의 갑옷을 보다 시각화해 주는 고대 부조를 활용할 수도 있다. 반면, 다윗처럼 당시 물매를 던지는 자들은 보호용 갑옷을 입지 않았다.

고고학(Archaeology)

그들의 유일한 방어 수단은 빠른 움직임뿐이었지만, 물매의 유효 사거리는 90미터를 족히 넘어서, 골리앗이 무장한 어떤 무기보다 사정거리가 멀었다. 게다가 고고학자들이 발굴한 물맷돌 가운데 대부분은 시속 160킬로미터 이상의 속력으로 날아갈 수 있는 것이었다. 설령 사무엘상 17:43-44의 골리앗의 조롱과 사사기 20:16의 표현("칠백 명은 다 왼손잡이라 물매로 돌을 던지면 조금도 틀림이 없는 자들이라"-역주)이 심한 과장이라 해도, 골리앗은 고정된 목표물이었고 다윗은 그 손에 치명적인 무기를 들고 있었던 것이다. 고고학은 성경의 유명한 이 이야기를 애니메이션 비디오 영상보다 더 실감나게 살릴 수 있다.

고고학은 성경에 언급된 많은 장소의 위치를 지리적으로 밝혀 주었다. 이는 단순히 성지 순례의 길을 넓혀 준 것만이 아니다. 그것은 설교에서의 본문 주해를 더욱 풍성하게 한다. 오늘날 성경 지도는 고고학에 전적으로 의존해 있고, 계속해서 성경의 장소와 지리에 관한 새로운 발견과 정보 취합 중에 있다.

사도행전에 보면, 바울이 루스드라에 있었을 때, 비시디아 안디옥과 이고니온에서 온 사람들이 군중을 선동해 바울을 거의 죽기까지 돌로 쳤다(14:19). 이들 도시들에 관해 고고학적 작업이 이루어지지 않았지만, 지도상에서 그 도시들의 위치를 확인한다면, 당시 그들의 종교적 열의가 얼마나 대단했는가를 알 수 있다. 안디옥과 이고니온에서 온 사람들은 바울을 잠잠케 하겠다는 목적으로 루스드라까지 이르는 160킬로미터를 걸어간 것이다(이 거리는 왕복으로 며칠이 소요되는 거리이다).

그 다음 절에서 바울과 바나바는 보다 동쪽으로 이동하여 더베에 이르렀다. 거기서는 바울의 고향인 다소가 그리 멀지 않고, 다소에서 안디옥까지의 노정이 바울의 일차 선교 여행이 끝나는 길이다. 그런데 바울과 바나바는 동쪽으로 더 가지 않고 발걸음을 돌려 그들이 얼마 전에 개척한 교회를 다시 방문했다. 물리적 측면으로만 볼 때 그것은 매우 위험한 일이었고 불필요하게 우회하는 길이었다. 그러나 그러한 판단은 새로운 신자들을 향한 바울의 애정이 얼마나 깊었는지를 보여 준다. 여기에서 한 편의 설교가 가능해진다.

고고학이 지리학과 만나게 될 때, 성경의 이야기는 더욱 풍성해진다. 에스라 5-6장은 예루살렘에서 동쪽으로 수백 킬로미터 떨어진 다리오왕에게 보내진 한 통의 편지에 대한 이야기다. 다리오는 페르시아의 기록보관실을 조사해 답신을 보냈다. 당시 포위된 예루살렘의 거주민들이 답장을 받는 데 1년에서 수년이 걸렸다는 것은 일반적인 상식이다. 말라기서의 연대기로 따지면 그것은 4개월 조금 못 되는 시간이 되고, 고고학은 그보다 더 짧은 시간을 제시한다.

페르시아 사람들은 서신 왕래를 매우 중시했기에, 그들의 왕의 대로는 수사에서 사데까지 대략 2,700여 킬로미터 뻗어 있었다. 일정한 간격으로 배달되는 포니익스 프레스(Pony express, 조랑말을 이용한 특급 배달-역주)는 서신을 한 주 만에 왕의 대로 이편에서 저편 끝으로 전달할 수 있었다. 수사에서 예루살렘에 이르는 도로망은 좀 더 짧은 거리였다. BCE 5세기의 역사가인 헤로

도투스(Herodotus)는 페르시안의 우편배달 체계에 매우 감명을 받아 다음과 같은 글을 남겼다.

> 그 어떤 눈이나 비, 태양이나 밤의 음산함도 배달부를 지체시키지 못했고 그들은 정해진 날짜에 신속하게 날짜를 맞추었다 (*his*.8.98).

참고 주제 지리학; 성지 순례

참고 문헌 William F. Albright. *Christianity Today*. 7/8 (1963): 3-5; Amnon Ben-Tor, ed. *The Archaeology of Ancient Israel*. (1994); James H. Charlesworth, ed. *Jesus and Archaeology*. (2006); Thomas W. Davis. *Shifting Sands: The Rise and Fall of Biblical Archaeology*. (2004); William G. Dever. *What Did the Biblical Writers Know and When Did They Know It?* (2001); Alfred J. Hoerth. *Archaeology and the Old Testament*. (1998); Philip J. King and Lawrence E. Stager. *Life in Biblical Israel*. (2001); Kenneth A. Kitchen. *On the Reliability of the Old Testament*. (2003); Amihai Mazar. *Archaeology of the Land of the Bible*: 10,000-586 BCE. (1992); John McRay. *Archaeology and the New Testament*. (1991); Alan Millard. *Treasures from Bible Times*. (1985); Anson F. Rainey and R. Steven Notley. *The Sacred Bridge: Carta's Atlas of the Biblical World*. (2006).

경전비평(Canonical Criticism)
토마스 도즈만(Thomas B. Dozeman)

경전비평은 역사비평 방법론 가운데 하나로서 성경 본문의 최종 형태와 보존에 관심을 갖는다. 신앙공동체는 경전의 최종 형태가 가진 신적 권위를 인정한다. 이런 점에서, 경전비평은 성경의 본문들을 경전으로 보존하려는 과정에서 있었던 신앙공동체와 권위를 지닌 본문 간의 역동적 관계에 관심을 갖는다. 경전비평의 방법론은 경전이 가진 독특한 문학적 특징들과 문학적 장르가 가진 사회적 기능을 조사하면서 특별히 역사적 한계를 가진 한때의 문학 작품들이 포괄적인 하나님의 말씀으로서 새롭게 권위를 부여 받을 수 있었던 방식에 집중한다.

1. 경전비평의 사회적, 신학적 등장 배경

근대와 후기 근대의 성경 연구는 설교자로 하여금 성경을 모든 시대, 모든 지역의 만인을 위한 권위 있는 하나님의 말씀으로 선언하는 일에 있어 두 가지의 근원적 도전을 제기한다. 여기서 두 가지 문제가 서로 엮여 있는데, 그것은 성경 각 권 간의 신학적 일치의 결여와 성경을 읽고 듣는 신앙공동체들의 다양성이다. 그들의 사회적 경험은 각기 독특하고 다르다.

1) 근대 해석에서의 경전과 역사비평

근대에 등장한 역사비평은 성경의 다중적이지만 역사 제한적이면서 상호 대립적인 목소리들을 밝혀내려 했다. 이사야서는 예

경전비평(Canonical Criticism)

레미야서보다 하나님과 예배, 공동체에 대해 특징적 신학을 가지고 있다. 그와 유사한 사례가 모세오경 내의 제사장적 문헌과 그렇지 않은 문헌들 사이에, 또는 복음서 간의 비교에서도 등장한다. 성경이 여러 저자들에 의한 단편들의 모음이라는 것은 성경이 권위를 가진 하나의 하나님의 말씀이라는 믿음에 직접 도전을 준다.

근대 전체를 통해 설교자들과 신학자들에게 가진 해석학적 과제는 성경의 다양한 목소리와 하나의 거룩한 신적 진리를 조화시키는 것이었다.

경전 해석에 중심이 있는가?

만일 그렇지 않다면, 설교자는 성경의 다른 여러 소리 가운데 하나의 뜻만을 정해야 하고, 그렇게 함으로써 성경 안에 성경을 찾아야 하는가?

만일 설교자가 다른 본문들은 제하고 자신이 좋아하는 본문을 고르고 정할 수 있다면 하나님 말씀으로서의 성경의 권위가 상실되는 것은 아닌가?

근대의 성경 해석은 성경 내의 다양성을 강조하면서 설교자가 어떻게 역사적으로 상이한 전통을 통해 들려오는 하나님을 동일한 말씀으로 들을 수 있는지에 대한 질문을 중점적으로 다룬다.

2) 후기 근대 해석에서의 경전과 신앙공동체의 다양성

후기 근대의 해석이 심도 있게 다루는 주제는 경전의 권위에 대한 문제로 성경을 하나님의 말씀으로 받아들이는 데 경험이 차지하는 역할에 관심을 갖는다. 근대 해석은 설교자로 하여금 경전 내의 다양한 목소리를 대면케 했다. 그러나 그것은 성경의 유일한 하나의 메시지와는 조화되지 않을 수도 있다. 그렇지만 근대 설교자들은 비록 다양한 설교자라 할지라도 동일 본문에 대해서는 동일한 해석에 도달할 수 있다고 생각했다.

그러나 후기 근대의 설교자들은 해석자의 경험을 강조하여 그러한 기준을 없앴는데, 이는 특정한 경험을 가진 공동체로 하여금 동일 본문에 대한 다양한 해석이 가능토록 해 주었다. 그래서 후기 근대 해석은 성별(gender) 또는 사회적 위치의 다양성에 따라 해석의 차이가 뚜렷해졌다. 가령, 여성 설교자의 경우 남성 설교자와는 다른 방식으로 본문을 해석할 것이고, 남아메리카의 교회는 아프리카의 교회와는 다른 시각으로 본문을 읽을 수밖에 없다. 후기 근대의 성경 해석은 동일 성경 안에 있는 다양한 목소리와 더불어 설교자와 청중의 다양한 경험과 시각을 중시한다. 이처럼 경험에 기반한 해석은 정경으로서 성경이 가진 문제점을 더욱 심화시켰는데, 특히 성경을 단일한 진리의 저장고로 믿는 자들에게는 더욱 그랬다.

2. 경전비평의 목적과 방법론

경전비평은 다원화된 세상에서 성경의 권위를 강조한다.

브래바드 차일즈(Brevard S. Childs)는 설교자가 정경이 가진 권위의 특성을 재평가하도록 몇 가지 지침을 제시했는데, 그에게 성경의 권위는 그것이 단일한 진리를 저장하고 있어서가 아닌, 성경적 진리의 울타리를 제시해 준다는 데 있다(Childs 1979, 83).

제임스 샌더스(James A. Sanders)는 확정된 정경과 지속적으로 변화해 가는 신앙공동체 간의 역동적 관계를 기술했다. 왜냐하면, 신앙공동체는 자신들만의 고유하고 독특한 경험을 통해 성경을 이해하고 수용해 가기 때문이다(Sanders, 1987, 65-66).

1) 브래바드 차일즈와 정경의 형성

차일즈는 정경의 장르에 집중하면서 신학적 해석(theological interpretation)이라는 성경 해석의 새로운 장을 열었다. 그는 정경 연구에 있어서 두 가지 해석학적 원칙에 집중했는데, 이는 설교에 있어 중요한 원리이기도 하다.

첫째, 정경 형성의 주된 이유는 신앙공동체의 신앙적 사용에 있다. 정경을 확정한 것이 바로 신앙공동체였다(Childs 1979, 58). 그래서 성경의 각 책에 대한 비평적 해석에서 신앙은 해석의 중요한 구성 요소로 간주된다. 이에 관한 한 예는 신약의 복음서들에서 보게 된다.

복음서들은 예수님의 삶에 대한 여러 모습들을 담고 있다. 그러나 복음서가 가진 신앙적 권위는 예수님의 삶이 가진 역사적 사실성에서 획득되지 않는다. 복음서가 마치 예수님의 삶을 단순히 보도하고 있는 식으로 복음서를 해석하는 것은 큰 실수이다. 오히려 복음서는 미래의 독자들에게 그리스도를 통해 드러나는 하나님의 능력을 직접적으로 언급하고자 구성된 것이다.

초기 교회는 예수님의 삶에 많은 관심을 가졌다. 그러나 복음서가 과거의 한계를 넘어 미래 세대를 위한 정경의 책으로 읽혀질 수 있었던 것은 복음서를 구성한 것이 신앙의 역동적 힘이었기 때문이다. 복음서는 성경의 권위가 과거의 역사에 매여 있지 않음을 시사한다. 역사비평적 해석이 가진 그러한 제한적 시각은 정경에 대한 그릇된 해석을 낳을 여지가 많다.

둘째, 정경은 통제된 다원성의 해석학을 제공한다(Childs 1979, 83). 역사비평학은 성경 안에서 발견되는 신학적 다원주의에 확고히 정초했다. 성경의 다양한 목소리는 차일즈에게 해석의 출발점 역할을 했다. 그러나 그의 관심은 특정한 하나의 전승이나 전통이 아닌, 신앙적으로 권위를 가진 정경을 형성하는 데 있어 그들이 가진 관계성에 있었다. 그래서 차일즈에게 있어 정경은 한 사람의 독창이 아닌, 다양한 목소리가 어우러진 합창과도 같은 것이다. 한마디로 정경은 하나의 유일한 진리가 아닌 허용 가능한 해석의 범주를 제공하는 책이다.

차일즈는 또한 정경을 형성하는 문학적 특징들을 발견했다. 그것은 설교자에게 역사적으로 상이한 본문들을 해석 과정에서 어떻게 다룰 것인지에 대한 방향을 제공해 준다. 역사비평적 해석은 성경 각 책의 정치적 정황만 가지고도 그 책이 어떤 성격의 책인지 확인하는 데 도움을 준다. 그리고 심지어 그것은 각 본문을 임의적으로 연결 지으려는 시도를 경계하도록 한다(Childs 1979, 127). 그러나 정경은 그 구성에 있어

각 부분이 그것이 속한 보다 큰 문학적 맥락과 가지는 관계성에 주목한다. 그 맥락 안에서 역사적으로 상이한 본문들은 상호적으로 의미를 소통하고 보완한다.

예를 들어, 현재 정경의 형태에서 제1 이사야(사 1-39장)의 정치 사회적 배경을 가지고 이사야서를 해석하기에는 역부족이다. 그래서 이사야를 읽는 설교자는 제1, 2, 3 이사야를 하나의 총서로 연결하는 문학적 특성을 살펴봐야 한다. 정경의 구조는 설교자를 성경의 내적 장치들의 기능을 파악하도록 이끌어 이사야와 예레미야 간의 대화를 유도하는 식으로 보다 넓게 확장되기도 한다. 이는 이사야와 예레미야를 서로 조화시킨다는 것보다는 정경의 구성이 정경 내 각 권 간의 관계를 탐색하게 한다는 것이고, 그 과정에서 성경을 읽는 공동체로 하여금 그 두 책의 세부적 메시지들을 포섭할 수 있는 보다 넓고 일관된 신학에 대한 필요성을 높인다는 것이다.

2) 제임스 샌더스와 신앙공동체에서의 정경의 기능

샌더스는 정경 해석에 있어 차일즈와 많은 부분을 공유한다. 그것들은 한 본문 내의 전승의 다양성과 정경에 대한 역사적 해석의 필요성, 그리고 정경 형성에 있어서의 신앙공동체의 역동적 역할 등이다. 그의 정경 해석은 또한 다양한 방향으로 확장되어 신앙공동체 안에서의 정경의 역할을 보다 세부적으로 탐색하도록 이끈다(Sanders 1987, 19-20). 그래서 정경이 가진 독특한 문학적 특징들에 집중하는 차일즈와 달리, 샌더스는 신앙공동체의 특성에 초점을 둔다. 그에게 신앙공동체는 많은 시간에 걸쳐 상이한 시대적 상황들을 겪으면서 정경을 보존해 온 공동체다.

샌더스는 패쇄 회로처럼 확정되고 고정된 본문이 어떻게 시대에 걸쳐 역동적이고 수용 가능할 수 있었는지를 알고자 했다. 정경의 적응력은 변화에 열려 있는 신앙공동체가 그것을 계속해서 수용하느냐의 여부에 달려 있다. 왜냐하면, 신앙공동체는 정경의 이야기에서 그들의 정체성과 윤리적 비전을 발견하기 때문이다.

정경이 권위 있는 하나님의 말씀으로 읽혀진다면, 신앙공동체는 그 메시지를 그들의 특수한 사회적 상황과 삶의 경험에 조명하지 않을 수 없다. 그 과정에서 정경은 '생명의 책'이 된다. 정경에 담긴 이야기들은 변하지 않지만 신앙공동체의 색채와 빛깔을 취하게 된다. 왜냐하면, 그 공동체는 정경의 이야기들을 기억하고 그것으로 살아가기로 선택한 사람들이기 때문이다. 그래서 출애굽기의 어떤 이야기는 유럽인들, 북미의 흑인들, 또는 아시아계 이민자들에게 각기 다르게 적용될 것이다. 정경 수용에 있어 경험은 비록 동일한 본문을 읽는다 해도 각기 독특한 공동체들 안에서 매우 다양한 해석을 만들어 낸다.

정경을 삶의 중심에 두는 신앙공동체가 추구하는 중요한 가치는 사회적 조화와 평화의 가치이다. 샌더스는 그것을 "일치(monotheize)를 향한 추구"라고 기술했다 (Sanders 1987, 30). 다양한 공동체 안에서 읽히지는 정경은 설교자에게 성경 본문만이 아닌 신자들의 신앙 경험을 해석하는 일이 그에게 매우 중요함을 일깨우는 역할을 한다.

3. 다원화 사회에서 권위 있게 설교하기

정경비평은 다원화된 사회에서 복음을 선포하는 데 있어 핵심적인 해석학적 도구이다. 그것은 일종의 자기 성찰적 방법으로서 정경비평은 정경 안에 정경이라는 개념이 아닌 설교자로 하여금 그(녀)가 본능적으로 외면할 수 있는 정경 안의 목소리들에 귀 기울이고 그것을 해석하도록 이끈다. 그와 동시에 정경비평은 설교자로 하여금 성경에서든 신자 회중의 삶에서든 유일한 하나의 메시지를 찾으려는 일을 막아 준다. 이와 같은 방식으로, 정경비평은 성경에 대한 권위 있는 해석이 어디까지 가능한지를 제시해 주고, 그를 통해 신앙공동체들의 다양한 상황에 응답하려 한다.

참고 문헌 B. S. Childs. *Introduction to the Old Testament as Scripture*. (1979); B. S. Childs. *Biblical Theology of the Old and New Testaments*. (1993); J. A. Sanders. *Torah and Canon*. (1972); J. A. Sanders. *Canon as Paradigm: From Sacred Story to Sacred Text*. (1987).

주해(Exegesis)

토마스 롱(Thomas G. Long)

설교 준비 과정에서 설교자의 숙련된 주해는 많고 복잡한 주해 방법들을 하나의 주해 과정으로 소화해 내고 그 과정을 반복되는 설교 준비 일정의 한 부분이 되도록 한다.

일반적으로 주석이라는 용어가 설교와 관련하여 사용될 때, 그것은 본문에 대한 해석 행위를 가리켜 본문의 의미를 파악하고 그에 대한 오늘의 의미는 설교를 통해 표현되게 된다. 그래서 설교를 위한 주석은 성경 본문 자체의 성격이나 특성에 대한 신중한 관심만이 아닌 그 본문이 읽혀지고 설교되는 신자 회중의 삶의 자리에 대한 분별력 있는 관심을 요구한다.

1. 주해와 자기 주입 해석

메시지 창안의 한 과정으로 수행되는 주해는 자기 주입 해석과의 차이를 바탕으로 행해지거나 그 둘 간의 차이를 의문시 하기도 한다. 영어의 *exegesis*(주해-역주)는 그리스어인 *exegeomai*, 곧 '이끌고 나가다' 또는 '밖으로 끌어내다'라는 의미이다. 반면, *eisegesis*(자기 주입 해석-역주)는 그리스어의 합성어로서 '끌고 들어가다'를 의미한다.

주해는 긍정적 개념으로 설교자가 본문의 참된 의미만을 뽑아내려 할 때 발생한다. 반면, 자기 주입 해석은 그와 극명하게 대조적인데, 자기 주입 해석은 부정적 개념으로 설교자가 본문 바깥에서 의미를 가져다가 본문에 입히는 행위이다. 이런 점에서 주해는 본문에 대한 객관적이고 진실된 해석으로 간주되지만, 자기 주입 해석은 주관적이고 본문에 대한 오역으로 판단되는 해석이다.

오늘날 유능한 성경적 설교자들은 응당 문제적인 자기 주입 해석을 피하려 한다. 왜냐하면, 자기 주입 해석은 본문을 자의적으로 뒤틀거나 본문 외부의 관점으로 해

주해(Exegesis)

석을 주도하려 하기 때문이다. 그래도 많은 설교자가 고대 본문에 대한 순전한 객관적 읽기가 가능하지도 않을 뿐더러, 그것이 그들이 원하는 바도 아님을 인정한다. 성경 본문은 영원 불변한 의미를 간직하고 있는 그릇이 아니다. 오히려 그것은 의미의 상호작용이 일어나는 곳이다.

오늘날의 설교자나 해석자들은 살균한 위생장갑을 착용하고 본문이 가진 무결한 의미를 추출해 내려 하지 않는다. 그대신 그들은 본문과 상호 대화하면서 자신들의 삶의 질문과 주제들을 그 만남의 자리로 가지고 가게 된다. 설교자가 본문으로 가지고 가는 것은 본문이 새로운 상황에서 무엇을 의미할지에 영향을 미친다. 성경 본문은 그것을 읽는 설교자로부터 거리를 유지하면서 해석의 과정을 주도하지만, 그것은 설교자 각각의 삶이라는 새로운 세계와 분리되지 않는다.

한 예로, 바울이 우상 제사(고전 8:1-13)에 드려진 고기 섭취에 관해 고린도 교회에 충고한 일을 생각해 보자. 원래의 정황상 그 구절은 윤리적으로 매우 뜨거운 논쟁적 주제에 대한 매우 구체적인 조언을 다루고 있다. 고린도라는 도시에서 종교적 제의는 일반적으로 갓 잡은 짐승의 고기를 지역의 신들을 위한 제단에 제물로 바치는 제사였다. 그런 후 일정한 시간이 지난 뒤, 그 고기는 지역 시장으로 옮겨져 음식으로 매매되었다. 여기서 의문이 든다.

"신앙적 양심을 가진 그리스도인들이 과연 그 고기를 먹을 수 있었을까?"

"시장에서 그 고기를 사거나, 그것을 불신자 이웃들의 식탁에서 그들과 함께 먹는 일이 과연 신앙적으로 용납될 수 있는 일이었을까?"

고린도 교회의 몇몇 신자는 그 질문에 단호했다. 그들은 우상에게 제물로 바쳐진 고기를 먹는 것을 우상 숭배와 같은 행위로 보았다. 그렇기에 그들은 그러한 일에 엮이지 않으려 했다. 반면, 그들 중에 좀 더 교육을 받은 엘리트 신자들은 그러한 태도를 비웃었는데, 그들에게 그것은 무지하고 미신적인 생각의 소치였다. 그렇기에 그들은 이렇게 주장했다.

"우리는 오직 한 분 하나님이 계시다는 것을 믿습니다. 물론, 이 마을의 다른 사람들은 그럴 정도로까지 지식을 가지고 있지 않습니다. 그들은 말 못하는 우상을 믿고, 그것들에게 짐승의 고기를 바칩니다. 그러나 우리는 그 우상들이 실제로 존재하지 않는 것임을 압니다. 소위 신이라고 불리는 이것들이 실제로는 없기 때문에 돌 제단에 바쳐진 그 어떤 고기 조각은 아무것도 아닙니다. 그것은 공허한 행위에 불과하고 어떤 영적 힘이나 영향력도 갖고 있지 않습니다. 그렇다면 우리가 왜 그 고기를 먹지 못하며 죄책감 없이 즐기지 못한단 말입니까?"

바울은 먼저 교육받은 엘리트 신자들의 편에 서서 충고를 시작했다.

"신학적으로는 당신들의 주장이 옳습니다. 세상에는 오직 한 분 하나님만 계십니다. 여러분은 그 고기가 어디에서 온 것이든 상관없이 맘껏 먹을 자유가 있습니다. 여러분의 논리는 A학점입니다."

그런 후, 바울은 완전한 지식을 이기는 사랑을 언급하면서 그의 논리를 전환시켰다. 그는 말했다.

주해(Exegesis)

지식은 교만하게 하며 사랑은 덕을 세우나니
(고전 8:1b).

고린도 교회의 신자들은 옳은 쪽을 원했다. 그러나 바울은 옳다는 것은 또 다른 목적 앞에서 고개를 숙이는 자세임을 조언했다. 그것은 사랑을 통해 공동체가 세워지는 것이다. 그런 후, 바울은 엘리트 신자들에게 하나의 사명을 준다.

"우상은 존재하지 않는다는 여러분의 지식이 옳을 수 있고, 제물에 바쳐진 고기를 먹는 것에 관한 여러분의 입장이 절대적으로 맞을 수 있습니다. 그러나 이 교회 안에서 형제와 자매들을 향한 여러분의 태도는 교만하고 거만합니다. 이 교회의 어느 누구도 여러분의 지식 수준에까지 도달해 있지 못합니다. 그런데 그리스도는 바로 그들을 위해서도 죽으셨습니다. 그들은 이제 겨우 우상 신들을 섬기는 삶에서 돌아선 자들입니다. 그들의 신앙은 어리고 연약합니다. 만일 여러분이 계속해서 여러분의 우월한 지식을 내세운다면 그들은 상처를 입을 것입니다. 만일 여러분이 그들을 사랑한다면 그렇게까지 험하게 행하지 않을 것입니다."

이어 바울은 결정적인 한마디를 준다.

"나는 내가 원하는 무엇이든 행할 자유가 있습니다. 그러나 그리스도 안에서 그 자유는 사랑의 종이 되는 자유입니다. 만일 이 고기를 먹는 일이 우리 가운데 한 사람을 실족하게 한다면 저는 그 고기를 결코 먹지 않을 것입니다."

역사적 맥락에서 볼 때, 이 본문의 의미는 분명하고 구체적이다. 설교자의 주해가 오직 본문의 일차적 상황에 부합한 의미만을 식별해 내는 거라면, 역사적 측면에서 이 구절은 흥미로울 수 있지만, 동시대의 상황에는 많은 경우 부적절한 의미가 되고 만다.

오늘날 주변에 우상에 제물로 바쳐진 고기에 관한 질문이 문자적으로나 실제로 문제가 되는 그리스도인들이 없다고 말할 수 없지만, 대부분의 경우는 그렇지 않다. 성경 본문이 단순히 하나의 메시지를 간직하고 있는 그릇이 아닌, 의미의 상호 작용이 발생되는 장으로 읽혀질 때, 성경은 새로운 세계를 열어 준다. 그 세계 안에서 그리스도를 향한 신앙은 자유와 지식, 사랑을 역동적으로 한데 엮어 준다. 그 세계가 오늘날 설교자의 세계를 끌어들이고 설교자로 하여금 그가 가진 광범위한 사회적 주제와 윤리적 문제들을 다룰 수 있는 힘을 준다.

성경 본문이 주장하는 그리스도인의 사랑, 곧 신학적 지식과 윤리적 자유에 의미를 부여하면서, 많은 선한 것을 모아 교회를 공동체로 세우고 약한 자들을 격려하는 보다 큰 하나의 옷을 짓는 사랑이 성경이 말하려는 바로서, 그것이 모든 새로운 상황에서 설교자에게 영향을 미치는 힘인 것이다.

2. 주해 방법

주해, 곧 설교를 위한 본문 해석은 단순히 본문을 읽는 것 이상의 과정을 포함한다. 지난 몇 세기 동안 교회는 본문에 대한 지성적이고 적합한 해석을 가능케 하는 다양한 해석의 기술과 방법을 발전시키고 채택해 왔다.

주해(Exegesis)

주해의 역사는 아우구스티누스(Augustine)의 상징적 해석에서부터 오리게네스(Origen)의 다중적 영적 읽기와 종교개혁기의 문법적 해석, 그리고 현대의 과학적이고 비평적인 해석에 이르기까지 많은 변화와 전환, 논쟁의 역사로 얘기될 수 있다. 그렇지만 본질적으로 설교를 위한 해석으로서 주해의 발전은 신앙적이든 그렇지 않든, 모든 학자가 고대의 본문에 대한 연구에 시도한 모든 분석 방법을 점진적으로 수용해 온 발자취이다. 여기에는 성경을 하나님으로부터 내려온, 종이에 적힌 말들을 초월하는 근원적 말씀으로 믿는 입장도 포함되어 있다.

산드라 슈나이더스(Sandra M. Schneiders)는 성경 해석의 목적을 두 가지, 곧 '정보'(information)와 '변형'(transformation)이라는 차원으로 제시했는데, 이는 본문 주해를 이해함에 있어 유용하다. 정보로서의 주해의 목적은 설교자로 하여금 과거로 돌아가 본문의 저자성, 기록 연대, 배후 정황, 신학적 위치, 그리고 본문과 본문이 쓰인 당시 사회적 상황과의 관계 등에 관한 사실들을 추적하도록 한다. 반면, 변형으로서의 주해는 설교자를 현재로 향하게 하여 본문의 진리가 오늘의 설교자에게 무엇을 말하려 하는지와 오늘의 새로운 독자들을 향해 본문이 의도하는 바가 무엇인지를 묻도록 한다.

설교자는 그가 원한다면, 본문에서 변형은 제외하고 정보만을 찾을 수 있다. 그러나 슈나이더스는 그 반대의 경우는 정직하지 않다고 본다.

본문의 존재론적 차원에 관심을 가진 설교자는 누구라도 그것의 정보적 사실들에 깊이 관여될 것이 분명하다(Schneiders 1991, 14).

설교자가 주석의 정보와 변형의 차원을 모두 포괄할 수 있는 주요 방법들은 다음과 같다.

1) 역사비평

역사비평적 방법은 성경 본문을 어느 특정한 시대와 구체적 상황에서 인간 저자에 의해 만들어진 기록물로 본다. 역사비평의 목적은 본문이 만들어진 역사적 조건이나 상황들과 그것이 본문과 갖는 관계성을 밝히는 데 있다. 말하자면, 역사비평은 두 가지 측면에서 본문의 역사에 관심을 갖는다. 즉, 본문 '안'(in) 역사와 본문에 '대한'(of) 역사이다(Hayes and Holladay 1987, 45).

첫째, 본문 안 역사는 본질적으로 본문의 세부적 요소들에 의해 밝혀질 수 있는 역사적 사실들로 구성된다.

예를 들어, 시편 24편이 예배자들이 주님의 언덕으로 올라가면서 "문들아 너희 머리를 들지어다 영원한 문들아 들릴지어다"(7절)라고 노래 부르는 모습을 그릴 때, 그것은 고대의 성전 입당 의식을 위한 실제 예전을 기초한 것임에 틀림없다. 그 의식에서 순례자들은 언덕을 올라 예루살렘의 성전으로 들어갔다.

바울이 갈라디아 교회에 편지를 쓰면서 "그리스도의 은혜로 부르신 너희를 부르신 이를 이같이 속히 떠나 다른 복음을 따르는 것을 내가 이상하게 여기노라"(갈 1:6)고 한 훈계에 대해, 역사비평가는 바울과 그의 독

주해(Exegesis)

자들 간의 갈등 내막을 재구성하고 그들을 꾄 다른 복음이 무엇인지를 밝히고자 한다.

둘째, 본문에 대한 역사는 본문의 저자성, 기록 시기, 어휘, 문법, 작성 환경, 본문의 본존에 관련한 질문들과 관련된다.

예를 들어, 요한복음에 나오는 간음하다 현장에서 잡힌 여인의 이야기(요 7:53-8:11)는 역사비평적 관점에서 많은 질문과 문제들이 포착된다. 그 이야기는 요한복음의 가장 오래된 헬라어 사본들 가운데 대다수에 포함돼 있지 않는데다가 그 본문의 어휘나 스타일도 요한복음의 나머지 부분들과도 상당한 차이를 보인다. 더군다나 그 이야기는 요한의 자연스러운 서사 흐름과도 어울리지 않는다. 이러한 이유들을 종합해 볼 때, 많은 역사비평가가 그 이야기가 예수님에 관한 구술 전승에서 기원하지만, 원래 요한의 복음서가 아닌, 누가나 다른 복음서의 한 부분에 자리하고 있었을 거라는 데 의견을 같이한다.

2) 문학비평

문학비평은 본문의 저자성이나 배후 정황, 문법 등과 같은 역사비평이 관심사들을 도외시하지 않는다. 그 대신 문학비평은 그것들에 더해 본문이 시적이고 예술적인 창작물임을 인식하는 주석 방법이다. 문학비평은 성경 본문이 독자들에게 의미와 감정, 반응을 이끌어 내는 방식의 언어들을 사용하는 것에 주목한다.

한 예로, 요한복음 21:15-19의 예수님과 베드로의 대화는 단순히 사건에 대한 직설적 뉴스 보도가 아니다. 그것은 매우 예술적으로 구성된 문학적 이야기다. 예수님은 세 번에 걸쳐 물으셨다.

"네가 나를 사랑하느냐?"

이어서 베드로는 세 번 대답했다.

"내가 사랑하는 줄 당신이 아시나이다."

이러한 삼중적 질문과 대답의 방식은 그에 앞서 기술된 예수님에 대한 세 번의 부인(13:38; 18:17; 18:25-27)과 상응한다. 그래서 그런 방식으로, 본문은 베드로를 회복시키는 이야기로 기능한다. 세 번의 부인과 세 번의 대답 간의 연결은 마지막 두 번의 부정과 세 번의 확답이 화롯불 주변에서 발생했다(18:18과 21:9)는 사실에 의해 분명해진다. 화롯불은 문학적으로 두 개의 사건을 하나로 연결하는 상징이다.

문학비평의 유용성에 대한 또 다른 예는 시편 19편에 대한 분석에서 볼 수 있다. 역사비평의 관점으로만 보면, 시편 19편은 조잡스런 퀼트천과 같아서 상이한 세 가지 재료와 양식을 억지로 붙여 놓은 것같이 보인다. 시의 첫 번째 부분(19:1-6)은 근동 지방의 자연 찬미의 시로서 태양을 찬양하는 노래임에도 창조하신 하나님께 영광 돌리는 노래로 바꾸어 놓았다. 그래도 그 시는 자연의 찬양시임을 여전히 감추고 있지 않다. 시의 두 번째 구간(19:7-10)은 지혜시의 한 부분이다. 그리고 그 운율과 어휘, 심지어 하나님에 대한 히브리식의 이름은 첫 번째 부분과 다르다.

3) 신학비평

신학비평은 본문이 중심적으로 드러내려는 것이 하나님의 성품임을 확신하는 접근

주해(Exegesis)

법이다. 때때로 본문은 그러한 확신을 명시적으로 진술하기도 하고, 그렇지 않으면 암시되기도 한다.

예를 들어, 바울이 고린도전서 12장("각 사람에게 성령을 나타내심을 유익하게 하려 하심이라"[7절])에서 성령의 은사에 대해 논할 때, 그것은 고린도 교회 내부의 반대파와 시기하는 자들을 극복하려는 것과 교회의 신학을 암묵적으로 전하려 의도한 것이었다.

신학적으로 말해, 교회는 유별난 영적 개인들의 집합체가 아니다. 그것은 신자들의 공동체로서 성령은 공동체를 통해 하나님의 생명을 그의 은사들을 통해 나타내신다. 교회는 성령의 일하심에 민감하고 다양한 은사와 성도의 사역을 통한 성령의 나타나심을 기뻐하면서 하나님의 생명으로 보다 깊고, 보다 충만히 다가가게 된다.

그뿐만 아니라, 마가복음 4:35-41은 호수를 잔잔하게 하신 예수님에 관한 이야기다. 그것은 단지 예수임을 놀라운 이적 사역자로 말하려는 것이 아니다.

신학적으로 폭풍 이는 거친 바다는 사람의 생명을 위협하고 하나님의 통치에 대항하는 혼돈과 악마적 힘을 떠올린다. 예수님이 바다를 향해 "잠잠하라 고요하라"고 명령하신 것은 단순히 폭풍을 잠재운 것이 아니다. 그것은 하나님의 종말적 샬롬, 곧 궁극적으로 피조 세상이 모든 것의 주인 되시는 하나님 안에서 누리게 될 완전한 평온함을 현재적으로 선언한 것이었다. 극도의 고요함을 뜻한다.

4) 경전비평

경전비평은 본문을 교회가 최종적으로 받아들이고 사용하게 된 교회의 책이라는 관점으로 접근하는 해석의 한 방법이다. 성경은 교회를 위한 정경이다. 정경비평은 그것 자체로 역사비평과 다소 긴장적이다. 역사비평은 성경의 최종 형태가 아닌, 그것의 최초 번역본을 가장 중요하게 인정하려 한다.

마태복음 25:1-13의 슬기로운 처녀와 어리석은 처녀 비유는 열명의 처녀, 곧 다섯 명의 슬기로운 처녀와 다섯 명의 어리석은 처녀에 대한 이야기다.

그들은 모두 늦어지는 신랑을 기다렸다. 기다림은 길어지고, 시간은 늦어지자 그들 모두는 졸았고 결국 잠에 골아 떨어졌다. 그러나 자정이 가까워지자 신랑이 마침내 도착했다는 소리가 들렸다. 놀라서 깬 여인들은 자신의 등불을 가지고 신랑을 맞을 준비를 했다. 그러나 어리석은 처녀들에게는 문제가 발생했다. 그들은 충분한 기름을 준비하지 않았다. 그들의 등불은 이미 꺼져가고 있었다. 그들은 그 슬기로운 처녀들에게서 기름을 얻으려 했다. 그러나 그들에게도 여유의 기름은 없었다. 결국, 어리석은 처녀들은 부리나케 시장에 가서 기름을 사와야 했다. 그러나 그들은 그 성대한 결혼식을 놓치고 말았다.

예수님은 다음과 같은 말씀으로 비유를 끝맺으신다.

> 그런즉 깨어 있으라 너희는 그날과 그때를 알지 못하느니라 (마 25:13).

주해(Exegesis)

예수님이 비유에서 이러한 교훈을 이끌어 내신 것은 매우 이상하다. 왜냐하면, 그 이야기에서 슬기로운 자들과 어리석은 자들 모두가 잠에 곯아떨어졌기 때문이다.

역사비평가들은 마태가 이 비유에 부적합한 메시지를 추가했을 가능성이 매우 높다고 지적한다. 그는 아마도 예수님의 이야기를 왜곡하고 그 과정에서 그의 요점을 놓쳤을 수도 있다. 그들에 따르면 원래 비유는 교회의 윤리적 책임성과 관련된 것으로 등불을 밝히는 기름은 교회의 선행을 상징한 것으로 본다. 그리고 깨어 있으라는 내용은 마태의 상황, 곧 오지 않는 하나님 나라에 대해 지쳐 있는 교회의 상황에 맞게 수정하려 한 마태의 시도였다.

그러나 정경비평가들은 본문의 최종 교훈을 떼어 내지 않는다. 왜냐하면, 그것이 경전으로서 교회가 받아들인 본문의 최종본이기 때문이다. 비유가 제자도와 선행과 관해 무엇을 말하려 하든, 경전비평가들은 예수님의 비유에 깨어 있음과 경계의 교훈을 추가하기 원한다.

5) 사회학적 비평

사회학적 주해는 성경 본문과 그것의 정치적, 문화적, 사회적 상황 간의 관계를 밝히려 한다. 미래의 어떤 학자도 우리 시대의 흡연에 관한 사회적, 의학적 발전을 인식하지 않고는 우리 문화의 "금연에 감사합니다"라는 문구를 완전히 이해할 수 없다. 이와 마찬가지로 성경 본문을 읽는 설교자들도 그들이 형성된 사회적, 정치적 상황에 대해 알아야 한다.

가령, 마가복음 9:33-37에서 예수님은 제자들에게 말씀하셨다.

> 누구든지 첫째가 되고자 하면 뭇 사람의 끝이 되며 뭇 사람을 섬기는 자가 되어야 하리라 (마 9:35).

그리고 그분은 한 어린아이를 데려다 제자들 가운데 세우고는 말씀하셨다.

> 누구든지 내 이름으로 이런 어린아이 하나를 영접하면 곧 나를 영접함이요 (마 9:37).

그 본문 이후에 사람들은 예수님이 축복해 주심을 바라고 자신의 아이들을 데려왔다. 그러나 제자들이 그들을 쫓아내려 했을 때 예수님은 그들을 꾸짖으셨다.

> 어린아이들이 내게 오는 것을 용납하고 금하지 말라 (막 10:14).

그리고는 이렇게 말씀하셨다.

> 내가 진실로 너희에게 이르노니 누구든지 하나님의 나라를 어린아이와 같이 받들지 않는 자는 결단코 그곳에 들어가지 못하리라 (막 10:15).

많은 설교가 신약성경에 등장하는 이런저런 '아이'에 관한 구절들을 설교하면서 감상적으로 잘못 설교하곤 한다. 어수룩한 설교자는 그들의 해석에 오늘날 아동 중심 사회의 아이들에 대한 이미지나 관점들을 대입한다. 그들에게 아이들은 다정하고 믿어 줄 만하고 순진하고 사랑스럽고 순수한 존재다. 그러한 가정에 기초한 설교는 우리가 상상하곤 하는 우리 주변의 아이들처럼 예수님이 귀엽게 웃는 아이들 한가운데 서 계신 주일학교의 그림에 대한 언어적 설명 같다.

그러나 그러한 본문들을 사회학적 방법론으로 연구하게 되면 매우 다른 그림이 나타난다. 예수님 당시의 어린이들은 사실상 노예와 동일한 신분이었다. 아이들은 빈곤에 시달렸고 취약했다. 게다가 그들 중 무려 60퍼센트가 6세 이전에 사망했다. 당시 어린 시절은 "공포의 시기"였다. 사람들이 예수님의 만져 주심을 바라고 자신들의 아이들을 데려왔을 때 그들은 자신들의 아이가 곧 죽을 수 있음을 잘 알고 있었던 것이다(Malina and Rohrbaugh 1992, 238, 243). 본문의 아이들은 달콤함과 순진한 믿음에 대한 상징 대신 궁핍과 비천한 사회적 신분의 실체였다.

6) 주해의 상황화

모든 성경 해석은 해석자가 그곳이 아닌 여기에 속하고, 다른 곳이 아닌 지금 이곳이라는 사회적 맥락에 서 있다는 점에서 상황화된다. 이것은 오늘날 해석학적 이해의 특징으로 해석자는 중립적이어서 모든 사회적 관계들 위에 떠 있으면서 모든 편견으로부터 자유하고 본문을 완전히 객관적으로 볼 수 있다는 생각이 착각임을 알려 준다.

많은 주석 방법이 해석자 주관의 개입을 줄이기 위해 본문의 사회적, 정치적, 신학적 맥락을 전체적으로 가져오려 한다. 해석자는 자신의 두 발을 진리에 대한 확실한 기준을 가지고 이성적이고 과학적인 세계에 딛고 서 있을 수 있다. 그러나 그는 그것이 곧 본문의 세계라고 단정해서는 안 된다. 해석자는 입고 있던 외투를 벗듯 자신의 세계관을 버릴 수 없다. 그렇지만 본문은 전혀 다른 세계관을 담고 있어서 본문이 말을 할 수 있도록 기회를 허락해야 한다.

그러나 또 다른 방법은 해석자의 사회적 위치를 보다 긍정적인 방식으로 강조한다. 그것은 해석자의 시점을 활용해 다른 시점에 서 있는 다른 해석자들이 간과하는 본문의 이면들을 보려는 방법이다.

마리아 찬가에서 마리아의 노래는 이렇다.

> [하나님이] 권세 있는 자를 그 위에서 내리치셨으며
> 비천한 자를 높이셨고
> [하나님이] 주리는 자를 좋은 것으로 배불리셨으며
> 부자는 빈 손으로 보내셨도다(눅 1:52-53).

이 노래는 비버리 힐스에서는 자장가처럼 들리겠지만, 니카라과의 솔렌티네임에서 그 노래는 혁명적이면서도 희망적이고, 정치적인 예리함을 가지는 노래가 된다.

지난 몇십 년간, 주해의 방법론들이 발전하여 그간 많은 주석서를 낸 대표적 주석가들(대부분 학식이 높은 남성들이며, 그들 대부분은 유럽과 북미의 백인들로서 경제적으로 부유한 자들)이 간과해 온 방식들이 대두했다. 그것은 사회적 관점으로 본문을 읽고 해석하는 방식이다.

해방비평은 명시적으로 성경 본문을 가난과 정치적 약자들의 관점에서 읽어 낸다(해방비평 참고). 페미니스트와 우머니스트 해석은 여성의 관점으로 성경을 읽어 내고 (페미니스트비평; 우머니스트비평 참고), 아시아, 아프리카, 라틴 그리고 다른 인종과 지역적 상황에 속한 방법들은 인종적, 문화적 정체성을 활용해 그간 성경 본문의 닫혀진 영역들을 풀어내는 방식들을 취한다.

고도의 상황화를 추구하는 해석은 때때로 본문의 침묵당할 수 있는 부분들에 주목한다.

가령, 한 페미니스트 주석가는 바울을 "갈라디아 그리스도인들의 어머니"라고 부르면서(Newsom and Ringe 1998, 426), 바울이 갈라디아서에서 출산의 은유를 사용하는 데서 강력한 힘과 의미를 발견했다.

> 나의 자녀들아 너희 속에 그리스도의 형상을 이루기까지 다시 너희를 위하여 해산하는 수고를 하노니 (갈 4:19).

또 다른 차원에서 그러한 해석은 본문에 대한 오해를 수정한다. 예수님이 야곱의 우물에서 만난 사마리아 여인이 도덕적으로 저급하고 계속되는 이혼 경력을 가진 여성("너에게 남편 다섯이 있었고 지금 있는 자도 네 남편이 아니니"[요 4:18])이라는 전제는 많은 페미니즘 해석가가 공격하는 부분이다. 그들은 사마리아 여인의 결혼 이력에 대해 도덕적 해이가 아닌 다른 가능한 배경을 제시한다(예, 수혼제). 그리고 그녀를 "창녀"나 "다섯 번의 가정파탄자"로 설교하는 것은 본문 자체에 의하기보다는 설교자의 편견에 기인한다고 본다(Newsom and Ringe 1998, 384).

마지막으로, 고도로 상황화된 해석은 때때로 성경 저자들의 개입을 비판하는 데 필요한 지렛대를 제공한다.

예를 들어, 열왕기상 16-21장과 열왕기하 9장에서 이스라엘의 아합왕과 결혼한 시돈(페니키아)의 공주 이세벨은 강한 여성성이나 정치 지도자가 아닌, 허영심 많고 기만적이며 교활한 속녀, 곧 하나님을 향한 이스라엘의 충성심을 위협하는 모든 것을 가리키는 상징으로 소개된다. 그러나 페미니즘 비평가들은 이세벨에 대한 그러한 평가가 이세벨에 관한 어떤 역사적 사실들이 아닌, 남성들이 가진 여성 권력에 대한 두려움과 낯선 "이방인"에 대한 불안과 더 밀접하게 관련되어 있다고 본다(Newsom and Ringe 1998, 110).

7) 기도와 묵상적 주해

상기한 주해적 방법들은 기술적 차원에서 비평적 방법론인데, 이는 부정적으로 말하는 것이 아닌, 분석적 차원에서 비평적이라는 것이다. 적어도 해석의 과정에서 성경 본문의 모든 부분은 긴밀한 관찰과 탐구의 대상이 된다. 그러한 방법들은 객관적 사실 정보에 잘 들어맞는 방식이다. 그러나 본문이 가진 삶의 도전과 변화라는 의의는 상실되거나 묵과될 수 있다. 최근에 많은 주해적 시도들에서 보이는 본문을 기술적으로 객관화하려는 시도들, 곧 보다 과학적인 주석 방법론들에 대한 반작용으로, 보다 오래되고 깊이 있는 내적 성찰을 통해 성경 본문을 해석하려는 움직임이 회복되고 있다. 이러한 방법들은 성경 본문에 대한 분석적이고 해체적인 작업보다는 기도 속에서 각 구절을 묵상하는 일에 관심을 갖는다.

아마도 그와 관련해서 가장 잘 알려진 방식이 바로 거룩한 독서(*lectio divina*)이다. 거룩한 독서는 성경을 가지고 천천히 기도하는 고대의 독서 방식으로, 초기 교회에서 기원하여 12세기 카르투시안수도원의 귀고 2세(Guigo II)가 쓴 『수도사들의 사다리』(*The Monk's Ladder*)라는 책으로 구체적 형태를 갖추었다(거룩한 독서 참고).

거룩한 독서는 개인 또는 소그룹으로 수행될 수 있는데, 일반적으로 네 단계 또는 과정으로 성경 본문과의 만남을 갖는다. 그것은 독서(*lectio*), 묵상(*meditatio*), 기도(*oratio*), 그리고 성찰(*contemplatio*)이다.

독서 단계에서 해석자는 단순하게 본문을 매우 천천히 읽는다. 본문을 주의 깊게 경청하면서 본문이 자신에게 무엇을 말하든지 듣겠다는 열린 자세로 읽는다. 이러한 듣기는 본문 앞에서 자신을 비우는 준비와 본문 안에서 본문을 통해 말씀하시는 하나님의 음성을 듣겠다는 마음의 지향을 필요로 한다. 이 단계에서 해석자는 본문에서 순간순간 어떤 고유한 의미나 뜻을 가지는 듯한 모든 단어나 구절을 의식하면서 깨어 있는다.

묵상 단계에서 해석자는 본문이 자신을 향해 의미 있게 말을 거는 어떤 구절이나 부분에 집중한다. 해석자는 본문을 묵상하면서 자신이 멈춰선 부분을 분석하려 하거나 이해하려는 시도를 하지 않는다. 단지 본문이 해석자를 그것 자체의 흐름 안으로 이끌고 가도록 허락할 뿐이다. 거룩한 독서의 네 가지 각 단계가 다 그렇지만, 해석자는 묵상을 서둘러서는 안 된다. 성경의 같은 구절이나 부분을 반복해서 천천히 되새기는 것이 본문을 해석자의 의식으로 이끌어 들이는 길이다.

기도 단계에서 기도는 하나님과의 대화를 뜻한다. 앞선 묵상 단계에서 해석자는 하나님이 마음에 말씀하시는 구체적 말씀에 집중했다. 이제 기도의 단계에서 해석자는 그에 응답하여 말하게 된다. 곧 말씀이 내면에 자극을 준 탄식, 고백, 염려들을 하나님께 올리는 것이다.

성찰 단계에서 해석자는 이제 본문의 말씀을 뒤로하고 일어나 삶에서 하나님과의 고요하고 화해적인 관계 안으로 들어간다. 거룩한 독서의 과정은 해석자로 본문의 세계가 아닌 하나님의 임재 안으로 이끌어 들이는 과정이다. 그리고 이 마지막 성찰 단계는 해석자로 하여금 바로 그 주님의 임재 안에 머물도록 돕는다.

3. 주해 습관

설교를 위해 본문을 심도 있게 주해하는 것은 주석된 각 부분을 설교를 위해 종합해 내는 작업을 필요로 한다. 주해 과정에서 설교자는 다양한 주석적 방법을 동원했다. 그러나 이제 그것들은 설교자 나름의 표준화된 방식에 따라 설교를 위해 구성되어야 한다. 주해는 설교자의 일정한 습관에 따라 진행될 때 유의미한 작업이 된다. 그것은 훈련으로 다져진 하나의 예측 가능한 실행이다.

일반적으로 주해는 전형적으로 네 가지 단계를 가지곤 한다.

첫째, 설교자는 본문을 정하고(성서정과나 다른 방식을 사용할 수 있다) 본문에 대한 예비 연구를 한다. 여기서 설교자는 단순히 기본 어휘나 본문의 배경에 대한 이해를 점검한다.

둘째, 설교자는 기도 가운데 본문과 창의적이고 때론 유쾌한 대화를 나눈다. 이를 위해 설교자는 이 과정에서 일어나는 모든 종류의 통찰이나 생각을 모은다.

셋째, 설교자가 주석을 위한 기술적 방법들(역사적, 문학적, 사회학적 방법 등)을 구체적으로 동원한다. 이러한 방법들은 본문에 대한 추가적 통찰을 발견하고 또한 앞서 얻어진 통찰들을 확인하는 길이기도 하다.

넷째, 설교자는 본문의 중심 메시지를 확정한다. 곧, 모든 주석적 과정을 통해 설교자는 본문을 통해 하나님이 오늘을 위해, 그리고 여기에 모인 회중을 위해 하시는 가장 핵심적인 말씀을 확정하는 것이다. 여기서 찾아진 메시지가 설교를 만드는 설교의 중심적 힘이고 목적이다.

물론, 이러한 주해의 과정은 시간을 요한다. 설교자에게 그 시간은 언제나 부족하다. 많은 목회자가 본문을 부분별로 나누어서 주중의 요일별로 벌려서 나름의 요령과 방식으로 주해를 한다. 그것이 최상의 방법이 될 수도 있다. 그뿐만 아니라 다른 설교자들과 함께하는 것도 좋은 방법이 된다. 동료 목회자가 모여 공동으로 주해하거나 지역 목회자들과 주해의 내용을 공유할 수도 있다. 이러한 방법은 설교를 위한 본문 주해를 보다 풍성하게 하고 보다 효과적이게 할 수 있다.

참고 주제 자기 주해; 회중 주해; 주해식 설교; 강해 설교; 해석학; 역사비평; 문학비평

참고 문헌 Michael Fishbane. *Biblical Text and Texture*. (1988); John H. Hayes and Carl R. Holladay. *Biblical Exegesis: A Beginner's Handbook*. Rev. ed. (1987); Bruce J. Malina and Richard L. Rohrbaugh. *Social Science Commentary on the Synoptic Gospels*. (1992); Carol A. Newsom and Sharon H. Ringe. *Woman's Bible Commentary*. Expanded ed. with Apocrypha. (1998); Pontifical Biblical Commission. "The Interpretation of the Bible in the Church." *Origins* 23 (January 6, 1994) 497-524; Sandra M. Schneiders. *The Revelatory Text: Interpreting the New Testament as Sacred Scripture*. (1991).

양식비평(Form Criticism)
로날드 알렌(Ronald J. Allen)

양식비평은 성경에 대한 오래된 비평적 연구 방법 중에 하나다. 그것은 복음의 저자들이 다른 분야들과 어떻게 협력하는지를 보여 주려고 한다. 양식비평은 설교자로 하여금 성경 본문의 양식과 기능이 어떻게 설교의 양식과 기능에 영향을 줄 수 있는지를 살피는 데 도움을 준다.

양식비평(Form Criticism)

1. 양식비평의 초기 목적

양식비평은 제1차 세계대전 이후에 등장했다. 양식비평가들은 구술 전승에 관심을 가졌는데, 구술 전승이란 성경의 문헌들이 기록되기 이전의 시기를 가리킨다.

양식비평 학자들이 가진 목적은 두 가지였다.

첫째, 그들은 성경의 많은 개별 자료가 특정한 삶의 상황에서 구술 형태로 만들어진 것들로 문자로 기록되기 전 구술 형태로 전승되었고 다른 자료들과 섞이기도 했다. "삶의 자리"(Sitz im Leben)란 말은, 양식비평가들에게 공동체의 삶에서 경험된 특정하고 반복되는 상황들을 의미했다. 그것은 예배, 교육, 법적 재판의 상황 같은 것이다. 양식비평가들은 그 파편 자료들의 역사를 회복하려 했다. 그들은 특별히 본문의 원형태의 정체를 밝히는 데 관심을 가졌는데, 그 원형태란, 그것이 후속적으로 발전되거나 후대에 해석을 요하는 세부 사항들이 추가되기 이전, 그것이 존재하게 된 상태의 본문이다. 양식비평가들은 본문의 양식이 저자들에 의해 어떻게 사용되었는가에 대해서는 별로 주의를 기울이지 않았다. 왜냐하면, 성경의 저자들은 오늘 우리 손에 주어진 모양대로 성경의 여러 자료를 한데 모은 자들이기 때문이다. 이 부분은 편집비평의 과제이다.

둘째, 양식비평의 한 걸음 발전된 기본 과제는 각기 다른 양식들의 문학적 특징들의 정체를 밝히는 것이었다. 더불어 그러한 특징들이 그들이 삶의 자리에서 어떻게 기능했는지를 밝히는 것이었다. 양식에 대한 문학적 구성에 초점을 두면서 양식비평가들은 온건하게 문학비평의 한 측면을 기대하게 했다. 방법론적으로는 아직 서툴지만, 양식비평은 구술 전승에 관심을 둠과 동시에 구술-청각 및 수사 문화의 관점에서 성경의 자료들에 대한 해석을 시도했다.

2. 신구약의 양식과 삶의 자리들

일반적으로 구약이나 신약학에서 양식비평에 대한 관심은 유사하다. 그러나 각각의 삶의 자리와 그것과 관련한 양식은 다르게 나타난다. 제한된 지면에서 특정 양식을 배태한 삶의 자리와 그 양식들을 모두 나열할 수 없지만, 몇 가지 대표적인 것과 그것들에 대한 인식이 설교자에게 얼마나 유용한지는 언급할 수 있다.

1) 구약

구약의 세계에서 예배는 가장 오래된 삶의 자리이다. 시편의 대다수(그 외의 몇몇 자료들도)는 예배, 특별히 성전 예배의 상황에서 유래했다. 이 점에서 양식비평은 학자와 설교자 모두에게 지속적으로 유용하다. 많은 시편의 정확한 연대를 특정할 수 없지만, 그것들이 예배에서 사용되었다는 사실은 그것들을 설교에 활용 가능하도록 해준다.

예배에 이어 법정 역시 확인된 삶의 자리이다. 이는 중심되고 논쟁적 양식을 탄생시켰는데, 그 양식이란 판사, 원고, 검사, 피고인, 증인 간의 대화를 표현하는 양식이다.

양식비평(Form Criticism)

예언자들(또한 다른 저자들)은 심판과 구원의 신탁뿐만 아니라 소명(부르심)의 서사들도 사용했다. 지혜 문헌은 종종 교육하는 환경에 사용하기 위해 다양한 종류의 잠언과 기타 여러 형식을 도입했다.

2) 신약

초기 양식비평은 공관복음을 비롯한 신약 분야에서 가장 활발했다. 왜냐하면, 공관복음서들은 눈에 띄게 서로 관련성 있는 작은 문서들의 파편들로 엮여 있기 때문이다. 학자들이 밝혀낸 여러 양식 가운데는 비유, 기적 이야기, 그리고 논쟁 이야기 등이 있다. 나아가 학자들은 바울을 비롯한 다른 저자들도 자신들의 저작물로 포함시키고 편집한 기존 양식들에도 관심을 가졌다. 거기에는 선행과 악행의 목록들, 가정 규범, 찬양, 신조들, 거기에 서간 양식이 포함된다. 그뿐만 아니라 요한계시록(그 자체로 묵시서)은 다양한 양식으로 작성되어 있다.

오늘날 설교자나 설교학자들 가운데 양식비평만을 가지고 성경 본문을 다루는 경우는 드물다. 이는 복음서의 양식비평에 대한 관심이 줄어들기 때문인데, 양식비평이 구술-청각적이고 수사적 문화에 대한 연구와 깊이 관련되어 있기 때문이다.

3. 다른 비평들과의 상호 관련성

1) 편집비평

편집비평은 제2차 세계대전 이후에 대두되기 시작해서 양식비평의 결과물을 광범위하게 사용하기에 이르렀다. 편집비평가들은 오늘 우리가 가진 최종본으로서 성경의 각 문서를 설명하고자 했는데, 이를 위해 그들은 성경 내의 각 문서가 쓰인 공동체의 역사적 정황이 무엇이었는지를 재구성하고 어떻게 고대 저자들이 그렇게 문서들을 엮어서 자신들의 공동체에 영향을 끼칠 수 있었는지를 설명했다.

양식비평이 개별 양식들의 역사에 관심을 둔다면, 편집비평은 성경의 저자들이 각기 상이한 자료들의 조각들을 어떻게 하나로 조합시켜(양식비평이 밝혀낸 대로) 고유한 메시지를 담은 전혀 새로운 하나의 문서로 엮어 냈는지에 초점을 둔다. 예를 들어, 편집비평가는 이런 질문을 던진다. "마가복음의 저자는 당시 전승되던 축귀 이야기를 어떻게 바꾸었으며, 그러한 변화가 그 이야기를 사용한 마가의 의도를 어떻게 드러내고 있는가?"

당시 편집비평가들(성경의 저자들)은 단순히 있던 자료들의 짜집기 편집자들이 아니라 분명히 창의적인 신학자들이었다. 이러한 관점에서 설교자는 성경의 최종 저자들이 그들의 의도를 이루기 위해 초기 자료들을 어떻게 재구성했는지를 알게 되고, 그렇게 됨으로써 본문의 특성을 보다 심도 있게 이해하게 된다.

2) 문학-수사비평

문학비평과 수사비평은 각기 고유한 분야이지만, 그 둘이 성경 본문이 최종적으로 완성된 작품으로서 어떻게 오늘의 독자나 청자에게 영향을 미치는지를 기술하려 한다

양식비평(Form Criticism)

는 점에서 관심사를 공유한다(문학비평; 수사비평 참고).

'문학비평'이라는 용어는 성경 주석에 대한 단일한 방법을 뜻하지 않고 다양한 방식(가령, 신비평, 서사비평, 독자반응비평)을 그룹화한 방식을 가리킨다. 양식이나 편집비평이 성경 내의 여러 자료가 어떻게 독특한 역사적 조건들을 밝혀내는 것에 관심을 갖는다면, 문학과 수사비평은 본문과 과거 공동체가 어떻게 관련되는지보다는 의미 소통의 형태로서 현재 본문 자체에 관심을 갖는다.

비록 몇몇 문학비평가가 본문이 과거 정황과 어떻게 관련되는지에는 무관심하고 오로지 본문이 어떻게 오늘의 독자에게 새로운 세상을 선사하는지에만 관심을 갖는다 하더라도, 많은 문학-수사비평가가 고대의 전제들과 역사에 대한 정보들은 본문을 이해하는 데 도움이 된다고 생각한다.

양식비평은 그러한 관련된 발전들과 만나면서 설교를 위한 자원으로 자리한다. 앞서 언급한 대로, 양식비평가들은 성경을 만든 다양한 자료의 양식들이 가진 특성들을 밝히려 한다. 반면, 문학-수사비평가들은 성경 내부의 각기 다양한 문헌을 하나의 전체로 읽는데, 그들은 동시에 특정 구절들이 어떻게 성경 전체와 관련되는지를 설명하려 하고, 성경 전체의 안목이 어떻게 각 개별적 본문들에 대한 이해를 풍성하게 하는지를 밝히려 한다.

문학-수사비평은 종종 양식비평을 떠올리게 하는 방식들을 차용하는데, 그것은 개별 본문이 어떻게 그 본문이 발견된 자료 안에서 기능하는지, 그뿐만 아니라 그 본문을 넘어선 보다 넓은 의식의 세계에서 어떻게 기능하는지를 논의하기 때문이다. 문학-수사비평은 또한 본문의 내부적 요소들이 어떻게 독자와 청자들(고대와 현재의)에게 특정 효과를 만들어 내는지에도 주의를 기울인다.

3) 구술-청각과 수사 문화에 대한 연구

지난 25년 동안 많은 성경학자가 성경이 쓰인 세계가 구술-청각, 또는 수사적 문화였음을 알게 되었다(원고 수행; 구두/청각 의사소통 참고). 양식비평가들은 구술 전승 시대에 대해 강조해 왔음에도 구술-청각 문화가 가진 특징적 요소들을 밝혀내지는 못했다. 구술-청각 문화는 구약의 대부분의 시대를 포괄하는 의사소통의 양식이었다. 신약 시대와 관련해서는 학자들은 점차적으로 수사적 문화라는 표현을 사용하기 시작했다. 달리 말해서, 수사적 문화는 구술-청각적 소통과 문자적 소통이 상호적으로 영향을 미치는 문화인데, 여기서 문자적 소통은 여전히 대부분 구술-청각적 목적을 보충하는 용도로 기능했다. 수사적 문화에서 기록된 본문(서신서나 복음서와 같은)은 종종 공동체 안에서의 구술 낭독을 위한 문서였다.

구술-청각적이고 수사적 문화에서 이야기 낭독자는 단순히 이야기의 글자들을 기계적으로 전달하지 않고(많은 양식비평가의 가정처럼) 새로운 청중을 위해 이야기를 새롭게 창의적으로 표현했다. 오늘날 많은 학자가 단순 전달로서의 구술 전승 시대에 대한 양식비평가들의 견해가 너무 제한적이었음을 알게 되었다. 그래서 새로운 이론은 공관복음서 내의 상이점들이 복음서 저자들이 문서화된 원자료에서 발견한 말들을 의도적으로 다르게 변경한 데에 있지 않고 그들이 같은 이야기를 다르게 구술한 상이한 이야기 구술자들에게 의존했을 가능성을 제기한다.

그래서 설교자는 성경 구절을 기록 중심 문화의 관점보다는 기록된 문서를 가지고 낭독하는 구술-청각이나 수사적 연출의 관점에서 이해해야 한다. 이를 위해 설교자는 큰 소리로 본문을 읽어야 하고, 그보다 중요한 것은 녹음된 소리나 낭독자의 생생한 목소리로 듣는 것이다. 그렇게 함으로써 설교자는 본문을 고대 공동체가 경험한 방식대로 구술-청각 또는 수사적 사건으로 경험할 수 있게 된다. 나아가 이러한 연구들은 설교로 하여금 설교는 그 자체로 본성상 구술적 행위임을 명심하게 한다. 설교는 단순히 과거에 쓰인 글의 한 부분에 대한 보고 행위가 아니다. 오히려 설교는 오늘 시대의 청중에게 고대 이야기 구술자가 그들의 청중을 위해 행했던 바를 다시 행하는 일이다. 그러므로 설교는 구술-청각 또는 수사적 방식으로 본문과 그에 대한 해석을 말해야 한다. 이는 이야기에 신선한 형식을 부여하여 오늘의 상황에 보다 적합하게 한다.

4. 설교에서 양식비평 활용법

대부분의 설교자와 설교학자들은 역사비평(예, 양식비평, 편집비평)과 문학-수사비평적 방식이 가진 의의와 한계점 모두를 인지한다. 더욱이 설교자는 구술-청각적이고 수사적인 문화에 대한 연구가 제공하는 통찰들을 그러한 비평적 방식들과 설교 자체와도 접목시킬 수 있다. 이러한 방법론들을 설교 준비 과정에 활용할 수 있는 길은 다음과 같다. 이를 위한 지침들은 특정한 본문에 대해 설교자가 가지는 일련의 질문들로 제시될 수 있다.

첫 번째 두 개의 질문은 본 장에서 논의된 해석 방법에 기초한다. 그리고 나머지 두 개의 질문은 본문에 대한 해석학적 성찰에서 제기되는 질문, 특별히, 유비의 해석학에 기반하고, 본문이 공동체에게 믿고 행하도록 묻은 것이 신학적이고 윤리적으로 적합한지를 확인하는 데 기초한다.

첫째, 본문의 양식은 무엇인가?

만일 설교자가 그런 특성을 바로 파악할 수 없다면, 주석사들이나 성구사전들, 또는 성경의 양식과 장르에 관한 전문적인 연구들을 통해 도움을 받을 수 있다.

둘째, 고대 공동체에(또는 그 본문이 속한 문서에서) 그 본문의 기능은 무엇이었는가?

설교자는 그 본문이 그의 초기 공동체에 의도한 효과가 무엇인지를 알고자 한다. 이것은 그 본문을 가지게 된 문서와 그 문서가 쓰인 공동체의 상황을 보게 될 때 판별하기 쉽다. 다시 말해, 설교자는 이러한 부분들에 관해 성경 주석서들이나 참고 문헌들에 소개된 관련된 전문 연구 결과물들을 통해 도움을 받을 수 있다. 나아가 구술-청각과 수사 문화에 관한 연구들은 설교자로 본문이 최종 문서로 편입되기 이전에 몇 가지 구술 상황에서 어떻게 기능했는지를 식별하는 데 도움을 준다. 그뿐만 아니라 그것은 그 문서를 낸 공동체가 어떻게 그 본문의 구술을 수용할 수 있었는지를 알도록 해 준다.

셋째, 본문의 구성 요소들은 무엇이고 어떻게 그러한 요소들은 본문으로 그것의 목적을 수행하도록 돕는가?

설교자는 먼저 본문의 양식이 가진 특징적 요소들을 밝히고자 할 것이다. 그런 다음 설교자는 어떻게 그 요소들이 그 본문으로 그 기능을 수행하도록 상호 작용하는지를 기술하고자 할 것이다. 그리고 설교자는 본문의 움직임과 그 움직임이 본문을 듣는 공동체의 의식과 마음에 발생하는 때 무엇이 일어나는지를 살핀다.

넷째, 본문의 기능은 설교를 위한 기능이 될 수 있는가?

설교자는 고대와 오늘날 청중의 상황 간의 유사점과 차이점들을 인지해야 한다. 만일 오늘의 공동체 상황이 고대 공동체의 상황과 유사하거나 같다면, 본문의 기능은 설교의 기능으로 동일하게 자리할 것이다. 그러나 오늘 회중의 상황과 세계가 상이하거나 본문이 신학적으로나 윤리적으로 부적합하다면 설교자는 그러한 문제들을 회중과 함께 해결해 가야 한다.

다섯째, 본문의 형태 자체(본문의 특징적 요소들과 움직임)가 설교를 위한 형식이나 움직임이 될 수 있는가?

만일 본문의 기능이 설교를 위한 동일한 기능이 될 수 있다면, 설교자는 단순히 본문의 원의도와 어떻게 그 본문이 오늘에도 동일한 기능을 수행할 수 있는지를 말할 수 있다. 그러나 오늘날 설교에 관한 많은 전문가가 주지하는 것과 같이, 설교자는 또한 본문의 형식에 맞춰 설교가 움직여야 하는 것에 대해 고려할 필요도 있다.

만일 본문의 형식이 설교의 형식에 직접적으로 도움이 되지 않는다면, 설교자는 상이한 문학적 구조와 전개 방식으로 본문이 의도한 것과 동일한 효과를 낼 수 있는 방식으로 설교를 작성할 수 있다. 예를 들어, 어떤 잠언은 독자로 하여금 인간의 삶을 향한 하나님의 몇 가지 의도적 측면을 깨닫도록 충격적 방식으로 말한다. 그러나 그것은 단지 두 줄의 길이다. 그래서 본문의 어떤 특정한 형식은 너무 짧아서 설교를 위한 적합한 모델이 되지 못한다. 반면, 설교자는 그 잠언이 야기시킨 충격적 방식으로 자신의 청중을 당혹하게 하는 방식을 찾아 설교를 구성할 수도 있다.

5. 설교에서 양식비평 사례들

아래의 내용은 상기한 다섯 가지 질문을 사용하여 설교에 사용되는 양식비평의 예들을 보고자 한다. 아래 논의를 위한 본문은 시편 13편이다. NRSV성경의 제목은 "원수들로부터의 구원을 바라를 기도"이다.

첫째, 본문의 양식은 무엇인가?
시편 13편은 개인적 탄원시다.
둘째, 고대 공동체에(또는 그 본문이 속한 문서에서) 그 본문의 기능은 무엇이었는가?

개인적 탄원시는 난관적 상황에 처한 사람들에 의해 만들어졌다. 그 개인은 그녀 또는 그의 상황을 슬퍼한다. 그러나 탄원을 넘어 그 개인은 하나님을 향해 상황이 돌이

켜지기를 구한다. 이처럼 탄원시의 기능은 개인들에게 그들의 애통함을 하나님께 표현하거나 하나님의 도우심을 구하고, 고통의 시간이 끝나고 회복되었을 때 하나님을 섬기겠다는 서원의 기도를 할 수 있도록 돕는다. 탄원시는 고통 상황을 주저 없이 직면하면서도, 그 상황에 있는 개인에게 하나님이 함께하시고, 하나님이 모든 것을 바로 세우심을 기억하게 함으로 소망을 준다. 시편 13편의 경우, 시인은 무명의 원수들에 의해 포위되었다고 느끼고 있다.

셋째, 본문의 구성 요소들은 무엇이고 어떻게 그러한 요소들은 본문으로 그것의 목적을 수행하도록 돕는가?

개인적 탄원시는 전형적으로 다음의 요소들을 보여 준다. 시편 13편에는 모든 요소들을 나타난다.

- 하나님을 향한 시작말(시 13:1a)
- 고통의 상황에 대한 묘사(시 13:1b-2)
- 하나님께 도움 간구(시 13:3-4)
- 하나님을 향한 신뢰의 확인(시 13:5)
- 하나님의 회복의 기대와 그에 대한 감사함에 따른 찬양의 서원(시 13:6)

넷째, 본문의 기능은 설교를 위한 기능이 될 수 있는가?

이 시편은 극도의 고통 상황을 겪고 있으면서 자신들의 아픔을 명명하고 자신들이 홀로 있지 않음을 인식하고 있는 개인 신자들을 도울 수 있다. 하나님은 용기와 도움의 근원으로서 그들과 함께하신다. 어떤 설교자들은 하나님이 직접적으로 그들 상황에 개입하시고 그 상황을 고치신다고 믿는다. 다른 설교자들은 하나님은 제한된 능력으로 단순히 상황에 개입하실 수 없지만, 하나님은 쉬지 않고 임재하셔서 그런 상황에 처한 모든 사람을 회복의 자리로 이끌고 가신다고 믿는다.

이처럼 설교자가 가진 하나님의 권능에 대한 믿음이 어떠하든지, 설교는 회중으로 하여금 고통의 상황들을 직면하도록 돕고, 그들로 하나님이 그들과 함께하시면서 그들로 고난의 시간을 견뎌 내도록 도우심을 믿고 소망 안에서 살아가도록 할 수 있다.

다섯째, 본문의 형태 자체(본문의 특징적 요소들과 움직임)가 설교를 위한 형식이나 움직임이 될 수 있는가?

본문의 형식은 설교를 위한 전개 방식을 제안해 준다.

- 설교는 하나님이 아닌, 회중을 향한다.
- 설교자는 회중으로 하여금 현재의 고통 상황의 정체를 밝히고 이전의 고난의 상황을 기억하도록 도울 수 있다. 그뿐만 아니라, 설교자는 청중으로 하여금 그러한 시간 동안 그들이 갖는 상실과 두려움의 감정을 고백하도록 도울 수 있다
- 설교는 회중으로 하나님이 어떻게 고통의 상황에 함께하시는지를 인식하도록 돕는다.
- 그들로 하나님의 경륜적 임재하심에 응답하는 감사와 신뢰의 삶에 의탁하도록 도울 수 있다.

참고 문헌 Ronald J. Allen. *Contemporary Biblical Interpretation for Preaching*. (1984)

49-59; James L. Bailey and Lyle D. Vander Broek. *Literary Forms in the New Testament: A Handbook*. (1992); Donald E. Gowan. *Reclaiming the Old Testament for the Christian Pulpit*. (1980); Michael Graves. *The Sermon as Symphony: Preaching the Literary Forms of the New Testament*. (1997); Holly E. Hearon. "The Implications of Orality for the Study of the Biblical Text." *Performing the Gospel: Orality, Memory and Mark*. (2006) 3-20; Werner H. Kelber. *The Oral and Written Gospel: The Hermeneutics of Speaking and Writings in the Synoptic Tradition, Mark, Paul and Q*. (1997); Rolf A. Knierim, Gene A. Tucker, and Marvin A. Sweeney, eds. *Forms of the Old Testament Literature*. 17 vols. (1983ff.); Thomas G. Long. *Preaching and the Literary Forms of the Bible*. (1988); Bruce E. Shields. *From the Housetops: Preaching in the Early Church and Today*. (2000).

성경의 사중 해석(Four Senses of Scripture)

폴 스콧 윌슨(Paul Scott Wilson)

초기 교회는 성경 본문이 가진 신학적 뜻을 읽어 내기 위해 네 가지 독서법을 고안했다. 그것은 성경의 사중 해석이라 불린다.

첫째, 해석자는 본문이 기술하는 역사적 사건에서 문자적 의미를 읽을 수 있다.

둘째, 본문을 그리스도와 연결시킴으로 알레고리적 의미인 신학적 교리를 읽을 수 있다.

셋째, 오늘의 삶을 어떻게 살아야 하는가에 대한 도덕적 가르침(비유적 교훈)을 찾아낼 수 있다.

넷째, 설교자는 본문에서 현세적 삶을 넘어서는 영적 삶, 곧 예언적이거나 영혼을 위한 의미(신비적)을 읽어 낼 수 있다.

요한 카시안(John Cassian)은 그의 저술 『담화집』(*The Conferences*)에서 '예루살렘'에 대한 사중 해석을 소개했다. 우선, 예루살렘은 문자적으로 지역의 도시를 가리킨다. 그러나 알레고리적으로 그것은 교회를 뜻하고 도덕적으로는 인간의 영혼을, 그리고 예언적으로는 하나님의 하늘 도성을 가리킨다.

성경의 사중 해석은 초기부터 15세기 넘게까지 설교를 위한 성경 해석에 주요 방법으로 사용되었다. 설교자들은 그 방법을 이용해 성경 본문의 의도를 밝혀냈다. 분명 인간의 타락은 그들로 기록된 말씀을 온전히 이해할 수 없게 했다(사 6:9-10 참고). 그러나 교회는 사중 해석을 하나님이 인간 해석자들로 하나님의 구원의 뜻을 이해할 수 있도록 허락한 은혜의 방편으로 생각했다. 역사적으로 사중 해석은 구약성경이 그리스도인을 위한 성경으로 읽혀지도록 했을 뿐만 아니라, 구약과 신약성경의 통일성을 확고히 하고, 나아가 교의신학의 발전에 기여했다.

개혁자들은 성경의 문자적 의미만이 유일한 합법적 의미라고 주장했다. 그러나 설교자들은 루터와 칼뱅의 문자적 읽기가 후기 중세의 이중적 읽기의 연장이었음을 잊지 않았다. 본문은 이중적 의미의 층을 가지며, 그중에 보다 낮은 의미는 문법과 역사와 관련된 층이고, 보다 높은 층은 설교의 주요 관심사로서 하나님과 관련된 층이다. 근대의 역사비평은 주로 낮은 층에 관심을 가졌던 반면, 설교는 양쪽의 의미 모두를 필요로 한다.

많은 설교자가 설교 준비의 대부분을 역사비평적 연구에 몰두하지만, 안타깝게도 본문의 신학적이고 설교학적인 해석에 도달하지 못하는 경우가 많다. 그렇게 될 때 설교의 메시지는 회중의 삶과 괴리될 수 있다. 설교자들은 성경학자들이 의존하는 방식들과는 차별화된 해석 방식들을 가지고 있다. 설교자는 설교를 위한 성경 해석의 목적을 가장 유용한 역사비평적 도구들을 사용하여 성경 본문 배후의 정황과 문화, 공동체의 상황에 대한 전문적이고 학문적인 해석을 제공하는 것에 두거나 아니면, 그러한 연구 결과들을 기초 삼아 본격적으로 이어질 신학적 해석을 찾는 데 둘 수 있다.

오늘의 설교자들은 설교 선조들의 유산으로부터 도움을 받을 수 있다. 그것은 그들이 사용한 알레고리적 방법들을 본뜨는 것이 아니고, 그들이 중점을 둔 신학적 목적에 집중하는 것이다.

설교자는 비록 본문의 도덕적 의미를 수용하지 않더라도, 결코 그것을 배제해서는 안 된다. 설교가 바른 삶을 위한 교훈을 제공하려 할 경우, 설교자는 종종 본문의 도덕적 의미를 적용한다. 설교자는 본문의 알레고리적 해석을 통해 성경 본문을 보다 넓은 복음서의 이야기와 연결하는 것의 중요성을 비롯해, 신비적 해석을 통해 하나님의

보다 광의적인 뜻을 알리는 것이 지닌 가치를 배울 수 있다.

이러한 방식으로 설교자는 보다 효과적이고 신실하게 과거와 현재에 일하시는 하나님의 행동과 미래에 일하실 하나님의 약속에 대해 말할 수 있다.

참고 주제 알레고리, 알레고리적 해석, 해석학, 설교(신학)비평

참고 문헌 John Cassian. *Conferences*, Henri de Lubac. *Medieval Exegesis: The Four Senses of Scripture*. Vol 1. Translated by Mark Sebanc. (1998); James Samuel Preus. *From Shadow to Promise*. (1969); Paul Scott Wilson. *God Sense: Reading the Bible for Preaching*. (2001).

장르비평(Genre Criticism)

참고 주제 양식비평 참고

지리학(Geography)
로버트 쿠테(Robert B. Coote)

설교는 성경의 지리적 장소와 공간에 대한 이해를 요구한다. 교회는 유대교의 분파로 출발했지만, 점차 유대교의 지배적 공간들에서 벗어났다. 그 공간들은 예루살렘, 성전, 성지(이스라엘)로, 이곳들은 이스라엘의 모든 부분을 연결하는 중심으로 대표되었다. 그러나 예수 그리스도는 새로운 중심으로 등장했고, 그 중심은 특정 장소를 넘

어 교회와 회중, 교회의 지도자들을 통해 특정되었다.

그러나 오래지 않아 그 중심은 강한 철학적 이상주의를 통해 해체되었다. 근대주의는 권위의 탈중심화와 만연된 개인주의를 통해 교회의 지역적 이상주의를 강화하고, 그럼으로써 역설적으로 장소에 대한 특수성을 재발견시켰다. 오늘날 교회라는 특정 공간에 대한 이해는 몇 가지 요인에 뿌리를 두는데, 그것들은 단순히 토지적 점유의 문제만이 아니다.

1. 성경적 지리학과 신화적 공간

지리적 영역은 팔레스타인의 역사와 성경 시대의 비옥한 초승달 지대에서 중요한 의미를 가졌다. 이집트와 메소포타미아는 모두 강을 낀 큰 협곡과 관개 농업을 가지고 있던 반면, 팔레스타인은 농업 생산을 좌우하는 자연 강우 지역의 가장자리에 위치했다. 그러한 팔레스타인의 지리적 환경은 상대적으로 적은 인구가 모이게 했고, 그로 인해 거의 언제나 외세의 영향하에 놓이게 했다. 성경에는 제국적 패권들의 경합이 두드러지는데, 그들은 이집트, 아시리아, 바벨론, 페르시아 제국에서부터 그리스와 로마 제국에까지 이르렀다.

팔레스타인의 주요 지형적 특징은 그것이 가진 네 개의 남북 구역에 있다.

- 지중해 연안 평야와 언덕들
- 중앙 시요르단 고원
- 요르단 계곡과 사해 저지대
- 트랜스요르단 고원

중앙 고원은 왕들의 탄압으로부터 피할 수 있는 도피 공간으로 활용되었다. 그래서 하나님을 피할 "바위"로 불렸던 것이다. 애굽으로부터 올라온다는 것은 이 고원으로 올라감을 뜻했다. 초기 이스라엘은 그 지역에 한 세기 이상 마을 기반의 사회를 세웠다. 북이스라엘의 왕권이 BCE 11-10세기에 들어섰을 때, 고원 지형은 지속적으로 불안정했고, 다윗 왕조는 유대의 고산지대에서 좀 더 존속했지만, 대부분의 이스라엘 왕조들은 한두 세대 만에 멸망했다. 북이스라엘과 사마리아, 남유다의 왕들과 통치자들은 해안 저지대를 거의 통치하지 못했다.

요르단 계곡은 아시리아 통치 이전이나 그 이후에도 사회적이거나 정치적 경계 지역으로 확정되지 못했다. 요르단이 경계 지역으로 알려진 것은 아마도 아시리아인들에 의해서였다. 결과적으로 다윗 왕조에 이르러 행정적으로 상징적으로 혁신 지역으로 채택되게 되었다. 이는 오늘날 신명기에서 열왕기하에 걸쳐 발견되는 다윗 왕조의 주권사 회고록에서 중요한 의미를 갖는다. 20세기에 들어와, 유럽의 열강들에 의해 영국의 팔레스타인에 대한 위임통치가 인정되었다. 그리고 이것이 이스라엘 영토에 대한 불가역적인 현대적 통념을 만들었다.

최근에까지 널리 알려진 주장에 따르면 가나안 토착민들과 대비되는 이스라엘의 종교, 윤리적 가치들은 광야라는 환경을 통해 발생한 가치라는 점이다. 이러한 관점은 여전히 유명한 저술들에서 쉽게 발견된다. 그러나 대부분의 학자는 그러한 주장에 동의하지 않는다(인류학; 고고학; 문학비평; 수사비평 참고).

지리학(Geography)

게다가 그간의 연구들은 이스라엘이 주로 안정된 지대에서 세워졌다는 것, 이스라엘 사람들 자체가 대부분 가나안인이었다는 것, 낙타는 이스라엘이 기원한 후 한동안 광야에서의 생존을 위해 사용되지 않았다는 것, 그리고 일생을 떠도는 유목생활은 결코 고대 근동 지역에 존재하지 않았다는 것, 가정적으로 추측할 수 있는 시내 광야에서의 '방랑'은 비록 그것이 40년이라는 세월일지라도 그것은 그들의 민족적 이주를 뜻했다는 것, 예언서들이 꿈꾼 "광야로의 돌아감"은 긍정이 아닌 부정적 이상이었다는 것, 그리고 민족을 배태한 자궁으로서 때묻지 않은 광야의 개념은 문명화되지 않은 자들의 건전함과 순수성을 들려주는 낭만적인 신화에 뿌리 했다는 것 등을 보여준다.

정치지리학에서는 주권을 세 가지 종류로 구분한다. 그것은 지방, 중간 지역, 제국도시 간의 구분이다.

성경은 이러한 구조를 반영한다. 지방에는 한두 줄 이상의 글을 읽거나 쓸 수 있는 자가 거의 없었기 때문에, 성경은 대개 중간 지역의 수준, 즉 구약의 경우는 예루살렘 정부나, 신약의 경우는 교회의 지도력 있는 담당자들의 관심사와 관점들을 다루었다. 그러한 중앙 담당관들은 자신들의 반대파로부터의 위협을 경계해야 했기에 성경은 짧고 긴 본문들로 채워졌고, 그것들은 중간급, 특수 계층, 귀족 권력층의 입장을 대변했다. 동시에 그들은 황제 권력과 지역 군주들과의 관계를 고려했기에, 대부분의 성경 본문은 직접적으로, 또는 선별한 비판적 글로 당대의 제국 군주와 그 아래에 있는 지역 대표자, 농민 및 기타 가난한 사람들에게 호소했다.

성경의 세계에서, 성경 시대의 지도가 보여 주는 그림과 달리 당시 제국들의 경계는 매우 가변적이고 유동적이었다. 한 나라의 국경은 다른 무엇보다 제국의 신을 모신 산당으로 특정되었는데, 산당은 영토의 중심뿐만 아니라 지역 주변에도 세워졌다.

성경 시대에 주목해야 할 사회지리학에 대한 연구는 초기 단계이다. 성경의 세계에서 사회적, 정치적 정체성은 실제로는 항상 그렇지 않지만, 개념적으로는 친족 기반이 보편적이다. 그래서 민족성은 일반적으로 지역성의 관점보다는 친족 관점에서 이해되었고, 문화적 패턴이나 특징적 관점에서는 거의 그렇지 못했다. 이는 오늘의 설교가 갖는 의미를 생각할 때, 오늘날의 경험과는 근본적인 차이를 보인다. 성경 해석자들은 오늘날의 도시와 국가, 민족성과 연결된 문화에 대한 개념들이 성경 시대에 적용되지 않음을 인지한다. 그렇기에 오늘날 문화의 다원성과 인종의 다양성 안에서 성경 세계의 사회지리학을 진실된 차원에서 설명한다는 것은 쉽지 않다.

유대 팔레스타인 내의 성전 건축과 제사는 불가피하게 고대 근동 지역의 전형인 공간의 상징 개념과 연결되어 있다. 이는 산발적이지만 성경에서 분명히 확인된다. 성전은 승리한 폭풍의 신인 하나님에 의해 높은 산과 잔잔한 지하 바다 위에 세워졌고, 하나님은 성전에서 세상을 주재하신다고 믿었다. 거기에서 하나님은 열매 맺는 비를 내리시고 신선한 물이 흘러 땅을 소생케 하신다. 만일 성전이 파괴되면 하나님은 바다

지리학(Geography)

의 큰 용을 다시 멸하시고 그 잔해 위에 그분의 거처를 재건하실 수 있다.

성전은 하나님이 거하시는 하늘 궁전의 모형이다. 지상의 성전은 왕궁 옆에 위치하고, 그 양쪽 옆에는 성경에 나오는 에덴동산인 왕궁 정원이 있는데, 그것은 세상을 다스리시는 신성에 의해 심겨지고 우주 샘물로 물이 뿌려지며 지상의 왕에 의해 보살핌을 받는 정원이다. 아마도 가장 완전하게 개념화된 이스라엘의 지리학은 에스겔서 후반부, 특별히 마지막 아홉 개의 장에서 발견된다. 그 내용은 이상적인 설명으로서 그러한 규범적 신화의 몇 가지 요소가 강조되는 반면, 다른 요소들은 드러나지 않는다.

2. 지리적 환경의 고유한 가치들

19세기와 20세기, 자연이 긍정적으로 정치화되면서 근대 해석가들은 살아 있는 자연환경의 인상과 그와 연관된 것들에 의미를 부여하기 시작했다.

산은 신선한 물과 공기를 의미했는데, 그것은 하나님과의 접촉점, 곧 창조자와의 지고한 만남을 뜻한다. 사막은 자유와 자발성의 공간으로 이해되고 해변은 에너지가 넘치는 경계 또는 무한함의 자리로 받아들여졌다. 사람이 없거나 드물게 사는 곳은 하나님의 창조 세계와의 조화를 상징한다. 사람의 손이 닿지 않은 경우는 그러한 상상이 더해진다.

미국과 같은 곳에서는 지리적 환경의 부각을 통해 정치적 여론 형성을 강화한다. "바다에서 빛나는 바다로", "메이슨 딕슨(Mason-Dixon) 라인", "리오 그란데의 북쪽", "제3세계", "남북분단" 등이다. 이러한 문구들에 어느 정도의 진실이 담겨 있지만, 잠시 생각해 보면 그것들이 가진 즉흥성도 배제할 수 없다. 그래서 책임 있는 환경주의의 보호 가치를 약화하지 않으면서 그러한 수사적 문구들에 대한 비평적 시각이 필요하다.

3. 사회적, 문화적 위치에 관한 다양한 관점

한 사람이 갖는 사회적, 문화적 위치는 오늘날 근대와 후기 근대적 의식에 있어 자명한 하나의 사실이다. 우리의 세계 인식은 우리가 사회적으로 어떤 위치에 놓여 있는가와 불가분에 있다. 오늘날 설교자는 그가 물려받은 신앙의 교리들이 보편적이고 절대적이며 그 신앙이 가져다주는 확실성을 경험하고 기대할 수 있다고 인정하듯이, 그 사실을 받아들여야 한다. 우리의 사회적, 문화적 위치가 갖는 은유성, 곧 확장되고, 복합적이며 다양한 사회 안에 놓여 있는 우리의 위치는 우리의 사고와 판단이 편향성을 피할 수 없다는 것을 인정할 수밖에 없는 효과적 비유이다.

우리가 인식하는 복합적 위치들에는 부, 지위, 나이, 성별, 국적, 민족 문화, 지역적 특성, 언어, 교육, 가족, 교파 외에도 많은 요소가 있다. 사회적, 문화적 자리에 대한 이해는 우리 자신을 타인들과의 관계 속에서 이해하도록 돕고 우리의 위치를 객관적 입장에서 바라보도록 한다.

4. 환경적 특수성

지리학은 설교자로 하여금 회중이나 청중이 가진 특수성을 진지하게 재고하도록 한다. 모든 환경적 맥락은 각기 상이하지만, 그 자체로 고유하다. 모든 이웃집이 각기 주소지를 달리하고 모든 동과 면이 속해 있는 지역구가 다르듯 모든 교회가 거리 간격만큼이나 각기 다르다. 이러한 차별성은 지리적 환경에서 기인한다. 곧 그 지역의 경제, 인구 변동성, 기후, 자연환경, 교통과 통신 여건의 특이성에 따른다.

5. 설교학적 논의의 정지

많은 종류의 설교가 있지만, 합리적 주장을 가진 설교는 매우 제한적이다. 설교자는 논쟁적 주장을 그 자신을 위해 피하고 대신 우회적 추론이나 상상력을 자극하거나 초대하는 방식을 더 선호한다. 결단과 관련해서 설교자는 합의 빌딩을 더 선호하고, 논쟁에 관해서는 회피나 균형을 취한다. 그러나 신자들은 합리적 사고가 장려되어야 하고, 교회는 서로 간의 의견 일치만이 아닌 입장 충돌 시에도 서로를 지지함으로써 신앙공동체를 세워 가는 것이다.

거의 모든 설교자가 어떤 점에서는 논쟁적 주제에 있어 책임 있는 위치에 있다. 그들은 설교단이 가진 특권의 오남용을 막고 모든 입장이 존중될 수 있는 토론의 장을 마련해야 하는 이들이다. 수사학적 개념인 '스테시스'(stasis), 곧 논쟁의 반대자들이 자신의 주장에서 물러서지 않는 지점은 의견충돌의 핵심 지점, 곧 충돌하는 주장들이 직접적으로 서로를 마주 대하는 지점을 가리킨다.

상대방이 합리적으로 자신의 주장을 펼치는 한에서, 쟁점이 무엇인지를 정확히 밝히는 것은 논쟁에서 교착 상태를 방지하기 위해 본질이다. 이러한 논쟁 상황을 설교와 연관시키는 것은 비록 설교가 그러한 논쟁을 직접적으로 다루는 일이 아닐지라도 여전히 유의미하다. 왜냐하면, 설교자도 다른 이들과 마찬가지로 은근히 뒤쪽에서 편파적 입장을 취하기 때문이다. 설교자가 서로의 관점에서 논쟁을 살피고 다양한 관점을 존중하려고 하면 쟁점이 무엇인지를 발견할 수 있게 된다.

참고 문헌 Colin Flint and Peter Taylor. *Political Geography*. 5th ed. (2007); Steven L. Mckenzie and Stephen R. Haynes. *To Each Its Own Meaning*. Rev. ed. (1999) 230-306; J. Maxwell Miller and John H. Hayes. *A History of Ancient Israel and Judah*. 2nd ed. (2006) 1-29; Kurt L. Noll. *Canaan and Israel in Antiquity*. (2001); Anson F. Rainey and R. Steven Notley. *The Sacred Bridge: Carta's Atlas of the Biblical World*. (2006).

해석학(Hermeneutics)

스티븐 패리스(Stephen Farris)

『옥스퍼드 영어 사전』은 해석학을 해석, 특히 "성경 주석이나 설교를 위한 주해와 구별되는 성경의 해석을 위한 이론 또는 기술"로 정의한다. '해석학'(hermeneutics)이라는 영어 단어는 복수로 표기되어 있지만 일반적으로 단수 명사이다. 설교 현장에서는 주석과 해석학 간의 구분이 명확하지 않지만, 해석학의 주요 관심사는 결국 본문 주석과 그 주석의 적용을 뒷받침하는 데 모아진다. 해석학이 어떤 측면으로 이해되더라도 그것은 설교자의 중심 과제인 해석에 관계한다. 이는 '해석학'이라는 말의 그리스어 뿌리가 'hermeneuo'(해석하다)라는 점에서 확인된다.

1. 해석학의 발전

해석의 과제는 인간 사회의 말하기만큼이나 오래됐다. 그런데 발화자의 말을 듣고 있는 자가 직접적으로 "당신이 지금 말하는 바의 의미가 무엇입니까"라고 확인할 수 있다면, 해석학은 그다지 필요한 영역으로 보이지 않는다. 그러나 해석학의 문제는 글쓰기의 등장에서 비롯되었다. 쓰인 글의 의미를 묻고 확인할 저자가 더 이상 살아 있지 않게 되었을 때, 해석의 문제는 새로운 차원으로 대두된다. 그리고 그 문제는 이해가 필요한 저자의 글이 공동체의 경전이거나 하나님 또는 어떤 신적 존재로부터의 말이라고 할 때는 더욱 심중해진다('헤르메'라는 이름은 해석학과 관련된 이름인데, 그 뜻은 고대 그리스 신들의 전령을 뜻한다.)

기독교에서도 성경은 해석을 요한다. 왜냐하면, 그들은 하나님의 말씀을 성경에서 들을 수 있다고 믿기 때문이다. 예를 들어, 그리스도는 부활 후 그분의 제자들을 위해 이스라엘 성경을 새로운 상황의 빛 아래서 해석하셔야만 한다.

이에 모세와 모든 선지자들의 글로 시작하여 모든 성경에 쓴 바 자기에 관한 것을 자세히 설명하시니라(눅 24:27).

구약의 성경을 새로운 상황과 관련 짓는 것이야말로 해석학이 무엇인지를 보여 주는 적합한 예이며, 그것이 설교에 있어서 필수적인 과제이다.

성경에 대한 기독교 해석의 역사에 있어 교회의 첫 번째 과제는 누가의 본문에 함의된 도전, 즉 구약 안에 있는 그리스도를 찾아내는 일이었다. 그것은 주로 구약의 본문들에 이어 신약의 본문들에서도 제기되었는데, 그것은 그리스도를 통해 계시되는 하나님은 사랑의 하나님이라는 주장을 파기하는 것처럼 보였다("폭력적 본문들"에 대한 해석의 문제는 결코 새로운 주제는 아니다). 분명 해석학은 해석의 원리나 방식 그 자체라기보다는 그 원칙이나 과정 및 방법들에 대한 성찰의 행위를 가리킨다. 그리고 성경을 해석하는 것이 의식적 성찰의 행위임을 확인하게 된 지점이 바로 여기다.

그러한 성격의 성찰은 적어도 3세기 초엽의 신학자 오리게네스(Origen)로 거슬러 올라간다. 그리고 그와 관련하여 히포의 아우구스티누스의 기여에 대해서도 주목해야 한다. 그의 저작인 『그리스도교 교양』(*De Doctrina Christiana*)은 기독교의 첫 설교학 교과서로도 불리지만, 동시에 해석학 이론과 실제를 위한 책이기도 하다.

당시 성경 해석의 방법들에 대한 반성은 개인들의 영역만이 아니었다. 고대 교회에는 여러 해석학파가 등장했는데, 그들 중에는 성경에 대한 비유적(figurative) 읽기를 보다 강조한 알렉산드리아(Alexandria) 학파나 보다 문맥적(literal) 읽기를 강조한 안디옥(Antioch) 학파도 있었다. 성경에 대한 다양한 해석 방법은 설교자들에 의해 제기된 문제들을 풀어내기 위함이었다. 구약의 상징이나 사건들은 그리스도의 유형이나 복음서 사건들의 모형으로 이해되었다. 난해한 구절들은 문자를 넘어 보다 고상하고 영적 의미로 향하는 알레고리로 해석되었다. 결국, 당시의 보편적 방식은 사중 해석이라는 영적 읽기였다. 그러한 구체화된 해석의 방식들이 오늘날에는 잊혀져 있지만(알레고리; 알레고리적 해석; 성경의 사중 해석 참고), 여전히 동일한 문제들이 오늘의 설교자들에게 남아 있다. 가령, 대림절에 구약 본문을 설교하거나 가나안 정복 사건과 같은 난해한 구절들을 다루려 할 때 그렇다.

종교개혁은 보다 더 적합한 해석학이 절실함을 명백하게 드러낸 사건이었다. 개혁자들은 로마가톨릭교회의 교권을 성경 자체의 권위로 대치했다. 그에 관한 논쟁들은 복잡하지만, 한마디로 성경은 더 이상 교회의 해석에 의존하지 않게 되었다. 오히려 성경의 의미는 성경 해석을 위해 교육받고 훈련된 신실한 독자들에 의해 밝혀져야 하는 것이었고 한 번 밝혀진 뜻은 교회의 교리와 삶, 그리고 사회를 질서 있게 세우는 데 적용되어야 하는 것이었다.

개혁자들의 주된 관심은 성경의 참된 의미만이 아닌, 성경에 대한 설교자의 바른 사용에도 모아졌다. 성경에 대한 바른 사용은 오늘날까지 설교자들의 관심을 사로잡고 있는 과제이다. 나아가 개혁자들과 그 후예들은 성경의 명료성 또는 명확성을 확신했다. 그들은 성경 본문들이 적어도 그것이 구원에 관한 교리를 가르치고 있다는 점에서 자명하고 분명하며 일관되다고 믿었다. 그뿐만 아니라, 성경은 고차원적인 영적 의미로 향하는 알레고리만이 아닌, 본문의 평이한 문자를 통해서도 그 자명한 뜻을 드러낸다고 보았다. 이러한 새로운 국면에서 해석의 적합한 원리와 방법들에 대한 성찰이 해석의 주요한 과제로 대두되었다.

그러나 종교개혁 이후의 해석학에 대해 주의할 것이 있다. 그것은 당시의 해석학이 온전히 신학적이었을 거라는 가정이다. 당시 법학자들은 법의 지위와 코드들을 해석하는 합리적 방법들을 찾고 있었고, 그뿐만 아니라 고전적 철학자들은 고대의 그리스와 로마의 고전들을 읽는 바른 방식을 모색하고 있었다. 그래서 종교개혁 직후, 해석학은 성경에 대해 진지한 관심을 가진 학생이나 설교자들만이 아닌, 다양한 분야의 학자들의 영역으로 자리매김 되었다. 그리고 이는 오늘날까지 이어지고 있다.

해석학은 신학의 모든 분야와 긴밀하게 관련되고 그 밖의 다른 많은 분야의 중심 관심사다. 계몽주의 이래 다양한 분야의 학자들이 각기 자신의 목적을 위해 해석학 분야의 연구에 매진해 왔다. 설교자는 그런 다양한 연구를 통해 많은 것을 배워야 하겠지만, 혹자가 고백한 대로 그러한 접근법들은 일반 사람들을 주눅 들게 한다는 것을 인정해야 한다.

그러나 설교자들을 겁먹게 하는 것은 그러한 다양한 방법만이 아니다. 해석학이 철학 또는 문학 이론과 접하게 될 때마다, 해석학적 개념들은 종종 설교자들조차도 주눅

들게 할 정도로 심오하고 난해한 용어들로 표현된다. 설교자는 해석학의 그런 기술적 표현들을 숙달하지 못할 수 있다. 그러나 그렇다고 해석 과정에 대한 성찰을 소홀히 할 수 있다는 것은 아니다.

2. 현대 해석학과 설교

해석학의 유용성은 해석학의 역사적 발전 과정에 대한 소개보다는 설교에 영향을 주는 해석학의 주제들을 좀 더 구체적으로 다루는 데 있다. 분명한 것은 최근 해석학의 발전은 설교와 관련된 연구들에서 나타난다. 설교자에게 중요한 것은 해석학의 다양한 이론에 대한 숙지 여부가 아니다. 설교자에게 필요한 것은 적어도 해석의 과정이 무엇을 의미하는지를 이해하는 훈련이다. 설교자는 최소한 자신이 본문을 다루는 해석적 원리를 이해하고 있어야 한다.

모든 설교자가 자신만의 해석 원리를 가지고 있다. 그러나 주된 관건은 그 원리들이 무엇인지를 분명히 하는 일이다. 그에 대한 비평적 성찰이 없을 경우, 설교는 본문에 대한 단순 확증으로 청중을 속일 수 있게 된다.

성경을 오용할 가능성은 근본주의자들에게만 있지 않다. 어떤 설교자라도 성경을 자신의 선이해나 편견이 시키는 대로 읽을 수 있다. 이런 문제에 대한 응답은 본문 앞에서 자신의 모든 선입견과 전제들을 제외시키는 데 있다. 계몽주의 시대부터 최근에 이르기까지 이상적인 해석자는 탈선입견적이고 객관적이어야 했다. 본문에 필요한 것은 편견이 아닌, 오직 이성이어야 한다고 생각했다. 그러나 최근 이러한 신념은 의문시되었다. 사실 본문에 대한 객관적인 해석은 가능하지도 않을뿐더러 바람직하지도 않다. 특히, 유명하고 권위 있는 본문을 읽을 때 설교자의 무의식적 관점이 행사되기도 한다. 이런 차원에서 성경 해석은 편견이나 선입견이 없어야 한다는 신념은 백인 남성 지성인들의 힘 행사와 무관하지 않다. 그들은 참된 성경 해석을 판단하는 역할이 자신들에게 맡겨졌다고 생각해 왔다.

1) 설교자의 관점

설교자는 본문에 대한 자신의 선이해를 언제나 사용한다. 가장 단순한 방식일지라도 설교자는 본문이 무엇인지에 대한 나름의 이해를 가지고 본문을 해석한다. 설교자는 각각 다르게 본문을 읽게 되는데, 이는 그가 가진 본문에 대한 이해와 그 기능에 대한 이해의 차이에 따라 달라진다. 예를 들어, 우리는 전화번호부를 소설과 동일한 방식으로 읽지 않는다. 바꿔 말해 성경은 그것들과도 다르게 읽는다. 우리는 각각의 다른 방식의 읽기에서 다른 결과를 기대한다. 그러나 해석학은 급진적으로 그러한 직선적 관점을 넘어선다.

설교자와 같은 성경 해석자의 관점은 그들의 사회적 지위와 직업, 인종, 성별, 성 정체성 등과 같은 조건들로 형성된다는 것은 주지의 사실이다. 그렇기에 그들의 해석은 불가피하게 그러한 견지에서 이루어진다. 더군다나 설교자들은 하나의 해석적 전통 안에 서 있다. 그리고 그러한 시야들이 설교자가 성경을 바라보는 해석학적 관점(hermeneutical lenses)으로 작용하게 된다. 달리 말해서, 설교자, 곧 실제 성경 해석자는 그 관점들의 정체가 무엇인지를 밝혀야 할 책임을 가지고 있는 이들이다.

그들은 해석자로서 자신들의 사회적 지위와 그것이 그들이 속한 해석적 전통을 이해하는 데 어떤 영향을 끼치는가를 고려해야만 한다. 이 모든 것이 해석자로서 설교자와 그의 상황(context)과 관련하여 전환점을 가져온 해석학의 일부분이다. 이 부분은 너무도 현저하여 최근 성경해석학의 특징으로 자리하고 있다.

그러나 설교자의 사회적 지위는 그가 본문에 주입하는 유일한 해석 렌즈가 아니다. 설교를 염두에 둘 때 보다 중요하게 언급해야 할 것은 성경의 특성과 관련한 몇 가지 근본 개념이 해석학적 렌즈로 작용한다는 점이다. 여기서 우리는 다시 아우구스티누스의으로 되돌아가 사랑을 도모하지 않는 문제적 본문들에 대한 그의 조언을 주목할 필요가 있다.

아우구스티누스는 그러한 본문들은 '신앙의 규범'(regula fidei) 관점에서 해석되어야 한다고 주장했다. 이러한 해석적 관점은 성경의 평이한 본문들과 관련된 것으로 교회의 일반적 이해를 보여 준다. 아우구스티누스에게 신앙의 규범은 하나님과 이웃을 향한 우리의 사랑을 독려하고 사랑의 통치를 보다 가까이 우리에게 끌어들이는 독법으로 이끌어 준다(Doctr. chr. 3.2.2, 3.10.14-3.10.17). 물론, 아우구스티누스의 사랑 렌즈는 성경 해석의 유일 가능한 관점은 아니다.

마르틴 루터(Martin Luther)는 율법과 복음 간의 첨예한 대극적 구도의 관점과 "그리스도를 비춰 주는" 본문들을 찾는 기독론적 렌즈를 가지고 모든 성경을 읽었다. 왜냐하면, 거기에서 복음이 비로소 알려지기 때문이었다.

다양한 해방신학과 페미니스트신학들에서(해방비평; 페미니스트비평; 우머니스트비평 참고), 성경은 모든 사람의 자유와 평등이라는 관점에서 해석될 수 있다. 가령, 남미 신학은 가난한 자들 편에 서 계시는 하나님의 관점에서 성경을 해석한다. 생태신학은 지구 행성의 안녕을 강조하는 해석을 추구한다. 때때로 해방과 페미니스트 해석가들은 그들이 성경 밖의 이념들을 주입하는 것에 대해 비판을 받기도 한다. 그러나 여기서 관건은 해석자나 설교자가 성경 해석에 어떤 해석 관점을 사용하는지의 여부가 아니다. 오히려 그들이 사용하는 해석 렌즈가 적합하고 충분한 것인지를 성경이 판단하도록 하는가의 여부이다. 이는 설교자의 관심을 또 다른 해석학의 중요한 개념인 해석학적 순환(hermeneutical circle)으로 옮겨 준다.

2) 해석학적 순환

해석학적 순환에는 몇 가지 형태가 있다. 가장 단순한 형태는 본문 내의 각 부분에 대한 이해 없이는 본문 전체를 이해할 수 없거나, 반대로 전체에 대한 이해 없이 각 부분에 대한 이해가 불가능하다는 것이다. 가령, 본문이 전체적으로 무엇을 뜻하는지 설교자는 본문 내 각 단어에 대한 이해 없이는 알 수 없다. 동일하게 원단어의 뜻은 그것이 가진 전체 맥락과 분리되어서는 파악되지 못한다. 이러한 양자 간 관계는 다른 방식으로 확장, 적용되어 왔다.

설교자는 본문에 대해 특정한 이해를 가지고 그 이해의 관점으로 본문을 읽고, 또 다시 그 이해로 돌아와 본문의 빛 아래서 그것의 적합성을 판단해야 한다. 다른 학자들은 읽기의 현장적 요소들을 해석학적 순환의 과정에 포함시킨다. 어떤 이는 해석자가 개인이 아닌 공동체라고 말하기도 한다. 그 순환적 과정은 다음과 같이 진행될 수 있다. 즉, 해석자가 그의 공동체 안에서 본문을 대면하고, 일종의 사회 분석적 방식의 차원에서 그 의미에 대해 생각하고 그 이해에 기초해서 해석을 이어 가고, 그러한 해석이 어떤 의의가 있는지를 본문과 해석 과정에 작용되는 다른 순환적 요소들의 관점으로 성찰하고, 또 다시 본문으로 되돌아오고 … 등등.

해석학적 순환보다는 "해석학적 나선 운동"(hermeneutical spiral)이라는 말이 그 과정을 보다 적절하게 표현하는 말일 수 있다. 왜냐하면, 그 순환 운동이 나선적 움직임으로 진행되기 때문이다. 기독교의 해석학은 움직임, 보다 정확하게 말해 변화를 목적으로 한다. 그것이 설교자가 해석의 최종 과정에서 도달해야 할 목적지이다.

3) 그때에서 오늘로의 움직임

설교자는 또한 성경의 "그곳"에서 신자들의 "오늘"로 움직이는 이해 가능한 방법을 모색해야 한다. 비평적 시대 이전에는 본문의 그때 의미가 곧 오늘 지금을 위한 의미라고 믿었다. 설교자는 신중한 주석을 통해 먼저 가능한 한 본문의 원상황에서 발생한 그 본래의 뜻을 도출하고, 이어서 그 뜻을 설명하고 설교 현장에 맞게 적용을 주었다. 한마디로 설교자는 주석을 통해 본문의 의미, 곧 본문의 모든 단어와 문장의 의도를 충분히 찾아낼 수 있고, 그것이 오늘 신자들의 삶에 주는 의미에 대해서는 인식하지 못했다.

성경 본문은 그 의미적 차원에서 이해될 수 있지만, 그것이 곧 오늘의 삶에 적합한 것은 아니다. 그러나 주석(exegesis)과 해석학(hermeneutics) 간의 명증한 차이를 말해야 한다면, 바로 이 점이다. 주석은 가능한 한 본문을 벗겨 역사적 의미를 발견해 내려 한다. 그러나 해석학은 본문이 가진 오늘의 의미를 명명해 가는 과정을 기술하려 한다. 오늘의 설교자는 단지 본문의 역사적 의미만으로 만족할 수 없다. 설교가 밝히려는 본문의 의미는 그것의 문자적 뜻(sense)과 오늘의 의미(significance)가 조화된 의미이다.

해석학의 그때에서 오늘로의 이동은 몇 가지 은유로 설명된다. 설교와 관련해서 다리 놓기의 은유이다(다리 놓기 참고). 보다 이론적 해석학에서는 그것을 본문의 지평과 해석자의 지평이라고 부르고, 해석 과정은 그 둘 간의 지평 융합이 발생하는 과정이다. 이러한 은유가 드러내는 것은, 본문을 "타자"로 인식한다는 것이다. 본문은 오늘의 설교와는 다른 지평에 있다. 그것은 해석자인 설교자로부터 독립적이다. 그런데 그 독립적 위치로 인해 본문은 오늘의 설교자를 놀라게 하고 변화시킬 잠재력을 가진다.

4) 의미의 발생 자리

설교자는 다음과 같은 질문을 해야 한다. "의미는 어디에 있는가?

본문의 이면인가, 본문 내부인가, 아니면 본문 앞인가?"

전통적 역사비평학에서(역사비평 참고) 성경의 의미는 본문 이면 또는 배후에서 발견되었다. 의미는 본문이 만들어지기 이전에 일어난 어딘가에 있다. 그것은 주로 어떤 사건들을 통해 발견될 수 있었는데, 의미는 심도 있는 본문의 발전 과정에 대한 역사적 연구를 통해 재구성될 수 있는 것이었다(성경에 대한 다양한 역사비평을 가리키는 독일어, *Geschichte*는 본래 비평이 아닌, '역사'라는 뜻이다). 그래서 본문의 의미를 식별하는 과정은 자주 고고학이나 본문에 축적된 전통의 층들을 파헤쳐 원래의 사실들을 발굴하는 작업과 유사하게 여겨졌다. 여기서 해석학은 해석자를 일종의 역사가로 전제한다.

그러나 본문의 의미는 역사적 사건들 속에 있지 않다. 의미는 저자의 신학적 통찰이나, 본문을 수집하고 전승하고 보관해 온 공동체의 다양한 삶의 상황들 안에 있다. 그래서 의미를 향한 설교자의 첫째 과제는 가능한 한 본문에 대한 역사적이고 철학적인 연구를 시도하는 것이다. 그러나 그것만으로는 충분치 않다. 설교자는 상상력을 가지고, 심지어 영적 직관력을 동원하여 저자의 의식이나 본문을 생성, 전승, 보관해 온 공동체의 의식 세계로 들어가야 한다. 이러한 과정에는 본문으로 나타나 있는 '타자'에 대한 개방적 자세가 요구된다.

그러나 최근에 본문은 원저자가 뜻하려고 의도한 것을 의미한다고 하는 이론은 강한 비판을 직면했다. 폴 리쾨르(Paul Ricoeur)는 본문이 언어로 기록되고 그 저자가 더 이상 자신의 의도를 표명할 수 없는 상황에서는, 본문은 "의미의 잉여"(surplus of meaning)를 생산한다고 주장했다(1979, 29-30). 다시 말해, 본문에는 저자마저도 알지 못한 의미가 있기도 하고, 해석사에서 발전해 온 의미가 있는 것이다. 그렇지만 해석 과정에서 만나는 본문이라는 '타자'와 그에 대한 개방적 자세는 설교 토대로서의 해석학에 매우 중요한 요소이다.

만일 본문의 의미가 저자의 의도에 제한되지 않는다면, 그것은 본문 배후가 아닌 본문 안에서 발견될 수 있다. 의미는 본문 자체에 있는 것으로 본문이 들려주고 설교자가 개입하게 되는 이야기의 세계에서 드러나기도 한다. 그러한 해석학적 이해의 과정에서 설교자는 문학비평가와 유사해진다. 문학비평가는 상징과 같은 여러 언어를 통해 반복되는 본문의 문학적 형태, 이야기 구술의 특징들을 관찰한다(문학비평 참고). 이러한 접근 과정에서 역사적 질문들은 중요하지 않게 된다.

또 다른 의미 있는 시각에서, 폴 리쾨르는 상징의 속성에 대한 이해의 필요성을 제안했다. 왜냐하면, 그것이 본문의 해석에 적용될 수 있기 때문이다. 그에 따르면 해석자는 3단계 이해의 과정을 경험할 수 있다.

첫째, 이해의 단계로 어린아이와 같은 "첫 번째 순진성"(first naiveté)의 단계이다. 이는 본문을 세계에 대한 단순한 문자적 묘사로 이해한다.

둘째, 이어서 해석자는 "비평적 거리 두기"(critical distance)라는 단계를 거친다. 이 과정은 본문의 문제와 모순점들을 포착하고 다루는 단계이다.

셋째, 해석자는 "두 번째 순진성"(second naiveté)을 가지고 다시 본문으로 돌아온다 (Ricoeur 1967, esp. 349-55; Thiselton 1992, 344-59).

이러한 과정은 그렇지 않으면 의심 많은 현대 회중이 놓칠 수 있는 본문을 새롭게 의미화하는 과정이다. 설교자는 이러한 이해의 과정을 반영하여 자신의 설교를 작성할 수 있다. 그렇지만 여기에는 하나의 문제가 있다.

과연 본문의 세계 외부에 본문이 의도하고 지시한 의미가 있는가?

기독교는 부정할 수 없는 역사적 신앙이며, 설교의 회중이 그런 신앙의 세계에서 살고 있다는 것은 결코 간과될 수 없다.

의미는 또한 본문 앞의 세계에 있기도 하다. 다시 말해 그 세계는 해석자나 해석자가 속한 해석공동체에 의해 창출되는 세계이다. 분명히 말해서, 설교자의 교단과 신학 전통은 그의 해석공동체로 작동한다. 의미는 단순히 본문 안에만 있지 않다. 그것은 해석자와 본문 간의 상호 작용에 의해 발생한다. 앞서 언급된 "의미의 잉여" 대부분은 그런 방식으로 발생한다. 이처럼 의미 생성 과정에서의 해석자와 해석공동체의 역할을 부정할 수 없지만, 그로 인해 그와 관련된 몇 가지 질문이 제기된다.

과연 해석자가 본문을 압도할 수 있는가? 해석자의 주관을 통제할 수 장치는 무엇인가?

본문의 의미는 무한정 열려 있을 수 있는가?

많은 학자와 설교자가 성경의 바람직한 해석은 유일해야만 한다는 신념에서 벗어나 있다. 가장 평이한 본문을 제외한 모든 종류의 본문은 다의적이다. 성경의 본문들은 결코 일의적이지 않다. 오히려 매우 모호한 본문일수록 설교자로 하여금 새로운 여러 가능성을 생각하도록 자극함으로써 의미를 창출한다. 그러나 본문에 대해 모든 해석이 열려 있는 것은 아니다.

예를 들어, 선한 사마리아인의 비유를 설교자는 이웃에 대한 증오를 합법화하는 의미로 해석할 수는 없다. 그런 해석은 언어를 알고 글을 이해할 줄 아는 회중을 결코 설득할 수 없다. 해석에 요구되는 전문적 지식을 갖춘 해석자가 당시의 역사적 상황에 비춰 읽어 내는 본문의 문법, 어휘, 구문은 많은 가능한 해석 가운데 그렇지 못한 것을 제한하는 일종의 울타리 역할을 한다. 이는 종교개혁자들의 자부심인 본문의 문자적 읽기와 크게 다르지 않다.

5) 본문의 바른 사용

전통적 표현을 빌리자면, 설교자의 과제는 성경 본문의 바른 의미를 찾는 것만이 아닌, 그 본문을 바르게 읽는 데 있다. 이는 설교자를 매우 중요한 영역으로 초대한다. 그것은 곧 성경을 교회의 책으로 읽는 것이다. 성경은 단순히 현미경의 프레파라트에 올려진 표본을 렌즈로 정밀 관찰해야 하는 것과 같은 게 아니다.

해석학(Hermeneutics)

성경은 그 자체로 하나의 렌즈이며 그렇게 읽혀져야 한다. 그 렌즈의 바른 사용은 그것 자체를 보는 게 아니고, 그것을 통해 보는 것이다. 성경을 온전히 학문적 연구의 결과물로 구성된 글들로 사용하는 것도 가능하고, 그렇게 만든 학문적 발견은 종종 성경을 연구하는 자들에게 매우 유용한 가치를 갖는다. 그러나 성경에 관한 그보다 더 중대하고 심중한 진실이 있다. 성경에 대한 가장 중요하고 분명한 사실은 성경의 각 책은 세계적으로 위대한 한 종교를 위한 책이라는 것이다. 그렇기에 성경은 신학적 성찰과 윤리적 판단, 아동과 장년 교육, 그리고 (설교자들에게 무엇보다 가장 중요한) 설교를 위한 책으로 읽혀져야 한다. 설교에서 우리는 성경이라는 렌즈를 통해 하나님과 그분의 세계를 보다 선명하게 보게 된다. 그래서 성경의 바른 사용은 설교자에게 첫째로 중요한 과제이다.

6) 본문을 통한 변화

마지막으로, 변화의 주제이다. 어떤 말은 매우 심원해서 행동과 동일한 의미를 주기도 한다. 그런 말은 화자나 청자의 상태를 변화시키기까지 한다. "이 반지를 끼움으로 나는 당신과 한 몸입니다"라는 선언은 단적 예이다. 이러한 언어를 수행적 언어라고 부르며 그러한 말이나 언어에 대한 연구를 화행 이론(speech-act theory)으로 이름한다. 그런데 구술만이 아닌 글로 쓰는 말도 화행의 언어로 기능한다. 메시지를 가진 모든 글은 그것을 읽는 독자들에게 영향을 끼치고, 어떤 경우는 그것이 삶을 바꾸기까지 해서 혹자는 그것을 변화로 부르기도 한다. 기독교의 성경 해석과 설교는 공히 변화를 목적으로 한다.

그러나 쓰인 말이든 발화되는 말이든, 말 자체가 설교의 목적으로서 변화를 약속하는지는 의문이다. 그 둘 간의 상관성은 또 다른 근본적인 해석학적 질문을 제기한다.

설교자는 본문을 통해 무엇과의 만남을 기대하는가?

하나의 개념인가, 아니면 인격인가?

교회의 책인 성경을 읽을 때, 기대되는 결과는 한 인격과의 만남이다. 삼위일체적 표현을 쓰면, 그 만남은 성령의 능력 안에서 성부 하나님과 성자이신 우리 주 예수 그리스도와의 만남이다. 본문이 가리키는 본문 외부의 세계는 하나님이다. 해석자로서 설교자가 개방적으로 마주해야 하는 상대는 단순히 본문 자체가 아니고, 그 본문을 통해 말씀하시는 성령이다.

해석을 위한 조력자로서 너무 성급히 성령의 역사에 기대는 것은 방법론에 있어 태만적 자세이다. 반대로 성령의 역사를 간과하는 것은 신학적 무지가 된다(성령과 설교, 성령/열정 참고). 기독교 성경의 해석과 설교의 목적은 이해라는 과제가 아무리 막중하다 해도 단순히 본문이 의도하는 의미를 이해하는 데 있지 않다. 도리어 그것은 본문을 통해 말씀하시는 상대방과 만남에 있다. 그 만남이 변화를 주기 때문이다.

이 모든 것은 분명히 설교자의 중심 신학, 특히 그의 성경신학과 밀접하게 관계되어 있다. 만일 설교자가 하나님은 성경을 통해 곤핍과 불순종에 있는 우리에게 말씀하시고 우리를 개인적이고 사회적인 차원의 의로움으로 자라도록 독려하신다는 성경 이해를 가지고 있다면, 설교자의 해석 과정은 일방통행적인 방식을 벗어나게 된다.

우리는 시체를 해부하는 의학자처럼 본문을 분석하지 않는다. 심지어 우리는 현미경의 렌즈를 통하듯이 본문을 통해서 보기만 하지 않는다. 하나님의 말씀을 단순히 우리가 풀어내는 것이 아니다. 오히려 살아 있는 말씀이 우리를 판단하고 해석해 낸다. 해석 절차와 원칙들을 가진 해석학이 빠지기 쉬운 덫은 우리의 관심을 인간 해석자의 부분에 과도히 집중하게 되어 정작 인간을 향해 말씀하시는 자유하신 하나님의 뜻을 놓친다는 것이다. 해석자인 설교자는 교회가 성경을 읽는 그 대화의 과정에 나와 있는 유일한 파트너가 아니다. 해석 과정에서 설교자와 오늘의 상황을 향한 관심이 하나님을 향한 관심을 가로막아서는 안 된다. 그보다 정확히 말해, 설교자에게 집중되는 관심은 이미 하나님에 의해 설정되어 있다.

대부분의 기독교 신학은 계시를 하나님 편에서의 자기 드러냄으로 이해한다. 즉, 성경을 해석하시는 분은 주관하시는 하나님이시고 하나님은 그로써 자기 스스로를 알리신다. 그래서 그러한 신학을 고백하는 공동체에 해석은 한계를 지닐 수밖에 없는 행위이다. 실로 변화를 약속하는 해석은 성령이 해석자와 공동체를 통해 일하시는 때에 한하여 발생한다. 그러나 그러한 역사가 일어난다면, 엠마오의 제자들에게 일어났던 일은 재현된다. 하나님의 말씀이 들려지고 해석될 때, 그 말씀을 듣는 자들의 가슴은 안에서부터 뜨거워질 것이다.

참고 주제 문화해석학; 신역사주의; 철학적 해석학; 해석학적 의심

참고 문헌 Augustine. *De Doctrina Christiana*, *Compact Edition of the Oxford English Dictionary*, s.v. "hermeneutics"; Ellen F. Davis and Richard B. Hays, eds. *The Art of Reading Scripture*. (2003); Richard Lischer. *The Company of Preachers: Wisdom on Preaching, Augustine to the Present*. (2002); Donald K. McKim. *A Guide to Contempo rary Hermeneutics: Major Trends in Biblical Interpretation*. (1986); Kurt Mueller-Vollmer. *The Hermeneutics Reader*. (1997); Paul Ricoeur. *The Symbolism of Evil*. (1967); Paul Ricoeur. *Interpretation Theory: Discourse and the Surplus of Meaning*. (1976); Anthony C. Thiselton. *New Horizons in Hermeneutics: The Theory and Practice of Transforming Biblical Reading*. (1992).

역사비평(Historical Criticism)
데이비드 바틀렛(David L. Bartlett)

역사비평은 성경을 신뢰할 만한 기록물과 번역물, 원본 양식, 자료, 저자/편집 의도, 역사 배경, 문화적으로 조건화된 의미들의 시각으로 접근하는 읽기 방식이다. 역사비평은 본문이 무엇을 말하고 말하지 않는지를 정하는 데 유용하다는 점에서 성경적 설교를 위한 필수적 토대이다.

역사비평(Historical Criticism)

1. 역사비평이란?

신약학 분야의 저명한 학자이면서 루터교 주교인 크리스탈 스탕달(Krister Stendahl)은 역사비평을 위한 일종의 사명문을 발표했다.

> 방법론적 관점에서 우리의 유일한 관심사는 성경 본문의 이 말들이 후대의 종교사적 과정에서 얻어진 의미나 오늘 우리가 가진 의미와 상관 없이 그것이 예언자, 제사장, 복음서 기자 또는 사도들에 의해 발설되고 기록되었을 때 그들이 무엇을 의미했는지를 밝혀내는 것이다(Stendahl 1962, 422).

역사비평은 방법론이라기보다는 다양한 방법론을 활용하는 하나의 해석 전략이다. 그 전략의 목표는 가능한 한 본문이 그것의 원역사적, 사회적, 종교적 맥락 안에서 무엇을 의미했는지를 철저하게 이해하는 데 있다. 초기나 후기의 열성적 역사비평가들은 자신들의 과업을 성경에 관한 과학적 연구로 지칭하면서 자신들의 바람은 확실히 과학적 모델을 따르는 것임을 분명히 했다. 과학적 모델이란 가설을 설정하고 증거에 기초해 그것을 증명한 후, 다른 성경 '과학자들'로부터의 광범위한 동의를 얻어 내는 것이다.

2. 역사비평 약사

역사비평의 전조는 르네상스 시대의 고전 문헌으로 돌아가려는 관심과 종교개혁자들이 중앙 교권의 허락 없이도 개인이나 회중이 성경 해석의 권한을 갖는다는 주장에서 시작되었음은 의문의 여지가 없다.

그러나 역사비평이 성경 사본이 기원한 역사적 배경에 관한 연구에 집중한다는 점에서 역사비평은 계몽주의가 낳은 결과물이다. 당시의 많은 계몽주의 철학자, 역사가, 그리고 문헌 연구가가 다른 지적 연구 영역들에서 인정받은 합리성에 기반한 기준을 종교나 성경을 연구하는 데 동일하게 적용하려 했다. 그러나 이러한 시도에 상당한 반대도 뒤따랐다.

당연하게도 성경 연구를 위한 많은 계몽주의적 의제는 초창기부터 현재까지 이스라엘의 실제 역사(구약학자의 경우)나 예수님의 역사적 생애를 밝혀내는 데(신약학자의 경우) 집중했다.

1695년 영국의 존 로크(John Locke)는 『성서를 통해 본 기독교의 이치』(*The Reasonableness of Christianity as Delivered in the Scriptures*)라는 책을 내고 예수님과 사도들이 행한 실제 설교와 후기 교리의 추가본을 구분하려 했다. 많은 기독교 합리주의자와 이신론자가 로크의 주장을 추종했다.

보다 철저한 역사비평은 신약학 영역에서 등장했는데, 그것은 18세기 중반 독일에서 J. S. 제믈러(Semler, 1791년 사망)와 J. D. 미카엘리스(Michaelis, 1791년 사망)의 저술로 시작됐다. 제믈러는 성경 연구의 목적을 다음과 같이 진술했다.

> 해석자는 그 자신의 어떤 생각도 해석하려는 본문에 끼워 넣어서는 안 된다. 해석자는 오직 그가 발견해 낸 것들을 자기 생각

의 부분이 되게 하고 오로지 본문의 그 내용과 의미에 기초해 확신해야 한다(Kummel 1972, 66).

제믈러는 인간의 저작물로서 성경과 하나님의 말씀을 분리해 내려 했다. 미카엘리스는 성경 가운데 어떤 책이 진본 경전인가를 판단하려 했다. 다시 말해, 그는 실제로 사도가 작성한 글을 찾으려 했고, 결국 그가 찾아낸 진본은 매우 작은 부분에 지나지 않았다.

헤르만 사무엘 레이마루스(Herrmann Samuel Reimarus, 1768년 사망)는 제믈러와 미카엘리스와 동시대 학자였다. 그는 복음서에서 예수님이 직접 행하신 가르침과 그분의 제자들에 의해 추가된 가르침을 구분해 내려 했다. 그분은 예수님이 순수한 유대인이셨기에 유대적 맥락 안에서 이해되어야 한다고 주장했다. 그분에 따르면, 속죄나 구원의 개념은 후대의 공동체가 의도적으로 삽입해 놓은 것이다(Kummel 1972, 89-90).

구약의 역사비평의 아버지 격인 J. G. 아이히호른(Eichhorn, 1827년 사망)은 세 권으로 된 구약 개론서를 집필했다. 그는 거기서 인문학적 해석 기준을 적용해 구약의 각 책을 그들의 원래 맥락에 위치시키려 했다(McKim 1998, 312-31).

19세기에 이르러서는 두 명의 주목할 만한 역사비평가가 등장했다. 그들은 신약학자들로 데이비드 프리드리히 스트라우스(David Friedrich Strauss, 1874년 사망)와 페르디난드 크리스천 바우어(Ferdinand Christian Baur, 1860년 사망) 이다(Kummel 1972, 120-27). 스트라우스는 신약의 사본 묶음은 "가공된 것"으로 초기 신자들의 시적 감수성이 만든 결과물이라고 주장한 첫 번째 인물이었다(Kummel 1972, 128-43). 다시 말해, 그는 신약성경을 '실제' 역사가 아닌, 실천 가능한 영적 진리들의 내용으로 보았다.

바우어는 교회의 발전 과정에 대해 역사비평을 시도했다. 그에게 있어 사도행전은 기독교 신앙에 대해 바울과 베드로의 견해 차를 조율하려는 시도에서 꽤 후대에 편집된 책이다(McKim 1998, 287). 사도행전은 (베드로로 대표되는) 유대인 기독교와 (바울로 대표되는) 헬라인 기독교 간의 갈등을 제기한다. 이러한 교회의 발전 이면에는 (종종 그보다 훨씬 후대에) 아직은 분파나 교리적 주장들에 물들지 않은 예수님의 더욱 순전한 윤리적 가르침이 있었다.

19세기 구약학 분야의 가장 영향력 있었던 비평학자는 율리우스 벨하우젠(Julius Wellhausen, 1918년 사망)이다. 벨하우젠은 본문 연구로 시작하여 모세오경의 발전사에 관해 여전히 우세하게 퍼져 있던 사중문서설을 제안했다. 그는 이스라엘 역사에 관한 중심 연구인 *Prolegomena to the History of Israel*(이스라엘 역사 입문, 1878)을 기술하기 위해 자신의 본문 연구를 역사 재구성과 연결지었다. 그의 역사 재구성은 교리적 관점이 아닌 역사적 관점에 기초했다.

벨하우젠과 가까운 동시대 학자는 영국의 사무엘 드라이버(Samuel R. Driver, 1914년 사망)다. 그는 문헌 학자로서 학문적 연구를 시작했는데, 그의 연구는 성경의 히브리어를 가르치는 데 오늘날까지도 영향을 주고 있다. 그 후 드라이버는 *An Introduction to the Literature of the Old Testament*(구약성경 문학 입문, 1891)를 출간했는데, 여기서 그는 자료비평을 위한 가설 이론을 포함한 역사비평의 결과들을 소개했다. 그것은 면밀한 학문 연구만이 아닌 경건한 신앙 모두를 아우르는 방식으로 영어권 독자들을 대상으로 한 책이다.

알버트 슈바이처(Albert Schweitzer, 1965년 사망)는 신약학 연구에서 19세기와 20세기를 연결하는 인물로 꼽힌다. 그의 책 *The Quest of the Historical Jesus: A Critical Study of Its Progress from Reimarus to Wrede*(역사적 예수 탐구: 라이마루스에서 브레데까지 비평적 연구, 1910)에서 슈바이처는 역사적 예수에 관한 탐구는 언제나 연구되는 대상자보다 탐구하는 자에 관해 더 많은 것을 드러낸다고 주장했다. 그런 차원에서, 그는 자기 앞선 연구자들이 가진 일종의 역사적 확신에 마침표를 찍으려 했다. 그와 동시에 슈바이처는 역사적 예수님을 설교와 자인식에 있어 철저하게 묵시적이었던 인물로 전망했다. 그렇게 함으로써 그는 자기 앞선 학자들보다 더 엄격하게 예수님을 1세기의 종교 사회적 맥락 안에 위치시켰다.

20세기를 통틀어 역사비평은 유럽과 북미의 주류 대학교나 신학교의 성경 연구 방법론의 토대였다. 20세기 중반까지 이는 개신교와 로마가톨릭 학교들 모두의 현실이었다. 역사비평의 다양함은 시대를 지나면서 늘어났다. 20세기와 21세기까지도 활용되는 역사비평의 몇 가지 방법은 다음 부분에서 이어진다.

3. 역사비평의 형태들

1) 문헌학

가장 일반적으로 피할 수 없는 역사비평 방법은 번역이다. 4세기 제롬의 히브리어와 헬라어 성경의 라틴어 번역부터 가장 최근의 새 개정판 표준성경(the New Revised Standard Version Bible)에 이르기까지 성경학자들은 역사비평에 의존하고 있다. 그들은 정경 안에서 하나의 단어가 어떻게 다양하게 쓰이는지를 연구하는데, 그들은 어떤 단어나 구, 문단에 대한 적합한 번역의 예를 찾기 위해 기독교 정경의 범위를 넘어 고대 문학이라는 문헌 전체에까지 나아간다.

번역자는 히브리 성경을 번역하기 위해 히브리 정경 외의 문헌만이 아닌, 그와 유사한 어원을 가지는 다른 언어들도 연구한다. 그뿐만 아니라 신약성경 번역자들은 아람어 배경이나 라틴어 외래어의 가능성도 고려해만 한다. 이런 관점에서 성경을 배우는 모든 학생은 가장 세속적인 문헌에서부터 가장 언어적인 차원에까지 전적으로 역사비평 방법론에 의존하게 된다.

2) 본문비평

가장 현대적인 성경 번역본은 '논쟁적인' 본문들에 관심을 기울인 번역위원회들의 것들이다. 논쟁적인 본문에 관한 판단 역시 위원회들의 일이다. 더욱더 현대적인 신약의 번역본은 현재는 존재하지 않았지만, 다수의 사본 가운데서 어떤 것이 가장 원본에 가까운지를 판별하려는 전문학자들의 가설

역사비평 (Historical Criticism)

이론들이 적용된 모든 번역이다.

본문비평은 히브리어, 아람어, 헬라어 사본 간에 놀랄 만큼 빈번하게 발견되는 상이성을 관찰하고, 그들 가운데 어떤 것이 가장 원본에 가까운지(가설에 근거해)를 판단하는 것이다. 분명 어떤 신학 전통에 속한 설교자라 할지라도 이 같은 본문비평의 규범적 방식을 피할 수 없다.

3) 자료비평

모세오경에 대한 비평 작업은 율리우스 벨하우젠에 의해 전환점을 맞았다. 그는 경전으로서의 모세오경은 네 개의 문서 층이 서로 얽혀 있는 것이라고 주장했다. 그것은 야웨 문서(J), 엘로힘 문서(E), 신명기 문서(D), 제사장 문서(P)이다(1878). 그 후로 지금까지 구약학자는 오경만이 아닌 역사서와 예언서들의 자료와 구성까지도 관심을 두게 되었다. 그 가운데 대표적인 것이 이사야와 예레미야서이다.

신약학에서는 마태와 누가가 두 개의 주요 자료를 가지고 복음서를 기록했다는 이중문서설이 제기된다. 그 두 개의 문서는 마가복음과 대부분 격언의 내용인 Q자료라고 불리는 가상 문서이다. 또 다른 학자들은 네 번째 요한복음과 마가복음, 사도행전이 초기 자료들에 대한 편집본이라고 주장한다.

4) 종교사

학계가 고대 세계의 종교적 양식들이 다양했음을 알게 되면서 근동 지방의 즉위 예식, 영지주의, 그리고 이집트의 이시스와 오시리스 제의와 같은 상이한 주제 간의 유사점을 찾기 시작했다. 학계는 그들 간의 유사점을 통해 이스라엘과 기독교 교회 모두의 종교적 제의와 관습의 기원, 그리고 그것들의 기능을 설명할 수 있다고 보았다.

5) 양식비평

구약학자들 가운데 헤르만 궁켈(Herman Gunkel)은 성경을 구성하는 문서자료들의 질문을 넘어 그 문헌들이 기록되기 이전의 구술 전승(노래, 이야기, 전설, 소설)에 관한 연구로 관심을 옮긴 대표 학자이다(McKim 1998, 487-91).

궁켈의 관점에 바탕한 루돌프 불트만(Rudolf Bultmann)과 마틴 디벨리우스(Martin Dibelius)는 신약의 양식비평에 가장 영향력 있는 개척자가 되었다(Kummel 1972, 330-41). 그들의 질문은 두 가지이다.

첫째, 쓰인 복음서들의 앞에 있던 상이한 구술 문헌의 양식들은 무엇인가?
둘째, 그러한 문학 형식을 전승한 삶의 자리(Sitz im Leben)는 무엇이었는가?

그들은 예수님의 역사적 삶의 구체적 모습들에 관심을 두기보다는 초기 교회의 사회적, 실천적 관습들을 재구성해 내려 했다. 다시 말해, 초기 기독교인들이 기적 이야기를 말하고 예수님의 논쟁 이야기를 그의 반대자들과 관련 짓던 당시 삶의 환경이 어떠했는가가 그들의 주된 관심사였다.

6) 편집비평

편집비평은 양식비평의 확장과 동시에 초기 공동체들의 창의적 역할에만 집중하는 단일 시각에 수정을 가한 비평방법이다. 편집비평가들은 복음서 저자들의 창의적이고 신학적인 작업에 질문을 던진다. 복음서 저자들은 더 이상 초기 자료를 교정한 단순 수정자가 아닌, 독특한 관점을 가진 창의적인 편집자들이었다. 신약학에서 마태와 누가는 편집비평을 위한 유용한 기반을 남다르게 제공했다. 왜냐하면, 그 두 복음서의 어떤 부분들은 마가복음(그리고 Q자료)의 자료를 편집하거나 재해석한 것으로 보는 견해가 일반적이기 때문이다.

그러나 마가와 요한복음에 대한 유의미한 편집 비평적 연구들도 있다. 그러나 그것들은 신뢰성에 의문을 주는데, 그들의 연구가 자료들에 대한 일차적 재구성과 가설에 기반한 자료의 편집에 관한 논의에 의존하고 있기 때문이다. 최근 이사야서의 현 경전 형태에 기반한 이사야서 연구는 구약성경에 대한 편집비평의 한 예이다.

학자들의 질문은 이것이다.
"편집자가 그 자료를 수집한 방법은 무엇인가?"
"현재의 구성은 수사학적으로 신학적으로 무엇을 의미하는가?"

7) 수사비평

20세기의 신약성경 연구, 그중에서 특별히 바울 서신에 관한 연구는 신약성경이 쓰인 그레꼬 로만 세계의 수사학적 용례에 대한 증폭된 관심을 보여 준다. 비기독교 문학에서 웅변가, 서간 전문 작가, 철학자, 시인, 역사가들이 사용한 수사 방식들은 신약성경의 본문들이 가진 다양한 수사학적 기능들을 이해하는 데 도움을 준다. 비기독교 작품의 수사 양식들에 관한 연구는 종종 작품의 내용에 관한 논의로 인해 가려져 있었다. 가령, '수사비평의 관심은 바울이 스토아학파로부터 빌려온 수사적 방식은 어떤 것들인가', '거기에는 단지 논쟁에 필요한 수사 방식만이 아닌 논쟁의 내용과 관계된 방식도 포함되어 있는가' 등이다.

8) 사회과학비평

성경의 배후 역사에 관한 관심을 학문적으로 확장해 가면서, 학자들은 그들의 연구에 사회학, 사회심리학, 그리고 인류학의 관점들을 적용했다. 몇몇 학자는 성경의 다양한 공동체들이 속했던 당시 사회에 대한 묘사를 '방대하게' 제공하기도 했다. 다른 이들은 사회과학의 관점으로 특정한 모델들을 그려 주었는데 그것은 종파주의나 묵시사상에 대한 문화 간 비교 분석의 일환이었다. 또 다른 전문가들은 특정 경제사회적 이론들(느슨한 마르크스주의)에 영향받아 성경 본문들의 배후에 있던 특정한 이념적 과제들을 제시하기도 했다.

9) 영향사(Wirkungsgeschichte)

'영향사'라는 용어가 의미하는 바는 복잡하고 난해하다. 그런데도 많은 성경 해석자가 본문이 의미하는 바는 단순히 그것의 원

역사비평(Historical Criticism)

래 의미가 아닌, 그것이 오랜 시간에 걸쳐 사용되고 해석되면서 형성된 의미라고 말한다. 분명히 신앙공동체 삶의 상황 안에서 본문의 의미는 곧 본문이 그 공동체 안에서 사용되는 방식과 관련된다.

울리히 루쯔(Ulrich Luz)는 그에 대한 가장 투철한 주창자로서 그는 기존의 주석에 "영향사"(history of effects)를 포함했다. 그는 때때로 본문이 수 세기 동안의 해석을 통해 축적해 온 의미들은 오늘의 독자나 회중에 해석 가능한 의미의 폭을 넓혀 준다(Luz 2005, 349-69). 가령, 믿음으로 말미암는 의에 관한 설교는 단순히 바울의 의인화(justification)가 무엇을 뜻하는지에 관심을 두기보다는 루터가 해석한 바울의 의미가 무엇이고, 그가 왜 그렇게 해석했는지에 관심을 가질 수 있다. 설교자는 만일 루터가 주석적으로 옳지 않았다면, 과연 그의 해석은 신학적으로나 목회적으로 무용한 것인가라는 질문을 가질 수 있다.

4. 설교를 위한 역사비평

1) 설교의 역사비평 수용 불가피성

설교자가 성경 본문을 가지고 설교한다면, 그는 역사비평 방법론에 둘러싸이게 된다. 왜냐하면, 설교자가 사용하는 번역본들은 역사비평적 시대의 산물들이기 때문이다. 그러나 오늘 우리가 가진 번역본들의 출처인 히브리어, 아람어, 헬라어 번역본은 그에 앞선 또 다른 광대한 연구와 학문적 논의, 그리고 끈질긴 합의의 결과들이라는 사실도 부정할 수 없다. 우리가 신학교에서 사용하고 우리 시대의 번역본들의 배후로 사용된 헬라어 신약성경의 편집본들은 그들 자체가 다양한 초기 사본의 편집본이다. 이처럼 성경 사본들을 수집, 선정 그리고 분석해 내는 사람이 본문 비평가이다.

번역 일은 절대적으로 문헌학에 대한 역사비평 훈련에 의존하고 수사학만이 아닌, 사회과학적 연구를 통해 강화되고 심화하기도 한다.

번역자는 바울이 냉소적인지 아닌지를 어떻게 알 수 있는가?

그것은 부분적으로 당시 고대 작가들의 수사학적 전략을 관찰함으로써 가능하다.

가령, 설교자는 고린도전서 1:26을 "형제들아, 너희 부르심을 보라. 육체를 따라 지혜로운 자가 많지 아니하며 능한 자가 많지 아니하며 문벌 좋은 자가 많지 아니하도다"로 번역해야 하는지, 아니면 "형제들아, 너희 부르심을 보라. 많지 않은 것은 육체를 따라 지혜로운 자이며, 많지 아니한 자는 능한 자이며, 많지 않은 자는 문벌 좋은 자이도다"라고 번역해야 하는지 어떻게 알 수 있는가?

헬라어 본문은 양쪽 모두의 번역을 허용한다. 여기서 번역자의 판단은 부분적으로 고린도전서 1장의 전체 맥락에 따른다. 그러나 동시에 그 판단은 초기 바울공동체의 가정교회들이 자리한 사회적 구조에 관한 가설들에 의존하게 된다.

본문에 대한 문학적 읽기는 서사의 배후 세계가 아닌 그 내부 구조에 대한 이해가 필요하다. 그러나 그러한 해석 역시 그 본문의 배후 역사에 주의를 필요로 한다. 선한 사마리아인 비유는 만일 설교자가 역사비평적 주제인 1세기 당시 사마리아인과 유대인들 간의 갈등적 관계를 염두에 두지 않는다면, 설교자는 그 비유가 가진 풍성한 의미와 그 힘을 놓치고 만다.

나아가 후기 근대 사회의 유용한 대화들에 비춰볼 때, 오늘의 설교자는 여전히 근대적이어서 본문에서 발생한 일이 진실로 무엇인지를 알고 싶어 한다. 물론, 그것은 순진한 질문이다. 그러나 그것은 합리적 호기심에 이끌리는 순진한 질문으로 성경이 과연 현실 속 실제 사람들의 삶과 이야기를 통해 실제 하나님과 실제 세상 간 관계를 기술하는 건지 어떤 건지를 묻는 것이다. 더욱 전통적인 가톨릭과 개신교 설교자들은 역사적 예수 또는 역사적 막달라 마리아, 또는 역사적 유다를 고수하는 지루한 논의에 황당해할 수 있다. 그러나 그러한 논의의 이면에는 그러한 본문들이, 그리고 우리의 설교가 그 자체를 넘어 의미하려는 그 무엇에 관한 우리 인간의 피할 수 없는 호기심이 있다.

달리 말해서, 하나님이 역사 안에서 어떻게 행동하시고 예수 그리스도가 성육하신 하나님이시라고 말하는 것이 어떤 의미인가에 대한 모든 논쟁적 어지러움 덕분에, 우리가 설교하는 본문은 그 두 가지 질문에 응답할 준비를 하고 있게 된다. 그러한 하나님에 둘러싸이는 것은 역사에 둘러싸이는 것이고, 그러한 그리스도를 섬기는 것은 곧 물리적이고 사회적이며 심리적이며 문화적인 사안들에 둘러싸이는 것이다. 역사비평은 설교자가 그러한 질문과 숙제들을 다룰 수 있도록 도와준다.

2) 설교를 위한 역사비평의 가치

성경 본문 배후에 역사가 자리한 것처럼 대체로 설교 이면엔 역사비평적 작업이 있다. 설교자는 역사적 연구를 진행하려 하겠지만 그를 통해 얻게 되는 모든 통찰이 설교에 필요한 것은 아니다. 이점을 염두에 두면서 역사비평이 설교에 도움이 되는 몇 가지 이유는 아래와 같다.

자료비평은 본문의 특징들에 대한 안목을 제공한다. J, D, E, P 문서들에 대한 설교가 성공하리라 장담 못 하지만, 창세기 1-3장이 서로 다른 두 문서에서 나온 서로 다른 창조 이야기를 제시한다는 내용은 설교자가 본문 간 상이점, 공통점, 그뿐만 아니라 창세기를 하나의 이야기로 묶으려는 자는 누구라도 J, E, P의 이야기들도 같은 이야기에 속해 있음을 생각하도록 돕는다. 두 문서 가설(마태와 누가 배후에 마가와 Q 자료가 있다는)의 효력은 그 이론이 다른 이론보다 산술적으로 더 적합한 것처럼 보이고, 나아가 설교에서도 더 유용하게 쓰인다는 데 있다. 마태복음과 누가복음을 마가복음의 초기 해석으로 간주하는 것은 그 두 본문을 이해하는 데 길을 열어 준다.

양식비평은 성경 본문이 실제 공동체와 그들의 삶의 환경에서 구성되었다는 점을 일깨워 준다. 설교는 구체적 공동체를 향해 실행되기에 본문을 형성한 삶의 자리인 예배와 실천적 환경에 대한 지식은 오늘 우리의 예배나 신앙의 실천적 자리를 이해하는 방식을 보다 풍성하게 할 수 있다. 신앙 형성에 단서가 된 기독교 관습에 관한 저술과 연구들이 대중화되면서 우리는 우리 자신의

역사비평(Historical Criticism)

실천적 전통을 초기 공동체의 관습을 통해 재구성하는 데 도움을 받을 수 있고, 그것들은 성경 본문 안팎에서 얻어질 수 있다.

편집비평은 성경 저자의 신학과 설교학 구도를 이해하는 데 매우 중요한 방법이다. 가령, 성서정과를 본문으로 설교하려면 세 번째 해(Year C)가 시작되기 전에 누가복음에 대한 편집비평을 살펴보는 데 시간을 집중하는 것이 도움이 된다. 성서정과를 사용하지 않을 때는 복음서 중 한 권을 가지고 연속 설교 형태로 진행할 수 있다. 연속 설교는 복음서 저자의 핵심 주장과 관련된 본문에 집중할 수 있다. 그러나 마가복음을 설교한다고 해서 마가가 예수님의 이야기를 다룬 독특한 편집 방식을 강조하기 위해 "마가의 예수님이 오늘 우리에게 말한다"라는 식의 신학생 특유의 표현을 쓸 필요는 없다.

수사비평은 "저자가 본문을 통해 무엇을 행하려 하는가"라는 중요한 질문을 던진다.

바울은 여기서 왜 이런 방식으로 주장할까?

이에 대한 답은 바울과 당시 다른 저자들과의 비교를 통해 그 단서를 얻을 수 있다. 그뿐만 아니라 수사비평을 통해 설교는 본문의 수사적 기능을 차용함으로써 더 많은 것을 말할 수 있게 된다.

그렇다면 어떤 식으로 수사비평이 설교를 도울 수 있는가?

로마서 6장의 바울의 비난적 표현 방식 때문에 설교도 그와 비슷한 수사 방식을 따라야 할까?

그럴 수도 있다.

사회과학비평은 적어도 두 가지 차원에서 설교에 도움을 준다. 본문의 고대 원시 공동체에 대한 구체적 기술은 오늘 우리 공동체에 대한 자세한 묘사를 가능하게 하는 하나의 렌즈가 될 수 있다. 본문의 배후 맥락에 대한 신중한 관찰은 오늘 회중의 배후 삶을 볼 수 있는 영감을 준다. 설교는 통찰의 깊이에 따라 깊어진다. 또한, 인류학이나 사회적 행동 모델을 가져오는 성경 연구는 각 문화 간의 상호 관련성을 전제한다.

현대의 사회적 행동에 관한 연구는 요한 공동체의 사회적 실천 행동을 해석하는 렌즈를 제공하며 요한의 본문들은 설교자가 그의 교회의 실천을 관찰하도록 돕는다. 그러나 그러한 사회학적 모델들의 활용은 현대인의 사회적 불안과 고린도 교인들 불안을 연결 지으려는 과도한 확신에 의존해 있기도 하다. 이런 경우 설교는 그런 위험을 주의해야 한다.

영향사는 오랫동안 이어져 온 설교와 그의 회중 간 대화할 수 있게 한다. 본문의 의미는 부분적으로 그 본문이 1세기부터 21세기에 이르기까지 수 세기 동안 해석되어 온 의미이다. 오늘 우리의 해석은 마르틴 루터와 마틴 루터 킹 주니어의 해석을 알고 있을 때 더욱 풍성해진다. 오늘 회중의 말씀에 대한 이해는 기독교의 이야기가 단순히 예수님에게서 오늘 우리로 한걸음에 전해진 것이 아니고 그 중간을 연결하는 여러 증언이 있었음을 알게 될 때 더욱 깊어진다.

신중한 역사비평의 여러 다양한 방법은 우리의 가설을 확인하고 우리의 자의적 상상력을 제어하는 데 유용하다. 좋은 설교는 시작부터 주석서를 사용하지 않는다. 신중한 설교자는 자신의 통찰이 전문가들의 관점과 얼마나 배치되는지를 확인하려 할 것이다. 그들은 서로의 관점이 다를 수 있다. 설교자는 주석가들의 모든 입장에 동의하지 못할 수도 있다. 그렇다 해도 설교자의 해석이 그 장구하고 깊은 주석의 역사에서 지지를 받지 못한다면, 그것은 그가 특출난 천재이거나, 아니면 설교자의 상상력이 너무 과하다는 표지가 될 수 있다.

마지막으로, 역사비평은 두 번째 명령에 순종하도록 돕는 기초적 자원이다. 우리가 자신을 사랑하듯 이웃을 사랑해야 한다는 의무는 지리적 이웃뿐만 아니라 역사적 이웃에 대한 사랑으로 확대되도록 한다. 우리는 그 사랑을 바울에게서 배운다. 비록 바울이 말한 바를 오늘 새로운 상황에서 똑같이 말하고 싶어 하지 않거나, 그럴 필요를 못 느낀다고 하더라도, 우리는 바울이 깨달은 것을 알고자 애쓴다. 물론, 우리는 바울을 정확히 이해할 수 없다. 그렇지만 우리가 부단히 알고자 하고, 종국에 깨달을 수 있는 것은 그것이 바로 바울의 수고였기 때문이다.

5. 설교와 역사비평의 약점

마크 더글러스(Mark Douglas) 교수는 역사비평을 메사돈(진통제 일종-역주)과 같다고 했다. 역사비평은 본문을 왜곡하는 방식의 읽기에 중독된 설교자를 깨우는 데 탁월한 효능이 있었음을 증명했다. 그러나 이후 역사비평은 그 자신에게 스스로 중독증에 빠졌고, 거기에 설교자가 낡여 버린 상황이 된 듯하다.

첫째, 설교의 토대로서 역사비평이 가진 취약점을 드러낸다. 역사비평의 규범적 위치는 과히 막강하다. 그것은 설교자를 다른 방법들, 곧 동일하게 풍성한 해석들을 제공할 수 있는 문학적, 해방주의적, 은유적 읽기로부터 격리할 수 있다. 게다가 역사에 관한 관심은 성경이 하나님을 암시하는 다른 방식들, 곧 시, 은유, 지혜, 토라에 대한 우리의 관심을 빼앗을 수 있다.

둘째, 역사비평이 설교에 대해 갖는 한계는 역사비평이 설교에 매우 적실한 신학적, 실존적, 사회적 관심사들을 간과하거나 오해할 수 있는 여지가 있는 점이다. 해리 애머슨 포스딕(Harry Emerson Fosdick)이 예루살렘 토착민들에게 실제로 일어난 일은 오늘 자신의 대부분 회중에 "절박한 것이 아니었다"고 언급한 것은 유명하다(Croker 1971, 30). 그러나 한편으로 그것은 방법론이기보다는 관점의 문제이다.

갈라디아 사람들을 제외하고 그들에게 관심을 두는 회중은 거의 없다. 그러나 갈라디아 교회의 이야기가 우리로 오늘날의 수고와 문화적 불안에 관한 이슈를 생각하게 한다면, 갈라디아 사람들의 이야기는 우리에게도 적합하고 흥미로운 관심사가 된다.

셋째, 역사비평적 자료들을 소개하는 가장 일반적인 방법이 너무 현학적이라는 데 있다. 주석서를 파고든 후에, 설교자는 마치 그들처럼 설명을 늘어놓는다. 또는 설교에서 역사비평적 주석을 사용하는 유일한 길은 시작부터 삼킬 수 없는 딱딱한 내용으로 시작하는 것으로 생각한다. "자, 이제 바울이 고린도 교회에 대해서 가졌던 모든 문제를 살펴봅시다. 그리고 이어서 짧게나마 당시 고대 도시의 문화적,

경제적 특징들에 대해서 잠간 언급하겠습니다."

넷째, 역사비평의 약점은 역사비평적 질문들에 제기하는 설교는 항상 수정에 열려 있다는 점이다. 20세기 중엽에 신학교에서 역사비평 주석서를 공부한 설교자는 요한복음을 복음서들 가운데 가장 '헬라적'인 복음서라고 소개해야 했다. 그러나 지금은 그것이 가장 '유대적'인 복음서라고 설교해야만 한다. 그리고 설교자의 겸손은 미덕으로 보인다. "요한의 교회가 회당과 갈등을 겪었던 것 같습니다"라고 말하는 것이 "요한의 교회가 회당과 불화를 겪었다는 것은 의심할 바 없는 사실입니다"라고 말하는 것보다 좋게 들린다. 이것이 역사비평이 설교에 주는 매력이라고 말할 수도 있다. 새롭게 발굴되는 본문의 역사적 증거들은 설교자에게 또다시 새로운 해석을 요구한다. 하나님은 동일한 하나님이시고, 예수님 역시 동일한 주님이시다. 그러나 설교자는 로마서를 그가 1965년에 읽었던 방식과 다르게 읽고 있다.

역사적 가설에 대한 수정안은 오늘의 설교에 유용해서 본문의 이해를 돕는 필요한 배경을 알려 주고 설교자의 과도한 주관적 추측을 교정해 준다. 그러나 그것은 우리가 설교하는 중심 내용이 본문 후의 역사적 정보들이 아님을 상기시킨다. 설교는 본문과 그 본문이 증언하는 하나님에 대해 말하는 것이다. 역사 평가들이 로마서에 대한 연구 결과를 바꿀 때마다, 또는 난해하기 짝이 없는 역사적 예수에 관한 새로운 탐구들이 우리의 기독론에 수정을 가할 때마다 설교자는 하나님에 대한 신실한 초점을 잃어서는 안 된다.

우리가 성경 본문을 더 많이 읽고, 더 자주 설교할수록 바울이 실제로 의도한 바가 무엇이고, 또는 '진짜' 예수님이 누구신지는 우리의 설교에서 점점 겸손해진다. 왜냐하면, 그것이 곧 하나님이 실제로 누구시고 그리스도께서 흔들리고 약한 우리의 삶에서 무엇을 행하시는지에 대한 우리의 주장이 아니기 때문이다. 종교개혁자들에게 오직 성경(sola scriptura) 그리고 오직 은혜(sola gratia)는 동일한 것에 대한 다른 두 가지 표현이었다. 그 가운데 오직 역사(sola historia)는 결코 그들의 선택지가 아니었다.

6. 설교를 위한 역사비평 활용 지침

첫째, 진실로 좋은 믿음에 관한 문제이다. 설교자는 우리가 역사비평에 의존하고 있음을 인정해야 한다. 설교자가 본문을 해석함에서 인간적 방법을 따르지 않고 순결한 하나님의 말씀만을 전달한다는 것은 가식이다. 재차 강조할 필요는 없지만, 우리가 설교할 때마다 우리의 설교는 전반적으로 성령만을 의존하지 않고 (지성적) 성도들과의 교통에 의존해 있다는 것은 분명하다.

둘째, 설교자는 본문을 연구하는 과정에서 설교를 위해 다뤄야 하는 것들과 그것들 가운데 설교문에 가지고 들어갈 것을 구분해야 한다. 다음의 예시 설교에서 설교자는 루돌프 불트만(Rudolf Bultmann)의 요한에 관한 연구를 루이스 마르틴(J. Louis Martin)이 어떻게 가지고 갔는지를 어느 정도 알 수 있다. 마틴이 재구성한 일부 세부적인 부분들에 대해 제기된 일부 반대 관점이 상당히 설득할 만큼 명확하지만, 그것은 회중에게 필요하거나 그들이 듣고 싶어 하는 내용이 아닐 수 있다.

설교자는 핵심 주장을 희생시키지 않기 위해 역사적 세부 정보들을 어느 정도까지 포함해야 하는지를 판단해야 한다. 한마디로, 핵심은 지식의 나열이 아닌 본문이 증언하는 복음이다(Bultmann 1971; Martyn 2003 비교).

이와 밀접한 문제로서, 설교의 핵심을 다룸에 있어 본문의 그리스어나 히브리어 원어들을 얼마나 인용해야 하는가의 문제는 해당 원어가 핵심 메시지를 설명하는 데 얼마나 절대적이고 필수적인지에 달렸다. 이러한 가정적 상황에 대한 대답은 '자주' 가능하다기보다는 '전혀' 아니다에 가까울 수 있다. 샬롬(Shalom)을 설교하는 가장 좋은 방법은 극단적인 예일 수 있지만, "샬롬"이라고 말하는 것일 수도 있다.

셋째, 어떤 본문에 대한 설교는 불가피하게 역사비평적 해설이 필요하지만, 그렇지 않은 본문에 대한 설교에서는 그런 설명을 각주 아래로만 내려놓아도 좋다. 할례에 대한 논쟁을 소개하지 않고서는 갈라디아서에 대해 유익하고 좋은 설교를 할 수 없다. 그러나 다섯 달란트, 두 달란트, 한 달란트의 실제 금전적 가치(물가상승을 적용한)에 대한 상세한 설명을 주지 않고서도 달란트 본문에 대한 설교를 훌륭히 할 수 있다.

본문이 역사서(사무엘상, 하)라면, 설교는 경험상 역사적 주장에 주의를 기울여야 한다는 게 일반적 상식이다. 본문이 목자에 관한 시이고 그 저자가 다윗왕으로 되어 있다고 해서, 설교가 골리앗을 향해 물매를 던진 양치기 소년의 이야기를 해야만 하는 것은 아니다.

넷째, 역사비평의 가장 큰 장점은 설교의 점검 과정에서 설교의 왜곡을 방지해 준다는 데 있다. 주석서의 사용 시점은 설교를 준비하는 시작보다는 마무리하는 후반에 더 유용하다.

"그 단어가 진실로 내가 찾은 뜻과 같은 의미일 수 있는가?"

"여기서 이사야가 말한 왕은 누구인가?"

이러한 질문을 다루기 위한 가장 좋은 설교 준비 방법은 역사비평적 연구를 토요일에 여섯 권의 주석서를 펼쳐 급하게 들여다보는 것보다 주중에 일정 시간을 두고 주요한 부분들에 관한 연구를 하는 것이다. 설교자가 여름 휴가나 안식년을 보낸다면, 이사야서나 요한복음에 대한 역사비평적 자료들을 읽는 것도 도움이 된다. 그렇게 되면 해당 본문을 읽기 전에 그에 관한 많은 역사비평적 읽기가 완료된다.

다섯째, 설교자가 본문을 설정하거나 제시하기 전, 회중의 본문에 대한 정경적이고 역사적인 맥락의 이해를 돕기 위해 몇 구절을 미리 택하여 소개하는 것도 하나의 방법일 수 있다. 그럴 때 설교에서 그 모든 것들을 다뤄야 하는 부담을 줄일 수 있다. 그래서 주일 예배 시간이 아닌 주중 시간에 정규적으로 성경 공부를 하는 것은 매우 좋은 선택이다.

여섯째, 본문 배후의 역사적 정보를 소개하는 약간의 흥미로운 방법이 있다. 설교는 구술 행위로서 내러티브에 의존함을 염두에 둘 필요가 있다.

그래서 설교자는 갈라디아서에 대한 설교를 어떻게 시작하는 것이 회중의 관심을 더 끌지 생각하면서 다음과 같이 할 수 있다.

바울의 서신은 대부분 교회를 위한 기도와 감사로 시작합니다. 그러나 오늘 갈라디아서는 찬양이 아니라 놀라움으로 시작합니다.

바울은 지금 갈라디아 교회의 일을 들었습니다. 그런데 그는 잔뜩 화가 난 듯합니다.

대부분 설교가 지루하고 진부한 본문 해설에서 갑자기 강한 적용으로 이동한다. 역사, 심지어 성경적 역사, 특히 성경 안의 역사도 생생하게 살아 있는 역사가 될 수 있다.

7. 역사비평적 관점에 본 설교 모델

다음은 1998년 4월 10일, 예일대학교의 바텔채플에서 드려진 성 금요일 예배의 한 설교입니다.

주목하십시오. 요한복음에서 성 금요일은 비극적인 날이 아닙니다. 그날은 승리의 날입니다.
마가복음과 마태복음에서 예수님은 자신이 버림받은 일로 인해 처절하게 우셨습니다 "나의 하나님, 나의 하나님, 어찌하여 나를 버리셨나이까?"
그러나 요한복음에서 예수님은 승리의 울음을 우셨습니다.

"다 이루었다."
그것은 "내가 이겼다"라는 뜻입니다.
비록 매우 짧은 외마디 말이지만, 그것은 승리의 외침입니다.
다른 복음서들에서, 지치신 예수님은 구레네 시몬에게 자신의 십자가를 언덕까지 맡기셨습니다. 그러나 요한복음에서 예수님은 단호히 십자가를 스스로 지고 가셨습니다. 갈보리로 올라가시면서 자신이 행하기로 의도한 시간에, 자신이 원하던 대로 일을 행하셨습니다.
"다 이루었다."
루이스 마르틴(J. Louis Martin)은 요한복음에 관해 많은 글을 썼습니다. 그는 예수님이 베다니에서 갈보리 언덕 꼭대기까지 가시면서 왜 체념이나 의심의 한 조각조차도 가지지 않으셨는지를 알게 해 줍니다.
요한복음이 기록될 당시 요한공동체의 회당에서는 논쟁이 크게 일었습니다. 수년간 예수님이 하나님의 아들이시라고 믿은 유대인들과 반대로 그분을 의심한 유대인들은 따로 각기 예배를 드렸습니다. 그들은 결국 한 분 하나님을 예배했고, 많은 시간 같은 이야기를 나누었고, 그들은 서로에게 이모였고 삼촌이었습니다.
그러다 어떤 위기가 찾아왔습니다. 회당의 지도자들은 결국 예수님을 따르는 무리가 선량한 유대인들이 아니라고 결론지었습니다. 그들은 그리스도인으로 공개적으로 알려진 자들이었습니다. 그러나 그들은 회당에서 쫓겨나게 되었습니다.
이 이야기는 요한복음의 유대인들에 관한 표현들이 왜 그리 사나운지를 알게 해 줍니다. 그것은 한 유대인 그룹과 또 다른 유대인 그룹 사이에 발생한, 일종의 한 가정 내의 불화였습니다. 여러분은 가정 내 불화가 어떤지를 압니다. 언사는 흥분되고, 자비는 사라집니다.

이 회당의 불화 이야기는 요한이 예수님의 십자가 이야기를 왜 그렇게 하는지를 알게 합니다. 예수님은 모든 선량한 사람을 대표합니다. 하나님은 예수님을 용기 있게 고백하고 따르는 이들이 선량한 사람이라고 하셨습니다. 예수님은 또한 어떤 것이 용기인지를 보여 주는 표지입니다.

여러분은 그리스도인이 되기 위해 아끼던 것 모든 것을 포기할 수 있을 것입니다(예수님이 그분의 모든 생명을 내려놓으셔야 했던 것처럼). 그러나 놀라운 것은 이것입니다. 여러분이 모든 것을 포기하려 할 때, 그때 여러분은 또한 모든 것, 곧 삶의 방향, 소망, 위로, 확신을 얻게 된다는 것입니다. 그것이 진실로 참된 생명입니다.

예수님을 보십시오. 그는 모든 것을 잃었습니다. 그러나 그는 모든 것을 얻었습니다. 십자가, 그것은 패배로 보입니다. 그러나 십자가는 진실로 승리였습니다.

"다 이루었다."

그분이 외치셨습니다.

"내가 승리했다"(Bartlett 2003, 124-25).

암묵적으로 이 설교는 자료비평의 가설에 토대한다. 요한복음의 저자는 마가복음에서 명확하게 소개되는 예수님의 십자가 전승을 알았고 그것을 '수정'했다. 또한, 위 설교의 배후에는 꽤 많은 부분 요한공동체의 사회적 맥락에 관한 연구가 있다.

당시 요한공동체는 하나의 분파로서 그들은 자신들의 정체성을 이웃한 유대인들의 그것과 대조시켰다. 좀 더 특이한 전개는 설교가 특정한 학자의 연구와 그가 재구성한 요한복음의 역사적 상황을 인용하여 소개하고 있다는 점이다. 이것은 부분적으로 마틴의 연구가 요한 연구에 있어 패러다임 전환을 불러온 중심이면서 또한 회중의 대부분이 마틴을 그들의 친구와 이웃으로 알고 있기 때문이다.

요한복음의 기원에 관한 가설은 설교에서 적어도 두 가지로 기능한다.

첫째, 복음서가 드러내는 반유대적 부분들에 대한 문제를 설교가 해소할 수 있도록 돕는다.

둘째, 설교가 주장하는 신학에 대한 사회적 맥락을 알려 준다. 곧 하나님은 골고다에서 모든 것을 묻고, 모든 것을 주신다. 설교의 나머지 부분은 그러한 사회적 맥락을 사용하여 니고데모의 이야기나 사마리아 여인, 십자가 아래의 예수님의 어머니와 그분의 제자에 관한 이야기를 그리스도를 위해 잃거나 얻을 수 있는 투쟁과 가능성에 대한 규범으로 제시한다.

설교자는 역사비평이 본문 이면의 세계만 아니라 본문 자체와 본문을 통한 회중의 삶을 조명해 주기를 바란다. 그리고 신중하지만, 사용하기 쉽고 너무 전문적이지 않은 용어들로 실행되기를 원한다. 비록 삶의 예화들이 오늘의 상황에서 함축적으로 언급되지만, 요한복음의 내러티브는 설교가 취할 수 있는 서사적 움직임을 이미 가지고 있다.

참고 주제 주해; 해석학; 철학적 해석학

참고 문헌 David L. Bartlett. *Between the Bible and the Church*: *New Methods for Biblical Preaching*. (1999); David L. Bartlett. *What's Good About This News?*[2003]; Rudolf Bultmann. *The Gospel of John*. Translated by G. R. Beasley-Murray. (1971); Lionel Crocker, ed. *Harry Emerson Fosdick's Art of Preaching*. (1971); Werner Georg Kummel. *The New Testament*: *The History of the Investigation of Its Problems*. Translated by S. McLean Gilmour and Howard Clark Kee. (1972); Ulrich Luz. "Hermeneutics of 'Effective History' and the Church." *Studies in Matthew. Translated by Rosemary Selle*. (2005) 349-69; J. Louis Martyn. *History and Theology in the Fourth Gospel*. 3rd ed. (2003); Donald K. McKim, ed. *Historical Handbook of Major Biblical Interpreters*. (1998); Albert Schweitzer, *The Quest of the Historical Jesus*. (1910); Krister Stendahl. "Biblical Theology, Contemporary." *IDB*. Vol. 1. (1962) 419 32; Julius Wellhausen. *Prolegomena to the History of Israel*. (1878); Paul Scott Wilson. *God Sense*: *Reading the Bible for Preaching*. (2001).

해석(Interpretation)
참고 주제 해석학(Hermeneutics)

해방비평(Liberation Criticism)
파블로 지메네즈(Pablo A. Jiménez)

20세기 후반에는 전통적 역사비평의 한계를 극복하려는 다양한 성경 해석이 등장했다. 그 가운데 하나가 해방비평이다. 해방비평은 성경에 대한 역사적, 문학적, 이데올로기적 분석들에 대한 묶음과 같다. 이 방법의 목적은 성경을 사람들, 특히 억압받는 사람들을 위한 책으로 읽고 연대와 자유, 해방의 메시지를 강조하는 데 있다.

1. 라틴아메리카의 뿌리

오늘날 사회의 각기 상이한 소수 단체와 관련된 학자들이 사용하는 해방비평은 본래 라틴아메리카에서 등장했다. 1960년대 남미의 몇몇 신학자는 새로운 신학 운동을 전개했다. 그것은 가난한 자들을 억압하는 이데올로기 권력의 정체를 밝히고 고통당하는 사람들과 함께하는 하나님의 해방을 선포하려는 운동이었다. 이 운동은 해방신학으로도 불렸다(Gutiérrez 1973).

라틴아메리카 해방신학의 중심에는 처음부터 성경이 있었다. 한때 성경은 아메리카 대륙의 정복을 위한 억압적 도구였다. 서구 기독교 세계는 전체적으로 성경을 식민지 개척을 합법화하는 도구로 사용했다. 그러한 상황이 남미 교회들이 성경을 새롭게 읽도록 만들었다. 그리고 그 가운데 억압받는 사람들은 성경에서 반헤게모니, 즉 해방의 메시지를 찾았다. 그렇게 성경을 새롭게 만나면서 성경은 해방 운동을 위한 신실한 아군이 되었다.

2. 라틴아메리카의 해석학적 순환

후안 루이스 세군도(Juan Luis Segundo)는 해방비평에 결정적으로 기여했는데 그는 라틴아메리카의 해석학적 순환이라는 것을 발전시킨 인물이다. 그것은 삶의 현실에 대한 비평적 해석을 해방적 메시지를 염두에 두면서 성경 본문에 대한 재해석과 연결 짓는 경험적 기술을 가리킨다(Miguez 2003). 불트만과 가다머, 리쾨르, 그 밖의 다른 이들의 공헌에 기반해, 해석학적 순환은 본문과 해석자 간의 지평 융합을 통해 이해를 확장해 감으로 해석자의 세계를 성경 본문이 제시하는 세계와 연결한다.

세군도는 순환에 관한 해석학의 네 가지 발전 과정을 소개했다.

첫째, 사회적 분석이다. 해석자는 자신이 현실의 삶을 해석하는 방식을 알고 있다. 이 단계는 사회적 분석을 해야 하는데 그들은 경제적이고 이데올리기적 연구를 위해 마르크스주의적 분석을 선호한다.

둘째, 비평적 분석이다. 해석자는 억압적 사회 구조를 정당화하는 이데올로기의 상층 구조를 비판한다. 경제 구조는 시민들에 대한 권력을 유지, 합법, 장악하기 위해 이데올로기의 상층부를 강화한다. 이 '상층 구조'라는 말은 안토니오 그람씨(Antonio Gramsci)에 의해 개발된 마르크스주의의 특정 개념에서 유래했다.

셋째, 의심의 해석학(hermeneutic of suspicion)이다. 의심의 해석학은 전통적 해석이 성경의 해방 메시지를 왜곡하고 탄압을 합법화하는 사회적 담론을 대변해 왔음을 인식하는 해석학이다. 일반적으로 의심의 해석자는 전통적 성경 해석이 중요한 정보와 사실들을 다루지 않았다고 결론지었다.

넷째, 새로운 해석학(new hermeneutic)이다. 새로운 해석학은 성경 본문을 새롭게 접근하는 방법으로 성경에 대한 전유로 끌어 줌으로 해석자나 독자를 자유케 하는 해석학이다(Segundo 1976, 7-38).

해방비평은 성경 해석에 영향을 미치는 해석자의 선입견과 전제를 인정한다. 해석 과정에서 객관적 접근은 없다. 모든 해석은 해석자의 민족성, 인종, 사회적 지위, 종교, 성별 등의 특성에 따라 결정된다. 그러므로 해방비평가들은 대개 억압받는 특정 집단과 관련되어 있고 억압받는 자들을 위한 해방의 메시지를 찾기 위해 성경을 읽는다.

마르크스주의 분석은 실제에 있어 논쟁의 여지가 있지만, 해방비평은 그것을 사회 구조를 이해하는 데 유용한 도구로 본다. 이 신학 분석을 사용하는 이들은 그간 전통 신학이 시민들을 향해 권력을 행사하는 지배 계급의 이익과 가치를 옹호해 왔다고 지적한다. 해방비평의 사회 분석은 자유주의적 자본주의에 대응하는 유형의 분석이다. 전통적 성경 해석가들의 문제는 그들 자신이 짊어진 정치적 책임을 잊고 있다는 데 있다.

그 같은 성경 해석자들은 자신들이 현실에 중립적이거나 반정치적이라 주장하지만, 해방비평은 그들의 주장에 대해 그들이 기만당하고 있거나 그들 스스로가 위선자이기 때문이라고 믿는다. 성경의 모든 해석은 정치적일 수밖에 없다. 이는 그것이 사회에서 권력이 행사되는 특정한 방식들을 성찰하기 때문이다. 또한, 모든 성경 해석은 입장에 있어 당파적이다. 왜냐하면, 해석자는 특정한 사회와 정치 현실에 갇혀 있기 때문이다.

해석학적 순환은 끊임없이 열려 있고 발전한다. 그 때문에 일부 신학자들은 순환보다는 '해석학적 나선'(hermeneutical spiral)이라는 용어를 선호한다. 이는 성경 해석이 결코 본문에 대한 완전한 의미에 도달하거나 이해할 수 없기 때문이다. 성경 본문은 '의미의 보관소'(reserve of meaning) 같아서 다른 다양한 역사적, 사회적, 문화적 환경하에서 새로운 메시지를 생성해 낸다.

3. 보고, 생각하고, 행동하라

해방비평의 또 다른 모델은 해석자를 세 단계에 참여하도록 한다(Boff and Boff 1987, 11-21).

첫째 단계는 현실 상황을 관찰하고 분석하는 단계이다. 해석자는 재차 사회적 분석을 위한 도구로 먼저 마르크스주의 분석 방법을 사용한다.

둘째 단계는 첫째 단계를 통해 파악된 현실에 대한 성경적, 신학적 성찰이다. 해석자는 사회적 현실을 분석하면서 각 지역사회를 억압하는 사회적 문제들을 극복하는 전략을 개발하게 된다.

셋째 단계는 억압당하는 자들을 위한 구체적 행동을 실행하고 수행하는 단계이다. 실제적 조처를 한 후 관찰과 성찰의 과정이 다시 이어진다.

보고-생각하고-행동하는 모델은 "행동/성찰 방법"으로도 불린다. 이는 교회가 특정한 신앙적 행동을 발전시키고 그것에 대해 신학적 성찰을 갖도록 한다. 이러한 해석학적 순환은 끊임없이 열려 있고 계속해서 진화하는 과정이다.

라틴아메리카의 해방신학은 '실천'(practice)이라는 용어보다 '성찰적 실천'(praxis)이라는 말을 선호한다. 그 둘은 동의어가 아니다. 어떤 행동이든 실천(practice)일 수 있지만, 성찰적 실천(praxis)은 정치적으로 깨어 있는 행동을 뜻한다. 성찰적 실천에 응하는 목회자들은 억압적 현실을 바꾸고 이데올로기적 상층 구조를 폭로하고 폭로하려는 의도를 가진 자들이다. 그런 실천은 억압받는 자들의 공동체를 향한 헌신, 곧 사회적, 경제적, 정치적 변화를 향한 싸움에의 헌신이 필요하다.

이러한 관점에서 예수님의 실천을 논하는 것은 옳지 않다. 그분은 가난한 자들을 위해 헌신하셨지만, 권력을 지지하고 억압을 정당화하는 이데올로기의 상부 구조를 비판하고 폭로하는 데 필요한 오늘날의 사회 분석 도구들을 가지고 있지 않으셨다.

4. 해석학적 묵상

해방신학은 하나님이 세상에서 가난하고 억압받는 자들의 편에 서 계신다고 본다. 나사렛 예수의 삶과 죽음, 부활은 가난한 이들을 위한 하나님의 우선적 선택에 대한 예이다. 그러므로 성경의 메시지를 온전히 이해하기 위해서 해석자는 억압받는 이들의 공동체에 속하거나 그들과 연대해야 한다. 억압받는 자들과의 연대는 성경이 제시하는 해방의 메시지로 안내해 준다.

이런 측면에서 해방비평은 가난하고 억압받는 사람들의 관점으로 성경을 해석한다(Richard 1988a, 113-33; Tamez 1982, 57-74). 물론, 이것만이 성경의 유일한 해석의 길이 아니지만, 해방비평은 그것을 우선시한다. 해방비평의 목표는 전체 세상, 특별히 한 사회를 위한 하나님의 해방 역사에 참여함에 있다. 이런 차원에서 해방의 메시지에 대한 적용이 그것에 대한 해설보다 더 중요하다. 억압당하는 공동체는 성경에서 자신의 싸움을 이어 갈 힘을 얻는다. 그 때문에 해방비평은 "삶 속에서" 성경을 읽고, "성경 속에서" 삶을 읽는다(Mesters 1984, 89-93).

해방신학은 또한 성경의 메시지가 가진 강력한 힘을 믿는다. 성경은 개인과 사회의 변화를 돕는다. 그러한 변화가 개인적 차원에서 발생할 때, 그것을 회심이라고 한다. 그러나 사회 전체의 변화는 혁명이다. 여기서 해방신학은 기독교 신앙의 메시아적이며 종말론적인 성격을 확증해 준다.

이러한 성경 해석은 기독교의 이야기를 가난한 자들의 이야기와 연결 짓는다. 특별, 성경은 로마제국의 칼에 의한 나사렛 예수의 죽음이 불러온 정치적 측면을 드러낸다. 이러한 이유로 해방신학은 정의를 위해 패권 세력과 식민화 권력에 맞서 싸우다 순교한 오늘의 순교자들을 기념한다.

일반적으로 해방비평은 성경을 생명, 자유, 자결을 위한 싸움의 협력자로 본다. 어떤 학자들은 성경 전체가 해방적 메시지라고 확신하는 반면, 다른 이들은 정경 (내) 정경의 접근 방식을 사용한다. 후자의 해석 방법은 성경 내의 여러 의미 층을 구별해 내는 방법으로, 그들은 성경에서 가난하고 억압당하는 자들을 향한 하나님의 특별한 선택을 확실히 말하는 본문들을 설명하면서 성경 내 제국적이고 심지어 특정 성적 취향을 풍기는 본문들을 해체할 수 있다.

해방비평은 성경의 다섯 가지 전통을 연구하는 데 도움이 된다.

첫째, 출애굽기다. 출애굽기는 억압으로부터의 해방 이야기를 담고 있어서 해방비평에 중요한 시사점을 제공한다.

둘째, 예언자들이다. 그들의 억압자들을 향한 저항의 태도는 자유를 찾는 자들을 독려하고 담대하게 한다.

셋째, 복음서는 예수가 반제국주의적 가르침으로 제국의 군대에 살해된 모든 사건을 이야기한다.

넷째, 사도행전은 새로운 평등과 자유의 신앙공동체를 만들어 가는 노정을 들려준다.

다섯째, 요한계시록은 새로운 정의 질서 구현에 헌신하고 박해받은 자들의 싸움을 시적 언어로 묘사한다.

5. 상관 관계

해방비평에서 자주 간과되는 차원이 있다. 그것은 오늘의 억압받는 공동체의 사회적 위치와 성경의 사회적 위치 간의 "상관 관계"(correspondence of relationships)를 정립하는 일이다. 이러한 방법은 성경이 당시 사회적 상황과 가진 관계와 오늘 기독교공동체가 그들의 사회와 가진 관계 사이의 형식적 유비를 이끌어 낸다(Segovia 1992, 45-46).

클로도비스 보프(Clodovis Boff)는 "상관 관계" 모델이 전통적 역사비평에서 사용하는 "용어 상응"(correspondence of terms, "유비 해석학"이라고도 함) 모델보다 더 넓고 깊다고 설명한다. 후자는 성경적 개념과 내러티브의 의미, 심지어는 언어적 상관 관계들에 기초한 역사적 사건의 의미를 세우려 한다. 그리고 어떤 결론에 도달하면 이 모델은 기독교공동체가 그러한 발견을 적용하도록 요구한다(1980, 275).

비유 해석학의 좋은 예는 예수님이 평화주의자이신지 열심당원이신지를 판단하려는 연구들이다. 일부 해석자는 예수님이 열심당원이셨음을 증명하려고 애쓰는 반면, 다른 이들은 그분을 평화주의자로 증명하려고 노력한다. 그러나 그것이 뜻하는 것은 분명하다. 예수님이 열심당원이셨다면 기독교인들의 해방 운동 참여 역시 당연해진다. 그러나 그분이 스스로 자인한 평화주의자라면 그런 혁명적 기독교는 불법이 된다.

그 부분에서 상관 관계 모델은 성경의 다양한 용어 사이에 존재하는 유사한 관계들 간의 상관 관계를 확립하려 한다. 그러한 상관 관계는 본문의 단어들 간 관계나, 우리들과 닮아 있는 성경의 서사들에서 기술되는 경험들 간의 상관성도 아니다. 그것은 성경 본문을 떠받치면서 그 본문을 형성한 사회적 관계들과 오늘 우리의 경험을 지탱하고 형성하는 사회적 관계들 간의 상관성이다.

용어의 상관성과 달리, 상관 관계 모델은 똑같은 원리나 실행할 기술을 제공하지 않는다. 성경에의 접근 방식은 훨씬 더 복잡한데, 이 모델은 방향, 모델, 유형, 지침 및 영감을 제공한다. 이러한 해석의 목적은 우리의 현실과 미래 가능성을 해석하는 도구들을 제공하는 것이고, 설교자가 해석학적 순환을 따라 움직이는 데 도움이 될 기준의 일부분을 제공하는 데 있다.

앞서 제시된 예로 돌아가, 해방비평은 예수님이 오늘의 관점으로 혁명가가 아니셨음을 인정한다. 그러나 예수님의 가르침은 실제적으로 반패권적이었다. 그렇기에 유대 점령군이 마침내 그분을 살해한 것이다. 예수님은 혁명가나 열심당원은 아니셨지만 로마의 제국적 패권에 반대하셨다. 그분의 그러한 모범은 교회가 지금 여기에서 반패권적 실천에 참여하도록 요청한다.

6. 주요 인물

한스 드 윗(Hans de Wit)은 해방비평에 지대한 공헌을 남긴 남미의 성경학자 세 명을 소개한다(2002).

첫째, 호세 세브리노 크로아토(José Severino Croatto)는 해방비평을 유럽 해석학과 문학 이론을 통합했다.

둘째, 카를로스 메스터스(Carlos Mesters)의 글은 라틴아메리카를 기반한 공동체에서 성경이 어떻게 읽혀지는지에 대한 예를 보여 준다.

셋째, 파블로 리처드(Pablo Richard)(1988a; 1988b)는 라틴아메리카의 해석학 이론을 체계화하여 그 신학적 중요성을 강조했다.

해방비평(Liberation Criticism)

해방비평은 라틴아메리카에서 시작되었지만, 다양한 종류의 억압받는 공동체는 그 해석학적 방법을 채택하고 적용하여 자신들만의 방법론을 발전시켰다. 특히, 해방비평은 여전히 식민지 유산에 의존하는 개발도상국 교회들의 신학자와 해석학자들, 그리고 인종-민족공동체들이 여전히 억압과 인종 차별, 불평등에 직면해 있는 선진국의 비주류 인종공동체의 신학자와 해석학자들로부터 관심을 받고 있다(아프리카계 미국인 성경 해석;페미니스트비평; 성별, 인종, 민족 참고).

7. 해방비평과 설교

설교 연구에 대한 이러한 영향성은 분명하다. 예를 들어, 남미 계열의 신학은 미국에 있는 라틴계 사람들의 목회적 요구에 응답한다. 라틴아메리카 신학에 영감을 받은 남미쪽 성경학자들은 그들만의 해석학을 발전시켰다(Gonzalez and Jimenez 2004; Jimenez 1997). 그들의 해석학은 네 가지 단계로 구성된다.

첫째, 그들은 자신들의 출발점을 변두리로 인식하는데, 북미의 라틴계 사람들의 사회적 위치를 고찰한다. 그들이 당하는 소외, 억압, 차별의 경험은 그들로 자유케 하는 성경의 능력으로 이끄는 시작점이다. 그들이 처한 특수한 사회적 위치는 그들로 성경과의 자유로운 대화를 가능하게 하는데, 그들은 성경을 읽을 때, 소외당하고 억압받는 자들이 쓴 메시지를 민감하게 포착한다. 그래서 그러한 경험은 라틴계 남성과 여성 독자들에게 성경의 주요 메시지에 대한 고유한 접근 방식을 준다.

둘째, 접촉 지점을 찾는다. 위의 간략한 사회 분석에 이어, 설교자는 성경을 읽으면서 자신들의 사회적 경험과 성경 내러티브 사이에 존재하는 다양한 접촉점을 찾는다.

셋째, 상호 간 사회적 위치를 연결한다. 그러한 접점을 찾은 후 그들의 해석학은 라틴계 공동체의 사회적 위치와 성경의 사회적 위치를 비교한다.

후스토 곤잘레스(Justo Gonzalez)는 그의 설교(수 4:1-7)에서 이 방법론의 단적인 예를 보여 준다. 길갈에서의 이스라엘에 대한 이야기를 주해하면서 그는 이스라엘 '이민자들'의 도착을 염탐하는 가나안 '정탐꾼'의 반응을 다루었다.

> 저는 여리고에서 온 정탐꾼이 그의 도시로 달려가는 모습을 상상해 봅니다. 저들은 우리보다 훨씬 작습니다. 그들은 너무 작아서 우리 주변에 있는 메뚜기 같습니다. 그런데 그들이 여기까지 왔습니다.
> "벽을 쌓아라. 더 높게!
> 문을 닫으라!
> 군대를 불러라!"
> 이것이 오늘의 일이었다면 우리에게도 똑같은 불안이 엄습했을 것입니다.
> "국경을 폐쇄하세요!
> 국경 경비대를 불러 주세요!"
> "그들에게 정식으로 취업 비자를 발부받으라고 명령하세요!
> 발의안 187호를 시행하십시오!"
> 그들이 이곳에 넘어와 땅을 차지하고 있습니다. 그들은 자신들의 역사 기록에 대해, 그들의 자녀들을 위한 기념비를 세우고 그

해방비평(Liberation Criticism)

후손들에 대해 이야기하고 있습니다(1996, 130).

여호수아 본문은 오늘 남미 이민자들의 상황과 완벽하게 일치되지 않는다. 곤잘레스는 미국을 약속의 땅이라고 생각하지 않는다(실제로 그는 설교에서 그렇지 않음을 분명히 했다). 게다가 그는 설교의 다른 부분에서 남미 이민자들이 북미 땅을 강제로 차지해야 된다고 생각하지도 않음을 언급했다. 그래도 여호수아 본문은 그에게 낯선 이민자들에 대한 사회적 저항에 있어 상관 관계가 있음을 확인케 했다. 고대 가나안의 이스라엘 백성과 오늘날 북미의 라틴계 이민자 모두 새로운 땅으로의 이주를 반대하는 세력을 직면한 것이다. 그래서 이들 두 그룹은 특수한 사회적 위치를 공유한다. 이를 바탕으로 곤잘레스는 북미대륙의 낯선 '새로운 이민자' 보호법 마련을 위한 조치를 탐색했다.

넷째, 중심 은유를 사용한다. 남미계 신학은 다양한 은유를 통해 본문의 사회적 위치와 이민자공동체의 사회적 위치 사이의 상관 관계를 표현한다. 그러한 은유는 해석학적 규범으로 기능하면서 그것이 뜻하는 바를 구체화한다. 어떤 면에서 은유는 그 자체로 전체 해석 과정의 축약이기도 하다. 그런 후 은유 패러다임은 성경과 그들의 현실 모두를 해석하는 데 쓰인다. 남미계 남성과 여성 신학자들이 사용하는 두 가지 중심 은유는 변두리성(marginality)과 메스티자제(mestizaje, 식민지화 이전 멕시코의 인종과 문화적 정체성을 가리키는 말-역주)이다. 이러한 은유는 성경 속 이스라엘의 사회적 위치와 위에서 언급한 남미 이민자들의 사회적 위치 사이의 상관 관계를 떠올린다.

해방비평은 현대 설교학에 유용한 기여를 할 수 있다. 억압받는 단체나 공동체에 속한 사람들은 이러한 해석학적 원리를 통해 고통받는 사람들을 위한 본문 연구와 메시지 창안, 그리고 설교를 위한 견고한 지침을 찾을 수 있다. 또한, 지배적 위치에 속한 사람들 역시 해방비평적 방법에서 그들의 설교학적 방법론을 찾는다. 이는 그들이 가진 특권적인 사회적 지위에 스스로 도전하는 행위이다(Gonzalez and Gonzalez 1994, 24-29).

레오나르도 보프(Leonardo Boff, 1986)는 십자가의 아픔을 가진 북미의 이민자들에게 십자가를 설교하는 일이 무엇인지를 질문한다. 이 질문은 해방비평의 과제와 미래를 요약해 준다.

참고 주제 문화해석학; 해석학적 의심

참고 문헌 Clodovis Boff. *Teologia de to politico: Sus mediaciones*. (1980); Leonardo Boff. "Cómo predicar la cruz en una sociedad de crucificados?" *Desde el lugar delpobre*. (1986); Leonardo Boff and Clodovis Boff. *Introducing Liberation Theology*. (1987); José Severino Croatto. *Biblical Hermeneutics: Toward a Theory of Reading as the Production of Meaning*. (1987); Hans de Wit. *En la dispersion el texto es patria: Introduccion a la hermentutica clasica, modernay posmoderna*. (2002); Catherine G. Gonzalez and Justo L. Gonzalez. *The Liberating Pulpit*. (1994); Justo L. Gonzalez. *Santa Biblia: The Bible through*

Hispanic Eyes. (1996); Justo L. Gonzalez and Pablo A. Jimenez. *Pulpito*: *An Introduction to Hispanic Hermeneutics*. (2004); Gustavo Gutierrez. *A Theology of Liberation*: *History, Politics and Salvation*. (1973); Pablo A. Jimenez. "The Bible: A Hispanic Perspective." *Teologia en Conjunto*: *A Collaborative Protestant Theology*. Edited by Jos6 D. Rodriguez and Loida Martell-Otero. (1997) 66 67; Carlos Mesters. *Flor sin defensa*: *Una expli cacion de la Biblia a partir del pueblo*. (1984); Nestor O. Mfguez. "Hermeneutical Circle." *Dictionary of Third World Theologies*. Edited by Virginia Fabella and R. S. Sugirtharajah. (2003); Pablo Richard. *La fuerza espiritual de la iglesia de los pobres*. (1988a); Pablo Richard. "Lectura popular de la Biblia en Amer ica Latina: Hermen6utica de la liberacibn." *Revista de Interpretacion Biblica* (RIBLA) 1 (1988b) 31; Fer nando F. Segovia. "Hispanic American Theology and the Bible: Effective Weapon and Faithful Ally." *We Are a People*: *Initiatives in Hispanic American Theology*. Edited by Roberto S. Goizueta. (1992) 21-49; Juan Luis Segundo, S.J. *The Liberation of Theology*. (1976); Elsa Tamez. *Bible of the Oppressed*. (1982).

문자적 의미(Literal Sense)

헨리 랑크네히트(Henry J. Langknecht)

'문자적 의미'는 정확한 그 의미나 적용을 알 수 있는 역사나 그에 관한 최근 합의가 없다. 그러나 그것은 교회 역사 전반에 걸쳐 성경 해석의 핵심적 범주 중 하나였다. 한 구절의 문자적 의미를 그것이 가리키는 다양한 유사 의미와 조합하기 위한 암묵적, 관습적, 그리고 복합적 기준들은 '문자적 의미'라는 형식적 표현과 그 관용 표현으로서의 "성경을 문자 그대로 받아들이는 것"과 같은 표현에 내재했다. '문자적 의미'에 대해 역사적이고 현대적인 가장 공식적인 용법은 다음의 다섯 가지 가운데 하나일 수 있다.

첫째, 문자적 의미는 신앙공동체가 해당 구절에 대해 관습적으로 합리적이고 권위 있다고 인정하는 모든 지시 범위이다. 이는 히브리어의 쉬운 의미(페샤트)에 뿌리를 두는 것으로, 대부분 기술적이지 않은 경건한 독서에서 발생한다. 그리고 문자적 의미는 그 본문에 접해 있거나 그것의 관련성을 제공하는 신학적, 문화적, 상식적 관점이 무엇이든 자발적으로 얻어진다.

둘째, 문자적 의미는 성경의 표면적인 역사적 실체와 사건을 직접 지시한다. 전근대적 해석에서 그것은 비유적 또는 영적 표현들과 겹쳐 있었다. 그러나 가장 근대적인 극단적 형태(문자주의)에서 문자적 의미는 비유적 의미와 구분된다.

셋째, 문자적 의미는 성경의 주요 주제나 핵심 요지를 가리키는 모든 표현 방식이다(예: 루터에게 성경의 문자적 의미는 그리스도였다).

넷째, 문자적 의미는 역사적 인간 저자가 의도하려 한 의미 전달 방식이다(19세기 이후 개신교회의 지배적이고 공식적인 이해).

다섯째, 문자적 의미는 고정된 방식이 없고 성령이 성경을 읽는 신앙공동체를 인도

문자적 의미(Literal Sense)

하시는 방식을 가리킨다. 여기에는 문법적 또는 역사적 의미를 중요시하면서 하나님이 새로운 맥락에서 새로운 언급을 의도하시거나 능력을 부여하실 수 있다. 곧 문자의 이중적 의미도 포함한다(칼뱅은 이에 대한 예를 제시했다.)

문자적 의미를 이해하는 또 다른 방법은 다음과 같다. 곧 협의적으로 본문의 문자(라틴어 lita), 곧 문자 그대로의 단어, 구문, 단락 및 문학적 단위로 구성된 자체에 의해 가능하고 일관되고 잠재적인 의미(라틴어 sensus)를 인지하는 방법이다. 문자적 의미는 다음의 몇 가지를 제시해 준다.

첫째, 단어 개체와 그 성격(명사, 대명사, 형용사)이 만들어 주는 본문의 세계
둘째, 존재의 행위 또는 상태와 그 본성(동사, 부사)
셋째, 단어의 개체들(전치사, 접속사) 간의 관계들
넷째, 이들 요소들 간의 상호 관계(주장, 플롯)가 형성하는 의미

비록 본문들이 통상적으로 저자에 의해 의도되고 독자에 의해 이해되어 실제 삶(사람들의 외부적 역사 세계와 사건들 또는 생각과 감정의 내부적 세계)의 의미를 드러낸다 해도, 본문의 문자적 의미는 아직 단정적이지 않고 잠재적이며 다중적이다. 다시 말해, 본문은 모든 의미와 가중한 의미들이 파생되는 의미의 기본체다.

성경 해석에서 중요한 것은 의미(sense)와 지시(reference) 간의 구별이다.

첫째, 성경이 권위 있는 하나님의 말씀으로 고백되기 때문에 성경이 실제 삶을 어떻게 가리키는지에 따라 교리, 태도, 관행 및 설교의 방향이 좌우된다. 문자적 의미는 본문의 본디 의미를 포착하도록 돕는 가장 확실한 의미로 그것은 말씀의 권위를 성경, 전통, 이성만이 아닌, 심지어 경험에서도 찾으려는 전통에서도 인정하는 부분이다. 해석자는 문자에 대한 명확하고 일관된 해석을 위해 가능한 한 문자와 그 지시적 의미 간의 명료한 관계가 필요하다.

둘째, 교회가 성경을 읽는 목적은 다양한 상황에 따라 상이하고 적절한 방향성(예: 개인적 헌신, 역사, 문학 연구, 예배, 설교)을 갖게 된다. 일반적으로 설교를 위한 본문은 성경 전체나 신/구약 각 책 또는 각 권이 아닌, 그보다 작은 단위로 읽히고, 때로는 단지 구절의 일부분일 때도 있다.

이때 그 본문이 속한 문맥은 문자적 의미를 좌우한다. 짧은 본문의 경우, 문자적 의미는 본문의 의미를 추측하고 전망할 근거이지만, 많은 경우보다 길고 충분한 본문이 본문의 구성을 보다 풍성하게 해 주고 본문이 뜻하는 바에 대해 강한 설득력을 갖는다. 비록 얼마나 충분한 맥락이 필요하고, 그 맥락이 얼마만큼 유의미한지에 대한 입장은 다를지라도, 문자적 의미에 대한 거의 모든 이해는 그 구절이 자리한 맥락(예, 장, 책, 저자의 글)에 의존한다.

한편, 교회는 문맥(즉, 문학적 문맥)과 분리된 많은 개별적 구절을 기대하지 않은 새로운 계시적 의미를 제공하는 방식으로 수용했다. 본문의 적합한 문맥의 폭과 넓이, 그리고 그 성격이 분명하지 않을 때, 그것은

문자적 의미 (Literal Sense)

문자와 그것이 뜻하는 방식뿐만 아니라, 본문의 명확성까지 어지럽게 한다. 때로 문자적 의미와 지시를 분리하면, 문자적 의미를 오늘의 삶과 연관시키는 데 도움이 된다. 설교자는 이러한 의미와 지시, 맥락과 해석적 관점들이 레위기 20:13("누구든지 여인과 동침하듯 남자와 동침하면 둘 다 가증한 일을 행함인즉 반드시 죽일지니 자기의 피가 자기에게로 돌아가리라")을 두고 동성애에 관한 교회의 입장을 도출하는 데 어떻게 상호 작용하는지를 볼 수 있다.

위 구절의 문자를 통한 예비적 의미는 표면적으로 명확하다. 어떤 사람들은 이 구절을 분리된 개별 구절로 읽고(즉, 전체 문맥을 고려하지 않고), 남자(man)와 남성(male)이라는 단어를 모든 상황에 있는 모든 남성에 대한 명확한 지칭으로 받아들여 남성들의 동성애적 행위를 정죄하는 의미로 해석한다(이들은 "그들이 죽임을 당할 것이다"가 범죄의 심각성을 과장으로 또는 종말론적 심판을 은유적으로 지칭한다는 점을 간과한다).

다른 설교자들은 이 구절을 개별화하여 그것이 묘사하는 행위를 가지고 오늘날의 현실에 직접으로 대입한다. 그를 통해 그 구절을 남성만이 아닌, 여성 간 동성애를 비난하는 근거 구절로 사용하기도 한다. 또 다른 사람들은 이 구절을 당시의 역사적, 문화적 맥락에서 읽으려 한다. 그들은 이 구절이 남색을 정죄하는 의미이지 성인의 합의된 동성애를 정죄하는 것은 아니라고 주장한다.

그러나 또 다른 설교자들은 이 구절을 레위기의 성결 법전이라는 역사적, 문학적 맥락에 위치시킨 후, 그 법전의 엄중성(예, 히브리 민족이 가나안 원주민들의 행습과 분리되어야 한다는 규정)을 참작하고 통상적인 비유적 연결(히브리 민족 = 현대 기독교인, 가나안 민족 = 세속 문화)을 수용하면서, 오늘날 이질적 문화의 행습을 금지함으로써 그 법전이 요구하는 성결의 가르침을 보다 효과적으로 존중할 수 있다고 주장한다.

이를 통해 그들은 동성애적 행위에 관한 본문의 의도를 밝히고자 한다. 그뿐만 아니라 또 다른 사람은 더욱 넓은 정경적 맥락에서 성결에서 자비로 전환된 예언자적 가르침이나 바울이 선언한 율법으로부터의 자유라는 주제가 역사적으로나 신학적으로 오늘날의 부도덕한 행위들에 대한 모든 정죄를 대신한다고 주장한다. 어떤 설교자들은 상기 구절의 문자적 의미는 너무도 명확하고 그것이 교회가 오랫동안 전통적으로 그 구절을 이해해 온 방식이기에 오늘날 동성애 행위를 정죄해야 한다고 결론짓는다. 이상의 다양한 해석적 입장은 상기 구절에 대한 여러 다양한 문자적 해석으로 볼 수 있다.

흥미롭게도 성경의 문자에 대한 문자적 읽기에 대한 교회의 일치된 입장은 없다. 그러나 문자적 읽기가 왜 중요한지에 대한 일치된 입장이 있다.

첫째, 문자적 읽기는 성경이 문자로 이루어진 본문이라는 것을 인정한다. 위에서 확인한 광범위한 해석의 다양성에도 불구하고, 성경에 대한 그러한 일치된 시각은 본문의 문자들의 지시성, 의미, 교리, 그리고 그것에 관한 실천 간의 상호 대화가 발생시킬 수 있는 개방성과 관련하여 상대적으로 고정된 울타리를 제공한다. 본문의 문자적 읽기는 성경의 독특한 특징들과 그것들이 만들어 주는 세계를 포착하기 때문에, 문자적 읽기는 성경에 대한 교회의 다른 권위적 전통들과의 대화에서 본문 자체의 목소리를 지켜 준다.

둘째, 본문의 문자적 읽기는 본문의 문자, 이미지, 상호 관련성, 주제, 플롯 등을 읽어 가면서 본문의 세계를 구성하기 때문에, 본문의 주어진 맥락과 그 지시성이 제공하는 논리에 의존해 본문이 궁극적으로 뜻하는 바의 범위를 정하게 된다. 만일 본문의 말들이 다르거나 다르게 배열되었다면, 가장 직관적이고 알레고리적 해석으로 도출된 본문의 지시 의미조차도 그에 상응하는 몇 가지 방식으로 차별화되어야 한다.

셋째, 문자적 읽기는 성경에 대한 공적 읽기이다. 성경 읽기와 관련한 교회의 권한은 교회의 책으로서 성경이 어떻게 읽히고 해석되어야 하는지에 대한 지침을 세우는 것이다. 그런데도 성경은 문화적 산물로서 새로운 상황에서 비정형화된 방식으로 읽히고 들려진다. 성경의 독자는 현실 세상에서의 복음 전도와 변증, 설교를 위한 설득력 있는 예들을 본문에서 찾으려는 자들이다.

설교를 위한 문자적 읽기에 필요한 것은 본문의 각 요소와 그것들이 엮어 내는 세상에 관심을 두는 것이다. 여기서 설교자는 설교를 위한 어휘, 이미지, 주제들의 보고를 만나게 된다. 그리고 진부한 읽기를 유보하거나 거부할 수 있는 설교자는 신선하고 의외의 통찰을 가질 수 있다. 설교자에게 도전은 청중이 다중적인 선이해하에서 본문을 듣게 된다는 점이다.

그들의 선이해는 본문에 대한 청중의 태도에 영향력을 행사한다. 설교자가 신실하고자 할 때, 그들은 먼저 성경이 예배에서 읽힌다는 점을 의심하지 않는다. 교회는 성경이 기본적으로 하나님과 그분과 관계하는 인간, 그리고 오늘의 세상에서 일하시는 하나님의 행동에 집중한다는 기대하고 있다.

참고 주제 알레고리; 알레고리적 해석; 성경의 사중 해석; 해석학

참고 문헌 Brevard Childs. "The Sensus Literals of Scripture: An Ancient and Modern Problem." *Be it rage zur Alttestamentlichen Theologie: Festschrift fur Walther Zimmerli*. Edited by Herbert Donner, Robert Hanhart, and Rudolf Smend. (1977); Sandra Schneiders. *The Revelatory Text: Interpreting the New Testament as Sacred Scripture*. (1999). Paul Wilson. *God Sense: Reading the Bible for Preaching*. (2001).

문학비평(Literary Criticism)
패트리샤 더쳐-월스(Patricia Dutcher-Walls)

문학비평은 성경 본문의 문학적이고 예술적인 표현들을 진지하게 다루는 다양한 해석 방식을 가리킨다. 설교자는 문학비평을 통해 설교를 위한 본문에 집중할 수 있고 각 본문이 자체로 지닌 해석학적 전략을 파악할 수 있다.

문학비평(Literary Criticism)

근대에 이르러 문학비평은 역사비평의 한 분야로 발전했다. 역사비평은 본문이 그것의 역사적 상황과 고대 이스라엘의 신앙공동체, 그리고 초기 교회 안에서 어떻게 기록되었는지를 관찰하는 독법이다. 역사비평 안에서의 문학비평은 통시적 관점을 사용해 본문을 만든 원자료, 본문의 형식과 장르, 저자의 의도와 기록 배경, 그리고 후대 저자들에 의한 편집이나 삽입 등과 같은 부분들을 연구한다.

1965년 이래, 성경의 문학비평은 다른 전문 영역에서의 문학적 읽기에 영향을 받았다. 성경학자들은 본문의 서사적이고 시적 기교를 조사하는 방법들을 발전시켰는데, 가령, 본문의 플롯, 인물들의 성격, 이미지, 감정, 장르, 효과 등과 같은 것들이다. 그러나 역사비평의 통시적(종적 시간) 관점과 달리, 문학비평은 공시적(횡적 시간) 관점을 사용한다. 각 구절은 하나의 의미 단위로서 본문의 배경적 역사와 무관하게 자체적 의미를 가진다고 인정된다.

몇몇 설교자는 그 의미가 저자의 원래 (그리고 추적 불가능한) 의도와 독립적이라고 생각한다. 그러한 서사적이고 시적인 방식들은 본문에 대한 정밀한 읽기에 집중하여 구조나 인물들의 성격과 같은 문학적 요소들과 보다 의미 있고 미적인 글을 가능케 하는 은유 같은 수사적 장치들을 관찰한다.

최근 30년 동안, 문학비평은 일반 문학비평, 구조주의, 철학, 수사학, 페미니스트, 이데올로기, 그리고 해체주의 해석학과 같은 분야들과 긴밀히 만나면서 다양한 유형으로 발전했다. 일반 학문 영역들과의 대화는 문학비평의 범위를 확장했는데, 가령 몇몇 학자의 견해는 다음과 같다.

첫째, 본문의 이야기를 받치고 있는 이면의 서사 구조를 강조한다.
둘째, 본문의 일의적 해석의 가능성에 대한 여부를 묻는다.
셋째, 저자와 독자를 지배하는 이데올로기적 신념들의 정체를 확인한다.
넷째, 본문이 명확히 드러내는 저자의 이데올로기를 의식적으로 해체시킨다.

다른 비평적 방법들과 마찬가지로 문학비평 역시 후기 근대주의적 관점에 따른 패러다임 전환을 맞이했다. 많은 해석자가 하나의 본문은 그 자체로 다중, 다의적 의미를 지니고 있다고 보는데, 독자비평은 어떤 한 사람의 해석자에게 의미 있는 것은 그것이 무엇이든 타당한 해석이라고 주장한다. 확실한 것은 성경 해석자와 성경을 읽는 신앙공동체의 출발점, 곧 그들의 전제, 신앙과 교리적 신념, 그리고 사회적, 정치적 위치가 어디인가를 신중하게 고려하는 것이다.

1. 실천적 적용

자신의 설교를 문학비평을 빌어 본문의 의미를 주의 깊게 식별하고자 하는 설교자는 아래와 같은 몇 가지 질문이 본문 연구를 도울 수 있다.

1) 문학적 특징

본문은 그것의 문학적 요소들을 가지고

무엇을 강조하고 있는가?

예를 들어, 이사야 40-55장의 경우, 하나님(이스라엘의 거룩하신 이, 구원자, 창조자)이라는 이름의 반복은 예언자의 신학을 강조하는 데 도움이 된다. 단어나 구의 반복, 심지어 반복되는 인물의 특징이나 이미지 등도 본문의 중심 관심사를 알 수 있는 가장 확실한 실마리들이다.

또한, 본문의 흐름(가령, 대화 또는 구체적 사안들의 묘사)을 늦추는 요소들도 본문의 의미를 파악하는 데 도움을 준다. 이처럼 해석자의 주의를 끄는 요소들(드라마틱한 행동, 강조적 표현, 또는 설득적 주장) 모두 본문의 관심사를 드러내 준다.

2) 형식과 전개

본문의 형식과 전개는 의미 전달에 있어 어떤 기능을 하는가?

지혜 문학(예, 잠언)은 짧고 간결한 격언의 형식을 빌어 핵심을 교훈으로 제시한다. 반면, 묵시서(예, 요한계시록)는 상상력 있고 상징적인 형식을 사용해 여러 성격의 의미가 있다. 서사에서 플롯은 갈등에서 반전을 통해 해소로 움직인다. 서사는 플롯을 통해 흥미를 유발하고 의미를 전달한다. 시의 경우, 해석자는 그것의 구조적 형식(예, 심판 신탁)과 그것의 내적 흐름(예, 절망에서 소망)을 통해 시가 전하는 메시지를 파악할 수 있다. 서신의 경우, 편지라는 친숙한 형식은 해석자가 저자가 무엇을 교신하려 하는지를 알 수 있도록 돕는다.

3) 양식

본문 내의 특정 구술 양식은 그것에 기대되는 바를 충족하는가, 아니면 깨뜨리는가?

그러한 기대의 성패 여부는 본문의 특징적 요소들에 관해 해석자를 이해시킬 수도 그렇지 못할 수도 있게 한다. 예를 들어, 두 명의 질문자가 예수님과 논쟁한 후, 서기관은 가장 큰 계명에 대해 동의한다(막 12:13-34). 이야기의 흐름은 기꺼이 그 계명과 논쟁이라는 양식이 주는 기대를 깨뜨린 서기관 모두를 주목하게 한다.

성경 서사에서 종종 발견되는 특별한 흐름은 명령-실행-보고의 진행 흐름이다. 사무엘은 사울에게 아말렉을 완전히 진멸하라고 명령했고, 그 명령에 대한 실행으로 사울은 여분의 가축을 남겼고, 그 일에 대한 보고로 사무엘은 사울을 불신임하게 되었다(삼상 15장).

4) 인물의 성격

본문에 등장하는 인물들의 성격 묘사는 어떻게 본문의 중요한 관심사를 전달하는가?

인물에 대한 묘사가 현대적이지 못하지만, 성경의 서사는 인물들을 생생히 묘사한다. 직접 묘사에 대한 표현(예수께서 "심령에 비통히 여기시고"[요 11:33])은 흔치 않지만 매우 중요하다. 인물 간의 대화는 인물 묘사의 많은 부분을 차지하는데, 그것은 대화를 주고받음을 통해 인물들에 대한 정보를 제공한다[아합이 엘리야에게 이르되 "내 대적자여 네가 나를 찾았느냐?"(왕상 21:20).

성경 저자의 인물 설정은 인물의 서사적 행동을 통해 드러나곤 한다["이에 아브람이 여호와의 말씀을 따라 갔고"(창 12:4). 인물의 행동에 대한 분석은 본문의 주된 관심사에 대한 의미 있는 통찰을 제공해 준다.

5) 모호함

본문이 충분한 설명 없이 남겨 둔 의문점은 무엇인가?
저자가 놓친 설명이나 대답이 있는가?
본문의 뒷부분에서 설명되는 일시적 모호함이 있다("천국이 가까이 왔느니라"[마 4:17]는 말은 무슨 뜻인가?). 반면, 영구적 모호함은 결코 설명되지 않는다(하나님이 선악과에 관해 말씀하신 것을 여자는 어떻게 알 수 있는가?[창 2:16;3:2-3]). 일시적 모호함은 해석자의 긴장과 집중을 고조시키는 데 도움이 된다.

반면, 영구적 모호함은 그것이 본문의 관심사가 아니거나 그 자체가 열린 모호함으로 해석자에게 본문의 난해함과 모호함을 풀어내도록 맡기고 있음을 나타낸다. 어떤 경우든 해석자가 본문의 모호함을 밝히려는 데 동원하는 방법은 해석자 자신의 선이해와 이데올로기적 신념이 무엇인지를 알 수 있도록 돕는다. 해석자의 선이해와 신념은 그가 본문에 찾으려는 의미에 영향을 준다.

문학비평은 설교 준비를 위한 기본적 방법론이다. 신중한 문학 분석은 설교자로 하여금 본문의 문학적 요소들과 수사적 기교들만이 아닌, 설교자의 가치관과 세계관의 정체를 파악할 수 있도록 돕는다. 그 모든 것이 성경 본문이 뜻하는 의미를 밝히는 데 영향을 끼친다.

참고 주제 주해

참고 문헌 Robert Alter. *The Art of Biblical Narrative*. (1981); Yairah Amit. *Reading Biblical Narratives*. (2001); Tom Long. *Preaching and the Literary Forms*. (1989); Paul Wilson. *Practice of Preaching*. (2007).

철학적 해석학(Philosophical Hermeneutics)

유진 응천 박(Eugene Eung-Chun Park)

해석학은 예외가 있을 수 있지만 주로 기록된 텍스트(본문)의 해석에 관한 이론을 다루는 학문적 분야이다. 어원학적으로 해석학이라는 용어는 호머(*Odyssey* 5.28)와 헤시오드(*Theogony* 938)에 등장하는 헤르메스(Hermes)에서 유래한다. 헤르메스는 인간들에게 신의 소식을 전하는 전령이었다. 그의 임무는 신의 메시지를 선포하고 그것을 해석하는 일이었다. 이런 점에서 헤르메니아(*hermeneia*)는 '해석' 또는 '번역'이라는 의미이다.

해석을 위한 다양한 규칙이 고대에 대부분 종교적 텍스트들과 관련하여 존재했다. 그러나 소위 어떤 종류의 텍스트에 적용 가능한 이해의 학문으로서의 일반적 해석학은 프리드리히 슐라이어마허(Friedrich Schleiermacher, 1768-1834)에 이르러서다. 슐라이어마허에게 텍스트의 의미는 저자가 글을 쓸 때 그의 마음속에 있었던 것이고, 그렇기에 해석은 글을 작성한 저자의 의식 과정을 재경험하여 저자의 의도(*intentio auctoris*)

철학적 해석학(Philosophical Hermeneutics)

를 찾아내는 일이었다.

슐라이어마허의 해석학은 해석을 위한 두 가지 단계를 가진다. 그것은 문법적 단계와 심리적 단계이다. 문법적 해석은 일반적인 언어 분석과 관련된다. 반면, 심리적 해석은 한 개인으로서 저자의 특성을 다룬다. 해석자는 주어진 텍스트의 문장으로 시작해 저자의 정신 세계를 관통해 가지만, 그 두 가지 해석의 과정은 단순히 순차적이지 않다. 그 둘은 서로 상호적으로 만나고 교류한다.

이에 대해 슐라이어마허는 해석학적 순환에 대해 말했는데, 각 부분은 오직 전체와의 관계 안에서 이해되고, 그 반대의 경우도 그렇다. 이해를 위한 이러한 고유한 순환성은 해석자 편에서의 직관을 요구하는데, 해석학을 과학적 기술이 아닌 예술로 만드는 것이 바로 해석학적 순환이다.

슐라이어마허의 해석학이 저자의 의도를 밝히는 데 있어 저자의 삶과 역사적 배경을 필수 정보로 삼게 되면서 역사비평의 토대가 되었다. 역사비평은 다음을 주석의 원칙으로 주장한다. 즉, 의미는 본문으로 가지고 들어가는 데 있지 않고, 거기로부터 가지고 나오는 데 있다(*sensus non est inferendus sed efferenus*).

또한, 낭만주의 해석학으로 불리면서 슐라이어마허의 해석적 이론은 빌헬름 딜타이(Wilhelm Dilthy, 1833-1911)에게 영향을 주었는데, 딜타이는 해석을 위한 객관적이고 일반적으로 타당한 방법을 수립하기를 바랐다.

에밀리오 베티(Emilio Betti, 1890-1968)와 허쉬(E. D. Hirsch, 1928-)는 슐라이어마허의 전통을 계승하여 본문의 의미를 저자의 의도에서 찾아내려 했다. 계몽주의 시대의 역사적 연구에서 요구된 객관성의 전제 위에 이러한 저자 지향적 해석학은 오랫동안 문학비평과 법전 해석, 그리고 성경 해석에 지대한 영향을 주었다.

현상학(phenomenology)과 실존주의 철학의 등장으로 해석학 내에 급진적 변화가 나타났다. 현상학은 객체(*re*)가 주체로부터 독립된 바깥 어딘가 외부 세계에 존재하기에 그것은 객관적으로 파악 가능하다는 칸트적 이원론을 거부한다. 대신에 현상학은 객체는 플라톤의 이원적 인식론의 언어가 말하는 어디에 실제로 있는 그것으로서가 아닌, 오직 주체에 나타나는 것(to phainomenon)으로서만 인식 가능함을 깨달았다.

모든 실재는 현상(phenomena)으로 간주되어야 하고, 그러한 현상들이 정보이며, 우리가 의미를 추론해 낼 수 있는 것은 오직 그 정보로부터이다. 실존주의 쪽에서 해석학을 해석을 위한 방법론에서 이해의 존재론으로 옮긴 자는 마르틴 하이데거(Martin Heidegger, 1889-1976)이다. 그의 해석학은 축소 불가적으로 주어진 인간 실존의 개념(*Dasein*; 현존재-역주)으로 시작하고, 이해(*Verstehen*)야 말로 현존재의 근본 토대라고 주장했다.

그리고 그에게 이해는 자기 자신의 존재 가능성을 파악하는 능력이다. 현존재는 필연적으로 역사적이기 때문에, 이해 역시 급진적으로 역사적이고 실존적이다. 이해는 언제나 특정한 상황 안에 갇혀 있는데, 인간은 그 상황 안에서 자신을 발견한다. 그러므로 역사적 특수성을 벗어나 순수한 객관성에 도달할 수 있는 초월적 주체나 선이

철학적 해석학(Philosophical Hermeneutics)

해로부터 자유로울 수 있는 해석 같은 것은 없다. 이해는 언제나 특정하고 구체적인 실존적 실재, 곧 주체와 객체가 만나는 실재의 빛 아래서 발생한다.

이러한 이해의 실존적 차원에 대한 인식은 한스 크오르크 가다머(Hans-Georg Gadamer, 1900-2002)에 의해 "철학적 해석학"이라는 형태로 보다 명료하게 정교해진다. 그것은 기술적 학문(*terminus technicus*)으로서 그의 저서 *Wahrheit und Methode*(진리와 방법, 1960)의 부제로 사용되었다. 이 책에서 가다머는 낭만주의 해석학의 전제를 비판했다. 낭만주의 해석학은 텍스트의 의미를 저자의 마음과 그 작품이 만들어진 원래 상황에 대한 재생으로 정의했는데, 가다머는 그러한 시도를 "우리 존재의 역사적 특성의 관점에서 볼 때 쓸모없는 작업"으로 불렀다.

가다머는 그것은 선입견을 부정적 개념으로 치부한 계몽주의에서 비롯된 것이라고 말했다. 그는 선입견을 어떤 특정 상황을 결정한 모든 요소가 최종적으로 파악되기 전에 제시된 하나의 판단으로 재규정하고 그 기초 위에서 선입견을 이해를 위한 필수 조건으로 회복시켰다. 해석의 과정에서 해석자의 선입견은 의미를 생산함에서 확인되고 보완될 어떤 기대감을 만들어 준다.

해석자 편에서 불가피한 선입견에 대한 긍정은 가다머로 하여금 해석 사건을 과거와 현재 간의 역동적인 만남으로 간주한다. 이것이 그 유명한 "지평 융합"(*Horizontverschmelzung*)이다. 여기서 지평은 해석자 시야의 범위로서 해석자는 그 시야 안에 있는 특정 관점으로 실재를 인식한다.

가다머에 있어서 과거의 지평과 현재의 지평은 양쪽 모두 언제나 움직이는데, 왜냐하면, 인간의 역사적 삶의 움직임은 결코 어떤 하나의 관점에 매여 있지 않고, 그래서 그것은 결코 닫혀 있는 지평이 아니기 때문이다. 더군다나 현재 지평은 과거 지평과의 연결 없이 형성되지 않으며 그 반대의 경우도 그렇다. 그래서 이해는 언제나 이 두 지평 간의 융합으로 발생한다.

과거와 현재의 만남에 대한 가다머의 철학적 해석학의 인식은 수용미학과 독자반응 비평을 위한 토대를 놓았다(독자/청자 반응 참고). 그것들은 20세기 후반의 동일한 해석학 이론의 다른 버전들로서 그것들은 문학 비평에서 독자의 역할을 합법화해 주었다. 이 이론에 따르면, 텍스트의 의미는 그것이 작성될 당시에 영구히 고정된 어떤 것이 아니다. 오히려 그것은 독서 과정에서 일어나는 과거 저자의 기술적 축과 현재 해석자의 미적 축 간의 협상이 여는 텍스트의 몇 가지 잠재적 의미에 대한 구체적 산물이다.

그러므로 의미는 텍스트에서 추출 가능한 정적 총체가 아닌, 텍스트가 읽힐 때만 있게 되는 역동적 총체인 것이다. 이런 점에서, 모든 독서 행위는 새로운 의미를 생산한다. 이러한 새로운 해석학적 운동은 문학 비평에 영향을 주면서 특별히 북미의 문학 비평에서 대중화되었다.

한편으로, 그러한 해석학은 모든 해석자에게 그들이 교육을 받았든 그렇지 않든 그들 모두가 텍스트를 그들의 실존에 응답하고 의미 있게 해석할 수 있는 자유로운 능력을 부여한다.

철학적 해석학(Philosophical Hermeneutics)

다른 한 편으로, 그것은 해석학적 무질서의 위험성에 대한 염려를 초래한다. 그러한 독단적 해석의 문제들을 해결하기 위해 다양한 이론이 제시되었는데, 그들 중에는 텍스트에 관한 언어학적이고 문화적인 지식을 갖춘 지성적 해석자 내지는 합법적 범주의 해석을 위한 규범과 기준을 제공하는 해석적 공동체와 같은 이론들이 있다.

고대로부터 해석학은 용어에 대한 어원학으로서의 종교와 밀접히 관계되었다. 쿰란 문학, 알렉산드리아의 필로, 랍비 유대주의, 그리고 초기 기독교의 여러 학파는 성경 해석을 위한 각자 고유한 해석학적 원칙들을 발전시켰다. 근대에 와서 역사비평학의 발흥과 성경 해석과 연구를 위한 주요 방법론으로서 역사비평의 위치는 적어도 부분적으로는 슐라이어마허의 해석학에 빚을 지고 있다. 그의 해석학은 저자의 의도와 성경 텍스트가 쓰인 역사적 조건들에 집중했다.

슐라이어마허의 주장은 성경 텍스트의 해석과 세속 텍스트 해석 간의 차이가 없다는 것인데, 그것이 당시 해석학 발전에 기여했다. '자기 주입 읽기'(eisegesis)는 본문으로 해석자의 주관적 의미가 있고 들어가는 것으로 성경 해석에 대한 그릇된 방식으로 인식되는 반면, '주석'(exegesis)은 본문으로부터 참된 의미를 뽑아내는 성경 해석을 위한 합법적이고 지배적인 방식으로 인정된다. 그래서 슐라이어마허로 대표되는 낭만주의적 해석학의 전제는 여전히 유력하게 보인다.

그러나 성경학자들은 또한 철학적 해석학이 가져다준 새로운 통찰에 눈을 떴다. 그렇게 되면서 그들은 객관성이라는 전제와 해석자 한 사람의 해석이 가진 관점의 한계를 민감하게 인식하게 되었다. 이러한 인식은 많은 성경학자가 역사비평의 특성과 영역을 재평가하도록 했다. 또한, 해석자의 역할에 초점을 두는 이론은 성경 해석 영역에서 몇 가지를 언급할 수 있는데, 그것들은 해체주의, 페미니스트비평, 해방비평, 탈식민주의비평, 그리고 우머니스트비평 등과 같은 것들로, 이들은 더욱 새롭고 다양한 해석학적 관점의 가능성을 열어 주었다.

낭만주의 해석학에는 텍스트에 대한 해석과 그것의 실제적 적용 간의 첨예한 분리가 있다. 그러나 가다머의 철학적 해석학에 따르면, 그러한 구분은 오히려 임의적이고, 적용은 해석 이후의 행위가 아닌, 이미 해석 내부의 중요한 부분으로 발생한다. 그래서 성경 본문에 대한 주석과 그것의 설교적 적용은 너무 분리되어서는 안 된다. 이는 주석 작업이 주관적이고 우발적인 작업이 될 수 있다는 말이 아니다. 과거와 현재 간의 거리는 여전히 존재하고 그 거리는 존중되어야 한다.

결국, 좋은 설교자는 성경 본문을 그것 자체의 용어와 실존적으로 규정된 관점으로 해석할 수 있어야 하고, 그렇게 함으로써 그것의 설교적 출구는 설교자와 그 자신이 봉사하도록 부름을 받은 공동체만이 아닌 성경 본문도 제대로 다루는 것이어야 한다.

참고 주제 문화해석학; 해석학

참고 문헌 A. K. M. Adam. *Faithful Interpretation: Reading the Bible in a Postmodern World*. (2006);

Josef Bleicher. *Contemporary Hermeneutics*: *Hermeneutics as Method, Philosophy and Critique*. (1980); Hans-Georg Gadamer. *Truth and Method*. (1975); Martin Heidegger. *Being and Time*. Translated by John Macquarrie and Edward Robinson. (1962; retranslated by Joan Stambaugh, 1996); E. D. Hirsch. *Validity in Interpretation*. (1967); Richard E. Palmer. *Hermeneutics*: *Interpretation Theory in Schleiermacher*. (1969); Petr Pokorny and Jan Roskovec, eds. *Philosophical Hermeneutics and Biblical Exegesis*. (2002); Friedrich Schleiermacher. *Hermeneutics and Criticism and Other Writings*. Translated by Andrew Bowie. (1998); R. S. Sugirtharajah. *Asian Biblical Hermeneutics and Postcolonialism*: *Contesting the Interpretations, the Bible and Liberation*. (1998); Anthony C. Thiselton. *The Two Horizons*: *New Testament Hermeneutics and Philosophical Description with Special Reference to Heidegger, Bultmann, Gadamer, and Wittgenstein*. (1980); Jane P. Tompkins, ed. *Reader Response Criticism*: *From Formalism to Post-Structuralism*. (1980).

해석학적 의심(Suspicion)

켄야타 길버트(Kenyatta R. Gilbert)

해석학에서 제기하는 의심은 설교자의 말과 해석이 무슨 권위로 한 사람의 말과 행동을 위한 규범이 되는가에 있다. 의심의 해석학은 성경 본문의 배후와 그것을 해석하는 자의 가정 배후에 있는 권위에 의문을 제기함으로써 성경 본문이 가진 의미의 가능성에 접근한다. 의심은 이해와 같이 일어나는 것으로, 여기서 이해는 본질에서 언어와 역사와 불가분의 관계를 갖는다.

그래서 설교자는 성경을 읽고 해석하는 특정한 방식이나 그를 통해 도출된 결론이 억압이나 권력의 탈법적 오용, 그리고 불의한 사회적 구조를 강화할 수 있음을 의심해야 한다. 의심의 해석학은 설교자가 후기 근대적 설교자와 성경이 기록된 과거의 사건 간에 존재하는 역사적, 사회-문화적 거리에 신중해야 함을 강조한다. 여기서 해석학적 난관이 주목받는다.

만일, 성경 저자의 의도가 특수한 사회적 조건으로 있던 특정한 독자들을 염두에 둔 것이라면, 오늘 후기 근대의 청중이 저자의 의도된 독자에 포함될 수 있는 지점은 어떤 지점인가?

폴 리쾨르는 본문의 의미는 결코 저자와 그(녀)의 원래 청중에 관한 순수한 사실들에서 밝혀지지 않는다고 단언했다. 그렇다면 이어지는 질문은 다음과 같다. "그러한 고대의 거룩한 텍스트는 어떻게 오늘 우리에게 말을 걸고 무엇을 말하려고 하는가?"

의심의 해석학은 또한 기독교 설교자는 그 어느 것도 맹목적으로 받아들여서는 안 된다고 주장한다. 그래서 설교자는 무심한 해석자처럼 과거를 캐내는 것이 아니고 해석의 초기 단계부터 불가피하게 선입견이 있는 채로 주석과 해석의 과정에 임하게 된다.

한서 가다머(Hans Gadamer)는 모종의 창의적 융합이 오늘의 자리에서 본문의 의미를 이해하려는 시도에서 발생하게 된다고 일리 있게 주장했다(Gadamer 2000, 306). 설교자는 성경을 읽으면서 쉬지 않고 본문의 지평과 오늘 여기의 전제, 문화, 전통이라는 설교자의 지평을 연결한다. 그래서 설교자가 성경 해석의 과정에 진지하게 몰입하고 겸손함으로 조명받는 것이 중요하다.

성경을 해석하는 설교자는 결코 그가 선포하는 말씀 위에 서 있지 않다. 안전장치로서, 설교를 듣는 회중은 설교자의 메시지에 대한 앞장선 평가자들이다.

로버트 스티븐 리드(Robert Stephen Reid)는 후기 근대 사회의 청중은 세 가지 'c'로 특징되는 설교를 매우 의심스러워한다고 말한다. 즉, 폐쇄성(closure), 확실성(certainty), 통제성(control)(Reid 1995,1-13).

의심의 해석학을 실행해 옮길 때 설교자가 감수해야 하는 두 가지 분명한 위험 부담은 다음과 같다.

첫째, 그 방법 자체는 주관적 방식이라고 불릴 것이다.

둘째, 그것이 고백하는 진리 주장은 또 다른 도전에 직면한다는 것이다.

1. 아프리카계 미국인 설교의 기준

설교자가 아프리카계 미국인 설교가 가진 상징과 이야기의 급진적 기능에 관심을 끌게 되면, 그는 본문 배후에 자리한 권위를 의문시하는 것이 얼마나 중요한지를 알게 된다. 설교자는 흑인들이 백인들, 곧 성경의 사랑과 자유를 말하는 백인들에 대해 가진 그들 저변의 불신, 그리고 설교가 성경에 근거해 흑인에 대한 탄압과 열등화를 하나님의 뜻으로 정당화하려는 일을 경이 여겨서는 안 된다.

1829년에 출판된 데이비드 워커(David Walker)의 노예 제도 반대 소책자는 노예들로 백인 주인에게 저항할 것을 촉구했다. 워커에게 성경 오용의 문제가 매우 심각했던 것은 당연했다. 워커는 남북전쟁을 앞두고 전통적 본문, 심지어 황금률인 마태복음 7:12에 대한 해석조차 재고가 필요하다고 주장했다. 당시 모든 노예 주인이 "무엇이든지 남에게 대접을 받고자 하는 대로 너희도 남을 대접하라"는 말씀을 위반하는 상황에서 어떤 학자는 워커가 노예들에게 황금률을 다음과 같이 읽도록 독려했다고 보았다.

"남들이 당신들의 학대를 참아 줄 것으로 기대할 수 없듯 당신들도 남들이 가하는 학대를 참지 마십시오."

워커의 해석학은 불신과 물리적 충돌이 급격한 사회변화의 수단이 되는 때에 의미 있는 해석학의 초기 기반이 되었다.

알버트 라보테우(Albert Raboteau)는 흑인 노예들이 반복적으로 들어 온 설교 유형을 다음과 같이 소개한다.

노예인 여러분이 착하면 천국은 갈 수 있지만, 주인이나 여주인과 가까워질 것이라고는 절대 생각하지 마십시오.
아닙니다!
안됩니다!
그 둘 사이엔 벽이 있습니다. 단지 그 벽엔 주인이 지나가는 모습을 내다볼 수 있는 구멍만 있을 뿐입니다. 여러분이 그 벽 뒤에 앉아 있으려면 "너의 주인에게 복종

하라"라는 본문의 명령을 따라야 합니다
(Raboteau 1978, 213).

결과적으로 대부분의 노예는 자신들의 흑인 설교자의 설교를 듣고자 했다. 그들 대부분은 문맹이었지만, 노예 설교자들은 성경에 대한 그러한 무지한 해석을 거부했다. 그들은 자신들의 고유한 재능과 천부적인 웅변력을 통해 그들의 공동체를 결속하고 효과적으로 조직할 수 있었다. 노예 설교자들은 그들만의 고유한 신앙의 틀을 세우고 노예들로 사회적 변혁가가 될 수 있도록 독려하는 자질을 소유했다.

근래 들어 예레미야 라이트 주니어(Jeremiah Wright Jr.) 목사의 설교는 오늘날 많은 아프리카계 미국인 교회 안에 앞선 시대와 다른 안이함이 만연함을 보여 주는데, 북미 전역에 번영의 복음(prosperity gospel)이 설교되었다. 마가복음 1:14과 이사야 61:1-4을 본문으로 한 〈예언자적 사역의 회복〉이라는 제하의 설교에서 예레미야는 광야의 길을 예비하라는 세례자 요한의 메시지에 회중의 관심을 집중시켰다. 그는 요한의 사역을 오늘날의 부와 성공을 설교하는 이들과 비교하면서 의심의 단계에서 대담한 고발로 이어 갔다.

오늘날 번영 설교자들은 자신들이 백악관과 가깝다는 점을 그들의 명성으로 내세웁니다. 에서가 팥죽 한 그릇에 장자권을 팔았듯이, 이 사람들은 한 그릇의 돈에 그들의 영혼과 백성을 팔았습니다. 입을 다물어 준 것으로 대통령으로부터 감세나 면제 혜택을 받고, 더욱 입을 걸어 잠급니다. 그들은 세상의 속이는 거짓말쟁이 앞에서 진실을 말할 수 없어서 그런 식으로 입을 다뭅니다. 그들은 악을 보지도 듣지도 못합니다. … 카트리나의 희생자들도 보지 못합니다. 그들은 악을 보지 못합니다. 우리 대형교회 목사들은 진리를 들으려 하지 않습니다. 개는 자기 입에 맛 좋은 뼈가 있을 때는 짖어 댈 수 없습니다. 그들은 백악관과 친해지면서 양심의 입에 자물쇠를 걸었습니다(Wright 2006, 179).

이 통렬한 비판이 있은 지 얼마 지나지 않아 라이트 설교는 신뢰의 해석학에 힘입어 당시 사회 종교적 상황에 대한 의심을 드러낸다.

마가는 다음과 같이 씁니다.
"외로운 목소리가 광야에서 울려옵니다. 그것은 회개의 세례와 죄의 용서를 외치는 설교입니다. 이것이 예언자인 우리에게 있어 가장 어려운 선포입니다. 왜냐하면, 그것이 우리가 설교해야 하는 일이기 때문입니다. 말씀의 선포는 우리로 하나님의 목적을 향한 변화와 회복, 온전함의 과정으로 이끌고 갑니다"(Wright 2006, 180).

2. 설교학 패러다임의 전환

프레드 크래독(Fred Craddock)의 설교는 의심의 해석학과 궤를 같이한다. 그의 획기적인 『권위 없는 자처럼』(*As One Without Authority*, 1971)은 귀납적 설교에 대한 그의 방법론을 소개했다(귀납 설교 참고). 일반적으로 귀납적 설교는 관념적 성찰을 줄이고 청중이 스스로 결론 내리고 스스로 결단을 내려야 하는 지점으로 이끌고 가는 삶의 이야기들을 제시하면서 진행된다. 설교자는 청중이 메시지 발견과 말씀에 대한 심리적 경험에 적극적으로 참여할 수 있도록 돕는다.

크래독을 비롯한 '새로운 설교학'(New Homiletic)의 다른 학자들은 삼 대지 중심의 연역적 설교가 사고와 대화의 근본적 움직임을 무시하여 "너무 많은 내용을 너무 빨리 이야기 한다"고 믿었다. 그러나 귀납적 설교는 설교자의 성경 본문과 그 본문의 의미에 대한 그(녀)의 재상황화된 경험 간의 실존적 만남에 의해 구성된다. 기독교적 메시지에 둔감해진 문화를 고려할 때, 크래독은 자신의 방식을 "권위를 의문시하는 문화에서 복음을 새로운 방식으로 듣도록 하는" 독특한 접근으로 실행했다.

크래독은 시각적이고 사회적인 참여가 활발한 오늘의 신도들에게 설교의 권위주의는 그 효과를 다했다고 본다(Craddock 1971, 56-59,62). 이제 설교의 목적은 청중이 설교의 진행과 메시지 발견 과정에 적극적으로 참여할 수 있게 하는 것이고, 삶의 이야기가 갖는 힘은 실제로 말씀 경험 사건을 발생시키는 데 있다. 귀납적 설교의 주된 관심사는 "경험을 발생시키는 것"이고, 그를 위한 주요 자원은 청중의 상상력이다. 그런데 여전히 모호한 부분은 새로운 설교학자들이 그 경험의 본질을 어떻게 규정하고 있는가 하는 점이다.

새로운 설교학의 배후에 있는 신학을 잠시 살펴볼 필요가 있다. 새로운 설교학의 "청중 중심적 설교"는 게르하르트 에벨링(Gerhard Ebeling)의 새로운 해석학(New Hermeneutic)의 신학을 딛고 있다. 바르트의 강조, 즉 설교의 권위와 설교자의 필연적인 책임성은 회중이 아닌 하나님만이 말씀하시는 하나님의 말씀에 기초한다는 신념과 대조적으로, 에벨링 같은 불트만 이후의 신학에서는 말씀을 듣는 자를 계시의 일부로 본다.

그러나 그 신학을 의심할 여지를 찾는다면, 새로운 설교학의 취약점은 그것이 복음이 가진 본질적인 사회적 차원에 주목하지 않는다는 점이다. 설교자는 새로운 설교학을 통해 보다 성경에 집중하는 설교에 관심을 가질 수 있다. 즉, 새로운 설교학은 본문의 서사적 기술 방식과 언어의 구술적이고 창의적이며 연출적인 힘에 주목한다. 귀납적 설교는 진실로 복음을 새롭게 듣도록 자극할 수도 있지만, 보완될 부분들도 가지고 있다.

3. 설교의 가치

의심의 해석학이 설교를 지원하는 방식은 실천적으로 다양하다. 먼저 그들 가운데 몇 가지를 살펴보자. 의심의 해석학이다.

첫째, 본문의 배후 맥락(역사적, 사회 문화적, 교회적 맥락)의 중요성과 성경 해석과 말씀의 선포 과정에 작동하는 복합적인 여러 요인에 대한 설교자의 인식을 돕는다.

둘째, 의심의 해석학은 설교자가 설교의 결론을 삶에 대한 단호한 판단의 제시가 아닌, 궁극적으로 종말적 소망 안에 인정된 신앙으로 보도록 돕는다.

셋째, 의심의 해석학은 설교자 홀로 '주목

받는 설교'가 아닌, 설교자와 청중 간 경험의 공유로 이해되는 설교를 장려한다.

넷째, 의심의 해석학은 상징, 은유, 또는 이야기에 주목하는 보다 창의적인 설교 전개를 돕는다.

다섯째, 또한, 그것은 메시지의 방향과 설교의 틀을 잡아주는 본문의 성경적, 신학적, 문화적 배경에 관해 비평적으로 질문을 제기하도록 유용한 기틀을 제공해 준다.

여섯째, 의심의 해석학은 설교자가 성경 본문이 일의성에 제한되지 않은 풍부한 의미를 제공할 수 있다는 점을 인정하도록 이끈다.

참고 주제 해석학; 해방비평; 신역사주의; 후기식민주의비평

참고 문헌 F. B. Craddock. *As One without Authority*. (1971); H. G. Gadamer. *Truth and Method*. 2nd ed. (2000); A. J. Raboteau. *Slave Religion*. (1978); Robert Stephen Reid. "Postmodernism and the Function of the New Homiletic in Post modern Christendom Congregations." Homiletic20(1995); Paul Ricoeur. "The Hermeneutical Function of Distanciation." *Hermeneutics and the Human Sciences*. Edited by John B. Thompson. (1981); Jeremiah Wright. "Reclaiming Prophetic Ministry." In K. R. Gilbert, "A Time to Preach, a Time to Cry: An Investigation into the Nature of Prophetic Preaching in Black Churches during the Great Migration Period 1916-1940." PhD diss., Princeton Theological Seminary. (2006).

유형론(Typology)
데이비드 바틀렛(David L. Bartlett)

유형론은 두 개의 사건이나 사람, 또는 집단을 비교하는 방법론으로 전통적으로 예언의 성취를 알리는 하나의 방식으로 사용됐다. 유형론은 두 개의 본문이나 하나님의 과거 행동과 현재의 행위 간 관계를 설명하는 데 여전히 설교자에게 유용한 도구가 될 수 있다. 성경의 각 유형은 성경이 성경으로 해석되도록 하거나 본문 간에 오가는 메아리나 대화로 이해되도록 해 준다.

1. 유형론은 무엇인가?

알레고리와 유형론은 모두 해석을 위한 방법들로 본문의 문자 너머를 지시하는 본문 이면의 의미를 찾는다. 알레고리와 유형론을 분명히 구분하기는 쉽지 않다. 바울은 갈라디아 4장의 하갈의 이야기에 대한 그의 상상력이 담긴 해석을 알레고리(4:24)로 언급한다. 반면, 그는 고린도전서의 출애굽 이야기에 대한 유사한 해석에서 "본보기"(types, 고전 10:6; NRSV는 "examples"로 번역)라고 표현한다.

본 글의 특성을 고려해 유형론과 알레고리의 차이를 아래와 같이 정리해 본다.

첫째, 유형론은 두 개의 사실적 사건을 비교하는 반면, 알레고리는 역사적이고 물리적이며 가시적인 영역을 영적이거나 이상적인 영역에 대한 비유, 또는 지상의 것을 하늘의 것에 대한 비유로 본다.

둘째, 유형론은 각 이야기의 하나의 특

유형론(Typology)

징적 요소를 다른 이야기의 특징적 요소와 비교한다. 즉, 여호수아는 약속의 땅에 개척자로 들어갔고, 예수님은 천국의 개척자로 들어가셨다(히 12:2). 아담 안에서 모두가 죽었지만 그리스도 안에서는 모두가 살게 된다(고전 15:22). 반면, 알레고리는 복수의 특징들을 비교한다(가령, 씨 뿌리는 비유에서 예수님은 여러 종류의 땅에 대해 말씀하신다(막 4:13-20).

셋째, 유형론은 과거에서 현재로 또는 미래로 움직인다. 반면, 알레고리는 내재적인 것에서 초월적인 것으로 움직인다.

넷째, 유형론은 두 번째 사건이 첫 번째 것, 더욱더 위대하다고 간주한다(롬 5:17 참고).

신약성경과 기독교 설교에서 유형론은 주로 구약과 그리스도 간의 경계선을 긋는 데 사용되었다. 그러나 유형론은 또한 구약의 이스라엘 백성과 1세기의 신자들을 구분 짓기도 한다.

2. 성경의 유형론

1) 구약의 유형론

출애굽 이야기와 가나안으로의 여정에 관한 이야기는 포로기에 있던 백성들에게 유형론적으로 위로의 말로 기능했다. 때때로 귀향의 약속은 그들에게 첫 번째 출애굽의 이야기를 되살려 주었다.

> 여호와께서 애굽 해만을 말리시고 그의 손을 유브라데 하수 위에 흔들어 뜨거운 바람을 일으켜 그 하수를 쳐 일곱 갈래로 나누어 신을 신고 건너가게 하실 것이라 그의 남아 있는 백성 곧 아시리아에서 남은 자들을 위하여 큰 길이 있게 하시되 이스라엘이 애굽 땅에서 나오던 날과 같게 하시리라(사 11:15-16; 또한, 사 51:9-11; 렘 16:14-15 참고).

때때로 출애굽과 귀향은 대조적 방식으로 기능한다. 두 번째 출애굽은 그 첫 번째 출애굽과 유사하기도 다르기도 할 것이다.

> 나 여호와가 이같이 말하노라 바다 가운데에 길을, 큰물 가운데에 지름길을 내고 … 너희는 이전 일을 기억하지 말며 옛날 일을 생각하지 말라 보라 내가 새 일을 행하리니 이제 나타낼 것이라 너희가 그것을 알지 못하겠느냐 반드시 내가 광야에 길을 사막에 강을 내리니(사 43:16-19).

첫 번째 출애굽처럼, 두 번째 출애굽은 하나님의 백성들이 약속의 땅으로 돌아오는 이야기이다. 그러나 첫 번째 출애굽에서 하나님은 홍해 한가운데를 메마른 땅이 되게 하셨지만, 이제 하나님은 그 메마른 땅에 큰물을 내신다. 그 두 번째 기적은 첫 번째 것의 연속이면서도 그 역행이기도 하다(또한, 렘 31:31-34 참고).

2) 기독론적 유형론

(1) 명시적 유형론

예수님은 다가올 그분의 부활에 대한 유형론적 주석을 제시하신다.

유형론(Typology)

> 요나가 밤낮 사흘 동안 큰 물고기 뱃속에 있었던 것같이 인자도 밤낮 사흘 동안 땅속에 있으리라 (마 12:40).

로마서 5장에서 바울은 아담과 그리스도 간 다소 복잡한 유형론적 대비를 제시한다. 중심적인 유형론적 구절은 18-19절이다.

> 그런즉 한 범죄로 많은 사람이 정죄에 이른 것같이 한 의로운 행위로 말미암아 많은 사람이 의롭다 하심을 받아 생명에 이르렀느니라 한 사람이 순종하지 아니함으로 많은 사람이 죄인된 것같이 한 사람이 순종하심으로 많은 사람이 의인이 되리라 (롬 5:18-19).

여기서 첫 번째와 두 번째 아담 모두 비교되면서도 대조를 이룬다(그리스도는 그가 순종했다는 점에서 아담과 다르다). 곧, 그리스도는 그의 순종이 아담의 죄의 지배를 이겼다는 점에서 아담보다 위대하다.

로마서의 구절은 바울의 유형론에 대한 종말론적 차원을 함의하는데, 이는 고린도전서 15장에서 보다 분명해진다.

> 그러나 이제 그리스도께서 죽은 자 가운데서 다시 살아나사 잠자는 자들의 첫 열매가 되셨도다 사망이 한 사람으로 말미암았으니 죽은 자의 부활도 한 사람으로 말미암는도다 아담 안에서 모든 사람이 죽은 것같이 그리스도 안에서 모든 사람이 삶을 얻으리라 (고전 5:20-22).

여기에는 실제로 두 개의 유형론적 움직임이 담겨 있다. 기독론적 움직임은 사망의 제공자인 아담에서부터 생명의 공급자인 그리스도로의 움직임이다. 인류학적 움직임은 부활의 "첫 번째 열매"인 그리스도로부터 인간 모두의 부활로의 움직임이다. 이 두 경우 모두 아담은 예수 그리스도 안에서 도래했고 장차 도래할 종말론적 구속을 예표한다.

멜기세덱은 창세기 14:18-20에 언급되는 다소 신비스런 인물이다. 그런 그가 히브리서 7장에서 레위 지파의 제사장들과 예수님 모두에 대한 예표로 비유된다. 그러나 레위 지파의 제사 직분과 달리, 멜기세덱의 제사장직은 시작도 끝도 없다. 멜기세덱이 레위 지파의 제사장들보다 위대한데, 예수님은 멜기세덱과 같으면서도 그보다 더 위대한 분이시다. 그리스도는 진실로 영원한 제사장이시다.

더군다나 히브리서 전체는 구약의 여호수아에 대한 보다 발전된 유형론적 주해를 보여 준다. 헬라어로 번역된 구약성경을 알고 있던 히브리서의 독자들에게 여호수아라는 이름은 예수와 동일 이름이었고 히브리인들에게 첫 번째 예수(여호수아-역주)와 두 번째 예수 모두 모세를 뜻하는 것이었고 그 둘이 하나님의 백성들을 약속된 안식처로 인도한 것이다. 그러나 오직 두 번째 예수만이 그것을 효과적이고 영원히 이행하셨다.

(2) 암시적 유형론

어떤 학자는 구약과 1세기의 유대교, 특히 신약의 메시아 대망이라는 전체 주제가 그 자체로 유형론적 주해의 한 예라고 볼 수 있다. "기름 부음" 받은 지존한 왕으로서 다윗은 보다 위대한 기름 부음 받은 "메시아"를 대망케 하는데, 그분은 다윗의 통치를 계승하면서 동시에 그것을 능가할 메시아이시다.

신약성경은 구약에 대한 암시와 예언의 성취라는 주장으로 가득 차 있다. 때때로 그러한 암시는 두 개의 상이한 서사 간의 비유를 제시할 만큼 풍부하다. 그렇게 함으로써 유형론적 주해로 나아간다.

예를 들어, 마태복음에서 마리아의 남편인 요셉은 유형적으로 창세기의 요셉과 연결된다. 그는 꿈을 꾸고 그 꿈을 해석한다. 그리고 그는 애굽으로 내려갔다. 그는 예수님을 구하고 얻었다. 그 예수님은 어떤 면에서 유형론적으로 모세의 이야기를 재현한다. 그분은 산상보훈이라는 새로운 율법을 수여하시고 하나님의 백성들을 구원으로 이끄신다.

요한복음 3:16의 하나님이 자신의 "독생자를 주셨으니"라는 말에서, 어떤 이는 창세기 22장과 아브라함이 그의 독자 이삭을 거의 죽일 뻔한 이야기의 메아리를 듣는다. 비록 암시적이지만, 유형론은 요한복음의 하나님 선물과 그리스도의 죽음 의미에 대한 이해의 가능성을 풍부히 연다.

요한복음 1:51에서 야곱과 그의 사다리는 인자에 대한 예표로 인용된다(창 28:10-17 참고). 여기서 예수님은 하나님의 메시지가 지상에 닿고 사람의 간구가 하나님께 올라가는 통로이다. 요한복음 3:14에서 민수기 21:9의 모세와 구리 뱀의 이야기는 십자가에 달리신 예수님에 대한 그림자이다. 여기서 유형론은 적어도 두 가지 방식으로 작동한다.

첫째, 예수님은 구리 뱀이 높이 들린 것처럼 높이 들리실 것이다.

둘째, 예수님은 구리 뱀이 그것을 바라보는 자들을 치유한 것처럼 그분을 믿는 자들에게 생명을 주실 것이다.

(3) 교회론의 유형론

의미상으로 우리는 기독론적 유형론이 비유적 해석으로서 신약성경의 규범적 형태라고 말할지라도, 빈도수로 볼 때 성경에 넓게 퍼져 있는 것은 교회론적 유형론이다.

고린도전서 10:1-6에서 바울은 이스라엘의 자녀로부터 시작해서 자신의 고린도의 그리스도인들에게 권면을 이어 간다.

> 형제들아 나는 너희가 알지 못하기를 원하지 아니하노니 우리 조상들이 다 구름 아래에 있고 바다 가운데로 지나며 모세에게 속하여 다 구름과 바에서 세례를 받고 다 같은 신령한 음식을 먹으며 다 같은 신령한 음료를 마셨으니 이는 그들을 따르는 신령한 반석으로부터 마셨으매 그 반석은 곧 그리스도시라 그러나 그들의 다수를 하나님이 기뻐하지 아니하셨으므로 그들이 광야에서 멸망을 받았느니라 이러한 일은 우리의 본보기가 되어 우리로 하여금 그들이 악을 즐겨한 것같이 즐겨 하는 자가 되지 않게 하려 함이니(고전 10:1-6).

NRSV 성경은 마지막 절의 *topoi*(types)를 "본보기"로 번역하면서, 이는 부분적이나마 권면을 위한 유형론의 사용 예를 보여 준다고 주지한다. 곧 고린도 신자들의 선조들은 그들과 같지 않았을 뿐만 아니라, 그들은 그에 대한 확실한(부정적인) 예다. 그런데도 그들은 본보기인데, 그들은 성례 전의 그림

유형론(Typology)

자에 참여했지만 그들의 참여는 그들을 악으로부터 구하지 못하고 그 어떤 성례 전적 예배는 자체로 그들을 구원할 수 없다.

갈라디아 4장은 아브라함의 두 아들에 대한 보다 발전된 유형론적 대화를 보여준다. 하갈의 종 된 아이는 율법의 종 된 멍에에 매여 있는 자들을 예표한다. 반면, 사라의 자유한 아이는 성령에 따라 태어난 자들, 곧 율법과 그의 요구, 특별히 할례의 규정으로부터 자유한 갈라디아의 그리스도인들을 예표한다.

3. 초기 기독교 해석과 유형론

유형론의 발전을 가져온 신학적이고 해석학적인 배경은 리용의 이레니우스(Ireanaeul of Lyons, CE 200년 사망)이다. 이레니우스는 성경의 전체 이야기가 그리스도를 이야기하는 것을 목적으로 삼고 구약도 그 이야기를 그 중심에 두고 있다고 주장했다. 이는 구약성경 자체에 있어서, 그리고 그것이 예표하는 것에 있어서 진실하다.

이레니우스에게 있어 성경의 이야기는 하나님의 점진적 계시에 관한 이야기이다. 계시가 점진적이라는 말은 그것이 오직 그리스도에게서 절정을 이루고 오직 종말의 때에 이르러서 완성되기 때문이다. 그러나 그것은 또한 창세기 1:1에서부터 줄곧 알려진 계시이다(Kugel & Greer 1986,156).

이레니우스 이후의 기독교 신학은 한마디로 정리하면, 구약 본문을 알레고리적으로 읽는 학파와 유형론적으로 읽는 학파로 나뉘었다. 전자를 대표하는 자는 단연 오리게네스(Origen, CE 254년 사망)이고, 후자의 대표적 신학자는 몹수시아의 테오도르(Theodore of Mopsuestia, CE 428년 사망)이다(알레고리; 알레고리적 해석 참고).

테오도르의 유형론은 부분적으로 본문의 맥락적 의미에 대한 그의 남다른 감각에서 발전했는데, 오리게네스는 거의 그러한 읽기를 무시하고 본문의 영적 의미를 식별하려 했다. 나아가 테오도르는 하나님은 세상의 역사를 두 시대, 곧 구약과 신약의 시대로 나누어지게 디자인했다고 이해했다. 구약은 실제로 역사적 사건들을 이야기하고 있기에 문자가 말하는 그 자체로 이해되어야 한다고 보았다.

그러나 설교자는 또한 그러한 역사적 사건들 안에서 신약의 이야기에 대한 몇 가지 예표를 찾을 수 있다고 보았다. 결과적으로 테오도르는 신약의 저자들이 구약에서 발견했던 유형론적 해석들에 집중하기를 원했다(Greidanus 1999, 92-94; Kugel & Greer 1986, 182-83).

요한 크리소스토무스(John Chrysostom, CE 407 사망) 역시 성경 본문에 대한 유형론적 해석에 깊은 관심을 가졌다. 크리소스토무스는 두 가지 신학적이고 해석학적인 관점을 확신했다.

첫째, 어떤 본문도 그것이 지닌 역사적이고 문자적 맥락 안에서 이해되어야 한다는 것이다.

둘째, 성경 전체에 대한 이해는 중심 이야기인 그리스도의 관점하에서 통제되어야 한다는 것이다. 그래서 구약의 예언서나 서사들에서 그리스도의 예표를 유형론적으로 발견하는 것은 적합한 일이었다

(Greidanus 1999,94-96).

4. 오늘의 유형론적 설교

1) 유형론적 설교의 가능성

유형론적 주석을 위한 한 가지 신학적 전제는 하나님이 역사의 저자라는 것이다. 하나님은 다른 훌륭한 작가와 같이 3장의 사건들을 사용하여 11장의 사건을 예표하시고, 12장의 사건을 통해 2장의 사건을 회상하신다. 이런 점에서 유형론적 설교는 정경의 일관성을 증언해 주는 행위이다. 성경은 내부적인 모든 다양성을 통해 하나의 이야기를 말한다.

유형론적 주석에 있어서 또 다른 신학적 전제는 하나님이 역사 안에서 활동하신다는 것이며 그래서 지금과 동떨어진 과거(구약)의 사건들도 그보다 최근의 과거(신약)의 사건들을 이해하는 데 도움을 준다는 것이다. 유형론을 사용하는 설교자는 또 다른 확신이 있는데, 그것은 하나님이 우리를 놀라게 하고 우리의 기대를 성취하는 방식으로 지금의 역사 안에서 일하신다는 믿음이다. 구약과 신약 모두 우리의 현재 상황에 대한 실마리와 세상의 종말론적 미래를 위한 약속을 제공한다.

이상의 신학적 관점들을 따르게 될 때, 설교자는 유형론적 설교가 어떻게 왜 오늘날 설교자들에게 적합한 설교인지에 대한 질문에 응답하게 된다. 유형론적 설교는 설교자가 정경의 난해한 통일성에 집중하도록 돕는다. 유형론은 설교자를 잠재적 마르시온주의로부터 보호한다. 유형론은 구약과 신약 모두의 권위에 대한 확고한 믿음에 기초한다.

유형론은 또한 성경의 파편화를 막는다. 역사비평이 선사한 가장 큰 기여도 가운데 하나가 성경의 다양성을 보도록 해 주었다는 것이라면, 그것의 취약점 가운데 하나는 역사비평이 설교자를 그러한 다양한 증인이 가진 매력에 집중하게 해 정작 그 증인들이 증언하는 한 분을 간과하게 만들 수 있다는 것이다.

더 나아가 유형론적 설교는 그 중심에 기독론적 설교가 자리한다. 설교자가 성경 안과 밖에서 만나는 모든 다양한 유형을 고려할 때, 유형론적 설교는 근본적으로 기독론적 메시지에 기초한다.

> 옛적에 선지자들을 통하여 여러 부분과 여러 모양으로 우리 조상들에게 말씀하신 하나님이 이 모든 날 마지막에는 아들을 통하여 우리에게 말씀하셨으니 이 아들을 만유의 상속자로 세우시고 또 그로 말미암아 모든 세계를 지으셨느니라 (히 1:1-2).

적절한 방식으로, 상기한 구절은 신약성경에서 가장 뚜렷이 유형론이 나타나는 책의 서문이다. 게다가 책이 이야기하는 것처럼 히브리서는 하나님이 예언자들에게 다양하게 말씀하신 것만이 아닌, 다양한 방식으로 그분의 사람들과 함께 일해 오셨음을 보여 준다. 이처럼 구약의 사건들은 하나님의 위대한 기독론적 의도와 연결성을 갖는다.

유형론적 설교를 위한 또 다른 실제적인 이점이 있다. 대부분의 주일 예배에서 유형

유형론(Typology)

론은 설교자가 구약 본문과 신약 본문을 함께 읽으려 할 때, 성경적으로나 신학적으로 일관된 방법을 제공해 준다.

유형론적 설교는 또한 신앙에 깊이와 넓이를 더하는 데 도움을 준다. 그것은 '구약의 하나님'과 '신약의 하나님' 간의 평이하거나 복잡한 문화적 괴리를 상쇄해 버린다. 유형론적 설교는 설교자가 교회의 교부들과 개혁자들이 우리에게 요구한 바를 이행하도록 한다. 그것은 성경을 성경으로 읽어 내는 것이다.

마지막으로, 유형론적으로 생각하는 것은 설교자의 상상력을 자극한다.

이번 주 설교를 위한 성서정과 본문을 정하라.

구약 본문과 함께 읽을 신약의 본문은 무엇인가?

정경의 풍부함과 다양성을 염두에 두면서 하나 또는 다른 본문들을 함께 보라.

그 본문 간에 오가는 또 다른 대화들이 설교자에게 제안하는 것은 무엇인가?

처음에는 유형론적 설교가 유형론적으로 생각하지 못하는 근대의 무능력으로 인해 사라졌다고 생각할 수 있다. 그러나 최근 북미에서조차 우리가 아는 것보다 많은 설교자가 유형론적으로 사고하려 한다. 설교자는 역사의 메아리를 듣는다. 유럽화된 북미의 이야기는 메사추세츠만의 식민지(Massachusetts Bay Colony)가 언덕 위에 세워진 도시라는 유형론적 주장으로 시작하고, 그것이 좋든 그렇지 않든, 그러한 유형론적 사고는 오늘날까지 이어진다. 본 글을 작성하는 동안, 이라크 전쟁과 그 전쟁의 의의에 관한 논쟁은 계속해서 격렬해지고 있다. 그 논쟁은 어떤 점에서 유형론적이다.

이것은 새로운 뮌헨이 될 위험성에 있어서 제2차 세계대전과 유사한가?

아니면, 새로운 수렁에 빠지는 위험성에 있어 베트남전쟁과 같은 것인가?

더 나아가 만일 후기 근대주의가 하나의 운동이나 단순한 지적 상상의 기획 이상의 것으로 드러난다면, 해석의 풍부한 시도는 엄밀히 말해 설교자가 자유롭게 어떤 하나의 이야기에서 또 다른 이야기를 위한 실마리나 단서를 찾아내는 식의 행위가 될 것이다. 즉, 본문에 대한 설교자의 관심사가 보편적 진리보다는 회중의 삶이나 다른 서사들을 읽어 내는 서사에 있다면, 유형론은 그러한 해석학적 여정이 지속하도록 도울 수 있다.

2) 유형론적 설교의 한계

유형론적 설교의 한계점은 신학적이면서 또한 실제적이다. 만일 설교자가 구약 본문을 유형론적으로 설교한다면, 그러한 설교는 신학적으로 오묘할 수는 있지만, 결국 승리주의가 짙어질 수 있다. 천사와의 씨름에서 환도뼈가 꺾인 야곱의 이야기는 종종 그리스도의 고초와 연결되고, 모세의 이야기는 새로운 율법과 더욱 나은 언약의 수여자를 연상케 할 수 있다.

그러나 그 이야기나 배후에 등장하는 하나님은 그리스도를 넘어 지금도 실재하시는 하나님이시고, 만일 우리가 그 이야기들이 그것의 2부, 곧 예수님의 이야기로 인도해 주는 것으로만 생각하게 한다면, 설교자는 그 본문이 오늘의 회중의 삶에 주는 힘을 축소할 수 있다. 그러한 설교는 유대교의 하나님 신앙에 대한 축소가 될 수 있다. (유대/기독교 관점 참고).

그와 동일하게 유형론적 설교를 지속할 경우, 마치 유형론이 정경의 통일성을 인정하거나 구약과 신약을 함께 읽는 유일한 방법인 것처럼 만들 수 있다. 그러나 구약과 신약의 두 본문을 동시에 다루는 다른 방법들이 있다. 또한, 문제에서 해결로의 진행이 항상 구약에서 신약으로 움직이지 않고, 때때로 그 반대 방향으로 진행할 수 있다.

그렇다면 바울 서신들에서 보게 되는 윤리적 해결의 독점처럼 보이는 문제들을 설교자는 어떻게 다뤄야 하는가?

아모스를 보자.

하나의 본문을 설교하기 위한 최고의 방법은 그 본문을 말하는 것이다. 그 본문에 대한 주석이면 그날의 설교에 족하다. 요한복음 3:16에 대한 설교는 창세기 22장과의 유형론적 연결을 통해 매우 풍성해질 수 있다. 그러나 모든 내용이 니고데모와 관계된 요한복음 3:16은 때로 한 번의 설교로 충분하고, 그렇지 않으면 몇 번으로 족하다.

상기한 내용은 유형론적으로 설교하는 것에 대한 실제 문제점을 알려 준다. 회중은 성경을 설교자만큼 알지 못한다는 만연한 생각을 감안할 때, 일회성 설교로는 그들을 아브라함과 이삭 그리고 예수님과 니고데모 모두에게 관련시키는 데 부족할 수 있다.

3) 유형론적 설교를 위한 지침

유형론적 설교라는 선물은 충분히 값진 것으로 유형론은 복음이 설교 되는 하나의 방식을 제공한다. 필수 규범은 아니지만, 유형론적 설교가 최상으로 수행될 수 있도록 하는 몇 가지 지침이 있다.

대부분의 유형론적 설교는 그리스도를 드러내려 한다. 교부들의 설교는 그리스도의 성육신을 중심으로 한 유형론적 설교의 전형이었다. 심지어 바울에게도 유형론은 종말론에서 나타났는데, 그 기본 전제는 과거의 사건은 설교자의 시각을 하나님의 자녀로서 그리스도의 사람들에게로 향하게 한다는 것이다.

전체적으로 단순한 유형론은 알레고리화된 유형론보다 더 효과적이다. 즉, 만일 설교자가 요한복음 3:16을 창세기 22장의 관점으로 설교한다면, 그는 아브라함의 믿음과 교회의 믿음 간의 유비(그런 다른 본문들이 많다)나 덤불에 잡힌 양과 하나님의 어린 양인 예수님 간의 유비 없이도 독생자의 희생을 설교할 수 있게 된다. 실제로 설교에서 유형론은 정교한 상호 비교를 위한 근거보다는 암시나 결론으로 더 잘 기능한다.

두 개의 본문에 대한 과도한 구술 주석은 지양하는 것이 좋다. 설교자는 준비 과정에서 발견한 것과 설교에서 다뤄야 하는 것의 차이를 구분해야 한다. 그러나 분명한 것은 두 개의 본문을 다룰 때, 설교자는 회중이 역사비평에 호기심을 갖고 있을 것으로 생각해서는 안 된다.

일반적으로 유형론적으로 설교하기에 최적의 본문은 그들 자체가 유형론적인 경우

유형론(Typology)

이다. 이사야 43장을 출애굽 이야기와 관련하지 않고 설교하기는 쉽지 않다. 또한, 창세기 2-3장을 주목하지 않고서 로마서 5장을 설교하는 것은 불가능할 정도다.

유형론적 설교는 유형론 내의 두 개의 서사나 인물 간의 중요성을 전제한다. 모세 이야기의 '참됨' 의미는 여전히 부분적으로 모세에 관한 이야기이다. 모세의 이야기는 그것이 그리스도에게서 계속되고 변형되는 방식과 별개로 있다.

유형론적으로 설교하면서 설교자는 각 본문의 정경적이고 역사적이며 문화적인 맥락에 유의해야 한다. 그렇다고 그 모든 것을 설교해야 하는 것은 아니다. 단지 그런 맥락을 염두에 둬야 한다. 이사야가 마태복음 1장과 관련된 사실만이 아닌, 이사야가 7:14에서 행하던 것을 알아야 한다(역사비평 참고).

예수에 관한 설교만이 아닌, 신앙공동체에 관한 유형론적 설교에 관한 귀중한 성경적 전례가 있다. 고린도전서와 히브리서 모두 이스라엘 백성을 오늘날 교회에 대한 모형으로 사용한다. 다시 말해, 고린도의 신자들을 오늘날 회중에 대한 모형으로 사용하는 성경적 전례가 있다. 참으로 몇 가지 방식에 있어, 많은 설교의 전제가 유형론적이다. 그리고 많은 예도 있어 설교자와 그 회중은 성경의 유형이 가리키는 대형(對型)이다. 심지어 많은 정교회의 기독론 중심의 설교조차도 본문 그리스도의 인성을 넘어 그리스도께서 나에게, 우리에게, 또는 오늘의 세상에 주시는 의미를 향해 나아간다.

그래서 유형론적 설교를 위한 원칙은 또한 대부분의 설교를 위한 일반적 지침이 된다. 본문의 원맥락을 공정히 다루라. 다양한 유비를 수용하라. 당신이 발견한 모든 것을 말하거나 그 모든 것을 다루려 하지 마라. 너무 많은 알레고리(너무 많은 비교)를 피하고 그리스도를 말하라.

5. 유형론적 설교의 사례들

아래는 실제 설교에서 사용되는 유형론적 본문들에 대한 간략한 목록이다.

내가 들어본 설교 중에 가장 유형론적 특징이 돋보이는 설교는 요한복음 1:51과 창세기 28:10-17을 연결 짓는 설교다. 그 설교의 결론은 요한복음에서 예수 그리스도는 야곱의 사다리라는 것이다. 그리스도는 하나님이 인간 세상에 거하시려 자신을 낮추신 통로이면서 인간 세상이 하나님의 임재로 이끌려 올라가는 통로다. 그 설교는 신학교 채플에서 꽤 호응을 얻었다. 만일 설교자가 야곱의 이야기와 요한복음의 이야기를 모두 장황하게 설명하려 했다면 그렇지 못했을 것이다.

요한복음 3:16과 창세기 22장을 연결한 설교는 평신도 회중에 더욱 적합했는데, 이유는 설교자가 단순히 두 본문에 관해 이야기하고 하나님의 아들은 선물로서 거의 죽을 뻔했던 이삭의 원형(이삭의 성취와 우월함)임을 제시했기 때문이었다.

로마서 5장을 본문으로 한 설교는 단순히 바울의 유형론을 따라갔다. 설교의 가장 복잡한 첫 번째 부분은 오늘 우리가 이 시대의 대표적 인물을 사용하는 방식에 관한 내용이었다. 그리고 설교는 간략히 아담의 불순종을 언급하고 이어 그리스도의 순종에

유형론(Typology)

관한 내용을 길게 다루었다. 설교는 설교자에게나 회중에게나 어려운 내용이었다. 그러나 로마서 5장 자체가 난해한 본문으로 설교가 때로 회중에 어려운 사고를 요청하는 것도 바람직하기도 하다.

이사야 43:16-19에 대한 설교는 유형론이라는 말을 쓰지 않고서 사용되는 이사야의 유형론에 관해 이야기한다. 어빙 베를린(Irving Berlin)의 말에 동의하면서 설교자는 본문에서 하나님의 후렴구는 "나는 어떤 것도 할 수 있다. 나는 그보다 더 잘할 수 있다"라고 말했다. 설교는 새로운 출애굽에서 시작해 공동체의 식탁과 새로운 언약으로 진행해 갔다.

열왕기상 19:1-18의 엘리야의 실의에 관한 설교는 이중적 유형론을 사용했다. 설교자는 엘리야의 좌절에서 시작해 마틴 루터 킹 주니어 목사의 고초로 움직였는데, 킹 목사는 그의 사역에 대한 심한 반대에 부딪혔다. 특별히 그는 엄혹한 시대에 신앙을 지키던 자신의 회중을 향한 위협을 감수해야 했다.

셀 수 없는 많은 설교가 성경의 공동체들을 오늘 우리 회중과 상응하는 모형으로 사용한다. 모든 설교자는 오늘날의 고린도의 신자들에게 설교한다. 그들은 지금 자신들의 설교자보다 옛날의 설교자를 사랑한다. 또한, 설교자는 오늘의 갈라디아의 회중에 설교한다. 그들은 하나님 앞에서 자신들의 가치를 자신들이 이룬 외적 증표들로 증명해 보이러 온 힘을 다한 자들이었다. 이상의 것들이 모두 유형론적 설교의 예들이다.

모범적인 유형론적 설교는 쉽지 않다. 왜냐하면, 설교자와 회중은 평소 유형론적 사고에 익숙지 않기 때문이다. 설교를 위해 성경적 모델을 찾는 설교자들에게 유형론은 성경 이야기에 대한 통일성과 놀라움 모두를 보여 주는 데 있어 흥미로운 모델들을 제공한다.

참고 주제 기독론; 교회론; 하나님 말씀

참고 문헌 David L. Bartlett. *Between the Bible and the Church: New Methods for Biblical Preaching*. (1999); Sidney Greidanus. *Preaching Christ from the Old Testament*. (1999); James L. Kugel and Rowan A. Greer. *Early Biblical Interpretation*. (1986); Paul Scott Wilson. *God Sense: Reading the Bible for Preaching*. (2001).

제2장 성경의 장르들

서문: 문학 형태들(Literary Forms)

존 M. 로트만(John M. Rottman)

문학적 형식 또는 장르는 인식 가능한 전통적 패턴을 따르는 서면 커뮤니케이션의 전형적 패턴이다. 성경은 다양한 문학적 형식을 포함한다. 역사 기록, 찬양, 애가, 편지, 묵시록, 예언, 율법, 잠언, 비유 등이 가장 광범위하게 인식되는 형식들이다. 물론, 분류 범주가 다소 자의적일 수 있다.

마이크 그레이브스(Mike Graves)는 족보, 일화, 연설과 같은 사소한 형식은 신약 연구에서 중요하지만, 확장하여 다룰 가치가 없는 것으로 간주한다(1997, xviii). 특정 형식이 그 자체로 독립된 형식을 구성하는지 아니면 더 넓은 형식의 하위 형식으로 존재하는지는 논란의 여지가 있지만, 성경에 뚜렷한 문학적 형식이 존재하는 것은 분명하다. 성경 본문의 형식이 본문의 의미와 그리고 설교의 형식과 어떻게 관련되는지는 설교에 있어서 핵심 문제이다.

형식의 문제를 무시하면 문제가 발생한다. 본문 해석의 단계에서 설교 본문의 형식을 잘못 파악하거나 무시하면 설교가 시작부터 탈선할 위험이 있다.

예를 들어, "마땅히 행할 길을 아이에게 가르치라 그리하면 늙어도 그것을 떠나지 아니하리라"(잠 22:6)라는 잠언의 구절을 사용하여 부모를 향한 하나님의 약속에 대해 설교한다면 설교자는 설교 본문의 형식을 잘못 파악한 것이다. 이러한 설교는 이 잠언의 지혜 형식을 약속으로 잘못 인식한 것이다.

지혜서로서 잠언 22:6은 어릴 때 형성된 자녀의 행동 방식이 성인이 되어서도 지속되는 일반적인 창조 패턴을 관찰할 뿐이다. 본문은 약속에 대해 말하지 않지만, 마치 약속이 있는 것처럼 설교하면 잘못한 자녀의 부모는 자신이 무엇을 잘못했는지 또는 왜 하나님이 신실하지 않으신지 궁금해 한다. 이러한 경우 본문의 형식은 설교의 잘못된 내용을 결정하는 데 중요한 역할을 한다.

설교 본문 형식에 대한 주의가 부족한 또 다른 예는 설교자가 내러티브 본문에 묘사된 태도나 행동을 현대 청중에게도 동일하게 적용해야 할 규범으로 간주할 때 발생한다.

예를 들어, 설교자는 사무엘하 6장을 선택하여 다윗이 주님 앞에서 속옷("세마포 에봇")을 입고 춤추는 것을 언급한 뒤 설교에서 속옷이 현대 예배에서도 적합한 춤 복장이라고 결론을 내릴 수 있다. 이러한 주석적 움직임은 역사적 내러티브 형식을 예시로 잘못 식별하는 것이다.

설교 본문의 형식을 잘못 파악하거나 무시하면 설교 준비 과정 초기에 혼란을 초래할 위험이 있다. 본문의 형식을 존중하는 것은 초기 주해 과정의 일부이다.

역사비평(Historical Criticism)은 설교자가 성경 본문에서 형식의 중요성을 깨닫도록 돕는 데 중요한 역할을 해 왔다. 특히, 양식비평(Form Criticism)은 성경 본문의 최종 형태에 앞서 구전 및 문학적 형식을 파악하는 데 도움을 준다.

특히, 복음서에서 양식비평가들은 속담 모음이나 비유와 같은 본문의 작은 부분들이 사용되어 보존되었을 수 있는 삶의 자리(Sitz im Leben)를 식별하려고 노력한다. 이들의 노력은 설교자들이 성경 본문에서 즉각적으로 드러나지 않을 수 있는 형식을 발견하는 데 도움이 되었다. 그러나 본문의 형식과 설교 형식의 관계에 대한 본질이 식별되었다고 하나, 그 정확한 본질은 여전히 더 밝혀져야 하는 것으로 남아 있다.

1950년대 후반과 1960년대에 새로운 설교학이 등장하기 전에는 수사학적 고려 사항이 설교의 형식을 주로 결정했다(수사비평 참고). 설교 본문의 실제 형식은 설교의 형식에 거의 영향을 미치지 않았다.

만약 설교 본문이 누가복음 15장의 탕자 이야기와 같은 내러티브 텍스트였다면, 비유 이야기는 설교에서 반드시 다시 다뤄지는 것은 아니다. 설교는 비유에 대한 세 가지 관찰, 보통 세 가지 요점을 간단히 언급할 것이다. 이러한 관찰은 일반적으로 이야기의 순서를 따르는 것이 아니라 논증으로 강력하게 인식되는 정도에 따라 순서가 정해졌다. 두 번째로 강한 요점이 첫 번째, 가장 약한 요점이 두 번째, 가장 강한 요점이 마지막에 제시되었다. 본문이 무엇이든 설교는 일반적으로 세 가지 정도의 요점으로 요약되었다.

이러한 요점은 어떤 면에서는 본문의 내용에서 파생된 것이지만, 본문의 형식은 거의 포함되지 않았다. 설교 본문이 일반적인 세 가지 요점 외에 추가적 요점을 제공할 때만 설교의 형식에 영향을 줄 수 있었다.

새로운 설교학이 등장하면서 형식과 내용 사이의 본질적 관계에 대한 새로운 인식이 생겨났다. 학자들은 설교 본문의 형식이 설교와 무관해서는 안 된다는 것을 감지했지만, 둘 사이의 관계를 정확히 설명하는 데 어려움을 겪었다. 본문의 형식과 설교의 형식이 나란히 가야 한다는 제안에 대해, 초기에는 어느 정도 호응이 있었다.

예를 들어, 어떤 사람들은 내러티브 설교는 이야기 형식을 취해야 한다고 권장한다. 이 전략은 초기에는 타당성이 있었지만, 다른 성경의 형식과 관련하여 이 관계를 일반화하려고 할 때 문제에 부딪힌다.

예를 들어, 속담(proverb)을 설교 본문으로 사용하는 설교는 그 길이와 설명의 정도에 있어서 속담 형식 이상이어야 한다.

한스 프라이(Hans Frei)는 특히 설교자들이 내러티브를 명제적 진리를 위한 자료 이상의 것으로 다루도록 유도하는 데 중요한 역할을 했다. 프라이 자신은 장르가 아니라 증언의 범주로서 내러티브에 관심을 가졌지만, 그의 연구는 설교자들이 독자/청중을 형성하고 변화시킬 수 있는 세계로 안내하는 통로로서 내러티브 자체를 진지하게 받아들이도록 영감을 주었다(1974).

찰스 캠벨(Charles Campbell)은 자유주의 이후의 설교학에 깊이 매료된 프라이의 사상의 몇 가지 함의를 설명한다. 그는 "죽음에서 부활하여 오늘날 자신의 길을 따르는 백성을 형성하고자 하는 나사렛 예수의 정체성을 표현하는" 복음 형식의 가치를 지적한다(1997, 190).

성경 설교 본문의 형식과 설교의 형식 사이의 관계에 대해 깊이 생각해 본 사람들은 모두 본문의 형식과 설교의 형식을 너무 쉽게 동일시하는 것의 위험을 인식한다. 그들은 다양한 방식으로 이 관계의 본질을 명확히 설명하려고 노력했다.

예를 들어, 토마스 롱(Thomas Long)은 본문의 초점, 즉 성경 본문이 말하는 내용이 설교의 초점이 되는 방식으로 설교가 전개되어야 한다고 제안한다. 그는 더 나아가 본문의 기능, 즉 본문이 수행하는 일도 설교가 수행해야 한다고 명시한다. 그는 "본문이 의도하는 말과 행동이 설교자가 설교에서 하고자 하는 말과 행동을 결정한다"고 언급한다(2005, 108). 즉, 설교자는 본문의 영향을 설교로 확장한다(1989, 33). 여기서 본문 형식의 수사학적 기능이 작용하는 이유는 특정 형식이 다른 형식보다 특정한 일을 더 잘 하도록 설계되었기 때문이다(1989, 26).

비슷한 맥락에서 그레이브스(Graves)는 본문의 분위기 또는 본문과 관련된 일련의 변화하는 분위기, 즉 정서적 영향이 설교에 의해 재현되어야 한다고 주장한다(1997, 20). 또한, 그는 분위기와 함께 설교는 본문이 말하는 것을 말하고 본문이 하는 것을 행해야 한다고 강조한다(1997, 18). 그는 이것을 "형식에 민감한"(form-sensitive) 설교라고 부른다(1997, 22).

이러한 제안들은 유용한 방향을 제시하지만, 설교 형식과 본문의 형식 사이의 관계를 구체화하는 데 있어 몇 가지 의문점을 제기한다. 비록 본문의 저자들이 초점을 가지고 썼다고 하더라도 본문 그 자체는 어떤 것에 초점을 맞추지 않는다. 게다가 설교자들은 특정 본문의 정확한 초점에 대해 일관되게 동의하지 않는다.

본문은 다의적이다. 역사적 배경에서 본문의 가능한 기능을 파악한 후에도 설교자는 파악한 기능이 올바른 기능인지, 또는 그 본문이 현대 청중에게 여전히 동일한 방식으로 기능하는지 또는 기능해야 하는지에 대해 여전히 의문을 품게 될 수 있다.

본문이 독립적으로 존재하지 않는다면, 그 본문이 속한 더 큰 구조는 그 본문의 특정 형식에 대해 어떤 영향을 미치게 되는가?

본문의 기능에 대해 이야기하는 것은 그 안에 내포된 복잡성을 상당 부분 간과할 수 있다. 본문은 그것을 만들어내거나 사용하는 인간 주체와 별개로 기능하지 않는다. 본문은 그 자체의 분위기를 가지거나 스스로 무엇이든 공인하지 않는다. 문제를 더욱 복잡하게 만드는 것은, 교회가 성경 본문의 초기 구성과 정경적 형성, 그리고 설교자가 설교에서 하나님의 말씀을 전할 때 성령이 그것을 사용하도록 촉구하시는 방식 모두에서 하나님의 손길을 인정해 왔다는 것이다.

이러한 복잡성을 넘어서는 한 가지 방법은 모든 설교 본문이 사실 하나의 텍스트의 조각이라는 것을 인식하는 것이다. 이 접근 방식을 취하면 가장 기본적인 설교 본문은 성경의 일부가 아니라 성경 전체가 된다. 설교자가 성경 전체를 고려하지 않고 특정 본문 조각에 의존하여 설교의 형식을 이끌어 가려고 하면 어려움이 따를 수 있다.

설교자가 전도서 10:19을 주일 설교로 선택한다고 가정해 보자.

> 잔치는 희락을 위하여 베푸는 것이요 포도주는 생명을 기쁘게 하는 것이나 돈은 범사에 이용되느니라(전 10:19).

언뜻 보기에 이 본문은 쾌락주의적 생활 방식을 옹호하거나 승인하는 것처럼 보인다. 물론, 전도서라는 맥락에서 볼 때 이 본문은 쾌락주의를 전혀 옹호하지 않는다. 그리고 성경 전체의 한 부분으로서 이 본문은 결국 방종한 윤리를 허용하는 것으로 읽힐 수 없다. 그러나 고립된 본문이 무엇을 정당화하거나 어떤 기능을 하는지를 따지는 데만 집중한다면, 신앙공동체 안에서 성경 전체가 설교의 의미, 형태, 기능을 형성하는데 어떻게 작용하는지를 충분히 고려하지 못하는 위험에 빠질 수 있다.

성경 전체는 교회에서 매우 선한 세상을 창조하고, 죄에 빠진 그 세상을 보시고, 그것의 구원, 회복, 구속을 위해 움직이심으로 응답하신 하나님을 계시하는 것으로 읽혀진다. 성경은 곤경에 처하고 죄에 빠진 세상과 스스로 구할 수 없는 사람들을 구하기 위해 하나님이 어떻게 오는가를 말한다. 이러한 접근 방식에서 설교 형식은 성경의 이러한 광범위한 내용을 반영해야 한다. 타락에서 구속으로, 포로에서 해방으로, 광야에서 약속의 땅으로, 십자가에서 부활로, 그리스도와 함께 죽음에서 그리스도와 함께 부활로 옮겨 가야 한다.

요컨대, 성경 본문 전체가 설교의 형식을 규정하고 있다. 이런 의미에서 기독교 복음 자체에는 형식이 있으며, 이것이 사실이라면 복음의 형식은 최종적으로 설교를 형성하는 데 있어서 성경 본문의 형식보다 우선한다고 말할 수 있다(Wilson 2007, 39-53, 157-83). 성경 전체와 그 주요 주제처럼, 성경 본문은 설교가 문제에서 은혜로 나아갈 수 있도록 권한을 부여한다(네 페이지 설교 참고).

이 장의 기고문들은 설교자가 설교를 구성할 때 성경 본문 내의 특정 장르나 형식이 어떻게 특정한 주석적 통찰을 필요로 하는지 파악하는 데 도움을 주고자 한다.

참고 주제 내러티브 양식; 스타일

참고 문헌 Charles Campbell. *Preaching Jesus*. (1997); Hans Frei. *The Eclipse of Biblical Narrative*. (1974); Mike Graves. *The Sermon as Symphony: Preaching the Literary Forms of the New Testament*. (1997); Thomas G. Long. *Preaching and the Literary Forms of the Bible*. (1989); Thomas G. Long. *The Witness of Preaching*. 2nd ed. (2005); Paul Scott Wilson. *The Practice of Preaching*. 2nd ed. (2007).

묵시(Apocalyptic)
데이비드 슈나사 제이콥슨(David Schnasa Jacobsen)

묵시적 본문은 설교자에게 해석상의 문제를 제기한다. 짐승, 불, 신비한 숫자 등의 기묘한 상징적 언어는 하늘과 땅의 경계를 모호하게 하는 이야기 속에 등장하여 현대의 선포에 문제를 일으킨다. 일부 덜 꼼꼼한 설교자들은 묵시적 본문들을 무비판적으로 사용하여 현대의 사건을 문자 그대로 세상의 종말을 알리는 전조로 지적하지만, 대부분의 현대 북미 설교자는 그 낯설음이나 묘사된 폭력성 때문에 묵시적 본문에 대해 침묵을 지키는 것을 선택한다.

묵시적 본문에 대한 설교적 침묵은 다양한 묵시적 소재를 담고 있는 성경과 씨름해야만 한다. 다니엘 7-12장과 요한계시록이 완전히 발달한 성경적 종말론를 대표하지만, 다른 정경, 특히 공관복음(마 24장; 막 13장; 눅 21장)과 바울 서신(고전 15장; 살전 4-5장)에도 묵시적 장면과 모티프가 등장한다. 또한, 십자가에 못 박히셨으나 부활하신 예수 그리스도에 대한 기독교 신앙의 핵심 선포는 죽은 자의 부활이라는 종말론적 주제를 중심에 두고 있다.

그래서 문자주의적 오해가 교인들에게 미칠 영향에 대한 목회적 우려에서든, 핵심적인 종말론 전통을 다시 설명해야 할 필요성에서든, 설교자는 그러한 본문을 충실히 설교할 방법을 필요로 한다.

이 문제는 새로운 것이 아니다. 정경 내에는 종말의 시간표에 대한 과신(막 13장)을 완화하고, 종말에 대한 기대를 수정하며(요 11:24-26), 심지어 예수님의 임박한 재림(벧후 3:8-10)을 재구성하려는 시도들이 있다. 묵시적 신앙을 선포하는 경쟁적 방식은 초기 기독교와 그 이후에도 이어졌다.

2세기 몬타누스파(Montanists)는 종말에 대한 문자적 해석을 고수했다. 때때로 이러한 견해는 메디치 피렌체(Medici Florence)의 사보나롤라(Savonarola)의 설교나 19세기 북미의 밀러파(Millerites)의 설교처럼 불 같은 설교에서 다시 등장하기도 했다.

그러나 다른 사람들은 묵시적 본문을 비유적으로 해석했다. 예를 들어, 아우구스티누스는 사람들에게 예수님의 재림 징조를 주시하라고 촉구하는 마가복음 13장과 같은 묵시적 본문이 청중에게 인내의 미덕을 심어 준다고 보았다.

성경 본문에 대한 역사 비판적 접근법이 등장하면서 문제는 더욱 심각해졌다. 다니엘서와 요한계시록에 등장하는 짐승적 상징과 숫자의 정확한 역사적 출처를 확인하기는 어려웠음에도 불구하고, 학자들은 이러한 본문들을 그것이 생성되었다고 여겨지는 역사적 맥락 속에 너무 명확하게 고정시켰다. 그러나 묵시적 본문의 의미가 특정한 역사적 맥락과 밀접하게 연관되어 있더라도, 설교적 질문은 여전히 열려 있다.

그것들이 오늘날 청중에게 어떻게 계속 의미가 있을 수 있을까?(적용 참고)

최근 설교 방법론은 해방주의적, 해설적, 바르트주의/후기자유주의적 세 가지 노선을 따라 발전해 왔다. 이들 각각의 차이점에도 불구하고, 세 가지 모두 묵시적 본문에 대한 역사비평적 해석이 제기하는 도전에 대응하여 발전했다.

1. 해방주의적 접근

해방주의적 접근은 오늘날 묵시적 본문에 대한 가장 적합한 해석은 유사한 역사적 억압의 맥락에서 나온다고 주장한다.

엘리자베스 슈티슬러 피오렌자(Elisabeth Schtissler Fiorenza)와 파블로 리처드(Pablo Richard)가 성경학에서 이 견해를 대표하지만, 남아프리카의 앨런 보에삭(Allan Boesak) 같은 설교자들 또한 설교단에서 이를 구현한다. 이들에게 묵시적 본문이 역사적 맥락에서 비난하는 악의 형태는 오늘날 인종 차별, 성 차별, 경제적 또는 정치적 억압 등 다양한 모습으로 악에 맞서 투쟁하는 사람들 사이에서 적절한 공감을 불러 일으킨다.

해방주의적 해석은 묵시적 본문이 억압의 초기 맥락에서 공동체를 위한 말씀이었다는 사실을 숨기지 않지만, 문맥상 그 단어는 오늘날의 해석을 위한 유형적 비유를 제공한다.

보에삭은 〈하나님의 손가락〉(The Finger of God)이라는 설교에서 출애굽기 8:19에서 나타나는 하나님의 손가락 은유를 요한계시록 19:11의 백마를 탄 "충신과 진실"이라는 이름의 기수의 계시와 연결한다. 그런 다음 이 은유를 유형학적으로 사용하여 1970년대 남아프리카의 아파르트헤이트(apartheid)에서 폭로된 부패의 계시 순간을 조명한다.

그리고 상황은 훨씬 더 악화될 것입니다. 바로가 그랬던 것처럼 정부 관리들은 마음을 굳게 먹고 백마를 탄 기수가 나타날 때까지 듣기를 거부할 것입니다. 우리가 지금 보고 있는 것은 오랫동안 하나님의 의를 발아래 짓밟아 온 자들에 대한 하나님의 심판의 시작입니다.
믿는 이들은 봅니다.
이것이 하나님의 손가락입니다!
그러나 그들은 더 많은 것을 봅니다.
백마를 탄 기수, 주님, 키리오스(Kyrios), 승리자를 봅니다. 자신의 백성의 무력함을 뛰어넘어 일어나시며, 그 입의 심판으로 적을 치는 분입니다(Rogers and Jeter 1992, 157).

보에삭은 묵시적 문자주의가 아니라 하나님의 정의를 향한 의도에 의해 억압적 질서가 변화되는 것을 유형적으로 상상한다.

2. 해설적 접근

묵시적 본문을 설교하는 두 번째 접근법은 그 주장을 현대의 사상과 언어로 번역할 수 있는 가능성에 의존한다. 이것은 루돌프 불트만(Rudolf Bultmann)의 연구에서 그 현대적 뿌리를 찾을 수 있다.

불트만은 고대 세계관의 신화적 요소는 과학적 세계에서는 그럴듯하게 표현될 수 없다고 주장했다. 이러한 이유로 불트만은 성경 본문을 과학 이전의 세계관에서 벗어나 실존주의적 자기 이해의 관점에서 '탈신화화'(demythologize)한 다음 '재신화화'(remythologize)할 것을 제안했다.

불트만의 번역 접근 방식은 마가복음 13:31-33에 대한 그의 설교에서 다음과 같이 나타난다.

이 종말이 가깝든 멀든, 정말 무서운 것

묵시(Apocalyptic)

은 우리를 둘러싸고 있는 세상이 사라진다는 것이 아니라, 그 안에 갇혀 있는 우리 자신이 연약하고 부패하기 쉬운 인간이라는 것입니다. 우리의 삶이 그 기한에 이를 것이며, 비록 다음 세대에게는 잠시 동안은 계속 존속할지라도 하늘과 땅이 어쨌든 우리에게는 사라질 것이라는 사실입니다 (Bultmann 1960, 239).

그렇다 해도 불트만의 견해에 대한 한 가지 한계는 묵시적 본문의 의미 있는 많은 부분을 '뒤에 남겨' 두는 개인주의이다.

1980년대에 설교학자 데이비드 버트릭 (David Buttrick)은 불트만의 지나치게 개인주의적인 주해에 대해 중요한 수정안을 제시했다. 버트릭에게 묵시적 본문은 "낡은 시대"가 사라지고 "새로운 시대"가 우리의 공유된 의식 속에 떠오른다는 신학적 구조를 선포한다. 요한계시록 21장의 거룩한 도성에 대한 그의 설교에서 이렇게 말한다.

> 자, 비밀 하나 알려드릴까요?
> 새롭게 만드는 것, 그것이 바로 세상에서 일어나고 있는 일입니다. 거룩한 도시는 미래완료형이 아니라 현재형입니다(본문의 그리스어 동사들를 확인해 보세요!)
> 지금 거룩한 도시가 내려오고 있습니다. 지금 하나님은 새로운 것을 만들고 계십니다. 지금 하나님은 눈물을 닦아 주시고 고통을 덜어 주시고 세상의 죽음의 권세를 이기시고 계십니다. 지금 그 비전은 다른 세상에 있는 것이 아니라 지금 우리의 낡고 찢기고 부서진 세상 한가운데서 일어나고 있습니다(Rogers and Jeter 1992, 163).

1990년대 후반에 필자는 버트릭의 단일 구조인 "낡은 시대/새로운 시대"보다 더 다양한 묵시적 본문들을 현대적 이해로 주해하고자 했다. 묵시적 본문은 사회상징적 (social-symbolic) 세계에서 우리 자신을 신학적으로 이해하는 데 적어도 세 가지 방법, 즉 낡은 사회 질서의 '파괴', 새로운 사회상징적 세계의 '창조', 또는 세계의 '유지'를 허용한다는 것이 주장의 핵심이었다. 이를 통해 설교자들이 훨씬 더 다양한 묵시적 본문을 신학적으로 설명할 수 있을 것으로 기대되었다.

3. 바르트주의/후기자유주의적 접근

바르트주의/후기자유주의 접근은 완전히 다른 출발점에서 진행된다. 이 접근법을 고수하는 사람들은 묵시적 본문을 현대적 세계관으로 해설하려고 하는 대신 현대성이 문제라고 주장한다. 바르트를 통해 그들은 "성경의 이상한 세계"를 긍정적으로 바라본다. 이들에게 묵시적 본문의 적절한 대화 상대는 청중이 이해해야 하는 현대의 '세계'가 아니라 교회다. 이 교회/성경의 관계는 묵시적 본문 설교의 기초이다.

1980년대에 설교학자 토마스 롱(Thomas Long)은 묵시적 내용과 형식이 그 자체의 의사소통적 맥락에서 '세계'에 대한 어떤 이해이든 고정된 이해들을 약화시키는 역할을 한다고 주장했다. 묵시적 본문들은 청중이 하늘 세계와 우리가 알고 있는 지상 세계(초기 기독교공동체의 예전와 맥락 포함)의 영역을 '상호 해석'할 수 있도록 안내하기 위해 고안되었다.

묵시(Apocalyptic)

요한계시록 16장의 골치 아픈 일곱 대접에 대한 롱의 설교가 이를 잘 보여 준다. 우리는 종종 하나님의 진노를 "가벼운 꾸지람"이나 "약간의 고약한 약"(Castor Oil) 정도로 순화시키려는 신학적 해석의 유혹을 받는다. 그러나 롱은 청중이 이 일곱 대접이 쏟아지는 장면을 통해, 오히려 우리의 현실과 신앙의 맥락이 불편하게 흔들리도록 허용할 것을 촉구한다.

> 이러한 외침에 대한 응답으로 요한은 오늘 본문의 말씀을 전합니다. 이것은 시간의 흐름이 자신의 운명을 확인하고 절망의 깊이를 더할 뿐인 희생자들의 기도에 대한 모든 인간의 시간을 초월한 약속이며, 그렇게만 올바르게 들릴 수 있습니다. 절망한 자들의 신이 그들의 부르짖음을 들으시고 하늘에서 움직이십니다. "가서 하나님의 진노의 일곱 대접을 땅에 쏟아 부으라"는 변함없는 자비의 전령들로부터 들려오는 큰 목소리가 들립니다(Rogers and Jeter 1992, 137).

롱에게 묵시적 상징들은 그 자체의 맥락에서 부분적으로 재현될 수 있는 수행적 힘을 지니고 있다.

래리 폴 존스(Larry Paul Jones)와 제리 L. 섬니(Jerry L. Sumney)도 그들의 작업에서 비슷한 주제를 반영한다. 이들은 묵시적 본문들에 대한 역사비평적 관점과 무비판적 문자주의에 반대하지만, 세상과 '동떨어진' 현대 교회공동체가 묵시적인 급진적 주장을 듣고 이해할 가능성이 가장 높다는 견해를 공유한다.

최근에는 찰스 캠벨(Charles Campbell)의 연구에서 보다 철저한 후기자유주의적 입장이 표명되고 있다. 그는 특히 요한계시록을 "저항 문학"의 한 예로 본다. 그러한 본문에 대한 설교의 목표는 교회를 저항의 공동체로 형성하는 것이다. 캠벨에게 있어 설교는 묵시적 본문의 의미를 광범위하고 세속적으로 이해하기 위해 해석할 필요가 없다. 그 대신 묵시적 본문에 대한 설교는 하나님의 백성인 교회를 제자화하기 위해 존재한다.

물론, 이러한 접근 방식이 전부는 아니다. 그러나 이러한 유망한 접근 방식에도 불구하고 해석의 유사 상황, 번역의 가능성, 묵시적 본문의 낯선 타자성 문제에 대한 위의 질문들은 여전히 남아 있다. 그래도 이런 질문으로 어려움을 겪는 모든 사람을 하나로 묶어 주는 무언가가 있다. 분명 묵시적 소식으로 시작되는 복음을 새롭게 선포하라는 부름이 모두에게 있기 때문이다. "그가 부활하셨다!"

참고 주제 종말론

참고 문헌 Rudolf Bultmann. *The Word and the Beyond*. (1960); David Jacobsen. *Preaching in the New Creation*. (1999); Dorothy Jonaitis, O.P. *Unmasking Apocalyptic Texts*. (2005); Larry Paul Jones and Jerry Sumney. *Preaching Apocalyptic Texts*. (1999); Cornish Rogers and Joseph Jeter, eds. *Preaching through the Apocalypse*. (1992).

외경 또는 제2정경(Apocrypha, Deuterocannoniclas)

피터 W. 플린트(Peter W. Flint)

아포크리파(외경, Apocrypha)는 문자 그대로 '숨겨진 또는 비밀스러운 글'을 의미하는 복수형 단어(단수형: Apocryphon)로, 특정 기독교공동체에 입문한 사람만 읽을 수 있는 글이다. 이 용어는 내용, 형식 또는 제목이 성경 책과 유사하지만, 결국 특정 성경 정경으로 인정되지는 않은 작품들을 위해 사용된다.

1. 외경/제2정경의 정의

가장 일반적이고 좁은 의미에서 외경은 로마가톨릭 성경에는 등장하지만, 유대교나 개신교 성경에는 등장하지 않는 일곱 권의 책과 두 권의 책 일부를 지칭한다.

토빗(Tobit), 유딧(Judith), 에스더서 추가(Additions to Esther), 지혜서(Wisdom of Solomon), 집회서(Ecclesiasticus), 바룩(Baruch, 예레미야의 편지 포함), 다니엘서 추가(Additions to Daniel), 마카베오상, 마카베오하.

이 책들은 70인역(헬라어 성경)에 포함되었지만 유대교 정경을 확립한 랍비나 종교개혁 당시 개신교 정경을 확립하 교회 지도자들에 의해 받아들여지지 않았다. 그러나 가톨릭과 정교회에서는 이러한 문헌을 성경으로 인정하여 제2정경으로 인식한다.

덜 일반적이고 보다 광범위하며 더 포괄적인 의미에서 외경에는 다양한 정교회 성경에서 발견되는 고대 서적도 포함될 수 있다. 이러한 책들이 포함될 때 외경이라는 용어는 '제2성전 시대의 유대인 저술 중, 유대인 성경에서는 제외되었지만 교회들 중 일부가 받아들이는 구약성경에는 포함된 것들'로 더 광범위하게 정의할 수 있다.

외경을 성경으로 받아들이고 이를 정경이라고 부르는 사람들에게 이 책들은 다른 성경 책들과 동일한 권위를 지니고 있다. 개신교 신자들에게도 외경은 도움이 될 수 있으며, 마르틴 루터는 "신앙 성숙을 위해" 외경을 읽으라고 권했다. 또한, 공동성서정과에는 주일 본문 목록에 일부 외경 본문이 포함되어 있기도 하다. 성경학자와 성직자에게 외경/제2정경은 구약과 신약 사이의 시대와 사건을 다루고 있기 때문에 특히 중요하게 다루어야 한다.

2. 전통적 의미에서의 외경/제2정경

토빗(BCE 4세기 또는 3세기)은 니느웨의 경건한 유대인 토빗의 고난을 다루며 하나님의 정의를 변호하는 신학적 문제인 신정론의 문제를 제기한다. 다른 사건들 중에서, 인간으로 변장한 천사 라파엘이 토빗의 아들 토비아스에게 아버지의 실명을 치료하는 방법을 알려 준다.

유딧(BCE 2세기 또는 1세기)은 아시리아(Assyrian) 군대와 그 장군 홀로페르네스(Holofernes)에게 포위된 이스라엘의 베툴리아(Bethulia) 마을이 직면한 군사적, 종교적 위기를 다룬다. 신을 두려워하는 여인 유딧은 자신과의 잠자리를 원하는 홀로페르네스에게 접근하기 위해 자신을 아름답게 꾸민다. 그러나 유딧은 아시리아 장군을 참수하고 그의 군대는 혼란에 빠진다. 이로써

외경 또는 제2정경(Apocrypha, Deuterocannoniclas)

베둘리아는 재앙에서 구출된다.

에스더서 추가본(BCE 2세기 또는 1세기)은 히브리어 본문에는 없고, 그리스어(70인역) 번역본에 포함되어 있다.

추가 A(에 1:1 이전)는 모르드개의 꿈과 왕에 대한 음모, 추가 B(에 3:13 이후)는 하만에게 유대인 멸망을 승인하는 왕의 편지, 추가 C와 D(에 4:17 이후)는 민족의 멸망이 임박한 상황에서 모르드개와 에스더의 기도와 에스더가 왕을 영접하는 모습을 묘사, 추가 E(에 8:12 이후)는 하만이 교수형에 처해진 후 유대인들에게 호의적인 아닥사스다의 칙령의 내용을, 추가 F(에 10:3 이후)는 하만에서 유대인들이 구출된 것이 모르드개의 초기 꿈을 어떻게 성취하는지를 설명하고 후기로 책을 마무리한다.

지혜서(CE 40년경 또는 그 이전)는 알렉산드리아의 유대인이 지혜를 찬양하기 위해 그리스어로 썼으며, 지혜 또는 소피아(Sophia)는 여성적 용어로 묘사되어 있다. 독자들에게 정직할 것을 권고하는데, 악인의 삶과 의인과 악인의 운명을 묘사하는 것을 통해 독자들에게 정직할 것을 권고 한다. 이 책은 지혜를 구하는 솔로몬 왕의 기도와 하나님의 선물인 지혜에 대한 그의 사랑을 강조한다. 그런 다음 아담부터 출애굽과 홍해를 건널 때까지 지혜의 사역과 임재가 묘사된다.

집회서(BCE 180년경, 서문 BCE 132년경). 시락서 또는 '예수 벤 시라의 지혜'라고도 알려진 이 지혜의 책은 고대에 교육 및 지도 현장에서 널리 사용되었으며 히브리어와 그리스어 형태로 여러 번 복제되었다. 집회서의 51개 장은 이스라엘의 지혜 전통에 대한 학습과 토라에 나오는 모세의 율법을 결합하여 "여호와를 경외하는 것"에 중점을 둔다.

바룩서(BCE 200-60년)는 예레미야의 서기관 바룩이 바벨론 유배지에서 예루살렘의 제사장들과 백성들에게 보낸 편지라고 전해진다. 산문 기도문, 지혜 시, 위로의 시 등 원래 독립된 세 개의 글이 하나로 합쳐져 서론이 되었다. 바룩서 6장에는 느부갓네살 왕이 바벨론으로 추방한 유대인들에게 보낸 예레미야의 편지(BCE 4세기에서 2세기 후반)를 포함하는데, 아마도 BCE 597년 1차 유배 때를 상정하는 것으로 보인다.

다니엘서 추가본(모두 BCE 3세기에서 2세기)는 세 부분으로 구성되어 있다. 아사랴(=아벳느고)의 기도와 풀무 속에 있던 세 유대인의 노래가 다니엘 3:23과 3:24 사이에 삽입되어 있다. 수산나(그리스어판 다니엘서 13장)는 다니엘이 아름답고 경건한 여인 수산나를 어떻게 구해냈는지 자세히 설명한다. 수산나는 그녀를 유혹하려던 두 장로에게 부당하게 고소를 당했다. 마지막으로, 벨과 용(그리스어판 다니엘서 14장)은 다니엘의 우상 숭배와 벨의 제사장들에 대한 반대를 강조하고, 다니엘이 바벨론 사람들이 숭배하던 큰 용을 어떻게 죽였는지에 대해 이야기한다.

마카베오상(BCE 2세기 후반 또는 1세기 초)은 압제적인 시리아 왕 안티오쿠스 에피파네스에 대항한 마카베오 항쟁의 기원과 과정을 설명한다. 유대인 제사장 마타티아스가 시작한 이 반란은 그의 다섯 아들과 손자에 의해 이어졌다. 이 가문은 마카베오(문자 그대로 '망치질하는 자', 마카베오상 2:4 참고) 또는 하스몬 사람으로 알려지게 되었다. 마카베오 가문은 예루살렘을 탈환하고 유대인의 독립을 가져온 하나님의 도구로 묘사된다.

마카베오하(BCE 124년)는 마카베오 반란으로 이어지는 사건에 대한 중요한 세부 정보를 제공하며, 항쟁의 지도자인 유다 마카베오가 시리아 장군 니카노르를 물리친 BCE 161년까지 이어지는 그의 업적을 따라간다.

정복 내러티브(Conquest Narratives)

제프리 S. 로저스(Jeffrey S. Rogers)

여호수아서의 정복 이야기만큼 강단에서 선호도가 떨어진 성경 이야기는 거의 없는 것 같다. 역사비평적, 고고학적 연구는 이 내러티브의 전반적인 땅 정복 이미지에 대한 신뢰를 약화시켰다.

사회정치적 해석은 이 설화에 반영된 민족 중심주의, 군사주의, 민족주의를 건전하게 비판했다. 대량 학살, 인종 청소, 전시 잔혹 행위의 끔찍한 현대적 사례는 원주민의 대량 학살(수 10:40), 무고한 이들의 학살(수 6:21; 10:28-40), 그리고 전쟁 포로 살해(수 10:22-26)를, 전쟁에 단련된 감수성에도 불구하고, 불쾌하게 만드는 데 기여했다.

게다가 개정공동성서정과(RCL)는 이러한 내러티브에 대한 시선을 편리하게 피하고 있기 때문에 특히 예배 환경에서 설교자들은 복음을 선포하는 맥락에서 이러한 이야기를 이해할 기회가 거의 없었다. 그래도 중요한 선포를 위한 열린 문은 여전히 남겨져 있다.

RCL에서 이스라엘 백성의 정착을 언급하는 여호수아의 두 구절에서, 이 정복은 이스라엘 백성을 침략한 군사 작전이라기보다는 이스라엘을 위한 하나님의 행위로 언급된다(수 3:10; 24:18; 13:6 참고). 사실 이스라엘이 그 땅을 점령한 것은 빼앗은 것이 아니라 선물로 받은 것이라는 것이 성경 내부의 지배적 이해이다. 정복은 이스라엘의 승리가 아니라 하나님의 승리로 축하되었고, 이스라엘의 능력이 아니라 하나님의 은혜와 힘에 대한 증거로 기억되었다(시 44:1-8; 68:12-14; 78:54-55; 행 7:45).

일부 독자는 이러한 이해가 이 이야기의 해석학적 문제를 침략자들의 불의에서 하나님의 공의라는 더 어려운 문제로 옮겨 놓는다고 합리적으로 이의를 제기할 수 있다. 그러나 정복이 제기하는 근본적인 신학적 딜레마는, 바로 이스라엘을 선택하고 '열방'을 거부한 하나님의 선택에 대한 묘사, 즉 바울이 '이스라엘의 문제'로부터 하나님의 의로움에 대한 문제 제기로 초점을 이동시킴으로서 해결하려 하였던 로마서 9-11장의 난제의 거울상이다.

세상 속에 계신 하나님의 방식들에 대한 신학적 성찰은 복음 선포의 핵심에 놓여 있는데, 결국에는 조만간에 "하나님의 택하심의 목적"(롬 9:11)이라는 신비, "하나님의 인자하심과 준엄하심"(롬 11:22)이라는 수수께끼, "모든 사람에게 긍휼을 베푸시는"(롬 11:32) 하나님의 불가해한 의도라는 끊임없는 난제에 부딪히게 될 것이다. 이러한 내러티브를 효과적으로 설교하기 위해 해석자가 "역사에서 더 높은 이해로 올라가야 한다"는 오리게네스의 말에 동의하기 위해 알레

정복 내러티브(Conquest Narratives)

고리를 사용할 필요는 없다(Franke 2005, 3).

한 평화로운 대화자리에서 미국의 한 교외 거주자는 한 종교학 교수에게 다음과 같이 물었다.

"교회는 언제쯤 성경의 일부가 아닌 전체를 설교하기 시작할까요?

나는 이 모든 '원수를 사랑하라'나 '오른뺨을 맞으면 왼뺨을 돌려 대라'라는 말도 안 되는 이야기들은 이제 질렸어요.

교회는 언제부터 이 나라를 구하기 위해 여호수아처럼 모든 불신자를 몰아내야 한다고 설교할 건가요?"

예상치 못한 성경의 탈을 쓴 파시즘의 망령에 잠시 놀란 교수는 이렇게 대답했다.

"글쎄요, 저는 기독교인이 된다는 것은 '여호수아처럼 되기'가 아니라 '예수님을 따르는 것'이라고 생각해 왔습니다. 그래서 '원수를 사랑하라'와 '다른 뺨을 돌려 대라'는 말씀이 저에게는 이해가 되는 것 같습니다. 저는 여호수아가 아니라 예수님을 따릅니다."

정복 서사와 그 서사의 부적절한 전유에 맞설 때, 성경의 모든 인용이 "이렇게 하라, 그러면 살리라"(눅 10:28)는 예수님의 승인을 받은 것은 아니며, 예수님의 모든 비유가 "가서 너도 이와 같이 하라"(눅 10:37)는 승인으로 끝난 것은 아니라는 점을 기억할 필요가 있다. 때로는 가장 적절한 해석학적 모델(문화해석학 참고)이 복음서 전통의 예수님의 말씀에서 발견되기도 한다.

> 옛 사람에게 말한 바 … 너희가 들었으나 … 나는 너희에게 이르노니(마 5:21-22, 33-34).

실제로 성경의 어떤 구절도 고대 이스라엘에게 정복을 되풀이하거나 반복하라고 요구하지 않는다. 창조(신년 축제), 애굽 탈출(유월절), 광야 방랑(초막절), 율법 수여(오순절)의 의례적 재현은 성경과 후대의 유대 전통에서 잘 증명되어 있다. 그러나 정복의 날이나 정복의 절기가 신성한 의식으로 확인된 곳은 어디에도 없으며, 정복은 성경의 이스라엘이 다시 한번 수행하도록 부름받은 임무도 아니었다.

수 세기에 걸친 설교는 그 땅의 주민들을 비방하고 교회의 종교적, 정치적, 문화적 적을 위한 희생양으로 취급해 왔다. 그러나 동시에 잘 알려진 해석 방법 중 하나는 이 땅의 적들을 역사적 민족이 아니라 항상 투쟁해야 하는 신자들의 악, 유혹, 절제되지 않은 열정으로 이해하는 것이다. 이것은 포고라는 월트 켈리(Walt Kelly)의 위대한 만화 캐릭터의 능청스러운 대사 "우리는 적을 만났고, 그 적은 바로 우리다"로부터 나오는 정복 내러티브에 대한 해석이다.

일부 해석가는 이러한 독해를 우의적 공상의 산물이라고 일축할 수 있지만, 그러나 여호수아부터 열왕기하까지 신명기적 의제와 주제적으로 일치한다. 이 의제는, 이스라엘이 하나님의 눈에 든 것은 하나님의 은혜와 이스라엘의 신실함 사이의 함수 관계이지, '타자'의 신실하지 못함과 관련 있는 문제가 아니라는 의제다. 신명기 학자들에 따르면, 하나님의 백성은 하나님과의 관계에서 항상 스스로가 최악의 적이었다.

또한, 땅에서 벌어지는 전투는 모든 사람이 살아가거나 죽음을 맞아할 때 누구나 마주할 수 있는 공포와 시련을 묘사하는 것으로 해석되어 왔다. 중독, 학대, 정신 질환, 파괴적, 또는 자기 파괴적 행동의 어두운 길을 교인들과 함께 걸어 온 가장 평화주의적인 목회자조차도 전투 이미지에 공명한다.

> 마귀의 간계를 능히 대적하기 위하여 하나님의 전신 갑주를 입으라 (엡 6:11).

> 내가 네게 명령한 것이 아니냐 강하고 담대하라 두려워하지 말며 놀라지 말라 네가 어디로 가든지 네 하나님 여호와가 너와 함께 하느니라 하시니라 (수 1:9).

에베소서 저자에 따르면 "평안의 복음"을 전파하려면 "성령의 검"을 가져야 한다 (6:15, 17). 상징적인 검은 예수님의 말씀 전통에서도 등장하는데, 일부 독자에게는 여호수아와 너무 비슷하게 들리기도 한다.

> 내가 세상에 화평을 주러 온 줄로 생각하지 말라 화평이 아니요 검을 주러 왔노라 (마 10:34).

이 말조차도 요한계시록 19:11-21에 나오는 칼과 정복 이미지의 묵시록적 활용에 비교하면 쉽게 받아들일 수 있는 말이다. 이와 같은 구절에 대한 문자적이고 급진적인 해석의 부끄러운 예는 이를 억제할 근거로 삼을 수 없다. 정복 이야기와 관련 구절을 유효하고 효과적으로 선포하려면 해석자는 폭력과 구원, 친구와 적, 자아와 타자에 대한 성경적 이미지의 상징적 힘의 깊이를 파악하여 이를 창의적으로 재적용하고 재전유할 수 있어야 한다.

창조적 선포는 종종 "지배적인 주제뿐만 아니라 반대의 목소리에 귀를 기울이는 것"에서 비롯된다 (Pressler 2002, 5). 교회 초기부터 기독교 해석가들은 여리고로 파견된 이스라엘 정탐꾼 중 '타자'를 보호하고 숨겨준 라합의 캐릭터에 매료되었다 (수 2:1-7, 12-16; 6:25; 히 11:31). 라합의 행위가 아니라 믿음이 라합을 구원했다고 주장하는 개신교의 설교에 부분적으로 반박하면서, 다원주의적 사고를 가진 해석자들은 라합이 자신의 종교와 문화를 버리고 이스라엘 민족을 포용했기 때문에 자비를 받았다고 이의를 주장해 왔다.

그러나 두 해석 모두 라합의 환대가 그녀의 구원이었다는 본문의 명시적 표현을 무시한다 (수 6:25; 약 2:25). 나그네에 대한 환대 (롬 12:13; 히 13:2)라는 정반대의 목소리는 무력 충돌의 시끄러운 소리 아래에서 들려온다. 라합과 그 가족의 안전을 약속한 정탐꾼들은 신명기 20:15-18에 명시된 교전 규칙과 명백히 모순되는 선제적 평화의 말을 전했고, 그 결과, 황금률 (마 7:12; 디다케 1:2)의 반향이 치명적인 문화 충돌의 한가운데서 울려 퍼졌다.

마찬가지로 자신들이 멀리서 왔다고 이스라엘 백성을 속였던 기브온 족속을 박멸하려던 사람들의 '원망'에 저항한 용기 있는 무명의 '회중 지도자들'은 여호수아와 함께 엄격한 율법 집행에 우선하는 선의로 맺은 평화의 약속을 존중하는 본보기가 된다 (수 9:26-27; 레 27:29와 대조적으로).

여호수아서의 다른 곳(그리고 사사기 1장)에서는 가나안 사람들과 이스라엘 사람들이 그 땅에서 계속 공존하고 있음을 증명하는 반복되는 반대의 목소리를 들을 수 있다 (13:1-6; 15:13-17, 63; 16:10; 17:12-13). 이러한 반대 목소리에 귀를 기울이면 여호수아의 정복 이야기가 진노의 규칙보다는 자비의 예외에 관한 것이라는 강력한 해석학적 사례를 만들 수 있으며, 이는 복음의 모티프가 될 수 있다.

참고 주제 알레고리; 알레고리적 해석; 성별; 인종, 민족; 윤리와 하나님

참고 문헌 Jerome D. *Creach. Joshua.* (2003); John R. Franke, ed. Joshua, *Judges, Ruth, 1–2 Samuel.* (2005); Carolyn Pressler. *Joshua, Judges, and Ruth.* (2002).

상황 서신(Contextual Epistles)

고든 D. 피(Gordon D. Fee)

신약의 모든 서신은 역사적 상황에 따라 조건부이며(즉, 어느 정도까지는 특정 상황에 맞추어진 것이지만), 그중 일부는 다른 서신보다 특별히 더 그렇게 되어 있다. 서신들이 말하는 역사적 상황은 현대 설교자와 회중이 처한 상황과는 상당히 이질적인 경우가 많다. 그러나 모든 경우에 있어서 설교자가 직면하는 문제는 어떻게 하면 그때와 그곳에서 현재로 이동할 것인가이며, 그렇게 함으로써 두 맥락 모두와 일관성을 유지하는 방식으로 설교를 할 수 있는가 하는 것이다.

1. 문제 정의하기

가장 단순한 정의는 이 편지 저자가 그가 쓰고 있는 사람이나 교회에 하고 싶은 말에서 시작된 것이 아니라, 저자가 응답해야 하는 수신자들 편의 맥락에서 쓰여진 서신이라는 것이다.

바울 서신 모음에 포함된 서신 중 적어도 열 개(로마서, 에베소서, 빌레몬서 제외)는 이러한 의미에서 상황적이다. 일부 서신(예: 고린도전서와 갈라디아서)은 다른 서신들보다 더 강렬하지만, 히브리서나 소위 일반 서신은 그렇지 않다. 그리고 열 개의 서신은 바울에게 어떤 종류의 의사소통(서면 또는 구두)으로 인해 쓰여진 것이기 때문에 주석 작업은 항상 바울이 말하는 교회의 상황을 파악하려는 시도를 포함하며, 설교 작업은 본문의 의미를 오늘날 교회의 유사한 상황에 적용하는 것이다.

그러나 고린도전서나 빌립보서처럼 더 특수 상황에서 쓰인 서신이라 할지라도 해석학적/설교적 과제의 경우 그 상황은 다양하다. 고린도전서 1:1-4과 11:2-16 사이의 진정한 역사적/문화적 차이를 생각해 보라.

첫 번째 경우, 문화 간 번역의 과제는 비교적 최소화 되어 있다. 신앙공동체 내부의 다툼이 계속 발생하고, 교회는 여전히 핵심적인 복음(십자가에 못 박히신 메시아, 1:18-25), 리더십의 역할(3:1-15), 교회의 본질(성령이 내주하시는 하나님의 성전, 3:16-17)에 대한 바울의 세 가지 관심사를 들어야 한다.

두 번째 경우(11:2-16)에서는 머리 덮개 문제와 문화적으로 비교할 만한 것이 거의

없다. 이 경우의 어려움은 설교자가 바울이 제시하는 즉흥적인 보조 논거들로부터 신학적 함의를 이끌어 내려고 할 때 발생하는데, 이 보조 논거들조차 어느 정도 당시 상황에 제약된 논리이기 때문이다.

2. 과제 정의하기

상황 서신에서 설교하는 과제는 다음과 같이 두 가지다.

첫 번째 과제는 당면한 구절을 주의 깊게 주해하는 것이다. 설교자는 특정 단어와 구절의 의미뿐만 아니라, 특히 이 단어가 이 특정 문맥을 위해 이 특정 방식으로 쓰여진 배경에 대해 생각해야 한다. 그리고 여기에서 더 나은 주석들을 참조해야 한다(이러한 목록에 대해서는 Fee 2002, 173-77 참고).

두 번째 과제는 모든 설교의 가장 중요한 과제로서, 원래 배경에서 본문의 의미를 오늘날 하나님의 백성을 위한 말씀으로 번역하여 그들의 현대적 배경에 맞게 해석하는 것이다. 설교의 권위는 성경 본문이 설교의 의제를 설정하도록 하는 설교자에게 달려 있으며, 설교의 진실성은 성경 본문의 요점을 오늘날의 비슷한 상황과 연관시키는 방식으로 역사적 거리를 좁히는 설교자의 능력에 달려 있다.

예를 들어, 누군가가 고린도전서 1:18-25에서 기독교 신앙의 궁극적인 모순, 즉 기독교 복음의 핵심인 십자가에 못 박히신 메시아에 대해 설교할 때, 왜 그러한 문제가 다른 지도자들이 분열의 중심이 되는 공동체 내부의 분열 문제에 대한 반응으로 먼저 제기되는지 질문할 필요가 있다. 복음 자체에 대한 심각한 오해가 문제의 핵심에 놓여 있음을 인식하는 데는 그리 오랜 시간이 걸리지 않을 것이다.

그러므로 설교의 임무는 고린도뿐만 아니라 모든 시대와 환경에 있는 모든 교회에 중요한 말씀으로서 본문의 의미를 설명하는 것이다.

3. 맥락적으로 비교 가능한 본문에서 설교하기

여러 가지 면에서 이것은 모든 설교 작업 중에서 가장 쉬운 작업이다. 설교자는 현대 회중에게 본문의 잠재적 가능성을 놓치지 않도록 다음과 같은 점에 주의해야 한다.

첫째, 바울 서신 본문 자체의 의미를 궁극적으로 왜곡하는 현대적 맥락의 가정

둘째, 표면적으로는 평이한 것처럼 보이지만 실제로는 원래의 맥락의 의미를 놓치는 설교

첫째 주의점의 예로, 고린도전서 3:5-17의 세 단락에서 중요한 현대적 가능성을 주목하자.

첫 번째 단락(5-9절)에서 바울은 그들이 대립하고 있는 리더들의 역할과 중요성에 대해 다시 생각하게 하려고 노력하고 있다. 그들의 역할은 오직 섬김의 역할일 뿐이며, 교회를 소유하거나 교회에서 높아져서는 안 된다. 교회 지도자는 단순히 하나님의 농장의 종일 뿐이며, 모든 것(교회와 리더 모두)은 하나님의 것이다(9절).

상황 서신(Contextual Epistles)

두 번째 단락(10-15절)에서 바울은 자신과 아볼로가 아니라 현재 고린도에서 '교회를 세우는 것'(building)을 책임지고 있는 리더들에게 관심을 돌린다. 문제는 지역교회를 어떻게, 그리고 무엇으로 세우는가 하는 것이다. 기초가 되시는 그리스도가 아닌 리더에게 초점을 맞춘 방식으로 교회를 "세운다면" 그 교회는 시간의 시험을 견디지 못하는 위험에 처하게 된다. 결국, 그들은 고린도에 하나님의 "성전"을 세우고 있는 것이다(솔로몬의 성전을 건축하는 것에 대해 언급한 역대상과 역대하의 본문에서 "금, 은, 진귀한 돌들"이 언급된 것을 참고하라).

세 번째 단락(16-17절)에서 바울은 교회가 누구이고 또 무엇인지를 고린도 교회 교인들에게 다시 생각하게 하려고 애쓰고 있는데, 그 유일한 관심사는 바로 고린도에 있는 하나님의 성전이다. 사실 신약성경에서 지역교회의 본질과 중요성에 대한 하나님의 관점에 대해 이토록 강력하게 말하고 교회를 파괴하려는 사람들이 영원한 심판의 위험에 처하게 된다는 것을 말하는 다른 본문은 없다.

둘째 주의점과 관련하여, 상황 서신들을 설교할 때 피해야 할 함정 중 하나는 잘 알려진 구절을 원래 문맥에서 벗어나 설교하려는 유혹이다.

일반적인 예는 바울이 빌립보 교회의 고질적 불일치를 억제하기 위해 정확하게 그리스도 이야기를 전하고 있다는 사실을 인식하지 않고 "바울 서신의 아크로폴리스(acropolis)"라고 불리는 빌립보서 2:5-11을 그 본문이 놓인 맥락 없이 따로 떼어 내 설교하는 것이다. 그래서 2:3의 연합에 대한 호소에서 그는 "이기적인 야망이나 허영심에서 아무것도 하지 말라"는 두 가지 악을 분리하여 설명한다.

영원한 아들의 신성한 자기 비움에 대해 말하는 6-8절의 두 문장은 이 두 가지 악에 대해 직접적으로 말하고 있다. "이기적 야망"과는 대조적으로, 그리스도는 하나님과의 평등을 "착취해야 할 것"으로 여기지 않으시고 "종의 형체를 취"하셔서 "자신을 비우셨다." 그리고 "자만"과는 대조적으로, 그리스도는 인성 안에서 십자가에서 죽음에 순종함으로써 "자신을 낮추셨다."

그런 다음 두 번째 단락(9-11절)은 그러한 자기 비움과 순종의 신적인 확인을 나타낸다.

이어지는 본문(12-16절)은 바울이 그리스도의 모범을 자신의 상황에 적용하는 내용이다.

4. 맥락적으로 비교할 수 없는 본문에서 설교하기

어떤 면에서는 이것이 더 어려운 작업처럼 보일 수 있지만, 실제로 이러한 본문들은 두 문맥의 일관성을 유지하기 위해 일반적으로 다른, 그러나 상대적으로 비교 가능한 맥락으로 번역할 수 있다.

예를 들어, 고린도 교인들이 우상 신전에서 절기(고전 8장 및 10:12-22)에 계속 참석해야 한다고 주장하지만, 바울은 이를 절대적으로 금지하고 있는 구절을 들 수 있다. 이러한 문제는 일부 아시아 문화권에서는 여전히 상당한 의미를 지니고 있지만, 서양에서는 그다지 중요하지 않다. 각자의 문화적 배경에서 무엇이 진정 우상 숭배인지, 즉 살아 계신 하나님 이외의 신을 숭배하는 것이 무엇인지 파악해야 한다. 그러나 단순히 다른 사람의 행동에 불쾌감을 느껴 참여하지 않는 사람이 자유롭게 참여할 수 있는 사람을 판단하는 방식으로 본문을 적용하지 않도록 주의해야 한다.

5. 피해야 할 몇 가지 남용 사례

상황 서신 설교에서 가장 흔하게 남용되는 것은 서구 교회에 내제된 것으로, 전체 기독교공동체에 의도된 본문들을 개별화하는 것이다.

이러한 남용의 전형적인 예는 고린도전서 3:10-15, 16-17을 개별화할 때 발생한다. 두 번째로 흔한 남용은 바울 서신에서 일부 문구를 가져와 그 문구가 나오는 상황을 완전히 무시한 채 그 문구를 설교하는 것이다. 위에서 정의한 바와 같이 이러한 설교는 전혀 성경적이지 않다.

그래서 상황 서신에서 설교하는 규칙은 바울 서신과 자신 모두의 상황을 기억하고 상황에서 상황으로 의미 있게 번역하는 것이다.

참고 주제 적용; 다리놓기; 설교적, 신학적 서신서

참고 문헌 G. D. Fee. *New Testament Exegesis*. 3rd ed. (2002).

전도서(Ecclesiastes)

앨리스 M. 맥켄지(Alyce M. McKenzie)

많은 설교자가 전도서를 우울하고 비관적인 책이라고 생각하여 건너뛰는 경우가 많다. 그러나 실제로 전도서에는 일상의 지루함과 갑작스러운 비극의 아픔에 맞설 수 있는 통찰력을 주는 지혜로운 선생의 작품이 담겨 있다. 흔히 음울하고 어두운 것으로 묘사되지만, 전도서에는 하나님에 대한 감사와 생명의 선물에 대한 기쁨이라는 현실적 메시지가 담겨 있다.

전도서의 지혜의 가르침을 기록하거나 수집한 설교자 또는 교사(Qohelet, 코헬렛)는 아마도 페르시아 왕들이 백성들을 다스리던 BCE 5세기에 팔레스타인에서 글을 썼던 현자(코헬렛)였을 것이다. 이 불안하고 억압적인 시기는 하나님과 인생에 대한 코헬렛의 관점을 형성한 것으로 보인다. 이는 잠언의 전통적이고 낙관적인 지혜에 환멸을 느끼는 데 기여한 것으로 보인다.

코헬렛에게 신은 초월적이고 신비로운 존재이다. 땅을 수하에 분배한 페르시아 왕들이 누군가에게는 더 크고 더 비옥한 땅을 분배한 것처럼, 하나님은 즐거움과 불의를 분배하는 문제에 책임이 있으시다. 이 하나님은 두려워해야 할 대상이며 도전해서는 안 된다(5:2). 이 멀리 계신 하나님과 관련하여 인간의 지혜는 심각하게 제한적이다(8:17).

코헬렛은 인간의 삶을 헛되다(bevel)고 묘사하는데, 흔히 "허무"(vanity)로 번역되지만 정확한 영어 번역 표현은 없다. 문자 그대로의 의미는 '숨' 또는 '바람'이다. 코헬렛은

'헛되다'는 단어를 신을 묘사하는 데 사용하는 것이 아니라 전통적 지혜(좋은 삶은 운이 좋은 삶과 같다)에 대한 기대가 실망하는 삶의 상황들을 묘사하는 데 사용한다. 그는 인생의 덧없음(6:12; 7:15; 9:9), 기쁨(2:1), 인간의 성취(2:11; 4:4), 젊음과 인생의 전성기(11:10)에 대해 이야기할 때 이 단어를 사용한다.

전통적 지혜는 선한 행위가 좋은 결과를 가져온다고 확신에 차서 주장했지만, 코헬렛은 항상 그렇게 되는 것은 아니라고 보았다. 전통적 지혜는 지혜로운 사람과 어리석은 사람을 구별했지만, 코헬렛은 불행과 죽음이 어리석은 사람만큼이나 지혜로운 사람을 괴롭힌다는 사실에 의해 어리석음보다 지혜를 칭찬할 근거가 사라졌다고 느꼈다(2:14, 16; 6:8, 11).

전도서에서는 우리가 무시하고 싶은 삶의 사실을 직시하도록 도전한다. 인생은 예측할 수 없고, 하나님은 헤아릴 수 없으며, 죽음은 피할 수 없다. 이러한 사실을 직시하면서, 이 지혜로운 선생은 매 순간 인간의 한계를 인식하고 예측할 수 없는 인생에서 하나님이 우리에게 주신 소중하면서도 위태로운 기쁨을 감사하며 살라고 조언한다(3:9-14).

1. 전도서에서의 희망적 주제들

전도서에 나오는 희망은 단조로 연주되지만, 그래도 희망이다. 전도서에서 희망적인 주제는 세 가지가 있다.

첫째, 인간의 한계를 받아들이는 것이다 (3:9-22; 5:1-7; 8:16-17). 우리 모두는 시간, 에너지, 수명, 상황 통제력, 하나님에 대한 지식에 제한이 있다. 코헬렛은 진정한 지혜는 우리의 한계를 인정하고 그 한계를 처음 만드신 분께로 돌아가는 데 있다고 믿는다 (3:9-11). 우리가 제한을 받는 것은 하나님이 그렇게 만드셨기 때문이다. 우리는 겸손하게 하나님 앞에 서서 하나님이 하나님이 되시도록 허용한다(5:7).

둘째, 실망에 대한 기대이다. 이 주제에 대한 설교는 "우리에게 약속되지 않은 장미 정원을 얻지 못할 때"라고 할 수 있다. 코헬렛이 말하는 실망의 목록에는 어리석은 자에게와 마찬가지로 지혜로운 자에게도 죽음이 온다는 사실(2:12-17), 현재의 수고가 지속적 이익으로 이어지지 않는다는 사실(2:18-23), 삶의 불확실성(6:1-6; 9:11-12), 강자에 의한 약자의 억압(4:1-3)이 포함된다. 그렇다고 해서 사람들이 결코 실망하지 않도록 최악의 상황을 예상해야 한다고 설교해야 한다는 뜻은 아니다. 코헬렛의 관점에 담긴 함의는 잠재적인 해방 효과를 가질 수 있다.

전도서는 인간이 만든 구조와 근거 없는 기대가 종종 더 넓은 현실을 견디기에는 부적절하다는 사실을 깨닫고 살아갈 수 있도록 우리에게 자유를 준다. 전도서는 모든 사람에게 불행이 닥칠 것이라는 환상에서 벗어나 삶을 살아갈 수 있도록 우리를 해방시켜 준다. 코헬렛의 주제는 우리가 비극과 승리 모두에서 오는 성장에 열려 있는 삶을 살 수 있게 해 준다.

셋째, 우리가 인생에서 우리의 '몫'을 누리고, 그 안에 담긴 음식, 음료, 일, 사랑의 축복에 감사할 수 있다는 것이다(2:10; 3:22; 5:18; 9:7-9).

왜 그럴까?

기쁨과 슬픔을 함께 나누는 우리의 몫은 하나님이 주신 선물이기 때문이다.

코헬렛은 우리에게 우리의 몫을 누리고 그 축복에 감사하라고 반복해서 권면한다. 그는 또한 우리 자신의 죽음의 필연성을 기억하라고 거듭 촉구한다. 그는 우리가 각자의 몫에서 기쁨에 집중하기를 원하며, 그것이 위태롭기 때문에 더욱 소중하다는 것을 발견하기를 원한다. 우리가 당면한 기쁨에 집중하는 것이 야망과 끝없는 수고, 그리고 그것이 우리에게 가져다줄 것이라고 생각하는 이득에 집중하면서 우리의 축복을 과소평가하는 것보다 훨씬 낫다고 그는 생각한다(9:7-10).

2. 상황 속의 전도서

전도서에 나오는 모든 본문은 전도서 전체의 관심사와 맥락에 비추어 설교되어야 한다. 이렇게 하면 설교자들이 3:1-8과 12:1-8과 같이 시적이고 영감을 주는 구절들을 꺼내 삶의 계절의 질서를 찬양하거나 젊었을 때 신앙심을 가지라는 단순한 권면으로 잘못 해석하는 것을 막을 수 있다(지혜서; 도덕적 교훈 참고).

전도서 구절들도 구약의 다른 지혜서, 특히 욥기와 잠언의 맥락에서 설교될 필요가 있다.

멀리 계신 하나님에 대한 코헬렛의 우울한 환상은 욥이 하늘의 문을 두드리는 분노와 균형을 이룬다. 욥은 특히 고통의 시기에 결코 멀리 있지 않은 하나님을 만난다. 욥의 하나님은 코헬렛의 하나님처럼 우리의 깔끔한 인과율에 맞지 않는 하나님이다.

전도서는 또한 보다 낙관적인 잠언의 맥락에서 설교되어야 한다. 인간 지혜의 한계에 대한 전도서의 주장은 지혜를 구하는 사람은 인생에서 큰 기쁨과 통찰을 얻을 수 있다는 잠언의 확신과 균형을 이루어야 한다. 우리가 떨고 두려워해야 할 멀고 알 수 없는 하나님을 강조하는 전도서에는 마음을 다해 주님을 신뢰하면 지혜와 생명을 얻을 수 있다는 잠언의 확신이 필요하다(1:7; 3:18; 4:13; 9:10; 10:27; 14:27).

코헬렛은 인간과 하나님 사이의 구분을 인식할 뿐만 아니라 어떻게 사는 것이 최선의 삶인지에 대한 상당한 수준의 통찰로 이끌어 주는 급진적인 경외심으로 여호와를 묘사하는 잠언이 필요하다(3:5-8). 사회적 소극주의(passivism)와 체념을 담고 있는 전도서에는 히브리 선지자들의 사회 정의에 대한 열정이 필요하다.

기독교 정경의 관점에서 전도서 설교는 예수 그리스도 안에서 하나님의 계시가 어떻게 더 큰 맥락에서 드러나는지를 고려하여 이 책의 독특한 주제를 바라본다. 멀리 계신 하나님, 정의와 불의에 모두 책임이 있는 하나님, 강자에 의한 약자의 억압에 대한 체념, 삶의 종말로서의 죽음, 삶의 시기를 결정하시는 하나님 등 코헬렛의 여러 주제는 신약성경의 본문들 및 주제들과의 대화를 통해 보완하고 수정될 필요가 있다.

참고 문헌 Alyce M. McKenzie. *Preaching Proverbs: Wisdom for the Pulpit*. (1996).

에스더(Esther)
디운 베르간트, C.S.A (Diunne Bergant, C.S.A.)

에스더는 현대 독자들에게 신데렐라와 잔다르크의 이미지를 떠올리게 할 수 있다. 이 이야기에서는 무명의 가문 출신의 어린 소녀가 페르시아 여왕이 되어 목숨을 걸고 백성들을 구한다. 이 이야기는 짧은 히브리어 버전과 긴 헬라어 텍스트의 두 가지 주요 형태로 우리에게 전해져 내려왔다. 정경을 선택한 유대교와 개신교는 히브리어 본문만 받아들인다. 로마가톨릭 버전에는 헬라어로 된 추가 부분도 포함한다. 이러한 텍스트의 차이에도 불구하고 이야기의 구조는 기본적으로 동일하게 유지된다.

고레스의 칙령(대하 36:22-23)에 따라 추방된 유대인의 남은 자들이 이스라엘 땅으로 돌아왔지만, 페르시아에는 대규모 공동체가 남아 있었다. 이 디아스포라에서 많은 유대인이 번영한 것처럼 보였지만, 페르시아 도시 수사에서 일어난 에스더의 이야기에서 볼 수 있듯이 그들은 종종 주변 민족으로 취급받았고 때로는 박해를 받기도 했다.

고아가 된 유대인 소녀 하다사(Hadassah)는 와스디(Vashti) 왕비가 왕의 명령을 따르기를 거부한 결과로 추방된 후, 페르시아 통치자의 하렘에 들어가게 된다. 지금은 에스더로 알려진 뛰어난 미모의 여성 하다사는 와스디를 대신해 여왕이 된다. 그녀는 유대인임을 밝히지 않고 왕비의 자리에 올랐다. 얼마 후 에스더를 딸로 입양한 사촌 모르드개는 하만이라는 페르시아 관리에게 공개적으로 경의를 표하는 것은 유대인의 민감한 부분을 침해하는 행위라며 이를 거부한다. 이에 격분한 하만은 모르드개를 교수형에 처하고 유대인공동체 전체를 몰살시키려는 음모를 꾸민다.

모르드개는 에스더에게 도움을 청한다.

그러나 에스더가 할 수 있는 일은 무엇일까?

왕의 소환을 받지 않고 왕의 면전에 나타나면 왕의 불쾌감을 사서 전임 왕비 와스디와 같은 형벌을 받을 위험이 있다. 민족의 대의를 위해 호소하면 유대인 신분이 드러나 하만이 계획했던 것과 같은 죽음을 당할 위험이 있다. 그러나 아무것도 하지 않으면 그들의 운명은 확정된다.

이 이야기는 놀랍고 긴장감 넘치는 이야기이지만, 수 세기 동안 기독교인과 유대인 모두 이 드라마에서 신은 아무런 역할을 하지 않기 때문에 그것의 종교적 가치에 의문을 제기했다.

어떻게 그런 이야기가 신성한 것으로 간주될 수 있을까?

헬라어 버전에서는 모르드개와 에스더가 모두 하나님께 기도를 드린다는 내용으로 이 문제가 어느 정도 해결되었다. 그러나 정치적 음모에 대한 이야기로서 이 이야기의 가치는 의심의 여지가 없다. 실제로 유대인공동체가 마침내 이 이야기를 받아들인 후, 이 이야기는 유대 민족이 멸종 위기에서 구출된 것을 기념하는 부림절 축제(Feast of Purim)의 전설이 되었다.

이 이야기의 예술성은 이야기꾼이 디아스포라 유대인공동체에게 중요한 다양한 주제를 엮어 내는 방식에서 분명하게 드러난다.

에스더(Esther)

첫째, 무엇보다도 가장 중요한 것은 구원의 주제이다. 이 이야기는 여러 면에서 훨씬 이전의 출애굽 이야기와 유사하다. 두 경우 모두 백성이 자신들의 땅이 아닌 곳에서 불이익을 당하는 상황에 처해 있다. 그들은 그곳에서 번영하는 것처럼 보이지만(출 1:7 참고), 다른 이들의 분노를 불러일으키고 그들의 존재 자체가 위험에 처하게 된다. 그러다가 모든 가능성에 반하여 백성들은 구원을 받는다. 게다가 이 사건은 다른 신들이 관할하는 것으로 추정되는 땅에서 펼쳐진다. 이 이야기의 이 요소는 이스라엘 신의 우주적 통치권을 드러낸다. 즉, 하나님의 능력은 한 땅에 국한된 것이 아니라 다른 나라의 내부 권력도 극복할 수 있다는 것이다.

둘째, 백성들의 구원은 이 역할을 맡을 것으로 전혀 예상하지 못했던 여성 대리인을 통해 이루어진다. 에스더의 용기에 대한 이야기는 다른 여성 구원자 이야기, 특히 야엘(삿 4:21), 유딧(삿 13:8)과 함께 하나님이 세상의 약하고 연약한 자들을 통해 어떻게 기적을 행하시는지를 보여 준다. 이런 식으로 누구의 힘이 실제로 작용하고 있는지에 대해서는 의심의 여지가 없다.

셋째, 이 이야기는 디아스포라로 살고 있는 사람들에게 매우 중요한 메시지를 전한다. 하나님은 하나님의 백성이 약속의 땅 밖에서도 경건하고 신실한 삶을 살 수 있게 한다. 이 이야기는 그들이 취약하고 주변부에 있거나 차별을 받는 상황에서도 하나님이 오래 전에 그들의 조상들에게 주신 보호와 축복의 약속에 여전히 의지할 수 있다는 확신을 심어 준다.

이러한 주제는 유대인공동체와 기독교 신자들이 소중히 여기는 주제이다. 이 신학적 메시지는 두 공동체의 주제, 위험에 처했을 때의 구원과 하나님의 보편적 통치라는 주제 그리고 일반적으로 권력을 행사하는 사람들과 맞서기 위해 약자를 하나님이 선택하신다는 것과 같은 주제 모두에 적합하다.

또한, 두 공동체 모두 공동체를 위해 기꺼이 자신을 위험에 빠뜨릴 의향이 있는 개인을 높이 평가한다. 두 종교 단체의 페미니스트들은 여주인공의 이미지의 복잡성을 인식한다. 한편으로는 자신에 대한 불이익이 예상되는 상황에서도 동족을 위해 중재한 에스더의 용기에 박수를 보낸다.

그러나 미모로 왕을 조종하는 에스더의 방식에 대해서는 의아해할 수도 있다. 그들은 이것이 전형적인 여성성을 이용한 술책이라는 개념을 강화하는 것으로 볼 수 있다. 이 점에서 많은 사람이 술에 취한 군중을 즐겁게 하기 위해 자신의 아름다움을 과시하는 것을 거부한 와스디 여왕을 더 선호한다. 그러나 에스더의 행동은 자신의 목표를 달성하기 위해 수단과 방법을 가리지 않는 다른 불리한 상황에 처한 사람들의 성경적 묘사와 일치한다(많은 문화권에서 권력을 가진 자들을 속이고 다가오는 재앙을 피하는 사기꾼에 대한 이야기가 전해진다).

에스더의 경우 목표는 유대인공동체를 구하는 것이었다. 그리고 이 일에서 그녀는 탁월한 성공을 거두었다.

참고 주제 성별, 인종, 민족

참고 문헌 L. Allen and T. Laniak. *Ezra, Nehemiah, Esther*. New International Biblical Commentary. (2003); Carol M. Bechtel. *Esther*. Interpretation: A Bible Commentary for Teaching and Preaching. (2002); Michael V. Fox. *Character and Theology in the Book of Esther*. 2nd ed. (2001); Eugene F. Roop. *Ruth, Jonah, Esther*. Believers Church Bible Commentary. (2002).

출애굽기(Exodus)

제임스 C. 하웰(James C. Howell)

오리게네스(Origen)와 아우구스티누스(Augustine), 루터(Luther)와 칼뱅(Calvin), 화이트필드(Whitefield)와 브룩스(Brooks), 킹(King), 로메로(Romero), 테일러(Taylor)는 모두 출애굽기를 설교했다. 우리 시대에도 출애굽기를 설교할 수 있는 이유는 하나님이 여전히 하나님의 백성을 해방시키려는 목표를 가지고 있기 때문이다.

이 고대 이야기를 설교하는 비결은 바로 이것이다. 즉, 설교자는 이리저리 뒤적거리며 과거의 반짝이는 조각을 파내어 현재의 상황에 맞게 재빨리 적용하는 대신, 그 당시로 돌아가서 단순히 "유용"한 것이 아니라 완전히 설득력 있는 본문에 "놀라움"을 느끼도록 해야 한다(Davis 2005, 2).

설교자는 출애굽기를 한 번에 다 읽는 것으로 시작할 수 있다. 바로의 채찍과 발 밑의 모래를 느껴 본다. 얼굴을 상상해 본다. 산기슭에서 떨어 본다. 계명을 마치 처음 듣는 것처럼 들어 본다. 황금 송아지 주변에서 중얼거리며 파티를 벌이는 자신을 발견한다. 유대교, 기독교, 그리고 역사적 관점에서 우수한 주석서들(차일즈[Childs], 사나[Sarna], 부르그만[Brueggemann], 마이어스[Meyers], 더럼[Durham])이 상상력을 자극할 것이다(상상력/창의력 참고).

출애굽은 한 민족을 형성한다. 종살이하던 사람들이 해방되어 하나님의 명령을 받고 여정을 떠나면서 자신들이 목이 뻣뻣하고, 감사할 줄 모르고, 자신들을 구원하시는 하나님에 대해 열심이 없는 백성임을 매번 겸손하게 인정해야 하는 이야기는 우리의 상상력을 재구성하며, 이 부분의 절정은 성막을 짓는 동안 산에서 예배를 드리는 장면이다. 출애굽기는 단일 선율의 대한 변주를 제시한다.

> 내 백성을 보내라 그들이 나를 섬길 것이니라 (출 8:1).

1. 저항해야 할 설교 유혹들

설교자가 너무 급하게 신약으로, 또는 오늘의 나와 나의 삶으로 돌진하지 않고 출애굽기에 안착한다면 설교자는 몇 가지 설교적 유혹에 저항할 기회를 갖게 될 것이다.

우리는 본문을 영적으로 혹은 심리적으로 해석할 수 있다. 즉, 내 인생의 광야를 헤매고 있는데, 하나님이 내 불안의 억압에서 나를 건져 주시기를 바란다. 그러나 출애굽은 실제 사람들에게 일어났으며, 그들의 등에 채찍질을 가한 것은 영적인 것이 아니었다.

우리는 출애굽을 정치적 목적으로 이용하려는 유혹을 받는다. 그러나 출애굽기가 자

출애굽기(Exodus)

유에 관한 이야기라면, 그것은 다른 종류의 자유다. 하나님은 홍해를 열어 백성들을 통과시킨 다음 "잘 가!"라고 말씀하지 않으셨다. 모세는 그들이 어디로 향할지 알고 있었다.

> 내 백성을 보내라 그러면 그들이 나를 섬길 것이니라(출 8:20).

다른 누구가 아닌, 내가 그걸 해야 한다. 자유는 자율성이 아니라 이스라엘을 해방시키시고 시내산으로 데려가 수백 가지 율법을 주시는 구원하시는 하나님을 섬기는 것이다. 자유는 내가 원하는 대로 하는 것이 아니라 하나님께 전적으로 순종하며 살 수 있도록 내 자신을 자유롭게 하는 것이다.

출애굽기에는 정치적 차원이 분명히 존재한다. 그러나 우리는 우리의 의제를 적절하지 않은 곳에 투영하지 않도록 주의해야 한다. 출애굽기는 계급 투쟁에 관한 이야기가 아니다. 가난한 많은 사람이 애굽에서 성공적으로 탈출하지 못했고, 이스라엘 백성 자신도 노예가 있었다. 애굽은 전복되지 않았다. 본문은 하나님이 일반적으로 가난한 사람들이 아니라 이스라엘을 선택하셨다는 것을 매우 분명하게 보여 준다.

사랑은 항상 이렇게 특별한 것이 아닐까? 사랑은 가치를 인정받는 것이 아니라, 사랑받기 때문에 가치를 획득하는 것이다.

우리는 미덕이 전혀 없는 것을 사랑할 수 있다!

이스라엘이 어떻게 사랑받았는지, 그래서 우리가 어떻게 하나님의 사랑을 받는지에 대한 역학을 재발견하는 것은 우리가 심호흡을 하는 데 도움이 되며, 설교자는 성경을 타인에 대한 무기로 사용하는 대신 다리를 만들 수 있다.

출애굽기를 설교하는 것은 기독교인에게는 민감한 일이다. 출애굽기는 사실 다른 누군가의 이야기이기도 하기 때문이다. 예수님이 나타나시기 훨씬 전부터 오늘날까지 출애굽기는 유대인들의 이야기다. 우리는 이 이야기를 마치 단순한 예행 연습이었고, 규범이었으며, 우리에게 이야기가 정말로 무엇에 관한 것인지 보는 수정 구슬이었던 것처럼 빼앗고 싶은 유혹을 받는다.

그러나 출애굽기는 예수님, 부활, 성찬에 관한 이야기가 아니다. 그것은 하나님이 이스라엘 백성을 위해 하신 일에 관한 것이다. 유대인에게 출애굽기는 유월절 이야기이고, 기독교인에게 예수님은 유월절 어린양이다. 기독교인들은 이스라엘을 바다에서 구해 내신 분이 바로 예수님을 죽음에서 살리신 분이라고 믿는다.

우리는 출애굽 이야기에서 우리 자신을 어디에서 발견하는가?

이는 특히 '우리'가 기독교인으로서의 우리가 아니라 국가로서의 우리를 가리킨다고 생각하는 미국인과 유럽인에게 다음과 같은 위험한 질문을 던진다.

"우리는 이스라엘인가, 바로인가?"

기독교인들이 스스로를 "출애굽 교회"(Moltmann 1967, 304)라고 상상한다면, 기독교인들은 힘있는 자들이 아니다. 출애굽 운동은 이 시대의 권력에 휘말리지 않고 불안정한 순례자의 길에 있는 사람들로 구성된다. 미국이 고대 애굽을 닮았다는 생각, 미국이 강대하고 다른 사람들이 자신의 뜻에 굴복하도록 강요할 수 있다는 생각이 사실이라면, 그리스도인들은 겸손하게 하나님의 심판의 말씀이 떨어지게 둘 수 있는 의지가 있어야 한다. 아마도 하나님의 선택적 사랑의 해석학을 고수하면서도 교회에 대한 출애굽기의 관련성을 재발견해야 할 것이다.

2. 이야기의 주제

물론 이 이야기는 우리가 아니라 하나님에 관한 이야기다. 구약의 하나님은 진노하시고 율법주의적이신 반면, 신약의 하나님은 친절하고 은혜로우신 분이라고 주장할 수 없다. 출애굽기에서 우리는 하나님의 은혜라는 것이 예수님이 도입하신 새로운 것이 아니라는 사실을 발견한다.

출애굽기에서 하나님은 얼마나 은혜로우신 분인가!

신약에서 새로운 것은 성육신, 십자가, 부활이다. 우리는 하나님께 반응하는 인간의 부끄러울 정도로 습관적인 연약함에 직면하고 계시는 하나님의 인내심 있는 노력의 일관성을 알게 된다. 하나님은 약속을 하시고 지키신다. 출애굽기의 언어로 말한다면, 니케아 신조의 예수님에 대한 설명에 반영되어 있듯이, 하나님은 "내려 오신다"(come down).

구원은 우리가 성취하는 것이 아니다. 하나님은 강력한 구세주이시다. 하나님은 마음속으로 "꺼려지는 …탕자 … 발로 차고 몸부림치며 사방으로 눈을 돌리며 탈출의 기회를 노리는" 사람들을 구출하신다(Lewis 1955, 229).

출애굽기 32장의 드라마는 협상하시고, 들으시고, 분노하시고, 아파하시고, 부드러워지시는 하나님을 드러낸다. 하나님의 능력은 긍휼로 나타난다. 출애굽기에서 하나님은 무한, 불가해, 불가항력 등의 철학적 형용사로 추상적으로 정의되지 않고 성경의 이야기 속에서 철학적 감각을 거스르는 방식으로 드러난다.

> 전능함은 결코 사랑받는 것이 아니라 두려움의 대상일 뿐이다(Moltmann 1993, 223).

출애굽기의 하나님은 사랑받을 수 있는 존재이시다. 이 하나님은 분노로 노하실 수 있지만 모세의 절박한 간청에 하나님의 마음은 녹아내린다. 하나님의 마음은 변할 수 있고 자비로운 자제력을 발휘하실 수 있다. 출애굽기는 복수를 위해 하나님의 백성 편에 서시는 맹렬하게 당파적인 하나님을 묘사한다.

출애굽기는 우리가 하나님을 더 친밀하게 알게 되고, 그로 인해 하나님의 백성으로 거듭날 수 있도록 다양한 본문을 제공한다. 내러티브는 완전히 몰입할 수 있으며, 설교자는 이야기의 요점으로 성급하게 뛰어들지 않도록 기억해야 한다. 그림도, 교향곡도, 심지어 내 인생도 요점으로 환원될 수 없다. 이야기 자체가 의미이다.

그러나 우리는 이야기라는 유형을 너무 좋아해서 출애굽기에 등장하는 다른 문학적 유형을 놓칠 수 있다. 율법은 명령하시는 하나님을 드러내지만, 바로 그 계명 안에는 하나님의 자비와 강력한 약속이 숨겨져 있다(법과 규정 참고).

모세는 갓 깎은 돌판을 손에 들고 산 아래 이스라엘이 기다리는 곳을 바라보았다. 그는 큰 환희를 느꼈다. 이제 인간은 자유로워질 수 있었다. 그들은 신성의 본질을 표현할 무언가를 갖게 되었다. 그들은 행동의 지도와 나침반을 갖게 되었다. 맹목적인 길에 걸려 넘어져 다칠 필요가 없었다. 이것은 이스라엘보다 더 큰 것이었다. 세상을 포괄했다. 이스라엘은 이 성스러운 돌로 인해 영원히 모든 사람을 위한 천국이 될 수 있었다. 모세는 여전히 빛 조각이 얼굴에 달라붙은 채 여호수아가 기다리는 곳으로 향했다.

"여호수아, 내게는 율법이 있다. 이스라엘은 평화와 정의를 알게 될 것이다"

(Hurston 1939, 233).

출애굽기는 시와 음악으로 노래하고 춤춘다(출 15장). 마지막으로, 우리는 가장 놀라운 예전적 독서를 지니고 있다. 유월절 준수에 대한 자세한 지침(출 12장)은 유대 민족의 신학적 삶과 주의 만찬의 중요성을 성찰하는 데 도움을 줄 수 있다. 이것은 예수님과 초기 기독교 설교자들이 예수님의 희생적 죽음과 속박으로부터의 해방의 중요성을 이해한 방식이다.

참고 문헌 Walter Brueggemann. "Exodus." *New Interpreter's Bible*. Vol. 1. (1994); Brevard Childs. *The Book of Exodus. Old Testament Library*. (1974); Ellen Davis. *Wondrous Depth: Preaching the Old Testament*. (2005); John I. Durham. *Exodus. Word Biblical Commentary*. Vol. 3. (1987); Zora Neale Hurston. *Moses, Man of the Mountain*. (1939); C. S. Lewis. *Surprised by Joy*. (1955); Carol Meyers. *Exodus. New Cambridge Bible Commentary*. (2005); Jürgen Moltmann. *Theology of Hope*. (1967); Jürgen Moltmann. *The Crucified God*. (1993); Nahum Sarna. *Exodus. JPS Torah Commentary*. (1991).

치유와 엑소시즘(Healing and Exorcism)

스콧 K. 데이비스(Scott K. Davis)

예수님의 치유 사역은 하나님 나라에 관해 설교하고 가르치는 그의 권위와 통합적으로 연결되어 있었다.

> 예수께서 온 갈릴리에 두루 다니사 그들의 회당에서 가르치시며(διδάσκω) 천국 복음을 전파하시며(κηρύσσω) 백성 중의 모든 병과 모든 약한 것을 고치시니(θεραπεύω)(마 4:23).

예수님의 치유 행위는 창조 세계가 온전히 회복될 것이라는 종말론적 비전에 대한 기대 안에서 하나님과 이웃을 사랑하는 위대한 계명의 변화된 삶에 대한 말씀과 행동의 가시적 신뢰를 제공했다. 예수님의 질병 치유와 부활 생명에는 종말론적 상관 관계가 있다. 모든 치유는 일시적이어서 사망률은 여전히 100퍼센트로 남아 있지만, 예수님의 치유 능력은 만물의 최종적 부활과 완성을 가리킨다.

예수님의 치유 사역의 유일한 구별되는 특징은 긍휼(compassion)이 아니었다. 그 강조점은 한때 병들고 소외되었던 사람들이 해방되고 그들이 예배공동체와 사회적 관계 속으로 회복되어서, 하나님 나라 안에서 모든 사람이 환영받는 축복을 증명하는 데 있었다. 복음서는 건강을 정의하는 것보다 질병을 치유하는 데 더 관심이 있고, 질병의 생리적, 해부학적 원인이나 질병의 과정보다는 예수님의 치유가 하나님 앞과 인간 공동체 안에서 변화된 사고와 삶의 현재와 미래의 현실을 가리키는 방식에 더 관심이 있으며, 개인의 치료보다 치유의 사회적 차원에 더 관심이 있다.

치유(healing)와 치료(curing)는 구별되어야 한다. 현대 생의학 개념으로서의 치료는 개인과 질병(대체로 신체 내의 어떤 원인적이고 기능적인 이상으로 정의됨)의 치료에 초점을 맞춘다. 치유는 질병 또는 질병의 경험으로 정의되는 질병의 사회적 영향을 지향하며 질병과 관련된 광범위한 신체적, 관계적 문제에 대한 사회적 의미, 해결, 및 회복을 제공한다. 의미와 목적을 찾을 때 치유는 치료가 결과가 아니더라도 가능하다.

예수님은 단순히 치료 이상을 행하셨다. 설교와 가르침과 함께, 예수님의 치유는 질병으로 인해 깨어지고 상처받은 개인과 사회 체계를 회복시켰다.

성경 헬라어에서 현대 번역과 해석으로는 완전히 전달되지 않는 다양한 의미와 문맥적 의미를 지닌 세 가지 핵심 단어는 복음서에서 치유를 복잡한 역학 관계로 만든다.

마태복음과 마가복음은 일반적으로 예수님의 치유 사역과 제자들에게 치유 사역을 위임하는 것과 관련하여 '테라페우오'(therapeuo)를 사용하며, 이는 치료라는 의학적 개입(신체적 측면)과 봉사를 통한 삶의 지속적인 변화 또는 변형(영적 측면)에 대한 설득의 의미를 모두 가리킨다.

보다 헬레니즘적인 청중을 위해 누가복음에서 '아이오마이'(iaomai)가 선호되며, 하나님 또는 하나님이 임명하신 대리인의 치유 활동이라는 함축적 의미를 가지고 있다.

독자와 설교자는 소조(sozo)와 그 관련 단어를 사용할 때, 문맥이 치유에 관한 것인지, 구원에 관한 것인지, 아니면 둘 다에 관한 것인지 분별할 필요가 있다. 소조가 치유 이야기에서 사용될 때, 믿음(pistis) 또는 만짐(haptos)에 의해 치유를 받고 제자로서 예수님을 따르기로 결심한 사람의 공동체에 온전하고 총체적으로 참여함으로써 예수님은 치유 서사의 주체가 되신다.

엑소시즘은 공관복음(Synoptic Gospels)에서 예수님의 치유 사역의 또 다른 차원으로 제시되며, 여섯 가지 구체적인 사례와 그 유사 사례로 제한된다.

- 마태복음 9:32-33;
- 마가복음 1:21-28, 32-34; 5:1-20; 7:24-30; 9:14-29.

마가복음에서 엑소시즘은 예수님의 공적 사역의 첫 번째 행위이다. 현대 기독교인들은 예수님을 귀신을 쫓아내는 분보다는 치유하시는 분으로 더 익숙하게 여기는 경향이 있지만, 예수님의 엑소시즘 사역은 모든 악의 형태와 권세에 대한 하나님의 대리인으로서의 예수님의 권위를 가리키려는 복음의 의도를 뒷받침한다. 예수님이 만나셨던 사람들의 귀신 쫓아내기의 독특한 패턴은 예수님이 귀신에게 나오라고(exerchomai) 명령하시거나, 귀신을 쫓아내셨다(ekballo)라는 요약 선언으로 끝난다.

설교자들은 자신과 성경의 치유 이야기에 대한 설교를 듣는 청중을 위해 성경과 현대의 서로 다른 세계관을 분별하고, 연관시키고, 구별하기 위해 성경 본문을 사용하면서 사회적 관계에서 질병과 치유에 대한 개인적 및 준거 집단의 이해를 탐구하고자 할 것이다. 현대 문화는 개인의 신체에 영향을 미치는 질병을 생의학적 원인을 제거하여 개인이 다시 사회 질서 안에서 잘 기능하고 자급자족할 수 있도록 치료하는 데 초점을 맞추는 반면, 복음서는 사회적 해석에 따라 한 개인을 관계 속에서 회복시킬 수 있는 공동체 안에 온전히 존재하지 못하도록 소외시키는 질병을 치유하는 데 관심을 둔다.

예수님의 치유 사역에 대한 내러티브는 질병, 원인, 그리고 증상에 대한 현대의 이해와 명확하고 직접적인 상관 관계를 제공하기 위해 예수님이 겪으신 질병에 대한 명확한 진단 기준을 제공하지 않는다. 예를 들어, 복음서는 신체 기능 장애를 사회적 관계 및 기능에 대한 은유적 영역별 이해, 즉 마음-눈은 감정-융합적 사고, 입-귀는 자기 표현적 말하기, 손-발은 목적적 기능에 연관시켜 설명한다.

현대 설교자에게는 질병(sickness), 병(illness), 그리고 치유의 역학이 흥미로울 수 있지만, 복음서의 관심사는 예수님의 치유 사역이 그 순간을 넘어 그분의 말씀과 행동으로 선포되고 현존하는 하나님 나라, 신음하는 피조물의 종말론적 치유를 시작하시는 분으로서의 신적 권위에 대한 진리를 가리킨다.

부분적으로는 성경 내러티브의 증거에 의해, 부분적으로는 설교자의 하나님에 대한 이해와 성경적, 신학적 해석에 의해 결정되는 예수님의 치유 사역에 대한 설교는 '즉각적 치료'(zap)와 '제로'(zero) 사이의 연속체, 즉 예수님을 주로 믿는 신앙에 의존하는 즉각적이고 완전하며 기적적인 치유에 대한 선포와 성경적 기록을 전통적인 민간 요법 치료로 제한하는 합리적이고 과학적인 설명 사이의 어딘가에서 설교될 것이다.

어떤 관점에서, 설교는 사람들이 기적적인 방식으로 구원을 받기 위해 죄를 극복하는 데 영향을 미치는 결정적인 믿음의 역학에 초점을 맞추면서, 육체적/영적 완전함과 하나님과의 올바른 관계에 들어가기 위해 치유되어야 한다고 가르칠 수 있다.

또 다른 관점에서 설교는 치유 내러티브를 초월하는 신적 구원 활동의 신비에 대한 더 큰 그림을 보기 위해 질병과 기적적인 치료의 가능성 모두에 초점을 두지 않을 수 있다.

이러한 관점 사이에서 설교자는 치유 내러티브를 은유적으로 해석하여 소수의 질병과 많은 사람의 도덕적 결함을 동일시할 수 있다. 성경 내러티브에 등장하는 인물의 신체적 상태를 당시 사람이나 오늘날 사람들의 도덕적 결함과 직접적으로 연결시키는 것은 질병과 원인에 대한 이해의 차이를 인정하지 않는 것이다.

요한복음 9장에 나오는 맹인의 치유 이야기와 익숙한 찬송가 "Amazing Grace"⟨나 같은 죄인 살리신⟩⟩에서 반복되는 "blind … see"(보지 못했으나 … 본다[광명을 얻었네: 새찬송가-역주])는 이미지는 심지어 요한복음 9장에서도 간과하는 질병과 도덕적 결함을 연결하는 이러한 해석학적 위험의 한 예이다.

다음 설교는 마태복음 10:5-16(예수님이 제자들에게 설교하고, 치유하고, 귀신을 쫓아 내라는 명령하심)과 회중의 치유 경험을 연결한다.

수년간의 급성 치료와 재활 치료로 인해 빅(Vic)은 여전히 신체적, 정신적, 정서적으로 큰 결손을 겪었습니다. 그는 더 이상 민첩한 손과 발로 기계와 하나가 되어 굴착 작업을 하던 자영업자가 아니었습니다. 빅의 마음은 여전히 그 고속도로 사고로 아내를 잃은 슬픔에 잠겨 있었습니다. 그리고 병상 옆에서 끊임없이 기도하던 목사의 목소리는 여전히 그의 귀에 맴돌아 목사가 말할 때면 화를 내며 소리를 질렀습니다.

신체적, 정서적 치료는 계속되고 있었지만, 더뎠습니다 그러나 빅이 간호사의 도움을 받아 앞쪽 좌석에서 예배를 드리려고 했던 첫 번째 주일에, 치유는 아직 이루어지지 않았지만 임박했습니다. 신도들은 빅의 주변과 뒷자리에서 수군거렸지만 아무도 감히 빅에게 다가가 그를 환영하지 않았습니다. 목사의 설교가 끝나자 빅은 거침없이 울음을 터뜨렸지만 아무도 감히 빅의 행동을 비난하지 않았습니다. 안내자의 권유에 따라 간호사는 빅이 성체를 받으러 앞으로 나아갈 수 있도록 도왔습니다. 그 모든 것을 보고 들은 회중 중 누구도 감히 빅 옆에 무릎을 꿇을 수 없었습니다.

회중은 주님의 식탁에서 환영을 받았지만, 아직 빅을 환영하지 못했습니다.

안내자를 무시한 채 주저 없이 회중의 원로들이(matriarch and patriarch) 일어나 앞으로 나와 빅의 양쪽에 무릎을 꿇고 빅과 함께 주님의 몸이 찢기고 구주의 피가 부어지는 것을 영접했습니다. …

목사의 목소리가 떨리고 더듬거리며 기도한 구절을 더듬다가 침묵하기 전까지는 아무도 그 순간의 의미를 이해하지 못했습니다.

"우리는 주님께 감사합니다.…
이 생명의 선물을 통해 우리를 치유하는 힘으로 새롭게 해 주셔서
주님의 자비로 … 우리를 강하게 해 주셔서 …
주님을 향한 믿음으로
서로에 대한 열렬한 사랑으로 …"
(Collect #241, *Lutheran Book of Worship*, p. 74).

그리고 사람들은 숙연한 경외감 속에서 "아멘"이라고 말했습니다.

참고 문헌 Kathy Black. *A Healing Homiletic: Preaching and Disability*. (1991); J. Keir Howard. *Disease and Healing in the New Testament: An Analysis and Interpretation*. (2001); Lutheran Book of Worship. (1978); John J. Pilch. *Healing in the New Testament: insights from Medical and Mediterranean Anthropology*. (2000); Louise Wells. *The Greek Language of Healing from Homer to New Testament Times*. (1998); John Wilkinson. *The Bible and Healing: A Medical and Theological Commentary*. (1998).

욥기(Job)

존 C. 홀허트(John C. Holhert)

구약성경 가운데 설교단에서 다루기 가장 어려운 책 중 하나는 아마도 욥기일 것이다. 욥기는 서문(1-2장)과 결론부(42:7-17)로 둘러싸인 길고 시적인 담론으로, 풍부하고 복잡한 히브리어 스타일로 쓰였으며, 어느 시대에서나 신학이 직면하는 가장 논쟁적인 주제들을 다루고 있다(죄와 악 참고). 욥기는 고통의 목적과 의미, 의와 정의가 너무 자주 결여된 세상에서 의와 정의의 문제, 하나님의 정체성과 목적 등을 다루고 있다.

설교단에서 이 책을 다루려면, 설교자는 본문의 의미에 대해 최소한 두 가지 중요한 선택을 해야 한다.

첫째, 설교자는 이 책을 한 편의 통일된 작품으로 읽을 수 있는지 결정해야 한다.

과연 이 42장 전체가 현재의 형태 그대로 의미 있는 하나의 이야기로 받아들여질 수 있을까?

많은 독자가 "아니오"라는 답을 찾았고, 본문을 재구성하고, 더하고, 빼는 등 무수히 많은 방법을 제시하여 책을 더 잘 이해할 수 있도록 제안했다.

다음과 같은 질문이 포함된다.

"서문과 결론부의 욥의 초상화가 시적 대화에 나오는 그의 모습과 일치하는 것으로 이해될 수 있나?"

"하나님의 두 연설은 욥과 그의 네 친구들 간에 오고간 앞선 대화에 대한 응답 또는 반응으로 이해될 수 있는가?"

"결론부는 대화의 주요 관심사 중 하나에서 후퇴하여 하나님의 상과 벌을 부인하는가?"

둘째, 이러한 질문들 중 가장 중요한 질문은 하나님의 연설을 어떻게 다룰 것인가이다. 하나님이 등장하시기 전 욥기의 주요 논의는 충분히 분명해 보인다.

욥은 나래이터(1:1)과 하나님(1:8)에 의해 "흠이 없고 정직하다"는 완전히 의로운 사람으로 소개된다. 그러나 도입부 마지막에서 욥은 폐허 속에서 홀로 앉아 깨진 도자기 조각으로 몸을 긁고 있다.

욥의 세 친구는 차례로 나타나 욥이 이런 상황에 처하기까지 무언가 악한 일을 저질렀을 것이라고 주장한다. 그들에게 있어 우주의 이치는 단순하다. 의로운 사람은 항상 보상을 받고 악인은 항상 벌을 받는다는 우주의 이치를 쉽게 이해한다. 욥은 벌을 받았으니 그는 악해야 한다. 증거는 그들 앞에 고통스럽게 놓여 있다. 엘리바스(4:7), 빌닷(8:3-4), 소발(11:5-6)의 연설에서 이러한 믿음의 예를 찾아볼 수 있다.

그들의 공격에 대해 욥은 자신이 해서는 안 될 일을 했다면, 분명 이 엄청난 하나님의 공격을 받을 만큼 심각한 죄는 아니었다고 대답한다. 욥은 연설 초반에 자신이 지금 재 속에 앉아 있는 현실에 대해 하나님을 직접적으로 탓한다(6:4; 7:12; 9:21-24 등). 욥은 완전한 결백을 주장하지는 않지만 친구들의 믿음을 완전히 거부한다. 욥은 자신의 경우 하나님의 실수라고 비난한다(7:12)

친구들은 욥이 악하다고 말한다. 욥은

하나님이 틀리셨다고 말한다. 그리고 친구들은 친구라 부르기조차 어려운 자들이라고 욥은 말한다(6:14-27). 그리고 그 논쟁은 3장에서 31장까지 계속된다.

많은 사람이 이 책에 별 도움이 되지 않는다고 생각하는 네 번째 친구 엘리후의 연설이 끝난 후, 하나님이 등장하신다. 욥은 친구들과의 논쟁이 아무 소용 없다는 것을 깨달았기 때문에 여러 가지 방법으로 하나님이 대화의 혼란을 바로잡아 주시기를 요청했다. 그러나 하나님의 말씀은 여러 가지 면에서 매우 놀라우며 여러 가지 방식으로 이해되었다.

첫째, 하나님은 교만한 욥을 제자리로 돌려놓으신다. 하나님을 짐승(16:12-14), 부도덕한 괴물(9:21-24), 혼란스러운 폭군(7:12)으로 모독하는 욥의 폭언에 대해 하나님은 욥에게 입을 다물라고 하신다. 하나님의 연설은 "이 작은 사람아, 너는 어디 있었느냐, 나의 신성한 창조와 역사 앞에서 네가 누구라고 생각하느냐"라고 요약할 수 있다. 그리고 이 하나님의 분노 앞에서 욥은 먼저 입을 다물고(40:3-5), 마음을 바꾸거나 회개한다(42:1-6).

둘째, 하나님은 연설에서 친구들과 욥이 우주에서 하나님의 활동에 대해 완전히 잘못 알고 있다고 말씀하신다. 그들은 세상이 인간의 정의와 불의를 중심으로 돌아간다고 생각한다. 그러나 하나님은 그보다 훨씬 더 큰 관심사를 가지고 계시다.

사실 하나님은 의인에게 상을 주고 악인에게 벌을 주는 일을 하지 않으신다. 하나님은 깊고 복잡하고 풍부한 신비로 가득한 우주의 창조자이시며 유지자이시다. 하나님은 사람이 살지 않는 곳에 비를 내리시고(38:26), 사자, 까마귀, 독수리, 타조 등 인간의 삶과는 완전히 분리된 피조물의 생계에 관심을 가지실 뿐만 아니라, 가나안 신들의 판테온에서 혼돈의 괴물인 베헤못과 리워야단(40:15-41:34)이라는 거대한 피조물의 창조자이시다. 하나님이 베헤못을 "너[욥]를 지은 것같이"(40:15) 창조하셨으므로, 우주는 범퍼 스티커의 단순성만큼 축소될 수 있는 곳이 아니다. 하나님은 인간이 쉽게 이해하거나 통제할 수 없는 부분까지 포함하여 하나님의 모든 창조물에 관심을 갖고 관여하신다.

셋째, 하나님의 연설은 인간의 고통 문제에 대한 답을 주지 못하는데, 그것은 결국 욥기의 진짜 질문이 아니기 때문이다. 진짜 질문은 바로 이 신이 누구인가 하는 것이다. 그리고 그 대답은 하나님은 거룩하시고 신비로우시고 놀라우며 어떤 종류의 인간적인 공식으로 환원할 수 없다는 것이다.

설교자가 하나님의 연설 목적에 대한 질문에 어떻게 대답하느냐에 따라 설교자가 욥기를 설교에 어떻게 사용할 것인지가 결정된다. 설교의 형태는 극적인 이야기를 들려주는 내러티브가 될 수 있다. 또는 설교자는 오늘의 설교를 위해 욥기가 제기하는 주제 중 하나에 초점을 맞춘 보다 주제적인 접근 방식을 선택할 수 있다. 욥기 설교를 시도하기 전에 항상 위에서 제기한 질문들에 대한 답변이 반드시 필요하다. 욥기가 21세기의 청중에게 그 독특한 힘을 전달하기 위해서는 설교자 각자가 전체 이야기에 대한 자신의 이해를 염두에 두어야 한다.

참고 문헌 Norman C. Habel. *The Book of Job*. (1985); John C. Holbert. *Preaching Job*. (1999); Carol A. Newsom. "Job." *New Interpreter's Bible*. Vol. 4. (1995).

요한 서신(Johannine Epistles)

참고 주제 상황 서신

요한복음(John)

데이비드 E. 홀베르다(David E. Holwerda)

요한복음은 설교자에게 단순함과 신비로움의 매혹적인 조합을 제공한다. 그 신비는 말씀이 육신이 되어 생성된 깊이에서 나온다. 설교자는 이 깊이까지 내려가는 것이 예수님의 정체성과 사명의 놀라운 풍요로움에 대한 믿음으로의 부름임을 인식해야 한다.

1. 요한의 표적의 목적: 복음

이 복음의 첫 번째 설교자인 요한은 이 표적을 기록한 목적을 밝힌다. 그가 예수님의 사역에서 표적을 선택한 이유를 다음과 같이 말한다.

> 너희로 예수께서 하나님의 아들 그리스도이심을 믿게 하려 함이요 또 너희로 믿고 그 이름을 힘입어 생명을 얻게 하려 함이니라(요 20:31).

가나 혼인잔치에서의 첫 번째 표적은 복음 전체를 형성하는 기본적인 관점을 드러내기 때문에 요한의 목적과 방법을 보여 주는 좋은 예이다. 설교자는 이 복음서에서 기적에만 근거한 예수님에 대한 믿음은 불충분한 것으로 간주되기 때문에 다른 복음서에서 때때로 그렇듯이 행위로서의 기적에 초점을 맞추지 않는다는 점에 유의해야 한다(요 2:23-25; 3:1-5). 대신 이 표적은 다음과 같은 방식으로 예수님의 정체성과 사명에 대한 신비를 드러낸다.

첫째, 예수님은 구약과 유대인의 정결의 물을 새 시대의 포도주로 채워서 대체하신다.

둘째, 이 기적은 예수님의 죽음의 '시간'을 통해 일어나는 진정한 정화와 쇄신을 예견한다.

셋째, 선택된 포도주의 풍성함은 땅에 좋은 포도주가 넘치도록 하겠다고 약속하신 하나님의 임재를 나타내는 표징이기 때문에 하나님의 영광을 드러낸다(욜 3:18; 암 9:13).

넷째, 결혼식이 인류를 공동체로 세우신 하나님의 첫 번째 행동의 지속적 상징이라면, 이 결혼 축하 행사에서 예수님의 존재와 특별한 선물은 참되고 지속적인 공동체의 모든 형태를 그분이 새롭게 하고 가능하게 하신다는 것을 가리킨다(요 13:34; 15:1-9).

다섯째, 그래서 이 첫 번째 표징은 육신이 된 말씀(Word)의 영광을 드러내며, 그분의 행동으로 은혜와 진리가 충만한 하나님에 의해 약속된 구원의 시대가 시작되고 있음을 드러낸다(요 1:14; 출 34:6-7).

2. 요한의 기독론

1) 서문에서 나타난 기독론

요한이 로고스(말씀)를 사용한 것은 구약의 창조적이고 구속적인 하나님의 말씀을 상기시킨다(창 1장; 사 45:22-25; 55:10-11). 구약과 유대 전통에서 지혜와 토라와 마찬가지로 말씀은 창조의 선재적 중개자이며 빛과 생명, 진리와 구원의 원천이며 하나님의 임재(영광)에 대한 계시이다. 그래서 육신이 된 말씀은 하나님의 은혜와 진리 또는 신실함을 그분의 인격과 행동으로 드러냄으로써 하나님의 모든 이전의 말씀과 약속을 구체화하고 성취하신다.

성육신한 말씀은 자신의 백성 가운데 거처를 마련함으로써 하나님의 궁극적인 언약 약속을 성취하신다(겔 37:27; 43:7; 슥 2:11). 이제 예수님을 진정으로 보는 사람은 "아버지를 본 것"이다(요 14:9). 그래서 구원 또는 생명("빛 가운데 걷기")과 심판 또는 죽음("어둠 가운데 걷기")은 예수님의 이름에 대한 믿음 또는 거부와 관련이 있다(요 3:16-21). 이 주장은 많은 사람에게 거부감을 주며, 이 주장에 대한 갈등이 이 복음서의 페이지를 가득 채운다.

2) 구약의 제도와 축제에 의해 형성된 기독론

요한은 구약의 제도와 절기를 단순히 역사적 또는 연대기적 이유에서가 아니라 예수님이 그 본질적 의미를 성취함으로써 그것들을 어떻게 대체하시는지 드러내기 위해 자주 언급한다. 예를 들면, 다음과 같다.

의식적 정결을 위한 물은 새포도주로, 하나님의 거처와 그분의 임재에 대한 접근의 상징으로서의 성전은 예수님의 몸이라는 성전으로 대체된다(요 2장).

- 안식일은 예수님의 안식일 치유를 통해 성취된다(요 5장).
- 유월절 절기에 회복된 새 만나에 대한 유대인의 기대는 하늘에서 내려온 떡이신 예수님에 의해 성취된다(요 6장).
- 빛과 생명수의 상징은 초막절 유대 축제와 관련되어 있으며, 세상의 빛이자 생명을 주는 물의 근원이신 예수님에 의해 성취된다(요 7-8장).

그래서 설교자는 이러한 제도와 축제가 구약과 유대인의 희망과 기대 속에서 어떻게 기능했는지 알아야, 그것들이 예수 안에서 성취된 본질을 이해할 수 있다.

3) 상징들에서 드러난 기독론

(1) 보편적 상징들

상징은 창조된 현실에서 차용한 것이기 때문에 다양한 문화 배경을 가진 사람들에게 접근하기 쉽다. 그래서 형식과 내용 면에서 요한복음은 세상을 향한 보편적인 연설이다(요 3:16; 10:16). 이 상징적 기독론은 세 가지 수준에서 작동한다. 인간으로서의 예수, 메시아로서의 예수, 그리고 하나님 자신으로서의 예수.

예를 들어, 물의 상징은 이 복음서를 통해 상쾌한 시냇물처럼 흐른다. 예수님은 생명을 주시는 성령으로 세례를 베푸시기 때문에(요 1:33; 7:39) 그 원천은 세례 요한이 아니라 예수님이시다. 구약에서 지혜와 율법에 적용되었던 생수의 은유는 예수님의 말씀과 성령의 선물에서 그 성취를 발견한다(요 4:14; 7:39). 십자가에서 예수님의 옆구리에서 흐르는 물은 이러한 상징적 의미를 이어 간다(요 19:34).

이 물 상징은 또한 예수님의 정체성에 대한 세 가지 차원을 반영한다.

첫째, 구약의 선지자보다 더 위대한 선생이자 선지자로서 그분의 말씀은 영과 생명이시다(요 3:35-36; 6:63).

둘째, 찔림으로 죄를 씻는 샘이 된 존재로서 그분은 약속된 다윗의 메시아이시다(슥 12:10; 13:1).

셋째, 살아 있는 물 또는 샘으로서 그분은 하나님 자신이시다(렘 2:13; 17:13).

(2) 상징적 행동들

예수님의 상징적 행위, 즉 그분의 행적과 기적을 구체적으로 "표적"이라고 부른다. 그것들은 예수님의 정체성을 드러낼 뿐만 아니라 예수님 안에서 이미 오고 있는 하나님의 새로운 구속 통치(나라)를 나타내기 때문에 표적이다. 첫눈이 겨울의 징조이고 첫 꽃이 봄의 징조인 것은 단순히 다가오는 미래에 대한 정보를 주는 것 아니라 이미 다가오는 새로운 현실을 앞서서 알려 주기 때문이듯이, 예수님의 표적들은 다가오고 있고 이미 예수님 안에 현존하는 새로운 구속적 현실의 현현이기 때문에 드러나는 것이다.

전통적으로 학자들은 일곱 가지 표적을 이야기해 왔다.

- 물을 포도주로 바꾸심(요 2:1-11)
- 귀족의 아들을 고치심(4:46-54)
- 지체 장애인을 고치심(5:1-18)
- 무리를 먹이심(6:1-15)
- 물 위를 걸으심(6:16-21)
- 시각 장애인에게 시력을 주심(9:1-14)
- 나사로를 살리심(11:1-57)

이러한 각 표적은 시간과 역사 속에서 이미 생명을 새롭게 하고 영원한 생명을 주는 하나님의 현존인 말씀이 육신이 된 것의 의미를 드러낸다.

예를 들어, 십자가와 부활은 표적으로 기능한다. 십자가와 부활을 구체적으로 표적이라고 부르지는 않지만 상징적 의미로 가득 차 있으며, 하나의 사건의 두 부분으로 간주될 때 표징의 절정으로 간주할 수 있다. 이처럼 이 사건은 은혜와 진리로 가득 찬 하나님의 영광의 본질을 드러내며, 앞의 표적들이 의미하는 구속의 행동을 구체화하고 완성한다.

여기에도 세 가지 수준의 의미가 있다. 예수님은 하나님의 순종하는 아들/종으로서, 사람들의 원수(사탄)를 물리치는 메시아적 왕으로서, 악의 세력을 물리치는 하나님의 영광의 신성한 전달자로서 십자가에 달리신다(요 3:14; 8:28-29; 12:23-26; 13:31-34). 이러한 이유로 이 복음서에서 십자가는 굴욕이 아닌 영광으로 간주된다.

3. 기독론과 제자도

1) 믿음의 궤적

요한복음에서 믿음을 가진다는 것은 예수님의 정체성과 사명의 깊이를 파고드는 여정이다. 피상적 차원의 믿음은 여정의 일시적 단계로 받아들여질 수 있지만, 예수님은 제자들에게 자신의 정체성의 더 깊은 차원을 인정하도록 거듭 도전한다.

놀랍게도 예수님의 기적을 보고 믿는 사람들에게도 믿음의 언어가 사용되지만(요 2:23), 예수님은 그들과 같은 종류의 믿음을 말하는 니고데모에게 위로부터의 새로운 탄생, 즉 인자를 들어 올리는 것과 관련된 탄생의 필요성을 받아들이라고 도전한다(요 3:1-21).

예수님의 많은 제자가 예수님의 "어려운" 가르침에 도전을 받고 돌아서서 더 이상 예수님을 따르지 않는다(요 6:60-66). 나중에 믿었던 많은 사람이 예수님에게서 죄로부터의 자유를 받을 필요성을 거부하고 대신 예수님의 가혹한 심판을 받게 되는데, 이 심판은 불순종하는 하나님의 백성을 향한 하나님의 소송(요 8:31-58)이라는 구약의 언어를 반영한다.

요한의 믿음의 궤적을 완성하는 긍정적 내러티브의 상징은 소경으로 태어난 사람이 처음에는 예수님을 사람으로, 그다음에는 선지자로 인정하고, 마침내 신성한 인자를 주로 경배하는 이야기이다(요 9장). 예수님의 정체성의 진정한 깊이를 인식하는 믿음은 "나의 주님이시요 나의 하나님이시니이다"(요 20:28)라는 도마의 고백과 공명한다.

2) 길, 진리, 그리고 생명이신 예수님을 따름

예수님이 표징과 말씀으로 주장하신 진리는 진정으로 자유로운 인간 삶의 유일한 근원으로서 그분을 믿으라는 도전이자 초대이다(요 3:16; 8:31-32; 20:31). 예수님 안에서 계시된 진리는 믿어야 할 뿐만 아니라 실천해야 한다(요일 4-6장). 왜냐하면, 길과 진리이신 예수님은 이 세상에서 살고 걸어야 할 길을 계시해 주시기 때문이다. 그분의 길은 창조주가 계시한 고대의 길이며(렘 6:16), 이제 예수님의 삶과 가르침으로 계시되고 접근 가능하게 되었다.

진리 안에서 걷는 것의 본질은 서로 사랑하는 것이다(요 13:34-35; 요일 4:8). 이 사랑과 진리의 길을 따르는 사람들에게 예수님은 성령을 통해 자신의 사랑(요 15:9), 기쁨(요 15:11), 평화(요 14:27)로 가득한 삶을 주고, 실제로 죽음으로도 취소할 수 없는 영생을 주신다(요 11:25-26). 이 생명은 신자 개개인에게 주어지지만, 그 본질은 다른 신자들과 함께 공동체 안에서 살아가야 한다는 것이다.

3) 그분의 영광의 전달자인 제자들

제자들은 그들의 스승을 닮았다.

> 아버지께서 나를 보내신 것같이 나도 너희를 보내노라(요 20:21).

> 내가 보낸 자를 영접하는 자는 나를 영접하는 것이요 나를 영접하는 자는 나를 보내신 이를

영접하는 것이니라(요 13:20).

참된 제자도의 삶은 세상 속에 있으면서 예수님에 대한 증언을 계속한다.

- 예수님이 스스로를 증언하셨던 것처럼, 이제 그분의 제자들은 그들의 대변인으로 성령을 갖추고서 예수님의 증인으로 부름받았다(요 15:26-27).
- 예수가 세상으로부터 미움을 받았듯이 제자들도 같은 가능성으로 부름을 받았다(요 15:18).
- 예수님이 하나님의 영광을 드러내셨듯이(요 1:14; 13:31-35), 제자들은 아버지와 아들과의 일치로 인해 세상에서 하나님의 영광을 드러내는 자가 되었다(요 14:23; 17:21-23).
- 그리스도의 제자들로 이루어진 몸인 교회는 그리스도와 연합하고 그분의 계명을 지킴으로써 서로 연합하여 살아간다면 세상에 아버지와 아들이 임재하신다는 가시적 표징이 되는 높은 특권을 누린다(요 13:34-35; 17:23).

이 새로운 사랑과 섬김의 공동체는 이제 은혜와 진리로 충만한 하나님의 지속적 임재를 세상에 알리는 주요 표징이 되었다. 사실 말씀이 육신이 된 것이 악을 이기기 위한 하나님의 정한 수단이었듯이, 이제 살아 계신 주님이 내주하시는 공동체는 삶과 행위와 증거로 세상에 있는 악에 저항하고 극복하기 위한 하나님의 현재적 수단이다(계 12:10-11 비교). 이러한 방식으로 교회는 하나님의 현재 구속 통치를 계속 드러내고 하나님 나라의 최종 도래를 위해 세상을 준비시킨다.

참고 주제 역사비평

참고 문헌 R. E. Brown. *The Gospel According to John*. 2 vols. AB 29, 29A. (1966–70); D. A. Carson. *The Gospel According to John*. (1991); C. S. Keener. *The Gospel of John*. 2 vols. (2003); C. R. Koester. *Symbolism in the Fourth Gospel: Meaning, Mystery, Community*. (1995); A. Lincoln. *Truth on Trial: The Lawsuit Motif in the Fourth Gospel*. (2000).

애가(Laments)
윌리엄 S. 모로우(William S. Morrow)

애가의 전통에서 나온 설교는 인간의 문제를 하나님 앞에 가져올 수 있는 말을 제공함으로써 신앙생활에 도움을 준다. 애가의 다른 이름으로는 불평의 기도와 하나님과의 논쟁하는 전통이 있다.

애가의 기도는 정의를 위한 외침이다. 불평의 기도는 하나님의 섭리가 잠재적이지만 항상 실현되지는 않는다고 가정한다. 하나님은 혼돈을 말살하신 것이 아니라 창조 질서의 주변부로 밀어내 제거하셨기 때문이다. 그래도 폭풍우가 마른 땅을 덮치거나 강도들이 왕의 땅을 침범하는 것처럼 혼돈의 세력은 일시적으로 우위를 점할 수 있다. 애가는 이러한 신적 주권의 타협을 알리고 의로운 재판관이 하나님의 선한 창조 질서를 대신하여 행동해 주실 것을 간청하며, 여기에는 일반적으로 청원자 자신도 포함된다.

불평 시편은 애도에서 감사로, 고난에서 구원으로, 십자가에서 부활로 나아가는 예전와 신학의 패턴에 속한다. 그렇지만 애가는 사람들의 삶에서 성 금요일의 순간을 사소하게 만들 정도로 부활절의 희망을 높이는 것을 거부한다.

개인적 불평 시편은 치명적인 병에 걸렸거나 불리한 사회적 상황의 희생자가 된 사람들의 수치심, 슬픔, 두려움을 표현한다. 일반적으로 이러한 기도는 예전 전문가의 안내에 따라 임시로 가족 예배나 임시 공공장소에서 수행되었다.

가뭄이나 군사적 패배와 같은 중대한 국가적 위협이 닥쳤을 때는 공동체 애도를 사용하는 기도와 금식의 날을 선포하여 대처했다. 회중 내의 심각한 갈등도 애가의 대상이 되었다(예: 시 9-10장). 애가서는 공동체의 삶에서 심각한 트라우마의 경험을 기억하고 처리하기 위한 주기적 예배를 가리킨다. 이러한 의식은 유대교에서 여전히 계속되고 있다.

애가를 목회적 돌봄에 적용하는 최근의 연구는 애가가 슬픔과 트라우마의 영향을 다루는 데 유용하다는 점을 강조한다. 이러한 사역은 종종 개인을 대상으로 하지만, 교회 폐쇄나 사회적 재난과 같은 집단적 위기 역시 애도로 이해할 수 있다(위기 참고) 현대의 목회적 사용은 종종 고대의 관행과 일치하며, 고통받는 사람들을 위한 사역을 위해 불평 기도를 활용한다.

그러나 공예배에서 애가에 대한 인식을 높여야 하는 중요한 이유가 있다.

첫째, 불평 시편의 구조가 의미하는 질서 정연한 슬픔에 참여하는 것은 공적 선포의 유익을 가져다준다. 그렇지 않으면 이 전통을 활용해야 하는 개인과 회중은 어떻게 신실하게 애도할 수 있는지 모를 수 있다. 기독교 신학에는 슬픔과 의심의 표현을 불충실함의 표시로 간주하는 강한 흐름이 있다.

애가는 기도에서 믿음과 의심, 희망과 절망을 정직하게 혼합할 수 있기 때문에 좋은 소식이다. 애가는 고통 가운데서 불안에 대한 강한 표현을 정당화한다. 또한, 성경적 신앙의 특징인 영적 역설의 규범적 본질, 즉 종종 끔찍하게 불공평한 세상에서 정의롭고 사랑스러운 창조주의 보살핌에 대한 확신을 전달한다.

둘째, 하나님과 논쟁하는 전통 설교는 예배자들이 하나님에 대한 부적절한 이해에 도전하면서 새로운 이해의 길을 준비하도록 돕는다.

예를 들어, 욥의 하나님과의 논쟁은 인간의 고통을 죄에 대한 형벌로 설명하는 응보 신학에 반대한다. 그 결과, 욥기 38-41장에서 하나님에 대한 새로운 비전을 발견할 수 있다.

창세기 18:16-32에 따르면, 여호와는 아브라함에게 주님의 공의에 대해 질문하도록 초대하신다. 둘의 대화는 하나님의 의를 새롭게 조명한다.

셋째, 불평 기도는 "폭력에 대항하고 그에 대한 반응으로 투쟁하는 성경의 다른 본문들과 나란히 서 있다"(Zenger 1996, 85). 애가를 설교하는 것은 폭력의 피해자들이 분노와 복수심을 부정하거나 비난함으로써가 아니라 그것들에 적절한 초점을 주려고 시도함으로써 분노와 복수심을 다룰 수 있도록 돕는다.

주목할 만한 점은 불평 시편에서 복수에 대한 탄원(저주 기도)은 피해자 스스로 폭력을 바로잡을 수 있도록 하나님께 힘을 구하는 것이 아니라 오히려 하나님께 복수자의 역할을 부여하고 있다는 것이다. 사실 저주 기도의 이면에는 폭력을 가하는 사람이 되기를 거부하는 치열한 열망이 숨어 있다. 이러한 기도는 그들만의 방식으로 폭력적 세상으로부터 해방되기를 간구하는 것이다.

넷째, 애가를 설교하는 것은 고통받는 이들과 교회가 연대하고 있음을 알리는 것이다. 애가는 교회의 목회적 목적을 강조하기 때문에 좋은 소식이다. 애가 시편의 목표 중 하나는 고통받는 사람들을 배척하거나 외면하려는 유혹에 빠졌던 공동체를 지지(support)공동체로 회복시키는 것이었다. 고난은 고립의 경험으로 이어지기 때문에 애도의 기도는 말 그대로 공동체가 상실된 상황에서 공동체를 만드는 실제 형태이다.

애가는 교회에 "상한 마음을 싸매는 것" 등의 신성한 소명의 필수적인 부분을 나타낸다(사 61:1-2; 눅 4:18-19 비교). 억압받고 학대받는 사람들의 이야기를 과감하게 설교하는 것은 그리스도의 사명을 증언하는 것이다.

애가의 영성에 기초한 설교는 반드시 불평 기도의 본문에 기초할 필요도 없다. 설교단에서 불의에 도전할 때마다 어떤 종류의 불만이 전제된다. 사실 "하나님을 향한 부르짖음과 하나님의 응답은 성경 전체의 근본 주제"(Brown and Miller 2005,16)이다. 예를 들어, 마틴 루터 킹 주니어(Martin Luther King Jr.)의 설교는 불평 기도에 기초한 경우는 거의 없었지만 종종 탄식으로 상징되는 현실에 응답했다.

참고 문헌 Kathleen D. Billman and Daniel L. Migliore. *Rachel's Cry: Prayer of Lament and Rebirth of Hope*. (1999); Sally A. Brown and Patrick D. Miller, eds. *Lament: Reclaiming Practices in Pulpit, Pew, and Public Square*. (2005); Anson Laytner. *Arguing with God: A Jewish Tradition*. (1990); Erich Zenger. *A God of Vengeance? Understanding the Psalms of Divine Wrath*. (1996).

법과 규정(Laws and Regulations)
존 C. 홀허트(John C. Holhert)

기독교 설교자가 구약의 법과 규정을 설교에 책임감 있게 사용하고자 할 때, 두 가지 관련 위험을 피해야 한다.

첫째, 구약의 법과 규정을 잘못 읽어서 신약의 은혜를 방해하는 도구로 사용하거나, 소위 구약의 율법주의에서 신약이 우리를 해방시키러 온 예로 사용되서는 안 된다.

둘째, 법과 규정들을 그것들의 맥락에서 떼어 내 21세기의 맥락에 쉽게 적용할 수 있는 독립된 법으로 사용해서는 안 된다. 이러한 법과 규정은 이스라엘에서 오랜 역사를 가지고 있으며 그 역사에서 구체적인 목적을 가지고 있다.

법과 규정(Laws and Regulations)

구약의 법과 규정에는 절대적 명령의 형태로 주어지는 법률들(예: 출 20장과 신 5장의 십계명)인 정언법(apodictic)과, 준수할 경우 특정 결과("이렇게 하면 이렇게 된다")를 약속하는 법인 결의법(casuistic)이 있다.

공동체에서 적절한 행동에 관한 수백 개의 규정이 있으며, 자녀 양육에서 우상 숭배, 농업에서 빈곤에 이르기까지 광범위한 문제를 다룬다. 일부는 시간에 구속되는 것처럼 보이지만(예: 어미의 젖으로 어린양을 삶지 말라는 경고[출 23:19]), 다른 일부는 우리에게 즉각적으로 관련이 있는 것도 있다(예: 네 이웃을 네 자신처럼 사랑하라[레 19:18]). 고대의 규정을 찾아서 그 신학적 맥락을 진지하게 고려하지 않고 현대적 맥락에 맞추려는 위험과 유혹은 언제나 존재한다.

구약에서 이 주제를 다루고자 하는 기독교 설교자는 신명기 6:20-25을 깊이 숙고하는 것이 좋다. 신명기는 구약에서 유대교의 지속적 생존과 중요성에 있어 가장 중요한 책이다. 랍비들은 신명기에서 하나님이 선택된 백성에게 주신 토라(가르침)에 대한 가장 풍부한 성찰을 발견했다. 신명기를 주의 깊게 읽으면 기독교 설교자는 유대교에서 토라의 중요한 의미를 이해하고, 나아가 그 전통에서 토라의 내용과 목적을 파악하는 데 도움이 될 수 있다. 6장에 나오는 이 구절이 이를 명확하게 해 줄 것이다.

가정에서 거행되는 출애굽 예전의 맥락에서(출 12:26-27의 유월절 예전 참고), 어린이가 어른들에게 묻는다.

"주 우리 하나님께서 너희에게 명하신 법령과 율례와 규례의 뜻(이 단어는 증거 또는 목적이라고도 읽을 수 있다)이 무엇인가요?"(신 6:20, 저자 역).

특정 법에 대해 논할 때마다 그 법 자체의 의미를 고려하기 전에 그 법의 목적을 먼저 묻는 것이 중요하다. 아이의 질문에 대한 대답은 놀랍다.

율법의 목적은 우리가 율법을 지키면 더 나아지거나, 우리 공동체가 더 강해지거나, 하나님이 우리에게 신성한 은혜를 베푸시는 것이 우선이 아니다. 율법의 목적은 무엇보다도 우리와 함께하시는 하나님의 기본 이야기를 상기시키는 데 있다.

> 우리가 옛적에 애굽에서 바로의 종이 되었더니 여호와께서 권능의 손으로 우리를 애굽에서 인도하여 내셨나니(신 6:21).

> [하나님은] 우리 조상들에게 맹세하신 땅을 우리에게 주어 들어가게 하시려고 우리를 거기서 인도하여 내시고(신 6:23).

율법은 사람들을 통제하기 위해 고안된 규정 목록이 아니라 생명을 유지하는 관계로 사람들을 부르시는 하나님의 선물이다.

그런 다음 이 본문을 설교하기로 선택한 설교자는 신명기 7:7-8을 묵상하여 율법과 구원의 관계를 우리 마음속에 영원히 고정시킬 수 있다.

> 여호와께서 너희를 원하시고 너희를 택하신 것은 너희가 모든 민족보다 더 많거나 더 커서가 아니라, 모든 민족 중에서 가장 작은 민족이었기 때문이었다! 아니, 그것은 여호와께서 너희를 사랑하셨기 때문이다(신 7:7-8, 저자 역).

레위기 성결 법전(Levitical Holiness Codes)

여호와께서 이스라엘을 선택하신 것은 신성한 사랑에서 비롯된 것이라는 신명기의 핵심 주장은 우리가 구약의 법과 규정을 해석하는 데 있어 핵심을 이룬다.

신명기 6:24은 다음과 같이 명시한다.

> 야웨께서 우리에게 이 모든 규례를 지키라고 명하셨으니, 이는 우리의 지속적 선을 위해 우리 하나님 야웨를 경외(fear, 또는 경배[worship] 또는 경외에 가득차 서다[stand in awe of])하고 지금과 같이 우리를 살게 하려는 것이다(저자 역).

야웨로부터 받은 자유라는 표현할 수 없는 선물을 기억하고 축하한 후에야 우리는 우리의 지속적 선을 위해 야웨의 율법을 따르게 된다. 야웨의 율법은 다름 아닌 우리를 향한 하나님의 구속 계획의 성취이다. 우리에게 주어진 자유의 선물은 야웨의 신성한 규율이라는 또 다른 선물에 의해 명령되지 않는다면 지속적 의미를 가질 수 없다.

> 우리가 명령받은 대로 우리 하나님 여호와 앞에서 이 모든 계명을 지키려고 노력할 때 그것이 우리에게 의로움이 될 것이다(신 6:25, 저자 역).

십계명이 대표적 사례이다. 출애굽기와 신명기 버전 모두 계명이 아니라 신성한 사실에 대한 진술로 시작하는 문장이 있다.

> 나 야웨는 너희를 애굽 땅, 노예의 집에서 인도하여 낸 너희의 하나님이다(출 20:2; 신 5:6, 저자 역).

이 말씀 뒤에는 우리 인간이 하나님이 은혜롭게 준 자유를 부정하는 방식이 이어진다. 우리는 다른 신을 선택하여 우리가 더 갖고 싶은 신을 만들고, 하나님의 강력한 이름을 모독하고 안식일의 선물을 거부함으로써 하나님의 시간을 우리의 것으로 만든다. 살인하고, 도둑질하고, 간음하고, 다른 사람을 사랑하기보다 다른 사람의 것을 탐하는 데 더 많은 시간을 보내는 것이 우리의 이야기이다. 이러한 모든 방식으로 우리는 자유보다 노예생활을 선호하며, 이로써 노예 상태에서의 구속을 완성하고자 하는 하나님의 소망을 부정한다.

하나님은 우리를 향하신 하나님의 소망의 완성으로 율법을 창조하시고, 자유를 주시고, 제공하신다. 이 율법은 하나님의 토라이며, '가르침'이라는 뜻이 더 적절하다. 하나님의 토라에는 법과 규정뿐만 아니라 기도, 찬송가, 이야기, 비유도 포함된다.

그래서 기독교 설교자는 구약의 율법을 대면할 때 하나님의 율법은 선물이며, 그것을 통해 하나님도 우리가 그 선물을 받아들이도록 이끈다는 사실을 기억해야 한다.

참고 주제 레위기 성결 법전

참고 문헌 Graeme Goldworthy. *Preaching the Whole Bible as Christian Scripture*. (2000); Gordon Wenham. *Leviticus*. (1979).

레위기 성결 법전(Levitical Holiness Codes)

존 C. 홀버트(John C. Holbert)

많은 기독교 예배자가 기본적 기독교 신앙과 실천에 대해 거의 알지 못하는 오늘날 왜 기독교 설교자들은 레위기 성결 법전과 같은 난해한 전문에 대해 걱정해야 할까?

사도행전은 하나님이 모든 것을 깨끗하게 하셨다고 선언하지 않았는가(10:13-16)?

그래서 그리스도인들은 더 이상 특정 음식을 먹거나 특정 방식으로 행동하지 말라는 이전의 명령에 얽매이지 않아도 되는 것 아닌가?

그리스도 안에서 모든 것이 새 것이 되었기 때문에 그리스도인에게는 이러한 옛 율법이 쓸모없고 중요하지 않게 된 것이 아닌가? (법과 규정 참고).

많은 기독교공동체에서 그러한 믿음이 일반적이지만, 성결 법전(엄밀히 말하면 레위기 17-26장이 규정이지만 출애굽기, 민수기, 신명기에서 많은 레위기 자료를 찾을 수 있음)을 비롯한 구약의 많은 율법이 여전히 보편적으로 적용 가능한 것으로 인용되는 것도 마찬가지로 분명한 사실이다. 근친상간, 간음, 수간을 금지하는 많은 성적 금기(레 20장)는 현대의 관행에도 여전히 영향을 미치고 있다. 또한, 이 땅의 가난하고 억압받는 사람들을 돌보는 것에 대한 깊은 관심(19:9-10)은 여전히 하나님 앞에서 현대인의 행동에 대한 지침으로 인용되고 있다. 적어도 이 오래된 율법 중 일부는 지금도 여전히 우리에게 힘을 주는 것처럼 보인다.

그러나 성결법의 일부를 선택적으로 사용하는 것은 현대인의 행동에 대한 미리 정해진 이해에 맞는 율법만을 선택함으로써 근거 없는 인용의 위험을 수반한다.

예를 들어, 음식법(레 11장; 신 14장)은 현대와 관련성이 없는가?

이러한 질문에 답하려면 고대 율법에 대한 좀 더 기본적인 의미를 찾아야 한다.

인류학자 메리 더글라스(Mary Douglas)는 이와 관련하여 많은 도움을 제공했다. 그녀는 성결 법전이 개인과 종 또는 범주 모두에서 신체적 완전성과 온전함을 특징으로 하는 정결이라는 중심 사상에 의해 하나로 묶여 있다고 주장한다. 그래서 사물은 그것들이 자신의 분류(class)에 적합하면 정결한 것으로 간주된다.

예를 들어, "지느러미와 비늘이 있는 물 속의 모든 것"(레 11:9)은 "정상"적인 모습이기 때문에 먹을 수 있다. 그래서 랍스터, 새우, 게는 "정상적"이 아니므로 불결하고 부정하다고 간주되기 때문에 먹을 수 없다. 제사장은 육체적으로 완전하지 않으면 제단에서 봉사할 수 없는데, 이는 육체적으로 완전한 사람만이 정의상 깨끗하고 정결하며 온전할 수 있기 때문이다.

이러한 현실 해석 방식은 심각한 도덕적 의문을 제기한다. 그런 정의에 따르면 목사인 나의 시각 장애인 친구는 결코 목사 안수를 받을 수 없었을 것이다. 사도행전 10:1 덕분에 나는 그리스도인으로서 새우를 행복하게 먹을 수 있다.

그런데 왜 지느러미와 비늘이 있어야 정상으로 간주되는 것일까?

이 전체 세계관은 훨씬 더 포용적인 다른

레위기 성결 법전(Levitical Holiness Codes)

성경적 관점(예: 사 56:3-5)에 정면으로 위배된다. 설교자는 레위기의 구절을 인용함으로써 이 특정한 현실적 관점, 즉 세상에서 무엇이 정상적이고 정결한지에 대해 너무 단순한 설명을 가져올 위험이 있다.

그렇다면 이 이상한 소재를 아예 피해야 할까?

아니면 그것들을 만들어 낸 고대 세계관을 받아들이지 않고도 이러한 본문에서 가치를 찾을 수 있을까?

고대 이스라엘의 제사장들은 그들의 하나님이 거룩하신 것처럼 거룩해질 수 있는 방법을 찾고 있었는데, 이 문헌에서 반복적으로 사용된다. 기독교 설교자는 거룩함을 향한 제사장들의 부지런한 탐구에서 도출할 수 있는 몇 가지 중요한 결론에 주목해야 한다.

첫째, 나의 거룩함의 가능성은 먼저 하나님의 선물이다. 하나님은 세상과 그 안에 있는 피조물을 창조하셨는데, 그중 하나가 바로 나다. 나의 목표는 하나님이 거룩하신 것처럼 나도 거룩해지는 것이다. 하나님이 지으신 피조물을 사랑하시는 것처럼 나도 그렇게 하도록 부름받았다(레 19:18). 하나님이 질서 있고 안정된 세상을 만든 것처럼, 나도 하나님의 세상에서 질서와 안정을 찾아야 한다. 하나님은 올바른 식생활과 올바른 예배를 훨씬 뛰어넘는 이 일을 위해 나를 구별하셨다. 이러한 질서는 개인적, 사회적 행동을 포함하여 존재의 모든 영역에서 추구되어야 한다.

둘째, 고대 제사장들은 하나님의 율법에 순종하면 하나님의 은혜를 받을 수 있다고 상상한 적은 결코 없다. 이 해로운 생각은 수 세기 동안 기독교 설교단에서 계속 유지되어 왔으며 완전한 오해이므로 거부되어야 한다. 너무 많은 기독교 설교자가 이러한 고대 율법을 하나님의 은혜를 얻으려는 어리석고 편협한 시도로 조롱해 왔다. 거룩함에 대한 우리의 추구는 오직 하나님의 거룩함에 비추어서만 이루어진다.

셋째, 식생활과 기타 고대 율법을 따르는 것은 하나님이 공동체 안에 계시며 공동체를 거룩하게 부르신다는 사실을 끊임없이 상기시키는 것이었다. 우상 숭배가 항상 큰 유혹이었던 시대, 가나안이나 애굽, 바벨론의 높은 신들이 출애굽과 시내산의 하나님을 대신할 수 있는 것처럼 보였던 시대에 식탁에서부터 가장 복잡한 도덕적 선택에 이르기까지 삶은 우상 숭배를 멀리하는 데 도움이 되었다.

폭식과 비만이 너무 흔하고 다이어트 열풍으로 수십억 달러가 소비되는 이 시대에, 하나님과 음식 사이의 직접적인 연관성을 재발견하는 것은 현대 우상 숭배를 피할 수 있는 방법이 될 수 있다.

넷째, 제사장들이 규정을 고안했을 때, 그들은 사실상 우리 모두는 유한하다고 말했다. 우리는 단순히 우리가 원하는 것을 할 수 없고, 먹을 수도 없다. 우리가 먹든 마시든 무엇을 하든 우리는 하나님과의 관계 속에서 행한다.

인간의 유한성, 한계를 인정하라는 이 부르심은 우리 시대의 중요한 부르심이 아닐까?

석유가 소진되고, 대기가 따뜻해지고, 생물종들이 사라짐에 따라 무한하신 하나님의 명령 아래서 우리의 유한성은 날마다 더 현실화되고 있다. 옛 제사장들로부터 배울 수 있는 것은, 우리가 유한하지 않다고 생각하는 사람들에게 규제(restrictions)가 사실은 매우 좋은 소식이 될 수 있다는 것이다.

어떤 기독교 설교자도 이러한 본문을 정기적으로 사용할 것 같지는 않지만, 모든 설교자의 레퍼토리에는 포함될 필요가 있다. 레위기의 성결 법전은 구약에서 방대한 분량으로 구성되어 있으며 현대 유대교에서도 여전히 중요하다. 그리고 그들은 여전히 우리 기독교인들에게 하나님의 말씀을 전할 수 있다.

참고 문헌 Mary Douglas. *Leviticus as Literature*. (1999); Gordon J. Wenham. *The Book of Leviticus*. (1979).

누가복음/사도행전(Luke/Acts)
메리 마가렛 포즈단(Mary Margaret Pozdan)

성서정과 설교자의 경우, 누가복음은 복음서 독서의 C 사이클에 나오는 반면, 사도행전은 부활절, 승천절, 성령강림절에 나타난다(*RCL*). 두 경우 모두 성구들이 함께 나온다(ABC)(성서정과와 교회력 참고).

성경과 성서정과는 사도행전을 누가복음과 분리하여 시각적/청각적으로 그 통일성을 덜 분명하게 인식하게 만든다. 그러나 이 두 권이 분리되어 있다고 해서 설교자들이 이 놀라운 두 권의 내러티브를 전체적으로 고려하는 설교를 하는 것을 방해해서는 안 된다. 그것은 본질적 질문에 대한 다양한 대답을 제공한다.

하나님의 통치와 엄청난 종교적, 정치적, 경제적, 지리적 다양성의 제국 속에서 살아가는 사람들이 어떻게 예수님을 따를 수 있을까?

누가복음은 역사적 참고 자료를 사용하여 예수님과 제자들을 1세기 로마제국의 상황에 배치하지만(예: 눅 1:5; 2:1-2; 행 4:5, 27), 누가의 목적은 청중에게 예수님과 유대 민족, 초기 교회에 하나님의 임재를 확신시키는 신학적인 그리스-로마 전기와 역사를 제시하는 데 있다. 내레이터는 명확하고 병렬적인 구조를 사용하여 구체적 표식을 통해 연속적 이야기를 제공한다.

- 서문(눅 1:1-4; 행 1:1-5)
- 성령의 강림(눅 1:5-2:52; 행 1:2-2:41)
- 세례(눅 3:1-22; 행 1-2장; 8-11장)
- 여정: 갈릴리에서 예루살렘으로(눅 9:51-19:27) 그리고 예루살렘에서 로마로(행 8:1-28:16)
- 여정의 끝: 예루살렘(눅 19:45-24:53) 그리고 로마(행 28:17-31)

내레이터는 청중에게 그들 자신의 경험과 꿈에 연결하도록 유도한다. 유대인 신자들에게는 구약, 선지자, 예루살렘 성전에 대한 여러 인물과 언급이 등장한다. 이방인 신자들에게는 여러 인물과 줄거리, 특히 바울과 그의 소아시아 모험, 예루살렘 공의회(행 15장)가 등장한다.

또한, 기본 신념들을 포용하는 제국 내에서 하나님의 통치에 대한 독특한 신학적 비전과 강조점이 있다.

첫째, 하나님은 모든 사람이 구원받기를 원하신다(3:6). 예를 들어, 이중 증인들은 구원을 갈망한다(스가랴와 엘리사벳; 시므온과 안나). 천사들이 예수님을 구세주로 선포한다. 예수님은 자신의 소명을 깨달으신다.

> 하나님의 나라 복음을 전하여야 하리니(눅 4:43).

> 내가 갈 길을 가야 하리니 선지자가 예루살렘 밖에서는 죽는 법이 없느니라(눅 13:33).

> 그리스도가 이런 고난을 받고 자기의 영광에 들어가야 할 것이 아니냐(눅 24:26; 행 17:3).

이 구절에서 "-야 하리니(할)"(it must happen/ it is necessary)라는 동사는 예수님을 통한 하나님의 행동을 나타낸다.

둘째, 하나님은 기대를 뒤집으신다. 팔복(6:20-23)은 하나님의 축복을 받는 사람들을 가난하고, 배고프고, 울고, 소외되고, 비난받고, 모욕을 당하는 사람들로 규정한다. 이와는 대조적으로, 제국의 사람(부자, 배부른 사람, 웃는 사람, 명예를 추구하는 사람)들은 하나님의 화를 받는다(6:24-26). 가난한 사람(20절)은 영적으로 해석되지 않는다는 점이 중요하다(마 5:3 비교). 그들은 제국 인구의 80퍼센트 이상을 차지한다. 그러나 레위의 부름(5:27-32)은 누가공동체가 다양한 사람들을 포용했음을 시사한다.

두 권 모두 이야기와 기적, 가르침을 통해 하나님의 통치 안에서 가난한 사람들을 돌보는 일에 주목한다. 이는 추상적이고 일반적인 호소가 아니라 제국 내에서 가장 도움이 필요한 사람들의 현실을 반영하는 구체적 공동체의 실제 필요에 뿌리를 두고 있다.

셋째, 성령은 인물들(예: 마리아, 예수님, 제자들, 군중)을 채우고, 인도하고, 능력을 부여하는 역동적 존재이시다. 누가복음에 나타난 성령의 다양한 활동은 사도행전에서도 계속된다. 성령강림절 이후 예수님과 제자들의 말과 행동 사이에는 명확한 유사점이 존재한다. 성령은 오늘날 우리 제국에서도 예수님의 사역을 계속하도록 설교자와 회중을 격려하신다(성령과 설교 참고).

넷째, 기도는 예수님과 제자들, 그리고 믿는 공동체에게 필수적이다. 누가복음에서 예수님은 성령이 그분께 기름을 부으실 때 기도하고 계신다(3:21). 그분은 기도를 통해 자신의 말과 행동을 인도하는 지침을 구하면서 자신의 정체성을 더 깊이 인식하신다. 기도는 예수님이 깨어 있고, 결단력 있고, 자비를 가지실 수 있게 해 준다. 마찬가지로 기도는 성전과 회당에서 이 복음서에서 다른 이들을 지탱해 준다.

다섯째, 누가복음/사도행전에서는 식사가 중요하다. 식사는 여러 차원에서 하나님의 섭리를 상징한다(예: 언덕에서의 식사, 바리새인 및 제자들과의 식사, 주의 만찬, 엠마오의 떡 떼기). 설교자는 이러한 페리코프들에서 근본 질문을 통해 회중을 축복하고 도전할 수 있다.

누가 식탁에 초대되었는가?
누가 오는가?
누가 남는가?

여섯째, 여성과 관련된 이야기는 다양하

고 중요하다. 여성은 남성과 짝을 이루어 활동한다.

- 예수님은 가버나움 백부장의 하인과 나인성 과부의 아들에게 생명을 회복시키신다(7:1-17).
- 예수님이 비유로 가르치실 때 양을 찾는 남자와 동전을 찾는 여자가 등장한다(15:3-7, 8-10).
- 사도행전에는 부부에 대한 언급이 있다. 아나니아와 삽비라는 초기 기독교공동체에 속해 있었고(5:1-11), 브리스길라와 아굴라는 선교사였다(18:1-4, 18-28).

누가복음에는 다른 복음서에는 없는 여성들의 열아홉 가지 이야기들을 포함한다(페미니스트 관점 참고).

그러나 1990년대 이후 글을 쓰는 비판적 페미니스트들은 또 다른 질문을 던진다.

이 여자를 보느냐(눅 7:44).

설교자들은 이 이야기를 재검토하여 누가가 기독교공동체를 박해로부터 보호하기 위해 제국의 사회적 관습을 존중했을 수 있다는 점을 살펴볼 필요가 있다.

이 복음서에서 한정된 인물 분석은 무슨 일이 일어나고 있는지 밝혀내는 데 유용하다.

누가 말하고 누가 말을 듣는가?

누가 행동하고 누가 행동을 대상이 되는가?

누가복음은 모든 복음서에 공통으로 수록된 이야기를 전개하면서, 한 바리새인을 '주인'의 지위로, 그리고 그와 마주 선 인물로 '그 동네에 사는, 죄 많은 여자'를 묘사한다. 이 표현은 이중적으로 일반화된 명칭(double generic name)으로, 인물을 이름 없이 지역적 정체성과 도덕적 낙인을 통해 규정한다(눅 7:36-50; 마 26:6-13; 막 14:3-9; 요 12:1-8과 비교).

여인의 죄와 종교적, 정치적 부적절함은 그녀와 관련이 있는 모든 사람을 잠재적 배신자로 낙인찍는다. 그러나 예수님은 빚진 자의 이야기를 들려주시면서 예수님을 찾아온 여인의 새로운 지위를 확인시켜 준다. 예수님은 그 여인을 감사하고 용서받은 종이라고 칭찬하시며 그녀에게 직접 "네 죄 사함을 받았느니라"(48절)라고 말씀하신다.

설교자는 누가복음/사도행전의 이야기와 오늘날의 설교와 삶 사이의 연속성을 보장하는 성령의 확신을 가지고 이 이야기를 다룰 수 있다.

참고 문헌 Paul Borgman. *The Way According to Luke: Hearing the Whole Story of Luke-Acts*. (2006).

기적(Miracles)

마이클 P. 놀즈(Michael P. Knowles)

성경과 성경 이후의 기적에 관한 설교는 인간사에 대한 신적 개입에 대한 질문을 강력하게 제기한다. 그러나 하나님의 구원 활동을 증언함으로써 모든 기독교 설교는 구원의 기적을 묘사하고 어느 정도는 그 기적

기적(Miracles)

에 참여한다.

이스라엘 역사, 예수님의 생애, 초기 교회의 사역에서 기적은 단독으로 존재하는 것이 아니라 인간의 절박한 필요 상황에서 하나님의 은혜로운 목적과 구원의 개입을 표현하는 데 사용된다. 그래서 예수님은 하나님의 통치의 실제적이고 활동적인 차원을 보여 주시기 위해 굶주린 자를 먹이시고, 병자를 고치시고, 귀신을 쫓아내시고, 폭풍을 잔잔하게 하셨다.

초기 변증가들은 기적과 마술을 구별하지만(Justin Martyr, I Apol. 30; Origen, Cels. 6.41), 탈무드는 나중에 기적이 증거로 사용될 수 있다는 것을 부인한다(b. Bava Metzi'a 59b), 예수님 시대의 유대인과 이방인 모두 기적의 발생 가능성을 인정한다. 그래서 기적은 먼저 원래의 문화적, 종교적 맥락의 세계관 안에서 이해되어야 한다.

예수님의 행동은 하나님 나라 건설에 관한 그분의 가르침(마 12:28; 눅 11:20)이나 그를 "메시아", "구세주", "주님"이라고 한 추종자들의 초기 고백을 떠나 해석할 수 없다. 예수님의 기적(그리고 그분의 권위로 행한 제자들의 기적)은 그분의 정체성을 반영하고 그분의 사명의 본질을 전달하기 위한 것이다.

교부 시대의 저술가들은 기적이 신앙을 확신시키고 확증하는 역할을 한다고 단언한다(특히, Augustine, Civ. 22.5.8).

중세 변증가들은 기적을 성도들의 중보 능력을 증거하는 것으로 보았다(예: Gregory of Tours' Eight Books of Miracles).

종교개혁자들은 성경의 기적과 그리스도와 사도들의 설교 사이의 관계를 강조했다(ohn Calvin, "Dedication," Institutes of Religion).

계몽주의 이후의 환경에서 설교자는 과학적 합리주의의 지배적 회의론과 특히 하나님이 우리 시대에도 계속해서 기적을 허락하신다는 오순절주의 및 카리스마적 기독교인들의 주장을 비교 검토해야 한다.

그러나 설교자의 배경, 교단 또는 경건과 상관없이 기적적인 사건에 대한 주장은 과거와 현재를 막론하고 형이상학적 영역과 물질적이거나 단순히 인간의 구성물 이상의 실재에 대한 도전을 제기한다. 그래서 신앙에 입각한 설교, 특히 기적을 주제로 한 설교는 하나님을 인간적 차원으로 축소하려는 충동에 저항한다.

정의(definition)에 따르면, 기독교 설교는 하나님의 실재, 임재, 구원의 주도권, 그래서 기적의 가능성에 대해 열려 있다. 이런 의미에서 성경의 기적에 대해 설교하는 것은 독자가 본문에 의해 '읽혀지는' 전형적 사례를 제공한다. 이러한 설교는 청중을 진단하고 그들의 철학적 전제의 윤곽과 한계를 드러낸다. 이는 과학적 합리주의의 한계를 인정하고 신비, 경이로움, 하나님의 가능성에 점점 더 열려 있는 포스트모던적 관점에 특히 중요하다.

성경은 자신의 관점 이외의 모든 관점에 명백히 도전하며 우리의 가정을 비판하고 우리의 충성을 명령한다. 그래서 설교자는 단순히 "현대의 청중이 기적을 받아들일 수 있는가" 또는 "오늘날에도 그런 일이 가능한가"라고 묻는 대신, "하나님이 기적을 베푸신다면 그 다음에는 무엇을 하실 것인가", "우리와 같은 사람들을 구원하기 위해 결정적으로 행동하시는 변하지 않는 하나님

기적(Miracles)

은 누구신가"라고 생각하는 것이 더 효과적이다.

기독교 설교는 항상 그 자체와 즉각적인 맥락을 넘어 예수님의 인격과 목적을 가리키지만, 특히 기적에 관한 설교는 궁극적으로 하나님의 은혜로운 성품, 관대한 공급, 구원의 능력을 가리킨다.

반면에 이 주제에 대한 성경적 설교는 성경 자체만큼이나 솔직해야 한다. 성경은 제자들이 자주 기적을 행하지 못했고(막 9:17-19), 부활하신 그리스도 앞에서조차 일부 제자들이 끈질기게 믿지 않았음을 증언한다(마 28:17). 예수님 자신도 표적을 요구하는 사람들에게 표적을 거부했으며(막 8:11-12), 자신의 이름으로 "능력 있는 일"을 행하는 능력이 진정한 경건이나 신실함을 나타내는 것이 아니라고 주장한다(마 7:22-23).

설교자가 기적을 증명(또는 반증!)하는 것은 설교자의 임무가 아니며, 기적을 일으켜야 할 의무나 청중에게 믿음을 줄 수 있는 능력도 설교자의 임무가 아니다. 오히려 설교는 그 자체로 하나님을 신뢰하는 행위이며, 하나님을 의지하여 청중을 설득하고 확신시키고 위로하는 행위이다. 성경의 기적을 정확한 역사적 기록으로 읽는 것보다 하나님의 일반적 의도(예: 억압으로부터의 해방, 기도에 대한 응답, 인간의 필요 완화)의 증거로 읽는 것이 더 쉽다고 생각하는 설교자나 회중에게도 하나님의 직접 개입과 그 현현의 문제는 여전히 가장 중요한 문제이다. 기적에 대해 설교할 때는 하나님이 인간의 필요를 공급하고 기적이 있든 없든 설교된 말씀의 타당성을 증거하는 데 있어서도 신실할 것이라는 모든 청중의 신실한 기대를 요구한다(행 14:3, 17).

바울은 예수님의 부활이 기독교 설교의 근거를 제공한다고 주장하면서(고전 15:14), 처음에 회의적이었던 사도들의 경우처럼 하나님의 기적적인 개입은 믿음에 의존하는 것이 아니라 믿음에 영감을 준다는 것을 암시한다(부활 참고). 마찬가지로 "유대인은 표적을 구하고 헬라인은 지혜를 찾으나 우리는 십자가에 못 박힌 그리스도를 전하니"(고전 1:22-23)는 설교나 기적이 능력과 확실성에 대한 우리의 욕구를 충족시킬 수는 없지만 하나님의 사역의 가장 깊은 증거는 믿음 자체의 반응이라는 것을 암시한다.

그래서 아우구스티누스에 따르면 설교자의 청중이 회심하는 것이 가장 설득력 있는 기적이다.

> 우리에게 남은 것은 단 하나의 놀라운 기적, 즉 기적의 유익 없이도 온 세상이 부활의 기적을 믿는 기적뿐이다(Civ. 22.5).

참고 문헌 Augustine. *The City of God: An Abridged Version from the Translation by G. G. Walsh*, et al. Edited by Vernon J. Bourke. (1958); Wendy Cotter. *Miracles in Greco-Roman Antiquity: A Sourcebook*. (1999); Eric Eve. *The Jewish Content of Jesus' Miracles*. (2002); Graham H. Twelftree. *Jesus the Miracle Worker: A Historical and Theological Study*. (1999).

비유(Parables)

바바라 E. 레이드(Barbara E. Reid)

만약 우리가 공관복음(Synoptic Gospels)만 가지고 있다면, 우리는 예수님이 비유로만 설교하셨다고 생각할 것이다(마 13:34; 막 4:34). 이런 종류의 설교는 다양한 반응을 불러일으켰다. 그 의미를 이해하지 못하거나 어떤 반응이 요구되는지 혼란스러워하는 이들도 있었으며, 이에는 가장 가까운 제자들도 포함되었다(막 4:10-12). 반면에 요점을 완벽하게 이해하고 이 설교자를 제거하려는 음모를 꾸미는 사람들도 있었다(막 12:12).

현대 설교자들은 비유의 역학 관계를 살펴보고 비유의 기능을 분석함으로써 예수님의 스토리텔링과 선포 방식을 모방하여 청중을 복음 메시지에 더 효과적으로 참여시킬 수 있다.

예수님이 비유를 사용하신 방법 중 하나는 민감한 주제를 논쟁적이지 않은 방식으로 다루어 청중이 메시지의 도전을 더 잘 받아들이도록 하는 것이었다.

예를 들어, 누가복음 7:36-50에서 예수님은 시몬의 집에서 식사할 때, 자신과 자신의 발에 기름을 부은 여인에 대한 잘못된 판단에 대해 시몬의 잘못된 판단을 직접적으로 지적하는 대신, 두 빚진 자에 관한 비유를 들려준다. 이야기 속에서 시몬은 예수님의 요점을 금방 파악한다. 사건의 끝에는 시몬이 여인과 예수님에 대한 올바른 인식으로 나아갈 수 있을지에 대한 의문이 남아 있다.

마찬가지로 현대 설교자들은 직접 대면하는 것보다 비유를 통해 회중을 참여시켜 더 쉽게 마음을 변화시키고 행동으로 옮길 수 있게 할 수 있다.

예수님의 비유가 가진 또 다른 특징은 일상생활의 생생한 이미지를 사용했다는 점이다. 청중은 씨 뿌리는 사람이 여러 종류의 토양에 씨를 뿌릴 때(막 4:1-9)나 여자가 빵 반죽에 누룩을 넣을 때(마 13:33; 눅 13:20-21) 어떤 일이 일어나는지 알고 있었다. 잃어버린 양이나 잃어버린 동전을 찾는 것이 어떤 것인지 모두가 알고 있었다(눅 15:3-10).

이것은 설교를 시작할 때 주의를 끌기 위한 중요한 장치일 뿐만 아니라 성육신 신앙에 대한 중요한 신학적 메시지, 즉 일상은 매일 하나님을 만나는 곳이라는 메시지를 전달한다. 비유를 사용할 때 효과적 설교자는 추상적 표현을 피하고 다채롭고 친숙한 언어와 현실적 예를 사용하여 메시지에 생동감을 불어넣는다.

현대 청중이 겪는 한 가지 문제는 복음 비유에 등장하는 이미지가 1세기 회중에게는 매우 친숙하지만, 산업화된 기술 중심 사회에서 살아가는 21세기 회중에게는 이해하기 어렵다는 것이다. 오늘날의 농업 환경에 사는 사람들은 복음서의 세계가 더 친숙할 수 있지만, 도시에 사는 사람들은 비유와 이미지를 이해하기 위해 많은 설명이 필요할 수 있다. 그러나 비유를 설명하는 것은 비유가 주는 수사학적 효과를 망칠 위험이 있다. 마치 좋은 농담을 한 후 핵심을 설명해야 하는 것과 같다.

효과적인 한 가지 기법은 복음 이야기의 역동성과 메시지를 현대의 언어와 이미지로 재현하는 현대의 비유를 구성하는 것이다. 그러나 비유는 복잡하고 양면성을 지니고

비유(Parables)

있으며 현대의 적용에서 그 비유의 중요한 특징을 보존하는 것이 항상 가능한 것은 아니다(현재화하기 참고).

예수님의 비유는 일상적 수준에 머물러 있지 않다. 이 이야기는 인식할 수 있는 일상적 현실의 관점에서 이야기되지만, 항상 하나님 또는 하나님의 영역에서의 삶과 관련된 더 깊은 의미를 가진다. 양을 찾는 목자나 동전을 찾는 여인은 예수님의 사역을 통해 하나님이 잃어버린 자를 찾으시는 것에 대해 이야기할 수 있다. 묻혀 있던 보물이나 값비싼 진주를 발견하는 것은 제자가 되는 과정과 그 대가를 성찰하게 할 수 있게 한다.

복음서의 비유는 보통 익숙한 일상 세계에서 출발하지만, 그 이야기는 대개 예상치 못한 전환을 통해 완전히 뒤집힌다. 이러한 비유는 마치 부메랑처럼 예기치 않은 방식으로 청중에게 되돌아올 수 있다. 비유는 재미를 위한 유쾌한 이야기가 아니라 놀라움과 혼란을 주는 이야기이다. 비유의 기능은 청중을 불안하게 하여 회심할 수 있도록 마음을 열게 하는 것이다. 비유는 기존 세계의 질서를 깨뜨림으로써, 우리의 방어벽을 뚫고, 하나님 앞에 취약한 존재로 우리를 세운다. 비유는 반드시 안심시키는 것이 아니다. 비유는 일반적으로 삶을 긍정하거나 유지하게 하지 않는다. 그것은 신화의 기능이다. 현대 설교자들이 비유를 사용할 때, 그들은 위로가 아니라 청중의 마음의 변화와 그에 따른 행동으로 초대하는 것을 목표로 한다.

예수님의 비유가 가진 가장 어려운 특징 중 하나는 비유가 어떤 면에서 개방적이어서 다양한 해석이 가능하다는 점이다.

예를 들어, 아버지와 두 아들의 이야기(눅 15:11-32)의 마지막 부분에서 아버지는 여전히 큰아들에게 잔치에 들어오라고 간청하고 있다.

그가 들어갈까?

그것은 듣는 사람이 결정할 문제이다.

또한, 이 비유의 메시지는 듣는 사람이 누구와 동일시하느냐에 따라 달라질 수 있다.

첫째, 작은 아들의 관점에서 이 비유는 깨어진 관계를 회복하기 위한 첫걸음으로, 결코 벌거나(earned) 받을 자격(deserved)이 없는 하나님의 무조건적인 사랑을 받아들이라는 초대이다.

둘째, 듣는 사람이 큰아들과 자신을 동일시한다면, 이 초대는 노예와 같은 순종과 기쁨 없는 분노의 태도를 버리고 자신을 포함하여 하나님의 품에 안긴 모든 사람을 하나님과 함께 기뻐하라는 것이다!

셋째, 아버지의 관점에서 볼 때, 이 비유는 권위를 가진 사람들이 자신이 돌보는 사람들에 대한 사랑으로 가득 차서 집에 있으나 잃어버린 이들 그리고 떠난 사람들 모두를 찾기 위해 특별한 노력을 기울일 수 있도록 초대한다.

이 세 가지 관점만으로는 이 비유의 의미가 다 드러나지 않는다. 비유에는 모든 시대와 장소에 맞는 하나의 안정적 의미가 있는 것은 아니다. 어떤 설교자들은 복음 비유의 의미를 알면 그 의미를 현대의 예화로 재현하는 것이 설교자의 임무라고 생각하

비유(Parables)

는 실수를 범한다. 그 대신 설교자의 임무는 비유를 열심히 연구하여 가능한 다양한 의미를 찾아낸 다음, 회중의 시대적 상황에 비추어 지금 이 시간과 장소에서 이 특정한 회중에게 가장 필요한 메시지가 무엇인지 분별하는 것이다. 물론, 교회 구성원들의 필요는 다양하다.

한 가지 더 주의할 점은 비유가 한 가지 이상의 의미를 가질 수 있다고 해서 비유가 우리가 원하는 모든 것을 의미할 수 있다는 의미는 아니다. 또한, 모든 해석이 똑같이 타당한 것도 아니다. 설교자는 비판적 성경 해석의 도구를 사용하여 원래의 문맥에서 가능한 의미를 파악한 후 청중의 현대적 상황으로 연결해야 한다(다리놓기 참고).

비유에 대한 해석이 가장 억눌린 사람들에게는 좋은 소식을, 권력, 특권, 지위를 가진 사람들에게는 도전의 말을 전하는 방향으로 나아갈 때, 그 해석은 예수님이 의도하신 바에 더 가까워질 가능성이 높다. 깔끔한 답변과 깔끔한 결론을 좋아하는 설교자에게는 또 다른 도전이 있다. 비유적 설교는 청중을 신비, 역설, 모호함의 세계로 초대한다. 예수님은 진리의 길을 가리키시지만 청중이 그 길로 나아가는 방법을 알아내도록 초대한다. 비유적 설교는 청중이 본문의 의미를 파악하고 그에 따라 행동하는 데 적극적으로 참여하게 한다.

예수님의 비유가 가진 마지막 특징은 짧고 요점이 명확하다는 것이다. 비유는 간결하고 생생한 이미지를 통해 기억하기 쉽게 하며 그 영향력을 강화한다. 그래서 현대의 설교자들도 간결한 표현의 기술을 익히는 것이 좋다. 이와 함께 한 가지 강력한 요점만을 정교하게 설명하는 기술도 필요하다. 하나의 명확한 메시지를 생생한 언어로 선포하는 설교들은 가장 오래 기억될 것들이다.

19세기 후반 독일의 성경학자 아돌프 율리허(Adolf Julicher)는 비유에는 단 하나의 요점만 있으며, 그 요점은 예수님의 가르침의 역사적 맥락에서 찾아야 한다고 주장함으로써 비유 연구에 혁명을 일으켰다(1899).

율리허 이전에는 많은 주석가가 비유를 알레고리(알레고리, 알레고리적 해석 참고)로 접근하여 이야기의 모든 세부 사항이 상징적 의미를 지니고 있었다. 알레고리적 해석의 좋은 예는 성경 본문에서 바로 찾을 수 있는데, 마가복음 4:13-20(및 병행 구절)과 마태복음 13:18-23에는 '씨 뿌리는 자 비유'와 '가라지 비유'가 설명되어 있다.

대부분의 학자가 이러한 알레고리적 해석이 초기 기독교공동체의 예수님의 목소리를 대변한다는 데 동의한다. 율리허 시대부터 비유가 어느 정도까지 알레고리적 해석을 유도하거나 허용하는지에 대해 많은 논쟁이 있어 왔다. 율리허가 주장한 '비유는 하나의 요점만 가진다'는 결론은 오늘날 지나치게 극단적인 해석으로 간주되지만, 이러한 도전은 무분별한 알레고리화 전략을 허용하지 않는다. 마지막으로, 효과적 설교자는 자신의 삶이 점점 더 예수님의 삶과 닮아감에 따라 살아 있는 비유가 될 수 있으며, 그래서 더 넓은 사회에 교훈을 주기도 하고 수수께끼를 던지는 역할을 하기도 한다. 강단에서 그리고 강단 밖에서 복음을 증거하는 비유적 삶은 설교에 변화를 가져오는 힘을 부여한다.

참고 문헌 John R. Donahue. *The Gospel in Parable: Metaphor, Narrative, and Theology in the Synoptic Gospels.* (1988); William R. Herzog II. *Parables as Subversive Speech.* (1994); Adolf Julicher. *Die Gleichnisreden Jesu.* 2nd ed. 2 vols. (1899); Barbara Reid. *Parables for Preachers.* 3 vols. (1999, 2000, 2001); Luise Schottroff. *The Parables of Jesus.* Translated by Linda M. Maloney. (2006); Klyne Snodgrass. *Stories of Intent.* (2008).

수난 내러티브(Passion Narratives)

메리 마가렛 포즈단(Mary Margaret Pozdan)

고난 주일과 성 금요일에는 기독교인들이 모여 예수님의 배신과 체포, 고난과 죽음에 대한 이야기를 듣기 위해 모인다. 종종 개인이 수난 내러티브(PN)에서 등장 인물의 역할을 맡기도 한다. 회중 역시 예수님을 정죄하는 군중이 되도록 격려받는다.

"그를 십자가에 못 박으소서. 십자가에 못 박으소서."

많은 사람이 불편해할 수 있다. 그들은 유대인과 동일시되기를 원하지 않는다. 예수님을 정죄하는 생생하고 강력한 외침을 듣는 일은 드물다.

설교자들은 PN을 역사적 기록으로 간주하는 교회 문화 때문에 어려움을 겪는다. 교회 주보에 삽입물을 넣는 것은 회중이 PN의 맥락을 이해하는 데 도움이 될 수 있다. 재구성된 1세기 역사는 유대가 로마의 통치를 받고 있었음을 나타낸다. 가야바와 빌라도는 예루살렘의 평화를 책임지고 있었다. 성전과 경비병의 감독관인 가야바는 로마에서 임명된 사람이었다. 빌라도와 그의 병사들은 매년 성지 순례 축제 기간에 예루살렘을 방문하여 군중을 치리했다. 유대 지도자와 백성들은 예수님을 사형에 처할 권한이 없었지만, 빌라도는 로마의 지배를 위협하는 사람들을 처형했다.

하나님 나라에 대한 예수님의 말씀과 행동은 군중들 사이에서 인기를 끌었다. 예수님의 십자가 처형은 종교 당국이 승인한 제국의 일반적이고 정치적인 처벌이었다.

또 다른 도전은 예수님의 고난과 죽음에 대한 신학 이야기를 어떻게 활용할 것인가이다. 복음서는 예수님의 죽음에 대한 초기 기독교공동체의 이해와 유대인 및 제국에서의 삶에 대한 경험을 표현한다. 기독교 소수 공동체와 대다수 유대인공동체 사이의 갈등은 복음서 기자들이 유대인 인물을 묘사하는 방식에 영향을 미쳤다. 박해의 위협과 평화로운 삶은 로마의 인물들에게 영향을 미쳤다.

또한, 이러한 내러티브에는 하나님이 하나님의 백성과 온 세상을 구원하기 위해 예수님의 죽음과 부활을 통해 결정적으로 행동하셨다는 확신이 담겨 있다.

성경 속 인물 분석은 설교자에게 이야기에 대한 통찰력을 제공한다.

첫째, 예수님은 마태복음에서 희생자가 아니라 주인공이다. 그분은 자신의 죽음을 선포하고 유대인 및 로마 인물들과 상호 작용하신다. 많은 인물이 산헤드린과 빌라도 법정, 십자가에서 예수님을 배신하고 공개적으로 모욕하기 위해 음모를 꾸민다. 그러나 적들은 유대인의 왕, 하나님의 아들,

수난 내러티브 (Passion Narratives)

이스라엘의 왕(27:37, 40, 42)과 같은 명예로운 칭호를 사용하여 예수님의 정체성 주장에 대해 질문하기 때문에 군중 앞에서 그분의 신분을 바꾸는 데 실패한다. 아이러니하게도 청중/독자는 이러한 칭호가 진실임을 알고 있다.

최후의 만찬에서 새로운 왕국과 부활에 대한 예수님의 연설(26:29, 32)은 부활 이후의 이야기(28:1-20)에서 확인되며, 이는 예수님의 명예를 입증하는 증거가 된다. 요한복음에서는 최후의 만찬부터 십자가에서의 마지막 말씀을 함께 묶어서 "자기 사람들"을 "끝까지" 사랑하신다는 표현으로 본다(13:1; 19:30). 예수님은 체포되셨을 때 "내가 곧 그이다"라고 주도권을 잡으시고, 안나와 가야바에게 자신의 가르침에 대해 대답하시고, 빌라도와 대화를 나누신다. 십자가의 세 개 언어로된 표지판은 예수님을 유대인의 왕으로 소개한다(27:37).

둘째, 제자들은 주의 만찬을 함께하고 겟세마네에서는 도망친다. 마태복음에서 유다는 예수님을 배반할 음모를 꾸미다가 돈을 돌려주고 회개한다. 요한복음에서는 예수님을 체포하기 위해 등불을 든 군중과 함께 예수님을 체포하러 등장한다. 많은 여성 제자들은 예수님의 십자가 처형을 목격한다. 아리마대 요셉이 예수님의 매장을 준비한다. 요한복음에서는 여기에 더해 사랑받는 제자가 등장한다. 그는 최후의 만찬 자리, 대제사장 집의 뜰, 그리고 십자가 아래 예수님의 어머니 곁에 나타난다. 바로 그곳에서, 예수님은 그들을 서로의 보호자이자 가족으로 맡기신다. 이로써 요한은 십자가 위의 예수님 안에서 새롭게 태어나는 제자 공동체를 묘사한다.

셋째, 종교 당국자들, 종종 고정관념의 인물들로 묘사되며, 예수님을 죽음에 이르게 한다. 마태복음에서 대제사장들과 장로들은 유다와 함께 예수님의 죽음을 계획한다. 그들은 군중을 설득하여 바라바의 석방을 요청하고 예수님의 십자가 처형을 요구한다. 가야바는 예수님에 대한 거짓 증인임을 확인하고 대제사장과 장로들에게 권력을 넘기는데, 이는 역사적으로 가능성이 낮은 일이다. 두 복음서 모두에서 문학적 허구인 유대인 경찰이 대제사장들의 명령을 집행한다.

넷째, 유대인들(hoi Ioudaioi)은 요한복음에서 서른한 번 등장하며, 종교 권위자들과 유대인들의 역할이 혼동된다. 빌라도에 대한 그들의 선언은 사형을 금지하는 법(18:31)에서 예수님이 하나님의 아들이라고 주장하시기 때문에 처형을 요구하는 법(19:7)으로 빠르게 전환된다. "보라 너희 왕이로다"라는 빌라도의 대답은 "그를 십자가에 못 박게 하소서"와 "가이사 외에는 우리에게 왕이 없나이다"라는 대답으로 돌아온다(19:14-15).

다섯째, 로마의 인물들은 고정관념에 사로잡힌 캐릭터로 묘사되며, 역사적으로 결백하지 않다. 주저하는 총독 빌라도는 예수님이 무죄라고 판단하고 "십자가에 못 박게 하라"는 백성들의 요구에서 그분을 해방하려고 시도한다(마 27:23). 폭동을 일으키는 군중 앞에서 공개적으로 손을 씻는 의식은 거의 설득력이 없다. 이와는 대조적으로, "그의 피(haima)가 우리와 우리 자손에게 있으리라"라고 저주하는 군중의 모습을 볼 수 있다(마 27:24-25).

목회적 실천은 설교자에게 두 가지 질문을 던진다.

첫째, 예수님의 죽음에 대한 책임은 누구에게 있는가?

텍스트를 문자 그대로 해석하면 유대인의 책임인것 같지만, 이는 섬세하게 해석된 것이 아니다. 역사적으로 로마 역시 몇몇 유대인 지도자의 주도하에 예수님이 죽으셨기에 궁극적으로는 그들에게 책임이 있다. 신학적으로 예수님의 죽음과 피의 저주(위 넷째와 다섯째 참고)는 선민으로서 유대인을 거부하고 벌을 내리신 하나님의 뜻으로 해석되었고, 이러한 해석은 기독교인들로 하여금 홀로코스트를 묵인하고 심지어 협력하게 만들었다.

둘째, 예수님은 왜 죽으셨나?

다양한 기독교공동체가 다양한 해석을 내놓겠지만, 기본적으로 기독교 신앙은 예수님의 죽음의 구원적 성격을 긍정해 왔다.

예를 들어, 멜 깁슨(Mel Gibson) 감독의 영화 〈패션 오브 크라이스트〉(*The Passion of the Christ*)와 같은 최근 영화는 설교자들에게 새로운 맥락의 PN에 대한 도전을 던진다. 공동체는 예수님의 고난과 죽음에 대한 진실을 듣고 싶어 한다. 그들은 예수님과 그분의 반대자들에 대한 목격자이자 역사적 기록으로서 이러한 이야기에 귀를 기울인다. 이러한 영화들은 예수님과 그분의 반대자들을 문자 그대로 묘사하겠다고 주장한다. 어떤 등장 인물은 예수님의 죽음 요인이고, 어떤 등장 인물은 제자, 군중, 개인들이다.

멜 깁슨의 영화는 예수님의 폭력적 고통을 강조함으로써 폭력에 동일시하는 일부 관객들에게 예수님의 죽음이라는 구원 사건을 새로운 방식으로 경험하게 만든다.

그러나 PN의 폭력성을 강조한다고 해서 그 신학적 의미가 강조되는 것은 아니다. 설교자들이 이러한 폭력의 감정적 영향에 초점을 맞추다 보면 더 깊은 신학적 의미를 모호하게 할 수 있고 PN의 최소한의 폭력성을 무시할 수 있다.

많은 교파와 종교 간 그룹들은 〈패션 오브 크라이스트〉와 같은 영화에서 명백한 반유대주의를 발견했다. 설교자들은 반유대주의적 표현에 대해 민감하게 반응하며 PN을 다시 이야기하는 방법을 알고 있어야 한다. 일부 설교자는 논쟁적인 유대인 구절이 없는 성서정과를 사용함으로써 이에 대응하기도 한다. 설교에 모든 해석을 포함할 수는 없으므로 교회 교육과 모임이 필수적이다.

참고 주제 문학비평

참고 문헌 Paul Fredricksen and Adele Reinhartz, eds. Jesus, *Judaism and Christian Anti Judaism: Reading the New Testament after the Holocaust*. (2002); *Perspectives on the Passion of the Christ: Religious Thinkers and Writers Explore the Issue Raised by the Controversial Movie*. Foreword by Jonathan Burnham (2004).

목회 서신(Pastoral Epistles)

참고 주제 상황 서신

오경 내러티브(Pentateuchal Narratives)

데니스 T. 올슨(Dennis T. Olson)

오경의 내러티브는 성경적 설교자에게 흥미롭고 신학적으로 풍부한 신앙의 선조들에 관한 이야기들을 제공하며, 일정한 안내를 통해, 예수 그리스도 하나님에 대한 진실하고 설득력 있는 증인으로서 현대의 회중과 공명할 수 있다.

1. "내 조상은 방랑하는 아람 사람으로서": 성경 이야기를 우리 이야기로 주장하기

오경(창세기-신명기)의 고대 내러티브는 창세기 1장과 2장의 두 창조 이야기부터 신명기의 약속의 땅 가나안의 가장자리에서 새 세대의 이스라엘 사람들에게 전하는 모세의 마지막 말에 이르기까지 하나님, 이스라엘, 그리고 세상에 대한 성경의 기초적 이야기를 담고 있다.

유대 전통에서는 오경(또는 토라)을 히브리어 성경에서 가장 권위 있는 부분으로 간주하며, 출애굽 이야기(출 12-15장)를 유대인의 정체성과 소명에 대한 핵심적 주요(master) 내러티브로 여긴다.

기독교 전통은 마르시온과 같은 몇몇 이단자를 제외하고는 항상 오경의 이야기를 예수 그리스도의 하나님이심에 대한 권위 있는 증거로 간주해 왔으며, 이스라엘 이야기에서 교회의 희망, 두려움, 실패, 약속의 반영을 보았다(고전 10:1-13). 에덴동산의 아담과 하와에 관한 오경 이야기(창 1-3장)는 기독교 성경 해석과 설교 역사 속의 죄와 구속에 관한 기독교의 주요 서사에서 특히 중요한 역할을 해 왔다.

고대 이스라엘 예배자들은 예배를 드릴 때 제물을 제단으로 가져와 하나님이 하나님의 백성을 위해 행하신 일에 대한 그들 전통의 신조적 내러티브 고백을 낭송하며 그것을 자신의 것으로 주장했다.

> 내 조상은 방랑하는 아람 사람으로서(신 26:4-11, 6:20-25).

매년 유월절 축제에서 예배자들은 "애굽에서 나올 때에 여호와께서 나를 위하여 행하신 일"(출 13:8)을 기념한다.

오경의 내러티브는 하나님을 예배하는 맥락에서 우리의 이야기로 낭송하고 가져올 수 있다. 이 이야기들을 우리의 이야기로 가져올 때, 기독교 설교자들은 구약의 이야기들이 무엇보다도 역사적 이스라엘과 유대 신앙을 가진 사람들의 유산이라는 점을 안다. 그러나 그리스도 안에서 이방인 그리스도인과 교회는 하나님과 하나님의 백성의 언약적 이야기에 접붙여지거나 입양되었다. 그래서 그리스도인들은 이 이야기가 그들에게도 속한 것이라는 겸손하지만, 정당한 권리를 주장할 수 있다(롬 11:17-20; 갈 3:27-4:7).

설교자는 때때로 회중이 고대의 문화적 배경을 이해하도록 도와야 이 이야기들이 담고 있는 삶과 죽음, 신앙이라는 인류의 영원한 문제에 도달할 수 있다(다리놓기 참고).

구약 증언의 진정성을 인정하기 위해서는 두 가지 단계를 거쳐야 한다.

첫째, 각 오경 본문을 구약의 문화적 및

문학적 맥락 안에서 주의 깊게 연구해야 한다.

둘째, 해석자는 오경 본문을 구약의 다른 목소리와 대화하게 한 다음, 적절하고 도움이 될 경우 신약의 신학적 증언들과 대화하게 해야 한다(예: 창 15:1-6; 롬 4:9-15; 약 2:14-26 비교).

2. "그래서 그들은 애굽인들을 약탈했다": 오경, 우리 문화 자원을 설교, 적용하기

이스라엘 노예들이 종살이에서 탈출해 애굽을 떠날 때, 그들은 애굽인들에게 금은보석을 요구하여 받았다. 이 귀중한 보석은 광야에서 하나님의 거룩한 성막을 꾸미는 데 도움이 되었지만(출 35:20-29), 우상인 금송아지를 만드는 데도 사용되었다(출 32:1-6).

이 이야기는 우리가 속한 문화에서 사용할 수 있는 가능한 모든 자원에 의존하고 사용해야 할 필요성과 동시에, 교회의 성경적 전통과 신학에 비추어 그러한 자원을 비판적으로 평가하고 적용해야 할 필요성에 대한 것이다. 그래서 초기 교회는 고대 그리스 철학과 수사학의 보물을 채굴하여 자신들의 신학, 신조, 그리고 선언문을 만들었고, 이스라엘이 애굽인을 약탈한 것 (plundering)을 모델로 삼았다.

오경 내러티브의 전개 자체가 더 넓은 문화에서의 이러한 차용을 보여 준다. 많은 오경 이야기가 고대 이스라엘이 출현한 더 넓은 고대 근동 문화권의 전통에서 생겨나고 각색되었다. 예를 들면, 다음과 같다.

- 바빌로니아 에누마 엘리시(Babylonian Enuma Elish, 창 1장)의 창조 이야기
- 바빌로니아 길가메시 서사시(Babylonian Epic of Gilgamesh, 창 6-9장)의 홍수 이야기
- 함무라비 법전(Code of Hammurabi, 출 21-23장)의 판례법
- 바빌로니아 왕 사르곤의 영웅 전설 (Babylonian king Sargon, 출 2장) 등

그러나 이스라엘은 종종 다신교적 맥락에서 비롯된 이러한 자료들을 온 땅의 주권자인 유일신에 대한 이스라엘의 독특한 신앙(출 19:5-6; 20:3; 신 32:39)에 의해 형성된 신학적, 윤리적, 사회적 규범에 맞게 각색했다.

이러한 방식으로 오경 내러티브는 성경적 설교자가 성경의 독특한 이야기와 증거를 현대의 이슈, 언어, 이미지, 미디어, 그리고 성경 말씀을 설득력 있고, 강력하고, 관련성 있고, 그리고 현대의 수사적 맥락과 청중을 사로잡을 수 있도록 만드는 방법들과 대화하는 권한을 부여하고 안내한다. 육신이 된 말씀을 효과적으로 선포하려면 한편으로는 수사적 문화와 이야기 하고 있는 청중에게 적응하는 것과 다른 한편으로 성경의 독특하고 종종 반문화적인 목소리에 충실해야 하는 것 사이에서 미묘한 균형을 유지해야 한다.

3. "나는 스스로 있는 자이니라": 오경에서 펼쳐지는 하나님의 성품과 이름 계시

설교자의 임무 중 하나는 성경의 특정 본문과 설교자가 사역하는 공동체의 특정 상

황에 대한 참여를 통해 하나님의 더 깊은 성품과 활동을 회중에게 매주 점진적으로 드러내는 것이다. 출애굽기에서 하나님의 이름은 출애굽기 내러티브 전반에 걸쳐 다양한 단계로 전개되는데, 신비로운 "나는 스스로 있고자 하는 대로 있을 것이다"라는 이름으로부터 새롭게 더욱 확장된 다음의 이름으로 바뀐다.

> 나는 너를 애굽 땅, 종 되었던 집에서 인도하여 낸 네 하나님 … 질투하는 하나님, … 죄를 갚되 … 삼사 대까지 이르게 하거니와 … 나(하나님)를 사랑하고 내 계명을 지키는 자에게는 천대까지 은혜를 베푸는 [하나님](출 20:2, 5-6).

이스라엘의 금송아지 숭배(출 32장)라는 치명적인 반역의 위기는 출애굽기 33-34장에서 하나님의 이름과 성품에 대한 또 다른 더 깊은 계시를 요구했다. 극적 반전 속에서 하나님은 더 이상 "벌을 내리는" 하나님(출 20:5-6)이 아니시다.

> 여호와께서 선포하시되 … 자비롭고 은혜롭고 노하기를 더디하고 인자와 진실이 많은 … 악과 과실과 죄를 용서하리라(출 34:6-7).

불순종의 결과는 남아 있지만("벌을 면제하지는 아니하고"[출 34:7]), 하나님의 심판은 부차적이고 소극적인 위치로 옮겨진다. 하나님의 최우선적인 자비, 사랑, 용서가 최종 결정권을 갖게 된다.

중요한 것은 오경의 다섯 권 모두 심판이나 갈등의 기간이 지난 후 하나님의 긍정적 축복, 약속 또는 임재에 대한 확실한 보증으로 주요 내러티브가 마무리된다는 점이다. 그 예는 다음과 같다.

- 창세기 49:1-27의 열두 아들에 대한 야곱의 축복
- 출애굽기 40:34-38의 하나님의 회복된 임재
- 레위기 26장 40-45의 유배 후 용서의 확신
- 민수기 26-36장의 구세대가 죽은 후 광야에서 새로운 희망의 세대가 부상하는 것
- 신명기 33:1-29의 불순종에도 불구하고 모세가 열두 지파를 축복하는 것(신 31:29)

오경 내러티브의 중요한 메시지는 신약성경을 포함한 성경의 나머지 부분과 공명한다. 그것은 하나님의 사랑과 자비가 결국 혼돈과 죄, 죽음의 세력을 이긴다는 것이다.

4. "내가 네 눈으로 보게 하였거니와 너는 그리로 건너가지 못하리라": 창세기-신명기 이야기들의 지속적 사실주의

오경의 이야기는 진정한 희망과 약속을 제시하면서도 동시에 지극히 현실적이다. 극단적으로 낙천적인(Pollyannaish) '행복하게 영원히'라는 결말은 없다. 축복은 일시적이다(창 3장; 출 1:8). 성취는 부분적이며 종종 위험에 처하기도 한다(창 15장; 22:1-19). 오경의 마지막 이야기에서 하나님은 모세가 죽기 전에 약속의 땅 가나안을 살짝만 보게

허락하나, 그가 죽기 전에 볼 수는 있지만 그곳에 들어가지는 못한다(신 34:1-12). 하나님의 백성 이야기에서 약속의 땅을 엿보는 것이 때때로 이 생에서 기대할 수 있는 전부일 때가 있다.

하나님의 백성은 계속해서 죄를 지을 것이다(삿 2:11-23). 비극이 일어날 것이다(시 13편; 욥 1-2장). 때때로 하나님은 부재하는 것처럼 보일 것이다(삼상 3:1). 그래서 오경은 예수님과 초기 제자들의 이야기를 포함하여 성경의 나머지 이야기를 희망과 기대로 이끌고 있다. 그러나 예수 그리스도 하나님에 대한 진정한 기독교적 희망에도 불구하고 오경의 고대 이야기는 여전히 유효하다.

오경의 조상들과 마찬가지로, 신약 이후 기독교인들의 삶도 비슷한 시련, 고난, 그리고 비극을 겪으면서 하나님의 약속의 땅을 진정으로 엿보는 경험을 계속하고 있기 때문이다. 그래서 오경 내러티브는 여전히 현대 세계에서 기독교 설교를 위한 충실하고 설득력 있는 자료이다.

참고 문헌 J. P. Fokkelman. *Reading Biblical Narrative: An Introductory Guide*. (1999); Terence Fretheim. *The Pentateuch*. (1996); Steven Mathewson. *The Art of Preaching Old Testament Narrative*. (2002).

베드로 서신(Peterine Epistles)

참고 주제 상황 서신 참고.

원역사(Prehistory)
레이몬드 C. 반 리우웬(Raymond C. Van Leeuwen)

성경에서 원시 역사는 창세기의 처음 열한 장을 지칭하는데, 창조, 에덴동산에서의 반역, 형제 살해, 창작된 예술(Lamech's sons)의 등장은 타락하고 폭력으로 가득 찬 땅, 홍수로 인한 심판, 노아와 함께 새로운 시작, "바벨탑"(=바벨론)으로 이어지고, 자녀가 없는 아브람과 사래로 끝나는 미완의 족보로 마무리된다. 그래서 12장은 이스라엘과 메시아로 이어지는 아브람에 대한 하나님의 새로운 부르심과 약속의 시작이다.

1. 혼란을 야기하는 현대의 기대

학자들은 여기에 묘사된 현실이 문자화되기 이전의 것이기 때문에 원시 또는 원역사라는 용어를 사용한다. 일반적인 역사 연구로는 접근할 수 없으며, 사용된 장르는 역사라기보다는 '신화적'이다(여기서 '신화적'은 '거짓'이 아니라 현실을 묘사하는 한 방식이다). 이 장에서는 자연과 역사의 조건을 설정한 역사 이전의 신적 행위(창조)를 묘사한다. 또한, 묘사된 인간의 행동은 오랜 역사적 및 문화적 발전을 계보와 비유 또는 신화와 같은 장르로 압축한 기초적이고 원형적인 성격을 가지고 있다(창 11:1-9과 사 14:4-20 비교; 창 3장과 겔 28장 비교).

오늘날 이러한 장들은 설교자들을 포함해 많은 이에게 혼란을 야기한다. 그 주된 이유는 우리가 우리와는 다른 문제와 소통 수단을 가진 본문에 현대적 기대를 가지고 접근하기 때문이다. 특히, '진보주의자'들과

원역사(Prehistory)

'보수주의자'들은 모두 원역사에 과학적 이슈를 가져왔다. 전자는 본문이 과학적이고 역사적으로 결함이 있다고 결론을 내리고, 후자는 우주 발전 과정과 창조와 인류의 오랜 고대성에 대한 과학적 증거를 마주하면서도 성경의 '문자적 진리'를 옹호하기 위해 노력한다. 두 접근 방식 모두 본문을 무시하고 그 메시지를 듣지 못한다.

이 글은 설교자들와 평신도들이 원역사의 메시지와 그 메시지가 전달되는 수단을 이해하도록 돕기 위한 것이다. 이 본문들은 낯설게 느껴지지만 현실에 대한 하나님의 말씀이며, 우리에게도 마찬가지이다.

창세기 1장부터 11장의 이야기를 고대 근동의 가장 유사한 이야기들(아트라하시스[Atrahasis], 에누마 엘리시[Enuma Elish], 길가메시[Gilgamesh] 석판 11)과 비교해 보면 신화와 전설의 장르에 속한다는 것을 알 수 있다. 이스라엘은 메소포타미아, 이집트, 가나안의 다신교적 세계관에 반대하여 당시의 문학적 자원을 사용하여 하나님과 현실에 대한 진실을 이야기했다. 장르와 주제는 비슷하지만, 메시지는 다르다.

이 메시지는 천연자원 파괴, 지구 온난화, 만연한 폭력, 국가 및 민족 간 적대감, 불의가 만연한 이 시대에 특히 중요하다. 또한, 다원주의 시대에 예수 그리스도의 아버지이신 이스라엘의 하나님이 만물의 유일한 창조주이자 심판자이시며 은혜로운 구속자시라는 급진적 주장도 담고 있다.

2. 세계관에 대한 질문을 다루는 본문

신약의 요한계시록과 마찬가지로, 이 이야기들은 우리에게 세부적 사실(예를 들어, 요한계시록 12장의 교회에 관한 이야기와 예수님의 탄생 비교)을 알려 주는 것이 아니라, 우주와 역사의 진정한 의미를 개괄적이거나 원형적인 이야기들로 전달한다. 이 본문들은 당시의 도구를 사용하여 모든 사려 깊은 사회에서 제기하는 "세계관적 질문들"을 다루고 있다.

N. T. 라이트(N. T. Wright)는 다음과 같은 질문을 제시했다.

"우리는 어디에 있는가?"
"우리는 누구인가?"
"무엇이 잘못되었나?"
"해결책은 무엇인가?"(Wright 1996, 121-44; 순서 수정됨).

1) 우리가 사는 환경

첫 번째 질문은 우리가 사는 환경에 관한 것으로 두 가지 의미에서 묻고 있다.

우리는 어떤 종류의 현실에 살고 있는가? 그리고 그 현실의 역사 속에서 우리는 어디에 있는가?

원역사는 이 질문에 대한 복잡한 대답으로 시작된다는 것은 분명하다.

이스라엘의 하나님은 모든 것을 만드셨기 때문에 창조주와 다양한 피조물, 그리고 그들 사이의 관계만이 존재한다. 창조주는 피조물이 아니시며, 그 반대의 경우도 마찬가지이다. 이스라엘 밖에서 신들은 동시에 창조주이자 (피조물 내부의) 권력이기도 하다.

그러나 이스라엘의 '제사장' 기록(창 1:1-2:3/4a)에서 하나님은 왕궁을 가진 왕의

원역사(Prehistory)

암시적 은유로 제시된다(창 1:26, "우리가… 만들자"). 하나님은 자신을 위해 우주적 "집"을 지으신다(잠 3:19-20; 24:3-4 참고).

일반적인 고대 근동 패턴에 따라, 창조의 처음 세 날 동안 하나님은 분리(벽)를 만드셔서 우주 집의 "방들"을 지으셨다. 해당하는 세 날 동안 각 방은 적절한 피조물로 채워졌다.

- 하늘의 빛
- 하늘의 생물(새)과 물의 생물
- 땅의 동물과 "아담"

일곱째 날, 하나님은 자신의 집이 완성된 것을 기뻐하며 휴식을 취하셨다(출 31:17 비교). 이 세상은 하나님의 집 또는 성전/궁전으로, 하나님이 그분의 왕실의 인간 시종들인 우리들과 함께 거주하시려는 곳이다(계 21-22장 참고).

여기서 설교할 때 중요한 몇 가지 요점이 있다. 이것들은 우리가 하나님이 누구신지, 그리고 하나님이 세상의 모든 것과 어떻게 관련되어 있으신지를 아는 데 도움이 된다.

첫째, 하나님은 명령 말씀으로 우주에 질서를 부여하여 창조하신다. 현대 세계관과 달리 인간은 세상이나 그 안의 어떤 것도 소유하지 않는다. 하나님이 소유하신다. 또한, 우리는 현실에 의미나 목적을 부여하지 않는다. 하나님이 하신다. 하나님의 질서는 '자연'뿐만 아니라 사회와 역사의 '문화적' 질서까지 포함한다. 그래서 하나님은 인류의 문화 달력을 설정하기 위해 해와 달과 별을 주시고(창 1:14b), "식량을 위해" 식물을 주신다. "종류에 따라" 식물과 동물을 구분하는 것은 역사적 이스라엘이 거룩한 것, 깨끗한 것과 부정한 것, 먹을 수 있는 것과 먹을 수 없는 것을 결정하는 데 사용될 것이다(레위기; Wenham 1987, 169-70).

2) 모든 피조물은 하나님의 것

둘째, 모든 피조물은 하나님의 뜻과 질서에 복종하는 하나님의 종이다. 하나님의 명령에 따라 존재한다. 고대인들이 숭배했던 해와 달은 이름조차 없다. 그들은 단지 하나님의 거대한 집에서 특정한 기능을 부여받은 종일 뿐이다. 하나님은 그들 없이도 빛을 만드신다(첫째날). 하나님은 그들을 필요로 하지 않으시지만, 인간은 필요로 한다(넷째날).

하나님의 종들은 노예가 아니다. 동물과 인간 모두 왕의 생명과 번영의 축복을 받는다. 그들은 자손으로 집을 "채우"라고 명령받았으며, 인간에게 이것은 하나님의 형상대로 지음받은 자신들 안에 내재된 왕의 영광으로 집을 채우는 것을 의미한다(시 8편; 고전 11:7; 15:35-49 참고). 이 축복은 또한 임무이다. 인간(하나님의 형상)이 된다는 것은 하나님의 선한 목적에 따라 우리 각자가 돌봐야 할 작은 왕국 또는 "정원"을 가진 책임감 있는 종으로서 하나님을 대신하여 작은 왕으로 통치하는 것이다. 이러한 원칙은 사회 기관과 조직에도 적용된다.

3) 죄와 악은 자연스러운 것이 아니다

셋째, 하나님의 창조 세계와 하나님의 피

원역사(Prehistory)

조물은 단순히 선하다. 죄와 악은 '자연스러운' 것이 아니라 창조의 왜곡이다. 그래서 창세기는 '영적인' 것을 위해 '물질적인' 것을 경시하는 '영지주의' 세계관에 반대한다. 피조물은 우리의 몸, 성, 그리고 '물질적인' 것들을 포함한 영적 존재들이다(골 2:20-23; 딤전 4:3-5 참고).

성경에서는 모든 것이 창조주와의 관계에서 보이며 선하든 악하든 영적 결과를 초래하는 것으로 간주한다. 하나님과의 관계를 떠나서 어떤 것을 단순히 '세속적인 것'으로만 보는 것은 추상적이고 거짓되게 보는 것이다. 하나님의 성막 집(출 40장)처럼 온 땅은 하나님의 영광으로 가득 차 있다(사 6:3). 만물은 영적이므로 우리의 물질적 몸은 하나님의 성전(고전 6:19-20)이거나 바울이 "육체"라고 부르는 영적 힘의 지배를 받는다.

이 모든 것은 창조 세계에서 우리의 육체적 삶에 대한 성경적 지혜의 한 측면으로 설교될 수 있고 또 설교해야 한다. 그러나 이보다 더 나아가 만물을 선하게 만들고 땅을 찬란함으로 채우신 하나님의 지혜를 선포할 수 있다. 신앙은 비극이나 죄가 그 믿음에 의문을 제기하는 것처럼 보일 때에도 선하신 창조주를 믿는 것이다.

3. 다른 피조물들 사이의 관계

창세기 1장은 종의 구별과 다양성에 초점을 맞추고 있지만, 통상 야위스트 저자(J)로 추정되는 2장은 서로 다른 피조물들 사이의 관계에 초점을 맞추고 있다. 이 점을 강조하기 위해 단어들을 재치 있게 사용한다.

아담(adham)은 흙(adhamah)에서 만들어졌다. "인간은 부엽토에서 나온다"(human from humus). 즉, 인간이 된다는 것은 우주의 물질로 만들어진 것이며, 다른 "살아 있는 생물들"(1:20과 2:7의 *nefesh khayyah*)과 마찬가지로 자연 순환의 일부라는 것을 보여준다. 아담은 인간의 과업에서 "도움을 줄 동반자"인 에제르 케네그도(*ezer keneghdo*)가 필요한 사회적 피조물이기 때문에 동물들은 아담에게로 이끌어졌다. 이 인간 과업의 파트너로서 "여자"(womam)는 "남자"(man)에서 만들어졌다(*'ishah*는 *'ish*에서 유래).

동물들에게 이름을 붙이는 것에서 볼 수 있듯이, 하나님은 인간에게 현실을 알고 형성할 수 있는 큰 자유를 주셨다. 창세기에서 이름을 짓는다는 것은 일종의 이차 창조이다. 왜냐하면, 고대 근동에서 이름을 붙인다는 것은 그것들을 알고 그 기능과 운명을 결정하는 것을 의미하게 때문이다. 식량을 위한 식물, 아마(flax)를 만드는 것, 유역을 만드는 것, 돈을 버는 것, 교회를 짓는 것, 모든 것이 가능하다. 인간은 "이름 짓기"를 통해 하나님께 영광을 돌리고 피조물을 축복하는 방식으로 창조물을 발전시킬 수도 있고, 파괴하고 타락시킬 수도 있다. 그래서 이러한 자유는 현실적 한계 안에 놓여 있다. 즉, 선악을 알게 하는 나무의 실과는 먹어서는 안 되며, 그렇게 하면 죽을 것이다(2:17). 그들은 창조주를 대신하여 무엇이 선이고 악인지 스스로 결정할 수 없다.

그러므로 창세기 2장은 남성과 여성이 "하나님의 형상"(문자 그대로, '하나님의 상')으로 만들어졌다는 1장의 인간에 대한 설명을 보완한다. 이 왕적 언어(시 8편 비교)는 인간이 지상에서 하나님의 대리자로서 하나님의 목적에 따라 땅을 다스리고 섬기는 임무를 부여받았다는 것을 의미한다. 왕과 같은 권위와 권력은 오직 하나님과 인간 왕에게 돌봄을 맡긴 피조물을 섬기기 위해 주어진다(왕상 12:7 과 비교).

그래서 창세기 1-2장은 "우리는 누구인가"와 같은 질문들, 또 그와 연관되는 질문인 "이 땅에서 우리의 목적은 무엇인가"와 같은 질문들에 대한 답변을 제시한다. 세속화된 미국에서 하나님이 주신 정체성과 목적에 대한 이 사실을 설교하는 것은 필수적이면서도 해방을 주는 일이다.

4. 인간의 조화가 깨어짐

3장에서는 우주적 대서사에서의 문제, 즉 창조에 대한 하늘 왕의 말과 질서에 대한 인류의 반역을 소개한다. 여기서 인류는 현실에 대한 하나님의 말씀(이 나무의 열매를 먹으면 죽을 것이다)을 거부하고, 뱀의 다른 말(먹고 하나님처럼 되라)을 듣고 현실의 의미와 선함을 스스로 결정하기로 결정한다(하와의 경험이 올바르게 말하듯이). 자신에게 좋지 않은 나무를 먹음으로써 하와와 아담은 생명을 가능하게하는 창조 된 조건을 벗어난다. 그들은 하나님의 임재 속 생명 동산에서 쫓겨나 생명 가운데서 죽기 시작한다.

하나님은 인간의 반역에 은혜와 심판으로 응답한다. 심판은 이제 인간이 죽게 되고, 허무한 데 굴복한 피조물(롬 8:18-23) 안에서 삶을 위해 몸부림치고, 결혼이라는 친밀함 속에서도 적대감을 품고 몸부림친다는 것이다. 상호 비난은 아담과 이브가 자신의 "벌거벗음"에 대한 첫 번째 반응이다.

은혜는 하나님이 그들의 벌거벗음과 수치를 덮어 주고, 죄에도 불구하고 자녀를 포함한 많은 복을 누리며 살아갈 수 있도록 보존해 준다는 것이다. 실제로 하나님의 심판조차 자비롭다. 죄와 고통은 모두 죽음으로 단절되어 진정한 악은 영원히 승리할 수 없다. 더 심오한 것은, 고통과 죽음은 우리를 대면한다. 우리는 그저 '숨'(히브리어로 아벨의 이름)에 불과하며, 자비와 생명을 위해 하나님께로 피해야 한다.

하나님에 대한 수직적 반역은 곧 형제가 형제를 죽이는 수평적 죄로 이어진다. 그러나 하나님의 일반 은혜로 가인은 살아남고, 그의 혈통에서 도시와 다른 선물이 사회에 전해진다(4:20-22). 족보는 하나님의 은혜와 심판을 요약한다. 탄생, 삶, 죽음, 그리고 새로운 세대가 있다. 하나님은 아직 창조를 끝내지 않았다.

'신화적' 이야기인 홍수 이야기는 하나님의 우주적 심판의 현실을 묘사한다. 오늘날 쓰나미가 발생하듯이 홍수는 기원전에도 발생했다. 궁극적으로 모든 세대는 완전히 죽는다. 이것이 바로 우리 인간의 운명이다. 이 이야기는 우주적 범위를 통해 이 진리를 표현한다(요셉 이야기에서도 물 부족으로 인한 기근이 온 땅을 뒤덮는다. 창 41:54, 56-57). 죄(6장)가 창조를 망치고 되돌렸듯이 홍수는 창조, 특히 창세기 1장의 분리를 되돌린다. 하나님의 심판은 때때로 개입으로 나타나지만 더 자주 그것은 인간 행동의 우주적 결과이다. 우리는 뿌린 대로 거둔다.

홍수 이야기는 그 현실 속에서 하나님의 손길을 묵상하게 한다. 은혜도 있다. 노아와 그의 가족은 모든 생물을 보존하고, 물이 물러감에 따라 생명을 주는 질서가 재창조된다. 이제 은혜의 수단인 죄에 대한 희생은 지속적인 인간 존재에 더욱 기본적으로 중요하다. 하나님은 노아와 모든 창조 및 그 피조물과 언약을 맺으시고, 지구를 완전히 멸망시키지 않겠다고 약속하신다.

은혜에도 불구하고, 노아는 창조의 선물과 인간의 노동력(포도주!)을 남용하여 나중에 이스라엘이 가나안(함이 아닌!)과의 갈등을 예고하는 저주를 받게 된다.

바벨탑(사실상 바벨론) 이야기는 아담과 하와의 원시적 반역으로 시작된 죄를 역사의 끝으로 가져간다. 성경에서 바벨론은 문자 그대로 역사적 도시일 뿐만 아니라 하나님을 대적하는 인간 문명을 상징하는 도시이다(예루살렘이 그 긍정적인 역사적이고 상징적인 대칭점이 될 것이다). 여기서 죄의 집단적 힘은 조직화된 부, 상업, 기술을 통해 하늘을 습격하고 우주의 통치자로서 하나님의 자리를 차지하려는 시도로 묘사된다(사 14:4-20; 계 17-19장 참고).

하나님은 심판과 은혜로 다시 한번 죄의 힘을 억제하신다. 하나님은 언어와 언어, 문화와 문화, 인종과 인종, 국가와 국가 등 인간의 단결을 갈라놓으신다. 세상은 하나님과 선에 대항하여 전적으로 하나가 될 수 없다. 그러나 오순절에 열방이 그리스도의 성령을 통해 바벨을 무너뜨리기 시작할 때까지 하나님을 섬기는 인간의 조화 또한 깨어진다(행 2장).

원역사는 모호함 속에서 끝난다. 열방은 흩어지고, 아브람의 축복의 대를 이어 갈 자손은 없다.

이 이야기는 실패의 이야기인가?
하나님이 아무리 많은 은혜를 베푸셔도 인류는 언제나 다시 반역하여 생명을 파괴하는가?
이 이야기는 성공의 이야기인가?
인간이 아무리 죄를 지어도 하나님은 은혜롭게 새로운 시작을 만드시는가?

이 이야기는 아직 끝나지 않았다. 하나님은 아브람에게 명령과 약속을 주심으로, 새로운 시작을 만든다(창 12:1-3).

참고 주제 문학비평

참고 문헌 Walter Brueggemann. *Genesis*. (1982); David J. A. Clines, *The Theme of the Pentateuch*. (1978); Gordon J. Wenham. *Genesis 1–15*. WBC 1 (1987); N. T. Wright. *The New Testament and the People of God*. (1996).

예언자적 설교(Prophetic Preaching)
메리 도노반 터너(Mary Donovan Turner)

예언자적 설교는 현 상황에 대해 비판적으로 질문하고, 신학적 통찰력을 제공하며, 하나님의 정의를 수행하고 하나님의 긍휼을 확장함으로써 사람들이 회개하도록 도전하는 선포의 한 형태이다. 예언자적 설교에 대한 이러한 이해는 구약성경에서 우리를 위해 기록된 말씀을 수집하고 편집한 것에 뿌리를 두고 있다.

특히, 대선지서(이사야, 예레미야, 에스겔)와 소선지서(호세아, 요엘, 아모스, 오바댜, 요나, 미가, 나훔, 하박국, 스바냐, 학개, 스가랴, 말라기) 선지자들의 선포를 통해 우리는 하나님의 메시지를 전하도록 선택받은 이들의 시대, 사명, 그리고 삶의 경험에 대해 알게 된다. 그들의 기록된 말씀들은 구약의 세 부분 중 하나를 구성하며, 우리에게 사고를 위한 근거를 제공한다.

예언자들은 그들이 속한 장소와 시대의 정치적, 사회적 상황에 따라 특정한 말씀을 그들의 공동체에 전한다. 그래서 각 예언자가 사용한 언어와 은유는 독특하며, 언급된 문제들은 이스라엘 백성의 일상생활과 그들의 통치자의 국가적, 정치적 상황에 대한 관찰을 반영한다. 모든 은유가 그렇듯이 은유는 그 은유를 발생시키는 상황에 의해 제약을 받는다. 동시에 예언의 언어는 공동체에서 일어나고 있던 일들을 생생하게 우리에게 묘사한다.

어떤 예언자들은 그러한 소명에 대한 부름을 우리에게 설명한다. 예언자들의 부름과 사역을 그린 공동의 초상화에서 우리는 예언자의 임무가 어렵고 종종 극심한 고통을 수반한다는 것을 알게 된다. 예언자들은 공동체를 안일함과 무관심에서 벗어나게 하는 변화의 주체로 부름받는다. 그들은 세상의 삶의 방식에 대한 대안을 제시한다. 예언자가 하는 말은 거칠고 귀에 거슬리는 말일 수 있다. 예레미야는 특히 예언자의 삶을 외롭고 위험한 삶으로 묘사한다.

예언자의 메시지를 일반화하기는 어렵지만, 대부분의 경우 예언자의 임무는 사람들의 삶의 현실을 주의 깊게 관찰하고 명명하는 것에서 시작된다. 그런 다음 예언자들은 분별력 있는 질문을 통해 이러한 관찰을 신학적 관점으로 정리한다. 백성들이 어디에서 잘못되었는지, 그들은 어떻게 하나님으로부터 멀어졌는지, 언약의 삶에서 벗어난 곳은 어디인지, 그들을 창조하고 부르신 하나님과의 단절된 관계를 회복하기 위해 그들은 무엇을 할 수 있을지에 대해 선지자들은 말을 아끼지 않는다.

일반적으로 거짓 선지자는 타협적이고 피상적인 말, 즉 백지화된 말을 한다. 그러나 참선지자의 말은 사람들을 우상 숭배와 거짓된 확신에서 벗어나게 한다. 그 말은 종종 정의(사회의 가장 취약한 사람들에 대한 관심)와 의로움(이웃과 하나님과의 올바른 관계에 대한 부름)의 회복을 요구한다. 예언자들은 이스라엘의 생활 방식에 대해 비판적이었지만, 백성들의 선택이 종종 파괴적이고 그들을 영적인 죽음으로 이끌었음에도 불구하고 예언자들이 말하는 목적은 단순히 질책이나 비판이 아니었다.

예언자들의 말하기의 목적은 구원이었다. 그들은 사람들이 제한적이고 한정된 삶에서 벗어나 하나님이 주신 풍요롭고 자유로운 삶으로 나아가기를 바랐다. 예언자들은 점쟁이는 아니었지만, 하나님은 그들에게 백성들의 생활 패턴이 평화와 건강, 희망찬 미래로 인도하지 않는다는 것을 볼 수 있는 눈을 허락하셨다. 그들은 백성들이 결국 멸망과 죽음을 가져올 방식으로 살고 있다는 것을 볼 수 있었다. 그런 식으로 그들은 미래가 필연적으로 무엇을 가져올 것인가를 알았다.

예언자들은 자신의 공동체와 전통에 뿌리를 두고 있었다. 수 세기에 걸쳐(최초의 기록은 BCE 800년경) 예언자들은 자신을 부르신

예언자적 설교 (Prophetic Preaching)

하나님의 말씀을 전했다. 그들의 하나님은 사람들의 곤경에 무관심하거나 무감각한 먼 곳에 있는 신이 아니셨다. 그들의 하나님은 예언자들을 위한 말씀과 그들에 대한 개인적 요구를 가지고 계신 하나님이셨다. 예언자들은 알 수 있는 하나님, 신뢰할 수 있는 하나님에 대해 이야기했다.

예언자들은 공동체가 과거와 현재, 미래를 연결할 수 있도록 도왔다. 그들은 "어떻게 살아야 할 것인가"라는 고대의 질문에 관점과 차원을 부여했다. 예언자들은 하나님의 말씀에 사로잡혀 그 안에서 안주하지 않고 씨름했다. 그들은 수동적이지 않았다. 그들은 하나님의 말씀을 전하는 일에 마음과 뜻을 모아 예언적 사건에 적극적으로 참여했다. 예언자들은 시간의 시험을 견디는 인간의 삶에 대한 질문, 즉 어떻게 하면 신실하게 살 수 있는지에 대한 우리 자신의 궁금증에 대한 질문을 던졌다.

예를 들어, 미가는 주님이 요구하시는 것이 무엇인가라고 물었다. 그를 따르는 다른 예언자들과 마찬가지로 그는 하나님이 올바른 의식이나 우리가 다른 사람을 대하는 방식에 관심을 갖고 계신지 궁금해한다.

구약의 예언적 말씀은 기독교공동체의 삶에서 중요한 위치를 차지한다. 예수님은 예언자 이사야의 말을 인용하여 자신의 사역을 시작하셨다.

> 주의 성령이 내게 임하셨으니
> 이는 가난한 자에게 복음을 전하게 하시려고 내게 기름을 부으시고
> 나를 보내사 포로 된 자에게 자유를,
> 눈 먼 자에게 다시 보게 함을 전파하며
> 눌린 자를 자유롭게 하고
> 주의 은혜의 해를 전파하게 하려 하심이라
> (눅 4:18-19; 사 61:1-2 참고)

예수님은 자신의 사명과 부름을 선지자들의 말에서 온전히 찾는다. 그분의 사역은 가난하고 포로된 자, 눈먼 자, 억눌린 자, 그리고 상속받지 못한 자들을 위한 것이다. 그래서 예언자적 사역과 설교에 대한 이러한 부름은 제자들에게 전달된다. 기름 부음 받은 예언자로서 예수님의 예언적 권위와 능력은 그분의 목소리를 통해 알려진다. 억압을 침묵시키고 억눌린 자를 해방시킬 때 그분의 예언자적 정체성이 드러난다.

정경에서 예언자적 설교의 성장과 발전을 이해하는 것은 우리가 21세기의 설교와 선포에 대해 생각할 때 고려해야 할 세 가지 중요한 질문을 제기한다.

첫 번째 질문은 예언자의 권위와 관련이 있다.
두 번째 질문은 예언적 메시지의 내용과 관련이 있다.
세 번째 질문은 예언적 설교의 도전과 관련이 있다.

첫 번째 중요한 질문은 구약에서 가장 빈번하게 등장하는 예언적 발언 중 하나로 "주께서 이같이 말씀하셨다"(설교자의 권위)는 것과 관련 있다. 이어지는 메시지에 대한 이 소개는 선지자의 자격을 증명하는 역할을 한다. 말씀은 하나님으로부터 온 것이며 선지자는 하나님의 메신저이다.

예언자적 설교 (Prophetic Preaching)

오늘날 설교자의 권위를 어떻게 이해할 수 있을까?
설교자가 말할 때 이것이 주님에게서 온 것인가?
하나님이 하신 말씀인가?
아니면 하나님이 특정 시간과 장소에서 특정 공동체에 말씀하시는 것에 대한 잠정적이고 한시적인 이해를 공동체에 전달하는 여성이나 남성이 한 말인가?

이 질문이 중요한 이유는 설교자의 권위에 대한 우리의 이해는 설교의 내용, 준비 방법, 주장 내용, 그리고 우리를 부르신 공동체와의 관계에서 우리가 어떻게 살아가야 하는지를 알려 주기 때문이다.

두 번째 중요한 질문은 예언자적 설교의 내용을 다룬다. 종종 예언자적 설교는 거칠고 비판적인 설교로 정의된다. 어려운 사회적 문제를 다루고 공동체의 구성원들에게 그들을 창조하신 하나님과의 관계에 비추어 책임을 촉구하는 설교이다. 이 설교는 종종 위로하고, 긍정하고, 사랑하고, 배려하지만, 도전적이지 않은 것으로 여겨지는 목회적 설교(pastoral preaching)와 대조적으로 정의된다. 이러한 구분은 인위적이고 오해의 소지가 있다.

히브리 선지자로 돌아가 보면 예언자적 설교와 목회적 설교의 구분이 모호할 수밖에 없음을 알 수 있다. 예언자들은 비난과 파멸의 신탁을 통해 공동체의 책임을 촉구했다. 백성들이 회개하고 하나님을 의지하는 자세로 돌아가지 않으면 미래는 불확실했다. 그러나 이러한 비난의 말과 나란히 희망과 구원의 말이 종종 등장한다. 타락한 백성을 기꺼이 다시 맞이하시려는 하나님의 강하고 은혜로 가득 찬 말씀이 있다.

예언자적 설교는 공동체를 사랑하고 새로운 미래를 소망하는 선지자로부터 나오는 은혜로 가득 차 있다. 또한, 목회적 설교자는 공동체 구성원에게 진정으로 영양을 공급하고 자양분이 되는 말씀을 전하는 것을 두려워하지 않는다. 이러한 설교는 도전하고, 바로잡고, 인도하고, 교육할 수 있다. 목회적 설교는 듣기 어려운 말일지라도 공동체에 영양분을 공급한다.

세 번째 중요한 질문은 다음과 같다.
설교자로서 어떻게 하면 한편으로는 교만하고 독선적이 되지 않고, 다른 한편으로는 죄책감에 사로잡히지 않으면서 하나님의 말씀에 열린 마음을 유지할 수 있을까?(설교의 윤리 참고)

우리는 세상의 우선순위와 가치에 유혹을 받아 타협적이고 밋밋한 말씀을 공동체에 전하기 쉽다. 설교자들은 종종 어떻게 하면 그들의 회중과 공동체를 새롭고 도전적인 말씀에 열려 있게 할 수 있는지 고민한다. 그러나 그에 못지않게 중요한 도전은 설교자가 삶을 변화시키는 급진적인 하나님의 말씀에 열린 자세를 유지하는 것이다.

설교자는 어떤 목소리에 귀를 기울일까? 시끄럽고 복잡한 삶 속에서 설교자는 자신이 듣고 있는 음성이 하나님의 음성이라는 것을 어떻게 알 수 있을까?

참고 주제 예언자적 메시지

참고 문헌 Walter Brueggemann. *The Prophetic Imagination*. (2001); Charles Campbell. *The*

Word Before the Powers: An Ethic of Preaching. (2002); Linda Clader. *Voicing the Vision: Imagination and Prophetic Preaching.* (2004); Andre Resner. *Just Preaching.* (2006); Philip Wogaman. *Speaking the Truth in Love: Preaching in a Broken World.* (1998).

잠언(Proverb)

제프리 아서스(Jeffrey D. Arthurs)

장르와 관련된 세 가지 문제에 민감하게 반응할 때, 잠언서 설교를 위한 설교학적 선택지가 생긴다.

1. 본문 단락(pericopae)의 문제

성경적 설교자에게 성경 본문의 사상적 단위(units of thought)를 설교하는 것이 설교학의 자명한 이치이지만, 잠언서를 설교할 때 이 지침을 따르기는 쉽지 않다. 1장에서 9장 그리고 30장에서 31장까지의 긴 시는 분명한 단위들을 포함하고 있지만, 다른 장들은 금언 목록으로 보인다.

그러나 편집자는(들은) 이 목록 안에 주정꾼(23:29-35), 왕(25:2-7), 게으름뱅이(26:13-16)에 관한 격언을 주제별로 분류하여 본문의 맥락을 제공했다. 맥락은 더 미묘한 수준에서도 존재할 수 있다. 표어(catchwords)와 후렴(inclusio)은 때때로 사상 단위의 경계를 나타낸다. 언뜻 보기에, 잠언 x는 잠언 y와 관련이 없어 보이지만 다시 살펴보라. 통일성을 기대하라. 때로는 그 부분에서도 복수의 구절로 구성된 사상 단위를 설교하는 것이 가능할 것이다.

이렇게 말할 수 있긴 해도, 주제별 접근 방식이 장르를 고려한 잠언의 설교 방법이 될 수도 있다. 설교자들은 늙음, 험담, 게으름, 겸손과 같은 한 주제에 관한 모든 잠언을 모아 한 편의 주제 설교를 하거나 그 주제에 관한 시리즈 설교를 할 수 있다.

2. 지혜의 문제

잠언은 순박한 사람들에게 지혜를 전달한다. 히브리 성경에서 지혜는 가르쳐 줄 수 있는 기술이다. 부모나 교사 같은 권위 자들은 문화적 가치의 정수를 전달한다. 이는 반복적으로 나타나는 삶의 현상들에 대한 관찰을 정리한 방식으로 제시된다. 이 관찰은 현재 시제, 직설법 형태로 진술된다. 잠언서의 의도는 당연히 훈계하는 것이지만, 이 훈계는 행위의 수준과 사람의 유형을 관찰함으로써 이루어진다.

각각의 금언 배후에는 수백 가지 사례 연구가 존재한다(다투기 좋아하는 아내는 성가시고, 성급한 사 람은 적을 만들고, 험담하는 사람은 친구를 잃는다 등등). 이런 격언은 경고와 조언을 담고 있지만, 교훈은 정문을 뚫고 들어오지 않는다. 이것은 뒷문을 통해 들어와 행동에 앞서 숙고하도록 초대한다.

장르를 고려한 잠언 설교는 관찰을 통해 이루어진다. 설교자는 통계, 사례, 시사, 이야기를 통해 진리를 말하고 보여 준다. 예를 들어, 설교자는 현대의 사례 연구를 통해 용기를 주는 말의 영향력이나 알코올 남용의 결과를 회중에게 보여 줄 수 있다. 우리는 잠언을 설교할 때 상황을 묘사함으로써 격려하고 경고한다.

책임감 있는 잠언 설교는 격언들을 하나의 약속이 아니라 일반화된 내용으로 다룬다. 지혜로운 자는 잠언을 어떻게 적용해야 하는지 알지만, 우둔한 자는 그렇지 않다. 이것이 왜 우둔한 자의 입에 있는 잠언이 "저는 자의 다리"(26:7)처럼 쓸모없는지 그 이유를 보여 준다. 잠언은 많은 경험을 압축한 것이지만, 모든 경험을 담고 있지는 않다. 이 잠언은 언제든지 어디에나 적용할 수 있는 것이 아니다.

예를 들어, 성경의 지혜자(sage)는 주님을 경외하면 오래 살 수 있다(9:11)고 말하지만, 추측건대, 같은 지혜자라도 순교의 현실을 부인하지 않을 것이다. 잠언 설교자는 특정 금언이 묘사하는 상황을 찾기 위해 사회 전체를 정신적으로 돌아다녀야 한다.

금언을 지혜로 해석할 때 특별히 염두에 두어야 할 것은 그 지혜의 기초(주님을 경외하는 것)이다. 하나님을 존경하는 것은 지혜의 "근본"(1:7; 9:10)이다. 히브리 전통에서 슬기로운 삶은 우리의 유한성과 하나님의 무한성을 인식하는 데서 비롯된다. 이 세상은 하나님의 현존으로 가득 차 있고, 하나님의 현존은 일상의 경험에 영향을 미친다.

그래서 우둔한 자는 하나님의 법을 알지 못하거나 무시하기 때문에 불행해진다. 신학에 대한 균형 잡힌 언급 없이 단순히 자조 문학(self-help literature)으로 잠언을 설교한다면 진리는 왜곡될 것이다(도덕주의 참고). 이런 격언들은 왕의 명령에 대한 겸손한 응답으로 이해되어야 한다. 잠언은 영감을 주는 화자의 노래처럼 들리지만, 이들의 신학적 토대는 잠언을 단순한 인문주의적 충고와 구별 짓는다.

3. 스타일의 문제

이런 간결한 격언의 가장 분명한 문체적 특징은 짧다는 것이다. 문학 단위 전체는 히브리어로 여섯 단어 정도로 짧고 영어는 이것보다 길지 않다. 금언의 간결한 특성은 정황한 설명이나 단서 없이도 지혜자가 자신 있게 주장할 수 있도록 도와준다. 잠언은 우리 눈을 똑바로 바라보면서 특정한 행위에는 특정한 결과가 따른다고 선언한다.

잠언이 꽤 짧을 수 있지만, 이것들은 여전히 시다. 이 잠언들은 비유적 언어, 과장법, 아이러니, 그리고 모든 유형의 평행법을 포함하여 히브리 시학의 다른 특징들을 활용한다. 모든 문학이 그렇듯이, 잠언은 특수한 것을 통해 보편적인 것을 언급한다. 이 잠언은 은유보다 제유법(synecdoche)을 활용하여 장막은 가족 단위를, **충실한 증인**은 진리를 말하는 모든 계층의 사람들을, 혀는 언어의 훌륭한 능력을 의미하게 된다.

간략한 시로서 금언의 청각적 특성은 구술성(orality)에 그 뿌리를 두고 있다. 리듬과 운율(rhyme), 두운법(alliteration)과 유음(assonance)은 금언들이 오래 기억되도록 돕고, 소리와 감각의 긴밀한 융합은 금언의 수사적 효과에 이바지한다. 이런 효과를 재현하기 위해, 설교자들은 리듬, 반복, 은유와 같이 아프리카계 미국인 설교에서 자주 등장하는 몇 가지 기술을 사용할 수 있다.

금언 스타일을 설교에 적용하는 또 다른 방식은, 설교의 중심 아이디어를 간결하면서도 균형 잡힌 언어, 이미지, 그리고 타당한 가치를 담은 하나의 금언처럼 표현하는 것이다. 사고를 자극하고 정제된 하나의 중심 아이디어에 초점을 둔 설교는 지혜자가 말했던 것과 같은 방식으로 전달된다. 한 금언 자체가 종종 설교의 중심 아이디어가 될 수 있다.

> 죽고 사는 것이 혀의 힘에 달렸나니 (잠 18:21).

이 같은 진술은 간결하고 인상적이다. 또한, 설교자들은 새로운 금언을 만들거나 현재 존재하는 금언을 다르게 표현할 수 있다. "보는 것이 믿는 것이다"라고 선포하는 대신, "믿는 것이 보는 것이다"라고 선포할 수 있을 것이다.

잠언 설교를 잘하려면 지혜가 필요하다. 기술에 관해 말하려면 기술이 필요하다.

참고 주제 **기독론**

참고 문헌 Jeffrey D. Authurs. "Short Sentences Long Remembered: Preaching Genre-Sensitive Sermons from Proverbs." *Journal of the Evangelical Homiletics Society* 5 (2005); Thomas G. Long. *Preaching and the Literary Forms of the Bible*. (1989); Alyce M. MaKenzie. *Preaching Proverbs: Wisdom for the Pulpit*. (1996); Raymond C. Van Leeuwen. "Proverbs." *NIB* 5. (1997).

시편 (Psalms)
J. 클린턴 맥칸 주니어 (J. Clinton McCann Jr.)

사도행전 2:14-36에 기록된 최초의 기독교 설교는 부분적으로 시편 16편, 110편, 그리고 132편에 근거하고 있다. 그 이후로 교회는 시편을 바탕으로 한 풍성한 설교 전통을 간직해 왔다.

그런데 몇몇 현대 설교학자와 성경학자는 시편 설교를 반대한다. 그들의 논리는 확고부동하게 양식비평과 관련된다. 그들은 시편이 주로 고대 이스라엘의 기도와 찬양에서 기원했기 때문에 시편은 설교가 아니라 기도와 노래로 표현되어야 한다고 주장한다.

이 논리는 성경의 경전 형성 과정을 간과한 것이다. 기도와 찬양 속에서 하나님을 향한 인간들의 응답으로 시작된 원자료는 성경(인류를 위한 하나님 말씀)으로 받아들여지고 전달되었다. 사실 제임스 메이스(James L. Mays)가 지적했듯이, 시편은 사실 "기독교의 경전인 두 성경에 속한 어떤 다른 책들보다 하나님에 관한 더 직접적인 진술들을 담고 있다"(Mays 2006, 69-70). 그렇기에 수 세기 동안 그래 왔던 것처럼, 오늘날에도 시편을 설교 본문으로 삼을 것을 요청해야 한다.

1. 시편과 예수 그리스도

사도행전 2장에 나오는 베드로의 설교가 보여 주듯이, 신약의 저자들은 시편을 예수님과 관련된 예언으로 이해했다. 그러나 현대 해석자들과 설교자들은 시편과 신약 사이의 유익한 대화를 지속시키기 위해, 이 관점을 받아들일 필요가 없다.

요컨대, 시편은 예수님을 그리스도라고 예견하듯 말하지 않지만, 하나님의 "기름 부음 받은 자"(시 2:2, 히브리어의 '메시아' [mashiakh], 그리스어의 '그리스도'[Christos])와 하나님의 "아들"(시 2:7)이라는 칭호를 가진 유대의 왕을 자주 언급한다. 이런 의미에서, 시편은 "그리스도"에 관해 자주 말한다고 볼 수 있다.

특히, 1-2권(시 1-72편)에는 다윗에게 귀속된 시편들이 과도하게 집중되어 있으며, 왕조 시편이 결정적인 구조적 위치에 배치되어 있다는 점에서(시 2, 72, 89편 참고), 최근의 시편 연구는 시편의 최종 형태에 메시아적 지향성이 드러난다고 말한다. 이 결론의 의도는 시편이 예수님을 메시아로 예언하고 있다고 말하려는 것이 아니다. 이 결론은 기독교인들이 예수 그리스도에 관해 말할 때, 그 의미가 무엇인지 시편을 통해 배울 수 있다는 점을 시사하는 것이다.

특히, 시편은 하나님이 세상에 바라시는 평화를 이루기 위해 제정하신 하나님의 정의와 의를 그리스도의 직무와 연결한다(시 72:1-7). 이 평화는 가난한 자, 약한 자, 궁핍한 자를 보호하고, 필요한 것을 그들에게 공급하는 것과 관련된다(72:12-14). 신약과의 대화 속에서 시편 72편을 경청하는 것은 우리가 예수 그리스도를 말할 때, 가난한 자, 지극히 작은 자, 잃어버린 자를 긍휼히 여기시는 예수님의 사역을 분명하게 염두에 두어야 한다는 점을 상기시키는 것이다(사회 정의 참고).

유배의 위기를 반영하는 최종 형태의 시편 89편은 그 내용(특히, 38-51절)과 3권의 끝에 배치된 구조를 통해 왕국의 종언을 인식하고 그것을 명확하게 표현한다. 이 위기에 대한 시편의 '응답'은 4권(시편 90-106편), 특히 시편 93:95-99에 있는 하나님의 왕권을 묘사한 부분이다. 이 즉위 시편 모음(또는 하나님의 통치 시편)은 그 시편의 핵심적인 신학적 선언으로 자주 묘사된다.

여기서 초점은 지상에서의 메시아 통치가 아니라 하나님의 통치이지만, 이런 시편들을 신약과 대화할 수 있게 하는 것은 여전히 유익하다. "하나님이 다스리신다"라는 시편의 중요한 선언은 "때가 찼다. 하나님 나라가 가까이 왔다"(마 1:15)라는 예수님의 가르침 및 설교의 핵심과 사실상 동의어인 것으로 밝혀졌다.

"오시는" 왕으로서 하나님이 행하실 일들은 지상의 메시아에게 맡겨진 일과 똑같다. 그것은 "그가[하나님이] 의로 세계를 심판하시며"(시 96:13; 98:9, 여기서 "심판"은 '의를 확립한다'로 이해할 수 있을 것이다)라는 말 속에 담겨 있다. 왕조 시편과 즉위 시편이 신약과 대화할 때, 이 시편들은 교회를 도와 완전한 인간이신 나사렛 예수가 세상을 향한 하나님의 목적을 완벽하게 구현하신 분이라는 기쁜 소식을 선포할 수 있게 한다.

시편 96편과 98편은 성탄절을 위한 시편이다. 이 시편들이 예수님의 탄생을 예언했기 때문이 아니라, 예수님의 탄생이 무엇을 의미하는지 확증하는 언어를 제공하기 때문이다. 메이스(Mays)가 시편 98편에 근거한 설교에서 말하는 바와 같이 말이다.

이 말씀을 통해 우리는 우리를 위해 시간

과 공간 속으로 들어오시는 하나님의 위대한 행위를 볼 수 있도록 우리 눈을 들어 올리는 예전(liturgy)을 수행합니다. 신성한 사랑과 권능이 이 세상에 침투해 들어오셨습니다. 의의 신비가 위에서 아래를 강타했습니다. … 그리고 그 신성한 침투의 절정에는 구유에 누운 그 아이가 있습니다(2006, 176).

이 시편들은 예수님의 탄생 의미, 그분의 핵심적 가르침, 그리고 메시아나 그리스도로서 행하시는 사역의 내용을 더 완벽하게 이해하고 선포할 수 있도록 해 주지만, 복음서 저자들 역시 예수님의 수난의 의미를 서술하고 설명하기 위해 이 시편들을 사용했다. 이 시편들은 하나님의 주권이나 권능을 확증하는 내용을 포함하고 있기에, 시편의 시작부터 하나님과 하나님의 "기름 부음 받은 자"에게 대적자가 있다는 점을 이해하는 게 특히 중요하다(시 2:1-3).

그리고 시편 전체에서 "의로운 자들"은 끊임없이 "적들"(시 3:1)과 "원수"(시 3:7)들에게 둘러싸여 고통당한다. 실제로 이것은 시인들이 자주 탄식하거나 불평하는 내용이고 그 의미는 심오하다. 고난을 단순히 징벌이나 하나님에게서 멀어짐의 표시로 해석되어서는 안 된다. 오히려 하나님은 고통받고, 가난하고, 궁핍한 사람들과 함께 계신다(시 22:24; 40:17; 109:31 참고).

그리고 시편(탄식시)에서 탄식이 많다는 점을 고려해 볼 때, 사람들은 하나님의 능력이 하나님의 원수들에 대한 폭력적 힘으로 이루진 것이 아니라고 결론 내려야 한다. 여기에서 고난의 면제를 보장받지 못하는 메시아, 강제적 힘이 아니라 자기 주심의 사랑으로써 그 능력을 행사하는 메시아, 왕관이 아니라 가시 면류관을 쓰실 메시아를 위한 기반이 마련된다.

당연하게도, 가장 강력한 탄식(시 22, 31, 69편)은 복음서에서 예수님의 고난을 묘사할 때 뚜렷하게 드러난다. 다시 말하지만, 요점은 이런 시편들이 예수님의 고난을 예언한다는 것이 아니라 그분의 죽음의 의미를 분명히 표현할 수 있는 언어를 교회에 제공한다는 것이다.

2. 시편의 영성

시편에 관한 최근의 연구는 장르와 배경의 중요성을 덜 다루는 대신 그 내용과 신학을 더 강조한다. 위에서 제시한 신학적 내용에 더해, 다음과 같은 시편의 영성적 측면이 선포의 방향을 제시할 것이다.

1) 행복

시편의 가장 첫 번째 단어는 "행복"(NRSV에서 시편 1편은 "happy"로 시작된다-역주)이고 나머지 24개의 단어는 행복 또는 의로운 사람에 관한 묘사다. 행복은 하나님의 가르침이나 뜻에 대한 끊임없는 관심(시 1:1-2, "율법"), 자기 자신보다는 하나님에 대한 의존(시 2:12), 그리고 하나님의 뜻 구현(41:1)과 관련된다.

하나님에 대한 순종은 찬양의 본질이며, 시편은 이것을 예전적 응답으로뿐만 아니라 삶의 스타일로 설명한다(시편 100:2 참고, NRSV에서 "worship"[예배]는 RSV에서처럼

"serve"[섬긴다]로 번역될 수 있다). 찬양하는 삶의 스타일은 자기 권력의 확대와 권력 쟁취를 중심 가치로 삼는 행복이라는 말의 문화적 정의에 대한 강력한 대안이다. 필연적으로 예수님은 탄식의 범주 안에 있는 사람들(가난한 자, 겸손한 자/부끄럼 당하는 자, 괴로워하는 자, 온유한 자, 그리고 핍박받는 자[마 5:3-11, 눅 6:20-22])을 "행복한" 또는 "복이 있는" 사람들이라고 선언한다.

2) 고통과 황홀경

시편은 인간의 고양된 지위를 인정(시 8:3-8)하지만, 인간이 유한하고 불완전하며 빈곤하다는 사실을 일관되게 받아들인다. 사실 시편 88편을 제외하고, 모든 탄식시는 상처와 소망, 고통과 찬양, 고난과 영광 모두를 분명히 표현한다. 이처럼 탄식시는 하나님이 권능을 어떻게 행사하시는지(앞의 논의 참고)에 대한 이해뿐만 아니라 인간의 정체성과 소명을 이해하기 위한 심오한 함의를 담고 있다.

메이스는 시편 13편에 근거한 설교에서 그 교훈을 다음과 같이 요약한다.

> 고통과 황홀경은 우리 정체성의 비밀로서 서로에게 속해 있습니다(2006, 169).

또는 이를 명시적 기독교 용어로 표현하면, 우리는 십자가의 사람으로 그리고 동시에 부활의 사람으로 살아간다(막 8:34-35 참고).

3) 당신의 뜻이 이루어지이다

원수의 존재가 시편에 자주 등장하기 때문에 그들을 없애 달라는 간청이 빈번하게 나타나는 것은 놀라운 일이 아니다. 폭력적으로 들리는 이런 요구는 기독교적이지 않은 것으로 여겨지며 성서정과에서도 자주 삭제된다. 그러나 우리가 시편 저자들이 실제로 희생자라는 사실을 심각하게 받아들인다면, 이런 기도는 개인적 복수에 대한 요청이 아니라 정의를 위한 긴급한 호소("당신이 뜻이 이루어지이다"와 같은)로 이해될 수 있다.

우리가 만약 이 호소를 섣불리 무시하지 않고 이에 더 세심하게 귀 기울인다면, 우리는 세상에서 발생하는 폭력과 고통의 편만함을 직시할 수 있을 것이다. 그리고 하나님의 뜻인 정의, 공의, 평화를 위해 기도하면서 하나님과 함께 일하도록 안내받을 수 있을 것이다.

4) 주님 기다리기

시편은 하나님이 다스리신다는 사실과 하나님의 목적이 종종 대적받고 있는 현실을 동시에 인정한다. 그렇기 때문에 신실함은 필연적으로 기다림을 수반한다고 밝힌다. 이런 소망은 시편 40편의 첫 구절에서 분명히 표현된다.

> 내가 여호와를 기다리고 기다렸더니(I waited patiently for the Lord) … (시 40:1).

그러나 알렌 F. 데이비스(Allen F. Davis)가

부활(Resurrection)

시편 40편 설교에서 지적하듯이, 이 구절에 대한 더 좋은 번역은 다음과 같다.

> 내가 여호와를 긴박하게 기다렸더니(I waited tensely for the Lord)… (시 40:1)(2006, 4).

데이비스는 세상의 상처와 혼란을 고려해 볼 때, 우리는 하나님을 애타게 그리고 절박하게 기다릴 수밖에 없다고 말한다(종말론 참고). 우리는 낙관적일 수 없다. 그러나 인류와 우주를 향한 하나님의 헌신을 고려해 볼 때, 소망을 포기할 수도 없다. 시편은 신약과 마찬가지로 한 가지 태도를 언급한다. 그 태도는 하나님의 영역 안에 사는 것을 현실로 여기면서 동시에 구원의 완성을 적극적으로 그리고 열렬하게 기다리도록 우리를 초대한다.

참고 문헌 Dave Bland and David Fleer, eds. *Performing the Psalms*. (2005); Ellen F. Davis. "Demanding Deliverance." *Preaching from Psalms*. Edited by R. Alling and D. J. Schlafer. (2006); James C. Howell and J. Clinton McCann. *Preaching the Psalms*. (2001); James L. Mays. *Preaching and Teaching the Psalms*. (2006).

부활(Resurrection)

리처드 헤이스(Richard B. Hays)

기독교 설교는 십자가에서 돌아가신 예수님의 육체적 부활을 죽음의 권세를 물리치고 세상을 변화시킨 하나님의 행동으로 선포한다. 예수님의 부활 때문에 그리스도 안에 있는 모든 사람은 현재 시간 속에서 새 생명을 경험하고 마지막 날 부활을 소망한다.

1. 예수님의 부활

사도신경이 밝히고 있듯이, 초기 기독교인들은 예수님이 십자가 위에서 죽으시고 매장되신 지 사흘 만에 다시 살아나셨다고 강력하게 선포했다. 최초의 목격자들은 이것이 단순한 환상적 경험이 아니라 예수님의 무덤을 빈 무덤으로 만든 육체의 부활이었다고 주장했다.

라이트(N. T. Wright)가 밝히듯이, 1세기 유대교에서 '부활'이라는 단어는 단순히 하늘로 올라가는 영적 승천이나 예수님을 따르는 자들의 신비한 환상적 경험이 아니라 육체적으로 몸이 되살아난다는 뜻으로 이해되었다(Wright 2003, 129-206).

바울은 고린도전서 15장에서 예수님의 부활은 기독교 설교의 핵심이라고 주장한다. 그는 고린도 교인들에게 "전달했던" 기본적인 고백 공식을 인용하면서 예수님은 "성경대로 사흘 만에 다시 살아나셨다"(고전 15:3-5; 호 6:2를 암시하는 듯하다)라고 선포한다. 바울은 부활하신 그리스도를 목격한 "오백 명 이상"의 많은 무리를 언급하며 자기를 "그들 중 마지막 사람"이라고 표현한다. 그는 복음의 진리가 "그리스도께서 다시 살아나신 일이 없으면 너희의 믿음도 헛되고 너희가 여전히 죄 가운데 있을 것이요."(고전 15:17)라는 주장에 달려 있다고 단호하게 말한다.

경전적 복음서 네 권 모두는 예수님의 부

활에서 절정에 이르지만, 부활 메시지를 전하는 뉘앙스는 각기 다르다.

마가는 예수님의 부활 사건에 관한 직접적 내러티브를 생략함으로써 엄숙하고 신비한 복음서의 특징을 유지하지만, 부활의 선포는 분명하고 단호하다(막 16:6-7).

마태는 예수님을 "하늘과 땅의 모든 권세"를 가지고 온 세상에 그분의 권세를 전하라고 제자들을 파송하시는 승리의 인자로서 예수님을 강조한다(마 28:16-20, 단 7:13-14과 비교하라).

누가는 제자들과 식탁에 함께 계신 부활하신 예수님의 신비한 모습을 강조하고(눅 24:30-31, 41-43), 그분을 따르는 자들에게 성경을 어떻게 읽어야 하는지 가르쳐 주는 모습을 보여 주며(24:25-27, 44-47), 공동체에 성령을 보내실 것을 예고한다(24:49).

요한은 예수님의 부활을 제자들의 사명, 성령의 주심, 그리고 죄의 용서와 연결한다(요 20:21-23). 그는 또한 예수님이 막달라 마리아(20:1-18)와 도마(20:24-29)에게 나타나시는 독특한 이야기를 추가한다. 후자의 이야기는 예수님의 부활하신 육체적 특징뿐만 아니라 '아직 본 적은 없지만 앞으로 믿게 될' 미래 세대와의 관련성을 강조한다.

기독교 설교는 이런 초기 기사들을 비신화화하거나 합리화하는 이론으로 설명하기보다는, 이런 전통이 전달한 내용을 충실히 다음 세대로 전수하고, 이런 이야기들이 소망의 진정한 원천임을 재확인하는 것이다.

2. 부활 소망의 뿌리: 유대교의 묵시적 전통

기독교인들은 때때로 몸의 부활에 대한 소망이 유대교의 고유한 개념이라는 사실을 간과한다. 구약에서 부활의 소망에 관한 언급은 많지 않다.

가장 중요한 본문들은 다음과 같다.

- 마른 뼈들의 골짜기에 관한 에스겔의 환상(겔 37:1-14)
- 하나님이 죽음을 영원히 삼켜 버리신 후에 베푸실 종말론적 대잔치에 관한 이사야의 환상(사 25:6-10a)
- "땅의 티끌 가운데에서 자는 자 중에서 많은 사람이 깨어" 일어날 때 이스라엘의 최종 구원이 일어날 것이라는 다니엘의 묘사(단 12:2-3) 등

그래도 1세기까지 부활의 소망은 유대교 문화에 널리 퍼져 있었다(한 가지 좋은 예를 위해 마카비하 7장에 나오는 순교한 일곱 형제의 이야기 참고하라). 바리새인들은 부활을 받아들였지만, 사두개인들은 거절했다. 이런 유대교 내부의 논쟁은 사도행전 23:6-10에 명확하게 반영되어 있다. 여기서 바울은 예루살렘의 유대교 공의회 앞에서 자기를 변호하면서 "형제들아 나는 바리새인이요 또 바리새인의 아들이라. 죽은 자의 소망 곧 부활로 말미암아 내가 심문을 받노라"(막 12:18-27 참고)라고 선언한다.

물론, 바리새인이나 다른 어떤 유대교 집단도 십자가에 달렸다 부활하신 메시아를 기대하지 않았다. 메시아의 부활은 일반적 부활과 최후 심판과는 별개의 일회적 사건이 될 것으로 생각했다. 이것은 실제로 예수님께 일어난 사건에 근거하여 새로이 전개된 기독교 특유의 사건이었다.

부활(Resurrection)

부활 소망의 유대적 기원은 두 가지 이유에서 중요하다.

첫째, 부활이 몸에서 탈출하는 것이 아니라 몸에 대한 하나님의 종말론적 재창조로 이해되어야 한다는 점을 상기시키기 때문이다.

둘째, 부활의 언어가 이스라엘에 대한 하나님의 회복 및 최종적 구원과 강력하게 연결되어 있다는 점을 상기시키기 때문이다.

부활은 단순히 죽음 이후 개인적 삶의 문제가 아니라 하나님이 택하신 이스라엘과 맺은 언약을 신실하게 성취하시는 것, 즉 하나님이 깨어진 모든 것을 고치시는 것과 관련된다(종말론 참고). 부활 언어의 이런 뿌리를 염두에 두면 부활의 약속을 영적이고 개인주의적으로 해석하는 부적절한 시도를 피할 수 있다.

3. 그리스도의 부활에 참여하기: 기독교적 소망의 형태

미래에 대한 초기 기독교인의 기본 소망은 믿는 자들이 궁극적으로 예수님의 부활에 참여할 수 있다는 점이었다. 바울은 그리스도를 "죽은 자들의 첫 열매"로 묘사함으로써, 장차 있을 마지막 대추수에 대한 부활의 소망을 표현한다.

> 아담 안에서 모든 사람이 죽은 것같이 그리스도 안에서 모든 사람이 삶을 얻으리라 그러나 각각 자기 차례대로 되리니 먼저는 첫 열매인 그리스도요 다음에는 그가 강림하실 때에 그리스도에게 속한 자요(고전 15:20-23; 빌 3:20-21과 비교하라).

그러므로 기독교 설교자는 몸의 부활과 영혼이 천국에 간다는 개념 사이의 차이를 절대로 간과하지 말아야 한다.

2세기의 기독교 변증가인 순교자 저스틴(Justin Martyr)은 "기독교인이라고 불리는 몇몇 사람 ··· 죽은 자의 부활이 없다고 ··· 죽었을 때 그들의 영혼은 천국으로 보내진다고 말하는 사람들"이 있었음을 보고한다. 저스틴은 이런 사람들을 "하나님을 믿지 않는 불경스러운 이단자들"이라 준엄하게 책망하면서 진정한 기독교 설교는 육체 없는 불멸이 아니라 미래의 육체적 부활을 선포한다고 주장했다(*Dial.* 80).

저스틴은 왜 몸의 부활을 그토록 고집했을까?

이것은 창조주 하나님이 피조 세계를 구원하시겠다는 표시이기 때문이다. 구원이 육체로부터 탈출하는 것, 즉 천상의 세계로 승천하는 것이라고 설교하는 사람은 하나님이 자기가 창조한 것들을 구원하고 회복시키실 거라는 것을 사실상 부정하는 것이다.

이 점은 최근 "유다복음"(The Gospel of Judas)이라고 불리는 2세기 영지주의 본문(대략 순교자 저스틴과 동시대)의 발견과 출판에서 두드러졌다. 이 고대 본문에서 예수님은 자기가 갇혀 있는("나에게 옷을 입히는 그 남자") 육체를 경멸하는 인물로 묘사된다. 예수님은 악한 물질 세계의 육체적 구속에서 탈출할 수 있도록 유다가 자기를 배신하여 죽음에 빠트려 주기를 원했다.

이것은 예수님의 죽음과 부활에 대한 초

기 기독교적 이해를 심각하게 왜곡한다. 몸의 부활에 대한 부정은 하나님의 창조가 선하다는 점을 부인하는 것과 밀접하게 연결된다. 이와는 대조적으로, 기독교의 가르침은 성령으로 충만한 사람들은 "우리 몸의 구속"(롬 8:18-23)을 기다리며 피조물의 고통과 함께 현재에 신음한다고 강조한다.

4. 부활과 윤리

기독교인들은 세례를 통해 그리스도의 죽음과 연합하고 부활 생명의 소망에 참여하기 때문에 그들은 이미 지금 부활의 능력 안에 살고 있다. 그들은 죄의 지배력에서 해방되어 순종하는 자유의 새 삶을 살도록 능력을 부여받았다(롬 6:1-14; 8:1-11). 그리스도의 부활은 세상을 뒤집어 놓았다. 부활은 낡은 억압의 세력이 더 이상 지배하지 못하며, 우리는 이미 새로운 정치, 새로운 세계 안에서 살아가고 있다고 선포한다(행 17:6-7). 그러므로 우리는 웬델 베리(Wendell Berry)의 적절한 표현대로 "부활을 실천하라"고 부름을 받았다(Berry 1984, 152).

즉, 우리는 교회의 삶이 앞으로 도래할 세계, "유대인이나 헬라인이나 종이나 자유인이나 남자나 여자나"(갈 3:28) 누구든지 새 창조의 세계 안에 있는 부활 생명을 미리 맛보는 방식으로 우리의 실천을 시작하도록 부름을 받았다.

역경과 고통의 가장 암울한 순간에서도 기독교인들은 소망을 붙잡을 수 있다. 우리는 책의 마지막 장을 이미 읽었기 때문이다. 우리는 마침내 하나님이 모든 눈물을 닦아 주시고 "다시는 사망이 없[게 될 것을]"(계 21:4) 안다. 그리스도께 속한 사람들은 그와 함께 살아날 것이다. 이것이 우리를 지탱하는 소망이다. 이것이 바울이 고린도전서 15장에서 몸의 부활에 관한 긴 논의를 고린도에 있는 형제, 자매들에 대한 따뜻한 격려의 말로 끝마친 이유다.

그들의 고난과 실패에도 불구하고, 승리가 죽음을 삼켰다는 것이 진리다. 그래서 바울은 그들에게 이렇게 쓴다.

> 그러므로 내 사랑하는 형제들아 견실하며 흔들리지 말고 항상 주의 일에 더욱 힘쓰는 자들이 되라 이는 너희 수고가 주 안에서 헛되지 않은 줄 앎이라(고전 15:58).

이것은 하나님이 우리 모두에게 하시는 말씀이다. 그리스도 안에서 모든 사람이 살아날 것이다. 그래서 현재 우리는 부활을 실천하도록 능력을 부여받고 부름을 받는다.

참고 문헌 Dale C. Allison. *Resurrecting Jesus: The Earliest Christian Tradition and Its Interpreters*. (2005); Wendall Berry. "Manifesto: The Mad Farmer Liberation Front." *Collected Poems, 1957-1982*. (1984) 151-52; Oscar Cullmann. *Immortality of the Soul or Resurrection of the Dead? The Witness of the New Testament*. (1958); Brian E. Daley. "A Hope for Worms: Early Christian Hope." *Resurrection: Scientific and Theological Assessments*. Edited by T. Peters, R. J. Russell, and M. Welker. (2002); Rowan A. Greer. *Christian Life and Christian Hope: Raids on the Inarticulate*. (2001); Richard B. Hays.

"Reading Scripture in Light of the Resurrection." *The Art of Reading Scripture*. Edited by Ellen F. Davis and Richard B. Hays. (2003) 216-38; Jon D. Levenson. *Resurrection and the Restoration of Israel: The Ultimate Victory of the God of Life*. (2006); Claudia Setzer. *Resurrection of the Body in Early Judaism and Early Christianity: Doctrine, Community, and Self-Definition*. (2004); Rowan Williams. *Resurrection: Interpreting the Easter Gospel*. (1994); N. T. Wright. *The Resurrection of the Son of God*. (2003).

룻기(Ruth)

메리 도노반 터너(Mary Donovan Turner)

룻기서의 저자와 기록 시기, 저술 목적에 대해서는 여전히 논쟁 중이지만, 그 이야기는 설교자에게 흥미로운 많은 내용을 제공한다. 과연 룻기의 이야기가 에스라와 느헤미야 시대의 규정, 곧 유대인 남자와 외국 여성과의 금혼 규정과 충돌했는지, 다윗 왕조의 정당성을 지지하는 목적으로 쓰인 것인지는 확실치 않다. 믿기지 않을 정도로 단순한 이야기지만, 독자들을 감화하기에 충분한 섬세한 신학적 주제들과 주장들이 가득하다. 반면, 그 이야기 자체는 당시의 사회 문화적 규범들에 묶여 있어 오늘의 독자들에게 도전적으로 읽힌다.

기독교인들의 경전으로서 룻기서는 사사기 규정과 왕정 시대의 초기를 잇는 서사다. 룻기의 평온한 이야기는 그 앞에 있는 사사기와 격한 대조를 이루는데, 사사기는 폭력과 살육의 내용으로 가득 차 있다. 히브리인들의 경전으로서 룻기서는 그들을 위한 전형적인 이야기다.

룻기서는 유대력의 축일에 읽혀지도록 지정된 다섯 개의 축제용 두루마리 중에 하나다. 특별히 룻기서는 수장절에 읽혀졌는데, 그 이유는 추수철에 대한 이야기가 포함되어 있기 때문이다.

네 개 장으로 된 짧은 내용은 나오미와 그녀의 며느리인 룻의 이야기를 들려준다. 본문을 주의 깊게 읽으면, 설교자는 그 이야기의 구성이 가진 지리적 이동, 곧 나오미와 룻이 사막을 거쳐 베들레헴(떡 집)에 이르는 여정에 주목하게 된다. 그 밖에도 다른 움직임을 보게 되는데 그것들은, "비어" 돌아온 나오미가 "풍족하게" 된 것, "쓴" 고통의 나오미가 또 다시 "기쁨의 사람" 되었다는 것이다. 두 명의 여인은 자신에게 음식과 안전, 이름을 제공해 주는 남편을 잃음으로 불쌍하게 되었지만, 결국 그들은 아이와 손주를 얻음으로 복을 받고, 다윗 왕가의 부모가 되었다.

개정공동성서정과(Revised Common Lectionary)는 룻기의 세 개 장을 포함하고 있다.

첫째, 1:1-18로 등장 인물들을 소개하고 나오미가 그의 자부 룻과 함께 베들레헴으로 돌아가는 장면을 이야기한다. 룻은 나오미를 떠나지 않을 것으로 서약했다.

둘째, 흥미롭게도 나오미가 룻을 보아스의 발 밑으로 보내 그 둘의 안녕을 바라는 이야기다(3:1-5). 룻기 3장은 음담패설 가까운 언어 놀이나 이미지들로 가득 차 있다.

셋째, 결론부에서 아이의 출생 내용을 나오미와 룻이 다시 한번 그들을 인정하지 않는 사회에서 지위를 회복하는 것과 관련 짓는다.

설교자는 이러한 본문을 그것이 위치한 서사의 맥락과 분리해서 설교할 수 없다. 룻기의 서론은 설교자가 결론부를 어떻게 해석해야 하는가를 알려 준다. 이야기의 결론을 어느 정도 아는 것은 설교자가 이야기의 앞부분을 어떻게 이해할지를 알려 주는 좌표가 된다. 물론, 모든 설교마다 전체 이야기를 다뤄야 하는 것은 아니다. 범위를 좁히는 것이 주효하다. 설교자는 회중이 설교의 흐름을 따라가기에 필요한 내용이 어디까지인지를 신중히 정해야 한다.

룻기서의 네 개의 장은 흥미로우면서도 단순한 이야기 구성을 제시한다.

- 1장/장면 1: 등장 인물들의 소개와 그들의 역경에 관한 이야기에서, 룻은 그녀의 시어머니를 모압에서부터 나오미의 고향으로 따라갔다(나오미를 떠나지 않겠다는 룻의 말은 종종 결혼식 권면에 가까운 것으로 신랑과 신부 간의 신의에 대한 표현과 유사하다).
- 2장/장면 2: 룻은 나오미와 자신을 위해 곡식 낟알을 줍고자 밭으로 나간다.
- 3장/장면 3: 룻은 나가서 보아스의 발밑에 누웠다.
- 4장/장면 4: 룻과 보아스는 결혼하고 그 사이에서 태어난 오벳은 나오미를 무자한 상태에서 구원한다.

설교자는 이상의 룻기서를 통해 유용하고 중요한 신학적 주제들을 발견할 수 있다. 그 가운데 가장 유력한 것은 구속이다(구속이라는 말은 룻기서의 총 85개 절에서 대략 20여 차례 반복된다). 이스라엘 사회에서 남자의 가장 가까운 친족(형제, 삼촌, 사촌, 그 외 친족)은 그의 친족의 잃어버린 재산을 회복해 주어야 한다. 이 이야기에서 보아스는 나오미의 죽은 남편의 가까운 친족으로써 그들의 구속자로 등장한다. 그는 나오미를 위해 그들의 재산을 되사주겠다고 약속한다. 이어서 그는 룻과 결혼한다. 보아스와 룻은 함께 나오미에게 손주를 낳아 주고 이스라엘공동체 안에서의 그녀의 지위를 갱신해 준다.

설교자는 보아스가 나오미와 룻을 구하고 살길을 마련해 준 이야기를 통해, 구약의 하나님이 그분의 백성을 악과 폭력, 억압과 원수, 고난과 위험, 질병과 사망, 그리고 죄로부터 구원하심을 알게 될 것이다(죄와 악 참고).

그렇다면 설교자 또는 신앙공동체는 하나님이 우리를 이끌어 가두고 억압하며 놀라게 하고 넘어지게 하는 것들로부터 구원하심을 어떻게 알 수 있는가?

그것이 구원이다.

룻기서를 관통하는 또 다른 신학은 "긍휼"(loving-kindness)로 번역되는 말이다. 이 말은 종종 하나님의 끝없는 신실한 사랑으로 표현된다. 그러나 룻기는 룻과 보아스를 비롯한 인물들 역시 그 사랑이 가능함을 보여 준다(1:8; 2:20; 3:10). 룻기는 사람들이 서로를 향한 초상식적인 애정과 관심을 가질 수 있음을 보여 준다. 매일의 삶에서 등장 인물들은 하나님을 알고 하나님께 기도한다. 그러나 구속(redemption) 또는 구원

룻기(Ruth)

(deliverance)은 인간들에 대한 영웅적 사랑의 행동을 통해 발생한다.

그 외에 룻기서는 설교를 위한 흥미로운 부분들을 제공한다. 룻은 모압 출신으로 외국인이다. 이야기는 설교자로 차별과 적대감의 분위기에서 환대의 주제를 다루도록 한다. 이스라엘은 모압을 극악한 원수로 간주한다. 모압은 음탕하고 우상을 섬기는 나라로 알려졌다(창 19:30-38; 민 22-24장 참고). 룻은 그녀의 시어머니 나라인 이스라엘에서 거처를 마련했지만, 전적으로 그런 것은 아니었다. 그녀는 "모압 여인 룻"이라는 딱지를 뗄 수 없었다. 그녀는 이방인으로 낙인받았다. 그리고 이야기의 마지막에서 그녀는 아들을 낳은 후 시야에서 사라진다.

과연, "모압 여인 룻"이라는 딱지는 사랑의 행동이 한 명의 이방인에 의해 실행되었다는 것을 이스라엘 사람들에게 각인시키려는 것인가?

아니면 룻이 결코 이스라엘공동체의 일원이 될 수 없음을 분명히 하는 것인가?

룻기서는 인물 간의 대화를 통해 룻의 정체성에 대한 문제를 그녀의 고국이 아닌 곳에서 밝혀 간다.

"대체 이 젊은 여인은 누구에게 속한 사람인가?"

"당신은 누구인가?"

룻은 가난하고 외국인으로 힘도 권리도 갖지 못한 이방인이다. 게다가 룻은 자신을 알아봐 주는 사람을 의지한다. 룻기서는 설교자가 그의 회중과 공동체, 그리고 나라 안에 있는 인종 차별과 포용과 배제라는 신학적 주제들을 다루도록 독려한다.

우리가 알아봐 주는 사람은 누구며, 그렇지 않은 자는 누구인가?

룻기서는 보다 넓은 측면에서 볼 때, 나오미에 관한 이야기다. 비록 그녀의 사회적 신분이 잊혀졌다 해도 그렇다. 룻기서의 이야기의 구성을 시작하고 이끌고 가는 것이 바로 나오미의 탄식이다. 이야기의 시작에서 나오미는 자식만이 아닌, 손주도 없이 혼자 남겨졌다. 그녀의 경제적 생존 가능성은 거의 희박하다. 그녀는 극빈한 상황에 처했고, 공동체가 그녀에게 유일한 희망이었다.

나오미는 기근과 상실, 슬픔을 겪어야 했다. 왜냐하면, "야웨의 손이 그녀를 쳤기 때문이다"(1:13b, 저자의 표현). 욥처럼, 그녀는 자신의 고통의 원인을 하나님이라고 믿었다. 이 이야기는 설교자와 그의 회중에게 삶의 불행과 비극에 대한 이해를 성찰할 기회를 준다.

이 모든 것들 것은 "하나님의 손"에 달린 것인가?

> 구약성경의 다른 곳에 룻기서에 대한 언급은 없다. 오히려 룻이라는 이름이 마태복음이 언급하는 대로 예수님의 족보에 등장한다. 룻은 다말, 라합, 밧세바, 그리고 예수님의 어머니 마리아와 함께 거명된다. 물론, 그 이유는 분명히 제시되지 않는다.

> 그렇다면 그것은 그들이 이방인 또는 이방인과 연결되어 있는데, 마태는 그들에 대한 복음서의 포용적 태도를 알리려 했기 때문인가?

> 그 여인들이 포함된 것은 그들이 당시의 전통적인 가부장적 규범과 관련해 이례적

이야기들을 가지고 있기 때문인가? 아니면 그들이 하나님의 뜻을 수행하는 기인한 능력과 믿음을 보였기 때문인가?

아마도 이에 대한 대답은 그 모든 것과 얽혀 있을 수 있다.

참고 문헌 Pui-lan Kwok. "Finding Ruth a Home: Gender, Sexuality and the Politics of Otherness." *Postcolonial Imagination and Feminist Theology*. (2005); Jacqueline Lapsley. "Seeing the Older Woman: Naomi in High Definition." *Engaging the Bible in a Gendered World*. Edited by Linda Day and Carolyn Pressler. (2006) 102-13; Eunny P. Lee. "Ruth the Moabite: Identity, Kinship and Other ness." *Engaging the Bible in a Gendered World*. Edited by Linda Day and Carolyn Pressler. (2006) 89-101; Katharine Doob Sakenfeld. *Ruth. Interpretation*. (1999); Katharine Doob Sakenfeld. *Just Wives? Stories of Power and Survival in the Old Testament and Today*. (2003); Mary Donovan Turner. "Redemption." *Old Testament Words: Reflections for Preaching*. (2003) 36-38.

설교적, 신학적 서신서(Sermonic, Theological Epistles)

토마스 롱(Thomas G. Long)

설교자는 신약의 서신들을 설교하기를 주저하곤 한다. 그에 대한 많은 이유가 있다. 성서정과는 복음서를 중심으로 하고, 그렇지 않더라도 이야기 본문을 설교하는 것이 보다 용이하고 신자들도 그것을 더 원하는 것처럼 보일 수 있다. 아니면 서신서들에서 만나게 되는 심각한 논쟁적 주제들이 설교자의 기를 죽이거나, 심지어 지루함마저 피할 수 없는 것처럼 보이기 때문이다.

크리스소트톰은 서신서를 듣는 것은 마치 "영적 트럼펫 소리를 듣는 것과 같다"고 말했다(Cousar 1996, 15에서 인용). 그러나 종종 그 트럼펫이 소리를 내지 못하곤 한다. 예를 들어, 한때 종교개혁의 봉기를 일으킨 로마서의 각성하는 목소리는 최근 설교단에서는 속삭일 정도로 침묵하고 있다.

1. 서신서 설교의 이유

신약성경의 서신서 설교의 인기가 수사적, 문화적, 신학적 조류에 따라 등락을 반복한다 하더라도, 서신서 설교가 다시 활기를 찾아야 하는 몇 가지 긍정적 이유가 있다.

첫째, 서신서 설교는 이야기를 본문으로 한 설교의 편중성을 바로 잡을 수 있다. 이야기 설교에 대한 균형 있는 실행은 기독교 신앙이 가진 서사적 특성을 이해하는 데 도움이 된다. 이런 이야기도 있고, 저런 이야기도 있다.

그러나 성경의 중심 이야기들 간의 관계를 보면 어떤가?

서신서들의 초점은 복음서의 연결과 적용들에 보다 맞춰져 있고, 복음서의 이야기를 곧바로 신학적이고 교회론적인 성찰의 태도로 전환시킨다. 사람은 이야기만으로 사는 것이 아니고, 하나님으로부터 나오는 모든

설교적, 신학적 서신서 (Sermonic, Theological Epistles)

말씀으로 산다(교리적 설교 참고.)

둘째, 서신서 설교는 설교로 하여금 기독교 신앙을 단순히 일련의 경험이나 교리적 확신의 모음집이 아닌, 특수하고 일관된 실천에 기반한 삶의 방식으로 기술하도록 돕는다. 서신서에서 돈, 잡담, 질시, 환대, 종교 다원주의, 결혼 등과 같은 매일의 문제들을 다루는 것은 기독교 신앙이 삶으로 살아 내는 신앙임을 강조해 준다.

신약학자인 루크 티모시 존슨(Luke Timothy Johnson)은 그의 책 Religious Experience in Earliest Christianity, 초기 기독교에서의 종교적 경험)에서 전통적인 가톨릭 교회가 가진 두 개의 얼굴을 대조시킨다. 전면에서 볼 때, 교회의 모든 것은 "질서 있고 흐트러짐이 없다." 그 전면의 앞쪽에는 깔끔하게 정돈된 교회의 힘을 보여 주는 가구들과 예술품들이 놓여 있다. 그러나 교회의 뒤편에는 좀 흐트러진 것들이 있다. 거기에는 각종 알림장과 소식지, 광고지들이 붙어 있는 게시판이 있고, 한 곳은 순례 처소, 다른 곳은 마리아 동상, 또 다른 곳에는 열린 기도실이 있다. 이는 교회의 전면에는 정돈된 교리가, 그러나 뒤편에는 실제적으로 이 땅에서 삶을 살아 내는 기독교가 있다는 것이다.

서신서는 교회의 뒤편, 곧 기독교 신앙의 일관된 방식을 찾아내는 이런저런 노력들, 복음서의 약속들에 대한 구체적인 형태와 삶의 모습이 무엇인지를 발견하려는 파편화된 시도들, 인간의 수고들을 특징짓는 갈등과 모호함들을 헤쳐 나가는 모습들이 있는 곳으로 안내한다.

셋째, 서신서 설교는 회중이 그들의 삶의 관계들과 신앙생활이 갖는 의미를 찾는 데 도움을 줄 수 있다. 신약의 서신서들은 매우 신학적이긴 하지만, 그렇다고 조직신학처럼 교리적인 것은 아니다. 서신서의 저자들은 현실적인 삶의 여러 갈등과 경험이라는 가마솥 안에서 복음서가 제시하는 신학적 주장들과 씨름하는 것이다. 분명, 그리스도인의 자유나 믿음으로 인한 칭의를 추상적으로 기술하는 것이 필요하다. 그러나 삶의 열정과 의미를 상실한 채 힘들어하고, 그로 인해 그리스도 안에서의 정체성보다는 새로운 종교적 신분을 얻는 것으로 만족하고, 그렇게 됨으로 결국 복음이 주는 강한 자유와 사랑의 물결로부터 벗어나 있는 갈라디아의 신자들을 위해 바울이 그러한 교의적 진술들과 씨름하는 것은 전혀 다른 일이다.

2. 서신서들의 특징

신약의 서신들을 본문으로 한 설교의 경우, 설교자는 서신서가 지닌 몇 가지 주요 특징에 주의해야 한다.

첫째, 서신들의 구술성이다. 서신들이 말하려는 핵심 메시지는 오늘날 해석자와 설교자들에 의해 오해될 수 있다. 왜냐하면, 오늘 우리는 기록된 문서를 해독하는 데 익숙하기 때문이다. 그러나 신약의 서신들은 대개 공동체의 예배에서 큰 소리로 읽혀지도록 작성되었다. 그것들은 파일 폴더에 보관하거나 게시판 어딘가에 붙여 놓을 수 있는 글로 쓰인 것이 아니다. 서신들은 청중이 듣도록 쓰여졌기에 우리는 서신들에서 구술

설교적, 신학적 서신서 (Sermonic, Theological Epistles)

행위와 관련된 모든 특징을 확인할 수 있다. 가령, 바울이 빌립보서의 끝말에서 다음과 같이 말한다.

> 내가 유오디아를 권하고 순두게를 권하노니 주 안에서 같은 마음을 품으라 또 참으로 나와 멍에를 같이한 네게 구하노니 저 여인들을 도우라 (빌 4:2-3).

바울의 이 말은 공동체 예배에서 읽혀졌다. 오늘 설교자는 그 두 여인 간의 갈등이 무엇이었는지를 알 수 없다. 그러나 그 여인들은 자신들의 이름이 공동체의 자리에서 큰 소리로 언명되는 것을 들으면서 찔렸을 것이다.

둘째, 서신의 구조이다. 오늘날 편지의 경우처럼, 고대 헬라 문화권에서 편지는 그 작성에 있어 어떤 관습적인 틀을 따랐다. 그뿐만 아니라, 오늘과 유사하게 서신서의 저자들은 그러한 규범적 양식에 따르면서도 그것과 다른 방식으로 자신들의 메시지를 전달했다.

신약의 서신들의 기본 구조는 아래와 같다(Roetzel 1998, 51-66).

- 인사: 인사에는 발신인의 서명과 수신자들의 이름과 함께 인삿말이 포함된다. 어떤 설교자는 그렇게 정해진 구성 요소들에 대해 많은 관심을 가질 수 있다. 예를 들어, 발신인의 서명은 편지 작성자가 누구이고 그 내용이 어떤 성격인지를 알려 주는 정보가 된다. 바울이 빌립보서 시작에 "그리스도 예수의 종 바울과 디모데"(빌 1:1)로 서명한 것은 겸손의 숨결이 이미 편지 전체에 불기 시작했음을 알려 준다. 이는 갈라디아서의 좀 더 확신에 찬 서명과 대조를 이룬다.

> 오직 예수 그리스도와 그를 죽은 자 가운데서 살리신 하나님 아버지로 말미암아 사도 된 바울은(갈 1:1).

- 감사: 신약의 대부분의 서신들은 감사의 내용을 포함한다. 그 형식은 주로 기도의 방식이다. 주목할 것은 고린도전서(1:4-9)가 시작하는 감사의 기도에 어떻게 그 서신의 뒷부분에서 언급될 모든 문제가 목록으로 포함되어 있는가이다. 그것은 마치 고린도 교회의 절망적 현실 속에서 하나님의 은총과 신실하심이 밝게 빛나고 있음을 암시하는 듯 하다.

- 본말: 일반적으로 바울 서신들의 본문은 최소 두 부분으로 구성된다고 본다. 교회가 당면한 현안들에 대한 논의와 그에 대한 구체적인 윤리적 가르침이다. 그러나 신학적 문제와 그에 대한 윤리적 교훈 간 구분선을 명확히 하기가 어려운데, 고린도 교회에서 그 둘은 복잡하게 얽혀 있었기 때문이다. 그래서 설교자는 서신의 본문에 쓰이는 당시의 관용적으로 능숙하게 사용된 수사학적 표현들(환담과 자서전적 비유와 같은)과 전략들에 주목할 필요가 있다.

예를 들어, 고린도전서에서 바울은 편지의 본말을 교회 내의 가장 당혹스럽고 민감한 아픈 문제로 시작한다. 즉,

그들이 분열된 원인은 사소한 악의적인 험담에 있었다.

내 형제들아 글로에의 집 편으로 너희에 대한 말이 내게 들리니 곧 너희 가운데 분쟁이 있다는 것이라 (고전 1:11).

그러나 그러한 예민한 문제들을 꺼낸 뒤, 바울은 곧바로 그 주제에서 돌아서 예수님의 십자가의 의미와 인간의 지혜와 다른 하나님의 지혜에 대한 긴 설명을 시작한다. 그것은 오늘날 설교자가 다음과 같이 말하는 것과 같다.
"제가 최근 성가대원들 중에 간음한 자가 있다는 소문을 들었습니다. 그러나 제가 말하고 싶은 것은 예수님의 십자가 입니다. …"
이러한 방식은 분명 주제에 대한 어설픈 전환이지만 실제로는 기발한 수사학적 전략이다. 고린도 교회가 다음에 올 말을 한껏 기다리고 있을 때, 바울은 십자가와 하나님의 지혜에 관한 진리 주장을 펼치고, 이후 다시 분열의 주제로 돌아왔을 때 그 논쟁은 이미 십자가의 말씀으로 전화되어 있었다.

- **결말**: 서신서의 끝말은 인삿말과 강복을 포함해 다분히 예전적인 요소들을 포함하고 있는데, 이는 신학적으로나 설교학적으로 유의미하다. 가령, 신약학자인 피터 램프(Peter Lampe)는 바울이 로마서 16장에서 거명한 26개의 이름들에 대해 주의 깊게 분석했다. 그는 대략 그들 중에 12명 이상이 교회의 중직자 내지 신실한 헌신자들이며, 그들 중 대부분은 여성이었음을 알려 준다 (Lampe 1991,222).

설교가 서신서를 본문으로 삼을 경우, 설교는 교리적인 신학적 논고가 되거나 요즘 인기 있는 대중문화에 대한 칼럼이 될 위험을 피할 수 있게 된다. 설교는 인간의 마음을 지속적으로 괴롭히는 문제들에 대한 중요한 질문들을 다루고, 그것은 구체적 문제들을 직면해서 첨예한 갈등들을 해결하려는 교회를 현실적으로 세우는 방식이 될 것이다.

참고 주제 상황 서신

참고 문헌 Charles B. Cousar. *The Letters of Paul*. (1996); Luke Timothy Johnson. *Religious Experience in Earliest Christianity: A Missing Dimension in New Testament Studies*. (1998); Peter Lampe. "The Roman Christians of Romans 16." *The Romans Debate*. Edited by Karl P. Donfried. Rev. and expanded ed. (1991); Calvin J. Roetzel. *The Letters of Paul: Conversations in Context*. 4th ed. (1998).

아가서(Song of Songs)
다이앤 베르간트(Dianne Bergant C.S.A.)

아가서의 에로틱한 노래들은 거의 문자적 의미대로 읽지 않는다. 그러나 다음의 글은 당혹스럽게 한다.

모든 세상은 아가서가 이스라엘에게 주어

지기까지 의미가 없었다. 모든 글이 거룩하지만, 아가서는 그 가운데서도 가장 거룩하다(m. Yad. 3:5).

그러나 랍비 아키바(Akiba)는 아가서가 표현하는 사실적 의미들에 대해 의심하지 않았다. 그는 아가서를 하나의 시로 간주하면서 그것을 술자리에서나 부르는 노래로 취급하는 것에 대해 가차 없이 비판했다.

누군가 아가의 노래를 파티홀에서 부르면서 그 내용을 일반적인 칭송의 곡으로 생각한다면서 그는 앞서 있는 세상에 초대 받지 못한 것이다(Sanh. 12:10; b. Sanh.101a와 비교).

이러한 감상평은 아가의 노래가 초창기부터 거룩한 시로 여겨졌음을 분명히 한다. 그렇다면 제기되는 질문은 이것이다. "성경의 대부분이 문자적으로 읽혀져 온 반면, 아가서의 그러한 감성적 차원들이 어떤 이유로 전통적으로 알레고리적으로 해석 되었는가?"

몇몇 학자는 그렇게 직설적인 에로틱한 표현들이 경건한 독자들에게는 문제였다고 본다. 그것이 어떤 내용이든, 다양한 해석의 접근법이 아가서와 같은 흥미로운 작품을 해석하는 데 동원되어 왔다.

지난 세기 동안 아가서에 대한 네 가지 기본적인 접근법이 등장했다.

첫째, 문자적 읽기는 아가서가 사랑의 시집임을 알게 한다.

둘째, 일부 학자는 여인과 남자의 고백들, 그리고 "예루살렘의 딸들"이 부르는 맑은 합창 소리를 통해 아가서를 극적으로 연출된 작품으로 평가한다.

셋째, 봄의 새로운 소생과 가을의 풍성한 추수에 관한 반복되는 표현들은 아가서가 고대 농경 사회의 제의에 관한 글임을 알게 한다.

넷째, 전통적으로 아가서는 하나님과 이스라엘, 그리스도와 교회, 또는 하나님과 신자 개인의 영혼 간 사랑의 관계를 묘사하는 알레고리로 해석되어 왔다.

이상의 네 가지 관점 각각은 아가서가 가진 독특한 차원들을 보여 준다. 그것들은 각각에 상응되는 가능한 해석을 제공한다. 그래도 오늘날 아가서를 극적 연출이나 풍작과 다산을 기원하는 제의로 보려는 사람은 거의 없다. 오히려 그들은 계속해서 아가서를 알레고리의 한 형태나 에로틱한 사랑의 시집 정도로 읽는다. 이러한 두 가지 상반된 입장 사이에서 아가서의 개별적 노래들은 우선 사랑의 시로 이해되고, 오직 그럴 때에야 그 사랑의 성격이 무엇인지 파악되게 된다.

그것은 사람과 사람 간의 사랑인가?
아니면, 하나님과 사람 간의 사랑인가?
아가서의 사랑의 관계는 여인의 관점에서 그려진다. 그녀는 서로를 향한 반복되는 그리움(아 2:16), 차오른 기대감(2:8), 가슴 뛰는 만족감(5:4), 그리고 절망적 실의(5:6)를 노래한다. 그러한 감정을 특징짓는 자연의 심상들은 그러한 각 감정을 자극한다.

아가서 (Song of Songs)

- 남성의 입맞춤은 포도주처럼 흥분시킨다(1:2).
- 그의 목소리는 여인의 깊은 영혼을 깨운다(2:10).
- 그의 향기는 그녀를 사로잡는다(3:6).
- 그의 손길은 여인을 황홀케 한다(2:6).
- 그의 모습은 그녀를 전율케 한다(5:10).

그리고 아가서가 끝나는 부분에서 그 모든 사랑을 포괄하는 중요한 특징이 제시된다.

> 사랑은 죽음 같이 강하고
> 질투는 스올 같이 잔인하며
> 불길 같이 일어나니 그 기세가 여호와의 불과 같으니라
> 많은 물도 이 사랑을 끄지 못하겠고
> 홍수라도 삼키지 못하나니 (아 8:6-7).

죽음, 스올, 불길이 결코 사그라들지 않는 것처럼 사랑도 그렇다. 사랑은 심지어 혼돈의 홍수도 버텨 낼 수 있다.

끌레르보의 버나드, 아빌라의 테레사, 그리고 십자가의 성 요한 같은 신비주의자들은 아가서를 하나님과 신자 개인의 영혼의 신비한 결혼을 노래하는 은유로 읽었다. 그런 식의 해석은 오늘날 영성 분야에서 보편적이다. 여기서 아가서의 성적 표현들은 영적으로 심원한 헌신으로 해석되는데, 여인은 영혼을, 하나님은 영원히 잡히지 않는 애인으로서 인간의 열망을 일으키고 궁극적으로 그 열망을 충족해 주시는 분으로 이해되었다.

그러한 해석은 기독교 전통에서 오랜 역사를 가지고 있다. 그리고 그것은 우리 모두 안에 있는 깊은 갈망을 드러낸다. 아우구스티누스는 다음과 같이 말했다.

> 오 주님, 당신은 당신을 위하여 우리를 만드셨나이다 우리 마음은 당신 안에서 안식을 누릴 때까지 결코 쉼을 얻을 수 없나이다 (*Conf.* 1.1.2).

여인이 가진 용기는 우리 모두에게 필요한 용기, 곧 우리가 하나님을 기다리고 하나님을 찾고자 할 때, 우리가 마주하는 장애물들을 극복함에 필요한 용기를 상징할 수 있다.

그러나 그러한 알레고리적 해석에는 한계가 있다. 그런 해석은 여성에 대한 편견을 영속하는데, 하나님을 남성으로, 인간 영혼을, 단순히 소극적이지 않다면, 그 남성을 받드는 여성으로 규정한다. 대부분의 영어 번역은 이러한 이해를 강화하는데, 남성을 적극적인 파트너로서 "사랑하는 자"로, 여인은 그에게부터 오는 사랑을 받는 "사랑받는 자"로 부른다. 나아가 이러한 해석은 연인 간의 관계에만 초점을 두고 성경에 뿌리한 영성의 공동체적 함의를 간과한다.

오늘날 영성 분야에서도 나타나는 개인주의에 대한 강조와 달리, 성경은 언제나 타자를 향한 우리의 책임성을 일깨운다. 성경은 우리를 "하나님의 백성들", "그리스도의 몸"으로 규정한다. 성경은 우리가 공동체의 지체로서 공동체의 다른 지체들을 향한 책임을 나누어 진다고 가르친다.

아가서의 문자적 해석은 설교자에게 매우 상이한 해석을 제공한다. 그것은 남성

과 여성 간 성적 사랑의 존엄과 심오한 아름다움을 보여 주는 예시와 같다. 부재, 갈망, 현존, 또 다시 부재의 반복되는 흐름은 그 사랑이 가진 미묘함을 적절히 표현하는 듯하다. 더군다나 아가서 전체를 통해 들리는 소리는 여인의 목소리다. 그녀의 열정은 식지 않는다. 아가서의 중심 인물이 그녀이지만, 여인과 남자는 서로를 향한 사랑을 나눈다. 그들은 서로가 서로를 사랑해 주고, 서로는 서로에게 사랑받는다.

그 정교한 자연의 이미지는 인간의 사랑을 삶의 신비 자체가 선물이라는 맥락 안에 위치시킨다. 이러한 방식의 읽기는 어떻게 인간의 마음이 자연 세계의 마음과 조화를 이루는지를 나타낼 수 있다.

설교자는 다양한 주제를 발전시킬 수 있다. 하나님과 인간 사이의 친밀하고 열정적인 관계, 인간적 사랑의 거룩함, 자연적 피조물의 표현으로서 인간의 매력 등이다.

참고 주제 알레고리, 알레고리적 해석, 페미니스트 관점

참고 문헌 Augustine. *Confessions*; Dianne Bergant. *Song of Songs: The Love Poetry of Scripture*. (1998); Marcia Falk. *The Song of Songs*. (1990); Robert W. Jenson. *Song of Songs. Interpretation: A Bible Commentary for Teaching and Preaching*. (2005); Roland Edmund Murphy and Elizabeth Huwiler. *Proverbs, Ecclesiastes, Song of Songs*. New International Biblical Commentary. (1999).

공관복음(Synoptic Gospel)
바바라 E. 레이드(Barbara E. Reid)

공관복음서를 본문으로 설교할 때, 설교자는 마가, 마태, 누가의 예수님이 가진 각기 고유한 특징을 한데 융합하려는 유혹을 받는다. 능숙한 설교자는 예수님에 대한 각 복음서 간의 차이점들에 주목해야 한다는 것을 알고 있다. 공관복음서의 많은 구절이 그 언어적 표현에 있어 동일하다 할지라도 그들은 각기 그들만의 맥락 안에서 결코 동일하게 기능하지 않는다. 문자적 표현이나 맥락에 있어 미묘한 차이점들은 설교를 위해 신학적으로나 목회적으로 중요한 함의들을 가질 수 있다.

이를 위해 문학비평과 서사비평은 각 복음서의 구성 전개와 인물들을 이해함에 있어 필수적이다. 그뿐만 아니라, 사회과학적 분석을 동반한 자료비평과 편집비평은 어떻게 그것이 오늘의 상황에 대한 적용점을 찾기 전, 설교자가 본문을 그것이 기원한 원래의 역사적이고 문학적 상황 안에서 이해하려할 때 필수불가결한 도구이다. 페미니즘이나 탈식민주의(postcolonial)와 같은 해방의 관점들(해방비평 참고)은 동일하게 중요한 해석학적 렌즈들로, 설교자는 이것들을 통해 본문을 이해하려 할 것이다.

중요한 차이점을 지닌 평행본문들 가운데 하나는 예수님이 체포되신 이야기다(마 26:26-56; 막 14:32-52; 눅 22:39-53). 세 복음서의 각 저자가 이 이야기에서 보이는 기독론은 다소 상이하고 그것의 목회적 의미 역시 미묘하게 차이가 난다.

마가의 관점에서 예수님은 고난받는 의

공관복음 (Synoptic Gospel)

로운 종의 모습을 꼭 닮았는데, 그분의 가르침에서 시편의 탄식시의 언어들이 울리기 때문이다. 예수님은 죽게 될 만큼 고민하고 고난을 겪으셨으며, 아바(Abba) 성부 아버지께 그의 잔을 옮겨 달라고 세 번 간구하셨다(10:38-39에서 예수님이 야고보와 요한을 일깨우신 것과 14:24의 최후 식탁에서 잔을 들고 하신 말씀을 떠올린다). 마가는 제자들의 유약함을 부각시켰는데, 그들은 연거푸 잠에 빠져들고 예수님의 의중을 이해하지 못했으며 결국에 모두 달아나 버렸다. 그러나 그 와중에 흰색 옷을 걸친 한 젊은 청년은 예수님을 따라 나서려다가 붙잡혔다가 벗은 몸으로 도망쳐 버렸다. 마가는 예수님의 인간적인 모습에 집중했다. 그에게 예수님은 고통의 심연에 던져지심과 동시에 하나님에 대한 전적 신뢰를 가지고 불확실한 운명을 향해 나아가고 계셨다.

마태의 기록은 마가의 것과 매우 닮아 있다. 그렇다 해도 의미심장한 차이가 있다. 마태의 관점이 독특한 것은 예수님이 친구로서 유다에게 직접 말을 거셨다는 데 있다. 검을 뽑아 든 자는 옆에 선 구경꾼이 아닌 예수님의 동료였다. 예수님은 그에게 말씀하셨다.

> 네 칼을 도로 칼집에 꽂으라 칼을 가지는 자는 다 칼로 망하리라(마 26:52).

마태는 겟세마네의 장면을 앞선 유혹을 물리치신 것과 연관시켰는데, 그는 예수님이 성부 아버지께 천사의 군단을 보내 달라고 요청할 수 있는 권한조차 포기하시는 것(26:53; 4:6과 비교)에 관한 예수님의 말씀과 예수님의 체포가 성경이 예언한 바를 성취할 것이라는 진술을 명확히 하고 있다. 마태의 설명은 예수님의 인격에 보다 강조점을 둔다. 그리고 제자들은 마가복음에서와 달리 무지한 상태에 있지 않다. 선생으로서 예수님은 제자들을 가르치셨고, 자신도 기도를 통해 배우고자 하셨는데, 하나님의 뜻을 알려 하셨고 행하고자 하셨다.

누가의 예수님 체포 이야기에서 예수님은 땅에 엎드리지 않았고 대신 무릎을 꼿꼿이 세운 채로 한 번만 기도했다. 그는 예수님이 고통(agony)에 처하셨다고 하는데, 그것은 누가가 사용하는 유일한 말로, 레슬러의 씨름을 뜻하는 말이다. 고통(agonia)이라는 말은 감정적 혼란이나 영혼의 애통을 뜻하는 말이 아니다. 그것은 마치 운동선수의 경우와 같이, 예수님의 간구가 너무도 강렬해서 땀이 마치 핏방울처럼 떨어졌다는 표현이 지닌 의미이다. 그때 예수님께 힘을 북돋아 준 천사가 등장한다. 그 천사는 이 이야기의 긴박함을 알린다. 그것은 마치 요한과 예수님의 출생을 예고한 천사처럼 변화산의 하늘에서 온 두 메신저들처럼, 빈 무덤의 두 천사처럼, 그리고 승천 시의 천사들처럼 말이다.

누가는 제자들에 대해 좀 더 관대했다. 그는 겟세마네의 그들의 졸음을 그들의 "슬픔 때문"이라고 말함으로써 그들 편에 선다. 유다는 배신의 입맞춤을 마무리 짓지 못했다. 누가의 기록에서 예수님 곁에 있던 자들은 예수님께 칼로 공격해야 할지를 물었고, 그들 중 한 명은 예수님이 "이제 그만 하여라"라고 대답하시기도 전에 행동했다. 이 장면에서 예수님이 귀를 다친 사람을 고쳐 주시는 내용은 오직 누가복음에만 등장한다.

누가는 예수를 잡으러 온 무리 중에서 그들의 지도자와 일반 백성들을 구분했다. 누가에게 백성들은 여전히 예수님과 그분의 가르침에 열려 있는 자들이었다(22:52). 누가의 헬라인 청중에게 예수님은 참된 선지자와 철학자를 닮은 분이셨다. 예수님은 두려움이나 슬픔이라는 부정적인 면을 보이지 않으신다. 슬픔에 잠긴 이는 예수님이 아니라 그분의 제자들이었다. 그러한 혼돈의 한 가운데서 예수님은 확신에 차 있으셨고, 담대함을 잃지 않으셨다.

설교자가 공관복음서들이 가진 상이한 관점들에 신중하다면, 예수님에 대한 풍부한 모자이크를 가지게 된다. 예수님은 보다 복합적이고 다중적인 차원의 인물로 묘사된다. 공관복음서의 차별화된 묘사들이 가진 다양성에 집중할 때, 설교자는 청중을 보다 깊고 깊은 신비, 곧 그들의 삶 한가운데 서 계신 분과 그분의 생명이 우리의 삶을 통해 구현되고 있다는 신비 속으로 그들을 이끌고 가게 된다.

참고 주제 기독론

참고 문헌 John R. Donahue and Daniel J. Harrington. The *Gospel of Mark. Sacra Pagina.* (2002); Daniel J. Harrington. *The Gospel of Matthew.* Sacra Pagina. (1991); Luke Timothy Johnson. *The Gospel of Luke.* Sacra Pagina. (1991); Sharon H. Ringe. *Luke.* Westminster Bible Companion. (1995); Donald Senior. *Matthew.* Abingdon New Testament Commentaries. (1998);

Bonnie Bowman Thurston. *Preaching Mark.* (2002).

지혜서(Wisdom)

참고 주제 교회론; 에스더; 설교의 윤리; 잠언

제3장 윤리

서문: 윤리와 설교(Ethics and Preaching)
찰스 L. 캠벨(Charles L. Campbell)

설교와 윤리의 관계에 관해 누군가에게 물어보면, 거의 즉시로 윤리적 이슈들의 설교에 관한 논의로 바뀔 것이다. 보통 윤리적 설교라고 하면 전쟁과 같은 특정한 도덕적 관심사에 관해 예언자적으로 말하거나, 낙태 또는 안락사와 같은 논란이 있는 이슈들에 대해 회중의 선택에 도움을 주는 설교라 여기곤 한다. 결과적으로 설교자들과 설교학자들은 특정한 윤리적 딜레마들에 관해 가끔씩 전할 뿐 매주 행해지는 설교에서 보다 더 넓은 윤리적 차원에 대해서는 종종 소홀히 해 왔다.

그뿐만 아니라, 설교와 윤리라는 주제는 종종 도덕적 설교의 망령을 불러일으킨다(도덕주의 참고). 조심스러운 설교자들과 회중은 엄격하고 타협할 수 없는 도덕적 절대성을 주장하는 권위적 설교자의 모습을 떠올리게 된다. 결국, 설교와 윤리는 종종 설교단에서의 윤리가 하나님의 은혜라는 복음을 행위 중심의 의로 대체할 것이라는 두려움으로 인해 불안한 동반자가 되어 왔다.

설교와 윤리의 관계를 연구할 때, 설교자들은 다음과 같은 세 가지 구체적인 점을 고려해야 한다.

첫째, 도덕적 이슈 또는 도덕적 딜레마에 관한 설교에서 윤리의 역할
둘째, 매주 신앙공동체를 형성시키는 설교의 더 넓은 윤리적 차원
셋째, 은혜와 윤리 사이의 관계

이러한 문제를 다룰 때, 설교자는 윤리라는 용어를 분명하게 할 필요가 있다. 이 용어를 명확히 하는 한 가지 방법은 설교학이 설교와 관련되듯 윤리가 도덕적 삶과 관련된다고 말하는 것이다. 즉, 윤리는 도덕적 문제에 관한 이차적인 비판적 성찰을 포함한다. 그건 도덕적 결정과 도덕적 삶을 형성하는 다양한 요인을 연구하는 분야이기도 하다. 그래서 윤리가 설교의 직접적 초점인 경우는 드물다. 오히려 윤리적 틀과 확신은 도덕적 선택과 도덕적 삶에 관련된 설교를 만들어 간다.

1. 도덕적 이슈에 관한 설교

도덕적 이슈에 관해 설교할 때 설교자에게 가장 큰 어려움 중 하나는 회중이 이러한 이슈에 대해 다양한 윤리적 틀을 가지고 있다는 점이다.

제3장 윤리 / 서문: 윤리와 설교(Ethics and Preaching)

알래스데어 메킨타이어(Alasdair MacIntyre)가 주장한 바와 같이, 오늘날 공통적인 윤리적 틀은 존재하지 않지만, "개념적 상대주의"(conceptual incommensurability)와 도덕적 주장들에 관한 "사적 자의성"(private arbitrariness)이 존재한다. 결과적으로 사람들은 종종 서로 지나치리만큼 이야기하기도 하고, 토론을 하는 경우 서로 동의하지 못하거나 하나의 틀에 의견 일치를 보지 못하게 되기도 한다. 도덕적 주장은 계속되고 점점 날카로워진다(MacIntyre 1984, 6-8). 이러한 혼란은 설교자들이 도덕적 이슈에 관해 설교하려 할 때 큰 도전이 된다(논란 참고).

이러한 맥락에서 윤리 훈련은 설교자에게 두 가지 면에서 도움될 수 있다.

첫째, 윤리적 성찰은 설교자로 하여금 하나의 이슈에 제기하는 윤리적 틀과 확신을 분별하고 명확히 하는 데 도움을 줄 수 있다.

둘째, 마찬가지로 중요한 것은 이러한 성찰이 회중에 대한 지식과 연결되어 설교자가 주일 아침 예배에 나아온 사람들과 가질 수 있는 긴장감을 명확히 할 수 있다는 것이다.

의무론적(deontological) 윤리와 결과론적(consequentialist) 윤리 사이의 고전적 구분을 통해 윤리적 성찰은 설교자에게 도움이 되는 방법을 가져다줄 수 있을 것이다.

주로 칸트와 연결되는 의무론적 윤리에 따르면, 언제나 자리하는 절대적 도덕 규범이나 규칙이 존재한다. 거짓말하는 것처럼 어떤 행위는 잘못된 것이고, 예외 없이 언제나 잘못된 것이다.

반면, 결과론적 윤리는 윤리적 의사결정에 있어 핵심 요소로서 도덕적 행위의 결과에 주목한다. 이러한 틀 안에서 윤리학자는 단지 도덕적 절대성을 연구하는 것이 아니라, 거짓말과 같은 한 행위가 도덕적으로 긍정적 결과를 가져오며 보다 더 큰 선으로 나아갈 수 있을 것인지를 연구한다.

이러한 간단한 윤리적 구분은 도덕적 이슈를 언급하고자 하는 설교자로 하여금 직면하게 되는 도전들을 드러내 준다. 예를 들어, 낙태가 종종 산모의 생명과 행복을 위해 필요하다는 이유로 설교자는 낙태라는 문제에 있어 결과론적으로 생각하게 될 것이고, 그 선택을 지지하게 될 수도 있다. 반면, 어떤 회중은 의무론적으로 생각해서 낙태는 살인이고, 살인은 결코 정당화될 수 없다는 결론을 내릴 수도 있을 것이다.

이처럼 명백하게 다른 윤리적 전제들 때문에 이러한 이슈에 관해 논할 때에는 다양한 사람이 가지는 윤리적 틀을 먼저 주목할 필요가 있다. 최소한 이러한 차이들에 관한 명확성이 설교 강단에서 도덕적 이슈를 살펴보려 할 때 설교자에게 도움이 될 것이다.

의무론적-결과론적 이슈 외에도 다른 중요한 윤리적 문제가 상황을 더 복잡하게 만든다. 예를 들면, 다음과 같다.

윤리적 선택의 기초가 되는 권위의 원천은 무엇인가?
사람들은 성경 말씀으로 먼저 돌아가는가?

만약 그렇다면 그들은 성경 말씀을 오늘 일상에 직접 적용할 수 있는 도덕 규범과 절대적 원칙을 설명하는 문서라고 여기는가?

아니면 성경에 더 폭넓게 접근하여 예수님의 길을 추구하는가, 아니면 현대 상황에 맞는 창조적 해석이 필요한 더 일반적인 원칙을 추구하는가?

이성, 경험, 전통 그리고 과학과 같은 또 다른 권위의 원천은 어떤 역할을 하는가?

또한, 정의의 다른 이론들이 갈등의 원인이 되기도 한다. 예를 들어, 가난한 자들을 위한 우선적 선택권을 강조하는 정의에 관한 해방적 접근은 선택이 이루어지는 절차에 있어서 공정성만을 요구하는 절차적 정의와는 아마 다른 결론을 도출할 수 있을 것이다.

설교자들은 어려운 주제에 관해 설교할 때 이러한 윤리적 문제들을 분석하는 가운데 윤리에 관한 분야가 유용한 역할을 할 수 있다는 것을 발견할 수 있다. 윤리는 설교자로 하여금 어려운 문제에 대한 구체적 결정을 내리는 데 도움이 될 뿐만 아니라 설교자가 자신의 입장을 명확히 하는 데도 도움이 될 수 있다. 더욱이 윤리적 성찰은 설교자가 그런 이슈들에 관한 설교를 할 때 생기게 되는 갈등으로 인한 설교자와 회중 사이의 차이점, 심지어 단절의 영역을 검토하고 명확히 하는 데 도움이 될 수 있다.

2. 딜레마와 선택 너머

어려운 이슈에 관한 설교는 설교와 윤리 사이의 관계에 있어 한 가지 작은 측면에 불과하다. 설교의 윤리적 차원은 도전적인 도덕적 딜레마를 다루는 간헐적 설교보다 훨씬 더 넓고 깊다. 사실 모든 설교는 각각이 한 민족의 형성에 기여하기 때문에 중요한 윤리적 차원을 가진다. 모든 설교가 한 분명한 윤리적 이슈에 초점을 두지 않는다 해도 사람들이 보고, 상상하고, 세상을 설득하는 방식을 형성하는 데 도움을 준다. 가장 깊은 수준에서 이런 설득 방식을 형성하는 것이 윤리의 중심된 역할이다.

로마가톨릭 전통에서 주된 역할을 했고 최근 개신교 윤리에서 갱신되어 온 성품 윤리(character ethics) 또는 덕 윤리(virtue ethics)의 고대 전통은 도덕적 삶의 이러한 깊은 차원을 탐구한다.

성품 윤리는 윤리적 딜레마와 의사 결정에 주된 관심을 두지 않는다. 우리가 어떤 사람인지, 즉 윤리적 성품에 관해 관심을 갖는다. 성품 윤리학자들에 따르면, 우리가 마주하는 이슈들과 선택들은 우리가 어떤 사람인지와 분리될 수 없다. 어떤 곤경이나 선택에 앞서 특정한 방법들로 세상을 설득하려고 하고 특정한 덕을 살아 내려고 하는 사람들도 있다. 그러나 이러한 성품 윤리학자들이 상기시키는바 선택들은 일련의 의사 결정을 위한 규범과 지침만큼이나 우리가 어떤 사람인지에 따라 형성된다고 말한다.

이러한 틀 안에서 기독교 강단에 대한 기본적인 윤리적 도전은 도덕적 이슈에 대한 설교와는 거의 상관 없지만, 때때로 필요할

서문: 윤리와 설교(Ethics and Preaching)

수 있다. 또한, 기본적인 윤리적 과제는 개인으로 하여금 의사 결정에 도움이 되는 원칙이나 지침을 제공하는 것도 아니다. 오히려 설교는 구별된 방식으로 세상을 보며 살아가는 믿음의 공동체를 세우는 것을 추구한다. 윤리적 설교는 의사 결정의 차원에서보다 상상의 차원에서 더욱 기능한다. 윤리적 이슈뿐만 아니라 사람들이 직면하는 결정은 근본적으로 그들이 속한 공동체의 종류, 사람들의 유형, 세상을 보고 상상하고 살아가는 방식에 의해 형성된다. 결론적으로, 설교의 가장 중요한 윤리적 작업은 이슈에 대한 주목과 선택의 순간에 앞서 이러한 깊은 차원에서 일어난다.

이러한 깊은 수준에서 모든 설교는 윤리적 차원을 가진다.

예를 들어, 소망을 가진 사람은 소망이 없는 자들과는 다르게 세상을 보며 세상을 살아간다. 그들은 아마도 변화를 위해 일할 힘과 열정이 더 많을 뿐 아니라 인생 여정을 위한 인내심도 더 많을 것이다.

마찬가지로 은혜로 다듬어진 사람들은 은혜를 알지 못하는 이들과는 다르게 세상을 살 것이다. 외부인들에게 더 마음을 열고, 타인의 실패를 더 용서할 수 있을 것이다.

또한, 예수님과 같은 사랑으로 형성된 사람들은 구별된 방식으로 세상을 보고 살아갈 것이다. 그들은 기독교적인 사랑으로 형성되지 않은 사람에게는 보이지 않을 수도 있는 특정한 윤리적 이슈들(예를 들어, 사형제나 노숙자 문제)을 직면하게 될 것이다. 즉, 예수님의 이야기로 형성된 사람들은 다른 이야기로 형성된 이들과는 다르게 세상을 보고, 상상하고, 살아갈 것이다.

그래서 이러한 이야기 안에서 사람들을 세우는 데 도움이 되는 모든 설교, 소망과 사랑이라는 기독교적 덕목을 키우는 모든 설교에는 심오한 윤리적 함의가 있다.

그래서 설교자는 모든 설교로 하여금 회중과 개인의 성품을 형성해 가는 데 도움이 되는 방식에 주의를 기울이도록 해야 한다. 설교자는 기독교 이야기로 형성되는 구별된 덕을 탐구할 뿐만 아니라, 그러한 덕목들이 신앙인들로 하여금 구별된 방식으로 세상을 설득하도록 권한을 부여하는 방식들 또한 연구할 필요가 있다.

예수님의 이야기 안에서 교회의 성품을 세워 가도록 돕는다는 것은 설교자에게 있어 가장 심오한 윤리적 도전 중의 하나이다. 더불어 이러한 과정은 매 주일 설교를 통해 반복적으로 이루어지는 것이지 이따금 설교자가 특정한 논쟁적 이슈를 언급하는 설교를 한다고 해서 이루어지는 것은 아니다.

3. 윤리와 은혜

이런 의미에서, 윤리적 설교는 하나님 은혜의 복음과 충돌하지 않는다. 왜냐하면, 복음의 선포가 사람들이 구별된 방식으로 세상을 보고 살아가도록 돕기 때문이다. 복음이라는 좋은 소식은 죄와 죽음의 힘으로부터 구속되었다는 것이고, 이로 인해 우리는 새롭고 신실한 방식으로 세상을 자유롭게 살아갈 수 있게 될 것이다. 로마서 6장에서 바울이 말한바와 같이 말이다.

무릇 그리스도 예수와 합하여 세례를 받은 우리는 그의 죽으심과 합하여 세례를 받은 줄을 알지 못하느냐 그러므로 우리가 그의 죽으심과 합하여 세례를 받음으로 그와 함께 장사되었나니 이는 아버지의 영광으로 말미암아 그리스도를 죽은 자 가운데서 살리심과 같이 우리로 또한 새 생명 가운데서 행하게 하려 함이라 (롬 6:3-4).

은혜는 우리를 새 생명으로 자유롭게 한다. 은혜의 복음과 그리스도인의 삶에 대한 부르심은 불가분의 관계이다.

사실 은혜와 그리스도인의 삶 사이의 관계는 복잡하다. 제자도를 강화하는 것은 단순히 은혜의 말씀만이 아니다. 오히려 신실한 제자로 살아가려는 노력이 사람들로 하여금 은혜의 실재 가운데로 더 깊이 끌어당길 수 있다. 결국, 예수님은 먼저 제자들로 하여금 따르도록 하셨다. 그리고 제자들이 예수님을 따르려 할 때 비로소 그들은 용서와 힘 주심과 지속하게 하심과 같은 은혜의 깊은 필요를 인식한다.

실제로 사람은 그리스도인의 삶을 살려고 애쓸 때에만 은혜의 필요성과 실체를 알게 될 수 있다. 디트리히 본회퍼가 지적했듯이, 모든 것을 버리고 예수님을 따르는 자들만이 오직 은혜로 의롭다 함을 얻었다 말할 자격이 있다(Bonhoeffer 1959, 43). 이런 의미에서 더욱 신실하게 살도록 회중을 초청하는 것은 하나님의 은혜의 복음과 상충되는 일이 아니다. 그것은 그 은혜를 더 온전하게 발견하고 그 안에 살아가도록 하는 초대이다. 이런 관점에서 도덕적 삶은 복음의 필수적 측면이고 교회가 선포해야 할 좋은 소식의 중요한 차원이다.

참고 문헌 Dietrich Bonhoeffer. *The Cost of Discipleship*. Translated by R. H. Fuller and Irmgard Booth. 2nd ed. (1959); Charles L. Campbell. *The Word before the Powers: An Ethic of Preaching*. (2002); James H. Harris. *Preaching Liberation*. (1995); Stanley Hauerwas. *A Community of Character: Toward a Constructive Christian Social Ethic*. (1981); Alasdair MacIntyre. *After Virtue: A Study in Moral Theory*. 2nd ed. (1984); John S. McClure. *Other-Wise Preaching: A Postmodern Ethic for Homiletics*. (2001); Christine M. Smith, ed. *Preaching Justice: Ethnic and Cultural Perspectives*. (1998); Arthur Van Seters. *Preaching and Ethics*. (2004); J. Philip Wogaman. *Speaking the Truth in Love: Prophetic Preaching to a Broken World*. (1998).

❖ ❖ ❖ ❖

논란(Controversy)

아담 해밀턴(Adam Hamilton)

논란이 되는 이슈에 관해 설교할 때, 모든 설교자는 청중에게 영향을 주기 위한 목적으로 설교를 할 것인지, 아니면 단순히 자극하기 위함인지를 결정해야만 한다. 후자의 경우엔 쉽다. 특별한 기술이 필요한 것도 아니고, 회중을 같은 생각을 가진 사람들로만 구성된 단체로 축소시킬 수 있다. 그러나 교인들에게 영향을 주고자 하는 설교자들에게는 주어진 논쟁적 이슈에 대해

논란(Controversy)

옹호하는 설교자의 입장을 진지하게 받아들이도록 초대하면서, 강하고 건강한 교회를 세우는 데 도움이 될 수 있는 몇 가지 중요한 아이디어가 있다.

회중은 배아줄기세포 연구에 관해 어떻게 생각해야 하나?
미국 이민 정책에 대해서는?
선제적 전쟁 정책에 관해서는?
안락사에 대해서는?
임신 말기 낙태에 관해서는?
동성 결혼에 대해서는?

대부분의 사람은 이런 복잡한 도덕적 이슈들에 있어서 다양한 입장을 이해할 시간을 갖지 못할 것이다.

그렇다면 누가 그들의 견해를 형성해 주게 될까?
헐리우드?
친구들?
미디어?

교회는 회중으로 하여금 각자의 신앙에 비추어 복잡한 도덕적 이슈들에 관해 숙고할 수 있도록 도움을 줄 수 있어야 한다. 목회자들은 중요한 의학적 결정을 내려야 할 때 병원에서, 또는 교인들이 도덕적 이슈와 관련해 즉시 결정을 내려야 하는 상황에 직면하게 되어 상담하게 되었을 때, 이와 같은 역할을 일상적으로 하게 된다. 그러나 이러한 것은 일반적으로 이미 일어난 일에 대해 반응하는 상황들이다. 교회는 우리 시대의 논란이 되는 이슈로 인해 씨름하는 교인들을 돕는 데 적극적 역할을 하는 것이 중요하다.

그런 논란이 되는 이슈들에 관한 포럼이나 소그룹 연구에 많은 사람이 참여할 수 있겠지만, 일반적으로 예배를 드리는 회중의 절반에도 미치지 못할 것이다. 대부분의 경우 그 숫자는 훨씬 적을 것이다. 그렇지만 너무 중요하거나 급박하거나 긴급해서 목회자가 교회공동체 전체 또는 적어도 예배에 참여한 이들과 함께 다루어야 할 것 같다고 느껴지는 이슈들이 있다.

또한, 목회자는 적절하게 잘 다룰 수만 있다면 논란이 되는 이슈들을 언급함으로 상당히 많은 사람, 즉 훨씬 많은 교인과 구도자들이 실제로 예배의 자리로 나오게 할 수 있다는 것을 확인케 될 것이다(개인 윤리 참고).

마지막으로, 설교가 예수 그리스도의 성숙한 참 제자들을 만들어 가는 목적을 가진다면, 주말 예배 시간에 기독교 윤리를 어떻게 실천할 것인가를 회중에게 가르치는 것이 매우 중요해 보인다(기업 윤리 참고).

어떤 논란이 되는 이슈에 관해 설교하게 될 때, 설교자는 우선 의도하는 목적을 고려해야 한다. 설교자는 그 이슈에 관해 자신의 견해를 표현하는 정도만을 바라는지, 아니면 교인들로 하여금 그 이슈들에 관해 양측의 견해를 이해하고, 그 이슈에 관해 다른 사람들과 대화하면서, 그 문제에 대해 신학적으로 어떻게 사고할 것인가에 대한 자신의 결론에 도달하도록 돕는 것이 더 큰 소명인지 결정해야 한다. 만약 당신의 목적이 교인들에게 영향을 주고 성경, 전통, 이성, 경험을 바탕으로 윤리적 사고를 하도록

논란(Controversy)

격려하는 것이 목표라면, 교인들과 공동체 사람들이 여러분의 말을 듣고 싶어 할 것이다.

다음은 논란이 되는 이슈에 관해 설교할 때에 내가 사용해 온 접근 방식이다.

첫째, 특정 이슈들이 논란이 되는 것은 대게 신앙을 가진 사람들이 그 이슈의 다양한 측면에 대해 합리적이고 열정적인 주장을 할 수 있기 때문이라는 점을 기억하려고 노력한다. 이런 이유에서 나는 사고하고, 합리적이며 헌신된 그리스도인들이라면 오늘날 논란이 되는 이슈들의 모든 측면에 저마다의 견해를 가지고 있다고 가정한다. 그렇지 않다면, 그 이슈는 논란이 되지 않는다.

둘째, 논란이 되는 이슈의 모든 측면에 관해 가능한 한 많은 정보를 얻으려고 노력한다. 그 이슈에 관해 최선의 그리고 가장 객관적 정보를 찾고자 한다(사실 이런 논란이 있는 이슈들에 관해 완벽하게 편견 없고 객관적인 정보를 찾는다는 것은 어려울 뿐 아니라 아마 불가능할 것이다). 더불어 그 이슈에 관해 다양한 입장을 가진 가장 열정적인 지지자들에 관해 읽거나 대화한다. 인터넷은 그런 지지자들을 찾아내는 매우 유용한 수단이다.

대부분의 논란이 되는 이슈들에 관해 내가 목표로 하는 것은 회중 가운데에서 가장 잘 아는 사람들 중 한 사람이 되는 것이다. 이러한 이슈들에 관해서는 보통 설교보다 더 많은 준비 시간을 필요로 한다. 설교를 작성하기 전에 해당 주제에 관해 읽고 전문가들과 인터뷰 하는 데 20시간은 할애해야 할 것이다.

셋째, 사람들이 논란에 대해 각기 다른 이해와 입장을 가지는 이유를 머리와 가슴으로 이해하려고 한다. 이러한 자세는 나 자신의 견해를 더 분명하게 밝히는 데 도움을 주지만, 또한 회중의 신뢰를 얻는 데에도 중요한 역할을 한다.

논란이 되는 이슈들에 관한 설교에서 자신의 입장을 가장 설득력 있게 제시하기 위해서는 자신이 가진 생각과 가장 거리가 먼 것으로부터 설교를 시작한다. 자신의 생각과는 거리가 있지만 설득력 있게 그 입장도 이야기하면서 결국 자신의 입장을 제시한다. 그렇게 함으로써 설교자가 내릴 결론적 입장과 다른 견해를 가진 회중으로 하여금 자신의 입장이 고려되고 있고, 존중되고 있고, 진지하게 제시되고 있다고 느끼게 될 것이다.

실제로 설교자의 결론에 반대하는 교인들이 실제로 자신들이 드러낼 수 있는 것보다 더 강력하게 그들 자신의 입장을 드러내 주었다는 것으로 인해 필자에게 감사를 표했던 적이 있다. 결론적으로, 만약 설교자가 그들의 견해를 이해할 수 있으며 공평하게 그들의 입장을 설명해 줄 수 있다면, 교인들은 설교자가 그들에게 반대하는 것 역시 인정해 주고, 심지어 그로 인해 설교자를 존중하게 될 것이다.

넷째, 이미 가지고 있는 생각으로 논란이 되는 이슈들에 접근하지만, 나 자신이 가진 결론이 잘못일 수 있다는 생각과 하나님이 다른 생각을 갖게 하실 수도 있다는 가능성에 대한 개방성을 가지고 그러한 이슈들에 관해 숙고하려고 한다. 그래서 나의 연구와 기도와 묵상 가운데, 나는 내 생각이 바뀔 수 있다는 가능성에 열려 있다. 설교자가 그런 변화를 기꺼이 고려할 경우에만, 회중으로 하여금 특정한 주제에 관해 설교를 들으며 자신의 견해를 기꺼이 재고하도록 이끌 수 있을 것이다.

필자가 몇 년 전 사형 제도에 관해 설교했을 때, 실제로 연구 끝에 나 자신의 견해가 바뀌기도 했다. 몇 가지 논란이 되는 이슈에 관한 나의 선입견은 연구 결과 새로운 결론을 가져다주었다. 설교자가 강단에 서서, "이 이슈에 관해 이번 주 연구하며 치열하게 고민했습니다. 한 견해를 가진 채 연구를 시작했고, 책을 읽고 기도하며 묵상하는 가운데, 제 생각이 바뀌었습니다"라고 말할 수 있다면, 회중은 설교자가 나누는 말씀에 모두 귀 기울이게 될 것이다.

다섯째, 논란이 되는 이슈를 설교할 때 특별히 결론을 드러내게 될 때 겸손과 존중, 친절과 사랑을 표현하는 것이 중요하다. 논란이 되는 주제에 관한 설교 말미에 이처럼 이야기할 것이다.

> 이 이슈의 양면을 치열하게 살펴본 후 제 결론을 나누려 합니다. 제 결론이 그리스도인이 가져야 할 유일한 입장이라는 것을 제안하는 것이 아닙니다. 이 결론에 동의하지 않는 분들이라 하여 덜 사랑하는 것도 아닙니다. 여러분 누구나가 반대하실 수 있습니다. 그러나 말씀과 전통, 경험과 이성의 빛에서 이 이슈를 묵상할 때, 하나님은 저에게 이러한 결론으로 이끄셨습니다.

겸손과 존중, 친절과 사랑으로 결론을 제시할 때 회중으로 하여금 설교자의 입장을 진지하게 여기고, 더 많은 이로 하여금 그 입장을 받아들이게 될 것이다.

여섯째, 논란의 여지가 있는 이슈에 관해 설교할 때 교인들로 하여금 질문을 하거나 설교를 통해 전해진 입장에 대해 이의를 제기할 수 있는 방법을 제공해 주는 것도 도움이 된다. 우리는 예배 후에 교인들이 질문하고 그들이 느낀 좌절과 다른 의견을 표현할 수 있는 시간을 제공해 왔다. 이러한 시간들이 더 넓은 이해를 가져다주고 각자가 가진 견해를 말하고 표출할 수 있는 기회가 되었다(독자/청자반응비평 참고).

우리의 신앙은 복잡한 도덕적 이슈들에 어떻게 접근할 것인지를 알리고 그 접근 방식을 형성하는 것을 의미한다. 이러한 이슈들에 대해 신학적으로 생각하는 방법과 더욱이 존중과 겸손과 사랑으로 하는 방법을 회중에게 가르치고 모범을 보이는 것은 목회자의 역할이다. 논란이 될 만한 우려들이 해결될 수 있는 다양한 장소가 있다. 설교를 통해 접근하게 될 때, 목회자는 회중에게 긍정적 영향을 주고 예수 그리스도의 건강하고 성숙한 제자로 만들어 갈 가능성을 높일 수 있다.

참고 주제 사회 정의

참고 문헌 Ronald Allen. *Preaching the Topical Sermon*. (1992); Adam Hamilton. *Confronting the Controversies*. (2005); William H. Willimon. *Preaching about Conflict in the Local Church*. (1987).

기업 윤리(Corporate Ethics)

아서 밴 세터스(Arthur Van Seters)

기업체 회의실에서 내려지는 결정들은 여러 분야에 암묵적인 윤리적 영향을 미치게 된다. 경영 행위와 투자 관계에 있어 명백히 그러하지만, 개인 근로자, 지역공동체, 국가 경제 그리고 환경에 대한 영향도 그러하다. 교회는 종종 노동력을 착취하는 업체들, 아웃소싱으로 인한 실직, 산업으로 인한 생태학적 재해와 같은 이슈에 관해 우려를 표현해 왔다. 그러나 기업 윤리에 관한 설교는 종종 접근하기 어렵고 민감하게 여겨져왔다.

30년 정도 전까지 기업 윤리는 주로 허용 가능한 내부 회계에 초점이 맞추어졌다. 그리고 기업은 책임성에 관한 외부의 영향을 거부하는 경향이 있었다. 그래서 기업 윤리가 확대되고 있음에도 불구하고, 설교자가 설교에서 기업 윤리에 관한 주제를 언급하는 것이 여전히 일반적이지는 않다고 느껴진다. 많은 설교자가 이러한 설교를 준비하는 것을 꺼려할 뿐 아니라, 청중 특히 기업 경영 분야에 속해 있는 이들은 그런 설교를 하려고 하는 데 당황하고 놀랄 것이다.

여기에 시장은 그 자체 규칙에 따라 운영되고, 개인적 의견에 영향을 받지 않고, 자연스러우면서, 자원을 공평하게 배분하는 최적의 방법이라는 널리 알려진 가정이 더해진다. 시장 구조는 언제나 인간의 생각이었다. 물론, 보편적으로 인정되지는 않지만 말이다.

필립 워가만(Philip Wogaman)은 한 경제학자가 공통점이 없는 어떤 가치의 존재를 말해 보라며 도전했던 어느 대화를 이야기한다. 일부 가치는 공유될 수 있을 것이다. 그러나 주어진 상황 속에서 어떤 가치가 강조되어야 하는지, 그리고 그보다 못한 물품과 가치가 더 나은 것이 되기 위해 의존하게 되는 궁극적 원천이 무엇인지에 대해서는 공감대를 가지지 못한다. 그리스도인들에게 이 궁극적 선(좋음)이 바로 하나님이다(Wogaman 1986, 1-8).

물론 설교자들은 사업을 하는 회중 역시 하나님이 궁극적 선이시며, 또한 하나님이 교회로 하여금 기업 윤리를 언급하기를 원하신다는 확신을 공유하고 있음을 안다.

톰스오브메인(Tom's of Maine)의 회장인 톰 채펠(Tom Chappell)이 하루는 교회 목사에게 새로운 브랜드를 만들어 내고 돈을 버는 일에 지쳤다고 말했다고 한다. 그는 성공적인 기업가였지만 공허함이 있었다. 인생의 목적에 대해 궁금해졌다. 그리곤 그는 신학을 공부할 필요가 있다는 결론에 이르렀다. 하버드신학대학원에서 1년을 공부한 후 그는 이전엔 "사업을 하는 표준 방식에 관해 질문할 지적 확신이 없었다는 것"을 깨닫게 되었다(Chappell 1993, 8,18).

교회는 투자자로서의 책임을 사회적 가르침과 조화시키기 위해 10년 이상 교회 일치 운동 차원에서 협력하여 포괄적 범위의 기업 책임에 대한 기대에 따라 기업이 어떻게 행동하는지를 분석해 왔다. 이 연구는 금전적, 사회적, 환경적이라는 세 가지 결론을 포함한 기업의 보다 큰 사회적 책임(CSR)을 연구하기 위해 내부적 경영 윤리 그 이상으로 움직여 가고자 노력해 왔다. 교회 밖에서 이러한 기업의 사회적 책임 운동이 급속히 성장해 왔다. 이론적 근거에 더해 교회가 기여하는 바는 유지 가능한 기업의 사회적 책임이라는 목표를 달성하기 위해 영적 동기 부여를 준다는 것이다. 이러한 과정은 또한 그리스도인들로 하여금 기업 윤리라는 영역에서 제자도의 의미를 분명히 알아 가도록 돕는다. 더욱이 기업의 사회적 책임에 관한 교회의 성명서가 설교자들을 위한 중요한 자료가 될 수 있다.

윌리엄 슈바이커(William Schweiker)는 교회의 사명 중 하나는 경제를 포함한 사회의 모든 영역에서 인간이 고유한 가치를 지닌 존재로 대우받는다는 점을 명확하게 보여 주는 것이라고 주장한다.

인간은 결코 상품처럼 시스템 안에서 단순한 도구처럼 여겨질 수 없다. 현실은 창조주이시고, 구속자이시며, 늘 붙들어 주시는 하나님과의 관계 속에서 존재한다. 그러므로 인간은 하나님이 예수 그리스도로 성육신하셨고, 그리스도의 영이 교회공동체와 그 공동체의 실천들을 통해 소통되기 때문에 침범할 수 없는 가치를 지닌다. 하나님을 믿는다는 것은 세상을 해석하고 평가한다는 것을 의미한다. 실제로 기독교 담론은 문명의 도덕 규범을 치유하는 컴퓨터 바이러스처럼 작동하여 인간의 존엄성과 정의의 요구를 삶의 비전에서 기본으로 삼도록 그 규범을 다시 쓸 수 있다(Schweiker 2004, 128, 132-34).

설교는 본질적으로 신학적 담론이며, 윤리는 신학에 뿌리를 두고 있는 경우가 매우 많다. 우리는 믿음의 사람들이기 때문에 우리가 가지는 기본적 확신은 개인과 기업의 제자도를 형성한다. 그리스도인들로 하여금 기업 윤리에 관한 새로운 비전을 재구성하도록 돕는 중요한 방법은 성삼위 하나님의 교리에 주목하는 것이다.

캐서린 태너(Katherine Tanner, 2004)는 성삼위의 각 위격의 상호적 자기 내어 줌으로부터 은혜의 경제를 자세히 설명한다. 이러한 경제적 합의는 세 가지 원칙으로 특징지어진다.

첫째, 무조건적인 내어 줌이다. 모든 피조물이 은혜에 기초한다. 그리스도와의 연합은 우리가 하나님의 자기 내어 주심을 반영하지 않음에도 불구하고 하나님에 의해 유지된다. 하나님은 측량하지도, 계산하지도 않고 주시는 분이시다. 희년의 전통(레 25장)에서 빚은 면제된다. 참된 경제적 회복과 갱신이 가능해진다. 이것은 자격이 있고 없고와는 상관이 없다.

둘째, 하나님의 무조건적인 내어 주심은 보편적 포용으로 이어진다. 모든 것이 하나님에 의해 만들어졌고, 모두가 인종, 성별, 사회적 지위, 특정 환경과 상관없이 그리스도를 통해 구원받을 수 있다. 하나님은 필요에 따라 순전하게 주시며 누구도 필요 없는 자는 없다. 하나님의 선물은 결코 누군가의 전유물이 될 수 없다. 모두가 생계의 권리와 존엄성이 있다.

셋째, 은혜의 경제는 경쟁적이지 않다. 그런 의미에서 다른 사람을 희생시키지 않는다. 시장 경제는 누군가의 승리를 위해 또 다른 누군가를 패배하게 만든다. 그러나 선물과도 같은 방식은 배타적이지 않은 소유에 기초한다. 재산은 그 자체를 위해서가 아니라 필요에 따라 나눠진다.

경제학에 대한 가톨릭의 사회적 가르침(다른 분야 중에서도)을 살펴본 후 월터 벌가르트(Walter Burghardt)는 "거룩하고 선한 모든 것으로" 이러한 사회적 가르침이 설교될 수 있는지를 질문한다. 만일 설교자가 먼저 "복음의 메시지로 충만"하다면, 그런 자격을 가지고 확고히 대답할 것이다. 그는 이 복음이 설교자의 육신 속에 맥박이 뛰도록 해야 하고, 자신의 뱃속에 불을 지펴야 한다고 덧붙인다(Burghardt 1998, 53).

이 말 속에는 기업 윤리에 대한 신학적 접근이 압도적으로 반문화적이라는 의미가 내포되어 있다. 선포된 말씀을 받아들이는 사람들은 복음에 의해 변화되기를 추구하지만, 동시에 세상에 의해 깊이 영향을 받아 '경제화'될 수도 있다. 그래서 설교는 마음을 새롭게 함으로 변화를 받으라는 사도 바울을 통한 부르심을 포함할 필요가 있다(롬 12:2).

이러한 최첨단 경제 설교의 가장 큰 동기는 하나님의 무한한 사랑과 은혜이다. 이 은혜는 경영 세계 안에 있는 회중을 포함시키는 것은 물론이고 기업 행위에 영향을 받는 가깝고 먼 많은 사람 역시 포함한다. 이런 설교에 있어 논란의 여지가 있는 본질이 인정될 필요가 있고, 설교자는 청중으로 하여금 솔직한 피드백을 받기를 원하고 더 나아가 제자도의 모습을 탐구하는 일에까지 그들을 초대하기를 원할 것이다. 그런 과정 가운데 기업 윤리에 관한 설교는 복음이 순전하고 완전하게 선포되기를 바라는 많은 이에게 응답하는 설교가 될 것이다.

이런 대안적 비전에 공감하는 많은 사업가가 그들이 믿는 바대로 살아가려고 애를 쓸 때 그들을 지지하는 설교를 간절히 필요로 하게 된다.

참고 주제 윤리와 하나님; 독자/청자반응비평

참고 문헌 Walter J. Burghardt, S.J. *Preaching the Just Word*. (1998); Tom Chappell. *The Soul of a Business: Managing for Profit and the Common Good*. (1993); William Schweiker. "Responsibility in the World of Mammon: Theology, Justice and Transnational Corporations," *Religion and the Powers of the Common Life*, Max L. Stackhouse, ed. with Peter J. Paris, vol. I (2000), 105-39; William H. Shaw, ed. *Ethics at Work: Basic Readings in Business Ethics*. (2003); Katherine Tanner. "Economies of Grace." *Having: Property and Possession in Religious and Social Life*. Edited by William Schweiker and Charles Mathewes. (2004) 353-82; Arthur Van Seters. "Economy according to the Trinity - A Particular Challenge for Preaching." *Academy of Homiletics* (December 2006); J. Philip Wogaman, *Economics and Ethics: A Christian Inquiry*. (1986).

환경 윤리(Environmental Ethics)

랄프 T. 바우마(Rolf T. Bouma)

기독교 설교는 창조론과 창조론이 확증하는 자연계에 대한 하나님의 관심을 종종 활용해 왔다. 아우구스티누스는 창세기 첫 몇 장에 관해 최소한 다섯 개 이상의 강해를 남겼다. 루터와 칼뱅은 하나님이 조화시키시는 바람과 파도를 이용해 하나님의 섭리

환경 윤리(Environmental Ethics)

를 묘사했다. 청교도 조나단 에드워즈는 창조를 하나님 실재의 유형과 상징들로 채워져 있는 것으로 보았다. 깊은 영적 진리가 창조와 그 피조물들을 통해 드러나게 될 수 있다고 여겼다.

그러나 인간의 도덕적 책임의 영역으로 자연을 이해하는 것은 비교적 최근의 현상이며, 환경 위기와 자연 안에서 우리의 취약한 위치에 대한 문화적 인식이 생겨난 시기와 맞물려 있다. 환경 윤리에 관한 기초 질문들은 다음과 같다.

- 인간이 무엇을 하든 자연은 끝없이 유지 가능한 것일까?
- 인간의 관심이 고려할 만한 유일한 관심일까, 아니면 동물과 식물, 생태계가 그 자체로 역시 가치가 있는 것일까?
- 멸종 위기 종들을 구하는 것이 가치 있는 것일까?
- 인간이 지구에서 계속 살아 남는 것이 가능한 것일까?
- 우리는 어떻게 살아야 하는가?

환경과 기독교 윤리에 관한 설교가 성경적, 신학적 자료에 관한 해외와 현대적 의제를 단지 수용하는 경향을 가지는 소위 근대성에 대한 양보라고 생각하는 데에 위험이 도사리고 있다.

지구의 날이 과연 언제부터 기독교의 성일이 되었는가?

역사학자 린 화이트(Lyn White)가 1967년 「사이언스」(Science)에 기고한 글에서 "세계에서 지금까지 알려진 가장 인간 중심적인 종교"로서 서구 기독교야말로 우리에게 직면한 환경 위기의 근본 원인이라고 우려를 더하고 있다. 환경에 관한 설교를 하기로 하는 것은 기독교 전통 가운데 환경과 관련한 무언가를 발견하여 과거의 잘못을 바로잡으려는 시도와도 같은 회환에 찬 행동처럼 보일 수 있다.

생태학적 이슈에 관한 설교의 장점은 기초적이고 자주 반복되는 성경적 주제에 의존한다는 점이다.

레이첼 카슨(Rachel Carson)의 *Silent Spring* (침묵의 봄, 1962)이 낳은 문화적 인식보다 앞서, 1940년대와 50년대에 창조와 인간의 부조화에 관해 설교했던 루터란 신학자 조셉 시틀러(Joseph Sittler)의 설교를 읽으면 인간은 창조된 세상을 사랑하지 않고서는 마음과 목숨과 뜻과 힘을 다해 하나님을 사랑할 수 없다는 것을 깨닫게 될 것이다.

1. 우주에서 인류의 위치

기독교 신앙은 천지의 창조주로서 하나님을 믿음으로 시작한다. 니케아 신조는 창조에 있어서 성삼위의 참여를 잘 요약해 준다. 성부는 하늘과 땅의 창조주이시고, 모든 것이 성자를 통해 만들어졌고(요 1장; 골 1:15-20), 성령은 생명의 주요 생명을 주시는 분이시다(시 104편).

땅은 우리가 원하는 대로 할 수 있는 곳이 아니고, 오직 주님의 것이라는 것은 자명한 사실이다(시 24, 50편; 출 9:29). 기독교 생태학자인 칼뱅 드윗(Calvin DeWitt)의 말대로 창조된 세계는 하나님의 영광을 증언한다(시 19편). 그래서 창조 세계를 훼손하는 것은 창조주 하나님에 대한 피조물의 복음적 증언을 침묵하게 하는 것이다(1994, 53-54).

그렇다면 인류의 위치는 어디인가? 하나님의 원초적 위임에 따라 우리 인간은 땅과 그곳의 피조된 것을 돌보는 자들이며 청지기와 같은 자들이다. 땅에서 우리의 본래 사명에 대한 전통적 해석이 에덴동산을 "경작하고 지키는"(창 2:15) 것이라면, 히브리어 동사 '아바드'와 '샤마르'(*'abad and shamar*)의 직역은 "섬기고 보호하는 것"이다. 땅과 피조물을 지배하라고 하셨지만(창 1:26-28; 시 8편), 인간은 피조물들을 섬기고 보호함을 통해 피조 세계에 하나님을 드러내도록 하나님의 형상을 지닌 사람들로 부름받은 자들이다.

그런 부르심의 사명을 잘 감당할 때, 피조 세계는 창조주를 향해 계속되는 찬양을 노래하며, 인간은 창조주의 조화로운 결합에 리브레토(libretto)를 더하게 된다(시 148편). 성공회 신학자, 앤드류 린지(Andrew Linzey)는 그리스도인들은 인간의 향상된 지위를 긍정함에 있어 주저할 필요가 없다(1995, 56-58)고 언급한다. 그러나 기독교 신앙의 뛰어난 점은 큰 자가 작은 자를 섬긴다는 점이다. 피조 세계가 인간을 위해 존재한다기보다 훨씬 더 본질적인 의미에서 인간이 관리자로서 피조 세계를 위해 존재한다.

2. 지혜와 어리석음

피조 세계는 하나님의 지혜가 뛰어놀 공간을 찾는 무대이다. 창조의 새벽, 지혜는 하나님이 복잡함과 기쁨의 세계를 세우셨던 것처럼 하나님의 편에서 고생스럽게 일했다(잠 8:22-31). 창조 형태의 다양성은 시편 시인으로 하여금 이렇게 외치게 한다.

> 여호와여 주께서 하신 일이 어찌 그리 많은지요 주께서 지혜로 그들을 다 지으셨으니 (시 104:24).

땅의 창조물들에 대한 친숙한 지식이 지혜의 주된 형태다(왕상 4:29). 누군가 마찬가지로 주장하듯 피조물의 이름을 짓는 아담의 사명(창 2:19)은 단지 이름을 붙이는 것으로만이 아니라, 각 생명체의 위치와 목적을 이해하게 되는 것에 있다. 지혜는 우리가 하나님의 창조물들의 목적과 위치를 이해하기 위해 소요되는 시간 동안 그 창조물들을 보호한다. 반면, 어리석음은 창조물들을 이름도 없고 알려지지도 않은 채 사라지도록 밀어내고 만다.

인간의 어리석음은 창조 세계의 파멸을 초래할 위험이 있다. 예레미야 4:22-28은 환경 재앙에 관한 예언자적 은유다. 땅은 다시 황폐해지고 공허해지며, 하늘의 빛들도 사라지고, 새들이 더 이상 하늘을 날지 않는 것처럼 인간의 죄는 우주를 축소시킨다. 유사하게 레위기 24-25장은 약속의 땅을 존중함으로 대하지 않고, 하나님의 피조물에게 안식일의 쉼을 확대하지 않음이 땅의 대적자들을 향한 땅의 반란을 가져오게 될 것이라 말한다.

3. 겸손

교만은 어리석음과 함께 생태계의 비극을 초래하는 인간의 주요 원인이다. 교만은 우리만이 중요한 종이라고 생각하거나 우리가 가하는 모든 피해를 인간의 독창성으로 극복할 수 있다고 생각하는 데서 나타난다. 욥기의 마지막 장(욥 38-42장)은 인간 교만의 극치를 보여 주는 대목으로, 하나님이 인간과 무관한 창조 세계의 요소들을 사용해서 욥을 올바른 자리에 세우시기 위해 회오리바람 속에서 말씀하시는 장면이다. 창조는 우리에 관한 것이 아니다. 하나님의 영광을 위한 것이다. 창조의 많은 부분이 인간과는 거의 또는 전혀 상관이 없는 피조물과 하나님의 관계와 관련되어 있다.

4. 창조의 가치

기독교 신학은 영지주의와의 초기 갈등 속에서 물질 세계는 선하다고 주장하는데, 이는 인간의 존재와 상관없이 창조물이 선하다는 것과 존재하는 인간과의 관계 속에서 역시 창조물이 선하다(창 1장)는 하나님의 선언으로부터 주어진 필연적 결론이다. 하나님은 창조물을 가치 있게 여기셨고, 홍수 이후 하나님은 인간과 땅과 언약을 맺으셨다(창 8-9장). 계속되는 계절과 수확에 대한 언약은 인간에게 있어서만큼이나 하나님의 모든 창조물과의 약속이기도 하다.

인간은 새나 꽃보다 더 귀할 것이다(마 6장), 하지만 하나님이 새나 꽃들 역시 귀히 여기신다는 사실을 잊지 말아야 한다. 기독교공동체에서 환경 윤리는 하나님이 창조 세계를 사랑하시고 귀히 여기셨던 것같이 그 피조물들을 사랑하고 귀히 여기는 방법을 배우는 것이다.

참고 주제 윤리와 하나님

참고 문헌 Steven Bouma-Prediger. *For the Beauty of the Earth: A Christian Vision for Creation Care.* (2001); Calvin DeWitt. *Earthwise: A Biblical Response to Environmental Issues.* (1994); Andrew Linzey. *Animal Theology.* (1995); Bill McKibben. *The Comforting Whirlwind: God, Job, and the Scale of Creation.* (1994); Joseph Sittler. *Evocations of Grace: Writings on Ecology, Theology, and Ethics.* Edited by Stephen Bouma-Prediger and Peter Bakken. (2000); Lyn White. "Historical Roots of Our Ecological Crisis." *Science* 155 (1967) 1203-7.

윤리적 방법(Ethical Methods)

칼뱅 P. 밴 레켄(Calvin P. Van Reken)

설교자는 종종 어떤 수준에서 윤리에 관여하게 된다. 설교하는 본문과 설교를 듣는 회중의 삶에서 생겨나는 윤리적 이슈에 관해 평가할 때 그러하다. 많은 설교 본문이 교리(무엇을 믿어야 하는가와 같은)만이 아니라, 윤리적 교훈(어떻게 행동해야 하는가와 같은)의 가르침을 담고 있다.

설교자가 본문이 가지고 있는 윤리적 함의를 적절히 발견하게 될 때, 설교자는 진실되게 말할 수 있다. 설교자가 설교를 듣는 회중의 개인적이고 공동체적인 윤리적 분투와 고민을 이해하게 될 때, 설교자는 비로소 적절하게 말할 수 있다. 그래서 설교자가 윤리적 문제들에 관해 진실되고 적절하게 말하기 위해서는 설교 본문이 가지

윤리적 방법(Ethical Methods)

는 윤리적 함의와 회중의 삶 속의 윤리적 이슈들에 관해 이해해야만 한다.

1. 설교 본문의 윤리적 함의

설교 본문이 가지는 윤리적 함의를 이해하려고 할 때 생기는 공통적인 세 가지 문제가 있다.

첫째, 직접적으로 하나를 가르치지 않는 본문으로부터 하나로 묶은 도덕적 교훈을 추출해 내려고 하는 것이다(도덕주의 참고). 성경의 많은 구절이 주어진 상황에 관해 지지 또는 비난하지 않은 채 그 상황을 묘사한다.

예를 들어, 사도행전 4:32에서 예루살렘 초기 교회는 이렇게 묘사된다.

> 믿는 무리가 한마음과 한 뜻이 되어 모든 물건을 서로 통용하고 자기 재물을 조금이라도 자기 것이라 하는 이가 하나도 없더라(행 4:32).

이 본문을 읽는 설교자에게 생기는 유혹은 이렇게 결론을 맺는 것이다. 교회 안에 있는 이들은 모든 물질적 소유를 공유해야만 한다라고 말이다. 그러나 본문은 모든 교회를 위한 하나의 교훈을 규정하려 하지 않는다. 본문은 상황을 묘사하고 있는 것이다. 본문은 이러한 모습에 대해 예루살렘 교회를 분명히 칭찬하고 있는 것이지, 그런 모습이 모든 교회에게 의무적으로 이루어져야 한다고 가르치고 있는 것은 아니다(마찬가지로 군복무를 할 수 있는 모든 사람이라면 의무적으로 해야 한다고 은연중에라도 드러내지 않은 채 조용히 누군가 공군에 입대했다면 그를 칭찬할 수 있을 것이다).

본문에는 없는 도덕적 교훈을 찾으려 하지 않기 위해 설교자는 본문이 무엇을 묘사하려고 하는지, 그리고 본문이 무엇을 말하려고 하는지를 구분할 때 주의를 기울여야 한다.

예를 들어, 다윗이 골리앗과 싸울 때, 다윗은 사울의 갑옷을 입지 않기로 했다.

여기에 어떤 도덕적 교훈이 있을까?

그 본문은 하나님의 백성이라면 군사장비에 의존해서는 안 된다는 것을 가르치려는 것일까?

설교자는 본문을 읽을 때 그 본문이 의도하지 않는 도덕적 교훈으로 해석하지 않기 위해 조심해야 한다.

둘째, 첫째와는 상반되는 문제로, 본문이 가지는 윤리적 의미를 완전히 놓쳐 버리는 것이다.

요한복음 13장에서 제자들의 발을 씻기시는 예수님을 묘사한다. 발을 씻기시고는 이렇게 말하신다.

> 내가 주와 또는 선생이 되어 너희 발을 씻었으니 너희도 서로 발을 씻어 주는 것이 옳으니라 내가 너희에게 행한 것같이 너희도 행하게 하려 하여 본을 보였노라(요 13:14-15).

이 장면은 지상 사역 중에 예수님이 하신 단지 어떤 일에 대한 묘사가 아니다. 이 본문은 분명 그리스도인이라면 그것이 비록 보잘것없는 방식으로일지라도 서로를 섬겨야 한다는 것을 가르치기 위한 객관적 교훈이었음을 가르치고 있다. 이러한 윤리적

윤리적 방법(Ethical Methods)

가르침을 놓친다는 것은 본문의 핵심을 놓치는 것이다. 본문이 무언가를 규정할 때, 설교자는 그것에 주목해야 한다.

셋째, 도덕적 의미를 잘못 깨닫는 것이다. 일부 설교자는 탕자의 비유에서 온전한 부모됨에 관한 교훈을 잘못 발견해 왔다. 어떤 설교자들은 사사기의 본문이 연약한 믿음으로부터 그렇게 했다고 기드온을 묘사함에도 불구하고 그리스도인들이라면 종종 양털 시험에서의 기드온을 본받아야 한다고 제안한다.

역대하 7:14에서 이렇게 말씀한다.

> 내 이름으로 일컫는 내 백성이 그들의 악한 길에서 떠나 스스로 낮추고 기도하여 내 얼굴을 찾으면 내가 하늘에서 듣고 그들의 죄를 사하고 그들의 땅을 고칠지라 (대하 7:14).

어떤 설교자들은 이 본문이 고대 이스라엘에게 주어진 말씀임에도 이 본문을 직접 미국에 적용한다. 고대 이스라엘만을 위한 구약 말씀의 지시를 미국 또는 근대의 이스라엘을 포함해서 오늘날 다른 특정 국가에 적용하는 것은 실수다. 설교자는 본문의 윤리적 함의에 주의를 기울일 필요가 있고, 본문이 말하는 것에 대해 너무 유창하게 또는 너무 쉽게 결론을 내리려 하지 말아야 한다.

2. 회중의 삶에서의 윤리적 이슈들

설교자가 이러한 세 가지 실수를 피하게 될 때, 비로소 도덕적 행동을 격려하는 설교를 할 준비를 갖추게 된다. 도덕적으로 관련 있는 설교와 연결시키기 위해 설교자는 설교를 듣는 회중의 삶 가운데 도덕적 이슈에 관한 것을 이해할 필요가 있다. 이러한 이해를 확실히 얻게 하는 방법은 없다. 그러나 어떤 연습은 도움이 될 수 있다.

첫째, 설교자는 개인적으로 자신의 청중 중 상당수를 알아야 한다. 청중의 일상에 무관심한 채 멀리 떨어져 있어서는 그 일상 속 도전을 성공적으로 이해할 수 없다. 그래서 그들과 긴밀히 연결되기 원하는 설교자는 고정적 청중의 이름과 직업을 알려 하고, 그들 가정이나 일터를 방문하고, 기회가 생길 때면 그들 삶 속에서의 이슈들에 관해 함께 일대일로 이야기하려고 노력한다(회중, 교단의 주해 참고).

둘째, 설교자들은 공동체, 국가 그리고 세계 안에서 벌어지는 도덕적 갈등에 주의를 기울일 필요가 있다. 이를 위해 일간 신문을 읽거나, 인터넷으로 뉴스를 읽고, 뉴스와 다큐멘터리 같은 것을 라디오로 청취하거나 티비로 보며, 그리고 잡지나 주간 뉴스 메거진을 구독할 수 있다(논란 참고). 설교자는 신구(新舊) 사이에서, 전통과 변화 사이에서 늘 존재하는 갈등에 관해 민감할 필요가 있다. 도덕적으로 관련 있는 설교자는 그들이 설교하는 세상을 알고, 그 세상에 존재하는 사람들과 문제들에 대해 안다.

대부분의 사람은 인간으로서 어떻게 살아야 하는지에 대해 꽤 바른 이해를 가지고 있다. 이 지식은 부모와 선생님들, 법률과 동료들을 통해 주입된다. 그러나 이러한 지식에도 불구하고 많은 사람이 단순히 이러한 방식으로 한결같이 살아가려고 선택하지는 않는다. 확실한 것은, 좋은 설교는 도덕적 삶이 어떻게 보이는지를 명확히 해 줄 수 있다는 점이다. 더욱 중요한 것은, 그런 설교는 사람들로 하여금 이러한 도덕적 방식으로 살아가기를 선택하도록 고무시키고, 그런 윤리적 삶이 가능하도록 해 주시는 하나님의 능력에 다가서도록 격려할 수 있다는 사실이다.

참고 주제 윤리와 하나님

참고 문헌 Catholic Church. *Catechism of the Catholic Church*. Pt. 3. (1994); Richard B. Hays. *The Moral Vision of the New Testament*. (1996); Westminster Assembly. *Westminster Larger Catechism*. Question and Answer 99.

개인 윤리(Ethics, Personal)

참고 주제 개인 윤리 참조

윤리와 하나님(God, Ethics and)

찰스 E. 부샤드(Charles E. Bouchard, O.P.)

도덕성과 윤리는 신앙 또는 종교와 자주 연결된다. 그러나 윤리라는 것이 또한 자율적일 수 있다는 것, 즉 신학이나 신앙, 종교에 관한 명확한 언급 없이 행해질 수 있다는 것을 처음부터 주목하는 것이 중요하다. 윤리에 대한 자율적 접근은 이성, 감정 또는 직관에 의존하는 경향이 있다.

임마누엘 칸트(Immanuel Kant)의 정언 명령(categorical imperative)은 표면적으로 오로지 논리와 이성으로부터 파생된 도덕 체계의 좋은 예라 하겠다(1992 [1785], 30). 설교자는 하나님에 대한 언급 없이, 또는 그리스도께서 보여 주신 삶의 모델을 통해 하나님이 주신 도움의 말씀에 관한 언급 없이 인간이 어떻게 행동해야 하는가를 설교하는 가운데 무심결에 자율적 윤리를 설교하는 경향이 있다.

설교자는 주로 규범을 하나님으로부터 가져오는 신율적 윤리(theonomous ethics)에 관심을 가진다. 신율적 윤리에는 최소한 두 가지 종류가 있다. 이러한 전통은 기독교 인류학에 관해, 특히 자연과 은혜 사이의 관계와 하나님의 뜻이 창조 실재와 인간 본성을 통해 매개되는 정도에 관한 설교자의 이해에 따라 구별된다.

어떤 전통은 원죄의 영향에 상대적으로 더 많은 비중을 두고 중개(mediation)와 내재성(immanence)을 덜 강조한다. 어떤 이들은 하나님을 더 먼 타자의 존재로 보는 경향이 있고, 신적 영역과 인간적 영역의 차이, 하나님의 의와 인간 존재의 타락, 그리고 타락의 완전성과 구속과 구원을 위한 은혜의 필요성 사이에서 각각의 차이를 강조하고, 후자를 위한 주도권이 전적으로 그리스도 안에 있는 하나님께 있음을 강조한다.

또 다른 접근 방식은 주로 가톨릭 신학의 특징인데 인간 본성이 은혜를 통합하거나 은혜에 의해 완전해질 수 있다고 보는 견해다. 이런 입장은 "은혜는 본성 위에 세워지거나 본성을 완전하게 한다"는 스콜라

주의 격언의 근원이 된다(Aquinas 1947-48, 1,q.1,a.8). 이것은 상호 간에 구분된다 해도 은혜와 본성은 상대적으로 양립할 수 있다는 것을 의미한다. 변증법적 접근과 달리 이러한 성례적 시각은 타락 후에조차 신적 선의 요소가 창조물과 인간에게 남아 있다고 이해하며, 인간이 선한 행위를 시작할 수 있고, 교회는 구원의 성례를 제공함으로 매개적 역할을 하고, 사회 안에서 하나님의 영역을 고대하는 어떤 측면들을 발견할 수 있다고 이해한다.

메리 캐서린 힐커트(Mary Catherine Hilkert)는 설교신학을 세워 가기 위한 토대로 변증법적이면서 성례적 상상력의 범주를 사용한다. 그녀는 이런 근본 이슈들에 관한 설교자의 입장이 윤리에 관한 이해와 도덕적이거나 윤리적인 진리의 출처에 관한 확신을 형성할 것이다(1997, 15). 더 변증법적인 관점은 성경 본문과 하나님의 명령에 대한 순종에 더욱 강하게, 심지어 그것에만 독점적으로 의존하게 한다. 오직 성경이라는 종교개혁의 외침이 여기에서 떠오른다.

보다 더 성례적인 관점은 우리를 위한 하나님의 뜻이 창조된 현실을 통해 그리고 인간의 경험을 통해서조차 매개되도록 한다. 가톨릭의 도덕적 전통은 반자율적인(semiautonomous) 것으로 묘사될 수 있을 것이다. 이러한 관점은 성경 말씀과 계시의 주된 역할을 받아들이지만, 더불어 하나님의 뜻이 창조와 경험을 통해서도 어느 정도 매개되고, 이성적 성찰을 통해 알려질 수 있다고 믿는다. 가톨릭에서 성경 말씀은 하나님의 법에 관한 우리의 이성적 이해를 조명하고 깊게 만드는 도덕적 기억의 역할을 한다.

자연과 경험에 대한 성찰의 과정과 이러한 성찰로부터 생겨난 규범은 자연법으로 알려져 있다. 물리학과 동물 행위를 지배하는 자연 법칙과 관련 있는 것이라고 널리 오해되어 온 자연법은 일련의 명제 또는 변함없는 결론이라기보다 이성을 사용함을 통해 창조에 관한 하나님의 계획을 발견하는 과정이다.

토마스 아퀴나스(St. Thomas Aquinas)는 영원 불변의 법에 이성적으로 참여하는 것으로 자연법을 묘사한다. 자연법은 이성적이기 때문에 인간에게 고유하게 주어진 것이며, 누구든 이성적 인간이라면 원칙적으로 알 수 있다는 의미에서 자율적이라는 것을 시사한다. 자연법은 인간 본성과 관련되어 있다는 점에서만 자연적이고, 이성의 법칙이라는 점에서만 그것은 법이다(Aquinas 1947-48, 1-2 q.94).

루터란과 칼뱅주의 전통에서의 사상가들이 원죄의 영향에 관한 그들의 이해와 상응하지 않는 자연법의 개념을 종종 발견하는데 반해, 웨슬리의 "사변형"(四邊形, quadrilateral)에서 유사한 것을 발견하게 된다. 웨슬리는 도덕적 지식의 원천으로 이성과 경험을 허용한다. 이러한 것들은 자연법에 관한 가톨릭의 이해와 유사하다. 실제로 기독교 인간론과 하나님의 뜻이 알려지는 방법에 관한 신학적 전제가 적어도 세 가지 방식으로 설교를 형성하게 된다.

1. 경험의 역할

설교를 시작하게 되는 오직 두 가지 자리

가 있다. 이는 곧 하나님의 말씀 안에서 또는 인간의 삶과 경험 안에서이다. 일반적으로 설교자의 상상력이 더 성례적일수록 설교자는 우리를 위한 하나님의 계획을 계시하는 경험을 가지고 좀 더 쉽게 시작하게 될 것이다. 이런 경우 증거가 점점 쌓여감으로 결론에 이르게 하는 귀납적 설교에 이르게 한다. 귀납적 또는 내러티브 설교는 너무 단편적이고, 개인적이며, 단절된 이야기들의 연결에 불과하다고 비판될 수 있다. 이건 분명 위험한 요소를 가지고 있다. 우리 모두는 설교자 자신의 이야기와 관심이 복음을 모호하게 만드는 이야기를 들어 왔다.

그러나 귀납적이라는 것은 또한 인간의 삶에 있어 친숙한 출발점으로 인간의 경험을 사용해서 은혜를 보여 주는 것을 말하는 것일 수도 있다. 이러한 귀납적 방식은 청중으로 하여금 그들 자신의 경험 안에서 하나님의 계획을 분별할 수 있도록 함을 통해 하나님의 계획을 보다 완전하게 이해할 수 있도록 이끌어준다.

2. 인격과 애정에 관한 초점

변증법적 상상력으로부터 나오는 설교는 순종의 덕에 지나치게 초점을 두는 경향이 있다. 하나님의 말씀은 명백히 성경에서 들려지고, 우리의 책임은 그것을 듣고 순종함에 있다. 변증법적 설교는 우리의 죄성에 대한 심판으로의 하나님의 명령으로 시작한다. 그리고 그 심판은 우리에게 믿음의 필요와 우리 삶 속에서 은혜를 수용해야 할 필요를 가져다준다. 은혜는 소유될 수 도 없고, 자의적으로 은혜라고 간주될 수도 없다. 은혜는 우리를 구원하지만, 근본적으로 다른 존재로 남아 있다.

보다 더 성례적인 접근 방식은 중재적 아이디어를 수용하는데, 이러한 관점에서 은혜는 인간의 삶에 스며드는 것으로 이해되고, 심지어 거룩함의 삶으로까지 전유될 수 있다. 이것은 가톨릭 전통에서는 덕으로, 웨슬리안적 관점에서는 거룩함으로 이해된다. 설교자는 은혜와 본성이 설교 시 얼마나 양립할 수 있는가에 대해 매우 명확히 드러내야 한다.

설교의 목적이 신자들로 하여금 심판과 절망에 이르게 할 것인가 또는 인간의 삶과 경험 속에 이미 존재하는 은혜를 느끼고 확신하도록 함에 있는가?

물론 이 두 요소는 그리스도인의 삶에 있어 필수적이다. 그러나 우리의 신학적 확신은 둘 중에서 하나의 방향으로 보다 더 이끌 것이다.

3. 공적 정책과 하나님의 통치

로빈 로빈(Robin Lovin)이 말하길 설교자가 공공의 정책에 관한 이슈에 종교적인 확신의 언어를 사용하는 데에는 여러 이유가 있다. 그 주된 목적은 선포일 수 있는데, 이 선포는 세상이 그것을 받아들이기 위해 움직일 거라는 데에 거의 희망을 두지 않은 채 그저 멀리서 복음의 진리를 선포하는 것이다. 또는 그 목적이 변화시키고자 함일 수도 있는데 이는 세상을 변화시키고자 하는 분명한 의도를 가지고 복음을 선포하는 것이다. 또한, 전유일 수도 있는데 이는 기

윤리와 하나님(God, Ethics and)

초적인 복음의 진리를 연합이라는 목적을 가지고 비종교적 언어로 전유하는 것이다. 각각의 견해는 설교자가 취할 수 있는 서로 다른 신학적/윤리적 입장을 보여 준다(1989, 15-23).

어떤 교회들은 설교를 개인 성도들의 신앙과 도덕 너머, 심지어 특정 믿음의 공동체 너머까지 확장시킨다는 의미에서 공적 교회와도 같다.

크리스토퍼 무니(Christopher Mooney)는 이렇게 말한다.

> 이러한 교회들은 사적 영역만이 아니라 공적 영역을 향해 바라본다. 교회 성도들에게 삶과 초월의 의미를 설명하고 그들에게 개인적 정체성과 공동체에 대한 소속감을 제공함으로써 개인 성도들에게 안정감의 척도를 제공한다.
> 반면, 공적 영역에서 교회는 무비판적이지 않은 방식으로 사회의 기능적 가치를 전달하기 위한 대리인의 역할을 하며, 정치적 질문의 도덕적 측면을 만들어 내고 오늘날의 세계를 위해 성경적 메시지를 해석하고자 한다(1986,3).

공적 설교에 있어서 문제는 언제나 타협의 위험을 가진다는 점이다. 저 바깥 세상을 설교함에 있어서 우리는 메시지의 부분적 수용의 위험이 있거나, 복음의 100퍼센트보다 못한 것에 만족해야만 하는 위험을 감수해야 한다.

나는 설교자이기에 내 믿음이 나로 하여금 사형 제도를 완전히 비도덕적인 것으로 거부한다 말하게 한다. 설교자로서 나는 믿음의 삶과 공적 삶 사이에서 쐐기를 박음으로서 나의 확신을 순수하게 유지할 수 있다. 나는 성경에 뿌리를 둔 내 입장으로의 진리를 선포할 수 있다. 한편, 타협의 두려움 때문에 공적 담화를 거부할 수 있다. 아니면 다원주의와 대화 가운데로 들어갈 수도 있다. 결론적인 말을 하진 않겠지만 충분히 설득력 있게 내가 확신하는 바를 제시함으로 어느 정도 힘을 얻을 것을 기대하면서 나는 공적 정책에 관한 대화에 공헌할 수 있다. 브라이언 헤히르(Bryan Hehir)의 말처럼 설교자는 "명확한 도덕적 분석을 위한 공적 토론 가운데 공간을 창출함"을 통해 이렇게 하게 된다.

본문에 접근할 때 설교자는 세상을 향한 전통적 입장과 세상 가운데서 행하신 하나님의 일하심과 은혜를 이루신 방식에 대해 인식해야만 한다.

참고 문헌 Thomas Aquinas. *Summa Theologica*. Translated by Fathers of the English Dominican Province. (1947-48); Bryan Hehir. "Preaching and Public Policy: The Parish and the Pastorals." *Church* (Fall 1985) 3-7; Mary Catherine Hilkert. *Naming Grace: Preaching and the Sacramental Imagination*. (1997); David Hollenbach. "Preaching and Politics: Consistency and Compromise." *Church* (Summer 1987) 11-20; Immanuel Kant. *Grounding for the Metaphysics of Morals*. Translated by James W. Ellington. (1992 [1785]); Robin Lovin. "Perry, Naturalism and Religion in Public." *Tulane Law Review* 63 (1989) 15-39; Christopher Mooney. *Public Virtue: Law and the Social Character of*

Religion. (1986); Albert Outler. "The Wesleyan Quadrilateral-in John Wesley." Wesley Center Online, http://wesley.nnu.edu/ wesleyan_theology/theojrnl/16-20/20-01.htm; Ronald F. Thiemann. *Religion and Public Life: A Dilemma for Democracy.* (1996).

개인 윤리(Individual Ethics)

데이비드 P. 거쉬(David P. Gushee)

설교자는 개인 윤리와 관련된 민감한 문제들을 포함한 성경 본문에 의해 제기되는 이슈들의 전 영역을 언급할 필요가 있다. 식습관, 재정, 성, 이혼, 분노, 그리고 개인의 사적 영역에서 일어나는 행위들이 그런 이슈에 포함된다.

많은 설교자가 개인 도덕성의 윤리적 문제들을 피하려 한다. 이렇게 침묵하게 하는 이유들을 확인하는 것은 그리 어렵지 않다. 그중 한 가지 염려는 누군가를 공격하게 된다는 두려움이다. 이는 특히 교회를 다니는 많은 사람이 개인 행동의 성경적 기준을 포기한 시대에 더욱 그러하다. 그런 문제들을 언급하는 것은 설교자와 교회에 대한 거부를 불러 일으킨다.

또 다른 요인은 성경의 도덕적 증인에 대해 자신감이 점점 덜해지고 있기 때문이다. 성경적 가르침이 그저 잘못된 것처럼 보이든 문화적으로 강하게 연결되어 현대적 적용이 불가능해 보이든지, 성경은 종종 설교자나 회중에게 구체적인 지침을 주는 자료로 역할을 하지 못하기도 한다.

세 번째 장애물은 설교자 자신에 대해 깊이 돌아볼 때 생기는 두려움과 당황스러움이다. 개인적 행동에 대한 민감한 문제가 테이블 위에 오를 때면, 특히 회중이 느끼기에 그것이 매우 직접적으로 자신들에 관해 언급함으로 인해 불편하다 여긴다면, 설교자는 자신의 선택이 멀지 않아 집중 판단과 논의의 대상이 될 것이라는 두려움의 이유를 피할 수 없을 것이다.

개인 윤리에 관한 문제들에 대해 침묵하는 설교자는 신앙공동체의 도덕적 기형이라는 대가를 지불하게 된다. 설교를 듣게 되는 이들 모두가 성경에서 계시되는 하나님의 모든 조언과 가르침이 주어질 필요가 있다. 성경이 하나의 이슈를 언급한다면, 특히 그것이 자주 그리고 다양한 장르로, 지속적인 메시지로 언급된다면, 그 이슈는 역시나 설교를 통해 이야기되어야 한다.

물론, 회중이 그들의 일상생활에 밀접한 민감한 도덕적 이슈에 대해 그렇게 직접적으로 다루는 것에 분노할 가능성이 충분하다. 회중은 그런 이슈들을 다루는 교회나 설교자의 권위에 대해 의문을 제기할 것이다. 그런 걱정에 대한 적절한 응답의 기초는 삶의 모든 영역에서 하나님의 영감이 담긴 말씀의 권위에 교회가 전심으로 헌신하는 것이어야 한다.

설교자를 포함해서 각 사람이 하나님의 말씀의 권위 아래 서고, 성경의 가르침에 의해 다듬어져 갈 준비가 되어 있는 회중의 분위기를 만들어 가야 한다. 바로 그때 던져야 할 질문은 교회가 도덕적 가르침을 줄 권위가 있느냐가 아니라 회중이 성경을 통해 하나님의 권위를 인정하는가이다.

운명적이지만 필수적인 결정을 내림으로

개인 윤리(Individual Ethics)

개인 윤리 문제에 관한 설교자의 침묵을 끝내게 될 때, 여러 질문이 뒤따른다(설교자의 권위 참고). 가장 중요한 것은 회중에게 어떤 유형의 도덕 규범을 제공할 것인가 하는 문제이다(Stassen and Gushee 2003, 99-124).

예를 들어, 가장 광범위하고 가장 추상적인 수준의 도덕적 규범은 기본 신념이라 부를 수 있다. 이러한 기본 신념들은 성품, 행위 그리고 하나님의 뜻에 대한 핵심적 이해는 물론이고, 인간의 본성과 개인의 변화 가능성, 악의 실재와 같은 문제들에 대한 또 다른 기초적인 신학적 신념을 포함한다. 이러한 기본 신념들은 개인 윤리와 분명한 관련이 있지만 개인 행동에 구체적 지침을 만들어 내지는 못한다. 분명 기본 신념이 가지는 한계와 관련한 문제 의식은 정기적 설교가 필요한 이유가 된다. 어떤 의미로 그런 신념들은 윤리 이전의 것이다.

추상화의 다음 단계에서 도덕적 원칙들은 "진리를 말하라", "네 이웃을 사랑하라", "가난한 사람을 돌보라", "약속을 지키라", "자기 통제에 힘쓰라"처럼 도덕적 규범의 광범위한 진술과도 같다. 그리스도인들에게 이러한 원칙으로의 규범들은 일반적으로 특정한 성경적 가르침으로부터 나오거나, 하나님과 세상에 관한 기본 신념으로부터 나온다. 도덕적 원칙들은 사람들에게 특정한 도덕적 궤적들을 지목하거나 바람직한 행위와 성품의 양식을 지목한다. 그러나 모든 상황에 대해 어떻게 행해야 하는지에 대해 구체적으로 회중에게 말하지는 않는다.

도덕적 규칙들은 우리가 어떻게 행해야 하는지는 물론이고, 무엇을 하지 말아야 하는지를 더욱 자주 직접적이고 구체적으로 말해 준다. 이런 규칙들은 관련된 모든 유사한 경우들에 적용된다. 또한, 도덕적 원칙들보다 훨씬 더 구체적이기 때문에 더 강하게 구속하는 경향이 있다. 이러한 예를 들 수 있다.

"간음하지 말라", "폭식하지 말라", "남을 저주하지 말라", "하나님께 물질의 십일조를 드리라", "이혼하지 말라", 또는 "어떤 이유로도 이혼하지 말라. 그러나 이러한 이유로는 ...." 그런 직접적인 도덕적 권고를 전하는 설교자가 상처를 가져다줄 위험이 분명 있다. 그러나 또한 많은 회중 가운데에는 이런 구체적인 도덕적 가르침에 굶주려 있는 이들도 있다. 성경 그 자체가 그런 직접적인 도덕적 규칙과 권고를 가득 담고 있다.

최종적이고 더 직접적인 수준의 도덕적 가르침은 설교단에서의 판단을 통해서도 가능하다. 이러한 판단은 하나의 특정 상황에서 도덕적 의무가 어떠해야 하는지에 관한 도덕적 선언과도 같다. 회중 가운데 어떤 이들이 다른 인종의 사람들을 환영하지 않는 것을 보게 된다면 설교자는 그런 모습에 대해 이렇게 말할 것이다.

"우리는 모든 사람에게 우리의 문과 마음을 열어야 하고 또 열 것입니다."

모든 도덕적 언급은 회중에게 책임을 지우는 명령과 그런 도덕적 명령을 받아들이고 지키는 예수님을 따르는 이들이 되도록 하는 하나님의 힘에 대한 인식 사이에 균형을 잡기를 원할 것이다.

이를 넘어서서 일정한 회중을 향해 무엇을 해야 하는지 설교자가 특정한 판단을 제공하는 것은 아마 적절하지 않을 것이다.

257

도덕주의(Moralism)

그러나 설교자는 사적인 목회적 대화 속에서 그런 구체적인 도덕적 지침을 제공하기 위해 준비될 필요가 있다.

결국, 개인 윤리와 같은 그런 것은 없을 것이다. 그리스도의 규칙으로부터 예외인 삶의 영역은 없다. 그리스도인들은 공동체이며, 그리스도의 몸이고, 그래서 그 몸의 한 부분에 영향을 주는 것은 나머지 모든 이에게 영향을 미친다. 개인과 사적 영역의 현대적 개념은 기독교의 자료보다 세상적인 것에 더 많은 빚을 지고 있다. 개인적인 도덕성에 대한 민감한 문제를 겸손과 정직, 연민과 대담함을 가지고 다루는 설교자가 오늘날 우리 가운데 절실히 필요하다.

참고 문헌 David P. Gushee and Robert H. Long. *A Bolder Pulpit: Reclaiming the Moral Dimension of Preaching*. (1998); James William McClendon. *Systematic Theology: Ethics*. (1986); Glen H. Stassen and David P. Gushee. *Kingdom Ethics: Following Jesus in Contemporary Context*. (2003).

도덕주의(Moralism)
시드니 그레이다누스(Sidney Greidanus)

메리암 웹스터 사전(Merriam Webster's dictionary)은 정의하길, "도덕주의는 도덕화하는 습관 또는 실천을 의미"한다. 설교에서 도덕화는 성경 본문의 저자가 의도하지 않았음에도 그 설교 본문으로부터 도덕적 내용을 이끌어냈다는 것을 의미하는 경멸적 용어다.

물론, 성경 저자들은 바른 행동과 같은 도덕을 자주 가르친다. 십계명처럼 구약의 율법서는 올바른 행동에 관해 가르친다. 아모스와 같은 선지서나 잠언과 같은 지혜서도 그러하다. 산상수훈이나 복음서의 다른 부분에서도 예수님은 올바른 행동에 대해 가르치신다. 바울은 올바른 행동을 권고하면서 권면으로 그의 모든 서신들을 마무리한다. 설교 본문의 저자가 도덕을 가르치고자 의도할 때, 오늘의 설교자는 자연스럽게 그걸 따라야 한다.

그러나 저자가 도덕을 가르치고자 하지 않는데 설교자가 여전히 그 본문으로부터 도덕을 끌어내려고 할 때, 결과는 도덕화가 되고 만다.

설교자는 보통 연관성 있는 설교라고 인정받고자 도덕주의의 함정에 빠지게 된다. 그런 경우 설교자는 설교가 회중으로 하여금 무언가를 하도록 하거나 하지 않도록 가르쳐야만 비로소 설교가 완성된다고 생각한다. 그래서 설교자는 본문이 올바른 행동 또는 잘못된 행동에 대해 뭐라고 말하는지를 살피는 도덕주의적 렌즈를 통해 본문을 읽는 경향이 있다.

그러나 모든 성경 본문이 행위의 이슈에 관해 말하는 것은 아니다. 예를 들어, 성경의 이야기를 마치 율법서를 읽듯이 보는 것은 장르에 대한 오류이고, 본문의 의도와 상반되게 도덕에 관한 것을 그 본문으로부터 끌어내는 결과를 가져온다. 그 과정에서 본문의 진정한 상관성은 사라지고 만다.

원저자는 이스라엘로 하여금 무언가를 행하도록 하기 위한 목적을 가지고 이 본문을 쓰지 않았을 수 있다. 오히려 하나님의 신실하심에 대해 이스라엘 백성들에게 가르치고, 포로 상황 중에도 위로하시며, 초기 그리스도인들로 하여금 부활하신 주님을 향한 믿음을 갖도록 박해 받는 성도들에게 소망을 주기 위함일 수 있다. 설교의 진정한 상관성은 무언가를 행하고 하지 않고를 더함에 있지 않고, 본문의 원래 의미를 분별하고 이 상관성을 지금 여기 교회로 전달함에서 발견된다.

도덕화는 특히 성경 이야기에 관한 설교를 감염시키는 경향이 있는 바이러스와도 같다. 이야기의 주제를 경청하는 대신 어떤 설교자들은 윤리적 모델이라 여기는 성경 인물, 경쟁 속의 영웅, 또는 경고를 주기 위한 악당에게 영점 조준을 한다. 결국, '하라' '하지 말라'와 같은 임의적 요소들을 이야기에 추가하고 만다.

이러한 바이러스에는 '-처럼' 또는 '-와는 달리'와 같은 단어들이 꼬리표처럼 따라 붙는다. 예를 들어, "다윗처럼, 우리 모두 우리의 골리앗을 맞서 용감히 싸워야 합니다", "다윗과 달리 우리는 간음으로 이끄는 유혹으로부터 피해야 합니다", "시므온처럼 우리는 이스라엘의 위로를 기다려야 합니다"(눅 2:25), "도마와 달리 우리는 예수님의 부활을 의심하지 말아야 합니다."

성경의 인물들에 관한 성경 저자의 묘사는 회중을 위한 소위 처방으로 너무 쉽게 변해 버린다. 그렇게 함으로써 설교자는 본문의 핵심을 놓칠 위험을 가진다. 성경 저자의 의도가 이스라엘이나 초기 교회를 위한 행위 모델로서 성경 인물을 그리려 하는 것이라면, 오늘날 설교자는 이를 따를 수 있다. 그러나 그것이 성경 저자의 의도가 아니라면, 오늘날 설교자는 본문에 그들의 도덕적 견해를 부여하는 것을 피해야만 한다.

도덕적 설교는 본문의 메시지를 왜곡시키고, 그 메시지의 의미를 성가신 '하라', '하지 말라'로 회중에게서 격하시키게 만들고, 복음을 숨기고 만다. 설교자가 만약 "그리스도 안에서 하나님이 세상을 당신 자신과 화해시키고자 하셨다"(고후 5:19)는 성경의 복음을 먼저 묻고, 그러고나서 저자의 메시지(주제)가 무엇이며, 저자는 왜 이것을 그때 써야 했으며(목적)와 같은 본문 원래 상관성에 관해 질문한다면, 설교자는 회중을 보다 잘 섬길 수 있을 것이다. 이것이 오늘날 교회에 적합한 설교를 위한 성경적 기초가 될 것이다.

참고 문헌 Sidney Greidanus. *Sola Scriptura: Problems and Principles in Preaching Historical Text*. (1970).

표절(Plagiarism)

리처드 C. 스턴(Richard C. Stern)

표절은 설교자에게 있어 윤리적 실천의 목록에 포함될 만한 가장 주된 요소 중 하나이다. 그러나 또한 범하기 가장 쉬운 것 중 하나이기도 하다. 라틴어 *kidnapper*에서 유래한 표절이란 단어는 적절한 인식 없이 사용되기도 한다.

설교에서 표절은 마치 설교자 자신의 독창적인 것인 것처럼 특정하고, 개인적이며, 저작권을 보호받는 타인의 독특한 아이디어를 사용하는 데에서 흔히 생긴다. 표절

표절(Plagiarism)

은 또한 마치 설교자 자신의 것처럼 타인의 경험을 자신의 것인냥 주장하는 것도 포함한다. 예를 들어, 다른 사람의 이야기를 마치 설교자 자신에게 일어났던 것처럼 사용한 것도 표절이다. 마지막으로, 표절은 다른 사람의 설교의 기본적 틀 또는 요지를 마치 자신의 것처럼 사용하는 것 역시 포함한다.

책이나 정기 간행물, 인터넷과 같이 쉽게 사용 가능한 설교학 자료들이 넘쳐나게 되면서 표절은 더 쉬워지고 일반적인 것이 되었다. 표절은 노골적이거나 감지하기 힘든 경우도 있고, 의도되거나 의도치 않은 경우도 있다. 그래도 주석가들은 표절을 명백한 윤리 위반이라 여긴다.

설교자는 저작권을 보호받는 자료들을 설교의 흐름에 크게 방해 받지 않으면서도 적절하게 사용할 수 있다. 예를 들어, 설교 준비에 사용하도록 의도되고 판매된 자료를 사용할 때에는 저자의 허락을 받을 필요가 없다. 그러나 표절은 설교자가 그 자료를 사용함에 있어 마치 자신이 창안하고 상상하고 먼저 경험한 것처럼 행동하면서 출처를 밝히지 않고 사용할 때 문제가 된다.

다른 분야나 학계에서는 표절에 대한 기준이 당연히 더 엄격하고 그 결과 역시 더 심각하게 다룬다. 학문 연구 분야는 일반적으로 오랜 시간에 걸쳐 면밀한 검토를 거치는 반면, 설교는 어떤 의미에서 한 사람, 하나의 장소, 일회적 시간 동안 사용되는 일회용 매체이다. 그러나 설교 표절의 파장은 심각할 수 있다. 최근 몇 년간 일부 설교자들은 표절 설교로 인해 사임하기도 했고, 자리에서 물러나야 했다. 이러한 상황은 대부분의 회중이 설교자가 고의적으로 또는 의도적으로 표절하지 않을 것이라 여기고 있음을 시사한다. 설교자의 신뢰도는 부분적으로 이러한 가정에 달려 있다.

그렇다고 해서 좋은 아이디어가 다른 사람에게서 나올 수 있고, 설교에 유용할 수 있다는 것을 부인하는 것은 아니다. 확실히 그러하다. 중요한 것은 설교자의 정직성이고 설교자와 설교 되는 말씀의 진실성에 있다.

다른 사람의 생각이 설교자로 하여금 자신의 생각을 발전시키는 것을 막는 것일까? 아니면 다른 사람의 생각이 설교자의 생각을 더 낫게 만들고, 지지하고, 심지어 교정해 주기까지 하는 것일까?

개인적 신뢰를 가져다주는 에토스는 설득(설득 참고)의 한 수단이다. 회중은 설교자가 믿음의 사람이며, 그 믿음의 윤리적 측면을 실천하려고 애쓰는 사람이라고 가정한다. 마치 내 것인 것처럼 다른 사람의 것을 사용하는 것은 분명 설교자를 위태롭게 만든다.

교회 역사 속에는 설교가 보편적이지 않던 시절도 있었기에 어떤 설교자들의 경우에는 의도적으로 다른 사람들이 사용하게 될 설교를 준비했던 그런 때도 있었다. 심지어 오늘날에도 신학교 훈련을 받아야 할 것 같은 성직자들 중 일부 설교자 가운데에는 그들의 교인들이 지역교회 설교자의 평범한 설교보다 더 잘 만들어진 표절 설교에 의해 더 좋은 것을 얻는다는 체념 또는 합리화를 가지고 있기도 하다. 기껏해야 이러한 모습은 증가하는 요구와 많은 성직자의 사라져 가는 도덕성 때문에 자리 잡고 있는 불행한 태도이다.

여러 행정적 일들과 다른 요구들이 증가하기 때문에 설교에 헌신할 수 있는 시간이 줄어들고 있다. 표절의 또 다른 원인은 시간 관리의 부족함과 잘못된 우선순위, 교육 또는 관심의 부족, 과도한 헌신 등이 있다. 준비 부족으로 인해 처음엔 한 번씩 하던 실수가 영구적 표절 행위로 이어지고 만다. (설교의 윤리 참고)

분명 설교나 그 일부분이 표절의 산물인지를 판정하기 힘든 회색 지대가 있다. 설교자는 의미의 수준과 범위, 해석의 역사, 오늘날 상황에의 적절한 적용을 위해 성경 본문을 연구해야 한다.

연구를 통해 얻은 모든 아이디어를 설교에 상세히 기록할 필요가 있는가?

아마도 그렇진 않다. 그러나 마치 살짝 고개를 끄덕이는 것처럼, "나는 이 이야기를 우연히 …에서 발견했습니다", "어떤 신문에서 … 말하더군요", "어떤 성경학자가 … 라고 주장했습니다" 또는 "루터가 … 라고 글을 쓰기도 했습니다"와 같은 표현은 이 생각 또는 이야기가 설교자에게서부터 시작된 것이 아니라는 것을 충분히 인식하게끔 할 것이다. 적절하고 간혹 그렇게 행함으로 설교에서 하는 주장을 지지해 줄 것을 제안한다. 한 성경 주석학자가 명백히 주류 해석으로부터 나온 생각을 제안한다면, 이렇게 언급하게 될 것이다.

"대부분의 주석학자가 동의하겠지만, 펜스터마커는 … 라고 주장한다."

종교적 관점 안에서 의사소통 윤리에 대한 리처드 L. 요한센(Richard L. Johannesen)의 논의는 네 가지 원칙을 주장한다.

첫째, 인간은 하나님의 형상을 반영한 존재로서 온전히 존중을 받을 자격이 있다.

둘째, 정직은 설득의 모든 측면에서 실천되어야 한다.

셋째, 오직 최고의 언어만이 사용되어야 한다.

넷째, 청중의 진정한 필요가 파악되고, 그 진정한 필요를 충족시키기 위한 시도가 이루어져야 한다(Johannesen 1983, 78).

이러한 경우 설교는 설득력 있는 연설의 한 형태로 간주될 수 있다. 다른 사람의 자료, 생각, 경험을 마치 내 것인 양 사용하는 것은 분명히 위의 원칙에 위배된다. "최고의 언어"를 사용한다는 것조차 단지 눈부신 말을 사용하는 것 이상을 의미한다. 최고의 언어는 회중의 상황에 맞는 것이고, 지역교회 설교자는 누구보다 그것을 잘 판단할 것이다.

참고 문헌 Richard L. Johannesen. *Ethics in Human Communication*. 2nd ed. (1983); Richard L. Johannesen. "Perspectives on Ethics in Persuasion." *Persuasion: Reception and Responsibility*. Edited by Charles U. Larson. 5th ed. (1989) 28-55.

윤리와 정치(Politics, Ethics and)

제임스 A. 노엘(James A. Noel)

모든 설교는 정치적이다. 그러나 설교는 정치에 제한되거나 축소되어서는 안 된다. 누군가 설교와 정치에 대해 생각하는 방식

윤리와 정치 (Politics, Ethics and)

은 교회와 정치에 대해 생각하는 방식과 연결된다. 인권 운동 중 앨라배마주의 버밍햄에서 인종 분리에 반대하여 항거한 마틴 루터 킹(Martin Luther King)에 비판적인 광고를 게시했던 성직자들처럼 어떤 이들은 교회가 정치적으로 연관되어서는 안 된다고 주장한다. 설교는 정치적이어서는 안 된다고 하는 견지를 따르는 것이다. 그러나 비정치적 입장 역시 정치적인 것처럼 보인다. 더욱이 설교자에게 그 이슈는 정치적 설교를 하느냐 마느냐를 결정하는 것이 아니다.

설교자에게 도전은 설교자로 하여금 본문과 회중 그리고 설교자 자신의 정치적 맥락 가운데서 구분하고 계속 주의를 기울이고 또 협상하게도 하는 해석학적 방법을 개발하는 것이다. 이건 다소 까다롭다. 그렇게 하는 노력은 역사비평과 독자반응비평의 예술적 조화를 통해 잘 이루어진다(독자/청자반응비평 참고).

설교가 명시적으로나 은연중으로나 정치적이지 않을 수 없는 이유가 몇 가지 있다. 그 본성상 설교는 원저자나 편집자, 독자의 상황과 맥락을 고려해야 한다. 더불어 설교자는 그 맥락들과 설교가 전해지는 곳 사이의 간격을 메우려 해야 한다. 설교자가 본문의 원래 맥락의 정치적 측면을 무시할 수 있을 것이라는 것은 오직 본문에 극단적 폭력을 가함을 통해서다. 사실 원래 본문은 인간적인 노력의 사회적, 정치적, 종교적 영역들이 서로 별개의 것으로 보이지 않는 것이 대부분이다.

하나님이 북이스라엘과 남유다의 경제적 엘리트들과 왕들에게 주셨던 훈계가 매우 자주 외교 정책과 가난하고 억압받는 사람들에 대한 대우와 관련이 있다는 것을 구약성경이나 유대교 경전에 나오는 선지서들을 대충 읽어만 보아도 알 수 있다. 신약 서신서들에서 노예들이 그 주인들에게 순종해야 한다고 훈계할 때처럼 정치적 동기들이 비정치적 입장을 지지하는 것처럼 보이는 성경 본문에서도 파악될 수 있다.

그러므로 이러한 본문들에 대해 정치적 내용과 맥락을 분석하지 않는 어떤 연구도 적절한 주해로 인정될 수 없다. 누군가의 성경 본문 해석 속에는 영적, 문화적, 심리학적, 사회적인 다양한 차원이 또한 포함되고 고려되어야 하기 때문에 그 본문의 정치적 역동성을 파악하는 것은 그 본문 의미를 고갈시키는 것이 결코 아니다.

설교는 정치적 문제들에 관여해서는 안 된다고 하는 개념은 교회 역사 속에 최근의 입장에 해당한다. 로마가톨릭교회는 이러한 설교 이해를 가지고 있지 않았다. 개신교 역시 마찬가지였다. 정치적 영역을 지역과 문화의 영역과 구분되는 것으로 개념화하는 것이 미국 독립전쟁과 프랑스 혁명 이후까지는 일어나지 않았다. 이러한 사건들로부터의 한 가지 결과는 사람들이 정교 분리의 관점에서 세속적인 것과 개인 영역에 관한 개념을 인지할 수 있게 되었다는 것이다. 그러나 그때조차 설교는 계속해서 정치적 주제를 언급했다.

자유라는 용어가 아마도 현대인들이 인간의 본성과 의미, 그리고 가장 깊은 열망을 정의하기 위해 사용했던 기본 은유가 되었기 때문에 정치적인 것이 계속해서 설교 안에 스며들었을 것이다. 그러나 이 용어는 율법으로부터의 자유라는 은혜에 대한 이해의 관점에서 개신교회 안에 이미 영향을 미치고 있었다. 그래서 인간 자유는 정치적, 종교적, 그리고 사적 영역 안에 위치하게 되었다.

어떻게 인간이 이 세 가지 영역에 동시에 머물면서 하나님이 주신 자유를 행사할 수 있는지를 설명하는 것이 정치적 설교의 주된 문제로 여겨져 왔다. 특히, 한때 인간이 사적 재산으로 여겨졌던 미국에서 말이다. 그래서 자유에 관한 언어는 언제나 누군가 겪었던 자유 없는 현실을 감추었다. 18세기 미국 설교자는 정치적 자유를 종교적 자유를 위한 필수적 특권으로 여겼다. 법은 인간의 자유를 보호하고, 정의를 지키며, 악인들로 하여금 바르게 행동하도록 강제하기 위해 존재했다.

우리는 독립 선언문과 선거 설교, 포병 설교, 예레미야드(애도-역주) 형식, 식민 시대 동안 추수감사절과 같은 특별한 날에 행해졌던 설교 등에서 이 문제가 다양하게 다뤄지는 것을 확인할 수 있다. 이러한 설교 형식들이 독립전쟁 후에는 거의 발전하지 않았음에도 불구하고 완전히 사라지지는 않았다. 노예 제도를 반대하는 설교가 있었고, 남북전쟁 동안 남부와 북부 성직자들 모두 하나님을 자신들의 대의를 대변하는 하나님으로 묘사하는 설교를 했고, 그 대의는 양측 모두 자유의 명분이었다.

월터 라우셴부쉬(Walter Rauschenbusch)가 주된 대변자 역할을 했던 사회 복음이 이후 등장했다. 제1, 2차 세계대전 기간 동안 미국의 성직자들은 인간의 자유와 민주주의, 즉 미국과 그 동맹들 쪽에 선 분으로 하나님을 묘사했다.

제2차 세계대전 이후 미국은 아프리카계 미국 시민들을 위한 자유를 실현해야 한다는 문제를 직면하게 되었다. 마틴 루터 킹 주니어는 인권을 주장하는 자들의 요구를 법제화하기 위해 독립선언문으로부터 이끌어냈다. 여러 남부 주의 법들이 아프리카계 미국인의 자유를 거부하기 위해 사용되어 왔기에 킹은 자신의 〈버밍험시 감옥으로부터의 편지〉(Letter from Birmingham City Jail, 1963)에서 어떤 법은 정의롭고 또 다른 법들은 그렇지 못하다고 지적했다.

그러나 미국에서의 인종 차별에 대한 킹의 비판은 그가 옹호했던 희생자들에게 내려진 결과를 면하게 할 수는 없었다. *Where Do We Go from Here? Chaos or Community?* (우리는 여기로부터 어디로 가는 것인가? 혼돈이냐 공동체냐?, 1967)라는 자신의 글에서, 킹은 자신에게 고난으로부터의 자유란 오직 투쟁으로만 찾아오고, 아프리카계 미국인공동체조차 자유를 위한 완전한 대가지불을 하지 않았다고 여겼다.

킹의 설교와 저술로부터 우리는 설교자가 모든 인간적인 물질적, 관념적 구조를 비판하는 종말론적 실재로서 하나님 나라에 대한 감수성을 보여 준다면 설교자가 마땅히 자신의 정치적 헌신과 책무를 가볍게 여길 필요가 없음을 알 수 있다. 오늘날 미국 교회의 정치적 상황은 미국의 비기독교 외국 영토에 대한 군사적 참전이 자유라는 이름으로 정당화되고 있는 현실이다. 교회는 이러한 정당화 주장에 대해 언급해야만 한다. 왜냐하면, 정치라는 용어는 세속적, 종교적, 사적 영역이라는 세 영역에 자리하기 때문이다.

설교의 윤리(Preaching, Ethics of)

참고 주제 설교의 윤리; 사회 정의

참고 문헌 Hannah Arendt. *Between Past and Future*. (1968); Bernard Bailyn. *The Ideological Origins of the American Revolution*. (1967); Eric Foner. *The Story of American Freedom*. (1998); Ellis Sandoz, ed. *Political Sermons of the American Founding Era: 1730-1805*. (1991); James Melvin Washington, ed. *A Testament of Hope: The Essential Writings of Martin Luther King, Jr.* (1986).

설교의 윤리(Preaching, Ethics of)
찰스 L. 캠벨(Charles L. Campbell)

무엇이 설교를 윤리적이거나 비윤리적인 것으로 만들까?

설교자는 설교단에서 윤리적으로 무엇을 해야 하며, 무엇을 하지 말아야 하는가?

설교의 윤리는 이런 질문들에 집중하며 설교에 있어 윤리적 측면들을 연구한다.

이 질문들에 대한 답과 그에 따른 설교 윤리는 설교 자체에 대한 이해에 의해 형성될 것이다.

설교에서 윤리적 성찰은 세 가지 영역에서 요구된다.

첫째, 설교는 윤리적 행위들과 마찬가지로 목적과 수단을 모두 포함한다. 설교의 이 두 가지 차원은 설교에 대한 이해에 따라 다른 형태를 취한다. 그리고 각 차원은 진지한 윤리적 성찰을 요구한다.

예를 들어, 설교의 목적이 어떤 대가를 지불해서라도 사람을 변화시키기 위한 것이라면, 변화의 목적이 설교자가 택하는 어떤 수단도 정당화하게 될 것이라 주장할 것이다. 이러한 수단들이 위협이나, 조작, 죄책감, 심지어 언어적 폭력을 사용할 경우, 추구하는 목적과 사용된 수단 모두와 관련해서 깊은 윤리적 질문들이 제기된다.

마찬가지로 설득 또는 변화를 설교의 목적으로 이해하는 설교자들은 이러한 설교의 목적을 연구해야만 할 뿐 아니라, 그 목적을 성취하는 방식이 윤리적으로 적절한지 역시 살펴야 할 것이다.

대화식 설교의 형태나 귀납식 설교 또는 이야기식 설교와 같이 설교에 대한 보다 더 열린 접근들 역시 진지한 윤리적 성찰이 요구된다. 이러한 접근들은 언제나 그렇지는 않지만 일반적으로 지배적이지 않고 강압적으로 주도하지 않는다. 그러나 그래도 또 다른 윤리적 이슈들을 가져올 수 있다.

예를 들어, 설교자는 모든 회중이 자신의 결론을 내릴 수 있도록 설교를 열어 놓고 마무리하기보다는 어느 위치에 서서 확신을 나누고 복음에 기초한 도덕적 주장을 해야 할 윤리적 의무가 있는가?

완전히 열린 결론의 설교가 가지는 목적과 수단은 복음에 윤리적으로 도전하는 것과 설교에서의 책임에 관한 질문들을 제기하게 된다. 그래서 설교에 관한 모든 이해는 암묵적인 윤리적 확신과 설교자에 의해 비판적으로 검토될 필요가 있는 이슈들을 가져다준다.

둘째, 설교 언어에 있어서도 윤리적 성찰이 요구된다. 이미 암시되어 온 것처럼, 설교자는 자신의 언어가 통제적인지 또는 심지어 폭력적이지는 않은지 늘 검토해야 한다. 그뿐만 아니라, 설교자는 자신의 설교에서 실제 예가 될 만한 자료, 설교에서 사용하는 이야기, 은유, 예들에 주의를 기울일 필요가 있다.

이러한 자료가 특정한 사람들을 비하하거나 배제하지는 않는가?
예를 들어, 성경 내용으로 뒷받침 된다 하여도 시각 장애인들이 항상 부정적인 용어로 제시되지는 않은지, 겉으로 볼 때 장애가 있는 사람들이나 유색 인종들을 비하하게 되는 것은 아닌지?
설교에서 제자화의 긍정적 예들이 언제나 남성에 관한 것이고, 그래서 여성들은 제자로서 적절하지 않은 역할을 한다고 여기고 여성들을 설교에 참여함에 잠재적으로 배제하고 있지는 않은지?
사용되는 예들이 항상 어른들에 집중하고 있어서 청소년과 아이들을 설교로부터 떠나게 하지는 않는지?

설교 윤리는 모든 설교자에게 직면하는 이러한 언어적 도전들도 고찰한다.
셋째, 회중과의 관계를 포함한 설교자의 성품에 대한 윤리적 성찰이 필요하다. 설교 윤리는 진실함과 겸손함과 같은 설교자에게 요구되는 덕목들을 살핀다. 또한, 이러한 덕목들이 설교 안에 어떻게 구체화되는가에 대해서도 연구한다. 더 포괄적으로, 설교 윤리는 설교자와 회중 사이의 관계의 특징을 반영할 것이다. 권위적 지배로부터 부모의 마음으로 지도하고, 상호 간 우정을 다지고, 목양 관계에 이르기까지 다양한 종류의 관계가 가능하며, 이 모든 관계가 중요한 윤리적 의미를 가진다.

이런 점에서 설교에 대한 좁은 이해를 뛰어넘어 언제나 설교에 기여하는 설교자와 회중의 삶을 포함할 때 설교의 윤리 범위는 꽤나 광범위해진다. 어떻게 설교하며 어떻게 사느냐는 밀접하고 불가분의 관계 가운데 있다. 참으로 설교자의 성품과 회중과의 관계 본질은 앞서 언급한 설교에 있어 다른 윤리적 차원들의 자격을 부여한다.

예를 들어, 회중과 설교자의 관계가 우정의 특징을 가진다면, 특정한 주장을 하는 연역적 설교가 지배적이거나 권위적인 인상을 주지 않을 수도 있지만, 한 친구가 다른 친구에게 하는 직접적이고 정직한 이야기처럼 들릴 수도 있을 것이고, 심지어 회중 속 친구들 사이에서의 더 큰 규모의 대화의 일부처럼 들릴 수도 있을 것이다. 역시나 만약 설교자와 회중과의 관계가 조작 또는 속임에 의해 특징지어진다면, 보이기에 열린 결말 형태의 대화적 설교마저도 비밀스럽고 조작적인 것으로 들릴 수 있을 것이다. 설교의 윤리는 참으로 많은 영역을 포함한다.

넷째, "오늘날의 상황에서 설교의 윤리에 관한 성찰은 누가 설교할 수 있는가"라는 질문과 씨름해야 한다. 이 질문은 설교의 윤리와 관련된 중요한 이슈들에 주목한다. 많은 이가 주목하는 바와 같이 사람들에게 침묵하는 것은 폭력의 행위이고, 폭력은 우리 시대의 거대한 윤리적 이슈 중의 하나다. 결과적으로 소외되고 있는 특정한 사람들이 설교에서 침묵되고 그래서 그들의 목소리가 들려질 수 없을 때, 설교의 자리는 그 자체로 폭력의 자리가 될 수 있다.

설교의 윤리 (Preaching, Ethics of)

오늘날 교회 가운데 이러한 중요한 윤리적 이슈는 설교에서 다루는 윤리에 있어 심각한 성찰이 요구된다(성별, 인종, 민족 참고).

설교자는 이러한 문제들을 어떻게 윤리적으로 판단할 수 있을까?

설교의 윤리라는 표현은 최소한 두 가지 옵션을 설교자에게 제공한다.

한편으로, 설교자는 윤리로 시작하여 윤리적 성찰이 설교의 윤리를 알려 주는 방식을 탐구할 수 있다. 이런 의미에서 윤리가 주체가 되고, 설교는 그 대상이 된다. 설교는 윤리적 설교에 관한 이해를 형성하게 하는 윤리적 성찰의 지혜를 얻게 된다. 예를 들어, 설교자는 회중의 성품을 양육하기 위해 사용할 만한 적절한 방법들뿐만 아니라 설교자에게 필요한 덕을 탐구하는 성품(덕) 윤리의 오랜 전통으로 향할 수도 있을 것이다. 또는 설교의 실천에 있어 해방 윤리가 가지는 함의를 개발할 수도 있을 것이다. 이러한 예들에서 보듯, 윤리의 영역으로부터의 통찰력으로 시작해서 그것들을 설교에 적용하게 된다.

다른 한편으로, 설교의 실행 그 자체가 설교자를 위한 함축적이거나 외적으로 명백한 윤리적 안내를 담고 있는지 질문할 수도 있을 것이다. 이런 접근으로 설교는 주체가 되고, 윤리가 객체가 된다. 이러한 질문을 하게 된다.

설교하는 것 그 자체가 특정한 윤리를 구현해 내는가?

윤리의 영역에 의해 무언가 얻게 되는 설교이기보다 설교의 윤리가 설교 그 자체의 특징으로부터 자라나게 된다.

예를 들어, 누군가 "예수님이 오셔서 … 설교하셨다는 사실의 윤리적 의미가 무엇인가"(막 1:14)라고 물을 수 있을 것이다. 누군가는 설교하시고자 하신 예수님의 선택이 윤리적으로 의미가 있다고 주장할 수도 있을 것이다. 예수님은 강요를 선택하지 않으셨다. 그러하셨으면 하는 기대가 분명 있었음에도 불구하고 결국 예수님은 무기도 전쟁도 택하지 않으셨다. 광야에서 분명 그런 방법을 택하라고 유혹을 받으셨음에도, 예수님은 지배하는 방법을 택하지 않으셨다. 결국, 예수님은 폭력을 선택하지 않으셨다. 물론, 예수님은 조용히 머물지 않으셨고 세상 속에서의 지배와 죽음의 세력에 적극적으로 도전하셨다. 그렇지만 예수님이 무장하신 유일한 무기는 "하나님의 말씀인 성령의 검"(엡 6:17)이었다.

그때 예수님이 설교를 택하신 것은 구분된 윤리적 선택을 포함하는 것이며, 지배와 죽음의 세력에 대한 비폭력적 저항이었다고 누군가는 결론을 내릴 수도 있다. 또 다른 접근 방식들은 예수님이 위해 일하셨던 목적, 곧 하나님의 평화와 통치와는 상충할 것이다.

이러한 틀 안에서 설교의 윤리는 지배 세력과 죽음의 힘에 능동적으로, 하지만 비폭력적으로 도전하는 것을 포함한다. 설교자는 침묵함으로 머물러 있지 않을 것이다. 그러나 동시에 설교자는 강제성이나 폭언은 피할 것이다. 설교자는 어딘가에 서서 존재하는 힘에 적극적으로 도전하는 동시에 지배와 조종을 피하기 위해 노력하는 설교 형태와 언어를 추구할 것이다. 이처럼 설교자와 회중 사이의 관계는 지배적 관계가 아니라 우정에 더 가까운 관계라 하겠다. 결국, 그런 설교는 소외된 목소리를 설교단으로부터 배제함으로 침묵시키는 일종의 폭력에 저항할 것이다.

설교에 대한 이러한 윤리적 이해는 설교 행위 자체의 윤리적 차원에 관한 연구가 설교의 윤리를 형성하는 방법의 한 예가 될 뿐이다. 실제 설교를 훨씬 넘어서서 그런 윤리가 포함될 다양한 차원이 있음을 암시한다.

모든 설교자는 각자의 설교나 삶에서 내재되어 있거나 또는 분명히 드러나는 설교의 윤리를 가지고 있다. 이러한 설교의 윤리에 관한 비판적 성찰과 이러한 윤리를 복음에 합당하게 하려는 의도적인 노력이 설교자와 회중에게 중요한 임무가 된다.

참고 문헌 Charles L. Campbell. *The Word before the Powers: An Ethic of Preaching*. (2002); James H. Harris. *Preaching Liberation*. (1995); John S. McClure. *Other-Wise Preaching: A Postmodern Ethic for Homiletics*. (2001); Christine M. Smith. *Preaching as Weeping, Confession, and Resistance: Radical Responses to Radical Evil*. (1992); Arthur Van Seters. *Preaching and Ethics*. (2004); J. Philip Wogaman. *Speaking the Truth in Love: Prophetic Preaching to a Broken World*. (1998).

자기 노출(Self-Disclosure)
G. 리 램지 주니어(G. Lee Ramsey Jr.)

설교에서의 자기 노출은 설교의 스타일과 내용에서 설교자의 인격을 드러내 주고 복음을 설명하기 위해 설교자의 경험, 예를 들어 개인적 이야기, 일화나 간증 등을 선택적으로 설교에 포함시키는 것을 말한다.

1. 배경과 맥락

적어도 사도 바울 이후 설교자들은 자신의 이야기 일부분을 보다 큰 복음 이야기에 대한 선포 안으로 연결시켜 왔다.

바울은 자신의 설교와 가르침에서 자신의 회심(고전 15장)과 사역에서 동역자들을 향한 애정의 마음(빌 1:3-11)을 언급하고, 그의 육체에 가시가 있다(고후 12:7)며 흥미롭지만 모호한 자기 공개를 제공한다. 바울은 예수 그리스도께 얼마나 신실한지가 자신의 삶에 어떻게 영향을 미쳤는지, 생각, 감정, 믿음의 수준에서 어떠했는지 회중 앞에 드러낸다. 더 중요한 것은 바울은 죽으시고 부활하신 구원자에 대한 충성이 어떻게 세상 속에서 한결같은 헌신을 이끌어 가게 했는지를 보여 주었다는 점이다.

바울 이후 설교자들은 진실한 설교를 전하고자 하는 소망 속에 메시지와 일치된 메신저가 되기 위해 시도해 왔다. 북미 상황에서 개인적 간증 형태로의 설교는 제1차 대부흥과 개신교 복음주의가 나라 전반에 퍼졌던 19세기에 걸쳐 크게 지지를 받았다. (부흥 참고).

크리스틴 헤이르만(Christine Heyrman)이

자기 노출(Self-Disclosure)

기록하는 것처럼 백인 설교자나 아프리카계 미국인 설교자나 미국 남쪽 지역에서 점점 증가하고 있는 추세는 주간 설교의 시금석으로 설교자 개인의 회심에 관한 이야기가 사용되고 있다(1997, 232). 다양한 형식으로 전통이 오늘도 계속되고 있다.

최근의 설교학 이론은 현대 설교에서 자기 노출의 적절성을 묘사함에 어려움을 겪고 있다. 인간의 경험을 두고 기독교 계시의 신뢰할 만한 자료로 여길 수 "없다"고 하는 칼 바르트(Karl Barth)의 분명한 일깨움 가운데 설교단에서의 자기 노출을 가치 있게 여기는 전통 속에 있는 설교자마저 그러한 입장에 정당하게 의문을 제기해 왔다.

한편, 데이비드 버트릭(David Buttrick)은 자기 노출은 사실상 기독교 선포 안에는 위치할 수 없다고 주장한다(1987, 141-43).

반면, 프레드 크래독(Fred Craddock)은 특별히 이야기의 예술적 활용을 통해 개인적 경험을 생동감 있게 접목하는 것이 복음 설교를 활기 있게 할 수 있다고 주장한다(1985, 208).

2. 신학적 고찰

주요한 신학적 질문은 설교에서 설교자의 자기 노출이 복음 선포에 기여하는지 방해하는지에 관한 것이다. 신약학자 도드(C. H. Dodd)가 밝힌 바와 같이(1937) 기독교 선포의 중심에 있는 케리그마가 곧 기독교 설교의 신학적 내용이다. 어떤 방식으로든 기독교 설교는 예수 그리스도의 삶, 죽음 그리고 부활을 통해 하나님의 구원 은혜를 가리킨다. 그렇다고 구약의 말씀에 기초한 설교가 반드시 십자가 아래에서 끝나야 한다는 것은 아니다. 그러나 기독교 선포 안에는 예수 그리스도를 통해 가장 완전하게 표현되는 하나님의 창조와 구속과 도우시는 은혜를 중심으로 하는 핵심적인 신학적 내용이 있다.

문제는 설교자의 삶이 복음을 조명하거나 모호하게 하느냐이다. 우리 자신과 하나님 사이의 거리, 죄에 대한 인간의 성향을 인식할 때, 버트릭(Buttrick)은 "대체로 우리는 복음에 많이 부족한 대리자"(1987, 106)라고 주의를 준다. 회중과 연결되기를 갈망한 채 일부 설교자들은 자신들의 삶 속에서의 극적 사건을 통해 그들 스스로가 스포트라이트를 받는 것으로 인해 복음이 어둠 속으로 던져질 수 있다는것을 알지 못한다. 듣는 이들은 설교자를 잘 보게 되지만, 정작 예수님은 양 날개 위에 서 계시게 한다. 그런 설교는 인간적인 것으로 가득 채운다. 특히나 신학은 거의 사라져 버린 채 설교자의 삶을 통해 표현된 인간적 상황들로 가득 채워질 뿐이다.

강조되는 신학적 관심은 성육신이다. 디트리히 본회퍼(Dietrich Bonhoeffer)는 "선포된 말씀이 성육신한 그리스도 자신이다"라고 주장했다(1991, 176). 설교 행위는 우리 가운데 그리스도를 분명하고 진실하게 계시한다. 그러나 만약 우리가 자신의 죄악에 대해 정직하다면, 대부분의 설교자는 우리 삶이 인간의 육신으로는 하나님의 영광에 안타깝게도 미치지 못한다는 사실을 인식한다.

신학적으로 말할 때, 분명 예수 그리스도께서 그러하셨듯이 우리는 하나님의 능력

자기 노출(Self-Disclosure)

을 토기에 담긴 보화로 간직할 것이다(고후 4:7). 그러나 설교가 우리 자신에게 지나치게 주목하게 될 때, 보통 청중은 가치 있는 그릇보다는 깨어진 토기 조각들을 본다. 윌리엄 윌리몬(Will Willimon)이 다음과 같이 말했듯이 말이다.

> 우리 설교자들이 우리 자신이 아닌 설교할 다른 것이 있음에 하나님께 감사하게 된다(1981, 61).

3. 심리학적 고찰

1960년 초에 시작해서 설교의 유익을 위해 인문주의적 심리학의 통찰력을 얻기 위해 시도된 여러 목회적 문학이 생겨난다(대중 심리학의 회복 참고). 설교자들은 청중과의 동일시를 강화하고 그들로 하여금 메시지에 잘 순응하도록 하기 위한 방법으로 강단에서 참되고, 진실하며, 연약하라고 배웠다. 많은 신학교 학생은 물론이고 노련한 설교자 역시 설교자는 강단에서 "그 자신이 되도록" 배울 필요가 있다고 배웠다. 설교자에 의한 자기 노출은 설교자와 청중 사이의 관계를 형성하는 주된 수단으로 수용될 뿐만 아니라 권장되었다.

그러한 움직임은 설교 안에서 부분적으로 권위주의에 대한 반발로 인했다. 목적은 설교자로 하여금 높은 곳으로부터 메시지를 전했던 높아진 강단으로부터 사람들 사이에서 인간적 연대 속에 서는 자리에 있게 하기 위함이었다. 강단에서 고삐 풀린 목회자의 권위를 점검한다는 점에서 그 조치는 분명 도움이 되는 수정 사항을 제공해 주었다.

그러나 여러 예방 조치가 뒤따른다. 이미 살펴본 것처럼 설교는 무엇보다도 우리와 함께하시는 하나님을 드러내는 신학적 노력이며 성경 해석의 행위다. 청중과의 동일시를 강화하기 위한 수단으로서 자기 노출을 강조하는 설교는 완전히 다른 무언가가 될 수 있는 위험을 가지고 있다. 즉, 목회자는 설교자 자신의 자아 만족을 얻기 위한 방법으로 강단을 미묘하게 사용하거나 또 그렇지 않을 수도 있다. 복음 선포의 순간이라기보다 설교가 목회자의 고백이 되거나, 관심을 끌고자 하거나, 더 심각한 것은 심리적 과시의 순간이 되기도 한다.

어떤 사람은 설교가 인간 사이에서 한 인간으로서 설교자를 보게끔 회중을 초청할 때 설교에서 상당한 수준의 자기 노출이 목회적 관계를 강화한다고 주장한다. 이런 경우 어떤 설교자들과 회중에게는 이득을 가져다줄 수도 있다. 그러나 여기에서의 위험성은 복음이 인간 관계 수준으로 축소되는 일이다. 이는 목사와 회중 사이의 관계 위에 세운 설교가 관계적 구조물로 가득한 설교를 만들지만, 신학적이고 성경적인 하부 구조에 있어서는 부실한 설교를 만들어 낼 수 있다는 가능성을 제기한다.

그래서 우리에겐 여전히 첫 질문이 남아 있다. 설교자의 자기 노출이 복음을 어떻게 설명하며, 그것이 어떤 방식으로 방해가 되는가 하는 것이다.

4. 실천적 해결책

그 문제는 설교자의 신학적 자기 인식을 통해 해결할 수 있다. 이를 위해서는 설교

자기 노출 (Self-Disclosure)

학적 훈련과 자기 통제가 요구된다. 어떤 의미에서 모든 설교는 설교자의 자기 노출을 포함한다(자기 주해 참고). 설교의 양식, 전달, 내용과 조직 모두 회중에게는 설교자에 관한 무언가를 보여 준다.

메리 앨리스 멀리건(Mary Alice Mulligan)과 론 알렌(Ron Allen)은 설교 청중을 위한 자기 노출의 중요성을 입증한다(2005). 설교자가 자신을 회중에게 드러내느냐 마느냐의 문제가 아니라 어떻게 할 것인가가 중요하다. 성경적, 신학적 해석, 이야기, 예, 비유 등 설교의 구체적인 내용을 선택하고 편집할 때, 설교자들은 다음과 같은 고려 사항들이 도움이 될 것이다.

첫째, 설교가 개인적 자료를 포함하고 있다면, 그 자료의 초점이 누구인가, 설교자나 다른 인물 또는 하나님인가를 평가하라. 바바라 브라운 테일러(Barbara Brown Taylor)가 지적하듯이, 예수님은 "자신의 이야기 속에서 주연이 되지 않으셨다"(1998, 76).

둘째, 설교에 개인적 자료를 포함시키기 전에 그것이 아무리 설득력 있는 것이라 해도 누군가를 직접 주목하게 하지 않고서도 동일한 설교의 목표를 이룰 수 있는 다른 이야기나 예가 있는지를 고려하라.

셋째, 삶의 다른 부분에서의 부족한 친밀감에 대해 대신 설교를 통해 거짓 친밀감을 이루려 하지 말라. 즉, 강단 밖에서 건강한 정서적 관계를 만들고 유지해 감으로 설교 자체가 친밀감을 형성하기 위해 사용되지 않도록 하라.

넷째, 목회적 확신을 드러내려 하거나 배우자, 자녀들, 친구들과 같은 타인을 그들의 동의 없이 포함시키는 것을 피하라.

다섯째, 가장 중요한 것은 누구에게 도움이 되는가 하는 것이다.

설교에서 자기 노출의 의도가 무엇인가? 개인의 이야기가 자기에게 도움이 되는 것인가, 불필요한 것인가, 아니면 청중으로 하여금 예수 그리스도에게로 향하도록 하는 것 말고 다른 목적을 위해 사용되는 것인가?

이러한 그리고 유사한 지침들에 관한 인식은 종종 우리의 겸손하고 절제된 자기 노출이 예수 그리스도를 통한 하나님의 완전한 자기 드러내심을 희미하게 나마 반영할 수 있다는 것을 인식하는 설교자들에게 도움이 될 수 있다.

참고 주제 인격; 헌신적 삶/삶의 스타일

참고 문헌 Dietrich Bonhoeffer. *Worldly Preaching: Lectures on Homiletics*. Edited by Clyde E. Fant. (1991); David Buttrick. *Homiletic: Moves and Structures*. (1987). Fred Craddock. *Preaching*. (1985); C. H. Dodd. *The Apostolic Preaching and Its Developments*. (1937); Christine Leigh Heyrman. *Southern Cross: The Beginnings of the Bible Belt*. (1997); Thomas G. Long. *The Witness of Preaching*. (1989); Mary Alice Mulligan and Ron Allen. *Make the Word Come Alive*. (2005); G. Lee Ramsey Jr. *Care-full Preaching*. (2000); David Switzer. *Pastor, Preacher, Person*. (1979); Barbara Brown Taylor. *When God Is Silent*. (1998); Richard Thulin. *The "I" of the Sermon*. (1989); William Willimon. *Integrative Preaching*. (1981).

사회 정의(Social Justice)

안드레 레스너(André Resner)

정의는 건강하고 사랑이 있고 조화로운 공동체적 삶에 대한 하나님의 비전과 깨어지고 폭력적이며 두려운 세상 사이의 간극을 줄이고자 하는 언행이나 행동으로 생각될 것이다. 사회 정의에 대한 설교는 잘못된 것을 드러내고 문제를 삼는 것으로부터 건강하고 전체적이며 평화로운 공동체 안에서의 삶에 대한 하나님의 비전을 제시함으로 움직인다.

1. 기억과 소망

기억과 소망은 사회 정의라는 배너를 거는 양쪽 기둥과도 같다. 기억한다는 것은 다시 모으는 것이고, 파편화되고 나뉜 몸체를 다시 재조립하는 것이다. 성경에서 반복적으로 하나님은 연약하고 종종 학대받던 이방인과도 같았던 하나님의 백성들의 기억을 강조하신다. 신명기는 하나님의 정체성을 기억할 필요에 관해 지속적으로 강조하는 토라의 반복으로, 특히 가장 연약한 사람들을 대신해서 정의를 행하는 그들의 일상적 행위를 강조한다(신 4:9; 6:1-6; 8:2-20; 10:12-22; 16:18-20).

공동체의 모든 구성원은 어릴 적부터 그들의 정체성과 사명에 관한 이야기를 듣게 되었고, 그 결과, 그들의 생각과 마음과 거주하는 곳에 각인되도록 했다. 어떤 핵심적이고 겸손한 현실들이 상호 돌봄의 공동체로 그들을 만들어 가고자 계속해서 상기되어야 했다.

그들은 주인이 아니라 청지기였다. 그들은 자신의 특별함 때문이 아니라 하나님이 그들을 택하셨기에 구원하시는 하나님의 능력으로 자유케 되었고, 빛의 사자들이 되었다. 이방 땅에서는 낯선 자들이었다. 그리고 그들이 만났던 미래의 이방인과의 관계에서도 결코 그 사실을 잊어서는 안 되었다. 도움이 필요한 누군가를 학대하거나 착취하거나 외면하는 것은 창조된 자들을 통해 창조주를 유린하려 드는 것과 같다. 결과적으로 가난하고 억압받는 사람들이 공동체의 따뜻한 돌봄을 받을 때마다, 하나님이 영광을 받으시는 것이다.

사회 정의를 설교한다는 것은 공동체로 하여금 그 본래 목적과 나아갈 바를 향해 되돌아보게 하는 것이다. 망각의 막다른 골목엔 과거를 상실하고, 결국 자신의 정체성과 자아와 미래를 상실하게 되는 기억 상실이 자리한다. 설교는 공동체의 기억 상실에 기여하기도 하지만, 하나님이 누구이시며 세상에서 하나님의 백성이 어떠한 존재인지에 대한 비전을 제시함으로써 이에 대응할 수 있다.

2. 하나님을 아는 것이 곧 정의를 행함이다

정의를 행함은 하나님의 백성이 되는 필수적 조건이다. 그것은 하나님의 통치 일부분이다. 정의를 행한다는 것은 하나님을 바르게 아는 것을 의미한다.

> 너는 마땅히 공의만을 따르라 그리하면 네가 살겠고 네 하나님 여호와께서 네게 주시는 땅을 차지하리라(신 16:20).

사회 정의(Social Justice)

그런즉 너희는 먼저 그의 나라와 그의 의를 구하라 그리하면 이 모든 것을 너희에게 더하시리라(마 6:33).

많은 사람이 성경을 읽지만 축복의 백성으로, 정의와 의를 위한 빛으로 구분하여 세우신 자유케 하시는 하나님을 기억함에 도움을 주지 않는 파생된 복음을 전하고 만다. 예수님의 사명을 흔들려고 유혹했던 사탄이 성경을 사용했을 때에도 그러했듯이 기억하게 함으로만 아니라 속이기 위해 말씀을 사용할 수 있다(마 4:1-11).

그런 성경의 오용이 가지는 형식들은 영원한 영혼의 구원과 일시적 필요를 채우는 것 사이의 잘못된 이분법을 만들어 내고, 영성을 고립된 신앙과도 같은 개인적 차원의 것으로 축소시켜 버린다. 그리고 건강과 부에 관심을 기울이는 물질 문화에 따라 탐욕에 팔아버리듯 자신의 메시지를 만들어 버린다(해방비평 참고).

정의에 관한 성경적 개념은 보복적 정의를 넘어서서 회복적 정의를 포함한다. 회복적 정의는 가장 취약하고 연약한 사람들을 구체적으로 언급하면서 사회 정의의 사회적 부분을 심각하게 여긴다. 망각은 그 연약하고 취약한 자들이 이스라엘을 위한 거울과도 같다는 사실을 가릴 것이다. 연민과 평화로운 관계에 대한 생각을 가지고 행해진 정의는 이스라엘의 억압과 연약성에 대한 기억에 달려 있다.

성경의 전통 속에서 보면 하나님에 대한 심각한 불공정함이 있다((Volf, 1996, 221).

미가에게(미 6:1-8) 그러한 심각한 불공정은 정의를 행함에 있어 주고받는 헤세드(자비, 언약적 신실함 또는 자애)에 있었다. 공짜 선물로 주어진 하나님과의 관계로 인해 겸손해진 사람들만이 하나님과의 관계에 있어 그런 정의를 행하는 자리에 있을 수 있을 것이다. 긍휼의 마음 없이 행해지는 정의는 모든 사람이 마땅히 받아야 할 것을 얻게는 하지만, 아무도 원하지 않는 결과를 낳고 만다. 창조적이고, 상상력이 풍부하며, 자유케 하는 긍휼의 틀 안에서 구체적 정의의 행위를 할 수 있으려면 보복적 정의를 중단하고 회복적 정의를 즉각적으로 실현함으로 인해 가능해지는 하나님과의 과분한 동행에 대한 겸손한 기억이 필요하다.

초기 교회는 예수님의 사역을 계속함을 통해 이 비전을 영속시켰다. 언급된 예수님의 사명은 병든 자를 치유하시며 눌린 자들을 자유케 하시는 예수님을 통해 구체화되는 하나님 나라의 도래와 통치를 선포하는 것이었다. 초기 교회는 예수님의 존재를 구체화했고(행 2:43-47; 4:32-37), 하나님의 통치를 선포했으며, 공동체적 삶을 나눴고, 누구든 어려움 가운데 있는 자들을 돌보기 위해 개인의 소유권 개념마저도 없앴다(행 4:32).

3. 나쁜 소식과 좋은 소식으로서의 사회 정의 설교하기

사회 정의를 설교한다는 것은 나쁜 소식과 좋은 소식에 대한 희망적 선언과도 같다. 좋은 소식은 전체적이고 조화로운 공동체적 삶을 위한 하나님의 비전을 이루시려는 하나님의 소망과 약속에 있다. 완전하고 정의로운 사회 영역에 대한 비전의 성취는 궁극적으로 종말론적 실재이다. 그렇다고 해서 하나님의 백성이 그러한 종말론적 실재를 선포하고 실현하거나, 지금 여기에서 구체적 형태로 그러한 현실을 살아가는 것이 면제되는 것은 아니다. 그런 알림과 예시화는 궁극적 성취에 대해 미리 맛보게 하는 것이다. 하나님은 그런 정의로운 선포를 통해 소망을 유지하신다.

비록 그 진리가 어렵고 까다로운 말일지라도 진리를 선포하는 것이 계속되는 속임수보다 낫기 때문에, 이름을 밝히고 폭로하고 지시하는 예언자적 행위는 나쁜 소식인 동시에 좋은 소식이기도 하다. 그러나 사회 정의를 설교한다는 것은 단지 기소하고 판단하는 것이 아니다. 많은 경우 정의를 설교한다고 하면서 정죄와 두려움을 주려는 시도를 함으로써 결국 실패하고 만다.

사회 정의에 대한 지속적인 설교 사역은 성경의 정의 개념을 형벌 이상의 것으로 만드는 동일한 연민, 자비, 희망적 비전에 의해 힘을 얻게 한다. 진정한 설교는 하나님만이 창조하실 수 있는 평화로운 영역에 대한 비전을 제공하고, 믿음의 공동체로 하여금 실패를 뛰어넘어 하나님의 구속적 창조와 예언자적 돌봄, 그리고 인내함으로의 임재를 반영하도록 힘을 주시는 하나님에 관해 설교한다.

4. 불의한 사회 영역에서 사회 정의 설교하기: 예언자적 돌봄으로의 설교

설교 강단에서 사회 정의 문제에 대해 침묵하는 진짜 이유는 기업의 로비를 받은 부유층이 너무나 많은 법을 만들고, 판사와 배심원들마저 진실이 아니라 수사적(rhetorical) 성과에 휘둘리고마는 부패한 땅에서 설교자들이 성경적 정의를 설교할 만큼 하나님을 신뢰하지 못하기 때문일 수 있다.

그러한 사회는 판사와 배심원들이 진실이 아니라 피고인이 자신의 돈으로 사서 얻을 수 있는 최고의 수사적 성과, 즉 변호사의 변호 능력에 의해 좌우되는 곳이다. 땅이 없는 가난한 이들이 조국을 안전하게 지키기 위한다 하지만, 결국 모든 땅을 소유한 부요한 자들을 위해 전쟁을 하는 그러한 곳이기도 하다.

미디어는 미국에 있는 모든 것이 판매될 수 있고 모든 사람이 늙지 않고, 아름다움과 관능이라는 거짓 신들에게 팔린다는 것을 당연하게 여기는 그런 곳이다. 또한, 월급과 거주지, 연금을 잃을 수 있다는 두려움이 하나님과 인류의 참되고 중요한 관심사에 대한 확신보다 더 크게 여겨지는 그러한 곳이 바로 사회 정의에 관한 설교가 침묵하는 자리다.

설교자는 자신의 공동체에게 목회적 돌봄을 제공해야 할 필요가 있기 때문에 예언자적인 가혹한 면을 피하기 위해 종종 편리한 변명거리를 찾게 된다. 설교자에게 필요한 것은 공동체 안에서 예언자적 돌봄에 대한 소명 의식이다. 설교자는 공동체를 향한 하나님의 비전이 안전하고 격리된, 심지어 경건하고 정통적인 것처럼 보이는 교회 환경 속에서 약속되고 있을 때에도, "아니오"라고 말할 수 있을 만큼 충분한 관심을 갖고 하나님이 제공하시는 변화를 위한 자원을 가리킬 수 있는 분명하고 용기 있는 도덕적 나침반을 가지고 있어야 한다.

본질적으로 논란의 여지가 있지만, 복음 설교자는 평화로운 나라의 비전과 현실 사이의 간극을 지속시키고 오히려 더 넓히는 경제와 정부 관행으로 인해 생겨나는 사회적 관심사로부터 교회의 삶에 관한 대화를 분리시켜 놓는 사치를 누려서는 안 된다. 그런 가운데 설교자들은 어떤 정부나 경제 조직에 대해 의심하게 마련이다. 그런 시스템들은 힘과 권력을 가진 자들을 이롭게 하기 위해 매우 자주 조종되기 때문이다. 하나님의 백성들에게 있어, 이 세상의 이데올로기는 언제나 공동체 속의 인간을 위한 하나님의 비전에 책임을 져야 한다.

설교를 하는 것만으로도 최소한 네 가지를 달성할 수 있다.

첫째, 인식과 태도: 사회 정의를 설교하는 것은 구체적 불의에 맞서 정의로운 삶과 정의로운 연민에 관한 성경적이고 신학적인 명령에 대한 인식을 불러 일으키고 공동체의 태도를 조정하기 위해 노력하는 행위이다.

둘째, 자산 평가와 축적: 사회 정의를 설교하는 것은 사람들이 문제 해결을 위해 공동체 속 각 개인이 가진 자산을 평가하는 데 도움이 된다. "희년"의 일, 즉 포로와 억압받는 사람들을 하나님이 우리 모두를 위해 만드신 삶으로 자유롭게 하는 일을 수행하는 행동이 일어나도록 공동체적 자산이 파악되고 모아져야 할 필요가 있다.

셋째, 진정한 동행: 사회 정의를 설교한다는 것은 빈곤과 억압, 그리고 증오와 폭력을 지속시키는 수많은 이데올로기의 희생자들과 진정성 있고 비굴하지 않은 동행을 하도록 동기를 부여한다. 진정한 동행은 공동체를 세운다는 공동의 대의를 위해 서로 세워져 감 속에서 인종과 성별, 경제력과 국적 등 모든 '타고난' 장벽을 넘어 하나님의 능력으로 인간과 인간을 연결해 가는 것이다. 진정한 동행은 이름이 알려지고, 얼굴을 인식하고, 이야기가 나눠지고, 유대감이 형성될 때 일어나게 된다.

넷째, 옹호: 정의를 설교한다는 것은 권력과 영향력을 가지고 있고, 입법권을 가진 사람들에게 동기를 부여하고 그들을 움직이도록 하는 하나님의 능력에 접근해 들어가는 것이다. 그렇게 함으로 정의와 연민, 사랑의 공동체에 반하는 정치와 경제 구조에 체계적 변화를 가져오게 할 것이다.

참고 주제 기업 윤리; 사회 정의 네트웍

참고 문헌 Joseph Grassi. *Informing the Future: Social Justice in the New Testament.*(2003); André Resner Jr. *Just Preaching: Prophetic Voices for Economic Justice.* (2003); Miroslav Volf. *Exclusion and Embrace: A Theological Exploration of Identity, Otherness, and Reconciliation.* (1996).

이야기 사용 시 윤리(Stories, Ethics in Use of)

레이몬드 베일리(Raymond Bailey)

소수의 설교자는 지적이고 감성적인 호소력을 가지고 이야기를 만드는 재능을 가지고 있지만, 평범한 보통 설교자들은 다른 사람들이 만든 이야기와 삶의 경험으로부터 재창조된 사건들을 해석하고 적용하는 정도에 머물 것이다. 다른 시대 위대한 설교자들의 설교를 읽을 때 우리는 그들의 문학적 지식과 고전 소설, 과거 역사와 전기에서 끌어낸 이야기와 암시에 자주 놀라게 된다.

프레드릭 뷔휘너(Frederick Buechner), 리처드 리셔(Richard Lischer), 댄 맥아담스(Dan McAdams), 윌리엄 바우쉬(William J. Bausch), 앤 라모트(Anne Lamott), 매들렌 렝글(Madeleine L'En-gle)과 같은 작가들은 우리 시대에 가장 효과적인 설교는 지난 드라마, 소설, 연극, 영화에 나오는 인간 투쟁의 이야기에서 발견된다고 주장했다. 설교자의 능숙한 읽기나 리텔링은 듣는 이와 본문을 계시의 상황 속으로 이끌어 줄 수 있다.

영화와 텔레비전은 현대 문화의 보편적 종류와 주제를 제공한다. C. S. 루이스(C.S. Lewis)와 J. R. R. 톨킨(J. R. R. Tolkien) 같은 작가들이 쓴 종교적 고전에 기초한 영화들은 독서에 별 관심 없는 청중으로 하여금 기독교 작가들의 종교적 상상력에 접근할 수 있도록 해 준다. 이런 영화의 장면들은 창의적 설교자를 위한 풍부한 자원이 된다. 종교적 의도가 없이 쓰인 대본은 종종 성경이 해답을 제시하게 되는 궁극적 질문을 제기한다.

요정 이야기들이나 동화들은 묘사를 위한 자료로는 탁월하다. 이솝 우화부터 현대 만화에 이르기까지 도덕적 주제는 새로운 판타지에서 발견된다. 모든 코미디는 인간의 불편함에 기초하고, 자초함으로 생긴 문제와 불의에 관한 이야기는 죄와 은혜의 교훈을 추적할 수 있다. 『미운 오리 새끼』, 『개구리와 왕자』, 『오즈의 마법사』, 『피노키오』 등은 설교에 등장하는 몇 안 되는 그런 이야기들이다. 그런 이야기들이 아이들에게는 분명 관심을 얻을 수 있지만, 어른들 역시 그런 이야기들로부터 보편적 주제가 가지는 재미나고 미묘한 자료가 됨을 발견하게 된다.

개인적 경험은 묘사적 삽화를 위해 가장 보편적 소스를 제공한다. 설교자보다는 하나님께 초점을 두는 데 더 많은 고려를 해야 한다. 그것은 모든 자료에 해당한다. 개인 경험에 관한 이야기를 할 때 다른 사람의 경험을 내 것이라 주장해서는 안 된다. 설교자가 다른 사람의 경험을 사용하고자 한다면, 설교자는 다른 통로를 통해 읽거나 들은 이야기라는 것을 반드시 밝혀야 한다. 설교자는 언제나 바른 선택과 결정을 통해 자신이 도덕적 모델이 됨을 늘 인식해야 한다.

가장 효과적인 개인 이야기는 종종 설교자 자신의 연약함을 드러내거나 유머러스한 상황으로 자신의 이야기를 묘사한다. 좋은 유머는 결함이 있는 성격으로부터 발생하는 인간적 불편함에 기초한다. 복음은 인간의 어리석음으로 인해 생겨난 딜레마에 사로잡힌 인간을 거듭 드러낸다. 자신의 힘겨움을 고백하는 설교자는 회중과의 신뢰를 크게 향상시키게 된다. 이 가운데 내 어려움을 이해할 수 있는 사람이 있다고 생각하게 될 것이다. 개인적 이야기는 그렇게 가끔씩 사용되어야 한다. 매 주일의 설교가 설교자의 최근 일기의 내용을 담은 것이 되어서는 안 될 것이다.

개인적 이야기에 적용되는 규칙이 가족

에 대한 이야기에서도 추가적 예방 조치와 함께 동일하게 적용되어야 한다. 나 자신을 희생하면서 약간의 재미를 얻는 것과 배우자나 자녀들, 부모, 형제자매와 관련된 가족 이야기를 하는 것과는 분명 다르다. 강단에서 공개적으로 낮춰지는 일은 없었다 해도 목사의 배우자와 아이들에게는 충분히 어려움이 될 수 있다.

설교에서 들리는 어린아이들에 관한 이야기는 그 아이들이 성장해 갈 때 그들을 힘들게 할 수 있을 것이다. 가족 구성원에 대한 어떤 이야기도 사용 전에 당사자에게 확인할 필요가 있다. 주일 아침에 배우자나 자녀들이 미처 알지 못하는 상태에 난처해지지 않도록 해야 한다. 어디에서나 무례함과 당황스러움이 존재하기에 집 밖에서 가족의 이야기를 나누는 것이 당연하다 여기지 않아야 한다. 자녀가 너무 어려서 결정을 내릴 수 없다면, 배우자와 그 문제를 상의해 보는 것도 좋을 것이다.

자신의 가족이 완벽하다고 드러내서는 안 되며, 그렇게 함으로 인해 종종 가족 중 누군가 실수했을 때 크게 당황스러워 하게 된다. 특히, 청소년들에게는 더욱이 그러하다. 회중은 완벽한 가족을 가진 설교자가 과연 자신의 가족들이 겪고 있고 그들에게 일어나고 있는 일을 이해할 수 있을지 의구심을 가질 수도 있다.

윤리는 핵가족과 마찬가지로 교회 가족에게도 마찬가지로 존중이 요구된다. 회중 구성원이 설교 강단으로부터 상처를 받거나 당황하게 되어서는 안 된다. 가족에 대한 사적 대화는 모든 당사자가 허락하지 않는 한 설교에 공개되어서는 안 된다.

개신교 목사의 목회 과정은 가톨릭 고해성사만큼 신성해야 한다. 어떤 경우에도 상담 가운데 공개된 문제나 사건이 설교 예화로 사용되어서는 안 된다. 이름이나 이야기의 장소를 바꾼다 해도 여전히 당사자의 신뢰를 무너뜨리게 할 것이다. 현재 사역하는 곳에서 멀리 떨어진 이전 사역지에서의 이야기와 시간상 어느 정도 지난 이야기의 경우에 이름을 변경한다면 어느 정도 허용될 수도 있겠지만 역시나 세심한 주의를 기울여야 한다.

설교자들은 악명 높은 차용자이기도 하다. 단편 이야기, 소설, 신문, 잡지나 다른 사람의 설교에서 나올 수 있는 흥미로운 이야기를 늘 기록하는 설교자는 지혜롭다 하겠다. 대부분의 설교자는 자신의 설교에서 가져온 예를 다른 사람들이 복음을 전하는 일에 사용하는 것을 기쁘게 자랑한다. 설교자가 인간의 사건들을 형성하는 데 오래된 이야기를 전함에 있어 독창성을 기대하기는 어렵다. 설교자의 창의성은 보통 설교를 배열함에 있어서 특정한 청중과 언어, 전달을 위한 자료를 수용하는 과정에서 드러나게 된다.

설교자는 다른 사람의 자료를 사용하는 것을 주저할 필요는 없다. 설교자에게 있어 가장 중요한 덕목은 신뢰다. 표절하는 설교자(표절 참고)는 출처 없이 다른 사람의 자료를 사용함으로, 신뢰를 잃을 위험성을 가지게 되고, 설교를 불명예스럽게 만들고 만다. 설교는 특별한 형태의 수사학이며, 설교자는 지루하면서 상세한 기록에 굴복하지 않고 출처의 무결성(integrity of attribution)을 유지해야만 한다. 종종 설교에서 "성경

이야기 사용 시 윤리(Stories, Ethics in Use of)

학자가 썼다", "이런 이야기가 전해졌다" 또는 "이런 이야기를 들은 적이 있다" 정도의 언급으로 충분하다. 내것이 아님에 대해 밝히는 규칙이 설교를 위한 좋은 경험의 법칙으로 작용한다.

좋은 이야기는 한 번 이상 들을 가치가 있다는 점도 또한 기억해야 한다. 어떤 설교자들은 특정 회중에게 이전에 한 번 사용했던 이야기를 다시 사용하기를 꺼리기도 한다. 교회는 여전히 힘차게 같은 찬송을 반복해서 부른다. 좋은 이야기는 다른 상황과 맥락 가운데 여전히 효과적으로 사용될 수 있을 것이다.

참고 주제 적용; 자기 노출

참고 문헌 William J. Bausch. *Storytelling: Imagination and Faith*. (1989); Thomas E. Boomershine. *Telling the Truth: The Gospel as Tragedy, Comedy, and Fairy Tale*. (1977); Fred B. Craddock. *Overhearing the Gospel*. (1978); Anne Lamott. *Traveling Mercies: Some Thoughts on Faith*. (1999); Madeleine L'Engle. *Penguins and Golden Calves: Icons and Idols*. (1996); Eugene L. Lowry. *The Homiletical Plot: The Sermon as Narrative Art Form*. (1980); John Shea. *Stories of God: An Unauthorized Biography*. (1987).

제4장 문학비평

서문: 주관성과 설교(Subjectivity and The Sermon)
그레고리 헤일, O.P.(Gregory Heille, O.P.)

몇 년 전에 토론토대학교의 설교학자 폴 스콧 윌슨(Paul Scott Wilson)은 한 편지에서 다음과 같이 언급했다.

> [신학교를 졸업했을 때] 설교자가 설교를 준비하는데 성경 주해가 80퍼센트 이상 차지한다고 생각했었다. 나는 여전히 성경 해설 작업이 근본적이고 필수적이라고 확신하지만, 설교를 위해 성경 주해는 단지 30퍼센트에서 40퍼센트 정도밖에 되지 않는다고 확신한다(물론 주해 작업이 없이는 설교자는 아무것도 할 수 없다).

윌슨의 말이 옳다면, 나머지 60-70퍼센트는 성령의 인도, 그리고 영적, 신학적, 목회적 실천에 근거한 설교자의 내적 권위와 관련이 있기 때문일 것이다. 글쓰기, 장거리 달리기, 의학적 진단과 마찬가지로 설교의 실천, 심지어 성경 해석에도 엄격한 주관적 요소가 있으며, 이는 우리가 진정으로 하나님의 계시적 목적에 봉사하기를 원한다면 피할 수 없는 최선의 방법이다.

1. 우리가 선포하는 좋은 소식이 되고자 하는 갈망

베네딕도회 수도사 데이비드 슈타인들-라스트(David Steindl-Rast)는 그림 형제의 동화 『백설공주와 일곱 난쟁이』를 수도원의 식당, 기숙사, 수도사들이 하는 일 등의 수도원 생활과 빗대어 수도원 생활을 "'위대한 길'(Great Path, Parabola 5:3, 33)에 근접한 '마음이 있는 길'(path with a heart)"이라고 표현한 적이 있다.

중세 수도사들은 자신들이 처음 수녀원이나 수도원의 문을 두드리게 한 동기는 배우자 관계가 되고자 하는 것과 같은 충동이었다고 말했는데, 나는 대부분의 현대 남성과 여성을 신학교의 문으로 이끄는 것도 바로 이 같은 배우자 같은 관계가 되려는 충동, 즉 '위대한 길'을 따르고자 하는 마음이라 생각한다.

예비 목회자로서 우리는 희망과 사랑으로 수련 기간에 임하게 된다. 그러나 대부분의 경우 초심자로서 우리는 신학 공부, 신학교 및 교파 체계, 그리고 목회를 시작하는 과정에서 이러한 것들이 어떻게 우리의 믿음을 시험할 것이고 목회 초반의 경험 부족을 넘어 더 깊은 진실성(integrity)과 복음의 길에 대한 순복을 요구하는 도전을 줄 것인지 알지 못한다.

대부분은 신학대학원 과정을 구성하는 엄격한 실천, 즉 텍스트의 면밀한 읽기, 사회 분석, 신학적 성찰, 서면 및 구두 의사소통, 영적 형성, 협동 등의 실천에 대해 초보자로서 신학교에 들어간다.

중세 수도원에서는 신학과 목회는 통합된 삶과 존재로서 총체적으로 경험되었지만, 계몽주의 이후에는 그렇지 않았다.

밴더빌트대학교의 에드워드 팔리(Edward Farley)가 "목회자 교육의 성직자 모델"이라고 부르는, 그리고 그가 설교와 관련하여 고려하는 신학교 교과과정은 전문화되고 종종 경쟁적인 학문으로 구분된 표준적인 네 가지 분야, 즉 성경 연구, 교회사, 조직신학, 목회신학(2003)으로 구분되었다. 역사비평적 방법이 우선순위를 차지하고 영성, 특히 영성 형성은 최소한으로 포함되거나 전혀 포함되지 않을 수 있다.

가장 이상적인 세상에서 우리는 목회를 준비하는 학생들이 신앙을 비판적으로 받아들이고 사고하는 기술을 배우면서 어느 정도의 거리감을 경험해야 한다는 것을 인정할 수 있다.

그러나 대부분의 초보 목회자들이 여전히 일종의 미형성된 배우자적 충동을 가지고 신학교 문을 두드리며, 목회를 습관이나 제자도의 실천처럼 여긴다면, 시작하는 많은 목회자가 신학교 교육에 환멸을 느끼고 마음의 성찰적 실천으로서의 목회에 대해 의외로 준비되지 않은 채 신학교를 떠나는 것이 안타깝지 않은가?

많은 목회자에게 목회는 경영, 사회 봉사, 그리고 설교 측면에서 공식적 연설과 대중 오락의 전문적 혼합 모방이 되어 버렸다. 계몽주의 패러다임에 따라 훈련받은 사람들에게는 신학교의 상아탑에서 배운 역사비평적 방법은 전문적인 목회의 사무적 실천과는 사실상 무관한 것처럼 보일 수 있다. 안타깝게도 목회 현장의 업무 압박이 가중되고 대중의 신뢰가 약화되면서, 훈련받은 많은 목회자가 신학적으로 성찰하는 목회자가 되는 방법을 알지 못한다.

어떤 바쁜 설교자라도 마릴린 로빈슨(Marilynne Robinson)의 특별한 두 번째 소설인 『길리아드』(Gilead)를 읽어 볼 수 있다.

오늘날의 설교자라면 1950년대 아이오와(Iowa) 시골 이야기의 중심에 있는 개신교 원로 목사인 존 에임스(John Ames) 목사의 목회에 대한 이야기를 읽으면서 더 단순했던 시절에 대한 그리움을 느낄 수도 있다. 에임스 목사는 평생의 설교와 학문적 성찰을 통해 형성된 신학적 습관, 즉 우리 중 많은 사람이 원래 추구했고 지금도 갈망하고 있는 개인적으로 풍요로운 목회 윤리를 성취했다. 성찰적 실천가이자 목회신학자로서 그의 진정성을 통해, 이 농촌 설교자는 우리가 선포하는 좋은 소식이 된다는 것이 무엇을 의미할 수 있는지 우리에게 예시를 보여 준다.

2. 이론-적용에서 경험의 세계와 본문의 세계에 참여하기까지

대부분의 신학교에서 훈련받은 설교자들은 신학, 목회, 그리고 설교에 대한 이론-적용 접근 방식으로 훈련되어 왔다. 이 방식에서, 성경과 교리 및 가르침은 역사비평적 방법으로 접근 가능한 객관적 진리를 전달하는 것으로 가정되며, 그다음 교훈, 예화, 훈계를 통해 교인들의 삶에 적용한다. 그러나 성경에서 삶으로 다리를 놓는 이러한 방식의 설교는 종종 형식적이고 사람들이 경험하는 삶과 동떨어진 것으로 인식된다. 많은 사람에게 설교와 그리스도인의 삶에 대한 보다 실용적이고 복음 중심적인 접근 방식이 요구된다.

미국의 로마가톨릭 주교들은 국제적으로 인정받는 *Fulfilled in Your Hearing: The Homily in the Sunday Assembly*(들음으로 이루어진 말씀: 주일 미사 강론을 위한 안내서)에서 먼저 집회에 대해, 그다음에는 설교자에 대해, 그리고 마지막으로 강론과 강론 방법에 대해 언급하면서 설교의 관점을 제시했다. 여기에서 설교는 설교자가 성경 본문과 전례 본문을 해설하고 적용하는 것이 아니라 (이것은 미묘한 차이이지만) 본문에 대한 관상적이고 학문적인 참여를 통해 사람들의 삶을 성찰적으로 해석함으로써 의미를 매개하는 의사소통 행위이다.

학문적 신학에 의해 잘 뒷받침된 설교는, 영예롭기도 하고 부서져 있기도 한 세상에서 경험되는 실제적 경험 속에서의 기독교 제자도를 위한, 신학적으로 창의적이고 진정성 있는 행동을 촉구하는 것이 될 수 있다. 이러한 맥락에서 시카고대학교의 돈 브라우닝(Don S. Browning)과 실천신학 분야의 다른 학자들의 문헌은 많은 목회자가 본능적으로 하고 있는 일, 즉 이론과 적용의 잘못된 이분법을 버리고 우리 세계에 정보를 제공하는 개인적, 교회적, 문화적 경험과의 대화에 참여하는 성찰의 습관을 위한 새로운 사고방식을 제시하고 있다. 이러한 접근 방식에서 설교는 추상화와 적용보다는 참여적 대화, 원칙적 성찰, 신앙으로 가득찬 행동을 통해 더 많은 의미를 매개한다.

실천신학은 신학적 이론과 목회적 실천 사이의 분리에 도전하며, 목회를 신학과 분리할 수 없는 불가분의 관계로 보는 비전으로 우리를 초대한다. 이는 모든 신학이 (학계에서조차도) 생생한 경험의 주관성에 기초를 두고 있음을 의미한다.

제임스 D. 화이트헤드(James D. Whitehead)와 에블린 이튼 화이트헤드(Evelyn Eaton Whitehead)는 *Method in Ministry*(사역 방법론)에서 신자들의 경험(신앙과 관련된, 개인적이고 공동체적인 기독교에 대한), 기독교 전통의 경험(교회와 관련된, 역사적이고 제도적인 기독교 및 성경에 대한), 그리고 제도 및 체계의 경험(문화와 관련된, 더 큰 사회의 맥락에서의 기독교에 대한)으로 요약될 수 있는 세 가지 관련 경험 세계 간의 상관 관계 또는 비판적 대화를 촉구했다.

이는 1930년대 벨기에 사제 조셉 카르뎅(Joseph Cardijn)이 처음 제기한 이래 여러 세대의 노동자, 학생, 가족, 활동가들이 실천해 온 "보고 판단하고 행동하는"(see-judge-act) 실천적 모델과 유사한 참여적 제자도를 위한 방법이다. 그러나 화이트헤드 모델은 하나님의 통치라는 복음의 비전에 봉사하기 위해 개인적, 교회적, 문화적 경험의 세계를 행동 지향적이고 가치 지향적으로 해석한다.

모든 설교자가 전통의 특권적 본문과 관습을 역사비평적으로 전유하는 훈련을 받는 것은 좋지만, 포스트모던적 회의론은 현대성이 작동되는 방식에 대한 가정에 의문을 제기하며, 그 결과 목회자들은 이제까지 해 온 것처럼 오늘날 삶에 적용할 수 있는 객관적 진리에 관해 성경 본문의 영감받은 저자들의 생각을 대표한다고 여겨지는 통시적 접근 방식이라는 하나의 이론 적용에만 순수하게 계속 근거를 두며 성경적 설교를 할 수 있는지 의문을 제기하게 된다.

역사비평적 방법에 대한 확실한 이해는 여전히 필수적이지만, 오늘날의 설교자는 본문에 대한 보다 공시적이고 문학비평적인 해석 접근법에 대한 기본적인 친숙함과 기술을 마땅히 습득 해야 할 필요성을 지니고 있다.

설교자를 위한 현대 성경 해석에 대한 확실한 방향을 제시하는 두 가지 저작은 샌드라 M. 슈나이더(Sandra M. Schneiders)의 *The Revelatory Text: Interpreting the New Testament as Sacred Scripture*(계시의 텍스트: 신약성서를 거룩한 경전으로 해석하기)와 로버트 키사르(Robert Kysar)와 조셉 M. 웹(Joseph M. Webb)의 *Preaching to Postmoderns: New Perspectives for Proclaiming the Message*(포스트모던 세대를 위한 설교: 메시지 선포를 위한 새로운 관점)였다.

이 두 책 모두 텍스트의 세 가지 세계라는 표준 원칙에 따라 서로 다른 해석학적 접근법에 대한 설명을 정리한다.

- 본문 이면의 세계(신역사주의와 설교자에게 매우 친숙한 사회과학비평에 주목하면서 역사비평을 참고하라),
- 본문의 세계(설교가 설교되는 본문의 형식과 기능을 따르도록 하는 최근의 설교 특성에 큰 영향을 준 여러 문학적 비평 방법들: 구조주의, 독자-청자 반응, 수사비평, 설교학적 [신학적] 비평)
- 본문 앞의 세계(페미니즘비평, 문화해석학, 탈식민주의비평, 우머니스트비평, 성경에 대한 새로운 포스트모더니즘적 해체주의 관점 등, 각각 나름의 방식으로 설교자들의 신중한 고려를 요청)

3. 먼저 묵상하고 그리고 연구하기

설령 마지못해서라도, 학자들은 성경을 읽고 해석하고 받아들이는 데는 불가분 주관적 차원이 있다는 것을 배우고 있다. 본문 이면의 세계에 대한 역사-비평적 해석을 객관적인 것으로, 텍스트 안과 앞의 세계와 관련된 문학비평적 해석을 주관적인 것으로 구분하는 것은 이원론적이고 다소 단순한 접근이 될 것이다. 소위 객관적인 본문 해석에 특권을 부여하는 암묵적 제안도 마찬가지이다.

모든 설교와 설교를 위한 모든 성경 해석의 본질적으로 주관적인 차원을 이해하려면 성령의 역할을 염두에 두는 것이 도움이 된다. 성령의 인도를 받는 설교는 기도로 시작해야 한다는 것은 비밀이 아니다.

그러나 신학교에서 훈련을 받았음에도 불구하고 바쁜 사역 현장에서는 본능적으로 먼저 주석이나 웹사이트를 찾아서 전문가에게 본문의 의미를 설명받으려는 경향이 너무도 쉽게 나타날 수 있다. 청중이 본문을 처음 접할 때 성령이 함께하시도록 하는 관상적 방법보다 인간의 전문 지식을 더 선호할 수 있다.

점점 더 많은 설교자가 텔마 홀(Thelma Hall)이 *Too Deep for Words: Rediscovering Lectio Divina*(말로 다 할 수 없는 깊이: 렉시오 디비나의 재발견)에서 설명한 것처럼 오랜 전통을 자랑하는 베네딕도회 관행인 렉시오 디비나(Lectio Divina), 즉 단계별 관상적 독서법을 충실히 사용하고 있다.

천사와 씨름하는 야곱처럼 우리는 개인적으로, 즉 주관적으로 본문과 씨름하도록 초대받는다.

우리는 감히 성령이 우리를 본문에 관상적으로 참여하게 하신 다음, 성령이 인도하시는 의심, 질문, 관심사를 가지고 최고의 주석과 웹사이트, 우리가 동원할 수 있는 모든 해석학적 접근법의 레퍼토리를 통해 본문의 세계에 대한 비판적 전유로 나아갈 수 있을까?

먼저 관상적으로 본문을 연구한 후에야 우리는 성찰적 실천에 기초한 내적 영적 권위를 바탕으로 오늘날 이 공동체를 위해 성경의 계시적 힘에 항복할 수 있는 위치에 서게 된다. 오늘날 이 공동체를 위해 이 설교에서(인품; 헌신적 삶/생활 양식; 에토스; 자기주해; 자기 노출 참고).

참고 문헌 Bishops' Committee on Priestly Life and Ministry, National Conference of Catholic Bishops. *Fulfilled in Your Hearing: The Homily in the Sunday Assembly*. (1982); Edward Farley. *Practicing Gospel: Unconventional Thoughts on the Church's Ministry*. (2003); Thelma Hall. *Too Deep for Words: Rediscovering Lectio Divina*. (1988); Robert Kysar and Joseph M. Webb. *Preaching to Postmoderns: New Perspectives for Proclaiming the Message*. (2006); Marilynne Robinson. *Gilead*. (2004); Sandra M. Schneiders. *The Revelatory Text: Interpreting the New Testament as Sacred Scripture*. (1999); David Steindl-Rast. *Parabola 5:3 (Fall 1980)*; James D. Whitehead and Evelyn Eaton Whitehead. *Method in Ministry: Theological Reflection and Christian Ministry*. Rev. ed. (1995).

문화해석학 (Cultural Hermeneutics)
데보라 A. 올간(Deborah A. Organ)

문화해석학은 해석 과정에서 텍스트와 현대 독자의 문화적 맥락을 의도적으로 사용하는 것이다. 문화해석학 및 관련 철학적 연구는 설교자와 공동체가 성경 본문에 책임감 있고 충실하게 참여할 수 있는 새로운 가능성을 제공한다.

1. 성경 해석과 문화

성경 해석은 설교의 핵심이며, 문화해석학은 특히 지난 20년 동안 해석의 지평을 크게 확장시켰다. 학자들과 신앙공동체는 성경을 특정 문화적 맥락에서 해석하기 시작했고, 다양한 문화적 맥락에서 성경을 함께 읽을 수 있는 가능성을 소개할 뿐만 아니라 공동체 생활을 풍요롭게 하는 새롭고 다양한 해석을 만들어 냈다. 많은 설교자가 자신의 문화적 렌즈를 통해 해석하고 설교하며, 하나님의 말씀이 그들의 문화적 관용어로 설교되고 그들의 특정한 문화적 맥락에서 해석될 때 회중에게 진정으로 살아난다는 것을 인식하고 있다.

성경 해석의 새로운 풍요로움과 문화적 다양성, 그리고 그것이 회중의 삶과 설교에 미치는 모든 함의와 함께 질문이 제기되어 왔다.

성경 해석은 얼마나 다양할 수 있으며 여전히 유효한가?

설교를 위한 유효한 해석을 구성하는 것은 무엇인가?

지난 50여 년이 넘도록 철학 분야 내의 해석학 분야는 텍스트 해석과 관련된 이러한 질문들과 다른 질문들에 대해 고민해 왔다. 해석학 이론가인 에릭 D. 허쉬(Eric D. Hirsch), 한스-크오르크 가다머(Hans-Georg Gadamer), 스탠리 피쉬(Stanley Fish), 그리고 폴 리쾨르(Paul Ricoeur)는 주로 1970년대에 주요 저작을 발표하여 성경 해석에 크게 기여했으며, 지난 50년 동안 새로운 설교학의 발전의 토대를 형성하는 데 도움을 주었다.

1) 저자의 의도와 현대 독자의 관점

허쉬의 연구는 주로 저작물 해석에서 저자의 의도와 문맥의 역할에 관한 것이었다(1967). 그에 따르면, 해석은 저자의 의도에 대한 이해와 일관성 있게 진행되는 선에서만 유효하다. 허쉬의 입장에 따른 중요한 가정은 성경 구절에 대한 하나의 규범적 해석이 존재한다는 가정이다.

가다머는 다양한 문화적 맥락에서 현대 독자들이 텍스트를 해석할 수 있는 새로운 가능성을 지적함으로써 허쉬와 다른 이들의 저자 중심적 접근에 반박했다(1977). 그는 독자가 텍스트를 해석할 때마다 유효한 해석이 발생한다고 믿었다. 그래서 가다머에게는 모든 해석이 유효하다. 비록 허쉬와 가다머는 모두 진정한 해석에 관심이 있었지만, 그 해석의 근거가 되는 것이 무엇인가에 대해서는 정반대의 입장에 서 있었다.

저자의 의도(파악할 수 있는 한)가 기준이 되어야 할까, 아니면 현대 독자의 경험이 기준이 되어야 할까?

2) 올바른 해석의 특징

피쉬는 주어진 텍스트에 대한 다양한 해석의 존재를 인정함으로써 유효한 텍스트 해석에 대한 논의에 기여했다(Saye 1996). 그러나 그는 어떤 해석은 다른 해석보다 더 타당하며, 해석은 해석의 기초가 되는 가정에 비추어 옳거나 그른 것일 뿐이라는 점을 강조했다. 피쉬는 텍스트를 해석할 수 있는 다양한 가정(또는 어떤 이는 문화라고 주장할 수 있다)이 존재한다고 믿었지만, 해석의 타당성은 일련의 가정이 유래한 해석공동체의 권위에 달려 있다고 믿었다.

피쉬의 이론에 대한 타당한 비판은 해석공동체에서 권위를 구성하는 요소에 대한 명확한 설명이 부족하다는 점이며, 이는 문화해석학의 문제와 직결된다. 문화해석학은 종종 힘 있는 문화적 맥락이 아니라 소외된 것으로 인식될 수 있는 문화적 맥락에서 해석을 생성한다. 피쉬의 접근 방식은 소외된 공동체에 대한 해석을 무효화하고 성경 해석에서 강력하고 지배적인 문화적 관점의 헤게모니를 지지할 수 있다. 문화해석학은 부분적으로는 이전에 소외된 사람들이 자신의 맥락에서 성경을 해석할 수 있도록 하기 위해 생겨났다.

피쉬와 다른 이들이 다양한 해석에 대해 일종의 비판적 긴장감을 유지하려고 시도했지만, 텍스트와 맥락에 대한 논쟁을 탈극화하는 데 가장 큰 공헌을 한 사람은 리쾨르일 것이다.

3) 통합과 새로운 가능성

가다머의 접근 방식에 내재된 주관성을 불편해하면서도 독자의 문화적 맥락과 관심사가 해석 과정에서 중요한 역할을 한다고 믿었던 리쾨르는 텍스트와 독자의 만남에서 해석 행위를 정립했다(1980). 리쾨르는 텍스트를 주목하고 연구할 가치가 있는 고유한 생명을 지닌 '타자'로 파악했다. 문화적 맥락 속에서 현대 독자와 고유한 정체성과 맥락을 지닌 텍스트의 만남에서 리쾨르에게 의미와 새로운 가능성이 드러났다.

그래서 리쾨르는 텍스트와 독자의 진정한 만남인 한 텍스트에 대한 다양한 유효 해석이 가능하고 또 필요하다는 것을 인식했다. 또한, 그는 현대 독자의 관심사에만 초점을 맞추는 것은 텍스트를 독자의 세계관에 수용하는 것에 불과할 수 있다고 강조했다. 리쾨르는 실제 텍스트의 세계는 독자의 세계와 매우 다르기 때문에 진지한 참여가 독자를 현재의 맥락을 뛰어넘는 새로운 가능성으로 이끌 수 있다고 주장했다.

리쾨르의 새로운 가능성은 문화해석학 및 설교에 분명한 함의를 가지고 있다. 다양한 문화적 관점에서 본문을 접하면 주어진 문화적 맥락 내에서, 그리고 공동체가 함께 성경을 읽을 때 문화적 맥락 간에 새로운 의미를 발견할 수 있다. 설교자의 역할은 말씀을 해석하고 회중에게 익숙한 문화적 관용어로 설교하여 공동체가 말씀을 그들 가운데서 살아 있는 말씀으로 인식할 수 있도록 하는 것이다.

그러나 설교자와 공동체의 책임은 여기서 끝나지 않는다. 설교자는 또한 개인의 변화를 이끌어 내는 방식으로 성경 본문을 자신의 삶과 연결하고, 사람들을 변화로 이끄는 방식으로 설교해야 하는 신성한 임무를 가지고 있다.

리쾨르가 구상한 본문과의 만남의 잠재력과 설교 사역에 영감을 주고 풍성하게 하는 그러한 만남의 힘을 설명하기 위해 과테말라 국경 근처의 멕시코 남부 치아파스(Chiapas) 고지대에 있는 마야 원주민 여성들의 공동체를 살펴보자.

2. 우리 자신 너머로 우리를 이끄는 것: 비유

2006년 1월, 유난히 춥고 비가 오던 어느 날 육십 명의 여성이 '라스 야가'(Las Llagas, 그리스도의 상처)라는 작은 초칠(Tzotzil) 마야 공동체의 공공 회관에 모였다. 여성들의 연령은 15세에서 65세까지 다양했으며, 약 85퍼센트가 초칠어 단일 언어를 사용하는 사람들이었다. 60퍼센트 이상이 문맹이었고 80퍼센트는 기혼자였으며, 나머지 여성은 과부이거나 젊은 미혼 여성이었다. 여성 중 절반 이상은 처음으로 3일간의 피정 기간

문화해석학 (Cultural Hermeneutics)

동안 집과 가족을 떠나 하룻밤을 보냈다. 일부 여성은 어린 자녀를 데려오기도 했다.

피정 모임은 공공 회관에서 열렸고, 촛불과 신선한 솔잎, 장미 꽃잎이 아름답게 장식된 벤치가 4분의 3 원형으로 배치된 방 한가운데서 진행되었다. 마을 광장 건너편에 있는 작은 건물에서 여성과 아이들이 활활 타오르는 장작불 주위에 모여 식사를 나눴다.

여성들은 치아파스 고원 지대에 있는 약 25개의 가난한 농촌 마을에서 왔다. 대부분은 배우자의 호위를 받으며 단체로 왔고, 일부는 마을에 최대한 가까이 오기 위해 걷거나 대중교통을 이용했다. 이들은 각자의 배경을 탐색하는 것으로 시작하여 비유를 연구한 다음 해석과 새로운 가능성에 대한 상상력을 발휘하는 과정에 참여했다.

1) 치아파스에서의 삶

피정 인도자는 피정을 시작하면서 초칠-스페인어 통역사와 함께 여성들에게 자기 소개를 하고 자신의 삶에 대해 조금 이야기해 달라고 요청했다. 그 결과, 고통, 알코올 중독, 빈곤, 이주, 어린 자녀의 죽음, 가정 폭력, 및 기타 권력 남용에 관한 네 시간 동안의 대화가 이어졌다. 인내심을 갖고 경청하는 태도와 대화의 길이는 마야 문화 맥락에서 전형적이었다.

통역사에 따르면, 독특한 점은 대화의 깊이가 즉각적으로 느껴졌다는 점이다. 피정 리더가 삼십 대로 판단한 한 여성은 다른 여성들도 자신과 비슷한 경험을 했다는 사실을 처음 알았다고 말했다.

이 대화와 여성들이 자신의 상황에서 인내할 수 있는 힘을 준 것이 무엇인지에 초점을 맞춘 또 다른 대화에 이어, 여성들은 성경과 비유 공부로 눈을 돌렸다. 많은 여성이 글을 읽지 못했기 때문에 여섯 명으로 구성된 각 그룹에는 글을 읽는 사람이 한 명씩 있었다.

2) 살아 있는 비유들

피정 인도자는 예수님이 가르치실 때 비유를 사용하신 것에 대한 소개로 대화를 시작했다. 그녀는 예수님이 고대 청중에게 매우 친숙했을 일상적인 사물, 이야기, 이미지를 어떻게 사용했는지, 그러나 종종 예상치 못한 반전을 주어 청중이 새로운 사고와 존재 방식을 갖도록 격려했는지를 되돌아보았다.

그런 다음 각 여성 그룹은 읽을 비유를 배정받았다. 먼저 그룹은 들은 고대 지중해 문화에 대한 소개를 바탕으로 예수님이 이 비유를 통해 고대 공동체에서 무엇을 하려고 하셨다고 생각하는지 토론했다. 그러고 나서 피정 인도자는 여성들에게 이 비유가 마야 문화적 맥락에서 어떤 모습일지 연극적 표현을 만들도록 요청했다. 구체적으로 여성들은 이 비유가 자신의 공동체가 나아가야 할 방향을 시각화한 다음 표현하도록 요청받았다.

이 연습을 통해 여성들은 비유에 대한 전통적 또는 규범적 해석을 넘어 자신들의 공동체와 고대 텍스트 사이의 진정한 만남을 경험할 수 있었다. 그 결과는 놀라웠다.

3) 잃어버린 동전의 비유

한 소그룹은 잃어버린 동전의 비유(눅 15:8-9)에 집중했다. 이들은 고대 세계에서 소중한 것을 찾고 찾는 일의 중요성에 대해 생각해 보면서, 여성으로서 많은 경우 인간 고유의 존엄성을 잃어버렸다는 사실을 깨달았다. 이들은 성 차별, 가족 역사, 자녀에 대한 책임감 같은 요소들이 자신의 정체성과 존엄성을 무너뜨리는 데 중요한 역할을 한다고 생각했다. 그런 다음 그들은 지역 사회의 '집을 청소하는' 의미와 여성의 존엄성을 찾고 회복하는 가능한 방법에 대해 상상력을 펼쳤다.

이 그룹이 발표한 드라마는 그들의 문화적 맥락에서 잃어버린 존엄성과 잠재적으로 찾을 수 있는 존엄성에 대한 질문을 제기했다. 이 드라마는 청중의 마음과 정신을 그들의 상실감과 서로에게 힘을 실어 줄 수 있는 가능성에 대해 열어 주었다.

성경해석학이 변화를 위한 잠재력에 대해 이야기할 때, 리쾨르는 비유를 통해 독자(그리고 설교자)가 은유적 과정에 참여하여 새로운 가능성으로 가는 다리를 놓을 수 있게 한다고 주장했다. 이것은 피정 중인 마야 여성들에게서 분명히 일어났다. 그들은 단순히 성경 본문을 그들의 상황에 맞게 축소한 것이 아니라, 성경 본문이 그들의 상황에 말을 걸고 새로운 가능성을 열어 주는 방식으로 텍스트에 참여했다.

3. 설교에 대한 문화해석학의 기여: 미래를 향하여

이 여성들의 이야기는 설교자가 자신의 맥락에서 벗어나 성경 본문과의 진정한 만남으로 공동체를 인도할 때 어떤 일이 일어날 수 있는지를 보여 준다.

치아파스의 경험은 설교자와 공동체가 문화해석학과 리쾨르 및 다른 철학자들의 통찰을 활용하여 성경 본문이 공동체의 문화적 맥락에서 생생하게 살아나고 새로운 의미와 가능성을 창출할 수 있다는 것을 보여 준다.

리쾨르, 허쉬, 피쉬, 가다머 등 해석학 분야의 다른 이들의 기여는 설교자들이 자신과 자신이 섬기는 공동체의 문화적 렌즈를 통해 성경 해석 과정에 책임감 있고 충실하게 참여할 수 있도록 도울 수 있다. 이러한 참여의 결과는 지역공동체의 잠재적 변화뿐만 아니라 다양한 문화적 맥락에서 비롯된 성경 해석의 풍성함과 질감을 증가시킨다.

참고 주제 성별, 인종, 민족; 페미니스트 관점

참고 문헌 David L. Bartlett. *Between the Bible and the Church: New Methods for Biblical Preaching*. (1999); Musa Dube, ed. *Other Ways of Reading: African Women and the Bible*. (2001); Hans-Georg Gadamer. *Philosophical Hermeneutics*. (1977); E. D. Hirsch Jr. *Validity of Interpretation* (1967); Morny Joy. *Paul Ricoeur and Narrative: Context and Contestation*. (2001); Bruce J. Malina and Richard L. Rohrbaugh. *Social-Science Commentary on the Synoptic*

Gospels. (1992); Daniel Patte, ed. *Global Bible Commentary*. (2004); Paul Ricoeur. *Essays on Biblical Interpretation*. (1980); Scott Saye. "The Wild and Crooked Tree: Barth, Fish and Interpretive Communities." *Modem Theology 12* (October 1996).

해체주의(Deconstruction)

존 S. 멕클루어(John S. McClure)

해체주의란 한 용어가 특권을 갖고 다른 용어의 억압이나 배제에 의존하여 그 정체성을 결정하는 이분법(남성-여성, 백인-흑인, 말-글, 하나-다수, 전체성-무한성 등)을 밝히기 위해 고안된 본문비평의 한 형태이다. 해체주의적 비평은 실제로 '최고'(primacy)라는 단어가 배제되거나 숨겨진 용어에 속한다고 주장함으로써 진행된다. 그래서 근본적인 해체 전략에는 텍스트 계층 구조를 뒤집고 다시 쓰는 것이 포함된다.

1. 배경

해체주의(탈구조 혹은 해체)라는 개념은 프랑스 철학자 자크 데리다(Jacques Derrida, 1930-2004)의 아이디어에서 유래했다. 데리다는 주로 서양의 형이상학 텍스트에 해체를 적용했지만, 오늘날 성경학, 사회학, 정치학, 문화 비평, 심리학, 영화 등 많은 학문 분야의 텍스트에 광범위하게 적용되고 있다. 때때로 기생적, 허무주의적, 상대주의적이라는 비판을 받기도 하지만, 데리다는 해체주의는 본질적으로 윤리적 실천이라고 주장한다. 일부에서는 해체주의를 세계관으로 격상시키려는 시도가 있었지만, 데리다는 해체주의를 건설적인 존재론적 성찰을 대체하는 것이 아니라 인간의 고통에 직면하여 존재론적 구성을 개방적이고 정직하며 변화 가능한 상태로 유지하기 위한 비판이자 치료적 성격의 것으로 보았다(1998, 21-24, 184-91).

데리다의 해체 개념은 스위스 언어학자 페르디난드 소쉬르(Ferdinand de Saussure, 1857-1913)의 구조주의 언어학에 의해 가능했다. 소쉬르에 따르면 단어의 의미는 실제 사물의 사실적 표현에 의해 구성되는 것이 아니다. 오히려 그 단어는 무언가를 지칭하기 위해 임의로 선택되고 다른 사물을 지칭하는 다른 단어와 다르기 때문에 그 의미를 얻는다(1998, 11ff.). 예를 들어, 나무라는 단어는 관목, 덤불, 또는 꽃과 같이 나무가 아닌 단어와의 일련의 이항 관계(binary relationship)에 참여함으로써 그 의미를 얻는다. 나무의 의미는 다른 단어와의 차이에 따라 달라진다.

그래서 언어는 차이의 유희를 통해 의미를 만들어 낸다. 이러한 차이의 대부분은 본질적으로 양성적이며 끊임없이 변화하는 관계의 위계와 관련이 있지만, 일부 차이, 특히 문화적 고전이 되는 텍스트(성경, 위대한 문학, 위대한 철학 텍스트)에 기록된 차이는 억압, 폭력, 심지어 전쟁을 뒷받침할 수 있는 폐쇄적인 의미 체계와 형식적 위계를 만들어 낼 수 있다.

해체주의는 이러한 이분법적 대립을 허물고 텍스트 내에서 고정된 의미의 위계처럼 보이는 것이 사실은 자의적이고 창의적이며 해석적일 수 있으며 고정되어서는 안 된다는 것을 보여 주기 위해 고안되었다.

2. 방법

해체주의 비평가들은 해체는 그들이 하는 일이 아니라고 강조한다. 오히려 해체는 텍스트가 스스로 하는 일이다. 텍스트가 순진하게 작동하는 것처럼 보이며, 일련의 의미를 촉진하기 위해 한 용어에 특권을 부여하는 것처럼 보일지라도, 필연적으로 텍스트는 항상 이러한 특권이 일관되게 유지될 수 없다는 것을 암시하는 실마리들을 항상 허용한다.

가장 명백한 예로, 창세기 2장의 창조 이야기에서 본문은 최초의 여자가 아담의 곁에서 나왔다고 주장한다. 창세기 1장의 이전 버전의 창조 이야기는 이 이야기와 직접적으로 모순될 뿐만 아니라, 성경의 나머지 이야기에서 여성은 일관되게 남성을 낳는다(예상할 수 있듯이). 동시에 아담의 이름은 여성 용어인 아다마(*adhamah*)의 남성적 형태이다. 해체주의 비평가는 여성이 남성에게서 나왔다는 이야기가 더 큰 성경적 내러티브의 모순적인 증거와 남성이라는 용어가 여성에 의존한다는 것을 보여 주는 이 어원 사이에 끼어 있다는 사실을 강조할 것이다.

그래서 성경 본문은 적극적으로 스스로를 해체하거나 성경 본문이 우리에게 말하는 바로 그 전제를 약화시킨다. 그런 다음 해체주의 비평가는 성경 내러티브가 남성이 특권을 누리는 고정된 의미 위계를 조장하기 위해 여성이라는 용어를 억압하거나 배제하려는 (실패한) 다른 방식을 강조할 것이다. 이러한 관점에서 볼 때, 해체주의는 데리다가 즐겨 사용하는 용어 중 하나를 사용하면 성경 본문의 내적 모순을 부각시켜 명확한 해석을 결정할 수 없게 함으로써 성경 본문의 권위를 약화시키는 것처럼 보인다(1988, 116).

그러나 이것은 텍스트의 의미의 "결정 불가능성"(undecidability, 저자 강조)에 대한 데리다의 생각을 오해하는 것이다. 데리다에게 텍스트는 텍스트 배후에 있는 저자나, 신자들이 텍스트에 부여한 신학적 또는 신앙적 가정이나, 문학 평론가 스탠리 피쉬(Stanley Fish)가 "해석공동체"(2005)라고 부르는 독자의 문맥적 결정에 구속되지 않고 전파되는 일종의 권위를 나타낸다. 그 대신 텍스트의 권위는 텍스트 안팎에서 서로 얽혀 있는 다양한 목소리 간의 복잡한 미드라쉬(midrashic)식의 대화를 통해서만 드러난다.

3. 설교학적 함의

설교학 및 설교를 위해 해체주의가 가지는 함의는 무엇인가?

1) 억압적인 형태의 권위에 대한 도전

해체주의는 전통적으로 생각되어 온 설교의 권위에 대한 중대한 도전을 제시한다. 설교에서 대부분의 권위는 거의 40년 동안 해체되어 왔다. 성경, 신학 전통, 경험, 이성은 여러 가지 방식으로 해체되어 차이, 새로움, 상대성, 개방성을 억압하는 것으로 드러났다. 해체주의가 반드시 이러한 권위를 훼손하는 것은 아니지만(해체에는 반드시 해체할 무언가가 있어야 한다!), 설교자들은 의미의 위계가 상대적으로 고착화될 경우 이러한 각각의 권위가 폐쇄성, 억압, 고통을 불러일으킬 수 있다는 점을 항상 염두에 두어야 한다.

2) 성경의 수사학적 힘 강조

해체주의는 설교자로 하여금 성경을 역사 속에서 변하지 않는 하나님의 계시에 대한 역사공동체의 증거일 뿐만 아니라, 인간 담론 전체에서 엄청난 힘을 발휘하는 수사적이고 설득력 있는 형태의 문화 및 사회 문학으로 보기 시작하도록 초대한다. 해체주의는 성경 본문이 오늘날 사회 안에 존재하는 이분법과 위계 질서를 형성하고 조장하는 방식이 좋든 나쁘든 간에 어떤 식으로 작용하는지를 설교자들이 깊이 인식할 수 있게 해야 한다.

3) 개방성 장려

해체주의에 도전받는 설교자들은 강단 사역과 관련하여 새로운 관용의 정신을 경험하게 될 것이다. 그들은 일반적으로 배제되었던 '타자'들을 해석적 그리고 설교적 수행으로 초대하는 것에 관심을 갖게 될 것이다. 해체주의의 영향을 받은 설교자는 설교자와 청중, 조직신학과 지역 신학, 내부자와 외부자, 교회와 비교회, 전통과 지역 관습 등의 고정된 위계를 전복하여 설교를 새로운 통찰과 경험, 관점에 개방하는 방법을 찾을 것이다.

일부 설교자는 설교 브레인스토밍 과정에 더 다양한 목소리를 초대하여 자신의 신앙공동체 내 사람들과 외부의 낯선 사람들의 텍스트 해석에 귀를 기울이는 방법을 찾을 것이다. 또한, 여성, 소수 인종, 글로벌 파트너가 쓴 주석서를 의도적으로 구입하여 다른 사회적, 경험적 위치에서 본문을 읽고 해석할 것이다. 협력과 대화에 뿌리를 둔 설교 모델은 이렇게 광범위한 '타자성'을 설교에 초대하는 방법을 제시한다.

4) 반증의 역할 강조

해체주의는 이스라엘과 교회의 역사를 통해 증언(testimony)과 반증(countertestimony) 사이의 역동적 리듬을 강조한다. 데리다와 그의 끊임없는 대화 상대였던 리투아니아 태생의 유대인 철학자 엠마누엘 레비나스(Emmanuel Levinas, 1906-95)는 모든 증언이 "신앙"의 전형적 행위라고 주장했다(Ricoeur 1995, 118).

우리가 설교단에서든 다른 곳에서든 누군가에게 연설할 때마다 듣는 사람은 "나를 믿어 달라" 또는 "나를 신뢰해 달라"는 요청을 받게 된다. 이러한 증언들은 신뢰할 만 할 수 있고 충실한 증언일 수도 있지만, 비진리를 포함할 수 있으며 고의적으로 혹은 무의식적으로 거짓일 수도 있다. 그래서 의문을 다시 제기하고 진실을 추구하도록 장려하기 위해 해체적 형태의 반증에 대한 필요성이 제기된다.

폴 리쾨르(Paul Ricoeur), 월터 브루그만(Walter Brueggemann), 레베카 춥(Rebecca

Chopp), 안나 카터 플로렌스(Anna Carter Florence)는 증언과 반증 사이의 이러한 리듬을 포스트모던적 맥락에서 선포에 대한 사고의 기본으로 삼는다.

5) 윤리적 의사소통 장려

해체주의는 설교자들에게 그들의 말의 불충분함을 상기시킨다. 사실 해체주의는 설교자들에게 모든 언어의 불충분함을 상기시킨다. 이러한 일깨움은 설교는 다른 형태의 대중 수사학과 관련하여 가능한 모든 방법으로 말의 한 형태로서 자신을 정화하는 것을 추구하는 설교의 윤리적 토대로 설교자들을 불가피하게 인도한다. 해체주의는 설교자들이 솔직해지고, 말의 총체화 및 계층화 효과에서 벗어날 수 있는 방식으로 말하도록 격려함으로써 설교가 윤리적 소통의 한 형태가 될 수 있도록 한다.

6) 성령주의 설교학의 부활 제안

오순절주의 신학자 셰릴 브리지스 존스(Cheryl Bridges Johns)는 설교학의 해체를 장려하면서 성령주의 설교학(homiletic spiritualism)의 부활 가능성을 제시한다(2003, 45-49). 존스는 오순절주의적 모임의 천막이 포스트모던적 맥락에서 해체되고 근본적으로 탈중심화된 설교의 모델이 될 수 있다고 제안한다.

모세가 호렙산 장막에서 하나님과 직접 대면했던 것처럼, 설교자와 청중은 하나님의 개입하시는 영을 사건 자체에 가장 가까운 곳으로 초대하는 방식으로 설교를 할 때 해체되거나 성령의 기름 부음을 받을 수 있다.

7) 설교의 전복적 성격 상기

해체주의는 설교자들에게 설교가 항상 탈중심화된, 중단을 일으키는, 세계를 전복시키는 담화의 형태였다는 것을 상기시킨다. 설교자들은 항상 메타내러티브와 세계관 사이의 사막 같은 공간에 머물러 왔으며, 고정된 위계나 관계에 전혀 만족하지 않아 왔다. 해체주의 설교자들은 하나님은 모든 고정된 패턴과 이분법 너머에 계시며 항상 우리 가운데 해체적 존재로 존재한다는 것을 감지한다.

참고 주제 설교자의 권위; 협업; 해석학적 의심; 간증 설교

참고 문헌 Walter Brueggemann. *Theology of the Old Testament: Testimony, Dispute, Advocacy*. (1997); Rebecca Chopp. *The Power to Speak: Feminism, Language, God*. (2002); Jonathan Culler. *Deconstruction: Theory and Practice*. 3rd ed. (2002); Jacques Derrida. "Afterword: Toward an Ethic of Discussion." *Limited*, Inc. Edited by Gerald Graff. (1988) 111–60; Jacques Derrida. *Of Grammatology*. Translated by C. Spivak. (1998); Stanley Fish. *Is There a Text in This Class? The Authority of Interpretive Communities*. (2005); Anna Carter Florence. *Preaching as Testimony*. (2007); Cheryl Bridges Johns. "What Makes a Good Sermon: A Pentecostal Perspective." *Journal for Preachers* (Pentecost, 2003) 45–54; John S. McClure, *Other-wise Preaching: A Postmodern*

Ethic for Homiletics. (2001); Stephen D. Moore. *Poststructuralism and the New Testament*. (1994); Paul Ricoeur. "Emmanuel Levinas: Thinker of Testimony." *Figuring the Sacred: Religion, Narrative, and Imagination*. Edited by Mark I. Wallace. Translated by David Pellauer. (1995) 115–35.

페미니스트비평(Feminist Criticism)

바바라 K. 룬드블라드(Barbara K. Lundblad)

페미니스트비평은 성경을 해석하는 렌즈로서 여성의 경험을 존중하는 접근법이며, 특히 여성에 대한 폭력과 여성의 소외, 억압, 권한 박탈에 기여하는 요소에 초점을 맞추고 있다.

1. 시작의 목소리들

페미니스트라는 단어가 사용되기 전부터 여성들은 성경과 신학에 대한 페미니스트비평에 참여했다. 노예제 폐지론자인 소저너 트루스(Sojourner Truth)와 자리나 리(Jarina Lee), 줄리아 풋(Julia Foote)과 같은 아프리카계 미국인 설교자들은 자신의 경험의 렌즈를 통해 성경을 읽었다. 이 여성들은 성경을 인용하며 자신들의 소명을 부정하는 남성들의 격렬한 반대에도 불구하고, 하나님이 자신들을 부르셨다는 강한 확신을 가지고 설교했다.

북미에서 후기 페미니즘 원칙을 성경 해석에 적용하려는 초기 노력 중 하나는 1895년과 1898년에 출판된 엘리자베스 캐디 스탠튼(Elizabeth Cady Stanton)의 *The Woman's Bible*, 여성의 성경)이었다.

캐디 스탠튼으로부터 여성들이 페미니스트라는 용어를 성경 읽기에 사용하기까지 거의 60년의 세월이 흘렀다. 페미니스트비평의 핵심은 적어도 다음과 같은 신념이다.

- 여성의 경험은 신학과 성경 해석에 필수적인 지식의 원천이자 지침이다.
- 여성은 하나님의 형상대로 온전히 창조되었다(창 1:26-27).
- 성경은 주로 남성에 의해 형성되었으며 여성의 삶이 충분히 표현되지 않고 종종 비하되는 남성 중심적 텍스트로 남아 있다.
- 성경은 주로 남성에 의해 쓰였지만, 하나님께 응답한 여성의 역사이기도 하다.

페미니스트비평은 더 큰 문화의 운동들로부터 그리고 성경 해석의 역사비평 도구들로부터 영향을 받는다.

메리 데일리(Mary Daly)는 세속적 페미니즘 이론을 신학 및 성경학과의 대화로 끌어들인 최초의 현대적 목소리 중 한 명이다. 그녀는 그녀의 획기적인 저서인 *Beyond God the Father*(아버지 하나님을 넘어서, 1974)에서 신이 남성이라면 남성도 신이라고 대담하게 주장한다. 데일리의 주장은 기독교 전통의 긴 여정, 즉 지배적인 텍스트에서 신을 남성의 언어로만 명명하고 여성의 복종을 요구하는 성경으로 거슬러 올라가는 길을 겨냥한 것이었다.

2. 페미니스트비평의 다양한 강조점

일부 페미니스트들은 구약의 영웅적인 여성, 예수님의 죽음에 함께 머물며 최초로 부활을 전한 설교자가 된 여성, 사도행전과 바울 서신에서 초기 교회의 지도자로 언급된 여성 등 성경에서 소외된 여성들의 이야기를 되찾는 데 에너지를 집중했다. 이름 없는 여성들을 포함하여 구약과 신약에 등장하는 모든 여성들의 이야기를 포함하도록 자료를 개발했다.

이러한 노력의 대부분은 성경 본문에 직접적으로 도전하지 않기 때문에 이 발견의 작업(retrieval)은 종종 교회 전통에 가장 적게 위협을 준다. 그러나 이러한 발견 작업은 성경 본문에 대한 적절한 페미니즘적 대응이 아니다. 성경에서 여성 리더십에 대한 이야기는 남성 리더십에 대한 이야기에 비해 거의 없다. 게다가 여성의 경험을 부정하고 여성의 생존과 복지를 위협하고 비하할 수 있는 텍스트가 정경 내에 남아 있다.

비판적 렌즈로서 여성의 경험을 존중하는 페미니스트 성경학자들은 의심의 해석학으로 성경 본문을 해석하고, 무엇이 누락되었는지 의문을 제기하며, 여성과의 관계에서 서술자의 관점을 분석한다. 여성을 침묵시키거나 통제하려는 본문은 여성이 실제로 주체로서 말하고 행동했으며 규칙을 따르지 않았음을 나타내는 증거로 이해된다.

페미니스트비평은 여성에 대한 어떠한 본문의 언급이라도 역사가 기록하지 않은 더 광범위한 여성의 존재를 나타낸다고 주장한다. 여성의 삶의 경험을 부정하거나, 여성의 창조 가치를 축소하거나, 여성에 대한 폭력을 지속시키는 성경 본문은 비계시적인 것으로 판단된다.

일부 페미니스트에게 이것은 정경 안에서 정경들을 걸러서(distilling) 해방적 텍스트만 "하나님의 말씀"으로 인정하는 것을 의미한다. 다른 이들은 성경 전체가 여성의 역사라고 주장한다. 용기와 생존의 이야기뿐만 아니라 피해 경험의 이야기도 기억되어야 하고, 필요한 경우 해석되고, 도전받아야 한다.

비판적 페미니스트 평가는 성경에서 폭력, 소외, 가부장적 종속을 영속화하는 요소를 발견하고 거부한다. 동시에 페미니스트 비판적 해석학은 성경 본문과 전통 속에서 여성을 포함한 하나님의 백성의 해방적 경험과 비전을 구체화하는 요소들을 회복한다 (Schüssler Fiorenza 1983).

페미니스트비평은 백인 여성과 다른 경험을 가진 유색 인종 여성들에 의해 도전을 받아 왔다.

델로레스 윌리엄스(Delores Williams)는 하갈과 사라의 이야기를 백인 여성에 의한 아프리카계 미국 여성들의 억압에 대한 비극적 은유로 주목한다. 아시아계, 라틴계, 아메리카 원주민 여성들은 페미니스트라는 용어에 포함될 수 없는 삶의 경험을 통해 성경 본문을 듣는다. 다양한 인종과 문화권의 여성들 간의 활발한 대화는 백인 여성의 사회적 위치에서 읽혀 온 본문에 대해 새로운 질문을 제기하고 새로운 통찰을 제공한다. 가난한 과부, 거류인, 이방인, 대리모, 첩, 매춘부에 관한 텍스트는 성별뿐만 아니라 계급과 경제 문제에 대한 진지한 분석이 필요하다.

3. 설교에 대한 페미니스트비평의 함의

1) 여성의 가치

여성의 경험을 핵심 가치로 삼는 설교자는 회중과 지역사회에서 여성의 이야기를 주의 깊게 경청할 것이다. 여성의 삶의 경험은 여성에 관한 본문뿐만 아니라 성경의 모든 본문을 해석하는 자원이 된다.

"해를 끼치지 말라"는 설교자의 선서, 즉 모든 설교에서 여성의 삶과 복지를 소중히 여기겠다는 약속이 된다. 그래서 여성을 폄하하는 성경 본문을 긍정하거나 여성을 정형화하거나 비하하는 현대의 이야기를 전하는 것은 결코 신실한 설교가 아니다. 때때로 이것은 성경 본문에 반대하거나 여성에게 침묵과 복종을 강요하는 전통적 해석에 반대하는 설교를 의미할 것이다.

강간, 근친상간, 신체적 학대에 대해 중립적이거나 관대한 "공포의 텍스트"(texts of terror)는 더 이상 숨겨진 채로 있을 수 없으며, 성경과 교회 전통이 침묵이나 방치를 통해 그러한 폭력을 용인해 온 것에 대해 규탄하면서 그러한 본문들을 빛 가운데로 끌어내야 한다(Trible 1984).

2) 여성과 관련된 성경 본문에 대한 질문

여성의 경험을 신뢰하는 설교자들은 희생적 고통의 필요성, 육체와 영의 이원론, 모든 죄 중 으뜸인 교만과 같은 중심 가르침을 포함하여 수 세기 동안 기독교 신학을 형성해 온 본문에 대해 과감하게 질문을 제기할 것이다. "십자가를 지기 위해" 폭력적인 남편과 함께 지내라는 말을 들은 학대받는 여성들은 예수님의 십자가 죽음의 의미를 재조명하는 설교를 들어야 한다. 자신의 몸과 섹슈얼리티가 영적인 것과 반대되는 부정적인 것으로 폄하되는 것을 들어 온 여성들은 자신의 몸과 섹슈얼리티가 실제로 하나님의 선한 창조의 일부라는 사실을 들어야 한다. 자존감이 낮다고 배워 온 여성들에게는 꾸짖기보다는 자신도 몰랐던 자존감에 대해 당당하게 말할 수 있도록 격려하는 설교가 필요하다.

3) 여성을 포함한 더 많은 본문을 설교하기

설교자들은 더 많은 여성을 포함하도록 본문의 공간을 넓힐 수 있다. 설교자는 성서정과에 따라 본문을 선택하든 다른 패턴에 따라 본문을 선택하든, 여성들이 지워지지 않고 충분히 등장할 수 있도록 계획을 세워야 한다.

이는 성서정과를 따를 때, 열왕기하 4장의 끈질긴 수넴 여인이나 에스더서의 용기 있는 와스디와 같이 그동안 소외되어 왔던 여성들을 포함할 수 있도록 성서정과의 주기를 넘어 여성을 포함한 다양한 본문을 설교에서 다루는 것을 의미한다. 막달라 마리아가 네 개의 부활 이야기 모두에 등장한다는 것은 초기 교회에서 그녀가 두드러진 존재였다는 증거로 기억될 필요가 있다.

4) 설교 지침 고려하기

설교자는 다음과 같은 질문을 통해 설교의 지침을 얻을 수 있다.

- 성경 본문이 남성 인물에만 초점을 맞추고 있다면 문학, 신문, 회중의 생활에서 어떤 이야기가 여성에게 목소리를 줄 수 있는가?
- 구약과 신약에서 잊혀진 여성에 관한 본문을 연속으로 설교하기 위해 의도적으로 언제 어떻게 시간을 낼 수 있는가?
- 사순절 기간에 여성에 관한 이야기가 있는가?
  설교자는 베다니(요 12장)나 나병환자 시몬의 집(막 14장)에서의 기름 부은 이야기를 전체 수난 이야기를 구성할 때 출발점으로 고려할 수 있다.
- 가부장적 전통과 해석에 의해 수 세기에 걸쳐 주변화된 관점을 뒤집기 위해 여성을 해석의 주변부에서 중심으로 옮기려면 어떻게 해야 할까?
- 예식서에 하나님에 대한 남성적 언어만 나와 있더라도, 어떻게 하면 설교에 하나님에 대한 더 광범위하고 명백한 여성적 이미지와 은유를 포함시킬 수 있을까?

5) 새로운 형식의 통합

한 사람만 말할 때 조차도 보다 협력적이고 덜 위계적인 새로운 형식의 설교도 요구된다. 설교를 준비할 때 여성의 말을 경청하고 여성의 지혜를 신뢰하는 것은 남성과 여성 모두에게 중요하다. 설교자는 본문에 대한 여성의 관점을 찾고 이러한 관점을 설교에 도입하는 것을 의도적으로 노력해야 한다. 대화식 설교와 같은 형식은 청중이 설교 자체에 반응하거나 설교를 형성하는 대화에 참여하도록 초대한다(Rose 1997).

설교자의 진정성은 적어도 설교자의 권위만큼이나 중요하다. 여성 청중은 여성으로서의 경험의 진정성을 부정하는 설교에 권위를 부여하기 어려울 것이다. 페미니스트 비평에 의해 형성된 설교는 비평 그 자체나 여성만을 위한 것이 아니다. 이러한 설교는 여성과 남성이 하나님의 형상대로 창조되었다는 사실 하나님의 소망은 모든 사람, 특히 억압받아 왔고 지금도 억압받는 사람들을 위한 정의라는 사실 그리스도의 몸은 영적인 은유 그 이상이며 그 몸에는 다양한 색깔의 살이 있으며 그리스도의 몸은 모든 인종의 여성과 남성이 없이는 불완전하다는 신학적 확신에 기초하고 있다.

참고 주제 페미니스트 관점; 성별, 인종, 그리고 민족성; 해석학적 의심; 우머니스트비평, 여성

참고 문헌 Mary Daly. *Beyond God the Father*. (1974); Elisabeth Schüssler Fiorenza. *In Memory of Her*. (1983); Lucy Atkinson Rose. *Sharing the Word: Preaching in the Round-Table Church*. (1997); Phyllis Trible. *Texts of Terror: Literary-Feminist Readings of Biblical Narratives*. (1984); Delores Williams. *Sisters in the Wilderness*. (1993).

형식주의비평(Formalist Criticism)

앨리스 M. 맥켄지(Alyce M. McKenzie)

형식주의비평은 텍스트의 현재 형태만을 고려하여 텍스트를 읽는 방법으로, 텍스트의 부분들이 어떻게 전체를 구성하고 어떤 부분을 제거하면 그 의미에 어떤 영향을 미치는지에 특히 주의를 기울인다. 형식주의 비평은 역사비평 및 독자중심비평(historical and readeroriented criticisms)과 함께 사용될 때 설교자가 본문을 해석하고 설교를 구성하는 데 유익할 수 있다.

저명한 문학 학자인 M. H. 에이브럼스(M. H. Abrams)는 본문 해석의 이론을 네 가지 제목으로 분류하여 유용하게 정리했다.

- **청중**(독자 중심 이론)
- 인상비평(impressionistic criticism)
- 수사비평(rhetorical criticism)
- 독자반응비평(reader-response criticism)

- **저자**(저자 중심 이론)
- 표현주의(expressive)
- 정신전기학(psychobiographical)
- 정신분석학(psychoanalytic)

- **작품**(텍스트 중심 이론)
- 형식주의(formalism)
- 신비평(New Criticism)
- 구조주의(structuralism)
- 러시아 형식주의(Russian formalism)
- 포스트모더니즘(postmodernism)
- 포스트구조주의(post-structuralism)
- 해체주의(deconstruction)

- 우주(세계 중심 이론)
- 원형(융 Jungian) 또는 신화(archetypal or mythic) 연구
- 역사(historical) 연구
- 페미니즘(feminist) 연구
- 인종(race; 소수자[minority]) 연구
- 퀴어(queer) 이론
- 문화 연구(Gannon)

형식주의비평은 1940년대부터 1960년대까지 발전하고 번성했던 문학에 대한 작품 중심 접근법으로, 처음에는 유럽에서, 그다음에는 미국에서 신비평이라고 불렀다.

성경학자 테렌스 J. 키건(Terence J. Keegan)은 신비평을 다음과 같이 정의한다.

존 크로우 랜섬(John Crowe Ransom)의 저서 *The New Criticism*(신비평, 1941)에서 발표된 프로그램과 관련된 방법론으로, 독자중심비평의 인상주의와 문학-역사적 학문의 의도주의를 모두 피함으로써 과학적 객관성을 목표로 한다(Keegan 1985,169).

형식주의비평은 텍스트 자체와 예술 작품의 형식적, 기술적 속성에 관심이 있다. 윔삿과 비어슬리(Wimsatt and Beardsley, 1946, 466-88)는 텍스트가 작가의 의도에 대해 아무 말도 할 수 없다고 주장하며, 이를 의도의 오류라고 부른다. 문학 텍스트의 언어를 자세히 분석하면 작품이 독자에게 미치는 영향과는 무관한 작품의 의미 층위를 밝혀낼 수 있다. 형식주의비평은 저자의 마음과 시대를 이해하려는 시도를 환원주의로 간주하고 작품의 역사적 배경과 영향을 탐

형식주의비평(Formalist Criticism)

구하여 작품을 이해하려는 시도를 무의미한 것으로 간주했다. I. A. 리처드(I. A. Richards)나 로버트 펜 워렌(Robert Fenn Warren)과 같은 비평가들은 일반적으로 형식주의와 연관되어 있다.

형식주의비평에서 중요한 것은 작품 자체이다.

- 언어, 구조 및 어조의 기술적 또는 형식적 특성
- 작품의 배열 방식에 초점을 맞춘 작품의 형식과 의미 사이의 관계
- 어휘 선택(diction), 아이러니, 역설, 은유, 상징 등의 문제
- 줄거리, 캐릭터화, 서술 기법과 같은 광범위한 요소

형식주의 비평가들은 문학 텍스트를 독립적 예술 작품으로 읽기 때문에, 그들은 일반적으로 역사적 영향을 포함하여 작품 외부의 어떤 것도 검토하지 않는다.

20세기 전반기의 성경학자들은 주로 역사비평의 관점에서 활동했으며, 그들의 주요 관심사는 원저자의 역사적 의미를 복구하는 것이었다. 그들은 많은 경우 그 원래의 의미를 파악할 수 없다는 것을 발견했다. 형식주의와 그 미국 학파인 신비평은 이러한 현상을 해결해야 할 문제가 아니라 해석적 창의성의 기회로 보기 시작했다(Kaiser and Silva 1994, 239).

G. W. 터너(G. W. Turner)가 언급하듯이, 비평가들은 "텍스트가 이런 의미인가, 혹은 저런 의미인가"(Does the text mean)라고 묻는 대신 "텍스트가 이런 의미가 될 수 있나 혹은 저런 의미가 될 수 있나"(Can the text mean)라고 질문하기 시작했다(Turner 1973, 100-101).

형식주의적 접근법은 1940년대와 1950년대에 미국 문학비평에서 지배적이었지만, 성경학에 미치는 영향은 더디게 진행되었다. 이전의 성경학은 역사적 문제에 지나치게 집중한다는 비판을 받았지만, 형식주의의 새로운 비평적 관점은 정확히 말해 비역사적이라고 할 수 있다. 이 관점은 성경을 문학으로, 성경 본문을 역사적 맥락을 배제한 문학적 대상으로 간주했다.

1. 최근의 발전

1970년대에는 문학비평적 접근법이 성경학 연구에 영향을 미치기 시작했다. 형식주의와 신비평적 접근법은 비유에 처음 적용되었고,

1980년대 초에는 복음서에 적용되었다. 일부 성경학자들은 신약에 대한 문학적 접근의 유형에 대해 서사비평(narrative criticism)이라는 용어를 사용하기 시작했다. 구약에 대한 문학비평적 작업도 작성되기 시작했지만, 서사비평 대신 시학(poetics)이라는 용어가 종종 사용되었다. 초점은 텍스트 자체, 언어의 플레이, 텍스트의 최종 형태에서 분명한 스타일, 패턴 및 내러티브 기법에 있었다(Gowler 2000, "From New Criticism to Narrative Criticism").

1980년대 말까지 문학 이론의 다른 발전, 즉 해석의 다양성과 텍스트와의 대화에서 의미를 창조하는 독자의 역할이 성경 연구에 영향을 미치기 시작했다. 21세기 설교자

가 설교 해석을 위해 본문에 접근할 때, 본문 자체의 세계에 대한 세심한 주의와 함께 역사적 맥락과 현대 독자들의 맥락을 강조하는 분석은 여전히 중요한 강조점으로 남아 있다.

2. 설교자를 위한 형식주의비평의 가치

성경 연구에서 형식주의적 관점의 이점은 성경 문학의 짜임새에 주의를 기울이는 법을 가르쳐 준다는 것이다. 설교자로서 우리는 역사적 맥락에 뿌리를 둔다는 것이 성경적 종교의 본질적 특징이기 때문에 본문의 역사적 성격에 주의를 기울이면서 그 선물에 감사할 수 있다.

우리는 또한 역사적 맥락에서 비롯된 텍스트로서의 특성과 분리될 수 없는 텍스트의 신학에도 관심이 있다. 문학 텍스트의 구성에 주의를 기울이는 형식주의적 분석의 사용은 또한 텍스트의 신학적 관점과 의도에 접근하는 데 도움이 된다. 성경 저자의 신학적 관점은 명시적 용어로 표현되는 경우는 드물지만, 종종 본문 구성에 반영된다 (Kaiser and Silva 1994, 240).

설교자로서 우리는 성경 본문 이면의 세계를 탐구하기 위해 역사비평을 사용하고, 본문의 세계를 탐구하기 위해 형식주의비평을 사용해야 하며, 본문 앞의 세계를 탐구하기 위해 맥락 비평(contextual criticism)과 독자반응비평을 사용해야 한다. 이러한 영역(본문 뒤, 본문 안, 본문 앞) 중 하나에만 초점을 맞추고 다른 두 영역을 배제하거나 소홀히 하는 설교 주해는 세 가지 현상 중 하나를 낳게 된다. 그것은 고대 근동에 대한 역사적 강의, 개별 텍스트의 질감에 대한 문학적 논문, 회중의 필요에 대한 목록을 생성할 것이다.

3. 설교자를 위한 실용적인 형식주의 도구

형식주의가 설교자에게 주는 선물은 본문 자체의 형식적 특징과 그것이 본문의 의미에 어떻게 기여하는지와 관련된 분석에 관한 가르침이다. 이 접근법은 개별 성경 구절뿐만 아니라 그 구절이 등장하는 더 큰 책을 분석하는 데 도움이 될 수 있다. 설교자는 설교 해석을 위해 본문에 접근하면서 다음과 같은 질문을 할 수 있다.

본문에서 언어의 역할, 그 용도와 의미는 무엇인가?

이 질문에는 이미지, 비유, 어법(어휘 선택)이 포함된다. 또한, 구문(의미 있는 사고 단위를 형성하기 위해 단어를 구조화하고 그룹화하는 방법)과 단어 사용(기존 의미[지시적 의미, denotations] 및 추가 제안된 의미[함축적 의미, connotations])에 대해서도 다룬다.

다양한 본문에 적용할 때 형식주의비평이 설교자에게 던질 수 있는 전형적인 질문은 다음과 같다.

- 왜 하나님께 헌신된 삶이 시편 1편에서 물가에 심긴 나무의 이미지를 사용하여 전달되는가?
- 왜 잠언은 어리석은 사람들을 "스스로 지혜롭게 여기"는 자라고 언급하는가?(3:7; 26:12)
- 예수님이 제자들을 묘사하실 때 마태복음에서만 "믿음이 작은 자들"(little faith

형식주의비평 (Formalist Criticism)

ones)(마 6:30; 8:26; 14:31; 16:08, 저자 역)이라고 부르는 의미는 무엇인가?
- 왜 전도서는 지혜로운 삶에 대한 보상을 약속하는 전통적인 속담과 그 약속을 반박하는 말들을 나란히 제시하는가?(전 2:13-14; 7:1-2)
- 예수님이 하나님을 "아바"(Abba, 막 14:36)라고 부르시는 것의 함축적 의미는 무엇이며, 이는 당시 유대인에게는 이상할 정도의 친밀한 호칭이었는가?
- 독특한 문구나 핵심 단어가 있는가?
- 잠언에서 지혜와 생명을 반복적으로 동일시하는 것은 무엇을 의미하는가?(3:21-22; 8:35; 10:2; 13:3, 14; 16:17; 19:16; 21:21; 22:4)

형식의 문제와 관련하여 형식주의비평은 설교자들에게 의미를 표현하기 위해 작품이 어떻게 구성되어 있는지 살펴보라고 조언할 것이다.

- 마태는 왜 예수님의 가르침을 다섯 가지 주요 그룹으로 나누어 제시하는가?
- 작품의 구조 안에서 어떤 전개 패턴이 사용되었는가?
- 그것은 절정으로 이어지는가?
- 많은 시편의 경우, 구조는 절망으로 내려가고, 하나님의 임재를 인식하고, 찬양으로 올라가는 구조를 따르는데, 본문에 별도의 부분이 있는가?
- 예를 들어, 누가복음의 많은 비유에서 이야기의 부분은 주인공의 행동, 위기, 인물의 곤경을 요약하는 내면의 대화, 그리고 새로운 결심인데, 본문 안에 패턴이 있는가?

요한복음에서 부활하신 그리스도는 베드로에게 "베드로야, 네가 나를 사랑하느냐"라고 세 번이나 묻는다(요 21:15-17).

로마서 8:31-37은 일련의 질문이 만들어내는 전진적 동력에 의해 진행된다.

그런즉 이 일에 대하여 무엇을 말 하리요 (롬 8:31),

하나님이 우리를 위하시면 누가 우리를 대적하리요(롬 8:31),

누가 능히 하나님의 택하신 자들을 고발하리요 (롬 8:33),

누가 우리를 그리스도의 사랑에서 끊으리요 (롬 8:35).

문학 텍스트와 관련하여 우리가 고려한 이러한 형식적 특징들은 설교자가 설교의 내용과 방법 모두에 있어서 그것을 바탕으로 설교를 구성하는 데 도움이 될 수 있다. 문학적 질문을 던지는 것은 종종 설교자가 설교를 위해 선택한 주제를 형성하는 신학적 통찰을 드러낸다. 형식주의비평에 의해 교육받은 설교자는 이미지, 비유적 표현, 어휘선택, 구문, 독특한 문구, 핵심 단어, 구조 및 반복을 사용하여 설교의 효과를 극대화하기 위해 설교를 구체화할 수 있다.

참고 주제 양식비평; 문학비평

설교(신학)비평(Homiletical [Theological] Criticism)

참고 문헌 Thomas C. Gannon. TCG's Literary Criticism and Critical Theory Page, http://www.usd.edu/-tgannon/crit.html; David B. Gowler. "Heteroglossic Trends in Biblical Studies: Polyphonic Dialogues or Clanging Cymbals?" *Review and Expositor* 97 (2000) 443–66. http://userwww.service.emory.edu/-dgowler/RE article.htm; Walter C. Kaiser Jr. and Moisés Silva. *An Introduction to Biblical Hermeneutics: The Search for Meaning*. (1994); Terence J. Keegan, O.P. *Interpreting the Bible: A Popular Introduction to Biblical Hermeneutics*. (1985); G. W. Turner. *Stylistics*. (1973); W. K. Wimsatt and M. Beardsley. "The Intentional Fallacy." *Sewanee Review* 54 (1946) 468–88.

설교(신학)비평(Homiletical[Theological] Criticism)

찰스 L. 바토우(Charles L. Bartow)

설교비평은 이론과의 관계에서 설교를 평가하거나 이론을 발전시키는 신학적 실천이다. 교육적, 전문적, 학술적 세 가지 유형이 있다.

교육적 유형은 신학교 설교학 강사들이 학생의 설교를 이론에 근거하여 비평하는 것으로, 배타적이지는 않지만 설교 전달에 초점을 맞춘다(Bartow 1995).

전문적 유형은 설교자가 자신의 설교적 노력에 대해 매주 실제적인 신학적 평가를 하는 것이다(Bartow 1997, 5장 참고).

학문적 유형은 모범적 실천에 대한 엄격한 연구로부터 설교 이론에 대한 함의를 발견하기 위해 수행되는 비판적 연구이다 (Childers 1992; Prakash 1991; Saldine 2004 참고).

여기서는 일반적으로 설교비평의 신학적 기초, 그 본질, 목적 및 방법에 대해 집중적으로 살펴볼 것이다.

1. 설교비평의 신-논리(Theo-logic)

이 세 가지 유형의 비평을 설교학적으로 만드는 것은(그것이 엄밀히 말해 수사학적이거나 수행적인, 즉 오로지 설교 연설 비평의 행위에만 해당되지 않는 것은) 그들의 신학적 기반 때문이다. 수사학적 규범과 수행적 규범은 분명히 참조되지만, 그것들은 설교의 본질과 목적에 대한 신학적 이해의 지도 아래 해석되고 실행된다.

그래서 설교비평은 단순히 퍼포먼스(언어적, 음성적, 신체적 제스처의 기교있는 사용)와 수사학(주어진 상황에서 가능한 설득 수단을 발견하고 사용하는 것)과는 관련이 있는 것이 아니다. 더 중요한 것은, 선포에 대한 신-수사학적(theo-rhetorical) 및 신-수행적(theo-performatory) 평가, 즉 성경 자체가 증거하는 것, 즉 니케아 신조에서 "신 중의 신, 빛의 빛, 참신 중의 참신"으로 식별되는 영원한 아버지의 아들 예수 그리스도를 증거하는 설교자의 행위에 대한 평가와 관련이 있다.

말씀, 성례전, 그리고 기도로 교회에 보증을 주신 성령에 의해, 그리스도 예수께서 성경 말씀들을 직접 말씀하시는 것을 통해 그 말씀들을 기록된 하나님의 말씀으로 우리를 위해 만드시는 것으로 믿을 수 있게 된다. 그래서 그리스도 예수 자신도 복음을 선포하실 때 설교의 진정한 행동하는 주체로서 설교에서 알려지실 수 있다(Kay 1994, 113-17). 그러므로 신학적으로 규범화된 성경 공공 독서는 성경을 죽은 문자가 아니라 살아 있고 동시대적으로 하나님으로부터 영감을 받은 문학으로서 현재에 들려지고 받아들여지게 할 것이다.

마찬가지로 신학적으로 규범화된 복음의 선포는 그리스도에 대한 성경적 증거에 충실하려고 노력한 인간의 말이 교회에서 하나님 자신의 인간적인 말로서 받아들여지게 할 것이다.

버나드 매닝(Bernard Manning)은 이를 이렇게 표현했다.

> 구전된 말씀에 의해 쓰여진 말씀을 통한 성육신한 말씀(Maxwell 1993, 4).

성경 읽기와 설교신학, 그리고 교회의 이러한 실천에 대한 비평적 연구는 하나님이 그리스도 안에 성령의 능력으로 거룩한 삼위일체 신적 자아를 들을 귀가 있거나 볼 눈이 있거나 맛볼 혀가 있거나 느낄 육체가 있는 모든 사람에게 드러내시는 것이다.

> 성령이 교회들에게 하시는 말씀을 들을지어다
> (계 2:7, 11, 17, 29; 3:6, 13, 22).

2. 성경의 권위와 설교비평

마찬가지로 성경은 교회에서 권위 있게 기능한다. 즉, 성경은 신앙에 있어서 은혜의 수단으로서 기능한다. 1967년 신앙고백서(Confessions 1996, 265)가 말하듯이, 교회가 신앙과 실천의 규칙인 정경을 독특하고 권위 있는 것으로 간주하게 하는 것은 본문 자체에 잠재된 어떤 힘이 아니다. 대신 교회가 믿음으로 성경을 하나님의 목적에 맞게 구별된 독특하고 권위 있는 거룩한 것으로 받아들이게 하는 것은 성경에 대한 하나님의 거룩한 사용이다.

성경은 이스라엘의 역사, 교회 자체의 역사, 창조 질서의 자연 역사, 격동적 민족과 국가의 역사 속에서 신성한 자기 계시에 대한 탁월한 증거로 교회의 신앙에 따라 받아들여진다.

예배에서 조명을 구하는 기도에서, 예배자들은 성경을 듣고 성경에 대한 설교적 해석을 듣는 데 하나님이 영감을 주시도록 간구한다. 믿음으로 하나님이 선지자, 현자, 시편 기자, 전도자, 사도들의 듣고, 보고, 말하는 것에 신성한 인도를 불어넣으셨다고 이해하는 것처럼, 현재에도 그들의 증언은 신자들 사이에서 기록된 하나님의 말씀으로 받아들여지고 있다.

삼위일체 하나님을 예배자들은 각자의 시간과 장소에서 텍스트의 의미, 즉 텍스트의 개념적 내용(즉, 텍스트에서 주장되는 내용) 그 이상을 파악해야 한다. 또한, 그 본문의 현재적 의미, 즉 하나님이 성경을 신실하게 듣는 사람들에게 제기하실 수 있는 질문들을 파악하여 그들이 소중히 여기는 답을 고민해야 하며, 그 예배자들이 삶과 죽음에서 자신의 유일한 위로로 자신이 속한 '몸과 영혼, 삶과 죽음'을 자신이 아닌 하이델베르크 요리문답(Heidelberg Catechism)의 표현대로 "신실한 구주 예수 그리스도"(1996, 29)에게 속한 것으로 고백할 때까지 그 본문의 의미를 이해해야 한다.

그러므로 성경은 신자들이 하나님을 만나는 방법이 아니다. 그것은 하나님이 그들을 붙잡으시는 방법이다. 성경은 앞서 말했듯이 살아 계신 하나님을 섬기기 위해 기록된 살아 있는 문학이다. 성경은 거룩한 글이며, 그것을 받아들이고 이해하려고 노력함으로써 하나님에 의해 하나님 자신의 것으로 받아들여지는 그들을 거룩하게 만든다. 이렇게 하나님의 영접을 받은 그들은 또한 하나님의 말씀을 듣고 순종하도록 하나님의 부름을 받는다. 여기서 이해되는 순종은 위축된 의지가 아니다. 그것은 불타는 상상력이다.

3. 성경적 설교에서의 상상력

예를 들어, 누가복음에 따르면 세례 요한은 예수님에 대해 이렇게 말했다.

> 그는 성령과 불로 너희에게 세례를 베푸실 것이요(눅 3:16).

누가는 그의 두 번째 책인 사도행전에서 성령에 대해 다음과 같이 말했다.

> 홀연히 하늘로부터 급하고 강한 바람 같은 소리가 있어 그들이 앉은 온 집에 가득하며 마치 불의 혀처럼 갈라지는 것들이 그들에게 보여 각 사람 위에 하나씩 임하여 있더니(행 2:2-3).

본문 자체에서 알 수 있듯이 이 구절에서 말하는 것은 비유로 읽고 들으며 상상하고 실천해야 하는 것이다. 그러나 비유는 허구가 아니다. 비유는 언어적 사건, 즉 사실이나 경험에 대한 진술과 그 사실이나 경험에 대한 해석을 더한 것이다. 그리고 그 사실이나 경험, 즉 믿음은 복음의 선포에 대한 하나님 자신의 사례이다. 그래서 그 선포는 사도적이고 권위 있는 것이다. 그리고 이미 언급했듯이 권위 있고 사도적인 선포는 십자가에 못 박히고 부활하고 재림하신 그리스도 예수이다. 그러므로 순종은 성경에 대한 상상력이 풍부한 참여이다.

그리스도는 상상력 있는 순종의 중심에 계신다. 사도적으로 증명된 그리스도는 성경에 따라 설교되신다. 사도행전 2장과 신약 전체에서 복음이 선포되는 경우, 그리스도와 관련하여 선포되는 성경은 구약이다. 사도들의 증언에 따르면, 그 본문들은 그리스도 안에서 그리고 그리스도에 의해 그리스도가 설교하실 때 성취된다. 다시 말해, 그리스도에 대한 사도적 설교에서, 그리스도는 하나님의 심판-구원 활동에 대한 구약의 증거를 새로운 의미로 가득 채운다. 그는 신약에 새겨진 자신에 대한 사도들의 증거를 현대적 의미로 가득 채우면서 이를 수행한다.

그러므로 이스라엘에 대한 하나님의 약속은 십자가에 못 박히고 부활하여 다시 사신 그리스도에 대한 사도적 증거에 의해 대체되거나 그 중요성이 없어지지 않는다. 대신 그리스도 예수에 대한 사도적 증거에 의해 그것들은 그 안에서 확인되고, 그리스도를 통해 이스라엘의 하나님께 자신을 맡기는 이방인 신자들이 이제 이스라엘의 소망의 결실에 참여하도록 만들어진 새롭고 현대적인 의미를 부여받는다. 성경에 따르면 그 소망 자체는 아브라함에게 그의 후손을 통해 "천하 만민이 복을 받으리니"(창 22:18)라는 여호와의 약속에 근거를 두고 있다.

4. 설교에서의 성육신과 공감각적 말하기

말씀을 전하고 듣는 데에는 감각의 상호작용이 있다. 사도 요한이 기록한 대로 그리스도 예수 안에서 태초부터 하나님과 함께 계셨고 하나님이신 영원한 말씀이 단순한 말이 아니라 육신이 되어 우리에게 오셨다(요 1:14). 하나님의 말씀, 즉 모든 것이 그분을 통해 생겨났고 "하나도 그가 없이는 된 것이 없"는(요 1:3) 영원한 아들은 그분의 영에 의해 지금도 구두-청각적(oral-aural), 대면적, 공감각적 인간의 말에 참여하고 계신다.

여기서 우리는 말씀이 우리에게 어떤 의미인지 알 수 있다. 여기서 우리는 말씀의 우리에 대한 선함을 맛본다. 여기서 우리는 말씀이 우리 심장의 죽은 박동을 빠르게 하는 것을 느낀다. 공감각적 연설, 구두-청각적 연설, 대면적 연설은, 신성하게 살아 있는 말로, 단어들이 차례로 한 번에 하나씩 순차적으로 우리에게 다가오더라도 우리의 모든 감각을 한꺼번에 자극하는 말이다. 그래서 방금 말한 것과 같이, 인간의 말로서 우리에게 다가오는 말씀은 우리를 깊이 감동시키고 변화시킬 수 있다.

그 결과, 사도 바울은 자신의 입술과 청중의 귀에 들려오는 하나님의 말씀을 단지 인간의 지혜를 보여 주는 수사가 아닌 다른 것으로 말할 수 있다. 바울은 그것을 "성령의 나타나심과 능력"(고전 2:4)이라고 말한다. 성령과 능력의 하나님의 말씀은 한 페이지에 있는 일련의 단어에 완전하고, 철저하게, 최종적으로 담길 수 없기 때문에 성경에 하나님의 말씀이 담겨 있다고 말하는 것은 적절하지 않은 것 같아 보인다.

성경을 하나님의 말씀, 즉 예수 그리스도 안에서 발견되는 신성한 자기 증명의 인간적 사건 안에서 기록되었지만 그 안에 그대로 담겨 있는 하나님 자신의 인간적 말씀으로 기록된 것이라고 말하는 것이 더 적절하다. 다시 말해, 성령에 의해서 그리고 능력 안에서, 예수 그리스도는 늘 그리고 언제나 성경의 말씀으로 교회와 교회를 통해 모든 인류에게 말씀한다. 그래서 성경은 거룩하게 사용하도록 설정되어 있다.

성경은 하나님에 의해 은혜의 수단으로 지정되었다. 더 나아가 성경을 신적으로 승인된 인간의 말로서 받아들임으로써 교회는 성경과 함께 예수 그리스도 안에서 하나님의 자기 증거의 사건으로 모이게 된다. 이로써 교회는 모든 세대에 하나님의 말씀을 새롭게 선포할 수 있는 권한을 부여받게 된다.

이 성육신적이고 공감각적인 신적 자기 계시 언어 행위는 칼뱅(Calvin)과 다른 사람들이 우리 인간의 능력에 대한 하나님의 수용이라고 불렀던 것이다. 기록된 말씀이 선포된 말씀이 됨으로써 우리는 성육신하신 하나님의 말씀을 듣게 된다.

바르멘 신학 선언문(Theological Declaration of Barmen)은 다음과 같이 명시하고 있다.

> [성육신하신 말씀, 즉] 성경에서 우리를 위해 증거된 예수 그리스도는 우리가 들어야 하고 삶과 죽음에서 신뢰하고 순종해야 할

유일한 하나님의 한 말씀이다(Confessions 1996, 257).

5. 요약(Summary)

앞선 논의에 비추어 이제 설교비평의 본질, 목적, 방법, 그리고 설교비평이 무엇을 찾고, 본 것에 대해서 어떻게 설명하는지에 대해 요약해 보겠다.

첫째, 설교비평은 주어진 설교 사례가 공교회에서 예수 그리스도에 대한 유일하고 권위 있는 증거인 성경과 하나님의 말씀에 대한 반응을 설교자와 회중에게, 특히 교회의 신앙과 행동의 현장에서, 어떻게 증거하는지를 보려고 노력한다.

둘째, 설교비평은 죄와 하나님에 대한 반역이 있는 세상 그 자체 안에서, 그리고 있는 그대로의 교회 안에서, 그리고 세상이 다른 세상이 되려고 할수록 더욱 더 세상 그 자체로, 자신과의 논쟁과 그리고 세상 권력과의 논쟁에서 하나님을 자기 편으로 삼으려 하면 할수록 더욱더 하나님에 대항하게 되는 모든 것 가운데서, 설교를 복음의 내용, 즉 성령의 능력을 통해 그리스도 안에서 하나님의 바로잡거나 '바로 세우는' 활동에 대한 증거라는 측면에서 설교를 바라볼 것이다.

셋째, 설교비평은 설교가 지금 여기에서 하나님의 현존과 목적에 대한 확언을 찾는데, 그 현존과 목적은 '고통받는 이들을 위로하고 편안한 이들을 괴롭게 하는 것'일 뿐만 아니라 죽은 이들을 살리고, 자신을 멀리하려는 이들을 신적 현존 안에서 새로운 생명으로 이끌어 내는 것이다. 그래서 설교비평은 설교 담론이 나쁜 소식이 아닌 좋은 소식, 즉 그리스도를 믿으라고 사람들에게 촉구하는 것이 아니라 그리스도에 대한 신앙의 명료한 표현으로 설교 담론을 평가할 것이다. 결국, 그리스도에 대한 믿음을 이끌어 내는 것은 그리스도에 대한 믿음이다. 그러므로 가장 심오한 신학적 수준에서 설교는 "믿음으로 믿음에 이르게"(롬 1:17)한다 라고 말해야 한다.

넷째, 설교비평은 설교의 구두-청각적, 대면적, 공감각적 사건성의 측면에서 설교에 대한 비평을 제공하려고 시도할 것이다. 설교는 예술적일 수 있지만 그 자체로 예술은 아니다. 설교는 환상적인 가상의 삶이 아니다. 그것은 실제 삶이다. 그것은 현실의 정점에 있는 삶이다. 그것은 바로 지금 여기에서 하나님과의 만남이다. 그리고 그것은 인간의 수사적 노력과 수행적 규율에도 불구하고, 또는 그것들 없이가 아니라, 그것들 안에서, 그것들과 함께, 그리고 그것들을 통해 하나님과 만나는 것이다.

6. 결론: 말씀이 육신이 된 예배 안에서 생각은 육신이 된다

그래서 스피치 커뮤니케이션에 대한 우려를 무의미한 것으로 치부할 수는 없다. 설교가 완전히 설득력에 관심이 없는 것은 아니다. 틸리히(Tillich)의 유명한 관찰처럼, 청중은 설교자의 불쾌하고 거슬리는 수사적, 수행적 무능함에 직면하게 된다는 점이 중요하다. 결국, 설교는 후대에 분석하도록 남겨진 원고가 아니다. 오히려 설교는 대면

담론의 순간이며, 설교의 순간 자체가 역사 속으로 사라지고 시간이 지나면 전부는 아니더라도 많은 부분에서 잊혀지더라도 지속적인 의미를 지닌다.

따라서 신학교나 신학대학에서 학생 설교에 대한 이론에 기초한 비평은 신-수사적(theo-rhetorical)이고 신-행위적(theo-performatory)일 것이다. 설교자의 실제적인 신학적 자기 평가도 마찬가지로(설교자에게) 특별히 유쾌하거나 유쾌하지 않은 수사학적 어구 전환이나 말의 매너리즘을 관찰하게 될 것이다. 대신 이러한 관찰은 설교가 무엇이고 설교자가 어떤 사람이어야 하는지에 대한 설교자에 대한 이해라는 측면에서 고려될 수 있다.

사실 설교자는 건전한 신학을 발전시키고 그 신학적 관점에서 수사학적이고 수행적인 판단을 내리는 의무가 있다. 그래서 설교 이론의 재구성을 위해 수행되는 모범적인 설교 실천에 대한 학문적 평가 역시 신-수사적이고 신-행위적일 것이다.

수사학의 고전적 규범들인 발견(invention), 배열(arrangement), 스타일(style), 기억(memory), 그리고 전달(delivery)은 성경의 정경에 근거한 설교비평에서 구현될 것이다. 즉, 그것은 예수 그리스도인데, 이 예수님은 성경이 그분에 대한 증거를 가지고 있는 그런 존재이며, 또한 성경의 증거의 독특함과 권위처럼 그 스스로 성경을 증언하는 그런 존재다. 기록된 말씀이 선포되는 말씀이 됨으로써 설교자와 회중은 모두 성육신하신 하나님의 말씀을 직접 대면하고 귀에 담을 수 있게 된다.

이 마지막 생각에 대한 구체적 예시를 들어 마무리하고자 한다.

설교가 증거하는 말씀이 성육신했다면 설교자의 생각 자체도 살과 피와 근육을 가져야 하지 않을까?

분명히 그래야 한다. 그리고 그것은 수십 년이 지난 지금 이 설교의 순간에도 그렇다. 조지 A. 버트릭(George A. Buttrick)은 하버드대 설교에서 성탄절에 하나님의 이름을 성육신적으로 말하면서 추상적 생각을 생생하게 표현하기 위해 예화를 제시하는 것이 아니라 시인이 단순히 한 문장을 만드는 것처럼 말하는 것이 아니라 생명을 창조하는 것처럼 자신의 생각 자체를 실례를 들어 줌으로 표현했다.

하나님은 많은 이름을 가지고 계십니다.…
[하나님의] 이름은 "신비"입니다. 왜냐하면, 예수님이 오셨을 때 하늘은 비어 있지 않았고, 하나님이 신비가 아니었다면 [아무도 결코] 예배하지 못했을 것이기 때문입니다.
그분의 이름은 "능력"입니다. [하나님은] 우주를 들어 올리시고 예수님의 이름이 사라지지 않도록 하실 것입니다.
[하나님의] 이름은 "심판"입니다. 우리의 인생은 야곱이 20년이 지나도 알아차리지 못한다고 속이는, 하나님이 우리의 무자비한 입술을 아무렇지도 않게 닦아 주시며 "아, 그런 말 하지 마"라고 말하는 경박한 일이 아닙니다. 인생은 단 한 번의 중대한 만남이기 때문입니다.
하나님의 이름은 "거룩함"입니다. 예수님을 만나고 싶어 하는 사람들은 한때 그분의 친구들이 고통 속에서 부르짖었던 외침

을 잊어버립니다.

"주여 나를 떠나소서 나는 죄인이로소이다"(눅 5:8).

[하나님의] 이름은 "수수께끼"입니다. 우리는 지진과 광인을 포함하는 계획을 해석할 수 없으며, 우리가 할 수 있다고 가장해서는 안 됩니다. 그러나 가장 중심이 되는 이름은, 우리의 눈물과 기쁨과 가장 깊은 결심의 시작이기 때문에, 예수입니다. "이는 그가 자기 백성을 그들의 죄에서 구원할 자이심이라"(마 1:21)(Buttrick 1959, 170).

참고 주제 상상력/창의력; 조직/구성신학; 하나님 말씀

참고 문헌 Charles L. Bartow. *The Preaching Moment: A Guide to Sermon Delivery*. (1995); Charles L. Bartow. *God's Human Speech: A Practical Theology of Proclamation*. (1997); George Arthur Buttrick. "The Name of the Nameless." *Sermons Preached in a University Church*. (1959) 164–71; Jana Lynn Childers. "A Critical Analysis of the Homiletical Theory and Practice of Brown Barr: First Congregational Church, Berkeley, 1960—1977." Ph.D. diss. (1992); James F. Kay. *Christus Praesens: A Reconsideration of Rudolf Bultman's Christology*. (1994); Jack M. Maxwell. "Why Preaching?" NSPC Pulpit. Newtown Square Presbyterian Church, Newtown Square, Pa. (1993); Perumala Surya Prakash. *The Preaching of Sadhu Sundar Singh: A Homiletic Analysis of Independent Preaching and Personal Christianity*. (1991); Presbyterian Church (U.S.A.). *The Book of Confessions*. (1996); Kristin Emery Saldine. "Preaching God Visible: Geo-Rhetoric and the Theological Appropriation of Landscape Imagery in the Sermons of Jonathan Edwards." Ph.D. diss. (2004).

신역사주의(New Historicism)

B. 키스 풋(B. Keith Putt)

신역사주의는 텍스트와 역사가 분리될 수 없음을 인정하는 비판적 해석 전략이다. 신역사주의는 해석 이론을 문학 문서의 의미를 발견하려는 좁은 시도를 넘어 문서가 사회적, 정치적 힘을 어떻게 드러내고 조작하는지에 대한 더 넓은 의미로 확장한다.

첫째, 신비평과 같은 순수하게 형식주의적인 문학 해석 이론을 모두 거부하는데, 이러한 이론은 텍스트를 역사적, 공동체적 기원에 대한 고려 없이 의미를 확인할 수 있는 반역사적인 미적 대상으로 간주하기 때문이다. 대신 신역사주의는 텍스트는 편견, 가치, 기대, 전제가 없는 환경 속에서 자발적으로 생성되거나 발전하지 않는다고 주장한다. 즉, 텍스트는 그 텍스트가 작성된 역사적, 사회적, 정치적 맥락의 영향에서 결코 자유로울 수 없다는 것이다.

이 시점에서 신역사주의는 사회학자 클리포드 거츠(Clifford Geertz)의 "두꺼운 묘사"(thick description)라는 개념에 크게 의존하는데, 이는 사회적 표현을 문화적, 역사적 맥락에 위치시켜야만 그 의미를 이해하기 시

신역사주의(New Historicism)

작할 수 있다는 것이다.

둘째, 신역사주의는 순진한 실증주의 역사학 이론을 고수하지 않는다. 신역사주의는 해석자가 텍스트를 투명한 창문으로 접근하여 원래의 역사적 맥락의 진실을 명확하게 이해하고 정확하게 확인할 수 있다는 믿음을 거부한다. 텍스트를 통해 만나는 역사는 언제나 사회적으로 지배적인 이론에 의해 정립된 기준에 따라 검증을 거친 역사이다. 기록된 텍스트는 단순히 한 문화의 세계관이나 가치 체계를 반영하는 것이 아니라 경제적, 정치적, 사회적 음모의 복잡한 네트워크 안에서 구성되며, 실제로는 그 네트워크의 공모자일 수 있으며, 종종 자신만의 속임수와 지배의 그물을 짜기도 한다.

여기서 신역사주의는 포스트 구조주의 사상가인 미셸 푸코(Michel Foucault)의 비판 정신을 차용한다. 푸코는 권력 구조가 문화 내에서 어떻게 경쟁하여 사회적 동질성을 확립하고 현 상태와 다른 이론이나 집단을 악마화하는지를 조사한다. 신역사주의는 푸코가 설명하는 권력과 편견의 체계가 합리성과 논리의 거짓된 외관 뒤에 숨기 위해 특정 유형의 담론에 명시적, 암묵적으로 자신을 암시하는 방식에 특히 민감하다.

셋째, 신역사주의는 해석자 스스로가 지적인 그리고 존재론적인 진공 상태에서 존재할 수 없다고 주장한다. 독자는 유한하고 제한된 인간으로 다양한 역사 속에 내재되어 있고, 특정 언어를 사용하며, 고유한 문화적 맥락의 용광로 속에서 사상과 의도를 형성해 왔다. 그 결과, 신역사주의는 독자들이 전통적, 교조적, 이데올로기적 구실의 잠재적인 해석학적 감염으로부터 성공적으로 예방 될 수 있다는 것을 부인한다.

해석자들은 문서를 분석하고 그 텍스트의 사실만을 발견하고자 하는 객관적이고 가치 중립적인 조사자가 아니다. 반대로, 텍스트, 역사, 그리고 독자들은 항상 문화적 충돌의 흔적(상처?)을 지니고 있으며, 지적 차이로 충돌하고 모든 해석 과정을 권력과 통제에 대한 지극히 인간적인 투쟁으로 몰아가는 여러 이질적인 전통의 흔적을 지니고 있다. 또한, 그들의 문화적 구현을 고려할 때 독자들은 필연적으로 텍스트에 대한 해석을 현대의 사회 정치적 맥락과 연결시키고, 자기 이익을 위한 전략으로 텍스트를 동원하면서 해석을 오염시킬 위험을 감수해야 한다.

설교학에서 신역사주의의 중요성은 그것의 역사적, 문학적, 문화적 해석에 대한 비판적 관점이 성경해석학에 어떻게 도움이 될 수 있는지와 관련되어 있다. 성경 텍스트는 구성 과정과 수용 전통에 있어 세속 텍스트와 크게 다르지 않으므로, 히브리어와 기독교 성경에 근거하여 메시지를 선포하는 사람들에게 신역사주의의 역사적, 문화적, 윤리적 감수성은 해석학적 선물이 될 수 있다.

의심할 여지없이, 성경의 의미를 설명하고 이해하는 것뿐만 아니라 그 의미를 전달하여 개인과 사회에 영향을 미치는 데 주된 관심을 가진 사람이라면 누구나 신역사주의가 성경 진리의 실제 적용을 어떻게 향상시키는지 이해할 수 있을 것이다. 신역사주의는 사람들이 단지 토라나 복음을 듣는 사람일 뿐만 아니라 행하는 사람이 되기를 바라는 설교자의 의도에 기여한다고 말할 수 있다.

설교를 통해 성경 본문을 현대적 상황과 관용어로 번역하고자 하는 목회자는 신역사주의의 감수성을 가지고 성경에 접근하는 학자들의 작업에서 도발적인 통찰력을 발견할 수 있다.

예를 들어, 전쟁과 관련된 성경 언어의 성 편향성, 특히 군사적 행동을 강간과 비유하는 방식(신 20장과 21장 비교)에 대한 해롤드 워싱턴(Harold Washington)의 조사는 폭력과 군사 충돌에 대해 설교하는 방식에 큰 영향을 줄 수 있다(Biblical Interpretation).

모방에 대한 성 바울의 담론에 대한 엘리자베스 카스텔리(Elizabeth Castelli)의 매혹적인 푸코주의적(Foucaultian) 연구도 고려해 볼 수 있다. 그녀는 바울이 독자들에게 그리스도를 따르도록 촉구할 뿐만 아니라 자신의 교회적 권력과 그 모델에 따라 행동하고 믿어야 할 필요성을 인정하도록 촉구하기 위해 그러한 언어를 어떻게 사용하는지 세심하게 자세히 설명한다. 이러한 작업은 설교자가 성경을 목회적 우월성을 위한 이기적인 증거로 사용하려는 유혹에 대해 경계하도록 상기시켜 줄 수 있다.

또한, 요나서 주석의 역사에 대한 이본 셔우드(Yvonne Sherwood)의 풍부한 연구는 각 세대의 설교자들이 어떻게 성경 본문을 그들의 이념적, 정치적 의제에 맞게 재해석할 수 있는지를 보여 준다. 그녀의 책은 개인적 욕망과 문화적 충성심에 대한 설교적 맹목에 대한 예언자적 경고로 작용할 수 있다.

신역사주의는 성경의 개별 구절에 대한 해석을 향상시킬 수 있지만, 아마도 설교학과 관련한 가장 구원적인 공헌은 설교자가 하나님의 기록된 말씀을 선포할 때 잘못된 형식주의를 취하지 않도록 상기시키는 것이다. 성경은 손상되지 않은 외계의 작품으로 하늘에서 그대로 떨어진 것이 아니라 인간의 역사와 문화가 뒤섞인 과정을 통해 발전한 것이다. 또한, 성경은 이전 해석자들에 의해 어떻게 읽어야 하는지 형성된 채로 설교자에게 전달된 것이 아니다. 마지막으로, 설교자는 성경의 현대적 이해와 소통에 영향을 미치는 사회적, 심리적 상황 밖에서 성경을 선포하지 않는다. 그러므로 신역사주의에 대한 민감성은 설교자의 겸손과 성경적 선포가 두렵고 떨림으로 일관되게 이루어져야 한다는 인식을 유도할 수 있다.

참고 주제 해석학; 역사비평; 문학비평

참고 문헌 Elizabeth A. Castelli. *Imitating Paul: A Discourse of Power*. (1991); Gina Hens-Piazza. *The New Historicism*. (2002); Yvonne Sherwood. *A Biblical Text and Its Afterlives: The Survival of Jonah in Western Culture*. (2000); H. Aram Veeser. *The New Historicism*. (1989); Harold Washington. "Violence and the Construction of Gender in the Hebrew Bible," *Biblical Interpretation* 5 (1997).

탈식민주의비평(Postcolonial Criticism)
루크 A. 파워리(Luke A. Powery)

탈식민주의비평은 식민지 착취와 지배의 관점에서 텍스트를 분석하여 글로벌 사회에 만연해 있는 식민주의와 식민지 주민들에게

탈식민주의비평 (Postcolonial Criticism)

끼친 불행한 영향을 드러낸다. 이는 식민지 민족의 목소리와 정체성을 훼손하는 서구 제국주의 역사를 해체한다. 텍스트 문화적 해석(textual cultural interpretations)과 정의로운 사회 정치적 행동을 통해 침묵하고 소외된 사람들을 해방시킴으로써 식민지 제국의 억압적인 유산에 대한 대응을 구축하려고 시도한다. 탈식민주의의 역사, 의미, 범위, 그리고 비평으로서의 발전에 대해 많은 논쟁이 있다.

1. 식민지 지배의 역사에 대한 질문

탈식민주의는 역사에 따라 다양한 형태를 띠고 있지만 식민지 권력에 대한 의문은 줄어들지 않고 있다. 어떤 이들은 탈식민주의가 공식적인 유럽 식민주의가 몰락한 1960년대부터 식민지 민족의 독립을 위한 투쟁에서 시작되었다고 본다. 다른 이들은 서구 제국의 옛 식민지 내에서의 창작 문학 및 저항 담론으로 간주한다.

미국 내 학계에 탈식민주의를 도입하는 데 초석을 마련한 중요한 저작은 에드워드 사이드(Edward Said)의 오리엔탈리즘(Orientalism, 1978)이다. 이 책에서 사이드는 학문적 지식의 생산을 식민주의와 연결시켜 오리엔탈리즘은 서구가 동양을 지배하고 재구성하며 권위를 갖는 방식이었다고 주장한다. 그는 서구 권력의 핵심은 지식이었으며, 이는 지배자가 피지배자보다 더 잘 알고 지배자의 행동이 피지배자에게 도움이 된다는 생각을 조장하는 데 사용되었지만 반드시 그렇지는 않았다고 설명한다.

학계에서 탈식민주의의 부상은 1980년대에도 이론화와 문학적 분석에 중점을 두면서 계속되었다. 식민주의의 현실에 의해 형성된 사회의 역사적, 텍스트적, 문화적 표현에 관여하는 방법으로 탈식민주의 연구가 학계에 등장하면서 식민주의와 제국주의의 유산을 다루고 의문을 제기하는 학문으로 부상했다.

탈식민주의는 역사적 관점과 담론적 관점이라는 두 가지 주요 초점이 있다고 볼 수 있다.

역사적 관점은 식민지화된 미학적 생산을 의미하며, 일부에서는 하이픈이 붙은 단어로서 탈-식민주의가 식민주의 이후의 역사적 시기를 의미한다고 주장하기도 한다. 하이픈이 없는 탈식민주의는 지배적 지식 체계에 대한 급진적 의문을 통해 실천되는 식민주의에 저항하는 담론적 궤적을 나타내며, 그 목적은 서구 제국의 선전으로부터 과거를 회복하고 소위 독립 이후에도 신식민주의적 경향을 비판하는 것이다.

담론적 관점은 한 집단이 다른 집단에 의해 지배되는 상황을 비판적으로 성찰할 수 있는 수단을 제공한다. 이러한 형태에서 탈식민주의는 비평이며, 그래서 항상 지배와 학대에 대한 저항을 통해 대립적이고 맥락적이며 사회정치적이고 삶을 향상시키는 작업이다. 탈식민주의비평은 인간의 자유에 관심을 가지며 소외되고 억압받는 타자의 대의를 옹호한다. 탈식민주의 사상은 식민지 지배자와 식민지 피지배자 간의 상호작용을 통해 발생하고 성장하며, 이는 탈식민주의 사상의 하이브리드적 성격을 나타낸다. 하이브리드비평 담론으로서, 그것은 삶과 텍스트를 읽는 구체적이고 다양한 방식을 사용한다.

2. 비평적 (재)읽기 전략의 실천

이것의 하이브리드적 성격을 반영하듯 탈식민주의비평은 다양한 고민과 입장을 통합하고, 적용 장소와 학문 분야가 다르기 때문에 단일하지 않다. 탈구조주의, 마르크스주의, 문화 연구, 언어학, 문학 연구 등이 탈식민주의비평의 대화 상대가 되지만, 몇 가지 관행이 핵심이다.

탈식민주의적 시각을 통해 식민지 지배자들이 식민지 대상의 이미지를 만들기 위해 사용한 방법을 분석한다. 또한, 식민지화된 사람들이 이러한 방법을 어떻게 사용했는지 연구하고, 이를 넘어 자신의 정체성과 자존감을 되찾아 스스로에게 힘을 실어 주는 방법을 연구한다. 또한, 탈식민주의는 문학비평에 권력과 정치를 도입하여 문학이 유럽 식민주의와 어떻게 연결되었는지를 드러낸다.

포스트식민주의 비평가는 서구의 권위 있는 텍스트들을 다시 읽고 그 안에서 식민주의의 명시적 또는 암묵적 흔적을 찾아낸다. 비평가는 문헌들과 역사적이고 공식적인 문서 그리고 선교사 보고서와 같은 기타 텍스트를 살펴봄으로써 식민지 사람들이 어떻게 표현되었는지, 식민지 가치에 어떻게 저항하거나 혹은 수용했는지 확인한다. 또한, 식민지 텍스트에 대한 탈식민지 문학 분석은 식민지적 관점에 도전하면서 새로운 형태의 표현을 만들어 냄으로써 중심을 향해 다시 글을 쓰는 방법이 될 수 있다. 텍스트의 주변적 요소를 전면에 내세워 침묵하고 피지배된 사람들에게 목소리를 주고 전통적 관점을 전복한다.

성경 해석에서 이 하이브리드 읽기 방법은 단일 축을 지닌 근시적 읽기와 달리 문화, 인종, 계층, 연령, 성별에 대한 민감성을 통해 다차원적 접근 방식을 수용한다. 탈식민주의 독자는 자신의 식민지화를 인식하면서도 본문에서 식민지화된 사람들을 무시하거나 그들의 존재를 지우는 해석을 조장해서는 안 된다.

R. S. 수기르타라자(R. S. Sugirtharajah, 2003)와 같은 성경학자들은 탈식민주의비평의 목적은 성경 해석을 총체화하는 패권주의의 존재를 지우는 핵심적인 힘으로 팽창, 지배, 제국주의의 문제에 집중함으로써 식민주의를 성경과 성경 해석의 중심에 위치시키는 것이라고 주장한다.

식민주의의 만연성에 대한 이러한 인식을 통해 탈식민주의 비평가는 정경 텍스트의 잠재된 문화적 편견을 드러내고 탈식민주의적 해석을 구성할 수 있다. 이러한 이해를 바탕으로 탈식민주의비평은 텍스트 해석뿐만 아니라 전 세계의 사회적 행동 측면에서 특히 식민지 사람들에게 변혁적이고 생명을 불어넣는 방식으로 해체적이고 건설적이다.

3. 탈식민주의 영향하에서의 설교

탈식민주의비평의 해체적이면서 건설적인 특성은 설교에 부정적이고 긍정적인 방식으로 영향을 미칠 수 있다. 탈식민주의비평의 해체적 탐구는 설교자의 권위에 의문을 제기할 수 있기 때문에 설교 행위에 해

탈식민주의비평 (Postcolonial Criticism)

로운 것으로 볼 수 있다. 설교자는 다른 사람들이 목소리 없이 앉아서 듣고 순종하는 동안 말할 수 있는 권력을 가지고 있다는 점에서 식민주의자로 간주될 수 있다. 탈식민주의 비평가들은 권위를 가진 누군가가 특정 사람들에게 설교자가 될 수 있는 권한을 부여하는 반면, 다른 사람들(예: 유색 인종 여성)에게는 동일한 기회가 주어지지 않을 수 있다는 점을 지적하며, 과거와 마찬가지로 설교 행위를 제국주의적이고 가부장적인 교육 도구로 묘사한다.

탈식민주의는 설교를 파괴하는 세력이 될 수 있으며, 심지어 성경을 제국의 지배와 학대를 영속화하기 위한 식민지 자료로 비판하기도 한다. 성경의 권위는 성경이 기독교인의 삶과 무관한 것으로 여겨질 정도로 약화될 수 있으며, 그래서 기독교 설교를 위한 계시의 원천으로 사용하기에 부적절하다. 이는 예수 그리스도 안에서 표현된 하나님의 복음이 아니라 우리 자신을 설교하는 것으로 이어질 수 있다.

일부 성경 해석에서는 예수님도 식민지 출신임에도 불구하고 수로보니게 여인을 "개"(막 7장)라고 부르며 고위 식민지 관리처럼 행동했다는 비판을 받기도 하는데, 이는 식민지적 사고가 예수님 마음에 미친 영향을 드러내는 것이다. 또한, 탈식민주의 읽기는 마가복음 5:1-20을 한 사람이 다른 사람으로 간주된다는 사실에 민감하다. 이것이 그 사람이 권력을 가진 유대인이었던 마가에 의해, 비록 그것이 다른 사람의 생애를 기록하는 행위만일지라도, "부정한"(unclean)하다고 평가받는 이유일 수 있다. 또한, 성경 이야기에는 왜 남자만 나오는지 의문을 가질 수도 있다.

탈식민주의 해석자는 여러 수준에서 본문을 색다른 방식으로 (다시) 읽는 의심의 해석학으로 인해 복음 전파에 방해가 되는 것처럼 보이는 관점을 강조할 수 있다. 이는 설교에 필요한 신뢰의 해석학이 없는 것처럼 보이기 때문에 포스트식민주의비평의 약점으로 볼 수 있다. 그러나 탈식민주의비평에는 설교에 도움이 될 수 있는 강점도 있다.

사실 이런 종류의 비평이 주는 의심스러운 충동은 설교자로 하여금 본문과 세상 속에서 식민지적 영향력을 인식하도록 도와주며, 설교자로 하여금 생명을 주는 탈식민주의적 해석과 행동을 지향하게 할 수 있다. 탈식민주의적 영향은 설교자에게 세계 사회 정치적 영역에 대한 통찰력과 현상 유지에 대한 불만을 줄 수 있으며, 이는 효과적인 예언적 설교로 이어질 수 있다.

탈식민주의를 통한 복잡한 세계에 대한 현실적 관점은 설교에서 개인의 삶뿐만 아니라 세상의 문제에 대한 진정한 그림을 포함할 수 있게 해 줄 것이다.

마가복음 5: 1-20을 건설적으로 해석하면 인간이 어떻게 차이를 악마화하고 타자를 두려워하는지를 보여 줌으로써 사회의 식민지적 경향을 해체하고 식민지적 유산을 드러낼 수 있다. 그러나 결국 식민지화된 예수님은 "군단"이라는 이름으로 상징되는 로마제국에 의해 식민지화된 사람을 해방시킨다. 주변부의 악마는 식민지화된 사람들의 설교자가 되어 누가 하나님을 대변해야 하는지에 대한 생각을 해체한다. 이런 식으로 식민지화된 악마는 예수님에 의해 해방되어 소외된 모든 이를 대변하고, 침묵하던 이들에게 저항의 목소리를 낼 수 있는 권한을 부여한다.

이런 식의 탈식민주의적 해석은 개인과 사회를 새로운 삶의 방식으로 부르고 사회의 모든 수준에서 정의의 필요성을 선포하며, 개인적 경건에만 관심을 갖고 종교의 사회정치적 함의를 망각하는 영성을 비난한다.

또한, 설교자는 타자에 대해 개방적이어야 하며, 탈식민주의적 혼성성을 반영하는 이야기와 설교 예화를 통해 다양한 목소리와 경험을 설교에 포함시킬 수 있다. 탈식민주의적 비판이 복음 선포를 방해할 필요는 없으며, 오히려 식민지와 피식민지를 위한 해방 복음을 말씀으로 구현하는 데 도움이 될 수 있다는 점을 분명히 해야 한다.

참고 주제 해체주의; 문학비평; 신역사주의

참고 문헌 Homi K. Bhabha. *The Location of Culture.* (1994); Laura Donaldson. *Decolonizing Feminisms: Race, Gender, and Empire Building.* (1992); Edward Said. Orientalism. (1978); R. S. Sugirtharajah. *Postcolonial Criticism and Biblical Interpretation.* (2002); R. S. Sugirtharajah. *Postcolonial Reconfigurations: An Alternative Way of Reading the Bible and Doing Theology.* (2003).

독자/청자반응비평(Reader/Listener Response)

사라 제인 스미스(Sarah Jane Smith)

독자반응비평은 텍스트가 생성하는 반응을 해석의 유효한 출발점으로 삼아 텍스트에 접근하는 방법이다. 수용미학 또는 수용이론이라고도 하는 이 비평은 독자와 텍스트 사이의 관계를 연구한다. 이 이론은 독자, 독서의 과정, 독서에 의해 생성되는 반응을 다룬다. 독자의 역할을 강조하는 독자반응비평은 문학 분석에 대한 새로운 접근 방식을 제시했다. 19세기의 낭만주의는 작가의 우위를 강조한 반면, 20세기 초중반의 신비평은 텍스트의 통일성에 중점을 두었다. 1960년대에 독자반응비평이 도입되면서 이제 독자에게도 관심이 향하게 된다.

독자의 역할에 대한 탐구는 오랫동안 필요했던 것이었다. 저자의 말을 해석할 독자가 없다면 텍스트는 존재하지 않는다.

> 문학 작품은 … 객관적으로 존재하는 것이 아니라 특정 독자의 머릿속에 들어갔을 때만 존재한다(Bonnycastle 1996, 174).

독자반응비평의 위험은 텍스트가 어떤 의미든 지닐 수 있다는 점이며, 강점은 독자가 창조적 행위에 참여한다는 점이다.

독자 반응 이론은 경청의 과정에 설교학적으로 적용되어 왔다. 매체가 인쇄물에서 음성으로 바뀌었지만 설교는 청중이 메시지를 듣고 해석할 때 비로소 존재한다는 핵심 아이디어는 그대로 유지된다.

청자 반응 이론에 따르면 설교자는 청중

을 특정 방향으로 이끌 수는 있지만, 청중이 들은 내용을 해석하고 의미를 부여하는 등 청중이 듣는 과정을 완전히 통제할 수는 없다. 청중은 설교를 듣는 데 중요한 영향을 미치기 때문에 사실상 설교의 공동 창작자라고 할 수 있다.

1. 핵심 원리와 설교 도구

청자 반응 이론의 다섯 가지 주요 특징은 청자반응비평의 지지자인 스탠리 피쉬(Stanley Fish, 1980; 해석공동체), 노먼 홀랜드(Norman Holland, 1968; 정체성 주제), 볼프강 아이저(Wolfgang Iser, 1978; 문학적 틀이 의미 만들기에 영향을 미치고 독서는 새로운 이해와 재해석을 낳는다), 데이비드 블레이치(David Bleich, 1975; 독서는 변화를 촉진한다)의 연구에서 도출할 수 있다. 이러한 이론들은 청자 반응 이론의 핵심 원리를 생성하며, 이는 설교자가 설교 과정에서 청중의 역할을 다루는 설교를 구성할 수 있도록 해당하는 설교 도구와 짝지어질 수 있다.

1) 교회의 해석공동체는 설교된 말씀을 듣고 그에 대한 반응을 형성한다(Fish 1980)

청중의 해석공동체는 다양하다. 이들은 정치적, 신학적, 사회적 진영이며, 사업, 사람, 세계관, 그리고 돈에 대한 그들의 철학을 안내하는 것과 자신을 동일시한다. 해석공동체는 본질적으로 인종적(ethnic)이다. 청중은 동시에 다양한 해석공동체에 속한다. 설교는 청중을 다양한 해석공동체 안에 위치시키고, 이는 차례로 설교와의 동일시(identification)를 가능하게 한다. 설교 도구로서의 동일시는 다양한 해석 공동체의 관점을 사용하여 동일화를 발전시키고 변화를 촉진하는 것을 포함한다.

2) 설교적 해석은 개인의 정체성 기능이다 (Holland 1968).

청중은 자신의 정체성 주제를 듣는 일에 가져온다. 사회적, 경제적, 성별, 인종, 교육적, 종교적, 그리고 역사적 배경은 정체성에 영향을 미친다. 이러한 배경은 우리가 들은 내용에서 의미를 만드는 방식에 영향을 미친다. 정체성은 영구적으로 고정되거나 미리 결정된 것이 아니다. 우리는 인생을 살아가면서 경험과 지식을 정체성 은행에 추가한다.

청취자는 새로운 개념에 노출되면 익숙한 방어 체계 또는 적응 전략을 통해 들은 내용을 걸러 내고, 이를 바탕으로 제시된 내용에 대한 결정을 내린다. 본질적으로 청중은 연결(connection)을 형성한다.

연결은 다원적 설교 자료를 선택하여 개별 청중과 다양한 연결 지점을 제공하는 것을 권장한다. 다원적 자료는 이야기나 삽화가 각자의 고유한 장소에서 청중을 만나면서 다양한 의미를 생성할 수 있도록 한다. 실제 경험을 떠올리게 하는 이미지, 익숙한 냄새와 소리(예: 스쿨버스 경적 소리 또는 병원 진료실의 소독제 냄새)를 떠올리게 하는 묘사적 언어, 청취자가 본 적이 있다고 느낄 정도로 잘 전달된 이야기 등 다양한 형태로 제공된다. 다원적 자료는 각 사람에게 고유한 방식으로 전달되지만 동시에 많은 사람에게 전달된다.

청취자는 자신의 정체성 은행에서 정보를 가져와 제시된 내용에 적용하면서 들은 내용을 특정 상황에 적용할 수 있다.

3) 청중은 설교 구조와 내용의 틀 안에서 상호 작용하여 의미를 만들어 낸다(Iser 1978)

설교자는 청중의 존재를 예상하지만, 반드시 정의하지는 않는 설교 구조인 상정상의(implied) 청중을 사용하여 설교의 본문/주제에 대한 청중의 반응을 식별할 수 있다. 상정상의 청중은 설교자가 청중의 상황을 더 잘 파악할 수 있도록 도와주는 진단 도구 역할을 한다.

이에 상응하는 설교적 도구는 예측(antipication)이다. 이 원리는 설교자가 본문/주제의 아이디어와 이미지에 대한 상정상의 청중의 잠재적 반응을 예상하고 이에 대응하는 설교 구조를 만들 것을 제안한다. 설교는 청중이 고정관념과 선입견을 넘어 메시지가 제공하는 내용을 들을 수 있는 공간을 만들 수 있도록 구성할 수 있다. 상정상의 청중은 설교자가 다양한 청중의 관점과 잠재적 반응을 예상하여 이러한 문제를 교묘하게 해결하는 설교 구조를 만드는 데 도움이 된다.

4) 설교적 경청은 새로운 이해를 가능하게 한다(Iser 1978).

청중이 새로운 이해에 도달하도록 돕는 설교적 도구는 재해석(reinterpretation)이다. 재해석은 익숙한 감정이나 생각을 새로운 접근이나 놀라운 반전을 제공하는 신학적 통찰과 결합시켜 청중의 태도를 변화시킬 수 있는 잠재력을 만들어 낸다. 청자 반응 이론은 궁극적으로 재해석을 가능하게 하는 세 가지 방식, 즉 방랑하는 관점(wandering viewpoints), 여백(blanks), 그리고 부정(negations)의 방식으로 청자의 인식을 유도한다.

(1) 방랑하는 관점

방랑하는 관점을 사용하면 청취자의 과거 기억이 특정 맥락에서 회상된 다음 새로 제시된 아이디어와 결합된다. 새로운 것과 오래된 것 사이의 이러한 상호 작용은 재평가 또는 재해석의 가능성을 만들어 낸다. 설교자는 방랑하는 관점을 사용하여 우리의 개인적인 상황에 대한 과거의 기억들을 참여시키고, 청중에게 하나님과 신앙의 삶에 대한 새로운 신학적 통찰을 제시한다.

(2) 여백

여백은 청중이 빈 공간을 채우고 설교의 내용 및 구조와 상호 작용하면서 스스로 결론을 내릴 수 있도록 주제에 대해 충분히 말하는 곳이다. 여백은 설교 전체에서 발견되며 다양한 형태로 나타나는데, 잘 배치된 질문, 자기 발견을 돕는 진술, 직면한 상황에 대처할 수 있는 선택지, 청중이 성경 본문과 개인적 관계를 맺을 수 있는 문구 등이 될 수 있다. 구조적으로 여백은 설교 안에 빈 공간을 남겨 두고 청중이 메시지와 연결될 수 있는 기회를 제공하여 설교를 개인화하기 때문에 중요하다.

(3) 부정

부정은 설교적 구조로써 설교자가 익숙한 것에 초점을 맞춘 다음 그것을 다시 취소하는데, 취소된 것은 그대로 남아서 청중으로 하여금 새로운 삶의 방식을 고민하게 만든다. 부정은 새로운 것을 소개하기 전에 먼저 청중에게 익숙한 화두를 던지는 방식으로 작동한다. 설교자는 교묘한 단어로 이야기를 선택하거나 설명적인 언어를 사용하여 청중의 인식을 구축한다. 곧 청중은 '그래, 그 느낌 알아'라고 정신적으로 동의하며 고개를 끄덕이게 된다. 익숙한 것이 분명하게 초점에 있으며, 청중은 단순히 듣는 것이 아니라 그것을 경험하고 제시된 내용에 편승한다. 그런 다음 대체로 빠른 전환을 통해 상황을 바꾼다.

신학적으로 방랑하는 관점, 여백, 부정은 청중으로 하여금 하나님과 삶에 대한 부적절하거나 파괴적 믿음을 재고하고 새로운 믿음의 눈으로 상황을 바라볼 수 있게 함으로 청중에게 권위를 부여한다. 이러한 방식으로 이것들은 청중을 하나님께로 인도하거나 더 깊은 신앙 관계로 이끄는 신학적 역할을 수행한다. 이러한 새로운 관점은 변화를 위한 길을 열어 준다.

5) 설교적 경청은 변화를 촉진한다

기독교 전통은 우리가 삶과 생각, 행동에서 그리스도를 닮아 가기 위해 노력할 때 지속적 변화를 경험하도록 초대받았음을 상기시켜 준다. 그래서 다섯 번째 설교 도구는 변화(transformation)이다(Bleich 1975).

이 도구는 설교자가 청중에게 변화된 삶의 예를 제시함으로써 청중이 변화된 방식으로 반응할 수 있도록 도와준다. 청자 반응 이론은 설교 내내 청중이 설교와 상호작용하고 반응할 수 있는 공간을 만들 것을 제안한다. 어떤 형태의 초대는 청중이 변화된 삶에 대한 결정을 내리도록 초대한다. 초청은 마지막에 그리스도를 영접하라는 공개적 부름만을 요구하지는 않지만, 청중이 성경의 교훈과 관련하여 자신의 삶을 점검하고 적절한 제자도의 결단을 내림으로써 마음과 생각으로 응답하도록 설교를 구성할 것을 제안한다.

동일시, 연결, 예상, 재해석, 변화와 같은 청중 반응 이론 도구를 사용하면 설교자가 청중을 실제적이고 신학적인 방식으로 설교에 참여시키는 설교를 개발하는 데 도움이 될 것이다. 이 도구들의 장점은 설교자가 사용하는 모든 설교 구성 방법과 함께 사용할 수 있다는 것이다. 이 도구들을 사용하면 청중을 설교의 공동 창조자로 초대할 수 있다. 청자 반응 이론은 설교 말씀을 듣는 과정에서 각 청중이 기여해야 하는 고유한 기여를 인식하고 청중을 초대한다.

참고 주제 형식주의비평; 문학비평

참고 문헌 David Bleich. *Readings and Feelings: An Introduction to Subjective Criticism*. (1975); Stephen Bonnycastle. *In Search of Authority*. (1996); Stanley E. Fish. *Is There a Text in This Class?: The Authority of Interpretive Communities*. (1980); Norman H. Holland. *The Dynamics of*

Literary Response. (1968); Wolfgang Iser. *The Act of Reading*. (1978); Sarah J. Smith. *Hearing Sermons: Reader-Response Theory as a Basis for a Listener-Response Homiletic*. Ph.D. diss. (2002); Jane Tompkins, ed. *Reader-Response Criticism: Formalism to Post-Structuralism*. (1980).

수사비평(Rhetorical Criticism)
마이크 그레이브스(Mike Graves)

수사비평은 성경 본문을 연구하는 여러 비평적 렌즈 중 하나로, 의미를 전달할 때 구조와 내용이 어떻게 기교적으로 함께 작용하여 의미를 전달하는지 분석한다. 이 방법의 사용은 고대 텍스트의 해석뿐만 아니라 오늘날의 설교에도 영향을 미친다.

학자들은 일반적으로 수사비평의 시초로 제임스 마일렌버그(James Muilenberg)가 1968년 성경문학협회(Society of Biblical Literature)에서 행한 연설, 〈양식비평 이후 무엇을?〉(After Form Criticism What?)을 인용하지만, 이 방법은 1964년에 출간된 아모스 와일더(Amos Wilde)의 고전적 저작인 *Early Christian Rhetoric*(초기 기독교 수사학)에서 집중적으로 다루어졌던 주제였다. 당시 설교의 특징에 관심이 많았던 와일더는 신약성경의 형식과 내용을 분리해서 볼 수 없으며, 초기 기독교인들의 글(문학비평 참고)뿐만 아니라 그들의 말하기에서도 함께 작용한다는 점에 주목했다. 와일더는 초기 기독교인들이 사용한 수사학의 특성이 오늘날 설교자들에게 깊은 영향을 미친다고 믿었다.

와일더는 신약성경의 형식의 참신함과 그 즉흥적인 성격의 새로움을 과대평가했을지 모르지만, 그러한 형식의 예술성과 힘을 지적한 선구자였다. 그는 복음서, 사도행전, 서신서, 묵시록 등 네 가지 유형의 문학이 모두 시, 비유, 영광송, 기도문 등과 같은 작은 수사학적 패턴 또는 장르로 구성되어 있다는 점에 주목했다. 그는 이러한 각각의 패턴이 다양한 수사학적 기법을 사용한다고 언급했다.

마일렌버그의 연설도 비슷한 주제를 다루며 성경 저자들의 예술성과 수사학적 의도에 주목한다. 텍스트 형성에 있어 수사학의 역할에 대한 이러한 인식은 종종 저자가 없고 비역사적 양식비평의 접근 방식과 대조를 이룬다. 그러나 와일더의 접근 방식이나 마일렌버그의 접근 방식은 각각 양식비평에서 수사비평으로 학문을 전환하는 데 도움이 되었지만, 최종적 해결책은 아니었다.

수사비평은 학자들이 수사학을 퀸틸리아누스(Quintilian)가 강조했던 것처럼 장식에 덜 관심을 갖고 아리스토텔레스(Aristotle)가 강조했던 것처럼 논증이나 증명에 더 관심을 갖기 시작한 1970년대 초가 되어서야 현재의 형태로 등장했다.

수사비평과 관련된 성경 연구의 역사는 주로 다른 강조점에 따른 분열로 볼 수 있다. 예를 들어, 어떤 학자들은 사도 바울이 수사학을 무시한 것이 특히 고린도 교인들에게 보낸 편지에서 "말과 지혜의 아름다운 것"(고전 2:1-5)으로 선포하지 않았다고 주장한 구절에서 가장 분명하다고 주장하는 반면, 다른 학자들은 바로 이 구절에서 바울이 사용한 고상한 언어에 주목하면서 이 구절을 순수한 아이러니로 간주한다. 그래서 수사학의 상대적 중요성에 대한 논쟁은 해석가들 사이에서 계속되고 있다.

이 논쟁은 최초의 설교학 교과서로 널리 알려진 성 아우구스티누스(St. Augustine)의 *On Christian Teaching*, Book 4(기독교 교양 4)에서 수사학을 지지한 이래로 설교학자들 사이에서도 계속되고 있다. 설교자를 위한 수사학을 주장한 현대 설교학 교사 중에는 프레드 크래독(Fred Craddock)이 있는데, 그는 1971년 그의 책 『권위 없는 자처럼』(*As One Without Authority*)에서 중요한 질문을 던졌다. 그는 성경의 수사학을 살펴보면서 성경의 대부분의 페이지에서 다양한 문학적 형식과 수사학적 전략이 사용되었다면, 왜 그렇게 많은 설교가 똑같이 들리는지 물었다(37-38).

그 후 수십 년 동안 설교학자들은 이 질문을 탐구했다. 특히, 토마스 롱(Thomas Long)은 1989년에 『성경의 문학 유형과 설교』(*Preaching and the Literary Forms of the Bible*)를 출간하여 성경 저자들의 수사 전략이 설교자들이 자신의 설교를 어떻게 구성할 수 있는지에 대한 방법을 제시할 수 있음을 보여 주었다. 그는 본문에 대해 질문해야 할 다섯 가지 질문을 열거했다.

첫째, 본문의 장르는 무엇인가?
둘째, 이 장르의 수사적 기능은 무엇인가?
셋째, 이 장르는 수사적 효과를 얻기 위해 어떤 문학적 장치를 사용하는가?
넷째, 본문은 특별히 어떻게 그러한 수사학적 특성을 구현하는가?

다섯째, 설교는 본문이 원래의 환경에서 말하고 행했던 것을 어떻게 말하고 행할 수 있는가?(24).

즉, 롱은 설교자가 성경 본문이 수사적으로 기능하는 무수한 방식에 주의를 기울이는 것이 무엇을 의미하는지, 그리고 설교자가 그러한 기법으로부터 어떻게 배울 수 있는지를 탐구하고자 했다.

몇 가지 예를 언급할 가치가 있는데, 그 중 하나는 롱의 연구에서 나온 것이다. 예를 들어, 성경학자들은 창세기 1장의 창조 이야기에서 부르고 응답하는 패턴에 오랫동안 주목해 왔다. 여섯 날 동안의 창조 과정에서 하나님은 "있으라 … "(Let there be …)라는 말을 열두 번 이상 반복하는 것으로 묘사된다. 빛에서 인류에 이르기까지 모든 것이 "있으라.…"라는 신적 말씀으로 형성된다.

그러나 수사비평의 관점에서 볼 때 특히 흥미로운 것은, 이 언어의 특성이 선언적이지 않고 허용적이라는 것이다. 하나님은 빛이 있으라 명령하시는 대신 "빛이 있게 하라"고 말씀하신다. 수사학자들은 이 언어가 창조 질서가 창조에 하나님과 함께 참여하도록 유도하는 방식을 지적한다.

한 수준에서 해석은 충분히 분명하다. 우리는 구원론, 생태학, 정의 등의 문제와 같이 현재 진행 중인 창조 사역에 우리가 하나님과 함께 참여하도록 초대받았다.

그러나 다른 설교적 함의가 있을까?

예를 들어, 본문이 부름과 응답을 사용한다는 것은 어떤 차이를 만들까?

이 질문을 던지는 것은 수사학적 분석의

수사비평(Rhetorical Criticism)

또 다른 층위를 탐구하는 것이다. 이러한 탐구는 설교자가 본문에 나타난 수사학적 전략을 기반으로 설교의 수사학적 전략을 구축하는 결과를 가져올 수 있다(즉, 반복을 사용하고 다양한 방식으로 회중의 반응을 유도하는 것).

롱은 기독교 설교에서 가장 잘 사용되지 않는 자료인 시편을 예로 들며, 이는 부분적으로는 시편의 형식과 수사학적 전략에 대한 오해 때문일 수 있다고 말한다.

시편 1편은 의로운 사람과 악인의 길을 대조하는 지혜의 시이다. 그러나 시편 기자는 그 차이점이 무엇인지 말하는 것 이상을 한다. 즉, 시인은 시적 수단을 통해 그 차이점을 강조한다. 예를 들어, 악인은 바람에 날리는 겨처럼 불안정한 방식으로 이리저리 움직이며 광란의 삶을 사는 것으로 묘사된다. 그러나 의인은 안정되고 확실한 것으로 묘사되며, 그들을 묘사하는 데 사용된 유일한 동사는 묵상하는 것이다.

이 본문을 다룰 때 대부분의 설교자가 시편의 내용, 즉 의인과 악인의 대조적 삶의 방식에 주목할 것이다. 그러나 수사비평에서 얻은 통찰력을 바탕으로 설교는 속도감과 사용된 이미지 측면에서 대조를 재창조할 수도 있다.

신약성경에서 기독교 문학의 대부분을 차지하는 복음서 기자들의 그리스도 이야기에서와 바울 서신에서 역시 수사학적 전략이 작동하고 있음을 발견할 수 있다. 예를 들어, 누가는 예수님의 비유인 탕자의 비유(눅 15:11-32)에 대해 이야기하지만, 그 비유가 전달된 맥락과 복음 기자가 사용한 수사학적 전략을 간과하는 경우가 많다. 이 장 전체는 수사학적 비평이 작동하는 흥미로운 예시이다. 잘 알려진 이 비유는 다른 두 비유인 잃어버린 양(3-7절)과 잃어버린 동전(8-10절)에 이어 나오는데, 모두 예수님이 서기관과 바리새인들을 만난(1-2절) 직후에 이어진다.

왜 죄인들과 함께 식사하느냐는 질문을 받은 예수님은 바리새인들(그리고 누가복음의 청중/독자들)의 긍정적 반응을 이끌어 낼 수 있는 세 가지 이야기를 들려준다.

잃어버린 양을 찾으면 축하하고, 잃어버린 동전을 찾으면 축하하는데, 잃어버린 아들을 찾으면 어떻게 할 것인가?

그다음에는?

세 번째 비유는 이 개념에 도전하며, 이 축하가 방탕한 사람들에게 적용될 때 이를 받아들이기 위해 씨름해야 하는 패턴을 소개한다. 이 패턴은 설교의 내용뿐만 아니라 오늘날 설교자가 내러티브 설교를 구성할 때 처음에는 동의를 유도한 다음 종교적 타당성에 대한 관념에 도전하는 내러티브 설교를 직조할 수 있는 전략을 제시한다.

또는 바울의 많은 서신 중 하나에 담긴 수사학적 전략을 생각해 볼 수 있다. 바울의 편지들은 청각적 성격을 가지고 있어, 기독교공동체에서 큰 소리로 읽히기 위한 것이었다.

빌립보서 2장에서 바울은 교회공동체가 서로 화합하기를 권면한다(1-4절). 이는 바울 서신에서 흔히 볼 수 있는 주제이다. 그러나 바울은 관습적으로 사용하는 파레네시스(parenesis)와 명령어 외에도 그리스도에 대한 찬송을 포함한다(5-11절). 수사비평가들은 이 찬송을 사용함으로써 그리스도인들이 함께 모여 하나님을 찬양하던 예배의 시간을 떠올리게 했을 것이라고 추측한다. 그렇다면 찬송가는 바울의 명령과 더불어 그들의 공통된 경험에서 끌어낸 수사학적 알림이었을 것이다.

이는 오늘날의 설교자들에게도 마찬가지로 교회에 화합을 촉구하는 동시에 과거의 공통된 예배 경험을 상기시키는 전략을 제시할 수 있다.

수사비평은 설교학이 다양한 설교 형식과 기법을 계속 탐구하는 것과 마찬가지로 성경의 다양한 형식과 수사적 기법을 계속 탐구하고 있다.

참고 주제 역사비평; 문학비평

참고 문헌 Augustine. *On Christian Teaching.* Translated by R. P. H. Green. (1997); Fred B. Craddock. *As One Without Authority.* (1971; rev. ed. 2001); Mike Graves. *The Sermon as Symphony: Preaching the Literary Forms of the New Testament.* (1997); George A. Kennedy. *New Testament Interpretation through Rhetorical Criticism.* (1984); Thomas G. Long. *Preaching and the Literary Forms of the Bible.* (1989); James Muilenberg. "Form Criticism and Beyond." *Journal of Biblical Literature 88* (March 1969); Amos N. Wilder. *Early Christian Rhetoric.* (1964).

사회과학비평(Social Scientific Criticism)
브루스 J. 말리나(Bruce J. Malina)

사회과학비평은 성경이 과거(역사)뿐만 아니라 이질적 문화(사회 체계)의 책들의 모음이라는 인식을 가지고 수행되는 성경의 역사적 읽기의 한 유형이다. 이러한 형태의 성경 연구는 시대 착오와 자민족 중심주의를 피하려는 열망, 즉 성경에 묘사된 사람들이 오늘날 공유되는 이해, 관심사, 문제를 가진 21세기에 살았던 것처럼 상상하는 것을 피하려는 열망에서 비롯된다.

예를 들어, 역사적으로 예수님은 동시대 유대인들에게 천국을 선포하신 유대교의 성자이자 예언자셨다. 그분의 사회 체계 내에서 예수님은 새로운 신정 정치 종교 질서인 신정국가의 임박한 도래를 선포하셨다.

사회과학비평은 고대 신정 정치가 갖는 의미를 탐구한다. 즉, 다음과 같은 질문을 던진다.

- 정치적 종교는 어떤 형태의 사회 구조였는가?
- 그러한 체제 안에서 정치 종교 인물들에게 주어진 지위와 역할은 무엇이었는가?
- 예수님이 정치에 대해 말씀하시지 않고는 종교에 대해 전혀 말씀하실 수 없었던 이유는 무엇인가?
- 예수님이 유대인의 정치적 종교적 통치자라는 혐의로 십자가에 못박히셨던 이유는 무엇인가?

역사 인식과 더불어 사회과학비평의 기반

사회과학비평(Social Scientific Criticism)

은 언어와 행동에서 의미가 화자와 작가의 사회 체계에서 비롯된다는 통찰에 있다. 언어는 세 가지 수준으로 구성된다. 즉, 표지나 소리, 단어 사용(패턴), 해당 사회 체계에서 나오는 의미들이다.

읽기는 패턴화된 소리나 표시가 의사소통하는 사람들에게 공유되는 이미지를 불러일으키도록 한다. 외국어를 배우는 것은 대부분 해당 언어의 소리와 표시의 패턴을 배우는 것을 의미한다. 그러나 원어민의 사회 체계에 대한 이해 없이는 언어 학습자들은 그것이 성경이든 다른 비서구 문서든 글이든 외국 문서의 저자가 아닌 자신의 사회에서만 의미를 부여할 수 있다. 사회과학비평은 고대 사회 체계를 진지하게 고려하여 성경 저자들을 이해하려고 시도한다.

역사 지향적인 인류학자에 따르면 문화권은 전 세계적으로 비교적 안정되어 있다. 학자들은 학자들이 고대 언어를 정리하는 것과 같은 방식으로, 즉 특정 문화권의 현대 후손부터 시작하는 방식으로 고대 사회 시스템을 학습한다. 그런 다음 그들은 그들이 찾는 기간에 도달할 때까지 역사에서 발견되는 다양한 형태로 이어진 시대와 발달 단계를 거슬러 올라간다.

성경 기록은 동부 지중해 문화 지역에서 왔다. 그 지역 원주민의 사회 체계에 대한 연구("이스라엘"에서 카자르 유대인 제외)는 찾고 있는 시대까지 다양하고 중요한 역사적 단계를 추적하여 고대 사회 체계가 어떠했는지에 대한 유용한 근사치를 산출한다.

예를 들어, 18세기 유럽에서 정부와 종교가 독립된 두 개의 사회 기관으로 분리되었다는 것은 일반적인 역사적 지식이다(소위 정교 분리). 오늘날 정치학과 종교는 두 개의 별개의 주제이다. 그러나 18세기 이전에는 구별되지 않았다. 정부와 경제의 경우도 마찬가지이다. 은행/시장과 국가의 분리에 대한 현재의 구성도 마찬가지로 18세기에 발생했다. 그 이전에는 오직 정치 경제만 있었다. 마찬가지로 국내 종교가 있었고 별도의 뚜렷한 제도적 장치가 없는 국내 경제가 있었다.

다시 말해, 성경 시대에는 두 가지 주요 또는 중심적인 사회 기관이 있었다. 친족(가족)과 정치(정부)다. 종교에 대해 이야기하려면 반드시 가족과 정부에 대해 이야기해야 했으며, 가족과 정부의 역할, 지위, 가치는 종교를 표현하는 데 사용되었다. 하나님은 형제 자매 또는 자녀로 구성된 백성의 왕이자 아버지셨다.

다양한 제도적 장치와 함께 사회 시스템에는 다양한 가치 집단이 있다. 이 맥락에서 가치는 행동의 일반적인 품질과 방향을 의미한다. 가치는 항상 가치 객체에 내재한다. 예를 들어, 선함은 언제나 좋은 사람들, 좋은 음식, 좋은 주거 등에 내재되어 있다. 선함은 가치이며 일반적인 품질이다.

성경의 세계에서 중심 가치는 명예였다. 그것은 사회적 가치가 있다고 판단되는 행동의 어떤 품질과 행동 방향이었다. 명예는 사람들이 다른 사람의 지위나 행동을 사회적 가치가 있다고 판단할 때 부여되거나 획득된다. 즉, 하나님을 탁월한 사회적 가치로 숭배하는 사람들, 즉 "우리 하나님 곧 능력과 권능의 하나님"으로 숭배하는 사람들에게 하나님은 존귀한 분이다. 가치는 자아, 타인, 자연, 시간, 공간, 그리고 하나님

319

(또는 여러 신)을 포함하는 가치 객체에 내제한다.

명예 다음으로 사람에게 내제하는 주요 가치는 그들의 성별이다. 자아는 항상 남성 또는 여성(중간 지대 없음)이며 사회적 규범에 따라 그들의 성별을 표현하면 명예로운 것이다. 남성은 그룹 외부에서 가족과 그룹을 대표한다. 여성은 내부에서 가족과 그룹을 대표한다. 아버지를 통한 계통 추적은 권리를 가진다. 이것이 바로 가부장제이다.

'타자'라는 가치 객체는 내부 집단에 부여된 가치가 외부 집단에 대비하는 방식을 다룬다. 내부 집단은 직계 가족, 더 넓은 친족 그룹, 이웃 또는 마을(도시) 구역, 마을, 지역 또는 부족, 그리고 사람들을 포함했다. 내부 집단을 둘러싼 경계는 상호 작용하는 파트너에 따라 변한다. 베두인(Bedouin) 속담은 이렇게 말한다.

> 나는 내 형제에 대항한다.
> 나와 내 형제는 우리 사촌에 대항한다.
> 나와 내 형제와 내 사촌은 우리 마을에 대항한다.

그리고 이 속담은 계속 확장된다. 외부 집단은 항상 이차적이며 일부 제한된 재화가 쟁점이 될 때 종종 전혀 권리가 없는 경우가 많다.

자연은 사람을 제외한 사회 환경의 모든 존재를 가리킨다. 인간이 아닌 인간과 같은 존재에는 하늘의 거주자(별, 영혼, 악마, 천사; 폭풍, 바람, 강우), 생물, 나무와 식물, 그리고 특수한 돌(운석) 및 그 외의 모든 것이 포함된다. 이러한 존재들 중 많은 것이 마치 인간처럼 행동했다. 성경에 기록된 사람들은 인간이 하나님과 달리 자연에 종속되어 있다고 믿었다. 그래서 그들은 자연의 영향으로부터 자신을 보호하려는 행동 양식을 가지고 있었다. 악마가 불러일으킨 가뭄과 풍랑과 함께 다양한 질병과 사회적 재난도 있었다.

가치 대상으로서의 시간은 순환적이고 반복적인 계절적 변화와 출생에서 노년까지 선형적인 생물학적 변화와 같은 변화를 평가하는데 관심이 있었다. 성경에 등장하는 사람들은 현재를 형성한 과거와 현재에 주로 관심을 가졌다. 그들은 아기의 탄생 혹은 심은 후의 새로운 작물과 같은 다가올 미래를 계획했다. 그들은 추상적인 미래에 대해 거의 또는 전혀 관심이 없었다. 성경의 사람들은 사회적 환경이 고갈되고 있다고 믿었지만 종말론은 가지고 있지 않았다. 그래서 그들은 일종의 퇴화(devolution)와 악화론(worseology)을 믿었다. 이스라엘 사람들은 이스라엘의 하나님이 개입하여 새로운 세상과 부활한 백성으로 그 흐름을 멈추게 할 것이라고 기대했다.

하늘의 공간과 땅의 공간은 모두 누군가에게 속한 영역으로 구분되어 있었다. 하늘의 한 부분과 그 아래의 땅은 별자리를 이룬 별과 같은 비인간 천체 존재의 통제하에 있었다. 신이 소유한 일부 영토에서 태어난 사람들은 그들의 조상, 그들 자신, 그리고 그들의 가족이 그 땅의 일부라고 믿었지만, 더 강력한 지배층(elite)은 갈취 구매 또는 단순한 절도를 통해 그들의 태어난 권리를 훔치려 했다. 지배층의 연례 활동인 전쟁의 목적은 사람들과 그들의 땅을 지배층의 목적과 풍요로움으로 전환하는 것이었다.

가치 객체와 마찬가지로 사회 체계는 또한 개인 유형으로 구성된다. 성별과 친족 집단 다음으로 자신이 누구인가에 대한 인식은 개인주의적 자아에서 집단주의적 자아에 이르기까지 사회적으로 뿌리를 둔 심리학적 관점에서 도출되었다. 개인주의 문화는 아이들이 스스로 두 발로 서는 법, 자신과 자신의 행복을 먼저 생각하는 법, 성공을 추구하기 위해 가족과 거리를 두는 법을 배우기를 기대한다. 집단주의 문화는 아이들이 집단의 복지를 위해 살며, 어떤 대가를 치르더라도 집단과 그 구성원을 지원하고 유지하기를 기대하며, 성공은 개인의 복지가 아니라 집단의 복지로 정의하도록 기대한다. 오늘날 세계 대부분의 문화는 집단주의적이며(80퍼센트) 성경에서 우리가 대면하는 사람들도 그러했다.

사회과학비평의 목적은 앞서 언급한 제도적, 문화적, 개인 유형의 차원으로 구축된 시나리오 또는 참조 틀을 개발하여 성경 독자가 그러한 시나리오를 성경 읽기에 적용할 수 있도록 하는 데 있다. 성경 본문은 글이 아니라 성경을 읽는 사람의 마음과 상상 속에서만 생생하게 살아난다. 일련의 유용한 사회적 시나리오를 갖춘 현대의 성경 독자나 설교자(성경의 세계와 시간 및 문화가 낯선 사람)는 성경 저자가 의미한 바를 공정하고 통찰력 있는 방식으로 읽을 수 있다.

만약 성경 메시지의 상황화가 하나님의 말씀을 원래의 의미로 읽고 그 말씀을 현대 그리스도인들에게 공감할 수 있는 방식으로 선포하는 것을 포함한다면, 성경 문서와 그것이 묘사하는 사람들에게 의미와 감정을 부여한 사회 체계에 대한 이해는 기본 도구이다(Pilch 1995-2004 참고).

참고 주제 고고학; 지리학; 역사비평; 신역사주의; 탈식민주의비평

참고 문헌 Bruce J. Malina. *The New Testament World: Insights from Cultural Anthropology*. 3rd ed. (2001); Jerome H. Neyrey. *Render to God: New Testament Understandings of the Divine*. (2004); John J. Pilch. *Cultural World of Jesus [. . . of the Apostles;... of the Prophets]*. (1995-2004); John J. Pilch and Bruce J. Malina, eds. *Handbook of Biblical Social Values*. (1998); Richard L. Rohrbaugh. *The Social Sciences and New Testament Interpretation*. (1996).

구조주의(Structuralism)

제프리 F. 불록(Jeffrey F. Bullock)

구조주의는 언어 이론의 한 학파로, 기본 구조(예: 파롤[parole]과 랑그[langue])가 의미를 생성하고 의사소통을 일으킨다고 가정한다.

창시자인 페르디낭 드 소쉬르(Ferdinand de Saussure)는 언어는 사회에 의해 결정되는 폐쇄적 기호 체계이며, 사물의 세계나 진리와는 아무런 관련이 없다고 주장했다. 기호의 의미는 객관적 현실과 연결되어 있기 때문이 아니라 같은 체계의 다른 기호와 다르기 때문에 의미가 있는 것이다(1916).

구조 이론가들은 언어가 가장 원초적인 수준에서 하나의 시스템으로 작동하며, 숨

구조주의(Structuralism)

겨진 구조를 연구함으로써 의미를 파악할 수 있다고 주장한다. 구조주의자들이 수행하는 분석의 종류에는 일반적으로 누가 누구에게 무엇을 말하고, 언제 말하고, 왜 말하고, 어떤 기호나 상징을 통해, 어떤 효과를 내는지 등이 포함된다.

구조주의는 저자에는 관심이 없으며, 텍스트만 존재하기 때문에 모든 것을 텍스트로 취급한다. 언어를 사용하여 텍스트를 설명하거나 비평하는 데 도움을 주기 위해 언어의 표면 아래에서 패턴(예: abc, abc) 혹은 구조(예: 극성)를 찾는다.

구조주의는 여기에 설명된 것보다 훨씬 더 복잡하고 세밀한 언어 이론이지만, 그 핵심은 표상주의 또는 의사소통의 상징 모델로 알려진 이론 계열을 거부한다는 것이다. 표상주의 또는 의사소통 이론의 상징 모델은 '이것은 저것을 의미한다' 또는 상징=사물이라는 언어관을 전제하며, 여기서 언어는 한 세계를 다른 세계로 표현한다. 언어는 하나의 도구이며, 인간은 그 도구를 사용하여 한 세계를 다른 세계에 보여 주거나 나타낸다.

1. 구조주의와 주해

기독교 전통에서 성경의 단어와 의미는 해석자가 구절의 문법, 구문, 구조를 분석하여 그 의미와 해석을 현대의 수용자에게 표현하는 훈련된 해석 기법인 주해 과정을 통해 현대 세계에 표현된다.

현대에 들어와서는 독일의 신학자 프리드리히 슐라이에르마허(Friedrich Schleiermacher)를 "주해 방법의 아버지"라고 부르기도 한다. 슐라이에르마허는 이해를 위해서는 해석자가 이해 대상과 어떤 종류의 내적 연관성을 가져야 한다고 주장했다. 적절한 주석 방법을 통해 해석자는 표면적으로는 저자가 원래 의도한 바로 돌아가서 새로운 세대의 신자들이 본문을 이해할 수 있도록 한다. 이러한 해석은 구절의 문법, 구문, 및 구조가 원래의 의미와 원저자가 의도한 대로 이해될 수 있을 때만 가능하다.

반면, 구조주의비평은 진리의 전달 수단이 아니라 기호의 체계로서만 텍스트에 관심이 있다. 이것은 많은 기독교적 이해에 반하는 것이지만, 설교자들은 여전히 구조주의적 이해로부터 유익을 얻을 수 있다. 통시적(역사를 통한) 텍스트 이해에 대한 거부는 동시적(동시에), 즉 텍스트가 역사적 저자로의 회귀에 의미를 의존하지 않는 방식으로 텍스트를 읽을 수 있는 길을 열어 주었다. 성경 연구는 다양한 문학비평에서 텍스트에 대한 공시적 접근법의 가치를 인정받기 시작했다.

탕자와 그의 형의 비유(눅 15:11-32)에 대한 구조주의적 해석의 간단한 예는 다음과 같다. 악한 아들은 떠나고 바닥을 치고 선하게 돌아오고, 착한 아들은 남아서 열심히 일하다가 악하게 변한다. 기본 극성(악한 아들/선한 아들)을 배치하면 설교자가 탐구해야 할 의미를 생성하는 행동의 패턴이 드러난다.

2. 보다 적절한 언어 이론

구조주의는 많은 이론가가 "우리 인간은 정말 표상적 기호와 상징을 사용하여 의

사소통을 하는가, 아니면 그보다 더 복잡한가"라는 질문을 던지기 시작하면서 생겨났다.

설교자로서의 우리의 소명은 로마서 5장에서 바울이 칭의가 의미하는 깊은 상징을 발견하는 것만큼이나 단순한 것일까?

우리는 지난 몇 세기 동안 완벽하게 교정된 해석 기술을 습득하고, 그 의도를 현대 청중에게 정확하게 전달하기만 하면 되는 것일까, 아니면 다른 일이 일어나고 있는 것일까?

키르케고르(Kierkegaard)는 기독교의 땅에서 기독교의 "귀중하고 영광스러운 진리"에 대한 "일요일 헛소리"를 듣는 데 지쳤다고 말한 적이 있다. 그는 이 "역사 수업" 형식에서 부족한 것은 한 사람에서 다른 사람으로 직접 전달할 수 없는 한 가지였다(Kierkegaard, 35). 키르케고르의 생각에 따르면, 역사 강의든 설교든 직접적인 소통이 반드시 이해와 이해로 이어지지는 않을 수도 있다.

이러한 직접적 의사소통에 대한 개념과 인간으로서 우리는 실제로 그런 식으로 소통하지 않는다는 인식에 대한 반응으로 구조주의 및 기타 후기구조주의(post-structural) 모델이 등장했다. 이 그룹의 이론가들은 키르케고르가 한 사람에서 다른 사람으로 직접 전달될 수 없다고 말했던 것을 파악하려고 노력하고 있다.

수사학적, 독자 반응, 해석학적, 해체주의 이론가들, 페미니스트, 그리고 해방론자들은 텍스트에서 부재하는 것은 단순한 부정이 아니라 존재의 '흔적'을 남기는 것이라고 말한 데리다(Derrida)의 영향을 많이 받았다(1967). 그러한 것들은 일반적으로 보이지 않는 것들(예: 여성의 역할; 가난한 사람들의 위치)이 종종 언급되지 않거나 누락된 것을 통해 종종 주목의 대상이 되었다.

의사소통에 있어서 인간은 송신 및 수신하는 수단보다 훨씬 복잡하다. 설교는 현대 시대의 인식론적 해석의 특징인 외부 데이터의 표현보다 훨씬 복잡하며, '이것'이 항상 '저것'을 의미하지는 않는다.

3. 신학의 과제

한스-게오르크 가다머(Hans-Georg Gadamer)에 따르면, 마르틴 하이데거(Martin Heidegger)는 방법론적 엄격성과 과학적 방법의 토대에 의해 지배되는 방식으로 텍스트를 읽는 것을 거부했다. 신학적 그리고 성경적 탐구의 문제는 "수학적 공식"이나 "무한소 방법"의 문제가 아니라 오히려 "불안정한 언어적 형태"의 문제, 즉 그의 말을 인용하자면 "언어의 문제"였다. "신학의 진정한 과제, 즉 신학이 다시 돌아가야 할 과제는 신앙 안에서 하나가 될 수 있고 그 하나됨을 보존할 수 있는 언어를 찾는 것"(Gadamer, 1994, 30)이었다.

신학적 해석학은 방법론적 습득과 객관적 사실에 대한 설교적 논증에 관한 것이었고, 하이데거는 언어와 심지어 설교학에 대한 대안적 접근법을 소개했다. 즉, 가다머의 말대로 "이해가 인간 삶의 존재 자체의 근원적 특징"인 곳이라는 접근을 도입했다(Gadamer 1993, 259).

가다머의 철학적 해석학은 언어가 어떻게 인간 현실을 형성하거나 구성하는가를

구조주의(Structuralism)

설명한다. 이 관점은 말, 대화, 협상, 질문과 대답이 세계를 생산한다고 주장한다. 이 대안적 해석학은 인간은 무엇보다도 이성을 사용하여 주변 사물과 연결하고 단절하는 코기토(cogito[나는 생각한다, 고로 나는 존재한다]-역주)가 아니라 일상적 대처에 참여하는 해석자, 이해자 또는 의미를 찾는 자이며, 그 대처의 주요 현장은 대화와 대인소통이라고 가정한다.

4. 설교에 대한 시사점

구조주의와 후기구조주의는 설교에 상당한 영향을 미쳤다. 표상적 사고방식은 여전히 많은 명제적 대지 설교(propositional point-form)의 설교의 기초를 이루고 있으며, 종종 정보의 전달이 곧 신앙의 전달이라고 가정한다.

이와는 대조적으로, 새로운 설교학(New Homiletic)은 설교자를 자신의 주석을 청중에게 강요하는 성경 해석자라기보다는 성경, 전통, 회중과 대화하는 동반자로 생각한다.

설교자는 의미의 창조자라기보다는 의미의 극(play)에 참여하는 사람이며, 성경과 신앙공동체를 구성하는 사람들 모두에게 말하기보다는 듣는 것이 우선인 사람이다. 이러한 설교자는 강력한 메시지의 **대상이 되**기보다는 메시지의 힘에 종속되는 법을 **배**운다. 설교자는 성경에 종속된 존재로서 배우처럼 행동한다.

또한, 설교자는 회중공동체 생활, 즉 성경에 나타난 공동체에 종속되어 있는 공동체 생활의 서로 주고받음 속에서 사역을 수행한다. 회중의 일상적인 사건과 대화하는 이런 종류의 사역을 수행하는 설교자는 누가복음에 등장하는 두 명의 대화(homileoing) 파트너와 유사하다. 엠마오로 가는 길에 있던 두 동역자가 발견했듯이, 부활하신 그리스도를 알아보는 것은 바로 이러한 대화 주고받기를 통해서 가능하다(눅 24:13-35).

구조주의와 후기구조주의의 모든 반복은 설교에 대한 다른 종류의 접근 방식, 즉 모든 성경 본문이 공시적 차원, 즉 현재에 의미를 갖는다는 것을 인정하는 접근 방식을 알려 준다. 이것은 공동체 생활의 실제 삶과 교차하면서 반복해서 마주쳐야 한다. 그래서 의미가 있게, 이해 가능하게, 완전하고 전체적으로 경험되기 위해서는 각 전통에 묶인 텍스트가 적용되거나 현장에서 검증되어야 하며, 신앙을 실천하기 위해 노력하는 신앙공동체의 다양한 구성원 및 그룹과의 대화 속에 있어야 한다.

각 그룹은 본문에 의미를 부여하는 고유한 관점을 가지고 있으며 모든 의미가 조화를 이루는 것은 아니다. **설교자는** 대화 파트너이자 조율된 참여자로서 **해석과** 적용의 요소를 통합하여 설교가 명료한 **실천으로** 나타내는 것이다.

그렇다면 이러한 설교는 어떤 모습을 하고 어떤 소리를 낼까?

우리의 설교가 역사 수업에서처럼 정보 전달이나 기독교의 '귀중하고 영광스러운 진리'에 대한 '일요일 헛소리'에 지나지 않을 때 어떻게 알 수 있을까?

오늘날 많은 설교자가 자신도 모르게 일종의 후기구조주의적 설교를 실천하고 있다. 그들은 다양한 관점을 허용하며 종종 논리적 증명보다 증언을 더 중요하게 여긷다. 내러티브, 이야기, 1인칭 프레젠테이션, 드라마, 음악, 해석적 춤, 인터랙티브 미디어 등은 데리다가 추구했던 부재하는 것의 '흔적', 즉 키르케고르가 거부했던 강의나 역사 수업과는 다른 의미의 경험(er/ahrung)에 접근할 수 있는 모든 방법이다.

현대의 설교 이론가들은 설교자가 통제 전문가라기보다는 소크라테스적 조산사(maieuts)의 역할을 할 때 독특한 일이 일어난다고 주장한다. 그것은 우리의 해석학적 기술이나 능력보다는 성령의 설득력과 관련이 있을 수 있다

참고 주제 문학비평; 철학적 해석학

참고 문헌 Jeffrey Francis Bullock. *Preaching with a Cupped Ear*. (1999); Fred Craddock. *Overhearing the Gospel: Preaching and Teaching the Faith to Persons Who Have Already Heard*. (1978); Jacques Derrida. *Of Grammatology*. {1967; English 1974); Hans-Georg Gadamer. *Philosophical Hermeneutics*. (1976); Hans-Georg Gadamer. *Truth and Method*. (1993); Hans-Georg Gadamer. *Heidegger's Ways*. (1994); Soren Kierkegaard, *Practice in Christianity*, ed. and trans., Howard V. Hong and Edna H. Hong. (1991); Frank Lentricchia. *After the New Criticism*. (1980); Ferdinand de Saussure. *Course in General Linguistics*. (1916); John Stewart. *Language as Articulate Contact*. (1995).

우머니스트비평(Womanist Criticism)
라켈 A. 세인트 클레어(Raquel A. St. Clair)

1983년 앨리스 워커(Alice Walker)는 우머니스트(Womanist)라는 용어를 만들었고 이를 "흑인 페미니스트 또는 유색인 페미니스트"로 정의했다(Walker 1983, xi). 이를 통해 그녀는 인종주의, 성 차별, 계급주의의 세 가지 억압을 동시에 분석함으로써 아프리카계 미국인 여성의 경험을 진지하게 성찰하는 학문적이면서도 민중적(grassroots) 성찰을 위한 명명법을 제공했다.

우머니스트 사상의 선구자는 1950년대와 1960년대 초의 시민권 운동과 1960년대 페미니즘의 두 번째 물결에서 찾을 수 있다. 이러한 해방 운동들은 인종주의, 계급주의, 성 차별에 맞서 싸웠지만, 이와 같은 사회적 병폐를 동시에 해결하지는 못했다. 즉, 시민권 운동은 아프리카계 미국인이나 더 넓은 공동체의 인종 차별에는 관심을 기울였지만 성 차별에는 초점을 맞추지 않았고, 페미니스트(feminist) 운동은 성 차별에 관심을 기울였지만 아프리카계 미국인 여성의 삶에 영향을 미치는 인종 차별에는 초점을 맞추지 않았다.

반면에 우머니스트 사상은 아프리카계 미국인 여성이 자신의 어떤 측면도 부정하거나 종속시키지 않고 특정 성별, 인종, 경제적 공간을 점유할 수 있는 기회를 제공한다. 우머니스트 신학자들은 워커의 정의를 사용하여 기독교 신학과 아프리카계 미국인 여성의 경험이 연결될 수 있는 공간을 만들었다. 이러한 신학적 성찰은 "오늘날 인종주의, 성 차별주의, 계급주의라는 '삼차

원적 현실'(tridimensional reality)을 경험하는 흑인 여성들에게 성경 본문의 의미와 타당성을 발견"하려는 우머니스트 성경비평으로 이어졌다(Jones-Warsaw 1994, 22, 30).

우머니스트 성경비평은 네 가지 기본 원칙을 사용하는 "온전함의 해석학"(hermeneutics of wholeness)을 사용한다.

첫째, 이 해석은 다른 사람을 억압하지 않고 아프리카계 미국인(African American) 여성의 온전함을 증진한다.

둘째, 이 해석은 아프리카계 미국인 여성의 특수적인 삶의 정황에 근거한다.

셋째, 이 해석은 하나님이 아프리카계 미국인 여성의 온전함과 억압에서의 자유를 위한 투쟁을 지지하신다는 것을 긍정한다.

넷째, 이 해석은 예수님의 삶과 사역이 아프리카계 미국인 여성에게 중요하며 아프리카계 미국인 여성이 그의 고난과 죽음을 이해하는 방법임을 긍정한다(St. Clair, 2007, 59-60).

설교자는 주석적 결론과 그에 따른 설교를 검토하기 위한 질문들로써 이러한 해석 원리를 제기함으로써 이러한 해석 원리를 사용할 수 있다.

첫째, 설교자는 자신의 주석적 결론이나 설교 요점이 아프리카계 미국인 여성의 온전함을 촉진했는지 질문할 수 있다. 설교가 권장하는 메시지와 실제 반응이 아프리카계 미국인 여성이 하나님의 형상대로 창조된 사람으로서 온전한 인간성을 받아들이는 데 도움이 될지 방해가 될지, 그리고 비아프리카계 미국인 여성들이 그들을 똑같이 인정하고 대하도록 장려될 수 있을지 판단하려고 노력할 것이다.

아프리카계 미국인 여성의 온전함을 다른 사람의 온전함보다 우선시하는 것이 아니라 아프리카계 미국인 여성을 포함한 온 인류의 온전함을 격려하는 설교를 만드는 것이 목표이다.

둘째, 설교자는 자신의 해석이 아프리카계 미국인 여성의 삶의 현실에 근거한 것인지 물을 수 있다. 다른 방식으로 말하면, 설교자가 최소한 아프리카계 미국인 여성의 억압의 본질을 스스로 인정하고 이 말씀을 들을 회중의 일부로 그들을 포함시키려고 노력했는가를 질문하는 것이다.

이것은 설교가 특별히 아프리카계 미국인 여성에게 맞춰져야 한다는 의미가 아니라, 설교자가 인종 차별, 계급 차별, 성 차별의 영향을 받는 사람들의 사회적 위치를 고려하고 이러한 악을 영속화할 수 있는 메시지를 선포하지 않으려는 의식적인 노력을 하고 있음을 의미한다.

요컨대, 이 질문은 설교자가 아프리카계 미국인 여성의 사회 문화적 위치(sociocultural location)와 실존적 경험이 다른 인종/민족 그룹들이 아프리카계 미국인 남성과 여성의 실존적 경험과 주목할 만한 방식으로 다르다는 것을 인식하도록 돕기 위해 고안된다.

셋째, 설교자는 자신의 해석이 하나님이 아프리카계 미국인들의 온전함과 억압으로부터의 자유를 위한 투쟁을 지지한다는 것을 확증하는지 물을 수 있다. 다시 말해, 선포된 메시지가 아프리카계 미국인 여성들

우머니스트비평(Womanist Criticism)

이 억압적인 시스템을 인식하고, 이름을 짓고, 이에 맞서 싸우도록 영감을 주고, 설득하고, 그리고/혹은 격려하는지, 아니면 단순히 그들을 포함하지도 혜택도 주지 않는 현상 유지를 지지하는지 물을 수 있다.

나아가 아프리카계 미국인 여성이 없는 회중을 대상으로 설교하는 설교자는 내 설교가 회중이 억압적인 제도를 인식하고, 이름을 밝히고, 그것에 맞서 싸우도록 영감을 주고, 설득하고, 격려하는가, 아니면 비록 그들에게 이익이 될지라도 단순히 다른 사람들을 배제하는 현상 유지를 지지하는 것인지 질문할 수 있다.

넷째, 설교자는 설교에서 예수님의 삶과 사역이 아프리카계 미국인 여성에게 중요한지, 그리고 아프리카계 미국인 여성이 예수님의 고난과 죽음을 이해하는 방법이 되는지 질문할 수 있다.

이 네 번째 원칙을 사용함으로써 설교자는 고난을 제자도의 목표로 삼는 것을 피하려고 노력해야 한다. 예수님에 대한 신실함은 십자가에서 예수님과 같은 고난을 당하는 것이 아니라 사역에서 그분을 따르는 데 전제된다. 이 네 번째 원칙을 사용함으로써 설교자는 고난을 제자 훈련의 목표로 삼지 않도록 노력한다. 예수님에 대한 신실함은 십자가에서 예수님과 같은 고난을 당하는 것이 아니라 사역을 통해 그분을 따르는 것을 전제로 한다. 고난은 제자도의 조건이 아니라 제자도의 가능한 결과가 된다. 이 마지막 질문은 고통받는 사람들을 위한 모델로써 고난이 제기되지 않도록 해야 한다(St. Clair 2008).

우머니스트비평은 설교자에게 성경 본문을 검토하고 설교를 개발할 수 있는 다양한 질문과 또 다른 문화적 렌즈를 제공한다. 이는 복음을 듣고 이해하는 다른 방법을 고려할 수 있게 해 준다. 요컨대, 우머니스트비평은 설교자가 자신의 언어 사용에 민감하도록 한다. 예를 들어, "하나님의 종/노예"와 같은 문구를 사용하는 것은 노예가 되어 노예의 위치로 강등된 역사를 가진 사람들에게는 다르게 들릴 수 있다.

재클린 그랜트(Jacquelyn Grant)는 아프리카계 미국인 여성은 역사적으로 "종의 종"이었다고 지적한다. 그러므로 설교자는 그러한 문구를 어떻게 사용해야 할지 그리고 그러한 문구들이 노예를 기독교적 봉사와 동일시하여 완곡하게 표현하는 데 사용되지는 않았는지 고민해야 한다(Grant 1993, 199-218).

우머니스트비평은 또한 전통 신학 개념이 다른 사회 문화적 공간에서 어떻게 이해될 수 있는지를 고려할 수 있게 한다.

델로레스 윌리엄스(Delores Williams)는 아프리카계 미국인 여성의 억압과 다른 여성의 억압을 구별하는 것은 대리모 경험이라고 지적한다. 그녀는 역사적으로 아프리카계 미국인 여성은 다른 사람의 이익을 위해 다른 사람의 자리를 대신해야만 했다고 주장한다. 노예 제도 기간과 노예 제도 이후에는 법이나 경제적 필요에 의해 백인을 대신하여 가사 노동과 육체 노동을 강요당했다. 그래서 예수님을 우리를 죄에서 구원하기 위해 십자가에서 대신 죽으신 인류의 대리모(surrogate) 또는 대리자(substitute)로 제시하는 속죄 이론은 아프리카 계 미국인 여

우머니스트비평(Womanist Criticism)

성의 역사적 억압에 대한 신학적 정당화로 작용할 수 있다(Williams 1999).

그리스도의 사역에 대한 이러한 해석은 예수님의 구원 사역과 유사하다는 이유로 아프리카계 미국인 여성의 고통을 신성하게 만들 위험을 지닌다. 기독교의 근본 교리는 아니더라도, 이는 다른 사람의 유익을 위해 고난을 겪는 것이 유익하다는 결론을 내리게 할 수 있다. 그래서 설교자는 사람들이 예수님을 본받기 위한 수단으로 대리 역할을 수동적으로 받아들이도록 부추기지 않는 방식으로 구원에 대해 설교하는 방법과 그리스도를 통해 구원이 어떻게 성취되는지에 대해 성찰해야 한다.

우머니스트비평은 설교자가 성경 해석과 선포에서 일관성을 유지 할 수 있게 한다. 클라리스 마틴(Clarice Martin)은 분명한 예를 제시한다. 골로새서 3:18-4:1, 에베소서 5:21-6:9, 베드로 전서 2:18-3:7에서 그녀는 노예는 주인에게 복종해야 하고, 여성은 남편에게 복종해야 한다는 구절들에 주목한다. 그러나 노예제는 기독교인들이 긍정하는 것이 아니며, 사람들은 다양한 해석학적 원칙을 적용하여 노예제 관행을 부정해 왔다. 그러나 이러한 동일한 원칙이 아내에게 남편에게 복종하도록 권고하는 성경의 부분(pericope)에는 일관되게 적용되지 않는다. 어떤 식으로든 노예는 해방되었지만 여성은 여전히 종속되어 있다(Martin 1991).

우머니스트 비판은 이러한 일관성 없는 해석과 그로 인한 여성 예속에 도전한다. 이는 성경을 해석하는 데 보다 평등하고 일관된 방법들을 찾으려 하는 것이다. 이러한 해석 원칙을 적용함으로써 설교자는 성별, 인종, 계층에 관계없이 성경을 검토하고 아프리카계 미국인 여성뿐만 아니라 사회 전체에 유익한 방식으로 성경을 해석할 수 있다.

설교자는 아프리카계 미국인 여성에 대한 세 가지 억압을 고려하는 문화적 렌즈를 채택하여 하나님의 말씀 선포를 통해 이러한 병폐를 영속화하지 않을 수 있다. 설교자는 우머니스트비평을 사용하여 주석과 강해 설교에서 종종 지극히 작은 자의 지위로 강등되는 사람들을 의식적으로 고려하고 포함시킬 수 있으며, 모든 청중에게 유익한 보다 총체적이고, 권한을 부여하고(empowering), 포용적인 설교를 만들 수 있다.

참고 주제 아프리카계 미국인 성경 해석; 페미니스트비평; 구원론; 해석학적 의심

참고 문헌 Jacquelyn Grant. "The Sin of Servanthood and the Deliverance of Discipleship." *A Troubling in My Soul: Womanist Perspectives on Evil and Suffering*. Edited by Emilie M. Townes. (1993) 199–218; Koala Jones-Warsaw. "Towards Womanist Hermeneutics: A Reading of Judges 19– 21." *Journal of the Interdenominational Theological Center* 22 (1994) 18–35; Clarice Martin. "The Haustafeln (Household Codes) in African American Biblical Interpretation: 'Free Slaves' and 'Subordinate Women.'" *Stony the Road We Trod: African American Biblical Interpretation*. Edited by Cain Hope Felder. (1991) 206–31; Raquel A. St. Clair. *Call and Consequences: A Womanist Reading of Mark's Gospel*. (2008); Raquel A. St. Clair. "Womanist

Interpretation." *True to Our Native Land: An African American New Testament Commentary.* Edited by Brian Blount. (2007) 54–62; Alice Walker. *In Search of Our Mothers' Gardens: Womanist Prose.* (1983); Delores S. Williams. *Sisters in the Wilderness: The Challenge of Womanist God-Talk* (1999).

제5장 시학

서문: 시학과 설교의 맥락(Poetics and The Context of Preaching)
루시 린드 호간(Lucy Lind Hogan)

이 죽어 가는 슬픔과 끝없는 동정심에 대해 내가 무슨 말로 당신에게 감사해야 할까?
사랑하는 친구여!

폴 게르하르트(Paul Gerhardt)는 그의 유명한 찬송 〈오 거룩하신 머리여, 지금 상처를 입으셨나이다〉(O Sacred Head, Now Wounded, 새찬송가 145장 〈오 거룩하신 주님〉-역주)의 가사에서 설교에 관한 중요한 질문을 던진다. 시학은 우리가 기쁜 소식을 선포하기 위해 빌려 쓸 수 있는 언어에 관한 이 질문에 대답하는 데 도움을 준다. 우리가 빌려 쓰는 언어는 중립적이지도 않고, 장식용도 아니다. 이 언어는 우리의 경험, 현실, 세계, 그리고 존재를 형성할 수 있는 심오한 잠재력을 지녔다. 시학은 언어 활용 이론, 비유적 표현, 형태의 전략, 배열 및 수행으로 구성된다.

설교자는 무엇을 말할지뿐만 아니라 어떻게 말할지도 결정해야 한다. 바로 시학이 이에 도움을 주기도 하고 도전을 주기도 한다.

1. 성경적 기원

여기서 우리는 고전 철학 및 문학 이론에서 찾을 수 있는 것과 비견되는 성경적 시학의 체계 분석에 관심을 가질 필요는 없다. 그래도 성경은 우리가 말로 뭔가를 할 수 있다는 점과 단어, 구조, 및 형태에 따라 수행하는 일이 달라질 수 있다는 점을 증명한다.

문학 이론가들은 시, 드라마, 소설과 같은 각기 다른 장르들이나 다른 종류의 문학들이 각기 다른 목적을 성취한다고 설명한다. 성경은 다양한 장르로 구성되어 있다. 시간과 공간 안에서 등장 인물과 줄거리를 통해 펼쳐지는 내러티브나 이야기가 있다.

그것이 이스라엘 자손을 인도하여 마른 발로 바다를 건너게 한 모세의 이야기이건, 죄 많은 어부와 만나는 예수님의 이야기이건, 살아생전 두 아들에게 유산을 상속한 아버지의 이야기이건, 그 이야기들은 우리를 매료시키고 우리의 흥미를 자극한다.

이들은 누구인가?
이들에게 무슨 일이 일어날까?
시편의 시 문학은 하나님의 존재를 찬양하거나 하나님의 부재를 탄식한다. 다른 장르 중 하나인 바울의 편지는 로마 관리들에게 죽임당한 유대인 랍비가 바로 하나님이셨다는 것을 독자들에게 이해시키려는 논증을 담고 있다. 다니엘과 요한의 묵시 문학은 공상과학 소설처럼 우리에게 대안적 세계와 새로운 존재 방식의 비전을 보여준다.

2. 고전적 기원

학문으로서의 시학 개념은 수사학에 반대했던 고전 세계에 그 뿌리를 두고 있다. 수사학은 설득력 있는 연설 준비에 필요한 이론과 전략을 제공했다. 이것은 연설과 언어의 합리적, 지적, 논리적 차원을 다뤘다. 한편, 시학은 언어와 형태의 미학적이고 감정적인 또는 정서적인 차원에서 시, 드라마, 문학을 다뤘다.

플라톤(Plato)은 『국가론』(Republic)에서 시와 연극은 영원성의 그림자일 뿐인 삶의 모방(mimesis)만을 낳았다고 보았다. 그래서 시와 드라마는 지식과 진리에 적합하지 않으며, 결과적으로 이상적인 국가에서 설 자리가 없을 것이라고 보았다.

아리스토텔레스는 『시학』(Poetics)에서 그 반대의 내용을 논의하기 시작했다. 그는 예술, 특히 비극(tragedy)이 사람들의 올바른 판단을 끌어내는 잠재력을 지녔다고 주장했다. 미완성된 그의 작품에서 아리스토텔레스는 희극(comedy), 서사시(epic), 그리고 특히 비극을 가장 중요한 장르로 규정했다. 그는 인물 개발(character development)과 어휘 선택(diction)의 요소를 검토했지만, 가장 중요한 시작 요소는 줄거리(plot)라고 생각했다. 저자는 드라마 속에서 사건을 신중하게 배열하여 관객을 카타르시스 경험으로 이끌 수 있을 것이다. 그 경험을 통해 관객은 적절한 판단을 내릴 수 있을 것이다.

또 다른 중요한 논의는 사람들이 논리와 이성 또는 유창함과 표현의 고상함(sublimity)을 통해 지식(knowledge)과 판단(judgement)에 이를 수 있는지에 관한 것이었다.

무엇이 더 중요할까?
구성되는 논리나 말의 아름다움일까?
이미지의 창의력일까?
아니면 선명한 전달력일까?

수사학은 원래 설득력 있는 논증을 준비하는 것으로 인식되었지만, 결국 시적 성향과 더 동일시되었다. 한 20세기 수사학자가 관찰한 것처럼, 수사학은 진리에 관한 "예술적 표현"(artful presentation)이다(Weaver 1970, 15). 수사학에 대한 문예(The belles lettres)적 접근 방식은 언어와 문학을 중시했으며, 이것이 19세기 말과 20세기 초를 지배했던 학파이다. 이들은 웅변(oratory)을 더 이상 정치적 설득 수단으로 간주하지 않았고 시학처럼 순수 예술로 보았다.

3. 설교와 시학

아우구스티누스가 설교자는 가르침과 감동뿐만 아니라 즐거움도 주어야 한다고 주장했음에도 불구하고(Doctr. chr. 4.27), 시학과 설교는 여러 가지 이유로 긴장 관계에 놓여 있었다.

그 이유는 다음과 같다.

제5장 시학

첫째, 복음의 진리는 예술적 표현이 필요하지 않다는 인식 때문이었다. 진리는 그 자체로 설득력이 있다. 그러므로 미학(aesthetics)보다 신학이 더 중요하다.

둘째, 상상력과 창의력에 대한 불신 때문이었다. 설교 전통 대부분은 설교자의 의견을 신뢰하지 않는 신학적 인간학에 기반하고 있었다. 설교자는 타락한 언어를 사용하는 타락한 피조물이다. 우리는 상상력의 비약을 신뢰하지 말아야 한다. 이와 마찬가지로, 성상파괴주의(iconoclasm)와 이미지 거부는 예화, 이미지, 비유적 표현을 최소화해야 한다는 것을 의미했다.

셋째, 시학과 수사학에서 매우 중시된 청중을 향한 관심은 계시에 반하는 것으로 여겨졌다. 계시는 하나님에게서 오기 때문에 설교자는 특정한 시간의 특정한 회중을 위한 메시지를 준비하는 데 관심을 두지 말아야 한다.

이런 염려에도 불구하고, 설교자는 무엇을 말해야 할지뿐만 아니라 어떻게 말해야 할지를 결정해야 하는 문제에 계속 직면해 왔다. 그들은 자기가 사용해야 할 말들에 관해 생각했다. 그리고 그들은 설교 순서와 구조에 관해 생각했다. 그것을 알았든 몰랐든, 그들은 시학의 범주와 전략안에서 생각하고 있었다.

4. 신해석학과 새로운 설교학

전통 설교학 대부분은 성경과 교회 교리에 관한 지식과 정보를 합리적이고 논리적인 방식으로 전파하는 것을 기본 책무로 여겼다. 이것은 성경을 연구하여 특정 구절 안에 담긴 아이디어나 주제를 정하는 것이 설교자의 역할이라는 이해에 근거하고 있었다. 그런 다음 설교자는 말씀을 사모하는, 대체로 수동적인 회중에게 그 아이디어를 설교했다.

청중은 정말 수동적인가?
그들은 수동적이어야만 할까?
설교를 듣는 회중의 역할은 무엇인가?

20세기 중반 성경학자들은 성경이 청중이나 독자들에게 생생하게 다가갈 수 있는 해석학적 접근법을 발전시키려고 노력했다. 게르하르트 에벨링(Gerhart Ebeling)과 에른스트 푹스(Ernst Fuchs)의 작품에 근거한 신해석학(The new hermeneutic)은 성경의 고대 본문과 현대 독자들 사이의 뚜렷한 시간적 공백을 연결하기 위해 노력했다.

2000년 전의 사람들을 위해 쓰인 성경이 오늘날의 사람들에게도 생생하게 들릴 수 있을까?

성경학자들이나 설교자들은 현대 청중이 성경에 자기들이 포함되어 있고 자기들을 위한 메시지도 들어 있다는 점을 이해할 수 있도록 성경에 어떻게 접근할 수 있을까?

(적용; 다리 놓기; 본문의 관심과 설교의 관심들; 현재화하기; 초점 진술과 기능 진술; 융합 참고)

신해석학은 언어의 사건성(eventfulness)과 독자의 중요성에 대한 인식에 근거했다. 본문의 의미는 값비싼 진주와 같이 설교자가 그것을 발견한 후 청중에게 보여 주는 고정된 보물(static treasure)이 아니다. 오히려 본문과 청중 사이의 관계에서 의미가 발전하여 자라나는 것이며, 그 관계를 가능하게 만드는 장본인은 성령과 더불어 설교자다.

설교자는 "본문의 의미가 무엇인가"라고 묻기보다는 "본문이 우리에게 무엇을 말하고 있는가"라고 물으며 "그 질문을 탐구하면서 내가 어떻게 공동체와 연관되는 메시지를 만들어야 하는가"라고 묻는다.

데이비드 랜돌프(David Randolph)는 *The Renewal of Preaching*(설교 개선)이라는 책에서 신해석학적 이해와 접근 방식에 내재하고 있는 설교의 가능성을 설명했는데, 그는 이것을 "새로운 설교학"(a New Homiletic)으로 명명했다. 랜돌프는 '설교는 한 사건'이라는 이해에 근거하여 설교가 무엇인지 또는 무엇을 말하는지보다 설교가 무슨 일을 행하는지를 고려하는 것이 더 중요하다고 주장했다. 그는 다음과 같이 말한다.

> 설교는 하나님 말씀이 청중의 구체적 상황 속에서 표현되도록 고안된 담화 형태라는 독특성 안에서 이해되어야 한다(Randolph 1969, 19).

이와 마찬가지로, 프레드 크래독(Fred Craddock)은 『권위 없는 자처럼』(*As One Without Authority*)에서 옛 해석학과 옛 설교학의 연역적, 논리적, 합리적, 명제적 접근 방식에 귀납적이고 경험적인 접근 방식을 제시하며 균형을 맞추려 했다. 그는 다음과 같이 주장한다.

> [설교의] 유일한 목적은 청중이 어떤 쟁점이나 아이디어를 탐구하도록 참여시켜 그

리스도의 현존과 복음의 빛 안에서 자기만의 사고를 하고 자기만의 감정을 경험하게 만드는 것이다(Craddock 1978, 157).

5. 시학적 전환

애착, 감정, 열정, 상상력 그리고 시학은 낭만주의의 영향을 받아 19세기에 다시 설교학으로 돌아오기 시작했다. 그러나 우리는 20세기 중반이 되어서야 시학적 요소에 크게 주목하기 시작했다. 설교는 설교의 내용, 즉 무엇을 말했는지보다 무엇을 행했는지에 많은 초점을 맞추기 시작했다. 아리스토텔레스가 비극의 목적은 카타르시스를 창조하는 것이라고 주장했던 것과 똑같이 설교는 경험을 만들어 내는 것으로 여겨졌다.

새로운 설교학에 관한 토론에서 이미 언급했듯이, 청중은 설교 사건(preaching event)에서 더 의미 있는 역할을 맡게 되었다.

청중은 무슨 생각을 하는가?
그들은 설교를 통해 어떤 영향을 받는가?
설교자는 청중의 적극적 참여를 유도하기 위해 무엇을 말하고 어떻게 행동해야 하는가?

이런 질문을 탐구하기 위해 설교자들과 설교학자들은 시학적 요소들에 주목했다.

1) 언어

언어의 본질과 그 활용은 시학에서 한 가지 중요한 질문을 제기한다. 설교자는 언어가 문화에 뿌리를 내리고 있으며 문화에 따

라 형성되었다는 점을 이해하게 되었다. 언어 선택과 비유적 표현의 사용은 하찮은 장식이 아니라 설교의 중요한 자원이다. 포스트모던 이론은 언어가 실체를 구성하고 형성한다는 점을 이해하는 데 도움을 주었다(은유와 비유적 표현 참고).

2) 형태와 배열

또 다른 중요한 시학적 전환은 내러티브와 설교의 플롯 구성에 집중됐다. 설교의 형태는 설교자가 메시지의 내용을 쏟아붓는 빈 그릇이 아니다. 오히려 유진 라우리(Eugene Lowry) 같은 설교학자들은 내용과 형식이 결코 서로 분리될 수 없는 것임을 상기시켰다. 즉, 어떻게 말하는지는 무엇을 말하는지만큼 우리의 경험에 중요하다(Lowry 2000, 6).

이와 마찬가지로, 내러티브는 설교에서 오로지 예화(illustration)와 예증(example)으로만 사용되는 것은 아니다. 내러티브는 합리적 또는 추론적 논증에 대한 타당한 대안이다(움직임; 내러티브 설교; 내러티브 이론 참고).

3) 상상력

토마스 트뢰거(Thomas Troeger)는 설교자들이 상상력의 중요성을 이해하도록 도움을 주었다. 그는 "상상력의 신학"이라는 표현에서 "신학적 이해를 높이기 위해 마음의 예지력과 통합 능력을 활용한다"(Troeger 1990, 26). 시학적 전환은 설교자들이 설교에서 다양한 예술적, 문학적 요소들을 감상하고 이용하도록 장려했다. 또한, 설교자들이 창조적 스토리텔링 능력을 발전시키도록 도전을 주었다(예술; 영화; 예화와 이야기; 상상력/창의력; 소설 참고).

4) 감정

예수님은 마음과 목숨과 힘과 뜻을 다해 하나님을 사랑해야 한다고 가르치셨지만, 대부분의 설교는 전통적으로 논리적이고 합리적인 것, 즉 뜻(mind)에 주로 집중했다. 시학적 전환은 설교가 합리적인 면과 정서적인 면을 통합해야 한다는 점을 일깨워 주었다.

6. 시인을 부르심

월터 브루그만(Walter Brueggemann)은 『마침내 시인이 온다』(Finally Comes the Poet)라는 책에서 설교가 너무 "뒤틀리고, 압축되고, 재단되어서" 우리에게 충격과 도전을 줄 수 있는 복음이 길들여지고 왜곡되었다고 주장한다. 그는 이런 불완전한 산문을 대신해 시적 목소리를 회복하라고 설교자들에게 촉구한다. 시인의 말은 "역의 삶"(counter life)으로 이어지는 "역의 말"(counter speech)이다.

브루그만에 따르면 시학적 설교는 "극적이고 예술적인" 설교가 될 수 있는 잠재력을 지니고 있으며 "사람들을 또 다른 대화에 참여하도록 초청할 수 있는 능력이 있다"(Brueggemann 1989, 3). 언어만으로는 불가능하지만, 하나님이 설교자의 온전한 시적 헌신을 사용하시면 하나님과의 이 대화는 가능해진다.

참고 주제 내러티브 양식; 새로운 설교학; 대지 설교

참고 문헌 Augustine, *Christian Instruction*; Walter Brueggemann. *Finally Comes the Poet: Daring Speech for Proclamation*. (1989); Fred Craddock. *As One Without Authority*. (1978); Eugene Lowry. *The Homiletical Plot*(2000); David Randolph. *The Renewal of Preaching*. (1969); Thomas Troeger. *Imagining a Sermon*. (1990); Richard Weaver. *The Ethics of Rhetoric*. (1970).

❖ ❖ ❖ ❖

적용(Application)

폴 E. 콥탁(Paul E. Koptak)

적용이란 설교자가 한 특정한 상황 속에서 성경이 가르치는 내용의 현대적 의미를 입증하는 과정이다. 더 직설적으로 말하면, 적용은 성령이 신앙인들과 신앙공동체의 삶에 변화를 일으키기 위해 사용하실 말씀을 전하고자 하는 설교자의 열망에서 비롯된다. 적용과 삶의 변화는 설교자와 회중의 공통된 관심이다. 설교를 듣는 많은 사람은 설교자가 고대의 성경 말씀이 어떻게 오늘의 삶을 위한 지침이 되는지를 보여 주었으면 한다고 말한다. 청중들은 수천 년 전 과거에 머물러 있거나 추상적인 내용만 늘어놓는 설교를 좋아하지 않는다.

성경과 마찬가지로, 설교는 시간을 초월(timeless)하면서도 시기적절한(timely) 말씀을 전해야 한다. 설교가 전달하는 '오늘을 위한 의미'는 본문 연구에서 발견되는 것이지 설교가 작성될 때 추가되는 것이 아니다. 여기서 제시되는 세 가지 전형적 접근법은 각각 다른 강조점을 지니면서도 서로 중요한 특징을 공유한다.

첫째, 성경적 원리 접근법(biblical principle approach)을 취하는 설교자에게 있어서, 설교의 목적은 성경의 본래 의미를 가르친 다음, 본문에 적용되는 원리(principle)를 찾아 그것을 일반화하여 새로운 상황에 적용하는 것이다.

잭 쿠하첵(Jack Kuhatschek, 1990, 31)은 설교자를 포함하여 일꾼들이 대가를 받을 권리가 있다는 원리를 주장하기 위해 바울이 소에게 재갈을 물리는 것을 금지한 오래된 법적 금지 규정을 어떻게 사용하고 있는지를 보여 준다(고전 9:7-14). 적용 질문은 또한 다음과 같이 제기될 수 있다.

"본문 안에 순종을 요구하는 명령, 신뢰해야 하는 약속, 따르거나 피해야 하는 사례들, 하나님을 찬양할 이유가 있는가?"

해돈 로빈슨(Haddon Robinson, 2002, 102-3)은 청중이 제기할 만한 질문으로 이어질 한 가지 중심 진리를 찾는다.

"이것은 무엇을 의미하는가"
"이것이 사실인가?"
"이것이 어떤 차이를 만드는가?" 등

브라이언 채플(Bryan Chapell)은 세 가지 설교의 전략(설명, 예화, 적용)에 관해 말한다 (2005, 103-4).

적용(Application)

이 방법은 강해 설교에 적합하며 가르치는 데 강점이 있다. 어떤 사람은 여러 성경 본문을 복합적으로 사용하여 삶의 교훈을 더 직접적으로 제시하는 주제 설교를 선호한다. 또 어떤 사람은 삶의 교훈을 요점으로 제시함으로써 적용을 설교 중심에 위치시킨다.

둘째, 어떤 설교자는 곤경(trouble)과 은혜(trouble)라는 성경의 역동성을 설교의 지침으로 이용한다.

폴 스콧 윌슨(Paul Scott Wilson)은 인간의 필요 또는 실패(곤경)와 공급하시고, 힘 주시고, 용서하시는 하나님의 행동(은혜) 사이에서 발생하는 움직임이라는 신학적 문법(theological grammar of movement)을 권장한다. 설교자는 본문 안에서 곤경과 은혜를 파악한 후 현대 청중을 위해 이 두 내용을 병치시킨다. 이런 설교는 적어도 두 부분의 적용(한 부분은 곤경, 다른 한 부분은 은혜)을 가진다.

프랭크 토마스(Frank Thomas)에게, 설교는 악을 이기는 "은혜의 확실에 대한 경험"을 청중에게 주는 것이다(1997, 18). 윌슨과 마찬가지로 토마스는 죄, 억압, 역경 등의 슬픈 소식에 대한 응답으로서 본문과 우리 주변에서 발견할 수 있는 기쁜 소식을 전하라고 설교자들에게 요청한다. 행동 목표 진술(behavioral purpose statement)은 설교자가 말하려는 주제("나는 ~을 제안합니다")와 의도하는 결과("결국 청중은 ~을 하게 될 것입니다")를 명확히 하여, 현대적 용어로 그 기쁜 소식을 경축하기(celebration) 위한 일련의 전략으로 나아간다(경축 참고). 일어날 수 있고 일어나게 될 어떤 일에 대한 기쁨의 축하는 기쁜 소식의 영향력을 강화하여 청중이 그것을 마음과 감정으로 받아들이게 한다(1997, 1-11).

셋째, 좋은 설교는 독자와 청자가 경험하는 성경, 설교, 설교자와의 동일감을 강조한다. 수사학적 상징으로서의 설교는 삶의 경험에 관한 묘사가 청중의 삶의 경험과 중첩될 때 가장 큰 효과를 발휘한다. 요셉 가족들의 화해와 같은 상징적 해결은 자기들의 갈등 상황에 대한 해결책을 찾도록 청중을 도울 수 있다.

더욱이 내러티브 상상 행위(an act of narrative imagination)로서의 설교는 기독교인들과 회중의 이야기를 하나님 나라와 평화(shalom)의 사역이라는 더 큰 이야기에 연결한다. 크레이그 로스칼조(Craig Loscalzo)는 청중을 대하는 이런 태도가 청중을 무시하거나 반대하는 것이 아니라 그들의 편에 서서 진심을 어떻게 전달하는지를 보여 준다(1992, 77).

요컨대, 성경 해석에서 적용에 관심을 기울이면 설교가 일상생활에서 일하시는 하나님을 어떻게 떠올릴 수 있는지 그 방법을 알려 줄 것이다. 이런 이유로 설교자는 설교를 검토하면서 그들의 예화가 믿음의 영웅들이 아니라 회중석에 앉아 있는 일반 사람들의 삶을 반영하는지 확인해야 할 것이다. 다른 사람의 눈으로 삶을 바라보라는 오래된 조언은 가정이나 일터 심방을 통해 더 구체화할 수 있다.

레오노라 텁스 티스데일(Leonora Tubbs Tisdale)은 지역의 문화적 전제(local cultural assumption)와 소통 방식에 주목하면서 목회자는 본문과 회중의 주해가(exegete)가 되어야 한다고 강조한다(1997, 30). 설교 연구/계획 그룹(Sermon study/planning groups)은 설교 본문에 대한 반응뿐만 아니라 청중의 삶을 들여다보는 창문도 설교자들에게 제공한다.

회중의 갈망, 관심, 소망을 주의 깊게 경청하면 그들의 관심이 무엇인지 알 수 있을 뿐만 아니라 설교의 다양성도 향상된다. 다양한 성경 본문으로 설교하고 그 본문들이 다루는 공통 주제의 구체적 의미들을 찾을 때처럼 말이다. 예를 들어, 용서의 다양한 면을 끌어내면(감정을 인정하고, 화해를 추구하고, 계좌를 깨끗이 하는 것), 설교자는 같은 내용을 반복하지 않게 된다.

설교에서 얼마나 많은 부분을 적용으로 사용해야 할까?

오늘날 사용되는 다양한 설교 스타일에 적용할 수 있는 수치에 관한 지침은 없지만 여기서 제시된 방법은 고대와 현대의 균형을 50대 50으로 맞추는 것이다. 로빈슨의 경험에 따르면, 설교는 청중이 그날의 본문 안에 담긴 복음의 메시지를 잘 이해할 수 있도록 충분한 설명을 포함해야 한다(2002, 42-44). 이 조언은 청중의 삶뿐 아니라 성경의 메시지에도 충실하라는 뜻이다.

참고 주제 다리 놓기; 네 페이지 설교; 빅 아이디어 설교; 주제 문장

참고 문헌 Lori Carrell, *The Great American Sermon Survey*. (2000); Bryan Chapell. *Christ-Centered Preaching: Redeeming the Expository Sermon*. 2nd ed. (2005); Paul Kptak. "Rhetorical Identification in Preaching," *Preaching* (November/December 1998) 11-18; Jack Kuhatschek. *Taking the Guesswork Out of Applying the Bible*. (1990); Craig Loscalso. *Preaching Sermons that Connect: Effective Communication through Identification*. (1992); Mary Alice Mulligan and Ronald J. Allen. *Make the Word Come Alive: Lessons from Laity*. (2006); Haddon W, Robinson. *The Development and Delivery of Expository Messages*. 2nd ed. (2002); Frank A. Thomas. *They Like to Never Quit Praisin' God: The Role of Celebration in Preaching*. (1997); Leonora Tubbs Tisdale. *Preaching as Local Theology and Folk Art*. (1997); Paul Scott Wilson. *The Four Pages of the Sermon*. (1999).

예술(Arts)

토마스 H. 트뢰거(Thomas H. Troeger)

설교에서 예술의 효과적 활용을 위한 첫 번째 단계는 성경 저자들의 예술성을 이해하는 것이다. 행군하는 듯한 예언자들의 어조, 시편의 시학적 아름다움, 누가의 내러티브적 유창함, 요한의 상상력 넘치는 이미지 사용, 그리고 바울의 수사학적 미사여구를 생각해 보라. 성경 저자들의 예술은 그들의 선포를 매력적으로 느끼게 하고 변화를 불러오게 하는 데 있어 핵심적인 요소다(상상력/창의력 참고).

설교자가 성경 저자들의 예술성을 이해하게 되면, 예술을 단순한 장식이나 볼거리로 생각하는 경향이 줄어들게 된다. 오히려 예

술은 하나님의 경이로움과 아름다움을 표현하는 잘 훈련된 창의력의 사용을 의미하게 된다.

사람들은 성경이 글로 기록된 형태이기 때문에 조각, 그림, 춤과 같은 예술 형태는 사용할 수 없지만 예술적 언어는 사용할 수 있다고 생각할 것이다. 예배와 설교에서 예술을 멀리하는 움직임과 이에 동조하는 신학자가 기독교 역사 속에 존재했었지만, 이와는 반대로 예술을 권장했던 사람들도 있었다.

수 세기에 걸친 다양한 형태의 기독교 예술은 인간의 마음속에 억누를 수 없는 뭔가가 있음을 증명한다. 그것은 하나님을 향한 우리의 믿음과 감사, 기쁨과 슬픔, 소망과 갈망을 표현하기 위해서 가능한 모든 방법을 사용하고자 하는 욕구 같은 것이다.

성상파괴주의 전통조차도 결국 자기들의 시각적 미학(visual aesthetic)을 발전시킨다. 예를 들어, 뉴잉글랜드의 회중주의자들은 그들의 예배 공간 안에 신체 이미지의 사용을 거부했지만, 결국 또렷한 각진 선, 비율과 균형, 통풍이 잘되는 널찍함과 빛으로 시선을 끄는 교회를 건축했다. 이것은 마치 만물을 지으신 위대한 예술가께서 예술에 대한 열망을 인간 존재 안에 심어 놓으신 결과처럼 보인다.

신학 교육이 언어와 깊이 관련되어 있기 때문에, 어떤 설교자는 시, 드라마, 또는 소설과 같은 글로 기록된 형태 이외의 다른 예술 형태를 사용하는 것에 대해 확신을 갖게 못 한다. 또 어떤 설교자는 그들의 목회 대상인 평신도들과 마찬가지로, 우리 시대의 멀티미디어 문화에 몰입되어 있어서 영화, 텔레비전, 비디오를 편하게 이용한다. 전자 미디어가 설교의 효과를 높이는 좋은 자료를 제공하지만, 그것에만 집중하면 교회의 방대한 예술적 보고를 활용하지 못하게 될 수도 있다.

시청각 자료 제작에 대한 우리 세대의 집착은 믿음의 삶에 두 가지 해로운 결과를 초래한다.

첫째, 이미지와 소리의 공세는 다른 예술 작품의 영적 깊이를 탐구하는 우리의 능력을 무디게 할 수 있다.

둘째, 과거의 예술은 지혜와 통찰의 시선으로 복음을 바라보는 방법을 회복하도록 도움을 줄 수 있다. 성경이 현대 문화에서 자주 간과되는 인간 조건의 진실을 간직하고 있는 것처럼, 예술 역시 지나가는 역사의 한순간이 얼마나 왜곡되고 부적절했는지를 드러내는 방식으로 하나님의 영광을 증언한다.

이런 내용이 설교에서 예술을 활용하는 것에 대한 거창한 주장처럼 들릴지도 모르겠지만, 내가 들은 설교 중 위대한 예술 작품을 이용한 한 설교의 예를 들어 보겠다. 나는 수많은 설교를 들었지만, 그 설교는 30년 이상 내 마음속에 남아 있다. 그 설교자는 성 아우구스티누스가 키케로(Cicero)에게서 물려받은 고전 수사학에서 흔한 한 가지 기술을 사용했다. 고대 수사학 교육은 학생들이 한 그림이나 광경을 가능한 한 자세히 살펴본 후 그것을 아주 생생하고 정확하게 묘사할 수 있도록 훈련한다. 그 이미지는 언어를 탄생시킨다.

예술(Arts)

성탄절 자정 예배의 그 설교는 유명한 화가 알브레히트 뒤러(Albrecht Dürer, 1471-1528)가 그린 예수님의 탄생에 관한 목판화였다. 그 그림은 주보 앞면에 실렸는데 예수님의 신성한 가족이 그 그림 한 가운데 그려져 있었다. 그 그림의 오른쪽에는 파손된 옛 건물이 있었고 왼쪽에는 비슷한 상태의 중세 건물이 있었다. 그 신성한 가족의 모습 위 그리고 두 건물을 연결하는 다리 위에는 작은 나무가 자라고 있는 거칠게 톱질 된 판자들이 놓여 있었다.

설교자는 회중에게 그 그림을 보라고 했고 내가 말한 자세한 모습들을 묘사했다. 그 설교자는 말하길, 뒤러가 살았던 시대는 고전과 기독교 사상의 통합이 와해되는 시기였다. 뒤러는 그리스도 탄생의 사건을 배경 삼아 무너져 내리는 건물을 보여 주며 그 통합의 와해를 표현했다. 성육신한 말씀은 "폐허 사이의 사랑"(love among the ruins)으로 탄생한 것이다. 이것을 말한 후 설교자는 개인적으로나 공동체 안에서나 인간의 삶이 몰락했음을 말했다.

설교자는 그리스도의 탄생을 통해 몰락한 것들 가운데 사랑이 탄생했으며 그 그림의 꼭대기에서 싹을 틔운 작은 나무와 같이 생명과 소망이 새롭게 자라나고 있다는 것을 선언하며 설교를 마쳤다.

회중이 주보를 집에 가져가 냉장고에 붙여 놓고 냉장고 문을 열 때마다 설교를 기억할 수 있기에 주보 표지의 사용이 어느 정도 더 효과적이었겠지만, 요즘 설교자는 파워포인트를 이용할 것이다(기술 참고). 이런 설교학적 방법의 큰 강점은 언어와 이미지의 융합이다. 이 융합은 잊지 못할 복음 선포를 가능하게 한다. 이미지는 언어를 보강하고 또 언어는 우리의 시선을 더 깊은 영적 차원으로 인도한다. 여기서 생길 수 있는 위험은 설교가 예술품에 관한 강의로 변질될 수도 있다는 점이다. 그러나 회중이 그 이미지에 관한 신학적이고 목회적인 의미를 깊이 깨달을 수 있도록 설교자가 예술품의 배경을 잘 설명하면 그런 위험은 피할 수 있다.

또한, 이런 한 장의 그림과 "폐허 사이의 사랑"이라는 잘 정리된 시각적 초점/신학적인 개념이 회중 자신의 아픔과 회복 이야기를 투영시킬 수 있는 설교의 중심 요점을 어떻게 우리에게 제공하는지 주목해 보라. 설교의 내러티브와 극적 전개는 시각적이고 개념적인 방식으로 이루어지면서 인간의 마음을 사로잡는다(예화와 이야기 참고).

설교에서 예술을 활용하는 것에 대한 이런 한 가지 사례를 초월하여 몇 가지 원리들을 아래와 같이 말할 수 있다. 성경 본문의 영향력이 그런 것처럼, 예술의 영향력 역시 자동으로 발휘되지 않는다. 본문에 설명이 필요하듯, 예술도 설명해야 한다.

예술을 사용하는 설교의 효과는 다음과 같은 여러 가지 요소가 함께 작용하여 만들어 내는 동반 상승효과에서 온다.

첫째, 예술 작품 자체를 보거나 듣는 것
둘째, 지식이 부족한 우리 눈과 귀가 놓칠 수 있는 세부 사항에 대해 주의를 환기하는 것
셋째, 그 작품에 대한 설교자의 신학적 해석을 제시하는 것
넷째, 앞의 세 가지 요소를 사용하여 회

중의 삶과 믿음을 조명하는 것

한 가지에 치우침 없이 이 모든 요소가 함께 조화될 때, 설교는 활력이 넘치고 변화를 일으키는 복음의 증언이 될 수 있다.

설교에서 예술을 사용하는 이런 원리는 기독교 예술의 보고에서 찾아낸 그림, 조형물, 음악 작품뿐만 아니라 교구민들이 만드는 예술품, 특히 요즘 교회의 교육 프로그램과 예배의 한 부분으로 열리는 종교 예술 축제에서 만드는 작품들까지도 활용할 수 있다.

예를 들어, 나는 어린이들이 성경 구절들을 해석하면서 만든 예술 작품을 설교에서 활용한 적이 있다. 어린이들은 굵은 매직펜으로 그림을 멋지게 그렸다. 교인들이 그것을 디지털카메라로 촬영했고 나는 그것을 내려받아 파워포인트로 만들어 설교에 사용했다.

알브레히트 뒤러의 목판화에 관한 설교에서 보았던 것처럼, 나는 어린이들의 작품을 해석하기 위해 똑같은 원리들을 사용했다. 설교에서 나는 예수님의 광야 시험과 관련된 두 개의 그림을 언급했다.

다섯 살 어린이는 입을 크게 벌리고 있는 예수님을 막대 그림(stick figure)으로 표현했다. 예수님이 인상적인 한마디 말씀, "아니야"를 하고 계시는 그림이다. 똑같은 장면의 다른 어린이가 그린 그림은 추상화였다. 색이 혼합되고 뒤섞인 형태로, 마음대로 움직이는 두 개의 아메바 같은 그림이었다. 나는 어느 때는 유혹을 분명하게 인식할 수 있어서 우리는 "아니야"라고 확실히 소리칠 수 있지만 또 어느 때는 선과 악이 섞여 있어 정확히 구분하기 어려워 우리의 선택은 애매모호하다고 설교했다. 그 어린이들의 작품을 활용하여 어린이들의 관심을 끌 수 있었지만, 그것에 대한 구두 해석은 좀 더 성인 수준에서 이루어졌다(어린이 설교 참고).

만약 설교자들이 설교를 작성하는 과정에서 예술을 활용하는 것에 확신이 없다면, 이 글을 예술적으로 재능 있는 회중과 공유하고 그들에게 도움을 구할 수 있을 것이다. 성경 연구 그룹이 종종 목회자에게 무엇을 설교할 것인지에 관한 새로운 통찰력을 주는 것처럼, 예술가들은 살아 계신 하나님의 영을 향한 새로운 원천을 개발하고 아름다움, 경이감, 은혜가 차고 넘치는 복음의 증언을 할 수 있도록 도울 수 있다.

참고 주제 영화; 비디오 영상

참고 문헌 David Brown and David Fuller. *Sings of Grace: Sacraments in Poetry and Porse*. (1995); Othmar Keel. *The Symbolism of the Biblical World: Ancient Near Eastern Iconography and the Book of Psalms*. Translated by Timothy Hallett. (1997); Margaret R. Miles. *Image as Insight: Visual Understanding in Western Christian and Secular Culture*. (1985).

다리 놓기(Bridging Then and Now)

스티븐 패리스(Stephen Farris)

계몽주의 이전 시대에는 설교에서 그때(then)와 지금(now)이라는 시대의 간격을 연

다리 놓기 (Bridging Then and Now)

결할 필요에 대한 인식이 거의 없었다. 설교 본문이 청중에게 하나님의 직접 말씀으로 들릴 수 있다고 생각했기 때문이다. 해석가들은 본문의 문법적 의미(grammatical sense)를 명확히 하기 위해 본문을 세심하게 주해했다. 특히, 구약과 신약 안에서 유대인들의 풍습이나 관행을 설명했다. 더욱이 그들은 구약의 본문을 신약과 연결하는 문제에 관해 인식하고 있었고, 알레고리, 유형론, 약속과 성취라는 전략을 사용하여 이런 그 문제점을 해결했다. 그들은 하나님 사랑이나 이웃 사랑을 명확하게 권장하지 않는 까다로운 성경 본문과 씨름했고. 본문의 고차원적인 영적 의미(higher "spiritual" sense of the text)를 찾고자 했다.

이런 과제가 수행되고 난 뒤, 그 결과로 얻어진 말씀이 새로운 청중에게 직접 전달된다고 생각했다. 본문의 의미를 남김없이 분명하고도 설득력 있게 표현했다. '그때'의 의미는 대부분 '지금'의 의미와 다를 바 없었다. 연결해야 할 정도의 거리가 존재하지 않을 때 둘 사이의 다리 놓기는 필요 없다.

계몽주의 이전 해석가들은 본문이 구체적인 역사적 상황 가운데서 발생했다는 사실을 분명히 알고 있었다. 그러나 그들은 당시 교회가 신약의 선조와의 연속성 위에 서 있었고, 한 사람에게 전한 말씀이 다른 사람을 위한 말씀으로 직접 전달될 수 있다고 생각했다.

계몽주의 시대에 접어들면서, 그때와 지금 사이에 다리를 놓는 임무를 중요하게 여기게 되는 두 가지 중요한 일이 발생했다.

첫째, 성경 본문이 구체적인 역사적 상황 가운데서 발생했다는 분명한 인식이다. 좀 더 대담한 학자들은 그런 본문이 다른 일반 고대 문서들과 똑같은 방식으로 해석돼야 한다고 주장했다.

둘째, 학자들은 물려받은 교리나 지금은 멸시하게 된 미신이 지배하는 세계가 아닌, 이성이 지배한다고 믿었던 새로운 세계와 성경 본문 사이의 거리감을 점점 더 경험했다. 이성이 불을 밝히는 세상에서 창조와 부활 또는 기적들에 하나님이 직접 관여하시는 것은 문제처럼 여겨졌다. 지금 우리에게 멀게 느껴지는 세계의 본문을 해석하기 위해 다리 놓기 작업이 필요했다.

계몽주의 이후, 설교자들은 그 다리를 놓는 많은 기술을 사용해 왔다. 여기서 우리는 현대 설교학자들이 그때와 지금 사이에 다리를 놓는 세 가지 일반적 전략을 간략히 알아볼 것이다.

첫째, 널리 사용되는 전략으로 본문 안에 있는 신학적 진리, 주제, 또는 빅 아이디어(big idea)를 밝혀내고, 그것을 우리가 사는 세계 안으로 가지고 오는 것이다. 대부분 교회는 교리적으로 자신들을 사도적 교회로 여긴다. 시간이나 환경 안에 내재하는 거리가 얼마든지 간에, 교회는 초기 교회의 교리를 간직하고 있거나 간직해야만 한다고 생각한다. 그때와 지금 사이에 다리를 놓는 빅 아이디어의 방법은 본문에서 이런 둘 사이의 연속성을 드러내는 교리를 밝혀내려고 노력한다.

이 방법은 계시가 본질적으로 명제적이라고 이해하고 있는 교회에서 가장 좋은 효과

다리 놓기 (Bridging Then and Now)

를 발휘할 수 있다. 이런 이해에 근거한 성경적 설교의 임무는 기독교의 핵심적 지식인 하나님과 인간에 관한 진리 및 그 진리의 수용 현상을 밝혀내고 전달하는 것이다.

그러나 어떤 교회는 진리를 명제적이라고 생각하지 않는다. 설교의 임무는 애당초 진리의 전달이 아니라, 진리 자체인 그분, 즉 성령을 통해 예수 그리스도 안에서 알려진 사랑의 하나님을 가리키는 것이다. 이런 교리적 이해는 설교학적 이해이기도 하다. 새로운 설교학의 설교는 기독교 교리에 관한 가르침을 목적으로 하지 않고, 복음의 경험을 목적으로 한다.

새로운 설교학은 교리적 설교의 필요성을 충분히 인식하지 못하고 있는 것일 수도 있다. 더욱이 어떤 본문은 하나님이나 인간에 관한 진리를 정확히 전달하기 위해 쓰인 것처럼 보인다. 그렇다 해도 명제적 설교(propositional preaching)에 대한 새로운 설교학의 비평 중 하나는 무시되지 말아야 한다. 그것은 그때와 지금을 연결하는 빅 아이디어의 방식이 성경 본문의 형태(form)를 적절하게 고려하지 않는다는 점이다.

그런 설교에서 본문이 비유인지, 찬양인지, 탄식인지 아니면 그 밖의 다른 형태인지는 문제가 되지 않는다. 본문이 단순한 서술적 명제로 단순화되면서 그 형태는 무시된다. 의미는 내용과 형태의 결합을 통해 전달되는 것이지만, 이런 설교에서 내용은 형태와 분리된다. 그 과정에서 많은 본문이 활력을 잃는다.

둘째, 이런 이유로, 현대 설교학은 본문의 형태(form)에 관심을 가져야 한다고 주장한다. 이것은 그 성경 구절의 장르가 무엇인지 묻는 것 이상의 문제다. 본문의 형태를 구별하는 것은 본문의 기능을 알아내는 데 도움이 된다. 모든 본문은 원래 상황 속에서 뭔가를 행하도록 의도되었다. 찬양의 노래는 사람들의 기쁨을, 탄식은 슬픔을 표현하게 했다. 본문의 기능은 그때와 지금 사이에 다리를 놓는 두 번째 방법이 되었다. 설교자는 설교가 본문이 본래 상황 속에서 행했던 것을 새로운 상황 속에서 그대로 행할 수 있는지를 질문해야 한다.

셋째, 이것은 그때와 지금을 연결하는 세 번째 방식으로 우리를 인도한다. 그것은 바로 유비(analogy)의 사용이다. 설교자는 고대 본문의 상황과 본문의 청자들의 상황 사이에서 어떤 유비를 찾는다. 유비는 동일화(identification)가 아니지만, 유사성(similarity)에 대한 인식이다.

우리의 상황은 본문의 처음 독자나 청자의 상황과 같지 않지만 비슷할 수도 있다. 유비의 가능성은 단지 본문의 기능에만 있는 것이 아니다. 아마도 본문 안에 오늘 우리 시대와 비슷한 어떤 사람이나 어떤 그룹이 있을 수 있다. 예를 들면, 청중은 탕자의 비유에서 둘째 아들이나 첫째 아들과 비슷하다고 느낄 수 있을 것이다. 그런 사람이나 그룹이 본문 안에 없을 수도 있지만, 본문 배후에는 존재할 수도 있다.

유비적 연결을 가능하게 하는 유사성은 아마도 본문이 드러내는 사람들의 필요(need)이거나 곤경(trouble)일 수 있다. 예를 들면, 우리는 어려운 갈등에 처해 있는 고린도 교회와 비슷할 수 있다. 여기서 주된 유비는 필요의 유비(analogy of need)일 것이다. 유비는 또한 본문 안의 움직임이나 경험 또는 변화에 있을 수 있다. 예를 들어, 오늘날의 경험은 단순히 둘째 아들이라는 인물이 아니라 그가 겪은 "잃었다 되찾은" 변화의 경험 안에 유비가 있다는 것이다. 결국, 인간 경험의 유사성에만 의존하는 유비는 미완성의 유비다. 복음 설교에는 은혜의 유비도 있어야 한다.

성경 전체는 하나님이 세상에 개입하시는 은혜로운 사건을 드러낸다. 설교자의 임무는 본문의 세계 안에서 행하시는 하나님의 은혜로운 행동이 오늘날 청중의 세계 속에서도 계속된다는 것을 증언하는 것이다. 그때와 지금을 연결하는 이런 방식은 '유비의 해석학'(hermeneutic of analogy)으로 불릴 수 있을 것이다.

어떤 학자들은 최근 그때와 지금 사이에 다리를 놓는 개념에 이의를 제기했다. 이 '다리 놓기'라는 은유는 그 과정을 세 가지 별개 작업으로 분리한다는 것이다.

첫째, '당시'(then)의 의미를 결정한다.
둘째, 그 의미를 우리의 세계 안으로 옮겨 온다.
셋째, 그것을 우리 세계에서 선포한다.

사실 실제는 더 매끄럽다. 해석자는 두 세계 사이를 역동적으로 옮겨 다닌다. 더욱이 설교자는 개별 본문에 담겨 있는 진리의 덩어리(nugget)가 아니라 복음(the gospel)을 선포해야 하는 것이다.

이 다리 놓기는 만일 그 의미가 주로 본문 배후에서 발견된다면 특히 심각한 문제가 된다. 즉, 역사비평 방법을 실천하는 사람들이 널리 행하고 있듯이, 그 의미가 본문을 형성한 공동체의 삶의 자리나 저자의 신학 안에서 발견된다면, 연결의 문제는 더 어려워진다. 그러나 그 방법의 지배력은 사라졌다. 학자들의 생각을 오랫동안 사로잡고 있었던 역사적 질문을 배제한 상태에서 문학의 세계 안에 들어가 본문에 내재하는 의미를 인식하는 것이 이제 가능해졌다. 의미는 본문의 앞에 있는 세계 안에서도 발견된다. 의미는 해석자나 해석의 공동체가 본문과 상호 작용하면서 독자/청자 안에서 만들어진다. 본문 '안'이나 또는 본문 '앞'에 있는 세계에서 다리 놓기의 필요성은 아마 없을 것이다.

이런 반대들은 도움이 되지만 과장된 내용이다. 본문의 까다로운 특이성에서 분리된 제멋대로의 복음은 존재하지 않는다. 기독교의 복음은 예수님이라는 한 분 안에 그리고 그분을 증언하는 본문 안에 성육신한 복음이다. 설교자들은 그 책에 대한 믿음 안에서 항상 본문을 사용한다. 본문에 대한 세심한 설명은 역사적 배경을 밝히고, 핵심적 단어를 설명하며, 문학적 전략이나 권력의 투쟁을 밝혀낼 수 있다(주해 참고).

본문에 대한 세심한 설명은 그 본문이 과거에 왜 문제가 되었는지도 보여 줄 수 있다. 이런 설명은 그 본문이 왜 지금 여전히 문제가 되는지 또는 문제가 되어야 하는지 자동으로 보여 주지 않는다. 의미를 밝혀내는 것은 또한 본문의 현재 의미와 당시 그들이 선포한 복음의 의미를 드러내는 것이다. 만일 본문의 의미가 당시 청자들에게 꼭 중요하지 않았다면, 그때에서 지금으로의 움직임이 필요할 것이다. 본문이 가부장제이든, 과학 이전 시대의 세계관이든, 또는 인류학에 관련된 것이든, 많은 청중이 이런 고대 본문에서 거리감을 경험한다는 것을 부인할 수 없다. 그 거리감을 느끼는 이상, 이런 다리 놓기와 같은 작업이 필요하다. 다리 놓기의 은유는 무시되고 있을지 모르지만, 이런 작업의 필요성은 그 어느 때보다 실재한다.

참고 주제 적용; 본문의 관심과 설교의 관심; 초점 진술과 기능 진술

참고 문헌 Ronal J. Allen. *Contemporary Biblical Interpretation for Preaching*. (1984); Edward Farley. "Preaching the Bible and Gospel." *Theology Today* 51 (1994) 90-103; Stephen Farris. *Preaching that Matters: The Bible and Our Lives*. (1998); Nancy Lammers Gross. *If You Cannot Preach Like Paul*. (2002); Thomas Long. *Preaching and the Literary Forms of the Bible*. (1989).

본문의 관심들과 설교의 관심들(Concerns of the Text and Sermon)

존 M. 로트만(John M. Rottman)

본문의 관심들(concerns of the text)과 설교의 관심들(concerns of the sermon)은 설교에서 성경 본문과 오늘 사이에 다리를 놓는 역할을 한다. 이 용어는 폴 스콧 윌슨(Paul Scott Wilson)의 설교학에서 사용되는 용어다(Wilson 2007, 76-105). 쉽게 말해, 본문의 관심들은 본문에 직접 언급된 것들이나 그 언급에서 암시할 수 있는 내용들이며, 설교의 관심들은 그 언급이나 내용들이 이끌어 가는 아이디어다.

모든 본문은 여러 종류의 관심들을 드러낸다. 그 관심 중 어떤 것은 성경 저자들이 의도한 것들이고, 어떤 것은 그렇지 않은 것들일 수도 있다. 만약 선택된 설교 본문을 퀼트(quilt, 자투리 천 조각을 이어 붙여 이불이나 상보 등의 다양한 작품을 만드는 바느질 기법-역주)라고 생각한다면, 본문의 관심들은 그 퀼트를 구성하는 개별 천 조각들이다.

본문의 관심들은 보통 설교의 본문, 즉 설교가 집중적으로 다룰 선택된 본문 단락(pericope)을 주해하여 얻은 결과물이다. 설교자는 본문이 그 관심들을 드러내도록 본문에 관한 여러 가지 유도 질문을 할 수 있다. 이런 질문은 다양한 차원에서 제기될 수 있고 많은 가능성 있는 관심들을 드러낼 수 있다.

설교자는 기본적 문법 차원에서 특정 단어나 구절의 의미에 관해 질문할 수 있다.

또 역사적인 차원에서 역사비평가들이 자주 제기하는 질문을 던질 수 있다.

예를 들어, 여호수아 5장의 팔레스타인 정복은 고대 근동 정치사에서 어디쯤에 해당하는가?

또 다른 차원에서 설교자는 사회학적 또는 신학적 관점의 질문을 제기할 수 있다. 이런 주해의 질문과 다른 여러 가지 질문에 대한 대답은 본문의 관심들을 드러낸다.

설교자는 본문을 읽는 과정에서 제기하고 답변할 수 있는 질문을 통해 본문의 관심들을 찾아낼 수 있다. 또 어떤 관심은 주해서를 참고하거나, 문법적/언어적 단서를 추

본문의 관심들과 설교의 관심들(Concerns of the Text and Sermon)

적하거나, 더 깊은 신학적 성찰에 참여하는 과정에서 조금 늦게 표면화되기도 한다.

윌슨은 본문의 관심들이 단일 주어(single subject)와 술부(predicate)로 이루어진 짧고 간단한 문장으로 표현되어야 한다고 주장한다. 설교자는 본문이나 본문 배후에서 하나님이 무엇을 행하고 계신지에 특별히 주목할 필요가 있다. 왜냐하면, 이런 관심들은 설교학적으로 가장 유용한 것으로 여겨지기 때문이다.

예를 들어, 설교자가 마가복음 1:1-11에서 본문의 관심들을 찾으려고 한다면, 그 설교자는 처음 몇 구절에서도 꽤 많은 목록을 만들 수 있을 것이다. 다음과 같은 내용이 포함될 수 있을 것이다.

① 마가는 예수님을 그리스도라고 칭한다.
② 그리스도는 기름 부음 받은 자, 메시아를 의미한다.
③ 하나님은 예수님을 통해 기쁜 소식을 가져오신다.
④ 마가는 예수님의 사역이 이사야서에 예고되어 있음을 본다.
⑤ 이사야는 구약의 예언자다.
⑥ 예수님의 복음은 세례 요한과 함께 시작된다.
⑦ 마가는 이사야서에서 언급된 것과 같이, 요한을 광야에서 외치는 소리로 이해한다.
⑧ 하나님은 요한을 메신저로 보내신다.
⑨ 요한은 목소리다.
⑩ 그 목소리는 광야에서 들려온다.
⑪ 요한은 예수님을 위해 길을 곧게 하기 위해 온다.
⑫ 요한은 와서 세례를 준다.
⑬ 요한은 회개를 선포한다.
⑭ 요한은 회개와 용서를 통해 죄를 용서 받을 수 있다고 설교한다.

이런 목록을 만들면 설교자는 서두르지 않고 본문을 깊고 면밀하게 검토할 수 있다.

목록에 포함된 관심들은 선별될 필요가 있다. 그 관심들 중 어떤 내용은 곤경(trouble)과 은혜(grace)의 성향이 잘 드러나기에 다른 것들보다 설교학적으로 더 유용하게 보일 것이다. 곤경은 본문이 독자들에게 짐(burden)을 지우는 내용이며, 은혜(grace)나 기쁜 소식(good news)은 이 짐을 덜어 주시고 제거해 주시는 하나님의 행동(God's action)이다.

위의 13번 관심은 곤경이나 심판의 분위기를 자아내고 회개의 필요성을 드러낸다. 14번 관심은 죄 용서의 가능성을 말하며 소망을 지향한다.

9번과 같은 관심들은 신학적으로, 설교학적으로 덜 활성화된 것으로 보인다. 곤경이나 은혜를 반향하는 관심은 설교자가 더 큰 복음의 주제에 집중하면서 설교하도록 도움을 준다.

설교자는 여러 가지 관심 중에서 구원하시고 격려하시는 하나님의 행동을 보여 주는 은혜의 관심들(grace concerns)을 찾아야 한다. 그런 관심들은 하나님(삼위일체의 세 위격 중 한 분)을 문장의 주어로 삼아야 하며, 설교자는 가능한 한 하나님의 행위가 명확하게 드러나도록 본문의 관심들을 문장

본문의 관심들과 설교의 관심들(Concerns of the Text and Sermon)

으로 작성해야 한다.

8번 관심은 처음에는 "요한은 메신저다"라고 작성할 수 있지만, 하나님의 행위를 명확하게 표현하면(하나님이 요한을 보내신다), 설교의 신학적 목적이 전면에 잘 드러난다. 설교자는 특히 곤란하거나, 흥미롭거나, 아니면 당혹스럽게 보이는 관심들에도 주목할 필요가 있다. 왜냐하면, 이런 관심들이 설교학적으로 생각을 불러일으킬 가능성이 있기 때문이다. 성령은 이런 식의 관심 분류를 통해 특정 주일의 본문에서 주의를 기울여야 할 내용이 무엇인지 더 정확하게 볼 수 있도록 설교자들을 돕는다. 설교자들은 이런 성령의 개입에 놀랄 필요가 없다.

본문의 관심들이 성경 본문의 주해 과정을 통해 발견되지만, 설교자는 본문의 관심들(concerns of the text)을 현대인의 삶에 적용할 수 있는 문장으로 만들어 설교의 관심들(concerns of the sermon)로 바꿀 수 있다. 설교자는 성령의 도움을 받아 본문의 관심들을 활용하여 이런 변환을 만들 수 있다. 실제로 설교자는 본문의 관심들에 표현된 여러 가지 단어나 구절을 다른 것으로 대치함으로써 현대 세계에 관해 말하는 본문의 관심과 유사한 관심(analogous concern)을 만들 수 있다.

13번 "요한이 회개를 설교한다"라는 본문의 관심에서 '요한'을 '하나님'으로, '설교한다'를 '요구하신다'로 바꾸면 "하나님은 우리에게 회개를 요구하신다"라는 본문의 관심과 유사한 설교의 관심(analogous concern of the sermon)이 만들어진다.

이와 비슷하게, 14번의 본문의 관심은 "하나님은 우리가 회개하고 용서하면 하나님이 우리의 죄를 용서해 주신다고 약속하신다"라는 문장으로 변환될 수 있다. 본문의 관심들을 설교의 관심들로 변환하는 것은 고대 문서와 현대의 상황 사이에 다리를 놓을 수 있게 해 주는 설교자를 위한 실제 방법이다. 설교자가 처음에는 몇 개의 변환이든 생각해 낼 수 있겠지만, 설교의 관심들 역시 선별될 필요가 있다. 잘 선별된 설교의 관심들은 현대의 상황을 솔직하게 잘 드러내야 한다. 다시 말해, 설교자는 신학과 상식에 도움을 받아 필요한 변환을 끌어내야 한다.

설교자는 설교하면서 성경 본문에서 오늘날의 상황으로 움직일 때 본문의 관심과 설교의 관심을 이미 사용하고 있다. 그들은 단지 그 용어를 알지 못하거나 창조적 긴장의 활용을 잘 조절하지 못하는 것일 수 있다(Wilson 1988, 88).

윌슨은 본문에서 찾아낸 곤경 성향의 관심과 이것에서 변환된 설교의 관심이 함께 짝을 이뤄 그 두 개가 설교의 전반부를 이끌어 가야 한다고 말한다. 설교의 후반부는 본문에서 찾아낸 복음 성향의 한 관심과 이와 유사한 설교의 관심이 짝을 이뤄 이끌어 간다(Wilson 1988, 115-21).

윌슨의 설교학에서 기쁜 소식은 항상 하나님의 행동을 포함한다. 하나님의 행동은 설교 전반부에서 발견되고 제시된 곤경을 해결하신다. 결국, 하나님은 자기를 구원할 수 없는 사람들의 짐(burden)을 덜어 주시는 분이다. 본문의 관심들과 설교의 관심들을 활용하여 설교를 구성하면, 성경의 중요한 내용에 집중하면서도 그것을 청중의 세계에 효과적으로 적용하는 데 도움이 된다.

참고 주제 다리 놓기; 네 페이지 설교

참고 문헌 Paul Scott Wilson, *Imagination of the Heart: New Understandings in Preaching* (1988); Paul Scott Wilson. *The Practice of Preaching*. Rev. ed. (2007).

현재화하기(Contemporizing)

마이클 E. 윌리엄스(Michael E. Williams)

'현재화하기'란 설교를 듣는 사람들이 본문의 세계에 생생하고 현장감 있게 접근할 수 있도록 성경 구절을 현대의 언어와 이미지로 재구성하는 것이다. 현재화하기는 한 구절을 다루는 것처럼 간단하거나, 책 전체를 다루는 것처럼 방대한 작업이 될 수 있다. 설교자들은 성경 본문 속의 인물, 장소, 물건, 사건을 구체적으로 표현할 수 있는 유비들(analogies)을 청중의 세계 속에서 찾아내야 한다.

현재화하기는 설교자가 파악할 수 있는 가장 정확한 역사적 상황에 근거해야 하기 때문에, 설교자에게 역사적 호기심이 있어야 한다. 여기에 설교자의 시적 감수성도 필수적이다. 왜냐하면, 설교자는 청중과 함께 나눌 그날의 성경 본문에서 현대적 유비들을 찾아내야 하기 때문이다. 결국, 현재화하기는 청중이 마치 실제 경험하고 있는 것처럼 본문의 세계 속에 빠져들 수 있도록, 그들의 상상력을 자극하는 설교자의 상상적 인식력(imaginative discernment)이 필요하다.

1. 미드라쉬(Midrash)와 현재화하기

오늘날의 설교를 위한 현재화하기의 한 자료는 미드라쉬에서 볼 수 있는 고대 유대인의 예술적 해석이다. '미드라쉬'라는 단어는 '무엇인가를 찾아 나선다'라는 뜻의 히브리어 다라쉬(*darash*)에서 온다. 고대 랍비들은 성경 구절에서 통찰을 얻고자 할 때, 성경은 모든 세상을 아우르는 세계관을 담고 있어서 인간이 경험하는 어떤 상황에도 그 성경적 지혜를 적용할 수 있다고 생각했다(다리 놓기 참고). 그러나 랍비들은 그 적용을 위해 본문의 세계와 청중의 세계 사이의 연결점을 찾아야만 했다.

그 연결점을 찾아야만 했던 그들은 본문에 관해 질문하지 않을 수 없었다.

"우리와 우리 청중의 삶 속에서 이것(인물, 장소, 물건, 사건)을 무엇과 비교할 수 있을까?"

예수님은 제자들을 가르치시면서 이런 질문을 했다.

"하나님의 통치를 무엇과 비교할 수 있을까?

하나님의 통치는 …."

이어서 예수님은 청중이 세상 속에서 하나님의 통치를 맛볼 수 있도록 그들에게 익숙한 이미지나 이야기를 제시하셨다.

2. 역사적 상황

설교자는 성경적 상황, 인물, 물건, 언어에 관한 적절한 유비를 찾기위해 우선 성경 구절에 대한 정확한 역사적 상황을 규명해야 한다. 성경 주해서들이 그 분야에 관

현재화하기 (Contemporizing)

해 특별히 관심을 갖고 쓰인 것이 아닌 이상 성경 사전과 성경 시대의 문화와 관습들에 관한 책들이 성경 주해서보다는 상황을 재구성하는 데 더 도움이 된다.

한 본문의 배경을 규명하기 위해 그 본문이 묘사하는 지리, 식물, 동물 또는 그 지역의 건축을 이해하는 것이 또한, 중요하다. 설교자는 본문에 출현하는 인물들을 적절하게 묘사하기 위해 각 인물이 그 시대 문화적 배경에서 어떻게 보였을지 규명할 필요가 있다. 본문에 나오는 물건들은 아마도 우리 시대에 더 이상 파악할 수 없는 것들일 것이다. 그것들은 우리가 더 이상 알 수 없는 그들만의 시대에 사용된 의례적 기능을 지니고 있었을지도 모른다.

고대 본문에 나오는 그것들을 가장 가깝게 표현하기 위한 현대 언어를 찾는 것이 이 과정에서 중요한 또 하나의 특징이다. 성경 구절에서 드러나는 이런 구체적 요소들의 역사적 상황을 알면, 설교자는 거기에 상응하는 오늘 우리 세계의 상황을 선택할 수 있도록 적절한 조건을 정하는 데 도움이 된다.

3. 시적 감수성

현재화를 위해서 설교자에게 시적/문화적 감수성이 요구된다. 이는 성경 구절에 등장하는 것과 유사한 상황, 인물, 사물, 언어를 선택해야 하기 때문이다. 고대 본문에 대한 현대적 유비들을 찾으려고 할 때 제기되는 일반적 질문은 이것이다.

"우리 청중이 본문의 사건과 유사한 것들을 언제 경험했는가?"

설교자는 더 나아가 그 구절의 구체적인 요소들에 관해 질문을 해야 한다. 본문의 상황은 다음과 같은 질문을 제기하게 만든다.

"청중이 경험하는 세계 속 어떤 환경이 본문의 상황과 가장 많이 닮았는가?"

또는 이렇게 질문할 수 있다.

"청중의 세계 속에서 누가 본문의 인물과 가장 많이 닮았는가?"

그 구절에서 사물에 관한 질문은 이렇게 제기될 수 있을 것이다.

"청중의 경험 속 무엇이 본문 안에 있는 물건들과 똑같은, 또는 비슷한 실용적이고 의례적인 기능을 하는가?"

언어와 관련된 질문은 이렇게 제기될 수 있을 것이다.

"오늘날 어떤 단어가 본문의 정서를 표현할 수 있는가?"

한 본문을 현재화하려는 시도의 성공은 역사적 상황 속에 근거한 원문의 요소들과 얼마나 적절한 현대적 유비를 사용하느냐에 달려 있다.

4. 상상적 인식력

현재화하기의 한 가지 목적은 청중이 본문의 세계를 직접 경험하는 것이기 때문에, 설교자는 설교를 듣게 될 사람들의 세계에 적합한 현대의 유비를 잘 선택해야 한다. 그러므로 성경 본문을 현재화하려고 하는 설교자는, 본문의 역사적 상황을 잘 알아야 하는 것처럼, 설교를 듣게 될 회중도 잘 알아야 한다. 가장 적절한 유비의 선택은 설교자가 설교를 듣게 될 사람들의 세계를 얼마나 깊이 알고 있느냐에 달려 있다. 목회자는 그들이 섬기는 회중과의 친밀함을 발전시켜 나가도록 부름을 받은 사람들이다.

5. 현재화하기의 장점과 약점

성경 본문을 현재화하는 장점은 청중에게 본문의 세계를 가깝고 친밀하게 경험시킨다는 데 있다. 청중은 설교자가 선택한 유비의 도움을 받아 본문을 마치 익숙한 세계 속에서 오늘 발생하고 있는 일처럼 경험할 수 있다. 현재화하기에 잠재된 약점은 선택된 구체적인 유비들이 다른 문화적 환경에 밀접하게 적용되기 어렵고, 그 유비들은 만들어지자마자 곧 시대에 뒤떨어진 것이 되고 만다는 점이다. 한 곳에서 본문의 직접 경험을 만들어 내는 이미지들이 다른 곳에서는 정확히 들어맞지 않는 경우도 많다.

1) 사례

클래런스 조던(Clarence Jordan)과 유진 피터슨(Eugene Peterson)이 최근 시도한 성경 본문의 번역/의역은 본문을 현재화한 두 가지 시도를 보여 준다. 남침례교회 설교가이자 성경학자인 조던은 조지아(Georgia)주에 있는 '코이노니아팜'(Koinonia Farms, 사도행전에 묘사된 최초 기독교공동체의 모범을 따라 삶과 양식을 나누며 살아가는 신앙공동체-역주)에 있는 다인종공동체를 위한 그의 실험적 삶으로 잘 알려진 인물이다.

조던은 1960년대와 70년대에 마태복음과 요한복음, 누가복음과 사도행전, 다양한 바울 서신과 그 밖의 서신의 "코튼 패치 버전"(Cotton Patch Versions)을 출판했다. 조던은 그리스어, 역사, 본문의 형성 과정에 관한 자신의 지식을 기초로 하여, 그리고 인종 차별이 일상적인 미국 남부의 문화 상황에 관한 지식에 근거하여 자신의 작업을 수행했다. 조던은 인종 분리가 성경에 따라 정당화되어 왔던 문화 속에 살아가는 그리스도인들에게 강력하게 도전을 주는 유비들을 선택했다.

한 가지 예는 십자가형을 교수형으로 바꾸어 놓은 것이다. 그는 성경 도시의 여러 장소 이름을 그의 고향에 있는 장소들로 바꿨고, 성경의 인물들을 현대의 인물들로 대치했다. 서신서의 번역에서 로마는 워싱턴이 되었고 고린도는 애틀랜타가 되었다. 그러나 조던의 많은 유비는 오늘날 시대에 뒤떨어져 보인다. 예를 들어, 인종 문제를 지나치게 강조한 나머지 그는 유대인과 이방인을 백인과 흑인으로 표현한다.

1990년대에, 그리고 21세기에 들어와, 장로교회 목회자이자 성경학자인 유진 피터슨은 전체 성경을 현대 언어로 번역하는 임무에 착수했다. 『메시지: 현대 언어로 된 성경』(The Message: The Bible in Contemporary Language)에서 피터슨은 조던의 그것과는 매우 다른 접근법을 사용했다. 그는 고대 도시들의 이름과 성경 인물들의 인종을 현대적인 것으로 바꾸지 않고 성경의 여러 요소를 그대로 두었다. 대신 본문이 표현하는 관용구(idiom)를 바꿨다.

피터슨의 현재화 작업은 각 고대 본문의 구절들에 상응하는 적절한 현대의 관용적 표현을 찾는 데 초점을 맞춘다. 예를 들어, 사도 바울이 갈라디아서 3장 시작 부분에서 갈라디아인들을 꾸짖은 내용을 이렇게 번역한다.

> 정신 나간 갈라디아 사람들이여!
> 누가 여러분을 홀렸습니까?
> 여러분은 분별력을 잃었습니까?

조던은 상황과 인물들을 강조하지만, 피터슨은 본문의 언어에 주목한다. 조던은 그의 독자들이 고대 본문의 장소와 인물을 현대의 그것들과 동일시하기 원했지만, 피터슨은 그 장소와 사람들을 언급하는 언어의 현대적 관용구를 인식시키려고 노력했다.

피터슨은 요한복음 3:17을 이런 식으로 번역한다.

> 하나님이 고통을 무릅쓰고 자기 아들을 보내신 것은 세상을 정죄하고 손가락질해서 세상이 얼마나 악한지 일러 주시려는 것이 아니다. 아들이 온 것은 세상을 구원하고 다시 바로 잡으려는 것이다.

현재화를 위한 각 저자들의 접근 방식은 독자나 청자들에 대한 직접성(immediacy)의 의미 차이를 특징으로 한다. 상황과 인물에 대한 조던의 접근법은 성경 이야기를 오늘날의 상황처럼 느끼게 하는 환경을 만드는 반면, 언어에 초점을 맞추는 피터슨은 독자나 청자를 과거로 데려가기 위한 환경을 조성한다.

참고 주제 적용; 고고학; 역사비평; 성지 순례

참고 문헌 Clarence Jordan. *The Cotton Patch Gospel*. Vols. 1-4. (2004); Eugene H. Peterson. *The Message: The Bible in Contemporary Language.* (2002); Michael E. Williams and Dennis E. Smith. *The Storyteller's Companion to the Bible.* Vols. 1-13. (1991-2006).

비유적 표현(Figures of Speech)

참고 주제 은유와 비유적 표현

영화(Film)

텍스 샘플(Tex S. Sample)

전자 문화의 도래는 예배를 위한 다양한 기술을 제공할 뿐 아니라 설교에도 새로운 가능성을 열어 준다. 그중 하나가 영화의 사용이다. 특별히 오늘날 디지털 형태의 도구들은 고품질의 프레젠테이션을 쉽게 사용할 수 있도록 만들어 준다. 여기서 우리의 초점은 설교를 위한 영화나 비디오의 사용에 맞춰져 있다. 여기서는 가까운 미래에 출현할 가능성이 많은 기술에 관한 의견만 제시될 것이다.

1. 하나님의 이야기

설교에서 영화를 사용하는 데 있어 첫 번째 고려 사항은 우선순위와 관련된다. 즉, 설교는 영화 영상을 하나님의 이야기(God's story) 안에 위치시켜야 한다는 것이다. 영화는 단지 흥미롭거나 재밌거나 인기가 많아서 사용되는 것이 아니다. 설교에서 영화 영상을 보여 주는 목적은 하나님의 이야기를 전하는 데 있다. 이 목적을 완수하기 위해 그 영상은 예배의 전체 맥락 안에, 그리고 기쁜 소식을 선포하는 데 잘 들어맞아야 한다.

영화 자체는 슬프거나 허무한 내용 또는 기독교 신앙에 모순된 것일 수도 있다. 그러나 영화 사용은 하나님의 이야기를 선포하는 더 포괄적인 임무를 완수해야 한다.

사무엘 웰스(Samuel Wells)는 그의 책 *Improvisation*(즉흥 연기)에서 즉흥 연기를 윤리 실천을 위한 한 은유로 사용한다. 예를 들어, 연극의 즉흥 연기에서 한 배우가 뭔가를 말하거나 행동하면, 또 다른 배우가 그 말이나 행동을 이어 나간다. 이때 다른 배우의 말이나 행동이 처음 배우의 말이나 행동보다 좀 더 크고 더 설득력이 생겨 그 말이나 행동의 의미와 영향력을 완전히 바꿔버리기도 한다. 이것이 설교에서 영화 사용의 좋은 지침이다.

십자가 사건과 부활은 즉흥 연기를 이해하는 기본 방식이다. 예수님은 배반당하고, 체포되고, 불법 재판에 넘겨지고, 고문당하셨으며, 두들겨 맞고, 조롱당하셨다. 그리고 철저히 무력하고 연약한 모습이 대중에게 드러나는 가운데 처형되셨다. 그러나 하나님은 부활을 통해 역사를 바꾸는 즉흥 연기로 응답하셨다. 이것이 세상의 이야기(world's story)를 하나님의 이야기(God's story)에 위치시키는 핵심 방식(유일한 방식은 아니지만)이다.

영화 영상은 그런 즉흥 연기에서 첫 번째 움직임이 되거나 어떤 경우에는 후속 움직임(follow-up move)이 될 수 있다. 이런 이해를 바탕으로, 설교에서 영화를 활용하는 것에 관한 몇 가지 공통된 문제를 검토할 수 있다.

2. 영화 안에서의 지시성

설교에서 영화가 가장 자주 활용되는 방식은 아마도 특정 주장을 뒷받침하기 위해 영화 영상을 예화로 사용하는 것이다. 이는 효과적인 활용법이지만 몇 가지 피해야 할 문제도 따른다. 그중 하나는 설교가 지나치게 교훈적으로 흐를 수 있으며, 영화 또한 그런 방식으로 소비될 수 있다는 점이다.

여기서 우리는 이미지와 영화를 활용할 때, 상상력을 가장 잘 실천할 수 있는 방안이 무엇인지를 염두에 두어야 한다. 학자들은 영화가 인쇄물과는 달리 사람들의 창의적 상상력을 약화시킨다고 자주 불평한다. 시청자들은 영화를 보면서 마음속에 이미지를 만들지 않는다. 그 이미지들은 시청자들의 눈앞에 펼쳐져 결국 그들을 영화의 수동적 수신자로 만들어 버린다. 이와는 반대로, 인쇄물은 독자들이 이미지를 창조하도록 돕는다.

독서의 특징을 이루는 이런 상상력은 중요하다. 그러나 이런 관점은 영화와 더 관련된 실천적 창의력을 간과한다. 영화의 창의적 영향력이 이미지와 이야기의 지시성(referentiality)에 있다는 사실을 놓친다. 이 말은 시청자가 인쇄물을 읽을 때처럼 이미지를 창조한다는 의미가 아니라, 영화나 이미지가 시청자의 마음속에 많은 연상 작용을 일으킨다는 뜻이다. 여기에 창의력이 내재한다. 그래서 설교자가 지시성의 문제를 고려하는 것이 중요하다.

이것이 영화의 교훈적 활용을 피해야 하는 한 가지 이유다. 교훈적 주장은 지시성의 효과를 차단하거나 축소한다. 더 심한 경우, 이것은 청중/시청자들의 삶 속에서 항상 도덕가의 경험, 즉 "해야 한다"와 "돼야 한다"라는 말을 외치는 사람들의 경험만을 언급하는 방향으로 설교를 끌고 간다(도덕주의 참고).

이것은 한 가지 주장과 관련된다. 진 라우리(Gene Lowry)와 나는 25년 이상 스토리텔링에 관해 함께 작업해 왔다. 내러티브의 활용에 관한 한 가지 결론은 영화의 활용에 잘 들어맞는다. 즉, 이야기 또는 영화 속의 주인공이나 사건의 흐름(current)에는 결점이 있어야 한다는 점이다.

만약 설교가 "도덕군자인 척하는 아가씨"(Miss Goody Two-shoes)나 "자기는 항상 옳다고 주장하는 아저씨"(Mr. I'm Always Right)를 사용한다면, 이것은 진지함과 진정성을 잃어버린다. 더 심각한 위험은 그 말씀에서 설교자가 영웅으로 등장하는 예화를 전할 때 발생한다. 그래서 영화 영상에서 가장 강력한 말씀의 표명은 예상치 못한 인물이나 사건을 활용할 때 나온다. 이것은 마치 아무도 예상 못 한 곳에 그리스도가 나타나는 것과 같은 영화적 표현 방식이 될 수 있다.

3. 배치

영화 영상 사용에 관한 공통된 불평 중 하나는 회중이 그 영상을 보고 난 후 설교로 되돌아오는 데 어려움을 느낀다는 것이다. 영화는 설교를 압도하는 경향이 있다. 이 문제를 다루는 기본적인 한 가지 방법은 배치를 통해서이다. 세 가지 의견이 제시될 수 있다.

첫째, 설교자들은 결론 부분에서 보여주어야 할 영상을 종종 설교 중간에 보여준다. 다시 말해, 어떤 장면은 너무 강렬하고, 설득력 있고, 결정적이어서 그것을 보여주고 난 후 따로 할 말이 필요 없다는 것이다. 그런 장면들은 설교의 결론 부분으로 옮기라. 영화 영상이 끝났을 때 별다른 언급 없이 설교를 마무리할 수 있을 것이다.

둘째, 어떤 영상은 설교를 시작할 때 가장 큰 효과를 발휘할 수 있다. 그렇게 하면 설교는 그 영상에 관한 해설이 되며, 위에서 제안한 대로 그 영상을 하나님의 이야기 안에 위치시킬 수 있다. 이런 경우, 그 영상은 해설과 의미 부여, 그리고 복음과의 연결이 필요하다.

셋째, 어떤 영상은 설교 중간에 사용될 수 있다. 이런 경우, 영상은 과제로 제시될 수 있다. 그것을 보는 회중에게 그 영상 안에서 뭔가를 찾도록 요청할 수 있다는 말이다. 이 방식은 영상을 보고 난 후 무슨 일이 생길지에 대한 기대감을 불러일으킨다. 그래서 그 영상이 끝났을 때 회중은 다음 단계를 기대한다.

만약 회중이 그렇게 큰 규모가 아니라면, 설교자는 회중에게 영화에 관해 언급할 기회를 줄 수 있다. 그러나 영화 이상의 기대감을 불러일으키기 위해 꼭 그렇게 할 필요는 없다.

위와 같은 제안들은 완전한 목록은 아니지만, 회중을 놓치지 않으면서 영화를 효과적으로 활용할 수 있는 방향을 제시한다.

4. 회중의 작품

영화 사용은 상업 영화에 제한될 필요가 없다. 회중이 만드는 영화는 또 다른 가능성 있는 선택이다. 이것은 회중에게 예배나 설교에서 비디오를 사용하는 것에 대한 강한 동기를 부여할 뿐만 아니라 그 영화를 어떻게 사용하고, 어떻게 '의미를 파악하고', 어떻게 볼 것인지 배울 수 있게 한다. 가상현실의 세계에서 회중은 단순히 영화의 수동적 수용자가 아니라는 점과 그것이 만들어지는 방법을 배워야 한다는 점이 중요하다. 그런 것을 배우기 위해 그들 자신이 제작자가 되는 것보다 더 좋은 방법은 없을 것이다. 이것은 또한 비디오를 하나님의 이야기 안에 위치시키는 것에 대한 필요성과 기술을 회중에게 훈련한다.

사람들의 간증, 교회의 선교 여행, 교회의 행사에서 촬영한 영상들과 그 밖의 다른 비디오 자료들은 설교에 필요한 풍부한 자료가 된다. 더 나아가 설교에서 이용할 수 있는 이런 비디오 창작물을 가지고 있는 설교자는, 더 이상 수동적으로 듣기만 하는 회중이 아니라 설교에 적극적으로 참여하고 공헌하려는 의욕적인 회중을 만나게 될 것이다.

어떤 사람들은 회중이 영화나 TV 수준의 비디오를 절대로 만들 수 없다고 반박할 것이다. 청중의 작품을 활용해 본 경험이 있는 설교자에게 이것은 단점이 아니다. 그들에게 영화와 TV는 항상 겉만 번지르르한 게 문제다. 사람들은 이런 것에 무뎌졌다. (이제는 사람들이 최첨단의 수준 높은 광고에도 신경을 꺼 버리는 능력을 가지고 있다.) 그러나 회중은 교회에 대한 주인 의식을 가지고 있으며, 지역사회의 구성원이기 때문에, 그들이 만든 제작물은 이런 기술적 정교함이 부족하더라도 문제가 되지 않을 뿐 아니라 오히려 장점이 될 수 있다. 물론, 자체 제작물의 완성도를 신경 쓰는 것은 중요하다. 그러나 헌신적으로 영상을 만드는 이들의 노력과 헌신은 할리우드(Hollywood)조차 부러워할 것이다.

5. 몇 가지 해야 할 일과 하지 말아야 할 일

첫째, 좋은 영화를 하나 선택한 후 그 영화 자체를 신뢰하라. 많은 설교자가 빠지기 쉬운 유혹은 영화에 관해 지나치게 자세히 설명하고, 너무 많은 말을 덧붙이는 것이다. 이미 잘 전달된 영화를 두고 뻔한 말을 늘어놓는 설교만큼 아쉬운 것은 없다.

둘째, 영화를 통해 훈계하려고 하지 마라. 단순히 사람들에게 무엇을 해야 하는지 말하려는 목적으로 비디오를 활용하는 것을 피하라. 비디오는 파괴적이고 해로운 상황과 환경을 생생하게 묘사하는 데 강력한 도구가 될 수 있다. 도덕적 훈계는 오히려 잘 고른 영화가 지닌 에너지와 도덕적 생명력을 약화시킬 위험이 있다.

셋째, 영화가 때때로 핵심을 직접적으로 말하지 않는다는 점을 기억하라. 그러나 바로 그것이 핵심이다. 설교자가 영화를 보고 핵심을 명확히 말하려고 하면 그 영화가 주는 깊은 영향력은 감소될 수 있다.

참고 주제 상상력/창의력; 과학기술; 비디오 영상

참고 문헌 Samuel Wells. *Improvisation: The Drama of Christian Ethics*. (2004).

초점 진술과 기능 진술(Focus and Function Statement)

돈 M. 워드로(Don M. Wardlaw)

"초점 진술"과 "기능 진술"은 토마스 롱(Thomas G. Long)이 고안한 전문 용어로, 설교자가 설교의 방향을 정할 때 성경 본문의 안내를 받도록 도움을 준다. 설교학자들은 설교 작성의 도구로서 주제 문장의 중요성을 오랫동안 강조해 왔다. 이 주제 문장은 설교가 말하고자 하는 내용을 압축한 것이다. 예를 들어, 탕자에 관한 설교의 주제 문장은 "하나님은 우리가 하나님께 돌아오는 그 기쁨의 순간을 기다리신다"라고 정할 수 있을 것이다.

주제 문장이 분명할수록, 설교가 그 주제 문장을 더 명확하게 전달할 가능성이 높아진다. 두 문장으로 된 롱의 접근 방식은 주제 문장에 대한 최근의 다양한 이중적 접근법(double-barreled approaches) 중 하나이다(Wilson, 15).

롱의 접근 방식은 프레드 크래독(Fred Craddock)의 접근법과 관련된다. 두 사람의 접근 방식은 모두 성경 본문을 주제 문장의 원천으로 삼는다. 이들은 주제 문장을 만들기 위해 일부분 수사학에 의존한다. 크래독은 "본문이 무엇을 말하고 있는가"(what is the text saying)라고 질문하면서 "본문의 메시지를 한 문장으로, 그리고 가능한 한 간단하게 진술하라"(1985, 122)라고 말한다. 롱은 이것을 "초점 진술"(Focus Statement)이라고 부른다(1989, 86). 크래독은 또한 본문이 원래 상황 속에서 의도했던 원래의 목적을 설교도 똑같이 완수해야 한다고 주장한다. 그는 이를 "본문이 무엇을 하고 있는가"(what is the text doing)라고 표현한다. 롱은 이 두 번째 문장을 "기능 진술"(Function Statement)이라고 부른다.

크래독과 롱은 이 두 가지 질문을 활용하여 주제 문장에 대한 고전적 이해, 즉 설교는 단순히 추상적 원리를 전달하는 지적 모험에 머물지 않도록 한다. 그들은 설교가 본문의 특정한 수사학적 기능, 즉 찬양, 설득, 격려, 탄식 또는 그 밖의 무엇을 수행해야 한다고 믿었다. 본문의 의미, 형태, 그리고 기능은 서로 연결되어 있다. 설교는 지적인 면과 정서적인 면을 포괄한다.

새로운 설교학 이전의 설교자는 설득력 있고 이성적 호소가 믿음을 고취하는 가장 신뢰할 만한 방식이라고 생각했다. 상상을 통한 인식의 방법으로서의 시, 은유, 이야기는 주로 논증을 보충하는 기능만을 한다고 생각했다. 오늘날 설교의 논리적 일관성은 여전히 중요하다. 그러나 이제 우리는 주제 문장의 사용을 새로운 시각에서 바라본다. 설교학은 연역적(deductive) 방식에서 귀납적(inductive) 방식으로, 고정된(static) 형태에서 긴장을 유발하는(tensive) 방식으로, 직접적(denotative) 표현에서 암시적(connotative) 표현으로 변화해 왔다.

초점 진술과 기능 진술(Focus and Function Statement)

1. 설교적 함의

이런 새로운 설교학의 접근 방식은 설교 기획에도 영향을 미친다. 설교의 기능 진술은 설교의 초점 진술보다 더 넓은 범위를 포함하며, 단순히 설교의 초점만이 아니라 설교의 '이유'와 '전달 방법'도 제시한다.

설교는 이 시점에 이 설교가 필요한 회중의 상황을 제시하면서 시작할 수 있다.

예를 들어, 탕자에 관한 설교의 초점 진술을 "모든 사람에게 너그러운 용서가 필요하다"라고 정할 수 있을 것이다. 목사는 부유한 자들 가운데 많은 사람이 먼 이국땅을 동경했던 탕자처럼, 자기 중심적 욕망을 좇아 살아가지는 않는지 염려할지도 모른다.

설교 준비 초기 단계에서 목사는 설교의 초점 진술을 활용하여 설교의 방향을 설정할 것이다. 예를 들어, "여기 있는 많은 사람이 쾌락적 욕구를 채우는 데 몰두하고 있다는 점을 고려해 볼 때…"와 같은 말을 언급할 수 있다. 이런 말은 설교자가 왜 이 특정한 사람들이 이 설교를 들어야 하는지에 대한 이유를 잊지 않도록 도와준다.

이제 기능 진술을 생각해 보자. 본문은 청중이 자기 중심적 욕망을 추구하고 있음을 드러낸다. 초점이라는 단어는 관례상 본문이 말하려는 내용과 설교가 전달하려는 내용에 집중하는 것을 의미한다. 반면, 기능 진술은 설교가 청중의 의식 속에서 일어나길 바라는 변화에 집중한다. 설교의 기능은 경험하는 것과 관련된다. 설교는 청중이 단순히 논리적으로 사고하는 것을 넘어서길 바란다. 더 중요한 것은 한 장소에서 다른 장소로 청중과 함께 여행하면서, 그들의 생각뿐만 아니라 마음과 영혼이 그 여정에 동참하기를 바란다.

강조점에 대한 이런 변화는 성경 본문에 대한 포스트모던 접근 방식인 신해석학(New Hermeneutic)에서 많은 영향을 받았다. 이런 해석의 경향은 성경 본문의 언어나 그 본문을 탄생시킨 사건 속에 내재한 삶과 드라마에 연결되려고 노력한다. 여기서 본문은 해석자와의 역동적 상호 작용을 통해 변화를 일으키는 존재로 자리한다. 본문이란 뭔가를 행하는 본문이다(Text is as text does). 만약 성경이 뭔가를 행하는 성경이라면, 설교도 뭔가를 행하는 설교가 되어야 한다.

2. 수사학적 전략

이제 **수사학적 방법**을 고려할 준비가 되었다.

만약 설교가 청중을 자기 탐닉의 먼 이국땅으로부터 하나님의 품으로 이끌고자 한다면, 어떤 설교적 수사학이 그런 경험을 유발할 수 있을까?

우리가 성경의 사건성(eventfulness)을 중시한다는 점을 고려해 볼 때, 우리는 탕자의 비유가 뭔가를 정의하기보다는 실행되기를 바라고, 뭔가를 논의하기보다는 경험되기를 요구한다는 사실을 알게 된다. 그러므로 설교자는 그 비유에 관해, 무익한 탐닉의 세계에 관해, 그리고 하나님의 품으로 돌아오는 것에 관해(about) 말하는 것이 아니라, 그 사건 속에서(from) 뭔가를 말해야 한다.

설교자는 이 접근 방식을 통해 인식을 재설정하고 재훈련하여, 논문을 쓰는 것이 아니라 극본을 작성하고, 정물화에 관한 강의를 구성하는 것이 아니라 살아 있는 영상을 만들게 된다. 이런 재설정과 재훈련을 통해 설교자는 성경 본문에 충실하게 문화적으로 번역하며, 그 과정에서 온전한 일관성을 유지할 수 있다.

설교자는 누가의 비유를 현대적으로 재해석한 이야기를 만들어 낼 수 있다. 또는 탕자 이야기 속 특정 이미지를 하나님의 계시의 빛에 비춰 보면서, 그것을 마치 햇빛 아래에서 다이아몬드를 보듯 여러 각도로 조명할 수 있다. 또는 서로 관련 없어 보이는 여러 가지 현대의 사건들을 하나로 연결하여, 설교가 전개됨에 따라 이 사건들이 점차 연결되면서 탕자가 자기를 기다리는 아버지의 집으로 돌아가는 과정에 초점을 맞추도록 설교를 구성할 수 있다.

설교자가 이런 이미지들을 어떻게 계시의 빛에 비추어 보여 주느냐에 따라 설교의 성패가 결정된다. 그 과정은 풍부하고 유쾌한 상상력이 필요하지만, 성경 본문의 의도를 충실히 반영하도록 창의력을 잘 훈련할 수 있는 세심한 성찰도 필요하다.

참고 주제 귀납적 설교; 빅 아이디어 설교; 주제 문장

참고 문헌 Fred B. Craddock, *Preaching*. (1985); Thomas G. Long. *The Witness of Preaching*. (1989), Paul Scott Wilson. *Preaching and Homiletical Theory*. (2004).

융합(Fusion)

폴 스콧 윌슨(Paul Scott Wilson)

융합이란 청중이 본문에서 자기들의 모습을 발견하고 성경 이야기 속에 참여하고 있음을 느끼도록 성경 본문과 회중을 자연스럽게 연결하려는 설교의 실천이다. 이 용어는 해석학의 목적이 "지평 융합"(fusion of horizon)에 있다고 말한 한스-게오르크 가다머(Hans-George Gadamer)에게서 빌려왔다(Gadamer 1975, 273). 이는 두 개의 지평(horizon)이 일치될 때처럼, 성경 본문과 현대 사이의 시간적 간격을 극복하려는 시도를 의미한다. 융합이라는 은유는 본문이 전하고자 하는 오늘날의 의미를 탐험하기 전에, 먼저 본문을 그 자체의 시대와 문화 속에서 이해하려는 노력을 뜻한다.

융합은 설교학에서 독특한 특징을 보여 준다.

첫째, 융합은 계시로서 하나님 말씀의 목적 및 기능과 관련되며, 설교를 통해(사적 해석 행위가 아니라) 적절하게 수행된다.

둘째, 융합은 본문을 이해하는 어떤 현상이 아니라, 설교 언어에서 파악될 수 있는 것이다. 성경 본문 속의 사람들과 청중 사이에 존재하는 시간적, 문화적 간격이 해소될 때 성경 속 사람들의 이야기는 청중의 이야기가 된다. 그러나 그 과정에서, 두 개의 개별적 정체성은 융합 때문에 사라지지 않는다. 오히려 요리나 음악에서처럼, 각 정체성은 상대의 존재 때문에 강화된다. 설교자는 청중에게 본문의 거울에 비치는 그들의 모습을 보여 줄 필요가 있다.

융합(Fusion)

셋째, 유비(analogy)는 본문을 "~처럼"이나 "~같이"라는 말("우리는 본문에 나오는 사람들과 같습니다")을 사용하여 직유로 다루지만, 융합은 확장된 은유다. 즉, 청중은 이야기 속으로 들어가야만 그것을 이해할 수 있다.

넷째, 융합은 청중을 본문 속 하나님과의 관계 안으로 이끄는 이상적 장치다. 성경 속 인물들은 우리 대부분이 경험하는 의심, 죄, 변덕, 불의 등의 신앙 문제를 가지고 있는 존재로 묘사된다. 설교가 진행되는 순간, 그들과 우리를 가르는 실제적이고 중요한 모든 차이는 초월되고 극복된다. 그때의 신앙과 지금의 신앙은 융합을 통해 연결된다.

융합은 나단이 한 부자가 손님을 대접하기 위해 가난한 사람의 양을 훔친 한 부자의 이야기를 다윗에게 들려주었을 때도 발생한다. 나단은 다윗을 향해 선언한다.

> 당신이 그 사람이라(삼하 12:7).

융합은 한 어린이가 예수님의 말씀을 자기에게 주어진 말씀으로 들을 때도 일어난다.

> 어린아이들이 내게 오는 것을 용납하고 금하지 말라 하나님의 나라가 이런 자의 것이니라(눅 18:16).

또한, 융합은 중세 시대의 미술 작품에서도 발견된다. 그 작품은 성경 속 인물들을 당대의 의상을 입은 모습으로 묘사한다. 그러나 융합은 본문을 동시대의 내용으로 꾸미는 것 그 이상의 작업이다. 즉, 초점은 하나님 앞에 서 있는 청중의 삶에 맞춰져야 한다. 융합은 그 초점이 신학, 신앙의 문제, 그리고 교회로서의 이스라엘에 맞춰질 때, '지금으로서의 그때'(then as now) 또는 '그때로서의 지금'(now as then)을 창조한다.

융합은 모든 부분에서 발생한다. 예를 들어, 마리아에게 전해진 수태고지가 청중에게 직접 주어진 말씀처럼 들릴 때, 혹은 예루살렘으로 향하는 예수님의 길(누가복음 9장에서 시작되고 십자가 위에서 끝나는 길)이 청중이 이미 잘 알고 있는 길로 묘사될 때(그리스도를 부인하는 등 우리 자신에 대한 실망으로 이어지는 길) 발생한다. 설교자가 직면하는 어려운 문제는 본문의 이야기가 어떻게 청중의 이야기가 되는지를 포착하는 것이다. 현장감을 느끼게 하려면, 장면의 변화(scenery change)나 연결어(bridging words)를 사용하지 않는 것이 가장 좋다.

리처드 리셔(Richard Lischer)는 많은 아프리카계 미국인 설교의 청중이 "성경의 세계 속에 살고" 있다는 점을 강조한다. 그들의 삶이 "성경 속 인물들과 이야기를 반영하거나 모방"하듯이, 성경 또한 그들의 삶을 반영한다(Lischer 1995, 201). 모세는 단순한 역사적 인물이 아니라, 오늘날에도 사람들을 해방으로 이끄는 지도자다(예를 들어, 마틴 루터 킹 주니어 목사의 설교 〈나는 산정에 올라가 보았습니다〉[I have been to the mountaintop]). 바로는 애굽에서 살았지만, 동시에 플랜테이션 농장 저택에도 살고 있다.

캐롤린 앤 나이트(Carolyn Ann Knight)는 나아만 장군에 관한 설교에서(왕하 5:1-14)

성경의 이야기를 자연스럽게 오늘의 상황 속으로 가져온다. 달리 말해서, 그녀는 나아만 장군의 이야기를 중단하고 회중의 삶을 따로 언급하는 대신, 그 이야기를 그대로 유지한 채 청중을 그 안에 참여시킨다.

[그의 부관은 호소합니다.]
"장군님, 당신은 평생 다메섹의 강물에서 몸을 씻어 왔지만, 병이 낫지 않았습니다." 오늘날 우리 사회를 뒤덮은 이 병적 상황을 돌아볼 때, 우리가 직면한 문제는 지금까지 회복을 가져다주지도 않고 아무런 효과도 없는 강에서 씻어 왔다는 것입니다. 우리는 우리를 도울 수 없는 사람과 어울리고, 그들에게 동조하며 살아가고 있습니다.
여러분이 원한다면, 정치의 강에서 몸을 씻을 수 있습니다. 그러나 그곳에서 회복을 얻을 수 없습니다. 여러분이 원한다면, 경제의 강에서 몸을 씻을 수 있습니다. 그러나 그곳에서 회복을 찾을 수 없습니다.
여러분이 원한다면, 성적 쾌락의 강에서 몸을 씻을 수 있습니다. 그러나 그곳에서 결코 회복될 수 없습니다.
여러분이 원한다면, 이 세상에서 가장 큰 강, 이 세상에서 가장 화려한 강에서 몸을 씻을 수 있습니다. 그러나 그곳에서 진정한 회복을 발견할 수 없습니다.
"나아만 장군님, 왜 이 간단한 지시를 따르지 않고 요단강에서 가서 씻지 않으려고 하십니까?"(Knight 2001, 49-50)

융합은 설교를 위한 성경 본문의 순진한 읽기(naive reading)와 같은 방식을 회복한다.

그렇다면 이것의 가치는 무엇인가?
유비도 이와 똑같은 기능을 수행하지 않는가?
유비가 이야기의 한 측면만을 다루는 것과는 달리, 융합은 전체 이야기를 현대적 경험의 은유로 다룬다. 융합은 더 상상력을 요구하며, 청중의 적극적 참여를 유도할 수 있다. 또한, 융합은 본문을 더 깊은 차원에서 소통할 수 있게 한다. 마지막으로, 신앙의 문제는 융합의 직접적 주제다. 설교자는 이 신앙적 문제에 접근하기 위해 특별한 전환을 만들 필요가 없다.

참고 주제 적용; 다리 놓기; 현재화하기

참고 문헌 Hans-Georg Gadamer. *Truth and Method*. (1975), Carolyn Ann Knight. "A Simple Solution to a Complex Problem." *Outstanding Black Sermons*. Edited by Walter S. Thomas. Vol. 4 (2001), Richard Lischer. *The Preacher King: Martin Luther King Jr. and the Word That Moved America*. (1995); Paul Scott Wilson. *Broken Words: Reflections on the Craft of Preaching*. (2004).

예화와 이야기(Illustration and Stories)
마이클 두뒤트(Michael Duduit)

"옛날 옛적에…"로 시작되는 말에는 우리의 관심을 사로잡고 무슨 일이 생길지 기대하게 만드는 무언가가 있다. 그 이유는 우리가 이야기를 사랑하기 때문이다. 그리고 이것이 이야기가 설교자에게 아주 중요한

예화와 이야기(Illustration and Stories)

도구인 이유이다. 이야기는 성경의 진리를 전할 때 마음과 정신을 모두 사로잡을 수 있다.

브라이언 채플(Bryan Chapell)이 말했듯이, 예화(illustration)는 "효과적 설교를 위해 중요하다. 즐거움을 주기 때문이 아니라 정신과 마음에 영향을 주는 적용(application)을 다양하고 심오하게 만들어 주기 때문이다"(2001, 13).

1. 예화란 무엇인가?

"예화를 제시한다"(illustrate)는 말은 문자적으로 '피사체에 빛을 비춘다'라는 의미다. 우리가 한 물체를 더 정확히 보기 위해 빛을 더 비추듯이, 예화는 설교에서 제시되는 진리나 아이디어를 청자들이 더 잘 '볼 수 있도록' 돕는 도구다. 그러므로 예화란 제시된 진리를 쉽게 이해할 수 있도록 설명하고, 그 진리에 정서적으로 공감하게 하며, 나아가 그 진리를 바탕으로 실천적 행동을 유발하거나 어떤 결정을 내리도록 유도하는 수사적 장치다.

예화는 추상적 개념에서 현실로 나아가게 하는 모험이며, 이론적 내용에서 구체적이고 익숙한 내용으로 이동하는 움직임이다. 설교자는 어떤 신학적/성경적 아이디어나 적용을 명확하고 쉽게 전달하기 위해 예화를 사용한다. 예화는 그 자체로 가치 있는 것이 아니다. 이는 설교를 흥미롭게 만들거나 강한 인상을 남기기 위해, 혹은 시간을 보내기 위해 사용되어서는 안 된다. 만약 예화가 당신이 전하고자 하는 내용을 청중이 더 잘 이해할 수 있도록 돕지 못한다면, 그것들은 설교에 적합하지 않다.

해돈 로빈슨(Haddon W. Robinson)은 예화에 관해 다음과 같이 진술한다.

> 예화는 아이디어를 실제 경험과 연결하면서 그것을 더 분명하게 말하거나, 설명하거나, 입증하거나, 적용하기 위해 사용되며 … TV에 나오는 그림처럼 화자가 설명하는 것을 명확하게 만든다(2001, 149).

그러나 예화는 단순히 아이디어를 이해하도록 돕는 데 그치지 않는다. 청중의 삶에 변화를 불러오도록 아이디어와 감정적/영적으로 연결하는 역할을 한다. 명제(propositions)는 설교에서 중요한 요소지만, 그 자체로는 영향력을 발휘하기 어렵다. 적절하게 선택된 예화는 명제가 스스로 수행하지 못하는 그 방식에 사람들의 감정을 끌어내도록 동기 부여를 한다.

그래서 채플은 다음과 같이 주장한다.

> 예화는 잘 설명하기 위한 단순한 보충 자료가 아니다. 예화는 필수적 주해 형태다. 그 형태 안에서 성경의 진리는 설명되고, 사람들의 이성뿐만 아니라 감정과 의지에도 적용된다. 예화는 단순히 이성적 지식만으로 받아들여지는 것이 아니라, 하나님 말씀과 전인적으로 만나는 인간 경험에 비추어 성경을 주해한다(2001, 13).

예화는 메시지를 집으로 가져가게 하는 독특한 힘이 있다. 기독교 역사에서 대부분의 위대한 설교자들이 그랬던 것처럼, 예수님이 예화를 자주 사용하셨다는 데에는 의

예화와 이야기 (Illustration and Stories)

심의 여지가 없다.

2. 예화의 유형

예화는 생생한 재진술(restatement)에서부터 적절한 단어 유희(play on words)와 흥미진진한 이야기에 이르기까지 다양한 형태를 취할 수 있다. 비교(comparisons)는 가장 빈번하게 사용되는 예화의 유형 중 하나다.

직접 비교는 직유(두 사물 간의 유사점을 표현하는 간단한 비교)와 유비(좀 더 긴 비교)를 포함한다.

간접 비교는 은유("당신은 이 땅의 소금입니다"와 같이 한 대상이 다른 대상과 같다는 것을 명시적으로 말하는 대신 암시적으로 표현하는 것)와 알레고리(확장된 은유와 같이 기능하는 것)가 포함된다(은유와 비유적 표현 참고).

현대 교회에서 시각적 예화(visual illustrations)는, 그것이 설교와 조화를 이루는 물건이건 영화 영상이건 점차 많이 활용되는 추세다. 간증과 인터뷰 또한 점차 인기 있는 예화 형태가 되어 가고 있다. 이것들은 설교 현장에서 직접 시연되거나 때로는 비디오의 형태로 제시된다.

그러나 설교에서 가장 흔히 사용되는 예화의 형태는 이야기나 내러티브다. 기독교 신앙의 중심에 이야기가 자리하고 있다(하나님의 창조 이야기, 인간의 타락 이야기, 그리고 그리스도의 구원 이야기 등).

에덴동산의 아담과 하와(창 2-3장), 하나님의 부름을 받고 고향을 떠나는 아브라함(창 12장), 그의 백성을 애굽의 노예 신세에서 구출한 모세(출 3-15장), 물맷돌만을 가지고 거인 골리앗과 맞선 다윗(삼상 17장) 등과 같은 다양한 이야기가 하나님의 감동으로 쓰인 성경 안에서 그 큰 구원의 이야기(larger story)를 전한다.

예수님의 가르침 역시 주로 이야기로 구성되어 있다(잃어버린 동전과 잃어버린 아들의 비유, 씨뿌리는 자와 끈질긴 과부의 비유 등). 하나님은 이야기를 통해 우리에게 진리를 거듭 보여 주셨다.

오랜 세월 동안 설교자들은 이야기가 지닌 힘을 깨달아 왔다. 설교자들 사이에는 "회중이 설교의 개요는 잊어버릴지 몰라도, 이야기는 기억한다"라는 말이 전해진다. 실제로 많은 현대 설교자는 포스트모던 청중에게 효과적으로 설교를 전달하는 한 방법이 성경 이야기의 재연(retelling)이라는 것을 인식하고 있다(이머징교회 설교 참고).

이야기는 설교자에게 귀중한 도구다. 단순히 성경의 진리를 조명하는 것에 그치지 않고, 청중을 적극적으로 참여시키며, 상상력을 자극해 그들을 한 경험 속으로 들어가게 함으로써, 그 진리가 그들의 감정과 의지에 강력한 영향을 미칠 수 있도록 하기 때문이다. 실제로 잘 선택된 이야기는 설교에 많은 힘을 실어 준다.

프레드 크래독(Fred B. Craddock)은 이렇게 말한다.

> 좋은 설교에서 예화로 사용되는 이야기나 일화들은 사실 설교의 요점을 말하지 않는다. 오히려 이 이야기나 일화들이 바로 요점이다. 달리 말해서, 한 이야기는 전체 메시지를 품을 수 있다. 이미 다른 방식으로 전달되었지만, 아직 명확해지지 않은 메시지를 조명하기 위한 것이 아니다(1990, 204).

성경에서 발견할 수 있는 한 가지 대표적 사례는 다윗왕을 대면한 예언자 나단의 이야기다(삼하 12장). 나단은 다윗을 대면하자마자 곧바로 그의 죄를 지적하는 대신, 그에게 한 부자와 자기 양을 소중히 여기던 한 가난한 사람의 이야기를 들려준다. 이야기를 듣는 동안 다윗은 감정적으로 깊이 빠져들었고, 결국 가난한 사람의 양을 빼앗은 부자를 처형할 준비가 되어 있었다. 나단이 다윗을 바라보며, "당신이 바로 그 사람입니다(7절)"라고 말하는 순간은 얼마나 더 강력했을까. 이야기는 인생을 바꾸는 힘을 지니고 있다.

설교에서 이야기를 사용하는 다른 접근 방식들도 있다. 한 방식은 성경의 이야기다. 설교자는 특정 진리를 제시하기 위해 성경 속 이야기를 활용한다. 또 다른 방식은 개인의 이야기다. 설교자는 논의되는 그 아이디어를 명확히 설명하기 위해 자기 삶에서 일어났던 일화(anecdote)를 나눈다. 설교자는 또한 역사 이야기나 문학 또는 대중문화(TV나 영화 같은)에서 가져온 이야기를 활용한다. 심지어 선포되는 진리를 잘 설명하기 위해 특별하게 창작된 이야기(fictional stories)도 사용한다.

설교자는 주로 이야기를 예화로 사용하지만, 때때로 설교 자체가 하나의 확장된 이야기 형태로 전개되기도 한다. 그리고 설교가 그런 방식으로 진행되지 않더라도, 유진 라우리(Eugene Lowry)와 같은 설교학자는 설교를 내러티브로 구성하기 위해 설교 안에 '플롯'을 짜 넣을 필요가 있다고 강조했다.

3. 예화는 어디에서 찾을 수 있나?

유능한 설교자는 항상 설교에 변화를 가져다줄 수 있는 강력한 이야기를 물색한다. 예화와 이야기는 아래와 같이 많은 곳에서 발견된다.

- 개인적 경험 또는 가족과 친구들의 경험
- 회중이나 공동체 구성원들의 경험
- 책, 잡지, 그리고 신문 기사
- 영화나 드라마
- 역사적 사건이나 시사 문제
- 다른 사람의 설교
- 설교 정기 간행물 및 웹사이트 자료
- 예화집(이것은 가장 바람직하지 않은 자료이지만, 설교자 대부분이 이따금 사용한다.)

예화를 선택할 때 명심해야 할 몇 가지 주의 사항이 있다. 우선, 우리 청중과 관련 있는 예화나 이야기를 찾아야 한다. 인기 있는 드라마나 어제 신문의 사건에서 가져온 이야기, 혹은 셰익스피어와 고대 역사에서 가져온 예화가 유익할 수도 있지만, 현실적으로 청중의 관심을 끌지 못할 가능성이 크다. 같은 맥락에서 우리가 사용하는 예화는 별도의 설명 없이도 이해될 수 있어야 한다. 만약 이야기를 전한 후에, 다시 그 진리를 다시 설명해야 한다면, 그 이야기는 실제 예화로서의 역할을 다하지 못한 것이다. 이야기 그 자체로 진리가 전달되는 예화를 찾아라.

또 다른 주의 사항은 자료의 신뢰성을 확보해야 한다는 점이다. 수많은 이야기가 사이버 공간을 통해 수백만 개의 이메일 수

상상력/창의력(Imagination/Creativity)

신함 안으로 전달되는 시대에는, 그 이야기들의 출처를 확인하지 않은 채 성급하게 예화로 사용하는 것을 피해야 한다. 인터넷에서 유포되는 많은 이야기가 사실이 아님에도 마치 사실인 것처럼 퍼지곤 한다. 이메일이나 웹사이트에서 가져온 이야기를 설교에 사용하기 전에, 그 사실 여부를 반드시 확인하기 위해 스놉스닷컴(snopes.com) 같은 웹 자료를 이용하라. 하나님의 메신저로서 당신의 신뢰성은 매우 소중하다. 사실이 아닌 예화를 사용하는 위험을 감수해서는 안 된다.

예화는 청중의 관심을 끌 수 있도록 우리를 돕고, 설교에서 제시되는 성경의 진리를 더 잘 이해하도록 청중을 돕는다. 결국, 예화는 목회자의 연장통 안에 있는 소중한 도구다.

참고 문헌 Bryan Chapell. *Using Illustrations to Preach with Power*(2001); Fred B. Craddock. *Preaching*. (1990); Eugene Lowry. *The Homiletical Polt: The Sermon as Narrative Art Form*. (2000); Haddon W. Robinson. *Biblical Preaching: The Development and Delivery of Expository Message*. (2001).

상상력/창의력(Imagination/Creativity)
토마스 H. 트뢰거(Thomas H. Troeger)

상상력이 풍부한 설교자는 성경 본문을 통해 하나님의 말씀이 우리 마음속에서 노래하고 춤추게 하는 설교를 만들 수 있다. 그런 설교는 우리가 좀 더 온전히 복음적인 삶을 살도록 이끈다.

미국의 일반 연설에서 상상력과 창의력은 동의어처럼 사용되지만, 두 용어 모두 정확한 정의를 내리기는 어렵다. 우리는 창의적인(creative) 사람을 '상상력이 풍부한'(imaginative) 사람으로 묘사한다. 그들은 새로운 것을 상상하고 '이미지화'하여, 신선한 통찰력과 표현력으로 우리를 사로잡고 즐겁게 해 주기 때문이다.

그러나 설교에서 상상력의 사용은 자주 거부된다. 그 의미가 모호하기 때문이다. 비록 상상력이 자주 창의력과 같은 의미로 이해되지만, 이것은 순전한 환상(pure fantasy)과도 동일시될 수 있다. 우리가 두려움을 내쫓으려고 할 때 "그건 모두 너의 상상일 뿐이야"라고 말하는 것처럼 말이다. 더 나아가 신학자들은 하나님에 관한 우상 숭배적인 이해를 만들어 낸다는 이유로 상상력을 공격하기도 했다. 그러나 인간 정신의 모든 능력이 그렇듯, 상상력도 하나님의 선물이기에, 잘못 사용될 가능성이 있다는 이유만으로 그것을 무시하지 말아야 한다.

설교자가 설교단에서 상상력을 충실하게 사용한다면, 그들은 설교를 매력적으로 만드는 것 이상의 일을 하는 것이다. 성경에서 하나님의 첫 번째 행동은 창조다(창 1장). 그래서 설교자가 상상력을 활용하는 것은, 청중에게 하나님의 형상으로 창조되었다는 말의 의미를 보여 주는 일이 된다. 하나님의 형상대로 창조되었다는 것은 곧 창조하도록 지음 받았으며, 상상력을 사용하기 위해 창조되었다는 뜻이다. 설교자가 상상력을 발휘하여 무한한 창조성을 지니신 하나님과 조화를 이루는 설교를 할 때마다,

하나님의 형상을 드러낸다.

　이 하나님은 500억 개의 은하를 창조하셨고, 우리가 살아가고 있는 초록빛 이끼 낀 구슬 같은 지구를 빚으셨으며, 매듭실 장식(macramé)처럼 정교하고 다양한 DNA 패턴을 설계하셨다. 또한, 이 하나님은 죽임을 당하셨으나 살아 계신, 태초에 모든 것을 창조하신 한 나그네 랍비를 통해 깨어진 모든 피조물을 구원하신다. 성경적 설교는 상상력이 풍부한 설교다. 성경 자체가 상상력이 무한하신 하나님을 증언하고 있기 때문이다.

　19세기에 이르러 설교학자들은 설교에서 상상력이 필수적 재능임을 인식하기 시작했다. 20세기 말에는 해방신학이 상상력의 창조적 역할을 강조했으며, 설교학자들은 기독교 복음의 더 관대하고 포용적인 비전을 온전히 구현할 수 있도록 하나님, 교회, 글로벌공동체를 새롭게 형상화(re-image)하는 작업을 했다. 설교학자들은 설교자들이 멀티미디어 문화 속에서 성장한 사람들과 더 효과적으로 소통하고, 또 무분별한 섹스와 폭력의 이미지로 가득한 소비 사회가 만들어 낸 허구적 세계에 대한 대안을 제시하기 위해 상상력을 활용해야 한다고 강조했다.

　설교자가 신학적으로 균형 잡힌 방식으로 창의성을 발휘하려면 적어도 세 종류의 상상력, 곧 관습적, 공감적, 비전의 상상력이 필요하다.

　관습적 상상력(conventional imagination)은 성경의 세계, 상징, 그리고 회중 속에 살아 숨 쉬는 종교적 관행을 활용한다. 유능한 설교자들은 청중의 관습적 상상력을 존중한다. 왜냐하면, 그것이 회중의 상상력이 작동하는 거룩한 의미의 세계임을 알기 때문이다. 이 세계는 기억과 영적 능력으로 가득 차 있다.

　공감적 상상력(empathic imagination)은 다른 사람의 입장이 되어 보고, 설교자 자신과는 다른 경험과 관점을 받아들이는 능력이다. 공감적 상상력은 회중이 자기들의 관심사를 넘어 하나님의 관심사, 즉 인류공동체와 지구라는 더 넓은 세상에 마음을 열도록 돕는 힘을 설교자에게 준다(회중; 교단의 주해 참고).

　비전의 상상력(visionary imagination)은 새로우면서도 예기치 못한 성령의 활동에 세심하게 주의를 기울이는 것이다. 설교자는 이 비전의 상상력을 통해 성경과 전통을 이해하는 새로운 방식과 더 넓은 세계를 알게 된다. 또한, 그리스도 안에서 신앙을 명확하게 표현하고, 하나님의 마음속에 있는 가장 거룩한 꿈을 밝혀낼 수 있는 새로운 언어를 찾아내게 된다.

　창의적 설교자는 이 세 가지 형태의 상상력을 서로 연결한다. 이 과정에서 각 상상력은 다른 형태의 상상력을 발전시키고, 자극하며, 교정한다. 예를 들어, 관습적 상상력이 복음과 상충하는 편견과 관습에 안주하려 할 때, 공감적 상상력은 왜곡된 믿음으로 인해 상처받은 사람들의 아픔을 깨닫게 한다. 또한, 비전의 상상력은 치유와 환대를 실현하는 새로운 교회와 공동체가 어떠해야 하는지를 상상할 수 있게 만든다.

　반면, 관습적 상상력은 새로운 비전이나

확대(Magnification)

통찰을 전하도록 우리 마음을 움직이신 그분이 정말 살아 계신 하나님의 영인지를 확인하도록 우리를 도울 수 있는 가치관과 통찰력을 보존한다.

설교를 작성할 때, 각 상상력의 관점에서 성경 구절을 바라보는 것이 도움이 된다. 예를 들어, 전통적으로 탕자의 비유라고 불리는 누가복음 15:11-32을 생각해 보자.

관습적 상상력은 이 이야기를 하나님의 은혜를 보여 주는 핵심 이미지로 가치 있게 여길 것이다. 어떤 설교자는 회중이 느끼는 이 이미지의 목회적이고 신학적인 의미를 존중하려고 할 것이다. 동시에 공감적 상상력은 이 이야기 속에 소녀들과 여성의 관점이 간과되고 있지는 않은지 물을 수 있고, 비전의 상상력은 이 이야기를 모든 사람을 포괄하는 이야기로 만들기 위해 관습적 상상력을 어떻게 확장할 수 있을지 물을 수 있을 것이다(페미니스트 관점 참고).

이런 상상력의 작업은 신중한 학문적 연구에 전혀 방해가 되지 않는다. 본문의 맥락을 살펴보는 것, 주해가들이 그 비유에 관해 어떻게 해석하는지 연구하는 것, 그리스어, 히브리어, 그리고 다양한 번역본으로 읽고 비교하는 것, 그리고 활용할 수 있는 모든 학문적 도구를 이용하는 것 등의 과정이 절대로 방해받지 않는다.

학문적 연구와 상상력은 서로 대적하는 관계가 아니라, 서로를 보완하고 자극하는 관계다. 설교자는 설교를 작성하는 과정에서 이 두 요소를 결합하여 청중의 상상력을 자극한다. 이를 통해 그리스도에 대한 믿음을 새롭게 하고, "하나님의 지혜와 지식의 풍성함"(롬 11:33a)에 대한 감사를 회복하도록 돕는다.

참고 문헌 Gregor T. Goethels. *The Electronic Golden Calf: Images, Religion and the Making of Meaning*. (1990); Richard A. Jensen. *Envisioning the Word: The Use of Visual Images in Preaching, with CD ROM*. (2005); David H. Kelsey. *Imagining Redemption*. (2005); Thomas H. Troeger. *Imagining a Sermon*. (1990).

확대(Magnification)

폴 스콧 윌슨(Paul Scott Wilson)

'확대'란 성경 본문이나 그 배후에서 역사하시는 하나님의 행동을 더욱 돋보이게 하여, 하나님이 설교의 중심이 되도록 만드는 설교적 실천이다. 이런 실천은 다음과 같은 전제를 바탕으로 한다.

첫째, 역사비평은 하나님과 계시에 큰 관심을 두지 않는다.

둘째, 설교의 목적 중 하나는 하나님에 관해, 그리고 인류와 피조물을 향한 하나님의 뜻에 관해 말하는 것이다.

셋째, 모든 성경 본문이 하나님을 중심적으로 다루고 있는 것은 아니다.

예를 들어, 다윗과 골리앗 이야기(삼상 17장)는 다윗이 던진 그 돌멩이를 하나님이 인도하셨다고 전제할 때에만 설교의 본문이 될 수 있다. 에스더서는 하나님을 직접 언급하지 않는다. 이를 설교하기 위해서는 에스더를 하나님의 대리인으로 전제해야 한다. 사람들은 노아의 이야기를 설교하면서 하나님을 언급하지 않을 수도 있다. 왜냐하면, 네 장에 걸쳐 이어지는 이야기 중 오직 두 절만이 하나님을 홍수의 주도자로 언급하고 있기 때문이다(창 6-9장).

훌륭한 설교자는 두 가지 차원에서 확대를 배운다. 하나는 하나님께 찬양하는 것과 관련된 성경적 의미에서(시 34:3; 눅 1:46), 또 다른 하나는 하나님의 행동(God's action)을 강조하거나 그 행동에 초점을 맞추는 현대 영어의 의미에서 확대를 배운다.

설교자가 실천할 수 있는 몇 가지 방법은 다음과 같다.

첫째, 하나님의 행동을 설교 주제 문장의 주어로 삼아라. 하나님의 행동은 항상 중요하지만, 성경 본문과 설교는 그렇게 여기지 않을 때도 있다.

둘째, 만약 하나님의 행동이 성경 본문에서 거의 언급되지 않는다면, 본문을 다시 이야기(retell)하여 하나님의 진정한 역할을 중심에 놓아라. 예를 들어, 모세가 본 떨기나무(출 3장)를 생각해 보라. 하나님이 불을 지피시고, 연기를 내시고, 나무 타는 소리가 나게 하시고, 열기를 발생시키셨다는 방식으로 다시 이야기할 수 있다.

셋째, 성경의 장면을 교회의 신학적 가르침과 연결하여 깊이 묵상하고, 그 의미를 풀어 가라.

넷째, 설교에서 하나님을 언급할 때, 짧게라도 하나님께 찬양을 드리는 기회로 활용하라. 확대의 목적은 성경을 장황하게 전개하면서 즐거움을 주려는 것이 아니라, 하나님의 경이로운 이름을 선포하는 것이다.

참고 문헌 Paul Scott Wilson. *God Sense: Reading the Bible for Preaching*. (2001).

은유와 비유적 표현(Metaphor and Figures of Speech)

린다 리 클레이더(Linda Lee Clader)

은유와 다양한 비유적 표현은 설교에 정서적/지적 영향을 주며, 청중을 설교 구성에 참여시킨다. 또한, 이것은 공동체가 신비에 마음을 열도록 권면하고, 신앙과 행동에 변화가 일어나도록 성령을 초대하는 역할을 한다. 설교자는 청중에게 영향을 미치는 비유 언어의 힘을 활용하는 데 있어, 그것이 주는 풍성함뿐만 아니라 위험성에도 주의를 기울여야 한다.

1. 서론: 비유 언어의 힘

대중 연설가, 시인, 그리고 그 외 작가들은 언어를 신중하게 배열하여 청중의 귀를 즐겁게 하고, 감정을 불러일으키며, 상상력을 자극하고, 저자가 강조하려고 하는 내용에 집중하도록 항상 많은 신경을 써 왔다. 특히, 눈보다 귀를 위해 글을 쓸 때는 화자와 청자의 기억을 돕는 효과적인 방법을 찾는 것이 필수적이었다.

이런 대중 연설의 측면은 그리스 철학자 플라톤(『고르기아스』[*Gorgias*])과 아리스토텔레스(『시학』[*Poetics*], 『수사학』[*Rhetoric*]), 그리고 로마의 수사학자 키케로(*The Orator*[연설가], *Brutus*[브루투스])와 퀸틸리아누스(*Institutio Oratoria*[변론법 교육]) 등의 작품에서 시작되어 오늘날까지도 중요한 연구 주제가 되고 있다.

특히, 은유에 관한 연구는 인지 언어학자들이 인간 사고방식의 기본 요소로서의 언어 측면을 탐구하기 시작하면서 최근 급성장해 오고 있다.

설교는 구두/청각적(oral/aural) 소통 방식이기 때문에 (구두/청각 의사소통 참고), 설교자들은 수사학 전통에서 유래한 기술들을 자연스럽게 활용해 왔다. 지나치게 예술적인 설교는 진정성이 부족할 수도 있다는 우려에도 불구하고, 설교자들은 대부분 구성, 전달, 그리고 단어의 선택에 관한 관심이 복음 선포에 필수적이라고 생각했다.

그러나 설교는 단순한 설득의 수사법을 넘어 예술의 한 형태이기도 하다. 그래서 설교자는 고전 수사학과 관련된 언어 이론 및 시인들과 극작가가 발전시킨 기술을 활용해 왔다. 폴 리쾨르(Paul Ricoeur)의 말처럼, "시와 웅변술은 구별되는 두 담론(discourse)의 세계를 형성한다. 그러나 은유는 두 영역을 모두 아우른다"(1977, 12). 이는 다른 비유적 표현에 대해서도 똑같이 적용될 수 있다.

설교자의 목적은 단순히 정보를 전달하는 데 국한되지 않으며, 주로 청중의 상상력을 자극하거나 성령의 이끌림을 받도록 마음을 여는 것까지 포함한다. 이런 목적의 성취 여부는 설교자가 모호하고 신비한 영역을 얼마나 편안하게 받아들이느냐에 달려 있다. 즉, 산문적 담론(prosaic discourse)보다 시(poetry)의 영역이 이런 목적에 더 자연스럽게 부합한다.

실제로 많은 신학적 사상이 시적이거나 은유적인 표현에 크게 의존하기 때문에, 설교자나 신학자들은 비유 언어의 사용 기술을 익히고, 비유 언어가 어떻게 기능하는지에 관한 미학적, 언어학적, 심리학적, 철학적 이론에 친숙해질 필요가 있다.

설교학 이론이 설교의 다양한 차원을 탐구하는 과정에서 청중의 중요성을 인식함에 따라, 화자뿐만 아니라 청자의 비유 언어 활용 방식에도 주목할 필요가 있다는 점이 더욱 명백해졌다. 설교자들은 자기들의 목적에 맞는 단어와 표현을 신중하게 선택할 수 있다. 그러나 청중이 그런 표현과 어긋나는 연상을 하게 되면, 그 설교자는 의도한 것을 제대로 전하지 못하게 된다.

학자들은 최근 비유 언어를 연구하면서, 가장 기본적인 수준(무의식을 포함하여)에서 언어에 내재한 양상들을 집중적으로 검토했다. 설교자들은 대부분 어떤 단어나 이미지가 자기들이 모르는 사이에 청중의 예민한 감정을 건드릴 수 있다는 사실을 알고 있다. 그러나 그중 많은 사람이 언어 자체의 은유적 특성이 다양한 연상을 불러일으킬 수 있으며, 그에 따라 청중이 가장 평범한 담론조차도 다르게 이해할 수 있다는 점을 잘 인식하지 못한다. 이 글 마지막에 제시되는 참고 문헌은 비유 언어의 이런 양상을 탐구한 주요 연구들로 설교자들을 안내할 수 있을 것이다.

2. 은유와 상상력

1) 은유

은유란 두 개의 단어나 개념을 나란히 연

은유와 비유적 표현(Metaphor and Figures of Speech)

결하여 긴장을 불러일으키는 언어적 현상이다. 역사적으로 은유는 주로 문학적 도구, 즉 작가나 화자가 의도적으로 그들의 표현에 모호함을 더하기 위해 사용한 기술로 인식되었다. 은유는 함축적 비교나 병치에서 비롯되는 '불안정감'(not quietness)이 특징이며, 이를 이해하기 위한 청중의 노력이 필요하다. 시인들은 말하려고 하는 것보다 더 많은 것을 암시하기 위해 은유를 자주 사용한다. 그러므로 은유는 시어법(poetic diction)과 관련되어 있다.

은유적 진술은 단순히 두 개의 단어가 나란히 붙어 있는 것처럼 보일 수 있다.

> **여호와**는 나의 **반석**이시요 나의 **요새**이시요… 나의 **방패**시요 나의 **구원**의 **뿔**이시오 나의 **산성**이시로다(시 18:2).

우리는 이 시편이 하나님을 문자 그대로 반석 또는 방패라고 말하는 것이 아님을 안다. 그러나 "하나님이 실제로 강하시다"는 그 이상의 뭔가를 말하고 있음도 안다. 이처럼 문자적 의미와 비유적 표현 사이에서 발생하는 긴장감이 바로 은유의 강력한 힘이 존재하는 장소다.

그러나 은유는 두 단어의 결함을 넘어 더 확장될 수 있다. 앞서 인용한 시편은 하나님을 분출하는 화산, 천사를 타고 다니시는 분, 하늘을 굽히시는 분, 천둥과 번개를 일으키시는 분, 그리고 몸을 뻗어 물속에서 시편 기자를 건져내시는 분으로 묘사한다. "하나님은 나의 반석"이라는 단순한 표현이 전체 이야기로 확장된 것이다. 그러나 여전히 표현 방식은 기본적으로 은유다. 우리는

이 시편을 읽으며 하나님을 실제 화산으로 상상하지 않지만, 시편 기자의 경험을 통해 우리의 신학적 상상력이 풍부해질 수 있다.

사실 은유는 신학적 사고를 위한 기본 요소다. 아무도 하나님을 직접 본 적이 없기에, 하나님에 관한 우리의 모든 언어는 본질적으로 은유적일 수밖에 없다(예를 들어, 아버지, 목자, 주님이라는 호칭까지도). 예수님 자신도 "은유이자 성육신하신 하나님의 상징"으로 불리기도 했다(Avis 1999, 111).

역사적으로 가장 성가신 신학적 질문 중 일부는 은유적 개념을 한 언어나 문화에서 다른 언어나 문화로 번역하는 과정에서 발생했다(예를 들어, 하나님의 아들). 그리고 은유적 언어에 대한 이해와 수용 정도가 오늘날 기독교공동체들 내부에서뿐만 아니라 기독교공동체들 사이에서 긴장을 발생시키는 한 가지 중요한 요인이 되고 있다.

기독교의 찬송은 신학적 은유의 보고이자, 은유가 어떻게 우리의 전통에 영향을 미치는지 알려 주는 중요한 자료다.

좋은 예로, 존 메이슨 닐(John Mason Neale)이 〈오라, 신실한 이들아, 상처를 들어올려라〉(Come, Ye Faithful, Raise the Strain)로 번역한 다마스쿠스 존(John of Damascus)의 부활 찬양을 들 수 있다. 이 찬송은 부활을 봄 그리고 감옥에서의 석방과 동일시하며, 죽음을 잠으로, 그리스도를 태양처럼 떠오르는 빛으로, 죄를 길고 어두운 겨울로 표현한다. 특히, 1절 전체는 그리스도의 부활을 이스라엘이 노예생활에서 기적적으로 해방되어 홍해를 건너는 사건과 동일시한다.

이 동일시 작업 중 하나를 선택하여 탐구해 보는 것도 가치 있는 연습이 될 것이다.

- 그리스도가 어떤 의미에서 빛인가?
- 그 은유는 무엇을 전달하는가?
- 그것의 한계는 무엇인가?
- 그런 은유는 항상 효과가 있는가?
- 아니면 그것이 어떤 사람에게 문제가 될 수 있는가?

구약을 유형론적으로(typologically) 읽는 기독교의 전통 또한 본질적으로 은유적 과정이다. 이스라엘의 출애굽은 문자적으로 예수님의 부활과 같지 않고, 이스라엘이 문자적으로 이방인 그리스도인의 선조인 것도 아니다. 아브라함이 이삭을 바친 사건은 그리스도께서 행하신 구원 사역에 대한 불완전한 유비다. 홍수 이야기도 부활이나 세례와 거의 관련 없는 다양한 요소를 포함한다. 그러나 구약 이야기를 신약의 이야기와 나란히 놓는 것은 긴장을 불러일으키거나, 개별적 이야기의 의미를 강화하고 기독교 전통을 풍요롭게 하는 촉매 역할을 한다.

최근 주로 인지 과학과 인지 언어학에서 이루어지는 학문적 연구는 은유가 단순히 예술가들이 의도적으로 사용하는 장식적 표현이 아니라, 몸을 가진 피조물로서 우리의 존재 자체에 깊이 내재된 고유한 사고방식임을 강조한다. 이 학자들은 우리의 언어가 기본적으로 물리적 경험을 바탕으로 구축되어 있다고 주장하며, 단어와 표현이 일반적이고 구체적인 경험에서 비롯된 개념들에 근거하지 않을 때, 우리는 그것을 이해하고 사용하는 데 어려움을 겪는다고 주장한다.

예를 들어, 물리적 실체의 기반 위에 기초 공사를 한다고 생각해 보라. 이는 우리에게 너무 익숙한 개념이라 그것들이 은유적 표현이라는 점을 인식하지 못할 때도 있다.

일반적인 개념적 은유의 예로는 다음과 같은 것들이 있다.

- "삶은 여행이다"(당신은 나아지고 있다. 그녀는 성인이 되었다. 나는 내 길을 가고 있다),
- "감정은 뜨겁다"(그는 분노로 끓어올랐다. 나의 마음은 사랑으로 불탄다),
- "행복이 상승한다"(나는 구름 위를 달리는 기분이다) 등

이런 개념적 은유를 구체적으로 종교에 적용한 것은 다음과 같다.

- "예수님은 길이다."
- "이상하게 가슴이 뜨거워졌다"(웨슬리).
- "일어나라 빛을 발하라. 이는 네 빛이 이르렀다"(사 60:1) 등

설교자들은 은유의 두 가지 측면을 모두 이해할 필요가 있다. 즉, 설교자들이 의미를 확장하고, 주의를 끌고, 또는 상상력을 자극하기 위해 어떻게 은유를 의식적으로 활용할 수 있는지 그리고 은유가 청자와 화자의 무의식 속에서 어떻게 작용하는지가 바로 그것이다.

추가로, 은유적 언어가 공동체와 개인에 따라 다르게 받아들여질 수 있음을 인식할 필요가 있다.

예를 들어, 화자가 은유적으로 말한 것, 즉 정신적 질병을 "악마적"이라고 표현하는

은유와 비유적 표현(Metaphor and Figures of Speech)

것이 청자에게는 문자적 의미, 즉 고통당하는 사람들이 초인적 존재에게 사로잡혔다는 의미로 들릴 수 있다.

또 다른 예는 어둠을 악으로 규정하는 전통적 문제인데, 이것은 인종과 관련하여 비난받아 온 오래된 일반적 인식이다(성별, 인종, 민족 참고).

설교자라면 누구나 별로 해가 되지 않는다고, 지나가는 농담이라고 생각했던 이미지나 표현에 강하게 반응하는 사람들을 의도치 않게 불쾌하게 했던, 또는 이와는 반대로 감동을 준 경험이 있을 것이다. 은유의 힘은 마음을 열 수 있게 하는 그 모호함에 있다. 그러나 이것은 혼란이나 상처를 줄 수도 있다.

2) 은유적 표현

의도적이든 무의식적이든, 이런 모든 기술과 언어 표현은 아이디어들 사이에, 또는 익숙한 것과 익숙하지 않은 것 사이에 틈을 만든다.

폴 스콧 윌슨(Paul Scott Wilson)은 이 틈을 두 전극 사이를 오가는 불꽃(spark)의 이미지로 표현한다(1988, 33f). 두 전극은 상상력을 자극하고, 청중을 메시지 창조에 참여시키며, 성령이 역사하시는 공간을 형성한다.

(1) 직유

은유는 자주 직유와 대비된다. 직유 역시 비교를 위해 두 개체를 가깝게 배치하지만, 은유의 모호함에서 비롯되는 긴장감은 없다. "하나님은 반석 같다, 하나님은 방패 같다"라는 말은 앞서 인용한 시편 18편의 언어가 지닌 힘을 갖지 못한다.

일반적으로 직유는 두 개체가 공유하는 속성과 특징을 기반으로 한다. 예를 들어, "하나님은 반석과 같이 강하시고, 흔들리지 않으시고, 든든하시다"라는 문장이나 "하나님은 방패와 같이 나와 원수 사이에 계신다"라는 문장이 그것이다.

독자가 깊이 생각하기 시작하면, 이런 비교는 다소 엉뚱하게 보일 수 있다. 예를 들어, "[율법을 즐거워하는 자]는 시냇가에 심은 나무가 철을 따라 열매를 맺으며 그 잎사귀가 마르지 아니함 같으니…"(시 1:1-3)라는 표현이 그렇다.

그러나 시편 기자가 여전히 인간을 나무라고 말하는 것이 아니라는 점은 분명하다. 시의 힘이 여기에 존재하지만, 독자나 청자는 그 진술이 사실인지 또는 '어떻게' 그것이 사실인지를 판단하는 데 어려움을 겪지 않는다. 모호함은 해소된다.

(2) 환유

또 다른 유형의 비유적 표현은 환유다. 환유는 한 부분이 전체를 대신하거나, 어떤 물질(substance)이 그것으로 만들어진 큰 개체(entity)를 상징하거나, 어떤 용기(container)가 그 안에 담긴 개체(entity)를 상징하는 것이다. 성경에는 이러한 사례가 풍부하다.

"왕의 손이 왕의 모든 원수를 찾아냄이여…"(시 21:8)라는 성경 구절, 백성 전체를 상징하는 족장의 고유명사 야곱이나 이스라엘, 하나님의 임재를 나타내는 성전, 언어를 상징하는 혀, 부유함을 상징하는 금 등이 있다. 이런 표현들은 너무 익숙해져 그 효과가 약해졌지만, 새로운 표현을 만들어 내면 즉각적 관심을 불러일으킬 수 있다.

(3) 이미지와 상징

은유적 언어는 이미지의 힘에서 필수적인 역할을 한다. 사람들은 듣는 내용을 시각적으로 떠올리는 경향이 있다. 이는 아마도 언어가 신체적 경험을 바탕으로 형성되기 때문일 것이다. 이미지(imagery)는 언어적 이미지(verbal picture)를 신중하게 창조하는 작업이며, 담화(discourse)에 활기를 불어넣기 위해 청중이 자기들의 귀를 통해 '보도록' 만드는 의도적 도전이다.

여기에서 시각적 이미지인 상징으로 나아가는 것은 자연스러운 일이다. 상징은 추상적 개념을 나타내는 시각적 이미지로, 관습화된 방식으로 표현된다. 예를 들어, 예수님의 수난을 상징하는 십자가, 기독교의 깃발, 죽음이나 악에 대한 방어 등이 그것이다. 설교자가 할 수 있는 또 하나의 유익한 연습은 익숙한 신앙의 상징적 언어를 탐구하고, 그 상징이 불러일으키는 연상의 흐름을 따라가 보는 것이다.

3. 그 밖의 비유적 표현과 수사적 기법

만약 은유가 상상의 나래를 펼칠 수 있는 창을 열어 준다면, 화자는 그 상상력을 효과적으로 표현하는 다양한 기술을 발견할 수 있을 것이다. 청중의 흥미를 끄는 가장 직접적인 방법은 그들의 감정(두려움, 슬픔, 자부심, 감사, 수치심 등)에 호소하는 것이지만, 예술적 화법(artful speaking)은 솜씨 있는 표현(cleverness of expression)과 언어의 음악성(the music of language)를 통해 청중의 흥미를 자아낼 수 있다. 핵심은 작품의 특정 요소를 나머지 부분과 차별화하는 방법을 찾는 것이다. 인식적 시학을 연구하는 학생들은 이를 전경화(foregrounding, 평범하지 않은 방식으로 언어를 사용하여 새로운 느낌이나 자각이 일어나도록 하는 것-역주)라고 부른다(Stockwell 2002, 13-25).

이런 전경화의 주요 목적 중 하나는 내용을 기억에 남도록 하는 것이다. 모든 화자는 자신의 말이 청중이나 공동체를 변화시킬 만큼이든, 또는 논쟁이나 사고의 흐름에 공헌할 만큼이든, 충분히 오래 기억되기를 원한다. 또한, 원고 없이 설교하는 설교자는 설교의 내용이나 구조를 기억하는 데 도움이 되는 기술을 찾게 될 것이다. 다양한 비유적 표현들이 이런 실제 기능을 수행할 수 있지만, 동시에 말하기의 예술적 형태로서 즐거움을 줄 수도 있으며, 그 자체로도 청중의 관심을 끌 수 있다.

1) 기억을 돕는 표현

단순한 반복은 정보를 기억하는 데 기본적 역할을 한다. 그래서 많은 비유적 표현과 수사학 기술은 본질적으로 반복의 변형이라 할 수 있다. 하나의 소리라도 여러 단어나 구절에 걸쳐 반복되면, 그 표현은 더욱 기억에 남게 된다.

(1) 관용적 표현

진정한 구술적 스타일의 화자, 즉, 메모 없이 말하며 즉흥적으로 내용을 구성하는 화자는 아이디어를 기억하기 위해, 그리고 다음에 이어질 말이나 주제를 기억해 내는

은유와 비유적 표현(Metaphor and Figures of Speech)

시간을 벌기 위해 관용적 표현과 그 밖의 다양한 반복에 의존한다.

관용적 표현은 성경이나 찬송가에서 유래한 짧은 표현(예를 들어, "일용할 양식", "하나님의 한없는 자비", "나 같은 죄인 살리신"), 완전한 문장이나 구절, 또는 화자가 수년간의 담론을 통해 발전시켜 온 표현일 수 있다(예를 들어, 마틴 루터 킹 주니어 목사의 "나에게는 꿈이 있습니다"). 특히, 아프리카계 미국인 설교는 진정한 구술적 구성과 전달 방식에 뿌리를 둔 반복 양식이 특징이다(아프리카계 미국인 설교의 관점 참고).

그들이 원고를 작성한 후 그 원고를 참고하든, 즉흥적으로 설교하든, 대부분 설교자들은 한 가지 아이디어가 청중 안에 오래 남게 하려고 그 아이디어를 한 번 이상, 가능하면 다양한 방식으로 반복해야 한다는 점을 알고 있다. 그들은 그 아이디어를 직접 반복하거나, 특정 단어 또는 표현에 그 아이디어를 연결한 후 그것을 다시 강조하는 방식으로 전달한다.

(2) 후렴

많은 찬송가가 반복되는 후렴구를 활용하여, 가사를 기억하는 데 과하게 집중하려는 사람들에게 한숨 돌릴 수 있는 여유를 주거나 친숙함에서 오는 즐거움을 준다. 이와 마찬가지로, 몇몇 시편(예를 들어, 시 136편)은 문답식의 예전 수행 방식(dialogic liturgical performance)을 반영하는 후렴구를 포함하고 있다. 설교자는 때로 이런 패턴의 절과 후렴을 채택하여, 청중이 후렴구를 따라 부르거나 반복 부분을 예측할 수 있도록 그들을 훈련하기도 한다. 그래서 반복의 사용은 유쾌한 긴장감을 유발하는 요소로 작용할 수 있다.

(3) 두운법

또한 단일한 소리의 반복은 화자와 청자 모두에게 기억을 돕는 장치로 작용할 수 있다. 예를 들어, 두운법은 연속된 단어들을 같은 소리로 시작하는 기술이다. 대중문화에서 흔히 볼 수 있는 요소들(재미있는 이름들, 상투적인 문구, 표어)은 두운법이 기억과 밀접하게 관련되어 있음을 보여 준다. 예를 들면, *Donald Duck*, *baby blues*, *fatal flaw* 그리고 *God, guns, and guts* 등이 있다.

설교자는 이런 반복 기술(예를 들어, *bear our burdens*, *times of trial*, 그리고 *repentance, reconciliation, and renewal*)을 활용하여 더욱 기억하기 쉬운 관용적 표현을 개발할 수 있으며, 이를 통해 회중은 이런 표현과 그 속에 담긴 개념을 자연스럽게 암송할 수 있게 된다.

(4) 행두 반복

행두 반복은 구절의 시작 부분에서 단어나 구절을 반복하는 것을 의미한다. 가장 시적인 표현이자 아마도 가장 자주 암송되는 구절에서, 사도 바울은 행두 반복을 포함하여 여러 가지 반복 기술을 사용한다.

> **사랑은** 오래 참고, **사랑은** 온유하며, **사랑은** 시기하지 아니하며, 자랑하지 아니하며, 교만하지 아니하며, 무례히 행치 아니하며(고전 13:4-5).

또한, 1963년 워싱턴DC의 링컨 기념관에서 마틴 루터 킹 주니어(Martin Luther

은유와 비유적 표현(Metaphor and Figures of Speech)

King, Jr.)는 "나에게는 꿈이 있습니다"(I have a dream)라는 문구로 일련의 예언자적 비전을 소개했다. 이후 그는 이것을 "오늘 나에게는 꿈이 있습니다"(I have a dream today)라는 후렴으로 바꿨다.

(5) 미어 연결

위에서 인용한 고린도전서의 구절은 행두 반복과는 반대로, 문장이나 구절의 끝을 똑같은 단어나 소리로 '끝마치는' 기술(미어 연결)을 사용한다.

> [사랑은] 모든 것을 참으며, 모든 것을 믿으며, 모든 것을 바라며, 모든 것을 견디느니라 …. 내가 어렸을 때에는 말하는 것이 어린아이와 같고, 깨닫는 것이 어린아이와 같고, 생각하는 것이 어린아이와 같다가 …"(고전 13:7-11).

(영어에서는 이 "모든 것"이 문장 끝에 위치하고, "어린아이와 같고" 역시 문장 끝에 위치한다-역주). 이 반복 형태는 반복되지 않는 부분, 즉 "참으며… 믿으며… 바라며… 견디느니라"와 "말하는 것이… 깨닫는 것이… 생각하는 것이…" 등을 강조하는 효과가 있다.

(6) 리듬과 운율

에이브러햄 링컨은 게티스버그 연설(Gettysburg Address)에서 행두 반복과 그 밖의 다른 형태의 반복을 결합하여 사용했다.

> 우리는 이 땅을
> 헌정할 수 없습니다. …
> 성별할 수 없습니다. …
> 신성시할 수 없습니다.

이 연설은 단순히 "우리는 ~을 할 수 없습니다"(We cannot …)라는 말을 반복하는 것뿐만 아니라, "헌정하다"(dedicate)와 "성별하다"(consecrate)처럼 비슷한 리듬과 운율(parallel rhythm and rhyme)을 가진 단어들을 활용하여 구조적 유사성을 강화한다.

여러 번역본이 존재하는 상황에서, 킹 제임스 성경(King James Version)의 주기도문 번역이 친숙한 이유는 "나라가 임하시오며, 뜻이 이루어지이다"(Thy kingdom come; thy will be done)에서 보는 바와 같이 리듬과 운율의 반복에 있다고 볼 수 있다. 마찬가지로 설교자가 리듬과 운율을 활용하는 능력을 기르고자 한다면, 전통 찬송가와 기도문을 살펴보는 것보다 더 좋은 방법은 없다.

2) 기타 표현과 기법

(1) 삼중구

위에서 인용한 링컨의 연설은 삼중구(tricolon), 즉 세 개의 표현을 묶어 사용하는 기술을 사용한다. 삼중구는 웅변뿐만 아니라 유럽이나 미국의 대중문화에서도 자주 사용된다. 이것은 인간이 쉽게 기억할 수 있는 가장 긴 묶음일 것이다(피, 땀 그리고 눈물). 또한, 링컨의 예에서처럼, 삼중구의 요소들은 점차 길어지는 경향이 있으며, 이를 통해 절정에 이르게 되는 경우가 많다.

(2) 대조법과 병행법

연설에서는 삼중 구조보다 한 쌍의 아이디어, 한 쌍의 소리, 또는 한 쌍의 이미지에 더 자주 의존한다. 인간이 본래 이항적(binary) 존재(두 개의 눈, 두 개의 다리 등)이기 때문인지, 우리는 본능적으로 이항 대립(binary oppositions) 방식으로 사고하는 경향이 있다. 예를 들면, 흑과 백, 오르내림(up and down), 죽든지 살든지, 대략(more or less) 등이 그것이다. 이런 경향이 확장되면 대조법으로 발전한다. 대조법은 '한편으로'(on the one hand)와 '다른 한편으로'(on the other)라는 개념을 바탕으로 하며, 두 개념을 균형 있게 대비하는 단순한 형태부터, 소리, 리듬, 구조, 내용의 유사성을 문장이나 논증 전체를 짝지어 구성하는 정교한 형태까지 다양하게 나타난다.

성경의 시 문학은 대조법(antithesis)을 형성하는 극명한 대비(contrast) 없이도 수많은 병행 구조(parallel structure)의 사례를 보여준다

> 내가 네 집에서 수소나 네 우리에서 숫염소를 가져가지 아니하리니
> 이는 삼림의 짐승들과
> 뭇 산의 가축이 다 내 것이며
> 산의 모든 새들도 내가 아는 것이며
> 들의 짐승도 내 것임이로다(시 50:9-11).

설교자는 이런 구조를 활용하여 설명을 확장하거나, 일화나 이야기 수준으로 발전시킬 수 있다. 병행법(parallelism)은 청중에게 균형감과 안정감을 제공한다. 그러나 앞서 설명한 다른 수사적 기법들과 마찬가지로, 병행법이 지나치게 자주 사용되면 설교에 정적인 느낌을 주어 지루해질 수 있다.

(3) 의인법

화자는 의인법을 사용하여 무생물이나 동물이 마치 생각하거나, 의도적 행동을 하거나, 말을 할 수 있는 것처럼 표현함으로써 특정 이미지나 아이디어에 관심을 집중시킬 수 있다. 예수님이 선포하신 "만일 이 사람들이 침묵하면 돌들이 소리 지르리라"(눅 19:40)라는 말씀은 돌들이 소리 지르는 모습이라는 충격적 아이디어 때문에 기억에 남는다. 이와 마찬가지로, 지혜 문학은 "포도주는 거만하게 하는 것이요"(잠 20:1)와 같은 의인화된 격언에서부터 집회서(Wisdom of Sirach) 15장과 그 밖의 다른 곳에서 찾아볼 수 있는 정교한 의인법에 이르기까지 다양한 예시의 보고(a mine of example)다.

(4) 직접 화법

이와 관련된 수사적 기법은 설교자가 설교 안에서 한 인물의 목소리로 직접 말하면서 그 인물이나 아이디어를 흉내 내는 것이다. 사건을 단순히 보고하기보다 그 인물의 목소리로 말할 때 이야기는 생동감이 넘치게 되고 청중은 그 인물을 직접 만날 수 있게 되어 감정적 영향을 받는다. 설교자가 하나님이나 그리스도의 목소리를 빌어 청중에게 직접 전할 때, 기 기법은 특히 강력한 효과를 발휘한다.

"너희는 나의 자녀다. 내가 너희를 기뻐한다."

그 영향은 매우 강력할 수 있기에 조작의 잠재성 또한 강하다. 그래서 이런 직접 화법은 조심스럽게 사용되어야 한다.

3) 비틀기 기법

(1) 과장법

화자가 일반적이거나 믿을 만한 범위를 넘어 의도적으로 과장할 때, 그것은 과장법에 해당한다. 과장법이 포함된 일상적 대화체의 표현은 흔하고(예를 들어, "그 사람 거의 100만 살이야, 나는 웃다 죽을 수도 있겠다고 생각했어"), 종종 코믹한 어조를 띤다.

과장법은 강한 감정적 반응이나 정서적 상태를 은유적으로 표현하려는 욕구에서 비롯되며, 영적 경험을 묘사하려고 노력하는 사람들은 자주 과장법적 은유에 의존한다.

> 내가 그리스도 안에 있는 한 사람을 아노니 그는 십사 년 전에 셋째 하늘에 이끌려 간 자라 (고후 12:1).

바울의 이 고백이 여기에 해당한다(시편 18편의 이미지와 비교하라).

예언 문학은 그 저자들이 표현할 수 없는 환상과 진리를 말로 표현하려고 노력하기 때문에 주로 과장법을 활용한다.

> 보라 내가 본즉 좋은 땅이 황무지가 되었으며 그 모든 성읍이 여호와의 앞 그의 맹렬한 진노 앞에 무너졌으니(렘 4:26).

또 시인들은 일반적으로 어조를 상승시키기 위한 방식으로 과장법을 활용한다.

> 천 명이 네 왼쪽에서, 만 명이 네 오른쪽에서 엎드러지나 이 재앙이 네게 가까이 하지 못하리로다(시 91:7]).

설교자는 자주 대화체와 시적 표현 사이를 쉽게 넘나들며, 감정적 에너지를 고조시키거나 설교의 절정으로 이끌기 위해 과장법을 사용하기도 한다. 그러나 과장법을 사용한 언어는 은유와 마찬가지로 이를 너무 문자 그대로 받아들이면 오해하게 될 소지가 있다. 또한, 이것은 위험할 정도로 희화화(caricature)될 수 있는데, 왜냐하면 오늘날 지나치게 과장된 표현은 종종 웃음을 자아내며, 과장법을 과도하게 사용하는 설교자는 허풍쟁이로 치부될 수 있기 때문이다.

(2) 아이러니, 말장난, 언어유희

'언어적 아이러니'(verbal irony)란 의도적으로 실제 의미하는 것과 반대로 말하는 것이다. 화자는 종종 목소리 신호(vocal cues)나 몸의 움직임(윙크, 고개를 갸우뚱하기, 미소, 과장된 억양)으로 자기의 말이 아이러니임을 암시한다(예를 들어, 한 사람이 어떤 것을 떨어뜨리거나 부서뜨릴 때 "오! 멋져"라고 탄성을 지르는 경우).

아이러니는 유머와 마찬가지로 화자나 청자가 같은 언어적, 문화적 전체를 공유하고 있다는 믿음에 기반하여 그 효과가 달라진다. 그렇지 않다면, 청자들은 표현을 잘못 이해하게 되어, 결국 그런 혼란은 신뢰나 이해의 단절을 초래할 수 있다. 비아냥(sarcasm), 즉 비꼬거나 경멸적인 의미를 지닌 아이러니는 가능한 한 피해야 한다.

설교자는 언어를 장난스럽게 다룰 때도 주의를 기울여야 한다. 대부분의 말장난(pun)과 언어유희(wordplay)는 철자법, 방언(dialect), 상황적이고 문화적인 언급을 포함한 공동체의 일상 언어에 대한 깊은 이해가 필요하다. 내부 지식에만 의존하는 유머는 새신자나 방문자를 소외시킬 위험이 있다. 또한, 지나친 언어유희는 설교자가 복음을 전하기보다 자기의 언어 능력을 과시하는 데 치중하는 연기자로 보이게 할 수 있다.

참고 주제 상상력/창의력

참고 문헌 Paul Avis. *God and the Creative Imagination: Metaphor, Symbol and Myth in Religion and Theology*. (1999); Linda L. Clader, *Voicing the Vision: Imagination and Prophetic Preaching*. (2003); Zoltán Kövecses. *Metaphor: A Practical Introduction*. (2002); George Lakoff and Mark Johnson. *Metaphor We Live By*. (1980); Richard A. Lanham. *A Handbook of Rhetorical Term* 2nd ed. (1991); Andrew Ortony. *Metaphor and Thought*. (1993); Paul Ricoeur. *The Rule of Metaphor: Multi disciplinary Studies of the Creation of Meaning in Language*. Translated by Robert Czerny with Kathleen McLaughlin and John Costello. (1977); Sheldon Sacks, ed. *On Metaphor*. (1979); Peter Stockwell. *Cognitive Poetics: An Introduction* (2002); Paul Scott Wilson. *Imagination of the Heart: New Understandings in Preaching*. (1988).

움직임(Moves)
테레사 록하트 스트릭클렌(Teresa Lockhart Stricklen)

움직임이란 특정한 순서로 배열된 하나의 통일된 의미를 지닌 구술 단위들(oral units)이다. 이 움직임이 설교를 구성되어 청중을 그리스도 안에 있는 생명으로 더욱 깊이 인도한다. 움직임이라는 개념은 '하나님 말씀의 신학'(theology of the Word of God)에 기초하고 있으므로, 이를 이해하기 위해서는 하나님의 말씀과 계시의 본질에 관한 논의가 필요하다.

데이비드 버트릭(David Buttrick)은 움직임이라는 용어를 고안하여, 세 개의 대지와 하나의 시로 구성되는 전통적 대지 설교의 정적 특징과 대비시켰다(1987, 23). 이런 정적 설교는, 한 강연자가 세미나에서 정보를 제시하듯이 성경을 분석한 후 그 성경의 정제된 의미를 회중에게 전달하는 경향을 띤다.

이 설교 방식은 성경의 본질을 왜곡하고 신적 자기 계시(divine self-disclosure)로서의 하나님 말씀을 훼손한다. 이런 방식은 인간 권위자가 전달하는 정보 지식을 받아들일 때 변화가 일어난다는 믿음을 함축하고 있다. 계시에 대한 이런 관점에서 볼 때, 설교자는 회중 위에 서서 하나님을 대신하여 사람들에게 진리를 분배하는 진리의 소유자로 인식된다. 이와 같은 인식은 하나님의 말씀으로서의 설교의 본질을 왜곡한다.

하나님 말씀은 살아 생생하게 역사하시며, 우리를 창조하고 심판하며 우리에게 복을 주시기 때문에, 설교는 우리를 새로운 삶으로 인도하는 그런 언어적 움직임을 반영해야 한다. 하나님 말씀은 우리가 조작할 수 있는 대상이 아니다. 우리가 그 말씀을 다루는 것이 아니라, 오히려 그 말씀이 우리를 다룬다. 믿음의 선조들에게 계속해서 말씀하신 살아 계신 권위 아래에서, 설교자는 성령이 주신 생각과 말씀을 하나의

움직임(Moves)

설교로 구성한다. 그 설교는 끊임없이 흐르는 살아 있는 말씀의 물줄기를 통해, 이 특정 시기 특정 민족에게 활기를 불어넣는 수문 역할을 하게 된다.

그 말씀은 하나님에 관한 경험적 지식을 길러 주기 때문에, 설교자의 임무는 그런 지식을 증진할 수 있도록 언어를 빚는 것이다. 이것이 하나님 말씀이 우리에게 전달되는 유일한 방식은 아니지만, 구술 언어는 아마도 하나님 말씀의 순간성(ephemeral nature of God's Word)을 가장 잘 반영하는 수단일 것이다.

한 사람의 존재에서 살갗 위로 솟구쳐 오르는 숨결만을 사용하는 구술 언어는 귀에 들리는 모든 것을 포용한다. 구술 언어는 기억 속에 그 흔적만 남기고 사라져 버리는 존재다. 결국, 우리가 파악하고 제어할 수 있는 것은 아무것도 남지 않는다. 그저 우리를 움직여 따르게 하는 것만 남는다(구두/청각 의사소통 참고).

설교자는 창조하시고 구속하시며 지탱하시는 하나님 말씀에 따라 일하도록 신앙공동체로부터 부름을 받았다(하나님 말씀 참고). 설교자는 여러 시대에 걸쳐 선포된 하나님 말씀에 대한 교회의 기억을 바탕으로 설교한다. 그래서 설교자는 성경이라는 보청기를 통해, 주님께서 창조하신 본래의 모습대로 세상을 변화시키는 하나님의 주권적 사역에 참여하도록 우리를 부르시는 영원한 말씀을 더 구체적으로 전해야 한다.

하나님 말씀에 대한 우리 조상들의 생생한 간증이 담긴 성경의 언어 구조는 역동적인 말씀이 어떻게 믿음을 형성하는지에 대한 단서를 제공한다. 이런 언어 구조는 설교자에게 변함없는 하나님의 실체를 증언하는 현대 언어를 통해 현재의 신앙 의식을 어떻게 형성할 수 있는지 그 경로를 제시한다. 그래서 움직임과 구조를 중시하는 버트릭의 설교학에서는, 성경이 제시하는 이미지화된 사고의 구조적 움직임에 대한 면밀한 검토를 요구한다. 설교는 성경과 유사한 현대 언어 그리고 의미에 관련된 성경적 언어 구조를 활용하여 성경이 의도했던 것과 같은 일, 곧 하나님의 기쁜 소식을 선포하는 일을 할 수 있다.

구두 연설에서 드러나는 인간 이해의 제약 때문에 의미는 점진적으로, 단계적으로, 또는 움직임의 흐름을 통해 드러나야 한다. 비록 설교의 언어가 대화적일지라도, 설교는 대화가 아니다. 사람들은 대화에서 여러 주제를 빠르게 연속해서 다룰 수 있지만, 대중 연설에서는 다른 주제로 넘어가기 전에 한 가지 주장에 청중의 의식을 집중시켜야 한다.

만약 우리가 짧은 시간 안에 너무 많은 것을 말한다면, 사람들은 새 무비 카메라로 피사체를 충분히 오랫동안 비추지 않았을 때처럼 어느 것에도 집중할 수 없는 언어의 모호함만을 경험하게 될 것이다. 카메라의 자동 초점 렌즈가 선명한 화상을 형성하는 데 시간이 걸리듯, 청중이 화자가 말하려고 하는 것을 정확히 이해하고 집중하는 데도 시간이 걸린다.

움직임은 한 가지 주장에 언어를 집중시킨다. 그 주장은 예화(illustrations), 유비(analogies), 예시(examples), 이미지(images), 감정적 태도(affective attitudes), 개념(concepts)을 통해 탐구되며, 이는 움직임의 초점과 청중의 실제 경험 및 태도와 조화를 이룬다. 만약 청중이 신학적 내용을 전혀 이해하지 못한다면, 설명이 필요할 것이며, 잘못된 개념은 반박되어야 할 것이다.

신학적 확언에 대한 반론은 받아들이고 극복해야 할 것이다. 움직임이 어떻게 전개되는지는 청중의 위치가 설교에서 주장하는 내용과 어떤 관계인지 그리고 각 움직임이 설교 전체에서 복음을 전개해 나가는 데 어떤 역할을 해야 하는지에 따라 결정된다. 움직임 사이의 연결은 우리의 자연스러운 사고방식과 유사하게, 일종의 논리적 흐름에 따라 형성된다.

설교의 움직임들은 함께 어우러지는 수사적 여정이 된다. 예를 들어, 고린도후서 5:17-21에 관한 설교에서 움직임은 다음과 같이 성경과 부합되는 논리로 배열될 수 있을 것이다.

- 움직임 1: 우리는 자신이 투명하다는 것을 증명하기 위해 장부를 꼼꼼히 기록합니다.
- 움직임 2: 그러나 그리스도 안에서, 하나님은 모든 장부를 파기하시고 그리스도 안에서 모든 빚을 탕감하셨습니다.
- 움직임 3: 여러분은 이것이 무엇을 의미하는지 아십니까? 우리는 이미 그리스도 안에 있는 새로운 피조물입니다.
- 움직임 4: 그렇다면 우리는 하나님의 은총을 얻으려는 수고는 그만 멈추고 하나님의 자유와 확실한 은혜 안에서 삶을 즐겨야 하지 않을까요?
- 움직임 5: 이제, 우리는 그리스도의 사신(ambassadors)이 되어 다른 사람들이 하나님이 주시는 새 생명의 은혜 안에 살아갈 수 있도록 기쁜 소식을 전파합시다.

이 구조는 회중이 자기 존재에 영향을 미치는 세속적 사고방식을 인정하는 지점, 즉 은혜의 신학이 필요해지는 자리에서 시작된다. 이 움직임은 성경의 수사학을 활용하여 다른 방식으로 배열할 수도 있다. 회중은 특정 시점에서 죄로부터 벗어나 그리스도를 따르게 되는 과정을 시작하는 데, 이 배열은 그들이 그 과정 중 어느 단계에 와 있는지에 대한 설교자의 판단에 따라 달라질 수 있다.

버트릭은 좋은 설교에 대한 그의 현장 조사에 근거하여 각 움직임을 꽤 엄격하게 규정한다. 즉, 한 움직임의 처음 두세 문장은 하나의 중심 아이디어를 주장하고, 약 3분 정도의 시간 동안 그것을 탐색하는 것이다. 이런 첫 문장들은 중요하다. 왜냐하면, 그 첫 문장들이 청중을 신속하게 주목시키고, 바로 전 움직임과의 연결 논리를 보여 주면서도 다른 움직임과 구별하며, 해당 주장을 검토할 관점을 제공하고, 그 움직임의 분위기(mood)를 설정할 수 있도록 돕기 때문이다.

움직임의 전개는 논리적이고 경험적인 예증을 통해 설교의 주장을 입증해야 하며, 그 움직임은 다음 움직임으로 넘어가기 전에 중심 아이디어를 반복하면서 마무리해야 한다(1987, 23-79).

버트릭의 주장은 어떤 의미에서 전혀 새로운 게 아니다. 훌륭한 설교자와 연설자는 설교의 의미를 전개하기 위해 항상 하나의 통일된 메시지를 담은 언어 단위(focused units of unified language)를 사용해 왔다. 다만 새로운 것은 언어가 단순히 멀리서 하나님에 관해 말하는 것이 아니라, 하나님 말씀의 움직임을 강조하여 성경이 행하는 일을 언어도 수행하도록 하는 데 있다.

오늘날 대부분의 설교학은 의미의 서사적 줄거리(narrated plots of meaning)로 구성된다. 예를 들어, 유진 라우리(Eugene Lowry)는 설교 언어가 드라마의 한 장면처럼 시간 속에서 전개되는 서사적 움직임에 관해 언급한다(2001, 12-87).

라우리의 설교학이 일정한 형태의 움직임을 요구하는 반면, 버트릭의 움직임은 설교 패턴을 보다 더 유연하게 전개할 수 있다. 움직임은 설교의 기능과 전체 목적에 따라 다양한 방식으로 조합될 수 있는데, 이는 드라마 이론을 따르는 것이 아니라 성경이 제시하는 이미지화된 신학과 그리스도 안에 있는 생명의 움직임을 따르기 때문이다.

움직임의 핵심 문장들을 중요하게 여기라는 버트릭의 주장은 청중이 예화, 이미지, 유비, 예시의 다양한 의미 중에서 어디에 초점을 맞추어야 하는지 방향을 잡는 데 도움을 준다(초점 진술과 기능 진술 참고). 움직임이 새롭게 시작되는 곳에 이런 중심 문장들이 없다면, 설교는 일관성 없이 서로 상관없는 이야기들의 나열처럼 보일 수 있다. 한 움직임의 초점을 다시 반복하는 마지막 문장은 청중이 설교의 수사학적 여행에서 자기들의 위치를 찾기 위해 애를 쓰지 않고도 쉽게 설교자를 따라갈 수 있도록 도와준다.

내부적으로 다양한 전개 없이 맹목적으로 움직임만 따라가는 설교는 기계적으로 들릴 수 있다. 그러나 잘 만들어진 움직임은 구술 언어에 집중한다. 이를 통해 청중은 설교자가 마치 자기 생각을 대신 말해 주는 것처럼 느끼게 된다. 이는 하나님의 영광을 위해 우리와 세상을 변화시키는 거룩한 일에 참여하라고 우리를 부르시는 살아 계신 주 예수 그리스도와의 거룩한 대화 속에서 있다는 느낌을 준다.

참고 문헌 David Buttrick. *Homiletic: Moves and Structures*. (1987); Richard Eslinger. *The Web of Preaching*. (2002); Thomas G. Long. *The Witness of Preaching*. (2005); Eugene Lowry. *The Homiletical Plot*. (2001); Lucy Rose. *Sharing the Word*. (1997).

음악(Music)

참고 주제 예술

내러티브 설교(Narrative Preaching)

유진 라우리(Eugene L. Lowry)

내러티브 설교라는 용어는 매우 유사한 다른 종류의 설교를 포괄한다. 이 설교들은 절차적 줄거리(procedural plot)를 포함한다는 점에서 서로 연결되어 있다. 그러나 '내러티브라'는 용어는 그리 자명하지 않다.

물론, 모든 이야기 설교(story sermon)는 내러티브 설교(narrative preaching)의 한 형태다. 그러나 내러티브 설교가 반드시 이야기를

내러티브 설교 (Narrative Preaching)

포함해야 하는 것은 아니다.

브라이트신학대학원(Brite Divinity School)의 구약 교수 토니 크레이븐(Toni Craven)은 내러티브를 시간적 순서(자료 또는 재현)로 설명한다(1996, 4). 이런 정의에 따르면, 시간적 순서로 형성된 모든 설교는 내러티브 설교에 해당한다.

제럴드 케네디(Gerald Kennedy) 감독은 예수님의 여러 비유에 관한 설교 원고를 책으로 출판한 적이 있다(1960). 그중 일부는 전통적 삼대지 설교였다.

사람들은 케네디가 이야기 본문(자료)을 비내러티브 설교(재현)로 바꾸어 놓았다고 불평했을지도 모른다. 반면, 내러티브 설교자는 내러티브가 아닌 바울의 본문을 줄거리가 있는 설교의 형태(문제에서 해결로 움직이는)로 전환할 수도 있다. 또한, 탕자의 비유와 같이 잘 알려진 비유를 활용하는 모든 내러티브 스타일의 설교자는 내러티브 설교를 구성한다. 즉, 본문(자료)이 내러티브 형식이고 설교(재현) 또한 내러티브 형식을 따른다는 것이다.

설교학 분야의 저자들이 자주 간과하는 더 중요한 점은, 내러티브 설교의 핵심적 고려 사항이 단순히 형태나 형식에 한정되어 환원적으로 환원적으로 다뤄질 문제가 아니라는 것이다. 내러티브 설교의 형태(form)는 본질이나 의미라는 더 크고 깊은 질문을 고려하지 않고서는 논할 수 없다.

그래디 데이비스(H. Grady Davis)는 형태 없이 본질 같은 것이 존재할 수 없다고 강조한다(1958, 1-17). 형태는 본질이 취하는 모양(shape)이다. 사람들은 구체화되지 않은 아이디어나 완전히 형성되지 않은 생각을 가질 수 없다. 형태가 제대로 갖춰지지 않은 생각은 말의 의도를 크게 왜곡할 수 있다. 우리는 모두 대화 중에 의견을 제시한 후 "아니에요. 제 말은 전혀 그런 의미가 아닙니다. 다시 설명해 보겠습니다"라고 했던 순간을 떠올릴 수 있을 것이다. 이 모든 것은 본질과 형태가 하나의 실체임을 보여 준다. 이것이 크래독이 "청중은 말하는 방식이 그 말의 내용이라고 여긴다"라는 주장을 부분적으로 반영한다(1974, 145).

이런 이유로, 설교 형태가 달라질 때 본질도 변한다. 건조하고 긴장감 없는 복음의 주장은 절망에서 은혜로 움직이는 결정적이고도 놀라운 전환과는 그 의미, 본질, 힘에 있어서 완전히 다르다.

예를 들어, 성서정과를 따르는 사람들이 3:1에서 시작되는 요나의 이야기(요나의 두 번째 부르심)를 3년에 한 번씩 설교할 때, 그들은 니느웨가 회개하고 하나님이 돌이키시는 사건의 강력한 의미를 놓친다. 요나가 첫 번째 부르심을 거역하는 내용이 모두 빠져 있기 때문이다. 제비 뽑은 결과로 요나가 물속에 던져졌을 때 믿을 수 없는 은혜가 주어진다는 사실을 놓치게 된다.

이런 식으로 구성된 이야기는 기대와 긴장, 재미와 힘을 불어넣는 사전 설정이 부족해서 공허하게 끝난다. 이것은 설교 형태에 관한 사소한 담글질이 아니다. 이것은 보도(report)와 선포(proclamation) 사이의 차이를 나타낸다. 예수님이 비유를 사용하신 것도 당연했다.

또한, 내러티브 설교는 설교가 공간 속에 고정된 한 물체가 아니라, 시간 속에서 펼쳐지는 사건임을 중요하게 여긴다. 시간의

내러티브 설교 (Narrative Preaching)

흐름을 중요시하는 사람들은 벽돌을 쌓는 것같이 설교를 구성하지 않는다. 설교자가 시간의 흐름 속에서 설교를 구성할 때 복음은 구체화된다. 그 의도는 주일 설교의 흥밋거리를 위한 것이 아니라 사건을 일으키는 데 있다.

그래디 데이비스(H. Grady Davis)는 말한다.

> 설교의 적절한 구상은 시간 속의 움직임이다. 설교는 특정 순간에 시작하고, 특정 순간에 끝난다. 그리고 그 사이의 순간들을 순차적으로 이어간다(1958, 163).

그는 설교를 음악에 비교하며, 그것은 "악보 위에 그려져 있는 음악이 아니라 … 마디와 마디가 이어지는 연주로… 절대로 한순간에 일어나지 않는다"고 설명한다(1958, 163). 그래서 그는 이렇게 충고한다.

> 만약 우리가 다른 예술로부터 배우고자 한다면, 우리는 시간의 배열에 기반한 예술에서 … 배워야 한다(1958, 164).

실제로 우리는 케임브리지의 신학자이자 전문 음악가인 제레미 베그비(Jeremy S. Begbie)의 글에서 배울 수 있다. 그는 음악의 시간을 "휴식과 종결을 향해 나아 가면서 … 어떤 목적이나 '함께 모이는 것'으로 이어지는 … 중요한 관계적 순서"와 관련된 것이라고 분명히 말한다(2000, 38).

오늘날 상황에서 내러티브 설교란, 아이디어의 배열이 설교자가 의도한 의미를 전략적으로 지연시키는 줄거리(plot) 형태를 가진 모든 설교를 의미한다. 달리 표현하면, 내러티브 설교는 '가려움(itch)에서 긁음(scratch)'으로 움직이는 설교다. 이것은 시간의 움직임이 질서 있게 배열된 형태다.

서구 사회에서 이런 생각의 뿌리는 아리스토텔레스의 『시학』(*Poetics*)까지 거슬러 올라간다. 줄거리(plot)에 대한 그의 관점은 전체적으로 갈등(conflict), 복잡성(complication), 운명의 급변(peripeteia), 대단원(denouement)의 네 단계로 구성된다(1949). 즉, 내러티브 설교(엄밀히 정의하자면)는 성경 본문 안의 어떤 불일치(disjuncture)에서 비롯된 문제로 시작해서 점차 복잡해진다. 이런 갈등과 복잡성은 본문, 목적, 상황에 따라 논리, 이미지, 혹은 이야기를 통해 심화된다.

결정적 전환(운명의 급변, 반전, 또는 갑작스러운 전환이라고도 불림)은 보통 설교의 4분의 3 지점에서 나타나는데, 여기에서 복음의 제시를 통해 문제가 해결될 수 있다.

예를 들어, 누가복음에 나오는 마르다와 마리아의 이야기는 예수님이 마리아에게 더 좋은 쪽을 택했다고 말씀하실 때 갑작스러운 전환을 맞이한다(눅 10:42). 이것은 주방일을 경시하는 이야기가 아니라 배제를 반대하는 이야기다. 요점은 마르다에게 우선순위에 관해 가르치는 것이 아니라, 모든 제자에게 가장 중요한 것은 예수님의 발치에서 보내는 시간이라는 점을 강조하려는 것이다.

이 전환은 기쁜 소식(good news)으로 이어지거나, 기쁜 소식으로 인해 촉발되거나, 기쁜 소식에서 비롯된다. 설교는 이 전환을 통해 하나님의 백성들을 위한 새로운 미래를 지향하면서 해결의 실마리를 발견한다.

내러티브 설교(Narrative Preaching)

이것은 복음이 주장하는 명령이 단순히 순종의 윤리로 환원되는 것이 아니라 기쁜 소식에 의해 뒷받침된다는 점을 암시한다.

성경은 마르다와 마리아의 예화를 통해 신학적 메시지(줄거리의 결론 단계에서 주어지는 메시지)를 전한다. 시편 23편을 주제로 한 설교는 성경의 이미지를 활용하여 생각의 흐름을 전개할 수 있다. 구원의 근거를 다루는 로마서 설교는 당면한 문제들에 관한 지속적인 논리적 논의가 그 특징이 될 수 있다.

설교를 준비하는 데 있어 이것의 의미는 분명하다. 내러티브 설교자가 본문을 향해 가장 먼저 던져야 할 질문은 설교의 최종 요점이나 "결정적인 해답이 무엇이냐"가 아니라, 오히려 "기쁜 소식을 통해 해결되어야 할 갈등의 원인이 되는 불일치, 쟁점, 대조, 또는 상황이 무엇이냐"는 질문이다.

일반적으로 이런 불일치는 본문 자체에서 발견된다. 아마도 여러 본문 사이에서 드러나는 갈등이나, 본문의 상황과 회중의 상황 사이에서 드러나는 명백한 갈등에서 발견될 것이다. 이런 갈등을 찾는 것은 우선 설교자의 마음을 자극하고 그다음으로 회중의 마음을 자극한다. 결국, 설교 준비는 집중력과 효율성을 동시에 찾게 된다.

이것은 내러티브 설교가 흔히 "필요"라고 불리는 것에 기초한 이전의 주제 설교 스타일로 환원돼서도 안 되고 그렇게 될 수도 없다는 의미라는 점을 기억하라.

이런 설교의 불일치(해결책이 필요한 갈등)는 지속되어야 할 뿐 아니라 더욱 복잡해져야 한다. 설교적/예전적 해답을 제공하도록 부름을 받았다고 느끼는 설교자들은 더 깊이 있는 탐구 없이 그 문제를 빨리 해결하려는 유혹에 자주 굴복한다. 그 결과, 빠른 해결로 인해 긴장과 기대가 사라지면서 회중은 흥미를 잃게 되고, 너무 빠르게 제시된 피상적인 답변들이 실제 복음의 능력을 약화시킨다.

재즈의 즉흥 연주와 관련하여, 리로이 오스트란스키(Leroy Ostransky)는 위대한 음악가와 평범한 음악가의 차이는 마지막 해결의 능력(the eloquence of the final resolution)이 아니라 기존의 불확실함을 심화시키는 능력(the profundity of the prior irresolution)에 있다고 말한다(1960, 83). 따라서 설교에서 시작 부분의 갈등 상태가 사라지지 않도록 해야 한다. 이것은 지속되어야 하며, 심지어 복음의 해결책이 제시되기 직전까지 더 복잡해져야 한다.

베그비(Begbie)는 다음과 같이 말한다.

> 해결책의 '아직'을 유지하는 데 힘쓰는 것은 일반적으로 모든 작곡가가 배워야 할 중요한 기술 중 하나로 간주된다(2000, 100).

설교에서 이를 실현하는 것은 매우 중요하며 또 그렇게 어렵지도 않다. 가장 중요한 요소는 설교자의 마음가짐이다. 해야 할 것과 하지 말아야 할 것을 말하며 훈계를 통해 문제를 신속하게 해결하려는 피상적 접근보다는 문제가 더 심각해지도록 내버려두는 마음가짐이 필요하다. 설교의 결론에 도달하는 과정을 전략적으로 지연시키는 것(strategic delay)이 바로 그 방법이다. 더욱이 성령은 우리가 본문 안에 미리 마련된 해결책에 확신이 있을 때 보다, 그 본문의 쟁점이 일으키는 모호한 상황 속에서 우리와 함께하실 때 더 크게 역사하실 것이다.

마지막으로, 이 내러티브에 근거한 설교 모델에는 다양한 변형이 있다. 크래독(Craddock)은 이를 "귀납적 설교"라고 불렀고(1974), 버트릭(Buttrick)은 "패턴화된 움직임"이라고 명명했다(1987). 로즈(Rose)는 고백적 설교라고 이름을 붙였고(1997), 미첼(Mitchell)은 "경축"(celebration)으로 불렀으며, 트뢰거(Troeger)는 "에피소드 형식"이라고 표현했다(1990). 새로운 설교학(the New Homiletic)으로 알려진 이 큰 그룹에서 사용한 명칭은 "줄거리로 구성된 설교"(plotted preaching)다.

이런 다양한 접근 방법들에 중요한 차이가 있다는 점을 유념하라. 그러나 동시에 이 방법들은 모두 기쁜 소식을 공동체적 사건으로 전하려는 설교 형태에 전념하고 있다.

참고 주제 귀납적 설교; 움직임; 내러티브 형태; 네러티브 이론; 새로운 설교학

참고 문헌 Aristotle. *Aristotle's Poetics*. (1949); Jeremy S. Begbie. *Theology, Music and Time*. (2000); Walter Brueggemann. *Finally Comes the Poet*. (1989); David Buttrick. *Homiletic*. (1987); Fred Craddock. *As One without Authority*. (1974); Toni Craven. "An Introduction to Narrative." Paper presented at Society of Biblical Literature. Irving. Tex., March 16, 1996; H. Grady Davis. *Design for Preaching*. (1958); Gerald Kennedy. *The Parables*. (1960); Eugene L. Lowry. *The Sermon: Dancing the Edge of Mystery*. (1997); Eugene L. Lowry. *The Homiletical Plot*. Expanded ed. (2001); Henry H. Mitchell. *Celebration and Experience in Preaching*. (1990); Leroy Ostransky. *The Anatomy of Jazz*. (1960); Lucy Atkinson Rose. *Sharing the Word*. (1997); David J. Schlafer. *Surviving the Sermon*. (1992); Thomas H. Troeger. *Imaging a Sermon*. (1990).

내러티브 이론(Narrative Theory)
바바라 룬드블라드(Barbara K. Lundblad)

내러티브 이론은 앎의 방식을 제시한다. 심리학자 제롬 브루너(Jerome Bruner)는 인간이 세상을 인식하고 자신이 아는 것을 표현하는 데는 두 가지 매우 광범위한 방식이 있다고 주장한다.

첫째 방식은 논리적 명제를 통해 전달되는 논리-과학적(logico-scientific) 방식이다. 둘째 방식은 내러티브를 통해 전달되는 방식이다.

브루너는 내러티브가 사람들이 자기 경험에 의미를 부여하는 가장 근본적인 방식이며, 문화와 시대를 초월하는 앎의 방식이라고 주장한다(1986. 11-14).

오랫동안 설교는 주로 명제를 통한 앎의 방식에 의존해 왔다. 즉, 성경 본문에서 추출한 의미의 명제들을 진리라고 주장하고, 그 핵심 명제의 주장을 보완하는 하위 주장들(sub-points)로 이를 뒷받침하는 방식이었다. 또한, 성경 자체는 해석자와 설교자

내러티브 이론 (Narrative Theory)

가 신중하게 탐구하여 발굴할 수 있는 진리의 보고로 여겨졌다.

내러티브 이론은 지식 습득, 성경 해석, 그리고 설교 방식에 새로운 방향을 제시한다. 이 방법론은 특히 1970년대 프레드 크래독(Fred Craddock)의 저서『권위 없는 자처럼』(As One Without Authority)의 출간 이래로 설교를 혁신적으로 변화시켰다. 크래독은 설교자가 본문을 주해할 때 따르는 그 과정을 강단에서도 똑같이 따라가도록 권장하면서 전통적인 명제적 설교 방식을 완전히 뒤집었다. 즉, 설교는 하나의 명제로 시작하기보다 설교자와 청중이 함께 의미를 추적하면서 귀납적으로 움직여야 한다는 것이다.

또 어떤 학자들은 새로운 설교학으로 알려진 설교 운동을 통해, 명제보다 내러티브의 움직임에 초점을 맞추면서 크래독과 그에게 영향을 준 학자들의 연구를 확장해 나갔다.

내러티브의 핵심 요소 중 하나는 시간의 흐름(temporal flow), 즉 시간의 전개 속에서 이루어지는 움직임(movement through time)이다. 아침에 일어나는 일을 묘사하는 일상의 이야기조차도 특정한 시점에서 시작해 시간의 움직임을 통과하여 결말에 이른다. 사람들은 또한 과거의 사건을 회상하고 미래를 형성하는 데 중요한 역할을 할 수 있는 오늘날의 이야기를 들려주기도 한다.

성경 자체도 과거를 기억하고, 현재를 형성하며, 신앙공동체를 미래로 이끄는 이야기로 읽을 수 있다. 내러티브 이론의 관점에서 성경은 단순히 이야기로 분류된 구절뿐만 아니라 비내러티브 구절을 포함해 모두 하나의 포괄적 내러티브로 간주 될 수 있다. 아가, 잠언, 서신들, 묵시적 환상, 레위기의 규례 등은 모두 내러티브라는 더 큰 경전적 틀 안에 놓여 있다.

어떤 내러티브 해설자는 성경을 기독교공동체에 규범적 틀을 제공하는 이야기로 간주한다. 그들은 성경 내러티브가 신앙공동체 안에 규범적 의식을 형성시킨다고 주장한다. 그러나 페미니스트들과 비주류 문화권에 속한 사람들은 이런 주장에 의문을 제기한다. 여성 및 '타자'(other)로 여겨지는 그들의 경험이 성경 내러티브 안에 충분히 반영된 적이 없었고, 과거나 오늘날이나 교회의 이야기에서 자주 배제되어 왔기 때문이다(페미니스트비평 참고).

그러나 페미니스트들이 여성의 경험을 지혜의 원천이자 해석학적 지침으로 강조할 때, 성경을 읽는 중요한 해석학적 렌즈가 되는 것은 바로 여성들의 삶에 관한 내러티브다.

성경 해석에 대한 내러티브 접근 방식은 내러티브라는 형태 자체가 본문의 의미에 필수적이라고 주장한다. 즉, 내러티브에서 명제를 추출하는 것이 아니라, 내러티브 자체가 의미를 지니며 그 의미는 그 형태와 분리될 수 없다는 것이다.

그러므로 복음서의 비유는 단순히 하나의 요점(point)을 전달하는 것이 아니다. 비유 자체가 요점이며, 그 내러티브의 특성이 독자들의 참여를 유도한다. 역사비평적 도구들은 특정 내러티브를 역사적 시간의 틀 안에 위치 시키는 데 활용될 수 있지만, 가장 중요한 것은 내러티브 자체다. 다양한 분야들이 내러티브에 관여하고 그것에 반응하는 데 영향을 줄 수 있다. 로버트 알터(Robert Alter)는 *The Art of Biblical Narrative*(성경적 내러티브 기술)라는 책에서 성경 이외의 문학에 적용되는 문학비평을 활용하여 성경 본문을 탐구한다(1981, 12-13).

필리스 트리블(Phyllis Trible)은 수사비평을 통해 내러티브 구절 안의 반복, 패턴, 움직임을 면밀히 분석한다(1978, 10-11).

내러티브 이론이라는 큰 틀 안에 속하는 다양한 방법론은 모두 내러티브 형태와 내용이 서로 분리될 수 없다는 강한 믿음을 공유한다.

1. 설교적 함의

신앙공동체가 성경의 내러티브를 바탕으로 형성된다면, 사람들은 그 내러티브를 알아야 한다. 이것은 설교자가 청중이 이런 내러티브를 경험하고 이 내러티브가 그들의 삶의 이야기와 연결되도록 성경 이야기를 다시 들려주어야 함(retelling)을 의미한다. 성경 이야기를 다시 들려주는 것은 반복(repeating)하는 것과는 다르다.

역사적 아프리카계 교회의 설교자들은 내러티브를 전달하는 재능이 탁월했다. 그들은 상상력을 활용하여 공동체가 그 이야기 안에 들어오도록 잘 이끈다. 그들은 성경 이야기를 다시 들려줄 때 종종 이야기를 멈추고 회중에게 관심을 돌려 그들의 현재 상황을 떠올리게 한 후 다시 성경 내러티브로 돌아오는 방식을 활용한다(현재화하기 참고).

때때로 설교는 어려움 속에서도 그들이 지치지 않도록 용기를 북돋워 준다. 이야기를 다시 들려줄 때 사람들은 하나님이 그들의 삶을 변화시키시고 더 신실한 삶으로 인도해 주실 것이라 믿게 된다.

설교자는 성경 내러티브를 생생하게 전달하기 위해 현재의 단어나 이미지를 추가함으로써, 리처드 에슬링거(Richard Eslinger)가 말한 "현재화의 실마리"(contemporizing cues)를 활용할 수 있을 것이다(1995, 155-66). 그 사례는 바바라 브라운 테일러(Barbara Brown Taylor)가 "그는 국민의 영웅이었습니다. 그는 아람의 팬타곤(Aramean Pentagon)이 내려다보이는 사무실을 가지고 있었습니다"라는 나아만 장군의 묘사에서 볼 수 있다(1999, 156).

성경적 내러티브는 또한 비성경적 내러티브를 통해 구성되거나 도입될 수 있다. 비성경적 내러티브는 성경의 이야기로 이끄는 일종의 비유 역할을 하며, 이런 틀은 영화나 연극, 또는 신문이나 설교자가 만들어 낸 이야기에서 가져올 수도 있다.

내러티브 설교(Narrative sermons)는 줄거리(plot)와 움직임에 특별한 주의를 기울인다. 성경 내러티브 본문으로 설교하든, 비내러티브 본문에 살을 붙여 내러티브를 구성하든, 설교자는 설교의 흐름을 세심하게 계획해야 한다.

유진 라우리(Eugene Lowry)에게 있어, 내러티브 설교는 모순(discrepancy), 즉 평형을 뒤집는 시도로 시작한다. 설교는 설교자와 청중이 본문의 기쁜 소식을 발견하는 지점을 향해 점진적으로 하강한 후, 다시 상승하면서 그 기쁜 소식의 의미와 축제를 경험한다. 라우리가 사용한 약칭에서 보듯, 설교는 "아이쿠"(oops)에서 시작해 "이게 뭐야?"(ugh)로 하강한 후, "아하"(aha)의 깨달음을 거쳐

"와"(whee)와 "그래, 바로 이거야"(yeah)로 고조되는 흐름을 가진다(2001, 26).

데이비드 버트릭(David Buttrick)은 설교를 영화의 프레임처럼 일련의 "움직임"(moves)으로 설명한다. 각 움직임은 한 프레임 안에 청중의 관심을 붙잡아 놓을 수 있도록 신중하게 구성되며, 다음 프레임과 유기적으로 연결되어 설교의 내러티브 흐름을 형성한다(1987, 23-24). (움직임 참고).

내러티브 설교는 개별적인 이야기를 더 큰 경전 전체 중 일부로 여긴다. 내러티브 이론은 본문의 현재 형태가 형성된 과정보다 본문의 현재 형태와 배치에 더 주목한다. 설교자는 본문에 나타나는 경전적 중단(interruptions)과 삽입(interpolations)을 연구한다. 예를 들어, 열왕기하에서는 네 개의 '샬롬' 이야기가 거룩한 전쟁(3장)과 한 전사의 이야기(5장) 사이에 삽입된다. 공관복음에서는 무명의 혈루증 앓는 여인이 야이로의 딸을 고치러 가시는 예수님의 길을 가로막는다. 내러티브의 중단은 의미를 해석하는 중요한 단서를 제공한다.

도발적 근접성(provocative proximity)은 또 다른 단서를 제공한다. 헤롯의 끔찍한 연회 이야기는 오천 명을 먹이신 예수님의 이야기와 근접하여 언급된다. 하나는 제국의 잔치이고, 다른 하나는 하나님 나라에 관한 예수님의 비전이다. 또한, 요한복음은 두 번 끝나지만, 20장의 끝과 21장의 시작을 함께 읽지 않으면 이를 쉽게 알아차릴 수 없다. 내러티브가 끝난 것처럼 보일 때, 그 이야기는 다시 시작된다. 그리고 사람들은 결코 끝나지 않는 후기(postscript) 속에서 살도록 초대된다.

내러티브 이론은 의미가 이야기 안에 담겨 있음을 신뢰하도록 설교자와 청중을 이끈다. 내러티브 설교는 설명되기보다 경험되는 것이다.

참고 주제 귀납적 설교; 내러티브 형태; 내러티브 설교; 새로운 설교학

참고 문헌 Robert Alter. *The Art of Biblical Narrative*.(1981); Jerome Bruner. *Actual Minds, Possible Worlds*.(1986); David Buttrick. *Homiletic: Moves and Structures*.(1987); Fred Craddock. *As One Without Authority: Essays on Inductive Preaching*.(1974); Richard L. Eslinger. *Narrative&Imagination: Preaching the Worlds That Shape Us*.(1995); Eugene Lowry. *The Homiletic Plot: The Sermon as Narrative Art Form*. Expanded ed.(2001); Barbara Brown Taylor. *Home by Another Way*.(1999); Phyllis Trible. *God and the Rhetoric of Sexuality*.(1978).

소설(Novels)
코넬리우스 플란팅가 주니어(Cornelius Plantinga Jr.)

설교자들은 단순한 즐거움을 위해서나 다양한 이유로 폭넓은 독서를 할 수 있지만, 대부분 그 동기는 청중에 대한 존중에서 비롯된다. 진정으로 존경받는 설교자는 자기 삶의 경험만으로 모든 설교를 만들어 낼 수 있을 만큼 충분히 풍부한 토양이라고 생각하지 않는다. 그래서 다른 사람들의 통찰을 받아들여 설교에 영양분을 더한다.

예를 들어, 설교자들은 시를 읽으며 설교

소설(Novels)

자의 핵심적 도구인 언어 감각을 단련한다. 설교자들은 전기(biography)를 통해 인간성에 대한 깊은 통찰과 좋은 판단력을 기른다. 반면, 언론 기사(journalism)는 설교자가 현대의 유행과 사건을 명확히 이해하는 데 도움을 준다. 논평(essay)은 설교자가 생각을 집중하고 명확하게 표현하는 법을 익히도록 돕는다(오웰[Orwell]의 많은 논평은 단 하나의 주제를 정확하게 다룬다). 마지막으로, 아동 문학은 설교자에게 산문 스타일의 훌륭한 모델을 제시한다. "사람들이 그러는데 아슬란(Aslan)이 움직이고 있대"(Lewis 1978, 67)와 같은 문장은 "고귀한 단순함"(noble simplicity)이라는 문체의 전형적 예가 된다.

어른들을 위한 소설은 앞서 언급한 여러 장점과 더불어, 그 자체만의 고유한 가치를 제공한다. 그러나 이런 가치들은 반드시 화려한 문장으로 꾸며진 설교를 만드는 일과 직접 관련이 있는 것은 아니다. 모든 교인이 "모압의 언덕 너머로 하늘이 분홍빛으로 물들고 있다"라거나 "그 사도의 발이 황폐한 인생의 길을 걸어가자, 그의 날개도 함께 접혔다"라는 표현을 듣고 싶어 하는 것은 아니다. 누가 과연 이런 식으로 말하겠는가.

설교자가 소설을 읽는 이유는 설교에 인용하기 위해서만이 아니지만, 사실 소설을 인용하는 것은 쉽지 않은 일이다. 긴 인용문은 큰 부담이 될 수 있다. 자칫하면 설교의 나머지 부분을 압도해 버릴 수도 있기 때문이다. 소설의 맥락에서 잘려 나온 짧은 인용문은 오히려 청중을 혼란스럽게 만들 수 있으며, 그 맥락을 다시 설명하려는 설교자는 상당한 시간과 고도의 기술이 필요하다. 일반적으로 문학적 분위기를 과하게 자아내는 설교자는, 자신의 언어를 사용하든 남의 문장을 빌려오든 지나치게 세련되거나 비현실적으로 들릴 위험이 있다.

설교자가 소설을 읽고, 때때로 그것을 언급하거나 인용하는 데에는 여전히 분명한 이유가 있다. 그중 하나는 설교자는 항상 예화를 찾고 있기 때문이다.

따라서 "겸손(을) … 옷 입고"(골 3:12)라는 바울의 반가운 충고를 깊이 묵상하는 설교자는 메릴린 로빈슨(Marilynne Robinson)의 소설 『길리아드』(Gilead)에 등장하는 설교자 존 애임스(John Ames)를 참고할 필요가 있다. 그는 온화한 자기-아이러니(genial self-irony), 즉 매력적 형태의 겸손을 구현하는 인물이다. 애임스는 자신의 꿈을 이렇게 들려준다.

> 나는 떠오르는 대로, 어리석은 말로 예수님께 설교하고 있었습니다. 그런데 예수님은 하얀 순백의 옷을 입으신 채, 인내심과 슬픔, 그리고 놀라는 표정으로 그 자리에 앉아 계셨지요(Robinson 2004, 68).

또한, 인내심에 관해 설교하는 설교자라면 존 스타인벡(John Steinbeck)의 소설 『분노의 포도』(The Grapes of Wrath) 속 마 조드(Ma Joad)를 기억할 것이다. 그녀는 불편한 상황이나, 심지어 부당한 대우 속에서도 전혀 위축되지 않고, 오히려 그것을 흡수하며 견디는 엄청난 내면의 힘을 지닌 인물이다.

소설에서 가져온 예화가 효과적으로 사용되려면, 많은 것이 설교자의 판단에 달려 있다.

소설(Novels)

이 예화는 얼마나 적절한가?
지나치게 화려하지는 않은가?
예화와 그 예화가 설명하려는 내용 사이가 긴밀하게 연결되어 있는가?
이 예화가 일반 청중에게 얼마나 유용할까?

그러나 노련한 설교자라면, 소설이 미리 정해진 주제를 잘 설명해 줄 수 있다는 단순한 이유만으로 소설을 읽지는 않는다. 우선, 오직 예화를 찾기 위해 소설을 읽는 것은 직장의 업무처럼 느껴질 수 있다. 또한, 너무 편협한 목적으로 읽으면, 설교자가 독서를 통해 얻을 수 있는 더 크고 보편적인 유익을 놓칠 위험이 생긴다. 잘 선택된 독서 프로그램은 설교자에게 지혜를 가져다 준다.

결국, 소설은 삶, 죽음, 죄, 은혜, 순례, 인내, 하나님, 늙음, 기쁨, 갈망, 귀향, 뿌린 대로 거두는 것을 포함하여 사건, 이미지, 인물 묘사, 문구, 해 아래서 일어나는 모든 일에 대한 깊이 있는 통찰을 담고 있다. 설교자들은 성경 속에서 이런 주제들을 다룬다. 그리고 이런 주제들에 관한 깊은 이해를 갖추고 설교한다면 훨씬 더 큰 유익을 얻을 수 있을 것이다.

수많은 사례 중에서 하나만 살펴보자.
스타인벡의 소설, 『에덴의 동쪽』(*East of Eden*)에서 부부인 사무엘과 리사는 맏딸 우나를 잃는다. 스타인벡은 그 슬픔을 묘사하면서, 사람마다 죽음을 어떻게 다르게 받아들이는지를 보여 준다.

우나의 죽음은 사무엘이 딛고 있는 땅을 무너뜨리고 그를 무장 해제시켜 늙게 했다. 반면, 남편만큼 가족을 깊이 사랑했던 리사는 무너지거나 비뚤어지지 않았다. 그녀의 삶은 한결같았다. 그녀는 슬퍼했지만, 잘 견뎌냈다(1952, 336).

두 사람은 왜 이렇게 다른가?
사무엘은 죽음을 진정으로 믿지 않았다. 그에게 죽음이란 "잔인무도한 일, 곧 그가 깊이 느껴온 불멸성의 부인(a denial of the immortality)"이었다(ibid.). 그러나 리사의 세계에서 죽음은 불가피한 현실이었다.

그녀는 죽음을 좋아하지 않았지만, 그것이 존재한다는 것을 알고 있었다. 그리고 죽음이 찾아왔을 때, 그녀는 놀라지 않았다(ibid.).

세심한 설교자는 이 차이를 숙고하며, 죽음에 대한 성경적 태도와 비교할 것이다.

죽음은 잔인무도한 일("맨 나중에 멸망 받을 원수" [고전 15:26])로, 결코 이 세상에 들어와서는 안 될 불의한 현상인가?
아니면 "날 때가 있고 죽을 때가 있는"(전 3:2), 생명의 리듬 속에 포함된 자연스러운 일부분인가?
혹은 이 두 가지 모두인가?

지혜는 설교자에게 주어진 은사이자 소명이다.
지혜 없이, 누가 회중을 가르치고, 경고하고, 영감을 주고, 용기를 북돋는 사명을 감당할 수 있을까?

소설(Novels)

그러나 지혜가 있다면, 설교자는 적어도 회중이 "인내하고, 슬퍼하며, 놀란 표정으로" 앉아 있지만은 않기를 바랄 것이다. 설교자는 몇 권의 소설책만으로도 세계를 탐험할 수 있으며, 그 안에서 잠시 머물며 배울 수 있다는 사실을 알고 있다. 그리고 그런 세계 속에서, 설교자는 "중용의 지혜," 즉 사소한 깨달음과 심오한 통찰 사이의 중간 지점에 놓인 통찰력을 축적해 나간다. 예를 들어, 보자.

첫째, 인간의 연민은 종종 겉으로 드러나지 않지만, 강한 사람이 그것을 먼저 드러내면, 다른 사람도 이를 받아들이면서 점차 확산된다.

둘째, 그러나 연민은 많은 사람이 자기 방식대로 선의를 베풀려고 할 때, 선물이라기보다 짐처럼 느껴질 수 있다.

셋째, 분노는 파괴하고 타락시킨다. 그러나 그것이 불의를 향할 때, 사람들에게 생기를 불어넣고 목적 의식을 심어 줄 수 있다.

넷째, 침묵은 말하기 위한 자연스러운 상황이며, 듣기 위한 자연스러운 공간이기도 하다. 침묵, 소리, 그리고 다시 침묵으로 이어지는 리듬은 하나님이 창조 안에 심어 두신 질서이며, 그 리듬이 깨질 때 우리는 방향을 잃게 된다.

다섯째, 죄의 압박 속에서 사랑은 때때로 예상치 못한 형태로 나타날 수 있다. 심지어 배신처럼 보이는 모습으로 보일 수도 있다.

설교자는 지혜를 추구하는 데뿐만 아니라, 설교가 더욱 역동성을 갖는 데도 작은 도움을 받기 원한다. 프레드 크래독(1971), 유진 라우리(1997), 데이비드 버트릭(1994), 리처드 에스링거(1996), 루시 애킨스 로즈(1997) 등과 같은 저자들의 설교학에 따르면, 설교는 논문(essay)처럼 들리기보다 서사시(odyssey)처럼 들려야 한다. 설교는 이야기, 시, 비유, "줄거리로 이루어진 내러티브" 혹은 대화처럼 들려야 하며, 그래서 논리와는 상관없이 성경 장르의 형태를 따라야 한다. 특히, 널리 논의된 방법의 하나로, 데이비드 버트릭은 설교가 중요한 사건에 반응하는 인간의 의식처럼 변화무쌍하게 움직이기를 바란다(Buttrick, 1994, 80).

어떤 경우이든 이 아이디어는 설교가 논증이나 논지의 적용으로 구성되는 것이 아니라, 역동적으로 움직여야 한다는 것이다. 설교는 무슨 일이 발생했고, 그다음 무슨 일이 발생했으며, 그 발생한 일을 누가 말했고, 누가 그 일을 발생시켰는지 말할 수 있어야 한다. 설교는 또한 발생한 일들을 경험하는 것이 어떤 느낌인지를 전달할 수 있어야 한다.

달리 표현하면, 잘 구성된 설교는 정지된 사진보다는 서로 연결된 "프레임"이나 장면들이 역동적으로 펼쳐지는 슬라이드 필름(filmstrip)을 떠올리게 하는 구조를 가져야 한다(Buttrick 1994, 83, 95, 98; Eslinger 1996, 64; Paul Scott Wilson 1999, 84).

소설은 그 내러티브 속에 동기, 대화, 행동, 결과를 모두 담고 있는 것으로서 설교자의 좋은 친구가 된다.

설교자는 아래와 같이 설교를 시작하는 방식을 배워야 할까?

소설 (Novels)

우리 가족에게는 종교와 플라이 낚시 사이의 명확한 경계가 없었다(Maclean 2001, 1).

아니면 아래와 같이 모든 것을 마무리하면서도 듣는 이들의 가슴을 저미게 하는 결말을 배워야 할까?

기도하고, 그런 다음에는 자야지(Robinson 2004, 247).

설교자는 긴장을 조성하고, 완전히 해결하지 않은 채 남겨 두는 방식을 택해야 할까?

아니면 예수님의 비유에서처럼, 설교 안에 점진적으로 방출되는 장치(timed-release mechanism)를 심어, 설교가 예배 후 오랜 시간 회중의 마음속에서 서서히 완성되기를 바라야 할까?

이 모든 이유로, 설교자는 장편 소설뿐만 아니라 단편 소설도 읽어야 한다. 몇몇 최고의 소설가들(John Cheever, John Updike, Graham Greene, William Maxwell)은 최고의 단편 소설을 남겼다. 게다가 짧다는 것은 그 자체로 교훈적이다.

예를 들어, 엘리스 아담(Alice Adam)의 단편들은 때때로 9-10페이지 안에서 시작, 전개, 마무리가 모두 이루어진다. 설교와 거의 똑같은 길이의 이야기 안에서 모든 사건이 전개되는 것이다. 최고의 이야기는 설교자가 복선(foreshadowing), 회상(flashback), 반전(surprise) 등과 같은 강력한 장치를 배우는 데 도움을 준다. 이와 관련해, 현명한 설교자라면 이디스 워튼(Edith Wharton)의 『로마 열병』(Roman Fever)를 매년 다시 읽을 것이다.

성경을 읽는 데 그치지 않고 그것을 설교하는 이유는 무엇인가?
설교는 오류 가능성이 있고, 비효율적이지 않은가?
설교자의 말은 복음의 위엄과 신비를 담아내기에 부족한 그릇 아닌가?

그렇다. 그러나 조나단 에드워즈(Jonathan Edwards)가 말했듯이, 설교는 하나님이 인간의 마음을 움직이는 도구로 선택하신 방식이다. 이를 통해 하나님은 우리 마음이 자비를 향해 부드러워지고, 불의에 맞서 굳건해지도록 만드신다(Edwards 1959, 115).

설교자가 『분노의 포도』와 같은 소설을 읽어야 하는 마지막 이유는 단순히 예화, 지혜, 그리고 구조적 기능을 배우기 위해서만이 아니다. 설교자는 자신이 기적을 경험하지 않는 한, 다른 사람들에게 감동을 주는 도구로 하나님께 쓰임 받을 수 없다는 것을 알기에 마 조드(Ma Joad)의 이야기를 읽는다.

참고 주제 영화; 상상력/창의력; 귀납적 설교; 내러티브 형태

참고 문헌 David Buttrick, *A Captive Voice: The Liberation of Preaching.*(1994); Fred Craddock. *As One Without Authority.* (1971); Jonathan Edwards. *The Works of Jonathan Edwards.* Vol. 2, *Religious Affections.* Edited by John E. Smith. (1959); Richard Eslinger. *Pitfalls in Preaching.* (1996); C. S. Lewis. *The Chronicles of Narnia.* Book 2. *The Lion, the Witch, and the Wardrobe.* (1978); Eugene Lowry. *The Sermon: Dancing the*

Edge of Mystery. (1997); Norman Maclean. *A River Runs Through It and Other Stories*. (2001); Marilynne Robinson. *Gilead*. (2004); Lucy Atkinson Rose. *Sharing the Word: Preaching in the Roundtable Church*. (1997); John Steinbeck. *East of Eden*. (1952); Paul Scott Wilson. *The Four Pages of the Sermon: A Guide to Biblical Preaching*. (1999).

주제 문장(Theme Sentence)

폴 스콧 윌슨(Paul Scott Wilson)

설교의 주제 문장은 설교가 전달하거나 탐구하고자 하는 아이디어를 진술하는 것이다. 수사학의 표준 규칙에 따르면, 주제 문장은 복합 문장이 아닌 평서문(직설법)으로 구성되어야 한다. 이 주제 문장은 하나의 주제를 제시할 뿐 아니라 그 주제에 관한 주장도 담아야 한다. 주제 설교(topical sermons)에서는 주제 문장이 포괄적이고 통합적인 진술이다. 성경적 설교에서는 이 주제 문장이 주로 성경 본문에 대한 주해 작업을 통해 도출된다.

설교를 위해 선택된 본문 단락(pericope)이나 본문의 일부분이 현대 삶의 모든 측면과 의미 있게 연결되기 어려우므로, 본문의 특정 측면을 강조하여 현대 생활의 한 부분과 연결할 필요가 있다. 주제 문장의 결정은 설교자가 설교를 구성해 나가는 데 있어 가장 중요한 단계 중 하나라고 할 수 있다.

주제 문장의 개념은 고전 수사학에서 키케로(Cicero) 이전까지 거슬러 올라가며 수세기 동안 거의 변함없이 유지됐다. 설교학에서 최근까지 주제 문장은 성경 구절에서 유래하고 그 본문이 제시하는 중심 사상, 즉 본문에 통일성을 부여하는 동시에 하나님이 의도하신 아이디어를 전달한다고 이해했다. 이 주제 문장은 명제적 진술로서 본문의 단일한 의미에 대한 객관적 해석을 담고 있는 보편적 진리의 주장으로 이해되었다. 또한, 주해는 다음 두 가지 질문을 제기하는 과학적 과정으로 인식되었다.

"성경 본문의 역사적 기원은 무엇인가?"
"그 본문의 객관적인 의미는 무엇인가?"

1950년대에 이르러 이런 생각들은 본격적인 도전에 직면하기 시작했다. 학자들은 이제 본문이 다양한 의미를 포함하고 있으며, 해석은 선입견에 영향을 받고, 관점에 따라 달라질 수 있는 과정이라는 점을 대체로 인정한다. 본문과 마찬가지로, 해석자들 역시 특정한 역사적 상황 속에 자리 잡고 있으며 독특한 자기 경험에 영향을 받는다. 이제 종교적 경험에 대한 보편적인 주장은 성경 본문을 명제적 진술로 단순화하려는 시도로 의심받는다.

포스트모던 환경에서는 모든 전제(assumption)가 비평적 검토 대상이 되어야 할 필요가 있다. 주장(claims)은 잠정적이고, 문화적으로나 역사적으로 제한적이며, 단일한 관점만이 '옳다'라고 인정받을 수 없다. 성경 본문은 관점에 따라 정당한 해석들이 다양하게 활동하는 무대이기에, 여러 종류의 비평들이 각각의 의미를 도출해 낸다고 보는 것이 일반적이다. 청중의 관점이 중요해졌다. 이제 설교자가 다루어야 할 질문은 다음과 같다.

"어떤 관점(들)이 하나님 말씀으로서 설

교의 목적에 가장 부합되는가?"

1. 세 개의 진영

설교학자들은 이런 새로운 이해에 공헌했다. 오늘날에는 주제 문장을 옹호하는 세 개의 진영과 그것에 반대하는 하나의 진영이 있다. 전통적 주제 문장에 가장 가까운 진영은 주제 문장이 본문과 저자의 의도를 종합적으로 드러낸다고 주장하는 학자들이 이끌고 있다. 그래서 이 주제 문장은 "이 성경 구절이 의도하는 의미는 무엇인가"라는 질문에 대답을 제시한다.

다른 두 진영은 그래디 데이비스(H. Grady Davis)가 1958년에 *Design for Preaching*(설교 디자인)이라는 책을 출판한 이후에 출현했다. 데이비스는 성경 주해를 이끄는 본문의 기원과 의미에 관한 두 개의 질문이 설교를 형성하는 질문이 아니라고 생각했다. 그에게 주제 문장은 신학적 특성이 있으며, 그리스도 복음의 특정한 측면과 관련된다. 주제 문장은 다음과 같은 질문을 바탕으로 확장되는 아이디어다.

> 내가 무슨 말을 해야 하나?
> 이것의 의미는 무엇인가?
> 무엇을 언급해야 하는가?(43-44)

주제 문장은 정적(static)이고 명제적(propositional)인 것이 아니라 유기적(organic)이고 이중적인(double-barreled) 특성을 보인다. 그는 이것을 신학뿐만 아니라 수사학(즉, 어떻게 설득해야 하는가?)과도 관련지어 생각했고, 부분적으로 이런 이유 때문에, 이중의 유기적 접근법(a double-barreled organic approach)을 사용하는 두 개의 진영이 등장하게 되었다.

첫째, 수사학 진영(예를 들어, 프레드 크래독, 토마스 롱)은 설교가 과거 성경 본문이 수행했던 역할을 오늘날에도 수행해야 한다고 주장한다. 설교는 성경 본문이 당시 청중에게 행했던 것과 똑같은 방식으로 오늘날 청중의 필요에도 응답해야 한다는 것이다. 이 접근 방식의 장점은 성경 본문이 전달하고자 하는 내용을 우선시하여 설교할 수 있다는 점이다.

둘째, 신학적 진영(예를 들어, 브라이언 채플, 폴 윌슨)은 성경 본문에서 기쁜 소식을 전개하는 데 우선순위를 둔다. 이 진영의 설교는 먼저 성경 본문 안에서 특정 곤경(trouble)이나 죄에 초점을 맞춘 후, 그 곤경을 해결하는 본문 안의 은혜(grace)에 집중한다. 주제 문장은 설교의 후반부에서 전개되며 다음과 같은 질문에 대답한다.

"본문 안이나 본문 배후에서, 그리고 우리 세상 속에서 하나님은 무슨 일을 행하시는가?"

설교의 전반부는 주제 문장의 반대되는 내용이나 인간적 측면에 의해 전개되고 다음과 같은 질문에 답한다.

"본문과 우리 세계에서 하나님은 어떤 필요(또는 죄)를 다루시는가?"

이 접근 방식의 장점은 인간 중심적 설교를 지양하고, 요구(demand)와 소식이라는 두 측면으로 설교를 이끈다는 점이다.

수사적이고 신학적인 이중 접근 방식은 설교가 단순한 아이디어의 나열이 아니며,

주제 문장 (Theme Sentence)

논증(로고스), 감정(파토스/느낌), 그리고 인품(에토스)을 통해 소통한다는 점을 전제로 한다. 설교는 성경과 마찬가지로, 이미지, 은유, 이야기, 상징, 찬양, 예언, 역사, 법, 딜레마, 명제, 아이디어 등 다양한 장치를 활용한다. 주제 문장은 더 이상 여러 대지(points)로 나누어지는 정적 명제(static proposition)가 아니며(그렇게 될 수도 있지만), 오히려 확장되는 유기적 아이디어(organic idea)로 설교에 움직임을 제공하고 줄거리(plot)를 보조한다.

2. 주제 문장에 대한 반대

상당수의 설교학 교수는 주제 문장에 반대한다. 그들에게 주제 문장은 아이디어 중심의 설교(idea-driven homiletic)를 의미하기 때문이다.

데이비드 버트릭(David Buttrick)은 설교를 의식을 형성하는 도구로 생각하며, 사람들이 설교를 이미지나 사진으로 생각하도록 이끈다. 그는 단일 명제를 전개하는 대지(point) 중심의 설교에 반대하며, 대신 단일한 움직임(move) 또는 의미의 진술에 초점을 맞춘 일련의 움직임들을 지지한다. 15분 동안의 설교에서 다섯 번 이내의 움직임이 발생할 수 있으며(Buttrick 1987, 25), 각 움직임은 그 자체의 진술을 가지며 논리적으로 다음 움직임으로 이어진다.

그 밖의 설교학자(예를 들어, 유진 라우리)들은 설교를 주도하는 단일한 아이디어라는 개념에 대해 종종 타당한 이유를 들어 반대해 왔다. 전통적 설교학에서 주제 문장은 보통 본문 자체에서 도출되었다. 이에 대해 비평가들은 본문의 이미지를 연속적으로 변환하거나, 이야기의 줄거리를 따르거나, 아니면 이 둘을 혼합하는 에피소드적(episodic)이고 유동적(mobile)인 설교 형태를 제안한다. 이런 접근법에서 주제 문장을 정하기 위해 설교자가 해야 할 일은 설교에서 다루어야 할 어려운 상황을 결정하는 일이다(Lowry 1997, 107). 이런 설교는 제안이나 내기처럼 생각을 자극하고, 열린 결말로 마무리되며, 진리에 관해 잠정적인 주장을 제시하는 특징이 있다.

어떤 학자들은 설교가 회중 사이의 원탁토론에서 비롯되는 공동체의 모험이라고 주장한다. 설교의 의미는 설교자의 개입 없이 공동체 가운데서 생겨나며, 설교는 다양한 해석을 탐구하는 것이라고 강조한다. 설교는 다양한 것에 초점이 맞추고 공동체의 구성원을 초청하여 하나님 말씀을 듣게 하는 것이다.

3. 설교의 실천

주제 문장의 사용 여부는 그 설교자가 가진 설교학적 관점과 관련이 있으며, 설교의 형태와 본질, 성경의 권위, 설교자의 직무, 청중의 역할, 복음의 본질, 말씀의 신학, 설교의 목적 등과 같은 중요한 쟁점들과 연결된다.

이처럼 서로 상충 되는 접근 방식 가운데서 설교자는 어떻게 설교를 진행해야 할까?

위에서 언급된 몇몇 진영은 다양한 교파별 가르침과 밀접하게 연관되어 있기에, 그들의 교파 전통이 이런 문제들에 대해 안내자가 되어 줄 것이다.

실천적 관점에서, 모든 설교는 특정한 내용을 다루어야 하며 일정한 통일성도 가져야 한다. 모든 설교는 이 특정한 내용을 전달하기 위해 체계적으로 구성되어야 하며, 청중에게 잘 들리도록 전달되어야 한다.

본질적으로, 주제 문장은 설교자나 청중이 설교를 요약하고, 이 요약을 바탕으로 설교의 내용을 구성하려는 체계적인 시도일 뿐이다. 이 요약은 설교의 장르가 이야기의 줄거리이든, 논증이든, 아니면 다른 형태이든지 상관없이 가능하다. 설교자가 주제 문장을 회피하는 것은 일정 부분 안목 있는 청중의 평가 과정을 무시하는 것이며, 의사소통이 제대로 이뤄지지 않는 원인이 될 수 있다.

주제 문장을 비판하는 이들은 주제 문장이 이중적 형태로 변한 것을 인정하지 않은 채 전통적인 명제적 접근 방식에 몰두한다. 반면, 위에서 언급했던 수사적이고 신학적인 두 접근법은 설교자가 따라야 할 실행 가능한 경로를 제시한다. 두 방식 모두 본문을 존중하고(하나는 본문이 수행하는 수사적 의도를, 다른 하나는 복음의 차원에서 본문이 갖는 신학적 의도를 존중한다), 자체 생명을 지닌 유기적(organic) 도구로서의 설교 및 소통의 동반자로서의 청중을 존중한다. 또한, 설교 작성을 위한 필수적 도구로서의 이중 주제 문장을 존중한다.

참고 주제 초점 진술과 기능 진술; 독자/청자 반응 비평; 빅 아이디어 설교

참고 문헌 David Buttrick. *Homiletic: Moves and Structure*. (1987); Bryan Chapell. *Christ-Centered Preaching: Redeeming the Expository Sermon*. (2005); Fred Craddock. *Preaching*. (1985); Thomas G. Long. *The Witness of Preaching*. (1989); Eugene L. Lowry. *The Sermon: Dancing the Edge of Mystery*. (1997); Paul Scott Wilson. *Preaching and Homiletical Theory*. (2004)

비디오 영상(Video Clip)

마크 뉴먼(Marc T. Newman)

설교에서 비디오 영상, 특히 유명한 영화의 영상을 사용하는 문제를 논의할 때, 반대하는 사람들은 종종 "할리우드에서 무슨 선한 것이 날 수 있느냐"고 반응한다. 이를 지지하는 사람들은 즉시 사도행전 17장을 인용하면서 사도 바울이 사람들을 그리스도에게 인도하기 위해 아테네의 종교적, 철학적, 문학적 요소를 효과적으로 활용했다고 강조한다.

우리는 고린도전서 9:25에 나오는 "경기"를 언급하면서 바울이 영적 교훈을 주기 위해 체계적 스포츠 문화의 사례(아마도 올림픽일 것이다)를 사용했다고 주장할 수 있다. 예수님은 비유를 통해 가상의 이야기를 들려주셨고, 무화과나무와 같은 시각적 자료를 활용하여 진리를 설명하셨다. 결국, 비디오 영상은 설교의 보조 자료로 이미 활용되고 있는 스토리텔링의 기술 의존적 형태에 불과하다.

1. 책임

설교에서 영상의 사용과 관련된 두 가지

주요 문제는 영상이 본문을 압도하거나 과도하게 사용될 때 발생한다. 영상은 주로 목회자가 문화에 뒤처지지 않았다거나 멋지다는 인상을 주기 위해 사용하는 술책이 될 위험이 있다. 영상은 설교의 전개에서 보조적 역할을 해야 한다. 다른 시청각 자료들과 마찬가지로, 설교에서 비디오 영상은 회중에게 말로 설명하기 어렵거나 상상을 불러일으키기 어려운 내용을 제시할 때 사용되어야 한다.

또한, 영상은 공유된 문화적 경험을 끌어내기 위해 설교 시작 부분에서 주의를 집중시키는 독특한 장치로 활용될 수 있다. 그러나 그 영상들은 어려운 성경 주해 작업을 대신해 시간을 보내는 수단으로 사용되어서는 안 된다. 본문이 설교의 기초를 이루어야 하며, 영상은 본문을 보조하는 역할을 해야 한다.

또한, 다른 시청각 자료와 마찬가지로, 비디오 영상이 과도하게 사용되면, 메시지 전달을 방해할 수 있다. 설교는 본질적으로 구두 예술이다. 그러나 시각 자료를 쉽게 만들 수 있는 시대에, 어떤 설교자는 설교의 하위 요점(sub-point)을 설교하면서 슬라이드나 영상을 보여 주지 않으면 활용할 수 있는 기술을 충분히 활용하지 못하는 것이라고 염려한다. 시각 자료를 과도하게 사용할 경우, 회중을 설교와 화면 사이를 반복적으로 오가게 되어, 결국 산만해질 수 있다.

2. 장점

인간은 시각적 존재다. 이야기가 말로 전달될 때조차도 그것들은 마음속의 눈에 "보인다." 비디오 영상의 가장 큰 장점은 추상적 개념을 정서적으로 감동을 주는 방식으로 전달할 수 있다는 점이다.

1580년 필립 시드니 경(Sir Philip Sidney)의 글 〈시의 체제〉(The Defence of Poesie, 이외 여러 가지 철자로 표기됨)는 허구 문학이 철학과 역사보다 뛰어나다고 주장했다. 왜냐하면, 허구 문학이 이상적인 예를 제공하여, 그것을 역사적 상황 속에 실현할 수 있기 때문이다. 시드니의 주장은 영화에도 똑같이 적용될 수 있다. 영화는 성경적 이상을 구현하는 인물뿐만 아니라, 경고의 역할을 하는 인물도 만들어 낼 수 있다.

3. 영상 선택하기

할리우드 영화의 영상을 사용할 때 발생할 수 있는 위험은, 목회자가 영상 하나만 사용하는데도 그 영상이 영화 전체를 대변하는 것처럼 보일 수 있다는 점이다. 미성년자 관람 불가(R-rated) 영화는 어린이들이 포함된 일반 회중을 대상으로 한 설교 자료로 사용해서는 안 된다.

설교자는 모든 설교 보조 자료를 선택할 때와 마찬가지로, 비디오 영상을 선택할 때도 신중해야 한다. 즉, 그 영상은 모두에게 의미가 있고 누구나 접근할 수 있어야 한다는 것이다. 영상은 회중의 공동체적 문화 의식을 자극하기 위한 것으로, 대중적 영화가 가장 효과적이다. 최신 영화뿐만 아니라 뛰어난 고전 영화도 효과적이며, 이는 세대 간의 소통에도 유익을 줄 수 있는 추가적 장점이 있다.

사용할 수 있는 영화가 많으면 영상을 선택하는 데 시간이 오래 걸릴 수 있다. MovieMinistry.com은 할리우드 영화에서 영상을 찾으려는 사람들에게 검색할 수 있는 대규모 데이터베이스 제공하여 선택에 도움을 줄 수 있다. 소규모 기독교 스튜디오에서 만든 최근 영상을 찾는 사람들, 특히 예화를 찾는 것이 목적인 사람들을 위해서는 SermonSpice.com과 같은 서비스가 도움이 될 수 있을 것이다.

4. 이상적 길이와 횟수

비디오 영상은 대부분 30초에서 4분 사이의 길이가 적당하지만, 특별히 잘 만들어져 감동을 주는 장면은 예외로 둘 수 있다. 더 긴 장면은 설교의 전체적인 의도를 충분히 담아낼 수 있다는 전제하에, 서론에서 청중의 주의를 끌거나 결론에서 효과적 장치로 사용될 수 있다. 설교 중간에 보조 자료로 활용될 때는 청중이 그 이야기에 몰입되지 않도록 영상을 2-3분으로 제한하는 것이 좋다(그래야 그 영상이 끊겼을 때 때 실망하지 않게 된다). 영상이 보조 자료로 사용될 때마다, 그 영상에서 제시하려는 신학적 교훈이 먼저 전달되어야 한다.

설교자는 본문을 설명하는 데 필요한 만큼 많은 영상을 사용할 수 있다. 그러나 특정 성경 본문을 예로 들기 위해 한 영화의 다양하고 연속적인 장면을 사용하는 경우가 아니라면, 효과를 극대화하기 위해 영상의 수는 제한되어야 한다. 회중은 다양성을 선호한다. 즉, 모든 영화가 널리 알려져 있지 않다는 점을 고려하여 여러 가지 유형의 예화를 혼합해 사용하는 것이 모든 사람에게 깊은 인상을 남기는 가장 좋은 방법이다.

5. 법적 그리고 기술적 제한

이 글이 출판되는 시점에서 볼 때, 교회에서 영화 영상을 사용하는 현상이 증가하는 것으로 보인다. 교회에서 영상을 상영하려면 일반적으로 기독교영상저작권협회(Christian Video Licensing International)와 같은 기관에서 발급하는 허가증이 필요하다. 그러나 최근 일부 스튜디오에서는 별도의 허가 없이도 교회에서 사용할 수 있도록 다운로드가 가능한 영상을 제공하고 있다.

언젠가는 할리우드 영화의 다양한 영상을 자유롭게 다운로드하여 사용할 수 있게 될 날이 올 것이다. 그때까지는 허가증이 필요하다.

영상 사용에 따른 법적 제약 외에도 기술적 요구 사항도 고려해야 한다. 아주 작은 교회의 경우, DVD 플레이어가 탑재된 노트북과 몇 대의 모니터면 충분할 수 있다. 그러나 큰 교회는 화면을 올리고 내릴 수 있는 또는 고정 설치된 스크린과 함께, 장착형 프로젝터가 필요하다. 이런 장비는 교회가 실제로 테스트해 볼 수 있도록 허용해 주는 신뢰할 수 있는 전문가를 통해 구입하는 것이 바람직하다.

비디오 영상은 다른 예화 도구로는 전달할 수 없는 현실감을 제공할 수 있다. 지혜롭게 선택하여 사용하는 영상들은 성경 본문을 생동감 있게 표현하고, 청중에게 행동의 원칙이 어떻게 적용되는지 보여 준다.

예배 환경(Worship Environment)

목회자가 비디오 영상을 공정하게 사용하고 관련된 법을 준수할 때, 교인들에게 좋은 본보기가 될 수 있다. 목회자는 적절한 장비를 선택하여 좋은 영상의 효과를 극대화할 수 있다. 궁극적으로 비디오 영상의 가치는 하나님 말씀을 보조하고 강화하는 데에 얼마나 공헌하는지에 따라 결정된다.

참고 주제: 예술; 영화; 기술

참고 문헌: http://www.MovieMinistry.com; http://www.SermonSpice.com; Quentin J. Schuitze. *High-Tech Worship.* (2004); Phillip Sidney. "The Defence of Poesie"(1580, 1595).

예배 환경(Worship Environment)
로렌스 홀 스투키(Laurence Hull Stookey)

학교 체육관에서 열리는 장례식이나 공연장에서 진행되는 목사 안수식에 참석해 본 사람이라면 누구나 예배 환경의 중요성을 실감하게 된다. 예배에 적합한 공간이 무엇인지 정의하기는 매우 어렵지만, 대부분의 사람이 전혀 적합하지 않다고 여길 만한 환경은 분명 존재한다(번잡한 교차로에 위치한 공용 주차장의 답답할 정도로 천장이 낮은 공간을 생각해 보라).

주변 환경이 예배자에게 영향을 미치는 것처럼, 설교자에게도 큰 영향을 줄 수 있다. 우중충하고 제대로 관리되지 않은, 경건한 분위기와는 거리가 먼 공간은 설교자와 예배 준비자 모두를 기운 빠지게 만들 수 있다. 만일 조명이 너무 어두워서 설교자가 교인들의 얼굴을 제대로 볼 수 없고 단지 실루엣만 보이는 상황이라면, 문제는 더 심각해진다.

몇 가지 환경적 요인은 예측하고 대비할 수 있다. 만약 야외 새벽 예배에서 설교해 달라는 요청을 받았다면, 지혜로운 설교자는 책이나 종이가 여기저기 뒤섞이지 않도록 모든 자료를 링 바인더에 준비해 갈 것이다. 또한, 그런 행사에서 벌어질 수 있는 어려움을 예상하는 사람은, 축축한 아침 시간에 잉크젯 프린터로 출력한 자료가 번지는 것을 막기 위해 모든 인쇄물을 플라스틱 파일 안에 넣어 둘 것이다.

어떤 상황은 바꿀 수 없거나 예측할 수도 없다. 초청된 설교자가 설교단의 높이나 조명의 밝기를 바꿀 수 없다(설교단의 사용 참고). 설교자가 만일 예배 참석자들이 주로 비디오 모니터를 통해 진행 상황을 인지하는 오천 석 규모의 체육관에서 설교한다면, 작은 공간에서 오십 명에게 설교할 때처럼 청중 개개인과 눈을 마주칠 수 없게 된다.

어떤 환경에서든 중요한 것은 모인 사람들이 우연히 교회에 온 방문객이 아니라, 이 땅 위에서 그리스도의 몸을 이루는 지체라는 의식이다. 특히, 설교단과 성찬상 뒤에 앉아 회중을 바라보는 찬양대원들은(북미의 많은 예배당이 이와 같은 구조로 되어 있다-역주) 그들이 공동체의 한 구성원이라기보다 관객을 즐겁게 해 주는 앙상블 연주팀처럼 보일 수 있다.

게다가 설교자와 똑같은 방향을 바라보는 사람들에게 설교하기도, 그들의 소리를 듣기도 쉽지 않다. 아마도 찬양대는 성경 봉독과 설교 전 예배 순서 초반에 찬양한 후 회중석에 있는 가족들에게 돌아가 예배할 수 있으면 좋을 것이다.

역사적 전통을 유지하기를 바라는 교회에는 보통 세 개의 기구가 예배 공간에 배치되어 있으며, 이들은 함께 중요한 신학적 원칙을 제시한다.

첫째, 세례 공간은 예배당 중앙 출입구 근처에 자리 잡고 있어서 우리가 이 예식을 통해 교회에 들어 온다는 사실을 상기시킨다. 또는 이 공간이 회중의 앞쪽에 위치하여 세례가 믿는 사람들의 몸 가운데서 수행되는 공적 행위라는 점을 드러낼 수 있다.

세례 예식이 없는 경우에도 세례당(baptistery)은 사람들이 쉽게 볼 수 있어야 한다. 세례탕(pool)은 사용하지 않을 때도 커튼으로 가려놓지 말아야 한다. 세례 물그릇은 창고에 보관해서는 안 되며, 시제(acolyte, 미사에서 촛불을 밝히는 역할 등을 하는 조수-역주)의 편의를 위해 성냥 보관함으로 사용되어서도 안 된다.

둘째, 주님의 식탁(또는 성찬대)은 하나님이 자기 자녀들을 양육하신다는 의미를 지닌다. 이것은 단순한 꽃 장식대가 아니다. 그래서 포인세티아, 백합, 튤립 등 꽃 더미에 가려져서는 안 된다. 이것은 천국 잔치의 약속을 우리 앞에 차려 내놓는 식사를 위한 장소다.

셋째, 설교단은 세례를 준비하는 사람과 제자로서 선교에 참여하려는 사람들에게 성경이 읽히고 해석되어야 한다는 사실을 선포하는 장소다. 성경은 별도의 독서대(lectern, 오늘날 사회자를 위한 단상-역주)가 아니라 설교단에서 읽혀야 한다(별도의 독서대에서 읽으면 말씀 봉독과 말씀 해석이 서로 무관한 일임을 암시하게 된다).

설교자는 개혁 전통을 굳건히 지키고자 하는 사람들을 위해 설교자는 설교 중에 설교단을 떠나지 않는다. 빈 설교단은 마치 창고 안에 숨겨둔 세례 그릇이나 식사에 사용할 수 없는 식탁처럼 쓸모없게 여겨져 절기의 꽃장식을 위한 선반이 되기 때문이다.

회중 사이를 돌아다니며 설교하는 전통에서 사역하는 설교자는, 사람들이 무의식 중에 독순술(lipreading, 목소리보다 입 모양을 보고 말을 이해하는 방식-역주)을 한다는 사실을 염두에 두어야 한다. 청각 장애가 있는 사람들은 설교자의 말을 이해하기 위해 일반적 방송 시스템 이상의 도움이 필요할 수 있다. 그들은 설교자의 얼굴을 봐야 할 수도 있는데, 설교자가 계속 움직인다면 이것은 매우 어려워진다.

설교단 위에 머물러 설교하는 것도 다음과 같은 문제를 일으킬 수 있다.

거대한 설교단은 설교의 권위보다 오히려 설교에 대한 권위주의적인 태도를 더 드러낼 수 있다. 특히, 넓은 공간 안에서, 작은 설교단은 설교자의 임무를 하찮게 보이게 할 수 있다. 또한, 지나치게 정교한 디자인의 설교단은 선포에 집중하지 못하게 만들며, 설교자의 전신이 훤히 드러나는 아크릴 설교단은 설교자를 과도하게 돋보이게 한다. 또는 설교 도중, 설교자가 무의식적으로 춤을 추거나 신발을 벗을 때 회중의 주의를 산만하게 만들 수 있다.

예배 환경 그 자체는 세례반, 성찬상, 설

예배 환경 (Worship Environment)

교단의 의미와 같은 주제로 설교할 기회를 제공할 수 있다. 또한, 성탄 절기 중 크리스몽 나무(Chrismon Tree, 그리스도와 모노그램이라는 두 단어 앞 글자의 합성어로, 대림절과 성탄절의 색깔 및 기독교적 상징물로만 장식한 나무-역주) 위에 사용되는 신성한 모노그램과 같이 예배 공간 안에서 눈에 잘 띄게 전시되는 상징(IHS=예수, Chi Rho=그리스도, ICXC NIKA=예수 그리스도가 다스리신다, INRI=유대인의 왕, 나사렛 예수)의 의미를 설교할 수 있다.

성경적 또는 역사적 인물과 사건을 묘사한 스테인드글라스는 설교의 기초가 될 수 있으며, 어떤 경우에는 보통 어린이를 위한 시간이라고 불리는 순서에서(대다수의 북미 교회는 공 예배 중 어린이를 위한 순서가 포함되어 있다-역주) 어린이 교육을 위한 적합한 자료로 활용될 수 있다.

두세 군데의 작은 교회를 동시에 섬겨 본 설교자들은, 설교 자체가 기본적으로 똑같더라도 건물 안의 차이로 인해 서로 다른 스타일로 설교하게 될 수 있음을 증언한다. 건물 크기, 음향적 특성, 공간 안의 상징물의 양 등 모든 요소가 설교 스타일의 변화에 영향을 줄 수 있다.

4세기에 성 아우구스티누스는 설교자들에게 세 가지 기본 설교 스타일을 구분하도록 가르쳤다. 그것은 절제된 스타일, 중간 스타일, 그리고 웅장한 스타일이다(Doctr. chr. 4). 히포(Hippo)의 감독 아우구스티누스는 여전히 우리에게 많은 것을 가르쳐 준다.

참고 주제 예배 스타일

참고 문헌 Augustine. *Christian Instruction*.

제6장 설교자

서문: 설교자의 수행(The Preacher's Performance)

자나 칠더스(Jana Childers)

1. 수행의 회복

'전달'(delivery)이란 용어는 설교 과정 중 공개적으로 이루어지는 부분을 묘사할 때 자주 사용된다. 만약 당신이 설교 중의 설교자의 태도에 대해 칭찬이나 불평할 것이 있다면, 설교자에게 다가가 설교 전달에 관해 말할 것이다.

"설교할 때 머리를 한쪽으로 기울이시는 거 알고 계세요"라고 말하며 설교자의 모습을 흉내 내기도 하고, "내가 목사님의 설교를 생각하면 항상 귀 뒤로 머리카락을 넘기는 행동만 떠오릅니다"라고 불평하며 옆머리를 매만지기도 할 것이다. 또는 "목사님은 설교 전달에 있어서 흠잡을 데가 없습니다"라고 칭찬할 수도 있을 것이다.

모든 사람은 가운을 입은 설교자가 설교의 순간(preaching moment)에 행하는 일이 전달이라는 것을 알고 있다.

설교자는 무엇을 하는가?

그들은 근육(신체적이고 영적인)을 사용하여 메시지가 제대로 전달되고 이해되도록 노력한다. 이것은 명확한 개념이다. 그러나 전달이라는 용어는 공간 안에서의 상품 배송과 같은 기술적인 의사소통으로 이해되기 때문에 단점이 있을 수 있다. 그럼에도 사람들은 책략, 조작, 속임수를 연상시키는 수행(performance)과 같은 단어보다는 전달을 훨씬 더 선호한다. 전달은 그나마 품위 있는 단어다.

이런 완곡적인 표현은 많은 것을 드러내지 않는가?

우리는 설교가 무대 위에서 일어나는 상호 작용이라기보다는 캔사스주(Kansas)를 가로질러 건조식품을 운반하는 일과 같다고 생각한다. 우리는 설교를 카네기홀과 비교하기보다 UPS(미국의 종합 물류 회사-역주)와 비교하는 것에 더 익숙하다. 우리는 설교의 순간이 마치 꽃 배달 서비스(FTD)가 문을 열고 들어와 당신의 품 안에 장미꽃을 안겨주는 순간과 같다는 생각이 널리 퍼지기를 바란다. 이는 사람들이 설교를 가식과 관련짓는 것보다 더 낫기 때문이다.

설교를 전달받는 사람들이 이런 소비자 의식을 갖는 것은 어쩌면 놀랄 일이 아니다. 설교의 전달 모델에서 봤을 때, 수신자의 만족은 이 일의 핵심이다. 고객은 언제나 옳다.

물론 사람들이 설교단에서의 책략을 경계하고 감상적으로 변하는 것에 주의해야 한다. 하나님의 자녀들은 경솔하거나 과장된, 또는 진실하지 못한 설교를 멀리해야 한다. 우리가 설교자들에게 그리고 그들의 설교에서 진정성을 요구하는 것은 당연한 일이다. 속임수와 조작이 설교단에 설 자리가 없게 해야 한다고 주장하는 것도 옳다. 기만과 가식이 설교의 천적이라고 생각하는 것도 맞다. 그러나 '수행'(performance)이라는 단어가 이런 것들과 관련돼 있다고 생각하는 것은 옳지 않다.

수행은 전달이라는 용어보다 설교자가 설교에 무엇을 공헌하는지를 더 잘 보여 줄 수 있다. 더 포괄적인 용어이기 때문이다. 이 용어는 설교가 실제 경험에서 비롯되고 또 그것에 따라 달라진다는 점을 더 정확하게 보여 준다. 이 용어는 우리가 생각하는 것보다 더 많은 것을 의미한다.

수행은 설교자들 사이에서 더 널리 사용되어야 할 포괄적이고 영향력 있는 용어다. 이 용어가 회중에게 더 널리 보급될 수 있을 것이라 상상하는 것은 현실적이지 않을 수도 있다. 이 용어가 대중적으로 사용될 때 부정적 의미가 끈질기게 따라붙는다. 그러나 설교자들은 하나님에게 받은 것보다 더 많은 것을 전달할 수 없다는 사실을 잘 알고 있다.

우리는 에버렛 쿱(C. Everett Koop, 미국의 유명한 소아과 의사이며 공공 의료 전문가-역주)이 수술하고, 도로시 해밀(Dorothy Hamill, 미국의 유명한 피겨 스케이팅 선수-역주)이 삼단 회전 점프(triple toe loop)를 성공시키고, 가수 엘비스(Elvis)를 흉내 내는 사람이 두 노름꾼을 결혼시키는(미국 영화 〈베가스에서의 허니문〉 [Honeymoon in Vegas] 내용-역주) 방식으로 설교를 수행한다고 알고 있다. 사람들은 수술, 점프, 결혼 등을 수행한다. 그리고 사람들은 월요일에 연구를 시작해 주일 정오 종이 울리기 직전까지 설교를 수행한다. 오늘날 이 용어를 다시 사용하기 위해 그 영향력을 회복해야 한다면, 이 단어의 원래 의미를 살펴보는 것이 그 출발점이 될 것이다.

수행은 14세기부터 시작된 고대 프랑스어와 라틴어에 뿌리를 두고 있다. '푸르니르' (Fournir, 제공하다 또는 공급하다)가 이 단어의 기원이다. 수행한다는 것은 한 임무가 완수될 수 있도록 한 방법을 제공하거나 공급한다는 의미였다. 이 용어는 수 세기가 지난 후에야 극적 의미로 사용되기 시작했다. 오늘날 이 단어의 가장 대중적인 용례는 '완수하다'(carry out), '실행하다'(execute), '성취하다'(accomplish)이다.

우리는 설교의 순간을 표현할 때 뭔가를 제공하거나 공급하여 완성에 이르게 한다는 이미지보다 더 좋은 이미지를 제시할 수 있을까?

설교자는 말씀이나 메시지 또는 이미지가 잘 전달될 수 있도록 여기에 필요한 운반 수단(인간의 의식, 몸, 목소리)을 제공한다.

설교를 인간과 신의 창조 과정으로 이해하는 것보다 더 좋은 이해가 있을까?

수행은 설교 순간의 기술적 측면과 유기적 측면, 즉 인간적인 면과 신적인 면 모두를 포괄하는 단어다. 이것은 '성육신' (incarnation)이라는 신학적 용어나 '생명력' (entelechy)이라는 철학적 용어에 해당하는 완벽한 통속어(street language)다.

앨라 보자스(Alla Bozarth)는 우리가 설교에서 하는 일을 "육체의 생명력"(bodily entelechy)과 관련짓는다. 보자스에 따르면, **생명력**은 앞으로 존재할 가능성이 있는 실체를 말한다. 설교를 "육체의 생명력"이라고 부르는 것은 설교가 특정한 수행, 즉 설교자가 자기 몸을 제공하여 존재케 하고자 하는 것을 존재하게 만드는 행위라는 점을 인정하는 것이다.

2. 자기 수행

수행은 설교의 순간뿐만 아니라 설교 과정의 여러 다른 측면도 잘 설명해 준다. 이 용어는 처음 등장했을 때보다 더 광범위하게 사용된다. 수행 연구라는 학문 분야와 관련된 이 용어의 최신 연구에서는 인간이 어떻게 행동하는지에 대한 단서를 찾아내기 위해 일상적인 다양한 사건을 분석한다.

이 설교 핸드북의 제6장에서는 설교자의 성품, 리더십 스타일, 시간 관리 프로그램, 연구 및 헌신적인 생활에 관한 글들이 이 분석 사례들을 제공해 줄 것이다. 설교의 이런 측면들은 설교자가 자기 자신을 어떻게 표현하고 사용하는지, 자기 수행의 측면들에 대한 예들을 보여 주기 위해 검토될 것이다. 결국, 이런 지식은 설교를 뒷받침하는 역동성이나 최소한 설교에 수반되는 현상에 관해 우리에게 뭔가를 말해 줄 것이다.

목회적 업무로서의 이 영역에서 사용된 전통적 언어는 "설교자의 자기 사용"(the preacher's use of self)이다. 이 말은 '자기-수행'(self-performance)이라는 용어보다 더 부드럽고, 덜 불쾌감을 준다. 흥미로운 점은 이 명명법이 얼마나 수수한지 또는 얼마나 자기도취적인지는 큰 문제가 되지 않는 것처럼 보인다는 것이다. 설교의 이런 측면은 이

전 세대나 이번 세대에서 설교학 연구의 인기 있는 주제가 된 적이 없다.

신학자 포사이드(P. T. Forsyth), 필립스 브룩스(Phillips Brooks), 파머(H. H. Farmer)가 이 주제들을 간략하게 다루었다. 좀 더 최근에는, 리처드 튤린(Richard Thulin)의 *The "I" of the Sermon*(설교에서의 "나")이라는 단행본이 출판되었다. 그러나 거의 모든 설교학 입문서가 이 주제에 대해 간단히 언급은 하지만("설교자에게는 충만한 영적 생활이 필수적이다.") 그 주제를 좀 더 깊이 있게 다룬 적은 거의 없다(헌신적 삶/삶의 스타일 참고).

설교학적 주저함(Homiletical hesitation)을 이해하는 데는 상상력이 거의 필요하지 않다. 설교자는 심리학자가 아니다. 설교가 자기들에 관해 말하고, 자기들에게 집중하고, 자기들의 경험을 탐구하고, 설교의 효과와 관련하여 자아, 인품, 기술, 그리고 외모가 하는 역할을 평가하는 일이 될 때, 설교자는 고민에 빠진다. 많은 사람이 그 가능성에 매혹당하는 동시에 불쾌감을 느낀다.

한편, 다음과 같은 멘토들의 목소리가 우리에게 들려온다.

- "강단에서 절대 여러분 자신에 관해 말하지 말라."
- "여러분 자신을 그 이야기의 주인공으로 만들지 말라."
- "1인칭 단수 대명사를 피하라."

다른 한편, 페미니스트 신학과 그 외 해방신학은 개인의 경험을 살펴보라고 압박을 가한다. 그들은 다음과 같이 질문한다.

- "우리의 증언 말고 우리가 뭘 더 말할 수 있을까?"
- "우리 상황의 한계를 인정하지 않고 어떻게 진정성 있게 말할 수 있을까?"
- "간증이 설교에 중요한 것 아닌가?"

그들의 말에 일리가 있다. 20세기 중반의 교수들과 21세기 초반의 교수들 사이의 논쟁에서 개인 경험을 사용해야 한다는 목소리가 우세해졌다. 그리고 그들은 우리에게 몇 가지 도전적 질문을 남겼다.

인간의 자기 표현(자기-수행)이 포함되지 않는 설교가 있는가?

만약 모든 설교에 인간이 개입한다면, 개인 경험의 사용을 다루는 몇 가지 지침을 염두에 두는 것이 그것을 우연에 맡기는 것보다 낫지 않은가?

3. 설교의 수행

설교자가 설교단에 올라선 직후에 일어나는 설교의 여러 측면들은 설교자의 수행으로 더 명확하게 인식될 수 있다. 그러나 설교단 위에 서 있는 설교자를 보는 이런 익숙한 순간에도 우리가 무엇을 보고 있는 것인지 우리 자신에게 질문하는 것은 유익할 것이다.

- 우리는 덴마크의 왕자가 애도하는 모습을 보고 있는가?
- 하얀 얼굴의 광대가 묘기를 부리는 것을 보고 있는가?
- 마술사가 묶인 끈을 풀고 탈출하는 것을 보고 있는가?

아니다. 우리가 보는 설교단 위의 수행은 상당히 다르다. 설교자는 발판을 딛고 올라서, 독서대(lectern)의 조명을 켜고, 숨을 고른 후 … 결합한다. 설교자라는 개체(entity)가 계획된 설교라는 개체와 결합하여 제삼의 개체, 즉 청중이 듣는 설교를 창조해낸다. 설교 수행은 성육신적 사건이며, 기독교 복음의 전파를 위해 이보다 더 효과적인 매체는 상상하기 힘들다.

설교자는 이 성육신 사건에서 협잡꾼이나 으스대는 사람 또는 가장하는 사람이 아니다. 설교자는 참여자, 즉 복음 메시지를 지속해서 성육신시키는(incarnating) 수행자다. 설교자는 정체성을 포장하지 않는다. 그것을 드러낸다. 그들은 다른 사람의 관점을 수용하거나 다른 사람의 말을 대변하지 않는다. 그들은 회중과 협력하여 공유할 수 있는 내용을 만든다.

설교를 수행하는 것은 셰익스피어를 수행하는 것과 여러 가지 면에서 다르다. 그러나 그중 무엇보다도, 설교에서 수행자(performer)는 그들의 진실성을 잃지 않는다. 설교에서 수행자의 진실성은 이 결합의 중요한 부분이다.

물론, 그 사건의 형태를 구상하는 방식은 여러 가지다. 어떤 사람은 본문이 설교자와 결합하여 메시지를 만들어 낸다고 말할 것이다. 또는 거룩한 본문에 대한 설교자의 해석이 그 본문에 대한 회중의 이해와 결합함으로써 들리는 메시지가 창조된다고 말할 수도 있다. 또는 성령의 은혜로운 에너지가 설교자와 회중의 에너지와 결합하여 설교를 만들어 낸다고 말할 수도 있다.

그러나 이 모든 것은 성육신을 묘사한다.

즉, 서로 다른 두 개체가 결합하여 제3의 개체를 만들어 내는데, 처음 두 개체의 진정성은 여전히 유지되고 설교자로 부름을 받은 인간이 여기에서 중요한 역할을 한다.

설교의 성육신적 또는 수행적 관점은 여러 가지 방식으로 설교학에 공헌한다. 이것은 복음이 전파되는 패턴과 그 기원을 연결한다. 이것은 설교에서 설교자의 역할을 건전하고 정당하게 묘사한다(그 역할의 중요성을 부인하지도 않고 이것을 변수로 남겨 두지도 않는다). 이것은 당신이 설교할 때 얼마나 자주 코를 긁는지 또는 귀걸이가 얼마나 거슬리는지 당신에게 말하고 싶은 사람들을 위한 공간을 만들기도 한다.

설교의 수행적 관점은 설교가 협력의 결과라는 점을 분명히 인식하게 만든다. 설교자는 배달부나 웨이터가 아니라 공동 창조자(co-creator)이다. 하나님은 인간과 인간 삶의 요소를 사용하여 설교를 만드시고 우리 가운데 그 설교를 수행하신다.

참고 주제 원고 수행

참고 문헌 Charles L. Bartow. *God's Human Speech: A Practical Theology of Proclamation* (1997); Alla Bozarth Campbell. *The Word's Body: An Incarnational Aesthetic of Interpretation*. (1979); Jana Childers. *Performing the Word: Preaching as Theatre*. (1998); Richard F. Ward. *Speaking of the Holy: The Art of Communication in Preaching*. (2001).

아프리카계 미국인 설교자의 견습 제도 (African American Apprenticeship)

데일 P. 앤드류(Dale P. Andrews)

아프리카계 미국인 설교자들은 종종 계약 관계 안에서 경험 많은 설교자로부터 배우고 그들과 함께 공부하는 귀중한 견습 기간을 거친다. 많은 전통적 교회가 학생 목회자들에게 현장 교육과 임지 배치를 통해 일종의 견습생으로 섬길 수 있는 기회를 제공하지만, 사역을 배우는 동안에 설교를 위한 이렇게 친밀한 대인 관계적 견습 과정을 제공하는 경우는 거의 없다.

흑인 설교를 배우고 가르치는 것은 견습생과 멘토 모두를 위한 과제를 꼼꼼하게 얽어매는 대화의 과정이다. 견습 제도는 교육 방법 자체 안에 담겨 있는 멘토의 상호 학습 전략이다. 멘토는 견습생을 이해하고 배우는 중요한 임무를 수행하면서, 그 사람의 영적 성장에 참여하고 설교 사건과 복잡한 설교 준비에 얼마나 친숙한지를 집중적으로 탐구한다. 학습의 강도나 속도는 상호 교류를 통해 조절하면서 실천(praxis)의 단계로 나아간다. 실천은 설교 전략에서의 경험, 관행, 신학 연구, 비평적 성찰 사이에서 일어나는 반성적 대화 활동을 포함한다.

멘토가 배워야 할 다양한 기술을 결정해 주는 만큼 견습생 스스로가 실용적으로 결정할 수도 있다. 멘토는 효과적 설교에 필요한 기술들이 뭔지 잘 알고 있을 수 있지만, 그 견습생의 잠재적이고 실제적인 재능, 그리고 성장이 필요한 부분을 고려하면서 견습생을 위한 교육과 학습의 초점을 결정한다. 견습생은 자기 발견의 모험과 설교

아프리카계 미국인 설교자의 견습 제도 (African American Apprenticeship)

사건의 탐구를 위한 끝없는 모험 속으로 뛰어든다. 일반적으로 그 과정은 설교 사역의 소명에 대한 견습생의 인식을 살펴보면서 시작된다. 견습 과정이 대개 자기 소명의 수용과 교회공동체의 확인 과정으로 시작되지만, 설교를 경험하고 있는 중간에 멘토와의 견습 관계가 시작될 수도 있다. 견습생이 될 사람의 요구 사항과 특정 멘토의 가용성 또는 적합성에 따라 견습 과정의 시작과 기간이 결정된다.

견습생이 자기 목회지나 독립적인 목회지로 나가더라도 멘토와의 관계는 계속될 수 있지만, 견습 과정은 공식적으로 중단될 가능성이 높다. 같은 교회의 목회 현장에서 멘토와 견습생이 오랫동안 함께 사역할 때 견습생이 성장할 수 있다. 그러나 멘토는 견습 기간과 그 이후까지 설교의 기술을 가르치는 것 이외에도 영적으로 견습생을 지원할 수 있다. 아쉽게도 이런 일은 항상 일어나지 않는다. 그러나 자기 발견으로 향하는 과정은 견습생이 설교를 배우는 초기 단계에서 영적, 지적, 실천적 재능을 파악하는 데 여전히 도움이 된다.

견습생이 어느 정도라도 설교에 익숙하지 않다면 절대로 학습 과정에 들어가지 않는다. 청중으로서 설교를 경험하는 것은 실제로 설교하는 것과 상당히 다른 참여 형태이지만, 견습생은 설교에 대한 절박감을 느끼면서 시작해야 한다. 멘토는 견습생이 가지고 있는 이런 인식을 파악하도록 도와주면서 교육을 시작한다. 누군가에 대한 멘토링은 곧 병행 과정(parallel process)에 들어간다는 것을 뜻한다. 견습생이 설교 기회를 통해 교훈을 발견하고 비판적 실천 과정을 배우며, 멘토는 발견의 병형 과정과 설교 안에서 견습생의 경험, 현재 이해도, 재능, 필요에 대한 비판적 성찰을 통해 견습생을 어떻게 잘 가르칠 것인지를 배운다.

설교에 대한 멘토의 경험은 초보 설교자의 재능과 필요를 파악하는 데 있어 멘토의 핵심 자원이 된다. 멘토가 자기 스타일과 전략에 지나치게 의존하려는 것은 유혹이 될 수 있다. 이것은 자기를 그 견습생에게 투영시키는 위험을 불러올 수 있다.

많은 초보 설교자에게 있어 중요한 학습 경험은 사랑받는 멘토나 교계에서 저명한 위치에 있는 존경받는 설교자를 모방하는 것과 연관되기 때문에 위험이 증가할 수 있다. 모방은 비공식적 모임이나 교회 프로그램에서 견습생들의 놀이 형태를 취할 수도 있다.

그러나 놀이는 설교의 역동성과 전략에 관한 복잡한 학습 방식으로 작용한다. 이 놀이에는 학습 과정이 반영되어 있다. 멘토는 이 놀이나 유명한 설교자의 기술을 모방하려는 노력을 억누르지 말아야 한다. 오히려 웅변 기술과 다양한 설교 구성 방법에서 설교 전략 실험은 교육의 기회를 제공한다.

많은 설교자가 설교 초창기 설교를 마친 후 멘토에게서 "그게 누구였습니까"라는 질문을 받은 일을 기억할 것이다. 멘토의 질문이 무엇을 의미했는지에 대해 혼동하는 일은 없었다. 이 질문 배후에 숨겨진 교훈은 견습생이 설교 전략에서 자기가 무엇을 원하는지 깨닫도록 이끌었다. 하나님은 각 사람이 재능을 소유하고, 결점을 극복하고, 기술을 습득하도록 인도하신다.

멘토링의 병행 과정은 설교하는 목회자를

아프리카계 미국인 설교자의 견습 제도 (African American Apprenticeship)

넘어 신앙공동체를 포함하는 데까지 확대된다. 아프리카계 교회의 설교와 예배는 전통적으로 회중의 참여도가 높아서 신앙공동체는 종종 멘토링의 대리인이 된다. 그 공동체는 설교 사건에 참여하는 것을 통해 멘토링을 제공한다.

예를 들어, 사람들은 아프리카계 교회에서 설교가 진행되는 동안 '요청과 반응'(Call and Response)의 역동성 속에서 일어나는 회중의 멘토링을 목격할 수 있을 것이다. 구두-청각적(oral-aural) 교류를 통해 신앙과 메시지가 전달된다. 견습생이 청중으로서의 경험에서 벗어나 다른 사람들을 위한 듣는 경험을 하고자 할 때, 공통적 반응에 대한 의견은 초보 설교자의 학습 과정에 도움을 준다.

초보 설교자는 설교자와 공동체 사이의 상호 작용을 통해 공동체가 어떤 설교의 재능을 축복으로 인정하고 확인해 주는지에 대한 통찰력을 얻는다. 이 교류는 예배의 설교 순간에만 제한되지 않기에, 초보 설교자는 설교 준비 과정과 예배 후 비공식적 친교(피드백)를 통해서도 성장한다. 어떤 회중은 목회자와 협력(partnership) 관계를 맺고 지역교회 목회의 중요한 목적은 설교자의 훈련을 돕는 것이라고 강조한다. 현명한 멘토는 견습생의 재능과 필요를 발견하기 위해 회중을 비평적인 성찰 또는 대화 파트너로 활용할 수 있을 것이다.

견습 과정에서 습득된 기술이 항상 당연히 받아들여지는 것은 아니다. 멘토는 종종 초보 설교자에게 낯설고 다양한 설교 전략 또는 설교 구성 방법과 씨름하도록 요구할 것이다. 좀 더 학문적인 교육 방법을 사용하더라도 그 방법은 여전히 귀납적이다. 설교학 방법 대부분이 완벽한 재현(reproduction) 능력을 요구하는 연역적 교육법에 의존해 왔지만, 견습 제도의 교육 방법은, 그것이 점진적인 작업일지라도, 교육과 학습의 한 형태로서 견습생의 실제적인 분투와 통합의 숙련도에 훨씬 더 의존한다.

설교 준비와 설교 사건에서 견습생이 받은 교육은 가상의 강의실이나 스튜디오가 된다. 멘토가 그 초보 설교자에게 새로운 설교 의상을 입어보도록 안내할 때 학습과 실천이 함께 이루어진다. 이 은유를 좀 더 확장하자면, 멘토는 재단사가 되어 설교자에게 가장 잘 어울리는 옷뿐 아니라 옷감에 변화를 줄 때마다 최적의 착용감을 찾을 수 있게 도와준다. 이 세상에 만능열쇠는 존재하지 않는다!

멘토, 견습생, 회중 사이의 협력은 궁극적으로 거룩한 계시와의 만남이라는 하나님의 약속에 집중된다. 이 설교 사건 안에서 영적 만남에 대한 기대는 견습생과 멘토 모두에게 지침이고 목표다. 이것은 영적 경험(성령과의 만남)에 대한 기대다. 이 기대는 예배의 정신에 깊이 내재해 있는 만큼 중요한 교육적 도구로 기능한다. 멘토는 견습생이 설교 준비에서 이런 만남을 추구하도록 돕는다. 이 영적 만남은 하나님의 말씀에 대한 분별력, 설교학 방법, 설교 전략, 시학적 실천을 융합하는 교육 방법의 일부분이 된다.

견습생은 성령과 만나는 청중으로서의 경험을 바탕으로 성장한다. 견습생은 또한 설교 준비 과정에서 거룩한 계시를 기대하고 그것에 열린 마음을 갖는 수용력을 배운다.

그런 다음, 설교 사건 안에서 예배공동체를 위한 영적 만남을 인간적으로 가능한 한 많이 재창조하기 위해 이 수용력을 설교 구성으로 전환한다. 견습생은 성령의 도움으로 하나님과의 만남을 어떻게 '함께 재창조'할지를 고민한다.

견습생과 멘토는 성경의 주해 연구, 설교 구성을 위한 설교학 방법, 논증을 구성하기 위한 수사학 전략, 설득력 있는 들리게 하기 위한 예술 사이의 균형을 어떻게 맞출 수 있을지 실험해 본다. 견습생은 회중의 예상되는 필요뿐만 아니라 말씀, 신학적 전통, 신앙적 교리를 파악할 수 있도록 멘토와 함께 작업한다. 온전함, 해방, 사회 정의에 대한 회중의 필요는 멘토링의 과제와 전혀 무관하지 않다.

설교 준비 과정에서 일어나는 하나님의 자기 계시는 설교 사건 안에서의 만남을 재현하는 데 있어 그 자체로 지침이 된다. 멘토는 견습생을 이런 학습 경험 안으로 그리고 그 경험을 통해 인도한다. 이 학습 경험은 결코 회중의 삶과 분리되지 않는다. 아프리카계 미국인 설교자 견습 제도는 하나님의 은혜로운 자기 계시의 경험과 설교 사건에 대한 많은 안내자의 재능에 기대어 있다.

참고 주제 아프리카계 미국인 성경 해석: 아프리카계 미국인 설교의 관점; 헌신적 삶/삶의 스타일; 리더십; 흘러넘치는 설교; 가르치는 설교

참고 문헌 Dale P. Andrew. "Teaching Black Preaching." *African American Pulpit* 9(Fall 2006) and 10(Winter 2006-2007); Dale P. Andrews. "Black Preaching Praxis." *Black Church Studies*. Edited by Stacey Floyd-Thomas et al. (2007); James Earl Massey. *Designing the Sermon*. (1980); Henry H. Mitchell. *Celebration and Experience in Preaching*. (1990); William H. Pipes. *Say Amen. Brother! Old-time Negro Preaching*. (1992).

불안(Anxiety)

린다 리 클래더(Linda Lee Clader)

대중 연설에 대한 불안이 매우 이른 시기부터 있어 왔다는 사실은 설교자들에게 위안이 된다. 잘 알려져 있듯이, 모세는 "입이 뻣뻣하고 혀가 둔한 자"(출 4:10)라고 하소연하며 바로와의 대면을 피하려 했다. 예레미야는 "나는 아이라 말할 줄을 알지 못하나이다"(렘 1:6)라고 항변했다. 현대 용어로 "대중 연설 불안증"이라는 주제를 인터넷에서 검색하면 천만 건 이상의 결과가 나온다.

불안의 몇 가지 원인은 설교자에만 나타나는 특유한 현상일 수 있으며, 설교자가 자기를 특히 힘들게 하는 것이 무엇인지 밝혀내려 노력하는 것은 가치 있는 영적 훈련이다.

초보 설교자들은 신앙 언어를 활용하는 솜씨가 부족할 수 있고, 하나님의 말씀을 선포할 만큼 아는 것이 많지 않다고 걱정할 것이다. 또한, 적의를 가진 권위자들 앞에서 무엇을 말할지 염려하지 말라는 예수님의 명령("마땅히 할 말을 성령이 곧 그때에 너희에게 가르치시리라" [눅 12:11-12])을 오해하고 있을 수도 있다. 그리고 성령으로 충만

한 참된 설교는 반드시 즉흥적이어야 한다고 생각하고 원고 없이 자신 있게 설교하지 못하는 것이 설교자로서 부적합하다는 것을 드러내는 것은 아닐까 염려한다.

설교자들은 자신의 불안이 경험 부족에서 오는 적절한 긴장감의 표시인지, 연설자에게 활력을 불어넣어 줄 수 있는 수행 불안감(performance anxiety)의 표시인지, 아니면 경쟁에 대한 욕구인지를 성찰해야 한다(자기 주해 참고).

실제로 요한 크리소스토무스(St. John Chrysostom)는 칭찬에 대한 설교자의 욕구를 불안과 연결한다(*Priesthood* 5.5.6). 그에게 불안의 해독제는 인간 회중의 인정을 거절하고 청중으로서의 하나님을 위해 설교하는 것이다.

몇 가지 불안의 형태는 임무의 중요도에 따른 타당한 신호다. 모세와 예레미야는 하나님을 섬기는 데 목숨을 걸라는 부르심을 받았다. 바로와 맞서야 한다는 불안은 실제 위험에 대한 적절한 인간의 반응이며, 설교자에게 예언자적 말씀을 전하기 전에 생각하고 기도해야 함을 상기시키는 자연스러운 기제(mechanism)가 될 수 있다(예언자적 설교 참고). 사실 불안감 없이 권위에 도전하고 회중을 만족시키려는 설교자의 태도는 교만이나 우둔함의 증거가 된다.

마찬가지로 설교자가 그들의 거룩한 직분에 대한 책임감으로 걱정하는 것은 당연한 일이다. 마르틴 루터(Martin Luther)는 다음과 같은 명언을 남겼다.

설교가 얼마나 어려운 일인가. 실제로 하나님의 말씀을 설교하는 것은 지옥과 사탄의 모든 분노 … 이 세상의 모든 권력의 분노를 자초하는 일이다. 사탄의 입속에 자신을 던지는 것은 가장 위험한 인생이다 (Campbell 2002, 69).

설교자의 삶을 구성하는 자연스러운 요소인 불안은 설교자가 계속 성경을 연구하게 만들고, 그들의 공동체와의 관계뿐만 아니라 그들의 기술을 성찰하도록 이끈다. 그러나 설교자들은 온몸을 하나의 악기로 사용할 수 있어야 한다. 극심한 불안은 말 그대로 숨 쉬지 못하게 할 수 있다. 이런 마비 증세가 있는 경우, 설교자들은 호흡법을 훈련받거나, 전문적인 코칭을 받거나, 간단한 유산소 운동을 해야 할 것이다. 불안의 신체적 증상에 집중하면, 신체적 증상의 근거가 되는 영적이고 사회적인 원인을 해결하는 데 실제적인 도움을 받을 수 있다.

참고 주제 인품; 에토스

참고 문헌 Charles L. Campbell, *The Word Before the Powers: An Ethic of Preaching*(2002); St. John Chrysostom. *Six Books on the Priesthood*. (1984).

외모(Appearance)

마이클 A. 브라더스(Michael A. Brothers)

20세기 중반 미국의 목회 지침서는 "좋은 가운이 많은 부실한 재봉을 가려 준다."와 같은 실용적 격언을 소개하면서, 설교자는 "장관과 의원"처럼 옷을 입고 깔끔하게 하고 다녀야 한다고 조언한다. 설교자의 외

외모 (Appearance)

모는, 설교단 위에서건 아니건, 남성의 사회적 지위와 에티켓 그리고 품격의 문제였다.

이와 반대로, 현대 설교학에서는 외모를 다양한 상황과 공동체 안에서의 비언어적 의사소통을 통한 설교 실행의 중요한 부분으로 간주한다(원고 수행 참고). 소통 이론에 영향을 받은 외모에 관한 이런 포괄적 이해에는 의복과 장신구뿐 아니라 제스쳐(운동학), 공간, 물체, 건물과 신체의 관계(인간 공간학), 눈맞춤을 포함한 표정, 설교자와 청중 사이의 물리적이고 심리적 거리의 극복(심미적 거리)이 포함된다. 한때 지위와 에티켓에 따라 결정되었던 외모의 규칙과 규범은 이제 신학적이고 문화적인 예배 전통, 절기, 회중의 상황, 성별, 그리고 설교자의 역할과 정체성 사이에 발생하는 상호 작용의 표현으로 이해된다(자기 주해 참고).

1. 설교할 때 무엇을 입어야 하나?

전통(또는 반-전통), 상황, 정체성 사이에서 발생하는 역동성은 이 질문에 대답하는 데 도움을 준다. 예전 중심 교회의 경우, 규정된 복장은 성찬과 안수, 그리고 교회의 전통에 대한 교육적 상징이다. 장백의(alb), 영대(stole), 제의(chasuble, 장백의 위에 영대와 함께 착용하는 겉옷-역주)는 회중이 그들의 세례와 성찬 그리고 설교 수행에 대한 안수받은 자의 책임 및 종말론적 잔치의 희망을 상기시켜 준다. 그런 복장 규정이 없는 교회에서 설교자는 가운을 입을지 말지를 여전히 선택해야 한다. 원래 다양한 전문가들의 학위 가운인 검은색 가운 또는 제네바 가운(Geneva gown)은 예배를 인도하는 안수받은 목회자들을 위한 또 하나의 일반적 의복이다. 이런 단순함을 특징으로 하는 가운은 상징성뿐만 아니라 일상복의 특수성도 드러나지 않도록 하여, 하나님의 말씀이 봉독되고 선포되는 것에 집중하게 만든다. 그러나 다른 공동체나 기타 상황에서 가운의 존재는 회중, 예배 공간, 설교자의 역할이나 개성, 그리고 선포되는 메시지와 조화되지 않는 틀에 박힌 제도적 격식을 드러내기도 한다. 이런 상황 가운데서 전문적이거나 캐주얼한 복장은 설교를 듣는데 산만함을 최소화하여 설교에 최대한 집중할 수 있도록 도와준다.

외모와 관련하여 뭔가를 선택해야 할 때, 다음과 같은 질문들을 고려할 가치 있을 것이다. "이 특정한 상황 속에서 이 사람들에게 복음을 가장 잘 선포하는 방법은 무엇인가?" 어떤 사람들에게는 보이는 것이 들리는 것을 더욱 강화한다. 반면, 어떤 사람들에게는 보이지 않는 것이 선포되는 말씀의 연상적 능력에 집중하도록 이끌어 준다.

참고 주제 인품, 에토스

참고 문헌 Linda B. Arthur, ed. *Religion, Dress and the Body* (1999); Charles L. Bartow. *The Preaching Moment: A Guide to Sermon Delivery*. (1989); Nolan B. Harmon. *Ministerial Ethics and Etiquette*. (1950); Mark L. Knapp and Judith A. Hall. *Nonverbal Communication in Human Interaction*. (2006); Celeste Marie Nuttman. "Vesting the Church," *Liturgy: Dressing the Church* 5, no. 4 (1986).

설교자의 권위(Authority of the Preacher)

찰스 라이스(Charles Rice)

설교의 권위는 설교의 대상인 공동체, 그 공동체의 책, 역사, 예전, 가치관, 그리고 공동의 삶 안에 존재한다. 설교자는 성경, 교육, 예전의 집례, 목회적 돌봄, 예언자적 리더십, 사람들의 일상적 삶과의 유기적 관련성 안에서 설교단의 권위를 행사한다.

1. 그 책: 본문으로부터 시작하기

마틴 마티(Martin Marty)는 BBC 방송국의 시리즈 "장기 추적"(The Long Search)에서 영화 〈프로테스탄티즘〉(Protestantism)을 소개한다. 그 영화 속에서 그는 우리를 높은 설교단과 성경이 펼쳐져 있는 뉴잉글랜드의 평범한 예배당(meetinghouse)으로 안내한다. 그는 성경을 읽고 설교를 듣기 위해 모이는 공동체가 미국 기독교의 본질이라고 말한다.

초창기에 설교자가 주로 읽고 설교했던 설교단 성경(pulpit Bible)이 있었는데, 그것은 킹 제임스 성경(King James Version)이었다. 킹 제임스 성경은 가정, 주일학교, 예배의 성경으로 많이 사용되었다. 설교자가 설교단에 올라, 성경을 펼치고, 그날의 본문 위에 손가락을 얹으면, 사람들은 설교에 집중하기 시작했다.

설교단 성경은 오늘날 흔하지 않다. 공동체의 책과 설교 사이의 가시적 연관성은 예전만큼 분명하지 않다. 그래도 모든 설교와 성경 본문이 어떤 식으로든 연결되어 있을 것이라는 기대가 여전히 존재한다. 성경을 펼치고, 그것을 읽은 후, 거기서부터 시작하는 설교자에 대한 장엄한 이미지의 여운은 교파를 막론하고 모든 회중 가운데 실제로 남아 있다.

설교자가 성경을 읽을 때, 회중은 존경받고 검증된 사람이 읽은 것에 대해 뭔가를 말할 것이라는 기대 속에서 침묵하게 되며, 그 침묵은 설교의 권위에 대한 회중의 인식을 분명하게 보여 준다.

우리는 예수님의 설교에 관한 다음과 같은 기록에서 이것을 확인할 수 있다.

> 예수께서 … 성경을 읽으려고 서시매 선지자 이사야의 글을 드리거늘 책을 펴서 이렇게 기록된 데를 찾으시니 … 이에 예수께서 그들에게 말씀하시되 … (눅 4:16ff).

이 이미지는 계속해서 설교가 무엇인지를 정의하며, 성경 본문 안에서 우리가 예언자들과 사도들에게 용기를 주었던 권위 있는 음성, 곧 "주님이 말씀하시길"이라는 선언을 계속 듣고 있음을 보여 준다. 설교는 성경을 다양한 방식으로 제시할 수 있지만, 권위 있는 설교는 공동체의 본문에서 시작된다는 기대는 변함없다.

교회 연합 성서정과(ecumenical lectionary)는 교회의 본문과 설교 사이의 이 연관성을 공고히 했다. 성서정과의 지속적 사용은 설교가 단순히 설교자의 견해나 현재 관심사의 문제를 다루지 않는다는 것을 설교자, 그리고 청중에게 상기시킨다. 설교는 설교자가 아니라 공동체의 축적된 경험을 통해 선택된 본문을 공동으로 읽는 데서 비롯된다.

설교자의 권위 (Authority of the Preacher)

그래서 설교는 개인적 해석이나 설교자의 '관심'이 아니라 거룩한 성경에 대한 공동체의 동의의 문제가 된다.

파머(H. H. Farmer)는 성경적 설교를 부버(Buber)의 "나와 너"라는 관계의 맥락 속에 위치시키면서 설교의 권위를 회중 안에 있는 설교자의 삶에 둔다(1942, 84-92).

로날드 알렌(Ronald Allen)은 좀 더 최근의 저서에서 약속을 권위 있는 설교와 관련시킨다.

> 현대의 설교자들이 복음, 전통, 현대적 경험 사이의 진정한 대화에서 비롯되는 약속의 말씀을 … 공동체에게 제공할 때 권위 있게 설교할 수 있다(1998, 37-38).

이 의견은 설교자가 무엇보다 회중과 함께하는 청중이라는 점을 제시한다. 설교는 성경을 읽는 예전의 순간(liturgical moment)과 함께 시작된다. 주일 아침, 성경을 봉독하는 평신도는 이해와 열정을 가지고 에베소서를 읽는다. 그 순간, 곧 설교자가 설교하기 위해 일어서기 직전의 순간에 설교자는 그 평신도의 한 단어에 대한 강조와 미묘한 어조의 변화를 통해 설교를 재형성하는 뭔가를 듣게 된다. 본문을 듣는 이 순간이 너무 강렬해서 설교자는 준비한 본문을 제쳐두고, 성경만을 가지고 강단으로 가서, 눈에 띄는 본문 위에 손가락을 대고, 바로 거기서부터 설교를 시작한다. 회중 못지않게 설교자에게도 설교는 성경의 언어를 듣는 데서 시작한다(구두/청각 의사소통 참고).

이런 이유, 즉 성경을 읽는 것과 설교 사이의 밀접한 연관성 때문에 칼 바르트는 설교의 서론, 특히 본문을 모호하게 만들 정도로 화려하거나 독특한 서론을 반대했다(1991, 121-25). 같은 이유로 성경 봉독과 설교 사이의 찬송과 성가대의 찬양(anthems), 그리고 설교 전 기도 역시 그 연결을 쓸데없이 끊을 수 있다. 설교의 권위는 교회의 책에 대한 진지한 관심에서 시작된다.

2. 설교단: 매주 주일

대로변의 웅장한 석조 교회는 건축의 중후함과 아름다움만으로도 그 과거를 말해 준다. 어둡고 시원한 건물 안에 들어서기만 해도, 스테인드글라스를 통과한 빛은 기도의 시간처럼 아침저녁으로 변하며 현재와 만나는 과거의 이야기를 떠올리게 한다. 거기서 예배하는 사람들의 믿음과 실천적 삶은 "삼발이 의자"(three-legged stool)라고 불렸던 성경, 전통, 이성 안에 뿌리를 내리고 있다. 그 건물 자체가 이를 구현하면서 회중과 방문객들에게 전통의 권위가 무엇을 의미하는지 전해 준다.

이 교회의 높은 설교단은 모두 돌로 만들어졌고, 설교단 맨 위에 있는 성경 독서대(lectern)는 훌륭한 장인에 의해 펼쳐진 책의 형태로 조각되었다. 이런 상징물은 설교자들에게 설교는 거룩한 성경 안에서 시작된다는 점을 상기시킨다. 그러나 설교자가 가장 주목해야 할 것은 설교단 위로 올라가는 석회암 계단이 마모되어 있다는 점이다.

얼마나 많은 설교자가 그들의 가운을 치켜올리고 여기에 올랐을까?

그런 다음, 설교자는 설교단의 차가운 돌

날개 위에 손을 얹는다.

얼마나 많은 설교자가 여기에 손을 얹고 말씀을 갈망하며 회중과의 교감을 갈구했을까?

그 돌은 백년 동안 이곳에서 한 번도 실패한 적이 없는 꾸준하고도 충성스러운 복음 선포의 흔적을 보여 주듯 매끈하게 닳았다.

'전통'이라는 단어는 손이라는 단어에 뿌리를 두고 있다. 즉, 우리가 우리 손에 넣은 것을 물려준다는 의미다. 설교자가 말을 하지 않더라도, 수많은 사람이 이전에 올랐던 그 자리에 서 있는 이 사람의 존재 자체가 뭔가를 말해 준다. 그뿐만 아니라, 목사가 마을에 도착하고 목사관으로 이삿짐을 옮긴 후 가운을 입고 등장하는 그 순간에 권위는 전해진다. 그 직함과 임무의 무게 안에 분명하고도 강력한 권위가 깃들어 있다. 이 은사를 잘 익히고 우아하게 사용하는 능력에 많은 것이 달려 있다.

권위는 쟁취해야 하는 것이 아니다. 역사 속에서 자기 자리를 지키는 데서 온다.

조셉 시틀러(Joseph Sittler)는 이를 다음과 같이 잘 표현했다.

> 설교 행위는 … 이 시간, 이 장소, 이 사람들의 특수성을 조명하는 동시에 그 특수성을 과거의 찬란한 양식으로 엮어 내는 방식으로 공교회로서의 풍성한 역사와 유기적으로 연결되어 있다(1966, 8).

설교자들이 매주 서는 설교단 자체가 권위를 상징한다. 그것을 인식하고 있는 설교자는 다른 곳에 서려고 하는 타당한 이유를 말할 수 있어야 한다(설교단의 사용 참고). 주일 설교는 절대로 백지 상태에서 시작하지 않으며 설교자는 혼자 서지 않는다. 매주 주일은 신실한 안식일의 긴 행렬 속의 한 날이다. 그 행렬 속에서 자리를 지키면서 한 번 더 설교단 위에 서는 것은 설교가 시간을 초월하여 신실하게 나아가는 교회의 권위에 기대어 있음을 의미한다. 그 장소 자체와 그곳에 모인 사람들은 설교자가 선포하는 모든 말씀의 근거, 곧 복음과 기쁜 소식(evangel)으로서의 교회를 우리에게 상기시킨다. 포사이드(P. T. Forsyth)는 이것이 바로 설교 권위의 궁극적 근거, 곧 교회에서 선포되고 구현되는 하나님의 은혜라고 말한다(1907, 특히, 2, 3, 6, 9장).

3. 세례당과 식탁: 말씀과 성례

계속되는 교회의 삶과의 이런 연속성은 예전(liturgy)의 맥락에서 분명해진다.

데이비드 바틀렛(David Bartlett)은 다음과 같이 적는다.

> 하나님의 임재에 대한 약속은 설교만이 아니라, 말씀과 성례를 포함한 전체 예배 속에서 성취된다. 여기서 설교자는 사제일 수도 있는데, 설교의 권위는 부분적으로 성찬과 세례를 집례하는 역할에서 비롯된다(1995, 23).

공동체의 성례전적 삶은 설교자의 언어를 감싸며(성례전 설교 및 가르침 참고), 세례와 성찬은 설교자의 말(words)이 지닌 더 깊은 의미를 드러낸다. 회중은 사제와 설교자의 말과 행동 속에서 똑같은 말씀(Word)을 듣는다.

설교자가 세례당과 식탁 사이에 서 있듯이, 우리는 설교가 교회의 성례전적 삶과 유기적으로 연결됨으로써, 공동체가 믿고 선포하는 신앙의 본질에 더욱 가까이 자리하게 됨을 보게 된다. 성례전만큼 설교에 활력을 불어넣고 설교의 정당성을 검증하는 것은 없다. 설교자는 설교에 참된 권위를 부여하는 세례와 성찬의 자리로 더욱 나아가야 한다.

그리스도께서는 설교와 성례전을 통해 구원의 말씀을 전하시며, 그의 백성들 가운데 현존하신다. 성례전에 집중하면, 설교자가 의식하지 못하는 사이 설교가 도덕적 교훈으로 변질되거나 홍보와 선전의 수단으로 표류하는 것을 막을 수 있다. 또한, 설교의 권위가 약화되는 것을 방지하는 역할도 한다(compare Rice 1991, 54-61).

성례전이 거행되지 않을 때도 설교를 통해 이 예전적 연관성이 유지될 수 있다. 설교자는 세례당과 성찬상을 가리키며, 우리는 물과 성령으로 거듭난 그리스도의 백성들이라는 신앙의 기조를 사람들에게 상기시킬 수 있다. 설교는 우리가 항상 선포하는 내용, 즉 우리는 하나님의 백성이며 항상 더 진실한 하나님의 백성이 되려고 노력하고 있다의 표현을 위해 성례전에 기대어 있다. 이것은 공동체가 모든 예전적 행위에 대해 굳게 믿고 주장하는 내용이다.

세례와 성찬은 이런 신앙을 되풀이하고 구체화한다. 설교자가(말과 몸짓, 설교의 이미지와 암시를 통해) 생생한 예전과 연결될수록, 설교자의 권위는 거부될 수 없을 것이다.

4. 그 말씀: 진리의 울림

설교의 권위는 또한 설교자가 진리를 말한다는 단순한 사실에서 생겨난다. 청중은 합리적이고, 명확하고, 경험에 부합되는 말에 반응한다. 인간 경험을 이야기하는 설교는 진리의 무게를 지닌다. 우리는 예수님의 비유에서 이것을 확인할 수 있다. 즉, 가정생활, 사업, 자연 등의 이미지는 청중의 상상력을 사로잡고 굳어진 생각들에 도전한다. 그 비유를 듣고 인간의 경험에 관한 자명한 진리에 직면하게 된 사람들은 다른 수준으로 생각하며 살도록 부름을 받았다.

마태는 산상수훈의 결말에서 다음과 같이 기록한다.

> 예수께서 이 말씀을 마치시매 무리들이 그의 가르치심에 놀라니 이는 그 가르치시는 것이 권위 있는 자와 같고 그들의 서기관들과 같지 아니함일러라(마 7:28).

그 설교에서 그리고 비유의 본질적 가르침에서, 예수님은 진리를 울려 퍼지게 하는 언어를 사용한다. 그는 논쟁하거나 회유하지 않는다. 그는 오히려 상상력을 자극하고 고집불통의 의지에 도전하며, 사람들에게 눈을 뜨고 눈 앞에 무엇이 있는지 보라고 요청한다.

프레드 크레독(Fred Craddock)은 여기에서 귀납적 방식의 설교학과 그의 기념비적 저서인 『권위 없는 자처럼』(*As One Without Authority*, 1971)의 제목을 가져온다.

폴 틸리히(Paul Tillich)는 '수용'으로서의 하나님의 은혜에 관해 설교하면서, 우리가

설교자의 권위(Authority of the Preacher)

지금 알고 있는 그의 경험을 바탕으로 말한다. 그는 소외의 어두운 길을 걷는 삶을 묘사하면서 계속해서 수용, 즉 은혜를 발견하는 것에 관해 설명한다. 이 설교는 신학적 언어가 아니라(틸리히에게 신학적 언어가 확실히 중요하지만) 인간적 표현에 크게 의존하기에 분명한 진리의 울림이 있다(1948).

데이비드 바틀렛(David Bartlett)은 설교가 "지적으로 설득력이 있기" 때문에 권위를 가진다고 주장한다. 그는 추가로 다음과 같이 말한다.

> 설교자는 성경의 해석자일 뿐만 아니라 현대 삶의 딜레마와 수수께끼에 대한 해설자이다. 이런 설교를 위한 성경적 모델은 잠언에 있을 것이다 … 현자의 권위는 세상이 어떻게 돌아가고 세상의 구조가 하나님의 지혜와 어떻게 연관되는지를 볼 수 있는 능력에 있다(1995, 23).

설교자가 회중의 세상, 즉 책과 미디어, 신문과 예술의 세상과 똑같은 세상에 살고 있음을 보여 주는 설교는 관심을 끌고 권위를 얻을 것이다.

설교자의 권위는 또한 개인적으로 반향을 일으키는 힘에 달려 있다.

에드문드 스타이믈(Edmund Steimle)은 설교의 어느 시점에서 청중이 다음과 같이 말할 수 있어야 한다고 주장한다.

> 저 설교자는 내가 어떤 사람인지 잘 알고 있는 것 같습니다(1970).

이것을 해내는 능력 덕분에 스타이믈은 위대한 라디오 설교자 중 한 사람이 되었다. 국립방송국(National Broadcasting Company)에서 그를 〈프로테스탄트 시간〉(*The Protestant Hour*)이라는 프로그램의 설교자로 선택했을 때, 방송국의 한 임원은 미국 연합 루터교회에 편지를 써서 "스타이믈 박사가 청취자들과의 친밀감"을 만드는 가장 소중한 재능을 가졌다고 칭찬했다(Stanley 1955). 심지어 방송에서 스타이믈은 마치 청취자에게 직접 말하고 있는 듯한 인상을 주었다. 그는 이것이 권위 있는 설교의 특징이라고 생각했다.

> 나는 설교자가 신앙공동체의 일원으로서, 성경적이고 신학적인 훈련을 받은 후 공동체의 부름을 받아(그리고 안수받아) 공동체를 대신하여 그 훈련을 통해 할 수 있게 된 일, 즉 성경의 이야기를 그들의 세상과 그들 이야기의 관점에서 해석하는 일을 해야 한다고 생각한다. 설교자는 그들에게 설교하는 것이 아니라 그들과 함께 이야기한다.
> (Steimul, Niedenthal, and Rice 1980, 38)

이런 점에서, 설교자의 태도와 기술은 하나님이 인간의 삶 가운데 "뛰어든" 성육신을 모방한다(Steimle, 1970). 목사는 최고의 예언자다. 사람들은 목사의 예언자적 소명에서 설교자의 태도와 기술이 자기들의 삶과 어떻게 연결되어 있는지를 볼 수 있다. 선전, 자기 홍보, 모든 형태의 편파성은 배제된다. 예언자의 좌우명은 "주님께서 말씀하신다"이다. 즉, 이 권위 있는 선언은 공동체의 공유된 신앙과 공동체에 대한 진정한 관심에서 비롯된 진심을 담은 말의 투명성에 전적으로 달려 있다(예언자적 메시지 참고).

그렇다고 해서 설교자가 공동체를 향한

비판을 피한다는 뜻은 아니다. 설교자의 임무에는 회중에게 더 큰 세상과 "하나이면서, 거룩한, 사도적인 동시에 공적 교회"(the one, holy, apostolic and catholic church)의 가르침을 상기시키는 일도 포함된다.

시대를 초월한 연극 〈바람 상속〉(Inherit the Wind, 1925년 미국 테네시주의 한 고등학교에서 하나님의 창조에 반하는 진화론을 가르쳤다는 이유로 재판을 받은 한 교사의 사건을 모티브로 하여 쓰인 연극으로 힐스보로[Hillsboro]라는 마을을 배경하고 있다-역주), 즉 종교의 옷 안에 숨겨진 편협함과 무지에 관한 이 이야기는 기독교가 힐스보로의 거룩한 사람들 사이에 실존하는 것은 아니라는 점을 상기시켜 준다(Woods 1995, 15-68).

목사/예언자는 사랑 안에서 진실을, 심지어 받아들이기 어려운 진실을 담아낼 수 있는 단어를 찾으려고 노력한다.

예언자적 연설은 능력과 겸손한 태도에서 그 권위를 드러낸다. 설교자는 특정 공동체와 연관되어 그 공동체의 안일함에 도전하는 말씀과 이미지를 추구한다. 성공은 생색내는 듯한 태도, 감춰진 분노, 비열한 언사를 피하는 겸손에 달려 있다. 목표는 책임감 있게 행동하는 공동체이며, 그곳으로 나아가는 길은 진리를 울려 퍼지게 하는 말이다. 이것을 위해서 상상력과 함께 신학적이고 목회적인 통찰이 필요하다. 예언자는 예술가 못지않게 사람들을 '이것이 바로 그 진리'라는 깨달음의 순간으로 안내한다.

5. 설교자: 진정성과 가용성

필립스 브룩스(Phillips Brooks)는 설교를 인품을 통한 진리의 전달이라고 정의했다(1877, 5). 설교의 권위는 본질적으로 설교자에게서 비롯되는 것이 아니다. 설교자의 삶 또한 중요한 역할을 한다.

조셉 시틀러(Joseph Sittler)는 다음과 주장한다.

> 설교는 단지 설교자가 하는 어떤 일이 아니다. 이것은 선포와 해석에 집중하는 설교자 전 존재의 기능이다(1966, 8).

그는 이것이 한 특정 공동체의 삶 속에서 설교자 자신의 신앙적 삶, 곧 "믿는 자, 의심하는 자, 죄인, 열망하는 자로서"의 삶을 포함한다고 말한다. 이것은 도덕적 완벽함이나 우월한 경건함을 요구하는 부르심이 아니다. 오히려 그리스도 안에서 알려진 하나님 말씀이 설교자의 진실성을 가장 명확하게 보여 주는 본보기임을 깨닫는 것이다. 예수 그리스도 안에서 사람의 말과 하나님의 말씀이 완전한 조화를 이룬다. 즉, 그리스도 안에서 행동과 존재는 일치한다. 예수님은 말이 한 사람의 존재 깊은 곳, 마음속에서 나온다고 가르치셨다. 한 설교학 교수는 다음과 같이 적는다.

"당신은 당신의 발바닥으로부터 설교해야 한다."

설교의 진실성은 필연적으로 설교자의 진정성, 즉 참된 인간성에 달려 있다. 이는 정직함과 용기, 그리고 솔직한 인간성을 의미한다.

설교자의 권위 (Authority of the Preacher)

이런 사람이 일상의 삶에서나 주일의 설교에서 공동체에 의해 진정으로 사용될 수 있는 사람이다. 예수님이 고향 회당에서 설교하실 때, 사람들은 그분이 누구신지 알고 있었다. 비록 예수님의 말씀에 기분이 상할 수도 있었겠지만, 그분의 말씀과 그들이 알고 있는 그분의 삶은 일치했다.

설령 말이 누군가를 불편하게 하거나 누군가에게 도전이 되더라도, 그것이 설교자와 회중 모두가 바라는 모습이어야 한다. 즉, 가식 없이, 말과 행동을 통해 하나님의 은혜만을 의지하며 살아가는 인정받는 사람이 되어야 한다.

설교자의 권위는 진실성과 가용성에서 비롯된다. 에스겔은 백성들과 강가에 앉아 함께 노래를 함께 부르려 했다. 예레미야는 모든 것이 허물어진 것처럼 보이는 고향에 땅을 산다. 두 사람 모두 진실하게 백성들 가운데 거하며, 진정으로 쓰임 받는 것이 무엇인지 이해하고 있었다. 한 현명한 목사가 목회를 처음 시작하는 초보 목사에게 질문을 받은 적이 있다.

"새로운 목사는 새 빗자루처럼 그냥 들어가서 진정한 변화를 만들어 내야 하지 않을까요?"

이에 연로한 목사는 답했다.

"영향력을 갖기 전까지는 그것을 사용하지 말게나!"

흔히 말하듯이, 새로운 목사는 벽에 졸업장을 걸거나, 설교를 하거나, 상담을 하는 등 어떤 일을 시작하기도 전에 이미 권위를 갖고 있다. 설교단에 올라 성경을 펼치는 것만으로도 그 권위는 선언된다. 그러나 그 행동에 뒤따르는 것과 그 행동을 둘러싼 맥락이 권위를 강화한다. 이를 통해, 매 주일 사람들이 그들의 일상생활에서 알아들을 수 있는 언어와, 설교자의 인간성과 사역을 통해 하나님의 말씀을 듣게 된다.

참고 주제 권위; 소명; 하나님 말씀

참고 문헌 Ronald J. Allen. *Theology for Preaching: Authority, Truth, and Knowledge.* (1998) 37-38; Karl Barth. *Homiletics.* Translated by Geoffrey Bromiley and Donald Daniels. (1991) 121-125; David Bartlett. *Concise Encyclopedia of Preaching.* (1995) 23; Phillips Brooks. *Lectures on Preaching.* (1877) 5; Fred Craddock. *As One Without Authority.* (1971); H. H. Farmer. *The Servant of the Word.* (1942)84-92; P. T. Forsyth. *Positive Preaching and the Modern Mind.* (1907); Charles Rice. *The Embodied Word.* (1991); Joseph Sittler. *The Anguish of Preaching.* (1966); Edward Stanley, director of Public Service Programs, NBC. Letter to the United Lutheran Church in American, August 9, 1955; Edmund A. Steimle. "The Involvement of the Preacher." Recorded lecture. Princeton Theological Seminary, September 11, 1970; Edmund A. Steimle, Morris J. Niedenthal, and Charles L. Rice. *Preaching the Story.* (1980) 37-42; Paul Tillich. "You Are Accepted." *The Shaking of the Foundations.* (1948); Alan Woods, ed. *The Selected Plays of Jerome Lawrence and Robert E. Lee.* (1995) 15-68.

소명(Call)

데이비스 M. 그린하(David M. Greenhaw)

소명이란 기독교 신앙에서 중요한 상징 중 하나이며, 설교자와 설교를 이해하기 위한 중요한 범주를 제공한다. 신적 소명은 부르신 분이 있다는 것을 전제한다. 즉, 하나님의 뜻을 전하도록 인간을 초대하거나 불러 모으시는 하나님의 존재를 전제한다. 이 소명의 구조(mechanism)는 하나님이 내 귀에 말씀하시고 내가 그 말씀을 회중에게 전달하는 단순한 통로가 아니라, 변화에 대한 필요와 의지를 인식하고, 변화를 만들어내는 역량을 파악하는 과정이다.

설교자의 관점에서 볼 때, 선포된 말씀은 선포된 말씀과 선포에 대한 소명이 일치할 때 그 권위를 인정받는다. 설교자는 단순히 자기 의견을 전하는 사람이 아니라, 하나님을 대신해 말하는 사람이다. 청중의 관점에서 볼 때, 선포된 말씀은 대개 인간 설교자의 의도를 초월하여, 구원하시고 파송하시는 하나님을 가리키는 말씀으로 받아들여진다.

1. 소명의 상징

소명은 상징이다. 그리고 이것은 모든 상징과 마찬가지로 생각을 불러일으킨다. 상징에는 문자적 측면이 존재한다. 즉, 실제 음성의 이미지, 인간에게 말씀하시는 하나님의 음성을 존재한다. 그러나 상징으로서 소명은 문자적 의미를 넘어 초월적 실체를 비유적으로 명명하는 비유적 측면이 있다. 소명의 상징을 이해하기 위해 문자적 측면의 소명 이야기(삼상 3:1-9의 사무엘)를 고려해 보라.

소년 사무엘은 한밤중에 자기 이름을 부르는 소리를 듣고 깨어난다. 그는 일어나 자기가 섬기고 있고 자기 이름을 불렀을 것으로 생각한 연로한 제사장 엘리에게로 간다. 그 소년의 이름을 부른 적이 없는 제사장은 그를 잠자리로 돌려보낸다. 소년은 그의 이름을 부르는 소리를 다시 듣고, 또 그 연로한 제사장에게 간다. 세 번째가 되어서야 엘리는 하나님이 소년을 부르고 계시다는 것을 알아차리고 어떻게 응답해야 하는지 가르쳐 준다.

이 이야기에서 하나님의 소명은 하나님의 입으로부터 나와 부름을 받는 사람의 귀에 전달되는 말씀이다.

만약 소명이 오직 하나님이 말씀하시는 음성으로만 주어진다면, 소명은 거의 또는 아예 주어지지 않는 것이나 마찬가지일 것이다. 실제로 하나님의 음성을 듣는 사람은 극히 드물기 때문이다. 이 이야기를 하나님의 소명에 대한 문자적 모범으로 해석한다면, 거의 모든 사람이 소명을 받지 못한 것으로 간주될 것이다. 그러나 이 이야기를 문자적 해석을 넘어 비유적으로 읽으면, 소명을 받는 것이 쉽지 않으며, 이를 온전히 깨닫기 위해서는 다른 이들의 해석이 큰 도움이 된다는 점을 시사한다.

여기서 '다른 이들'이란 종교 전통 속에 깊이 뿌리내린 인물, 즉 엘리이다. 여러 면에서 설교자의 역할은 엘리와 유사하다. 설교자는 종교적 전통 속에 깊이 뿌리내린 사람으로서, 타인이 소명을 분별하고 이에 응답할 수 있도록 돕는 역할을 한다.

2. 신적 의도와 인간 대리인

하나님의 소명에 관한 수많은 성경 이야기는 현대의 소명 경험을 위한 본보기가 된다.

- 이방 땅을 향해 떠나는 아브라함의 소명(창 12:1-3)
- 백성들을 자유로 이끄는 모세의 소명(출 3:7-12)
- 한 군주를 기름 부어 세우는 사무엘의 소명(삼상 8:22)
- 하나님 말씀의 의미를 설명하는 훌다의 소명(왕하 22:14-20)
- 겸손히 예언하는 이사야의 소명(사 6장)
- 마지못해 통치의 종말을 선언하는 예레미야의 소명(렘 1:4-19) 등

신약성경에서 교회의 기초를 형성하는 소명은 다음과 같다.

- 제자들의 소명(마 4:18-22; 9:9; 막 1:16-20; 2:14; 눅 5:1-11; 요 1:35-43)
- 세례자들의 소명(행 2:37-42)

교회를 뜻하는 에클레시아(ekklesia)라는 단어는 "부름을 받은 사람들"을 의미한다. 이런 모든 이야기 속에는 세상에서 일하시는 하나님의 뜻에 대한 헌신이 담겨 있다.

이런 성경적 소명은 하나님이 인간을 부르셔서 하나님의 뜻을 이루는 일에 참여시킨다는 개념에 근거한다. 즉, 하나님은 이루고자 하시는 계획과 목적이 있으시며, 각자의 은사에 따라 응답하도록 사람들을 부르신다는 것이다. 달리 말해서, 하나님은 뜻을 가지고 계시며, 그 뜻을 이루기 위해 인간을 사용하신다. 하나님은 세상에서 하나님의 일을 하도록 여자와 남자를 부르신다.

현대 신학은 하나님의 뜻(a will)을 인정하는 것을 주저해 왔다 그 이유는 부분적으로 "하나님의 뜻"이라는 개념이 남용되어, 세상의 많은 고난과 악을 정당화하는 변명으로 사용되어 온 데에서 비롯된다. 신학적 개념으로서 하나님의 뜻이 점차 사용되지 않게 되면서, 하나님의 소명이라는 개념도 함께 퇴색되었다.

말콤 워포드(Malcolm Warford)는 성공회 『공동 기도서』(Book of Common Prayer)의 개정판에서 하나님의 소명이라는 용어를 멀리하려는 경향을 언급한다. 1928년의 『공동 기도서』에 다음과 같이 기록되어 있다.

> 우리가 당신에게 간구하오니, 여러 소명(callings) 가운데서 우리를 인도하소서 … (44)

그러나 1979년의 개정판에는 이렇게 바뀌었다.

> 다양한 직업(occupations) 가운데서 우리를 인도하소서 … (Warford 1990, 17).

"여러 소명"에서 "다양한 직업"으로의 변화는 비극적 축소를 보여 준다. "여러 소명"은 하나님이 이루고자 하시는 계획과 일이 있으며, 인간이 그 부름을 받아 섬긴다는 이해를 담고 있다. 반면, "다양한 직업"

은 단순히 시간을 채우는 활동, 즉 우리를 분주하게 만드는 일에 불과하다는 의미로 축소된다.

3. 설교자의 소명

설교자는 단순히 설교에 관심이 있는 사람이 아니라, 설교하라고 부름을 받은 사람이다. 설교는 하나님의 소명에 대한 응답이며, 하나님이 이루고자 하시는 일을 수행하는 행위다. 설교는 단순히 주일 아침의 짧은 연설이 아니라, 신성한 목적을 완수하기 위한 능력 있는 연설이다.

> 내 입에서 나가는 말도 이와 같이 헛되이 내게로 되돌아오지 아니하고
> 나의 기뻐하는 뜻을 이루며 내가 보낸 일에 형통함이니라(사 55:11).

설교자가 하나님의 뜻을 이루는 것에 관해 말하는 한, 그것은 신실한 설교다. 하나님의 소명을 분별하고 검증하는 과정은 설교의 진리됨과 설교자의 진실성에 매우 중요한 요소다. 이 분별과 검증의 일부는 교회의 면밀한 검증을 받을 수 있지만, 다른 일부는 그렇지 않다.

리처드 니버(H. Richard Niebuhr)가 말한 전통적인 네 가지 하나님의 소명 형태가 이를 명확히 설명해 준다. 그는 소명을 기독교인의 소명(Christian call), 은밀한 소명(secret call), 섭리적 소명(providential call), 교회적 소명(ecclesiastical call)으로 구분한다.

기독교인의 소명은 모든 세례자에게 주어지는 제자의 소명이다. 은밀한 소명은 하나님의 소명에 대한 내적 설득이나 경험을 의미한다. 섭리적 소명은 개인의 재능을 세상의 필요나 형편에 맞게 배치하는 것이다. 교회적 소명은 교회공동체가 교회를 대신해 섬기는 일에 한 사람을 초대하는 것이다. 이 마지막 소명은 성직자와 여러 교회 지도자에게 주어진 특별한 소명을 의미한다(Niebuhr 1956, 64).

만약 설교자가 어떤 특정한 것을 말하거나 행하도록 하나님께 부름을 받았다고 주장한다면, 사람들에게는 이것을 인정하거나 부정할 수 없다. 그러나 교회는 그런 소명에 대한 독점적인 권위를 오랫동안 인정하지 않았고, 대신 전통, 성경, 이성의 분별을 통해 그런 사적 경험의 권위를 인정해 왔다. 설교자는 말씀, 심지어 충격을 주는 말씀을 설교하라고 하나님께 소명을 받았지만, 그런 소명은 여건이 충분히 형성된 상황에서 발견된다.

많이 사용된 토마스 롱(Thomas G. Long)의 설교학 교재, 『증언 설교』(*The Witness of Preaching*, CLC 刊)는 설교자가 회중석에서 설교단으로 이동하는 움직임을 묘사한다. 그는 다음과 같이 말한다.

> 설교하는 우리는 회중 한 가운데 있는 자리에서 일어난다. 그리고 설교단으로 올라가 사람들 앞에 선다. 우리와 그들 사이에 거리가 있고 우리는 종종 이 거리를 예민하게 느낀다. 우리는 그들에 복음, 즉 은혜와 요청의 복음을 말하고 싶어 하지만, 좀처럼 수용할 것 같지 않아 보이는 사람들을 바라보며 그곳에 서 있는다. 우리가 그들 속에서 나왔기 때문에 우리는 그들을

안다. 그들의 냉담함과 갈등을 알고, 그들의 아픈 곳과 무딘 귀를 안다(Long 1989, 5).

회중에게 말씀을 전하기 위해 회중 밖으로 나오는 여정은 단순히 회중석에서 설교단으로 이동하는 것보다 훨씬 더 깊고 긴 여정이다. 이 여정에는 하나님의 소명을 분별하려는 고뇌가 있으며, 그 분별은 성경과 전통, 그리고 현대의 상황에 대한 깊은 연구 속에서 이루어진다. 또한, 청중의 경험을 표현하는 언어를 찾아내고, 그들이 하나님의 목적과 계획을 깨닫도록 돕는 말들을 찾으려는 노력이 요구된다. 엘리처럼, 설교자는 종교적 전통 속에 깊이 뿌리내린 인물이 되어야 한다. 그런 위치에서 설교자는 이 시대를 향한 하나님의 소명을 함께 분별하는 과정에 참여할 수 있다.

4. 회중의 소명

사도 바울은 하나님이 서로 다른 기능을 하는 한 몸의 지체로서 부르신 사람들의 다양한 재능을 묘사했다. 이처럼 하나님이 부르신 사람들은 하나님의 세상에서도 다양한 역할을 한다. 자기의 역할을 찾고 자기의 소명을 분별하는 것은 큰 기쁨의 원천이 될 수 있다. 프레드릭 뷰크너(Frederick Buechner)가 말했듯이, "하나님이 당신을 부르신 그 자리는 당신의 환희와 세상의 허기가 만나는 장소다"(Beuchner 2004, 405)

참고 주제 설교자의 권위; 인품; 에토스

참고 문헌 Frederick Buechner. *Beyond Words:* *Daily Readings in the ABC's of Faith.* (2004); Thomas G. Long. *The Witness of Preaching.* (1986); H. Richard Niebuhr. *The Purpose of the Church and Its Ministry: Reflections on the Aims of Theological Education.* (1956); Malcolm Warford. *Our Several Callings.* (1990).

인품(Character)

안드레 레스너(André Resner)

윤리학과 수사학의 핵심적 개념인 인품은 어원적으로 외부의 압력이나 힘 때문에 생겨난, 지워지지 않는 자국, 각인, 또는 흔적을 의미하는 것으로서 한 사람의 자아, 영혼, 정체성의 형태와 성향 그리고 그것의 표출 양상을 바꾸어 놓는다.

윤리학의 범주에서 인품은 한 사람에게 투영되거나 관찰자에 의해 덧씌워진 모든 가면 아래에 있는 그 사람의 진정한 본성과 관계가 있다. 한 사람의 인품의 본성과 형태는 그 사람의 심리학적이고 감성적인 기질뿐만 아니라, 출신 가족에서부터 성별, 민족성, 국적, 종교적 성향에 이르기까지 수많은 요인의 혼합물이다.

한 사람의 인품은 그 사람의 삶을 구성하는 행동과 말을 통해 알려진다(즉, 한 사람이 사건이나 사람들에게 자기 흔적을 남기는 습관적 방식을 통해). 궁극적으로, 아무도 한 사람의 진정한 인품을 알지 못하며, 심지어 자기 자신도 모른다. 오직 하나님만이 역사적으로, 사회적으로 요동치는 모든 사람의 인생 사건 이면에 있는 인간의 마음을 아신다.

'좋거나 나쁜' 인품은 사회적으로 형성된

인품(Character)

실체다(개인 윤리 참고). 공동체는 공유된 삶과 역사, 삶의 관행, 신념, 가치관, 선택, 그리고 고전적 본문, 이미지, 이야기, 은유의 활용을 통해 무엇이 좋은 인품을 구성되는지에 관한 실제 이해를 만들어 낸다. 한 사람의 말과 행동이 특정 공동체의 가치와 더 일치할수록, 그는 좋은 인품을 지닌 사람으로 인정받는다.

보통 정치적, 종교적 지도자들처럼 공동체가 소중히 여기는 가치를 모범적으로 실천할 것이라 기대를 받는 사람들은 항상 존재한다. 정치에서는 직무와 인품을 분리할 수 있는지에 대한 논쟁이 있겠지만, 목회자가 목회적 임무를 잘 수행하기만 하면 어떤 인품을 지니고 있든 상관없다고 주장하는 사람들은 거의 없을 것이다. 모범적 인품을 실천하는 것은 모든 목회자에게 주어진 주된 책무 중 하나다.

그리고 비록 목회자도 일반 사람들처럼 역사적인 상황 속에 자리 잡고 있고 일상적 삶의 사건들에 지배받는 대상이지만, 설교자는 일반적으로 공동체가 중요시하는 규범과 덕목에 더 높은 기준을 요구받으며, 그들의 인품은 더 즉각적으로, 날카롭게, 그리고 공개적으로 평가된다.

그렇다면 누가 그리고 무엇이 기독교공동체 안에서 좋은 인품으로 평가받는 기준을 결정하는가?

기독교적 인품, 더 구체적으로 말해, 목회적인 인품을 정의하는 데 있어 권위적 위치를 차지하기 위해 다양한 목소리가 경쟁한다.

그런 목소리 중 하나는 대중문화다. 특히, 이는 청교도적 도덕관념에 기반을 둔 기독교의 도덕주의적 버전으로 결합되며, "목회자는 다른 좋은 사람과 마찬가지로 좋은 사람이 되어야 하고, 더 나은 사람이 되어야 한다"라는 생각으로 수렴된다.

미디어가 희화화한 기독교와 목회자의 모습은 싱클레어 루이스(Sinclair Lewis)의 『엘머 갠트리』(*Elmer Gantry*), 스티브 마틴(Steve Martin)의 『믿음의 도약』(*Leap of Faith*), 로버트 듀발(Robert Duvall)의 『사도』(*The Apostle*)에서 찾아볼 수 있다. 이런 묘사들은 많은 사람의 마음속에 목회자의 인품(특히, 형편없는 인품)에 대한 특정 관점과 기대를 형성해 왔다. 또한, 일부 유명한 설교자들의 두드러진 도덕적 타락과 이와는 반대로 성공한 듯 보이는 여러 설교자의 모습은 많은 사람에게 목회자에 대해 문화적으로 형성된 기대를 하게 만들었다.

유명인에게 현혹되는 사회에서, 사람들은 목회자의 인품이 반드시 제자의 소명에 부합되지 않더라도 문화적으로 매력적 인품을 갖기를 원한다.

그리고 다른 모든 조건이 같다면, 누가 다음과 같은 목회자를 원하지 않겠는가?

키가 크고, 날씬하며, 운동 잘하고, 옷을 세련되게 입고, 잘 생기고, 게임 쇼 진행자처럼 사교적이고, 언제나 환하게 웃으며(정말 하얗고 가지런한 치아를 드러내면서), 긍정적인 에너지가 넘치되 결코 슬퍼하거나 부정적이지 않은 사람. 유머 감각이 뛰어나고, 아이들과 어른들, 동물들에게 다정하고 친절하며, 언제든 말을 걸 수 있고, 커피 한 잔을 함께 하고, 골프 라운드(혹은 차를 마시는 시간)를 즐기며, 힘들 때 어깨에 기대어 울어도 안심이 되는 사람. 그리고 무엇보다도,

인품(Character)

우리의 욕심과 편견, 그리고 복음과 어긋나는 여러 가지 눈에 띄는 모습조차도 전혀 판단하지 않는 목사를 누가 원하지 않겠는가.

이런 사람이 있다면 나에게 소개해 달라. 위의 목록에 건강, 부, 행복에 대한 위로와 희망적인 메시지를 추가해 보라. 그러면 나는 미국의 기독교가 아낌없이 상을 줄 수 있을 만한 사람을 당신에게 소개해 주겠다. 미국의 대중문화의 힘이 가장 지배적인 시기는 교인들의 사고방식이 예언자적이고 십자가 중심적 신앙과 실천으로 형성된 제자 공동체로서의 교회에 대한 이해에서 점점 멀어질 때다.

그 대신 교회가 사람들의 무비판적 욕구와 필요를 채워 주고, 오락을 제공하며, 심지어 애지중지하면서, 필요하다면 문화적 편견도 용인하고 그것을 강화하기까지 하는 소비자 중심적 사고방식을 반영할 때다. 이것이 문화에 팔려 버린 교회와 목회자의 인품에 관한 모습이다.

또 다른 목소리는 신학적 윤리학에서 나온다. 목회자의 인품과 관련하여, 스탠리 하우어워스(Stanley Hauerwas)는 (윌리몬 [Willimon], 리셔[Lischer]와 캠벨[Campbell]도 포함하여) 목회직의 본질과 그 기능에 초점을 맞춘다. 하우어워스는 아리스토텔레스와 매킨타이어(MacIntyre)의 사상을 바탕으로, 인품에 대한 도덕적 해석을 배제한 상태로 특정한 상황과 관계없이 현명한 행동과 말에서 드러나는 인품을 강조한다(2003). 훌륭한 인품을 지닌 목회자는 평생 자기 임무를 수행할 수 있는 지속적 힘, 변함없는 일관성, 비전 그리고 집중력을 갖추고 있으며, 이를 통해 같은 인품을 지닌 공동체를 형성하고 유지하는 역할을 한다.

설교에서 수사학의 활용을 신학적으로 이해하는 시각은 거의 사라졌다. 이 접근 방식은 복음이 교회, 목회, 선교, 그리고 메시지를 구성하는 방식에 영향을 미친다. 목회자의 인품은 궁극적으로 하나님이 과거에 말씀하시고 행하셨던 일, 지금 말씀하시고 행하고 계신 일, 그리고 앞으로 말씀하시고 행하시겠다고 약속하신 일을 어떻게 이해하느냐에서 비롯된다. 하나님이 예수님과 바울의 인품, 사역, 말씀을 통해 복음을 어떻게 말씀하셨고 "행하셨는지"는 오늘날 제자로서 우리가 똑같은 사역을 어떻게 이어 나가야 하는지를 성찰하는 데 있어 중요하다.

복음의 선포(word)와 그 실천(deed)은 한 개인과 사람들의 인품에 가장 본질적인 변화를 불러온다. 그 복음은 함께 듣고 살아가는 공동체의 지속적인 실천 속에 그 선포와 실천을 반영하며, 계속해서 공동체를 하나님의 예언자적 복음을 행하는 특별하면서도 때로 오해받는 그릇으로 형성하고 빚어간다. 그 그릇은 언제나 깨지기 쉽고, 현세적이며, 그 임무를 감당하기에 부족하지만, 하나님의 은혜로 인해 쓰임 받는다. 인품에 대한 모든 평가는 예언적이며 십자가 복음을 닮았는지에 달려 있다.

복음을 전하고 듣는 사람들의 인품 변화는 '실제로' 일어나지만, 일상의 삶, 예배 인도, 그리고 설교에서 우리가 인식할 수 있는 것은 사람들이 말하고 행동하는 것을 통해 드러나는 그들의 인품뿐이다. 아리스토텔레스는 인식된 인품(perceived character)의 본질과 그것이 수사적 상황에 미치는 영향을 설명하는 데 중요한 통찰을 제공했다. 화자에게서 인식되는 인품(에토스)이 청중의 설득 여부에 가장 큰 영향을 미치는 요소(로고스나 파토스보다 더 강력한 요소반하여)라고 주장했으며, 이 주장은 아우구스티누스로부터 오늘에 이르기까지 설교학 이론에 영향을 주었다.

이 통찰로 인해, 화자는 그들의 청중, 곧 그들의 가치관, 성향, 고정관념, 그리고 특히 인품과 신뢰성에 대한 기준을 파악하도록 요청받는다. 이런 똑같은 가치관과 기준을 연설에서 채택할 때 화자는 청중을 설득할 수 있는 더 유리한 입장에 서게 된다. 반대로 말해, 인품과 신뢰성에 대한 청중의 기준을 의식적으로(또는 무의식적으로) 침해하는 것은 수사적 자멸과 다름없다.

아이러니하게도, 바울이(예수님도 마찬가지로) 하나님 나라에 관한 복음의 비전을 신실하게 선포하기 위해 감수한 수사적 자멸은 말씀의 종이자 하나님의 신비를 맡은 자로서 치러야 할 대가였다. 바울은 인품과 신뢰성에 대한 당시 문화적 인식과 기준을 따르기보다 오히려 이것들을 우상 숭배적인 복음의 장애물로 여겼다.

그는 십자가에 못 박히고 부활하신 예수 그리스도의 복음을 선포하기 위해, 당시 문화적으로 가치 있다고 여겨지는 어떤 수단도 사용하지 않겠다고 결단했다. 그 결과, 바울은 혹독한 비난과 오해를 받았다. 그러나 그에게 가해진 비판은 정당함에 대한 청중의 관점에서 비롯되었다. 바울의 청중에게 감옥에 갇히고, 난파당하고, 매 맞고, 끊임없이 위험에 처하는 것은, 인간뿐만 아니라 신들도 그를 저주받은 자로 여긴다는 의미였다. 나무에 달린다는 것도 똑같은 의미였다.

메시지를 받아들이거나 거부할 때 신뢰성을 핵심 기준으로 여기는 사람들 앞에서, 십자가에 못 박히신 메시아의 추악한 (scandalous) 복음을 설교하려면, 인품에 대한 특정한 접근 방식이 필요하다. 이 접근 방식은 아리스토텔레스의 세속적 지혜에 따른 조언과는 반대로 작용하는 것처럼 보인다. 그러나 십자가와 부활의 예언자적 말씀으로 형성되고 재형성되고 있는 공동체에는, 오직 십자가 형상을 닮은 신비로운 인품만이 설교자에게 적합하다.

예수님의 죽음과 부활은 샬롬의 왕국을 향한 하나님의 비전에 대적하는 보이는 권력과 보이지 않는 권력을 예언적으로 무력화하는 선언이었다. 공동체가 그 예언자적 담론을 계속 이어 나가는 과정에서 이 세상의 기준과 가치관에 강하게 저항하기도 한다. 복음의 메시지와 일치하는 수사학과 인품은, 힘과 생명력을 다른 방식으로 이해하는 사람에게는 약하고 어리석게 보인다.

그러나 복음이 요구하는 신뢰성의 핵심 기준은, 예수님을 따르는 이들이 예수님과 그분의 사도들에게 새겨졌던 것과 똑같은 복음 사역의 진정성을 가질 것을 요구한다 (고후 4:1-12; 갈 6:17). 복음은 우리가 그것을 구현한다고 해서 더 큰 영향력이나 추진력을 얻는 것이 아니다. 우리의 인품이 말씀을 효과적으로 만드는 것도 아니다. 그러나 복음이 삶으로 구현되는 한, 우리 안에서 그리고 우리를 통해 역사하는 그리스도께서 그 삶에 능력을 부여하시든, 무력하게 만드시든, 생사를 가르는 인품을 형성하신다.

우리가 몰래 도나티즘(Donatism)을 들여오는 것이 아니다(갈 2:20; 고후 2:14-18). 만약 이런 복음의 구현이 사람들에게 반감을 불러일으킨다면, 그것은 그 반감 자체가 우리 메시지와 선교의 핵심에 자리하고 있기 때문이다. 복음이 제시하는 것 이상을 원하거나 그것과는 다른 무엇인가를 기대하는 사람들이 더 쉽게 받아들이도록 복음을 변형하여 전달하는 것은, 결국 우리 자신을 단순한 판매원이나 협상가로 만들어 거래를 성사시키려 애쓰는 것과 다름없다.

그래서 복음을 전할 때, 기존의 에토스에 기반한 호소보다, 예언적 십자가 형상의 복음을 신실하게 증언하기 위해 기괴하고 불편할 뿐만 아니라 끊임없이 거슬리는 복음의 말씀을 구현하는 아이러니한 호소 또는 역-에토스(reverse ethos)의 호소가 더 적절하다.

하우어워스는 오스본(Osborn)의 견해에 공감하면서 모든 목회자가 직면하는 중요한 질문을 던진다.

교회와 목회자는 사역의 신실함과 효과를 평가하는 데 어떤 기준을 가져야 하는가?

우리의 핵심적 메시지와 사명으로 돌아가 보면, 그 대답은 더욱 분명해지지만 동시에 더 어려워진다. 그러나 예언적 십자가 신앙을 가진 공동체가 겪는 어려움은, 적어도 하나님의 백성들이 감당해야 할 '의로운' 어려움을 회복시켜 준다. 이들의 인품은 그리스도의 부르심과 성령의 능력으로 끊임없이 새겨지며, 세상 속에서 아이러니한 기쁜 소식의 증거가 되도록 형성한다. 그리고 예수님의 하나님 나라의 비전을 선포하는 설교자들은 문화적으로 오해받지만, 이런 공동체를 이끌어 간다.

참고 주제 에토스; 윤리와 하나님; 로고스; 파토스/감정; 하나님 말씀

참고 문헌 Charles Campbell, "More Than Quandaries: Character Ethics and Preaching." *Journal for Preachers* 16(1993) 31-37; Stanley Hauerwas. *The Peaceable Kingdom*. (2003); Stanley Hauerwas. *Christian Existence Today: Essays on Church, World, and Living in Between*. (1988); Stanley Hauerwas. "Clerical Character: Reflecting on Ministerial Morality," *Word and World* 6(1986) 181-93. Richard Lischer. "Before Technique: Preaching and Personal Formation." *Dialog* 29(1990) 178-82; Ronald E. Osborn. *Creative Disarray. Models of Ministry in a Changing America*. (1991); André Resner Jr. *Preacher and Cross: Person and Message in Theology and Rhetoric*. (1999); William H. Willimon. *Pastor: A Reader for Ordained Ministry*. (2002a); William H. Willimon. *Pastor: The Theology and Practice of Ordained Ministry*. (2002b).

헌신적 삶/삶의 스타일(Devotional Life/Life-Style)

바바라 브라운 테일러(Barbara Brown Taylor)

설교자란 말을 하기 전에 이미 하나님 말씀에 대한 살아 있는 증언이 된다. 그리고 설교자가 입을 열어 말할 때, 그의 모든 말은 곧 그의 삶의 방식을 드러낸다. 하나님

과 이웃에 대한 헌신은 복음을 전하기 위한 가장 기본적인 전제 조건이다.

헌신이라는 주제가 두 손을 모은 채 무릎을 꿇고 기도하는 성인들의 이미지를 떠오르게 할 수도 있지만, 헌신적 삶은 그보다 훨씬 더 광범위한 활동을 의미한다. 설교자가 어떤 임무, 사람, 공동체, 또는 이상에 헌신한다는 것은 그 갈망의 대상에 자기 전부를 쏟아붓는다는 것을 뜻한다.

요한 세바스티안 바흐(Johann Sebastian Bach)는 마틴 루터 킹 주니어(Martin Luther King Jr.)가 정의 실현을 위해 헌신했던 것만큼 음악을 창작하는 데 헌신했다. 도로시 데이(Dorothy Day, 가톨릭 신자로 평생 빈민 운동과 노동 운동에 헌신했던 미국의 사회운동가이자 언론인-역주)의 헌신은 하부 맨하튼의 빈민가 거리에서 빛을 발했고, 조나스 솔크(Jonas Salk, 소아마비 백신을 개발한 미국의 바이러스 학자-역주)의 헌신은 그의 연구실에서 꽃을 피웠다. 테레사 수녀(Mother Teresa)는 캘커타의 빈자들을 돌보며 노년을 보냈고, 오스카 로메로(Oscar Romero)는 엘살바도르의 소작농들을 위해 헌신하다 생을 일찍 마감했다.

종교적 헌신에서 갈망의 대상은 하나님이지만, 그 방식은 매우 다양하게 나타난다. 성경에서 최초의 사례로 등장하는 아브라함과 사라는, 이름도 모르는 신의 약속을 좇아 짐을 챙겨 고향을 떠남으로써 그들의 헌신을 보여 주었다. 그러나 사라가 하나님을 불신하여 웃음을 참지 못함으로 그녀의 헌신이 빛이 바래진 것처럼, 아브라함은 하나님과 논쟁으로 그 헌신이 퇴색되었다. 그래도 우여곡절이 많았던 그들의 여정 속에서, 아들이 태어나기도 전에 그들의 신앙은 점점 더 깊어지고 성숙해졌다.

마침내 이삭이 태어나자, 그의 어머니 사라는 아브라함의 첫째 아들 이스마엘의 어머니 하갈을 외면하고 박대했다. 이 이야기의 큰 흐름 속에서 하갈의 헌신은 종종 간과되지만, 하갈은 남성들에게 버림받거나 배신당하거나 죽음의 위기에 처했을 때, 하나님에게 직접 호소했던 성경 속 모든 여성의 선구자라 할 수 있다. 광야에서 드린 하갈의 간절한 기도는 그녀의 아들을 구했을 뿐 아니라, 그녀를 하나님과 직접 대면하게 했다.

이런 거룩한 헌신의 사례는 성경 속에 등장하는 그들의 친척들의 모습에서도 찾아볼 수 있다. 우리는 야곱이 자기 아내 레아보다 더 아름다운 그녀의 동생 라헬에게 마음이 빼앗겨 있는 동안, 레아가 하나님의 약속을 따라 살기 위해 얼마나 애썼을지를 충분히 상상할 수 있다. 마찬가지로 모세의 그림자에 가려진 미리암, 룻의 그림자에 가려진 보아스, 심지어 예레미야의 그림자에 가려져 그의 예언이 영원히 기록되도록 원고를 정리했던 바룩의 모습도 눈여겨 볼 필요가 있다. 하나님께 온전히 헌신하는 사람들은 대개 누군가가 그들에게 온전히 헌신했기에 가능했던 것이다.

마리아는 아마도 신약성경에서 가장 유명한 헌신의 상징일 것이다. 복음서에 그녀의 말은 거의 나오지 않지만, 천사 가브라엘에게 한 대답 속에서 그녀의 헌신이 선명하게 드러난다.

주의 여종이오니 말씀대로 내게 이루어지이다 (눅 1:38).

헌신적 삶/삶의 스타일(Devotional Life/Life-Style)

마리아는 당시 명예-수치 문화(honor-shame culture) 속에서, 오늘날 믿는 자들이 이해할 수 있는 것보다 훨씬 더 큰 위험을 무릅쓰고 몸과 영혼을 다해 하나님의 뜻에 헌신했다. 그녀는 매년 성탄절 연극이 끝난 후 사람들의 기억 속에서 희미해지지만, 단순히 아기 예수를 길러 낸 어머니로서뿐만 아니라, 사랑하는 거룩하신 분과 친밀함을 유지했던 신앙인으로도 존경받는다. 다시 말하지만, 그녀의 그림자에 가려진 요셉을 보라. 그는 마리아를 보호하며, 아기 예수를 자기 자녀로 받아들임으로써 그 아이에게 정당한 지위를 부여했다.

모세가 구약성경에서 하나님에 대한 헌신을 구현하는 인물이라면, 예수님은 신약성경에서 그와 같은 헌신의 완전한 화신이시다. 하나님은 마리아의 아들을 특별한 목적을 위해 부르셨고, 그 아들은 그 목적을 위해 자기 삶을 바치는 것으로 응답했다.

예수님의 헌신은 영적 차원에만 머물지 않았고, 육체적, 정서적, 지적, 관계적인 모든 영역에서 이루어졌다. 광야에서 사탄과 씨름했던 날로부터 시작해서, 경계를 허무는 사역을 거쳐, 십자가 위에서 자기를 비우는 죽음에 이르기까지 예수님은 단 한순간도 주저하지 않았다. 이런 모범을 따르는 것이 버겁게 느껴지는 사람들은, 신약성경에서 베드로의 솔직함, 바울의 열정, 마리아의 학구열, 그리고 그녀의 언니 마르다의 섬김 태도와 같은 다양한 헌신의 모델을 발견할 수 있다.

유대교와 기독교의 전통에는 랍비 아키바(Akiva)와 바알 쉠 토브(Baal Shem Tov), 사막의 교부들과 마르게리트 포레트(Marguerite Porète)와 같은 다양한 헌신의 모범이 풍부하게 존재한다. 그러나 설교자들은 그들의 교파 전통 안에서도 헌신의 모범, 특히 대의를 위해 헌신했던 사람들을 찾을 수 있을 것이다.

십자가의 요한(John of the Cross)은 카르멜수도회(Carmelite order)의 개혁을 위해 헌신한 대가로 거의 1년을 지하 감옥에서 보냈다. 토마스 뮌처(Thomas Müntzer)의 이야기는 마르틴 루터(Martin Luther)의 영향력에 가려지긴 했지만, 그는 1525년 농민전쟁에서 루터에 반대했으며, 이는 교육받지 못한 평신도들을 위한 그의 헌신에서 비롯된 것이었다.

조지 팍스(George Fox)는 자신이 "내적인 빛" 또는 "내면의 그리스도"라고 불렀던 강렬한 체험을 통해, 당시 성공회, 특히 그 성직자들에 대한 반대의 목소리를 내게 되었다. 그의 반발은 친우회(the Society of Friends)의 구성으로 이어졌고, 그들이 헌신한 평화와 정의의 사역은 오늘날까지 강렬하게 남아 있다.

이처럼 하나님에 대한 진정한 헌신은 세상으로부터 물러나는 것이 아니라, 오히려 그 안에서 적극적으로 참여하는 것임을 가르쳐 준다.

설교자의 헌신적 삶이 어떤 형태를 취하든지, 하나님에게 집중하는 적극적 방식과 수용적 방식의 균형은 설교 준비에 큰 유익을 준다. 성경 연구, 일기 쓰기, 영성 지도, 향심기도 등은 모두 하나님에게 집중하는 검증된 방식들이지만, 정원 가꾸기, 춤, 낚시, 연 날리기 또한 하나님께 나아가는 길이 될 수 있다.

핵심은 성령의 임재를 의식적으로 받아들이는 공간에 들어가는 것이다. 그곳에서 설교자는 자주 간과되지만 늘 현존하시는 그 존재를 인식할 수 있다. 설교자가 교회의 전임 목회자로 일하든 그렇지 않든, 모든 사람의 기대를 충족하려는 노력은 인간의 마음을 여러 방향으로 동시에 잡아끌어, 본래의 중심으로 돌아가는 길을 찾기 어렵게 만들 수 있다. 수용적 헌신의 삶이 지닌 큰 덕목 중 하나는, 온갖 일에 분산되지 않고 오직 한 가지에 집중하며 시간을 보내는 것(자신의 일부만이 아니라 온전한 자아를 하나님에게 드리며 시간을 보내는 것)이다.

이런 수용의 시간이 설교 준비와 직접 연결될 필요는 없다. 헌신의 열매가 머지않아 설교 속에서 무르익기 위해서는, 오로지 하나님께만 직접 연결되어 있어야만 한다.

설교의 창작 과정에서 자주 간과되는 단계 중 하나는 배양(incubation)이다. 설교자가 성경을 읽고 연구하며 많은 메모를 남겼음에도 여전히 설교의 핵심을 발견하지 못했다면, 그 순간이야말로 산책해야 할 시간이다. 이는 설교에 대해 고민하기 위해서가 아니라 새들의 노래를 듣기 위해서다. 헌신의 시간이라고 부를 수도 있는 이 한가한 시간 동안 설교자는 아무것도 하지 않더라도, 성령은 일하시며 영감이 떠오를 수 있는 여건을 조성하신다. 만약 설교자가 영감이 부족하다고 느낀다면, 이는 그들에게 헌신의 시간이 부족하다는 것을 가장 잘 보여 주는 신호일 수 있다.

설교자는 설교한 것을 실천할 뿐만 아니라 실천한 것을 설교하는 것도 중요하다. 이를 통해, 설교자의 헌신적인 삶에서 맺은 열매와 그의 전반적 모습은 종종 설교 속에 드러나게 된다.

한 가지 좋은 원칙은 청중이 하나님과 더 깊은 친밀함을 갈망할 수 있도록 관련된 내용을 적절한 범위 안에서 제공하는 것이다.

또 다른 원칙은 설교의 초점을 자기 자신이 아니라 신성한 헌신의 대상에게 계속 맞추는 것이다. 자기를 드러내지 않으려는 설교자는 성경과 역사 속 헌신적 삶의 모델을 자유롭게 활용하면서, 하나님과 더 친밀하게 동행하고자 하는 사람들에게 얼마나 많은 전통적, 비전통적 헌신의 길이 열려 있는지를 분명하게 보여 줄 수 있다.

헌신에 관해 설교하는 설교자는 자신이 영적이지만 종교적이지는 않다고 여기는 사람들을 더 효과적으로 이해하고 다룰 수 있다. 이런 식으로 자기를 묘사하는 일부 사람은 제도적 교회의 환경 속에서는 불가능한 하나님과의 직접 만남에 목말라 있다는 것을 표현하고 있는 것이다. 헌신적 실천을 직접 경험한 설교자는 이런 구도자들을 교회와 세상 속에서 하나님과 더 깊이 만나도록 초대할 수 있는 가장 적합한 위치에 있다.

사람들은 자기를 위해 무언가를 얻기 위해서가 아니라, 오히려 자기를 내어 주기 위해 헌신적 삶을 추구한다. 바쁜 설교자들이라 해도 정기적 헌신의 시간을 거를 수 없다. 왜냐하면, 그 시간을 통해서만 하나님께 유용한 존재가 되는 것을 잠시 멈추고, 하나님께 사랑받는 존재로서 그 사랑을 온전히 누릴 수 있기 때문이다.

참고 주제 인품; 에토스; 자기 주해; 렉티오 디비나

참고 문헌 Dorothy C. Bass, ed. *Practicing Our Faith: A Way of Life for a Searching People.* (1997); Abraham Joshua Heschel. *The Sabbath.* (2003); Thomas Keating. *Intimacy with God: An Introduction to Centering Prayer.* (1994); Jon M. Sweeney. *Praying with Our Hands: 21 Practices of Embodied Prayer from the World's Spiritual Traditions.* (2000).

리더십(Leadership)

존 토른펠트(John V. Tornfelt)

설교와 리더십은 서로 연관된 책임이다. 능숙한 리더십은 목회자의 설교에 큰 반응을 일으키게 할 수 있고, 하나님의 말씀을 소통하는 능력은 리더십을 발전시킬 수 있다.

설교는 무엇을 이뤄 내야 하는가?

이에 대한 대답은 일상의 삶을 위해 영감을 불러일으키는 것, 하나님을 더욱 사랑할 수 있게 돕는 것, 개인적인 어려움 속에서 소망을 북돋는 것, 복잡한 전 지구적 문제에 대해 반응하게 하는 것 등을 포함한다. 설교는 이런 주제들을 다룰 수 있지만, 성직자들에게 그들의 회중 속에서 리더십을 발휘할 기회도 제공한다.

목사들이 자주 설교와 리더십 사이의 연관성을 인정하긴 하지만, 그 의미를 잘 이해하지는 못한다. 이 두 분야는 서로 다른 점들이 있다. 설교는 성경 해석과 교리적 진리에 초점을 맞추는 신학적 측면이 강조되지만, 리더십은 좀 더 실용적 목적, 전략, 그리고 성취에 관심이 있다. 결과적으로 하나님의 말씀을 전하는 데 소명 의식이 있는 성직자는 설교를 작성하는 데 있어 리더십의 기능을 제쳐두려는 경향을 보인다. 조직 운영에서 활력을 얻고 리더십의 역할에 숙달된 개인들은 설교 준비에 최선을 다하지 않을 때도 있다.

이상적으로 설교와 리더십은 별개의 임무가 아니라 통합적 책임으로 봐야 한다. 목사는 당연히 자신이 즐겨하거나 전문적으로 하는 임무에 끌리겠지만, 설교와 리더십을 별개의 기능으로 간주하는 것은 옳지 않다.

히브리서 13:7은 다음과 같이 믿는 자들에게 교훈한다.

> 하나님의 말씀을 너희에게 일러 주고 너희를 인도하던 자들을 생각하며 그들의 행실의 결말을 주의하여 보고 그들의 믿음을 본받으라 (히 13:7).

디모데전서 5:17은 말씀한다.

> 잘 다스리는 장로들은 배나 존경할 자로 알되 말씀과 가르침에 수고하는 이들에게는 더욱 그리할 것이니라(딤전 5:17).

사도 바울은 그의 생애 말년에 지도자의 역할을 맡게 된 디모데에게 다음과 같이 권면한다.

> 그러므로 내가 나의 안수함으로 네 속에 있는 하나님의 은사[리더십]를 다시 불일듯 하게

하기 위하여 … (딤후 1:6).

그러나 그는 또한 다음과 같이 성경을 선포하라고 디모데를 권면한다.

> 너는 말씀을 전파하라 때를 얻든지 못 얻든지 항상 힘쓰라 범사에 오래 참음과 가르침으로 경책하며 경계하며 권하라 (딤후 4:2).

설교와 리더십은 상호 연관되어 있을 뿐만 아니라, 서로를 풍요롭게 하고 보호한다. 리더십은 영적 이해가 결여된 세속적 모델을 받아들이지 않도록 신학적으로 정통한 설교를 필요로 한다. 능숙한 리더십을 효과적으로 사용하여 회중 안에 의미 있는 결과를 만들 수 있지만, 어떤 결과는 오해를 불러일으킬 수 있으며 그것이 꼭 하나님이 의도하신 결과가 아닐 수도 있다. 마찬가지로 설교자는 리더십의 세계가 제공할 수 있는 실용적 사실주의(pragmatic realism)를 필요로 한다. 조직 문화와 리더십의 본질을 모른다면 설교는 순진하고 비현실적인 것이 될 수 있다.

더욱이 설교와 리더십을 분리하면 둘 모두의 잠재적 효과가 약화된다. 하나님의 말씀을 능숙하게 전달하는 능력은 회중의 의지를 자극하여 목사의 리더십을 신뢰하게 만들 수 있다. 명확성, 확신, 진실함을 특징으로 하는 메시지는 성직자가 교구민들의 신뢰와 지지를 얻을 수 있게 한다. 설교자가 설교를 잘하면 사람들은 다른 측면에서도 그를 더 잘 따르는 경향이 있다. 마찬가지로 성직자가 다양한 리더십의 역량을 통해 소질과 지혜를 증명할 때, 회중은 설교단에서 제시되는 비전, 목표, 목적을 좀 더 잘 받아들일 수 있을 것이다.

리더십을 잘 발휘하는 목사는 설교단에서 논란이 되는 문제를 다룰 때 교구민들로부터 공정한 의견을 들을 가능성이 더 높다(논란 참고). 교회에 재정 문제가 발생했을 때, 사람들은 좀 더 관대하게 반응할 수 있다. 달리 말해서, 설교와 리더십 사이에는 상호적이고 상보적인 관계가 존재한다. 하나님 말씀을 전달하는 능력은 목사의 리더십을 강화하지만, 조직 관리에 더 능숙하면 교회는 그들의 설교에 호의적으로 반응하게 된다.

그렇다면 설교 사역은 어떻게 목회자가 그리스도인의 공동체를 이끌어 가는 능력에 영향을 미치는가?

설교와 비전 제시, 목표 및 계획 수립, 지지 확보, 그리고 반대에 대응하는 일 사이에는 어떤 관계가 있는가?

이와 관련하여 몇 가지 고려할 만한 중요한 내용들이 있다.

설교는 하나님 나라 사역의 비전에 영감을 줄 수 있다. 편안함을 추구하고 자기 방어적 성향이 있는 하나님의 백성들은 세상에 참여하고 제자를 삼아야 하는 선교적 사명과 책임(마 28:19-20)을 끊임없이 상기할 필요가 있다. 안타깝게도 시간은 회중의 목적 의식을 침식한다. 무감각은 만연해 있다. 이전 세대의 패러다임에 갇힌 교인들은 과거와 현저히 다른 미래를 꿈꾸지 못하는 경우가 많다. 이것은 이스라엘 백성들이 폐허에 둘러싸인 예루살렘에 돌아와 어디서부터 시작해야 할지 모르는 자신들을 발견했을 때도 마찬가지였다. 그러나 그들

리더십(Leadership)

의 지도자 느헤미야는 사람들에게 재건에 대한 비전과 영감을 제공했다.

마찬가지로 오늘날 설교자들도 예언자처럼 말하고, 비전을 제시하고, 희망을 제공할 수 있는 기회가 있다. 설교는 새로운 비전을 가진 회중이 어떻게 그들의 공동체에 영향을 줄 수 있었는지에 대한 사례를 제공할 수 있다. 하나님이 주신 사명을 완수하고 성과를 이뤄 낸 다른 신앙인들의 고무적이면서도 현실적인 이야기는 모든 사람에게 용기를 줄 수 있다.

목사는 비전을 분명하게 세운 후 목적과 목표를 더욱 구체화할 수 있다. 사람들은 일반적인 계획 이상의 것을 들을 필요가 있다. 그들은 그 계획을 어떻게 성취할 수 있는지에 관한 세부 내용을 듣고 싶어 한다. 지도자들은 장, 단기적 목표가 포함된 핵심 계획을 개발하기 위해 부지런히 노력하지만, 회중에게 그 계획을 설명하는 데는 생각과 에너지를 잘 쏟지 않는다. 그들은 그 계획이 받아들여질 것이라고 너무 쉽게 생각한다. 그러나 사람들은 다양한 방식으로 변화에 반응한다.

성직자는 설교를 통해 비전의 근거뿐만 아니라 그것에 관한 세부 내용도 공유해야 한다. 설교는 회중이 긍정적 결과를 상상하도록 도와야 한다. 그뿐만 아니라, 새롭게 시작하는 목회 사역의 중요성이나 교회 직원을 고용하는 것이 그들의 공동체에 어떤 영향을 줄 수 있는지를 좀 더 분명하게 알려 줄 수 있다.

설교는 결정을 내려야 하지만, 의견이 상당히 다를 때 합의를 이루는 수단이 되기도 한다. 설교에서 다양한 관점을 폭넓게 다루기는 쉽지 않지만, 설교자는 서로 다른 입장을 존중해야 한다. 변화에는 시간이 필요하다. 어떤 사람들은 새로운 접근 방식과 전략을 빠르게 받아들이지만, 또 어떤 사람들은 신중하며 지지를 유보할 가능성이 높다. 교회에는 혁신이나 기존의 틀에서 벗어나는 변화에 저항하는 사람들이 많다는 특징이 있다. 성직자는 설교를 통해 상당한 영향력을 행사할 수 있으며, 회중이 변화에 대한 이해와 지지를 보내도록 설득력 있게 이끌어 갈 수 있다.

목사들은 개인적 신념을 지켜야 하며, 하나님이 인도하고 계시다는 믿음을 간직해야 한다. 그러나 자기들의 의제를 회중에게 강요하지 않도록 주의해야 한다. 강압적이지 않아야 하며, 조종하려고 들지 말아야 한다. 진심 어리고, 지속 가능하고, 하나님 나라의 가치에 부합하는 지지를 끌어내기 위해 충분한 시간을 갖고 그 과정을 거쳐야 한다.

설교는 교구민들을 사역에 참여시킬 수 있다. 처음 봉사이든 장기적 헌신이든, 개인에게 어떻게 동기를 부여하든지 간에, 설교자는 사람들을 참여시키는 일에 대한 지속적인 도전에 직면한다. 봉사하지 않으려는 핑계도 많고 무관심도 만연하다. 이런 이유로, 설교자는 책임 있는 섬김에 대한 성경적이고 신학적인 근거를 분명히 말하면서 리더십을 발휘해야 한다.

사람들을 참여시키려는 노력은 일꾼들을 찾는 절박한 외침이 아니라 하나님 나라에 참여하라는 초대 같아야 한다. 성직자는 무리하게 요구해서도 안 되지만, 사역에서 오는 만족감을 회중에게 알리는 책임을 회피

429

해서도 안 된다. 억지로 꾸미거나 조작하지 않아도, 설교자는 새로운 봉사자들을 모집할 수 있고, 여러 이유로 사역에서 멀어졌던 사람들과 다시 관계를 맺고, 신실하게 지속해서 봉사하도록 각 사람에게 용기를 줄 수 있다.

설교는 교회가 부정적 입장을 뛰어넘어 현재의 논란거리들과 직면하도록 도울 수 있다. 지도자들은 다양하고 복잡한 쟁점을 피하고 싶지만, 설교를 통해 회중을 혼란스럽게 하거나 그들의 발목을 잡거나 분열시킬 수 있는 잠재적 문제들을 다루어야 한다. 그 문제들이 사소해 보이거나 극복할 수 없는 것처럼 보여도, 성직자는 그 문제를 균형감 있게, 섬세하게, 그리고 신중하게 다루어야 한다.

회중 사이의 불가피한 의견 차이는 존중해야 하지만, 개인적 신념은 분명해야 한다. 교구민들이 동의하지 않을지도 모르지만, 복잡한 쟁점을 터놓고 솔직하게 다루는 성직자는 실제로 상당한 리더십을 발휘하고 있는 것이다. 결국, 그들은 사람들 사이에서 큰 존경을 받고 신임을 얻게 된다.

좋은 설교자라고 해서 항상 유능한 지도자는 아니지만, 효율적 지도자는 필연적으로 좋은 소통가이다. 그들은 설교의 중요성과 말의 영향력을 잘 안다. 그리고 설교와 리더십이 모두 정직한 마음으로 행해질 때, 하나님의 일은 전진한다.

<u>참고 주제</u> 회중; 교단의 주해; 학습 유형

<u>참고 문헌</u> William E. Hull. *Strategic Preaching: The Role of the Pulpit in Pastoral Leadership.* (2006); John S. McClure. *The Roundtable Pulpit: Where Leadership and Preaching Meet.* (1995); Michael J. Quicke. *360-Degree Leadership: Preaching to Transform Congregations.* (2006).

학습 유형(Learning Styles)
루시 린드 호간(Lucy Lind Hogan)

설교자는 시각, 청각, 동작을 사용하여 복음의 기쁜 소식을 전하려고 노력한다. 사람들이 그 전하려는 내용을 해석하고 그것에 반응하는 방식은 어느 정도 그들이 선호하는 학습 유형에 영향을 받는다. 이론가들은 사람들이 인간 본성과 후천적 교육의 결과로 세상에 대해 각기 다른 방식으로 학습하고 반응한다고 주장한다. 학습 유형은 인간이 정보를 인식하고 처리하는 방식의 복합성을 이해하는 방법을 제공한다.

일부 학습 유형 이론은 성격 유형을 기반으로 한다. 그들은 '마이어브릭스 성격 유형 지표'(Myers-Briggs Type Indicator)와 같은 다양한 평가 도구를 활용하여 학습에 영향을 미치는 다양한 성격 유형을 설명하고 정의한다. 성격에 근거한 학습 유형은 분석적, 전체적, 추상적, 구체적 학습 유형을 포함하며, 숙고형, 이론형, 실용형, 행동형 접근 방식도 있다. 예를 들어, 어떤 사람들은 순차적이고, 질서 정연하며, 체계적 방식의 정보 처리를 선호한다. 반면, 어떤 사람들은 직관적 처리를 선호한다. 또 어떤 사람들은 구조화되지 않은 창의적 환경을 선호한다(Armstrong 2000, 2).

1980년대 초에 하워드 가드너(Howard

Gardner, 1983)는 사람의 지능을 측정하는 방법은 오로지 하나뿐이라는 개념에 반대하면서 여러 지능을 밝혀냈다. 언어적, 논리-수학적, 음악적, 신체-운동적, 공간적, 대인관계적, 내면적, 자연주의적 지능 바로 그것이다. 모차르트는 음악적 천재였고, 마이크 조던은 신체-운동적 천재였다.

만약 전통적 설교가 주로 언어적, 논리-수학적 지능의 사람들에게 호소했던 것으로 이해된다면, 설교자는 다른 지능이 발달한 사람들에게 어떻게 접근할 수 있을까?

한 가지 방법은 '신경 언어 프로그래밍'(Neuro-linguistic programming)의 VAK 이론 접근 방식의 사용이다. 이것은 수용자의 감각, 즉 시각(Visual), 청각(Auditory), 운동 감각(Kinesthetic)을 강조하는 것이다(Jeter and Allen 2002, 70ff).

어떤 사람들은 시각적 학습자이다. 그들은 이미지나 페이지 위에 쓰인 글자를 보는 것을 좋아한다. 그들은 비디오 화면 위에 비친 핵심 단어나 이미지를 보는 것에 반응하거나, 단순히 메모하는 것에 반응할 것이다. 청각적 학습자는 설교나 소그룹 토론에서 뭔가를 듣는 것을 선호할 것이다. 운동 감각 학습자는 만지거나 움직이는 활동이 필요할 것이다. 움직이는 설교자는 그들의 관심을 끌 수 있다.

사람들이 어떻게 정보를 받아들이고 처리하는지를 설명하는 방법은 여러 가지이지만, 다음과 같은 한 가지 질문은 남는다. "다양한 학습 유형이라는 개념이 설교에 어떤 영향을 미치고 어떤 변화를 불러올 수 있을까?"

대부분의 설교자는 그들의 회중을 대상으로 마이어브릭스의 성격 검사를 시행하거나 청중 사이에 드러나는 다양한 지능을 분석하지 않는다. 그러나 사람들이 다양하다는 것을 염두에 두는 것은 여전히 중요하다. 그들에게 다양한 욕구가 있고, 똑같은 자극에 다르게 반응한다. 그러므로 다양성이 좋은 설교의 표지임이 틀림없다. 좋은 설교는 다양한 청중과 연결될 수 있는 잠재력을 지닌 설교를 의미한다. 이미지는, 그것이 말로 표현되든 화면에 비치든, '이' 사람들에게 영향을 줄 수 있다. 추상적 개념은 '저' 사람들에게 매력적으로 다가갈 수 있다. 움직임은 '그' 사람들의 관심을 집중시킬 수 있다. 결국, 우리는 한 설교가 모든 사람의 학습 유형에 잘 들어맞을 수 없다는 점을 명심해야 한다.

설교는 예배의 한 부분이다. 그리고 우리가 회중이 가지고 있는 다양한 학습 유형에 접근할 수 있는 길은 예배의 다감각적 특성 안에서 그리고 그것을 통해서이다.

참고 주제 회중; 교단의 주해; 리더십; 가르치는 설교

참고 문헌 Thomas Armstrong. *Multiple Intelligences in the Classroom.* (2000); Howard Gardner. *Frames of Mind: The Theory of Multiple Intelligences.* (1983; 1993); Howard Gardner. *Intelligence Reframed.* (1999); Joseph R. Jeter and Ronald J. Allen. *One Gospel. Many Ears.* (2002).

경청과 관찰 기술(Listening and Observation Skill)

로날드 J. 알렌(Ronald J. Allen)

경청은 설교의 기초가 된다. 경청한다는 것은 타자를 인식하는 것이다. 즉, 개인, 공동체, 성경, 다른 자료의 본문, 관행, 역사적 사건 등을 그 자체로 존중하며 받아들이는 과정이다. 청자들은 자신의 가치관을 타인에게 투사하지 않도록 주의해야 한다. 상대방의 말과 생각을 그들의 관점에서 그대로 받아들이는 것이 중요하다. 기본적으로 청자들은 상대방이 인식되기를 원하는 모습대로 그들을 이해하려고 노력해야 한다. 추가로, 통찰력 있는 청자들은 상대방조차 인식하지 못하는 그들의 역동적인 면을 파악할 수 있어야 한다. 경청은 상대방의 관점에서 세상을 이해하려는 태도에서 비롯된다.

성경 주해(주해 참고)는 다양한 비평적 해석을 활용하여, 성경 본문이 고대 사람들에게 전하려 했던 믿음과 실천이 무엇인지 파악하기 위해 그 본문을 경청하는 과정이다. 반면, 자기 주입식 해석(Eisegesis)은 본문을 무시한 채 자신의 관점을 투사하여 읽는 것이다.

설교자는 또한 설교자 자신과 회중이 하나님의 목적에 대한 적절한 해석에 이를 수 있도록 다양한 목소리에 귀를 기울여야 한다(예를 들어, 성경 외부의 인물과 본문, 사회운동과 사건, 현대 신학과 신학자들, 그리고 성령의 음성). 설교자는 모든 상황에서 성령의 인도하심과 다른 욕구를 구별할 수 있는 기준을 가져야 한다(성령/열정 참고).

설교자는 설교 준비 과정의 일부로, 그리고 회중이 설교를 어떻게 듣는지에 대한 더 깊은 통찰을 얻기 위해, 두 가지 방식으로 회중의 목소리를 듣는 경향이 있다.

첫째, 설교자는 일상적인 삶 속에서 회중을 관찰하며, 그들의 가치관, 인식, 감정에 주의를 기울인다.

둘째, 최근 설교 학계의 일부 학자들은 설교자가 인터뷰를 통해 회중의 목소리를 듣는 방식을 강조하기도 했다.

설교자는 회중이 설교의 주제를 어떻게 인식하는지 확인하기 위해 소그룹 모임에서 회중과 점점 더 자주 만난다(또는 다른 수단을 통해 회중과 교류한다). 설교자는 또한 청중 공동체의 구성원들과의 인터뷰를 통해, 설교를 들을 때 무엇이 그들의 마음을 사로잡는지를 파악할 수 있다.

참고 주제 인품; 에토스; 설교자의 창작 과정

참고 문헌 Ronald J. Allen. *Hearing the Sermon: Relationship, Content, Feeling.* (2005); John S. McClure. *The Roundtable Pulpit: Where Leadership and Preaching Meet.* (1995); John S. McClure. Ronald J. Allen, Dale P. Andrews, L. Susan Bond, Dan P. Moseley, and G. Lee Ramsey Jr. *Listening to Listeners: Homiletical Case Studies.* (2004); Mary Alice Mulligan, Diane Turner Sharazz, Dawn Ottoni Wilhelm, and Ronald J. Allen. *Believing in Preaching: What Listeners Hear in Sermons.* (2005); Mary Alice Mulligan and Ronald J. Allen. *Make the Word*

Come Alive: Lessons from Laity. (2006).

장기적 설교 계획(Long-Range Sermon Planning)

하워드 밴더웰(Howard Vanderwell)

「리더십」(Leadership)이라는 잡지의 초창기 호에는 설교자들이 공통적으로 겪는 불안감을 신랄하게 묘사한 만화가 실려 있다. 그림 속에서 설교자는 겁에 질린 표정으로 눈을 크게 뜬 채 책더미 뒤에 앉아 있다. 벽에는 "설교자의 달력"이라는 독특한 달력이 걸려 있는데, 두 칸마다 "주일"이 표시되어 있고, 나머지 칸에는 "월요일-토요일"이라고만 적혀 있다([Summer 1983], 103).

나는 목회 초년 시절의 그 감정을 잘 기억하고 있다. 마치 하루걸러 주일이 돌아오는 것 같았다. 나는 "이번 주에는 도대체 무슨 설교를 해야 하나"라는 당황스러운 마음으로 한 주를 시작하곤 했다. 만약 이 불확실함이 화요일과 수요일까지 이어진다면, 불안감은 기하급수적으로 늘어났다(불안 참고). 그러나 지금은 상황이 달라졌다. 생각이 고갈되기는커녕 오히려 넘쳐났다. 그것들을 주일마다 다 설교할 수 없을 정도였다. 나는 여기서 사전 준비의 핵심 가치를 발견한다.

장기적 설교 계획이란 9월부터 이듬해 8월까지 한 해 동안의 전체 설교를 사전에 구상하는 것을 의미한다(북미에서는 연간 계획을 세울 때 보통 9월을 그 출발점으로 삼는다-역주). 어떤 설교자는 사전에 계획하는 것에 부담을 느낄 수 있다. 이는 아마도 사전에 계획할 만한 충분한 아이디어가 없을 것이라는 염려 때문이거나, 미래를 내다보고 계획하는 것이 어려운 사람들의 성격이나 일 처리 스타일 때문일 것이다. 그러나 더 일반적인 이유는, 장기적 계획이 성령의 인도하심을 제한하고, 현재의 필요에 즉각적으로 반응할 자발성과 능력을 잃어버리게 할 것이라는 우려 때문이다.

그러나 이런 두려움은 걱정할 필요가 없다. 미리 계획하는 과정에서, 사람들은 성령이 이미 앞서가시며 사람들의 필요를 예비하셨다는 사실에 놀라게 되는 경우가 많다. 또한, 긴급하게 다뤄야 할 사안이 생길 경우, 계획된 설교를 언제든 조정하거나 중단할 수도 있다.

설교의 임무를 신중하게 숙고해 보면, 미리 계획해야 할 충분한 이유가 있음을 알게 된다. 설교는 남아 있는 힘으로 하는 일이 아니라, 최선을 다해서 감당해야 할 임무다. 설교는 고귀하고 숭고한 일이므로 우리의 직무 목록 중 최우선으로 고려해야 마땅하다. 무계획적 설교는 건강한 설교 사역의 품위를 떨어뜨린다. 다른 사람들이 우리가 사전에 계획한다는 것을 확실히 인식하게 되면(그리고 결국 인식하게 될 것이다), 이것은 설교자가 그 임무를 신중하게 여긴다는 증거가 되며, 청중 또한 같은 마음으로 경청해야 한다는 점을 깨닫게 된다.

바울은 그의 에베소 사역을 돌아보며 다음과 같이 양심적으로 고백할 수 있었다.

내가 꺼리지 않고 하나님의 뜻을 다 여러분에게 전하였음이라(행 20:27).

장기적 설교 계획 (Long-Range Sermon Planning)

회중을 일정 기간 건강하게 양육하기 위해서는 성경의 다양한 문학적 유형, 신학적 쟁점, 교리적 측면을 충분히 균형 있게 가르쳐야 한다. 균형 잡힌 영적 식단만이 교회를 건강하게 성장시킬 수 있으며, 장기적 설교 계획이 그 균형을 가장 확실하게 보장한다.

1. 유익한 점

장기적 설교 계획을 세우는 사람은 다음과 같은 다양한 이점을 발견할 것이다.

첫째, 당황스러움은 만족감으로 바뀐다. 많은 설교자가 매주 느끼는 불안이 설교에 대한 그들의 열정에 부정적 영향을 끼친다고 생각한다. 사전 계획은 그 불안을 없애 줄 뿐 아니라, 설교 작성과 전달을 좀 더 매력적이고 보람 있게 만들어, 성령이 이끄시는 모험이 되게 한다.

둘째, 설교의 질이 향상된다. 우리 중에 누가 더 높은 수준의 설교를 원하지 않고, 필요로 하지 않겠는가. 특히, 좋은 설교를 만드는 것이 어려운 임무임을 부인할 사람은 아무도 없을 것이다.

그렇다면 우리는 우리에게 주어진 구절의 핵심적 아이디어를 파악했는지, 청중에게 적용할 수 있는 요지를 발견했는지, 또는 그것을 전달할 최선의 방식을 발견했는지 어떻게 확신할 수 있을까?

기한에 쫓겨 원고를 쓰고 설교하기보다 몇 주 동안 그것을 숙성시킨다면 우리의 많은 메시지는 수준이 높아질 것이다.

셋째, 우리의 연구에 방향성이 생긴다. 설교를 위해 연구할 시간이 필요하지만, 목회 업무의 압박은 그 시간을 빼앗아 간다. 무분별한 계획은 대체로 본문에 관한 진지한 연구를 방해한다. 시간이 되었을 때 우리는 종종 손에 들려 있는 것만을 가지고 설교해야 한다. 사전 계획은 우리가 연구해야 할 주제와 구절을 예측할 수 있도록 도우며, 그에 따라 우리의 설교 스케줄에 맞춰 개인 독서 일정을 조정할 수 있는 기회를 제공한다.

넷째, 설교 사역을 보다 넓은 시각에서 바라볼 수 있게 된다. 만약 당장 다가오는 주일에만 몰두한다면, 우리는 전체적 흐름을 조망할 기회를 얻기 어렵다. 그러나 건강한 설교를 위해서는 큰 그림을 보고 스스로에게 다음과 같은 질문을 던질 시간이 필요하다.

"설교 계획이 얼마나 균형 잡혀 있는가?"
"설교 중 구약, 복음서, 신약 서신서가 차지하는 비율은 적절한가?"
"내가 무의식적으로 개인적인 편견을 밀어붙이고 있지는 않는가?"
"내가 어떤 기독교 교리를 멀리하고 있는가?"

다섯째, 더 나은 예화 자료를 수집할 수 있다. 설교 안에 전략적으로 잘 배치된 좋은 예화의 힘을 간과할 사람은 아무도 없을 것이다. 그러나 우리 대부분은 완벽한 예화를 찾으려고 할 때 느꼈던 좌절감을 기억한다. 삼 일은 너무 촉박하다. 몇 달 전에 계획된 예화를 염두에 두고 그 예화를 위한 파일을 만든 후 그 안에 좋은 예화를 넣어

장기적 설교 계획(Long-Range Sermon Planning)

두었다가 한두 달 뒤 필요할 때 꺼내 쓸 수 있다면 얼마나 좋을까.

장기적 설교 계획의 이점들이 너무 분명해서 많은 설교자가 절대로 다른 방식으로 되돌아가지 않겠다고 말한다.

2. 방법

우리는 이 과제를 어떻게 해결할 수 있을까?
어떤 방법을 사용할 수 있을까?
각 설교자는 자기의 일 처리 방식에 맞는 방법을 개발해야 하지만, 많은 설교자에게 도움이 되었던 몇 가지 공통되고 중복되는 단계를 밝혀낼 수 있다.

첫째, 종합적인 박스(hopper)를 만들어라.
많은 설교자가 파일 처리 방식을 사용한다. 내가 발견한 유용한 한 방식은 큰 파일 폴더에 "설교용 박스"라는 라벨을 붙인 후 독서, 묵상, 목회 업무, 대화 등에서 떠오른, 설교와 설교 시리즈를 위한 아이디어를 거기에 집어넣는 것이다. 꽉 찬 박스는 설교 계획에 필요한 방대한 자료가 된다. 오늘날 설교자는 컴퓨터에 모든 참고 자료를 포함한 아이디어 폴더를 만들 수 있다. 또한, 설교를 처음 시작하는 사람들을 위한 특별한 아이디어가 담긴 웹 페이지를 참고할 수 있다.

둘째, 기도하라.
한 해 동안 성령만이 아시는 다양한 필요와 고려 사항이 있을 것이다. 설교자는 설교 계획을 세우는 과정에서 회중의 삶에 깊은 영향을 미칠 선택들을 하게 되므로 분별력이 필요하다. 그래서 모든 계획은 기도로 뒷받침되어야 한다. 설교 계획을 위한 기도는 목사의 개인적 기도뿐만 아니라 교회 직원, 장로, 회중의 기도가 되어야 한다.

셋째, 분석하라.
설교자는 말씀에 관한 연구를 세심하게 행하지만, 해결되어야 할 필요를 파악하기 위해 회중에 관한 세심한 연구도 해야 한다. 설교자들은 성경, 그들의 교구민, 그리고 그들이 살고 있는 세상을 알아야만 한다. 설교자들은 목회 사역, 개인적 대화, 관찰을 통해 얻은 인상을 점검해야 한다. 또한, 교회 직원 및 예배 위원회와 상의하여 회중에게 필요한 것이 무엇인지 파악해야 한다.

한 가지 제안하고 싶은 것은 다음 해에 다루어져야 할 문제나 연구되어야 할 구절에 대한 의견을 개진하도록 회중을 초대하는 삽입지를 주보 안에 끼워 넣는 것이다. 이렇게 하면 설교 계획에 영양분을 공급하는 많은 아이디어를 축적할 수 있다.

넷째, 한 해 설교 일정 도표를 만들라.
설교자는 지역교회의 특별한 기념일뿐만 아니라, 대림절에서 성령 강림절에 이르는 교회력 절기를 포함한 52주의 주일과 주중 특별 예배 일정을 도표로 정리할 수 있다. 그런 다음, 휴가 기간과 각 절기에 맞춘 설교 시리즈의 시간을 구분하여 전체 설교 계획을 구성할 수 있다. 성서정과를 따르는 설교자라면, 이런 계획을 세우는 데 큰 도움을 받을 수 있을 것이다(성서정과와 교회력 참고). 또한, 교회의 신앙고백을 바탕으로 설교하는 경우, 그 신앙고백의 구조가 설교 계획을 세우는 데 유용한 지침이 될 것이다.

다섯째, 살을 붙이라.

도표가 각 절기나 시리즈 설교를 위해 구분되면, 설교자는 각 절기나 시리즈 설교를 성경 구절과 주제 또는 제목을 포함한 주별 계획으로 세분화할 수 있다. 특정한 한 주가 아직 멀리 있을수록, 그 해당 주의 계획은 구체화되지 않았을 가능성이 크다. 예를 들어, 한 설교자가 여름에 계획을 세운다면, 9월부터 1월까지의 일정에는 구체적인 성경 구절, 주제, 제목을 미리 정할 수 있다. 반면, 그 이후 6개월(2월에서 8월까지)의 일정은 개략적인 밑그림만 설정해 두고, 연초 이후에 점진적으로 구체화하는 방식을 취할 수 있다.

여섯째, 그것을 공유하라.

이 시점까지의 작업은 주로 개인적 과정이었다. 그러나 공동의 예배 계획을 위해서는 그 작업을 다른 사람들과 공유해야 한다. 설교자들은 주요 설교 계획을 교회 직원, 핵심 리더 및 관련 위원회와 공유하여, 그들이 필요한 정보를 바탕으로 원활한 계획을 수립할 수 있도록 돕는 것이 바람직하다.

효과적 설교 계획 방식을 발전 시켜 온 설교자들은 설교 준비가 더 수월해졌음을 자주 경험한다고 말한다. 설교를 사전에 계획할 때 설교는 질은 더욱 향상되며, 전체적인 예배 기획 또한 완성도가 높아져 모든 이들에게 만족감을 줄 수 있다.

참고 주제 설교자의 창작 과정; 설교자의 한 주; 시리즈 설교

수행적 언어(Performative Language)
리처드 F. 워드(Richard F. Ward)

수행적 언어란 언어가 인간의 의사소통에서 어떻게 작용하는지를 설명하는 이론에서 비롯된 개념으로, 특히 목사, 설교자, 또는 예배 인도자의 말하기 방식과 관련이 있다. 이 개념은 화행 이론(speech-act theory)과 수행 연구(Performance studies)를 기반으로 하며, 언어의 힘과 역할을 이해하는 하나의 이론적 틀을 제공한다. 이 틀은 언어가 의례적 상황과 일상생활 속에서 어떻게 기능하는지를 보여 줌으로써 말의 힘을 설명한다. 또한, 언어의 의미적 내용과 그것이 사회적 상호 작용 안에서 사용되는 방식을 구분하면서도, 두 요소가 어떻게 상호 의존적인지를 밝히는 역할을 한다.

언어 사용에 관한 전통적 연구는 언어가 진실이나 거짓을 진술하는 능력에 초점을 맞춰 진행되었다. 예를 들어, 한 단어가 현실을 '진실하게' 반영하는지를 탐구하는 방식이었다. 언어가 어떻게 발화되었고, 어떤 상황에서 사용되었는지는 수사학이나 시학의 영역으로 간주되었고, 철학이나 신학의 관심 밖에 있거나 연구 대상으로 여겨지지 않았다.

그러나 이런 관점으로는 대화 속에서 사람들이 약속을 하거나, 내기를 하거나, 선언을 하는 등의 상호 작용을 충분히 설명할 수 없었다. 이런 상황에서는 말(spoken language)은 단순한 의미 전달을 넘어, 실제

수행적 언어 (Performative Language)

로 어떤 행위를 수행하는 역할을 하기 때문이다. 이처럼 어떤 행위를 수행하는 말하기 방식은, 단순히 그 발화가 이루어지는 현실에서 언급 대상을 찾는 것만으로는 사실인지 거짓인지 판단할 수 없다.

그렇다면 언어에 대한 전통적 관점을 고려해 볼 때, 설교한다는 것을 어떻게 이해해야 하는가?
설교는 단순히 설교자의 의도를 반영하는 것에 불과한가?
혹은 명제를 제시하고, 그 속에서 사실과 거짓을 드러내고 설명하는 사건일 뿐인가?

이런 질문들은 인간의 말하기를 이해하는 새로운 접근 방식을 요구했다.

최근 언어 이론에서는 언어 자체가 의미를 전달할 수 있는 능력을 지니고 있는지, 아니면 화자와 청자가 동의한 의미만을 전달하는지에 대해 논의하고 있다. 기독교의 설교학은 설교가 단순한 명제적 추론 이상의 어떤 요소를 포함하고 있으며, 이는 설교자와 설교를 듣는 공동체 사이에서 역사하시는 성령의 역사라고 생각할 수 있지만, 쉽게 정의하기 어려운 차원이 있음을 인식하고 있다 (성령/열정 참고).

설교의 이런 경험적 차원은 언어가 어떻게 작용하는지를 더 깊이 탐구할 필요성을 제기한다. 또한, 이런 접근 방식은 유대-기독교 전통에서 말씀을 어떻게 이해하는지를 반영해야 하며 (하나님 말씀 참고), 예배와 삶 속에서 신앙을 실천하는 데 있어 말씀의 효능을 고려하는 것이 중요하다.

기독교인과 그들의 유대인 선조들 그리고 그들과 대응 관계에 있는 사람들은 말씀에 담긴 의미를 풍부하게 경험했다. 말씀은 내용과 분리될 수 없는 행동 양식(mode of action)이다. 이것은 이스라엘과 기독교의 내러티브는 그것이 말해지기 전에는 존재하지 않았던 것을 존재하게 만드는 발화(utterance)의 힘을 증언한다. 이 발화는 공적 특성을 지녔다. 특히, 구약에서 하나님은 하나님의 말하기(speech), 즉 하나님의 말씀을 떠나서는 알 수 없었다. 하나님이 예언자를 통해 또는 거룩한 문서와 의례적 관습을 통해 말씀하실 때, 공동체의 삶에 뭔가 특별한 변화가 일어났다.

기독교 전통, 특히 요한공동체에서 비롯된 전통은 예수 그리스도를 하나님 말씀의 화신이라고 증언한다. 그분의 삶, 사역, 죽음, 부활은 부활하신 그리스도를 통해 기독교인들에게 여전히 말씀하시는 연장된 신적 발화로서 기독교인들의 기억 속에 상징화되었다. 달리 말해서, 예수 그리스도는 기독교인들에게 신앙 역사에서뿐만 아니라 계속되는 기독교공동체의 삶 속에서도 하나님의 수행적 발화(God's performative utterance)다.

수행적 발화는 단어들이 진술되거나 정보가 전달되는 것을 넘어 그것이 어떻게 작용할 수 있는지를 보여 준다. 그 용어는 말하기 역시 행동의 한 양식이라는 관점을 반영한다. 말하기는 한 행동이지 어떤 행동에 대한 단순한 보고(a report)가 아니다. 수행적 발화의 반대말은 진술적 말하기(constative speech)다. 이 두 가지 말하기는 의도와 그 의도에 담긴 태도, 즉 화자가 청자와의 거래에서 얻고자 하는 것이 무엇인지에 따라

437

수행적 언어 (Performative Language)

서로 구별된다.

화자가 뭔가를 진술하거나 예견하거나 질문에 대답할 때, 그 화자는 사실적 말하기를 사용하는 것이다. 진술적 말하기에서 언급된 사실은 말하는 것 자체에 따라 결정되지 않는다.

예를 들어, 목사가 광고 중에 "수요일 밤에 식사 모임이 있었고 89명이 참석했습니다"라고 말한다면, 그 목사와 회중은 식사 모임이 있었다는 점을 확인하는 것이다. 목사가 그것을 보고했다고 해서 그 사실을 다르게 바꿔 놓지는 못한다.

이와 마찬가지로, 목사가 "캐롤 앳킨스 양과 윌리엄 볼 군이 어제 여기서 결혼했습니다"라고 말하는 것은 회중에게 알려진 두 사람의 삶에서 일어난 중요한 변화, 즉 그들의 삶의 현실이 바뀌었다는 것을 알리는 것이다. 결혼 서약 안에서, 서로 다른 두 사람은 결합하였다. 공동체는 이것을 새로운 창조 행위로 이해한다. 그 광고에 포함된 말하기는 수행적(performative)인 것이 아니라 진술적(constative)이다.

수행적 담화는 변화를 불러오는 행동의 요소를 주입함으로써 진술적 말하기의 흐름을 중단시킬 수 있다. 즉, 그 현실적 상황이 말하는 행동 안에서 그리고 그 행동 때문에 결정되거나 변화될 때 그 흐름을 중단시킬 수 있다. 예를 들어, 야구공이 투수의 손을 떠나 포수의 글러브에 도달하면, 그 투구는 심판의 발화나 판정을 통해 볼이나 스트라이크가 된다. 경기에서 권위적 역할을 하는 그 심판은 그 투구가 좋은지, 주자가 세이프인지 아웃인지 또는 진루했는지 결정하는 판정을 내린다. 심판이 판정을 내리기 전까지 그 투구는 그 경기에 아무런 의미가 없다. 물론, 심판의 판정은 감독이나 선수들에 의해 종종 항의받지만, 판정이 내려지면 이것은 현실이 된다.

일반적 결혼식은 예식 환경에서 다양한 수행적 발화(performed utterances)가 어떻게 나타나는지를 보여 주는 좋은 사례다. 예식에서 주례자의 말과 참석자들의 발언은 두 사람의 신분을 '부부지간'이라는 단일체로 바꿀 힘이 있다. 모든 결혼 예배는 성혼 선언이 이루어지는 신성한 그 순간에 달려 있다. 목회자는 그 순간에 단순히 혼인의 결합이 이루어졌음을 보고하는 것이 아니라 수행적 발화를 통해 그것을 실제로 이룬다. 이 과정에서 그 부부, 그들의 가족, 친구, 동료들은 서로에 대한 지지와 헌신을 약속하고 앞으로 서로에게 기대할 수 있는 것에 관해 선언하는 수행적인 말을 한다.

또한, 결혼식은 수행적 발화의 효력을 발생시키는 데 필수적인 다른 조건들도 제시한다. 우선, 수행적 말하기는 수용 절차의 한 부분이 되어야만 한다. 사람들은 사회적 진공 상태에서 수행적 발화를 하지 않는다. 수행적 발화를 요구하는 절차는 적절한 상황에 의해 발생한다.

예를 들어, 비극적 사건이 발생했을 때, 대중들은 공동체의 현재 상황이 급변했음을 인정한다. 사람들은 공동의 두려움, 분노, 슬픔의 짐을 나눠서 지고 그들에게 무슨 일이 발생했는지에 대한 진술뿐만 아니라 소망, 격려, 지지를 약속하는 다양한 수행적 언어에 대한 공동체적 필요를 인식한다. 비극적 상황에서는 말하기(spoken word)와 몸짓의 표현이 중요하다. 이것들이 적절히 실행되기 위해서는 수행적 발화를 효과적으로 만들 수 있는 절차가 필요하다.

화자의 태도와 의도는 효과적인 수행적 발화에 결정적 역할을 한다. 한 사람이 다른 사람에게 잘못을 저지른 후 사과를 요구받는 한 상황을 상상해 보라. 두 사람이 사과와 용서의 대화를 나누기 위한 적절한 절차에 동의한다면, 그 만남의 힘과 가치는 더욱 커질 것이다. 그러나 "미안합니다. 제 행동을 사과합니다"라는 말이 진심 어린 후회나 책임지는 태도를 전혀 담고 있지 않다면, 그들이 합의한 절차를 잘 따랐더라도 그 말은 아무런 변화를 불러오지 못할 것이다.

기독교 예배는 부활하신 그리스도를 만났던 사람들이 그리스도 안에서 그들을 하나님의 소유라고 주장하시는 하나님께 찬양을 드리고 싶은 열망에서 시작되었다. 우리 선조들은 우리와 우리 후손들의 신앙 수행에 그 형태와 방향을 제시해 주는 예전의 언어, 형식, 구조를 만들었다. 예배와 봉사가 변화를 일으키는 힘을 갖기 위해서는, 지도자들과 참여자들이 의도를 분명히 하고, 예배 의식과 의례를 효과적으로 실행하며, 그 신실함에서 우러나는 태도를 유지해야 한다.

우리가 성령을 부르고, 공동의 죄와 개인의 죄를 고백하고, 감사를 드리고, 간청과 호소 그리고 중재 기도를 하고, 기쁜 소식을 전하고, 심판과 용서를 선포하고, 세상의 구원을 위해 하나님과 협력하도록 공동체를 파송할 때, 우리는 우리 증언의 진실과 공동체의 특성을 창조하고 있는 것이다.

참고 주제 원고 수행

원고 수행(Performing the Manuscript)
리처드 F. 워드(Richard F. Ward)

원고 수행이란 설교 전달이라고 불렸던 것보다 더 큰 개념으로, 설교를 위해 쓰인 언어가 설교 사건에서 어떻게 실감 나게 살아나는지를 묘사한다. 설교 준비 과정에서 원고를 써야 하는 설교자들은 이런 사고 형태의 언어를 구두/청각의 소통 형태로 전환하는 것을 어려워한다(구두/청각 의사소통 참고). '원고 수행'이라는 용어는 추가 설명이 필요한 두 개념을 결합한 말이다.

첫째, 설교학과 관련된 수행(performance)이라는 개념
둘째, 원고 또는 설교 준비와 전달에서 글쓰기의 역할에 대한 이해

이 둘은 모두 설교의 구술적 역동성을 설명해 준다.

1. 수행

수행은 설교학에서 새로운 역할을 맡게 되었다. 그것은 설교를 배우는 학생이 진정성(sincerity)과 진실성(authenticity)의 가치를, 설교자가 자기 생각을 표현하는 데 사용하는 목소리와 신체적 행동에 연결할 수 있도록 돕는 역할이다. 그러나 '수행'이라는 개념은 설교학에서 종종 부정적 의미로 사용되었다. 예를 들어, 표현이 지나친 몸짓을

원고 수행 (Performing the Manuscript)

비판하거나 깎아 내릴 때, 사람들은 연극적 언어를 사용했다. 표현이 과장된 설교자는 단순히 연기자로 치부되거나, 지나치게 호들갑스러운 사람으로 여겨지곤 했다. 이런 인식은 일상생활에서도 나타난다. 의도적으로 꾸며낸 것처럼 보이는 행동은 흔히 "연극을 한다", "소란을 피운다", "관심을 끌려고 한다"라는 식으로 해석되었다.

실제로 영어에서 '수행'(performance)이라는 단어는 허풍이나 가식에 관련된 의미로 사용되기도 한다. 이런 의미에서, 수행은 서구 정신사에서 '수사법'이 겪었던 것과 비슷한 오해를 받아 왔다. 전통적으로 철학, 과학, 신학에서 진리를 탐구했던 사람들은 수행과 수사법 모두를 불신하며, 오히려 진리를 왜곡하거나 방해하는 요소로 여겼다.

광고 기술이 급속하게 발전함에 따라, 기업 문화와 소비 문화의 언어는 수행을 의사소통의 미학에서 떼어내어 다른 방식으로 사용했다. 사람들이 노동자의 효율성을 말하고자 한다면, 노동자의 수행적 수준에 대해 언급할 것이다. 자동차나 자전거 또는 그 외 기계를 판매하려고 하는 사람은 그 기계의 수행적 품질에 대해 언급할 것이다.

이 함축적 의미를 설교 사건에 관한 토론 안으로 끌어들이는 것은 터무니없어 보일 수도 있다. 이것은 설교의 역동적이고 미학적인 특성을 거의 고려하지 않은 채, 설교를 단순한 기술적 문제로 전락시킬지도 모른다.

의사소통과 문화 연구는 설교학에 시사하는 바가 큰 '수행'에 관한 더 신선하고 풍부한 용례를 밝혀내고 활용했다. 고전 프랑스어 *par*와 *fournir*에서 유래한 수행은 문자적으로 '완성하다'(to perfect) 또는 '끝까지 해내다'(to carry through to completion)라는 뜻이다. 이 유래는 수행이 활기와 참여를 특징으로 하는 의사소통의 사건 안에서 사고와 실행의 융합을 의미한다는 점을 암시한다. 사고는 표현을 통해 구현되고 재연되기 전까지 완전히 인식되지 않기 때문에, 수행은 인간 상호 작용의 핵심에 자리 잡고 있다. 설교는 이것이 수행되기 전까지는 설교가 아니다. 즉, 언어로 표현된 생각이 특정 예배공동체가 그것을 설교라고 이해하는 일련의 발성적, 신체적, 행동적 관습을 통해 완성되기 전까지는 설교가 아닌 것이다.

2. 원고

원고는 설교자들이 설교를 수행하기 위해 사용하는 도구이다. 이 말의 라틴어 기원은 원고라는 말이 어떻게 생겨났는지를 상상할 수 있게 한다. 구술 문화에서 원고의 기원은 이것이 말하기와 관련하여 어떻게 기능했는지를 이해할 수 있도록 돕는다.

원고는 '손'(*manus*)과 '쓰기'(*scriptum*)라는 라틴어 단어의 합성어이다. 이것은 단어의 소리를 글이라는 기록 형태로 전환하는 과정의 정점에서 탄생하며, 그 전환을 위해 필경사의 능력이 필요하다. 필경사는 본질적으로 당대의 미디어 전문가였다. 즉, 필경사는 첨필, 펜, 파피루스 등의 기술을 활용하여 말하기 매체를 쓰기 매체로 바꾸어 놓았다. 그렇게 함으로써 필경사는 기억에 의존해 있는 구전 전통의 유동성과 복잡성을, 한 공동체를 위해 기억해 온 전통의 여러 측면과 요소를 재연하는 (또는 특별히 여기는) 기록된 유물로 전환했다. 그들은 또한 일부 구전 전통과 그들의 해석이 시간이 지나도 살아남을 수 있게 했다.

원고는 공동의 기억과 말하기를 위한 촉진제 역할을 하도록 고안되었다. 원고가 일상화된 초창기의 수사학 지침서는 발표하는 동안 원고를 어떻게 들고 있어야 하는지에 관한 규칙과 기준도 제공한다. 처음에 구어의 보조 수단으로 발전한 원고는 침묵 속에서 읽도록 고안된 것이 아니다. 필사 예술이 발전함에 따라, 원고는 귀뿐만 아니라 눈에도 매력적으로 보이도록 정교한 필체로 장식되었다. 그러나 원고의 생명력은 홀로 읽는 침묵 속이 아니라 인간이 말하는 소리 안에 존재한다.

이런 간략한 배경은 현대 설교자들에게 시사하는 바가 크다. 설교자는 중세 필경사와는 달리, 구두 연설을 필사하거나 어떤 것의 사본을 만들기 위해 글쓰기를 하지 않는다. 설교자는 좀 더 창의적인 방법으로 글쓰기를 활용한다. 즉, 글쓰기는 설교자가 말하려고 하는 것을 발견하고 형성하는 방법이 된다. 설교를 위한 글쓰기는 여러 가지 유익을 제공한다. 그것은 설교자가 청중이 되어 언어를 선택하고 생각을 배열할 수 있게 한다.

한편으로, 우리는 글쓰기를 통해 충동적이고 원초적인 느낌으로부터 어느 정도 거리를 둠으로써 더 분명하고 명확한 단어를 선택하여 사용할 수 있게 된다.

다른 **한편**으로, 설교를 위한 글쓰기는 침묵의 명상에서 비롯된다. 어떤 경우이든 글쓰기를 통해 설교자는 회중에게 전달할 형태를 찾을 수 있다. 설교가 취할 형태는 원고 안에 담겨 있다.

3. 3막으로 구성된 수행

원고를 수행하는 과정은 3막으로 구성된 드라마와 비슷해 보인다. 원고 수행의 3막은 준비, 창조, 성육신인데, 여기서는 우선 그 내용들을 살펴본 뒤, 이에 대한 성찰을 나눌 것이다. 이들 사이에서 움직이는 패턴은 전통적 드라마와는 달리 직선보다는 타원처럼 보인다. 이 드라마에서 목소리와 몸은 마지막에 등장하는 것이 아니라 3막 모두에서 중심 역할을 하며 글쓰기에 참여한다. 모든 드라마의 첫 번째 막은 주로 등장 인물들, 겉으로 드러나는 그들의 관계, 배경, 그들이 처한 상황과 곤경을 드러내는 데 집중한다.

1) 준비

수행의 첫 번째 막은 준비다. 설교자는 무엇을 가지고 작업해야 하는지 정하고, 그 자료가 뭘 말하려는지 발견하기 시작한다. 눈과 귀는 함께 작용하면서 그 자료를 통해 설교자를 안내한다. 사람들은 인간 세상에서 하나님의 구원 행동을 찾고 들을 것이다.

- 쉼터 밖에 늘어서 있는 가난한 노숙자의 줄이나 성경 본문의 구절 행간에서 무엇을 보는가?
- 설교자가 처음으로 본문을 소리내 읽을 때, 어떤 단어가 눈에 띄는가?

- 예감을 뒤집는 구절은 무엇인가?
- 본문의 세계와 설교자가 살고 있는 세계 사이에서 사람들은 어떤 반향, 어떤 울림, 어떤 불협화음, 어떤 화음을 들을 수 있는가?
- 일상적 말하기는 어떻게 들리는가?

감각적 인상을 일기나 노트에 적어 놓으면 원고에 사용할 언어를 고르는 데 도움이 될 것이다.

효과적 설교 수행을 위해서는 이 감각에 집중된 언어를 사용해야 한다. 일기 쓰기 훈련은 설교자가 설교에 사용할 구체적 이미지, 묘사적 언어, 대화, 문답을 연습할 수 있게 해 준다.

설교를 준비하는 동안, 설교자는 자기가 앙상블(ensemble), 곧 두뇌 집단(think tank)의 한 일원이라는 점을 깨닫는다. 설교자의 역할은 먼저 본문, 주제, 정의에 관한 문제, 또는 목회적 관심사를 둘러싼 대화에 다른 이들을 초대하는 것이고, 그런 다음 자기의 관점을 발견하는 것이다. 바로 그 대화가 여기가 학자가 전통과 세심하고 사려 깊은 독서에서 지혜를 가져오는 장소이고, 예술가들이 인간 경험의 상상력을 가져오는 장소이며, 지식인들이 지속적 토론을 이어 가는 장소인 동시에 회중이 질문이나 마음속의 울분을 쏟아내는 장소다.

설교자는 자기의 목소리를 발견하기 위해, 진행자인 동시에 학생이 되어 방대한 양의 필기를 하고, 듣고 있는 내용을 일상적 언어로 번역하면서 대화에 이바지한다.

2) 창조

설교자가 2막(창조)에서 직면하는 도전은 설교의 목표와 목적에 적합한 형태와 움직임을 찾는 것이다. 이런 형태와 움직임이 없다면, 설교자는 자기 역할을 제대로 수행할 수 없다. 이 시점에서 설교자가 어떤 종류의 원고를 준비할 것인지 그 이미지를 생각하는 것은 도움이 된다.

- 이것이 대본(script)인가?
- 개요(outline)인가?
- 계획서(blueprint)인가?
- 아니면 지문(prompt)인가?

설교자는 설교를 위한 구상도, 곧 설교 사건에 대한 계획을 만들 것이다.

- 설교자는 설교의 흐름을 결정하는 특정 요소를 어디에 배치할 것인가?
- 어디에서 멈추고, 어디에서 전환할 것인가?

여기서 귀와 눈이 함께 작업한다. 주장을 펼치고, 한 이야기를 들려주고, 미묘한 차이와 변화를 파악하기 위해 다시 본문을 크게 읽는 것은 모두 설교 요소의 구성에 공헌한다. 귀는 눈과 함께 한 페이지 위에 무엇을 쓰고 그 언어를 어떻게 배열할 것인지를 손에게 가르칠 것이다. 사람들은 글을 쓰면서도 그 페이지의 지배적 영향으로부터 더 자유롭게 될 것이다. 글쓰기는 드라마 안에서 보조적 역할로서 자리를 잡게 될 것이다.

몸은 설교를 창조하는 동안 다른 방식으로도 작용한다. 몸 역시 생각한다. 몸은 설교자가 설교 구상에 사용하려는 (또는 생략하려는) 자료에 반응한다.

- 내가 이 이야기를 전한다면 그 효과는 무엇인가?
- 이 본문에서 어떤 감정적 특성이 느껴지는가?
- 이 주제의 옳고 그름에 관해 나의 속마음은 뭐라고 말하는가?
- 본문의 이 부분에서 싫어하는 것에 대한 느낌은 무엇이며, 그 감정은 나에게 어떤 언어를 떠오르게 만드는가?

몸은 설교를 창조하는 동안 일어나서 움직이고. 반응하고. 몸짓을 통해 강조할 항목과 요소가 무엇인지, 무슨 이미지를 묘사해야 하는지, 어떤 말을 들을 때 회중과의 관계에서 취해야 할 입장이 무엇인지 발견한다.

이런 과정의 결과 청중의 마음속 귀에 설교의 내용을 실어 나르는 형태가 만들어진다. 설교자가 어떤 배열 형태를 선택하여 사용하든지 간에, 일차적인 고려 사항은 원고가 구두 소통에 적합한지 아닌지이다. 설교자는 원고를 크게 읽기 위해 그것을 쓰도록 신경 써야 한다. 이를 위해 행할 수 있는 방법은 그 형태가 완성돼 가는 동안 설교에 목소리를 부여하는 것이다. 어수선하고 조밀하게 느껴지는 부분을 연습하는 것은 흐름, 전환, 단어 선택 및 효과 면에서 설교자에게 도움이 될 것이다.

3) 성육신

이 과정의 마지막 단계인 성육신은 사실 설교자와 회중 사이의 생생한 상호 작용이라는 새로운 과정의 시작이다. 설교는 설교자의 목소리, 몸, 말하기, 몸짓을 통해 전달된다. 설교자의 영혼의 울림이 하나님 말씀의 전달 수단이 되는 이유는 하나님의 은혜와 성령의 역사 때문이다. 설교한다는 것은 세 가지를 의미한다. 그것은 연습하고, 연습하고, 연습하는 것이다.

연습의 목적은 설교 사건에 대한 설교자의 통제력을 더 강화하여 청중과의 상호 작용에 빈틈이 없도록 하기 위함이 아니다. 이것은 오히려 설교 수행의 순간에 설교자가 잘 움직일 수 있도록 설교자의 목소리와 몸을 준비시키는 것이다. 발성 연습, 이완 기술, 기도는 설교자가 설교를 구성하고 그것을 통해 말씀을 잘 드러내도록 돕는다.

연습 과정은 신뢰-쌓기 훈련이다. 이것은 설교자가 최선을 다해 수행한 작업에 대한 신뢰, 그 작업을 완성하시는 하나님의 영에 대한 신뢰, 그 사건 자체의 의미를 만들어 가는 데 협력할 회중에 대한 신뢰를 훈련하는 것이다. 결국, 설교의 수행은 하나님께 올려 드리는 봉헌이며, 설교자가 섬기는 회중에 대한 헌신이다.

설교 수행은 설교자의 귀에서 시작하여, 영혼의 풍경을 지나, 목소리에 이르는 여정이다. 글쓰기는 설교자의 동반자가 되어 그 과정을 돕는다. 말하기와 몸짓은 글을 자기 백성들을 향한 사랑 많으신 하나님의 행동이 담겨 있는 생생하고 표현력 있는 말로 전환한다. 원고의 수행은 하나님이 지정하신 수단인 인간의 이성과 상상력, 자연 계시, 성경, 전통을 통한 하나님의 자기 수행을 증언한다.

참고 주제 원고; 기억; 수행적 언어

참고 문헌 Charles L. Bartow. *The Preaching Moment: A Guide to Sermon Delivery*. (1980); Jana Childers. *Performing the Word: Preaching as Theatre*. (1998); Mitties McDonald de Champlain. "What to Do While Preaching." *Best Advice for Preaching*. Edited by John S. McClure. (1998) 99-116; G. Robert Jacks. J*ust Say the Word!: Writing for the Ear*. (1996); Richard F. Word. *Speaking of the Holy: The Art of Communication in Preaching*. (2001); Paul Scott Wilson. *The Practice of Preaching*. (1995) 37-60.

설교자의 창작 과정(Preacher's Creative Process)

자나 칠더스(Jena Childers)

한 설교의 창작 경험은 영적, 심리적, 또는 생리적 측면에서 이해하거나, 창의성에 대한 학문적 이론과 관련지어 이해할 수 있을 것이다. 자기들의 창작 작업을 분석하려는 설교자들은 일반적으로 그 과정의 독특한 요소에 대해 세심하게 관찰하고 다른 것들과 비교하면서 작업한다. 이런 자기 이해는 성장을 위한 기회, 특히 새로운 아이디어를 떠올리고 그 아이디어들 사이를 새롭게 연결하는 능력의 성장을 제공한다. 게다가 많은 설교자와 예술가는 더 큰 목적을 인정한다. 창의성 연구는 "자아의 신비, 어쩌면 존재의 더 큰 신비를 꿰뚫어 보는 시도"가 될 수 있다(Barron, Montuori, and Barron 1997, 2).

인간의 창의성에 대한 공식적인 학문적 관심의 역사는 짧다. 고대인들에게는 영감이 있었고 낭만주의는 상상력에 많은 관심이 있었지만, 20세기 초, 프로이드와 융이 무의식의 개념을 소개하고 나서야 상상력에 대한 체계적 연구가 시작되었다.

창의성의 최초 모델 중 하나는 1926년 그레이엄 월라스(Graham Wallas)가 제안하였다. 그는 네 단계를 설명한다.

- 준비: 문제나 쟁점이 규정되는 단계
- 배양: 문제나 쟁점을 제쳐 두는 단계
- 조명: 새로운 아이디어가 떠오르는 순간
- 입증: 해결책이 검증되는 단계

(Wallas 1926, 80).

특히 주목할 만한 점은 월라스가 설명한 활동의 균형이다. 그의 모델은 합리적(주로 1단계와 4단계에서 볼 수 있는) 활동과 상상적(주로 2단계와 3단계에서 볼 수 있는) 활동이 어느 정도 균등한 비율로 구성된다.

월라스의 모델이 발표된 후 몇 년 동안 이론가들의 초점은 그 과정 속의 합리성 역할에서 무의식 과정과 통제할 수 없는 사건들에 의해 수행되는 역할로 옮겨 간다. 인간의 창의성은 다윈의 이론에 따라 무작위적인 변형과 자연 선택의 기능으로 이해되기 시작했다. 이것은 알렉산더 플레밍(Alexander Fleming)이 페니실린을 "발견"했지만, 세균 배양 접시 안에 나타나는 방식에 중요한 우연의 요소가 개입되었다는 지적도 제기되었다. 그렇다.

이론가들은 조지 드 미스트랄(George de Mestral)이 벨크로(Velcro, 나일론제의 잠착포-역주)를 발명했다고 인정했지만, 그에게 그 아이디어를 '제공'한 것은 숲속 산책과 그의 소매 위에 붙어 있었던 도꼬마리(cocklebur, 국화과의 잡초-역주)였다. 알렉스 오스본(Alex Osborn)이 "브레인스토밍"의 개념을 소개했던 세기 중엽까지, 무의식과 우연성이 매우 높게 평가되어 창의성이 인간의 통제를 벗어나는 것으로 보이기 시작했다.

제2차 세계대전은 창의성 연구에 실제 재정을 지원하고 진지한 관심을 두는 계기가 되었다. 미국 국방성은 더 나은 기술과 더 효과적인 지도자를 기대하며 분담금을 지급했다. 그러나 1950년대와 1960년대는 창의성 이론에 거의 진보가 없었고, 1970년대 중반이 되어서야 경험적 방식과 측정 가능한 현상에 학문적 관심이 집중되었다. 사회과학자들은 창의성 연구가 모호하고 쓸모없다는 대중적 신념을 공고히 하면서, 주관적으로 보이는 창의성 분야와 거리를 두었다.

또 같은 기간에 캘리포니아대학교 버클리 캠퍼스(University of California, Berkeley)의 젊은 심리학자 프랭크 배론(Frank Barron)은 이 분야를 다시 일으켜 세우는 야심 찬 프로젝트의 책임을 맡았다. 그의 연구는 유명한 예술가, 과학자, 그리고 기타 창의적 천재들과의 인터뷰에 집중하였다. 십 년이 넘는 연구를 거친 후, 1988년에 출판된 결과 모델은 탄생 은유를 활용하여 네 단계의 창의적 과정을 설명한다.

- 착상: 준비된 마음은 그 문제를 받아들인다.
- 임신기: 그 과정은 복잡한 시간표 위에서 발전한다.
- 분만기: 새로운 아이디어나 해결책이 탄생한다.
- 아기 양육기: 더 발전하는 기간

(Barron, Montuori, and Barron 1997, 2).

한편, 배론이 월라스의 사상을 반복하면서, 이 분야는 다시 원점으로 돌아온다. 연구의 첫 번째 세기의 끝에 이르러. 설교자의 창작 과정은 다시 한번 합리적 활동과 합리적 활동 그 이상의 활동의 혼합으로, 그리고 인간이 어느 정도 통제력을 행사하는 경험으로 이해되었다. 또한, 같은 기간, 기업 및 연방정부의 관심과 자금의 흐름은 그 분야의 성공 가능성을 보여 주었다. 마침내, 여러 유망한 생리학 연구가 이 기간에 수행되었고, 언젠가 과학이 창의성의 진정한 뿌리를 찾아낼 수 있을 것이라는 가능성을 제시했다.

수십 년간의 연구 결과, 인간의 창의성은 과학 및 사회과학적 탐구에 가치 있는 주제임이 밝혀졌다. 더 이상 신비의 영역이 아닌, 인간 창의성은 구성할 수 있고, 측정할 수 있으며, 조사할 수 있는 측면을 가진 것으로 밝혀졌다. 여덟에서 열 가지 주요 모델과 여러 개의 하부 모델이 그 과제를 위해 제시되는 등, 이 과정의 패턴이 설명될 수 있는 것으로 밝혀졌다.

오늘날 설교자는 창의성 이론가들의 통찰력을 다양한 방식으로 전용하고 있으며, 그 중 가장 중요한 변형을 설명하기 위해 성령

설교자의 창작 과정 (Preacher's Creative Process)

론적 차이를 언급한다. 설교자의 창의성 중 얼마나 많은 부분이 성령의 영감에 근거하고 얼마나 많은 부분이 설교자의 노력에 근거하는지에 관한 질문은 실제적이다. 어떤 설교자는 그들의 설교에서 상상력을 자극하거나, 새롭거나, 또는 생산적인 '모든 것'이 하나님의 선물이라고 말할 것이다. 어떤 설교자는 '대부분'이 하나님의 선물이라고 말하고, 또 어떤 설교자는 얼버무릴 것이다.

많은 설교자가 다음과 같은 진술에 동의할 것이다.

"설교는 모두 하나님께 달려 있고 모두 나에게도 달려 있다."

창작 과정에서 성령의 역할이 어떻게 이해되든지, 경험 많은 설교자가 성령의 사역에 협력하는 기술과 영적 훈련을 개발하는 것의 중요성을 무시하지 않을 것이다(성령과 설교 참고). 이어지는 내용은 설교자들이 인간의 창의성에 관한 이론가들의 발견을 신실한 설교자가 되기 위한 탐구에 적용하는 방법의 사례들이다.

그 분야가 제공하는 안심할 수 있는 정보를 수용하라. 연구에 따르면, 창의성은 여러 가지 변형된 형태로 나타나고 그 변형 형태의 기반이 되는 기술을 발전시키는 것이 가능하다. 독창성, 능숙도, 적응 탄력성, 즉흥적 유연성, 문제에 대한 민감성, 표현의 능숙도 등은 모두 창의성이라고 불리는 것의 공통된 측면이다. 설교자 대부분은 어떤 면에서는 뛰어나지만, 다른 면에서는 그렇지 않다. 그러나 그 창의성의 측면들을 뒷받침하는 집중력, 상상력, 관찰 기술을 기꺼이 발전시키려는 사람들은 어느 정도의 성장을 기대할 수 있을 것이다.

이와 마찬가지로, 창의적인 사람들은 어떤 공통의 특징을 지녔다는 것이 밝혀졌는데, 그중 일부는 설교자들이 발전시킬 수 있을 것이다. 이 특징들은 독립적으로 일할 수 있는 능력, 높은 에너지, 융통성, 내향적이고 직관적인 본성, 그리고 창조의 욕구 등이다. 욕구와 개방성은 창의성을 추구하는 설교자들의 핵심적인 특징이다.

창의성을 뒷받침하는 조건들을 설정하고 유지하라. 풍부한 삶의 경험, 업무를 위해 따로 정한 시간, 사회의 손이 닿지 않는 곳에서 활동할 수 있는 능력 등이 창의적인 사람들에게 중요하게 보일 수 있는 조건들이다. 물론, 이런 각각의 조건들을 파악하기 어렵다고 말하는 설교자들이 많다.

그러나 창의성에 영향을 미치는 가장 중요한 환경적 요인은 거의 모든 설교자가 어떤 식으로든지 이해할 수 있는 것들이다. 창의적인 사람들은 창의성을 뒷받침하는 모든 조건 가운데 가장 중요한 것이 자유의 경험이라고 말한다. 영적 훈련이나 신학적인 근거를 통해 자유를 얻을 수 있는 설교자는 창의적 작업에 필수적이라고 여겨지는 한 상태 안에 있는 자신을 발견할 것이다.

공간을 만들기 위해 병치(juxtaposition)를 사용하라. 경험이나 생각의 요소를 긴장 상태로 유지하는 것은 창의적 통찰력을 위한 필수 조건, 곧 정신적, 심리적, 영적, 정서적 공간을 만든다. 이것은 종종 임신 이미지로 묘사되는 창의적 과정의 한 단계이다. 이 단계에서 생각들이 '잉태'되고, 통찰력이 생성되며, 아이디어가 '부화'한다.

창의적인 설교자는 성경 본문의 조각들을 연구하고 성격, 목소리, 환경, 수사적 상황

설교자의 창작 과정 (Preacher's Creative Process)

을 서로 병치시키면서 가능한 작은 시간의 구역으로 나누어진 공간을 어디서든 창출할 수 있다. 생성된 공간은 설교자의 관점과 청중의 관점에서 새로운 아이디어나 더 깊은 참여를 촉진한다.

설교자는 다음과 같이 질문할 수 있다.

- 만약 내가 이런 목소리로 이 본문을 말한다면, 이 구절은 어떻게 될까?
- 만약 내가 이 인물이 예수님과 마주하거나 등을 돌리고 있는 모습으로 묘사한다면, 이 인물은 어떻게 될까?
- 만약 내가 이 진리의 주장을 내 상황에 대입한다면, 이 주장에 어떻게 될까?
- 만약 내가 대화의 한 줄을 영(Young) 씨나 김 장로님에게 말하는 것으로 묘사한다면, 그 대화는 어떻게 들릴까?

프레드 크래독(Fred Craddock)은 마가복음 1:1-8의 설교, 〈요한의 설교를 들어 본 적이 있습니까?〉에서 역-시대착오(reverse anachronism)라고 불릴 수 있는 병치를 실행한다.

> 아! 많은 사람이 왔습니다. 그들 중 일부는 호기심 때문에 왔을 겁니다. 할 일 없이 낙타 등 위에 올라앉아 있는 그 지역의 십 대들이 떠오르는 군요.
> "요한의 설교를 들어 본 적이 있습니까?"
> "아니오."
> "그렇다면 우리 거기에 가 봅시다."(Long and Plantinga 1994, 38)

이 설교는 병치된 이미지를 가지고 놀이하는 설교자의 뛰어난 능력을 보여 준다. 크래독의 설교에서 내적 자유를 느낄 수 있고, 창의성에 매우 중요한 밑바탕이 되는 기술도 엿볼 수 있다.

> 성경은 이것을 새로운 탄생이라고 부릅니다. 여러분은 그 창가에 가 봤습니다. 그렇죠?
> 산부인과 신생아실, 유치부실, 그리고 그곳에 있는 많은 것을 볼 수 있는 창가에 가 보셨지요?.
> 사람들은 누가 내 아이인지 애타게 찾으며 밖에 서 있지요?
> "줄리가 저 안에 있을 텐데 … 분명 제일 예쁜 아기일 거야."
> 그렇지만 아기의 손목에 채워진 작은 밴드를 읽기가 어렵습니다. 손목이 접히는 부분에 깊은 주름이 있고, 거기에 그 작은 밴드가 감겨 있는데, 글씨가 너무 작아서 확인하기가 쉽지 않습니다. 여러분은 이렇게 말하죠.
> "내가 보기에 저 아기가 …."
> 성경은 말합니다.
> "그것이 바로 새로운 탄생이다. 바로 그거다"(Long and Plantinga 1994, 43).

참고 주제 상상력/창의; 렉티오 디비나; 설교자의 한 주; 설교 준비

참고 문헌 Frank Barron, Alfonso Montuori, and Anthea Barraon, eds. *Creator on Creating: Awakening and Cultivating the Imaginative Mind.* (1997); Jena Childers, ed. *Birthing the Sermon: Women Preachers on the Creative Process.*

(2001); Thomas G. Long and Cornelius Plantinga Jr. eds. *A Chorus of Witnesses: Model Sermons for Today's Preacher*. (1994); Graham Wallas. *The Art of Thought*. (1926).

설교자의 한 주(Preacher's Week)
윌리엄 J. 칼 3세(William J. Carl III)

목회는 본질적으로 복잡하기에 어느 한 주도 똑같지 않다. 가장 유능한 목사/설교자들은 그 복잡함을 관리하는 법을 배우는 사람들이다. 설교자들은 일과표를 만들어 정돈된 느낌을 유지하려고 하지만, 일이 잘 진행될 때 곧 방해가 시작된다는 것을 발견한다. 결국, 설교자는 진정한 목회는 종종 방해 속에서 이루어진다는 것을 깨닫는다. 야이로의 딸을 치료하기 위해 예수님이 가시던 길을 막아선 혈루증 앓는 여인의 이야기(막 5:21-43)는 예수님께도 이런 일이 발생했다는 점을 보여 준다.

예수님은 끊임없이 이리저리 이끌려다니시면서도, 성찰/행동, 탐구, 실천의 건강한 리듬을 유지하셨다. 예수님은 현대 목회자들이 겪는 것과 비슷한 모든 압박을 경험하시면서도 기도와 설교의 규칙적 패턴을 잘 확립함으로써 평정심을 유지하셨다.

오늘날 행정, 목회, 지역사회의 책임을 짊어진 21세기 성직자들은 예수님의 훈련된 연구와 섬김의 실천을 잘 따르는 것이 좋을 것이다. 오늘날의 설교자는 또한 여러 개의 공을 동시에 공중에 던져 놀이하는 곡예사와 같이 효율적인 다중 업무 처리 능력(multitasking)을 길러야 한다. 그래서 우리는 주일 아침의 규칙적인 일상을 유지하기 위해 장기적 계획 과정, 정기적 주간 계획, 매일의 기도와 연구가 필요하다.

참고 주제 헌신적 삶/삶의 스타일, 장기적 설교 계획

1. 장기 계획

설교 계획에 관한 교재들과 설교학자들은 설교를 계획하면서 시간을 보낼 것을 권장한다. 이유는 간단하다. 미리 계획하지 않으면, 주중 업무가 결국 설교자를 지치게 하고 기진맥진하게 할 것이다. 나는 설교자가 최소한 일주일 이상 교회, 전화, 모임에서 떠나서, 1년 또는 적어도 6개월의 설교를 계획할 것을 권장한다.

이 설교 계획은 성서정과(성서정과와 교회력 참고)를 사용하거나 성서정과 본문과 설교 시리즈 본문의 혼합된 형태로 짜여질 수 있을 것이다. 또한, 성경의 한 책 첫 번째 절로 시작하여 그 책 전체를 한 부분(pericope)씩 계속 읽어나가는 연속 읽기(*Lectio Continua*)를 사용할 수도 있을 것이다.

떠나는 목적은 연구와 성찰을 위해 방해 받지 않는 한 주를 보장받기 위해서다. 장소는 수련원, 숲속의 오두막, 신학교 도서관 등을 설교자가 선택할 수 있다. 그냥 떠나라. 목표는 각 구절을 파고들기 위해서가 아니라, 본문을 처음, 영적으로 읽고 한두 권의 주해서를 간단히 연구하여 설교로 이어질 수 있는 아이디어를 떠올려 보기 위해서다. 설교의 주제와 한두 가지 예상 가능한 설교 제목을 개발해 보라. 또한, 한 절로 설교할 것인지 아니면 여러 구절로 설교할 것인지 결정해야 할 것이다.

다음은 교회운영위원회를 위한 한 가지 조언이다. 설교자는 설교 계획 주간을 계속 교육(continuing education)으로 여기지 말아야 한다. 왜냐하면, 그 한 주는 설교자로서 업무의 한 부분을 차지하기 때문이다.

교회로 돌아오면 설교자는 연구 결과를 프린트하여 음악감독에게 제공해야 할 것이다. 그렇게 하면 찬송가와 성가곡 선택을 확실히 쉽게 할 수 있고, 설교 주제에 더 잘 적합한 음악을 준비할 수 있다. 큰 교회를 섬기든 작은 교회를 섬기든, 교회 직원들은 설교 계획을 미리 알게 되었다는 점에 감사하게 될 것이다.

이런 장기 계획은 배양 과정을 시작하는 것이다. 이 시점에서 설교자는 씨앗을 뿌렸거나 수태고지에서 생각해 볼 수 있는 것처럼 성령이 설교자 안에 씨앗을 심으셨다. 이제 설교가 설교자의 마음과 생각 안에서 형성되기 시작할 것이다. 설교자는 1년 내내 설교를 생각하며 보내게 될 것이다.

이 의미는 설교자가 책을 읽거나, 영화를 보고, 이야기를 듣거나, 낯선 것을 보거나, 앞으로 다루게 될 본문이나 주제에 어떤 식으로든 관련된 생각이 언뜻 떠오를 때마다, 그 설교를 위한 파일을 꺼내 거기에 그 생각을 추가하게 될 것이란 말이다. 설교자는 1년 내내 마음에 떠오르는 새로운 영감을 그 파일에 계속 추가할 수 있다. 그래서 몇 달 후 설교 작업을 시작할 때, 이미 많은 조사 작업을 마친 상태가 된 것이다.

2. 일반적인 한 주
(만약 그런 한 주가 존재한다면)

월요일 또는 화요일 아침이다. 설교자는 다가오는 주일을 위해 서재에 앉아 설교 작업을 할 준비가 되었다. 교인의 죽음, 처리해야 할 잔일들로 인해 방해받는다. 그러나 설교 계획을 다 구상해 놓았기에 설교자는 상황을 주도하고 있고 가끔 발생하는 간섭에 대비할 수 있다. 어떤 목사는 집에서 공부하고 나중에 사무실로 온다. 설교자는 연구하고 리더십을 발휘하기 위해 자기 리듬을 찾아야만 할 것이다. 찾아오는 사람들은 언제든 만난다는 목회 방침을 고수한다면, 설교자는 아마 설교 준비를 위한 시간을 갖지 못할 것이다. 반면, 경호원 역할을 하는 비서실장을 고용해 항상 문을 막는다면, 주일날 교회에 와서 사람들을 사랑하시는 예수님에 관한 설교를 듣고자 하는 사람은 거의 없을 것이다. 여기에 미묘한 균형이 필요하다.

설교단에서 1분을 위해 1시간의 연구가 필요하다는 오래된 규칙이 여전히 유효하다면, 설교자는 설교 준비에 상당한 시간을 투자해야 할 것이다. 그렇게 하지 않는다면, 결국 "나는 30분 안에 설교를 후다닥 완성할 수 있고 그것이 대단하다고 생각하지 않습니다"라고 말할 때, 교구민에게 "네, 우리도 마찬가지입니다"라는 대답을 듣게 될지도 모른다. 모든 것이 준비에 달려 있다.

본문을 읽기 위해 앉았을 때, 설교자는 그것을 우선 한 회중의 마음으로 읽는다. 이 본문이 영적으로 무엇을 말하는가?

폴 리쾨르(Paul Ricoeur)가 늘 말했듯이 (1974, 385), "본문의 거울"에 비친 자신의 삶을 보라. 그렇게 하지 않으면, 설교는 사람들의 일상생활이 아무런 영향을 미치지 못하는 머리 아픈 주해서로 전락하기 쉽다. 설교자가 설교에 감정을 주입하면, 주일날 회중의 관심은 더욱 집중될 것이다. 이것은 손을 건반 위에 올려놓는 작곡가와 같이, 당신이 음악을 만들기 시작하는 창의성의 초기 단계다.

애런 코플랜드(Aaron Copland)는 작곡가는 전문가라는 점을 우리에게 상기시킨다 (1957, 24-25). 그들은 매일 창작해야 한다. 설교자도 마찬가지다(설교자의 창작 과정). 그것을 좋아하든 아니든 우리는 매주 설교를 쓴다.

설교자는 본문에 대한 감을 잡은 후, 그 직감이 올바른지 확인하기 위해 주해서를 확인해야 한다. 또한, 설교자는 특정 교구민, 다른 연령 그룹, 다른 지위에 있는 사람들이 이 본문에 관해 궁금해할 수 있는 것을 질문함으로써 회중을 분석할 수 있다.

어떤 목사는 그 본문에 관한 성경 연구 시간을 통해 회중의 의견을 들음으로 독단적인 준비 방식을 지양한다. 갑자기 길이 보이기 시작하고, 설교의 궤적이 보이며, 결론에 다다랐을 때, 사람들이 헌신하기를 원하는 그 장소가 나타난다. 이것이 바로 설교의 '목적'이다. 아우구스티누스는 위대한 설교는 세 가지, 즉 지성을 가르치고, 마음에 감동을 주고, 의지를 움직이는 것을 잘해야 한다고 주장한 것을 기억하라.

설교자는 화요일이나 수요일까지 예화 자료와 구조의 시작 부분에 관해 생각할 것이다. 전통적 대지 형태이든, 문제-해결의 방식이든, 아니면 버트릭의 움직임-구조 (Buttrick 1987, 23-79)이든, 설교를 쓰기 전날 설교자는 전개될 설교의 개요(outline)가 준비되어 있어야 한다. 개요는 설교자가 있는 그대로를 가지고 설교할 수 있을 만큼 거의 완성되어 있어야 한다. 만약 그 정도로 완벽하지 않다면, 다음날 설교를 쓰는 것은 악몽이 될 것이다. 당신이 그것을 쓰는 날에는 설교가 어떻게 진행되고 어떻게 결론에 도달해야 하는지 알고 있을 것이기 때문에 설교는 쉽게 작성될 수 있을 것이다. 설교를 목요일에 쓰던 금요일에 쓰던, 설교자는 설교를 하루나 반나절 그대로 두었다가 다시 살펴보아야 한다.

토요일 아침은 설교를 수정하고 설교에 익숙해지는 시간이다. 이 단계는 세 시간에서 네 시간 정도의 시간이 소모된다. 설교를 잘 소화해서 회중을 바라보며 설교하는 것은 설교자의 직업적 책임이다. 설교단에 원고나 개요를 들고 올라가느냐 마느냐는 중요하지 않다. 무엇을 가지고 올라가든 그것을 단순히 읽지 않는 것이 중요하다.

3. 안식일을 기억하라
(그것을 거룩하게 지키라)

설교자의 주간 리듬에 맞춰 기도와 연구 시간을 잘 배분하는 것이 중요하며, 교구 생활의 이전 투구로부터 멀리 떨어져 숨 돌릴 시간을 갖는 것 또한 대단히 중요하다. 그렇게 하지 않는다면, 설교자는 영적으로 탈진하여 당신의 설교 효율성은 감소할 것이다. 기도는 염려를 하나님께 맡기는 한 방법이기 때문에, 훈련된 영성 생활은 설교에 관해 설교자가 가질 수 있는 모든 염려를 사실상 없애 준다. 설교를 계획하는 설교자와 계획하지 않는 설교자 모두 궁극적으로 하나님의 은혜를 의지하는 존재다.

참고 문헌 Daivd Buttrick. *Homiletic: Moves and Structure*. (1987); Aaron Copland. *What to Listen for in Music*. (1957); Paul Ricoeur. *The Conflict of Interpretations: Essays in Hermeneutics*. (1974).

흘러넘치는 설교(Preaching Out of The Overflow)

클레오퍼스 J. 라루(Cleophus J. LaRue)

흘러넘치는 설교란 평생에 걸쳐 폭넓게 읽고, 깊이 연구하며, 선포될 말씀을 끊임없이 숙고하는 과정에서 자연스럽게 배어 나오는 설교의 실천을 의미한다. 이는 피상적이거나 과하게 노동집약적인 설교 방식과 대비되며, 적절한 연구 습관과 태도를 기르는 것과 관련된다. 흘러넘치는 설교는 많은 아프리카계 미국인 교회와 복음주의 교회에서 실천되며, 개혁주의 전통의 '교육받은 목회'라는 개념 및 설교 준비를 영적 훈련으로 여기는 사고와도 연결된다.

유능한 설교자는 읽는다!

그리고 그들은 많이 읽는다. 깊이 있고 진중하게 설교하기 위해 설교자는 좋은 문학 작품을 꾸준히 읽어야 한다. 이 과제를 완수하는 방법은 다양하겠지만, '반드시' 완수해야 한다는 것이 가장 중요하다. 깊이 있게 읽는 사람은 지식이 풍부한 사람이다.

1. 세 종류의 설교자

Preaching Out of the Overflow(흘러넘치는 설교)라는 제목의 책에서, 윌리엄 스티저(William Stidger)는 설교에 관한 책을 쓰는 동안 그를 태운 기차가 캔사스의 한 유전 지대를 지나고 있었다고 언급한다. 이 경험을 통해 그는 여행 중 보았던 다양한 유형의 유정(oil wells)을 설교와 비교하게 되었다. 그는 세 가지 유형을 언급한다. 그것은 메마른 유정, 펌프를 사용해야 하는 유정, 흘러넘치는 유정이다. 이에 맞춰, 그는 세 종류의 설교자와 세 종류의 설교가 있다고 주장한다.

첫째, 메마른 유정과 비슷한 설교자다. 거기에는 아무것도 없다. 내용과 스타일은 메마르고, 척박하고, 생기 없고, 변화시킬 수 없다.

둘째, 펌프를 사용해야 하는 설교자다. 즉, 말 그대로 매주 설교를 강제로 만들어야 하는 설교자를 의미한다. 이런 설교자는 설교 때문에 안간힘을 쓰고, 분투하고, 땀 흘리며, 자기 자신과 가족들을 고생시킨다. 매주 설교를 창작하는 일은 고되고 힘든 일이다.

셋째, 흘러넘치게 설교하는 설교자다. 이런 설교자는 설교로 인해 매주 공황장애를 겪지 않고, 전해야 할 기쁜 소식의 마지막 낟알을 찾기 위해 연료통의 바닥을 긁어 대지도 않는다. 오히려 풍부한 독서와 연구에서 흘러넘치는 설교를 한다. 흘러넘치는 설교자는 부지런한 연구와 세상 속에 임재하시는 하나님의 존재에 대한 의식적인 성찰에서 얻은 자료, 지식, 훈련된 통찰력, 풍부한 경험 등을 바탕으로 설교한다.

2. 독서 습관

어떤 설교자는 아침형 인간이다. 그들은 새로운 하루가 시작되는 차분하고 조용한 분위기 속에서 독서한다. 이른 아침의 신선함과 새로운 자비의 약속이 읽은 내용을 더 오래 간직하도록 그들을 돕는다. 반면, 어떤 설교자는 밤형 인간이다. 그들의 기억력은 한밤중 등잔불 기름이 불타오를 때 가장 예리해진다. 집이 조용하고, 세상이 고요하며, 오직 창조적 사고가 움직이는 소리만 들릴 때 그들은 독서를 통해 혜택을 누린다.

다른 설교자들은 틈틈이 읽는다. 그들은 짬이 날 때마다 독서한다. 교회의 회의 사이에, 오후의 짧은 휴식 시간, 부흥회나 초청 설교를 위해 이동하는 중, 또는 갑자기 일정이 취소되어 생긴 여유 시간 등 기회가 될 때마다 책을 집어 든다. 이런 독서 방식은 짧은 시간을 활용해야 한다는 점에서 빠르게 움직이는 삶을 요구하지만, 오히려 시간이 제한되어 있다는 인식이 집중력을 높이고 더욱 효과적으로 내용을 흡수하도록 도움을 준다. 설교자는 아침이든, 정오든, 밤이든, 또는 이동 중이든, 신선하고, 활기차고, 흥미진진하고, 창의적이며, 무엇보다도 신실한 설교자가 되기 위해 반드시 읽어야 한다.

3. 이용할 수 있는 것보다 더 많은 아이디어 갖기

최고의 설교는 결코 억지로 만들어지는 것이 아니라, 자연스럽게 흘러나오는 법이다. 좋은 설교는 무르익은 생각, 정보에 입각한 지성, 창의적 사고, 그리고 다양한 삶의 경험을 통한 성장이 자연스럽게 표현될 때 가능하다. 설교의 진정한 기쁨은 우리가 활용할 수 있는 것보다 더 많은 설교 아이디어와 통찰이 있느냐에 달려 있다.

환희에 가까운 이 순전한 기쁨은 우리의 마음과 노트북이 가득 차 있을 때만 찾아온다. 스티저는 이런 넘쳐흐르는 설교를 발전시키고 열매 맺게 하는 데 필요한 인간 존재의 다양한 요소를 나열했다. 여기에 신체적 건강, 아이디어, 인생 경험, 종교 경험, 기독교적 사랑이 포함된다. 또한, 그는 흘러넘치는 아이디어가 처음에는 자기 계발을 목적으로 하는 폭넓은 독서를 통해 온다고 언급했다.

4. 독서

어떤 독서는 의도적이고 즉각적으로 수행되어야 한다. 주일 설교 준비를 위해 행하는 독서가 그것이다. 이 독서는 성경 본문(성서정과나 설교자의 선택)을 먼저 묵상하고, 본문의 의미를 파악하는 데 도움이 되는 성경 색인, 성경 사전, 언어 연구, 신앙적이고 비평적인 주해와 같은 기본적인 준비 도구를 활용해야 한다. 이 독서의 즉각성은 이것이 일정 시간 안에 완수되어야 한다는 점에 있어서 의도적이다. 모든 목사는 주일이라는 기차가 점점 큰 굉음을 내며 빠르게 다가오고 있음을 인식한다.

5. 장기적 독서

그러나 흘러넘치는 설교는 장기적 독서를 통해 성장한다. 이것은 즉각적 사용이나 구체적 목적을 염두에 두지 않는다. 너무 많은 설교자가 당장 눈앞에 닥친 다음 주일만을 생각하며 서점, 도서관, 인터넷의 책장을 훑어본다. 만약 다가오는 주일의 설교 과제에 쓸모없어 보이는 책을 고른다면, 당장 도움이 될 것 같은 다른 책을 고르기 위해 그 책을 제쳐두는 경우가 너무 많다. 이것은 풍부하게 흘러넘치는 기름을 이용하기보다, 유정의 바닥을 펌프질하는 것과 같은 근시안적인 독서이다.

유능한 설교자는 장기적 독서를 일찍 배운다. 장기적 독서는 광범위하고, 방대하며, 풍요롭지만 그것을 즉시 활용할 수 있는 것은 아니다. 장기적 독서는 처음에는 설교자에게 더 도움이 된다. 그러나 궁극적으로 회중은 설교자의 지속적 노력에서 오는 풍성한 보상의 덕을 보게 된다.

6. 권장 사항

깊이 있는 학문적 연구를 통해 흘러넘치는 설교를 할 수 있도록 장기적 독서에 임하기 전에, 몇 가지 유의할 점이 있다.

첫째, 무리하지 말라.

수많은 설교자가 시작할 때는 열정을 보이지만, 이를 지속하는 데 어려움을 겪는다. 모든 설교자가 이 연구 생활의 훈련이 단기간에 완성되는 것이 아니라는 점을 기억해야 한다. 작은 것부터 시작하고, 독서 습관이 자리잡을 때까지 여유를 가지라. 점진적 학습이 가장 좋다.

둘째, 익숙한 것부터 시작하라. 그런 후 더 복잡한 신학 사상의 깊고 신비한 세상 안으로 들어가라.

예를 들어, 성경 전체를 한 장씩 읽는 것으로 시작할 수 있을 것이다. 이런 독서는 개인 경건 시간을 활용해서 할 수도 있고, 매일 15-30분 정도 따로 시간을 내어 진행할 수도 있을 것이다. 성경을 체계적으로, 매일 읽는 것은 매주 설교 준비를 위해 성경을 읽어야 하는 사람들에게 시간 낭비처럼 보일지도 모른다. 그러나 안타깝게도 너무 많은 설교자가 말씀에 따라 살라고 하고 그 말씀 안에 특별한 것이 있다고 주장하면서도, 그 말씀(성경)을 통독하지 않은 경우가 적지 않다.

성경 외에 성경에 관한 주해서와 기타 단행본은 설교자의 지적이고 영적인 지평을 넓히는 데 큰 도움을 줄 수 있다. 사람들이 선택하여 읽는 주해서들은 그 주의 설교 본문에 대한 것이거나 가까운 미래에 계획하고 있는 설교 시리즈를 준비하기 위한 독서일 수도 있다.

다수의 경험 많은 설교자가 주해서 전집을 구매하는 것에 대해 주의를 준다. 왜냐하면, 주해서의 내용과 학문성이 고르지 않은 경향이 있기 때문이다. 주해서를 구매하기 위한 가장 좋은 방법은 설교 본문이 포함된 여러 주해서를 살펴보는 것이다. 본문에서 중요하게 거론될 수 있는 비평적 요소와 신앙적 요소를 명확하게 제시하고 그것에 대해 도전을 주는 책을 구입하는 것이 바람직하다. 또한, 주해서는 신앙적 일간 독서의 일부가 될 수 있다.

셋째, 좋은 독서 자료를 손이 닿는 곳에 가져다 놓아라.

저널과 잡지를 구독하여 유익한 읽기 자료들이 당신의 집이나 연구 장소에 정기적으로 직접 배달되도록 하라. 시중에 많은 자료가 있지만, 수준 있는 잡지로 정평이 나 있는 자료를 구독하면 실망할 리는 없을 것이다. 그중 *Theology Today*(theologytoday.ptsem.edu), *Interpretation: A Journal of Bible and Theology*(www.interpretation.org), 그리고 *The Christian Century*(www.ChristianCentury.org) 등이 추천할 만하다.

이런 출판물들은 신학, 성경 연구, 현대의 종교적 관심 등에 관한 우수한 소논문을 싣고 있다. 또한, 설교자들이 시판되는 가장 최근의 출판물 추세를 따라가도록, 책에 대한 우수한 서평도 포함하고 있다. 더 중요하게도, 이 출판물들은 설교자들이 최신 신학 사상 및 성경 연구 분야의 최고 석학들과 대화할 수 있게 해 준다. 그뿐만 아니라, 설교자들에게 집이나 연구 장소에서 지적 영역을 넓힐 수 있는 기회를 제공한다.

최신 신학 사상을 파악하는 데 도움이 되는 저널 외에도, 설교자들은 비종교적 독서 자료도 적극적으로 활용해야 한다. 「뉴욕타임스」나 「LA타임스」와 같은 지역 또는 전국 단위의 신문을 구독하는 것은 꽤 도움이 될 수 있다. 「타임」이나 「뉴스위크」 같은 주간지를 우편이나 온라인으로 정기 구독하는 것도 추천할 만하다. 모든 기사를 다 읽기 위해서가 아니다.

성실한 설교자라면 적어도 흥미로운 내용을 찾아 확인할 기회를 가져야 한다. 어떤 뉴스 항목, 특집 기사, 혹은 흥미로운 통계 자료가 우연히 설교자의 눈을 사로잡을 수 있으며, 이는 나중에 유익한 설교 자료로 활용될 수 있다.

넷째, 독서 범위를 넓혀라. 과거와 현재의 신학자들이 저술한 조직신학을 조금씩 꾸준히 읽기 시작하라. 위대한 신학자들의 저서를 정리한 선집(reader)이나 개론서(compendium)는 풍부하다. 또한, 탁월한 설교자의 설교뿐만 아니라 위대한 설교자와 신학자들의 전기와 자서전을 읽어라. 예를 들어, 로버트 밀러(Robert Miller)의 *Harry Emerson Fosdick*(1985), 에버하르트 부쉬(Eberhard Busch)의 *Karl Barth*(1976), 찰스 화이트(Charles E. White)의 *Beauty of Holiness: Phoebe Palmer as Theologian, Revivalist, Feminist, and Humanitarian*(1986), 리처드 팍스(Richard Fox)의 *Reinhold Niebuhr*(1985), 그리고 사무엘 드빗 프록터(Samuel Dewitt Proctor)의 *The Substance of Things Hoped For*(1996) 등이 있다.

다섯째, 겉으로는 종교적이지 않지만, 우리 삶의 경험에 의미 있게 다가오는 글을 읽어라.

*New York Times Book Review*을 구독하고 픽션과 논픽션 모두의 최신 경향에 뒤처지지 마라(각 책에 관한 내용을 한 문장으로 소개하는 베스트셀러 목록은 설교자에게 간결함에 대한 교훈을 줄 것이다).

시인, 소설가, 극작가 전기 작가들은 설교자들이 가지지 못한 인간 상황에 대한 통찰력을 지니고 있다. 존 그리샴(John Grisham), 플레너리 오 코너(Flannery O'Connor), 프리데릭 뷰크너(Frederick Buechner), 윌리엄 포크너(William Faulkner), 토니 모리슨(Toni Morrison), 그리고 그 외 작가들의 소설에 몰입해 보라. 소설은 우리가 일반적으로 접할 수 없는 훨씬 더 폭넓은 삶의 경험을 대리로 체험할 수 있게 해 주기 때문에 우리 삶의 경험을 확장한다. 소설들은 인간 상황의 복잡함을 깊이 들여다볼 수 있도록 도와주며, 도덕적, 신학적 쟁점에 대한 우리의 이해를 넓혀준다.

여섯째, 브로우닝(Browning), 테니슨(Tennyson), 프로스트(Frost), 롱펠로우(Longfellow)의 시를 읽으라. 설교자들은 본질적으로 묘사할 수 없는 하나님의 속성과 사랑을 묘사하려고 끊임없이 언어와 씨름한다. 시인들은 우리에게 많은 것을 가르쳐준다. 가능한 한 분야를 폭넓게 읽어라.

앨라배마주 몽고메리에 있는 덱스터애비뉴침례교회(Dexter Avenue Baptist Church)의 마틴 루터 킹(Martin Luther King) 전임자였던 베논 존스(Vernon Johns)는 밭을 갈면서 시를 읊었고 밤에 읽을 책을 찾아 하루 종일 돌아다녔다고 전해진다. 그에게 말문이 막히는 일은 거의 없었다.

흘러넘치는 풍성함 속에서 설교하기를 갈망하는 설교자는 좋은 문학 작품에 몰입하고 건강한 독서 습관을 기르는 법을 일찍부터 배운다. 장기간의 독서와 다양한 종류의 문학을 폭 넓게 접하는 것은 분명 그를 유능한 설교자로 성장시킬 것이다. 독서는 한 사람의 설교 수준을 결정할 것이다.

참고 주제 아프리카계 미국인 설교의 관점; 헌신적 삶/삶의 스타일; 설교를 위한 연구

참고 문헌 Mike Graves. *What's the Matter with Preaching Today?* (2004), John S. McClure, ed. *Best Advice for Preaching*. (1998), Cyril Rodd. *The Pastor's Opportunities*. (1990), William Stidger. *Preaching Out of the Overflow*. (1930), Gardner Taylor and Samuel D. Proctor. *We Have This Ministry: The Heart of the Pastor's Vocation*. (1996).

설교를 위한 연구(Sermon Research)
데이비드 A. 데이비스(David A. Davis)

설교를 위한 연구는 대부분 특정 성경 본문에 대한 설교자의 주해 작업과 관련된다. 성경 본문을 연구하고 해석할 때, 주해는 언어, 단어 연구, 역사, 신학, 문학 형태, 문화적 환경에 주의를 기울여야 한다(주해 참고). 이런 연구 분야의 넓이와 주간 설교 사역에서 오는 시간 제약을 고려해 볼 때, 설교자는 주해의 도구와 주해 방법의 일관성을 개발해야 한다.

경험 많은 설교자는 해석의 단계를 거치면서 직관적으로 그 방법을 따라갈 수 있을 것이다. 어려운 본문을 만나거나 영감이 잘 떠오르지 않을 때, 설교자는 성경에 단계적으로 접근하는 방식을 취함으로써 도움을 받을 수 있다.

성경 주해를 위한 이차 자료는 풍부하다. 설교 준비 과정 초기에 설교자는 성경 사전, 관주 성경의 설명 노트, 역사와 배경을

설교를 위한 연구(Sermon Research)

알려 주는 본문을 참고할 수 있다. 그러나 설교자가 상상력을 통해 특정 구절과 조우할 수 있도록 여지를 남겨 두는 것이 중요하다(상상력/창의력 참고). 주해서의 학문적 내용은 때때로 목사의 목소리를 억누를 수 있다. 주해가의 통찰을 너무 성급하게 설교하기 전에, 설교자들은 자기들의 노력을 신뢰하는 법을 배워야 한다. 주해서를 준비 과정 후반부에 참조한다면, 성경학자들은 설교 아이디어의 창고가 아니라 대화 상대가 된다.

설교 사역이 회중의 상황에 근거하고 있다면, 성경 연구가 (그것이 핵심적일지라도) 설교를 위한 연구의 첫 번째 단계가 되지 않을 것이다. 모든 설교는 신앙공동체 안에서 계속되는 대화의 일부이다. 목사들은 그들이 훈련받은 신학적 전통 위에서 설교한다. 그런 의미에서, 당면한 설교를 위한 연구는 아마도 설교자의 신학 교육과 함께 시작할 것이다.

교구 사역의 목회 환경이 필수적 역할을 해야 하고 모든 설교를 위한 연구 또는 그에 대한 성찰에 포함되어야 한다. 또한, 설교자는 시사 문제와 현대 문화의 복잡성에 관심을 가질 필요가 있다. 성경이 연구되어야 할 주된 문서이지만, 설교자는 매주 회중과 문화 그리고 목회적 상황을 주해해야 할 것이다.

"한 시간의 연구는 설교단에서의 일 분이다."

모든 설교자는 이 오래된 지혜를 알고 있을 것이다. 이 조언은 목사들이 연구에 매진했던 위대한 설교가의 시대에 시작되었음이 분명하다. 현대의 사역 모델은 설교자에게 더 많은 시간을 요구한다. 그리고 박식한 위대한 설교가의 이미지는 이제 대부분 사라졌다. 그래도 훈련된 준비는 신실한 설교와 건강한 목회를 위해 필수적 요소다. 유능한 설교자는 매일 아침 몇 시간이든, 하루 반나절이든, 집에서 연구할 수 있는 시간이든 자기에게 적합한 준비 체계를 마련해야 한다. 일주일 이상 미리 계획을 세우면, 지속적으로 연구하는 느낌을 받을 수 있다. 활동적으로든 아니면 잠재 의식적으로든 목사는 보통 한 번에 두 개 이상의 설교를 준비한다(장기적 설교 계획 참고).

인터넷 도구는 설교자의 연구 방식을 극적으로 바꿔 놓고 있다. 물론, 이 모든 변화가 좋은 것만은 아니다. 예화를 쉽게 제공하는 사이트는 설교자에게 필수적인 상황적 인식력을 갖추는 데 도움을 주지 못한다. 설교 사이트는 설교자들이 일을 너무 쉽게 처리하게 만들고, 더 심한 경우 그들을 표절로 유혹한다. 반면, 목사들은 더 이상 예전에 읽었던 기사를 찾기 위해 오래된 신문을 뒤적거릴 필요가 없다. 공공의 현안에 관한 연구는 이전보다 쉬워졌다. 이제 설교자들은 서재에 앉아 신학 정보도서관에 접속할 수 있다(인터넷 설교 데이타 베이스 참고).

어떤 설교는 다른 접근 방식의 연구가 필요하다. 성경의 특정 책 전체를 설교하는 설교자는 관련된 연구의 축적된 자료를 매주 이용할 수 있다. 회중이 직면하고 있는 특정한 문제를 다루는 설교자는 정보 수집과 문제 분석을 위한 시간을 확보하기 위해 충분히 미리 계획하기를 원할 것이다. 시리즈 설교의 접근 방식은 예수님의 비유에 관한 시리즈이든 신앙인들의 기도에 관한 시리즈이든, 확실히 연구를 간소화하는 기회를 제공한다.

설교가 시사 문제와 대중문화에 관한 것이라면, 설교자는 그것에 관한 연구의 필요성을 당당히 말해야 한다. 신문과 잡지를 정기적으로 구독하는 것은 당연히 해야 할 일이다. 영화를 보고 콘서트를 관람하는 것은 영감과 예화 자료를 얻을 수 있다는 점에서 설교자에게 중요하다. 목사는 회중이 즐길 거리, 뉴스, 정보 등을 어디에서 얻는지 알아야 한다.

정기적으로 설교하는 사람들에게 설교를 위한 연구는 삶의 방식이 돼야 한다. 목사는 항상 설교에 대해 고민하고 설교 자료를 찾아야 한다. 어떤 사람들에게는 이것이 항상 노트북을 가지고 다니는 것을 의미한다. 어떤 사람들은 문서 정리 방식을 개발하거나 다른 기억 장치를 사용하려고 노력한다. 더 중요한 점은, 설교를 위한 연구가 평범한 삶의 장소에서 하나님의 임재를 보는 눈을 갖는 것에 달려 있다는 것이다.

그렇다. 설교자는 성경을 연구하고, 신학책을 읽으며, 뉴스와 문화에 대한 최신 정보를 얻으려는 열망에 있어 부지런해야 한다. 그러나 결국 가장 중요한 것은, 설교자는 세상을 살피고 우리 가운데 존재하는 하나님 나라의 분명하고도 확실한 표징을 보도록 부름을 받았다는 것이다. 신앙 공동체 안에서 복음을 선포할 때 어려운 것은 하나님의 임재에 관하여 연구하고 그것을 증언하는 일이다.

참고 주제 설교자의 한 주

참고 문헌 *Interpretation: A Bible Commentary for Teaching and Preaching.* Series edited by James Luther Mays, Patrick D. Miller, Jr., and Paul J. Achtemeier; *Preaching the New Common Lectionary.* Series edited by Fred B. Craddock, et al.; *Texts for Preaching: A Lectionary Commentary Based on the* NRSV. Series edited by Walter Brueggemann, Beverly R. Gaventa, et al. "The Text This Week: Lectionary, Scripture Study and Worship Links and Resources." Online: http//www.textweek.com; Leonora Tubbs Tisdale. *Preaching as Local Theology and Folk Art.* (1997).

시간 관리(Time Management)
데이비드 알버트 파머(David Albert Farmer)

시간 관리 계획이 필요한 설교자가 시간 관리에 실패하는 주된 이유는 어떤 시스템이든 그것을 자기 것으로 만들어야겠다고 생각해 본 적이 한 번도 없기 때문이다. 일관된 자기 도전의 부족, 곧 실행할 수 있는 계획을 찾았어도 그것을 실행하지 못하는 연약함이 그 문제를 악화시킨다.

조지 E. 스위지(George E. Sweazey)는 그의 대표적 설교학 교재인 *Preaching the Good News*(복음 설교)에서 설교자의 시간 관리 문제를 게으름과 관련시킨다.

> 설교자들은 게으르므로 모호해질 수 있다. 마음속에 처음 떠오른 것을 청중에게 전달할 수 있는 표현으로 바꾸는 것은 어려운 작업이다. 그러므로 목회자는 그저 [자연스럽게] 떠오른 것을 사람들에게 말한 후

시간 관리 (Time Management)

어려운 다음 단계를 회피할 수 있다(1976, 131).

여기에 매우 심각한 설교의 결함이 있다. 그것은 설교자가 해석학적 작업과 적용의 임무를 수행하지 않은 결과, 설교가 설익은 상태로 전달된다는 것이다. 설교자는 처음 떠오른 생각에만 만족하고 특정 청중이 듣고 이해할 수 있는 언어로 메시지를 다듬는 추가적인 노력을 하지 않는다. 스위지는 이 문제가 게으름과 관련된다고 말하지만, 오늘날 설교자 대부분은 게으르지 않다. 다만 그들은 시간 관리를 제대로 못 하고 있을 가능성이 훨씬 높다. 다행히도 설교자가 시간 관리 능력을 향상할 수 방법은 다양하다.

먼저 좋은 설교를 꾸준히 하기 위해서 준비 시간이 필요하다는 점을 당당히 말하라. 만약 교구민들이 진부하고 단순한 말씀 또는 다른 설교자들이 남긴 음식을 다시 데워 먹는 것과 같은 설교를 원치 않는다면, 그들은 목사가 설교를 준비하는 데 힘쓰도록 방해하지 말고 그 노력을 축복해 주어야 한다.

그보다 훨씬 중요한 것은 계획이다. 설교자는 회중 지도자들과 공유할 수 있는 계획이나 과정 또는 절차를 염두에 두고 있어야 한다(장기적 설교 계획 참고). 적어도 설교자는 사역의 다양한 요구에 어떻게 대처할 것인지 우선순위를 정해야 한다. 설교는 목회자이면서도 설교자인 그들에게 주어진, 일반적인 한 주 동안의 여러 가지 과중한 임무 중 하나일 뿐이다. 보통의 교구민은 목사가 매일 그리고 매주 얼마나 많은 임무를 수행해야 하는지 잘 인식하지 못한다. 설교자가 자기들에게 부여된 임무에 대해 청중을 이해시키지 못한다면, 그들은 절대 그것을 알지 못할 것이고, 목사와 교구민들 사이에 목회 활동에 관한 갈등이 발생할 가능성은 기하급수적으로 늘어날 것이다.

사역의 우선순위를 열거한 목록은, 목사와 교구민 사이의 좋은 관계를 유지하고 궁극적으로 설교 준비 시간을 확보할 수 있는 시간 관리 계획을 수립하는 데 훌륭한 기초가 될 수 있다. 일반적으로 회중은 위기에 처한 교인들(중병에 걸리고, 대인 관계나 고용 문제에 직면하고, 정신 건강 전문가에게 긴급하게 문의할 필요가 있는 상황 등)이 목사의 즉각적이고 지속적인 관심을 받고 있다는 사실을 알 때 위안을 얻는다.

이런 일을 행한 후, 목사는 비위기 상담(예비부부 상담 포함), 소통 업무(전화 회신, 이메일 답장 등), 설교 외 연구(세계 정세 파악, 지속적인 역량 개발, 주중 성경 공부 준비 등), 행정 업무와 직원 관계(위원회 모임 등), 지역사회 목회, 그리고 교파 관련 업무 등을 위해 다른 직원 그리고/또는 평신도 지도자를 만나거나 그 일들을 공유한다. 실제로 설교자는 이런 책임이 있는 모임에서 회중과 동료 시민들에 관해 많은 것을 배운다. 그러나 이런 중요한 의무 이외에도, 목사는 설교를 준비해야 하고 이 임무는 가장 우선이 되어야 한다.

개인 컴퓨터가 널리 보급되기 이전에, 한 목사는 회중과의 동의를 받고 화요일을 연구의 날로 삼았다. 그날 그녀는 사무실로 출근하지 않았다. 대신 도서관과 서점(서점 내 카페가 등장하기 이전에도)을 방문했다.

시간 관리(Time Management)

매주 화요일 그녀는 주일 설교를 잘 준비했다. 그녀는 자기가 어디 있는지 아는 유일한 사람인 교회 비서를 통해 긴급한 경우에만 연락할 수 있었다.

다른 목사는 어떤 긴급한 상황이 발생하지 않는 한 연락하지 않은 채, 설교 준비 과정에서 중요한 단계에 도달할 때까지 매일 아침 공부하기로 회중과 합의를 보았다. 어떤 날은 설교 본문에 대한 해석상의 난제를 해결하고 난 후 아침 10시까지 다른 목회 업무에 집중할 준비가 되어 있었다. 또 어떤 날은 핵심적 설교 예화를 찾느라 점심 이후에야 설교 준비 작업을 마무리할 수 있었다. 두 경우 모두 설교자가 성공할 수 있었던 주된 이유는 각 회중이 목사의 전반적인 사역 기간, 특히 설교 준비 시간을 어떻게 관리하는지 이해했다는 사실 때문이었다.

해리 에머슨 포스딕(Harry Emerson Fosdick)은 그의 리버사이드교회(Riverside Church) 회중과 유니언신학교(Union Seminary)의 학생들에게, 1분의 설교를 위해 1시간의 준비가 필요하다고 말했다(Miller 2001, 353). 그는 탁월한 설교자이자 설교학자였으며, 시간 관리에도 능숙했다. 아마도 이에 대해 반박할 사람은 거의 없었을 것이다.

설교자가 사역과 설교 시간을 효과적으로 관리하기 위해 취할 수 있는 가장 중요한 조치는 신체적, 정서적, 영적 건강을 증진하는 데 필요한 모든 일을 행하며 자기를 돌보는 것이다. 효과적인 사역 시간 관리를 위한 두 번째 필수 목록은 배우자/연인/그 밖의 기타 중요한 사람, 가족 구성원, 가까운 친구들과의 관계를 돈독히 하는 것이다. 업무에 대한 부담이 아무리 크더라도, 사생활에 관련된 여러 일과 직업적 일들 사이에 어떻게든 방어선이 그어져야 한다.

우리는 첨단 시대 속에서 설교한다. 우리가 사용할 수 있는 많은 첨단 기술 도구는 헤아릴 수 없을 만큼 많은 시간을 절약할 수 있게 해 주지만, 그중 일부는 때로 시간을 뺏어가기도 한다(기술 참고).

인터넷은 놀랍다. 우리는 사무실, 집 등 인터넷 접속이 가능한 어느 곳에서든 연구할 수 있기에 시간과 돈을 절약할 수 있다. 그러나 많은 사람이 전적으로 의존하고 있는 컴퓨터도 고장날 수 있다. 우리는 아주 중요한 파일을 잃어버릴 수도 있다. 지속적인 백업(backup)은 생활 방식이 되었지만, 백업을 할 수 있는 상황 속에서도, 수시로 프로그램을 다시 로딩하거나 새벽까지 바이러스와 싸워야 할지도 모른다.

휴대전화 덕분에 우리는 전 세계의 거의 모든 사람과 언제든지 연락할 수 있게 되었다. 먼 거리를 운전하거나 교통 체증 속에서도 핸즈프리 장치를 사용하여 전화를 받을 수 있다. 이것은 시간을 절약하게 해 주는 엄청난 도구이다. 휴대전화를 다루는 훈련이 안 된 사람들에게 이것은 끊임없는 방해의 도구가 될 수도 있다. 적절한 업무의 경계를 설정하는 데 문제가 있는 설교자는 자기 전화번호를 알고 있는 모든 사람의 부름에 응해야 하는 상황을 맞이하기도 한다.

우리의 시간을 강탈하는 또 다른 요인들을 살펴보라. 우리의 좋고 나쁜 습관을 판단할 때 종종 객관적이지 못해서 그 요인이 무엇인지 명확하게 알 수 없을지도 모른다. 시간과 에너지를 강탈하는 두 가지 엄청난 도둑은 해결되지 않은 갈등과 미루는 버릇이다. 전자를 다루는 법을 배우는 일은 이 글의 범위를 벗어나지만, 후자는 설교자가 스스로 할 수 있을 만큼의 사전 준비만 하면 쉽게 해결할 수 있다.

성서정과를 사용하는 설교자는 주일 설교 본문을 선택하는 데 유리하다.

본문을 선택하기 위해 왜 월요일 아침까지 기다리는가?

그 대신 여름철과 같은 연구 시간을 통해 반년 또는 1년의 설교 계획에서 매주 사용할 임시 제목과 설교 본문을 정하는 데 전념하는 것이 도움이 되지 않을까?

그렇게 하면, 월요일 아침이 달라질 것이다. 더 이상 텅 빈 태블릿이나 새하얀 컴퓨터 화면 앞에 앉아 고민할 일은 없을 것이다. 당신은 적어도 설교 제목과 성경 본문을 가지게 될 것이다. 당신이 미리 계획하는 데 좀 더 능숙해지면서, 월요일 아침이 되기 전에 완벽한 예화나 본문의 진리를 표현하는 매우 창의적인 접근 방식에 대해 미리 생각해 볼 수 있었을 것이다. 만일 모든 것을 주일이 가까이 와서야 했다면, 이런 예화나 접근 방식은 떠오르지 않았을 수도 있다.

음악을 담당하는 사역자는 좀 더 자세한 계획을 세울 수 있기에 당신을 칭찬할 것이다. 그 결과, 음악과 설교 주제가 연결된 좀 더 조화로운 예배가 될 수 있을 것이다.

탁월한 설교와 효과적인 시간 관리는 서로 깊은 관련이 있다. 시간을 스스로 관리할 때, 당신은 스트레스를 덜 받게 될 것이다. 당신과 당신의 동료, 그리고 당신의 회중 모두에게 유익이 있다.

참고 주제 인터넷 설교 데이터 베이스; 설교자의 한 주

참고 문헌 David Baron. "Establish Creative Down Time." *Moses on Management*. (1999) 176-180; Harry Emerson Fosdick. "Leaning to Preach." *The Living of These Days: An Autobiography*. (1956) 83-112; Robert Moats Miller. *Henry Fosdick: Preacher, Pastor, Prophet*. (2001); George E. Sweazey. "The Time for Sermon Preparation." *Preaching the Good News*. (1976) 105-13.

여성(Women)
비벌리 A. 징크-소이어(Beverly A. Zink-Sawyer)

여성들의 대중 설교 전통은 유대-기독교의 역사 초창기까지 거슬러 올라간다. 현대 교회가 이해하는 공식적이고 예전적인 개념의 설교와는 다르지만, 여성들은 다양한 방식으로 주님의 말씀을 신앙공동체에 전달해 왔다.

구약은 이스라엘 역사의 중요한 시기에 지도자나 예언자 역할을 했던 여러 여성의 이름을 언급한다.

- 모세와 아론의 누이인 미리암: 탬버린을 들고 노래와 춤으로 공동체를 이끌면서 바로의 군대가 패배했음을 선포했다(출 15:20-21).
- 이스라엘의 예언자이자 사사인 드보라: 바락과 함께 가나안 족속에 대한 승리를 축하하며 노래했다(삿 5:1-31).
- 예언자 훌다. 요시야왕의 종교개혁의

기초가 된 "율법책"의 진위를 확인해 주었다(왕하 22:14-20).
- 그 외 구약에서 여성 예언자들에 대한 간략한 언급으로는, 예루살렘 성벽 재건을 추진하던 느헤미야를 위협했던 예언자 그룹에 이름을 올린 노아댜(느 6:14)와 이사야의 아내로 추정되는 무명의 여인(사 8:3)등이 있다.

신약의 여성들은 노래와 예언을 통한 히브리 민족의 여성 설교 전통을 이어 갔다.

- 마리아는 그리스도를 임신할 것이라는 소식을 듣고 미리암처럼 하나님의 구원 역사에 대한 응답으로 찬양의 노래를 불렀다(눅 1:46-55).
- 노년의 예언자 안나는 어린 예수님이 성전에 나타나 시므온에게 축복받으신 후, "예루살렘의 속량을 바라는 모든 사람에게"(눅 2:38) 어린 예수님의 오심을 선포했다.

많은 여성이 이름이 언급되었건 언급되지 않았건 예수님과 그분의 메시지를 대중에게 증언하는 자로 복음서에 등장한다.

- 야곱의 우물에서 예수님을 만난 사마리아 여인(요 4:7-42)은 고향인 수가성으로 돌아가 사람들에게 예수님과 만나 변화된 사건을 전했고, 많은 사람이 그녀의 간증으로 인해 예수님을 믿게 되었다(39절).
- 최초의 기독교 설교자는 아마도 부활절 아침 빈 무덤을 발견한 여성들이었을 것이다. 그들은 부활의 기쁜 소식을 다른 제자들에게 "가서, 전하라"는 명령을 받고 그대로 행한다(마 28:1-10; 막 16:1-8; 눅 24:1-12; 요 20:1-18). 복음서마다 부활의 아침 무덤을 찾아간 여성들의 이름을 조금씩 달리 말하지만, 네 복음서 모두, 천사 또는 부활하신 그리스도가 여성들에게 부활을 전하라고 명령하셨다는 사실을 명확히 전하고 있다.

서신서에는 여러 명의 여성이 신약 교회의 지도자로 언급된다. 교회에서 맡은 책임으로 미루어 볼 때, 그들은 설교자의 임무를 수행했을 가능성이 높다.

- 사도 바울을 통해 회심한 루디아(행 16:11-15)는 빌립보에 있는 가정교회 설립자로 알려져 있다. 그녀는 그 가정교회에서 설교했을 것으로 추정된다.
- 브리스길라와 그녀의 남편 아굴라는 알렉산드리아의 아볼로에게 "하나님의 도"를 전했고(행 18:26) 바울과 함께 사역했다.
- 바울은 그의 여러 편지의 마지막 인삿말에서 사역의 동역자였던 여성들에게 감사를 전한다(롬 16:1-16; 골 4:15; 딤후 4:19).
- 또한, "예언의 능력"(행 21:9)을 지닌 전도사 빌립의 네 딸과 머리를 가리지 않은 채 예언하여 물의를 빚은 고린도 교회의 여성 예언자들(고전 11:5)의 언급에서 알 수 있듯이, 여성들의 예언 사역은 신약 교회에서 계속되었다.

여성(Women)

교회의 초기 역사에서도 여성들의 설교 사역을 엿볼 수 있다.

- 2세기 후반 카르타고의 예언자이며 순교자인 페르페투아(Perpetua)는 기독교 신앙을 포기하지 않은 대가로 투옥되고 재판받은 일을 자전적 이야기로 남겼다. 그녀의 간증이 예배에서 유포되어 읽히면서, 그녀는 죽음 이후에도 오랫동안 계속 사람들에게 영향을 미쳤다. 다른 여성들은 가정교회의 환경과 집사로서의 사역을 통해 설교했다. 그러나 교회가 점점 위계적이고 제도화됨에 따라, 여성들은 교회의 초창기에 감당했던 교회적 역할에서 배제되었다.

중세 후반에 이르러서야, 많은 여성이 때때로 교회의 허락을 받아 설교했다.

- 여성 신비가이자 수녀원장이었던 빙엔의 힐데가르드(Hildegard of Bingen, 1098-1179), 하케본의 멕틸드(Mechthild of Hackeborn, 1240-1298), 노리치의 줄리안(Julian of Norwich, 대략 1342-1413 이후), 시에나의 캐서린(Catherine of Siena, 1347-1380), 아빌라의 테레사(Teresa of Avila, 1515-1582) 등은 그들이 받았던 신적 계시에 근거하여 설교했다.

16세기의 종교개혁 이후, 유럽과 영국의 개신교 교회(특히 분파주의 운동)에서 여성들이 설교하는 일이 점점 늘어나기 시작했다. 친우회(Society of Friends)나 모라비안(Moravians)과 같은 독일 경건주의자 전통에서 여성들의 설교를 공식적으로 허락했다.

미국 청교도의 종교적이고 정치적인 분위기는 여성들의 공적 교회 참여나 사회 참여를 금지했지만, 앤 허친슨(Anne Hutchinson)과 세라 오스본(Sarah Osborn)을 포함한 일부 여성들은 가정에서 가르치고 설교하는 일에 있어 명성(그리고 질책)을 얻었다.

18세기 영국에서 존 웨슬리가 감리교 운동을 시작하고 나서야 여성 설교자들은 현저하게 늘어났다. 이 운동이 전 세계에(특히 식민지 시대 미국에) 퍼져 나가면서, 설교를 포함한 여성들의 종교적 리더십이 폭넓게 받아들여졌다.

미국에서 여성 설교자들의 활동은 18세기 중반, 식민지 전역을 휩쓸었던 대각성 운동으로 촉진되었다. 그 대각성 운동은 여성들을 포함한 모든 믿는 자가 그들의 삶 속에서 역사하시는 성령의 사역을 증언할 영적 권위와 책임감을 가지고 있다고 믿는 신념에 기반했다.

19세기 초에도 비슷한 종교 운동이 일어났으며, 이 운동은 미국 사회에서 여성의 역할이 확장되고 새로운 종교 전통이 확산하던 시기와 맞물렸다. 그 결과, 수많은 여성 순회 설교자가 등장하게 되었다.

이미 자리 잡은 퀘이커(Quaker)와 감리교(Methodist) 전통의 여성 설교자에 아프리카계감리교성공회교회(African Methodist Episcopal Church), 셰이커공동체(Shaker community), 구세군(Salvation Army), 여러 성결교(holiness) 및 프리윌침례교(Freewill Baptist) 그룹의 여성들이 추가되었다.

잘 알려진 아프리카계 미국인 노예 폐지론자 소저너 트루스(Sojourner Truth)를 비롯

여성(Women)

한 일부 여성 설교가는 교파나 분파 조직과는 상관없이 독립적으로 활동했다. 그 외 여성들은 해외 선교지에서 설교했다.

성경 시대부터 19세기 중반까지, 여성들은 대체로 교회의 허락을 거의 또는 전혀 받지 못한 상태에서 심한 질책의 위험을 무릅쓴 채 설교했다. 그들은 교회와 사회의 비난에도 불구하고, 개인적인 영적 체험과 신적 영감에 대한 응답으로 하나님의 말씀을 선포했다.

19세기 중반, 개신교 교파가 여성을 성직자로 안수하기 시작함에 따라, 여성들은 공식적으로 설교할 수 있게 되었다. 내면의 영적 소명에서 비롯된 그들의 설교 사역은 이제 공동체의 축복까지 받게 되었다.

21세기 초에는 전 세계의 개신교 교파 대부분이 여성을 성직자로 안수하였고, 로마 가톨릭교회처럼 공식적으로 여성 안수를 허용하지 않는 전통에서도, 많은 여성 설교자가 활동하고 있다. 그로 인해 여성 설교에 친숙해지면서 그것을 수용한다.

수 세기에 걸쳐 여성 설교의 스타일과 내용을 조사한 결과, 몇몇 특성을 확인할 수 있다.

중세와 현대의 여성 설교자는 모두 하나님에 대해 더 광범위한 이미지를 사용했고, 여성적인 하나님의 이미지를 강조했다. 그들은 전통적으로 자연과 가정생활에서 가져온 이미지, 그리고 자신들이나 남들의 인생 경험에서 비롯된 이야기로 설교를 구성했다. 그들은 설교에서 자기를 드러내는 데 주저하지 않았고, 성경적 진리에 대한 증거로 그들의 신앙 경험을 자주 전했다(간증 설교 참고).

현대의 여성 설교자들은 설교에 대한 접근 방식에 있어, 전통적인 교훈적 스타일보다 내러티브 설교 방식을 선호하면서 좀 더 창의적인 성향을 띠었다(내러티브 양식 참고). 그들은 성경 본문을 해석하는 데 있어 페미니스트 접근 방식과는 다른 현대적 해석 접근 방식을 사용하여 고난, 억압, 불평등에 관한 성경 주제를 자주 다룬다(인간론; 페미니스트비평; 우머니스트비평 참고).

여성들은 설교를 설교자와 회중 사이의 협력적 산물 또는 대화로 간주하는 경향이 있다. 신학교에서 공부하고 가르치는 여성과 설교단에서 설교하는 여성의 숫자가 증가함에 따라, 설교 스타일에서 성별 차이점은 점점 사라지고 있다.

수 세기에 걸친 유대-기독교 역사를 통해 볼 때, 여성들은 종교 제도가 그들의 은사를 인정하지 않았을 때도 하나님의 도움으로 신앙을 선포하는 방법을 찾아왔다. 여성들은 노래하고, 예언하며, 증언하고, 설교함으로써 그들의 삶과 세상 속에서 역사하시는 하나님의 사역에 응답해 왔다.

21세기 초반, 많은 전통에서 설교는 남성과 여성 모두가 하나님의 말씀을 선포함으로써 피조물을 향한 하나님의 완전한 의도를 구현하고 있다. 그래도 일부 전통 안에 있는 여성들은 설교자로서의 목소리를 내기 위해 계속 고군분투하고 있으며, 또 다른 전통에서는 설교자와 목사로 온전히 인정받기 위해 계속 애쓰고 있다. 그들은 그리스도 예수 안에서 모두 하나 되는 그날을 갈망하고 있다.

참고 문헌 David Alber Farmer and Edwina

여성(Women)

Hunter. *And Blessed Is She: Sermons by Women.* (1990); Eunjoo Mary Kim. *Women Preaching: Theology and Practice Through the Ages.* (2004); Leonora Tubbs Tisdale. "Women's Ways of Communicating: A New Blessing for Preaching." *Women, Gender, and Christian Community.* Edited by Jane Dempsey Douglass and James F. Kay. (1997).

제7장 사회적 위치

서문: 정체성과 커뮤니케이션(Identity and Communication)

메리 S. 헐스트(Mary S. Hulst)

한 설교자가 회중을 살펴보며 다양한 사람들을 발견한다. 여전히 서로를 많이 사랑하는 52년 동안 신앙생활을 해 온 노부부, 복음의 타당성에 전혀 확신이 없는 부모를 위해 온 이십 대 젊은이, 남편을 데려가신 하나님에 대한 깊은 분노를 품고 있는 중년의 미망인, 군중들 사이로 흩어져 이 모든 것이 자신에게 얼마나 도움이 되는지 궁금해하는 아이들, 무기력하게 앉아 있는 청소년, 열심히 귀기울여 듣는 새신자, 팔짱을 낀 장로, 여전히 빛나는 신혼부부, 그들 모두가 설교자를 바라보고 설교자는 그들을 바라본다.

이 모든것에 더해 인종적 다양성, 신학적 이견, 사회경제적 다양성, 성경을 하나님의 말씀으로 받아들이는 다양한 수준까지 더해지면 21세기의 설교자는 쉽게, 당연히 압도당하고 자격이 부족하다고 느낄 수 있다. 설교자는 더 이상 청중이 획일적이라고 가정할 수 없다. 더 이상 신념이나 배경에 대해 가정할 수 없다.

그렇다면 어떻게 설교해야 할까? 설교의 정체성은 어떻게 확립할 수 있을까? 공통점의 시금석이 거의 없어 보이는 상황에서 설교자는 어떻게 효과적으로 소통할 수 있을까?

커뮤니케이션 이론가들은 발신자가 수신자의 신념과 편견을 최대한 잘 알고 있을 때 최상의 커뮤니케이션이 이루어진다는 사실을 오랫동안 알고 있었다. 수신자에 대해 더 많이 알면 발신자는 수신자의 성향에 맞게 메시지를 조정할 수 있다. "모든 회중에게 상한 마음이 있는 것처럼 설교하라"고 수년 전 무디(D. L. Moody)는 충고했고, 그의 말은 여전히 유효하다. 결혼생활의 파탄, 말 못할 중독, 몸을 찢어 놓는 질병, 불순종하는 아이들, 심지어 감기와 독감 시즌이나 교통 체증 같은 사소한 일상적 문제도 우리 모두에게 큰 타격을 준다.

비록 각 상한 마음의 사연을 알지 못할 수도 있고, 어떤 경우에는 예배당에 앉은 모든 사람의 이름조차 모를 수도 있지만, 인간 존재의 현실에서 모든 사람이 위로를 찾고 있다는 것은 알고 있다. 모든 마음은 치유를 바라고 있다. 이것은 우리 예배당에 앉은 사람들의 다양성 가운데 하나의 공통점이다. 그러나 설교자든 청중이든 우리가 공유하는 더 깊은 연결이 있다. 우리는 처음에 아픔을 공유하고 희망을 갈망함으로써 하나가 된 것이 아니다. 만약 그렇다면 우리는 상호 지원 그룹보다 제공할 수 있는 것이 거의 없을 것이다. 교회만의 독특한 점은 바로 여기에 있으며, 우리를 하나로 묶어 주는 것은 바로 삼위일체 하나님의 이름으로 세례를 받았다는 점이다.

다양한 집단의 구성원들이 서로를 식별하기 위해 색깔로 구분된 티셔츠를 입는 가족 모임과 달리, 세례를 받음으로써 우리는 이 가족에 속해 있음을 표시한다. 성소에서 동료 신자를 발견할 때, 그리스도 안에서 우리는 미혼이든 기혼이든, 부자든 가난하든, 옷을 잘 입었든 못 입었든 상관없이 형제 또는 자매로 보게 된다.

보시다시피 한 신자와 다른 신자를 구분하는 차이점에도 불구하고 그들을 하나로 묶어 주는 중요한 요소들이 있다. 그리고 회중에 대한 몇 가지 가정을 내려놓으면 실제로 더 효과적인 설교자가 될 수 있다. 우리가 가정을 내려놓을 때, 우리는 민족적 유대나 내면의 농담에 호소하는 것을 멈추고 우리를 가장 깊이 정의하는 것, 즉 삼위일체 하나님의 이름으로 세례를 받았다는 것에 호소하기 때문이다.

우리 교회나 교단의 구성이 어떻든, 그리고 우리 교회 의자에 앉은 사람들의 기쁨과 아픔이 어떻든, 여성이든 남성이든, 유아든 청소년이든, [피부가] 검든, 갈색이든, 하얗든 우리 모두는 제자의 삶으로 부름을 받았으며 성부, 성자, 성령으로 세례를 받았다. 이 정체성은 무엇보다도 중요하다. 나의 가장 중요한 정체성은 삼십 대 백인 미국 여성이 아니다. 당신의 핵심 정체성 또한 흑인이나 나이 많은 사람, 캐나다인이나 재즈 애호가가 아니다. 교회 안에서는 그 모든 다른 정체성, 곧 우리를 서로 분리시킬 수 있는 어떤 것이 덜 중요하다. 예수 그리스도의 교회에서 가장 중요한 것은 예수 그리스도이며, 나의 첫 번째 정체성은 그분의 제자이자 지극히 높으신 하나님의 종이라는 것이다. 인종도 중요하지 않고, 부도 중요하지 않고, 지위도 중요하지 않다. 예수님을 닮는 것이 가장 중요하다.

이것이 사실이기 때문에 우리 설교자들은 때때로 길을 비켜야 한다는 것을 상기해야 한다. 우리는 설교자가 아니라 그리스도인이라는 우리의 첫 번째 정체성으로 돌아가야 한다.

이 섹션의 첫 번째 글에서는 설교자의 생애 단계를 살펴보고, 우리 자신의 설교에서 다리를 놓기보다 오히려 거리를 만들 수 있는 패턴에 대해 경고한다. 강단 사역이 하나님의 백성에게 복음을 전하기보다는 우리의 문제를 해결하거나 우리의 발달적 문제를 다루는 것으로 미묘하게 전환될 때, 우리는 회중을 최선을 다해 섬기지 못할 뿐만 아니라 다른 정체성(부모, 배우자, 중년의 북미 백인 남성, 20대 커피숍 애호가)이 우리의 세례 받은 정체성을 대체하도록 허용하게 된다.

또한, 그리스도 안에서 우리의 정체성을 바탕으로 설교하는 것은 연령이나 경험의 차이를 뛰어넘어 연결을 이룰 수 있게 한다. 북미의 문화는 연령대 간의 분열을 강조하는 경향이 있으며, 서로 다른 세대에 이름을 붙이고 그 차이에 라벨을 붙이는 경향이 있다. 우리는 이 섹션에서 젊은 회중에게 잘 설교하는 것이 얼마나 중요한지 다

서문: 정체성과 커뮤니케이션(Identity and Communication)

시 한번 상기할 것이다.

우리가 할 말이 없다고 생각하거나 그들이 들을 의지가 없다고 생각한다면 이런 일은 일어나지 않을 것이며 앞으로도 일어나지 않을 것이다. 우리가 그들을 무시하고 그들이 성장할 때까지 설교하기를 기다린다면 이런 일은 일어나지 않을 것이다.

그리스도를 따르는 사람으로서 우리의 정체성을 바탕으로 설교할 때 우리는 젊은 회중에게 매우 중요한 문제들에 대해 그들과 소통할 수 있다.

- 나는 누구인가?
- 나는 왜 여기에 있는가?
- 세상은 무엇에 관한 것인가?
- 내 삶에는 의미가 있는가?

실제로 이러한 질문들을 나열하는 것만으로도 설교자들은 젊은 회중이 우리의 가장 관심 있는 청중일 수 있다는 것을 알 수 있다. 그들을 그리스도 안에서 우리가 공유하는 정체성과 연결시키는 것이야말로 우리가 하는 가장 중요한 사역일 수 있다.

최근에 한 목회자 후보자를 인터뷰한 적이 있다. 나는 그에게 자신에게 힘들었던 목회적 상황과 그 상황을 어떻게 극복했는지 설명해 달라고 요청했다. 그는 자신이 목회하던 교회의 가슴 아픈 상황과 그로 인해 교인들이 어떻게 분열되었는지, 그리고 용서, 화해, 연합과 같은 복음의 문제를 가장 중요하게 여기기 위해 어떻게 노력했는지에 대해 자세히 이야기했다. 편을 가르고 대의를 위해 싸울 수도 있는 상황에서 그는 대신 자신의 세례 정체성을 구현하고 회중에게도 그렇게 하도록 촉구했다. 이것은 교회가 위기 상황을 통과하는 것을 볼 수 있게 한다.

교회를 살리는 것은 훌륭한 리더십이나 확대된 운영 이사회가 아니라 그리스도 안에서 자신의 정체성에 따라 살아가는 목회자, 즉 설교자이다. 이에 대한 자세한 내용은 위기 상황에서의 설교(preaching in times of crisis)에 관한 글에서 더 자세히 논의될 것이다.

북미 사회의 다양성이 증가하고 교회와 교단 내에서도 다양성이 증가하는 상황에서 어떻게 설교의 정체성을 확립할 수 있을까?

그것은 바로 매주 반복적으로 우리 세례의 정체성을 다시 돌아보는 것이다. 우리는 삼위일체 하나님의 이름으로 세례를 받았으며, 이것이 우리를 서로 하나로 묶어 준다. 우리는 그리스도 안에서 우리의 정체성을 가지고 있다. 우리는 모두 같은 색의 티셔츠를 입는다. 그리고 우리는 모두 같은 이야기를 공유한다. 우리의 정체성은 우리를 하나로 모으고 우리의 이야기는 우리를 하나로 묶어 준다. 마치 대가족 모임에서 항상 "돈(Don) 삼촌과 고구마"에 대한 이야기를 하는 것처럼, 우리 가족 모임에서는 예수님의 이야기, 특히 그분의 이야기가 우리의 이야기를 어떻게 변화시켰는지를 이야기하는 것이 포함된다.

우리 앞에 있는 회중에게 구체적으로 설교하는 것은 이 일을 효과적이고 잘 수행하는 데 도움이 될 것이다. 우리는 일반적인 설교를 하도록 부름을 받거나 고용된 것이 아니다. 우리는 이번 주일에 이 장소에서 이 사람들에게 하나님의 말씀을 전하도록

467

부름받았다. 가장 좋은 설교는 지역적이다. 이 회중의 시련과 승리를 언급하는 설교, 즉 그들의 이야기를 이야기로 엮어 내는 설교이다.

먼저 우리가 세례 받은 정체성을 상기시킴으로써 회중 안의 다양성을 다루면, 그다음에는 우리 앞에 있는 사람들을 모아 특정 지역교회의 구성원으로서 그들이 공유한 경험을 기억하게 함으로써 그 다양성을 다룰 수 있다. 이 섹션에서 회중 해석에 관한 노라 터브스 티스데일(Nora Tubbs Tisdale)의 중요한 작업은 우리가 특정한 장소에서 특정한 청중을 대상으로 설교한다는 사실을 상기시켜 준다.

이 섹션에 수록된 글들은 지역교회의 관행을 조명할 수 있지만, 저자들은 특정 노래나 기도가 있는 회중의 역사를 알지 못한다. 다른 설교자는 특정 찬송가가 여러분의 교인들에게 어떤 비중을 차지하는지 모른다. 다른 설교자는 여러분의 교회에서 세례를 둘러싼 독특한 표현을 모른다. 여러분은 이러한 것들을 알고 있으며, 시간과 장소에 맞는 충실한 설교자가 된다는 것은 이러한 세부적인 것들을 그리스도인의 삶에 대한 보편적 내러티브에 엮어 내는 것이다. 이것이 바로 여러분이 설교할 때 청중이 귀를 기울이게 하는 것이다. 그들은 '우리 얘기를 하고 있구나'라고 생각할 수 있다.

이러한 경우에 일어나는 변화는 개인에서 집단으로, 한 사람에서 다수로의 전환이다. '나'가 '우리'가 되고; '나에게'가 '우리에게'가 된다. 우리는 일요일 아침 같은 시간에 같은 장소에 우연히 모인 개인으로 존재하는 것에서 교회 가족으로서 번성하는 것으로 나아간다. 공통의 이야기를 나눌 때 우리는 함께 끌려간다. 설교 말씀에 담긴 지역 회중의 이야기는 청중을 하나로 모으는 힘이 있다. 나이, 경제력, 인종 간의 간극을 연결하는 것은 바로 이 공유된 이야기이다.

세례라는 공통된 정체성과 예수님에 대한 공유된 이야기는 회중의 교회 안 연결을 넘어 교단의 활력을 불어넣는다. 어떤 이들은 교단 충성도의 상실을 한탄하는 반면, 다른 이들은 교리의 구체적 내용을 새로운 방식으로 제시할 수 있는 기회라고 생각한다. 우리가 흥미를 가져야 할 것은 후자이다.

존 맥클루어(John McClure)와 제임스 니만(James Nieman)은 교단 간의 다리를 놓을 뿐만 아니라 우리 자신의 신학적 전통에 대한 이해를 심화시키는 방법으로 협력을 탐구한다. 일부 교단에서는 교인들이 출판사에 더 많은 교리 자료를 요청하고 있다고 보고한다. 일부 설교자는 그러한 교인들이 교리 설교를 열망하고 있다고 보고한다.

이것은 사람들이 체험적 예배를 추구하고 신학에 관심이 덜한 것처럼 반문화적으로 보일 수 있다. 그러나 찬양과 예배 음악을 듣고 자란 세대는 이제 초기 기독교 작가들의 작품을 읽기 시작했다. 그들은 지식에 굶주려 있다. 그들은 자신이 무엇을 믿고 왜 믿는지 알고 싶어 한다. 그들은 자신의 교단 이야기를 알고 싶어 한다.

예를 들어, 세례에 대한 개혁파(Reformed)의 관점이나 종말에 대한 아르미니우스주의적(Arminian) 이해를 설명해도 청중은 놀라지 않을 것이다. 사실 많은 청중이 이를 환영할 것이다. 그것은 그들이 오랜 역사의 일부로 서 있으며 혼자 서 있지 않다는 것을 그들에게 상기시켜 준다. 또한, 설교자로서 우리는 혼자 설교하지 않고 혼자 가르치지 않는다는 것을 상기시켜 준다. 또한, 우리를 형성하는 이러한 교리들은 우리보다 앞서간 사람들 또한 형성했으며, 우리는 그들의 작업에 의지하고 이 유산에 대해 하나님께 감사할 수 있다는 것을 상기시켜 준다.

설교자로서 우리의 사역을 가족 이야기꾼의 사역으로 이해하면 더 넓은 맥락에서 우리의 사역을 바라보는 데 도움이 된다.

설교자로서 우리는 예수 그리스도의 종으로서 이러한 이야기를 전하고, 세례 받은 정체성을 바탕으로 설교하며, 하나님이 역사 속에서 행하시는 위대한 이야기에 다른 사람들을 초대하기 위해 설교한다. 다음 섹션에서 다루는 협업(Collaboration)에서 위기(Crisis)에 이르기까지, 세계화(Globalization)에서 선교적 설교(Missional Preaching)에 이르기까지 우리가 다루는 모든 것은 예수 그리스도의 제자라는 이 정체성에서 비롯된다. 우리는 지극히 높으신 하나님의 종들이다. 이것이 우리의 정체성이다. 이것이 우리가 설교하는 방식이다.

이중 언어 환경(Bilingual Setting)
프란시스코 하비에르 고이티아 -파디아
(Francisco Javier Qoitia-Padilla)

이중 언어 설교가 가능한가?

이중 언어 설교에서 가장 먼저 주목해야 할 첫번째 사항, 특히 히스패닉/라티노(라티나)공동체에서 이러한 종류의 설교는 교회와 사회의 중심이 아닌 외부에서 이루어진다는 것이다. 이중 언어 설교는 미국의 권력 및 문화 중심지의 경계선인 주변부에서 일어나는 복음 선포의 일부이다. 그래서 스페인어를 사용하는 라틴아메리카, 카리브해, 히스패닉/라티노(라티나) 문화가 미국 대륙의 지배적인 영어권 문화와 만나고, 투쟁하고, 관계를 맺는 침투적이고 유동적인 맥락의 일부이다. 언어 내에서뿐만 아니라 언어 간에도 언어적 마찰, 중첩, 교차가 일어나는 공간이다.

이중 언어 설교에는 다양한 접근 방식이 있다.

첫 번째 방식은 가장 일반적인 형태는 전체 설교를 번역하고 간헐적으로 한 언어에서 다른 언어로 전환하는 것이다.

두 번째 방식은 한 가지 언어(예: 스페인어)로 설교하고 영어를 사용하는 교구민과 교회에 참석한 손님에게 영어로 된 설교 원고를 제공하는 것이다.

세 번째 방식은 영어 설교를 요약하는 제2언어(예: 스페인어)의 짧은 단락을 삽입하여 그 시점까지의 영어 설교를 요약하는 것이다.

이 모든 시도의 전제는 설교를 듣는 최소 두 명의 단일 언어 청중이 있다는 것이다. 이 전제는 오해의 소지가 있다. 단일 언어를 사용하는 사람들이 모국어가 아닌 제2언어로 진행되는 예배에 참석하는 경우가 있다. 그러나 이는 예외이다. 이러한 경우는 이중 언어 설교가 아니라 포용성에 대한 관심, 다양성의 긍정 등이 중심이 되는 특별한 경우이다.

단일 언어를 사용하는 사람들이 함께 예배에 참석하는 이러한 특별한 경우에는 청중이 두 명이라는 가정이 맞다. 여기서 지배적 문화와 언어가 있어 다른 문화를 받아들이고 통합하는 데 어려움을 겪는다. 모든 민족과 문화는 그리스도의 몸의 일부이다. 이러한 맥락에서 우리는 설교가 전체 예배 경험의 일부이며, 선포는 설교 그 이상이며, 설교는 인간의 말 그 이상이라는 것을 기억해야 한다. 전체 예배 경험은 언어와 문화의 병치에 대한 비중을 고려해야 한다. 이 시점에서 설교의 전략과 전달은 실험과 혁신의 여지가 있다.

로사 마리아 이카자(Rosa Maria Icaza)는 이중 언어 설교를 시도할 때 이러한 상황에 유용할 수 있는 조언을 제공한다. 그녀는 우선 이중 언어 설교는 번역이 아니라고 단언한다. 두 문화를 모두 알고 그 문화의 언어를 상당히 잘 다룰 필요가 있다. 그녀는 리카르도 라미레즈(Ricardo Ramirez) 주교의 글을 인용하여 다음과 같이 제안한다.

첫째, 설교가 짧으면 설교를 반복한다.
둘째, 설교 마지막에 다른 언어로 설교의 요약을 제공한다.
셋째, 설교의 비문자적 해석을 동시적으로 제시해 줄 제 2의 인물을 제공한다.
넷째, 전자 장비를 사용하여 동시 통역을 제공한다.
다섯째, 진정한 이중 언어 및 이중 문화 회중에게 설교를 하려면 각 그룹마다 다른 설교를 하는 것이 현명할 수 있다 (Davis and Presmanes 2000, 29).

이중 언어 설교는 방금 설명한 특수한 상황과 달리 매 주일 일어나는 설교이다. 이중 언어 설교는 이중 언어 세계에서 이야기하고, 생활하고, 사랑하고, 예배하는 공동체에서 일어나는 설교이다. 여기서 설교는 모든 사람이 항상 이해할 수 있는 방식으로 복음을 선포해야 한다. 그래서 이러한 종류의 설교가 어떻게 효과적일 수 있는지 알아볼 필요가 있다.

필자가 들어본 가장 효과적인 이중 언어 설교는 시카고의 한 장례식장에서 있었다. 남녀노소 모두 모여 있었고, 젊은 오순절 설교자가 매일 말하는 것처럼 때로는 전체 문장으로, 때로는 구절로, 심지어 단어를 삽입하여 한 언어에서 다른 언어로 유동적이고 자연스럽게 말하는 것을 주의 깊게 들었다. 그의 주 언어는 모인 노년층의 모국어인 스페인어였다. 그래도 영어를 사용하는 젊은 사람들도 모두 그를 따라갔고 완벽하게 이해했다.

스페인어를 사용하는 노년층은 영어를 어느 정도 이해하고, 영어를 주로 사용하는 젊은 사람들은 모국어의 핵심을 알고 있는 그 장례식장에서는 단어의 마찰, 교차, 중첩이 모여 있는 모든 사람에게 의미를 만들어 냈다. 이 의미는 두 언어가 서로 얽혀서 만들어졌다. 교회, 문화, 사회의 침투 가능한 경계에서 단어와 언어를 겹쳐 사용하는 이 특별한 방식은 복음을 선포하기 위해 사용한 수단이었다.

예를 들어, 롱아일랜드(Long Island)의 푸에르토리코(Puerto Rican)공동체에서 수행된 언어 연구에 따르면 영어를 주로 사용하는 젊은 푸에르토리코인들이 스페인어를 말할 때 능숙한 서술자 역할을 한다는 사실이 밝혀졌다. 그들은 영어에서 차용한 외래어를 사용했다. 그렇지만 이러한 차용은 스페인어의 무결성, 구조, 그리고 문법을 보존하는 방식으로 이루어졌다. 저자는 언어의 혁신과 혼합을 "장애가 아닌 자원"으로 보아야 한다고 결론지었다(Torres 1997, 123).

교회와 사회의 경계에서 언어를 사용하는 것은 복음이 예상치 못한 방식으로 전파되고 들리는 혼합적(hybrid) 공간을 가리킨다. 예를 들어, 내러티브와 플롯을 중시하는 설교 이론은 이중 언어 설교가 제기하는 가능성과 도전에 주목하고 더 탐구할 필요가 있다.

이 모든 것에서 우리는 무엇을 배울 수 있을까?

북미의 상황에서 이중 언어 설교의 존재는 우리에게 다음 사항을 고려하도록 초대한다.

첫째, 이중 언어 설교가 이루어지는 공간의 침투성, 혼종성, 경쟁적 특성을 인식한다.

둘째, 그 공간에 존재하는 문화에 능숙해질 필요성을 인정한다.

셋째, 이러한 맥락에서 언어의 사용과 구두 언어의 유동성(설교 포함)을 긍정하고 더 연구한다.

넷째, 이 시점에서 언어의 혁신과 병치가 어떻게 우리의 설교 이론에서 내러티브의 발전을 위한 자원이 될 수 있는지 조사해야 한다.

결국, 이것은 새로운 것이 아니다. 오순절에 모든 사람이 각자의 언어로 들었다(행 2:7-8).

참고 주제 세계화; 동일화

참고 문헌 Nestor Garcia Canclini. *Hybrid Cultures: Strategies for Entering and Leaving Modernity*. Translated by Christopher L. Chiappari and Sylvia L. L6pez. (1995); Kenneth G. Davis and Jorge L. Presmanes, eds. *Preaching and Culture in Latino Congregations*. (2000); Daniel Rodriguez and Rodolfo Espinosa, eds. *Pulpito Cristianoi Justicia Social*. (1994); Lourdes Torres. *Puerto Rican Discourse: A Sociolinguistic Study of a New York Suburb*. (1997); Ludwig Wittgenstein. *Philosophical Investigations*. Translated by G. E. M. Anscombe. (2001).

진로/생의 주기(Career Path/Life Stage)

제임스 R. 니먼(James R. Nieman)

수년에 걸친 목회자의 삶의 형태는 자연스럽게 설교 내용에 영향을 미치며, 신실한 선포가 목적이 될 때 청중과 더 깊은 관계를 약속한다. 그러나 훈련되지 않거나 잘못된 방향으로 설교에서 이러한 경험을 언급하는 것은 자칫 이기적이거나 허세를 부리는 것으로 이어질 수 있다. 목회 사역의 본질에 대해 어떻게 생각하느냐에 따라 설교에서 그 자리가 건강할지 아니면 가짜가 될지가 결정된다. 이러한 성찰은 또한 설교자로서의 평생의 여정에서 어떻게 참여하고 활력을 유지할 수 있는지를 제시한다.

설교자들이 우리의 일과 삶에 대해 관습적 용어를 사용하는지 여부에 따라 많은 것이 달라진다. 사역을 '직업'이라고 말하는 것은 전문성과 협회 내에서 자기 주도적으로 성취할 수 있는 궤적에 대한 유혹적 속삭임을 불러 일으킨다.

그렇다면 바울의 진로, 즉 그가 거의 보지 못한 사람들을 위해 완전히 손실로부터 자신감 있는 열정으로 내려온 그의 예상치 못한 경로를 어떻게 이해해야 할까(빌 3:4-11)?

인생의 '단계'에 대해 이야기한다는 것은 한 단계에서 다음 단계로 확실하게 성장한다는 자신감과 진단적 명확성을 묘사하는 것이다.

그렇다면 어린 나이와 겸손한 기록으로 하나님의 반전을(눅 1:46-55) 대담하게 노래한 마리아의 인생 단계에 대해 우리는 무엇을 말할 수 있을까?

우리의 목회가 또한 그랬을 수 있는 번지고 흔들리는 선은 말할 것도 없고, 바울과 마리아의 어지러움도 포함하지 못하는 용어를 유지하면서 우리의 목회가 어떻게 설교에 기여해야 하는지 올바르게 감지할 수 없다.

설교는 소명이며, 신실한 공동체를 통해 그리고 공동체를 위해 확장된 특정한 형태의 사역에 대한 부르심이라는 점을 기억할 때 상황은 달라진다. 그 내적 동기가 무엇이든, 그 소명은 우리 외부에서 확인되므로 개인적 욕망을 충족시키기 위해서가 아니라 복음이 선포되기를 갈망하는 회중의 희망에 동참하기 위해 받아들인다.

설교는 공동체 안에서 수행되는 소명이라는 이러한 통찰은 우리가 목회 기간 동안 설교할 때 목회 자료의 적절한 사용에 대해 다시 생각하게 한다. 설교자는 공동체의 일원으로서 설교를 통해 공동의 삶의 구체적인 현실에 참여하여 모든 사람이 더 풍성한 증거를 할 수 있도록 격려할 수 있다.

우리의 경험(젊든 나이가 많든, 숙련자든 초보자든)을 통해 말하는 것은 분명 그러한 목적을 위한 자원이지만, 그것이 유일한 것은 아니며 때로는 최선이 아니다. 아무리 뛰어난 목회자라도 그것이 단지 행동에 대한 자기 참조적 모델로만 작용할 때 진정한 선포에 방해가 될 수 있다. 더 큰 문제는 목회자의 경험이 청중과 제대로 연결되지 않거나 심지어 제자 양육에 예상치 못한 장애물을 만들 수도 있다는 것이다.

확실히 자기 노출은 설교에서 피할 수 없는 부분이다. 우리가 말하는 방식만으로도 이미 우리가 누구이며 어떻게 살고 있는지가 드러난다. 그래서 목회자의 삶과 사역은 항상 드러나기 때문에, 모든 삶이 목회자의 삶을 통해 걸러져야만 가치 있는 것으로 여겨지지 않도록 이에 대한 절제를 통해 더 열심히 설교에 봉사할 수 있다.

설교의 목적이 진정으로 자신의 경험을 명시적으로 언급할 가치가 있을 때, 설교자가 알고 있거나 해 온 것을 공개적으로 반복하는 것이 아니라, 선포의 신뢰성에 필수적 공감과 개방성을 전달하는 것이 중요하다. 이를 염두에 두고, 이제 우리는 공동의 삶을 위해 부름받은 목회적 삶에 대한 언급이 어떻게 우리의 설교를 지원하고 활기를 불어넣을 수 있는지에 대한 보다 건강

진로/생의 주기 (Career Path/Life Stage)

한 관점을 살펴볼 수 있다.

우선, 이 관점은 설교단에서 생생한 경험을 효과적으로 사용하는 데 방해가 되는 세 가지 신화에 도전한다.

첫째, 더 많은 경험에 대한 신화로 삶을 분량으로 취급한다. 이 관점에서는 나이가 적은 설교자는 경험이 적고 부족한 반면, 나이가 많은 설교자는 경험이 많고 성숙한 것으로 간주한다. 이는 예를 들어 나이가 많다고 해서 지금 여기에서 젊은 시절의 독특한 경험에 대한 통찰력이 자동적으로 주어지는 것은 아니라는 점을 무시한다.

둘째, 경험의 향상에 대한 신화로, 인생을 진보로 본다. 이 관점에 따르면 설교자는 자연적으로 또는 일반적으로 삶의 과정에서 더 자각적이고, 복잡하고, 이타적이 된다. 이 관점은 편협하고 이기적인 행동은 나이를 불문한다는 것을 무시할 뿐만 아니라 많은 삶이 고르지 않거나 반복적으로 펼쳐진다는 것을 무시한다.

셋째, 독특한 경험에 관한 것으로, 삶을 비교할 수 없는 것으로 간주한다. 이 견해에 따르면 설교자는 특정 삶의 상황에 직면하지 않는 한 그것을 이해하거나 말할 수 없다. 이는 우리의 특수성과 차이를 인정할 때 발생하는 타인과의 공감적 동일시의 힘을 무시하는 것이다.

이 세 가지 주장이 신화가 아니라 진리라면 우리는 오직 우리와 같은 사람들에게만 설교할 수 있다. 그러나 예레미야의 사역은 설교가 자신의 지위, 결점, 한계를 사용하여 온 백성에게 정직한 말씀을 전하는 소명에 의존한다는 것을 상기시켜 준다(렘 1:4-10).

이 외에도 몇 가지 건설적 전략이 경험이 설교와 어떻게 관련되는지 제안한다. 일부는 준비 과정과 관련이 있다. 성경 공부 중 협업(collaboration)은 다양한 삶의 현장에 있는 사람들이 어떻게 하나님의 말씀을 듣는지를 드러내며, 다양한 교인을 모으거나 다른 설교자들과 멘토링하는 과정을 통해 이루어진다.

다양한 사람이 자신의 삶에 대해 이야기하는 방식에 대한 감사(appreciation)는 우리의 언어의 저장소를 확장시키며, 평범한 목회적 부르심 안에서나 공개적 대화의 학생이 되는 것으로도 가능하다. 설득력 있는 소설, 전기적 기록, 미적 표현, 심지어는 경험적 유사물(예를 들어, 특정 장애가 어떻게 느껴지는지에 대한 통찰을 주는 사건)을 통해 우리 자신의 경험을 훨씬 넘어서는 더 많은 경험을 탐구할 수 있다.

다른 전략들은 실행과 관련이 있다. 자신에 대해 말하는 것을 자제하는 것은 역설적으로 청중이 각자의 방식으로 설교에 참여할 수 있는 공간을 만들어 준다. 다른 사람들이 자신에 대해 말하는 것을 회복하는 것은 설교의 함의를 넓히고 하나님과 관계 맺는 다양한 방식을 존중하는 것이다. 시간 경과에 따라 설교를 검토하면 우리가 간과하거나 회피한 경험이 드러나며 필요한 수정이 이루어질 수 있다.

이 모든 전략은 우리의 소명을 건강하게 하기 위한 구체적인 훈련이다. 더 나아가 이러한 전략들은 부르심이 우리 자신뿐만 아니라 특히 그들을 대신하여 설교하도록 우리를 부르는 사람들의 수고와 삶을 통해 그 소명이 어떻게 오랜 세월 동안 생생하게 유지될 수 있는지 보여 준다.

참고 주제 헌신적 삶/삶의 방식; 리더십

협업(Collaboration)

존 S. 맥클루어(John S. McClure)

협업이란 평신도들이 설교의 아이디어 브레인스토밍과 피드백, 때로는 설교 자체에 참여하는 과정을 말한다. 협업 설교는 평신도들의 성경 해석과 신학적 지혜를 통합한다.

1. 배경

브라운 바(Browne Barr)는 현대적 맥락에서 협업 설교를 최초로 주장한 사람이다. 1963년 라이먼 비처 강의(Lyman Beecher Lectures, 1963)의 제목인 〈평신도의 대답〉(Parish Back Talk)에서 바는 설교자의 설교 준비를 돕기 위해 '설교 세미나'를 개발했다. 이후 저서 『사역하는 회중』(The Ministering Congregation, 1972)에서 바는 설교 세미나를 평신도 사역의 필수적 측면으로 발전시켰다.

설교를 위한 협력적 모델은 또한 교구 리더십을 위한 대화의 중요성을 강조한 리엘 하우(Reuel Howe 1963)와 클라이드 리드(Clyde Reid 1963)에 의해 제안되었다. 보다 최근의 접근 방식으로는 필자의 원탁식 설교 모델, 루시 로즈(Lucy Rose 1997)와 웨슬리 앨런 주니어(Wesley Allen Jr. 2005)의 대화식 설교 모델, 연합감리교회 교단이나 로마 가톨릭 도미니카수도회 내의 평신도 설교에와 같은 다양한 접근 방식이 포함된다

2. 가정

1) 모든 신자들의 선포적 소명

협업 설교는 회중의 모든 구성원이 복음을 선포하는 소명을 가지고 있다고 가정한다. 그래서 설교자는 평신도들과 협력하여 그리스도에 대한 증거를 설교에 담을 수 있는 방법을 찾아야 한다. 협업은 자문과 다르다.

'협업'이란 설교자가 이미 결정한 메시지를 뒷받침하거나 설명하기 위해 다른 사람의 아이디어와 경험을 사용하는 것이 아니다. 협업은 다른 사람들이 복음의 의미에 대해 설교자와 회중에게 가르칠 것이 있을 수 있다는 것을 의미한다. 다른 사람들의 통찰력은 설교 사역을 완전히 변화시킬 수 있다.

2) 상호 관계적이며 생성적인 하나님의 말씀

협업 설교는 설교된 하나님의 말씀이 진정으로 하나님의 진리를 분별하고자 하는 사람들 사이의 영적 대화의 주고받음에서 나오는 사람 상호 간의 말씀으로 다가온다고 가정한다. 일반적으로 안수받은 설교자나 훈련된 평신도 설교자는 성경 본문에 대한 그룹 대화에서 나온 메시지를 설교한다. 공동 설교와 영적 대화 사이의 밀접한 관계 때문에 협업 설교는 때때로 설교학에서 대

화의 파트너로 간주된다.

3) 진행자로서의 설교자

협력적 모델은 설교자를 선지자, 복음 전도자, 증인, 또는 전령으로 보는 대신 진행자의 정체성을 취한다. 1세기에 가정교회와 다세대가 있는 교회에서 지역 종교 지도자들은 지역공동체 안팎에서 도(道)를 찾는 사람들을 환영하며 예수 복음의 의미에 대한 대화를 나누었다. 바울과 같은 카리스마 넘치는 순회 설교자들은 이러한 교회들을 방문했고, 때때로 이러한 대화의 일부로 초대받기도 했다. 하나님의 말씀을 분별할 수 있도록 지혜를 나눌 수 있는 모든 사람이 대화에 참여했다.

3. 협업 설교의 이유

1) 권위가 탈중심화된 포스트모더니즘

오늘날의 포스트모던적 맥락에서 권위는 연결과 관계의 네트워크 안에서 다양한 영향력, 전문가 및 자원 사이에서 탈중심화되고 분산된다. 인간적 측면에서 보면 이는 사람들이 고용된 전문가(학자, 성직자, 종교 지도자), 기관 및 전통의 권위를 기꺼이 받아들이지 않는다는 것을 의미한다. 권위는 성직자와 그들이 대표하는 기관 및 전통이 하나의 목소리로만 존재하는 다원적이고 다각적인 상황에 맞춰진 대화의 교차 지점에서 재배치된다. 이러한 상황에서 협업 설교는 효과적이다. 왜냐하면, 그것은 신앙과 실천에 대한 진정성 있고 권위 있는 규범이 교육받은 성직자가 대표하는 복잡한 지식을 포함하여 광범위한 관계와 자원의 네트워크 내에서 나타날 수 있도록 하기 때문이다.

2) 환대의 윤리 실천

협업 설교는 나그네를 환대하는 고대 성경의 개념을 강조하는 윤리적 틀을 바탕으로 한다. 그것은 설교에 '타자성'과 '낯섦'을 환영하고 갈등, 설득, 심지어 공감대 형성을 넘어 타자와의 관계 속에서 존재하는 방식을 모델링한다. 이는 일반적으로 이해관계의 충돌로 인식될 수 있는 요소들을 자신이 아직 경험하지 못했거나 완전히 이해하지 못한 경험과 압력에 대한 다른 사람의 반응을 통해 발견하는 소통 방식을 지향한다. 소통의 동기가 설득에서 차이를 이해하고 서로 '합의'를 이루는 것으로 바뀐다. 점점 더 다원화되는 세계에서, 이것은 보여주고 배워야 할 중요한 의사소통 윤리이다.

3) 협력적 리더십 모델링

교회 리더십의 초점인 협업 설교는 주권적이고 자문적인 형태의 교회 리더십에서 벗어나 진정으로 상호적이고 협력적 모델로 나아가는 움직임을 모델링한다. 이러한 이유로 협업 설교는 보다 유기적이고 평신도에게 권한을 부여하며 팀 기반, 소그룹 중심의 새로운 교회 리더십 모델과 잘 어울린다.

협업(Collaboration)

4) 선포의 본질 교육

오늘날 많은 사람이 텔레비전에서 대중 전도자들이나 동기 부여를 주는 종교 강사들을 보면서 설교에 대한 유일한 경험을 얻는다. 협업 설교는 선포의 본질과 목적을 다시 가르친다. 평신도들은 설교자와 함께 성경을 공부하며 오늘날 세상을 위한 복음의 의미를 분별하고, 예배하는 회중의 맥락에서 복음을 분별하고 선포하는 것이 무엇을 의미하는지 발견한다.

5) 성경 교육

협업 설교는 성경에 대한 면밀한 귀납적 성찰로부터 성장하기 때문에, 성경은 일상적 그리스도인의 삶에 접근하기 쉽고 유용하게 적용할 수 있는 방식으로 학습된다. 참가자들은 성경을 읽고, 해석하고, 실천하는 데에 권한을 부여받는다.

4. 실천을 위한 지침

협업 설교는 다양한 방법으로 할 수 있지만, 여기 몇 가지 제안과 실천을 위한 지침이 있다.

1) 설교 원탁 구성하기

먼저 소규모 아이디어 브레인스토밍 그룹 또는 설교 원탁 모임을 구성한다. 이 그룹을 구성하고 유지할 때 몇 가지 사항을 염두에 두어야 한다.

(1) 다양성

이 그룹에는 다양한 연령, 생활 방식, 인종/민족적 배경을 가진 사람들이 참여해야 한다. 가능하면 신자와 믿지 않는 구도자 모두 그룹에 참여해야 한다. 주최자는 가능한 한 창의적으로 그룹을 개발하여 교회에 새로 온 사람이나 교회 이웃(주민이든 사업주이든)을 초대해야 한다. 원탁 모임은 이메일이나 채팅을 통해 다른 나라에 있는 선교사나 친구 등 글로벌 파트너의 의견을 받을 수도 있다. 이메일은 그룹 모임에 정기적으로 참석할 수 없는 사람들을 참여시킬 수 있는 좋은 방법이기도 하다.

(2) 규모

설교 원탁 모임은 소규모로 진행해야 한다. 대규모 그룹의 통찰력과 역동성을 관리하기는 매우 어렵다. 가능하면 그룹 규모를 4-6명으로 유지하는 것이 좋다.

(3) 교체

그룹은 정기적으로 가급적이면 6-10주마다 인원을 교체해야 한다. 이렇게 하면 설교 원탁 모임이 내부자들만의 모임이 되지 않도록 할 수 있다. 설교자나 다른 지정된 사람이 그룹 선택과 교체를 관리할 수 있지만, 그룹을 계속 변화시키는 가장 좋은 방법 중 하나는 태그 팀(tan-team) 접근 방식을 사용하는 것이다. 멤버가 교대할 때 다른 사람을 붙여 그 자리를 대신하도록 한다. 그룹이 한꺼번에 바뀌지 않고 정기적으로 교체되도록 가능하면 시차를 두고 교체해야 한다.

2) 위치

설교 원탁 모임은 목회자의 서재에서 모이지 않는 것이 가장 좋다. 모임 구성원들이 주석, 설교 가운, 졸업 증서 등에 둘러싸여 있기 때문에 다소 위압적이고 목회자 중심적인 분위기가 조성될 수 있다. 우리는 이제 사회적 위치(social location)가 성경 본문을 해석하는 방식과 큰 관련이 있다는 것을 알고 있다. 그래서 설교 원탁 모임을 교회의 다른 공간으로 옮기거나, 더 나아가 교회를 벗어나 노숙자 쉼터, 공공 도서관, 커피숍, 쇼핑몰, 또는 참석자의 집 등 다양한 장소로 옮기는 것을 고려해 보라.

3) 그룹 프로세스

(1) 준비

참가자들은 다음 주일의 본문을 미리 알고 있어야 한다. 전례 독서를 사용하는 경우, 회원들에게 어떤 본문을 설교할지 알려주어야 한다. 회원들은 원하는 방식으로 본문에 대해 토론할 준비를 할 수 있다. 모임에서 숙제를 강요하지 않는 것이 좋다. 이는 모임을 "정답을 정해야 한다" 또는 "최고의 조사를 해야 한다"는 오래된 패턴으로 유인하여 토론의 자발성을 방해할 수 있다. 일부 멤버는 모임 전에 자연스럽게 주석을 읽으며 본문에 대한 그룹의 학술적 지식에 기여할 것이다. 또 다른 멤버들은 본문을 묵상하거나 사회적 이슈나 문제와 관련하여 본문에 대해 생각할 것이다. 이 모든 접근 방식은 그룹 토론에 유용하다.

(2) 목적

원탁 모임은 일반적 의미의 성경 공부가 아니다. 그룹이 복잡한 역사적, 본문적, 문학적 이슈로 빠져들지 않도록 해야 한다. 참가자들이 성경 본문을 읽고 그 본문에 비추어 우리 세상과 일상생활에 대한 복음의 의미를 정직하고 솔직하게 묵상하도록 격려해야 한다. 일반적으로 설교자가 이 토론을 진행하지만, 설교자는 단순히 진행자나 방관자가 아니라 대화의 참여자가 되는 것이 중요하다. 목표는 예수 그리스도의 복음에 대한 성경의 증거가 중심이 되는 솔직하고 상호 존중하며 영적인(학문적이거나 이념적인 것이 아닌) 대화를 나누는 것이다.

(3) 조직

회의 시간을 구성하는 한 가지 방법은 다음과 같다.

① 피드백/피드 포워드(10분)

참가자들에게 지난 주 설교를 묵상하도록 초대한다.

지난 주 설교에서 떠오른 이번 주 설교의 핵심 아이디어가 있는가?

그룹이 설교를 들은 가족과 친구들로부터 어떤 피드백을 받았나?

② 성경 본문 참여(20분)

본문을 소리내어 읽고 본문의 역사적 배경, 단어, 또는 저자에 대해 궁금한 점이 있는지 물어본다. 이 시간은 전문 지식과 특별한 분별력을 발휘하여 그룹을 특정한 해석의 틀을 향해 이끌면서 대화를 주도하는 시간이 아니다. 질문에 대한 간단한 답변을

협업(Collaboration)

제공하고 본문의 역사적, 신학적, 전례적 배경을 이해하도록 하는 데 집중하라.

③ 서로 참여(60분)

이 부분은 설교를 위한 모임에서 가장 중요한 부분이다. 참가자들이 성경 본문에서 고개를 들어 오늘날의 삶을 살아가면서 생기는 통찰, 질문, 경험, 이슈에 대해 서로 참여하도록 하는 것이 중요하다. 가능하면 이 대화 중에 메모하라.

다음은 진행자가 그룹을 이끄는 데 도움이 되는 몇 가지 유형의 질문과 예시이다.

① 여는 질문

본문이나 주제에서 그룹이 서로를 더 잘 알거나 토론에서 각자의 목소리를 듣는 데 도움이 될 만한 내용을 찾아보라. 본문이나 주제의 중심이 아니더라도 대화로 이어질 수 있는 내용을 찾아보라. 예를 들어,(본문: 엠마오로 가는 길, 눅 24:13-35).

"우리 삶에서 큰 위기나 비극을 경험한 후에는 어떤 생각이나 행동을 하게 될까요?"

② 시작 질문

그룹이 열의를 가지고 토론에 참여하지 않는다면 진행자는 몇 가지 질문을 던져 토론을 시작할 수 있다. 본문의 여러 측면 또는 관련 주제에 주의를 집중시킬 수 있는 두 세 가지 질문을 만들어 보라. 이러한 질문은 단순히 본문이나 주제에 대한 대화의 시작점이 될 수 있다. 예시는 다음과 같다.

"그들이 예수를 '이방인'으로 경험했다는 사실에 대해 어떻게 생각하나요?"

"어떤 사람이 예수님께 머물러 달라고 요청하는 동기는 무엇이라고 생각하나요?"

③ 인도 질문

대부분의 준비된 진행자들은 때때로 자연스럽게 토론을 인도해야 하며, 몇 가지 기법을 시도할 수 있다.

- 질문을 다시 표현하기:
  "당신이 이렇게 질문하시는 것 같은데요.…"
  "제가 맞게 이해했나요?"
  "지금 말씀하시는 것은… ?"
- 다른 방식으로 재진술하거나 "더 깊게" 질문하기:
  "주님의 만찬에 관한 이야기라고 말씀하시는 것을 들었습니다. 주의 만찬에 대해 무엇을 말씀하고 있다고 생각하십니까?"
- 합의, 명료화, 또는 결정을 위해 시험: 이렇게 하면 의견의 차이나 대조를 이끌어 내는 경향이 있다.
  "제자들이 예수님이라고 생각했지만 실제로는 유령일 뿐이었다는 말인가요?"
  "우리 모두는… 라고 말하고 싶을까요?"

④ 질문 요약

때때로 그룹(및 기록자)에게 진행자가 요약 질문을 하거나 요약 응답을 하는 것이 도움이 된다.

"이 시점에서 우리가 말하는 것은 이게 맞나요?"

⑤ 권한 부여 질문

진행자는 아이디어를 생성하고 해석할 수 있는 권한을 공유해야 한다. 권한을 부여하고자 하는 사람의 이름을 사용하면 도움이 된다.

- **참여 요청**: 아직 자신의 생각을 말하지 않은 사람들에게 물어보라. 상대방이 질문을 통해 자신들이 직접 대상이 된 것처럼 느낄 수 있도록 구체적으로 질문하라.
  "낸시, 아직 의견을 듣지 못했어요. 제자들이 이 이야기에 왜 그렇게 몰두하고 있다고 생각하세요?"
  "여기 이런 종류의 몰두를 경험한 사람이 있나요?"
- **상상력 발휘 요청**: 때로는 가상의 상황에 처하게 하는 것이 도움이 될 수 있다.
  "만약 당신이 엠마오로 가는 길에 있다면 어떤 생각을 하고 있을까요?"
- **감정 묻기**:
  "길에서 낯선 이로서 그리스도를 만난 것에 대해 어떻게 느끼나요?"
- **이야기 요청**:
  "인생에서 존경하던 사람이 사망한 후 어떤 느낌이 들었는지 떠오르는 이야기가 있나요?"
- **재구성 요청**:
  "이 낯선 사람의 이야기를 부활하신 주님의 상징으로만 해석하는 것에 대해 어떻게 생각하나요?"
  "우리가 놓쳤을지도 모르는 것을 보는 데 도움이 될 수 있는 다른 방법이 있을까요?"

⑥ 결론 도출 질문

이러한 질문은 "그래서 어떻게 되는가"라는 질문이라고도 한다.

- **헌신 요청**:
  "이 토론에 비추어 우리가 할 수 있는 헌신은 어떤 것들이 있나요?"
- **시나리오 요청**:
  "오늘 밤 토론의 결과로 우리 자신의 삶이나 교회에 어떤 변화를 상상할 수 있을까요?"
  "우리가 정말 진지하게 받아들인다면 여러분과 나에게 어떤 변화를 가져올 수 있을까요?"
- **적용 요청**:
  "오늘 밤 우리가 나눈 내용에 비추어 무엇을 해야 할까요?"

⑦ 실행 질문

다음은 구체적인 질문들이다.

- **일을 완수하는 방법 묻기**:
  "어떤 실질적인 단계(들)를 취해야 할까요?"
- **어떻게 변화할 수 있는지 묻기**:
  "우리가 이렇게 살기 위해서는 무엇이 바뀌어야 할까요?"
- **어떤 자원을 이용할 수 있는지 묻기**:
  "누가 우리를 도울 수 있을까요? 우리가 이렇게 사는 데 도움이 될 수 있는 어떤 자원이 필요한가요(또는 이미 가지고 있나요)?"

- 회고(5분): 진행자는 구성원들에게 논의된 내용과 논의된 방식을 복습하고 기억하도록 도와달라고 요청한다.
  "의견의 차이나 해석의 충돌이 있었는가?"
  "어떻게 해결되었는가?"
  "논쟁을 했는가?"
  "주요 주제는 무엇이었는가?"
  "이것은 어떻게 다루어졌는가?"
  "어떤 이야기나 경험이 서술되었는가?"

4) 설교 준비

협업 설교는 원탁 대화에서 수사적 형태를 취한다. 설교자는 연역적, 귀납적, 내러티브 플롯, 문제 해결, 율법-복음 또는 기타 일반 형태를 사용하여 설교 자료를 구성하는 대신, 대화를 되돌아보고 원탁 대화의 중심 역할을 하나 이상 포착할 수 있는 설교 형태를 만들려고 시도한 설교는 논쟁, 질문과 탐구, 일련의 감정 추구, 한 아이디어에 대한 저항과 다른 아이디어에 대한 격려, 시나리오 그림 그리기 등의 형태를 취할 수 있다.

좋은 대화의 풍요로움은 설교자에게 다양하고 좋은 역학 관계를 제공한다. 설교자는 설교에서 이야기(물론 허락을 받은 경우), 아이디어, 질문, 문제, 중단, 및 기타 대화의 요소를 사용할 수도 있다. 그러나 이러한 자료를 사용하는 방법과 그룹의 아이디어를 완전히 설교 형식으로 전달하는 데 있어 설교자의 관점과 권위를 어떻게 활용할지 결정하는 것은 설교자에게 달려 있다. 때때로 설교자는 그룹과 그룹의 과정을 명시적으로 언급하거나, (허락을 받고) 그룹 구성원의 이름을 언급할 수도 있다. 참가자들이 허락한다면 주일 주보에 그룹 멤버의 이름을 공개하는 것이 좋다. 이렇게 하면 청중이 설교의 출처를 더 깊이 이해할 수 있고 다양한 방향에서 그룹에 피드백이 전달될 수 있다.

수년에 걸쳐 협업 설교자들은 여기에 설명된 과정을 다양하게 변형하여 발전시켜 왔다. 회중의 고유한 특성을 반영하는 협업 설교 방식을 만드는 것이 중요하다.

예를 들어, 카리스마적 성공회교회에서는 설교를 시작하기 전에 원탁 그룹이 앞으로 나와 설교자에게 손을 얹고 성령의 조명을 위해 기도한다. 또 다른 맥락에서 설교자는 설교 중에 그룹 구성원들의 비디오로 촬영한 간증을 사용한다. 또 다른 회중에서는 그룹 멤버들이 실제로 앞으로 나와서 설교의 일부를 다시 말하거나 아이디어나 간증을 반복해서 전하기도 한다.

어떤 방식이 가장 효과적이든 궁극적 목표는 설교 사건이 공동체적이고 참여적이며 힘을 실어 주는 사건이 되는 것이다.

참고 주제 설교자의 창작 과정

참고 문헌 O. Wesley Allen Jr. *The Homiletic of All Believers: A Conversational Approach to Proclamation*. (2005); Browne Barr. *Parish Back Talk*. (1964); Browne, Barr. *The Ministering Congregation* (1972); Barbara Bate. *Lay Speakers Preach*. (1998); M. C. Hilkert, O.P., B. Hintersberger, O.P., H. Legrand, O.P., M. O'Driscoll, O.P., and P. Philibert, O.P.

"The Dominican Charism of Preaching: An Inquiry." http://www.op.org; Reuel L. Howe. *The Miracle of Dialogue*. (1963); John S. McClure. *The Roundtable Pulpit: Where Leadership and Preaching Meet*. (1995); Clyde H. Reid. "Preaching and the Nature of Communication." *Pastoral Psychology* 14(1963) 40-49; Lucy Atkinson Rose. *Sharing the Word: Preaching in the Roundtable Churc*h. (1997).

위기(Crisis)

조셉 R. 제터 주니어(Joseph R. Jeter Jr.)

안수를 받았든 평신도든 대부분의 설교자는 설교 준비와 전달에 대한 훈련을 어느 정도 받았다. 그러나 이러한 훈련은 위기 상황에서 실패하고 무너질 수 있다.

설교자나 회중이 위기에 처했을 때 설교자는 어떻게 대응해야 할까?

일반적으로 사람들은 문제를 처리하는 기존의 방법이 효과적이지 않을 때 위기에 처하게 된다. 설교자는 공공의, 교회의, 개인의 위기 또는 이 세 가지가 모두 관련된 위기에 직면할 수 있다.

공공의 위기는 전쟁, 암살, 테러 공격, 폭동 및 기타 시민적 격변과 같은 정치적 위기일 수 있다. 또한, 폭풍, 홍수, 화재, 기근, 끔찍한 사고 등 자연 재해나 기타 재난도 포함될 수 있다. 이러한 위기는 사고나 악행으로 인한 불의의 사망, 재정 위기, 스캔들, 불화나 방향성의 위기 등 교회의 위기로 이어질 수 있다.

개인적 위기는 개인적 비극, 가족 문제, 질병, 해고로 인한 실직, 신앙의 상실 등 설교자에게 직간접적으로 타격을 준다.

지난 몇 년 동안 우리는 라디오 방송, 블로그, 사운드 바이트 커뮤니케이션, 다이렉트 메일의 성장을 통해 미국 정치와 종교의 적대적 분열을 목격했다. 10년 전만 해도 상상할 수 없었던 정치적 성향, 중동 문제, 동성 결혼, 이민, 줄기세포 연구 등을 둘러싼 싸움으로 인해 교회들은 내부 적대감이나 최악의 경우 분열에 빠지지 않기 위해 고군분투하고 있다.

1. 신학과 위기

로날드 앨런(Ronald Allen)은 신학적 위기를 이해의 위기와 결정의 위기로 구분한다 (Allen 1992, 21-22). 우리가 설교하는 모든 위기 상황에는 신학적 문제가 수반된다.

- 하나님은 존재하시는가?
- 하나님은 어떤 분이신가?
- 하나님은 왜 우리에게 이런 일을 행하셨거나 행하지 않으셨을까?

우리는 이런 질문들이 우리 사이에 존재한다고 가정하며 설교에 접근해야 한다. 어려운 질문이라고 해서 무시하거나 다른 것에 대해 설교하고 싶어서 못 본 척한다면 설교 사역을 제대로 하지 못하는 것이다.

하워드 스톤(Howard Stone)은 "하나님은 왜 이런 일을 하셨나"와 같이 비참함의 깊이를 표현하는 시적 질문과 "나는 엄청난 상실을 겪었고 그로 인해 완전히 황폐해진 느낌이다"(Stone 1988, 162)와 같은 더 어려운 진술을 구분한다.

목회자는 위기에 처한 사람들이 정말로 신학적 대화에 참여하기를 원하는지 아니면 단순히 자신의 고통을 표현할 방법을 찾고 있는지를 파악해야 한다. 이러한 구분은 설교단에서도 매우 중요하다. 신학을 재구성하는 고된 작업은 나중에 할 수 있고, 설교의 더 즉각적인 과제는 애통이다. 위기 상황에서 제기되는 어떤 질문들은 설교나 다른 어떤 방법으로도 답을 얻을 수 없지만, 목회자는 이것이 정말로 제기되는 질문인지를 발견해야 한다.

신학적 질문들이 실제적이고 진지하다고 가정할 때, 이에 대한 응답으로 할 수 있는 세 가지 신학적 확언은 기억, 현존, 약속이다.

1) 기억

위기는 우리를 기억으로부터 단절시킬 수 있다. 기억의 반대말은 반드시 망각이 아니라, 기억의 반대말은 해체일 수 있다. 다시 기억한다는 것은 하나님의 백성으로서 다시 회복하고 바로 세우는 것이며, 위기의 해체 효과에 대한 중요한 대응이다. 우리는 예배를 드리기 위해 기억이 필요하다.

현재와 미래가 과거로부터 찢겨져 폭풍우가 몰아치는 위기의 바다에 닻을 내리지 못하고 표류할 때, 우리는 무엇을 해야 할까?

우리는 과거에 하나님이 행하신 일에서 희망을 발견하고 그것을 현재에 적용할 수 있다. 유럽의 게토(ghettoes)에서 유월절을 지켰던 유대인들과 카타콤에서 빵을 떼던 기독교인들은 하나님의 섭리에 대한 그들의 기억이 그들과 망각 사이에 있는 유일한 것이었기 때문에 그렇게 했다.

스코틀랜드의 설교자 아서 고시프(Arthur Gossip)는 아내의 갑작스러운 죽음 이후 첫 설교에서 다음과 같이 말했다.

> 햇빛 아래 있는 사람들은 신앙을 믿을지 모르지만(may believe), 그림자 속에 있는 우리는 그것을 믿어야 한다(must believe). 우리에게는 다른 것이 없다(Gossip 1928, 111).

2) 현존

과거에 위기에 처한 기독교인들은 하나님의 뜻을 찾았고, 그 위기가 비극과 트라우마로 이어졌을 때 그 뜻에 순응하려고 노력했다.

19세기 종교 지도자 알렉산더 캠벨(Alexander Campbell)의 아들이 1847년 익사했을 때, 그는 하나님의 뜻에 굴복했다.

> [하나님은] 실수하기에는 너무 현명하시고, 인간의 자녀들에게 무의미하게 고통을 주시기에는 너무 친절하시기에 우리는 이 고난에서 승복하려고 노력해야 하며, 주님이 우리에게는 불가사의하지만, 어떤 현명하고 친절한 목적을 위해 이 고난을 행하셨음을 믿어야 한다.

하나님의 행동은 우리의 믿음이 약하고 이해가 얕은 우리에게만 신비이다(Jeter and Lester 1987, 93).

이를 마틴 마티(Martin Marty)의 최근 논의와 대조해 보자.

위기(Crisis)

한 젊은 여성이 트럭에서 튀어나온 판 스프링에 맞아 사망했다. 그녀는 어렸을 때 이렇게 말한 적이 있다.

"나는 우는 게 아니라 눈에서 땀이 나는 거예요!"

마티는 결론을 내렸다.

> 그 판 스프링이 '신의 뜻'이었을까요?
> 모르겠어요. 다만 땀을 흘리는 하나님의 눈만 떠올릴 뿐입니다(Marty 1983,975).

불변의 하나님은 지적으로 이해하기 쉬울지 모르지만 그러한 신은 우리의 고통에 거의 도움이 되지 않는다. 땀을 흘리시는, 함께 고통받으시는(cosufferer) 하나님은 우리의 가장 깊은 수준에서 우리를 감동시키신다. 성경은 처음부터 끝까지 우리에게 하나님의 현존 가능성을 제시한다. 젊은 이스라엘은 서툴지만 끈질기게 그 현존을 추구했다. 시편 기자들은 하나님의 현존을 기뻐하고 하나님의 부재를 애통했다. 그리고 우리와 함께하시는 하나님이신 예수 그리스도는 세상 끝날까지 항상 우리와 함께하시겠다고 약속하셨다.

3) 약속

성경 곳곳에 울려 퍼지는 하나님의 약속은 모든 것이 괜찮을 것이라는 것이다. 물론, 문제는 모든 것이 다 괜찮지 않다는 것이다. 하나님은 상황의 심각성을 이해하지 못하시거나, 알고 계시지만 아무것도 할 수 없으시거나, 아니면 고대의 약속을 지키기 위해 지금 이 시간에도 일하고 계시다는 것이다. 후자가 희망을 주는 유일한 응답일 수 있다.

그렇다면 하나님은 어떻게 일하고 계실까?

창세기 15장에서 하나님이 아브라함과 언약을 맺으셨을 때 "하나님은 약속의 피 흘리는 길을 걸으셨다"고 제임스 와튼(James Wharton)은 지적한다(Wharton 1985). "네 자손들에게"라는 약속은 피와 고통의 한가운데서 이루어진다. 그리고 그것은 성경과 삶에서 동일한 방식으로 이루어진다.

"이 뼈들이 살 수 있을까?"

우리는 에스겔서에서 읽는다. 하나님은 그렇다고 말씀하신다(37:1-6). 하나님의 사랑하시는 아들 예수님은 골고다의 피 흘리는 길을 걸으셨고 그곳에서 세상의 죄에 대한 대가를 치르셨다. 그렇기 때문에 히브리서에서 그리스도는 "새 언약의 중보자"이시며, 그분의 죽음을 통해 사람들은 "약속된 영원한 기업"을 받을 수 있게 되셨다고 말한다(9:15). 베드로후서에 따르면, 그 약속은 "의로움이 있는 새 하늘과 새 땅"(3:13)이다.

우리의 삶은 피로 구속하시고 정하신 하나님의 약속된 미래를 향해 나아간다. 그리고 우리가 위기에 처한 사람들에게 설교할 때, 우리는 그들 앞에 하나님의 약속, 내일이 올 것이라고 우리를 확신시키는 약속을 제시한다. 하나님은 우리가 일을 엉망으로 만들었을 때나 하늘이 무너졌을 때에도 우리를 사랑하신다. 하나님은 우리를 버림받도록 만드신 것이 아니라 하나님을 사랑하고 하나님을 영원히 누리도록 만드셨다. 그리고 우리가 그렇게 할 것이라는 약속은 헛되고 허망한 약속이 아니라 피로 새겨지고 불로 시험된 약속이다.

2. 결단의 위기

신학적 이해의 위기는 기억, 임재, 약속에 관한 설교를 요구할 수 있지만, 결단의 위기는 다른 접근 방식을 필요로 할 수 있다. 때때로 위기는 무엇이 문제인지 이해하지 못해서가 아니라 어떻게 대응해야 할지 모르기 때문에 발생하는데, 이 경우 순례의 렌즈가 도움이 될 수 있다. 우리가 위기에 처해 있다면 우리는 위기에서 벗어나고 싶어 한다. "이제 어떻게 해야 할까"는 "우리는 여기서 어디로 가야 할까" 또는 "우리는 이제 어떤 방향을 택해야 하는가"의 다른 표현이다.

그렇다면 위기 상황에서 우리는 무엇을 설교해야 할까?

- 계속 나아가야 할 때: 에너지와 격려
- 돌아서야 할 때: 지혜와 분별력
- 되돌아가야 할 때: 기억과 희망
- 올라가야 할 때: 기도와 개방성
- 내려가야 할 때: 사랑과 헌신
- 서 있어야 할 때: 조용한 믿음

3. 몇 가지 설교 전략

1) 괴물의 이름 짓기

우리는 어떤 설교 전략에 이름을 붙일 수 있을까(Jeter 1998, 75-94)?

위기 설교의 첫 번째 과제는 괴물의 이름을 짓는 것이다. 사람들을 두려워하게 만드는 괴물의 이름을 짓는 것은 우리가 상황의 심각성을 인식하고 있다는 것을 사람들에게 확신시키는 동시에 그것을 이해하기 위한 토대를 마련하는 것이다.

심리학의 룸펠슈틸츠킨(Rumpelstiltskin) 효과에 따르면 괴물의 이름을 알면 그 괴물의 영향력을 줄일 수 있다는 것을 발견했다. 또한, 설교자들이 너무 자주 저지르는 실수인 비극을 하나님의 뜻으로 너무 쉽게 동일시하는 함정에서 벗어나는 데 도움이 되며, 에이즈를 하나님의 형벌로 취급하는 것과 같이 비극을 더욱 악화시키는 함정에서 벗어나는 데도 도움이 된다.

주의할 점이 있다. 괴물의 이름을 짓는 데는 신학적 분별력이 필요할 수 있다. 위기의 발화점이 항상 괴물은 아닐 수 있다. 성전이 어두워서 찬송가를 읽을 수 없는 것이 위기로 보일 수 있지만, 교회가 전기세를 내지 않아서 어두워지고, 신실한 청지기 직분을 다하지 않아서 미납된 전기세가 남아 있는 것이 위기일 수 있다. 그렇다면 근본적 문제는 믿음의 부족일 수 있다. 이 위기에서 벗어나는 길을 찾는 것이 우리가 시작해야 할 일인지도 모른다.

2) 창조적 애통

현대인들이 많은 심리적 문제에 직면하는 이유 중 하나는 애통하는 능력을 잃어버렸기 때문이다. 우리의 장례식은 종종 무미건조한 작은 낭송회이고, 재난에 직면한 우리의 설교는 사람들이 나쁘게 느끼는 것을 무시하는 "평화, 평화, 평화 없는 곳에 평화!"

를 외치는 기분 좋은 사업들이다.

필자는 1945년 프랭클린 D. 루스벨트(Franklin D. Roosevelt)의 시신을 조지아에서 워싱턴 D.C.로 운구하던 길고 느린 기차에 대해 부모님의 이야기를 들었다. 철로 옆에 사람들이 모여 들고, 다른 사람들이 기차의 진행 상황을 모니터링하기 위해 라디오에 몰두한 것을 들었고, 뺨에 눈물을 흘리는 그 아프리카계 미국인 남성의 잊혀지지 않는 사진을 본 적도 있다. 애통에는 단순히 괴물의 이름을 짓는 것 이상의 무언가가 있다.

예레미야 애가서를 생각해 보라. 이 책의 천재성은 때때로 "나의 고통과 같은 고통은 없는가"라는 질문을 대신할 수 있는 것이 없다는 인식에 있다. 슬픔의 표현과 죄의 고백은 하나님의 경륜에서 희망의 표현과 새 생명의 선물로부터 그리 멀지 않다. 애가는 성 목요일, 성 금요일, 성 토요일의 기독교 예배뿐만 아니라 다른 두려움과 슬픔의 시간에도 잘 어울리지만, 이를 바탕으로 한 설교는 거의 듣지 못한다.

아마도 우리가 가진 가장 가까운 것은 목회적 애가일 것이다. "대통령이 사망했다"고 말하는 것과 월트 휘트먼(Walt Whitman)이 "문 마당에 라일락이 마지막으로 피었을 때"라는 애가를 쓰는 것은 전혀 다른 문제이다.

엘렌 제첼 램버트(Ellen Zetzel Lambert)는 다음과 같이 썼다.

> 목회적 애가는 … 죽음으로 인해 제기되는 질문에 대한 하나의 해답을 제시하는 것이 아니라 오히려 그러한 질문이 제기될 수 있는, 또는 더 나은 환경을 제시한다. 그것은 우리에게 한 풍경을 제공한다. … [그리고 이 풍경이 중요한 이유는] 고통과 아픔을 담을 수 있기 때문이다. … [그것은] 우리에게 고통이 아닌 복잡성이 제거된 삶의 비전을 제공한다(Lambert 1976, xiii, xv).

목회적 애가의 형식과 기능은 사람들이 자신의 고통과 답 없는 질문을 애통하게 하는 설교에서 발견되며, 스톤(Stone)이 제안한 것처럼 종종 위기를 은유적으로 다루기도 한다. 위기 속의 이러한 질문들은 명제적 언어로 답할 수 없다. 그러나 충분한 크기와 강도의 은유 안에서 "고통을 담은 풍경에 담길 수" 있다.

이 풍경을 제공하는 것은 종종 말이 우리를 낙망하게 하는 것처럼 보이기 때문에 때때로 어렵다. 그러나 하나님은 털 또는 말을 빼앗긴 털 깎인 양에게로 부는 바람을 다스리신다. 강단에 서기 전에 "모세에게 하신 것처럼 '내가 너에게 말씀을 주리라'(출 4:10-17)고 말씀해 주소서"라고 기도할 수 있다. 애통은 화려할 필요가 없다. 애통는 단지 믿음과 소망과 사랑으로만 표현하면 된다.

3) 하나님의 수레

장막 옆에 앉아 있던 야곱은 먼지 구름이 다가오는 것을 보고 "내 아들들이다"라고 말했다. 그는 일어나 그들을 맞이했고, 그들은 "요셉이 살아서 애굽 온 땅의 통치자가 되었다"는 소식을 전하며 달려왔다. 창세기는 야곱이 그 말을 믿지 않았기 때문에

"어리둥절 하더니"라고 말한다(heart fainted, 45:26 KJV).

우리도 그랬을까?

그러나 그때 야곱은 또 다른 먼지 구름을 보았고, 곧 바로의 수레가 진영으로 굴러 들어왔다. 요셉이 자신을 위해 보낸 수레를 보자 야곱의 영혼이 살아나서 "족하도다 내 아들 요셉이 지금까지 살아 있으니 내가 죽기 전에 가서 그를 보리라"(28절) 고 말했다.

우리의 증언이 때때로 설득력이 떨어지는 것처럼, 이 사건에서 메신저들의 증언만으로는 충분하지 않았다. 그러나 야곱이 바로가 아니면 누구의 명령으로도 보낼 수 없는 바로의 수레를 보았을 때 그것이 사실임을 알았다. 그것은 확실한 증거였다. 수레는 믿을 수 있었다. 그렇다면 질문이 생긴다.

신은 수레를 가지고 있는가?

우리의 약한 증언과는 별개로 위기에 처한 사람들에게 그 자체로 설득력 있는 확신을 줄 수 있는 확신이 있을까?

있다.

성경은 수레이다. 성찬식도 수레이다. 십자가는 "하나님은 하늘에 있고, 세상에는 아무 문제가 없다"고 말하는 수레가 아니라 하나님이 세상의 악을 보시고 끝까지 남아 계셨다는 것을 증언하는 수레이다. 빈 무덤이 수레이다. 정직하고 신실한 설교는 수레이다. 우리가 모든 신비를 이해하지 못하고 하늘을 열 수 없을지라도 "하나님은 우리를 사랑하신다", "하나님은 조롱받지 않으신다", "하나님은 첫 번째 말씀도 하셨고 두 번째 말씀도 하셨으며 마지막 말씀도 하실 것이다" 등의 사실을 사람들 앞에 놓을 수 있다.

4) 연속성의 필요성

네 번째 제안은 연속성과 관련이 있다.

폭동에 대한 처벌로 황제가 안디옥을 멸망시키겠다고 위협했을 때, 요한 크리소스토무스(John Chrysostom)는 〈동상에 대한 설교〉(Homilies on the Statues)로 알려진 설교를 시작하면서 그 위기를 명명하고 백성들을 이끌고 애통하면서 하나님의 변함없는 사랑을 그들 앞에 제시했다. 그런 다음 그는 곧바로 그날의 본문과 저녁 식사 자리에서 욕하지 않기, 탐식하지 않는 것 등에 대해 설교했다.

나는 식탁 예절이 생존과 무슨 관련이 있는지 생각했다 그리고 답이 나왔다. 크리소스토무스는 특히 위기 상황에서 연속성이 얼마나 중요한지 잘 알고 있었다. 내일이 오지 않을지도 모른다는 두려움에 대처하는 가장 좋은 방법 중 하나는 내일을 준비하는 것이다.

그러므로 예를 들어 그날의 본문을 너무 성급하게 버리지 마라. 그 구절이 여러분에게 필요한 것일 수도 있다. 설교를 너무 성급하게 버리지 마라. 사용할 수 있는 본문과 주제가 있는지 확인하라.

요약하면, 위기의 시기가 오고 당신이 강단에 올라갈 때는 현재 나타나는 현상뿐만 아니라 실제 위기를 명명하려고 노력하라. 적절하다면 하나님의 백성들의 애통을 표현하라. 그런 다음 용기를 내서 신앙의 위대한 영원한 진리, 지금까지 우리를 안전하게 인도해 왔고 하나님의 은혜로 우리를 집

으로 인도할 진리를 사람들 앞에 제시하라

참고 주제 인간학; 종말론; 장례 설교; 애가; 설교자의 한 주; 죄와 악

참고 문헌 Ronald J. Allen. *Preaching the Topical Sermon*. (1992); Arthur John Gossip. "But When Life Tumbles In, What Then?" *The Hero in Thy Soul*. (1928); Joseph R. Jeter Jr. *Crisis Preaching*. (1998); Joseph R. Jeter Jr. and Hiram J. Lester. "The Tragedy of Wickliffe Campbell." *Lexington Theological Quarterly* 22(July 1987); Ellen Zetzel Lambert. *Placing Sorrow*. (1976); Martin E. Marty. "God's Will." *Christian Century* (October 26, 1983) 975; Howard Stone. *The Word of God and Pastoral Care*. (1988); James A. Wharton. *Sermon at TCU Ministers Week. Fort Worth*, Tex., February 4, 1985.

회중, 교단의 주해(Exegesis of the Congregation, Denomination)

스티븐 패리스(Stephen Farris)

신중한 설교자들은 그날의 성경 본문을 면밀히 읽을 뿐만 아니라, 자신(자기 주해 참고)과 설교할 회중 또는 기타 상황을 읽는다. 청중은 단순히 기억에 남는 한 구절에 따라 "창을 잡는 사람"처럼 설교의 수동적 수신자가 아니다. 청중이 설교를 받아들이는 것은 개인적, 조직적 역사 또는 내러티브의 복잡한 그물망을 통해 걸러진다. 실제로 청중은 설교에서 의미를 전달받는 데 그치지 않고 적극적으로 의미를 창조한다고 할 수 있다.

그렇다면 효과적인 장기적 설교를 위해서는 상황에 대한 철저한 독서나 주석이 필수적이다. 모든 관찰자는 관찰하는 행위 자체만으로도 관찰 대상에 영향을 미친다는 사실을 기억해야 한다. 그래서 설교자는 자신이 읽고 있는 맥락에서 참여-관찰자라고 표현하는 것이 가장 적절하다. 더욱이 그들의 전제와 역사는 상황에 대한 주석에서 그들이 준비하고 인식할 수 있는 것에 중대한 영향을 미친다. 그러므로 상황에 대한 주해는 자기 자신에 대한 주해와 함께 이루어져야 한다.

특정 설교는 상당한 범위의 교회, 특히 같은 교단이나 신학적 전통을 가진 교회에서 유용할 수 있지만, 극단적인 경우에는 설교의 명료성과 관련성이 위태로울 수 있다. 예를 들어, 노인요양원에서 설교된 설교와 지역 청소년들을 대상으로 한 설교를 생각해 보라. 이 설교는 같은 날, 같은 사람이 같은 본문으로 설교할 수 있지만 각 환경에서 복음을 효과적으로 전달하려면 서로 크게 달라야 한다.

명백한 차이점은 예화 자료의 사용이다. 예를 들어, 디데이(D-Day)에 대한 언급은 한 환경에서는 즉시 이해되지만 다른 환경에서는 광범위한 설명이 필요할 수 있으며, 설교자가 그 언급을 생략하는 것이 최선이라고 판단할 수도 있다.

더 중요한 것은 설교의 주된 강조점이 매우 다를 수 있다는 것이다. 예를 들어, 그날 사무엘의 부름(삼상 3장)에 대해 설교할 때 한 설교는 청중을 나이든 엘리에게, 다른 설교는 젊은 사무엘에게 합리적으로 연

회중, 교단의 주해 (Exegesis of the Congregation, Denomination)

결시킬 수 있다.

극단적이지 않은 경우에도 회중 주해는 유용하다. 회중의 역동성을 이해하는 것은 설교를 포함한 효과적인 목회 사역의 일부이다. 여기에는 회중의 연령 및 성별 분포, 인종 및 민족 구성, 더 넓은 지역사회와 비교한 회중의 사회경제적 지위, 회중의 일반적 교육 수준 등의 요소가 포함된다. 신중한 설교자는 또한 공식적이든 비공식적이든 상황의 권력 역학 관계도 살펴볼 것이다. 이 모든 것은 다른 목적을 위한 회중 역학 연구와 크게 겹친다.

또한, 설교자는 더 모호하지만, 그래도 매우 현실적인 다른 요소들도 고려해야 한다. 효과적인 장기적 사역을 위해서는 회중의 역사나 기타 상황에 대한 감각이 필수적이다. 청중은 설교자가 무엇을 말하든 그 공유된 역사에 대한 인식에 비추어 듣게 된다. 특히, 회중은 같은 강단에서 설교했던 이전 설교자들의 경험에 비추어 현재 설교자의 말을 듣는다.

대부분의 강단은 전직 설교자의 유령에 시달리고 있다. 또한, 지역 상황이나 더 넓은 세계에서 한동안 청중이 설교를 받아들이는 데 영향을 미치는 특별한 문제가 있을 수 있다. 또한, 설교를 듣기 위해 모인 그룹은 집단적 성격을 가지고 있을 가능성이 높다. 그룹은 과거 또는 미래로 더 쉽게 전환될 것이다. 그 구성원들은 변화에 적응하고 갈등에 대처하는 특징적인 방식을 갖게 될 것이다. 개인과 마찬가지로, 그것은 잘 흡수된 주제나 강조점이 있고 여전히 배워야 할 주제가 있을 것이다. 회중이 기꺼이 듣고자 하는 주제와 많은 저항이 있어야만 들을 수 있는 주제가 있을 것이다.

설교자는 쉽게 들리는 것만 말하거나 듣기에 어렵거나 고통스러울 것 같은 것만 말해야 하는 것은 아니다. 복음의 충만함에 근접한 것을 선포하고자 하는 설교자는 두 가지를 모두 해야 할 의무가 있다. 그러나 우연히 하는 것보다는 의식적으로 하는 것이 좋다. 설교는 보통 전례의 맥락에서 이루어진다. 그래서 설교는 회중의 예배 스타일, 음악 선택, 설교 공간 자체에도 영향을 받는다. 길고 좁은 고딕 양식의 성당에서 예복을 입은 설교자가 복잡한 전통 전례에 따라 오랜 시간 예배한 사람들에게 전해진 설교는 극장식 강당에서 테니스 셔츠와 슬랙스를 입은 설교자가 현대 찬양곡에 맞춰 구도자들에게 전하는 설교는 다를 수 있다.

이러한 상징, 의식, 활동에는 정체성이 걸려 있기 때문에 이러한 것들을 놓고 "예배 전쟁"이 벌어지는 것은 결코 우연이 아니다. 이 모든 것을 주목하는 것은 좋은 설교자들에게 본능적인 것이다. 그러나 상황에 대한 유능한 주해는 이 모든 것을 의식 수준으로 끌어올릴 것이다.

이러한 사항들은 공동체의 정체성을 구성하는 상징 또는 코드라고 할 수 있다. 그러나 정체성은 교회에서 일어나는 일로만 형성되는 것은 아니다. 현명한 설교자는 청중이 어떤 책을 읽고, 어떤 영화나 TV 프로그램을 시청하며, 어떤 음악을 듣는지 파악하려고 노력한다(후자는 젊은이들에게 가장 중요할 수 있다). 이 모든 것이 청중의 의미의 세계를 만들어 낸다. 어떤 공동체든 기억되는 이야기, 부르는 노래, 심지어 널리 알려진 단어나 구절의 의미에 의해 형성된다. 이

회중, 교단의 주해(Exegesis of the Congregation, Denomination)

모든 것은 교회 간판의 교단 이름보다 엔터테인먼트 산업에 의해 더 많이 형성될 가능성이 높다.

교회의 교단이나 전통도 중요하다. 교단의 정체성은 구체화하기는 어렵지만 매우 실재하는 방식으로 존재하는 경우가 많다. 특정 의식, 관행, 강조점, 공유된 가치들은 다른 전통보다 일부 전통에 더 많이 존재할 가능성이 높다.

간단한 예를 하나만 들면, 장로교에서는 설교가 중심이 되는 반면, 로마가톨릭 예배에서는 성찬식이 중심이 될 가능성이 높다. 다른 사안에 대해서도 비슷하게, 더 심오한 관찰을 할 수 있다. 특히, 공식적 교단 명칭뿐만 아니라 교회의 가족을 생각한다면 더욱 그렇다. 구도자에 민감하거나 사회 정의 또는 복음 전도에 대한 갈증으로 자신을 정의하는 다양한 교파의 교회가 있다. 오래된 감리교 용어를 빌리면, 이러한 강조점을 공유하는 교회들 사이에는 연관성이 있을 수 있다. 이러한 연결은 교파적 충성도보다 더 강할 수 있다.

회중은 사회학이나 특정 공유 내러티브에 의해 정의되지 않는다. 또한, 그들은 핵심 신학을 가지고 있다. 신학은 모호하고 미완성일 수 있지만 분명 존재한다. 회중은 하나님과 인간의 본성, 하나님과 인간 사이의 관계에 대한 생각을 갖게 될 것이다. 교회가 무엇인지에 대한 이해와 교회가 수행해야 할 중심 과제(선교)에 대한 감각을 갖게 될 것이다. 특히, 성경에 대한 교리를 갖게 될 것이다. 즉, 교회 생활에서 성경의 역할, 성경의 권위 범위, 성경이 어떻게 올바르게 사용되어야 하는지에 대한 이해를 갖게 될 것이다.

교회 내 갈등, 교회 이웃과의 갈등, 또는 교회와 목회자 사이의 갈등은 바로 이 성경 교리에서 비롯된 것일 수 있다. 설교자의 임무는 단순히 이 신학을 확증하는 것이 아니라 그것을 강화하고, 심화하며, 심지어 수정하는 것이다. 여기서 교단의 정체성이 가장 중요할 수 있다. 설교자는 교회가 속한 신학적 전통에 비추어 회중을 해석할 수 있다. 이런 종류의 비교 주해는 지역교회의 실제 신학을 더 명확하게 드러내는 데 도움이 될 수 있다. 또한, 신학이 나아가야 할 방향을 제시하고 신학이 수정되어야 할 기준을 공개할 수도 있다. 일부 교회에는 교단 정체성이 충분히 남아 있어 이러한 심화 및 수정 과정을 긍정적으로 받아들일 수 있을 것이다.

같은 강물에 두 번 발을 담글 수 없다고 한다. 강물은 그 사이에 변했을 것이기 때문이다. 마찬가지로 같은 강단에 두 번 발을 들여놓지 않는 것은 상황도 달라졌을 것이기 때문이다. 상황에 대한 주해는 끝이 없거나 적어도 자주 반복되는 작업이다. 금문교를 그리는 것과 같을 수 있다. 한 번 끝나면 다시 처음부터 시작해야 하기 때문이다.

참고 주제 인간학; 문화해석학; 세계화

참고 문헌 Alban Institute. http://www.alban.org; Stephen Farris. *Preaching That Matters: The Bible and Our Lives*. (1998); Leonora Tubbs Tisdale. *Preaching as Local Theology and Folk Art*. (1997); Arthur Van Seters, ed. *Preaching as a Social Act*. (1988).

자기 주해(Exegesis of Self)

스티븐 패리스(Stephen Farris)

19세기의 위대한 설교자 필립스 브룩스(Phillips Brooks)는 설교를 "인격을 통한 진리"라고 정의했다(Brooks 1889, 8). 설교자가 강단에 무엇을 가져가든 설교자는 항상 자신을 가져간다. 그러므로 설교자는 본문이나 상황에 대한 주해뿐만 아니라 자기 자신에 대한 주해에 참여하는 것이 필요하다.

우선, 설교자의 성품과 인격은 메시지의 신뢰성에 중대한 영향을 미친다. 아리스토텔레스는 설득의 세 가지 방식인 로고스, 파토스, 에토스 중에서 마지막 방식인 에토스가 가장 효과적이라고 주장했다(1932, 8-9).

에토스는 설교자가 지각하는 인격이다. 사람들은 말과 인격이 일치하는 설교자를 더 잘 믿게 된다. 17세기 시인이자 사제인 조지 허버트(Herbert 1974, 84)는 다음과 같이 노래했다.

> 교리와 삶, 색채와 빛이 하나로
> 결합하고 섞일 때
> 강한 존경과 경외심을 불러일으키지만,
> 말만으로는
> 불꽃처럼 사라지고
> 귀에는 양심이 울리지 않는다.

이것은 청중이 "당신이 설교하는 것을 실천하십시오"라고 말하지 않도록 설교자가 자신의 성품을 스스로 분석하는 것이 현명한 예방책이 될 수 있음을 시사한다. 그러나 원칙적으로 이것은 모든 그리스도인(또는 영적으로 민감한 사람)의 영적 삶에서 요구되는 자기 분석와 다르지 않다.

그러나 설교 작업에는 보다 직접적이고 구체적인 부분인 자아에 대한 주해가 있다. 이러한 주해에서 설교자는 설교자의 과제에 가장 직접적으로 영향을 미치는 특성과 경향을 조사한다. 우선, 우리가 성경 본문에서 보는 것과 그래서 우리가 설교하는 내용은 우리의 관점에 따라 크게 영향을 받는다. 이것은 성경 해석 안에서만 아주 흔하게 나타나는 것 같지만, 모든 것에서 마찬가지이다.

우리는 사회적, 경제적, 인종적, 성(별)적, 이념적 또는 신학적 상황(social, economic, racial, gender, and ideological or theological situations enable)에서 볼 수 있는 것은 본문에서 보고, 볼 수 없는 것은 눈감고 있을 가능성이 높다. 설교자들은 이러한 한계를 부분적으로 벗어날 수 있지만, 가장 먼저 해야 할 일은 자기 자신을 살펴보고 이 한계와 관련된 요인들을 스스로 확인하는 것이다. 그런 다음 설교자는 직접 또는 책과 기타 미디어를 통해 설교자 혼자서는 달성할 수 없는 방식으로 본문을 볼 수 있도록 도와주는 다양한 배경을 가진 사람들을 찾을 수 있다. 설교자가 삶의 자리에서 완전히 벗어날 수 있다는 것은 가능하지도 않고 바람직하지도 않다.

성경을 독립적이고 객관적으로 읽는다는 신화는 때때로 파괴적이다. 설교자가 자신의 전통과 삶의 환경 속에서 성경을 읽는 것은 옳고 적절한 일이다. 그러나 자기 자신에 대한 신중한 주해는 설교자가 자신의 관점에 의해서 발생한 한계에 의해 야기된

자기 주해 (Exegesis of Self)

최악의 무자각(blindness)으로부터 부분적으로 해방될 수 있게 한다.

대부분의 설교자는 그들이 중점적으로 강조하는 경향이 있는 교리, 테마(theme), 또는 주제(subject)와 가능하면 피하고 싶은 주제를 가지고 있을 것이다. 그래서 설교자의 자기 주해는 6개월 또는 1년 정도의 장기간에 걸쳐 설교를 검토하는 과정을 포함할 수 있다.

설교의 지속적 효과는 일반적으로 하나의 개별 설교가 아니라 일정 기간에 걸친 설교의 누적을 통해 볼 수 있다. 이는 식사에 비유할 수 있다. 개별적 식사 중 기억에 남는 것은 거의 없으며 삶을 변화시키는 것도 거의 없다. 그러나 사람의 건강은 오랜 기간에 걸친 식습관의 성격에 따라 결정된다. 그래서 자기 주해는 설교에서 장기적인 경향을 파악하려고 노력하는 것이다. 진정으로 자신의 생각 안에 갇힌 사람(the obsessed)은 이 작업을 성공적으로 수행하기 위해 스스로의 집착으로부터 충분히 거리를 두지 못할 수 있다. 그러나 대부분의 설교자들은 이러한 연습을 통해 유익을 얻을 수 있을 것이다.

대부분의 설교자는 특정한 상황에서 설교를 한다. 이러한 설교자들에게 자신에 대한 주석은 자신과 청중을 주의 깊게 비교하는 것을 수반한다. 예를 들어, 설교자는 자신의 읽기, 보기, 듣기 습관을 파악하고 이를 청중의 습관과 비교할 수 있다(이것은 또한 설교자가 동시에 상황에 대한 주해에 참여한다는 것을 전제로 한다). 이 비교 결과는 유익할 수 있다. 예를 들어, 슈퍼마켓에서 잡지를 읽는 설교자의 설교 스타일은 도스토옙스키를 읽는 회중(또는 그 반대)에게 설교할 때 약간의 조정이 필요할 수 있다.

또한, 설교자는 가능한 한 자신을 보는 방식과 다른 사람들이 자신을 보는 방식을 비교할 수 있다. 여기에는 신학적이거나 이념적인 분류를 사용하는 것이 포함될 수 있다. 이러한 분류는 종종 오해의 소지가 있다. 특히, 진보주의자나 복음주의자와 같은 정당 분류는 그 분류가 묘사하는 사람보다 그 분류를 사용하는 사람에 대해 더 많은 것을 말해 줄 수 있기 때문에 오해의 소지가 있을 수 있다. 그래도 분류들은 설교자가 자신의 입장을 설교 대상자의 입장과 비교할 수 있는 편리한 짧은 형식이 될 수도 있다.

대부분의 기독교 설교자에게는 성경의 본질과 권위에 대한 설교자의 이해와 대부분의 회중이 가지고 있는 이해를 비교하는 것이 특히 중요하다. 이 점에서 차이를 파악하고 대처하지 않으면 사역이 무력화될 수 있다.

몇 가지 일반적 관찰이 도움이 될 수 있다. 자기 자신에 대한 주해는 혼자 해서는 안 된다. 이 점에서 신뢰할 수 있는 조언자의 조언은 언제나 도움이 된다. 특히, 우리가 지나치게 강조하거나 피하는 경향이 있는 주제를 파악하고 다른 사람들이 우리를 바라보는 방식을 고려하는 데 있어서는 더욱 그렇다. 게다가 대부분의 설교자는 목회자이기도 하다. 자기 자신에 대한 신중한 주해의 유용성은 연구나 강단에만 국한되지 않는다. 이러한 연구는 목회 사역의 대부분의 영역을 강화할 것이다.

마지막으로, 자신에 대한 주해는 일생에

한 번 하는 작업이 아니다. 인간은, 심지어 설교자조차도 성장하고 변화하는 유기체이다. 자신에 대한 반복적인 주해는 이러한 변화와 설교에 대한 함의를 파악하는 데 도움이 될 수 있다.

참고 주제 인품; 에토스; 로고스; 파토스/감정

참고 문헌 Aristotle. *The Rhetoric of Aristotle.* Translated by Lane Cooper. (1932); Phillips Brooks. *Lectures on Preaching: Delivered before the Divinity School of Yale College in January and February,* 1877. (1889); Stephen Farris, *Preaching That Matters: The Bible and Our Lives.* (1998) 36–38; George Herbert. "The Windows." *The English Poems of George Herbert.* Edited by C. A. Patrides. (1974); David Schlafer. *Your Way with God's Word: Discovering Your Preaching Voice.* (1995).

성별, 인종, 민족(Gender, Race, and Ethnicity)

게리 V. 심슨(Gary V. Simpson)

성별, 인종, 민족에 관한 대화는 교회에서 가장 어렵고 분열을 일으키는 대화로 남아 있지만, 우리가 하나님과 그리고 서로 거룩한 대화를 나눌 수 있도록 돕는 것이 설교자의 임무이다.

1. 더 큰 문화적 현실에서 정체성 대화의 도전과 복잡성

성별, 인종, 민족에 관한 대화는 현대 교회 내에서 가장 어색한 대화 중 하나이다. 우리는 이러한 정체성 문제를 다루는 가장 좋은 방법은 단순히 무시하는 것이라고 생각하는 경우가 너무 많다. 그러나 이러한 문제들은 결코 사라지지 않을 것이며, 우리 존재가 살과 피에 국한되어 있는 한 대화의 필수적 부분이다.

세계화의 영향으로 인간 상호 작용의 모든 순간은 사람들, 문화, 전통, 그리고 포스트모던적 비동조주의의 충돌이 되고 있다. 어떤 사람들에게는 이러한 특별한 정체성이 복음의 치유를 필요로 하는 고통의 일부이다. 사실 일부 소외된 사람들은 자신을 소외시키는 바로 그 사람들의 가치 체계에 의해서만 정의되고 그 가치 체계에 동일시된다. 이는 가장 파괴적인 자기 혐오로 나타난다.

남성만이 진정한 복음의 전파자라고 믿는 여성들이 있다. 인종 차별로 인해 비방과 학대를 당하는 사람들 중에는 자신의 현실을 인종 차별주의자의 시선으로만 볼 수 있는 사람들이 있다.

보다 직접적으로는 성별, 인종, 민족에 대해 이야기하는 것은 진정한 인간이 된다는 의미의 일부이다. 우리는 색깔이 없고, 계급이 없으며, 성이 없는 문화에 살고 있지 않다. 인종적으로 가장 동질적인 교회에서도 여전히 다양한 인종, 성향, 계급의 층위가 존재한다. 아마도 가장 위험하거나 부주의한 설교자는 "나는 피부색, 성별, 민족

성별, 인종, 민족 (Gender, Race, and Ethnicity)

이 보이지 않고 사람만 보인다"고 말하는 설교자일 것이다. 물론, 인종은 보이는 것이다. 성별도 알아볼 수 있다. 민족 역시 때때로 식별할 수 있다.

사람들은 교회 문 앞에 자신의 정체성을 남겨 두지 않는다. 그들은 자신의 전체적인 존재로 말씀을 들으러 온다. "오늘은 흑인 여성이 아니라 그냥 흑인이다", "오늘은 일본인이 아닌 남자가 되겠다"라고 선언할 수 있는 특권은 누구에게도 없다.

함께 말해지는 그리고 개별적으로 말해지는 단어들은 현재 공적 담론에서 매우 첨예하게 대립하고 있는 이슈를 나타내며, 한 자리에서 이러한 이슈를 정의롭게 다루는 것은 불가능하다. 지나치게 단순화하거나 지나치게 일반화하려는 우리 모두의 경향 때문에 이 주제는 실제로 다루기 가장 어려운 주제이다. 정체성과 몸의 문제는 태초부터 신앙공동체의 골칫거리였다(간혼[intermarriage]에 대한 언급[신 7:1-4], 이방인을 받아들이지 않으려는 베드로의 태도[행 10:9-33], 교회에서 여성과 리더십에 대한 바울의 대화[고전 고전 14:33-35] 등을 참조하라).

말과 스토리텔링의 세계에서 성별, 인종, 민족 등 정체성의 맥락만큼 더 분열을 일으키는 것은 없다. 사실 이러한 단어를 함께 말하면 듣는 사람을 불편하게 한다.

왜 이 범주들 중 어느 하나도 그 자체로 대화할 가치가 없는 것처럼 항상 함께 묶여서 다루어지는 것일까?

우리는 이러한 이슈들을 거의 처음이나 마지막에 면책 조항처럼 나열한다. 우리는 보통 이 카테고리가 백인이나 남성이 아닌 모든 것, 또는 이전에 다루지 않았던 모든 것을 포괄하는 것이 되도록 의도한다.

집단이 정치적으로 올바른지 여부와 관계없이, 이런 단어 또는 이런 단어들이 대표하는 문제들이 입술을 떠나는 순간 설교자의 의도와 진실성에 의문이 제기된다. 우리가 이 정체성 문제를 제기할 때 우리는 더 많은 질문을 고려해야 한다.

- 우리는 어떤 순위를 제안하는 것인가?
- 현재 우리에게 가장 중요한 범주는 누가 선택할 수 있나?
- 우리는 의식적이든 무의식적이든 다른 카테고리보다 어떤 하나가 훨씬 더 중요하다고 암시하고 있나?
- 우리는 이 중 어느 하나가 "이 중 가장 작은 것"이라고 추론하는가?
- 왜 소외된 사람들은 항상 대규모의 소외의 규모에서 자신을 방어하고 설명해야 할까?

설교자로서 잠시 자신이 청중이라고 생각해 보라.

설교자가 당신에 대해 어떤 가정을 하는 것이 편한가?

예를 들어, 많은 설교자가 부주의하게 내뱉는 간단한 주장을 생각해 보라.

"하나님은 인간(man)을 구원하러 오셨다."

우리가 단순히 여성이 하나님의 구원적 관심 밖에 있다는 의미로 해석할 수 없다면, 왜 그런 의미로 해석될 수 있는 언어에 안주할까?

설교는 정보에 입각하고 공감하는 말이다. 우리는 회중에게 하나님 나라에 대

493

한 우리의 관점을 폭넓게 노출하고 계속 확장해야 할 의무가 있다. 우리 회중의 많은 사람에게 우리는 영감을 주는 정보 제공자이다.

이러한 대화, 토론, 대담, 논쟁에 참여해 온 우리들은 "남에게 대접받고자 하는 대로 너희도 남을 대접하라"는 오래된 가르침을 되풀이하고 재포장하는 경향을 보이는 토론에 다소 지쳐 있다.

설교자로서 이러한 잠재적으로 폭발적이고 분열적인 범주를 다루지 않아도 된다면 좋을 것이다. 그러나 이를 피할 방법은 없으며 피해서도 안 된다. 설교자는 문제를 제기하고 모든 종류의 사람을 하나님과 그리고 서로와의 거룩한 대화로 끌어들이는 말씀을 전하도록 부름받았다.

2. 기계화에서 의미로의 설교 전환

너무 자주 설교의 임무는 기술의 기계화로 축소된다.

기술을 발생시키고 형성하는 더 깊은 질문을 던지지 않는다면 우리는 정말 잘 할 수 있을까?

설교자는 필연적으로 신학자의 책임으로 부름을 받는다.

안셀름(Anselm)은 신학을 "이해를 추구하는 신앙"이라고 설명했다. 설교의 구체적인 사역에서 이 "이해를 추구하는 믿음"은 말씀 사역에 있다.

유진 피터슨(Eugene Peterson)은 요한복음 1:14의 "말씀이 살과 피가 되어 이웃에 거하시매"(The Message)라는 구절을 유쾌하고 맛깔스럽게 표현했다.

설교가 청중의 이웃 속으로 들어가지 못한다면 설교는 무의미한 수다에 불과하다. 우리는 청중의 마음을 넓히고, 생각을 확장하고, 영혼에 활력을 불어넣으라는 부름을 받았다. 많은 사람이 '무엇'과 '어떤 삶'에 더 많이 의존하지만, 설교자는 '왜'에 대해 다루는 중요한 임무를 결코 포기해서는 안 된다.

우리의 말을 듣는 많은 사람은 우리가 주변 세계에 대한 최초이자 최종 해석이라고 믿기 때문에, 우리는 세상을 절대적으로 그리지 않도록 주의해야 한다. 다양한 픽셀 밀도로 250가지 색을 표현할 수 있는 기술로 특징지어지는 세상에서 우리는 세상을 흑백으로 말할 여유가 없으며, 설교자의 임무는 실제로 다양한 회색 음영의 뉘앙스와 모호함, 단색 표현을 넘어선 대담하고 강렬한 색의 창의성에 있음을 인식해야 한다. 회중이 무한한 가능성 속에서 삶을 보고 경험하기 시작하는 물방울무늬, 헤링본, 격자무늬와 같은 패턴을 충분히 잘 묘사할 수 있을 때 우리는 진정으로 우리의 일을 하는 것이다.

3. 공적 담화를 넘어
변혁의 거룩한 대화로 나아가기

현실은 교회의 대화와 설교가 수년 동안 정체성에 대한 질문을 둘러싸고 춤을 춰 왔다는 것이다. 우리의 어색하고 상상력이 없는 언어는 위험한 결과를 초래한다. 모든 설교가 위험하다고 말할 수도 있다. 그러나 필자가 말하는 위험은 우리가 하는 말이 청중으로 하여금 새롭고 대담한 것을 생

성별, 인종, 민족(Gender, Race, and Ethnicity)

각하게 해서가 아니라, 청중으로 하여금 스스로를 제외하거나 전체 대화에서 배제하게 만들어서 생기는 위험이다.

동시에 복음 이야기는 어느 한 사람의 사회적 위치에 국한되지 않는다. 신앙은 특정 한순간에 특정한 사람, 특정한 유산과 유산의 산물을 통해 세상에 태어났다고 말하지만, 복음의 메시지는 "누구든지 원하는 자"에게 다가가는 포괄적 메시지이다. 우리가 설교하는 '누구든지'는 하나님의 형상대로 지음 받은 사람들이지 그 반대가 아니다.

더 중요한 것은 설교자는 하나님의 형상대로 지음 받았지 그 반대가 아니라는 점이다. 설교자가 인도하도록 부름받은 위대하고 위험한 춤은 우리가 하나님에 대한 우리의 지식과 경험에서 가장 진실하게 말하면서도, 우리의 일은 또한 '나'가 아닌 사람들의 실재, 존재, 그리고 참여를 부정하는 언어의 한계로부터 복음을 해방시키는 일이라는 것을 인식하는 것이다.

가드너 테일러(Gardner Taylor)는 성경에 "누구든지"라는 회피할 수 없고 무시할 수 없는 단어가 있다고 말했다. 우리가 아무리 피하려고 해도, 아무리 많은 예외를 신청하려고 해도 이 단어는 무시할 수 없다. 복음은 하나의 이야기일 수 있지만, 그 이야기는 다양한 목소리와 그릇을 통해 드러난다.

4. 설교 시 고려할 몇 가지 실제 고려 사항

1) 설교자는 누구인가?

자신이 누구인지 알아야 한다. 당연한 말처럼 보일 수 있지만 설교자는 먼저 자신의 인종, 성별, 민족, 유산을 인정해야 한다.

복음의 이야기를 바라보는 렌즈는 무엇인가?

필자는 남성으로서 기껏해야 회복 중인 성 차별주의자라는 것을 인정한다. 즉, 본질적으로 여성보다 남성을 중시하는 제도의 혜택을 받을 때가 있다는 뜻이다. 필자가 원한다면 그 체계에 참여할 수도 있지만, 매일 그런 현실과 함께 살고 있다. 솔직히 말해서 때때로 실패한다. 설교자의 의도성, 상상력, 그리고 동정심이 부족하면 청중이 설교자를 외면하려는 욕구를 조장할 수 있다.

2) 하나님과 인간의 조건에 맞는 이미지 발견하기

인종, 성별, 민족(여기서는 계급이라는 또 다른 분열적인 단어를 사용하고 싶다)의 범주에 대한 모든 논의는 포용적 언어의 문제와 씨름해야 한다.

가능한 한 포용적 언어를 만들기 위한 노력은 성별 포용성에서 멈추지 않는다. 특히, 인간 경험에 대한 설명에서 고전적 어둠-빛 이분법을 포함하여 포용적 언어에 대한 대화를 시작해야 한다.

필자는 많은 설교자가 "제 인생에서 어두운 시기였습니다"라고 말하는 것을 들었다. 그 말은 '우울했다'는 뜻일까?

설교자들은 시대에 뒤떨어지는 사상에 대해 말할 때 '암흑기'를 언급한다.

대신 드물게 사용되는 단어, '불가사의한'(arcane)을 선택하는 것은 어떨까?

이 단어들은 고통과 비존재의 오랜 역사에 의해 무게가 실려 있다. 이것들은 우리 음악에도 나타난다.

> 오 귀한 흐름이여
> 나를 눈처럼 하얗게 하네(작가 강조).

3) 모든 사람이 원하거나 필요로 하는 말씀인지 고려하기

설교자의 목소리는 그리스도께서 말씀하신 "누구든지" 제외를 이야기하는 복음을 옹호하는 것이 될 수 없다. 복음은 배제가 아니라 포용의 이야기이다.

4) 청중의 맥락 읽기

설교자로서 우리는 성경 본문을 해석하는 것뿐만 아니라 문맥을 해석하도록 부름받았다. 이 거룩한 대화를 누구와 나누고 있는지 파악하라.

이 사람들에 대해 무엇을 알고 있나? 어떤 설교와 이미지는 특정 문화적 맥락 안에서 공유될 때만 효과적이다. 맥락과 무관한 담론으로 다른 사람들을 잃거나, 더 나쁜 경우 그 순간을 더럽힐 수도 있다.

우리는 문화를 넘나들며 설교하도록 요청받는 때가 있을 것이다. 여기에는 통역사와 함께 설교하는 경험이 포함될 수 있다. 이런 상황에서는 성경 본문에 더 가까이 다가가는 것이 훨씬 더 쉽다. 설교의 많은 부분이 맥락과 깊이 결합되어 있고 일부 설명과 예시는 우리가 동일한 이야기를 공유하지 않기 때문에, 일부 설명과 예화는 여러 문화가 혼재된(cross-cultural) 맥락에서 무의미해진다.

그러나 기독교 설교자로서 우리는 성경의 공통된 이야기를 공유한다. 자신의 문화권 밖에서 말하는 것은 단순한 예화와 관습을 관련 없게 만든다. 성경의 이야기는 알려져 있고 공유된다. 청중이 설교자를 모르더라도 친숙한 것은 바로 성경의 증거이다. 성경의 이야기를 말하는것에 기대라. 낯설고 생소할수록 성경의 이야기 안에서 더 많이 일할 수 있다.

우리는 너무 자주 예언자적 설교와 목회적 설교를 건강하지 않은 방식으로 불필요하게 구분한다. 경험 많은 현자가 필자의 젊은 동료에게 이렇게 말했다.

"설교에서 폭탄 투하를 그만둬야 합니다."

설교할 때, 우리는 뜨거운 버튼을 누르고 논쟁을 일으키는 경향에서 벗어나, 그리스도의 삶과 사건에 의해 근본적으로 형성된 인간으로서 우리가 가지도록 부름받은 거룩한 대화의 기회를 창조해야 한다. 성별, 인종, 민족의 문제를 충격적 가치나 예언자적 성격을 전제로 설교하는 대신, 우리는 이러한 문제에 대해 일상적 과정의 일부로서 설교해야 한다. 설교자가 이런 식으로 이러한 문제를 다루면 청중에게 불안감과 예상되는 저항을 불러일으킨다. 우리는 청중에게 더 충만하고 더 자각적인 삶을 사는 방법을 보여 주어야 할 때 방어적으로 만든다.

고린도전서 12장의 마지막 부분에서 바울은 삶을 다르게 바라볼 수 있는 모델로 자신을 제시한다.

내가 또한 가장 좋은 길을 너희에게 보이리라 (고전 12:31b).

정체성과 포용에 대한 정직하고 진실한 대화의 모범을 보이겠다는 이러한 노력은 인간이라는 존재의 의미에 대해 이야기한다.

5) 성경의 전체 증언 사용하기

성경은 이러한 문제들과 씨름하는 신앙의 투쟁에 대한 정직한 기록이다. 설교자는 회중을 위해 이러한 긴장을 발견하고 드러내는 것을 두려워해서는 안 된다. 많은 성경 구절이 우리에게 인종, 성별, 민족에 대한 질문을 제기할 기회를 제공한다.

다음은 이러한 맥락에서 다시 살펴볼 수 있는 몇 가지 본문이다.

- 모압 여인 룻: 이 "혼혈" 여인은 이스라엘의 군주인 다윗의 혈통을 이어 나갔다.
- 창녀 라합: 여호수아서 2장과 6장에 나오는 행동.
- 선한 사마리아인: 사회학적 모순을 다뤄 보자. "선한" 사마리아인 같은 것이 정말 있을까? 왜 우리는 이 사람을 선한 사마리아인이라고 부르면서 마치 그가 그 수식어를 받을 자격이 있는 유일한 사마리아인인 것처럼 말하는가?
- 사도행전: 이제 사도가 된 제자들이 복음의 이야기를 확장하기 위해 움직일 때, 그들은 다양한 문화와 충돌하게 된다. 특히, 오순절에 참석한 "로마에서 온 방문객들"의 명단을 읽어 보라.
- 사도행전 8장에 나오는 빌립과 에디오피아 내시의 대화.
- 우물가의 여인: 대낮에 랍비와 한 여인이 나눈 이 간단한 대화로 인해 많은 문화적 금기가 깨졌다.
- 아가서에서 주인공의 목소리를 맡은 검고 아름다운 여인.
- 요한계시록의 천상의 환상: "모든 민족과 종족과 방언"(14:6 KJV)으로 구성된 그 숫자는 어떨까?
- 요한복음은 밤새도록 수고했지만 아무것도 잡지 못한 제자들의 고기잡이 모습을 묘사하여 설교에 도움이 되는 이미지를 제시한다. 그들은 그리스도의 지시를 따라 큰 성공을 거둔다. 성경은 그들이 "수많은 물고기"(21:6 KJV)로 가득 찬 그물을 끌어당겼다고 선언한다.

다양한 사람들이 복음의 능력 안에서 자신을 발견할 수 있도록 가능한 한 널리 그물을 던지는 것, 이것이 바로 설교의 임무이다. 하나님 나라의 능력을 구성하는 것은 동일성이 아니라 정체성과 은사 모두의 다양성이다.

참고 주제 아프리카계 미국인 설교 관점; 해석학적 의심; 여성

참고 문헌 Brian Blount et al. *True to Our Native Land: An African American New Testament Commentary.* (2007); Teresa Frye Brown. *Weary*

Throats and New Songs. (2003); Jana Childers, ed. *Birthing the Sermon: Women Preachers on the Creative Process.* (2001); Danna Nolan Fewell. *The Children of Israel: Reading the Bible for the Sake of Our Children.* (2003); Joseph Jeter and Ronald J. Allen. *One Gospel, Many Ears.* (2002); Matthew Kim. *Preaching to Second Generation Korean Americans.* (2007); Cleophus LaRue. *The Heart of Black Preaching.* (1999); Cleophus LaRue. *This Is My Story.* (2005); Henry Mitchell. *Black Preaching: The Recovery of a Powerful Art.* (1990); Eugene Peterson. *The Message.* (1993).

세계화(Globalization)

아서 반 세터스(Arthur Van Seters)

세계화는 엄연히 사회의 자본 환경이며, 어쩌면 설교학에 의해 아직까지 다루지 않은 가장 중요한 영역일지도 모른다. 세계가 축소되는 상황에서 한 집단의 결정은 다른 집단에 경제적, 정치적 영향을 미친다. 세계화는 모든 하나님의 자녀를 가까운 이웃으로 인정하는 방식이다.

레베카 피터스(Rebecca Peters 2004)는 세계화와 그 내포된 가치가 정의되는 다양한 방식, 즉 신자유주의, 개발주의, 환경주의, 신식민주의 방식을 지적한다. 설교의 과제는 회중이 예수님이 선포하신 하나님의 통치가 현재의 경제 질서와 어떻게 연관되어 있는지를 분별하도록 돕는 것이다.

필립 워가먼(Philip Wogaman)은 대부분의 설교자가 일반적으로 경제를 두려워하지만, 경제가 중요하지 않다고 생각해서가 아니라고 말한다. 그들은 성경이 경제 문제에 대해 충분한 관심을 기울이고 있다는 사실을 잘 알고 있다. 오히려 그들은 이 분야에서 무능하다고 느낀다. 세계 경제의 언어가 두렵게 느껴지고, 경제에 대해 잘 아는 것처럼 보이는 사업가들에게 어떻게 직접으로 말할 수 있을지 궁금해한다(1998, 61).

경제에 관한 목회자와 평신도 사이의 심각한 단절은 최근의 한 연구에서 드러났다. 세속 직업을 가진 많은 크리스천들은 직장 생활에서 윤리 문제(금융 사기, 이해 상충, 탈세, 공정한 가격 책정, 채권 추심 등)를 명명하는 데 거의 어려움이 없다.

그러나 이러한 문제로 어려움을 겪을 때 목회자의 조언을 구하는 경우는 거의 없다. 이들은 목회자가 비즈니스에 대한 통찰력과 지식이 부족하고 교회가 이러한 문제에 무관심하다고 생각했다. 또한, 교회의 자체 사업 관리에 대한 신뢰가 부족했으며, 교회 문화가 일과 관련된 문제를 예배당에 가져오는 것을 꺼리는 것으로 인식했다(Knapp 2005, 47).

설교자들은 또한 지역적으로 설교하는 것과 전 세계적으로 설교하는 것 사이에서 긴장감을 느낄 수 있다.

가까운 곳과 있는 개인적 일에 집중하는 것이 복음의 범위를 제한할까?

일부는 지상 명령을 보고 세계는 지역적인 것의 연장선상에 있다고 생각할 수 있다.

윌리엄 노팅엄(William Nottingham)은 그 반대가 되어야 한다고 주장한다.

많은 설교가 흥미를 끌지 못하는 이유는

전 세계적 관심사에 의해 형성된 지역적 관련성을 포함하지 않기 때문이다. 선교에 대한 이해가 부족하기 때문에 사명감이 부족하다. 가까운 곳에서의 기독교 실천은 하나님의 선교의 무한한 본질을 표현한 것이다(1986, 61).

경제학자와 신학자들이 윤리와 세계화를 탐구할 때, 종종 상반된 관점을 가진다.
『소유: 종교와 사회적 삶에서의 재산과 소유』(*Having: Property and Possession in Religious and Social Life*)에서 편집자들은 다음과 같이 지적했다.

[어떤 사람들에게 세계화는] 가난한 국가와 지구 자원의 체계적 착취를 통해 문화적 차이를 평준화하는 것을 목표로 하는 억압적 기계다. [다른 사람들에게는] 증가된 번영의 전조이자 인해 점점 더 많은 사람이 자신의 정치적, 사회적 운명을 스스로 통제할 수 있는 가능성의 전조이다(2004, 1).

패트릭 D. 밀러(Patrick D. Miller)는 다음과 같이 주장한다.

(십계명) 전체에서 가장 큰 문제 또는 관심사는 재산과 소유의 문제다(2004,21).

윌리엄 슈바이커(William Schweiker)는 탐욕은 인간적 경제에 필수적 인간공동체의 유대를 약화시키는 고립의 힘이라고 말한다(2004,259).

많은 설교학자가 글로벌 문화와 관련된 설교의 도전에 대해 다음과 같은 의견을 제시한다.

설교자는 문화적으로 비판적이어야 하며 언젠가 새로운 사회적 정신을 형성 대항문화(counterculture) 운동의 씨앗을 뿌려야 한다. 하나님의 통치는 영원히 존재하고 다가올 것이다. 이것은 모든 사람, 관계, 문제에 대한 하나님의 포괄적인 범위이다. 너무 자주, 설교는 하나님이 오직 우리 자신과 관해서만 행동하는 것으로 묘사한다. 전 세계에 영향을 미치는 하나님이 없다면 신앙은 약화된다. 기술과 글로벌 자본주의의 확장 속에서 정사와 권세가 삼키는 활동의 징후는 분명하며 저항을 요구한다.

이 영역에 뛰어드는 설교는 까다롭고 대담하며 위험하며, 세상을 다르게 인식하고 목소리를 내는 변화된 상상력의 사건으로 등장한다. 이러한 목소리는 비판적 신학적 성찰의 성향을 불러일으키고 글로벌 경제 관계를 재조명하는 과정을 요구한다.

글로벌 경제에 대한 설교는 신학적, 성경적 통찰력에서 성령의 감동을 받아야 한다. 창조 교리는 설교자에게 경제적 현실이 하나님의 창조 질서, 즉 지구는 선물이며 모든 인간은 하나님의 형상대로 지음 받았다는 사실을 상기시켜 준다. 세계의 상호 연결성은 궁극적으로 인간이 만든 시장이나 그에 수반되는 사이버네틱 혁명의 결과가 아니라 하나님의 마련에 의한 것이다.

이것이 경제적으로 무엇을 의미하는지에 대한 몇 가지 단서는 고대 이스라엘과 맺은 하나님의 언약에 명시되어 있으며, 이는 근본적으로 경제적 노력과 관련하여 누가 무엇을 받을 자격이 있는가와는 관련이 없다.

세계화(Globalization)

언약은 은혜의 지배를 받는다.

캐서린 태너(Katherine Tanner)는 하나님의 선물 경제에 대해 이야기한다.

"현대인의 경제적 상상력을 가장 확장시킬 수 있는 하나님의 은사에 대한 생각은 무엇일까?"

하나님의 내적 관계와 세상과 하나님의 관계는 "재화를 분배하는 복잡하고 다단계적인 경제"로 볼 수 있다. 무조건적 나눔, 보편적 포용, 비경쟁적 소유는 모두 삼위일체, 창조, 언약, 구속, 완성이라는 언어에 반영되어 있다(Schweiker and Mathewes 2004, 370).

세계화에 관해서는 공관복음에도 한계가 있다. 거시경제학에 관한 고전적 구절인 레위기 25장의 희년은 포함되어 있지 않다. 다른 본문들은 가능성을 제시한다. 이사야 58장은 참된 종교와 가난한 사람들에 대한 관심, 하나님 나라의 경제적 요건(마 25:31-46; 눅 3:7-17), 그리고 부의 획득을 인생의 궁극적 목적으로 삼는 어리석음(눅 12:13-21)을 연결한다. 아마도 가장 도발적인 성경 구절은 골로새서일 것이다. 골로새서는 교회가 예수 그리스도의 지상주의 관점에서 세계화를 바라보도록 초대하기 때문이다.

브라이언 왈시(Brian Walsh)와 실비아 키즈마트(Sylvia Keesmaat)는 『제국과 천국』(Colossians Remixed)에서 현대 세계화를 "전례 없는 규모의 종교 운동", 즉 "권력의 체계적인 권력 중앙집권화와 사회경제적 및 군사적 통제 구조에 의해 보장되는"(2004, 30-31) 것으로 해석한다.

주권을 지닌 그리스도의 복음은 이러한 세계화의 우상 숭배적 본질을 폭로하며, 또한 정사들이 마침내 최후를 맞이하지 못할 것이라는 깊은 희망을 제시한다. 성경 본문에 접근하는 이러한 방식은 많은 설교자가 전 세계를 재편한 9.11 이후의 상황을 재검토해야 한다는 충동을 느낄 수 있기 때문에 놀랍고 아마도 불안하게 느낄 것이다(2004, 35-37).

1. 설교할 것인가?

몇 년 전 희망에 대한 열정적 설교에서 한 열정적 설교자가 공허한 미사여구와 신화를 나열하며 희망에 대한 잘못된 관념을 폭로하는 것을 들은 적이 있다. 그런 다음 그는 복음 이야기를 대조적으로 다시 들려주었다. 경제 신화에 초점을 맞춘 설교도 똑같이 대담하고 예리한 스타일로 전달될 수 있다. 그러나 그러한 설교는 그 설교를 진정으로 공유하고자 하는 회중의 도움이 있을 때만 가능하다.

안드레 레스너(André Resner 2004)는 이를 최고조의 열정 전략(whitehot passion strategy)이라고 명명할 것이다. 그는 또한 아이러니, 간접 비유, 동일시, '소프트 셀'(제안이나 부드러운 설득을 사용하는 저압력 판매 기법-역자주) 정의, 서기관 전통 등 다른 '경로'를 제안한다. 암시적이기는 하지만, 세계화의 현실은 너무나 널리 퍼져 있고 그 힘은 현재의 많은 형태로 지구상의 삶을 왜곡하고 있기 때문에 설교학자와 설교자들은 세계화에 대한 설교를 계획적으로 검토가 절실히 필요하다. 이러한 탐구는 폭로, 명명, 정죄와 같은 해방주의적 설교 형태를 넘어서야 할 것이다.

또한, 성장하는 기업의 사회적 책임 운동과 확장하는 세계 경제의 다른 유망한 측면을 드러내는 것만으로는 충분하지 않을 것이다. 적어도 경제학자, 정치학자, 사업가, 신학자, 설교학자, 목회자 등 학제 간 협력이 필요할 것이다. 그런 다음 신흥 설교학은 현재 계속되는 회중 설교에서 다듬어져야 할 것이다. 이 작업은 어렵지만 영적, 사회적, 환경적으로 매우 시급한 과제이다.

참고 주제 기업 윤리; 환경 윤리; 지리학; 해방비평

참고 문헌 David Buttrick. *A Captive Voice: The Liberation of Preaching*. (1994); John C. Knapp. "Bridging Christian Ethics and Economic Life: Where Pastors and Laity Disconnect." *Journal for Preachers* 28 (Lent, 2005) 47–54; William J. McElvaney. *Preaching from Camelot to Covenant: Announcing God's Action in the World*. (1989); Patrick D. Millet. "Property and Possession in Light of the Ten Commandments." William Schweiker and Charles Mathewes, eds. *Having: Property and Possession in Religious and Social Life*. (2004); William J. Nottingham. *The Practice and the Preaching of Liberation*. (1986); Rebecca Todd Peters. "The Future of Globalization: Seeking Pathways of Transformation." *Journal of the Society of Christian Ethics* 24(2004) 105–33; André Resner Jr. "Casting Our Mammon on the Baptismal Waters: Preaching Economic Justice During Lent." *Journal for Preachers* 27(Lent, 2004) 42–50; Katherine Tanner. "Economies of Grace." *William Schweiker and Charles Mathewes, eds. Having: Property and Possession in Religious and Social Life*. (2004); Brian J. Walsh and Sylvia Keesmaat. *Colossians Remixed: Subverting the Empire*. (2004); Paul Scott Wilson. *The Practice of Preaching*. (1995); J. Philip Wogaman. *Speaking the Truth in Love: Prophetic Preaching in a Broken World*. (1998).

평신도 설교자(Lay Preacher)

그레고리 헤일, O.P.(Gregory Heille, O.P.)

평신도 설교는 교회의 말씀 사역의 세례적 맥락에서 하나님의 말씀을 전할 수 있는 하나님의 백성의 권리에 응답하는 풍부하고 까다로운 유산을 가지고 있다.

1. 성경과 역사적 맥락

신약에서 주목할 만한 인물들인 사마리아 여인(요 4장)과 막달라 마리아(요 20장)와 같은 여성들은 예수님을 증거하고 부활을 선포했다. 프리스킬라(행 18장)나 빌립의 딸들(행 21장)과 같이 덜 주목받는 인물들도 전도자와 예언자로서 하나님의 말씀을 전했다. 전례 질서(고전 14장)와 문화적 적절성(고전 11장)에 대한 바울의 관심은 1세기와 2세기 교회에서 놀랍도록 개방적인 말씀 사역의 실천을 배제하거나 막지 않았.

이는 초기 교회의 실천의 자유를 제한하기 위해 나중에 보간된 후대의 개입인 고린도서 14:33–35의 명백한 금지에도 불구하고 그리고 이브와 타락에 관한 잘못된 인류학을 사용하여 주변 공동체에 불쾌감을

평신도 설교자 (Lay Preacher)

주는 것에 대한 바울 이후(post-Pauline)의 우려를 뒷받침하는 디모데전서 2:11-15의 명백한 금지에도 불구하고, 바울은 전례 집회에서 여성의 기도와 예언의 실천을 실제로 인정했다.

교황 레오 대제(Pope Leo the Great)가 공식적으로 금지한 5세기에 이르러서는 평신도 설교는 더 이상 행해지지 않았다.

평신도 설교는 12세기 베긴회(Beguines)와 발도파(Waldensians)들, 그리고 13세기 프란치스코회(Franciscan)와 도미니코회(Dominican) 수사들의 도시 개혁 운동과 함께 다시 부상했다. 이들은 모두 누가복음 10장의 사도적 삶(vita apostolica)의 정신에 따라 자발적 가난을 받아들이며 설교했다. 수사들은 정규화되었지만 베긴회와 발데시안들은 그렇지 못했고, 제4차 라테란 공의회(1215년)에서 평신도 설교는 다시 금지되었다.

종교개혁으로 이어지는 몇 년 동안 평신도 설교는 다시 부활했다. 위클리프는 로마가톨릭의 금지에 맞서 평신도 설교자들을 훈련시켰다. 루터는 재세례파(Anabaptists)처럼 모든 기독교인이 설교할 권리를 처음으로 허용했다. 츠빙글리는 평신도 설교를 반대하며 이 사역을 교회 직분과 연관시켰다. 루터 역시 이러한 입장에 서게 되었다. 가톨릭 반종교개혁(Catholic Counter-Reformation)은 트렌트 공의회에서 이 관행을 더욱 명백히 금지했다.

1730-1770년대와 1790-1840년대의 북미 대각성 운동에서 주목할 만한 청교도, 퀘이커, 셰이커, 침례교, 회중교회, 감리교, 장로교, 미국장로교 평신도 여성과 일부 평신도는 자신의 명성에 큰 손해를 감수하고 적어도 처음에는 안수를 받을 생각 없이 복음을 전하고 설교하도록 영감을 받았다. 사라 오스본(Sarah Osborn), 마더 앤 리(Mother Ann Lee), 자레나 리(Jarena Lee), 사라 그림케(Sarah Grimke), 루크레티아 모트(Lucretia Mott), 소저너 트루스(Sojourner Truth), 피비 팔머(Phoebe Palmer), 엘리자베스 캐디 스탠튼(Elizabeth Cady Stanton), 그리고 마더 존스(Mother Jones)등이 가장 기억에 남는 이름들이다.

평신도 사도직으로 이해되는 영국의 가톨릭증거길드(Catholic Evidence Guild)는 1918년 대서양을 건너 미국 동부와 북부의 여러 도시에서 거리 설교자들을 준비시켜 파견하여 주로 침례교가 많은 남부의 시골 지역에서 로마가톨릭에 대한 이해를 증진시키기 위해 노력했다.

1983년 새로운 교회법전(Code of Canon Law)이 나왔을 때에야 로마가톨릭 교회는 공식적으로 다음과 같이 선언했다.

> 모든 그리스도인 신자는 신성한 구원의 메시지가 모든 시대와 모든 땅에서 온 인류에게 점점 더 많이 도달할 수 있도록 일할 의무와 권리가 있다 (#211).

> 특정 상황에서 필요하거나 특정한 경우에 유리할 경우 평신도가 교회나 기도처에서 설교하는 것을 인정할 수 있다 (#766).

2. 교회 문제

평신도 설교는 종종 하나님의 백성들이

말씀을 들을 권리와 이에 응답해야 할 교회의 책임이라는 관점에서 이해된다. 이러한 이해에서 말씀 사역은 교리 교육, 목회적 돌봄, 복음 전파, 정의를 위한 행동 등을 포함하여 교회 생활의 모든 측면에 영향을 미치는 교회의 비범함(charism)이며, 주일 강단은 말씀 사역의 "최고점이자 원천"(summit and source, 로마가톨릭 표현)이다. 생동감 있는 말씀 사역을 위해서는 교회 전문가와 자원봉사자뿐만 아니라 일터와 공공장소에서도 잘 훈련되고 명료한 말씀의 평신도 대표자들의 적극적 참여가 반드시 필요하다.

일부 교단에서는 예배의 맥락에서 평신도 설교를 적극적으로 장려하는 반면, 다른 교단에서는 전례 설교가 안수받은 성직자(안수 참고)만이 적절하게 할 수 있다는 기대가 고착화되어 있다. 성직자 수가 줄어들면서 목회적 요구가 확대됨에 따라, 많은 목회자와 기관이 이 격차를 메우기 위해 평신도 설교자에게 의존하고 있다. 그래도 로마 가톨릭 교회의 경우처럼 교회의 규율은 특히 예배의 맥락에서 설교와 관련하여 더욱 제한적으로 행사될 수 있다.

설교 사역의 세례적 뿌리를 주장하는 사람들은 말씀 사역이 모든 그리스도인을 위한 제자도의 구성적 차원이라는 신학적 주장을 한다. 이러한 관점에서 교회의 문제는 평신도 설교자를 배제하는 것이 아니라 공동선을 위해 말씀 사역을 조정하는 것이어야 한다.

성숙하고 잘 형성된 평신도 설교자의 특징은 안수받은 성직자와 거의 동일하지만, 훈련은 공식적 학교 환경 안팎에서 이루어질 수 있다. 잘 훈련된 설교자는 개인적, 대인 관계적, 영적 성숙함을 보여야 하며, 평생 학습과 비판적 사고의 습관을 가져야 한다. 특히, 성경해석학, 기독론, 교회론, 예배 신학, 영성, 윤리 신학, 설교 및 교리 이론과 실천에 특히 관심을 기울여야 한다. 기독교 선교에 대한 세계관과 사회 분석 및 신학적 성찰 능력, 그리고 경우에 따라 설교를 위한 교회의 허가를 받아야 한다.

이 야심찬 목록 뿐만 아니라 평신도 설교라는 단어를 사용하여 인터넷 검색을 해 보면 알 수 있듯이, 평신도가 말씀 사역에 참여하는 것은 교회의 지원과 평생 학습의 혜택을 모두 받는 고된 책임이다.

참고 주제 소명; 인품

참고 문헌 Catherine A. Brekus. *Strangers and Pilgrims: Female Preaching in America, 1740-1845*. (1999); Sarah Ann Fairbanks. "Displaced Persons: Lay Liturgical Preachers at the Eucharist." *Worship 77* (2003) 439–57; Nadine Foley, ed. *Preaching and the Non Ordained: An Interdisciplinary Study*. (1983). Patricia A. Parachini. *Lay Preaching: State of the Question*. (2000).

선교적 설교(Missional Preaching)

파블로 A. 히메네스(Pablo A. Jimenez)

'선교'는 다의적 개념이다. 교회는 이 용어를 적어도 두 가지 다른 방식으로 사용한다.

첫째, 선교는 세상을 향한 하나님의 계획과 그 신성한 프로젝트에서 교회가 수행하는 역할을 지칭하는 신학 용어이다.

둘째, 선교는 특히 기독교가 소수 종교인 국가에서 민족과 문화의 복음화를 지칭하는 교회 용어이다.

후자의 용어를 설명하기 위해 복수형 선교(missions)를 사용하는 것이 일반적이며, 단수형 선교는 신학적 용어로 남겨 두는 것이 일반적이다.

그래서 선교적 설교의 정의는 선교에 대한 우리의 정의에 달려 있다.

한편으로, 선교적 설교는 모든 기관과 민족을 신앙으로 부름으로써 기독교 선교에 대해 설명하는 설교적 노력을 묘사한다.

다른 한편으로, 선교적 설교는 선교지로 간주되는 국가에서 복음을 선포하는 선교사들의 노력을 설명한다.

1. 설교와 선교: 신학적 관점

신학적 측면에서 선교라는 용어는 적어도 세 가지 다른 용도로 사용된다.

첫째, 교회는 하나님이 선교의 창시자이자, 동기 부여자이며, 궁극적으로 선교의 소유자라고 이해한다. 선교는 가장 먼저 그리고 가장 중요한 선교자이신 하나님께 속한 것이다.

둘째, 교회가 하나님의 선교에 참여하기 때문에 교회의 선교에 대해 이야기할 여지가 있다(Estrada 1992, 288). 그러나 교회의 선교는 하나님의 선교에서 비롯된다. 교회는 선교의 창시자이자 소유자가 아니라 하나님의 선교에 협력하는 자이다.

셋째, 신자 개개인이 선교 활동에 참여할 때 신자의 사명에 대해 이야기 할 여지가 있다(Floristán 1992a, 289). 교회는 선교 활동에 참여할 신자들을 식별하고, 위임하고, 파송한다. 다시 말하지만, 신자 개인의 사명은 하나님 자신의 사명에서 비롯된다.

기독교 신앙은 자연과 성경이 모두 인류에 대한 하나님의 자기 계시를 증거한다고 이해한다. 자연을 통한 하나님의 계시는 형언할 수 없지만, 성경은 이스라엘 자손과의 언약을 통해, 특히 교회가 그리스도로 고백하는 나사렛 예수를 통해 역사 속에서 하나님의 계시를 증거한다(Bosch 1995, 9).

하나님과 세상의 관계는 역동적이면서도 포용적이다. 기독교 신앙의 포괄적 성격은 필연적으로 일반적으로 세상과 특히 인류를 향한 하나님의 사랑의 선포로 이어진다. 이러한 이유로 기독교 신앙은 본질적으로 선교적이다(Bosch 1995, 8-9).

하나님이 세상을 사랑하고 인류를 포용하기를 원하시는 분이라는 점을 감안할 때, 선교는 신성한 것이며 하나님의 선교(*missio Dei*)이다. 교회는 선교에 있어서 하나님과 협력하는 특권을 가지고 있다. 설교는 교회가 예수 그리스도의 복음을 선포하여 세상을 선교하시는 하나님에 대한 믿음과 화해로 초대하는 여러 가지 형태 중 하나이다.

그래서 선교적 설교는 세상을 향한 하나님의 사랑과 인류를 향한 구원의 신성한 제안을 선포하는 것이다. 이러한 사랑과 구

선교적 설교(Missional Preaching)

원의 선포는 필연적으로 말과 행동을 통해 전인적 해방과 인권의 증진으로 이어진다 (Estrada 1992, 289). 교회 입교는 각 사회의 다양한 부분과 대화하면서 다양한 문화 속에 자리 잡는다(Floristán 1992a, 290).

궁극적으로 선교적 설교의 목표는 모든 나라와 부족, 민족, 언어의 전환이다(계 7:9 참고). 기독교 신앙은 전 세계로 전파되기를 원하지만, 전도는 선교의 필수적 차원이다.

보쉬(Bosch)는 전도를 다음과 같이 정의한다.

> 그리스도를 믿지 않는 사람들에게 그리스도 안에서 구원을 선포하고 회개와 회심을 촉구하며, 죄 용서를 선포하고, 그리스도의 지상공동체의 살아 있는 일원이 되어 성령의 능력으로 다른 사람들을 위해 봉사하는 삶을 시작하도록 초대하는 것이다(Bosch 1995, 10-11).

회심은 하나님의 행동의 결과로 일어난다 (Miiller 1987, 144-45). 복음을 선포하는 사람이나 복음의 선포를 듣는 사람 모두 회심에 영향을 미칠 수 없다. 하나님은 성령을 통해 인간의 양심을 변화시켜 개종자가 옛 충성심을 거부하도록 이끄신다. 회심은 한 사람이 하나님 나라와 일치하는 가치, 즉 새로운 삶의 방식을 안내하는 가치를 받아들임으로써 진정한 변화를 수반한다.

세례는 한 사람이 신앙에 입문하는 것을 의미할 뿐만 아니라, 아직 복음을 듣지 못한 사람들에게 복음의 메시지를 전하라는 부르심이기도 하다(Shelton 1987, 67). 세례를 받는다는 것은 세상을 사랑하라는 부름을 받는 것이다. 세례를 받은 사람은 "왕 같은 제사장"이 된다(벧전 2:9 참고). 그들은 복음을 전할 뿐만 아니라 세상을 위해 중보기도 한다. 세례는 선교, 전도, 봉사, 예배를 연결하는 연결 고리이다(Gonzalez 1995, 27).

선교적 설교는 세상을 대신하여 하나님의 행동을 증거한다(Miiller 1987, 23). '증인'이라는 용어는 기관으로서 교회와 개인으로서 설교하는 사람들이 하나님의 선교 원칙과 복음의 가치에 부합하는 삶을 통해 하나님에 대한 헌신을 보여 준다는 것을 의미한다. 증인은 세뇌와 반대되는 개념이다. 세뇌는 운동의 새로운 회원을 모집하려는 의도로 편파적 관점을 강요하는 반면, 하나님의 사랑에 의해 동기 부여된 증인은 신과의 경험을 증언한다.

그리스어로 증인이란 단어는 순교자 (*martyr*)를 뜻한다. 결국, 이 단어는 신앙을 위해 목숨을 바친 기독교인을 지칭하는 전문 용어가 되었다. 이것은 선교적 설교가 희생적 측면을 가지고 있음을 상기시켜 준다. 나사렛 예수가 자신의 생명을 바치신 것처럼, 하나님은 교회와 그 대리자들에게 순교에 이르기까지 복음을 선포하는 데 생명을 투자하도록 부르신다(Miiller 1987, 142). 그래서 선교적 설교는 가난하고 소외되고 박탈당한 사람들과의 연대를 요구한다 (Miiller 1987, 23).

카를로스 카르도자-오를란디(Carlos Cardoza-Orlandi)는 선교를 다음과 같이 정의한다.

> 세상에서 하나님의 행동에 하나님의 백성이 참여하는 것이다(2002, 15).

그래서 설교는 하나님의 백성이 인류를 대신하여 하나님의 행동에 참여하고 소통하는 무수한 방법 중 하나이다. 설교자는 교회 선교를 대표한다. 설교자는 하나님 앞에서 사람들을 대표하는 제사장적 역할과 하나님의 메시지를 세상에 알리는 예언자적 역할을 수행한다.

여러 면에서 모든 설교에는 선교적 측면이 있다. 그러나 선교적 설교는 인류를 대한 하나님의 사랑을 강조하고 전달하며, 모든 사람이 세상을 대신하여 하나님의 행동에 참여하고 기뻐하도록 초대한다.

2. 설교와 선교: 교회적 관점

교회는 그 시작부터 선교 활동을 해 왔지만, 선교라는 용어는 일반적으로 15세기 후반부터 20세기 중반까지 교회의 선교 활동을 설명한다. 이 시기는 대략 아메리카의 정복과 제2차 세계대전이 끝난 시기를 가리킨다. 15세기 후반, 유럽 국가들은 아프리카, 인도, 중국으로 향하는 새로운 상업 항로를 개척하며 세계를 탐험하기 시작했다. 아메리카 대륙의 정복은 이러한 상업적 탐험의 예상치 못한 결과였다. 세계의 지리적 변화는 근대와 그 정치적 결과인 식민주의의 시대를 열었다.

유럽인들은 새로운 민족에 대한 패권을 확립하기 위한 노력의 일환으로 근대 선교를 시작했다. 처음에는 유럽에서, 나중에는 미국에서 온 선교사들은 전 세계를 돌아다니며 복음을 들어본 적이 없는 사람들에게 복음을 전했다. 어떤 이들은 선주민 언어를 열심히 배워 성경을 번역하고 새로운 교회를 설립했다. 다른 이들은 새로운 민족에게 유럽 언어를 가르쳐 기존 교회에 편입시켰다. 어떤 이들은 선주민과 동일시했고, 어떤 이들은 식민지 세력과 동일시했다.

그러나 이들은 모두 앵글로-유럽 문화와 민족이 선교지의 선주민보다 본질적으로 우월하다는 전제를 공유했다. 정도의 차이는 있지만, 이들은 모두 "문명으로서의 선교"(Cardoza-Orlandi 2002, 38ff.)라는 패러다임을 공유하며 전 세계에 대한 앵글로-유럽의 패권을 정당화했다. 그래서 근대 선교 운동은 식민지 교회를 이식했다(Floristtin 1992b, 291).

식민지 선교는 다음과 같은 결과를 낳았다.

- **가난한 교회**: 선교지는 빈곤한 지역이었다. 대부분의 국가가 풍부한 천연 자원을 보유하고 있었지만 외국인들은 그러한 자원에 대한 접근을 통제하고 착취했다.
- **농촌 교회**: 새로 정복한 국가의 수도는 유럽의 도시와 비슷했지만, 대부분의 선교사들은 농촌과 농촌 선교지에서 사역했다.
- **외국 교회**: 대부분의 선교사들이 외국인이었기 때문에 많은 사람이 기독교를 외국 종교로 이해했다. 이러한 인식은 많은 민족주의 운동으로 이어져 기독교 전체, 특히 개신교를 거부하게 되었다.
- **성직자 교회**: 선교사들은 각자의 대도시에서 돈을 받으면서 모든 선교 기관의 관리자가 되었다. 그들은 해외에서 경비가 유입되는 연결고리였기 때문에

기관을 지배했다.

간단히 말해, 식민지 선교 설교는 개인의 구원과 도덕성에 초점을 맞춰 앵글로-유럽의 헤게모니를 정당화했다. 안타깝게도 선교의 사회적, 경제적, 정치적 역할에 대해서는 거의 인식하지 못했다.

아프리카, 아시아, 심지어 남아메리카에서 일어난 탈식민지화 정치 과정은 전통적인 식민지 선교를 완전히 바꿔 놓았다. 이제 교회 선교는 새로운 탈식민지 패러다임에 직면해 있다.

- 유럽과 미국은 이제 그 자체로 포스트-기독교 사회이자 선교지가 되었다. 선교적 설교는 더 이상 해외 선교에만 국한되지 않는다(Newbigin 1995, 336).
- 선교적 설교자도 변화했다. 대부분의 개발도상국에는 해외 선교사 대신 자국 지도자들이 이끄는 국교회가 있다. 일부 앵글로-유럽 선교단체들은 여전히 과거의 패러다임을 고수하고 있지만, 대부분은 특히 비신학적 및 신학 교육, 옹호, 에큐메니즘, 보건 등의 분야에서 선교의 파트너로 자신을 인식하고 있다. 일부 기관은 '젊은' 교회와 네트워크를 형성하여 개발도상국의 설교자를 유럽과 미국으로 선교사로 파송하기도 한다.
- 선교적 설교는 기독교, 서구식 민주주의, 자본주의 경제가 유일한 선택지가 아닌 다원주의적 환경에서 이루어진다. 이러한 상황은 교회가 문화 간, 종교 간 신앙의 실천을 개발하도록 한다 (Cardoza-Orlandi 1999, 6).
- 정의의 문제는 선교적 설교의 핵심이다 (Cardoza-Orlandi, 6). 전 세계의 설교자들은 목숨을 걸고 제도적 죄를 고발하고, 인권을 옹호하고, 제도적 인종 차별에 맞서 싸우고, 전염병 피해자들을 섬기고, 난민을 돕는다. 정의에 대해 설교하기 위해 선교 중인 교회는 정치적 인식을 발전시켜 정의와 인권 증진에 헌신하는 비정부기구(NGO)와 전략적 제휴를 맺어야 한다.
- 선교적 설교는 성경을 해방과 자기 결정권을 위한 투쟁에서 충실한 동맹으로 간주한다. 해방 해석학을 사용하여 정의를 향해 나아갈 때 하나님은 가난하고 쫓겨난 사람들의 편에 서신다는 신학적 전제를 바탕으로 한다(Gem 1997, 366). 선교적 설교는 성경의 인물과 사건의 즉각성을 강조하며 고통받는 이들과 하나님의 연대를 확증한다.
- 선교적 설교는 신자들이 자신의 상황과 자신을 신학적으로 이해하도록 돕는다. 이 목표를 달성하기 위해 선교적 설교자는 청중의 개념 세계, 언어 및 문화에 관여해야 한다(Newbigin 1995, 335).
- 요약하면, 선교적 설교는 신학적, 교회적 탈식민화를 촉진한다(Gem 1997, 367).

3. 결론

선교적 설교를 통해 교회는 하나님이 사랑하시는 세상과 동일시된다(Neill 1971, 492). 간단히 말해, 선교적 설교는 하나님의 이름으로 선포하는 것, 하나님의 왕국을 선포하는 것, 고통받는 세상을 대신하여 하나님이 적시에 개입하신다는 것을 선포하는 것이다(Costas 1979, 29-44).

참고 주제 전도 설교; 선교학; 신역사주의; 탈식민주의비평

참고 문헌 David J. Bosch. *Understanding Mission: Paradigm Shifts in Theology of Mission.* (1995); Carlos F. Cardoza-Orlandi. "What Makes Preaching 'Missional'?" *Journal for Preachers* 22(1999) 3–9; Carlos F. Cardoza-Orlandi. *Mission: An Essential Guide.* (2002); Orlando E. Costas. *Compromisoy Misión.* (1979); Juan A. Estrada. "Misión de la iglesia." *Diccionario Abreviado de Pastoral.* (1992) 288–89; Casiano Floristán. "Misión del cristiano." *Diccionario Abreviado de Pastoral.* (1992a) 289–91; Casiano Floristan. "Misiones extranjeras." *Diccionario Abreviado de Pastoral.* (1992b) 291–92; Wolfgang Gem. "Preaching." *Dictionary of Mission: Theology, History, Perspectives.* (1997) 362–68; Catherine Gonsalus Gonzalez. "The Baptismal Lens for Missional Preaching." *Journal for Preachers* 18(1995) 27–30; Karl Muller. *Mission Theology: An Introduction.* (1987); Stephen Neill. "Preaching for Missions." *Concise Dictionary of the Christian World Mission.* (1971) 492; Lesslie Newbigin. "Missions." *Concise Encyclopedia of Preaching.* (1995) 335–36; Robert M. Shelton. "Mission as a Context for Preaching." *Austin Presbyterian Theological Seminary Bulletin,* Faculty Edition 103(1987) 67–73.

어린이 설교(Preaching to Children)
캐롤린 C. 브라운(Carolyn C. Brown)

모든 연령대의 크리스천과 마찬가지로 어린이도 신앙공동체에서 말씀을 들어야 한다. 세대를 아우르는 회중 안에서 말씀을 듣는 것은 또래 친구들과 함께 성경 이야기를 탐구하는 것과는 매우 다르다. 성소에 모인 예배자들은 지적 개념 이상의 것을 얻는다. 그들은 핵심 본문을 다시 이야기하고 삶의 의미를 숙고하는 공동체로 엮여 있다.

오랜 세월 동안 교회는 성인뿐만 아니라 어린이에게도 설교가 필요하다는 것을 인식해 왔지만, 일반적으로 어린이를 작은 성인으로 취급하고 성인을 대상으로 하는 설교에서는 어린이가 참석해서 듣거나 최소한 조용히 있기를 기대해 왔다.

21세기 초, 우리는 어린이들이 성인들과는 매우 다르게 생각하고 듣는다는 것을 알고 있다. 오늘날의 어린이는 성인보다 더 시각을 더 중요하게 생각한다. 아이들의 두뇌는 성인의 두뇌처럼 상징과 은유를 처리할 수 없다. 또한, 성인보다 세상에 대한 노출이 더 제한적이다. 그러나 어린이, 특히 6세에서 11세 사이의 어린이는 더 큰 세상에 초점을 맞추고 있으며 필사적으로 이해하고 참여하기를 원한다(청소년기에는 더 큰 공동체보다 또래에게 더 많은 관심을 기울이기 때문에 이러한 초점은 사라지게 된다). 그래서 회중 안에서 어린이를 대상으로 설교하려면 설교자는 어린이들의 능력과 필요에 주의를 기울여야 한다.

어린이에 대한 이러한 지식을 바탕으로 교회는 각각 고유한 장단점을 지닌 세 가지

방법을 선호하는 경향이 있다. 이 세 가지 중 어느 것도 추구하지 않을 경우, 어린이뿐만 아니라 부모도 예배를 피하거나 교회 학교에만 오거나 어린이 설교에 대한 책임이 더 명확한 비전을 가진 교회를 찾는 경향이 있다.

첫째, 어린이를 위해 특별히 준비된 학습 활동을 위해 설교 중(또는 예배 내내) 어린이를 성소 밖으로 내보내는 것이다. 이 방법은 어린이들의 개념적 능력에는 부합하지만, 공동체 전체에서 말씀을 듣는 경험은 부정하는 것이다.

둘째, 회중 예배의 일부로 어린이 설교를 포함하는 것이다. 이러한 미니 설교는 어린이를 대상으로 설교하는 가장 인기 있는 시도 중 하나이다. 어린이 설교가 가진 장점은 어린이들에게 "여러분은 소중하고, 여러분이 여기 있어 기쁘다"고 말하고, 어린이들이 교회 지도자들과 가까이서 물리적으로 가까운 거리에게 관계를 형성하고, 어린이들이 성소 앞으로 나아가면서 행동 지향적인 근육을 움직일 수 있는 기회를 제공한다는 점이다.

그러나 매주 등장하는 다양한 연령대의 어린이들에게 의미 있는 이야기를 들려주기는 매우 어렵다. 서점에는 이러한 목적을 위한 사물 공과 설교가 가득하다. 사물을 제시하고 그 사물의 물리적 특성에 대해 설명한다. 그런 다음 설교자는 이러한 물리적 특성을 사용하여 영적 요점을 전달한다. 이러한 복잡한 연결적 사고를 할 수 있는 정신적 능력은 청소년기 초반까지 발달하지 않는다. 아이들은 그 과정을 즐기고 대상의 구체적 의미는 이해하지만, 영적 요점은 거의 이해하지 못한다.

어른들은 그 요점을 쉽게 이해하고, '진짜 설교'의 복잡한 요점보다 더 기억에 남는 경우가 많으며, 설교자와 어린이 간의 상호작용을 즐긴다. 그래서 어린이 설교는 일반적으로 어린이보다 어른들에게 더 효과적이다.

마지막으로, 성인들을 위해 어린이를 착취하는 측면이 있다는 것을 인정해야 한다. 일반적으로는 온화하지만, 어린이의 진심 어린 말에 어른들이 웃는 것은 어린이를 매우 당황스럽게 만들 수 있다. 전체 회중이 듣는 가운데 설교자와 함께 일시적으로 이야기하는 어린이의 입장에 서고자 하는 어른은 거의 없다.

그렇지만 예배 순서에 어린이 설교를 포함해야 한다는 압박감이 때때로 너무 커서 그렇게 하는 것이 신중한 경우도 있다. 이러한 경우 설교자는 어린이가 이해할 수 있는 구체적 요점에 충실하는 것이 좋다. 교회의 삶과 사역의 다양한 부분에서 사용되는 물건들을 소개하고 설명할 수 있다. 예배의 일부를 탐구할 수 있다. 절기 활동에 대해 논의할 수 있다. 아침 본문을 읽기 전에 어휘를 소개하거나 배경 정보를 제공할 수 있다. 강단이 아닌 계단에서 아이들과 함께 본문을 읽을 수도 있다(Juengst 1994 참고).

셋째, 회중과 지도자가 말씀과 설교를 어린이들이 쉽게 접근할 수 있도록 하는 것이다. 어린이들이 '진짜 설교'를 듣게 되기를 바라기 때문에, 설교자들은 어린이들에게 설교를 듣는 대신 다른 대안을 제시하기보다는 적어도 큰 설교의 일부분이라도 들

어린이 설교 (Preaching to Children)

도록 초대할 때 어린이들을 더 잘 섬길 수 있다.

이렇게 하면 어린이들은 설교를 가끔씩 듣는 것에서 자신이 따라갈 수 있는 설교는 무엇이든 듣는 것으로, 설교의 대부분을 듣는 것으로 나아간다. 이렇게 할 때 아이들은 점점 더 많은 메시지를 듣고 회중의 일부라고 느끼게 된다.

어린이들이 설교 말씀을 듣도록 이끌고 싶은 설교자는 다음 중 몇 가지를 추구해야 한다.

첫째, 준비 연구 중에 어린이들의 존재를 기억하라. 어린이들이 어려워할 어휘를 파악한다. 어린이들이 성경을 읽을 때 이해할 수 있는 능력을 고려하여 성경 번역본을 선택한다. 설교에서 어린이들에게 생소할 수 있는 사물, 풍습, 장소 등을 공개적으로 설명할 수 있도록 표시한다. 어린이들이 주제나 본문에 어떻게 반응할지 고려한다.

일부 성경 이야기는 어른들과 어린이들에게 매우 다른 질문을 제기한다. 예를 들어, 유월절에 애굽 장자들의 죽음은 왜 하나님이 완고한 성인 바로에게 필요한 일을 하게 하기 위해 아이들을 죽이셨는지에 대한 의문을 불러일으킨다. 또한, 본문이나 메시지가 어린이들의 삶에 구체적으로 어떻게 적용되는지 생각해 보자.

둘째, 어린이들의 지속적 관심사에 주목하라. 학교의 시작과 끝, 성적표 발표 시간, 어린이 커뮤니티 스포츠, 계절별 활동과 행사에 유의하라. 아동 문학, 영화, 텔레비전 프로그램에 대한 정보를 파악하라. 설교 중에 이러한 내용을 언급하면 어린이들의 관심을 끌 수 있으며, 어린이들은 설교자와 함께 머물면서 무슨 내용이 논의되고 있는지 확인한다.

셋째, 설교는 양방향 대화라는 것을 기억하라. 뒷문에서 어린 청중에게 "네가 듣는 걸 봤어"라고 말하라. 설교에 대한 응답으로 그림, 시, 질문 등 설교 예술을 장려하라. 이러한 예술적 응답을 특별 게시판에 게시하거나, 작가의 허락을 받아 다음 설교에 사용하거나, 예배 주보 표지나 다른 교회 간행물의 기사 삽화로 인쇄할 수 있다.

넷째, 어린이들이 설교의 근거가 되는 본문을 들을 수 있도록 하라. 마치 신문 사설을 읽듯이 그냥 읽지 말아라.

예를 들어, 십 대 소녀에게 마리아의 찬가(눅 1:46-55)를 읽게 하는 등 본문에 맞는 독자를 선택한다. 시편의 시적 형식을 존중하여 모든 연령대의 독자들에게 적절한 합창 낭독을 제공하라. 성경의 여러 대화 중 하나를 발표할 때 한 명 이상의 독자를 참여시키자. 복잡한 이야기를 낭독극 형식으로 발표하라. 그날의 성구를 생생하게 제시하면 어린이들이 최소한 본문을 들을 수 있고, 설교자가 그것에 대해 무엇을 말할지 말씀을 듣기 위해 잠시라도 초대할 수 있다. 설교자가 이러한 발표를 직접 준비하거나 자원 봉사자 독서 협회의 도움을 받을 수 있다.

다섯째, 어린이들이 설교를 듣도록 유도하는 몇 가지 요령을 배우라.

아이들에게 설교의 개요를 알려 주면서 설교를 시작하자.

"곰, 바구니, 그리고 파티에 대해 순서대

로 이야기할 거에요."

시각적 소품으로 설교를 설명하라.

"이 나무 기린을 보세요. 청소년 선교 여행으로 자메이카에 갔을 때 구입한 것입니다. 볼 때마다 기억이 납니다.…"

교회에 모인 모든 사람이 현재 어린아이이거나 어린아이였음을 언급하면서 어린 시절의 이야기들(예: 자전거 타는 법 배우기, 나쁜 성적 받기, 비 오는 날 집에 갇혀 있기)로 설교 요점을 설명한다.

여섯째, 부모에게 관심을 기울이라. 부모는 자녀가 설교를 잘 들을 수 있도록 격려와 지지가 모두 필요하다. 집으로 돌아오는 차 안에서 가족들이 예배, 특히 설교에 대해 이야기하도록 유도하라. 각 가족 구성원은 앞으로 몇 주 동안 기억하거나 '가져가고' 싶은 아이디어, 심상, 심지어 농담을 찾아낼 수 있다. 나이가 많은 자녀와 청소년이 포함된 가족은 '창문', 즉 자신에게 중요한 것을 탐구하기 위해 마음의 창을 열게 된 계기를 탐색할 수 있다.

부모와 자녀는 설교 중에 말씀에 대해 서로에게 메모를 작성할 수도 있다. 부모가 설교 중에 자신의 행동보다 설교 내용에 대해 자녀와 더 많이 이야기하면 자녀는 경청하도록 격려받는다.

참고 주제 다리놓기; 예화와 이야기; 상상력/창의력

참고 문헌 Carolyn C. Brown. *Forbid Them Not: Involving Children in Sunday Worship* (Lectionary Years A, B, and C). (1992–94); Carolyn C. Brown. *You Can Preach to the Kids Too*. (1997); Sara Covin Juengst. *Sharing Faith with Our Children*. (1994).

청소년 설교(Preaching to Youth)
켄도 크리시 딘(Kendo Creasy Dean)

성경에서 "청소년"이라는 용어는 거의 논쟁의 여지가 없는 용어이다. 일반적으로 유아기와 성인기 사이에 있는 생애 초기의 남성, 또는(형용사 형태에서는) 인생의 이 시기와 관련된 특성("청년의 활력"[욥 20:11 NASBJ]; 또는 "새로운"에서 유래한 "젊은"[딤전 4:12 NIVJ])을 가리키는 말이다. 히브리 성경이나 기독교 성경 모두 청소년과 어린이를 구분하지 않으며, 청소년, 어린이, 소년을 문화권에서 아직 성인 지위를 얻지 못한 사람을 의미하는 용어로 상호 교환적으로 사용한다.

성경 전체에서 하나님은 이스라엘의 구원을 위해 젊은이들을 참여시킨다(사무엘, 다윗, 예레미야, 마리아, 디모데는 아마 가장 잘 알려진 예일 것이다). 하나님은 종종 젊은 예언자와 제자들을 자주 격려하며, 젊은이들에 대한 사회의 무시하는 태도를 무시하고 대신 하나님을 신뢰하라고 촉구한다. 우리에게 익숙한 예레미야서 구절에서 예언자는 자신에게 임한 주님의 말씀을 기억하며 이렇게 말한다.

내가 너를 모태에 짓기 전에 너를 알았고 네가 배에서 나오기 전에 너를 성별하였고 너를 여러 나라의 선지자로 세웠노라 하시기로(렘 1:5).

예레미야가 대답한다.

> 내가 이르되 슬프도소이다 주 여호와여 보소서 나는 아이(youth, 저자 번역)라 말할 줄을 알지 못하나이다 하니(NRSV는 나아르[na-'ar, a youth]를 "소년"[boy]으로 번역한다-필자 주) 여호와께서 내게 이르시되 너는 아이라 말하지 말고 내가 너를 누구에게 보내든지 너는 가며 내가 네게 무엇을 명령하든지 너는 말할지니라 (렘 1:6-7).

마찬가지로 초기 교회에서 바울은, 바울을 처음 만났을 때 십 대였으며(행 16:1) 나중에 바울이 에베소 교회를 이끌도록 보냈던 디모데에게 이렇게 권고한다.

> 누구든지 네 연소함(neotetos)을 업신여기지 못하게 하고 오직 말과 행실과 사랑과 믿음과 정절에 있어서 믿는 자에게 본이 되어(딤전 4:12).

물론, 가장 극적인 젊은 사람 모집은 누가복음 1장에 기술되어 있으며, 이는 마리아가 신의 어머니(theotokos)로 선택된 것을 설명한다. 마리아가 처녀(parthenos, 눅 1:27)인 것은 히브리어 예언을 성취하는 동시에 초기 시대 일반 여성의 약혼 연령인 십 대 초반의 소녀임을 확인시켜 준다.

1. 청소년의 현대적 맥락

오늘날 어린 시절과 청소년기는 극명한 대조를 이루며, 이러한 현상은 청소년을 대상으로 한 설교에도 영향을 미친다. 청소년 사역이 고등학교에 지속적 강조를 두고, 제2차 세계대전 이후 중학교/고등학교 프로그램을 지속적으로 강조한 덕분에, 대부분의 교회는 청소년을 12세에서 17세 사이의 연령으로 정의하지만, 이는 임의적이고 정확하지 않은 정의이다.

사회과학자들은 종종 청소년을 청소년기 중후반과 동일시하며, 직장이나 대학에 참여할 수 있는 나이의 청소년을 지칭한다(Friedenburg 1963, 3과 비교). 미국 이외의 지역에서 청소년이라는 용어는 일반적으로 30세 미만 또는 그 이상을 가리키며, 일부 문화권에서는 미혼인 사람을 청소년이라고 부르기도 한다(Osmer and Dean 2007, 90).

청소년기 자체가 산업화된 서구의 경제와 가치관과 관련한 부산물로 등장했기 때문에(Kett 1978, 7), '십 대'는 더욱 그러하며(Hine 2000, 4), 청소년은 사회적 맥락에 따라 변동하는 경향이 있다. 세계화로 인해 사춘기가 일찍 시작되고 성인이 되는 시기가 점점 더 늦춰지면서(대부분의 주에서 성년 연령이 18세임에도 불구하고) 청소년기의 폭과 기간이 확대되었다(Herman-Giddens 1997, 505–12; Arnett 2004, 3).

공교육은 성인과 청소년이 거의 교류하지 않는 문화를 만들었고, 교회 내 연령 계층화는 사회 전반의 연령 계층화를 반영하는 경향이 있다. 이러한 사회 현상은 패트리샤 허쉬(Patricia Hersch)가 "별개의 부족"(a tribe apart)이라고 부르는 곳으로 청소년들을 밀어 넣는다. 유년기와 성인기 사이에 놓인 집단에서 십 대들은 성인이 없는 상황에서 점점 더 서로를 양육하려고 노력한다(Hersch 2001, 30).

2. 설교와 청소년 사역

청소년 사역은 종종 의도하지 않게 교회 생활과 예배에 피상적인 관계만 유지함으로써 연령 계층화를 강조해 왔다. 이로 인해 청소년 사역을 하는 사람들은 다음 두 가지 오류에 빠질 수 있다.

때때로 청소년을 대상으로 설교하는 것이 바람직하지 않다고 생각하거나 청소년을 대상으로 설교하는 것 자체를 별개의 활동으로 접근하는 두 가지 오류 중 하나에 빠지게 된다. 이러한 오해는 더 큰 오해, 즉 설교는 일차원적이며 설교는 몇 가지 방식으로만 이루어진다고 생각하는 데서 비롯된다.

사실 청소년들은 교회의 전체 회중과 사명의 일부이기 때문에 청소년을 대상으로 한 설교는 모든 사람을 대상으로 한 설교와 동일한 지침을 따른다. 설교는 그리스도의 살아 계신 임재를 중심으로 공동체의 정체성을 형성하기 위해 성경을 해석하는 것이므로, 성령이 그렇게 하실 수 있는 여지를 만들어 주는 어떤 방식으로든 할 수 있다 (그림 1 참고).

그러나 설교의 형식은 청소년들에게나 모든 사람에게나 토마스 롱(Thomas Long)이 말하는 초점(설교되는 본문의 주제)과 기능(설교자가 현대 청중에게 미칠 효과에 대한 기대)에 묶여 있다(Long 2005, 108-9). 그래서 청소년에게 설교하는 것은 성인들에게 설교와 마찬가지로 근본적으로 맥락에 따른 사역 형태이다.

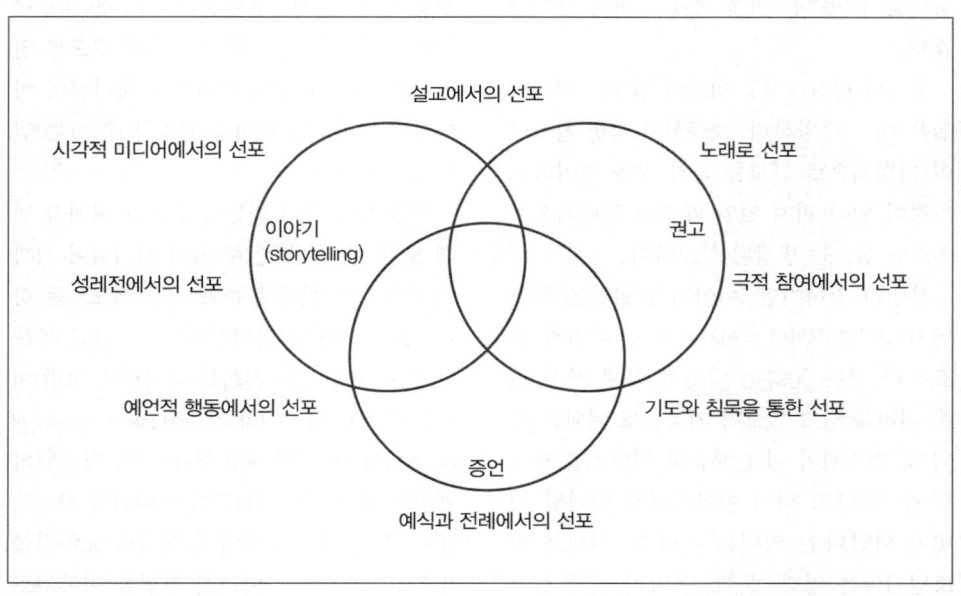

그림 1. 청소년과 함께하는 몇 가지 형태의 선포

성경의 맥락과 청중의 사회적, 발달적, 정신적 위치를 고려하여, 특정한 본문이 이 특정한(젊은) 무리에게, 이 특정한 목장에서, 이 특정한 시점에 하나님의 목적에 가장 적합한 설교의 실천을 판별해야 한다.

3. 청소년을 대상으로 설교하기

어린이 설교가 구체적인 대상의 신학적 상징성을 성찰하는 경우 그러한 상징적 도식이 부족한 어린이들이 이해할 수 없는 것처럼, 청소년을 대상으로 설교할 때 또 다른 일반적 함정이 있다. 지루해하는 청소년들에게 기억에 남는 방식으로 복음을 전하기 위해 고도로 맥락화되고 일반적으로 유머스러운 메시지로 구성된 설교는 성인 설교의 규칙 대부분을 따르지만, 본문의 초점이나 기능을 개발하는 것보다 학생들의 흥미를 유발하는 것을 목표로 하는 경우가 많다.

설교와 마찬가지로 청소년 설교도 설교의 질은 매우 다양하다. 자존심이 강한 청소년이 자발적으로 설교를 듣지 않을 것이라는 가정이 널리 퍼져 있기 때문에 일반적으로 청소년 설교는 변장된 설교이다.

분명히 말하지만, 이야기의 실천은 청소년기(그리고 성인이 되어서도)에도 여전히 중요하다. 모든 문화는 이야기 속에 가장 깊은 진리를 담고 있으며 기독교도 예외는 아니다. 청소년이 이제 본문의 뉘앙스를 파악할 수 있다고 해서 이야기에서 벗어날 준비가 되었다는 의미는 아니다. 실제로 청소년기에는 영화, 문학, 음악이 신앙 경험을 포함하여 청소년의 세상 경험을 형성하고 표현하는 주요 매체가 되기 때문에 이야기의 중요성은 더욱 커진다.

청소년을 위한 설교를 맥락화하는 설교자는 청소년들이 이야기를 창조할 뿐만 아니라 받아들인다는 것을 인식하고, 그래서 청소년들이 설교의 공동 창조자(co-creator)로서 설교에 참여할 수 있는 여지를 만들어 주어야 한다.

동시에 청소년을 대상으로 한 설교는 청소년기에 표면으로 드러나는 인간 발달의 차원도 고려한다. 그중 가장 중요한 것은 청소년기에 수반되는 대인 관계에 대한 인식과 관계의 정교함의 증가이다. 그 결과, 하나님이 우리에게 개인적으로 어떻게 다가오셨는지 나누는 기술인 증언은 이제 청소년을 대상으로 설교할 때 이야기의 실천에 중요한 요소로 들어간다.

증언은 예배 안팎에서 하나님에 대한 경험을 일상 언어로 표현한다. 증언은 청소년들이 신앙을 단순한 감정 이상의 것으로 인식하고 자신의 삶의 이야기가 하나님의 이야기와 교차하는 방식을 설명할 수 있는 언어를 제공한다.

예를 들어, 청소년들이 친교나 예배를 위해 모일 때, 지난 한 주 동안 하나님이 가까이 계심을 느꼈던 부분과 어떤 식으로든 하나님으로부터 '차단되었다'고 느꼈던 부분을 말로 표현하는 기회를 의식화해 보라(이것은 이냐시오의 의식성찰기도[Ignatian prayer of examen]의 매우 기본적인 형태이다). 청소년의 개인적 이야기와 삼위일체 하나님의 자기를 내어 주는 사랑의 이야기 사이의 교차점을 명확히 하기 위해 이러한 경험을 이야기로 들려주도록 격려하라.

4. 청소년을 위한 설교

청소년들이 성인이 되어 감에 따라 청소년과 성인의 사회적, 발달적 맥락 사이의 구분은 거의 지각할 수 없게 된다. 다시 말해, 이야기와 증언의 관행은 모든 연령층을 대상으로 하는 설교에서 여전히 중요하지만, 청소년을 대상으로 하는 설교의 맥락화는 권고의 관행, 즉 윤리적 분별력과 공동체 참여를 위해 성경을 해석하는 관행에 참여하는 것을 의미한다.

이를 위해서는 설교자가 기독교적 의미가 없더라도 많은 청소년들에게 신성한 텍스트로 기능하는 문화적 자료(예: 영화, 스타벅스와 같은 문화적 상징, 운동과 같은 관행)에 대한 비판적 인식을 개발해야 한다. 이러한 자료와 함께 기독교 이야기를 대화에 넣는 것은 문화와의 관계에 대해 스스로 결정하는 청소년들에게 기독교적 분별력을 위한 모델을 제공한다.

권고는 증언과 마찬가지로 친밀감을 형성하는 청소년들의 발달적 위치에 중요한 관계적 요소를 포함하고 있다. 바울은 권고(그리스어 파라클레시스[*paraklesis*, 곁으로의 부름]에서 유래)을 격려, 위로, 위로, 조언의 말로 누군가를 도와 공동체가 그리스도를 닮고 하나님이 원하시는 모든 사람이 되도록 돕는 행위로 보았다(롬 12:8).

예를 들어, 청소년들이 예배공동체를 형성할 때, 설교에 침묵과 분별을 위한 묵상과 의미 있는 상징적 행동을 포함시켜 청소년들이 본문이 그들에게 개인적으로 요구하는 주장에 응답할 수 있도록 하라(어떤 전통에서는 성례전이 전도로 이어지는 선포의 역할을 하고, 다른 전통에서는 설교 자체가 청중을 복음을 목격하는 것에서 다른 사람들에게 복음을 증거하는 것으로 이끈다).

참고 주제 다리놓기; 예화와 이야기; 상상력/창의력

참고 문헌 Jeffrey Arnett. *Emerging Adulthood*. (2004); Z. Freidenburg. *The Vanishing Adolescent*. (1963); Marcia Herman-Giddens. "Secondary Sexual Characteristics and Menses in Young Girls Seen in Office Practice: A Study from the Pediatric Research in Office Settings Network." *Pediatrics* 99 (April 1997) 505–12; Patricia Hersch. *A Tribe Apart*. (2001); Thomas Hine. *The Rise and Fall of the American Teenager*. (2000); Joseph Kett. *Rites of Passage: Adolescence in America, 1790 to the Present*. (1978); T. Long. *Preaching and the Literary Forms of the Bible*. (1989); T. Long. *The Witness of Preaching*. (2005) Richard Osmer and Kenda Dean. Youth, *Religion and Globalization; New Research in Practical Theology*. (2007).

설교단의 사용(Pulpit, Use of)

자나 칠더스(Jana Childers)

역사적으로 설교단 설교는 교육적이고 사려 깊은 설교와 품위 있는 스타일과 연관되어 왔지만, 최근에는 많은 설교자가 "설교단 밖으로 나오라"는 권유를 받고 있다. 많은 전통이 설교단을 말씀의 우선성의 상징으로 삼지만, 다른 전통은 자유로운 공간에서만 가능한 신체적 움직임과 친밀감을 선

호하기 시작했다. 어떤 설교자들은 강단을 언제, 얼마나 사용할지, 그리고 강단 주변의 열린 공간을 언제, 얼마나 사용할지 결정하기 위해 씨름한다.

설교자가 강단 사용에 대한 결정을 내릴 때 세 가지 핵심 원칙이 도움이 된다.

첫째, 비언어적 메시지는 언어적 메시지보다 훨씬 더 강력하다. 스탠퍼드대학의 이론가인 앨버트 메라비언(Albert Mehrabian)은 대면 커뮤니케이션에서 모든 의미의 55퍼센트는 얼굴과 몸으로, 38퍼센트는 목소리 톤으로 전달된다는 사실을 밝혀냈다. 대부분의 대중 연설 환경에서 측정 가능한 모든 의미의 7퍼센트만이 단어 내용에 기인한다.

둘째, 청중은 가구 뒤에서 말하는 내용에 더 주의를 기울이는 경향이 있다. 화자가 열린 공간에 서 있을 때 청중의 관심은 보다 관계적인 초점(즉, 청중이 화자에 대해 어떻게 느끼는지)으로 이동한다.

셋째, 대면 커뮤니케이션 사건의 근본적인 진리는 '진실은 드러날 것'이다. 대중 연설 환경에서는 진실이 드러나고, 비언어적으로 드러나며, 화자가 느끼는 것에 대한 진실일 것이다.

그래서 설교단에서 열린 공간으로 이동하기로 결정할 때는 최소한 이러한 요소를 고려해야 한다. 설교자는 언어적 메시지와 비언어적 메시지가 일관성이 있는지, 관계성을 강조하는 것이 바람직한지, 설교 전달의 비언어적 측면을 최소한 의도하지 않은 메시지를 최소화할 수 있을 만큼 통제할 수 있는지 등을 합리적으로 확신할 수 있어야 한다.

또한, 열린 공간 설교의 강점을 극대화하려면 다양한 전달 기술이 필요하다. 다음과 같은 고려 사항을 권장한다.

첫째, 움직임은 경제적이고 다양하게 조절되어야 한다. 과도한 제스처와 발 움직임은 산만함을 최소화하기 위해 절제한다. 시각적으로 단조로울 수 있는 앞뒤 간격은 자제한다. 큰 움직임은 일련의 삼각형 형태를 취한다.

둘째, 한 설교에서 설교단 설교와 열린 공간 설교를 결합하려면 종종 비언어적 스타일의 변화가 필요하다. 설교단 제스처는 대부분 설교자의 '상자'(설교자 몸의 중앙 상단에 위치한 타격 영역)에서 발생한다. 열린 공간에서의 제스처는 더 자주 완전히 확장되며 모든 수준의 도달 범위에서 발생한다.

셋째, 설교자와 회중 사이의 접근-철수 상호 작용 축은 설교의 형태와 강도의 정점에 맞춰 신중하게 사용되어야 한다.

참고 주제 원고 수행; 메모 없는 설교; 예배 환경; 예배 스타일

참고 문헌 Charles L. Bartow. *Effective Speech Communication in Leading Worship*. (1988); Jana Childers. *Performing the Word: Preaching as Theatre*. (1998); Albert Mehrabian. *Silent Messages: Implicit Communication of Emotions and Attitudes*. (1971); Charles L. Rice. *Embodied Word: Preaching as Art and Liturgy*. (1991); Richard F. Ward. *Speaking of the Holy: The Art of Communication in Preaching*. (2001).

성례전 설교 및 가르침(Sacraments, Preaching and Teaching of)

제니퍼 로드(Jennifer Lord)

많은 기독교인이 설교 말씀과 성례전 말씀이 한 덩어리로 이루어진 것으로 이해한다. 하나님의 말씀이신 예수 그리스도는 우리 가운데 계신다. 그리고 많은 그리스도인이 매 주일 집회에서 예수님의 임재를 만나는 두 가지 방법이 모두 필요하다고 믿는다. 주일마다 우리는 하나님의 공급으로 먹고 마시며, 이 식사에는 항상 우리 가운데서 선포되는 삼위일체 하나님의 기쁜 소식인 복음의 선포가 수반된다.

예배 역사의 연대기에는 말씀과 성찬을 구분하는 예가 가득하다. 예를 들어, 특정 지도자에 대한 신학과 특정 속죄신학은 식사를 강조하는 데 기여했고, 의식적 관행에 대한 경계와 성경 해석 방식은 설교의 우위에 기여했다. 그러나 일부 기독교인은 교회의 역사적이고 성경적이며 에큐메니컬한 관행이 모이고, 말씀하고, 식사하고, 파송하는 특정한 주일 예배의 패턴에서 발견된다는 에큐메니컬 합의가 증가하고 있음을 인정한다. 이 순서는 기도, 세족식, 헌금, 찬송 등으로 채워지지만 이 모임의 핵심은 설교와 식사이다.

성경적이고, 역사적 연속성, 하나님의 계시로 이해되고, 그리스도에 의해 제정된 예배 요소, 인간의 필요에 대한 하나님의 수용으로 존중되는 두 사건, 은혜의 수단이자 그리스도의 실제 임재의 기회로 알려진 두 형태 모두 교회를 섬기는 방법을 형성한다는 점 등 많은 교회 단체가 이러한 이유로 이 핵심을 유지한다.

설교와 성찬식을 모두 거행하는 주일 예배에서 설교자는 성찬식을 명시적으로 언급할 수도 있고 그렇지 않을 수도 있다.

성찬식 맥락에서 설교자가 식사에 대해 언급하지 않는 경우도 있는데, 이는 성찬의 경험이 규범적이기 때문에 참여를 통해 학습이 누적되기 때문이다. 그러나 같은 맥락에서 어떤 설교자는 그날의 본문과 식탁을 연관시키기도 한다. 그리고 때로 설교자가 성찬을 언급하는 이유는 성찬이 중심이 되고 설교가 그 행동을 향해 나아가기 때문이다.

다른 맥락에서 설교자는 성찬이 규범적이지 않기 때문에 식사에 대해 이야기한다. 설교자는 회중이 성찬을 경험할 수 있도록 준비시키기 위해 교훈적인 언급을 한다. 또는 설교자는 성찬 활동에 이해를 가져와야 한다고 믿는다. 일부 설교자는 성찬식을 거행하지 않을 때 식사를 언급하기도 하는데, 이는 또 다른 교육과 준비의 수단이다. 교회의 관행은 다양하다.

설교는 모든 성사/예식에 대해 가르치는 기회가 될 수 있다. 교회의 역사적 관행 중 하나는 일련의 설교(신비적 설교)를 통해 성례에 대해 가르치는 것, 즉 신자들의 성례전 경험에 대한 교육을 하는 것이었다. 설교자는 성례전의 의미를 다루는 주제 또는 화제에 관한 설교를 계획할 수 있다.

로마교회 성서정과(Roman Lectionary) 또는 개정공동성서정과(Revised Common Lectionary)를 사용하는 설교자는 그날 본문의 이미지나 교리를 성례전과 연결시킬 수 있다. 이는 설교자가 직접 본문을 선택하는 경우에도 마찬가지이다.

참고 주제 구원론; 하나님 말씀; 예배 환경

참고 문헌 World Council of Churches, Commission on Faith and Order. *Baptism, Eucharist and Ministry*. (1982).

성적 지향(Sexuality)

참고 주제 인간학

전쟁 중 설교(War, Preaching during)
테리 W. 에딩거(Terry W. Eddinger)

18세기 초 프로이센 육군 장교이자 전략가인 칼 폰 클라우제비츠(Carl von Clausewitz)는 전쟁이란 적에게 자신의 뜻을 관철시키기 위한 무력 행위라고 말한다(1989, 75). 그는 또한 전쟁을 "다른 수단으로 계속되는 정치적 교섭의 연속"이라고 말한다(87). 전쟁이 정치적 수단이라는 그의 이론은 널리 받아들여지고 있지만, 전쟁은 최악의 도구이다. 전쟁에서 사람들은 필연적으로 고통을 겪게 되고, 그중 많은 사람이 정치나 전투의 무고한 희생자가 된다.

성경 시대에는 전쟁이 흔한 일이었기 때문에 사람들은 전쟁을 당연하게 여겼다. 현대의 경우처럼 국제적으로 인정받는 명분을 가진 최후의 정치적 수단이 아니라, 전쟁은 종종 첫 번째 선택이었다. 여호수아서와 사사기 1장에 묘사된 약속의 땅을 차지하기 위한 이스라엘의 전투, 사무엘상과 사무엘하에 서술된 블레셋과의 대결, 열왕기상과 열왕기하에 묘사된 아시리아 또는 바벨론과의 전쟁 등 성경은 전쟁의 사례로 가득 차 있다.

그러나 사람들이 "칼을 쳐서 보습을 만들고 그들의 창을 쳐서 낫을 만들"(사 2:4; 미 4:3) 때, 전쟁이 없는 것이 성경의 이상이다.

1. 전쟁신학

전쟁에 대해 설교하는 방식은 전쟁의 원인을 정당한 것으로 보는지 여부에 따라 달라진다. 역사적으로 전쟁에 대한 기독교의 입장은 평화주의(전쟁은 결코 정당하지 않다)에서부터 정의로운 전쟁(전쟁은 때때로 정당하며, 대개 방어 목적), 십자군 전쟁(거룩한 전쟁 또는 공격적 전쟁)에 이르기까지 다양하다.

성경은 전쟁의 이유나 정당성에 대해 항상 명확하지 않다. 극단적으로 여호수아 1:6의 이스라엘 백성처럼 땅을 차지하기 위해 싸운 사람들도 있었다. 신명기 7장과 20장은 적어도 이스라엘 사람들에게는 이러한 전쟁의 명분이 정당한 것으로 인정된다. 미디안이 매년 이스라엘 백성을 습격했던 것처럼(삿 6:5) 약탈을 목적으로 한 전투도 있었다. 웃시야가 블레셋, 아라비아, 암몬에게 했던 것처럼 단순히 다른 나라를 지배하기 위한 전쟁도 있었다(대하 26:6-8). 전쟁은 국가나 신에 의해 시작된 일종의 징벌로 간주되기도 했다. 이스라엘은 죄에 대한 하나님의 형벌로 아시리아에 의해 멸망했다(왕하 17:6-7). 유다는 시드기야가 느부갓네살에게 반역하여 바벨론에 의해 멸망했다

(왕하 24:20-25:2).

다른 극단에서 예수님은 "원수를 사랑하라"고 가르치셨다(마 5:44). 마찬가지로 뺨을 맞으면 다른 쪽 뺨도 돌려대라고 가르치셨다(마 5:39).

두 말씀 모두 전쟁에 대한 순전히 평화주의적인 입장을 시사한다. 두 입장의 차이점은 상대가 누구냐는 것이다. 구약에서는 주로 국가나 왕이 대상이며 그들이 전쟁을 수행해야 했지만, 신약에서는 개인들에 의해 이루어지며 그들은 전쟁을 직접 벌일 수 없다. 그러나 많은 사람이 신약의 구절을 개인이 국가를 위해 싸울 수 있는, 즉 개인이 국가의 임명 아래 있다는 식으로 해석한다.

2. 전쟁에 관한 설교

전쟁이 정당한지 여부를 결정한 후, 설교자는 전쟁에 나가는 군인이든 가족, 친구, 집에 머무는 시민이든 설교의 청중을 고려해야 한다. 그러나 설교자가 전쟁에 대해 설교할 때 두 청중에게 공통적으로 고려해야 할 두 가지 요소가 있다.

첫째, 전쟁의 명분과 상관없이 목회자는 그리스도의 복음을 전하는 것이 최우선이라는 점을 기억해야 한다. 여기에는 적의 생명을 포함하여 인간의 생명에 동등한 가치를 두는 것이 포함된다. 전쟁에서 사람들이 죽는다. 하나님은 전선 양쪽의 병사들을 만드신 분이다. 그래서 강단은 전쟁을 미화하거나 애국심을 고취하거나 정치적 의제를 강요할 수 있는 장소가 아니다.

둘째, 전쟁은 위기의 시기이다. 사람들은 세상이 통제 불능인 것처럼 보일 때에도 하나님이 임재하시고 통제하신다는 사실을 들어야 한다.

1) 가족, 친구, 시민들에게 설교하기

회중에게 설교할 때는 군인들의 안전을 위한 기도, 지도자들을 위한 하나님의 인도하심, 친구와 가족들을 위한 위로와 지지를 강조해야 한다. 회중이 군인과 그 가족을 지원할 수 있는 창의적 방법(편지 쓰기, 돌봄 꾸러미 보내기, 기도 모임, 가족 돌봄 프로그램 등)을 찾도록 격려한다. 갈등의 원인에 대해 어떻게 생각하든 하나님은 그 개인(군인)을 사랑하시며 회중도 그래야 한다고 설교한다.

2) 군인을 대상으로 한 설교

전투에 투입된 군인들은 앞으로 어떤 일이 닥치더라도 하나님이 그들과 함께하신다는 사실을 들어야 한다. 사용하기 좋은 말씀은 시편 23편이나 46편이다. 하나님이 그들과 함께하시고, 그들의 두려움과 염려를 아시고, "사망의 음침한 골짜기"에 있을 때에도 항상 함께하시겠다고 약속하신다는 점을 강조하라. 전투 중인 군인들도 같은 메시지를 들어야 한다. 군인이 자리를 비운 동안 가족을 크게 걱정하고 있다는 사실을 잊지 마라. 군인과 군인의 가족, 친구들이 보호받을 수 있도록 기도한다.

전쟁에서 돌아온 군인들은 전쟁에서 무슨 일이 일어났든 하나님이 여전히 그들을 사랑하신다는 사실을 들어야 한다. 그들이 느낄 수 있는 죄책감에 대해 용서를 전하고 그들이 돌아온 것에 대해 하나님께 감사할 수 있는 좋은 시간이다. 또한, 교회가 그들이 조국을 위해 봉사한 것을 자랑스럽게 생각한다는 것을 알릴 수 있는 좋은 기회이기도 하다.

3) 군 장례식 설교

군 장례식에서 설교할 때는 고인이 이 특정 분쟁에 복무하기를 원했는지, 어떻게 사망했는지, 고인의 군 복무에 대한 가족의 입장 등 고인의 배경을 고려하라. 군인의 국가에 대한 헌신과 봉사에 대한 감사를 강조하는 것을 제외하고는 다른 장례식과 동일하게 진행하라.

또한, 군인이 조국을 위해 최고의 희생을 치렀으며 회중의 최고의 존경과 영예를 받을 자격이 있다고 언급하라. 요한복음 15:13을 본문으로 사용할 수 있다. 이 사건을 전쟁을 찬성하거나 반대하는 설교의 기회로 삼으면 안 된다. 개인의 삶을 강조하고 가족에 대한 위로와 지지를 제공한다.

참고 주제 위기; 장례 설교; 죄와 악

참고 문헌 Carl von Clausewitz. *On War*. Edited and translated by Michael Howard and Peter Paret. (1989); Arthur F. Holmes, ed. *War and Christian Ethics: Classic and Contemporary Readings on the Morality of War*. 2nd ed. (2005); Thomas Kennedy. "Can War Be Just?" *From Christ to the World: Introductory Readings in Christian Ethics*. Edited by Wayne G. Boulton et al. (1994) 436–42/

예배 스타일(Worship Style)

텍스 S. 샘플(Tex S. Sample)

오늘날 북미의 설교는 문화 환경이 매우 다양하고 설득의 형태와 참여 조건이 매우 다양하기 때문에 다양한 예배 스타일에서 발생한다. 이 글에서는 전통적 구전, 문해력이 있는, 전자식이라는 세 가지 광범위한 문화 형성의 관점에서 설교에 대해 논의한다. 여기서는 이러한 각 문화를 간략하게 특징짓고 예배 스타일을 설명한 다음 이러한 환경에 가장 적합한 설교에 대해 논의한다.

1. 전통적 구전 문화

전통적 구전 문화를 가진 사람들은 북미에서 큰 집단이며 전 세계적으로는 훨씬 더 큰 집단이다. 이들은 대가족 관계에서 사는 사람들인 경향이 있다. 그들은 대가족처럼 조직된 교회와 기타 기관을 찾는다. 북미에서는 전통적 구전 문화의 대다수는 읽고 쓸 수 있지만, 특히 예배와 설교에서 구두적 실천에 참여한다. 이들은 주로 계급 구조의 하위에 위치하며 나이가 많은 경향이 있으며 인종과 민족에 따라 다양하다. 전통 문화가 공격을 받고 있고, 그래서 더 큰 문화에서 정당성을 얻지 못하기 때문에 이 계층에 속한 많은 사람이 지배 문화에 대한 다양한 저항에 참여한다. 이러한 관행은 종종 은밀하게 이루어지며, 특히 다른 문화권에서 온 목회자가 그들의 삶을 무감각하게 여기고 이질적 관행을 강요하려고 시도하는 경우 큰 도전이 될 수 있다.

1) 예배

이 문화적 환경에서 예배는 전통과 구전 관습을 활용한다. 부름과 응답, 노래와 말로 하는 응답, 전례적 연설에서 리듬과 강조의 사용과 같은 잘 알려진 관행이 구전 예배의 특징이다. 이들은 글을 읽을 줄 모르는 사람들이기 때문에 암기가 매우 중요하다. 성경 구절과 여러 속담을 암기하는 것이 중요하다.

예배는 '인쇄물'로 진행되지는 않겠지만, 주보를 사용할 수도 있다. 사람들의 소울 음악이 중요할 것이다. 소울 음악이란 그들의 이야기를 담고 있는 음악을 의미한다. 물론, 성경이 중심이 될 것이며, 비판적이기보다는 헌신적으로 접근하게 될 것이다. 예배에서 성경을 사용할 때 성경의 이야기와 말이 중요하게 사용될 것이다. 간증은 전통적 구전 예배에서 여전히 중요한 관행으로 남아 있다. 기도는 극적이고, 일시적이며, 에피소드적인 형태로 이루어질 것이다.

토착적 예배를 드릴 경우, 예배는 황홀하거나 표현적일 것이다(예: 뱀을 다루는 예배의 황홀한 성격, 흑인 예배 또는 오순절 예배의 표현적 성격, 백인 교회의 감동적이고 진심 어린 예배 등). 물론, 이 목록은 너무 간략하고 부분적이지만, 이제 설교로 전환하는 것이 적절할 정도로 더 넓은 범위의 관행을 제안할 수 있을 것이다.

2) 설교하기

전통적 구전 문화에서 설교는 즉흥적이고 즉시적인 성격을 띠고 있다. 그 진심과 감정이 담긴 성격은 정서적 깊이뿐만 아니라 진정성과 진실성을 증거한다. 느껴지지 않는 것은 진심이 아니며 진실하지 않다.

이러한 문화에서 설교는 반대 의견을 고려하고 논리적 결론에 도달하는 논증의 전개 과정을 통해 회중을 이끄는 선형적 담론이 아니다. 오히려 말 자체가 사건인 극적 성격을 띠고 있다. 말의 의미론적 의미가 없는 것은 아니지만 그 영향력에 비하면 부차적인 것이다.

이러한 문화에서 스토리의 사용은 설교의 핵심이며, 스토리는 근본적으로 요점을 전달하는 것이 아니라 요점이다. 지혜의 결정체는 이야기뿐만 아니라 사람들이 기억할 수 있는 성경 구절이나 속담과 같은 지혜로운 말에서도 나타난다. 이들은 계급 구조의 하위 절반에 속하는 사람들이기 때문에 설교는 삶에 기반을 두고 힘난한 세상에서 생존하고 대처하는 데 초점을 맞출 것이다. 이러한 이유로 설교는 희망을 다룰 것이다.

사회 문제와 기타 문제에 대한 설교는 설교자가 연장된 가족 관계의 관점에서 문제를 생각할 때 가장 잘 들리고 받아들여질 것이다. 여기서 호소력은 공감을 불러일으키고, 그래서 '가족 구성원에게 이런 일이 일어난다면 어떤 기분이 들지'에 대한 질문을 제기하는 것이다. 이슈에 대한 설교는 분석보다는 보여 주기, 즉 이슈에 대한 확장된 분석에 들어가기보다는 이슈의 영향을 보여 주는 데 초점을 맞출 것이다.

그래서 설교는 아픔에 초점을 맞추고 공감의 도덕성을 불러일으켜야 한다. 이러한 회중에게 전통은 중요할 것이다. 그런 다음 설교자는 회중의 이야기를 배우고 전통으로 돌아가 문제에 접근해야 한다. 전통을 창의적으로 활용한다는 것은 전통을 현대의 관심사를 다루기 위해 앞으로 나아가는 것이다.

2. 문자 문화

문자 문화는 주로 비즈니스 및 전문직 종사자들로 구성되어 있다. 일반적으로 이들의 가족 형태는 핵가족화되어 있으며, 사생활에서도 직장에서의 관계가 중요한 역할을 하며 우정과 친목 단체에 더 중점을 두고 생활한다. 평균 소득이 더 높거나 부유한 경향이 있으며, 직업을 삶에서 중요하게 생각한다. 이들의 교육과 경력에는 일반적으로 명확한 언어 사용이 필요하며, 직업에서 리더십을 발휘하는 한 설명은 중요한 관행이다. 이들은 지배적 문화를 대표하는 사람들이다.

교외에 주로 거주하는 이들은 대부분의 주류 교회의 구성원이다. 이들은 성취 지향적이고 자기 실현을 추구하는 긴장감 속에서 살아간다. 동시에 자녀를 매우 중요하게 생각하며, 자녀의 교육과 성공이 가족의 약속, 결정, 계획에서 중요한 역할을 한다.

1) 예배

문자 예배는 인쇄물 중심의 예배 형태이다. 사도신경, 교독문, 그 밖에 인쇄된 자료들을 사용한다. 찬송가, 예배서, 주보 및 기타 인쇄된 자료가 예배를 구성한다.

음악은 클래식 음악이 아닌 경우 일반적으로 고급 문화이다. 합창단에는 종종 전문적이거나 훈련된 음악가가 솔로를 한다. 예배는 좀 더 감정적으로 절제되고 형식적이다. 성경 봉독은 자주 성서정과를 사용하지만, 특히 설교에 중점을 두는 교회에서는 하나의 본문 이상은 낭독하지 않을 수 있다. 그래서 성찬식은 더 이른 시간에 거행하지 않는 한 보통 주일 예배에서 거행되지 않는다. 일반적으로 성찬식은 한 달에 한 번 또는 분기에 한 번 거행한다.

2) 설교

문자 문화 회중에서 설교는 명료하고, 논리적이며, 선형적이고, 생각을 자극하는 설교를 시도하는 한 인쇄물을 모델로 삼는 경우가 많다. 설교는 종종 읽혀지며, 이 매체의 유능한 설교자들은 이를 잘 수행한다. 이러한 설교자들에게는 설교가 산문의 성격을 띠게 된다. 설교는 종종 주관적인 경험에 초점을 맞추며, 마이어스-브릭스(Myers-Briggs)나 가족 체계 이론과 같은 심리학적 모델이 설교에 더 많은 비중을 차지하는 것으로 간주된다.

또한, 리더십 언어와 판매에 대한 이야기가 설교에 점점 더 많이 등장하고 있는데, 이는 부분적으로는 미국 기업과 조직의 관심사를 반영하는 것이다. 또한, 미국의 문자 문화 회중은 개인주의적 경향이 있으며, 설교의 과제는 심리적 모델에 국한되거나 주관적 경험에 지나치게 집중하거나 비즈니스 및 소비주의 언어에 지나치게 영향을 받지 않고 교회와 그 삶에 대한 보다 구체화되고 공동체적인 비전을 선포하는 것이다.

아래에서 볼 수 있듯이, 전자 문화와는 대조적으로 문학적 설교는 단어의 의미, 즉 단어의 신중한 정의, 명확한 개념의 사용, 의미론적 정확성을 강조하여 신앙을 대표적 언어로 전달하려고 노력한다. 그래서 설명이 매우 중요해진다. 자신의 생각을 정확하게 파악하고 이를 전달할 수 있는 언어로 전달하는 것이 최우선 과제이다.

성경 본문을 사용하려면 글을 읽을 줄 아는 회중의 유능한 설교자가 신중하고 정보에 입각한 주석을 사용해야 한다. 본문을 가지고 회중의 세계를 하나님의 이야기 속에 배치하는 능력은 첫 번째 순서로 높은 수준의 기술이다. 문자 문화권에서 스토리텔링은 예화, 즉 일화적 경향이 있다. 이야기는 그들이 요점을 진술하는 것만큼 요점을 설명하는 것에는 충분하지 않다.

3. 전자 문화

현재 전 세계적으로 기술, 정보, 커뮤니케이션의 변화가 일어나고 있다. 마누엘 카스텔스(Manuel Castells)는 이제 우리는 "인간 커뮤니케이션의 서면, 구두, 시청각 방식을 동일한 시스템으로 통합할 수 있다"고 보고한다(Castells 1996, 328). 이러한 통합은 이미지, 음악, 비트, 빛, 움직임, 춤, 말이 하나의 현실로 수렴되는 생태학적 모임을 구성한다.

시각, 운동 감각, 청각, 리듬, 음악, 가사 등 다양한 감각이 응집된 황홀한 극적인 모습으로 '현실의 캡슐'(a capsule of reality)이 생성되는 다감각 멀티미디어 환경에서 공연하는 아티스트의 현대 콘서트를 생각해 보라. 이러한 설정은 몰입적 성격을 띠며, 관객은 더 이상 단순히 수동적으로 듣고 보는 집단이 아니라 아티스트와 함께 실제로 공연하는 참여 주체가 된다. 관객은 일반적으로 노래하고, 움직이고, 춤을 추며, 이를 통해 이벤트의 완전한 몰입형 캐릭터를 구성한다.

1) 예배

여기서 제안하는 것은 예배가 단순히 위에서 설명한 종류의 몰입형 이벤트를 모방하는 것이 아니라, 그것들이 오늘날 떠오르는 전자 문화에 고유하거나 토착화된 가장 강력한 설득과 형성의 실천이기 때문에 교회가 이를 통해 배워야 한다는 것이다. 예배는 다감각적이고 멀티미디어적인 예배가 될 것이다. 몰입적이고 공연적인 예배가 될 것이다.

그러나 이 새로운 예배 형식의 핵심은 하나님의 이야기이다. 하나님의 이야기를 전자 미디어와 그 실행에 넣는 것이 아니라 하나님의 이야기 안에 이것들을 넣는 것이다. 이러한 몰입형 예배를 통해 하나님께 영광을 돌리고 찬양하는 것이 올바른 방향이다. 그래서 멀티미디어와 다감각 예배는 교회력, 성서정과, 고전적 예배 구조의 사용에 의해 형성될 것이다. 이 예배의 핵심은 성찬식이 될 것이다. 그러나 이 예배의 가치는 머리로 말하는 것이 아니라 이미지, 음악, 비트, 빛, 움직임, 춤, 말씀이 충실하게 통합된 전례에 몰입한 그리스도의 몸의 수행에 있을 것이다.

2) 설교

이러한 환경에서 설교는 분명히 변화를 겪을 것이다. 우선, 더 체험적인 접근 방식이 될 것이다. 젊은 세대는 문자로 된 문화에서 의미를 찾는 것보다 경험에서 의미를 찾는다. 물론, 이것은 말이 없어진다는 의미가 아니라 몰입형 이벤트에 통합되면서 말의 역할이 다르다는 것을 의미한다. 경험에서의 의미는 감정적이고 구체화된다.

설교는 어떤 상황에 대응하는 언어로 묘사하고 설명하려는 것이 아니라 시각, 청각, 운동 감각과 연결되며 냄새와 빛, 몸짓과 움직임, 춤에 대한 기억을 불러일으킨다. 설교는 사건, 사물, 경험의 언어를 사용한다. 설교에서 항상 중요한 이미지나 그림은 더욱 중요한 의미를 갖게 된다. 그림을 그리거나 영상과 같은 기능을 하는 언어는 사람들을 감동시키거나 움직일 수 있을 뿐만 아니라 멀티미디어와 다감각적 관행으로 형성된 사람들의 상상력을 자극한다. 그래서 이런 종류의 설교는 복잡한 개념이나 복잡한 정의의 단어보다는 사물이나 사건에 대한 언어를 사용한다.

마지막으로, 전자 문화에서 스토리텔링이 다시 부활하고 있지만, 이제 내러티브의 성과가 상당한 변화를 겪고 있다. 미첼 스티븐스(Mitchell Stephens)는 패스트 컷(fast-cut) 비디오에서 장면 전환의 중요성을 강조하며 이제 이러한 장면 전환은 스토리텔링의 기본이라고 주장한다(Stephens 1998, 178-203). 이제 이야기는 전자 환경에서 다양한 장면을 통해 전달된다.

4. 결론

위에서 요약한 예배와 설교의 관행은 회중의 풍부한 특수성을 필요로 하고 인종과 민족적 삶의 생생한 색채를 필요로 하지만, 북미의 맥락에서 증가하는 문화의 다양성을 다루는 설교자의 방향과 예배와 설교에서 충실한 대응의 방향을 제시한다.

참고 주제 이머징교회 설교; 전도 설교; 선교적 설교; 청소년 설교; 기술; 과학기술과 설교

참고 문헌 Manuel Castells. *The Rise of the Network Society*. Vol. 1. *The Information Age: Economy, Society and Culture*. (1996); Mitchell Stephens. *The Rise of the Image the Fall of the Word*. (1998).

제8장 경험

서문: 다양한 세상에서의 설교(Preaching in a Diverse World)
조셉 R. 제터 주니어 (Joseph R. Jeter Jr.)

한 설교자가 매우 비슷해 보이는 회중 앞에 섰을 때였다. 설교자는 남성이었고 청중이 자신과 같은 세계관을 가지고 있고, 자신과 같은 방식으로 현실을 처리하며, 자신과 같은 방식으로 언어를 사용한다고 가정했다. 시대가 단순히 변했다고 말하는 것은 너무 쉬운 일이다. 그러나 회중의 세계관, 언어에 대한 이해, 현실 처리가 획일적이었던 시대는 실제로 존재하지 않았다.

이제 우리는 여성과 남성이 일반적으로 언어에 대해 동일한 접근 방식을 가지고 있지 않다는 것을 알고 있다. 일부 교단에서 여성 목회자가 증가함에 따라 종교적 의사소통에 새로운 기회와 도전이 생겨나고 있다. 이러한 환경의 사람들에게는 설교자가 남성이라는 가정조차도 구시대적일 뿐만 아니라 불쾌감을 줄 수 있다.

다양성을 창의적으로 받아들이기를 거부하는 사람들은 소수자 집단이 더 이상 그들을 배제하는 언어, 교리, 풍조에 더 이상 기꺼이 고통받지 않을 것이라는 사실을 알게 될 것이다. 사랑하는 공동체는 곧 분열된다.

설교단에 서 있는 여성이나 남성은, 또는 점점 더 강단 밖으로 나와 바닥에 서 있는 여성이나 남성은 위협적일 수 있는 많은 사람을 바라보게 된다. 성별, 연령, 정신적 과정의 방식, 신체적 능력, 성적 지향, 인종, 민족, 지리적 위치 및 기타 개인 식별 방식을 포함한 문화에 차이가 있다. 보수주의자와 진보주의자가 때로는 불편하게 나란히 앉기도 한다. 또한, 경제적 지위가 다른 사람들, 시끄러운 환경에서 주로 침묵하는 사람들, 실향민으로 어려움을 겪고 있는 사람들과도 마주친다(Jeter and Allen 2002, Nieman and Rogers 2001).

신학, 음악, 예배에 적합한 감정의 정도 등에 대한 다양한 접근 방식이 분명하며 종종 우위를 차지하기 위해 서로 경쟁하기도 한다. 설교에 있어서도 어떤 사람들은 복음적이고 영혼을 구원하는 종류의 설교를 들어본 적이 없는 반면, 어떤 사람들은 그 이외의 설교를 전혀 알지 못한다.

모든 회중에 존재하는 다양성, 다양한 신학적 근거, 성경 본문에 대한 다양한 해석, 예배 스타일에 대한 다양한 편안함의 정도, 자신, 가족, 교회, 지역사회, 국가, 세계에서 일어나는 일에 대한 다양한 견해, 그리고 이 중 일부 또는 전부에 대해 어떻게 해야 하는지를 깨닫고 설교자는 어떻게 입을 열 수 있을까?

물론 대답은 신중하고 용기 있게 말해야

한다. 설교자가 자신의 모든 말에 청중이 동의하기를 기대한다면 설교자는 침묵을 지킬 수밖에 없다. 그러나 점점 더 다양해지는 세상에서 설교에 대한 일부의 이해는 설교자와 청중이 유용한 말씀을 들을 수 있게 도움이 될 수 있다. 여기 그중 여섯 가지가 있다.

첫째, 이웃에 대한 인식

설교자가 중부 국경의 작은 마을에 도착하든, 리틀 하바나의 거리나 실리콘 밸리의 교외에 도착하든, 그 외의 어느 곳에 도착하든, 설교자는 의도적이든 의도하지 않았든 다문화 회중을 대상으로 설교하게 될 것이다. 우리는 이웃을 "우리의 동료 인간, 특히 우리 주변에 있고 도움이 필요한 사람들에게 어떻게 행동하는가"를 의미하는 것으로 이해한다(Nieman and Rogers 2001,14).

설교자는 이웃을 존중하고 감사하며 소외된 사람들의 경험에 열려 있어야 하며, 그 과정에서 자신에 대해 더 많이 배우고 다시 생각해야 할 관계에 대한 통찰력을 얻을 수 있어야 한다.

둘째, 상처 주는 말 피하기

랍비 로렌스 A. 호프만(Lawrence A. Hoffman)은 "상처를 주는 기도"(prayers that hurt)에 대해 썼는데, 예를 들어 여성, 아프리카계 미국인 또는 유대인을 하나님의 면전에서 배제하는 기도를 말한다(Hoffman 1990, 13).

예언적 판단이 아니라 배제에 의한 "상처를 주는 설교"에 대해서도 같은 말을 할 수 있다. 예를 들어, 낸시 아이즈랜드(Nancy Eiesland) 교수는 장애인을 교회와 더 넓은 세상의 "말하는 중심"(the speaking center)으로 끌어들이는 것의 중요성에 대해 글을 썼다(Eiesland 1994, 81). 장애인에 대한 그녀의 언급은 교회를 구성하는 다른 그룹에도 해당된다.

각 그룹은 말하는 중심의 일부가 되어야 한다. 즉, 각 그룹은 자신의 우려를 명확하게 표현하고 그 우려를 공동체의 다른 사람들이 이해하고 있다는 것을 알아야 한다. 마찬가지로 회중의 각 그룹은 공동체의 다른 사람들의 말을 듣고 이해할 수 있어야 한다. 이를 위한 한 가지 방법은 목회자가 다양한 청취 및 발언 그룹의 관심사와 특성을 발견하고 이를 설교에 고려하는 것이다. 이것은 세 번째 이해로 이어진다.

셋째, 혼합된 군중

어떤 사람들은 다양성에 저항하며 예배와 교회 생활의 "바벨화"를 그 근거로 들기도 한다. 그러나 다른 사람들은 출애굽기 12장에서 더 나은 설명을 찾는다. 이스라엘 백성이 애굽을 떠날 때 "수많은 잡족과 양과 … 그들과 함께하였으며"(38절, Hoffman 1990, 17).

설교자들은 21세기의 혼합된 군중에게 설교가 들리기를 원한다면 다국어를 구사할 수 있어야 한다.

여성들은 이 메시지를 어떻게 들을까?
청소년들은?
라틴계들은?
아프리카계 미국인들은?

우리는 언어의 세계에 살고 있다. 우리는 세속적 대화에서 한 세계에서 다른 세계로

서문: 다양한 세상에서의 설교 (Preaching in a Diverse World)

잘 이동한다. 그러나 종교적 언어로 넘어가면 문제는 배가된다. 우리는 오늘날 대부분의 사람에게는 의미를 잃은 고풍스럽거나 오래된 언어를 사용하고 있는 자신을 발견할 수 있다. 교회에 모인 대부분의 군중들은 칭의와 같은 단어들에 대해 자연스러운 관심이 거의 없다. 또한, '나쁘다'와 같은 단어에서 볼 수 있듯이 언어 그리고/또는 세대에 따라 의미가 종종 변하는 것을 발견할 수도 있다.

우리는 예배에서 다양한 방식으로 언어를 듣는 많은 귀를 가지고 있기 때문에, 설교자로서 우리 앞에는 두 가지 기본 선택지가 있다. 우리에게 가장 편한 스타일을 찾아서 그 스타일로 최선을 다해 설교하는 것이다. 우리가 정말 잘한다면 일부 또는 많은 사람이 우리를 따를 수 있다. 우리는 우리 자신을 모델로 삼고, 우리가 믿는 것과 말하는 방식을 따라 교회를 만들 수 있다.

그러나 우리가 교회를 떠나면 어떻게 될까?

자신과 다른 스타일을 가진 설교자는 자신의 틀 안에서 형성된 사람들과 심각한 문제에 부딪힐 수 있다. 또는 교회가 완전히 무너질 수도 있다. 두 번째 선택은 교회라는 공동체에 존재하는 다양성을 끌어들이는 것이다. 이를 위해서는 설교자와 교인들이 논쟁의 여지가 있는 부분을 협상하고 변화가 불가피하다는 것을 이해해야 한다.

넷째, 협상된 언어

교회가 다문화 공동체로 살아남으려면 몇 가지 사항을 협상해야 한다. 그렇다고 모든 것을 수용해야 한다는 뜻은 아니다. 또한, 교회의 존재 방식에 있어서 최저 공통분모 접근 방식을 받아들여야 한다는 의미도 아니다. 다만 이러한 협상을 통해 예배와 우리 삶의 다른 측면에 대한 다양한 접근 방식을 이끌어 낼 수 있는 새로운 이해가 생겨날 수 있다는 의미일 뿐이다.

7세기의 기독교 설교자 존 다마스커스(John Damascus)로부터 전해지는 흥미로운 단어가 있다. 그는 삼위일체의 세 위격 간의 관계를 "페리코레시스"(perichoresis)라고 묘사했는데, 이는 친밀감, 평등, 일치하면서도 구별됨, 사랑을 의미하는 방식으로 일종의 원무(circle dance)이다 (Cladis 1999,4).

페리코레틱 설교는 두 가지 방식으로 기능할 수 있다. 즉, 다양한 사람을 설교로 이어지는 대화에 참여하도록 초대할 수 있거나, 주제나 본문을 따라 이동하면서 다양한 관점의 견해를 제시할 수 있다. 설교자는 "여기에서는 이렇게 볼 수 있지만, 이쪽으로 이동하면 다른 관점, 다른 견해가 있습니다"라고 말할 수 있다. 사람들에게 새로운 관점에서 본문이나 주제를 바라보도록 유도하는 것은 활력을 불어넣을 수 있다.

또 다른 협상 도구는 문화적 경계를 넘나드는 언어 장르를 찾는 것과 관련이 있다. 그중에는 내러티브가 있다. 사람들은 머리와 가슴으로 이야기를 듣고 자신의 경험에서 비유를 이끌어 낸다. 이와 밀접하게 관련된 도구는 이미지이다. 이미지는 생생하고 인상적일 수 있다. 점점 더 많은 사람, 특히 젊은이들은 시각적 학습자이다.

세 번째 도구는 격언이다. 다문화 그룹은 일상생활에 스며든 다양한 격언을 가지고 있으며, 설교에서 기억에 남는 격언들은 사람들의 마음속에 오래도록 남을 수 있다.

서문: 다양한 세상에서의 설교 (Preaching in a Diverse World)

"하나님은 선하시다.… 항상!
항상 … 하나님은 선하시다!"

친근한 상황에서 사람들과 시간을 보내다 보면 새로운 설교의 문을 여는 명언을 배우게 된다.

또 하나의 도구는 시적 언어이다(Nieman and Rogers 2001, 44-47). 설교는 시에서 시작되었고, 위대한 신비와 진리는 시를 필요로 한다. 시는 언어뿐만 아니라 리듬도 만들어 낸다. 시는 설교의 모범을 제시하지는 않지만, 다양한 교회와 다양한 세상의 사람들이 받아들일 수 있는 창의적이고, 리듬감 있고, 다채롭고, 연상시키는 정신을 제공한다.

텔레비전은 폴 매카트니(Paul McCartney)가 모스크바 붉은 광장에 모인 백만 명의 젊은이들 앞에서 〈헤이 주드〉(Hey, Jude)를 연주하며 함께 노래하는 장면을 보여 주었다. 그들은 잊지 못할 것이다. 마틴 루터 킹 주니어(Martin Luther King Jr.)의 유명한 〈마침내 자유!〉(Free at last!)이라는 연설을 들은 사람들은 결코 잊지 못할 것이다. 그리고 오클라호마시티(Oklahoma City)의 연방 건물 폭탄 테러 후 예배에 모인 사람들은 앤드류 크라우치(Andraé Crouch)의 〈모든 것을 겪었네〉(Through It All) 가사 "나는 하나님의 말씀에 의지하는 법을 배웠다"는 마지막 메시지를 기억한다.

다섯째, 이동(displacemet)과 거리

교회에 앉아 있는 사람들 중에는 교회에 있고 싶지 않은 사람들도 있다. 교회뿐만 아니라 공동체, 심지어 나라에 있는 것 조차 원하지 않는다. 니만과 로저스는 사람들이 장소(향수병), 시간(그리움), 소속감(소외감)과 관련되어 겪는 몇 가지 문제를 열거하며, 이 중 어느 하나라도 심각한 무질서(anomie) 현상을 일으킬 수 있다고 말한다. 그들은 설교에서 평행 이미지를 사용하는 것이 도움이 될 수 있다고 제안한다. 아브라함이나 선한 사마리아인과 같이 거부당한 성경 속 인물이나 광야 방황이나 박해와 같은 성경의 행동과 동일시할 수 있다(Nieman and Rogers 2001, 86-88, 104-8).

이동과 거의 정반대되는 또 다른 문제가 있다. 그것은 바로 멀리 떨어져 사는 사람들을 무시하는 것이다. 세상은 매우 다양하며, 오늘날의 사람들은 그 어떤 이전 세대보다 이를 잘 알고 있다. 텔레비전과 컴퓨터 화면에서 낯선 이름의 먼 곳의 뉴스와 사진이 즉각적으로 튀어나온다. 2-3세대 전만 해도 북미 사람들은 다르푸르, 수마트라, 스리랑카 같은 곳에서 벌어지는 비극을 알지 못했을 것이다.

그러나 세상은 더 작아지고 더 가까워졌다. 한 세대 전에는 알려지지 않았거나 알더라도 무시할 수 있었던 사람과 종교, 정치 시스템과 생태학적 위험은 더 이상 보이지 않는 곳, 마음에서 멀어지는 곳으로 분류될 수 없다. 이제 구호 활동과 지원에는 몇 달러를 모금하는 것보다 더 많은 것이 필요하다. 북미와 다른 부유한 지역의 설교자들은 "많이 받은 사람에게는 많이 요구될 것"이라는 사실을 회중에게 상기시켜야 한다.

여섯째, 초대하는 존재

설교 사건은 본문, 성령, 설교, 설교자, 청중, 상황 및 기타 요소의 복합체이다. 우리는 이러한 요소들을 전부 또는 대부분 통제할 수 없다. 그러나 우리가 할 수 있는 것이 있다. 설교자의 존재감은 종종 설교자의 말만큼이나 중요하다는 것을 기억하라. 사람들을 따뜻하게 맞이하라. 배려하는 목소리로 말하고 시각적으로 사람들을 설교에 포함시키자.

설교의 내용에 관해서는 본문과 주제가 거칠더라도 하나님이 그들을 사랑하시고 우리가 잊어버릴 때에도 하나님은 기억하신다는 것을 사람들에게 확신시키자. 메시지에서 다른 사람들의 경험에 대해 열린 마음을 갖고, 명확한 생각과 생생한 이미지를 통해 그것을 전달하라. 하나님은 은사가 없는 사람을 남겨 두지 않으셨으며, 우리 모두는 하나님과 하나님의 백성, 하나님의 세상을 위해 사용할 수 있는 은사를 가지고 있음을 청중에게 상기시켜 주자.

요한계시록에 이런 말씀이 나온다.

> 또 보니 다른 천사가 공중에 날아가는데 땅에 거주하는 자들 곧 모든 민족과 종족과 방언과 백성에게 전할 영원한 복음을 가졌더라 (계 14:6).

천사는 그 선포의 임무를 우리에게 넘겨주었다. 하나님의 도우심으로 우리가 그 사명을 감당할 수 있도록 기도하자.

참고 문헌 George Cladis. *Leading the Team based Church*. (1999); Andraé Crouch. "Through It All." 1971. Nancy Eiesland. *The Disabled God: Toward a Liberatory Theology of Disability*. (1994); Lawrence A. Hoffman. "Jewish-Christian Services: Babel or Mixed Multitude?" *Cross Currents* (Spring 1990); Joseph R. Jeter Jr. and Ronald J. Allen. *One Gospel*, Many Ears. (2002); James R. Nieman and Thomas G. Rogers. *Preaching to Every Pew: Cross-Cultural Strategies*. (2001).

❖   ❖   ❖   ❖

아프리카계 미국인 설교의 관점(African American Preaching Perspectives)

클레오퍼스 J. 라루(Cleophus J. LaRue)

최고의 아프리카계 미국인 설교에는 놀라운 강점이 있다. 효과적인 흑인 설교자가 되는 것은 형식적 공부에서 시작되는 것이 아니라 설교자의 삶의 형성 단계에서부터 시작된다. 흑인 교회는 흑인 종교 경험의 풍부함과 깊이 속에서 설교자의 사고 세계를 형성하고 조각하는 곳이다. 이러한 현실 때문에 흑인 설교는 가르치는 것이 아니라 체득하는 것이다.

그것은 흑인 종교생활의 문화와 규범에 몰입함으로써 시간이 지남에 따라 발전하는 세상에서의 존재 방식이다. 흑인 설교자가 되는 방법을 배우는 것이 아니라 흑인 종교 경험에서 설교자가 되는 방법을 배우는 것이다.

다음과 같은 기본적인 특징들은 흑인 설교의 특징을 나타내며, 이 설교 스타일에서 반복적으로 두드러진다. 흑인 전통의 설교자들은 주로 몰입과 모방을 통해 이런 것들을 배운다. 그래도 다른 전통을 가진 설교자 역시 이러한 요소들을 고려함으로써 혜택을 받을 수 있다.

1. 대가들의 모방

대부분의 현대 목회자는 설교 매뉴얼과 설교 본문에 대한 정보에 입각한 성찰을 통해 설교를 배우지만, 많은 흑인 설교자가 주로 거장들을 모방하는 것을 통해 설교를 배운다. 즉, 그들은 존경하게 된 설교 기술의 숙련된 장인으로부터 관찰과 참여, 그리고 궁극적으로 설교의 '방법'을 숙달함으로써 설교를 배운다.

대가들의 모방을 통해 설교하는 법을 배운다는 것은 단순히 다른 사람의 스타일을 모방하는 것을 의미하지 않는다. 그것은 장인의 손에서 흑인 설교를 강력한 커뮤니케이션 도구로 만드는 역동성을 면밀히 관찰하고 이후 숙달함으로써 배우는 것을 제안한다. 이러한 설교 교육학은 흑인의 종교적 정신에 깊이 내재되어 있다. 사실 그것은 흑인 종교생활의 구조에 너무 깊이 짜여 있어서 그것이 믿음과 행동을 형성하는 데 얼마나 강력한 힘을 발휘하는지 항상 인식하지 못하는 인간의 의식 속에 너무 깊숙이 자리 잡은 이야기들, 즉 흑인의 신성한 이야기의 일부가 된다.

2. 전능한 하나님에 대한 해석학

효과적인 흑인 설교는 한 민족과 그들의 하나님에 대한 특별한 경험에 관한 것이다. 그것은 성경을 이해하고 그 통찰을 매우 실용적인 방식으로 적용하는 사람들의 독특한 방식과 관련이 있다. 흑인들이 기독교를 받아들인 역사적 조건을 고려하면 그들의 사회문화적 경험이 그들이 하나님을 어떻게 이해하고, 하나님이 그들의 삶에서 어떻게 하나님의 의미와 목적을 펼쳐 내는지에 대한 이해에 어떤 깊은 영향을 미쳤는지 쉽게 알 수 있다.

흑인들이 스스로 성경을 읽고 해석할 수 있게 되면서 빠르게 받아들이게 된 핵심 진리는 성경이 자신을 대신하여 행동할 수 있는 무한한 능력을 가진 하나님을 계시한다는 것이었다. 흑인의 투쟁과 신적 구원의 직접 관계는 흑인 설교의 신학적 인식과 주제를 매우 결정적인 방식으로 채색한다. 의심할 여지없이 그들을 위한 하나님은 흑인들이 성경에서 보는 하나님이다.

그래서 흑인 설교의 독특한 특징은 흑인들이 성경이 주권적인 하나님이 그들의 일상 일과 상황에 관여하신다는 것을 계시한다고 믿는다는 것이다. 아프리카계 미국인들은 주권자이신 하나님이 생존, 해방, 진보, 번영 및 전반적인 안녕과 관련된 문제에서 매우 구체적이고 실제적인 방식으로 행동하신다고 믿는다. 이것이 바로 설교를 준비할 때 성경을 해석하는 렌즈이다.

전통적 흑인 교회에서 어떤 권위와 성취감을 가지고 설교하는 설교자는 흑인 설교의 핵심이 하나님, 즉 세상 안에서 그리고 세상을 위한 하나님의 의도적인 행위에 관한 것임을 항상 기억해야 한다.

가장 효과적인 설교는 하나님이 복음을 듣는 사람들의 삶의 구체적 상황에서 어떻게 행동하시는지를 명확하고 통찰력 있게 전달하는 설교이다. 이것은 모든 설교에 '하나님'이라는 단어가 들어가야 한다는 뜻이 아니라, 모든 설교는 하나님의 본질과 행동, 특히 그 활동이 성경적으로 증거되고 역사적으로 고백되는 예수 그리스도의 사역과 인격을 통해 나타나는 하나님의 신성한 주도권과 계시 활동에 관심을 가져야 한다는 뜻이다. 이 모든 것을 포괄하는 해석학은 전통적 흑인 설교의 핵심이다.

3. 본문과 씨름하는 중요성

흑인 설교에는 성경에 대한 높은 존중이 있다. 흑인 설교는 역사적으로 강력한 성경적 내용으로 주목받아 왔다. 많은 흑인 교회에서 성경 본문이 설교의 내용과 목적을 형성하는 데 주도적인 역할을 하는 설교로 정의되는 성경적 설교는 선포된 말씀에 대한 전통적 이해에 가장 충실한 것으로 간주되는 설교 유형이다. 실제로 성경이 미국 흑인의 종교생활에서 중심 위치를 차지하고 있다는 것은 비밀이 아니다.

흑인 설교에서 성경은 단순한 본문의 출처를 넘어 설교를 위한 언어, 이미지 및 이야기의 가장 중요한 단일 출처이다. 흑인 교회의 성경 문해력이 이전보다 크게 떨어지긴 했지만, 흑인 설교의 풍부한 자료로서 성경이 더 이상 우선시되지 않는 상태에 도달한 것은 아니다.

그래서 흑인 설교는 성경과 불가분의 관계에 있다. 흑인 교회의 눈에는 성경이 없는 설교자는 의사가 의료 가방이 없는 것과 같다. 다시 말해, 설교 임무를 완수하기 위해 필요한 것은 성경과의 만남이다.

흑인 교회에서 정기적으로 설교를 하고자 하는 설교자는 성경 본문과 조우하고 그 만남을 통해 흑인 청중의 현재 인간 상황에 계시되고 작용하는 하나님의 말씀에 대한 어떤 감각을 이끌어 내는 방법을 배워야 한다. 효과적 설교자들은 성경을 창의적으로 끌어들여 흑인들의 삶의 경험과 결합시키는 이 어려운 작업이 매주 설교 준비의 핵심임을 잘 알고 있다. 그래서 설교자는 성경에 대해 잘 알고 있어야 한다.

설교자에게 요구되는 성경에 대한 깊이 있는 지식은 단순히 과제 중심의 성경에 대한 친숙함일 수 없다. 설교를 위해 가끔씩 성경을 찾는 사람들에게 성경은 하나님의 말씀으로서의 보화를 온전히 드러내지 않기 때문이다. 성경과 함께 살면서 그 본문이 힘과 확신을 가지고 말하게 하려면 텍스트의 거리(street)를 오르내려야 한다. 흑인 설교자들은 일찍부터 이런 종류의 본문과의 교감을 추구하는 법을 배운다.

4. 신과의 만남에 대한 감각

흑인들은 설교 준비 과정 전반에 걸쳐, 특히 설교 준비의 초기 단계에서 하나님을 만난다고 믿는다. 이 만남은 다양한 방식으로 나타난다. 어떤 이들에게는 하나님 앞에 침묵하는 것이기도 하고, 어떤 이들에게는 성령을 '기다림'이기도 하다.

설교자가 설교 창작 과정에 착수할 때 무(無)에서 무언가가 나와 설교자의 영을 부양하고 창의성을 촉발시킨다. 많은 설교자가 이러한 창의적 불꽃이 자신의 무의식적 사고방식 너머의 무언가에서부터 기인한다고 생각한다. 그들은 자신 너머의 힘이 자신 안에서 그리고 자신을 통해 작용하고 있다는 느낌을 받기 전까지는 준비 과정을 진행하지 않는다. 이러한 준비 과정이 없으면 많은 사람이 설교가 과정에 지나치게 집중하고 목적에는 충분히 집중하지 않을 것이라고 느낀다.

5. 기다리는 회중의 중요성

설교가 회중을 위해 준비될 때 그들은 당시 설교자의 생각에서 결코 멀리 떨어져 있지 않다. 실제로 많은 흑인이 메시지를 들을 사람들에게 지속적으로 집중해야 한다고 말한다. 이상하게도 설교자들은 기다리는 회중의 기대를 예상하는 것 같다. 그래서 기회가 있다면 그들(회중)이 할 말을 그들을 위해 그리고 그들에게 전하기 위해 모든 노력을 기울인다.

참여적 선포는 전달의 리듬과 속도에 영향을 미칠 뿐만 아니라 성경과 상황의 상호작용에도 영향을 미친다. 효과적 설교는 강단과 회중이 서로 대화하면서 하나가 될 때에만 가능하다. 참여적 선포의 중요성 덕분에 흑인들은 강단과 회중 사이의 공생 관계의 중요성을 일찍부터 배운다. 설교는 항상 공동체 안에서 이루어진다. 심지어 설교를 준비할 때 공동체가 물리적으로 함께 있지 않을 때에도 마찬가지이다.

6. 문화에 대한 예리한 인식

흑인 종교생활에서 진정으로 '영적' 설교자는 세상과 단절하고 일요일 아침에 산꼭대기에서 내려와 높은 곳에서 말씀을 전한다고 믿었던 시절이 있었다. 오늘날의 설교자들은 그러한 냉담함과 세상과 단절에 대해 경고한다. 그들은 주변 세상과 조화를 이루고 소통해야 할 필요성을 인식하고 있다. 그들은 인간 존재의 모든 측면에 하나님의 임재를 끊임없이 명명하려고 노력함으로써 관찰력을 연마한다. 흑인 종교생활에는 성스러운 것과 세속적인 것이 구분되지 않는다.

가장 효과적인 설교자들은 사회적, 정치적, 교육적, 경제적 환경에서 일어나는 일들을 염두에 둔다. 실제로 많은 사람은 그러한 인식이 설교를 강화한다고 주장한다. 최고의 흑인 설교는 하나님의 창조 질서 전체가 지닌 아름다움과 화려함, 무질서와 반항적인 부분까지 진지하게 다루고 있다. 흑인 설교가 발을 들여놓지 못할 인간 존재의 영역은 없다. 그래서 흑인 설교에 익숙하지 않은 사람들에게는 거칠고 방해가 되며 때로는 불쾌감을 줄 수 있다. 그러나 삶의 모든 측면을 진지하게 다루는 이러한 종류의 설교는 교회를 다니는 많은 흑인 대중에게 가장 큰 호소력을 가지고 있다.

7. 원고의 중요성

많은 흑인 설교자가 원고를 가지고 설교단에 오르지 않지만, 대부분의 설교자는 원고 없이 설교한다고 해서 준비되지 않은 설교를 하는 것은 아니다. 과거에는 원고를 쓰는 설교자는 지적이고, 반대로 원고를 쓰지 않는 설교자는 영적이라고 믿었다. 그러나 이러한 구분은 빠르게 사라지고 있다. 원고 없이 설교하는 것이 즉각적이고 자발적이며 성령의 기름 부으심을 받는다는 인상을 주지만, 흑인 설교에서는 설교단에서 원고를 보며 설교할 의도가 없더라도 원고를 준비하는 것이 점점 더 받아들여지고 있다.

원고를 작성하면 설교의 집중력과 명확성을 높이고, 횡설수설하는 것을 방지하며, 귀에 쏙쏙 들어오는 언어를 구사할 수 있다. 각 문구 하나하나를 신중하게 고려한 치밀한 원고는 설교자가 보다 효과적으로 정신적 그림을 그리는 데 도움이 된다. 또한, 원고는 설교자가 설교의 흐름과 윤곽에 익숙해질 수 있게 해 주므로 구두 전달의 리듬과 완급을 강화하는 역할을 한다.

설교의 언어를 글로 정리한 후 머릿속에 명확하게 정리하면 웅변적 추진력이 강화되고 설교 중에 의도하지 않은 멈춤이나 공백이 생기는 것을 제한할 수 있다. 강단에서 원고를 사용하기로 선택한 사람들은 준비된 텍스트를 읽을 때에도 구술의 특성이 마음속에서 떠나지 않기 때문에 큰 효과를 거둘 수 있다.

흑인 설교에서는 전달 스타일이 구두 연설자의 성공 여부를 대부분 결정한다. 흑인들은 어설픈 전달을 피하는 방법을 일찍부터 배운다. 강단에서 강의처럼 들리는 구두 에세이는 많은 흑인 교회에서 금지되어 있다. 구두 전달은 역동적이고 활기차게 진행되어야 한다. 원고를 사용할 때에도 즉흥성과 주제에서 벗어날 수 있는 여지를 허용하는 것은 흑인 설교에서 허용될 뿐만 아니라 기대되는 것이다.

8. 적절한 마무리

적절한 방식으로 설교를 마무리하는 것의 중요성을 배워야 한다. 어떤 사람들에게는 설교가 항상 즐거운 축하로 끝나야 하는 반면, 어떤 사람들에게는 가장 중요한 것은 설교가 주제와 논리적으로 일관된 방식으로 끝나야 한다는 것이다. 어떤 경우에는 마지막에 신앙과 삶을 되돌아보게 해야 한다. 어떤 때는 회개하고 하나님의 자비에 대해 더 깊이 생각하게 해야 한다. 또 어떤 때는 더 큰 세상에서 다른 사람들을 위해 봉사하는 구체적인 행동으로 우리를 불러일으켜야 한다. 때로는 우리를 위한 하나님의 경이로움을 끊임없이 찬양하는 것으로 끝내야 할 때도 있다.

설교의 마지막은 산만하거나 회중을 열광의 도가니로 몰아넣기 위한 의도된 수사학적 장식이 되어서는 안 된다. 오히려 설교자가 전체 메시지를 통해 전달하고자 하는 바를 청중에게 명확하게 전달해야 한다.

9. 지속적 창조로서의 설교

흑인 설교계에서 설교는 결코 완전히 완성된 것이 아니다. 흑인들은 같은 설교를 다시 하는 것에 대해 거부감이 없기 때문에 할 수 있는 이야기와 할 이야기가 항상 더 많다. 설교는 결코 완성된 제품이 아니다. 설교를 준비하고 주일 예배를 준비해도 설교에 대한 다양한 아이디어와 새로운 사고방식이 계속 떠오른다. 설교를 하는 동안에도 새로운 생각과 아이디어가 쏟아져 나와 설교에 예상치 못한 내용이 추가되기도 한다.

많은 사람이 설교 도중 또는 그 직후에 떠오르는 새로운 통찰을 활용하기 위해 설교가 끝난 직후에 설교를 수정한다. 어떤 사람들에게는 계획에 없던 추가 내용이 설교의 더 창의적인 부분이 되기도 한다.

10. 생생한 목소리의 힘

흑인 설교에서 설교는 처음부터 끝까지 구두/청각 연습으로 간주된다. 설교는 말하고 듣는 것이다. 설교 원고는 결코 그 자체로 목적으로 간주되지 않는다. 글로 쓰여진 것은 페이지 위에 잠자고 있는 '정지된 공연'일 뿐이며, 설교자의 능숙한 발음과 생생한 목소리(viva vox)을 통해서만 살아날 수 있다.

구두 전통이 발달한 문화권에서 온 사람들은 구술이 큰 힘을 가지고 있다고 생각한다. 살아 있는 유기체 내부에서 나오는 모든 구두 발화는 '역동적'이다. 많은 흑인 설교자들은 설교에서 이루고자 하는 바를 온전히 표현하기 위해 생생한 목소리의 힘에 의존한다. 흑인들은 복음을 선포할 때 말에는 어떤 에너지와 확신이 있어야 한다는 것을 직관적으로 알고 있다.

궁극적으로 영감을 불러일으키고, 힘을 주고, 도전하고, 변화시키는 그들의 능력은 글을 통해서가 아니라 말로 표현되는 소리를 통해 나온다. 완성된 결과물의 구술적 특성에 대한 인식은 설교 구성의 핵심 요소이다. 흑인 설교의 공연적 요소는 구체화된 소리에 부여하는 중요성 때문에 다른 흑인들에 의해 거의 비난받지 않는다.

이러한 기본 요소는 흑인 설교만의 고유한 특징이라고 주장할 수도 있지만, 다른 전통의 설교자들이 자신의 설교를 바라볼 수 있는 귀중한 관점을 제공한다고도 주장할 수 있다.

참고 주제 부름과 응답; 원고; 구두/청각 의사소통; 해석학적 의심

참고 문헌 Gerald L. Davis. *I Got the Word in Me and I Can Sing, You Know: A Study of the Performed African American Sermon.* (1985); Cleophus J. LaRue. *The Heart of Black Preaching.* (1999); Cleophus J. LaRue. *Power in the Pulpit: How America's Most Effective Black Preachers Prepare Their Sermons.* (2002); Paul Oliver. *Songsters and Saints: Vocal Traditions on Race Records.* (1984); Albert J. Raboteau. *Slave Religion: The "Invisible Institution" in the Antebellum South.* (1978); Bruce A. Rosenberg. *Can These Bones Live? The Art of the African American Folk Preacher* (1970)

부름과 응답(Call and Response)
로버트 스미스 주니어(Robert Smith Jr.)

부름과 응답이라는 용어는 설교 중에 설교자와 회중 간에 발생하며 그 전달을 형성하는 언어적 상호 작용 패턴을 의미한다. 이 역학 관계는 일부 종교 전통에서는 낯설고 다른 종교 전통에서는 생소하다. 그러나 아프리카계 미국인의 종교 전통에서는 이 낯선 것이 익숙하다.

독일의 신학자이자 설교자인 헬무트 틸리케(Helmut Thielicke)는 시카고에서 흑인 회중을 대상으로 한 설교를 회상하며 이렇게 말했다.

부름과 응답(Call and Response)

회중은 열광적으로 반응하며 "예 주님!", "할렐루야", "아멘" 등 큰 소리로 계속 외치며 내 설교를 방해했다. 그것은 나를 너무 자극해서 마치 파도에 휩쓸린 것처럼 흥분했다(Thielicke 1995, 360).

설교자와 회중 사이의 이러한 대화적 상호 작용은 이 전통의 특징이지만, 아프리카계 미국인의 종교적 경험에만 국한된 것은 아니다. 아프리카계 미국인 설교자와 마찬가지로 웨일스(Welsh) 민속 설교자도 무력한 독주자나 예배의 독재자가 아니라 '아멘 코너'에서 장로들과 대화적으로 참여함으로써 청중을 설교 과정의 소중한 파트너로 긍정하고 인증했다. 부름과 응답을 실천하는 설교자들의 공통점이 있다면 회중이 '거룩한 소리'로 응답할 수 있도록 '거룩한 공간'을 제공하려는 의도성이다(협업 참고).

부름과 응답의 뿌리는 서아프리카 음악의 토양에 깊숙이 자리 잡고 있다. 이 관행은 미국 노예 제도의 경험 속에서 북미의 농장으로 이식되었다. 유럽 교회 음악을 접한 노예들은 '라이닝 아웃'(lining out)이라는 기법을 통해 전승된 찬송가를 재활용했다. 노예 설교자가 찬송가의 첫 소절을 부르면 흑인 예배자들이 따라 부르는 방식이었다. 이 기법은 일종의 반응형 즉흥 연주를 위한 기본 구조를 제공했고, 이는 설교에서 궁극적인 표현을 찾았다.

부름과 응답은 백인 교회의 예배 경험에 대한 노예들의 반응, 즉 설교자가 예배자들을 목 아래에서 마주치지 않고 목 위에서부터 참여시키는 교회의 설교자들에 대한 반응에서 탄생했다. 반면, 흑인 설교자들은 예배자들이 설교의 감정에 참여할 수 있는 기회, 즉 '말의 반응'(talk back) 표현의 전주곡으로서 '감정의 반응'(feel back) 경험을 할 수 있는 기회를 만들었다. 파토스의 중요성에 대한 이러한 인식은 기독교 설교에서 오랫동안 이어져 왔다.

아우구스티누스(Augustine)도 다음과 같이 고백한다.

나는 청중이 박수치는 소리를 들었을 때 내가 무언가를 성취했다고 생각하지 않았고, 그들이 우는 것을 보았을 때만 성취했다고 생각했다. 그들의 박수는 그들이 가르침을 받고 기뻐하고 있다는 것을 보여 줄 뿐이고, 그들의 눈물은 그들이 흔들리고 있다는 것을 나타낸다(Augustine 1996, 234).

부름과 응답의 역동성은 대화법, 강의, 억양, 우렁찬 목소리 등 다양한 스타일과 전달 방식에 영향을 받을 수 있지만, 그것이 성경적 내용과 결합될 때 회중의 생각과 마음, 목소리를 설교에 참여시키는 강력한 도구가 될 수 있다.

참고 주제 아프리카계 미국인 설교 관점; 경축; 구두/청각 의사소통

참고 문헌 Augustine. *Teaching Christianity*. Edited by Edmund Hill and John E. Rotelle. (1996); Helmut Thielicke. *Notes from a Wayfarer*. Translated by David R. Law. (1995).

경축(Celebration)

헨리 H. 미첼(Henry H. Mitchell)

설교자가 성령의 능력을 받고, 청중이 은혜 안에서 성장하고 하나님의 뜻을 행하도록 동기를 부여하는 가장 좋은 방법은 그들이 말씀에 대해 기뻐하고 즐거워하도록 돕는 것이다. 사람들은 감동적인 축하를 불러일으키는 설교를 더 잘 기억하고 변화될 가능성이 훨씬 더 높다. 이것은 깊고 부정적인 감정에서 비롯된 설교와 혼동해서는 안 된다. "불같이 화를 낸다"는 것은 "불같이 기뻐한다"와는 정반대이다.

복음은 좋은 소식이다. 서양 문화는 깊은 감정을 의심하지만, 고상한 감정뿐만 아니라 낮은 감정도 있다. 믿음, 소망, 사랑은 고상한 감정이다. 그리고 그러한 감정이 없는 설교는 생명력이 없다.

설교단과 텔레비전 화면에서 감정을 남용하는 사례가 많기 때문에 효과적 설계뿐만 아니라 설교적 진실성을 위한 지침이 필요하다.

첫째, 설교는 긍정적 성경 본문을 생생하게 전달하기 위해 고안되었다. 청중이 잘 알지 못하는 죄에 대해 자세히 설명할 필요가 있을 수 있지만, 하나님의 뜻이 무엇에 대해 반대하는 것이 아니라 무엇을 위한 것인지를 강조하는 데 중점을 둔다. 아무리 훌륭한 수사를 동원해도 잘못된 것을 축하할 수는 없다. 우리는 거의 항상 그리스도 안에서 풍성한 삶으로 끝나며, 이는 모든 기쁨으로 간주되고 경축된다.

둘째, 바울은 권면을 촉구하지만, 이것은 설교의 본문을 위한 것이다. 드문 예외를 제외하고는 경축을 가장 아름답게 제시된 도전과 혼동해서는 안 된다.

셋째, 설교는 그리스도 안에서 자신의 삶의 깊은 곳에서 전염성 있게 전달될 때 가장 효과적이다. 신뢰는 형식적으로 가르치기보다는 체득되는 감정이다.

넷째, 드라마나 교향곡에서와 마찬가지로 설교는 감정의 강도를 조율한다. 설교는 절정에 달했다가 가라앉는다. 설교는 논증이 아니라 예술이다. 절정의 발화는 경축이다.

다섯째, 경축은 설교에서 가장 설계하기 어려운 부분입니다. 본문, 행동 목적, 장르가 정해지면 그에 맞는 경축을 디자인하는 것이 현명하다. 설교의 나머지 부분은 이 절정을 향해 나아간다.

여섯째, 경축의 소재는 다양하다. 예를 들어, 창세기 50:20에 나오는 요셉의 선언과 같은 성경의 이야기는 하나님의 섭리를 경축할 수 있는 소재를 제공한다.

> 당신들은 나를 해하려 하였으나 하나님은 그것을 선으로 바꾸사 (창 50:20).

다른 사람의 개인적 간증(증언)도 효과적이며, 너무 빈번하지 않다면 우리 자신의 간증도 효과적이다. 위대한 문학은 이미지, 이야기, 단어, 구절을 제공한다. 고도의 수사학과 시적 언어는 경축에 적합하다. 로마서 8:35에 나오는 바울의 수사학적 수사를 생각해 보라.

> 누가 우리를 그리스도의 사랑에서 끊으리요 … (롬 8:35).

마지막으로, 찬송가의 시가 있다.

일곱째, 경축은 단 한 번만 일어난다. 이러한 분야의 도전은 노력할 만한 가치가 있으며, 본문의 축하에 황홀한 강화를 제공한다.

참고 문헌 Henry H. Mitchell. *Celebration and Experience in Preaching*. (1990); Frank A. Thomas. *They Like to Never Quit Praisin' God*. (1997).

이머징교회 설교(Emerging Church Preaching)

토마스 Q. 로저스(Thomas Q. Rogers)

이머징교회는 기독교의 해체와 재건 과정에서 스스로를 이머징교회로 간주하는 개인을 총칭하는 용어이며, 그러한 개인이 이끄는 그룹에 가입한 기독교인을 지칭하기도 한다. 이 운동은 20세기 마지막 10년 동안 북미, 서유럽, 남태평양 전역에서 확산되기 시작했다.

전 세계적으로 이머징교회를 조율하는 단일 조직은 없으며, 이 현상이 공식적으로 조직화될 것이라는 보장도 없다. 그래도 이 운동(또는 일부에서는 대화라고 부르는)의 참여자들은 포스트모더니즘과 웹 지향적 사고(Web-oriented thinking)의 영향을 받은 중요한 문화 변화가 새로운 교회의 출현을 나타낸다고 확신한다.

이 운동의 참여자는 매우 다양하고 포용의 경계가 모호하지만, 이머징교회 지지자들은 일반적으로 모더니즘의 낡은 인식론에 반대하는 것이 특징이다. 이들은 근대를 확실하고 절대적으로 사물을 알 수 있다고 믿었던 시대로 본다. 진리는 합리주의적이고 선형적인 사고를 통해 달성되었다. 이로 인해 교회는 신앙과 관련된 명제적 진리를 강조하게 되었다. 이머징교회의 옹호자들은 포스트모더니즘의 모더니즘에 대한 도전이 교회에 반영되어야 한다고 주장한다. 우리가 알 수 있는 것의 대부분은 절대적인 것이 아니라 우리의 문화, 감정, 경험에 의해 형성된다.

포스트모던 세대의 가치관에 부합하는 교회는 관계, 다원주의 속에서의 관용, 토론의 진실성, 이야기, 즉 공동체에서 자신의 이야기를 다른 사람들에게 들려주고 성경 공부와 설교에서 성경 이야기를 전하는 것에 초점을 맞춰야 한다. 일부에서는 이것이 모더니즘과 포스트모더니즘을 지나치게 단순화하거나 오독한 것이라고 주장하지만, 교회가 모더니즘적 경향을 넘어서야 한다는 주장은 이머징교회 참여자들을 하나로 묶는다.

이머징교회의 또 다른 측면은 1990년대에 번성했던 구도자 중심의 대형교회 운동에 대한 반응이다. 어떤 사람들은 이머징교회가 새들백/윌로우크릭(Saddleback/Willow Creek) 운동의 연장선상에 있으며, 교회 지도자들이 구도자에 민감한 세대를 어떻게 이끌어야 하는지에 대한 지침서 역할을 한다고 주장한다. 그러나 이머징교회라는 명칭을 주장하는 일부 교회는 자신들을 매우 다르게 바라본다.

구도자 친화적 접근 방식은 "교회로 오라"라는 유형의 전도를 제공하는 반면, 이머징교회의 지배적인 슬로건은 "예수께 오라"이다. 두 접근 방식 모두 교회에 다니지 않는 사람들의 실제 필요를 충족시키기 위해 교회 경험을 형성하려는 열망을 담고 있지만, 방식은 다르다. 구도자 중심 운동은 일반적으로 베이비붐 세대를 대상으로 세련된 제품을 제공하려고 시도하는 반면, 이머징교회 운동은 진정한 개인적 상호 작용과 다양한 맥락에서 성경을 지속적으로 재분석하는 데 더 중점을 둔다.

이머징교회 운동의 지도자들은 이머징교회의 역할이 그리스도의 사명을 계속하는 것이라고 주장한다. 그 사명에 대한 다양한 표현이 있지만, 시대를 초월한 진리를 담고 있는 성경이 그 사명의 중심이 되어야 한다는 데는 공통된 동의가 있다. 어떤 사람들은 이머징교회 운동을 교회를 개혁하고자 했던 또 다른 운동인 종교개혁과 비교하고자 한다.

16세기 개혁가들은 교회가 진화하는 문화적 변화에 적응하기를 원했기 때문이 아니라, 교회에서 성경에 위배되는 신학과 관련 관행이 발전하여 하나님의 말씀에 의해 개혁되어야 한다고 인식했기 때문에 교회를 변화시키기를 원했다. 이머징교회가 요구하는 개혁은 대부분 전통적 신앙고백을 유지하되 문화가 급격하게 변화했기 때문에 신앙을 이해하고 적용하는 방식을 바꾸어야 한다고 주장한다는 점에서 상당히 다르다.

이머징교회는 교회가 어떻게 조직되어야 하는지에 대한 전통적인 관념에 도전한다는 점에서 가정교회 운동과도 관련이 있다. 둘 다 최소주의(minimalist)와 분권화된 조직 구조를 수용한다. 모든 가정교회가 이머징교회만큼 포스트모던 철학의 영향을 받은 것은 아니지만, 많은 이머징교회가 가정교회이기도 하다.

이머징교회의 설교는 스토리텔링을 중심으로 이루어진다. 언뜻 보면 20세기 말 새로운 설교학의 기초가 되었던 내러티브 운동과 밀접한 연관성이 있을 것으로 기대할 수 있지만, 여기서 강조하는 것은 설교의 디자인을 구성하는 데 내러티브 이론을 사용하는 것이 아니라 청중을 성경 이야기 자체와 연결하는 데 있다.

이머징교회 설교자들은 청중이 성경의 이야기를 알고 있다고 가정하지 않기 때문에 하나님과 인간과의 상호 작용에 대한 이야기를 반복해서 전한다. 주어진 설교에는 종종 많은 성경적 설명이 포함되지만, 그러한 설교의 목적은 사람들에게 신학적 세계관을 형성하는 것이다. 가장 중요한 목표는 기독교 이후 시대(post-Christian) 청중이 신학적이고 큰 그림의 성경적 이야기 렌즈를 통해 세상을 볼 수 있도록 하는 것이다.

많은 이머징교회 설교의 초점은 인간 중심적이기보다는 신 중심적이다. 이는 어느 정도는 구도자 중심적 운동에서 벗어난 것으로, 종종 강단에서 시사적이고 필요를 느끼는 메시지를 전한다. 이머징교회 설교자들은 예수님의 제자로서의 하나님 나라 삶에 주목하지만, 그들의 설교는 성경의 고대 지혜가 하나님 나라 삶에 어떻게 적용되는지를 보여 주는 데 뿌리를 두고 있으며, 이를 위해 설교자는 하나님의 역할을 부각시킨다. 삼위일체 하나님에 관한 가르침은 피하지 않으며, 중심 메시지는 예수님이 하나님께로 가는 길이라는 것이 무엇을 의미하는지에 뿌리를 두고 있다.

이머징교회 설교자들은 설교가 때때로 예배의 초점으로 간주되고 설교자가 현대 생활에서 개인적 문제를 해결하는 데 도움이 되는 성경적 진리를 전달하는 역할을 하는 현대 교회 설교를 비판한다. 그들은 모더니즘의 설교가 진리가 무엇인지에 대한 설명을 강조한다고 주장한다. 이머징교회 운동에서 설교자는 진리가 무엇인지에 대한 경험을 강조하고 설명하려고 한다. 설교는 예배 모임의 경험의 한 부분으로만 간주된다. 성경의 메시지는 시각 예술, 침묵, 간증을 통해서도 전달된다. 이머징교회 선포는 웹 지향적 사고의 세상에서 자란 사람들이 공통적으로 경험하는 정보 경험의 다각적 접근 방식을 모방하고자 한다.

참고 주제 문화해석학; 구도자 메시지; 예배 스타일

참고 문헌 Eddie Gibbs and Ryan K. Bolger. *Emerging Churches: Creating Christian Community in Postmodern Cultures*. (2005); Dan Kimball. *The Emerging Church: Vintage Christianity for New Generations*. (2003); Doug Pagitt, *Preaching Re-Imagined*. (2005).

전도 설교(Evangelistic Preaching)
알 파솔(AL Fasol)

전도 설교는 하나님이 예수 그리스도를 통해 주시는 구원의 은혜에 대한 좋은 소식을 전하기 위한 성경에 근거한 접근 방식이다.

전도 설교는 비기독교인이 예수 그리스도를 주님과 구세주로 받아들이도록 설득하는 것을 목표로 한다. '전도'(evangelistic)라는 단어의 어원적으로 '좋은 소식'을 의미한다.

전도 설교는 예수님이 우리가 하나님과 화목할 수 있는 길을 마련해 주셨다는 기쁜 소식을 선포하는 것이다. 이 정의의 배경에 있는 전제는 예수님이 성령으로 잉태되어 동정녀 마리아에게서 태어나셨고(마 1:8-25), 죄 없는 삶을 사셨으며(히 4:15), 십자가에 못 박혀 부활하셨고(요 19-20장), 다시 오시겠다는 약속과 함께 승천하셨다(행 1:9)는 것이다. 죄와 죽음에 대한 예수님의 승리는 그분만이 "내가 곧 길이요 진리요 생명이니 나로 말미암지 않고는 아버지께로 올 자가 없느니라"(요 14:6)라고 말씀하실 수 있는 자격을 부여한다.

"모든 사람이 죄를 범하였으매 하나님의 영광에 이르지 못하더니"(롬 3:23)라는 사실 때문에 전도 설교는 여전히 유의미하다. 하나님에 대한 반역인 죄의 결과는 죽음이지만, 하나님은 하나님의 아들 예수님을 구주로 영접함으로써 얻는 영원한 생명의 선물을 우리에게 주셨다(롬 6:12-23 참고). 죄에 대한 예리한 인식과 우리를 죄에서 구원하시는 분이 바로 예수임을 분명히 선포하는 것은 전도 설교의 필수적 요소이다.

전도 설교는 긴급하다(고후 6:2 참고). 이러한 긴급성은 나중이 아닌 지금 당장 긍정적 반응을 요구한다. 즉각적 반응이 요구되는 이유는 하나님이 신적 촉구를 철회하실 수 있고(창 6:3a), 죽음이 확실하며(히 9:27),

전도 설교(Evangelistic Preaching)

살아 계신 하나님의 손에 빠져들어가는 것은 무서운 일이기 때문이다(히 10:31). 이러한 이유로 대부분의 전도 설교는 믿지 않는 사람들의 응답의 시간을 허용한다. 종종 이러한 반응은 즉시 요구된다.

전도 설교는 정해진 형식에 국한되지 않는다. 성경에서 전도 설교는 비유적(눅 15:11-24), 교훈적(롬 10:8-13), 증언적(행 6:9-7:60, 26:1-29), 주요 담론(행 2:1-40), 그리고 일대일 설정(행 8:26-39)에서 행해졌다. 전도 설교자들은 설교 중에 시각적 보조 자료, 극적 촌극, 음악을 다양하게 사용했다.

전도 설교는 일반적으로 교회 건물, 라디오 또는 텔레비전 스튜디오, 스타디움, 원형 경기장 또는 천막과 같은 임시 장소, 심지어 길거리에서 진행되는 예배에서 이루어진다. 복음 설교자의 소망은 가능한 한 많은 사람에게 하나님의 구원의 은혜의 메시지를 선포하는 것이다.

1. 전도 설교와 성경의 권위

1) 직접적 성경의 권위

직접적 성경의 권위는 단순히 본문이 가르치는 대로 설교가 전달하는 것을 의미한다. 그래서 전도 설교를 위한 성경 본문의 선택이 중요하다.

예를 들어, 누가복음 15장은 예수님을 따르지 않는 사람들에게 말한다. 이 구절은 반항적인(죄 많은) 자녀들이 자기 의를 정죄하고 회개하고 영접하기를 갈망하는 아버지로 하나님을 묘사한다. 요한복음 3장(특히 7, 16-17절)과 같은 다른 구절은 예수님을 통해 새 생명이 온다는 것을 강조한다. 이 두 성경 구절과 다른 여러 성경 구절은 직접적인 성경의 권위를 가지고 복음적으로 설교할 수 있다.

2) 이차적 성경의 권위

때때로 설교자는 이차적 성경의 권위를 가지고 설교할 수 있다. 에베소서 2:8-10은 신자들에게 쓰여졌으며, 우리의 구원 경험이 어떻게 그리스도 안에서 새로운 삶을 시작할 뿐만 아니라 우리가 그분을 위해 살려고 노력할 때 방향을 제시하는지를 상기시키고 확증한다. 직접적인 성경적 설교는 그런 식으로 전달될 것이다.

그러나 전도 설교는 그 본문에서 각색할 수 있다. 전도 설교는 하나님의 구원의 은혜를 상기시키고 확증하는 것이 아니라 불신자가 하나님의 은혜를 어떻게 받아들일 수 있는지를 선포하는 것이다. 설교자는 그러한 각색을 할 때 신중해야 한다. 복음적 목적을 위해 본문을 조작하는 것은 좋은 설교학적(또는 해석학적) 관행이 아니다.

예를 들어, 설교자가 "심령이 가난한 자는 복이 있나니 천국이 그들의 것임이요"(마 5:3)라고 말해서는 안 된다. 그러나 "당신이 먼저 예수님을 주님과 구세주로 영접하기 전까지는 복을 받을 수 없습니다"라고 말해서도 안 된다. 이 실천은 본문을 말하고, 그 본문을 읽은 다음, 그 본문을 포기하고 다른 의제로 설교하는 것이다.

2. 전도 설교와 효과적인 커뮤니케이션

1) 출처의 신뢰성

커뮤니케이션의 기본 규칙은 출처(우리의 목적상 출처는 전도 설교자이다)가 신뢰할 수 있어야 한다는 것이다. 이러한 신뢰성은 세 가지 방법으로 확립된다.

첫째, 복음 전파자의 진실성이 가장 중요하다. 일부 소위 전도 설교자들의 탐욕과 간음은 불신자들 사이에서 신뢰성을 확립하기 어렵게 만들었지만 불가능한 것은 아니다. 전도 설교자는 불신자들이 "나는 이 설교자를 믿으며 이 설교자의 말을 기꺼이 듣고 싶다"고 말할 수 있도록 살아야 한다.

둘째, 전문성이 중요하다. 청중은 또한 전도 설교자가 선포하는 메시지가 신뢰할 수 있고 정확하다는 확신이 필요하다. 전도 설교자가 성경 본문을 설명하든, 그 본문을 적용하든, 그 본문에 대한 예화를 사용하든, 듣는 사람은 "이 사람은 내가 알아야 할 것을 정확하게 말해 줄 수 있다고 믿는다"고 말할 수 있어야 한다.

셋째, 역동적 화자는 흥분, 긴박감, 열정, 에너지를 전달한다. 역동성은 청중에게 설교자가 선포하는 내용을 깊이 믿고 강하게 헌신하고 있다는 확신을 심어 준다. 지나치게 높은 역동성과 지나치게 낮은 역동성 모두 피해야 한다. 매우 역동적인 화자는 메시지보다 전달자에게 더 많은 주목을 끌게 된다. 역동성이 낮은 화자는 메시지가 긴급하거나 중요하지 않다는 것을 무의식적으로 전달할 것이다. 전도 설교자는 자신의 개성과 은사의 맥락에서 말해야 하지만, 모든 설교자는 자신의 설교 스타일에 관계없이 활력과 긴박감을 전달해야 한다.

2) 청중 파악하기

전도 설교자는 청중에 대해 가능한 한 많은 정보를 알고 있어야 한다. 인구 통계와 같은 일부 정보는 빠르게 평가될 수 있지만 교회나 지역사회마다 다르다. 그러나 다른 정보는 일정하다. 청취자들은 세 가지 방식으로 메시지를 수신하며, 대부분의 청취자에게는 한 가지 방식이 지배적이다. 그래서 메시지를 받아들이는 각각의 방식이 중요하며, 설교자는 전도 설교를 하는 동안 각 방식을 모두 사용해야 한다.

(1) 정보를 원하는 청중

어떤 청중은 정보를 받을 때 반응한다. 전도 설교에서 제공되는 정보는 일반적으로 그 설교에 대한 성경 본문에 대한 설명이다. 바로 여기에서 말씀의 공급이 일어난다. 전도 설교자는 본문을 주의 깊게 주석하고 가장 적절한 정보를 선택한 다음 그 정보를 호소력 있는 방식으로 공유한다.

(2) 나에게 이것이 무엇을 의미하는가를 원하는 청중

어떤 청중은 메시지의 적용에 가장 잘 반응한다. 이러한 청중은 '뭐, 그래서 뭐. 이제 어떻게 할까' 사고방식의 전형적 예이다. 이들은 설교자가 선포하는 주제, 즉 무엇을 들으면 '그래서 그것이 나에게 어떤 의미인가'를 알고 싶어 한다. 그 질문에 대한 대

전도 설교(Evangelistic Preaching)

답이 나오면 다음 질문은 '이제 어떻게 해야 하나'이다. 2인칭 대명사를 사용하는 것이 이러한 청중에게 가장 효과적이다.

(3) 이제 설교자가 말하는 것을 이해했다고 말하는 청중

대부분의 청중은 예시를 좋아한다. 어떤 사람들은 메시지를 이해하기 위해 예화가 필요하다. 전도 설교자가 논리적으로 전개되고 명확하게 적용된 메시지를 선포해도 이러한 청중은 "당신이 말하는 것을 전혀 이해하지 못하겠다"라고 말할 수 있다. 이러한 청중에게는 예화가 필요하다. 예시한다는 것은 "빛을 비추다"라는 뜻이다.

예시 자료는 비유나 일화 등으로 구성될 수 있다. 커뮤니케이션 연구에서는 비유가 있는 메시지가 비유가 없는 동일한 메시지보다 항상 더 설득력이 있다는 결론을 내리는 경우가 많다. 그렇기 때문에 전도 설교에서 예화 자료가 필수적이다.

3. 영향력 있는 설교

커뮤니케이션 전문가들은 강한 정신적, 정서적 영향력이 청중이 메시지에 반응하는 방식과 직접 관련이 있다는 사실을 발견했다. 그래서 커뮤니케이션 전문가들은 부정적 결론을 도출했다. 그 공식은 예측 가능성과 거리가 영향력을 없앤다는 것이다.

예측 가능성은 메시지의 내용에서 발생할 수 있다. 즉, 듣는 사람이 말을 하기 전에 화자가 무슨 말을 할 것인지 알거나 예측하는 것이다. 특히, 설교자가 정해진 음정이나 음량 패턴으로 말하는 경우 설교 전달에서도 예측 가능성이 발생할 수 있다.

거리는 청중의 참조 틀(the frame of reference)이라고 하는 것과 관련이 있다. 설교자가 청중의 참조 틀에서 벗어날 때 거리감이 생긴다. 예수님은 "씨를 뿌리는 자가 뿌리러 나가서"(막 4:3) 또는 "어떤 사람에게 두 아들이 있는데"(눅 15:11)라고 말씀하신 것처럼 항상 청중의 참조 틀 또는 경험 영역 안에 머물러 계셨다. 청중은 각자가 처한 상황과 연관된 말씀에 쉽게 공감할 수 있었다. 메시지와 청중 사이에는 거리가 없었다.

긍정적 용어로 표현하면, 영향력은 효과적 전달을 통해 뒷받침되는 중요한 주제와 같다. 전도 설교에서 핵심 내용이란 설교가 성경에 근거하고 청중의 필요와 명확하게 관련되어 있다는 것을 의미한다. 효과적 전달이란 설교자가 선포하는 전달자보다는 선포되는 메시지에 청중이 집중할 수 있도록 하는 방식으로 말하는 것을 의미한다. 복음 설교는 "하나님께서 그리스도 안에 계시사 세상을 자기와 화목하게" 하시는 기쁜 소식을 선포한다(고후 5:19).

참고 주제 교리적 설교; 주해식 설교; 강해식 설교; 네 페이지 설교; 구도자 메시지; 가르치는 설교

참고 문헌 William J. Abraham. *The Logic of Evangelism*. (1989); Craig A. Loscalzo. *Evangelistic Preaching That Connects: Guidance in Shaping Fresh and Appealing Sermons*. (1995); William H. Willimon and Stanley Hauerwas. *Preaching to Strangers: Evangelism in Today's World*. (1992).

페미니스트 관점(Feminist Perspectives)
크리스틴 M. 스미스(Christine M. Smith)

페미니즘은 여성의 평등한 권리, 여성의 정당한 대우, 인간 삶의 모든 측면에 여성의 완전한 포용을 추구하는 운동이다. 이 운동은 종교공동체의 설교자들에게 심각한 도전과 생명을 주는 관점을 모두 제공한다.

1. 신념과 다양한 관점

신학, 성경, 교회, 더 넓은 세상에 대한 페미니스트의 관점은 그것을 표현하고 믿는 여성과 남성만큼이나 다양하고 뚜렷하다. 그러나 복잡하고 다양한 페미니스트 관점의 세계에서도 두 가지 근본적 신념이 대부분의 페미니스트 관점에 영향을 미친다.

첫째, 페미니스트 관점의 핵심에 있는 한 가지 기본 신념은 교회와 사회 모두에서 여성은 남성의 권력과 특권 체계에 의해 억압받아 왔고 지금도 억압받고 있다는 것이다. 경제적 성별 격차, 전 세계 여성에 대한 폭력 관련 통계, 지역, 국가 및 전 세계 통치 기구 및 교회 구조에서 여성의 과소대표성에 대한 역사적 또는 현대적 관점은 이 사실을 완전히 투명하게 전달한다.

둘째, 교회와 세상에서 페미니스트 사상과 행동의 핵심에 있는 또 하나의 중요한 신념이 여성이 남성과 진정한 평등을 누리기 위해서는 여성의 독특한 목소리, 성 차별에 대한 비판, 삶의 경험, 건설적 사고가 남성의 생각, 경험, 세계관과 동등한 위치로 끌어올려져야 한다는 믿음이다. 여성은 동등한 권리가 필요할 뿐만 아니라 자신의 삶이 가치 있고 신성한 것으로 대우받아야 한다. 여성과 남성 동맹자들이 여러 층위의 체계적 성 억압에 비판적 사고와 건설적 행동으로 대응해 온 방식이 전 세계 페미니즘 운동을 구성한다.

페미니스트 관점에는 공통점도 있지만 중요한 차이점도 있다. 이러한 차이점은 성 차별에 대한 비판의 깊이와 성 정의를 현실로 만드는 데 있어 궁극적으로 중요하다고 생각하는 것이 무엇인지 반영한다.

일부 페미니스트는 여성의 기본적 평등권 확보가 궁극적으로 위태롭다고 생각한다. 여성이 남성과 동등한 인권을 가진다면 세상은 달라질 것이다. 다른 페미니스트들은 여성의 일, 여성의 구체화된 경험, 인간 관계, 세계관, 종교적, 영적 신념과 실천 등 여성의 삶 자체가 교회와 사회에서 동등하게 평가되고 동등하게 대표되어야 한다고 믿는다. 여성의 실제 삶이 남성의 삶만큼 존중받고, 가치 있게 여겨지고, 온전히 대표된다면 우리는 변화된 세상을 경험하게 될 것이다.

일부 페미니스트들은 전 세계의 인간 삶의 전체 체계적 구조가 성 차별뿐만 아니라 인종 차별, 계급 차별, 능력주의, 연령 차별, 이성애주의, 군사주의 등을 반영하고 있다고 주장한다(성별, 인종, 민족 참고). 페미니스트들은 이러한 모든 억압 체계가 해체되어야만 변화된 세상을 경험할 수 있다고 생각한다. 이것은 여성이 자신의 억압이 지구상의 모든 다른 사람과 피조물의 억압과 연결되어 있다는 근본적 방식을 이해하는 깊

페미니스트 관점(Feminist Perspectives)

은 연대의 비전이며, 모든 여성이 동일한 방식이나 동일한 정도로 억압받는 것은 아니라는 진실을 존중하는 비전이다.

2. 페미니스트 설교

기독교 교회에서 페미니스트 여성과 그들의 남성 동맹자들은 이 모든 다양한 관점 안에 자신을 위치시킬 것이다. 페미니스트 의식을 가진 설교자는 교회와 사회에서 여성에게 평등하고 정당한 권리를 부여하는 본질적 과제를 분명히 제기할 것이다. 여기에는 가정과 이웃에서 여전히 여성과 여성 아동에 대한 폭력을 둘러싼 침묵을 깨는 것도 포함될 수 있다. 설교자는 회중에게 여전히 세계에서 여성의 노동 착취를 드러내는 노동 및 경제 현실에 대해 교육할 수 있다.

페미니스트 의식을 가진 많은 설교자가 또한 기독교 전통과 성경에서 여성의 독특한 여성 경험과 보이지 않거나 소외된 여성의 종교적, 신학적 목소리와 증언을 끌어올릴 것이다. 이 설교자들은 대부분의 교회에서 보이지 않거나 잘 알려지지 않은 성경 속 여성들에 대해 이야기할 수 있다. 사사기 11장에 나오는 입다의 딸, 마태복음 15장에 나오는 가나안 여인, 로마서 16장에 나오는 바울과 함께 일하는 여성 사역자들, 출애굽기 1장에 나오는 생명을 구한 산파(십브라 부아) 등이 이러한 여성 중 일부가 될 수 있다.

기독교 전통과 관련하여 여성의 독특한 관점을 회복하는 설교자들은 초기 여성 설교자, 여러 시대의 여성 신비주의자, 전통적 남성신학에 대한 비판을 제시했던 여성들의 목소리를 끌어올릴 수 있다. 또 다른 설교자들은 성 차별과 다른 모든 형태의 인간 및 지구 억압 사이의 지속적이고 상호 의존적인 연관성을 회중이 이해하도록 돕고자 노력할 것이다.

예를 들어, 대부분의 유럽계 미국인 교회는 창세기의 하갈, 사라, 아브라함 이야기에서 인종과 계급, 성별의 교차점을 이해해야 할 때가 지났다. 특권을 누리는 기독교 교회는 이스라엘 민족의 출애굽 해방 이야기에 내재된 정복과 제국주의에 대한 중요한 이야기에 주목할 수 있다. 페미니즘을 체계적으로 이해하는 설교자는 회중이 모든 형태의 억압에 대한 구체적 연관성을 이해하도록 도울 수 있다.

이러한 각 관점에는 실천적 도전이 수반된다. 교회는 여성의 평등한 인권이 여전히 거부되고 실현되지 않는 세계 곳곳에서 여성들이 투쟁하고 있다는 사실을 잊지 말아야 한다. 기독교 전통과 성경, 그리고 현대 사회에서 여성의 목소리와 경험은 여전히 소외되고 무시되고 있다. 모든 형태의 억압이 근본적으로 연결되어 있다는 사실을 잊지 않도록 하는 페미니스트 여성들의 급진적 목소리는 우리에게 페미니즘을 급진적 사회 변화의 운동으로 보도록 계속 초대할 것이다.

특히, 기독교를 페미니즘 활동의 뚜렷한 영역으로 주목한다면, 그 활동에 대한 몇 가지 남은 성찰이 중요하다. 페미니스트 관점에서 설교하는 설교자가 직면하는 많은 도전적 과제들 중에서 기독교 페미니즘 작업이 중요하고 필요한 세 가지 주요 과제가 있다. 이 세 가지 과제는 재구성하기/기억하기(Re-menbering/Remebering), 신학적 해체, 비전적 재구성의 과제이다.

3. 재구성/기억하기

수년 동안 페미니스트 여성과 남성 동맹자들이 페미니스트, 아프리카계 미국인, 우머니스트, 라티나(Latina), 히스패닉 무헤리스타 의제를 명시한 컨퍼런스, 수업, 특별 행사를 위해 모일 때, 재구성/기억하기의 행위는 그 모임의 중심이었다. 여성의 목소리와 경험은 기독교 전통의 재연에서 중심에 있지 않았고, 전통적 성경 해석과 강력한 교회 구조에서 주요한 위치를 차지하지 않았기 때문에 여성의 이름을 소리 내어 말하고 여성의 역사적, 현대적 삶과 함께 인류의 몸을 기억하는 것이 중요하다.

여성의 이름을 부르고, 그들의 이야기를 기억하고, 그들의 인간적 주체성을 존중하는 것은 모든 페미니스트 설교자가 수용해야 할 종교적 과업의 근본적인 부분이다.

4. 해체

수십 년 동안 페미니스트 여성들은 기독교 전통과 그 신학과 관련하여 해체 작업에 참여해 왔다(해체주의 참고). 이것은 페미니스트 설교자의 작업이기도 하다. 기독교 신학이 어떻게 여성에 대한 억압, 다른 소외된 사람들의 억압, 지구와 피조물에 대한 억압을 영속시키는지 알아보기 위해 기독교 신학의 모든 신학적 범주를 기꺼이 조사해야 한다. 페미니스트 기독교 신학 연구는 이러한 작업의 대표적인 예이다.

기독교 페미니스트들은 전통적 속죄신학에 대한 철저한 비판을 해 왔다. 그들은 인간 고통의 정당화, 여성과 모든 피조물에 대한 폭력, 사회 구조적 불의를 사실상 그대로 방치하는 개인주의적 종교 세계관에 속죄론이 기여한 바를 밝혀냈다. 페미니스트 신학자들은 다음과 같이 질문해 왔다. "여성이 계속해서 자아의 힘이 약한 상태, 수동적 역할, 남성의 기대와 지배에 부합하는 존재 방식으로 사회화될 때 어떻게 죄가 교만, 오만, 반역이 될 수 있는가?"

페미니스트 설교자들은 억압과 불의에 기반한 기독교 신학의 모든 측면을 해체할 용기를 가져야 할 것이다.

5. 비전적 재구성

마지막으로, 페미니스트 관점에서 설교하는 설교자는 비전 재구성의 과제를 피할 수 없다.

페미니스트들은 새로운 신학적 개념, 성경을 해석하는 새로운 방법, 현대의 사상과 신학 세계에 대한 새로운 분석 방식을 만들어 왔다. 비위계적이고 공동체적인 새로운 그리스도 이미지, 여성을 둘러싼 성 차별적, 인종 차별적, 계급주의적 죽음의 세력에 맞선 여성의 투쟁을 기리는 새로운 부활 이미지, '여성 교회'의 새로운 이미지, 구속과 구원에 대한 새로운 이미지가 만들어졌다. 이러한 신학적 구성은 항상 정의와 변화에 관한 것이며, 낡은 세상을 고치는 것이 아니라 새로운 세상을 위한 것이다.

교회와 사회에서 여성의 동등한 권리는

필수적이다. 교회와 사회에서 여성의 목소리와 생생한 경험을 존중하는 것은 매우 중요하다. 그러나 페미니즘이 다른 모든 형태의 인간과 지구의 억압을 이해하고 저항하는 것이 아니라 여성에 관한 것이라면, 그것은 부분적 운동으로 축소되어 대부분의 피조물이 필요로 하는 종류의 세상 변화로 우리를 이끌지 못할 것이다.

참고 주제 문화해석학; 페미니스트비평; 우머니스트비평; 여성

참고 문헌 Teresa L. Fry Brown. *Weary Throats and New Songs: Black Women Proclaiming God's Word*. (2003); Anna Florence Carter. *Preaching as Testimony*. (2007); Christine M. Smith. *Weaving the Sermon: Preaching in a Feminist Perspective*. (1989); Christine M. Smith. *Preaching as Weeping, Confession, and Resistance: Radical Responses to Radical Evil*. (1992); Mary Donovan Turner and Mary Lin Hudson. *Saved from Silence: Finding Women's Voice in Preaching*. (1999).

성일과 휴일(Holy Days and Holidays)
린다 리 클래더(Linda Lee Clader)

성일은 일반적으로 주요 신학적 주제와 교회 역사에서 중요한 인물 및 장들에 초점을 맞춘 기독교 연도의 중요한 날이다. 기독교공동체는 또한 국가적, 시민적, 문화적 행사나 관심사를 기념하는 다양한 공휴일을 기념할 뿐만 아니라 교회 일부 성일을 세속화된 버전으로 기념하기도 한다. 이러한 모든 행사가 중요한 이유는 공동체가 시간을 표시하는 방식이 커뮤니티의 정체성을 형성하기 때문이다. 그래서 이러한 날에 설교할 때 설교자는 전통과 현대의 필요, 성경과 공동체의 관심사 사이에 다리를 놓을 방법을 찾아야 하는 특별한 과제를 안게 된다.

교회력에서 가장 오래된 성일은 그리스도의 부활과 관련된 날이다. 초기 기독교인들은 이방인이 태양의 날로 명명하고 유대인이 창조의 날로 지정한 '한 주의 첫 날'을 그리스도의 부활을 매주 기념하는 적합한 날로 정했다. 2세기 이후부터 시작된 가장 오래된 연례 성일은 부활절로, 원래는 예수님의 죽음과 부활을 기념하는 날이었다. 이날은 결국 3일(the Triduum)에 걸쳐 부활절(paschal) 이야기의 특정 부분을 기념하는 하나의 전례로 발전하게 되었다.

최후의 만찬을 기억하는 성 목요일(Maundy or Holy Thursday), 그리스도의 수난을 기억하는 성 금요일, 부활 전야(Eve) 또는 부활절 철야(Vigil)로 구성된 성 토요일(초기에는 금식, 구약성경 12독서, 부활절 첫 성찬으로 구성됨). 최근에는 성 금요일에 십자가를 숭배하거나 성 목요일에 성유를 봉헌하는 등 다양한 종교적 전통에 따라 특별한 의식을 통해 부활절을 기념하고 있다.

부활절부터 1년 중 특정 시기를 지정하는 것은 사순절 40일간의 참회 준비 기간으로 거슬러 올라가고, 부활절을 기념하는 50일간의 대축일로 나아간다. 오늘날 그리스도의 승천은 부활절 후 40일째 되는 날에, 성령의 은사를 기념하는 성령강림절은 50

성일과 휴일(Holy Days and Holidays)

째 되는 날에 기념한다. 동방교회는 성령강림절 다음 주일을 모든 성인을 위한 만성절(the Feast of All Saints)로 지키며, 서방교회의 많은 전통은 삼위일체 대축일(the Feast of the Holy and Undivided Trinity)을 기념한다.

마찬가지로 그리스도의 탄생을 가장 먼저 기념한 축일은 주현절(the Feast of the Epiphany)로, 12월 25일의 성탄절과 함께 동지를 둘러싼 이교도 축제가 기독교화되었을 가능성이 높다. 주현절을 둘러싼 전통은 동방교회와 서방교회에서 서로 다르게 발전했는데, 동방교회는 그리스도의 세례를 기념하는 것을 강조하고 서방교회는 동방 박사들의 숭배를 회상하며 기념했다. 서방교회는 대림절(Advent)로 알려진 준비 기간으로 성탄절을 더욱 확장하여 기념했고, 동방교회는 한 달간의 금식 기간으로 성탄절을 준비했다.

다른 성일은 역사적으로 신약의 특정 시점(예: 성무절[the Feasts of the Holy Innocents], 지극히 거룩한 예수님의 이름[Holy Name or Circumcision], 주님 봉헌 축일[the Presentation], 복되신 동정 마리아의 방문 축일[the Visitation], 주님의 거룩한 변모 축일[the Transfiguration]), 위대한 성인 또는 교회 역사에서 저명한 인물들(예: 동정녀 마리아, 막달라 마리아, 성 요셉, 예루살렘의 야고보, 세례자 요한, 미가엘과 모든 천사들, 사도들과 복음전도자들, 그리고 일부 전통에서의 다른 성인들)을 그리고 주요 신학 주제 또는 사건들(만성절[All Saints], 성 십자가 현양 축일[Holy Cross], 원죄 없이 잉태되신 복되신 동정 마리아 대축일[the Immaculate Conception], 삼위일체 대축일[the Holy and Undivided Trinity], 성모 승천 대축일[the Assumption of the Virgin])을 기념하기 위해 발전해 왔다.

또한, 오늘날 많은 교회에서 일부 국경일(예: 미국의 독립기념일, 캐나다의 빅토리아 데이, 재향군인의 날, 기념일 또는 현충일, 추수감사절, 마틴 루터 킹 주니어의 생일)을 성일로 간주하며, 모든 전통 또는 문화 그룹에는 커뮤니티 전체에서 어느 정도 널리 기념하는 특별한 기념일이 있다(예:, 지구의 날, 과달루페의 성모[Our Lady of Guadalupe]의 날, 미국 노예 해방일[Juneteenth], 교구의 수호 성인 축일[a parish's patronal feast], 구정, 싱코 데 마요[Cinco de Mayo], 어머니와 아버지의 날, 죽은 자들의 날, 원주민의 날). 그리고 일부 문화와 전통에서는 그들의 역사에 중요한 개인(또는 성인)을 기리는 날도 있다.

설교자의 첫 번째 관심사는 성일이 전체 교회의 삶에서 어떻게 기능하는지 파악한 다음 특정 회중의 필요와 상황으로 눈을 돌려야 한다. 교회 고유의 고대 성일은 주로 모인 회중에게 수천 년의 그리스도인들과의 관계를 상기시키는 기능을 하거나, 명시적으로 성도들의 친교를 상기시키는 기능을 할 수 있다. 이날의 설교나 강론은 고대 이야기와 현재 사이의 연속성에 초점을 맞추고 역사적 사건을 현재 상황으로 번역하는 것에 초점을 맞출 수 있다.

예를 들어, 성령강림절 설교에서는 성령이 현대 공동체에게 익숙한 경계 밖의 사람들과 소통할 수 있는 언어를 가르치신다는 점을 강조할 수 있다. 주현절 설교에서는 공동체 구성원들 사이나 예상치 못한 곳에서 그리스도의 현현을 찾아볼 것을 회중에게 적절하게 도전할 수 있다. 성인의 날에는 설교자가 개인이 제시하는 모델을 인정하고, 역사적 자료나 신학적 성찰을 제시하며, 성인의 삶이 현재의 그리스도인들에게 어떻게 그들의 행동을 평가하거나 사역이나 전도에 대한 하나님의 부르심에 응답하도록 도전하는지 질문할 수 있다.

성탄절이나 부활절과 같이 세속화된 기독교 성일의 경우, 설교자는 그 기념일이 의도한 기독교 메시지가 세속 사회에 의해 어떻게 빼앗기거나 타락했는지를 강조하고 싶은 유혹을 받을 수 있다. 그러나 이러한 접근 방식을 취하기 전에 세속화된 휴일이 공동체에 얼마나 중요한지 신중하게 고려하는 것이 현명하다.

- 축제와 관련해서 인간의 보편적 연관성(한겨울의 빛에 대한 축하 또는 다가오는 봄에 대한 축하)에 가까운 것은 무엇일까?
- 휴일을 위한 가족 재회가 교회 가족의 개념에 어떻게 참여하는가?
- 부활절 달걀 찾기는 이 절기의 종교적 기반와 어떤 관련이 있는가?
- 모든 세속적 덫들은 단순한 향수나 낭만적인 어리석음일까, 아니면 문화적 전통에 대한 일부 사람들의 정서적 애착을 설교에 수용하는 데 요점이 있을까?

동시에, 성일에 설교하는 것은 예언자적 메시지를 전할 수 있는 기회를 제공한다(예언자적 메시지 참고). 기독교인은 세속적 세상과 어떤 면에서는 차별화되도록 부름을 받는다. 특히, 성탄절의 상업화는 쉬운 목표이다. 교회의 신앙 선포를 희생하지 않으면서도 회중의 삶의 세속적 현실을 존중하는 말씀을 찾는 것이 과제이다. 사실 기독교 공동체를 차별화하는 것은 바로 "우리와 함께하시는 하나님"에 대한 믿음이므로 설교자는 현대 사회의 압박과 쾌락에 직면한 사람들에게 이해가 되는 용어로 성육신의 신비를 생생하게 선포할 수 있는 방법을 찾기 위해 노력해야 한다.

설교자는 세속 달력과 성스러운 달력의 충돌을 사용하여 공동체의 정체성에 대한 인식을 높이는 데 도움을 줄 수 있다. 시간 사용이나 표시 방식에 대한 우선순위 결정에 직면할 때, 사람들은 자신이 누구에게 속해 있는지, 하나님과 세상과의 관계에서 자신이 어디에 서 있는지 명확히 하는 질문을 반드시 던져야 한다.

- 교회 모임에서 기념하는 세속적 또는 국경일에도 비슷한 전략이 필요하다. 국가의 탄생을 축하하는 동안 설교자는 기독교인이 되는 것을 민족주의와 동일시하려는 유혹을 받는가?
- 국가를 지키기 위해 죽는 것은 신앙을 위해 죽는 것과 같은 것인가?
- 가족을 위해 희생하는 어머니를 기독교 성인으로 칭송하거나 교회에서 올바른 여성 사역의 모범으로 여기는가?
- 설교자가 원주민이나 과거 전투에서 정복당한 사람들의 소외를 영속화하는 방식으로 국가적 신화를 낭만적으로 묘사하는가?

그날의 읽을거리를 지정하지 않는 종교적 전통에서 설교하는 경우, 축제와 관련된 지배적인 문화적 관습을 지지하고 도전하는 성경 자료를 선택하는 것이 더욱 중요하다.

정해진 주일 성서정과를 사용하는 교회(성서정과와 교회력 참고)에서는 주일에 지정된 독서와 특정 절기와 관련된 특별 독서를 신중하게 조율해야 하는 경우가 많다. 일부 전통에서는 주일이 교회의 가장 중요한 성일을 제외한 다른 어떤 날보다 우선한다. 마찬가지로 어머니의 날과 아버지의 날은 항상 일요일에 해당하지만, 성서정과 기반 교단은 이러한 세속적인 날을 위한 특별 독서를 제공하지 않는다.

설교자는 세속적 기념일을 설교에 포함시켜야 할 필요성과 교회의 전통 또는 성서정과의 요구 사항을 비교 검토해야 한다. 이러한 세속적 휴일을 광고 시간에 표시하거나 예배 후 특별한 커피 시간을 통해 축하하는 것은 설교의 초점을 그 방향으로 맞추는 것에 대한 대안이 될 수 있다.

이러한 특별한 기념일 중 하나에 초점을 맞춘 평일 예배는 설교자에게 특별한 기회를 제공한다. 성탄절이나 추수감사절과 같은 예외적인 평일 기념일을 제외하고, 많은 기독교인이 주일을 제외하고는 예배에 참석하지 않으며, 주중 정기 예배를 제공하는 교회에서는 일반적으로 교회의 특별한 절기나 기념일에 맞춰 예배 일정을 잡지 않는다.

그래서 특정 절기를 기념하는 환경에서 설교자는 교회의 전통을 따르려는 경향이 더 크고 교단의 덜 친숙한 인물이나 기념일에 특히 관심이 있는 교인들을 기대할 수 있다. 이러한 교인(종종 소규모 교회에 속하는)이 있는 경우 공유 혹은 대화형 설교(shared or interactive preaching)와 같은 설교 실험을 위한 풍부한 환경을 제공할 수 있다.

참고문헌 Roger Ailing and David J. Schlafer. *Preaching through Holy Days and Holidays: Sermons That Work*, XL (2003); Cheslyn Jones, Edward Yarnold, Geoffrey Wainwright, and Paul Bradshaw, eds. *The Study of Liturgy*. (1992); J. Ellsworth Kalas. *Preaching the Calendar: Celebrating Holidays and Holy Days*. (2004).

성지 순례(Holy Land Tours)
던컨 맥퍼슨(Duncan Macpherson)

'성지'라는 용어에는 인접한 성경의 땅을 포함할 수 있지만, 주로 현대 이스라엘-팔레스타인을 지칭한다. 이 땅을 방문하는 기독교인은 성경 메시지의 역사적 배경을 이해하고 적절한 해석적 설교 접근법을 개발할 수 있는 특별한 위치에 있다. 이러한 접근 방식에는 기독교 에큐메니즘 문제, 성지 내 토착 교회의 생존 위협, 유대인-기독교 및 무슬림-기독교 간의 대화에 대한 참여가 포함되어야 한다. 결정적으로, 가장 정치적으로 분쟁이 많은 이 땅에서 정의와 평화의 문제도 고려해야 한다.

역사 및 고고학적 자료의 풍부한 배경은 설교자에게 큰 잠재적 가치가 있다. 예를 들어, 요시야왕이 전투에서 전사한 솔로몬과 아합왕의 전차 도시 중 하나로 추정되는 3,500년 이상 된 고고학적 유적지 므깃도를 방문하면 고대와 현대 전쟁에서 이곳이 전략적으로 중요했음을 분명히 알 수 있다. 또한, 현대 이스라엘이 결정적 역할을 하게 될 아마겟돈의 마지막 전투가 이곳에서 벌어질 것이라는 일부 성경 문자주의자들의 믿음도 설명할 수 있다. 그러나 이러한 인상(impressions)을 수집할 때 이스라엘과 팔레스타인의 주장이 상충될 수 있기 때문에, 설교자는 성지 자체의 종교적, 사회적, 정치적 현실을 고려하는 것이 중요하다.

이스라엘의 독실한 유대인들의 종교적 삶은 기독교 설교자에게 많은 참조점을 제공하지만, 예수님이 사셨던 농민 사회의 사회 및 문화적 삶의 모델도 팔레스타인과 다른 아랍 사회에서도 유사점을 찾을 수 있다. 예를 들어, 여전히 남아 있는 망루와 랜드마크는 구약 시대 상징들의 시각적 울림을 제공한다. 현대 아랍 사회는 서구의 영향으로 급격히 변화하고 있지만 팔레스타인 농부들은 예수님 시대와 마찬가지로 올리브나무와 무화과나무를 재배한다.

팔레스타인 목자들은 거의 변하지 않았으며, 서양의 목자들처럼 양을 몰기보다는 인도한다는 사실은 설교에 귀중한 통찰력을 제공한다. 설교자들은 종종 예수님이 사셨던 사회와 다른 유사점을 발견하여 대가족, 후견인-피후견인 관계(patron-client relationship), 여성의 지위와 역할, 수치심과 명예의 규범(code of shame and honor)에 대한 통찰을 얻을 수 있다. 예를 들어, 이 중 마지막 두 가지와 관련하여 마리아의 약혼자 요셉이 "그를 드러내지 아니하고 가만히 끊고자 하여"(마 1:19)라는 설교의 내용에는 요셉이 "오늘날에도 사회에서 거부당하고 소위 명예살인의 희생자가 될 수 있는 수치를 당한 여성들이 있는 지역에서 살았다"는 언급이 포함할 수 있다(Macpherson 2005, 31-32).

1. 땅과 성스러움의 의미 이해

모든 예배와 설교는 성스러운 장소에서 이루어지거나 성스러운 장소를 조성하기 때문에 이스라엘-팔레스타인의 성지는 신성한 공간으로 간주될 수 있다. 구약에 기술된 사건의 장소로서 유대교 내에서 성지는 확립된 중요성을 가진다.

기독교인들에게는 4세기에 성지 순례가 일반적으로 확립되기 전부터 특히 예루살렘과 같이 예수님의 생애와 관련된 지리적 위치들은 매우 중요한 의미를 가졌다. 신약과 니케아 이전 교부들에게 약속의 땅과 거룩한 도시는 영적 종말론의 상징이다(Wilken 1992, 46-64). 이러한 장소를 방문하는 것은 예배의 이해와 전통의 구현에 기여할 수 있다.

예배에 대한 이해를 돕는 것 외에도, 기독교인의 성지 순례는 역사적으로 역사적 탐구와 설교의 요소를 포함하고 있다. 성지와 그 주민들에 대한 정치적 및 문화적 통제를 확립하는 덜 바람직한 요소는 순례 예배공동체와 그 땅의 "산 돌"(living stones, 벧전 2:4-5)인 토착 기독교인, 그리고 기독교의 자매 종교인 이슬람과 유대교 신자들 간의 만남을 위한 헌신으로 대체되어야 한다.

성지 방문객들은 오늘날 성지에 존재하는 기독교공동체의 다양성을 분별할 수 있다. 이 현상에 대한 민감성은 설교에서 에큐메니컬 인식을 장려해야 한다. 성지가 기독교, 이슬람교, 유대교의 세 아브라함 종교의 성지라는 현실도 마찬가지이다. 종종 다른 두 종교 중 하나 또는 둘, 또는 두 종교 모두 기독교인들이 숭배하는 장소를 숭배하기도 한다. 이는 설교에서 종교 간 관점을 다룰 수 있는 풍부한 기회를 제공할 수 있다.

예를 들어, 전통적 최후의 만찬 장소인 만찬실(Cenacle)을 방문한 후 설교자는 다음과 같이 언급할 수 있다.

> 예루살렘 시온산에 있는 최후의 만찬 장소는 수 세기 동안 무슬림 성지로 사용되었고, 그 근처에는 유대인 다윗의 무덤이 있습니다. 이것은 기독교인뿐만 아니라 모든 사람을 포용하는 일치가 필요하다는 것을 일깨워 줍니다. 성찬은 그리스도인들이 하나가 되라는 부름을 받았다는 표징입니다. 또한, 하나님이 이 땅의 모든 사람을 위해 원하시는 더 넓은 일치, 즉 한 가족, 한 몸, 한 피를 상기시키는 표징이 될 수 있습니다"(Macpherson 2004, 24).

2. 성지와 기독교 예배

기독교인에게 종교 유적지 방문은 기독교 전통의 구현으로서 예전을 이해하는 데 기여한다. 헬레나 황후(the Empress Helena)가 골고다 언덕과 예수님의 무덤을 발견하고 348년 콘스탄틴(Constantine)에 의해 교회 건축이 시작된 이래 아프로디테 신전 터 위에 세워진 성묘교회(the Church of Holy Sepulcher)는 성지 순례의 중심이 되어 왔다.

638년 이슬람이 등장하면서 기독교 성지 순례는 계속되었고, 토착 기독교인들은 불평등하지만, 어느 정도 실질적 자유를 누렸다. 그러나 915년부터 여러 폭력적인 사건으로 인해 십자군으로 더 잘 알려진 새로운 형태의 성지 순례가 등장하게 되었다. 십자군 시대(1099-1299년)에는 오래된 성지가 복원되고, 새로운 성지가 발견되었으며, 지역의 대체 성지가 개발되었다. 이 모든 것이 새로운 설교와 예전의 기회를 제공했다.

이후 무슬림 통치가 회복된 시기에도 기독교인의 성지 순례는 계속되었고, 순례자들의 경험은 집에서 설교하고 기도하는 사람들의 상상 속에서 성지를 생생하게 유지하는 데 도움이 되었다. 예를 들어, 15세기에 프란체스코회(Franciscans)에서는 예수님이 갈보리로 가는 길로 추정되는 길에 십자가의 길을 설치하여 수많은 설교를 탄생시켰다.

19세기에는 강의 여행(lecture tour)으로서의 현대 개신교 성지 순례 형태가 발전했다. 비판적 성경학에 대한 반응으로 이러한 투어는 주로 고고학이 성경의 진리를 확인할 수 있는 가능성에 관심을 가졌다. 학문적 성향이 덜한 사람들에게는 예수님의 생애와 시대에 대한 경건한 환기로 경험될 수 있었다.

1883년, 하르툼의 고든 장군(General Gordon of Khartoum)은 복음주의 순례자들을 위해 예루살렘의 오스만 성벽 밖에서 성묘교회의 대체 장소가 될 경쟁 유적지를 발견했다. 이 유적지의 진위 여부에 대한 역사적, 고고학적 증거는 희박하다. 일부 학자에 의해 이견이 있음에도 불구하고, 성묘교회가 전통적 장소라는 역사적 증거가 더 강하다. 그러나 대체 장소인 정원무덤(Garden Tomb)의 명상적 분위기는 많은 서양 순례객의 감성적 기대에 더 잘 부합한다.

대조적으로, 전통 유적지의 끔찍함은 여

러 역사적 비극과 맞닿아 있다. 전통적 장소와의 연관성은 여러 가지 설교 전략을 제안한다. 예를 들어, 십자가에 못 박힌 자의 설교자는 몇 마일 떨어진 야드 바셈에서는 1948년 기독교 팔레스타인인들로부터 수용된(expropriated) 땅에서 600만 명의 유대인이 희생된 것을 기념하고 있으며, 두 시간 떨어진 가자에서는 90만 명의 팔레스타인 난민이 지구상에서 가장 과밀화된 곳에서 비참하게 살고 있다는 점을 강조할 수 있다.

인간의 존엄성이나 미래에 대한 희망과는 거리가 먼 이 끔찍한 곳은 종교적 광신과 폭력의 온상이 되고 있다. 십자가 처형은 성 금요일에 끝나지 않았다.

성지 순례에서 영감을 받은 설교의 또 다른 예는 엠마오 유적지 중 한 곳을 방문했을 때이다(눅 24:13-25). 이 설교에는 낙담한 두 제자와의 동정적 동일시(동일화 참고)가 포함되어 있다.

> 우리의 희망은 이스라엘-팔레스타인의 평화 프로세스가 북아일랜드 평화 프로세스처럼 진행되어 영감을 주었으면 하는 것이었다. 두 제자도 마찬가지였다.
> "우리의 희망은 그가 이스라엘을 로마의 군사적 점령에서 해방시켜 주실 분이라는 것이었다"(Macpherson 2004, 39).

성지 맥락에서 설교의 핵심은 기독교 희망을 증거하는 장소가 모호함과 재난의 땅이라는 역설을 붙잡는 것이다. 라틴 아메리카의 빈민가에서 체첸(Chechnya)이나 다르푸르(Darfur)의 학살 현장까지 무고한 희생자들의 외침이 들려온다. 부활절 신앙은 맹목적인 것이 아니라, 여전히 많은 순례자를 거룩하신 분의 땅으로 이끌고 있는 예루살렘의 빈 무덤이 주는 모호함과 두려움의 맥락에서 충실하게 선포되어야 한다.

참고 주제 고고학; 지리학; 과학기술과 설교

참고 문헌 K. Cragg. Palestine: *The Prize and Price of Zion*. (1997); L. A. Hoffman, ed. *The Land of Israel. Jewish Perspectives*. (1998); Duncan Macpherson. *Pilgrim Preacher: Palestine, Pilgrimage and Preaching*. (2004); Duncan Macpherson. "Living with Uncertainty." *The Preacher* (December 2005) 31–32; J. E. Taylor. *Christians and the Holy Places: The Myths of Jewish-Christian Origins*. (1993); R. L. Wilken. *The Land Called Holy: Palestine in Christian History and Thought*. (1992).

성령/열정(Holy Spirit/Passion)
루크 A. 파워리(Luke A. Powery)

삼위일체의 세 번째 위격이신 성령을 경험하는 것은 개인, 공동체, 사회적 영역에서 나타나며 생명을 주는 전인적 경험이다. 성령은 생명의 샘(fons vitae)이시기 때문에 성령이 없으면 생명도 없다. 생명을 주시는 분으로서 영은 주로 지적 토론이 아니라 인간의 경험을 통해 알려진다.

'영'(Spirit)은 하나님을 경험할 수 있음을 암시하는 체험적 용어(ruakh)이다(창 1:2). 이 단어는 '바람', '숨결', '생명력'(vitality) 또는 '생명'(life)을 의미하며, 하나님의 생명을 주

성령/열정(Holy Spirit/Passion)

는 임재와 존재의 모든 차원을 아우르는 세상 안의 하나님의 능력으로 이해하는 구약의 두 가지 핵심적 이해로 연결된다.

1. 성령의 개인적 현현

개인적 차원에서 성령은 그리스도에 대한 믿음과 고백(고전 12:3)을 일으키는 의롭게 하는 은혜를 통해 사람 안에 계신 하나님의 임재이다(시 51:11). 그리스도를 고백하는 것은 성령의 임재를 드러내며, 설교하라는 내적 및 외적 부르심 또한 개인의 삶에서 성령의 움직임을 나타낸다. 이 부르심에는 경건, 특히 성령의 체험인 기도가 필요하다(갈 4:6-7). 기도는 하나님과의 관계를 증진시켜 성령이 설교에 힘을 실어 주실 수 있도록 한다.

영적 지도자의 말을 거룩하게 경청하고, 공예배에 참여하고, 성례전에 참여하는 것은 기도와 함께 성령에 대한 개방성을 유지하는 데 도움이 되는 은혜의 수단이다. 적극적 영성은 하나님에 대한 사랑을 키우고, 설교에 대한 진정한 열정으로 이어진다.

성령 안에서 복음의 주체와 대상으로 인해 삶이 깨어난다. 일부 아프리카계 미국인 교회와 오순절 교회에서 눈에 띄는 것은 성령에 사로잡힌 개인의 몸이다. 이것은 인간의 몸이 성령의 성전임을 나타낸다(고전 6:12-20). 그러나 열정(passion)은 단순히 감정적인 신체적 표현이 아니다. 열정은 감정 그 이상이다. 열정은 '고통받다' 또는 '견디다'를 의미하는 그리스어(pascho)에서 유래한 것으로, 고난받는 그리스도와 전체 파스카 신비와 연결된다.

성령의 인도를 받는 열정은 비애로운 십자가와 기쁨 가득한 부활로 표현된 그리스도의 복음과 열정의 본을 따르게 한다. 열정은 '기분 좋음'에 관한 것이 아니라 그리스도의 생애의 성 금요일-부활절 모티브에 뿌리를 두고 십자가의 애통과 빈 무덤의 환희(celebration)를 표현하는 것이다. 그리스도의 영은 고통받는 세상(롬 8장)으로 인해 탄식하고 부활하신 그리스도 안에서 발견되는 미래의 희망으로 인해 기뻐한다. 성령에 의해 유발된 열정은 성령을 애통과 경축(lament and celebration)으로 표현함으로써 인간 경험의 모든 스펙트럼을 나타낸다.

열정적 표현은 궁극적으로 그리스도 안에 있는 하나님의 계시에 기인한다. 내주하는 스승인 성령은 하나님의 말씀을 계시하시고, 지혜를 주시고, 이해와 통찰력을 주시고(고전 2:10-13), 말씀에 대한 우리의 해석을 인도하신다. 성령은 말씀의 능력이시므로(고전 2:4-5) 성령의 조명은 말씀을 효과적으로 만든다. 이는 히브리 선지자들에게도 분명하게 드러나는 사실이다.

성령의 은사를 말의 은사로 볼 수 있기 때문에(행 2장) 설교뿐만 아니라 다른 형태의 인간의 말에서도 성령의 능력이 느껴진다. 그러므로 방언과 노래(엡 5:18-20)는 성령이 우리 개개인을 채우시는 방식이 될 수 있다. 그러나 성령의 역사는 개인에게만 국한되는 것이 아니라 회중에서도 경험된다.

2. 성령의 공동체적 현현

성령의 움직임은 신앙공동체로 확장된다.

성령은 한 민족에게 새 생명을 주시고(겔 11:19, 37:1-14), 심지어 교회를 세우시고 모든 사람을 성령으로 충만하게 하신다(행 2장; 욜 2:28-30). 각 사람은 공동체의 유익을 위해 성령의 나타나심을 받음으로(고전 12:7) 그리스도의 몸을 신실한 공동체로 세운다. 성령의 은사는 성령의 공동체적 체험이다.

마찬가지로 공동의 고백과 서로에 대한 사랑의 표현(고전 12:1-3; 16:14)을 포함하여 회중의 연합 경험은 성령의 임재를 나타내는 표식이다(고전 12:4-30). 개별 은사의 실천은 연합으로서의 성령의 체험을 촉진해야 한다. 이러한 성령의 공동체적 현현은 [공동체 안으로의] 구심성(centripetal)을 지닌 성령의 역사를 나타내지만, 성령은 [공동체 밖으로 퍼져 나가는] 원심성(centrifugal)으로도 움직이신다.

3. 성령의 사회적 현현

성령은 사랑으로 봉사하도록 사람들을 세상으로 보내신다. 성령은 자기 유익을 구하는 분이 아니라 자신을 내어 주는 분이시기 때문에 성령 체험의 사회적 차원은 성령 안에서의 삶을 분별하는 데 필수적이다. 이는 성령의 권능을 받아 사역한 그리스도에게서 볼 수 있다(눅 3:22; 4:1, 14). 메시아적 삶의 방식은 상처받은 세상에 희망의 메시지를 전하며 죽음 대신 생명을 부여한다. 성령은 다른 사람, 특히 억압받는 사람들에 대한 환대를 촉구하신다. 성령은 사람들을 화해의 관계로 끌어들이시기 때문에 성령 안에서 다른 사람을 소홀히 하는 것은 불가능하다.

또한, 성령은 다른 사람들의 해방을 위해 일함으로써 파괴적인 사회적 권력에 저항하신다. 이 사회 해방의 영은 사람들을 세속적인 속박에서 해방시키는 것을 목표로 하는 성령 안에서의 삶의 전형인 그리스도의 사역(눅 4:18-19)에 존재하신다. 인간 해방을 위해 일하는 것은 성령을 드러낸다.

억압으로부터의 해방은 세상에서 성령을 경험하는 것으로, 성령은 외적 관련성이 없는 내적 종교성에 만족하지 않으시고, 성령의 내적 체험과 성령의 외적 표현 사이의 일치를 위해 노력한다는 것을 암시한다. 한 개인과 공동체의 구체화된 증거가 궁극적으로 그들의 영적 본성을 드러내기 때문에 성령 안에서의 삶은 세상에서의 삶에 대한 평가를 통해 인증된다.

4. 설교를 위한 중요한 시사점

성령의 총체적 현현과 생명을 주는 경험은 설교에 시사하는 바가 있다. 기도는 열정을 불러일으키기 때문에 기도를 통한 성령의 체험은 매우 중요하다. 그러나 진정한 열정이 표현되려면 설교자에게 복음이 중요한 의미를 가져야 한다. 효과적 설교 전달은 선포되는 내용을 구현하는 마음의 수사학(a rhetoric of the heart)에서 비롯된다. 설교자의 열정은 청중의 열정을 불러일으켜 모두가 애통과 경축을 통해 하나님을 열정적으로 예배하게 할 수 있다.

그리스도의 고난과 구속의 패턴을 드러내는 방식으로 설교 안에서의 열정(passion)을 이해하게 될 때, 그것은 설교의 형식 자체에 영향을 줄 수 있다. 특히, 애통과 경축을

성령/열정 (Holy Spirit/Passion)

설교 안에서 성령의 현현(manifestation)으로 이해한다면 더욱 그렇다. 이 접근법을 사용하면 설교는 애통(십자가)에서 경축(부활)으로 이동한다.

경축은 아프리카계 미국인 설교 전통에서 성령의 현현으로 알려져 있다. 애통은 동일한 관심을 받지는 못하지만, 역시 설교학 문헌들에 나타난다. 경축은 예수 그리스도에 관한 기쁜 소식을 황홀하게 확증하는 설교의 클라이맥스이다. 애통은 인류를 통해 신음하고 탄식하는 성령의 표현이다(롬 8:22-23, 26). 애통은 인간의 고통에 대한 선언으로 시작하지만, 하나님의 능력에 대한 신뢰로 인해 희망을 향해 나아간다. 경축이 없는 애통이나 애통이 없는 경축은 설교에서 성령을 온전히 경험하기에 불충분하다.

또한, 성령을 통해 설교의 범위는 인간 삶의 모든 영역에 영향을 미치도록 확장된다. 성령이 삶의 모든 영역에서 나타나신다면, 성령 안에서 설교하는 것은 개인, 기업, 사회적 이슈를 다루는 설교 내용에서 이러한 폭을 표현할 것이다. J. 알프레드 스미스는 〈우리 신앙의 기초〉라는 설교에서 애통과 경축을 통해 다양한 인간 문제에 대해 말함으로써 성령을 표현한다. 그는 애통한다.

> 에이즈가 아프리카와 아프리카계 미국인을 파괴하려는 세기에, 희망은 갈라진 콘크리트 틈새에서 자라는 작은 새싹입니다. 래퍼들의 세속적 복음에 따라 거룩한 것을 저주하는 젊은이들이 사는 세상에서도 희망은 살아 있습니다. 쾌락에 취한 사람들이 그들의 어깨 위보다 허리 아래에서 삶을 사는 감각적 문화 속에서도 사회의 도덕적 기반을 보존하기 위한 그리스도 안에 있는 희망은 여전히 존재합니다. 인종 차별, 연령 차별, 계급 차별, 동성애 혐오의 시대에 희망은 살아 계신 그리스도의 이름으로 살아 있습니다(LaRue 2002, 143).

애통하는 동안, 그리스도에 뿌리를 둔 희망과 미래의 축제가 기대된다. 결국, 스미스는 죽음이 아닌 생명을 강조하고 생명의 영과 공명하는 경축으로 이동한다. 그는 말한다.

> 여러분은 죽음이 주 예수 그리스도를 멸망시키지 못했으니 오늘 그분의 보호의 제안을 받아들여도 좋습니다. 무덤도 그분을 가둘 수 없었습니다.… 그분은 여러분의 부활이자 생명입니다. 그분은 여러분을 부패에서 개종시킵니다. 그분은 죄책감과 자기 정죄에서 여러분을 깨끗하게 하십니다. … 그분은 도움과 치유가 필요한 사람들에게 자비로운 사역으로 여러분을 섬기도록 위임하십니다. 그분은 고난과 시련과 시험의 때에 대비하여 여러분의 믿음을 새롭게 하십니다. 성령을 통해 그분은 모든 도전에 용기를 주시고, [삶에] 지진이 일어날 때마다 위로를 주시고, 결국 죽음이 여러분의 먼저의 삶을 마무리할 때 예수 그리스도께서는 준비된 사람들을 위해 준비된 장소에서 여러분을 시작하게 하십니다(LaRue 2002, 144).

스미스의 설교는 개인, 공동체, 사회적 영역에 관여하면서 설교적인 애통과 경축을 통해 성령을 나타내는 설교를 보여 준다. 생명의 부재에 대한 애통과 생명의 현존에 대한 경축이 있는 곳에 성령이 현존하시며, 성령은 생명을 주시는 분이기 때문에 성령을 소멸시키는 것은 기독교 설교의 죽음이 될 것이다.

참고 문헌 James Forbes. *The Holy Spirit and Preaching*. (1989); Cleophus J. LaRue, ed. *Power in the Pulpit*. (2002); Jürgen Moltmann. *The Spirit of Life: A Universal Affirmation*. Translated by Margaret Kohl. (1994); Charles H. Spurgeon. *Lectures to My Students: A Selection from Addresses Delivered to the Students of the Pastors' College, Metropolitan Tabernacle*. (1875); Eduard Schweizer. *The Holy Spirit*. Translated by Reginald H. and Ilse Fuller. (1980).

인터넷 설교 데이터베이스(Internet Preaching Databases)

로버트 R. 하워드(Robert R. Howard)

이 글에서는 인터넷 설교 데이터베이스의 본질, 잠재력, 문제점을 검토할 것이다. 기독교는 현대의 옷차림에 상관없이 항상 기술과 함께 춤을 춰 왔지만(과학기술과 설교 참고), 1990년대 인터넷, 특히 범세계 통신망의 부상은 전례 없는 인간 상호 작용의 기회를 창출했다. 종교 단체들은 교회 안팎에서 셀 수 없이 많은 사람에게 다가갈 수 있는 잠재력을 재빨리 알아차렸고, 특히 설교를 위한 인터넷 기능이 제공하는 기회에 주목했다. 그 결과, 수많은 설교 자료를 사용할 수 있게 되었다. 이러한 자료는 여러 유형의 데이터베이스 집합에서 찾을 수 있다.

1. 설교 및 설교 개요 모음

설교와 설교 개요는 여러 종류의 웹사이트에 다양한 형식으로 존재한다. 인터넷에 있는 압도적인 수의 설교는 인쇄 설교의 전자 버전이지만, 오디오 및 비디오 형식으로 설교를 제공하는 사이트가 점점 더 많아지고 있다. 21세기의 첫 10년 동안, 상당히 새롭고 빠르게 성장하는 형식이 등장했다. 즉, 하나 또는 여러 개의 오디오 설교를 압축하여 이메일이나 피드리더(feedreader) 소프트웨어를 통해 컴퓨터로 전송한 후 구독할 수 있고 여유 시간에 들을 수 있는 팟캐스트(podcast)이다. 이러한 종교 팟캐스트는 '갓캐스트'라는 명칭을 빠르게 얻었다(예: The Godcast Network).

설교의 출처에는 웹 포털 또는 설교가 포함된 다양한 웹 페이지에 대한 많은 하이퍼링크를 수집하고 정리하는 중앙 정보 센터 웹사이트(예: SermonCentral, Sermon Audio), 웹사이트에 설교가 포함된 종교 단체, 교단, 교회, 또는 개인이 포함된다. 모든 수준에서 일부 웹사이트는 기본 또는 프리미엄 서비스에 대해 요금을 부과하지만, 대부분은 무료다. 인쇄된 설교의 전자 버전은 파워포인트, 그래픽, 그림 슬라이드, 또는 동영상 클립의 형태로 그래픽과 함께 제공될 수도 있다(일반적으로 이러한 조합 패키지는 무료로 제공되지 않는다).

대부분의 설교는 부흥 운동가, 근본주의자 또는 오순절주의에 뿌리를 둔 복음주의 개신교 기독교 성향을 띠고 있지만, 로마가톨릭, 정교회, 자유주의, 아프리카계 미국인, 스페인어 사용자, 유대인, 페미니스트, 아시아계, 그리고 게이/레즈비언의 관점도 폭넓게 반영되어 있는 것이 사실이다. 인터넷 검색 엔진으로 조금만 시간을 투자하면 대표적인 웹사이트를 찾을 수 있다. 최근의 이머징교회는 다양한 설교 모델을 실험하고 있는데, 21세기에는 실제 설교 창작 활동보다는 설교의 본질에 대한 온라인 토론(블로그)을 유도하는 경향이 있다(이머징교회 설교 참고). 마지막으로, 기독교 역사에서 남녀 모두의 목소리를 담은 설교를 인터넷에서 찾을 수 있다(예: Christian Classics Ethereal Library; Fathers of the Church; Quaker Homiletics).

2. 설교 지원 자료

설교 보조 자료에는 온라인 성경 공부 도구, 성경 책이나 개별 본문에 대한 주석, 설교 과제와 관련된 역사적, 신학적, 사회문화적, 심리적, 미학적 또는 시각적 자료, 주제별로 정리되거나 특정 본문과 관련된 예화 모음, 웹로그(블로그), 설교 토론 그룹(인터넷 설교 포럼 참고) 등이 포함된다. 다양한 설교 지원 자료는 성서정과 기반일 수도 있고 아닐 수도 있으며, 무료 또는 유료로 제공된다. 다시 말하지만, 사용자는 웹사이트를 방문하여 자료를 다운로드하거나 직접 복사하거나 정기적으로 자료를 보내주는 이메일 서비스에 가입할 수 있다(예: Living Web Lectionary Project; Aquinas Institute of Theology Online Preaching Resources).

3. 기사, 에세이, 저널 및 참고 문헌

이것들은 설교 작업에 대한 보다 일반적인 고려를 제공한다. 설교 저널의 온라인 버전은 수없이 많으며 일반적으로 인쇄본을 전자적으로 복제한다. 일부 웹사이트는 독점 기사나 특정 기사나 설교에 직접 댓글을 달 수 있는 기회 등 온라인에 특화된 추가 기능을 제공한다. 일부 웹 포털은 다양한 글로벌 출처의 기사 및 에세이 링크 모음을 제공하기도 하고, 기사 자체를 수집하기도 한다.

이러한 기사 모음에는 다양한 신학 및 신앙고백적 관점의 기사가 여러 언어로 제공되는 경우가 많다(예: Religion Online; Wabash Center). 다양한 관점에서 설교의 여러 차원을 탐구하는 자료를 수집하는 온라인 참고 문헌이 점점 더 많아지고 있다(예: Notre Dame Center for Liturgy Preaching Bibliography; Vanderbilt University Divinity Library Homiletics Research Bibliography).

4. 인터넷의 특징

이미 언급한 바와 같이, 인터넷에서 볼 수 있는 설교 데이터베이스의 유형은 인쇄본과 유사하다. 컴퓨터 화면을 보면 책이나 저널의 페이지와 똑같이 보이는 페이지를 볼 수 있다. 그러나 범세계 통신망의 급진적이고 전 세계적인 연결성은 근본적인 차이를 만들어 낸다. 마우스 클릭 한 번으로 웹 페이지와 웹 페이지 사이, 대륙과 시간을 넘나들며 다양한 장소와 시대의 자료를 수집하여 설교에 활용할 수 있다. 또한,

인터넷 설교 데이터베이스(Internet Preaching Databases)

컴퓨터 하드웨어 및 소프트웨어와 결합하여 인터넷에서 사용할 수 있는 자료는 이전에는 불가능했던 방식으로 오디오 및 시각적 기능을 통해 설교를 향상시킬 수 있는 잠재력을 제공한다.

5. 장점

인터넷 기반 설교 데이터베이스는 접근의 용이성과 인쇄물, 오디오, 비디오 자료를 설교에 통합하는 문제 외에도 회중 생활과 에큐메니컬 상호 작용을 향상시킬 수 있는 전례 없는 기회를 제공한다. 교인들은 자신의 신앙 성장을 위해 목회자와 다른 사람들의 설교에 접근 할 수 있다. 또한, 모든 신앙적 관점, 민족 유산, 지리적 지역, 사회적 위치, 언어적 공동체의 설교자들은 밤낮으로 언제든지 쉽게 자료를 공유하고 토론하여 전체 교회에 유익을 줄 수 있다.

설교자들은 현재 사용 가능한 다양한 성서정과를 중심으로 한 놀랍도록 풍부한 설교 지원 자료들을 손쉽게 이용할 수 있다 (성서정과와 교회력 참고). 모든 설교자가 유명하거나 잘 알려지지 않은 기독교의 역사적 인물들의 온라인 설교를 보면서 시대의 지혜로부터 도움을 받을 수 있다. 또한, 설교와 관련된 온라인 및 인쇄 자료의 참고 문헌이 점점 늘어남에 따라 설교자는 현재 이용 가능한 다른 관점도 풍부하게 접할 수 있다.

6. 단점

설교 자체와 관련하여 인터넷 데이터베이스는 인쇄본 설교 버전과 주된 책임을 공유한다. 인쇄물에 침전되어 하나님과 사람들의 생생한 만남에서 분리된 인공물이 된다. 설교의 오디오 및 시각적 표현은 이러한 감소를 수정하지만, 근본적인 해결책은 아니다. 설교자와 청중의 살아 있는 인간적 상호 작용과 그 만남의 한가운데 임재하는 신적 임재는 사건을 2차원으로 구성하고 평면화하는 스크린으로 복제할 수 없다.

또한, 인터넷의 다산성은 동질화의 미묘한 위협을 내포하고 있다. 다른 사람의 설교를 그대로 베끼든 아니든, 최소한 온라인에서 읽거나 들은 설교의 영향을 받게 된다. 다른 사람의 설교를 짜깁기하여 자신의 설교를 만들고자 하는 유혹은 표절의 윤리적 문제를 제기한다.

이 특정 문제와 관련하여 인터넷은 유혹을 더 쉽게 만들고 책임을 묻기 어렵게 한다. 예를 들어, 파워포인트 슬라이드가 포함된 전체 설교를 다운로드할 수 있다. 또 다른 유혹은 설교자에게 설교에 수반되어야 할 어려운 주석과 해석 작업을 피할 수 있는 지름길을 제공한다는 점이다. 범세계 통신망 전체의 상업주의가 커지면서 설교 데이터베이스에도 영향을 미칠 수밖에 없는데, 가능한 한 많은 사람이 볼 수 있는 무해한 콘텐츠를 만들어야 한다는 소비주의적 압력에 시달리고 있다.

사회경제적 요인도 설교 데이터베이스에 영향을 미치는데, 보수적인, 백인, 남성, 중산층의 관점이 우세하다. 실제로 아프리카계 미국인, 스페인어권, 아시아계, 게이/레즈비언의 관점을 제시하는 사이트가 몇 군데 있지만 상대적으로 드물다. 마지막으로, 인터넷 접근성 문제는 이 문제를 개선하려는 적극적인 노력이 분명히 존재하지만, 가난하고 시골에 있는 교회는 컴퓨터나 인터넷 제공업체에 접근할 수 없기 때문에 기독교 전체에서 사회경제적 격차(디지털 격차)를 확대할 위험이 있다(기술 참고).

요약하면, 인터넷은 계속해서 설교에 영향을 미치며 복음을 선포할 새로운 기회를 제공하고, 기존 교단, 파라처치(parachurch) 조직 및 개인의 설교를 포용하며, 다양한 온라인 설교 및 설교 관련 리소스를 제공하게 될 것이다.

참고 문헌 인터넷의 빠른 변화로 인해 이 핸드북의 출판일로부터 시간이 경과함에 따라 다음과 같은 웹사이트가 활성 상태를 유지하지 못할 수도 있다. 포털 사이트: Aquinas Institute of Theology Online Preaching Resources, http://www.op.org/ domcentral/preach; The Godcast Network. http://www.godcast.org; Sermon Audio. http://www.sermonaudio.com; SermonCentral. http://www.sermoncentral.com. Lectionary-Related Websites: Living Web Lectionary Project. http://www.livingweb.com; The Text This Week. http://www.textweek.com. Historical Sermons: Christian Classics Ethereal Library, http://www.ccel.org; The Fathers of the Church. http://www.newadvent.org/fathers; The Quaker Homiletics Online Anthology, http://www.qhpress.org/quakerpages. Online Studies about Preaching: Homiletics Articles at Religion Online. http://www.religion-online.org; Wabash Center Internet Guide: Preaching. http://www.wabash center.wabash.edu. Bibliographies: Notre Dame Center for Liturgy Preaching Bibliography. http://liturgy.nd.edu/bibliography; Vanderbilt University Divinity Library Research Bibliography in Homiletics. http://divinity.library.vanderbilt.edu/bibliographies.

인터넷 설교 포럼(Internet Preaching Forums)

로버트 R. 하워드(Robert R. Howard)

현명한 설교자들은 자신의 기술을 연마하고, 다른 관점에서 아이디어를 얻고, 설교에 포함할 새로운 자료를 찾기 위해 항상 설교의 기술에 대한 대화를 추구해 왔다. 인터넷의 등장으로 이러한 도움을 받을 수 있는 기회가 크게 늘어났다. 이 글에서는 인터넷 설교 포럼의 성격과 유형, 그리고 이러한 새로운 자료가 설교에 주는 몇 가지 함의를 검토할 것이다.

1. 인터넷 설교 포럼의 유형

1990년대 초범세계 통신망의 부상은 곧 웹 기반의 종교적 표현을 동반했으며, 그중 다수는 예배와 설교와 관련이 있었다(White 1994, 47-49; Jewell 2004). 인기 있는 인쇄 자료와 병행하여 인터넷 관련 설교 지원 사이트들은 새로운 기술(인터넷 설교 데이터베이스; 과학기술과 설교 참고)을 활용하여 설교자들 간의 대화와 자료 공유의 기회를 제공

인터넷 설교 포럼(Internet Preaching Forums)

했다. 다양한 설교 관련 사이트 중에서도 토론 그룹과 포럼이 큰 인기를 끌었다. 이러한 사이트는 크게 세 가지 유형으로 나뉘며 다양한 종류의 콘텐츠를 제공한다.

첫 번째 유형은 중앙에 위치한 웹사이트에서 운영되며, 설교자(및 기타 관심 있는 당사자)가 아이디어, 자료, 및 관점을 공유할 수 있게 한다. 이러한 웹사이트는 교단(예: the Preaching Ministry Forum of the Churches of Christ, or the United Church of Christ's Lectionary and Preaching)이나 영리 기업(DesperatePreacher.com)에 의해 운영될 수 있다. 설교자는 웹 페이지를 로드하고 적절한 버튼을 클릭하여 모든 사람이 볼 수 있도록 기고문을 전달할 수 있다.

단일 주제에 대한 대화를 스레드(threads)라고 하며 몇 주 동안 간헐적으로 계속될 수 있다. 일부 웹사이트에서는 상호 작용을 전자 대화로 제한하는 반면, 다른 웹사이트에서는 설교, 설교 개요, 예시 자료, 인용문, 이미지 등과 같은 자료의 업로드 또는 다운로드를 허용한다.

이러한 형태의 상호 작용의 한 가지 장점은 설교자가 여유 시간에 이러한 유형의 사이트를 방문하여 자신의 관심사에 연결된 글을 읽거나 응답할 수 있다는 것이다. 또한, 설교자는 종종 이 중앙 사이트에서 자료를 다운로드할 수 있으므로 다른 사람들의 기여를 통해 혜택을 받을 수 있다. 마지막으로, 이러한 종류의 포럼은 일반적으로 관리되어 내용을 어느 정도 통제할 수 있다.

이와 관련된 한 가지 단점은 게이트키퍼 역할을 하는 관리자가 특정 유형의 토론을 차단할 수 있다는 점이다. 또 다른 단점은 일부 사이트에서 로그인과 비밀번호를 요구하며 일부 사이트에서는 요금을 부과한다는 점이다. 이러한 토론 포럼은 야후의 e-groups.com에서 '설교'(sermon or homily or preaching)를 입력하면 많이 찾을 수 있다. 이러한 설교 포럼은 전 세계에 걸쳐 있으며 상상할 수 있는 모든 신앙적 방향을 포함한다.

두 번째 유형의 상호 작용 포럼은 관심 있는 사람들이 무료 또는 유료로 구독할 수 있는 PRCL-L(개정공동성서정과)과 같은 주제별 이메일 리스트서브(특정 그룹 전원에게 메시지를 이메일로 자동 전송하는 시스템, 역자주)이다. 제출된 내용은 중앙 컴퓨터 서버로 전송되며, 이 서버는 모든 구독자에게 내용을 전달한다. 기고는 반드시 텍스트에 국한되지 않고 조언, 수정, 통찰력, 아이디어, 웹 페이지 링크, 설교 기술에 대한 논평 등 활발한 대화가 이어진다.

다시 말하지만, 여러 개의 동시 주제 스레드가 생성될 수 있다. 이 특정 대화형 방법의 한 가지 장점은 중앙 웹 페이지를 찾을 필요 없이 자신의 다른 이메일로 기고문을 받을 수 있다는 것이다. 그러나 인기 있는 이메일 토론 목록에는 매일 수십 개의 글이 올라오기 때문에 설교자를 압도할 수 있다는 잠재적 단점도 있다.

세 번째 유형의 설교 포럼은 웹로그 또는 블로그이다. 21세기의 첫 10년 동안 인기를 얻은 블로그는 누구나 어떤 주제에 대한 생각을 기록할 수 있는 기회를 제공하며, 전 세계를 청중으로 삼을 수 있다. 블로 그는 일기장에 비유할 수 있으며, 전자 버전은 범세계 통신망의 어느 곳에서나 링크와 자료를 포함할 수 있다. 설교 블로그는 일반적으로 개인의 노력으로 이루어지지만, 상업용 및 교단 블로그도 이용할 수 있다. 관심 있는 사람은 해당 버튼을 클릭하여 댓글을 달 수 있다. 종종 블로그 항목에 대한 응답으로 주제별 토론글이 만들어지기도 한다. 이런 종류의 설교 포럼은 훨씬 더 개별화되어 있다. 좋은 것이든 나쁜 것이든 작성자의 관심사가 반영되어 있다. 설교 관련 블로그는 blogger.com에서 '설교' 혹은 '설교학'(preaching, sermon, or homiletics)등의 키워드를 검색하여 찾을 수 있다.

2. 인터넷 설교의 일반적인 특성; 포럼

온라인 설교 포럼은 교단 관련 단체, 상업적 벤처기업, 개인 등 세 가지 유형의 후원자가 후원한다. 많은 교단에서 설교자들이 사역 전반 또는 설교에 대해 토론할 수 있는 대화형 전자 포럼을 제공한다(Preacher's Exchange 참고). 많은 설교 관련 인쇄 저널에는 토론 포럼을 제공하는 온라인 웹사이트가 있다. 개별적으로 후원하는 웹사이트는 일반적으로 특정 관점을 지지하지만, 다른 관점에 대해서는 일반적으로 개방성을 유지한다(예: Working the Angles [emergent church perspective], or A Pomo Pentecostal Lectionary Blog).

실제 내용과 관련하여 토론 그룹은 설교와 설교 개요, 설교 작성에 유용한 자료(예화, 인용문, 이미지, 아이디어, PowerPoint 슬라이드, 영화 클립 등), 신학적 및 문화적 주제 탐구(예: 평화 설교와 U2 설교), 성경 본문에 대한 주석 연구 등을 포함할 수 있다. 본문 연구 그룹은 매주 배정된 공동성서정과 본문을 검토하거나 자유롭게 선택한 본문이나 단어 연구를 할 수 있다.

일부 포럼은 설교의 기술 자체에 초점을 맞추게 되는데, 예를 들어 Academy of Homiletics의 Homiletix e-Forum이 이에 해당한다. 대부분의 토론 포럼은 주로 교파적 지향성을 가지고 있으며, 성서정과 토론이 우세하거나 복음주의 또는 보수주의 신학적 성향을 지지하는 것으로 보인다. 아프리카계 미국인을 위한 포럼도 몇 개 있다(예: HomileticsPortal.com 및 African American Preaching 참고). 그러나 성별에 관련해서는 포럼은 거의 전적으로 남성이 후원하며, 참가자의 대다수도 남성이다.

3. 장점과 단점

다른 기술 혁신과 마찬가지로, 범세계 통신망은 숨막히는 새로운 풍경과 고집스러운 새로운 문제를 가져왔다. 인터넷 설교 포럼은 말 그대로 컴퓨터를 가진 사람이라면 누구나 동시에 여러 대화에 참여할 수 있고, 하이퍼링크를 삽입하여 무제한의 대화 파트너를 토론에 끌어들일 수 있기 때문에 놀라울 정도로 폭넓은 관점을 제공한다. 그래서 설교 행위를 둘러싼 대화에는 서로 다른 물리적 위치에서 다양한 신앙 유산과 신학적 관점을 지지하는 무수한 목소리가 나올 수 있다.

인터넷이 널리 보급되면서 예전에는 고립되어 있던 설교자들이 자료, 통찰력, 그리고 대화 파트너를 얻을 수 있게 되었다. 설교에 대한 이러한 대화의 확장은 인터넷 기술이 등장하기 전에는 상상할 수 없는 일이었다. 또한, 교회는 설교자 외에도 평신도들을 설교에 대한 대화에 참여시킬 수 있는 기회를 활용함으로써 설교를 마지막 음절이 끝난 후에도 지속되는 진정한 공동의 행사로 만들고 있다. 마지막으로, 이러한 참여자들의 신앙고백적, 지리적 폭은 가장 좋은 의미에서 에큐메니컬한 말씀을 중심으로 한 관계를 형성한다.

반면에 인터넷 설교 포럼의 잠재력을 제한하는 몇 가지 단점도 있다. 우선, 컴퓨터 하드웨어, 컴퓨터 활용 능력, 인터넷 연결이 필요하기 때문에 많은 사람이 토론에 참여하지 못한다. 정부, 기관, 기업의 최선의 노력에도 불구하고 인터넷 접근성이 없는 지역과 새로운 기술에 익숙하지 않은 인구 집단이 여전히 존재한다. 또한, 온라인 토론 그룹의 압도적인 수가 유럽 중심적인 남성의 관점을 보여 주고 있다. 다양한 목소리가 대화에 참여할 수 있는 잠재력은 분명히 존재하지만, 아직까지 이러한 잠재력은 실현되지 않고 있다.

이러한 토론 그룹의 또 다른 단점은 설교자가 자신의 설교를 만드는 대신 다른 사람의 설교를 선포할 수 있다는 점이다. 전자적으로 제공되는 사전 제작된 성경 주석이나 설교 원고의 경우, 설교자들은 방대한 자료와 접근의 용이성 때문에 온라인 자료의 유혹에 전례 없이 쉽게 직면하게 된다. 어떤 경우에는 다른 사람의 아이디어를 쉽게 구할 수 있다는 점이 설교자의 창의력 성장을 저해할 수도 있다. 아이러니하게도 풍부한 자료가 오히려 창의적인 작업을 방해할 수도 있다.

인터넷 설교 포럼은 설교자에게 전례 없는 도움을 줄 뿐만 아니라 설교 기술을 사랑하는 다른 실무자들과 대화할 수 있는 기회를 제공한다. 오늘날 설교자들은 24시간 내내 전 세계의 다른 사람들과 연결하여 이전에는 상상할 수 없었던 방식으로 기술을 토론하고, 통찰력을 찾고, 제안을 할 수 있다. 인터넷 설교 포럼을 통해 풍부한 주석과 신앙적 관점을 얻을 수 있다. 인터넷은 기술이 하나님의 말씀을 전하는 또 하나의 방법이 되었다.

참고 문헌 African American Preaching. http://groups.yahoo.com/group/africanamericanpreaching; DesperatePreacher.com discussion forum; HomileticsPortal.com. http://www.homileticsportal.com; Homiletix e-Forum (Academy of Homiletics). http://www.homiletics.org; John P. Jewell. Wired for Ministry. (2004); Lectionary and Preaching (United Church of Christ). http://forums.ucc.org; A Porno Pentecostal Lectionary Blog. http://pomolectionary.blogspot.com; Preacher's Exchange (Roman Catholic Order of Preachers), http://www.opsouth.org; Preaching (Calvin Institute of Christian Worship). http://www.calvin.edu; Preaching Ministry Forum (Churches of Christ), http://cconline.faithsite.com; Preaching Peace, http://preachingpeace.blogs.com; U2 Sermons, http://u2sermons.blogspot.com; Susan J. White. Christian Worship and Technological Change. (1094); Working the Angles. http://

www.mtsi.org/pat/tag/preaching.

유대/기독교 관점(Jewish/Christian Perspectives)

패트리샤 K. 툴(Patricia K. Tull)

기독교는 가장 가까운 형제 종교인 유대교와 특이한 관계에 서 있다. 둘 다 고대 이스라엘 종교에서 유래했으며, 둘 다 동일한 성경을 정경으로 주장하며, 둘 다 그 이후의 문헌(기독교인에게는 신약성경, 유대인에게는 탈무드와 미드라쉬 문학)과 관련하여 성경을 해석한다. 두 종교 모두 창조, 신성과 인간성, 예배, 신실한 삶에 관한 많은 신념을 공유한다.

그러나 유대인은 이스라엘의 직접 계승을 가지고 있고 유대교의 명료성은 기독교와 독립적으로 서 있지만, 기독교 신학의 교리는 이스라엘의 기원과 분리하면 대부분 이해할 수 없게 된다. 성경의 주요 저자는 유대인이었을 뿐만 아니라 기독교의 창시자인 예수님과 그분의 사도들도 유대인으로 태어났고 신실한 유대인으로 남아 있었다. 기독교 설교는 유대교와의 관계에 대한 명확한 이해가 필요하다.

유대인에 대한 오랜 증오와 폭력의 역사는 이 긴밀한 관계를 더럽혔다. 유대인 홀로코스트가 발생한 지 반세기가 넘은 지금도 기독교의 반유대주의는 반유대주의적 성경 해석에 뿌리를 둔 무의식적 편견에 의해 잊혀지지 않은 채 남아 있다. 이 글에서는 유대교-기독교 관계의 역사를 간략히 살펴보고, 일반적인 해석상의 함정을 논의하며, 종교 간 세계에서 기독교의 자기 표현을 개선하고자 하는 설교자를 위한 제안을 제시한다.

1세대 기독교인들은 유대인이었지만, 2세기 초에 이르러 교회는 대부분 이스라엘의 전통에 비교적 익숙하지 않은 이방인으로 구성되었다. 예수님과 다른 랍비들 간의 내부 논쟁으로 시작된 논쟁은 점차 점점 더 뚜렷해지는 두 집단 간의 신학적, 정치적 경쟁으로 대체되었다. 기원 70년 로마가 유대 성전을 파괴하자 많은 유대인이 다시금 신앙을 회복했다. 그러나 신성한 역사에서 자신의 자리를 찾고자 했던 기독교 지도자들은 성전 파괴를 하나님이 아브라함의 후손을 새로운 이스라엘, 즉 이방인 기독교로 대체하셨다는 신호로 여겼다.

4세기 콘스탄티누스 황제가 기독교인에게 특혜를 부여하면서 사회 역학 관계는 크게 바뀌었다. 교회 지도자들은 유대인의 권리를 산발적이지만 엄격하게 제한하는 법적 권한을 점점 더 많이 획득하여 유대인을 마을에서 추방하고, 회당을 불태우고, 종교 간 결혼과 심지어 종교 간 환대를 금지하는 등의 조치를 취했다. 이러한 조치는 1095/96년경 십자군 전쟁이 시작되어 무슬림뿐만 아니라 유대인에 대한 폭력이 기독교계에 만연할 때까지 가끔씩 국지적으로 이루어졌다. 강제 개종, 추방, 격리, 재산과 자녀의 압류, 탈무드와 회당 불태우기, 고문, 학살 등이 이 시기의 특징이었다.

18세기와 19세기에는 전통 종교가 아닌 유사과학적(pseudoscientific) 인종 분류에 근거한 더 교묘한 형태의 반유대주의가 등장했다. 이 이데올로기는 전통적인 종교적 반유대주의와 결합하여 결국 히틀러가 유럽 유대인의 3분의 2를 학살하고 열등하다고 여겨지는 다른 사람들을 학살하도록 조장했다. 홀로코스트는 분명히 기독교적 사건은 아니었지만, 수 세기에 걸친 기독교적 편견은 그 전제 조건이었다.

2차 세계대전 이후, 홀로코스트가 2천 년에 걸친 반유대주의의 끔찍한 결말이라는 인식은 많은 교회 지도자들로 하여금 기독교 가르침을 다시 성찰하도록 만들었다. 이러한 움직임은 1965년 제 2차 바티칸 공의회의 "노스트라 에타테"(Nostra Aetate[우리 시대에], 비그리스도교와 교회의 관계에 대한 선언) 성명과 개신교 교단에서 작성된 유사한 문서들로 탄력을 받게 되었다. 종교적 반유대주의는 예수님의 가르침과 모순되고 하나님을 약속을 어기는 존재로 묘사하기 때문에 윤리적으로 비양심적일 뿐만 아니라 신학적으로도 용납할 수 없는 것으로 여겨지게 되었다.

오늘날 대부분의 설교자들에게 가장 중요한 문제는 의식적 태도가 아니라 자기 이해에 너무 깊이 스며들어 오류를 감지하지 못하는 편견이다. 유대교에 대한 역사적 기독교의 잘못된 해석은 성경으로서의 구약의 역할에 대한 혼란, 구약의 내용에 대한 생소함, 풍부하고 다양한 주제를 설교하는 것을 꺼리는 결과를 낳았다. 예수님과 그분의 제자들의 유대교에 대한 오해는 신약성경의 오용을 초래하기도 했다.

설교자를 포함한 많은 기독교인이 구약의 율법과 신약의 은혜를 잘못 이분화한다. 전통적으로 "율법"으로 번역되는 히브리어 "토라"(Torah)는 실제로는 '가르침'을 의미한다. 토라에 대한 오경과 시편의 논의는 하나님의 명령이 이스라엘 백성이 은혜를 받기 위한 암울한 짐이 아니라, 하나님이 일상생활의 거룩함에 민감한 민족을 형성하기 위해 주어졌음을 분명히 한다. 기독교인과 마찬가지로 유대인에게도 은혜는 신의 통치로부터의 자유가 아니라 하나님의 목적을 기꺼이 추구할 수 있는 자유다. 성경을 주의 깊게 읽는 독자들은 창세기부터 시작되는 하나님의 은혜와 요한계시록의 마지막까지 이어지는 하나님의 명령을 인식한다.

두 번째 오류는 기독교 신학을 훼손하지 않으면서 구약을 신약으로 우회할 수 있다는 개념인 대체신학(supersessionism)이다. 그리스도의 생애와 가르침, 초기 기독론은 신약에서 찾아야 하지만, 히브리어 성경은 신학뿐만 아니라 인간론, 지혜, 윤리, 예배에 이르기까지 풍부한 사상과 내용을 제공한다. 이야기, 예언서, 시편, 잠언 등 성경 전체의 폭과 깊이를 모두 설교하면 신약만으로는 얻을 수 없는 풍요로움을 신앙에 불어넣을 수 있다.

대체 신학이 성경의 첫 번째 경전을 배제하면서 함께 따라오는 또 하나의 생각은, 유대인은 기독교인처럼 문화적 변화에 계속 적응해 온 동시대인이 아니라 구약의 사람들로 보는 시각이다. 현대의 유대인과 기독교인은 2천 년 또는 3천 년 전의 조상들보다 영적으로 더 많은 공통 점을 가지고 있다.

유사한 오해 중 하나는 이스라엘인(그리고 더 나아가 현대 유대인)을 특별한 죄인으로 보는 관념이다. 호세아, 아모스, 이사야와 같은 고전 예언자들은 유대인의 죄를 비판한 것이 아니라, 고대 사회 안의 죄악과 불의, 곧 인간 일반의 죄성을 신랄하게 고발한 것이다.

성경을 편집한 서기관들은 기독교인과 유대인 모두에게 인간의 유한성과 신의 은총을 일깨워주는 조상에 대한 부끄러울 정도로 솔직한 묘사를 삭제하지 않고 그대로 유지한 것에 대해 칭찬을 받아야 한다.

안타깝게도 기독교 성서정과는 또 다른 오해, 즉 모든 선지자가 예수님의 메시아적 오심을 예언했지만 동시대 사람들이 성경을 오해하여 그분을 알아보지 못했다는 생각을 계속 불러일으키고 있다. 예언서에는 일관된 메시아 이야기가 없다. 오늘날의 설교자들과 마찬가지로 이스라엘의 예언자들은 주로 공동체의 두려움과 희망을 다루었다.

초기 기독교인들이 예수님의 삶과 죽음, 부활을 이해하기 위해 성경을 찾으면서 예수님을 메시아로 선포하는 예언자들의 초상은 뒤늦게 발전했다. 수 세기 동안 유대인들은 깊은 평화, 원수 간의 화해, 영적 번영을 특징으로 하는 메시아 시대에 대한 이사야의 비전이 여전히 성취되기를 기다리고 있음을 기독교인들에게 상기시켜 왔다.

신약은 다른 해석학적 도전을 제시한다. 공관복음서 기자들은 예수님이 유대인이심을 당연하게 여긴다(공관복음 참고). 예를 들어, 마태복음은 예수님을 성경 인물들의 말과 행동을 충실히 계승한 인물로 묘사하며 "천지가 없어지기 전에는 율법의 일점일획도 결코 없어지지 아니하고 다 이루리라"(마 5:18)고 선포한다. 모세를 연상시키는 탄생 이야기부터 광야에서의 40일간의 시험, 엘리야와 엘리사의 이야기를 닮은 치유 이야기, 동시대 사람들을 향한 예언적 "예레미야드"(jeremiads, 고난 혹은 재난에 대한 길고 애절한 경고나 애통-역주), 시편의 애가들을 통해 해석되는 고난들, 신과의 만남으로 가득한 부활에 이르기까지, 마태의 예수님의 선조들의 서사를 요약하고 있다.

공관복음서가 랍비 내부의 논쟁으로 제시하는 동시대 사람들에 대한 예수님의 비판은 종종 유대인에 대한 전면적 특성화나 유대교에 대한 거부로 잘못 이해되기도 한다. 기독교와 유대교를 너무 선명하게 대비시키려는 경향은 예수님 자신의 유대인 되심이 진지하게 받아들여질 때 효과적으로 저항할 수 있다. 많은 현대 설교자가 예수님이 비판하신 죄를 모든 교파의 종교 지도자들이 유혹을 받을 수 있는 죄들이라고 본다.

각 기록이 발생한 특정 공동체에 대한 사회학적 분석은 각 복음서 저자의 비전을 명확히 하는 데 도움이 된다. 특히, 요한복음에서의 논쟁을 분류하는 데는 민감한 주의가 필요하다. 왜냐하면, 이는 공관복음보다 늦게, 더 치열하게 분열된 공동체에서 발생했으며, 예수님과 제자들이 마치 이방인인 것처럼 예수님의 반대자들을 "유대인"으로, 심지어 "마귀의 자식"(요 8:44)으로 이상하게 묘사하기 때문이다(수난 내러티브 참고).

바울 서신에 반영된 유대인과 이방인의 관계도 마찬가지로 지나치게 해석하기 쉽다. 바울은 기독교로 개종하기 위해 유대교를 버린 적이 없다. 그의 질문은 유대교에 관한 것이 아니라 이방인들이 그리스도를 따르는 공동체를 어떻게 이해하고 받아들일 수 있는지에 관한 것이었다.

할례를 받지 않은 사람이 예수님을 믿으

려면 반드시 유대교 개종자가 되어야 하는가?

종말이 가까웠다고 확신한 그는 이스라엘의 부르심의 특수성을 강조하면서 "미리 아신 자기 백성을 버리지 아니하셨나니"(롬 11:2)라고 힘차게 주장하면서 단호하게 "아니오"라고 대답한다. 이방인들에게 화해의 기쁜 소식을 전하려는 그의 관대한 노력을 자신의 유산을 거부하는 것으로 오해해서는 안 된다.

반유대주의적 성경 해석은 최근 국제 정치에 해로운 흔적을 남기며 현대 이스라엘과 아랍 이웃 국가와의 관계를 존중하고 세밀하게 이해하는 서구 기독교의 능력을 손상시켰다. 일부 주류 기독교계에서 이스라엘의 팔레스타인인에 대한 공정한 지지를 구시대적 반유대주의와 구별하지 못하는 실패는 기독교와 유대인의 화해를 위태롭게 하고 있다.

반면, 다니엘서와 요한계시록의 천년왕국주의적 오용에서 비롯된 기독교 시온주의라고 불리는 근본주의 종말론 운동은 팔레스타인의 주장을 무시한 채 이스라엘에 대한 타협 없는 지지를 제공한다. 지지자들은 이스라엘이 분쟁 지역인 서안 지구(West Bank)를 점령하고 예루살렘에 유대인 성전을 재건하면 그리스도의 재림 때 재앙적 전쟁이 일어날 것이라고 주장한다. 이러한 결과를 조장하기 위해 기독교 시온주의자들은 협박과 폭력을 통해 팔레스타인인을 그들의 땅에서 몰아내려는 근본주의 유대인 단체에 막대한 재정적, 정치적 지원을 제공하고 있다.

모든 인간이 기독교인으로 거듭나거나 지옥에서 불태워져야 한다는 종말론적 시나리오는 무슬림뿐만 아니라 당혹스럽게도 기독교의 발상지에 여전히 살고 있는 정교회와 로마 가톨릭 신자들에 대해서도, 그리고 역설적으로 그러한 시나리오의 중심인 유대인에 대한 경멸을 드러낸다. 중동 정치의 정치적 및 종교적 지뢰밭에 대해 호기심을 가지고 혼란스러워하는 교인들이 있기 때문에, 설교자들은 유대 이스라엘과 그 아랍 이웃 국가와 주민들을 악마화하는 것을 피하고 성경이 세계의 미래에 대해 말하는 것과 말하지 않는 것을 신중하게 전달하는 섬세한 지침을 제공해야 한다.

이러한 모든 해석상의 함정에도 불구하고 지금은 성경을 읽고 설교하기에 흥미로운 세대이다. 유대교에 대한 기독교인의 폭넓은 이해는 우리의 유산에 대한 더 풍부한 지식으로 이어졌다. 유대교와 기독교 학자들 간의 협력으로 주석, 입문 교재, 교육 자료, 예배 자료가 점점 더 풍성해지고 있다.

최신 정보를 얻고자 하는 목회자는 NIB(New Interpreter's Bible)와 같은 최신 성경 소개 및 주석과 〈유대인출판협회[JPS] 토라 주석 시리즈〉(Jewish Publication Society Torah Commentary Series)와 같은 유대인 학자들의 저술들로 참고 서재을 새롭게 해야 한다. 종교 간 예배와 공동체 행사, 현지 유대인 성직자와의 성경 연구는 목회자가 두 종교의 유사점과 특수성을 더 깊이 이해하는 데 도움이 될 수 있다.

하나님이 기독교인과 유대인을 다루시는 이야기는 여전히 진행 중이며, 이 세대의 설교자들은 그 이야기를 형성하는 데 작지만 중요한 역할을 맡게 되었다.

참고 주제 오경 내러티브; 예언자적 설교; 시편

참고 문헌 Ronald J. Allen and John C. Holbert. *Holy Root, Holy Branches: Christian Preaching from the Old Testament*. (1995); Ronald J. Allen and Clark M. Williamson. *Preaching the Gospels without Blaming the Jews*. (2004); John Gager. *The Origins of Anti-Semitism: Attitudes toward Judaism in Pagan and Christian Antiquity*. (1985); Howard Clark Kee and Irvin J. Borowsky. *Removing Anti-Judaism from the Pulpit*. (1996); Marilyn J. Salmon. *Preaching without Contempt: Overcoming Unintended Anti-Judaism*. (2006).

렉시오 콘티누아(Lectio Continua)

로날드 J. 앨런(Ronald J. Allen)

'렉시오 콘티누아'는 설교자가 여러 주일에 걸쳐 설교의 내용을 구성할 수 있는 중요한 방식이다. 렉시오 콘티누아는 라틴어로 '연속적 읽기'라는 뜻으로, 한 권의 책(예: 갈라디아서), 한 책의 확장된 부분(예: 사 24-26장) 또는 한 저자나 공동체의 손에서 나온 여러 책(예: 오경)과 같은 성경의 일부를 순차적으로 설교하는 방식을 말한다. 최근에는 설교자가 연속적 본문에서 모든 개별 구절을 다루지 않고 핵심 구절과 다른 많은 구절을 대표하는 구절에 초점을 맞추는 반연속적 강해라는 변형된 형태의 렉시오 컨티뉴아가 등장했다.

많은 학자가 CE 1세기에 유대교 회당에서 렉시오 콘티누아의 한 형태가 사용되었다고 생각한다. 렉시오 콘티누아는 교회 역사상 많은 설교자(예: 아우구스티누스와 크리소스토무스)의 특징이었으며, 특히 칼뱅과 츠빙글리와 같은 종교개혁의 설교자들과 그들의 후손들을 통해 큰 영향을 미쳤다. 일부 설교자는 오늘날에도 이 관행을 이어 가고 있다.

렉시오 콘티뉴아 방식에서는 예배 인도자가 자유롭게 자료를 선택하거나 연속 독서로 구성된 성서정과의 일부를 따라 성경 본문을 결정한다. 렉시오 콘티누아 방식으로 설교를 전개할 때 설교자는 성경 본문의 큰 부분을 의미 있는 단위로 나누고, 일주일에 한두 개의 단위로 3-4주일에서 몇 주 또는 몇 달에 걸쳐 설교를 진행한다.

렉시오 컨티누아 설교의 강점은 다음과 같다. 설교자는 성경 본문의 신학적 관점과 회중의 신학적 필요를 연관시키고 그 상관 관계를 심도 있게 탐구할 수 있다. 오늘날 많은 회중이 성경적, 신학적 무지를 감안할 때, 렉시오 콘티누아는 회중이 방대한 성경 자료의 내용과 연속성, 그 자료가 발생한 역사적 상황(알려진 경우), 자료의 문학적 및 수사적 스타일, 그것의 신학적 주장, 그리고 그 자료가 다루어진 고대의 공동체(또는 공동체들)에 의도된 영향에 대해 알 수 있는 훌륭한 기회를 제공한다.

렉시오 콘티누아를 통해 회중은 특정 텍스트의 더 큰 역사적, 문학적, 신학적 맥락을 인식하게 된다. 렉시오 콘티누아가 진행되는 몇 주 동안, 청취공동체는 성경 읽기의 신학적 세계에 거주하기 시작할 수 있다. 설교자가 매주 한 책에서 다른 책으로 넘어갈 때 회중이 성경책의 작은 요소들을 접하는 대신, 렉시오 콘티누아는 공동체가 성경책의 완전히 발전된 신학적 주제

렉시오 콘티누아 (Lectio Continua)

에 대한 지속적인 비판적 신학 성찰에 참여하도록 돕는다. 성경 자료가 내러티브 형식(예: 여호수아, 사사기, 사무엘상하, 열왕기상하)인 경우 렉시오 콘티누아는 회중이 성경 내러티브와 그 사건의 순서에 대한 감각을 키우는 데 도움이 된다.

렉시오 콘티누아 본문을 기반으로 한 설교는 주간마다 쉽게 구성할 수 있다. 이런 방식으로 설교하면 설교자는 한 책의 역사적 배경, 문학적 특징, 신학적 주장에 대해 몇 주 동안 연구할 수 있기 때문에 설교 준비의 측면을 단순화할 수 있다(그리고 한 주에서 다음 주까지 다른 책의 구절을 위해 그러한 주제들을 새롭게 조사할 필요가 없다).

'렉시오 셀렉타'(*lectio selecta*, '선택된 독서'를 의미하는 라틴어 표현)에서는 예배를 조직하기 위한 중요한 패턴으로 신학적 주제와 연계되는 성경 구절들이 선택된다. 21세기 초, 북미에서 가장 널리 사용된 성서정과는 개정공동성서정과(*Revised Common Lectionary*)와 그 관련 저작들이다(성서정과와 교회력 참고). 이 성서정과는 기독교 버전의 구속 이야기를 묘사하는 두 가지 큰 주기를 중심으로 한다. 대림절/성탄절/주현절과 사순절/부활절/오순절. 이 절기에는 각 절기의 신학적 주제를 조명하기 위해 성서정과에서 성경 읽기가 선택된다.

그러나 연중 시기(Ordinary Time)에는 렉시오 콘티누아의 수정된 버전이 이 성서정과에 등장한다. 주현절 이후 주일의 연중 시기 후반부에는 복음서의 독서는 연속적으로, 서신서의 독서는 반연속적으로 읽는다. 오순절 다음 주일의 연중 시기 주일에는 복음서와 서신서를 연속 또는 반연속으로 읽는다. 이 긴 후반기 절기에는 성서정과는 구약 독서의 두 세트를 지정한다. 복음서 읽기와 조화를 이루도록 선택된 한 세트와 구약성경의 반연속적 측면을 보여 주는 다른 하나의 세트, 즉 조상 이야기, 출애굽과 약속의 땅 입성(가 해 [Year A]), 왕국과 지혜 문학(나 해 [Year B]), 예언서(다 해 [Year C]). 개정공동성서정과를 따르면 설교자와 회중은 렉시오 콘티누아와 렉시오 셀렉타의 장점을 모두 누릴 수 있다.

오늘날 렉시오 콘티누아로 설교할 때, 설교자는 일반적으로 매주 예배에 참석하는 회중이 거의 없다는 사실을 고려해야 한다. 설교는 주마다 주제적으로 연결되어야 하지만, 각 설교마다 고유한 메시지가 있어야 하고, 연속 시리즈가 진행되는 동안 설교자는 성경 자료에 대한 배경 정보를 반복적으로 제공해야 한다.

렉시오 콘티누아 설교자들이 흔히 사용하는 접근 방식은 본문을 한 구절씩(또는 더 정확하게는 부분별로) 해석하는 것이다. 그러나 렉시오 콘티누아 내에서 설교자는 본문의 특정 형태, 회중의 청취 패턴, 설교의 의도된 효과, 설교자의 스타일과 같은 요소에 부합하는 방식으로 설교를 구성할 수 있다.

참고 주제 교리와 성경 본문

참고 문헌 Ronald J. Allen and Gilbert L. Bartholomew. *Preaching Verse by Verse.* (2000); John P. Burgess. "Shaping a Congregation through Lectio Continua." *Reformed Liturgy and Music* 30 (1966) 3-6; Shelley E. Cochran. *The Pastor's Underground Guide to the Revised Common*

Lectionary. Vols. 1—3. (1995–97); Hughes Oliphant Old. "Preaching by the Book: Using the Lectio Continua Approach in Sermon Planning." *Reformed Worship* 8 (1988) 24–25; James A. Sanders, "Canon and Calendar: An Alternative Lectionary Proposal." *Social Themes of the Christian Year: A Commentary on the Lectionary*. (1984) 73–81.

렉시오 디비나(Lectio Divina)
브렌던 모스, O.S.B.(Brendan Moss, O.S.B.)

성 베네딕도는 수도 규칙의 서두에서 수도자들에게 "마음의 귀를 기울여"(*Rule of Saint Benedict* Prologue 1) 하나님의 음성을 들으라고 권유한다. 렉시오 디비나(거룩한 독서)는 고대 수도원의 관행으로, 설교자가 성경을 듣는 방법을 가르쳐 마음을 영감하고 설교를 변화시킬 수 있다.

서구 수도원이 설립된 이래 수도사들은 매일 성경을 통해 말씀하시는 하나님의 음성을 듣는 데 시간을 보냈다. 성 베네딕도는 1,500여 년 전에 수도사들에게 이런 방식으로 기도하도록 가르쳤고, 베네딕도회 수도사, 수녀, 수녀들은 오늘날까지도 이 영적 훈련의 실천을 이어 가고 있다. 베네딕도 수도사 루크 다이싱어(Luke Dysinger)는 렉시오 디비나를 다음과 같이 정의한다.

> 하나님의 말씀인 성경이 하나님과의 연합의 수단이 될 수 있도록 성경을 천천히 관상하는 기도이다.

설교는 설교자와 청중을 하나님의 마음과 자신의 마음 사이의 거룩한 교류로 이끌어야 하며, 설교는 또한 "하나님과의 연합 수단"이 되어야 한다(Dysinger, "The Process of Lectio Divina").

렉시오 디비나는 렉시오(*lectio*, 독서), 메디타티오(*meditatio*, 묵상), 콘템플라토(contemplatio, 관상), 오라토(*oratio*, 기도)의 네 단계의 움직임으로 하나님의 말씀을 가지고 기도하는 관습이다. 각 동작을 진행하면서 각 동작이 서로 쌓여 거룩한 변화를 위해 기도하는 사람의 마음을 열게 된다.

일반적인 과정은 다음과 같이 설명할 수 있다. 렉시오 디비나를 준비할 때, 조용하고 쾌적한 장소를 찾아 성스러운 공간을 만든다. 개인 예배처에 편안하게 자리를 잡으면 에피클레시스(epiclesis), 즉 성령을 부르는 것으로 시작한다(성령/열정 참고). 성령을 부르는 기도는 형식적 기도일 수도 있지만 즉흥적으로 할 수도 있다.

> "성령이여, 오셔서 하나님의 말씀을 받을 수 있도록 내 마음을 열어 주소서."

이와 같은 간단한 기도만으로도 충분하다. 궁극적으로 이 첫 구절의 효과는 설교자의 영을 안정시키고 마음을 열게 하는 것이다. 하나님의 영이 소환된 상태에서 우리는 거룩한 읽기의 연습에 들어간다.

렉시오 디비나는 다음과 같이 진행한다.

첫째, 말씀 읽기(*Lectio*)

간단히 말해서, 우리는 구절을 처음부터 끝까지 큰 소리로 읽는 것으로 시작한다. 첫 번째 읽기가 끝나면, 우리는 본문을 고려하고 이야기의 주요 요소를 식별한다. 홀

렉시오 디비나 (Lectio Divina)

류한 탐정처럼 기본 질문에 대답한다. 성경에서 그 구절이 나온 책이나 편지를 찾아내고 성경에서 그 구절이 차지하는 위치를 파악한다(구약 또는 신약). 글의 스타일(예: 편지, 독백, 시 등)에 이름을 붙인다. 관련된 인물들을 나열하고 주요 화자를 파악한다. 구절의 주요 사건과 그 맥락을 요약한다. 텍스트의 앞부분과 뒤부분에 무엇이 나오는지 파악한다.

이 조사는 선택한 페리코페(pericope)에 익숙해지고 잠재된 의미를 들을 수 있도록 준비시키는 한 가지 근본 목적을 수행한다. 렉시오 디비나의 모든 본문 구절과 마찬가지로 우리는 본문을 다시 한번 소리 내어 읽는다. 이를 통해 말씀이 선포되고 다양한 학습 감각을 통해 청자/독자의 참여를 유도할 수 있다(학습 유형 참고).

이 두 번째 읽기의 목표는 본문의 이야기를 전하고 그 의미를 전달하는 것이다. 즉, 본문은 우리 자신의 청각을 위해 선포되는 것이므로 성경의 좋은 소식을 우리 자신에게 선포하는 것이다. 두 번째 읽기가 끝나면 당면한 본문을 더 깊이 이해하고 하나님의 말씀이 우리 마음에 직접 말할 수 있도록 더 깊이 준비하게 된다.

둘째, 묵상 (*Meditatio*)

묵상은 페리코페를 세 번 읽는 것으로 시작된다. 그러나 이 신중하고 세심한 낭독은 하나님의 음성을 향해 마음의 귀를 기울인 상태에서 이루어진다. 본문을 소리 내어 읽으면서 눈에 띄거나 주목할 만한 첫 단어, 구절, 이미지가 떠오르면 잠시 멈춰서 생각해 본다. 이전에 불렀던 성령의 임재를 신뢰하면서, 우리는 우리의 관심을 사로잡은 특정 단어나 구절, 이미지에 대해 하나님과 대화를 시작한다.

거룩한 교류는 먼저 이 단어나 구절, 이미지가 하나님과 나, 그리고 다른 사람들과의 관계에 대해 어떻게 말하는지 고려할 때 시작된다. 하나님이 왜 이 단어를 선택했는지 묻는다. 우리는 이 구절이 어떻게 우리 자신의 죄를 깨닫게 하거나 회심을 요구할 수 있는지 숙고한다. 설교자로서 우리는 또한 이 이미지, 단어 또는 구절이 우리가 설교하는 공동체에게 어떻게 말할 수 있는지에 초점을 맞춘다.

말씀은 우리 교회와 커뮤니티에 무엇을 요구하는가?

우리는 어떤 방식으로든 도움이 될 수 있는 단어, 문구, 또는 이미지를 탐색하고 하나님이 대답하도록 허용한다. 5분에서 10분 정도 시간이 흐른 후, 우리는 침묵에 들어가 고요함을 받아들인다.

셋째, 관상 (*Contemplatio*)

모든 것이 조용해지고 영혼이 안정을 찾으면 세 번째 단계가 시작된다. 이 단계에서 우리는 단순히 신성한 침묵 속에서 하나님과 함께 앉아서 쉬는 것이다. 침묵은 종종 불편하고 어떤 경우에는 두렵기도 하다. 그러나 우리가 누구와 함께 있는지를 떠올리면 침묵은 우리의 영원한 연인과 함께할 수 있는 공간을 제공하므로 환영할 만한 일이다. 묵상은 우리의 고요한 영이 고요하신 하나님의 영과 만날 때 일어난다. 말이 필요 없다. 이제 우리 존재는 신성한 임재와 연합한다. 그래서 이 관상의 시간으로 인해 하나님께 찬양과 감사를 드리고 싶은 마음이 생긴다.

넷째, 기도(Oratio)

여기서 렉시오 디비나의 네 번째 움직임은 우리의 마음이 성찬에 이끌려 기도를 통해 감사하는 것으로 시작된다. 오라티오의 기도는 묵상과 관상 중에 주어진 거룩한 교환에 대한 자유로운 감사의 표현이다. 이것은 자발적인 기도이며 복잡할 필요가 없다. 때로는 간단한 "감사합니다"로도 충분하다. 이 감사의 기도, 즉 성만찬 행동으로 렉시오 디비나는 마무리된다.

그러나 아직 모든 것이 끝난 것은 아니다. 렉시오 디비나가 실제 설교에서 열매를 맺으려면 설교자들이 해야 할 일이 더 많다. 묵상 중에 우리에게 주어진 단어, 구절, 또는 이미지를 생각해 보라.

이 성경 구절에서 나온 단어, 구절, 또는 이미지가 우리 공동체에 무엇을 제공할 수 있으며, 새로운 방식으로 말씀을 이해하는 데 어떻게 도움이 될 수 있을까?

이 말씀이 교회에 어떤 방식으로 전달될 수 있는지에 비추어 설교자는 학자 토마스 롱(Thomas Long)이 초점 진술(focus statement)이라 부르는 것을 형성할 수 있다(초점 진술과 기능 진술 참고).

설교자는 두 가지 질문에 답한다.
복음은 무엇에 관한 것인가?
이 설교는 무엇을 말해야 하는가?

본질적으로 묵상은 페리코페의 핵심이 무엇이며, 잠재적으로 설교의 핵심이 무엇인지를 드러낼 수 있다.

묵상 작업을 더 발전시키면서 설교자는 이 단계에서 탐구한 단어, 구절, 또는 이미지로 다시 돌아갈 수 있다. 이번에는 설교자는 이 단어나 구절, 이미지가 신앙공동체에게 무엇을 요구하고 있는지 생각해 본다. 이 묵상에는 어떤 응답이 필요할까?

궁극적으로 하나님의 말씀은 역동적이며, 그 말씀을 듣는 사람들에게 응답을 요구한다. 설교자의 중재를 위해 주어진 단어나 문구 또는 이미지는 또한 교인들의 행동을 촉구해야 한다. 묵상의 대화를 다시 고려하면서, 설교자는 토마스 롱이 설교 또는 강론의 기능 진술(function statement)이라고 부르는 것을 진술한다.

묵상의 열매로부터 두 가지 질문이 제기된다.

- 말씀은 우리에게 무엇을 하라고 부르는가?
- 이 설교는 공동체로부터 어떤 행동을 불러 일으키는가?

설교자의 렉시오 디비나는 설교의 초점과 설교의 기능을 낳는다. 설교자는 기도와 하나님의 말씀을 통해 설교의 출발점을 직접적으로 드러낸다. 주석을 위한 근본 질문이 드러나고 설교 또는 강해 주제의 시작이 발효된다.

설교자들은 일주일 동안 설교 준비를 위해 렉시오 디비나를 어떻게 사용할 수 있을까?

다음 제안은 독서를 위한 성서정과 주기의 사용을 가정하지만, 한 본문으로만 렉시오 디비나를 할 수도 있고, 주 초에 여러 번 할 수도 있으며, 주중 중반으로 가면서 준비를 시작할 수도 있다.

- 일요일 저녁: 다음 주를 위한 복음서 페리코페와 함께 렉시오 디비나를 사용하기
- 월요일: 첫 번째 독서 또는 공과와 함께 렉시오 디비나를 사용하기
- 화요일: 두 번째 독서와 함께 렉시오 디비나 하기
- 매일: 공동체의 경험과 묵상의 초점 사이의 연결 지점을 찾기
- 수요일: 설교의 핵심이 될 독서를 결정하고 선택한 본문 연구하기
- 목요일: 강론 초안 작성하기
- 금요일: 초고를 수정하고 마무리하기

렉시오 디비나는 설교자의 마음의 귀를 기울여 하나님의 음성에 귀를 기울이게 한다(Rule of Saint Benedict Prologue 1). 시간이 지나면 이 기독교적이고 수도원적인 관행은 설교자의 마음을 형성하고 변화시킬 것이다. 렉시오 디비나는 우리 설교/강론의 초점과 기능이 성장하고 궁극적으로 탄생하는 자궁이 될 것이다.

참고 주제 헌신적 삶/삶의 스타일; 주해

참고 문헌 Enzo Bianchi. *Praying the Word: An Introduction to Lectio Divina*. Translated by James W. Zona. (1998); Michael Casey. *Sacred Reading: The Ancient Art of Lectio Divina*. (1995); Luke Dysinger. "Accepting the Embrace of God: The Ancient Art of Lectio Divina." http://www.valyermo.com; Timothy Fry, O.S.B., ed. *The Rule of Saint Benedict in English*. (1982); Thomas Long. *The Witness of Preaching*. (1989);

Salvatore Panimolle, ed. *Like the Deer That Yearns: Listening to the Word and Prayer*. (1998); Basil Pennington. *Lectio Divina: Renewing the Ancient Practice of Praying the Scriptures*. (1998).

성서정과와 교회력(Lectionary and the Christian Year)

로렌스 홀 스투키(Laurence Hull Stookey)

성서정과는 조직화된 독서 체계이다(라틴어, lectio, 독서 행위에서 유래). 교회 내에서 성서정과는 성경을 체계적으로 읽는 것으로, 일반적으로 공동 예배 중에 소리 내어 읽으며 교회력과 밀접한 관련이 있다.

1. 성서정과의 형태

성서정과 원리는 유대교에서도 사용되며, 일부 학자는 예수님이 회당에서 이사야 61:1-2을 읽고 해석하실 때 자신이 직접 선택하신 것이 아니라 그날에 지정된 독서를 사용하셨다고 믿는다. 확실히 고대 교회의 설교는 초기 세기에 성서정과가 존재했음을 증명한다.

가장 단순한 형태의 성서정과는 하나 이상의 성경 책을 순차적으로 읽는 것(렉시오 콘티누아, 연속 읽기)을 포함한다. 그래서 주일 예배에서 각 성경의 한 장을 읽을 수 있다(렉시오 콘티누아 참고) 좀 더 복잡한 구조(렉시오 셀렉타 또는 선택적 낭독)는 하나의 주제를 중심으로 예배를 위한 강해를 구성한다. 가장 일반적으로 성서정과 주제는 매년 틀 안에서 주님의 날(주일)이 우선시되는

기독교의 교회력에서 가져온다.

2. 교회력의 형식

매주 주님의 날은 창조 이전부터 마지막 성취와 그 이후까지 그리스도의 전체 구원 사역을 기억하게하는 세 가지 복합적 시간으로 구성된다.

1) 부활절

부활절부터 성령강림절까지 기쁨의 50일과 사순절 준비 기간인 재의 수요일부터 부활절 전야까지를 포함한다.

2) 성탄절

성탄절 전야/날부터 주현절까지와 그 준비 기간인 대림절, 12월 25일 이전 네 번째 주일부터 성탄절 전야까지를 포함한다.

3) 연중(Ordinary) 시기

주현절(1월 6일 또는 1월 첫 번째 일요일)과 재의 수요일 사이의 기간과 성령강림절 주일과 대림절 사이의 기간이다. 이 두 기간을 연중 시기로 지정한 것은 흥미롭지 않은 사건만 일어날 것으로 예상해야 한다는 뜻이 아니다. 매주 주일은 죄와 죽음에 대한 주님의 승리를 기념하는 절기이기 때문이다. 여기서 보통(ordinary)이란 서수를 의미하며, 주현절 이후 또는 성령강림절 이후 일요일은 첫 번째/두 번째/세 번째 등으로 계산된다.

네 번째 복합 시간인 성스러운 주기는 성인들을 기념하는 날(보통 평일)을 독립적으로 더한 것이다. 예를 들어, 12월 26일은 최초의 순교자인 성 스테판(St. Stephen), 12월 27일은 사랑하는 제자 요한, 12월 28일은 헤롯에게 학살당한 베들레헴의 영아들을 기념하는 날이다.

3. 절기와 관련된 독서들

부활절에는 사복음서의 마지막 장, 사도행전의 부활 선포, 고린도전서 15장의 부활에 대한 바울의 논의, 예레미야 31장의 일부에서 주제 성구를 이끌어 낼 수 있다. 성탄절에는 마태복음이나 누가복음 첫 장의 일부를 이사야의 관련 구절과 함께 읽을 수 있다.

교회력은 복음의 충만함을 매년 감사와 함께 선포하기 위한 일련의 절기이다. 신학적으로, 한 해의 집합은 부활절 전야에서 시작한다. 왜냐하면, 예수님이 십자가에 못 박히고 부활한 것으로 선포되지 않는다면, 그리스도 중심적인 해의 근거가 없기 때문이다. 그러나 공식적으로 교회법과 관행에 따르면, 한 해는 대림절(12월 25일 이전 네 번째 일요일)에 시작되며, 이는 역사를 거슬러 올라가면서 동시에 종말을 내다보는 날이기도 하다. 그러나 대중문화에서 한 해는 성탄절로 시작되며, 관습과 관행에 따라 교회의 공식적인 12일(12월 25일부터 1월 6일까지)과 크게 차이가 날 수 있는 날짜이다.

4. 현재 3년 주기 성서정과

트렌트(Trent) 이후 로마 성서정과는 단일 연도를 통해 각 시기마다 서신서와 복음서만 제공했다. 최근까지 주제 성서정과 사용하는 많은 개신교 단체도 이 패턴을 따랐다. 바티칸 11세는 이러한 패턴의 결함을 지적하고 성스러운 예전에 관한 헌법(51항)에서 다음과 같이 선언했다.

> 성경의 보물을 더욱 아낌없이 개방하여 하나님 말씀의 식탁에서 신자들에게 더 풍성한 음식이 제공될 수 있도록 해야 한다.

바티칸국제위원회는 3년에 걸쳐 신구약 성경을 모두 수록한 포괄적인 미사 성서정과를 마련했다. 이에 따라 개신교는 1년 단위의 성서정과가 빈약하다는 것을 빠르게 감지했다. 장로교 예배서(Presbyterian Worshipbook, 1970)는 로마교회 성서정과를 채택했다. 루터교, 성공회 등이 뒤를 이어 공통의 조상을 가진 다양한 변형이 생겨났다. 이러한 혼란으로 인해 1983년, 변형을 줄이고 특히 구약의 사용에 관한 이전 버전에 대한 이의 제기에 답하기 위해 공동성서정과(*Common Lectionary*)가 출판되었다. 1992년에는 아래에 설명된 개정공동성서정과(*Revised Common Lectionary* [*RCL*])라는 제목으로 또 다른 합의 버전이 출판되었다.

이 글을 쓰는 현재(2008년), '공통'이라는 용어가 아직 '보편적으로 합의된'이라는 의미는 아니지만 더 이상의 변경은 예정되어 있지 않다. 일부 어려움은 교단 공식 전례서와 교독문본의 연속성과 관련이 있다. *RCL*의 내용이 알려진 후 예배서를 수정한 연합감리교와 장로교는 *RCL*을 공식적으로 채택했다. 일부 성공회도 *RCL*을 따르지만, 다른 성공회는 공식적으로 업데이트될 때까지 『공동 기도서』(*Book of Common Prayer*) 성서정과를 고수하는 것을 선호한다. 시간이 흐르면 당연히 더 많은 변화가 있을 것이다. 그러나 *RCL*은 보편적이지는 않더라도 널리 사용되기 때문에 이 글의 나머지 부분에서는 이에 초점을 맞출 것이다.

5. 개정공동성서정과의 설계

교회력 내에서 성서정과를 사용하는 방법을 고려하기 전에, *RCL*이 어떻게 설계되었는지 알아야 한다. 독서는 12월 25일 이전 넷째 주일부터 시작되며, 연도를 3으로 나눌 수 있는 해(2007년, 2010년 등)의 대림절은 마태복음을 중심으로 하여 '가 해'(Year A)로 시작한다. 마가복음과 누가복음은 각각 '나 해'(Years B)와 '다 해'(Years C)에 사용된다. 요한복음은 모든 해에 걸쳐 있으며, 특히 부활절 시즌에 집중되어 있다. 또한, 요한은 공관복음서 중 가장 짧은 마가복음의 연도를 채우고 있다.

이러한 일반적인 설계의 예외는 해당 연도의 복음서에 특정 절기와 관련된 자료가 거의 없을 때 발생한다. 예를 들어, 마가복음에는 성탄절 이야기가 없기 때문에 가 해 성탄절에는 항상 시편 부분과 다른 두 개의 독서가 지정되며, 외경(Apocrypha)의 독서는 주제에 따라 적절하게 사용되며, 이 책들을 사용하지 않는 전통을 위해 정경으로 대체할 수 있는 독서가 제공된다.

*RCL*에서는 렉시오 셀렉타의 원칙을 부활절과 성탄절 기간 전체에 걸쳐 따른다. 성서정과와 교회력의 관계를 설명하면, 대림 주일에는 그날의 모든 독서가 인내의 기다림이라는 주제를 공유할 수 있고, 사순 주일에는 모든 독서가 언약의 신실함에 대해 다룰 수 있다. 통일된 주제는 설교의 초점뿐만 아니라 그날의 음악, 기도문 및 기타 전례 요소의 선택에도 영향을 미칠 수 있다.

연중 시기의 주일에 *RCL*은 그 해에 지정된 복음서와 다양한 서신을 읽는다. 그러나 첫 번째 독서에 대해서는 선택권이 주어진다. 1년 내내 일관된 패턴을 선호하는 사람들은 복음서가 첫 번째 독서의 선택에 영향을 주는 방식을 계속 따른다.

예를 들어, 복음서 독서가 나병 환자의 치유에 관한 내용이라면, 첫 번째 독서는 나병 환자의 격리에 관한 레위기의 율법 조항으로 복음 배경을 해석하는 데 도움이 되는 배경 지식을 제공할 수 있다. 다른 주일에 예수님이 보리떡 몇 개와 물고기로 무리를 먹이시고 일부가 남았다면, 첫 번째 독서는 엘리사가 빵을 풍성하게 많이 늘린 이야기(왕하 4:42-44)가 될 수 있다. 이러한 경우 구약은 예비 단계(pre-figuration)로 보이고, 신약은 성취로 보는 유형적 해석학이 내포되어 있다(유형론 참고).

두 번째 선택은 이전의 3년 성서정과에 대한 두 가지 비판에 대한 응답으로 제공된다.

첫째, 일부 비평가는 구약의 책들이 그 자체의 완전성이 없으며 주로 신약의 27권의 배경을 채우기 위해 유지되거나 나중에 성취될 수 있는 것에 대한 사전 그림으로만 사용된다는 것을 암시 할 수 있기 때문에 유형론적 주석에 의문을 제기한다.

둘째, 다른 비평가들은 유형학을 제쳐두고, 첫 번째 독서가 주마다 이리저리 옮겨 다니며 특정 책에 대한 연속적인 내용이 거의 없다고 불평한다.

이에 따라 *RCL*은 연중 시기 동안 두 가지 트랙를 제공한다.

하나는 렉시오 셀렉타를 따라 구약성경을 복음서와 연결하여 주된 교훈으로 삼는 것이다.

다른 하나는 렉시오 콘티누아에 따라 복음서 읽기와는 별개로 히브리 성경 한 권을 주 단위로 읽는 것이다.

그러나 두 번째 트랙에는 첫 번째 독서와 복음서 독서의 일반적인 상관 관계가 있다. 첫 번째 복음서의 유대인성을 반영하여 마태복음의 해에는 모세오경을 읽는다. 누가복음의 해에는 세 번째 복음서의 사회 정의에 대한 관심을 강조하여 예언서를 읽는다. 마가복음은 다윗의 이야기와 함께 읽는데, 마가가 "하나님의 아들"이라는 칭호를 좋아하기 때문인 것으로 알려져 있다. 그러나 마가는 실제로 이 문구를 10:47-48에서만 사용하고 마태복음이나 누가복음보다 덜 사용하기 때문에 이 논리는 약간 무리가 있다.

전반적으로 *RCL*은 위에 제시된 세 가지 집합 중 첫 번째에 대한 충분한 성경적 자료를 제공한다. 성인의 날은 보통 주중에 속하며 성인의 교단별 명단이 존재한다면 매우 다양할 것이기 때문에 성스러운 주기에 대한 규정이 없다.

설계상의 문제는 3년 단위의 성서정과 체제로는 쉽게 해결할 수 없다. 두 성경의 분량의 차이로 인해 그러한 성서정과는 구약 성경보다 신약 성경을 훨씬 더 충분히 다루게 될 것이다.

6. 개정공동성서정과 설교

양심적 설교자는 위의 설계를 이해한 후에야 안전하게 성서정과에 기초한 설교를 만들 수 있다. 렉시오 셀렉타의 통일된 주제를 일련의 렉시오 컨티뉴아스 독서로 옮기려고 하는 설교자들은 성서정과 구성자들이 의도하지 않은 공통된 주제를 찾으려다 곤란해 질 것이다. 실제로 그러한 설교자들은 성경에 해를 끼칠 수 있다.

영혼의 의사들을 위해, 의사들의 히포크라테스 선서의 서두를 이렇게 바꾸어 읽을 수도 있을 것이다.

"첫째, 성경에 해를 끼치지 않는다."

그러나 이것은 까다로운 문제다. 성경은 일정한 내적 일관성을 가지고 있기 때문에 성서정과의 틀을 짜는 사람이 의도하지 않았더라도 그날 읽은 말씀 전체에 공통된 주제가 있을 수 있다. 그렇다면 설교자는 이를 설교적으로 활용하는 것이 좋다.

그러나 일반적으로 연중 시기에 설교자는 다음과 같이 질문해야 한다.

- 올해는 복음서를 설교할 것인가?
- 아니면 서신서를 설교할 것인가?
- 그 대신 구약 독서로 설교할 것인가, 그렇다면 두 가지 트랙 중 어떤 트랙으로 설교할 것인가?
- 아니면 시편으로 설교하고 싶은까?(종종 시편을 간과하는 설교자들이 있는데, 이들은 시편을 설교적 보물이 없는 기도와 찬양 행위의 집합으로 잘못 보는 경향이 있다).
- 또는 설교자는 한 주에서 그 다음 주까지 암묵적인 연속성 없이 자신의 선호에 따라 옮겨 다니고 싶은까?
- 현재 이 회중의 삶과 성장과 관련하여 각 접근법의 장점과 단점은 무엇인가?

이러한 질문에 어떻게 답하느냐에 따라 특정 설교자가 성서정과를 때때로 한 번 훑어보는 제안 상자로 보는지, 아니면 지속적이고 진지한 성경 연구로 보는지를 밝혀 줄 수 있다.

7. 실제적 및 목회적 고려 사항

1) 포괄적 적용인가, 제한적 적용인가?

일부 교단에서는 지정된 모든 구절을 매번 소리 내어 읽어야 하므로 성서정과를 완전히 사용하도록 의무화되어 있다.

그렇지 않은 경우, 예배 기획자는 시간 제약이나 "너무 많은 성경을 들어야 한다"는 회중의 반감 때문에 일부 낭독을 생략할 것인가?

대답이 '예'라면, 회중이 시간 경과에 따라 신구약성경을 균형 있게 읽을 수 있도록 세심한 주의를 기울여야 한다.

시간이 충분하고 길이가 긴 독서에 대한 이의가 제기되지 않지만 목회자가 그날의 성구 중 하나만 설교하려고 할 때 그래도 다른 독서들은 읽어야 하는가?

일반적으로 그렇다.

성경 문맹이 만연하기 때문이다. 가정에서 성경을 읽을 수 없다면 설교할 목적이 아니더라도 교회에서 충분히 읽는 것이 현명할 수 있다. 그러나 여기서 주의할 점은 심각한 오해를 피하려면 많은 구절을 신중하게 해석해야 한다는 것이다. 어려운 구절이 등장하고 설교자가 그 문제를 다룰 의도가 없는 경우에는 충분한 해석적 주의를 기울일 수 있는 기회가 있을 때까지 공개 낭독을 생략하는 것이 좋다.

2) 성서정과 설교에 대한 일반적인 반대 의견

강해 설교에 대한 두 가지 반대 의견은 진지하게 검토할 필요가 있다.

첫째, 일반적 질문이다.

반드시 해결해야 하는 위기가 발생했을 때 성서정과 설교는 어떻게 해야 할까?

이 질문의 이면에는 성경이 우리의 일상생활과 별다른 관련이 없기 때문에 위급한 상황에서 우리를 실패하게 할 것이라는 의심이 숨어 있다.

답은 무엇일까?

소속 교단에서 이를 허용한다고 가정하고(일부 교단은 허용하지 않음), 특정 상황에서 성서정과를 버려라. 그러나 그렇게 하기 전에 성경을 주의 깊게 살펴보면 재난, 인간의 죄와 고통, 그리고 도움이 필요할 때 하나님의 신실하심이라는 근본적 문제를 정확하게 다루고 있음을 발견할 수 있을 것이다.

예를 들어, 2001년 9월 11일 다음 주 일요일에 읽은 첫 번째 *RCL* 말씀은 예레미야 4:11-12, 22-28로, 이 말씀은 잊혀지지 않는 말씀이다.

> 내가 본즉 좋은 땅이 황무지가 되었으며 그 모든 성읍이 여호와의 앞 그의 맹렬한 진노 앞에 무너졌으니(렘 4:26).

그리고 시편 14편은 이렇게 외쳤다.

> 이스라엘의 구원이 시온에서 나오기를 원하도다 여호와께서 그의 백성을 포로된 곳에서 돌이키실 때에 야곱이 즐거워하고 이스라엘이 기뻐하리로다(시 14:7).

하나님의 자비에 근거한 희망의 설교에 이보다 더 좋은 본문을 근거로 삼을 수 있을까?

둘째, 질문은 다음과 같다.

"성서정과의 풍요로움을 탐구하고 싶지만 교인들이 거부감을 가질 것 같다"고 말하는 목회자에게서 온 질문이다. 그들은 "지정된 성경 읽기나 사순절 준수와 같은 '고교회' 관습을 경계한다"고 말한다.

교회가 성인 공부를 위해 국제 공과 시리즈(International Lesson Series)를 사용하는 경우, 이것은 사실 성서정과(몇 년에 걸쳐 정경을 최대한 다루기 위해 체계적으로 할당된 성경 읽기)라는 것을 지적할 수 있다. 결코 고교회 스타일이 아니다.

또한, 부활절 전 몇 주 동안 사순절이나 거부의 대상이 될 수 있는 관련 관습을 전혀 언급하지 않고도 RCL구절로 설교할 수 있다. 성서정과는 단순히 교회력과 연결된 (그러나 어느 정도 분리 가능한) 성경 인용구들이기 때문에, 교회의 자유로운 불안감을 완화하고 목회자가 성서정과 기반의 해석 자료와 성경의 폭넓은 범위를 활용하는 데 도움이 된다면 1월이 아닌 8월에 주님의 수세 주일을 위한 독서로 설교하는 것도 가능하다.

3) 예배 및 관련 활동을 인도하는 모든 사람의 준비

의도적으로 성서정과를 사용하면 설교자뿐만 아니라 교회 음악가 및 기타 예배 인도자들도 사전 계획을 세울 수 있다. 정기 간행물, 서적, 음악 출판사는 종종 성서정과에 맞춰 출판 일정을 잡는다(예: 누가복음 주석은 다 해가 시작되기 몇 달 전에, 나 해에 사용되는 특정 시편의 합창곡은 나 해에 출판하는 등). 어린이와 성인을 위한 많은 주일학교 커리큘럼도 성서정과를 기반으로 한다. 특정 공동체 내에서 성경에 대한 다각적 접근 방식은 종종 사용되는 산발적 접근 방식보다 더 깊이 있고 집중력을 높일 수 있다.

많은 지역에서 초교파적 성서정과 연구 그룹이 생겨났다. 일반적으로 설교자들은 화요일 아침에 아침 식사를 위해 모이는데, 목표는 위원회별로 작성된 설교를 만드는 것이 아니라 개별 설교자들이 남은 한 주 동안 각자의 설교를 계획하는 데 도움이 되는 아이디어와 자료를 공유하는 것이다. 음악가들도 마찬가지로 리허설 과정에 맞춰 자원을 공유할 수 있지만, 설교자보다 훨씬 더 미리 공유할 수 있다.

4) 성서독서와 공동체의 지속적인 상호 작용 유지하기

다음 주일의 성서정과를 발표하고 참석자들에게 돌아오기 전에 그것들을 공부할 것을 권유하는 것이 일반화되었다. 이는 칭찬할 만한 일이지만 단점도 있다. 읽기를 소홀히 한 사람들은 다음 주일에 참석하지 않을 수 있다. 읽기를 마친 사람들은 설교자가 어떤 구절을 다루기를 원하는지 결정했을 수 있으며, 다른 선택지가 선택되면 실망할 수 있다. 또는 특정 구절이 무엇을 의미하는지 확고하게 결정하고, 다른 의미라고 생각하는 설교자를 받아들이지 않을 수도 있다.

성경에 대한 무지는 인쇄 성경이 처음 보급되고 문맹률이 높아지던 종교개혁 당시의 상황과 크게 다르지 않다. 당시에는 공동체와 성서정과 사이의 적절한 상호 작용을 위한 지침으로 예식서가 작성되었다. 이 예식서는 "교회에 오기 전에 독서를 읽으십시오"라는 접근 방식에 대한 대안을 제시한다.

축복의 주님, 모든 거룩한 성경이 우리의 배움을 위해 기록되게 하셨나이다. 우리가 지혜롭게 듣고, 읽고, 표시하고, 배우고, 내적으로 소화할 수 있게 하시고, 주께서 우리 구주 예수 그리스도 안에서 우리에게 주신 영생의 복된 소망을 품고 항상 굳게 붙잡게 하소서. 주님은 성령과 함께 영원히 살아 계시며 다스리시는 한 분 하나님이십니다. 아멘(Book of Common Prayer 1990, 236).

우리의 목적을 위해 중요한 것은 신중하게 구성된 동사 순서에 있다.

첫째, 예배에서 성경이 낭독될 때와 설교에서 해석될 때 성경을 듣는다(Hear).

둘째, 교회에서 읽은 내용을 집에서 읽으며 우리 시대에 대한 설교자의 적용을 떠올려 본다(Read).

셋째, 설교자가 제시하는 의미를 충분히 주목하고, 들은 내용에서 강조된 성경의 핵심 문구나 구절에 밑줄을 긋는다(Mark).

넷째, 밑줄 친 내용 중 일부를 암기하여 항상 쉽게 접근 가능한 자료가 되도록 한다(Learn).

다섯째, 듣고, 읽고, 표시하고, 배운 내용을 내면적으로 소화하는데, 이는 다른 사람에게 지식으로 감동을 주기 위해서가 아니라 믿음과 소망으로 성장하기 위해서이다(Digest).

이 패턴은 종교개혁 당시와 마찬가지로 지금도 적절해 보인다. 이는 주일 예배의 힘을 다음 주까지 이어 가는 수단으로, 사람들이 주일에 들은 말씀을 깊이 묵상하며 매일 은혜 안에서 성장하게 하는 것이다.

참고 주제 렉시오 콘티누아; 장기적 설교 계획

참고 문헌 Episcopal Church. *Book of Common Prayer*. (1990); Reginald Fuller. *Preaching the Lectionary*. (1984); Laurence Hull Stookey. *Calendar: Christ's Time for the Church*. (1996); Fritz West. *Scripture and Memory: The Ecumenical Hermeneutic of the Three-Year Lectionaries*. (1997).

라디오(Radio)

토마스 G. 롱(Thomas G. Long)

상업 라디오가 시작된 거의 초기부터 전파를 통한 설교가 있었다. 미국에서 최초로 설립된 상업 라디오 방송국은 1920년 11월에 방송을 시작한 펜실베이니아주 피츠버그의 KDKA였다. 피츠버그에서 사방 1,000마일 떨어진 사람들은 직접 만든 광석 라디오(crystal radio) 세트를 통해 헤드폰으로 방송을 들었다. 미국에서 그리고 아마도 세계에서 최초로 방송된 설교는 1921년 1월, 당시 3개월이었던 KDKA가 피츠버그 갈보리성공회교회(Pittsburgh's Calvary Episcopal Church)의 주일 예배를 생중계한 것이다.

1. 전파를 장악하기 위한 투쟁

미국에서 라디오로 방송된 최초의 설교가 기존 주류 교회의 설교였다는 사실은 그다지 중요하지 않다. 거의 한 세대 동안 성공회, 루터교, 회중교회, 장로교, 미국 침례교, 감리교 등 전통적 개신교 교회의 설교자들이 종교 라디오를 지배했다.

1920년대 후반에 미국에서 라디오 네트

라디오 (Radio)

워크가 형성되기 시작했고, 그중 최초의 라디오 네트워크인 NBC(National Broadcasting Corporation)는 공공 서비스 의무의 일환으로 종교 방송을 위한 시간을 무료로 배정했다. NBC는 로마가톨릭과 유대교 프로그램을 위한 공간을 마련했지만, 개신교인들이 설교와 전도를 위한 수단으로 라디오를 사용하는 데 가장 열심이었다. NBC는 연방기독교교회협의회(Federal Council of Churches of Christ, 이후 National Council of Churches)에 개신교 프로그램 제작에 대한 도움을 요청했다. 연방통신위원회(Federal Communications Commission [FCC])는 종교 라디오 부서를 설립하여 설교를 포함한 여러 프로그램, 특히 감리교 랄프 소크만(Ralph Sockman)과 미국 침례교 해리 에머슨 포스딕(Harry Emerson Fosdick)과 같은 유명한 개신교 설교자가 출연하는 전국라디오설교단(National Radio Pulpit)을 만들었다.

물론 이 프로그램에서 제외된 것은 미국 종교생활에서 점점 더 중요한 세력을 형성하고 있는 독립, 복음주의, 근본주의 교회와 그 설교자들이었다. 그 결과, 1920년대 초부터 제2차 세계대전까지 주류 교회와 독립 교회 사이에 공중파를 장악하기 위한 치열한 다툼이 벌어졌고, 점차 독립 교회 쪽으로 기울어졌다(전도 설교 참고).

주요 라디오 네트워크는 종교를 일반 공익의 일부로 간주하고 광범위한 비종파적 본능에 호소할 수 있는 논란의 여지가 없는 종교 프로그램을 편성하기를 원했다. FCC의 전신인 연방라디오위원회(Federal Radio Commission)도 이에 동의했으며, 전파의 공공 소유권 보호의 일환으로 라디오 방송국의 자격 갱신은 부분적으로 종교 프로그램과 관련하여 균형 잡힌 방송국인지에 달려 있다는 점을 분명히 했다.

독립 교회가 사용할 수 있는 유일한 수단은 연방라디오위원회의 의지에 반하여 자체 라디오 방송국을 개설하거나 다른 독립 라디오 방송국에서 시간을 구입하여 네트워크를 우회하는 것이었다. 1920년대 중반까지 미국 전체 라디오 방송국의 10퍼센트는 교회가 소유하고 있었고, 이들 방송국 중 상당수는 근본주의 및 복음주의 설교자들의 설교를 위한 수단이었다.

이러한 설교자들과 그들이 출연하는 방송국은 종종 청취자들의 기부금으로 지원을 받았으며, 이는 그들의 메시지와 스타일이 네트워크에서 승인한 설교자들의 광범위하고 일반화된 설교보다 광범위한 미국 기독교인들의 취향과 신념에 더 잘 맞았다는 것을 의미했다.

예를 들어, 1924년 여성 최초로 라디오 설교를 한 오순절주의 전도자 에이미 셈플 맥퍼슨(Aimee Semple McPherso)은 로스앤젤레스교회에 자신의 방송국 KFSG(Kali Four Square Gospel)를 설립한 열렬한 오순절주의 복음주의자였다. 밤에 장거리 이동이 가능한 AM 라디오 신호의 특성 덕분에 맥퍼슨의 설교는 뉴저지와 호주까지 멀리 떨어진 수천 명의 충성스러운 청취자들에게 들려졌다. 라디오에서의 인기에 힘입어 수십만 명의 사람들이 교회 예배에 몰려들었고, 이로 인해 교통 체증이 발생하기도 했다.

보수적이고 독립적인 라디오 설교의 인기는 주류 교단의 관심과 우려를 동시에 불러일으켰다. 자유주의 개신교 성직자인 해리 에머슨 포스딕은 다음과 같이 불안감을 드러냈다.

> 일요일 아침, 방송은 설교로 가득할 것이다.
> (하지만) 누구의 설교가 방송될 것인가?
> 당신과 내가 믿지 않는 기독교의 한 유형을 대표하는 이들을 굳이 거론할 필요는 없다.
> 우리는 방송을 그들의 독점에 맡겨야 할까?
> 나는 그렇게 생각하지 않는다(Miller 1985, 384).

1940년대 중반이 되자 주류와 독립파 사이의 싸움은 불안한 휴전 상태로 접어들었다. 주류 설교자들은 주요 라디오 네트워크에 출연하고, 보다 근본주의적인 설교자들은 독립 라디오 방송국에 출연했으며, 때로는 여러 독립 방송국을 하나로 묶어 자체 네트워크를 만들기도 했다.

2. 라디오 랜드를 위한 프로그래밍

초창기 라디오 설교는 대부분 예배 실황 방송에서 이루어졌다. 청취자들은 사실상 성소에서 무슨 일이 일어나고 있는지 엿듣는 셈이었다. 그러나 얼마 지나지 않아 혁신적인 목회자들이 라디오가 아직 개발되지 않은 커뮤니케이션 잠재력을 지닌 매체라는 사실을 깨닫고 라디오 청중을 위한 설교를 만들기 시작했다.

아마도 이 잠재력을 가장 먼저 활용한 사람은 디트로이트 교외에 교구를 둔 로마가톨릭 사제인 찰스 코플린(Charles Coughlin) 신부였을 것이다. 어린이를 위한 기독교 라디오 프로그램을 시작한 코플린 신부는 곧 자신의 설교 스타일이 라디오에 적합하다는 것을 깨달았다. 1920년대 후반, 그는 교회의 예배를 방송하는 대신 라디오용으로 제작된 연설과 설교를 하기 시작했고, 이는 많은 청취자를 끌어모았다. 복음과 노동자의 복지에 대한 그의 관심은 공황기 미국에서 큰 반향을 일으켰고, 1930년까지 코플린은 CBS 네트워크에서 천만 명의 청취자를 확보했으며 프랭클린 루스벨트(Franklin Roosevelt) 대통령을 포함해 미국 내 그 누구보다 많은 주당 8만 통 이상의 편지를 받았다. 그의 매력 중 하나는 라디오 청취를 위해 만들어진 듯한 목소리였다.

작가 월리스 스테그너(Wallace Stegner)는 그의 목소리를 "부드럽고 풍요로운 목소리, 남자답고 가슴 따뜻해지는 은밀한 친밀감, 감성적이고 매혹적인 매력으로 지나가던 사람이 거의 자동으로 다시 듣기 위해 돌아올 정도"라고 묘사했다(Warren 1996, 25).

코플린의 설교는 점점 더 정치적, 실제로 파시스트적이고 반유대주의적이되었다. CBS는 1931년 너무 정치적이라는 이유로 그의 프로그램을 취소했지만, 그는 26개의 독립 라디오 방송국을 모아 방송을 계속했다. 그러나 그의 친나치적 견해로 인해 1930년대 후반에 그의 인기는 급락했다.

1939년 전미방송협회(National Association of Broadcasters)는 미국 라디오 방송국에 대해 불쾌하고 논란의 여지가 있는 정치적 견해를 가진 사람에게 라디오 시간을 판매하는 것을 금지하는 엄격한 규정을 채택했는데,

이는 명백히 코플린을 겨냥한 정책이었다. 1942년 코플린의 교회 상급자들은 그에게 방송 중단을 명령했고, 오늘날 그는 "증오 라디오의 아버지"(the father of hate radio)로 기억되고 있다.

그러나 라디오 매체를 활용한 코플린의 천재적인 재능은 계속되었다. 1937년 10월, 복음주의자 찰스 풀러(Charles Fuller)는 라디오를 위해 특별히 제작된 프로그램인 〈고전적 부흥의 시간〉(Old Fashioned Revival Hour)을 시작했다. 한 시간 동안 진행되는 프로그램의 마지막 30분은 풀러의 라디오 설교로 채워졌는데, 풀러의 설교는 단순하고 대화식으로 진행되었다. 풀러의 설교는 생방송 예배에서 방송되는 설교와는 달리 청취자와 일대일로 대화하는 라디오의 친밀함을 최대한 활용했다.

근본주의자였지만 풀러는 주로 죄와 심판에 대한 거친 언어를 피하고 하나님의 자비와 축복에 대한 긍정적인 메시지를 전했으며, 청취자들을 "동료 나그네와 순례자들"(fellow strangers and pilgrims)이라는 캐주얼하고 개인적인 용어로 지칭했다. 〈고전적 부흥의 시간〉은 수백만 명의 청취자를 끌어모았고 풀러가 사망한 1968년까지 계속 방송되었다.

1940년대 영국에서는 C. S. 루이스가 BBC에서 대화와 교육적인 메시지를 담은 라디오 설교를 진행하며 다양한 스타일의 라디오 설교를 실험했다(결국 1950년대에 『순전한 기독교』[Mere Christianity]로 정리되어 출판되었다). 1960년대 미국에서는 뉴욕 유니언 신학교의 설교학 교수였던 에드먼드 슈타인(Edmund A. Steimle)이 루터교 계열의 라디오 프로그램인 〈프로테스탄트 시간〉(Protestant Hour)에서 설교를 시작했는데, 이 프로그램은 수백 개의 방송국에서 방송되고 네 개의 주류 교단이 후원하는 프로그램이었다. 그는 자신의 연설을 설교라기보다는 "대화"(conversation)라고 부르며 청취자들에게 개인적으로 친밀하게 말을 건네는 것을 목표로 삼았다.

어떤 의미에서 라디오 설교는 마케팅과 커뮤니케이션 전략의 힘을 발견한 셈이다. 종교 문화 역사학자 토나 행겐(Tona Hangen)은 "라디오 광고가 소비자의 인식하지 못한 욕망("새 차[Buick, 미국 GM사의 승용차-역주]가 필요해!")을 일깨우기 위해 고안된 것처럼, 라디오 전도는 사람들의 무언의 두려움과 갈망("나는 외롭다, 나는 평화가 필요하다.…")을 자극했다"고 관찰했다(2002, 152).

3. 오늘날의 라디오 설교

지역 방송국에서 매주 예배를 방송하는 것 외에는 오늘날 라디오에서 설교하는 주류 설교는 거의 없다. 〈프로테스탄트 시간〉은 〈첫째 날〉(Day 1)로 이름이 바뀌어 설교자들과의 대화식 인터뷰와 함께 새롭고 세련된 형식으로 계속되고 있으며 교단 기반 프로그램이 몇 개 계속 방송되지만, 전국 라디오 설교단 및 이와 유사한 전통적 개신교 라디오들은 이미 오래 전에 중단되었다.

여전히 라디오, 특히 소규모 독립 기독교 방송국에서는 근본주의자와 복음주의자들의 설교가 많이 이루어지고 있으며, 단파 방송에서는 전 세계 다양한 언어로 복음주의 프로그램이 방송되고 있다. 그러나 대부분의 복음주의 세계는 텔레비전과 음악, 부드러운 메시지, 덜 전통적인 설교를 강조하는 새로운 기독교 라디오 형식에 커뮤니케이션 에너지를 투자하고 있다.

참고 문헌 Bibliography: Tona J. Hangen. *Redeeming the Dial: Radio, Religion, and Popular Culture in America.* (2002); Robert H. Lochte. *Christian Radio: The Growth of a Mainstream Broadcasting Force.* (2006); Robert Moats Miller. *Harry Emerson Fosdick: Preacher, Pastor, Prophet.* (1985); Quentin J. Schultze. *Christianity and the Mass Media in America: Toward a Democratic Accommodation.* (2003); Donald I. Warren. *Radio Priest.* (1996).

부흥(Revivals)

제임스 A. 노엘(James A. Noel)

이 글에서는 부흥 현상을 여러 가지 서로 다른 각도에서 논한다. 기독교의 역사적 맥락에서 나타난 부흥에 초점을 맞추는 동시에 모든 종교와 문화에 공통된 다소 보편적인 현상으로 간주한다. 그래서 부흥은 역사적으로, 사회학적으로, 심리학적으로, 성경적/신학적으로, 그리고 설교학적으로 논의될 수 있다. 그러나 이 현상에 대한 연구는 겉으로 드러나는 것처럼 간단하지 않을 수 있다.

우선, 부흥의 본질 자체가 사회나 개인에게 변화, 회복, 또는 재활이 필요한 부분에 대한 판단을 수반하기 때문에 부흥에 대한 평가는 가치판단이 개입될 수밖에 없다. 또한, 부흥은 바람직하다고 여겨지는 모든 결과가 부흥이라는 수단을 통해 이루어질 수 있다고 가정하는 경향이 있다.

예를 들어, 비슷한 위치에 있는 두 교회가 지역사회에서 약물 중독에 대해 동일한 우려를 가지고 있지만 한 교회는 부흥회를 통해, 다른 교회는 약물 치료 프로그램을 통해 문제를 해결할 수 있다. 필자가 잘 알고 있는 사례에서는 전자의 전략이 더 효과적이었지만, 문제의 부흥이 성공한 것은 신학적 요인 때문만은 아니었다.

한 가지 일화에서 일반화하는 것은 현명하지 않다. 또한, 부흥은 개인의 경건과 사회 문제 사이의 관계를 탐구하는 것과 관련이 있다는 점에 주목해야 한다. 무엇보다도 조나단 에드워즈(Jonathan Edwards)는 『신앙과 정서』(*Religious Affection*)에서 이를 시도했다. 역사학자는 과거의 부흥이 특정 사회에 미친 영향을 평가하기 위해 회고적으로 이 작업을 수행한다.

부흥은 종교 자체의 본질에 내재되어 있으며, 특정 종교의 신자 중 상당수가 종교적 또는 사회적 삶에서 이상과 현실 사이의 이분법을 극복해야 할 필요성을 느낄 때 발생한다. 그래서 기독교에서 부흥은 긴 역사적 궤적 안에 위치해야 한다. 모세가 출애굽에서 율법을 받은 것으로 시작되는 구약의 예언자적 훈계와 그 이후의 모든 불신앙에 대한 예언자적 비난까지 연결시키는 것이 중요하다(예언자적 설교 참고).

요시아왕(BCE 620년, 왕하 22-23장)은 선지자는 아니지만 구약의 모범적인 개혁가 또는 부흥사이다. 그래서 부흥 설교에는 구약 본문이 많이 사용된다는 것을 쉽게 알 수 있다. 많은 본문이 개혁과 회개를 명시적으로 요구하는 본문이다. 실제로 설교자는 매우 선별적인 성경 읽기를 통해서만 부흥의 필요성을 인식할 수 있다. 신약성경에서 공관복음은 예수님이 세례 요한에게 세례를 받은 후 사역을 시작한다고 묘사한다. 그런 다음 예수님은 광야에서 시험의 기간을 거친 후 회개를 설교한다.

요한복음에서는 예수님이 니고데모에게 거듭남의 필요성에 대해 설명하신다. 사도행전은 교회의 시작을 부흥과 갱신의 방식으로 묘사한다. 바울의 서신은 회중에게 죄의 힘이 아닌 성령의 힘 아래 자신을 놓으라고 권고하지만, 종말이 오기 전에는 결코 완전히 성취될 수 없음을 인정한다.

그래서 부흥은 성경 메시지의 핵심에서 기원한다. 그러나 위에서 언급했듯이 개인적, 사회적, 정치적, 역사적으로 바람직한 부흥을 결정하는 기준은 다양하다. 여기서 나는 소위 진보적 기독교인과 보수적 기독교인 사이의 차이점을 폭넓게 언급하고 있다. 부흥은 교회와 사회에서 보수적/반동적 또는 자유주의적/진보적 성향에 똑같이 잘 어울릴 수 있다.

일부 교회 역사가는 특정 사건에만 초점을 맞춰 부흥에 대한 우리의 이해를 제한했다. 조나단 에드워즈(Jonathan Edwards), 조지 화이트필드(George Whitefield), 이후 찰스 피니(Charles Finney)의 이름이 등장하는 18세기 말과 19세기 초중반의 제1, 2차 대각성 운동(Great Awakenings)이 주목받았다. 일부 학자는 1, 2차 대각성 운동에 19세기 말에서 20세기 초에 일어난 3차 대각성 운동과 1960년대에 시작되어 현재도 진행 중인 4차 대각성 운동을 추가하기도 한다.

그러나 냇 터너(Nat Turner), 가브리엘 프로서(Gabriel Prosser), 덴마크 베지(Denmark Vesey), 테쿰세(Tecumseh)와 같이 역사적으로 논란이 많은 인물들은 어디에 배치해야 할까? 일반 역사 서술에서는 미국과 카리브해에서 일어난 부흥과 관련된 노예 반란을 제외하는 경우가 많다. 또한, 부흥에 대한 모든 이해와 윤곽이 일치하는 범아메리카 원주민의 티컴세 반란(pan-Native American rebellion of Tecumseh)도 제한한다. 그래서 미국 종교사 교과서에서 1960년대에 이르러 마틴 루터 킹 주니어가 언급될 때쯤이면 그가 주도한 운동과 침례교와의 관계는 거의 부수적으로 다뤄진다. 문제는 민권 운동의 역사가 아프리카계 미국인의 시위와 동의어인 아프리카계 미국인 부흥 운동의 역사와 연속성을 갖지 못한다는 것이다(성별, 인종, 민족 참고). 유럽계 미국인 교단과 아프리카계 미국인 교단 모두 이 점에 주목해야 한다.

미국에는 초청 전도사가 3-4일 연속으로 저녁 예배를 인도하는 부흥회를 매년 실시하는 전통이 확립되어 있는 교회가 많다. 이름에서 알 수 있듯이 부흥회는 주최 교회의 영적 갱신을 촉진하는 데 목적이 있다. 또한, 예수 그리스도를 주님과 구세주로 영접한 적이 없는 참석자들에게도 구원이 주어진다. 그래서 부흥이 작동하는 매우 분명한 아르미니안(Arminian) 신학적 틀이 있으며, 이 틀은 이 환경에서 행해지는 설교의 스타일과 내용을 모두 지배한다. 그래서 일부 설교자와 일부 교회는 다른 교회보다 부흥회를 인도하는 데 더 적합하다.

니버(Niebuhr)가 사회 계층과 교단 소속

사이의 상관 관계를 밝힌 것처럼, 부흥회에서도 신학적 성향과 설교 스타일 사이의 상관 관계를 밝힐 수 있을 것이다.

이 시점에서 서로 다르지만 관련된 두 가지 용어, 즉 '부흥'(revivals)과 '부흥회'(revivalist worship)를 구분하는 것이 도움이 될 것이다. 후자는 고전적 부흥의 두드러진 특징을 통합하거나 보여 주는 정기적으로 예정된 예배를 지칭하는 데 사용된다.

예를 들어, 주일 예배에 참석하기 위해 거리에서 나온 사람들이 상당수 있는 도심의 한 교회를 생각해 보자. 설교자는 매주 일요일마다 예수 그리스도를 주님과 구세주로 영접하기를 원하는 사람들을 앞으로 나오도록 초대하는 제단 부름을 할 수 있다. 또는 설교자는 특별한 기도 등이 필요한 사람들을 앞으로 나오도록 초대할 수도 있다.

이러한 예에서 부흥과 부흥회의 긴박감을 조성하는 신학적, 사회학적, 실존적, 상황적 요인이 혼합되어 있음을 알 수 있다. 그렇다고 해서 부흥과 부흥회의 현상을 사회경제적 원인으로 축소할 수 있다는 뜻은 결코 아니다. 일부 교회는 사회학적 요인보다 신학적인 요인으로 인해 부흥회를 정기적으로 진행할 수 있다.

우리는 부흥회에서 기대하는 변화의 정도뿐만 아니라 부흥회가 어느 수준에서 운영되기를 기대하는지에 대해서도 질문할 수 있다.

다시 말해, 부흥은 개인, 교회, 사회 또는 이 모든 것을 변화시키기 위한 것인가?

『도덕적 인간과 비도덕적 사회』(Moral Man and Immoral Society)에서 니버의 주장과 칼 바르트의 자유주의에 대한 신정통주의적 비판은 이 질문에 대한 어떤 대답도 문제시하게 만든다. 그래도 대부분의 부흥 운동의 초점은 개인과 그 개인의 하나님과의 수직적 관계 회복에 있다고 말할 수 있다. 많은 교회와 교단이 고군분투하고 있지만, 개인의 영성과 사회 정의와 같은 기독교의 본질적 특징을 체계적이고 유기적으로 연결하는 방법을 아직 발견하지 못했다. 안타깝게도 부흥 설교의 기법은 최근 번영의 복음을 전하는 대형교회 상인들에 의해 왜곡된 형태로 가장 성공적으로 사용되어 왔다.

이러한 설교자들은 정치 경제의 불평등을 해결하지 않은 채 회심을 물질적 부의 보장과 연결시키는 경향이 있다. 여기서 설명하기에는 너무 길고 복잡한 이유로, 우리는 교회 역사에서 예언자적 설교가 부흥 설교에 적합하지 않고, 부흥 설교가 예언자적 설교에 적합하지 않은 시점에 도달했다. 우리가 이 수렁을 넘어서려면 설교자들은 선지자의 역할을 맡아야 할 것이다.

부흥 설교는 기술이나 스타일보다는 변혁적 웅변과 더 관련이 있다고 생각하는 방식으로 강조되어야 할 것이다. 이러한 설교는 억압받는 사람들이 모여 항의하는 곳에서 불의의 권세와 정권을 향해 진리를 전한다.

예를 들어, 워싱턴 DC에서 마틴 루터 킹 주니어의 〈나에게는 꿈이 있습니다〉(I have a dream) 설교, 뉴욕 리버사이드 교회의 〈침묵을 깨는 시간〉(Time to Break Silence), 멤피스에서 〈나는 약속의 땅을 보았습니다〉(I've Seen the Promised Land)와 같은 설교를 예로 들 수 있다. 이 설교들은 여전히 하나님 나라의 대의를 위해 삶을 되살리고, 영감을 주고, 다시 헌신하게 하는 능력을 지니고 있으며, 서구 문화의 유대-기독교 유산 내에서 그 목적에 대한 우리의 이해를 명확히 하기 위해 부흥 설교로 분류되어야 한다.

부흥을 정의하는 것은 회개와 회심이라는 기독교의 본질과 관련되어 있기 때문에 종교를 정의하는 것만큼이나 어렵다. 신앙이 생명력을 유지하려면 이 개인적이고 집단적인 사건이 반복적으로 재현되어야 한다. 오늘날 우리가 직면한 어려움은 부흥을 한편으로는 순전히 주관적이고 윤리적 효용성이 결여된 것으로 축소하거나, 다른 한편으로는 우리의 공리주의적 목적과 결합하여 그 영적 내용을 제거하는 방식으로 현상에 선험적인 사회학적 기준을 부과하는 것을 피하는 방법이다.

그러나 기독교가 활력을 유지하거나 되찾기 위해 부흥이 필요하다는 데 동의한다면, 1740년 1차 대각성 운동 당시 길버트 테넌트(Gilbert Tennent)가 〈회심하지 않은 사역의 위험〉(The Danger of an Unconverted Ministry)이라는 설교에서 재치 있게 던졌던 질문을 다시 생각해 보아야 한다. 테넌트는 "죽은 사람이 다른 사람을 살리는 데 적합한가"라고 물었다.

부흥이 지지된다면 그것은 교회가 일상적으로 하는 일이기 때문인가, 아니면 교회의 도덕적, 영적 상태에 대한 심각한 예후가 내려졌기 때문인가?

참고 주제 전도 설교; 선교적 설교

참고 문헌 Richard Carwardine. *Transatlantic Revivalism: Popular Evangelism in Britain and America*, 17Q0-1865. (1978); Michael J. McClymond, ed. *Embodying the Spirit: New Perspectives on North American Revivalism*. (2004); William G. McLoughlin. *Revivals, Awakenings and Reform*. (1978); Iain H. Murray. *Revival and Revivalism: The Making and Marring of American Evangelicalism*, 1750-1858. (1994); Timothy L. Smith. *Revivalism and Social Reform: American Protestantism on the Eve of the Civil War*. (2004); Gayraud Wilmore. *Black Religion and Black Radicalism*. (1998).

사회 정의 네트워크(Social Justice Networks)

크리스틴 M. 스미스(Christine M. Smith)

사회 정의 네트워크는 지역사회 단체, 국가 기관, 다문화 교육 기관, 노숙자 쉼터, 연대 운동, 교단 위원회 및 조직, 지역교회 푸드뱅크, 폭력 피해 여성 쉼터 등이 될 수 있다. 일일이 열거할 수 없을 정도로 많은 단체가 있다. 광범위한 다양성을 지닌 이러한 조직과 커뮤니티의 표현은 모두 인간의 고통을 완화하고, 실질적이고 구체적인 방식으로 사회 정의에 대한 헌신을 표현하며, 개인과 기관에 자원을 제공하여 더 큰 사회 정의 실현을 가능하게 하려는 열망에 뿌리를 두고 있다.

1. 사회 정의 네트워크의 비전

사회 정의에 관심이 있는 개별 교회의 경

우, 설교자들은 사회 정의 네트워크와 연결되는 것이 필수적이다.

이 연결은 종교공동체의 사회적 인식과 정보를 유지하고, 인간의 고통과 불의에 대응하기 위한 연합된 노력이 고립된 개별적 대응보다 더 효과적일 수 있다는 가능성을 제공한다. 불의에 대한 사회적 인식이 낮은 교회의 경우, 정의 문제를 위해 적극적으로 활동하는 사람들의 네트워크에 연결함으로써 종교공동체와 세상에서의 사명 및 활동에 새로운 활력을 불어넣을 수 있다. 사회 정의 네트워크에는 종종 그 안에 예수님의 사역과 일의 핵심이자 기독교의 핵심인 하나님의 통치 또는 공동체에 세상을 더 가깝게 만드는 것에 대한 예언자적 목소리와 타협하지 않는 비전을 종교공동체 구성원들이 찾을 수 있도록 돕는다.

참고 주제 예언자적 설교

2. 자원, 영적 및 종교적 변화, 연대

사회 정의 네트워크는 여러 가지 중요한 방식으로 개인과 신앙공동체의 삶에 영향을 미친다. 다음 세 가지 고려 사항을 보면 이 사역의 중요성을 알 수 있다.

첫째, 사회 정의 네트워크에서 일하는 사람들은 자신의 업무의 일부가 사람들이 삶을 유지하기 위한 서비스와 자원에 연결되도록 돕거나 삶을 보다 인간적이고 정의롭게 만드는 것임을 분명히 인식하고 있다. 이러한 단체와 기관에서 제공하는 서비스를 필요로 하는 사람들을 포함한 교회의 설교자들에게 사회 정의 네트워크에 연결하는 것은 관련 설교에 윤리적, 목회적으로 요구되는 일의 일부가 된다.

목회자와 설교자가 자신이 섬기는 지역사회를 완전히 이해하기 위해 성장함에 따라, 대부분의 모든 상황에서 교회가 제공하지 않는 사회 정의 자원이 필요한 사람들이 있다는 사실에 놀랄 때가 있다. 예를 들어, 모든 교회에는 폭력을 멈추고 개인과 가족의 현실을 변화시키는 방법을 모르는 폭행당한 여성, 아동, 남성이 있다.

마리 포춘(Marie Fortune)과 1977년에 설립된 '페이스트러스트 인스티튜트'(FaithTrust Institute)는 이 문제와 관련하여 설교자들에게 귀중한 자원이다. 마찬가지로 사회의 소외와 억압에 대처할 자원이 없는 레즈비언/게이/양성애자/트랜스젠더가 모든 교회 및/또는 가족 구성원 중에 있을 수 있다.

전국적 인권 캠페인이나 미네소타주 미니애폴리스의 디스트릭트202(District 202)와 같은 퀴어 청소년 지원 센터는 설교자들에게 유용한 자료를 제공한다. 설교자들은 인권 캠페인(Human Rights Campaign)의 새로운 온라인 "아웃 인 성경"(Out in Scripture) 프로젝트가 주간 성서정과 설교에 도움이 될 수 있다(성서정과와 교회력 참고). 물론, 교회와 지역사회에는 실직자, 노숙자, 정신질환을 앓고 있는 사람들, 굶주린 사람들이 있다.

애틀랜타의 오픈도어(Open Door)커뮤니티는 수년 동안 노숙자 문제에 대해 예언자적인 활동을 해 왔으며, 1996년에 설립된 전국정신질환연합(National Alliance on Mental Illness)은 정신 건강 문제에 대해 많은 대중을 교육해 왔다. 책임감 있고 신실한 설교

사회 정의 네트워크 (Social Justice Networks)

자/목회자가 되려면 사람들이 어렵고 고통스러운 삶의 현실을 헤쳐나가는 데 도움을 줄 수 있는 교회와 지역사회의 사회 정의 네트워크를 알고, 그들에게 새롭고 변화된 삶을 살 수 있는 구체적 가능성을 열어 줄 수 있어야 한다.

둘째, 사회 정의 네트워크 내에서 일하는 사람들은 사회 전반에 사회적, 제도적 변화가 필요하다는 점을 분명히 인식하고 있다. 기독교 교회의 가장 급진적인 단체를 포함하여 이러한 네트워크와 커뮤니티 조직들은 종종 지역사회, 국가, 세계의 의식을 높이고 변화시키는 데 기여해 왔다. 미국을 변화시킨 시민권 운동은 백인 인종 차별에 맞서 투쟁하는 일련의 사회 정의 네트워크에서 시작되었고, 이러한 네트워크는 결국 활력을 불어넣었다.

폭력 피해 여성 운동은 수많은 지역 폭력 피해 여성 쉼터, 교육 경험, 개입 프로그램으로 시작했지만 시간이 지나면서 폭력 전반과 특히 여성 폭력에 대한 미국인의 의식을 변화시킨 운동이 되었다. 설교자가 회중이 사회 정의 네트워크를 존중하고 연결되도록 도울 때, 세속적 사회 정의 네트워크가 종교공동체에 만연한 사회적, 제도적 억압의 현실에 대해 급진적이게(radicalized) 만들었다는 사실을 기억할 필요가 있다(성별, 인종, 민족 참고).

사회 정의 설교는 설교자와 종교공동체에게 어려운 작업이다. 사회 정의 네트워크와 깊은 관계를 형성하는 과정에서 교회는 종종 이러한 네트워크가 근절하고자 하는 불의에 기여한 신학, 안일함, 교회 권력에 맞서야 할 때가 있기 때문이다. 예를 들어, 폭력 피해 여성 운동이 기독교 성직자들을 의심하는 데에는 그럴 만한 이유가 있다. 많은 목회자가 여성들이 폭력을 멈출 수 있는 네트워크에 연결되도록 돕는 대신, 자기 희생과 결혼 언약이라는 이름으로 폭력적 결혼생활로 돌아가도록 부추겼기 때문이다. 안타깝게도 목회자와 설교자들의 유사한 행동 목록은 매우 길다.

사회 정의를 위한 일이 어렵고 때로는 설교자와 종교공동체의 변화를 요구하기도 하지만, 모든 종류의 사회 정의 네트워크와 의도적으로 관계를 맺는 것은 말 그대로 교회의 삶에 활력을 불어넣고 다른 방법으로는 상상할 수 없었던 열정적인 활동과 사명의 길로 나아가게 할 수 있다. 그래서 사회 정의 네트워크가 설교에 미치는 중요한 영향 중 하나는 사회적, 영적, 종교적 변화의 영역에서 볼 수 있다.

셋째, 사회 정의 네트워크에서 일하는 사람들은 자신의 일이 연대에 관한 것임을 분명히 알고 있다. 사회 정의 네트워크는 사람들을 서로 분리시키고 불의와 억압의 경험에서 고립시키는 사회적, 경제적, 인종적, 연령, 능력, 국가 및 국제적 장벽을 뛰어넘으려는 사람들로 구성되어 있다. 종종 이 일은 인간의 큰 차이를 가로지르는 다리를 놓는 일이다. 특권층이 존재하는 많은 교회의 경우, 이 작업에는 우리 자신이 직접 억압하는 사람들과 지속적인 연대 관계를 형성하려는 노력이 수반된다.

이러한 수준의 연대를 위해 노력하는 가장 심오한 네트워크 중 하나는 지역사회 교육 단체, 풀뿌리 교회 단체, 지역사회 연대 단체로, 이들은 교회에서 특권을 가진 사람들이 가난한 사람들의 삶에 몰입할 필요가 있다고 주장한다.

과테말라, 치아파스, 팔레스타인, 콜롬비아, 필리핀 등 국내외 수많은 곳을 여행한 목회자들은 신앙과 신학, 삶이 변화된 채 돌아온다. 최근 몇 년 동안, 다문화 몰입 여행을 마치고 돌아온 신학생들은 자신의 신앙공동체에 참여했다. 한 학교는 현재 치아파스와 과테말라에서 프로젝트 기금을 마련하기 위해 침묵 경매를 진행하고 있다. 신학생들은 연대에 관한 설교를 하고, 신앙공동체 전체가 연대의 관계를 구축하도록 영향을 준 구체적인 이야기와 그림으로 회중을 참여시킨다. 그들은 신앙공동체와 개별 가정에 공정 무역 커피와 공정 무역 선물을 구매하도록 권유했다.

그들은 미국의 특권층이 다른 사람들을 억압하는 데 의도치 않게 연루되어 있음을 깨닫도록 설교했으며, 지구촌의 가난한 사람들과의 연대를 위한 핵심 요소인 연민, 글로벌 인식, 겸손을 일깨워주었다. 그래서 사회 정의 네트워크가 심오하고 거룩한 연대를 만들고 발전시킨다는 것은 의심할 여지가 없다.

사회 정의 네트워크는 사람들의 존엄과 명예를 위한 자원을 제공하고, 말 그대로 사람들이 죽지 않고 살 수 있게 해 준다. 사회 정의 네트워크는 교회가 사람들을 비인간화하고 지구를 착취하는 모든 형태의 억압에 대해 더 깊이 인식하도록 도전한다. 사회 정의 네트워크는 사람들이 다른 사람의 삶을 악마화하고, 사소하게 여기고, 착취하는 것에서 벗어나 같은 사람들과의 연약하고 거룩한 동맹과 연대로 나아갈 수 있도록 도와준다. 설교자가 신학적 비전과 목회적 훈련, 그리고 이를 활용하고 지지하며 변화될 수 있는 충실한 용기만 있다면 전 세계의 사회 정의 네트워크가 그들을 기다리고 있다.

참고 주제 사회 정의

참고 문헌 The FaithTrust Institute. http://wAAAV.faithtrustinstitute.org; The Human Rights Campaign, http://www.hrc.org; The National Alliance on Mental Illness. http://www.nami.org; The Open Door Community. http://www.opendoorcommunity.org; The National Alliance to End Sexual Violence. http://wAVw.naesv.org.

기술(Technology)

쿠엔틴 J. 슐츠(Quentin J. Schultze)

교회 안팎에서 기술 발전의 속도를 늦추는 것에 대한 관심은 거의 없어 보인다. 그 결과, 우리의 윤리적, 신학적 이해는 거의 항상 기술 발전 속도에 뒤처지고 있다. 이러한 뒤처짐은 유전공학이나 생명공학 같은 분야에서 특히 당혹스러운 새로운 윤리적 딜레마가 등장함에 따라 명백해진다. 그러나 설교를 포함한 예배에 대한 논의에서도 이러한 뒤처짐이 분명하게 드러난다.

예배가 첨단 기술 장치로 매개되어야 할까?

설교는 PowerPoint® 슬라이드부터 동영상 DVD에 이르기까지 새로운 프로젝션 기술을 사용해야 할까?

기술(Technology)

1. 기술의 세계적 맥락

우리가 첨단 기술 세계에 살고 있다는 개념은 현실을 과장하기도 하고 과소평가하기도 한다. 세계의 대부분은 컴퓨터, 인터넷, 심지어 유선 전화와 같이 우리 중 많은 사람이 당연하게 여기는 기술에 접근할 수 없다.

반면에 선진국 사람들은 디지털 기술, 특히 휴대폰, 이메일, CD 및 DVD, 범세계 통신망과 같은 통신 시스템에 점점 더 의존하고 있다. 우리는 컴퓨터 기반 기술에 너무 매몰되어 있고, 이러한 신기술의 확산 속도가 너무 빨라서 변화하는 상황을 제대로 파악하기 어렵다. 첨단 기술이 발달한 지역에 사는 우리는 일상적인 상호 작용의 대부분이 컴퓨터 기기에 의해 매개되는 기술 문화에 몰입한 기술인이 되어 가고 있다.

2. 기술의 이중성

기술을 충실히 사용하기 위한 논의를 위해서는 기술의 두 가지 본질에 대한 기본적인 이해가 필요하다. 모든 기술은 물리적 사물인 동시에 인간의 사용을 명시적 또는 암묵적으로 유도하는 사회적 가치(비교적 복잡한 경우 장치라고도 함)를 포함한 사회적 관행이다. 이러한 관점에서 볼 때, 하나님은 이 땅에 '좋은' 것들을 창조하기 위해 음성적 관행을 사용했다는 점에서 최초의 기술자라고 할 수 있다. 그리스어 '테크네' (techne)는 원래 시적 또는 더 구체적으로는 언어적 관행을 의미했다.

일반적으로 예배와 특히 설교는 항상 기술적인 것에 의존해 왔다. 예를 들어, 예배에서는 목회자와 다른 회중이 후두, 귀, 눈, 책, 때로는 오디오 앰프와 같은 것들을 사용하여 의사소통을 해야 한다.

게다가 이러한 예배에 유용한 것들을 사용하기 위해서는 사람들이 이를 사용할 수 있는 관행(또는 기술)이 필요하다. 이러한 사회적 관행은 오락, 정보 제공, 설득, 축하와 같은 가치 중심적 목적과 목표에 기반하기 때문에 결코 중립적이지 않다. 다양한 장치와 기법의 조합, 그리고 그 기법을 지시하는 근본적인 가치 때문에 기술적 충실함을 실천하기 어렵게 만든다.

목회자와 다른 예배 인도자들은 반사적 모방과 반성적 연구를 통해 어떤 기술을 사용하고 어떻게 사용할지 배운다. 촛불을 켜거나 리코더를 연주하는 등 비교적 저기술적인 방법을 사용할 수도 있고, 설교 노트와 성경 구절을 대형 스크린에 투사하는 등 첨단 기술적인 방법을 사용할 수도 있다. 온라인 리서치와 컴퓨터 워드 프로세싱은 매우 일반적이지만 설교 준비와 전달에 첨단 기술을 사용할 필요는 없다.

일부 교회는 비디오 프로젝터, 파워포인트, 가사 프로젝션, 음악 신디사이저와 같은 첨단 장치를 사용하는 반면, 다른 교회는 비교적 저기술적인 배너, 간단한 오디오 증폭, 인쇄된 찬송가, 아카펠라 노래를 사용한다.

3. 기술 도입의 "예, 하지만"

역사를 통틀어 교회와 기독교 전통은 인쇄기나 비디오 프로젝터와 같은 새로운 커뮤니케이션 기술의 발명에 다양하게 대응해 왔다. 어떤 이들은 새로운 기술을 별다른 분별력이나 두려움 없이 전심으로 받아들였다. 다른 사람들은 새로운 기기의 세속적 영향력을 두려워하여 완전히 거부하려고 했다. 반면에 다른 사람들은 좋은 목적과 합리적인 결과에 맞춰 신기술을 천천히 신중하게 적용하는 중도적인 입장을 취했다.

인간이 소통하는 데 사용할 수 있는 모든 기술이 창조의 문화적 전개에서 분명하게 드러나는 하나님의 선물이라는 점을 고려할 때, 교회가 가능한 이점을 고려해야 하는 것은 의미가 있다. 그렇지만 모든 사물과 관행이 반드시 예배에 적합한 것은 아니다. 그래서 중간 지점은 오래된 기술과 새로운 기술에 대해 일반적으로 "예"라고 선언하되 예배에서 사용할지 여부, 시기, 방법을 분별하는 것이다.

이러한 분별에서 매우 중요한 개념 중 하나는 적합성이다. 예를 들어, 교회 밖에서 사용하는 것과 동일한 기술을 예배에 사용할 때, 회중이 다른, 때로는 경쟁하는 맥락에서 무비판적으로 채택했을 수 있는 사회적 관행과 근본적인 가치를 고려해야 한다 (회중, 교단의 주해 참고).

회중은 설교 중에 할리우드 영화 클립을 사용하는 것을 오락적이고 소비주의적인 사고방식으로 접근할 수 있다. 마찬가지로 목회자가 파워포인트 또는 기타 프로젝션 소프트웨어에 맞게 포맷된 개요를 가지고 회중에게 '지도'(instruct)할 때 회중은 자신을 학생이나 비즈니스 동료로 보는 경향이 있을 수 있다. 일부 신생 교회에서는 교회의 좌석 배치, 건축, 조명, 그리고 인테리어 디자인을 의도적으로 교육, 비즈니스, 특히 연극적 맥락을 따라 제작하기도 한다. 설교는 강의와 같은 발표가 될 수 있고, 예배는 연극과 영화 소비를 모방할 수 있다.

분별력을 위한 두 번째로 중요한 개념은 참여이다. 커뮤니케이션은 친교와 같은 어근에서 유래한 것으로, 말 그대로 '공통의' 이해를 공유하는 것이다. 커뮤니케이션은 발신자와 수신자가 메시지의 의미에 동의하지 않을 수 있기 때문에 단순한 전달과는 다르다. 기독교인들은 예수 그리스도를 '하나'로 기억하고 믿기 위해 예배에 모인다. 공동의 고백과 경축을 촉진하기 위해 예배는 하나님과 하나님의 백성 간의 참여적이고 주고받는 대화가 되어야 한다. 회중이 예배 '전문가'의 말과 행동을 그저 듣고 보기만 한다면 예배는 소통이 될 수 없다.

첨단 및 저기술 커뮤니케이션 기술을 최대한 활용하면 회중을 의미 있는 공유된 참여로 이끌어 낼 수 있다. 이러한 예배 기반의 참여적 커뮤니케이션에 대한 이해는 기술 사회에서 많은 대중 수사의 일방적이고 대중을 매개로 한 조작적 의도와 상충되는 경향이 있으므로 예배 기획자, 리더, 목회자는 분별력을 갖추기 위해 필요한 "예, 하지만"을 염두에 두어야 한다.

4. 기술의 과대 포장

예배에서 새로운 기술을 분별력 있게 사용하는 것은 기술 혁신에 종종 수반되는 승리주의적 수사 때문에 특히 어렵다. 뉴스 미디어는 이전 기술이 과거의 과대광고를 실현했는지 여부를 고려하지 않고 새로운 기술 개발에 대해 보도한다. 영리 기관과 비영리 기관 모두 최신 기기, 특히 통신 기술을 신속하게 도입하지 않으면 뒤처지고 경쟁력이 떨어질 것을 두려워한다. 대기업 조차도 개발 중 기술 프로젝트를 포기하며, 완성된 프로젝트 중 상당수는 조직의 기대에 부응하지 못한다.

다양한 교회 컨설턴트, 예배 잡지, 전문서적도 마찬가지로 새로운 기술이 일반적으로 제공할 수 있는 것보다 더 많은 것을 약속한다. 컴퓨터, 비디오 프로젝터, 대형 스크린, 향상된 음향 시스템이 성인 교인 출석률 감소, 청소년의 무관심, 비효율적인 지역사회 전도 등 많은 교회 문제를 해결해 줄 것이라고 암시한다. 일부 기술을 잘 사용하면 교회가 이러한 문제를 해결하는 데 도움이 될 수 있지만, 실제로 많은 기도와 분별력, 연구, 대화가 필요한 복잡한 문제를 기술적으로 쉽게 해결할 수 있는 경우는 드물다.

교회 내부에서든 외부에서든 승리주의적 수사에 대한 우리의 반응은 교회 생활이 고도로 맥락적인 것이라는 사실에 의해 절제되어야 한다. 예배에서 기술에 대한 결정을 내릴 때, 한 가지 방식이 모든 교회에 모든 경우에 적합한 것은 아니다. 각 교회는 어떤 기술을 사용할지, 언제 사용할지, 어떻게 사용할지 파악해야 한다.

실제로 세계에서 가장 빠르게 성장하는 교회 중 일부는 아프리카와 라틴 아메리카 등 저기술 지역에 있다. 일부 지역교회와 북미의 대형교회도 마찬가지이다. 기술이 교회 성장의 열쇠라는 생각은 어떤 방식으로 측정하든 간에 잘못된 생각이다.

5. 설교에서 기술보다 목적을 우선시하기

교회와 목회자가 기술과 관련하여 저지르는 가장 큰 실수는 아마도 커뮤니케이션 목적을 잊어버리는 것이다. 프레젠테이션 기술은 예배에 적합해야지 그 반대가 되어서는 안 된다. 예를 들어, 기술에 의해 결정되는 것이 아니라 좋은 설교의 목적에 맞게 파워포인트를 조정하는 것이 중요하다. 좋은 설교의 기준(예: 진정한 예배에 기여하는 탄탄한 성경 해석과 명확한 표현) 내에서 첨단 기술 기기는 설교자를 도울 수 있는 많은 하위 목적이 있다.

이러한 것들은 다음이 포함한다.

- 역사적 또는 현대적 이미지를 시각화하기(예: 성지 유적지)
- 실천이나 기술 시연(예: 사람들이 영적 수련을 하는 방법)
- 주요 성경 본문 표시(예: 주요 본문 또는 관련 본문)
- 중요한 용어 또는 구절 정의(예: 헬라어 또는 히브리어 개념)
- 개요를 따라가기(예: 세 가지 주요 각각의 포인트)
- 교회의 신앙 실천 보여 주기(예: 청소년 봉사 프로젝트)
- 문화적 태도와 경향 예시하기(예: 인기 영화 클립을 보여 주고 논평하기)
- 신조 또는 고백문을 집중적이고 집단적으로 읽도록 장려하기

문제는 이러한 특정 하위 목적 중 어느 것이 특정 커뮤니케이션 기술로 가장 잘 충

족되는지 여부이다. 특정 기술이나 관행은 목회자나 다른 교회 구성원이 직접 시연하는 것이 더 효과적일 수 있다. 정의와 개요를 인쇄하여 모든 예배 참가자에게 나눠 주면, 참가자는 이를 메모하여 집에 가져가 참고하거나 다른 사람들에게 사본을 배포할 수 있다. 아마도 신조와 신앙고백 또는 기타 교회 통합 문서는 이미 인쇄된 형태로 제공되고 있을 것이다.

모든 설교의 주요 매체는 설교자이다. 그래서 첫 번째 질문은 설교자 자신이 이러한 하위 목적을 잘 수행할 수 있는지 여부이다. 예를 들어, 설교자가 할리우드 영화의 한 장면을 설명할 수 있다면 굳이 이 장면의 비디오 클립을 보여 줄 이유가 없을 수 있다. 마찬가지로 일부 설교자는 회중이 설교의 요점을 이해하고 기억할 수 있도록 약어를 사용하거나 시각적 그림을 그려서 설명하기도 한다. 성 아우구스티누스는 재치 있는 말과 은유적 표현을 사용하여 회중의 즐거움과 동의를 얻기 위해 설교의 요점을 표현하는 것을 좋아했다.

많은 아프리카계 미국 설교는 풍부한 은유와 매력적인 스토리텔링을 사용하여 설교의 예화, 예시, 및 조직과 같은 몇몇 요구를 충족시킨다. 오늘날 프레젠테이션 기술에 대한 지나친 의존은 아마도 목회자들이 문학적 소통 방식, 특히 비유, 은유, 내러티브(수사적 장치 참고)에 대한 훈련을 제대로 받지 못한 데서 비롯된 것일 수 있다. 잘 선택되고 잘 표현된 이미지 하나가 설교에서 많은 것을 말해 줄 수 있지만, 아무리 많은 텍스트와 이미지가 투사되더라도 설교자의 창의적이지 못하고 표현력이 부족한 언어적 표현을 만족스럽게 대체할 수는 없다.

6. 예배 중 회중 집중의 중요성

오늘날 설교 중에 컴퓨터 프레젠테이션 기술을 광범위하게 채택하는 것은 시각적 집중이라 이름할 수 있는 주요 혼란의 원인을 숨기는 경향이 있다. 2천 년 동안 설교자, 특히 설교자의 신체에 압도적으로 초점이 맞춰져 왔다. 설교를 듣는다는 것은 설교자의 언어적 전달뿐만 아니라 비언어적 전달에도 시각적으로 집중하는 것을 의미했다. 사실 설교자는 성육신적 표현의 태피스트리를 말하고 보여 줌으로써 하나님의 말씀을 전달하는 주요 매개체였다. 설교자는 하나님의 말씀을 몸으로 구현한 것이다. 회중은 설교 중에 무엇을 바라보아야 하며 왜 그래야 할까?

일부 대형교회에서는 많은 예배자들이 하나님의 말씀이 육화된 표현을 볼 수 있도록 설교자의 생방송 비디오 이미지를 하나 이상의 화면에 투사해야 할 필요가 있다. 그러나 대부분의 중소형 교회에서는 설교자와 투사된 텍스트 또는 시각적 삽화 사이의 시각적 움직임으로 인해 회중이 혼란을 겪을 수 있다. 영사된 화면을 목사 근처에 배치하면 회중이 암묵적으로 두 개의 이미지를 동시에 보도록 요구받기 때문에 이러한 혼란이 더욱 심해진다. 설교 중에 영사 이미지가 꺼지지 않거나 빠르게 바뀌면 집중력 부족은 더욱 악화될 수 있다.

설교자는 세 가지 방법으로 집중력을 높일 수 있다.

기술(Technology)

첫째, 설교 중에 특정 이미지가 켜지거나 꺼져야 할 때를 영사 담당자에게 미리 알려 줄 수 있다.

둘째, 설교자는 영사 이미지를 디자인하는 사람들에게 이미지를 단순하게 유지하고 끊임없이 사용하기보다는 절제된 방식으로 사용하도록 권장할 수 있다.

셋째, 설교자는 기술자와 인테리어 디자이너에게 화면을 설교단 바로 옆이나 위가 아닌 측면에 배치하도록 요청할 수 있다.

7. 기술 비평가로서의 설교자

설교자는 예언자적 증거의 일부로서 기술을 현명하게 사용해야 한다. 기술적 충실성의 문제와 잠재력을 고려할 때, 청지기 정신, 의사소통의 정의, 개인주의, 교만 등이 중요한 주제이다.

기술이 전 세계에 고르지 않게 분포되어 있고 특히 북미 지역이 기술적으로 풍부하기 때문에 기술에 대한 비판적 접근은 청지기 정신에 크게 초점을 맞춰야 한다. 많은 북미 교회는 예배 관련 기술에 사치스러운 비용을 지출하지만, 사용 빈도가 낮고 예배의 전반적인 질에 거의 기여하지 않는다. 때때로 이러한 사치는 다른 교회와 더 넓은 문화, 특히 엔터테인먼트 산업에 대한 암묵적인 경쟁 정신에 의해 주도되기도 한다. 북미 교회는 미디어는 풍부하고 관계는 빈약한 반면, 기독교 세계의 많은 교회는 교제는 풍부하고 기술적으로 열악한 경향이 있다.

더 넓은 사회에서 대중에게 영향력을 행사하려면 미디어에 대한 접근성과 기술이 필요한 경우가 많다. 그러나 북미는 물론 전 세계 다른 지역에서도 기술적으로 '가지지 못한' 사람들은 일반적으로 그러한 자원이 부족하다. 그 결과, '가진 자'는 공적 목소리를 내는 반면, '가지지 못한' 사람들은 침묵하는 의사소통의 불공정이 만연해 있다. 이러한 불일치로 인해 설교자는 공적 담론에서 사실상 추방된 사람들을 대신하여 교회와 사회에서 예언자적으로 말해야 할 책임이 있다. 특히, 미국에서 주류 미디어만 소비하는 많은 신도가 교회공동체를 통해서만 의사소통의 불공정에 대해 배울 수 있다.

기술 사회에서 설교자에게 중요한 또 다른 주제는 기술 소비에 만연한 개인주의이다. 새로운 기술은 개인의 선택권 확대, 소비의 개인 정보 보호 강화 등 개인에게 제공하는 혜택을 근거로 칭송을 받는다. 각 가족 구성원이 개인 휴대폰, 라디오, 컴퓨터, 위성 또는 케이블 텔레비전 프로그램과 같은 자원에 접근할 수 있는 첨단 기술을 갖춘 가정이 이상적인 가정으로 여겨지고 있다. 그 결과, 세대 간 소통이 점점 더 어려워지고 있으며, 교회는 세대 내 프로그램의 뷔페가 되어 가고 있다.

마지막으로, 설교자들은 인간의 기술 착취에 대한 교만한 정신을 정기적으로 다루어야 할 수 있다. 다른 사회와 마찬가지로 예배에서도 기술은 인간이 창조 세계의 모든 측면을 자신의 목적을 위해 조작할 수 있는 힘을 나타낸다.

기술 장치는 타락한 세상의 거의 모든 측면에 대한 인간의 정복을 상징한다. 처방약과 의료 진단 기계는 사람들이 제대로 먹지 않고 규칙적으로 운동하지 않는데도 건강을 약속하는 것처럼 보인다. 대화형 컴퓨터 프로그램과 온라인 데이터베이스와 같은 새로운 교육 기술은 더 많은 정보를 가진 시민이 될 것을 암시하지만, 정보에 대한 접근과 현명한 의사 결정 사이의 격차는 점점 더 커지고 있는 것 같다.

유럽인과 북미인들은 휴대폰과 인터넷을 통해 더 나은 연결을 위해 서두르고 있지만, 그 결과, 발생하는 대화의 대부분은 경박하고 때로는 공개적으로 혼란을 야기하는 것처럼 보인다.

인간이 새로운 기술을 통해 얻는 힘은 언제나 의도한 결과와 의도하지 않은 결과를 낳는다. 핵과 생물유전학 기술은 정치적, 문화적, 영적, 기업적 이해 관계가 상충하는 세상에서 강력하면서도 통제하기 불가능해 보이는, 인간이 만들어 낸 수많은 혁신 중 가장 최근의 사례에 불과하다.

그러나 아우구스티누스는 교회와 사회에 영향을 미치는 수사학의 힘에 직면했을 때, 결국 당대의 정사와 권력에 그러한 힘을 내줄 수 없다는 결론을 내렸다. 세속적 수사학자로 훈련받은 그는 당시에는 기만적이고 자기 영광을 위한 소피스트가 되는 것을 의미했지만, 예수 그리스도의 궁극적 권위에 맞서 수사학 기술을 거부하기보다는 새롭게 하기로 결심했다. 그는 수사학의 기술을 자기 자신보다는 교회와 이웃을 위해 사용하는 청지기가 되었다. 이러한 세상을 향한 겸손이야말로 타락한 세상에서 첨단 기술 사회의 기술 격차, 지나친 낙관주의, 청지기적 어리석음, 자기 중심적 교만에 대한 가장 성경적인 대응일 것이다.

참고 주제 과학기술과 설교; 비디오 영상; 예배 스타일

참고 문헌 Pierre Babin. *The New Era in Religious Communication*. (1991); Richard R. Gaillardetz. *Transforming Our Days: Spirituality, Community, and the Liturgy in a Technological Culture*. (2000); Don E. Saliers. *Worship Come to Senses*. (1996); Quentin J. Schultze. *Habits of the High-Tech Heart: Living Virtuously in the Information Age*. (2002); Quentin J. Schultze. *High-Tech Worship? Using Presentational Technologies Wisely*. (2004); Susan J. White. *Christian Worship and Technological Change*. (1994).

텔레비전(Television)
레이 존 마렉, O.M.I (Ray John Marek, O.M.I.)

텔레비전의 광범위한 영향력은 사회의 모든 수준에서 감지된다. 텔레비전은 삶의 이미지를 창조하고 패턴화하고, 역사적 사건을 묘사하고, 가치와 도덕을 서술하고, 시청자가 복잡한 상황에 대해 빠르게 판단하도록 유도하며, 사회 통합의 수단을 제공한다. 오늘날의 텔레비전으로 포화된 문화는 설교자들에게 이러한 광범위한 영향력에 비추어 자신의 사역을 고려하도록 도전한다.

텔레비전은 상징적, 순차적, 그리고 병치된 이미지의 전자적 제작을 통해 세계관을 형성한다. 설교자는 종종 그 안에 묘사된 표면적 메시지, 주제, 신화를 빠르게 감지할 수 있다. 감지하고 분석하기 더 어려운 것은 청중이 현실을 보고 이해하게 되는

텔레비전(Television)

더 깊은 은유적 이미지이다. 은유적 이미지는 종종 시청자에게 무의식적으로 작용하여 시청자의 이념, 가치, 언어, 판단 및 역할에 미묘하게 영향을 미친다.

예를 들어, 최근 한 광고에서는 여성의 가슴 근처에 있는 그릇에서 남성에게 직접 밥을 먹이는 여성의 이미지가 등장한다. 브랜드 이름과 성적 암시보다 더 은유적인 이 이미지는 여성의 종속적 역할에 기여하고 강화할 수 있는 은유적 이미지이다. 현대의 리얼리티 텔레비전은 일면에서는 경쟁과 참가자 탈락을 강조하지만, 더 깊은 수준에서는 은유적 이미지를 불러일으킨다. 이러한 이미지는 사회 구성원 간의 협력과 약자에 대한 배려를 지원하기보다는 불건전한 개인주의와 승자 독식의 사회 기능 방식을 조장할 수 있다. 이러한 유형의 은유적 이미지는 사회적 다원주의를 조장하고 심지어 축하할 수도 있다(은유와 비유적 표현 참고).

미디어가 투영하는 상황, 판단, 딜레마, 시사 이슈가 너무 많기 때문에 시청자들은 종종 무비판적으로 반응한다. 시청자는 자신이 보는 이미지와 내러티브에서 전달되는 메시지, 저자, 근거, 또는 윤리적 입장에 대해 의문을 제기하지 않는 경우가 많다. 설교자는 의심스러운 묘사를 강조하고, 텔레비전의 입장과 관심사를 드러내고, 더 깊은 조명을 위해 탐구하고, 시청자들이 그들의 영적 및 신앙생활과 관련된 질문을 연관지을 수 있도록 유도함으로써 시청자의 내면과 영성을 다시 일깨울 수 있다.

설교자가 텔레비전이 묘사하고 서술하는 삶의 비전을 재구성하기 위해 취할 수 있는 여러 단계가 있다. 먼저 텔레비전 프로그램의 세계관을 노출한 다음, 그 세계관을 성경과 교회 교리가 제공하는 대안적인 대본과 대조하고 비교함으로써 설교자는 회중이 사건, 도덕적 상황, 인식된 역할, 트랜드 및 문화와 대화할 수 있도록 돕는다. 그런 다음 설교자는 회중이 제자로서 응답하도록 이끌 수 있다.

설교자는 프로그램의 기초가 되는 종교적, 성경적 원형, 주제, 줄거리, 캐릭터, 모티프에 특별한 주의를 기울일 수 있다. 성경적 이미지와 방송 이미지 사이의 상관 관계를 설정하고 더 발전된 내용을 제공할 수 있다. 또한, 텔레비전의 참여적 또는 체험적 측면을 활용하여 정의, 도덕, 포용, 평등 문제를 제기하는 데 도움을 줄 수 있다.

청중의 관심을 사로잡는 텔레비전의 전자적 마법과 스타의 힘을 고려할 때 설교자는 성경의 인물, 동기, 가치의 급진적 본질을 강조하고 싶을 것이다. 설교자들이 텔레비전이 전자 이미지를 패턴화하는 것과 같은 방식으로 성경과 교리의 가르침을 설명하는 이미지를 제작하는 법을 배우면서 설교는 더욱 강화될 것이다.

참고 주제 라디오

참고 문헌 Michael Warren. *Seeing Through the Media*. (1997).

청소년 사역(Youth Ministry)

마크 드브리스(Mark DeVries)

청소년 사역은 젊은이들의 신앙을 키우고 교회 생활에 참여시키기 위해 노력한다. 다양한 신학적 견해가 접근 방식을 형성하고 다양한 방법이 사용되지만, 모든 청소년 사역은 공통된 목표와 몇 가지 예측 가능한 장애물을 공유한다.

특히, 설교와 설교라는 단어가 바람직하지 않고 부정적 의미를 담고 있는 시대에 교회는 어떻게 젊은이들을 예배에 효과적으로 참여시킬 수 있을까?

일부 교회는 이 질문에 답하기 위해 청소년을 예배에서 완전히 배제하고 청소년 교회에 배치하여 세대별 메시지를 전한다. 또 다른 교회는 함께 드리는 예배에서 전달되는 메시지가 항상 청소년 청중에게 적합하도록 노력한다. 그러나 너무 많은 교회가 이 문제를 완전히 무시하고 특히 주류 교회의 함께 드리는 세대 간 예배에서 청소년이 대규모로 이탈하는 것을 안타깝게 지켜보고 있다.

1. 상황 속 청소년 사역

청소년을 향한 감수성을 가지고 설교하는 것의 도전과 기회에 대해 말하려면, 먼저 지난 2세기 동안 청소년 사역의 발명과 확장을 가져온 문화적 맥락에서 시작해야 한다. 오늘날 대부분의 북미 교회에서 경험하듯이 청소년 사역은 그 자체로 매우 젊으며, 주로 19세기 이후의 현상이다. 미국에서는 교회가 복음의 선포가 점점 더 어려워지는 청소년 청중에게 복음을 제대로 전달하기 위해 노력하면서 생겨난 현상이다.

청소년 사역은 교회 현장에서 비교적 새로운 분야일 수 있지만, 어린이들의 영적 양육을 강조하는 것은 결코 새로운 것이 아니다. 20세기 이전부터, 그리고 지금도 덜 산업화된 많은 국가에서 청소년 사역은 기독교 부모와 교회가 하나님의 백성에게 자녀의 영적 양육을 제공하라는 고대 명령(신 6:4-9)을 진지하게 받아들이면서 다소 우연적이지만 유기적으로 진행되어 왔다.

2. 초기 청소년 사역

오늘날 청소년 사역의 초창기에 대한 이론은 다양하지만, 조나단 에드워즈(Jonathan Edwards)가 노샘프턴(Northampton)에서 목회를 시작한 1727년부터 의도적으로 자신의 설교를 교회의 청소년들을 향하게 한 흔적을 확인할 수 있다(Brekus 2001, 302). 그 후 존 웨슬리(John Wesley)는 1779년 부흥 운동에서 젊은이들이 수행한 극적인 역할을 기술하면서, 그의 저널에 다음과 같이 썼다.

특히, 청소년과 아이들 사이에서 큰 각성이 있었으며, 그중 12세에서 16세 사이의 여러 아이가 그들 주변 모든 이에게 본보기가 되고 있다(Heitzenrater 2001, 296).

5년 후 웨슬리는 다음과 같이 썼다.

하나님은 어린이들과 함께 그분의 일을 시작하시니 그 불꽃은 더 성숙한 자들에게 퍼져 마침내 모든 사람이 그를 알고 가장 작은 자로부터 가장 큰 자까지 그를 찬양한다"라고 썼다(Heitzenrater 2001, 296).

그러나 1700년대 후반이 되어서야 로버트 라이크스(Robert Raikes)가 영국에서 최초의 주일학교를 시작했다. 이 최초의 주일학교는 말 그대로 일주일에 6일을 일하는 불우한 어린이와 청소년에게 수학, 읽기 등을 가르치는 학교였다.

청소년 사역의 뿌리를 추적하는 데 관심이 있는 다른 사람들은 1844년 YMCA의 출범을 지적한다. 일자리를 찾기 위해 도시로 이주한 청년들을 대상으로 봉사 활동을 펼친 YMCA의 초기 지도자들은 복음에 적대적인 도시 환경에서 그들이 예수 그리스도의 신실한 제자로 성장하도록 돕고자 노력했다. 주일학교 운동과 YMCA 모두에서 복음의 '전파'는 복음을 선포하기 전에 복음을 몸소 보여 주는 사람들의 형태로 이루어졌으며, 성 프란시스(St. Francis)의 설교에 대한 조언인 "항상 복음을 전하라, 필요한 경우, 말을 사용 하라"를 실천했다.

20세기 이전 대부분의 청소년 사역 운동은 대체로 선교 운동이었으며, 무엇보다도 지역교회의 손길이 닿지 않는 사람들을 위한 사역으로 기획되었다.

그러나 1881년, 기독교청년면려회(Society for Christian Endeavor: SCE)가 출범하면서 오늘날 우리가 알고 있는 청소년 사역이 탄생했다. SCE는 청소년을 대상으로 한 최초의 대규모 교회 기반 사역으로, 교회가 청소년들이 의도적으로 기독교적 삶을 살도록 이끌 수 있는 플랫폼을 제공했다. 이를 가능하게 하기 위해 SCE는 지역교회가 따라 할 수 있는 프로세스를 만들었다. SCE 모임에 모인 젊은이들은 주로 일요일 저녁에 지역교회에서 모였다.

수십 년이 지나자 다른 교회들도 교단적으로 독특한 버전의 SCE를 시작하기 시작했다. 이러한 교파적 표현이 SCE 운동의 광범위한 수용이나 전국적 영향력을 얻지는 못했지만, 20세기 초까지 청소년 사역이 지역교회에 자리를 잡았다는 것은 부인할 수 없다.

그러나 대다수의 청소년이 학교에 재학하던 1940년대 중반이 되자 청소년의 사회적 무게 중심이 가정과 교회에서 학교와 여가 활동으로 급격하게 이동했다. 이러한 문화적 맥락에서 세 개의 전국적 청소년 사역 단체가 생겨났으며, 이들 단체는 모두 성장하는 전국 청소년 문화의 사회적 네트워크에 진입하는 청소년을 중심으로 조직되었다.

청년의삶(Young Life, 1941년 설립), 그리스도의청년들(Youth for Christ, 1944년 설립), 기독교운동선수연합(Fellowship of Christian Athletes: FCA, 1954년 설립)는 교회 캠퍼스가 아닌 학교와 학교 밖 또래 중심의 활동을 중심으로 사역을 전개했다. 이러한 유형의 사역은 주로 주간 프로그램의 맥락 밖에서 학생들과의 관계 형성을 강조하는 청년들이 주도하는 창의적(때로는 엉뚱한) 프로그램이 특징이었다.

대중적인 청소년 사역의 초점이 교회 기반 접근 방식에서 벗어나기 시작하면서 많은 교회가 이러한 단체의 활동에 거부감을 표명했다. 교회 지도자들이 파라처치 청소년 사역의 기업가적 공격성에 위협을 느끼는 것은 드문 일이 아니었지만, 많은 사람이 선포 장소와 상관없이 그리스도의 복음이 청소년들에게 선포되는 것에 대해 감사를 표했다.

그러나 1970년대 후반과 1980년대 초반에 이르러 대다수의 교회는 이전에 거부했던 청소년 사역 방식을 많이 채택하기 시작했다. 오늘날 대부분의 청소년 사역은 초창기 청소년 사역의 일부 특징을 여전히 유지하고 있다.

- 선교에 대한 강조(초기 주일학교 운동과 YMCA에서 발견됨),
- 주로 교회 내 사람들의 신앙을 키우기 위해 고안된 교회 기반 프로그램(SCE),
- 그리스도의 이름으로 모든 청소년에게 다가가는 초교파적이고 기업가적인 창의성(Young Life, Youth for Christ, 그리고 FCA에서 발견됨).

3. 청소년에게 복음 전하기

청소년에게 복음을 전해야 하는 사명을 맡은 사람들은 200년 전의 흐름 속으로 들어간다. 청소년 사역의 환경, 스타일, 신학적 토대는 매우 다양하지만, 청소년에게 효과적으로 복음을 전한 사람들은 종종 동일한 핵심 관행에 접근해 왔다. 포스트밀레니얼 세대의 청소년들과 이전 세대의 청소년들 사이에는 상당한 차이가 있음에도 불구하고, 청소년 사역자들이 사용하는 방법에는 놀라울 정도로 유사한 점이 있다.

1) 스토리텔링

청소년에게 복음을 가장 효과적으로 전하는 사람들은 일반적으로 예수님처럼 말씀과 이야기를 통해 가르치는 사람들이다. "옛날 옛적에"는 예측 가능한, 명제적인, 삼대지 설교가 할 수 없는 방식으로 청중을 깨우는 힘이 있다.

"이야기를 하는 사람이 문화를 정의한다"고 믿는다면, 우리는 관심을 가져야 한다(Walsh 2000). 오늘날 젊은이들에게 자극적인 소비 문화를 넘어서는 이야기가 필요하다는 것은 의심의 여지가 없다.

메리 파이퍼(Mary Pipher)는 그 차이를 이렇게 설명한다.

> 들려주는 이야기는 어린이가 아니라 수익을 올리기 위해 고안된 것이다. 어린이들이 듣는 대부분의 이야기는 좋은 삶 대신 좋은 것을 원하도록 유도하기 위해 대량 생산된다(Piper 1996, 20).

예수님은 종종 말씀 그림을 그리고 이야기를 들려주며 설교하셨다. 그분의 비유는 대개 양, 상인, 강도, 희생자 등 완전히 세속적인 주제에 관한 전복적인 것이었다. 예수님 이야기의 평범함은 청중의 방어를 느슨하게 만들어 종종 그들을 당황하게 만들었다. 시한폭탄처럼 청중의 상상 속에 잠들어 있던 이야기들은 나중에 그들의 마음속에서 터져 나오곤 했다.

일부 심리학자는 이야기 구조를 제외하고는 개념이 잘 기억되지 않고 더 이상 고려할 수 있는 경우가 드물다고 말한다. "우리의 이야기는 우리가 서로에게 제공할 수 있는 최고의 빵이다"라는 수 몽크 키드(Sue Monk Kidd)의 말이 맞다(Kidd 1990, 154).

2) 제3의 매개물

청소년에게 복음을 전하는 두 번째로 검증된 방법은 제3의 매개물을 활용하는 것이다. 제3의 매개물은 단순히 물건을 활용한 오브제 설교(object lesson)일 수도 있다. 예컨대, 열쇠 꾸러미, 마체테(정글칼), 얼음조각 같은 물건을 사용하는 식이다. 그러나 이러한 시연은 십 대들에게 유치하거나 진부하게 느껴질 수 있다.

청소년을 대상으로 설교하는 사람들은 일부 청소년, 특히 남학생들이 눈앞에 있는 사물(축구 경기, 단기 선교 여행, 16인치 피자 등)에 주의를 집중하면서 같은 방향을 바라보고 있을 때 서로 더 쉽게 소통할 수 있다는 사실을 발견했다. 제3의 매개물은 소속감의 촉매제가 될 수 있다. 소속감을 강하게 갈망하는 전형적인 십 대 청소년들은 메시지가 제시되는 공동체에 자신이 소속되어 있다고 느낄 때 메시지에 더 잘 귀 기울일 수 있다.

제3의 매개물은 춤, 드라마, 음악, 사진, 비디오 클립 또는 성경의 특정 본문과 대비되거나 융합될 수 있는 노래와 같은 예술 작품도 포함될 수 있다. 점점 더 이미지 중심적으로 되어 가는 문화 속에서 제3의 매개물은 설교자가 청소년의 감각을 일깨우고, 그날 전하고자 하는 복음 메시지에 닿을 수 있도록 도와주는 유용한 자원이 될 수 있다.

3) 선포자로서의 청소년

때때로 젊은이들에게 가장 설득력 있게 복음을 선포하는 것은 또래 친구들일 수 있다. 비록 이러한 표현이 '전문가'의 표현만큼 세련되거나 준비된 것은 아니지만, 청소년들의 귀는 특히 또래가 전하는 복음에 열려 있다는 것은 의심할 여지가 없다.

일부 교회에서는 1년 내내 주기적으로 예배 시간에 청소년의 간증을 포함시키는 것이 도움이 된다는 사실을 발견했으며, 때로는 편집된 비디오의 형태로 청소년이 전체 교회 앞에서 생방송으로 말해야 한다는 부담 없이 회중을 위해 자신의 이야기를 카메라에 담을 수 있도록 허용하기도 한다. 다른 교회에서는 1년에 한 주일을 따로 정하여 청소년이 설교, 전례, 음악 등 예배를 인도하도록 하기도 한다.

공식적 예배 환경이든 또래와 리더로 구성된 소그룹이든, 청소년 사역은 청소년들에게 복음의 장대한 이야기를 들을 수 있을 뿐만 아니라 자신의 이야기를 분별하고 전할 수 있는 기회를 제공할 수 있다. 그리고 각 젊은이의 삶에서 하나님의 역사를 가장 잘 증거할 수 있는 이야기에 귀를 기울이는 것은 신앙으로 충만한 공동체의 맥락일 때가 많다.

4. 핵심 구성 요소

청소년 사역의 종류는 무궁무진하지만, 거의 모든 청소년 사역에 내재되어 있는 핵심 요소는 다음과 같으며, 각 요소는 청소년에게 그리스도의 메시지를 전할 때 고유하게 다른 맥락을 제공한다.

1) 예배

고도로 예전적인 고대 예배부터 하드 록의 불꽃 같은 찬양, 그리고 그 사이의 모든 것에 이르기까지 거의 모든 청소년 사역은 예배를 통해 청소년들이 하나님과 만나게 하려고 노력한다. 최근 수십 년 동안 예배 스타일의 다양성과 전문성이 폭발적으로 증가했으며, 많은 청소년이 청소년 사역 경험에서 가장 의미 있는 부분으로 '찬양과 경배'를 꼽았다. 청소년 예배 갱신 운동의 광범위한 초교파적 교류는 무시할 수 없는데, 고교회 성공회, "품위 있고 정돈된" 장로교, 춤추는 오순절 신자들이 모두 놀랍도록 비슷한 열정으로 같은 예배 음악을 부른다. 또한, 고대의 관상적 관행을 청소년 예배에 도입하는 사례가 증가하고 있으며, 이러한 관행은 다양한 신학적 흐름에 걸쳐 수용되고 있다(예배 스타일 참고).

많은 청소년과 교회에서 설교는 중심 무대에서 밀려나고, 청소년들이 단체와 개인으로 하나님을 인격적으로 만나도록 초대하는 음악과 영적 관행에 더 초점을 맞추는 것으로 대체되었다. 이러한 맥락에서 설교는 청소년들에게 하나님의 임재를 분별하고, 하나님의 부르심을 듣고, 자신의 우선순위를 하나님과 일치시키려는 경험에 언어를 부여하는 수단이 된다.

2) 공부

많은 교회가 주일 아침에 중고등부 청소년을 위한 주일학교를 제공하는 전통 방식을 고수하고 있지만, 일부 교회는 전통적 주일학교에서 벗어난 새로운 방식을 선택했다. 제자 훈련 그룹, 지역 성경 공부, 학생 주도 셀 그룹 등 어떤 이름으로 부르든 대부분의 청소년 사역은 청소년들에게 기독교 생활의 본질에 대해 배우고 적용할 수 있는 기회를 제공하는 데 우선순위를 두고 있다. 청소년들이 또래와 성인 지도자들에 둘러싸인 소그룹 환경에서 복음이 선포될 뿐만 아니라 그들의 삶에 구체적으로 적용되고 처리되는 경우가 많다.

3) 교제

청소년 사역에서 교제에 중점을 두는 것은 일반적으로 피자와 파티 이상의 것을 포함한다. 가장 효과적인 청소년 사역은 평생의 우정을 쌓을 수 있는 환영하는 분위기를 조성하는 데 신중을 기한다. 이러한 공동체 구축에 가장 적합한 두 가지 상황은 소그룹과 수련회인 것으로 입증되었다.

수련회는 청소년들에게 가장 지속적으로 변화를 가져다주는 경험으로 꾸준히 인정받고 있으며, 청소년들의 마음이 열리는 곳, 가정이나 교회에서 들었던 메시지를 다른 귀로 들을 수 있는 곳으로 인식되고 있다. 수련회는 종종 친밀한 또래 관계가 빠르게 형성되는 맥락을 제공하며, 소그룹은 우정과 기독교적 책임감을 심화할 수 있는 맥락을 제공한다. 학생들에게 효과적으로 복음을 전하는 법을 배운 사람들은 메시지의 정서적, 관계적 맥락이 메시지가 얼마나 잘 들리는지에 큰 영향을 미칠 수 있다는 것을 알게 되었다.

4) 사명

대부분의 청소년 사역은 봉사와 선교를 강조한다. 대부분의 그룹은 무료 급식소에서 일손을 돕거나 집을 떠날 수 없는 사람들을 방문하고 도심의 아이들을 가르치는 등 다양한 지역 봉사 프로젝트에 참여한다. 소수의 청소년 그룹은 선교를 한 단계 더 발전시켜, 일부 교회에서는 청소년들이 교회 밖의 사람들에게 말로써 신앙을 증거하도록 훈련하거나 학생들이 정의와 세계 자원의 관리와 관련된 보다 체계적인 문제를 다루고 있다. 이제 대부분의 청소년 단체는 지역 선교 프로그램 외에도 연간 청소년 사역 일정에 해외 선교 체험(국내 및 해외)을 포함하고 있다. 특히, 가만히 앉아 단순히 메시지를 듣는 데 어려움을 겪는 학생들에게 선교는 청소년들이 복음의 답을 듣기 전에 스스로 신앙을 시험해 보고 복음의 질문을 체험할 수 있는 기회를 제공한다.

5. 새로운 경향들

21세기 초반, 여러 가지 청소년 사역 경향들이 나타나고 있다. 이러한 경향들의 융합은 향후 수십 년 동안 청소년을 대상으로 하는 설교의 특성을 형성할 것이다.

1) 청소년 사역의 전문화

점점 더 많은 교회와 파라처치 청소년 사역이 청소년 사역을 위해 고용하는 사람들에게 점점 더 높은 수준의 전문성을 기대하기 시작했다. 이러한 기대에 따라 청소년 사역에 대한 전문 신학 교육을 제공하는 대학, 신학교, 기관의 수가 급격히 증가했다. 역사적으로 청소년 사역은 목회 사역에 부름받은 사람들을 위한 단기적이고 입문 수준의 직책으로 여겨져 왔지만, 청소년 사역을 단순히 다른 형태의 사역으로 나아가는 디딤돌이 아닌 최종 직업으로 인식하는 경향이 점점 더 커지고 있다.

2) 이머징교회

현재로서는 이머징교회 운동에 대한 정의에 거의 저항하는 것 처럼 보이지만, 이 운동이 교회와 청소년 지도자들이 청소년에게 복음을 전하는 방식에 계속 영향을 미칠 것이라는 데는 의심의 여지가 없다(이머징교회 설교 참고). 이머징교회 운동은 "교회를 하는" 새로운 방식이 등장하고 있으며, 실제로 그렇게 되어야 한다는 기본 가정을 바탕으로, 지배적 문화가 모던에서 포스트모던으로 이동하면서 일어난 지각 변동을 진지하게 받아들이려고 노력한다.

신흥 교회의 영향은 교단과 신학을 막론하고 (종종 무의식적으로) 경험되고 있으며, 성장하는 젊은 세대가 전통적인 명제적 변증에 덜 설득되고 복음의 투명한 표현에 더 설득되면서(예: Jones 2001; McLaren 2004; Miller 2003), 이머징교회의 영향력은 교단과 신학적 노선을 넘나들고 있다.

3) 관상적 청소년 사역

2000년을 전후한 수십 년 동안, 다양한 관상적 기독교 관행을 중심으로 구축된 청소년 사역 모델을 탐구하는 데 관심이 높아졌다. 이 모델은 화려하고 터무니없는 프로그램을 피하는 대신 청소년과 그들과 함께 일하는 성인들에게 개인으로서 그리고 더 넓은 공동체의 일원으로서 살아 계신 하나님과의 만남으로 초대하는 역사적 기독교 실천들을 제공하는 경향이 있다(예: Jones 2003; Yaconelli 2006).

4) 전통적 청소년 사역을 넘어서

최근까지 청소년 사역은 주로 미국의 백인 중상류층을 중심으로 이루어졌지만, 그 영향력을 전 세계적으로 그리고 사회적으로 확대하려는 의지가 커지고 있다. 정보의 가용성이 기하급수적으로 증가함에 따라 이전에는 청소년 사역 훈련과 자원에서 배제되었던 사람들이 이제 이 자원에 접근하고 네트워크를 구축함으로써 현대 청소년 사역의 전통적인 인구 통계학적 한계를 넘어 상황에 맞는 효과적인 복음 선포의 가능성을 활기차게 하고 있다.

6. 도전과 기회

청소년 사역은 지역교회에서 점점 더 필수적인 사역으로 받아들여지고 있지만, 일부에서는 그 효과에 대한 우려를 제기하고 있다. 실제로 전국 청소년 및 종교 연구(National Study of Youth and Religion)에 따르면 북미 교회 청소년들은 자신의 신앙을 표현하는 데 있어 "놀라울 정도로 말이 없는" 것으로 나타났다(Smith 2005, 27). 이러한 청소년의 표현력 부족은 청소년에게 그리스도의 메시지를 효과적으로 전달할 책임이 있는 모든 사람에게 가장 큰 도전이 될 수 있다.

전문 청소년 사역자를 고용하는 교회의 수가 급격히 증가하고 있는 것은 긍정적인 신호이지만, 선교로서의 청소년 사역(교회 담장 밖에 있는 사람들에게 다가가는 사역)과 기독교적 양육으로서의 청소년 사역(이미 교회 안에 있는 사람들을 위한 사역) 사이의 긴장, 그리고 특정 교회나 교단의 특성에 의해 주도되는 청소년 사역과 보다 광범위하고 초교파적인 운동 및 단체가 주도하는 청소년 사역 사이의 지속적인 줄다리기는 여전히 존재하고 있다.

가장 건강한 청소년 사역은 이러한 부자연스러운 양극화를 받아들이지 않고, 자신의 청소년들과 교회 밖의 청소년들에게 복음을 선포하고, 신학적, 문화적 경계를 넘어서는 성령의 움직임과 고유한 유산을 수용하는 것을 선택한다.

많은 사람은 짧은 역사에도 불구하고 청소년 사역이 교회 갱신의 모태 역할을 해왔다고 말한다. 청소년 사역의 본질적인 에큐메니컬 성향, 선교와의 피할 수 없는 연관성, 예배와 설교의 신선하고 매력적인 표현에 대한 끊임없는 추구는 청소년 사역이 계속해서 교회의 미래에 대한 희망의 촉매제이자 선구자가 될 것임을 시사한다.

참고 주제 어린이 설교; 청소년 설교

참고 문헌 Catherine Brekus. "Children of Wrath, Children of Grace: Jonathan Edwards and the Puritan Culture of Child Rearing." *The Child in Christian Thought*. Edited by Marcia J. Bunge. (2001) 300–28; Kenda Dean. *Practicing Passion*. (2004); Richard Heitzenrater. *[Wesley's] Journal and Diaries* 6 (February 18, 1779) quoted in "John Wesley and Children." *The Child in Christian Thought*. Edited by Marcia J. Bunge. (2001) 279–99; Richard Heitzenrater. *[Wesley's] Journal and Diaries* 6 (June 8, 1784) quoted in "John Wesley and Children." *The Child in Christian Thought*. Edited by Marcia J. Bunge. (2001) 279–99; Tony Jones. *Postmodern Youth Ministry*. (2001); Tony Jones. *Soul Shaper*. (2003); Sue Monk Kidd. *Where the Heart Waits*. (1990); Brian D. McLaren. *Generous Orthodoxy*. (2004); David Miller. *Blue Like Jazz*. (2003); Mary Pipher. *The Shelter of Each Other*. (1996); Christian Smith. *Soul Searching*. (2005); David Walsh. "Whoever Tells the Stories Defines the Culture." http://commerce.senate.gov/hearings/0321wal.pdf. (2000); Mark Yaconelli. *Contemplative Youth Ministry*. (2006).

제9장 수사학

서문: 회중의 반응(Seeking a Response)
로버트 스테판 레이드(Robert Stephen Reid)

그래디 데이비스(H. Grady Davis)의 *Design for Preaching*(설교 디자인)은 20세기 중후반 북미에서 가장 영향력 있는 설교학 교재 중 하나로 꼽힌다. 여기에서 그는 이렇게 말한다.

> 설교의 목적은 복음에 대한 반응, 즉 사고의 반응뿐만 아니라 태도와 충동 그리고 감정의 반응까지 끌어내는 것이다(1958, 5).

21세기 초의 많은 대중 연설 교재는 공적 담론의 목적을 "반응을 끌어내는 것"이라고 주장하지만, 설교학 교재에서는 이 표현을 거의 사용하지 않는다. 여기에는 몇 가지 이유가 있다. 신의 목적과 인간의 목적을 구분하려는 관심, 특정 관점에 과도한 특권이 주어지는 것을 피하려는 관심, 설득과 조작을 구별하려는 관심, 그리고 설교에서 답을 하나로 못 박지 않으려는 관심 등 이런 의식이 확산되면서 반응을 끌어내기 위해 설교한다는 생각이 문제시되었기 때문이다.

또한, 설교자가 어떤 반응을 기대하는지에 대해서는 다양한 관점이 존재한다. 예를 들어, 일부 설교자는 설교의 목적이 복음을 뒷받침하는 논거를 제시하여 청중의 확신에 찬 동의를 끌어내는 데 있다고 생각한다. 어떤 사람은 하나님에 대한 믿음을 권장하여 하나님과의 만남을 경험시키는 것에 설교의 목적이 있다고 본다. 또 어떤 사람은 청중 속에 이해할 수 있는 경험을 불러일으켜 성찰로 이끄는 것을 목표로 삼는다. 그 외에도 어떤 설교자는 하나님에 대해 증언하거나 신학적으로 사고하는 모범적 방식을 제시하는 것이 설교의 목적이라 여기며, 이를 통해 믿음에 관한 생산적인 대화를 촉진하고자 한다.

이런 다양한 접근 방식은 단호하게 말하는 설교방식과 모호성을 수용하는 말하기 방식 사이의 긴장을 드러낸다. 또한, 신앙을 통해 변화되기를 갈망하는 개인을 향한 호소와 공동체의 일원으로서 신앙의 의미를 함께 모색하려는 사람들을 향한 호소 사이의 차이도 드러낸다(Reid 2006). 이런 맥락에서 설교에 대한 반응을 끌어내는 다양한 태도를 탐색하기 위해, 고대 수사학의 소통 이론, 그 이론의 현대적 발전, 그리고 이런 발전이 복음 설교에 미치는 함의를 숙고하는 것이 필요하다.

1. 고대의 세속적이고 종교적인 의사소통에서의 수사학

고대 이후로 수사학 연구는 논리적·변증적인 추론(logical and dialectical reasoning)과 개연적 추론(probable reasoning)을 구별하는 데 관심을 가져왔다. 아리스토텔레스는 수사학을 생산적 논증을 구성하는 데 있어 변증법에 대응하는 학문으로 정의했다. 논리적·변증적 추론의 목적이 보편적 진리를 밝혀내거나 적어도 학습자가 일반적으로 파악할 수 있는 견해를 확인하는 것이라면, 수사학적 추론은 특정 문제나 생활 속에서 정확한 판단을 내리는 데 필요한 추론으로 이해되어야 한다고 주장한다(Posterior Analytics 71a; Rhetoric 1355).

달리 말해서, 어떤 문제(죄책감, 편법 또는 명예로운 것에 관한)가 확실성보다는 개연성에 따라 결정되는 것과 같이 논증이 상황에 따라 달라질 때는 확실한 지식보다 개연적 판단이 더 적절한 추론 방식이 된다는 것이다. 수사학적 추론에 대한 이런 조건적 특성은 논리적·변증적 추론과 세 가지 측면에서 차이를 보인다.

첫째, 수사학적 추론은 상호 간의 의사소통이라기보다 대중적 의사소통이다. 즉 일반적인 대화적 말하기라기보다는 시민으로서의 청중이 내릴 결정에 영향을 미치기 위해 고안된 말하기다.

둘째, 수사학적 추론은 강압적 말하기나 대가를 전제로 한 계약상의 유인책, 또는 강요된 판결이 아니라 설득적 말하기다(1355b). 플라톤과 같은 대화적 철학자가 언어를 실체를 표현하는 중립적 수단으로 간주한 것과는 달리, 수사학적 추론은 언어를 신념과 행위에 영향을 미치는 상징적 수단으로 인식한다.

아리스토텔레스는 다른 사람에게 영향을 미치는 이 능력이 인간의 세 가지 의사소통에 기반한다고 보았다.

- 에토스, 즉 말로 전달되는 화자의 인품
- 파토스, 즉 청중과의 정서적인 동일화를 유도하고 감동을 주는 화자의 능력
- 로고스, 즉 화자의 실제 논증 내용
  (Rhetoric 1365a).

셋째, 수사학적 추론은 보편적 상황이 아니라 맥락적 상황에 적용된다. 아리스토텔레스는 이 세 가지 보편적 설득 수단(pisteis)을 특정 상황에서 활용하는 특수성과 연결했으며(1355b-56b), 현대 수사학자들은 이것을 "수사학적 상황"(rhetorical situation)이라고 부른다(Lucaites and Condit 1999, 2-7).

종합해 보면, 수사학적 추론의 조건적 특성에 관한 이런 가정은 고대 이후부터 훈련된 연설가와 작가들이 개연적 진리에 도달하고 사회 문화적 문제와 관련해 특정 청중에게 영향을 미치기 위해 언어를 전략적으로 사용해 온 방식을 분명하게 보여 준다. 2천 년이 넘는 서구 사상의 흐름 속에서 근대 및 현대의 수사학은 그 위상이 높아졌다가 곧 추락했다.

존 루카이트(John Lucaites)와 셀레스트 콘딧(Celeste Condit)은 다음과 같이 말한다(1999).

플라톤의 아카데미 이후부터 17세기와 18세기의 이성 계몽주의, 그리고 현 세기의 과학적 현대주의에 이르기까지 서구 사상의 궤적은 지식 이론에 대한 이지적 성향을 낳았다. 그 성향 안에서 보편성과 객관성의 가치는 특수성, 상황성, 주관성, 또는 상호 주관성의 가치를 능가하는 특권을 누렸다(6).

기독교 설교에서 수사학의 위상은 오랜 세월 동안 부침을 거듭해 왔다. 그러나 그 이유는 일반적 수사학의 흥망과는 달랐다. 초기 교회 지도자들은 설교의 목적이 복음의 진리를 선포하는 데 있어야 하며, 청중이 설교자의 웅변술을 평가하도록 방치하거나, 더 나아가 설교가 박수갈채를 받는 연극 같은 볼거리로 바뀌는 것을 경계해야 한다고 강조했다. 그러나 이런 입장은 항상 논란의 대상이 되어 왔다.

요한 크리소스토무스(John Chrysostom)는 *On the Priesthood*(성직자에 대하여)라는 논문에서 설교자는 "칭찬에 대한 무관심과 웅변의 힘"을 함께 고려해야 한다고 말했다. 왜냐하면, "만약 둘 중 하나가 부족하다면, 남은 하나도 온전할 수 없으며, 결국 아무런 쓸모가 없게 되기" 때문이다(*Priesthood* 5.1-2; Lischer 2002, 58과 비교하라). 그는 효과적인 가르침을 위해 수사학을 "소금"처럼 사용하여 "간을 맞춰야" 하지만, 이는 오직 청중이 그 메시지를 마음속에 새길 수 있도록 돕기 위한 목적으로만 사용해야 한다고 주장했다(5.1-2). 설교 중에 박수가 터져 나왔을 때 그는 다음과 같이 대답했다.

내가 바라는 유일한 한 가지는, 여러분이 들은 내용을 조용히 그리고 지적으로 실천하는 것입니다. 이것이야말로 박수갈채며, 나에 대한 찬사입니다(*Priesthood* 5.37; Pelikan 2001, 79-80과 비교하라).

아우구스티누스 또한 거의 같은 시기에 수사학의 가치를 회복하려고 노력했다. 그는 교회가 신학적 오류를 퍼뜨리는 "궤변가들"(sophists)이 청중을 설득하도록 내버려두는 반면, 설교자들이 수사학의 영향력에 무지한 채로 방치된다면, 이것은 교회를 제대로 섬기는 것이 아니라고 비판했다(*Doctr. Chr* 4.2). 교회는 설교의 신적 차원과 인간적 차원의 관계 문제를 끊임없이 고민해 왔다.

2. 현대 의사소통 이론에서의 수사학

20세기 사상에서 수사학의 중요성을 재정립한 것으로 평가받는 학자들, 즉 리처드(Richard), 위버(Weaver), 버크(Burke), 페렐만(Perelman), 올브레흐츠 티테카(Olbrechts-Tyteca)는 "수사학은 특정한 경우에 사용할 수 있는 설득의 수단을 재발견하는 학문"(*Rhetoric* 1355b)이라는 아리스토텔레스의 고전적 주장에 활력을 불어넣었다.

그러나 이 이론가들은 설득이 논증과 본질적으로 다른 범주(또는 기껏해야 가끔 논증과 중첩되는 범주)에 속하며 철학과도 구별된다는, 철저하게 근대적인 개념도 대체로 받아들였다. 이 개념은 19세기와 20세기 대부분의 시간 동안 설교학의 사상에도 영향을 미쳤다. 예를 들어, 브로더스(Broadus)는 와이틀리(Whately)의 견해를 따라, "설교는 대부분 논증으로 구성되어야" 하고 설득은 설교의 "적용"이라는 과제를 수행한다고 주장했다(Broadus 1944, xii).

그러나 현대 의사소통 이론가들은 더 이상 이런 의견을 받아들이지 않는다. 루카이트(Lucaites), 콘딧(Condit), 코딜(Caudill)이 함께 저술한 Contemporary Rhetorical Theory: A Reader(현대 수사학 이론: 독자편)라는 책에서 이런 변화를 확인할 수 있다.

첫째, 그들은 설득이 이루어지기 위해서는 의사소통의 행위가 필수적이라고 본다. 즉, 한 사람이 다수에게 연설하든, 단 한 사람의 마음을 움직이려 하든, 상대방이 판단을 내리거나 선택할 수 있는 능력을 갖추고 있어야 한다(예를 들어, Herbert Simons; Dilip Gaonkar).

둘째, 그들은 모두 수사학을 상황적 긴급성 때문에 발생한 의사소통이며 담론에서 청중이 추론하는 가정(assumption) 때문에 "존재하게 된" 의사소통이라고 생각한다(예를 들어, Edwin Black, Lloyd Bitzer). 대다수는 아니지만 일부 현대 이론가들은 수사학이 새로운 지식을 생성하는 추론의 방식이라는 점에서 이것이 새로운 지식을 생성하는 인식적(epistemic) 측면도 지니고 있다고 주장한다(예를 들어, Robert Scott, Thomas Farrell).

수사학은 단순히 의사소통을 장식하는 것일 뿐 진리를 발견하는 데 아무 역할도 하지 않는다는 주장은 플라톤의 아카데미에서 처음 언급된 이후, 오랜 세월 동안 강조되었다. 특히, 자기들을 영원한 진리를 탐구하고 보호하는 역할을 맡은 자로 여기는 신학자들, 철학자들, 그리고 더 최근에는 과학자들이 이런 견해를 강화했다. 근대 시대에 이런 경향은 확실성(certitude)에 대한 강한 욕망을 드러낸다. 그러나 20세기에 들어서면서 새로운 세대의 수사학자들이 이 생각에 도전했다. 이들은 모든 학문 분야에서 생성되는 지식이 영원한 진리라기보다 사회적으로 형성된 것이며, 이 지식은 단순히 논리적이거나 심지어 대화적 방식으로 유지되는 것이 아니라, 본질적으로 수사학적인 논증을 발전시키는 과정에서 유지된다고 주장했다.

현대의 학문적 담론에서 숙고적 추론(deliberative reasoning), 변론적 논증(discursive argument), 그리고 설득(persuasion) 사이의 전통적 구분은 사라지고 있다. 수사학은 단순히 중립적 아이디어를 더욱 유창하게 전달하는 기법과는 거리가 멀다.

3. 현대 설교학에서의 수사학

설교학은 수사학의 역할에 대한 새로운 관점에 깊은 영향을 받아 왔다. 이 관점은 청중의 역할에 대한 재조명(예를 들어, Craddock, Buttrick, Long, Allen), 공동체 안에서 설교가 사건으로 경험될 수 있게 만드는 언어의 인식론적 역할(예를 들어, McClure, Eslinger, McManiel), 그리고 타자의 존재를 구체화된 수행을 통해 환기하고, 그 응답 가능성을 열어가는 역할(예를 들어, Childers; Ward; Rice; Troeger) 등이 그것이다.

동시에 설교학이 수사학과 씨름한다는 점에도 주목해야 한다. 수사학이 지난 2천 년 동안 추론의 목적을 타당한 이유 탐색이 아니라 진리 탐색으로 축소하려는 플라톤적 경향에 저항해 온 것처럼, 설교학도 역시 이와 유사한 긴장 속에서 발전해 왔다. 최근 들어, 리처드 리셔(Richard Lischer), 제임스 케이(James Kay), 윌리엄 윌리몬(William Wilimon) 같은 학자들은 설득에 관심을 두고 수사학의 관심사에 집중하는 것은 결국 설교의 인간적 요소에 집착하는 결과를 낳을 수 있다고 경고하며, 칼 바르트(Karl Barth)의 입장과 유사한 주장을 펼치고 있다.

그들은 이로 인해 설교가 그 본래의 주제인 하나님을 잃어버렸으며, 하나님의 은혜를 증언하는 기능을 상실했다고 그들은 주장한다. 설교학에서 수사학이 신학을 지배할 때마다 이런 비판은 타당성을 가진다(Kay 2007, 49-75와 비교하라). 설교의 출발점에 관한 질문은 매우 중요하다. 사람들이 무엇을 볼 수 있는지를, 즉 인식의 가능성을 형성하고 제어하는 경향이 있기 때문이다.

만약 설교자가 수사학에 대한 관심으로 설교를 시작한다면, 설교의 일차적 관심은 유효성이 되어 버릴 가능성이 크며, 그 결과 기독교 메시지의 특수성을 잃어버릴 위험이 있다. 오늘날 의사소통을 제어하는 기술이 넘쳐 나고, 다양한 의사소통 방식이 수단이 아니라 목적 자체가 되어 버린 시대 속에서 이런 염려는 타당하다.

그렇지만 신학자들이 "다리"(bridge)라는 은유를 지나치게 강조할 때 문제가 발생할 수 있다. 이는 언어를 마치 플라톤의 중립적인 통로로 간주하거나, 설교 언어가 신성한 곳에서 인간을 향해 일방적으로 움직이는 것처럼 취급하게 만들기 때문이다. 설교의 출발점과 근거를 어떻게 설정할 것인가에 대한 고민은 이런 맥락에서 중요해진다.

이에 대해 설교에서 신학과 수사학의 관계를 "춤"이라는 은유로 상상하는 것이 더 적절하다. 즉, 두 분야가 신앙의 증인이 되어 스텝을 밟으며 추는 상호적 춤으로서, 신학이 주도해야 하지만, 수사학과 파트너가 되어야 완성되는 춤이라고 상상할 수 있다. 이것은 양자택일의 배타주의적 은유가 아니라 양자를 다 선택하는 협력의 은유다. 이 은유는 설교가 하나님과 은혜에 관해 말하는 거룩한 소명이라는 점을 존중하면서, 신에 대한 증언과 신앙에 대한 증언을 상호 관계 속에 위치시킨다.

이렇게 짝을 이루는 은유는 여러 가지 주장에 도움을 줄 수 있다. 예를 들어, "나는 왜 설득력이 없는가"(Lischer 1999)라는 질문이나 설교는 "신에 대한 인간의 증언이 아니라 기적으로 더 잘 인식된다"(Willimon 2006, 157)라는 주장에서 신학자들을 구원할 수 있다. 이런 질문과 주장은 수사학을 단순히 웅변의 개념으로 축소하고, 고대 이후 수사학의 주된 역할이 변증에 대한 상대 개념(의존적 문제에 관해 판단을 요구하는)이었다는 점을 간과하게 만드는 경향이 있다.

설교학과 수사학의 협력적 춤은 조건적인 신학적 문제를 신중하게 추론할 논증적 수단을 설교자에게 제공하는 동시에, 예수 그리스도의 인성 안에 나타난 하나님의 신적 계시에 대해 증언하는 역할을 하도록 돕는다.

참고 문헌 John Broadus. "Preface." *On the Preparation and Delivery of Sermons. Edited* by Jesse B. Weatherspoon. (1944); H. Grady Davis. *Design for Preaching*. (1958); Lucy L. Hogan. *Graceful Speech: An Invitation to Preaching*. (2006); James Kay. *Preaching and Theology*. (2007); Richard Lischer. "Why I Am Not Persuasive." *Homiletic 24* (1999) 13-16; Richard Lischer, ed. *The Company of Preachers: Wisdom on Preaching, Augustine to the Present*. (2002); John L. Lucaites and Celeste M. Condit. "Introduction." *Contemporary Rhetorical Theory: A Reader*. Edited by J. Lucaites, C. Condit, and S. Caudill. (1999); Jaroslav Pelikan. *Divine Rhetoric: The Sermon on the Mount as Message and as Model in Augustine, Chrysostom and Luther*. (2001); Robert S. Reid. *The Four Voices of Preaching*. (2006) William H. Willimon. *Conversations with Barth on Preaching*. (2006).

배열(Arrangement)

유진 라우리(Eugene L. Lowry)

그래디 데이비스(H. Grady Davis)는 *Design for Preaching*(설교 디자인)에서 다음과 같이 말했다.

> 생명은 내용과 형태의 결합으로 발생한다.… 모든 생명, 우리가 아는 모든 살아 있는 것은 특정한 유기적 형태를 가진다. … 마찬가지로 모든 생각은 특정 형태를 통해 다가온다. 우리는 형태 없이 생각을 표현할 수 없다. [실제로 생각은] 형식을 취한다(1958, 1).

이런 핵심 주장이 그의 명저 첫 열두 문장 안에 모두 담겨 있다. 우리는 모두 형식을 제대로 갖추지 못한 상태에서도 생각할 수 있지만, "내용과 형태"가 서로 불가분 연결되어 있다는 것을 알고 있을 것이다. 이것이 바로 데이비스의 핵심 주장이다. 그러므로 사람들이 이 논리를 따른다면, 설령 우리의 기본 전략을 알지 못하거나 부정한다고 할지라도, 설교를 준비하는 누구라도 설교의 형태를 전략적으로 배열하지 않고는 설교를 준비할 수 없다는 결론에 이르게 된다.

설교에서 배열이라는 주제는 아리스토텔레스의 수사학적 관심사인 "설득을 위해 사용할 수 있는 수단을 구체적으로 발견하는 능력"에 관한 아리스토텔레스의 수사학적 관심사로까지 거슬러 올라간다(Loscalzo 1995, 409, 설득 참고). 이 주제는 또한 계몽주의의 특징인 개인주의와 합리주의에 대한 포스트모더니즘의 지속적인 비판과도 연결된다. 설교의 형식에 관한 중심 주제는 설교자라는 인간 대리인과 그의 사회적 위치라는 두 개의 질문에 집중된다.

프레드 크래독은 설교의 목적에 관해 말하면서 이 문제를 현대적 용어로 표현한다.

> 그 목적은 단순히 뭔가를 말하는 것이 아니라, 뭔가를 듣게 하는 것이다(1985, 167).

서구 사회는 그리스인들 덕분에 "언어를 효과적으로 사용하는 예술, 학문, 또는 기술"(Loscalzo 1995, 409)에 대한 수사학적 탐구의 오랜 역사를 갖게 되었다. 또는 폴 스콧 윌슨(Paul Scott Wilson)의 말처럼, 이것은 "우리가 말하고 있는 것을 사람들이 믿도록 타당한 이유를 제시하는 것"(1995, 75)에 대한 탐구이기도 하다.

예수님 시대에 고전 수사학의 다섯 가지 기본 원리 또는 규범이 이미 확립되어 있었다. 상대적 우선순위나 연관성이 명확하게 정해진 것은 아니었지만, 그 규정은 다음과 같다.

- 착상(invention)
- 배열(arrangement)
- 스타일(style)
- 기억(memory)
- 전달(delivery)(Loscalzo 1995, 410).

그리고 아우구스티누스가 회심 이전에 수사학 교사였다는 점을 기억하는 것은 의미가 있다. 이의 신학적 통찰 뒤에는 이런 고전 수사학적 전통이 자리하고 있었다.

> 거짓의 옹호자들은 청중이 선의, 관심, 열린 마음을 갖도록 그들의 환심을 사는 기술을 알지만, 진리의 옹호자들은 무지한 채로 남아 있을 것인가?
> (궤변론자가) 사실을 간결하게, 분명하게, 그럴듯하게 진술하는데, 설교자는 듣기에 지루하게, 이해하기 힘들게, 믿기 어렵게 말할 것인가?
> 궤변론자들이 진리를 공격하고 잘못된 논증으로 거짓을 말하는데, 설교자들은 진리를 정의하거나 거짓을 반박하는 기술이 없어도 되는가?(Loscalzo 1995, 411)

이 (다양한 형태의) 그리스적 유산은 거의 천 년 동안 서구 설교학계를 주도했다. 실제로 북미 역사에서 *A Treatise on the Preparation and Delivery of Sermons*(설교 준비와 전달 방법)만큼 오랫동안 유통된 책은 거의 없다. 존 브로더스(John A. Broadus)가 1870년 집필한 이 책은 약 75년 동안 표준적 설교학 교재 역할을 했다. 브로더스는 설교와 수사학의 관계를 다음과 같이 말했다.

> 우리는 설교학을 특별한 종류의 연설에 적용되는 수사학으로 여겨야 한다(1890, 30).

다른 관점들이 존재하지 않았던 것은 아니다. 잉브 브릴리오스(Yngve Brilioth)와 폴 스콧 윌슨(Paul Scott Wilson)은 특히 중세와 종교 개혁 시대에 영향을 받은 설교학의 발전 과정을 추적한다(Brilioth 1965; Wilson 1992). 1981년 데이빗 버트릭(David Buttrick)은 설교의 배열에 관련된 연구 결과를 다음과 같이 요약했다.

> 개신교의 스콜라 시대 이후 설교는 오래된 전략에 따라 구성되었다.… 절차적으로 본문은 세 부분으로 나누어진 설교에서 주해되고, 해석되고, 적용되었다. … 서론은 본문으로 이어졌고, 본문은 일련의 대지(points)들로 전개되는 명제적 주제로 축소되어 … 결론에서 마무리되었다. … [이] 구조는… 여전히 존재한다(1981, 46-47).

자나 칠더스(Jena Childers)가 살펴본 것처럼, "설교의 목적은 고전 수사학의 목적인

배열 (Arrangement)

합리적 설득보다 더 넓고 깊다"(1998, 28).

그러나 두 번의 극적 반전이 20세기에 일어났다.

첫 번째 반전에 대해 토마스 롱(Thomas Long)은 이렇게 묘사한다.

> 옛날 옛적에, 설교학 … 그리고 수사학은 … 행복한 한 쌍의 부부였다. 아우구스티누스의 『그리스도교 교양』(On the Christian Doctrine)에서부터 19세기 유행했던 방대하고 체계적인 설교학 교재에 이르기까지, 기독교 설교학은 설교의 내용을 위해 성경과 신학을 살핀 후 설교의 형태나 스타일을 위해서는 고전 수사학의 규칙이나 방식을 따랐다.
>
> 유대적이고 랍비적인 … 그래서 "종교적 설교학"과 그리스적이고 이방적인, 이상적으로 말해 "중립적 수사학" 사이의 혼합된 결혼이었다. 이것은 편의에 따른 결혼이었다. … 설교학자들은 설교자들이 무엇을 말해야 하는지를 알았고 수사학자들은 그것을 어떻게 말해야 하는지를 알았다. 그래서 청중은 그것을 듣고 설득될 수 있었다(Long 1993, 172-73).

그러나 롱은 인간의 타락으로 인해 하나님의 이미지(imago Dei)가 산산조각났다는 견해에 근거해서 수사학이 "바르트에게 공격받았다"라고 말한다. 그 결과 "하나님 말씀과 현존하는 인간의 조건 사이의 완전한 단절"이 생겨났다(1993, 174).

바르트는 이런 주장에 근거하여 말씀과 인간 사이의 "접촉점"을 모두 거짓으로 전제하면서 서론과 결론 모두를 피했다. 실제로 그는 설교중에 제1차 세계대전에 관해 언급한 것을 후회하면서, 목사들에게 사람들과의 "관련성(relevance)을 초월하여 말씀 자체에 초점을 맞추라고" 충고했다(Barth 1991, 118-19).

이 모두는 수사학적 설득의 개념을 완전히 부정하는 것이다. 바르트는 "설교는 정성껏 글을 읽는 사람의 무의식적인 입술의 움직임과 같을 것이다"라고 말했다(Barth 1991, 76). 그의 핵심은 목회의 수사학 전략이 아니라 본문에 대한 충실함이었다. 바르트는 설교자들에게 공동체에 일어났을지도 모를 비극적 사건을 "끔찍한 충격"이라는 식으로라도 암시하려는 유혹에 빠지지 말라고 경고했다. 그 사건은 "일상의 일부일 뿐이고, 오늘은 주일이다"(Barth 1991, 118).

두 번째 반전은 20세기 북미 설교학의 극적 전환으로서 위와는 다른 방향을 선택했다.

성경학자 프레드 크래독(Fred Craddock)은 주해 작업이 보편적 결론으로 시작하기보다, 본문에 대한 특이점과 구체적 질문으로 시작하는 귀납적 배열이라는 점을 깨달았다. 더 나아가 그는 학자들이 연역적으로 작업한다면, 주해(exegesis)가 아니라 자기주입식 해석(eisegesis)이 될 확률이 커진다고 염려했다. 그래서 그는 왜 설교자들이 성경 연구를 마무리한 후 설교단에 올라가, 설교 준비 작업의 결론을 발표하는 것으로 설교를 시작하려고 하는지 의문을 품는다. 크래독은 사람들이 한 번도 가 보지 않은 여행의 목적지에 벌써 도착한 것 같은 설교에 대해 실망한다고 말한다(1974, 146).

배열(Arrangement)

또한, 연역적으로 전개되는 삼대지 설교는 서로 거의 관련 없는 세 가지 내리막길로 이어지는 경우가 많으며, 일반적으로 긴장감이나 기대감이 거의 없다(1974, 56). 바바라 브라운 테일러(Barbara Brown Taylor)의 말대로, "설교자 자신의 발견 과정을 추적하는" 설교가 얼마나 큰 차이를 만들어 내는가(Taylor 1993, 83).

크래독의 이 획기적 작업으로부터 데이비드 랜돌프(David Randolph, 1969)가 새로운 설교학이라고 명명한 운동이 처음 시작되었고, 비슷한 관심을 가진 수많은 저자가 이를 재빠르게 수용했다(새로운 설교학 참고). 어떤 견해 차이가 있든지, 이들의 공통점은 설교자가 제시하려는 의미를 전략적으로 지연시키는 일종의 절차적 플롯에 대한 노력이 관련되어 있었다. 이 전략적 지연의 목적은 복음의 결단을 끌어내기 위해 흥미, 갈등, 긴장감을 조성하는 것이다.

딕 에스링거(Dick Eslinger)는 북미 설교학에서 나타난 이런 움직임을 "설교의 코페르니쿠스적 혁명"이라고 불렀다(1987, 65). 폴 스콧 윌슨(Paul Scott Wilson)은 이것을 종교개혁 이후 가장 극적인 설교학적 변화라고 평가했다. 이런 변화의 핵심은 설교가 깊은 신학적 차원에서 공간 속의 사물이 아니라 시간 속의 사건이라는 이해와 관련된다. 아이디어의 배열은 복음의 경험을 불러일으키도록 구성되어야 한다. 또한, 제임스 콘(James Cone)이 말했던 것처럼, "말씀은 하나님에 관한 말들 그 이상이다. … 이것은 시적 사건, 즉 유발이다." 헨리 미첼(Henry Mitchell)은 설교가 행위를 유발하는 목적(behavioral aim)을 가져야 한다고 주장한다(1990, 53).

이런 의미에서 설교와 가장 가까운 친척은 음악 연주다. 즉, 침묵에서 흘러나와 시기적절한 소리의 순서로 이어져 마침내 역사의 침묵 속으로 되돌아가는 것이다. 연주자가 마지막 네 마디로 소나타를 시작하지 않는다는 것은 말할 필요도 없다(결론부터 말하지 않는다는 점-역주). 이런 설교는 "문제"에서 복음이 제시하는 "해결"로 움직이도록 구성된다. 또는 내가 종종 표현하듯이, "설교는 가려움(itch)에서 긁음(scratch)으로 움직인다."

물론, 여기에 찰스 라이스의 이야기, 버트릭의 패턴화된 움직임, 라우리의 내러티브 설교 등과 같은 변형이 있다. 헨리 미첼과 그 외 사람들이 추천하는 아프리카계 미국인 설교의 스타일도 이런 아이디어의 변형된 구성과 형태적 움직임에 포함된다.

비록 미첼의 설교가 처음에는 다소 연역적으로 구성된 진부한 메시지로 보일 수 있지만, 실제로는 다른 배열로 구성되어 경험적인 긴장감을 일으킨다. 아프리카계 미국인 설교자들은 일반적으로 본문과 주제를 먼저 제시한 후 전통적 배열 형태를 따라가는 것처럼 보인다. 그러나 중요한 차이점은 수사적 과정의 중요한 순간을 포착하여, 이를 더 풍성한 사건으로 바꾸어 놓는 마지막 경축(celebration)으로의 전환이다.

여기에는 미첼이 "초의식"(transconsciousness)이라고 부르는 다층성 형태의 합리성이 개입된다. 미첼은 서구 문화가 감정을 "가치 없는 것으로 선언"하고 계몽주의가 이성과 감정을 둘로 나누어 문제를 더욱 악화시켰다는 점을 지적하면서 "흑인 문화는 …이 고상한 실수를 저지르지는 않았다"고 주장했다(1977, 12-13). 마지막 경축은 그 메시지에 대한 다층적 호소를 만들어 내는 데 목적이 있다.

시간이 지나면서 아리스토텔레스의 『수사학』(*Rhetoric*) 저술의 유산은 한 종류의 설교에 영향을 미쳤지만, 그의 『시학』(*Poetics*)의 유산이 다른 종류의 설교에 영향을 미쳤다는 것은 아이러니다. 우리는 아리스토텔레스에게서 갈등, 복잡함, 반전, 해결 등 서구의 고전적 플롯 라인을 배운다. 현재 플롯으로 이루어진 설교에서 강조되는 것들이 여기에 근거하고 있다.

결론적으로, 배열에 관한 핵심 주장은 말의 형태가 말의 내용이나 본질에서 분리될 수 없다는 것이다. 직선적(시간에 따른) 악보의 배열이 바뀌면, 음악의 내용은 완전히 달라진다. 완전히 다른 노래가 되는 것이다. 마찬가지로 설교의 형태, 형식, 또는 배열에 관한 결정은 내용의 실질적 변화를 만들어 낸다. 이런 이유로 데이비스는 형태 없이 생각을 가질 수 없다고 말했고, 크래독은 뭔가를 말해야 하는 것이 아니라 뭔가가 들려져야 하는 것이 중요하다고 말했다.

참고 주제 연역적 설교; 귀납적 설교; 내러티브 형태

참고 문헌 Karl Barth. *Homiletics*. (1991); Yngve, Brilioth. *A Brief History of Preaching*.(1965); John A. Broadus. *A Treatise on the Preparation and Delivery of Sermons*. (1890); David G. Buttrick. "Interpretation and Preaching." *Interpretation* 35 (January 1981); James H. Cone. *God of the Oppressed*. (1975); Fred B. Craddock. *As One Without Authority*. (1974); Fred B. Craddock. *Preaching*. (1985); Henry Grady Davis. *Design for Preaching*. (1958); Richard L. Eslinger. *A New Hearing*. (1987); Thomas G. Long. "And How Shall They Hear?: The Listener in Contemporary Preaching." *Listening to the Word*. Edited by Gail R. O'Day and Thomas G. Long. (1993); Craig A. Loscalzo. "Rhetoric." *Concise Encyclopedia of Preaching*. Edited by William H. Willimon and Richard Lischer. (1995) 409-11; Eugene L. Lowry. *The Sermon: Dancing the Edge of Mystery*. (1997); Henry H. Mitchell. *The Recovery of Preaching*. (1977); Henry H. Mitchell. *Celebration and Experience in Preaching*. (1990); David James Randolph. *The Renewal of Preaching*. (1969); Charles L. Rice. *The Embodied Word: Preaching as Art and Liturgy*. (1990); Barbara Brown Taylor. *The Preaching Life*. (1993); Paul Scott Wilson. *A Concise of History of Preaching*. (1992); Paul Scott Wilson. *The Practice of Preaching*. (1995)

비교(Comparison)
마이크 그레이브스(Mike Graves)

비교란 서로 다른 것들 사이에서 유사점을 발견하여 이를 표현하는 수사학적 장치로, 최소한 세 가지 다른 방식으로 표명된다.

- 비교 언어(comparative language)
- 비교 유비(comparative analogies)
- 비교 은유(comparative metaphors)

각 방식은 오늘날 설교자들에게 시사하는 바가 크다.

구약의 에로틱한 시는 비교 언어의 대표적 사례다.

> 네 입술은 홍색 실 같고 네 입은 어여쁘고 …
> (아 4:3).

이처럼 시적 화법과 유사한 비교 언어는 풍부한 이미지를 즐겨 사용하는 설교자들 사이에서 인기를 끌어 왔다.

(황금 입) 요한 크리소스토무스(John Chrysostom)는 다음과 같이 선언했다.

> 여러분은 사도의 목소리, 곧 하늘에서 나는 나팔 소리, 영적 수금 소리를 들었습니다. 마치 두렵고 호전적인 소리를 내는 나팔처럼 이것은 원수를 경악하게 만들고, 실의에 빠진 영혼을 일깨웁니다 (Chrysostom, 82-83).

이 말은 설교에서 성경 본문에 관한 첫 발언에 불과했다. 이런 표현은 대략 20세기 중반까지 교회 역사에 등장했다 사라지기를 반복했지만, 최근에는 거의 간과되고 있는 것 같다. 이런 표현에 관해 많은 훌륭한 아프리카계 미국인 설교자들이 이례적으로 주목받을 만하며 이를 위한 모델이 될 수 있다.

비교 유비는 잠언에 많이 포함되어 있다.

> 미련한 자는 행악으로 낙을 삼는 것 같이 명철한 자는 지혜로 낙을 삼느니라 (잠 10:23).

또는 예수님이 무리를 보시고 "목자 없는 양과 같이"(마 9:36; 막 6:34)라고 비교하신 말씀도 여기에 포함한다.

유비는 오늘날 설교자들 사이에서 가장 흔한 비교 형태다. 이것은 아마도 신앙의 합리적 측면을 지나치게 강조하기 때문일 수 있다. 다목적 용어인 '적용'과 '예화'에 포함되는 유비는 고대 수사학에서 흔히 사용되는 장치로서, 알려진 것에 비추어 알려지지 않은 것을 이해하도록 청중을 돕기 위해 사용된다(Farris 1998, 2).

예를 들어, 설교자는 청중이 예수님의 소박한 예루살렘 입성의 아이러니에 공감할 수 있도록 고대 지중해 세계의 소위 개선 행진을 묘사할 수 있고, 오늘날 에어쇼의 편대 비행과도 비교할 수 있다. 패리스(1998, 80-93)는 성경 본문 속의 사람들과 특정 그룹이 어떻게 오늘날의 사람들이나 어떤 그룹에 일치될 수 있는지(예를 들어, 이스라엘/교회, 바벨론/불의한 기관, 제자/교회 또는 그리스도인 개인)에 초점을 맞춘다. 설교자가 성경 본문에서 오늘날로 이동할 때마다 비교는 필수적이다. 설교에서 비교를 너무 많이 사용할 때 사고의 흐름을 놓칠 수 있다는 것이 위험 요소다.

공관복음서 비유에서 예수님은 다음과 같은 비교 은유를 자주 사용하신다.

> 우리가 하나님의 나라를 어떻게 비교하며 또 무슨 비유로 나타낼까, 겨자씨 한 알과 같으니 (막 4:30-31).

예수님의 은유적 비유는 현대 설교자들 사이에서 가장 드문 형태의 비교다. 전부는 아니지만 많은 예수님의 비유는 알려진 것들에 비추어 알려지지 않은 것을 명확히 밝히기보다는, 알려진 것(빵, 씨앗, 결혼)을 사용하여 신비한 "하나님 나라"를 위한 함의를 열린 결말로 처리한다. 이런 수수께끼 같은 이야기는 "들을 귀 있는 자"(막 4:9)인 청중에게 무거운 부담을 준다. 설교학에 대한 새로운 접근 방식에 익숙한 목회자는 경험을 강조하는 열린 결말의 설교 스타일에 대해 위험뿐만 아니라 매력을 느낄 것이다.

참고 주제 다리 놓기, 은유와 비유적 표현, 비유, 잠언

참고 문헌 John Chrysostom. *Nicene and Post-Nicene Fathers*. Cited in O. C. Edwards Jr. *A History of Preaching*. (2004), Stephen Farris. *Preaching That Matters: The Bible and Our Lives*. (1998).

정의(Definition)

테레사 록하트 스트릭렌(Teresa Lockhart Stricklen)

정의는 하나님의 신비를 말하고, 세상 속의 하나님의 임재를 드러내는 데 중요한 역할을 한다. 신앙생활은 종종 불분명하고 모호한 순간들로 가득하며, 복음은 그 의미가 분명하게 드러나기 전까지 추상적 상태로 남아있다. 그래서 설교자들은 신학적 개념을 청중이 이해할 수 있는 용어로 풀어 설명할 필요가 있다.

정의는 이해를 위한 공통 기반을 형성하는 데 필수적이다. 예를 들어, 설교자들은 '구원'이라는 개념을 모두가 똑같이 이해한다고 생각할 것이다. 그러나 단어들은 각자의 과거 경험과 그 경험이 현재 상황과 연결되는 방식에 따라 다르게 받아들여진다. 어떤 사람에게 구원은 하나님의 선하심이 아니라 신앙 장사꾼인 TV 설교자(televangelists)와 관련된 부정적 이미지로 다가올 수 있다. 그래서 우리가 단어를 사용할 때, 특히 하나님이 관련된 단어의 의미를 명확히 하는 것이 중요하다. 우리는 정의를 통제하는 사람이 의미로 가득 찬 가능성의 세계 전체를 지배한다는 점을 명심해야 한다. 이런 이유로 설교자들은 정의에 주의를 기울일 필요가 있다.

설교자들이 복음을 전하는 과정에서 정의를 활용하는 방법은 다양하다. 설교자들은 짧은 설명을 덧붙인 삽입 어구로 구원과 같은 용어를 간략하게 정의할 수 있을 것이다. 그들은 또한 한 용어가 사용되는 특정 방식을 구분하는 약정적 정의(stipulative definitions)를 사용할 수 있을 것이다. 예를 들어, 다음과 같다.

"성경에서 말하는 구원은 일반적으로 마음, 몸, 영, 관계, 사회에서 하나님의 선하심을 온전한 경험하는 것을 의미한다."

또한, 설교자는 확대 정의(extended definitions)를 사용할 수 있다. 이 확대 정의는 단순하게 시작하지만, 사람들이 한 특정 개념을 보다 더 깊이 이해하도록 의미의 범위를 확장하는 방식이다.

게다가 설교자들은 어떤 것을 정의하기 위해 차별화를 사용할 수 있다.

"바울이 '구원'이라는 용어를 사용할 때, 그는 머리 큰 TV 설교자들이 뱀 기름 같

은 물건을 파는 것에 관해 말하는 것이 아니다."

그 외에도, 유비(구원이 무엇과 같은지)와 이야기(구원이 어떻게 작용하는지)를 통해 실제로 역사하고 있는 구원의 예를 제공할 수 있을 것이다(비교 참고). 우리가 어떤 것을 정의하는 또 다른 방식은 그것의 기원을 추적하는 것이다.

"구원은 연고(salve, 당신이 상처 위에 바르는 치유의 연고)와 같은 뿌리에서 나온다."

영어에는 성경 원어에 상응하는 적절한 단어가 없는 경우가 많다. 그래서 설교자들은 완전한 의미가 전달될 수 있도록 히브리어, 아람어, 그리스어 용어를 정의할 필요가 있다.

예를 들어, 히브리어 성경이나 구약의 그리스어 번역본에 배경 지식이 있는 제2 성전 시대에 살았던 사람들은 하나님이 세상을 창조하실 때 그러셨던 것처럼(창 1장), 뭔가를 '부르거나' 이름을 붙이면 그것이 곧 존재하게 된다고 믿었다. 그래서 무덤에서 나사로를 '부르시는' 예수님(요 11장)에 관한 설교에서, 설교자는 '부름'이라는 단어가 지닌 히브리어와 그리스어의 미묘한 뜻을 간략하게 설명할 수 있다. 그런 다음 어떻게 우리가 마르다와 마리아처럼 죽음이 최종적인 결말이라고 믿게 되었는지 보여준 후, 이어서 설교자가 죽음의 혼돈(창조의 혼돈과 마찬가지로)에 맞서 "나사로야 나오너라"라고 '부르시는' 예수님의 모습을 묘사할 수 있다. 이를 통해 우리의 죽은 믿음도 부활의 생명으로 나아갈 수 있다. 이것이 정의가 가진 힘이다. 설교를 통해 하나님의 임재가 드러나도록 길을 준비함으로써 정의는 계시를 위한 환경을 마련할 수 있다.

참고 주제 가르치는 설교

에토스(Ethos)

안드레 레스너(André Resner)

에토스란 화자에게서 인식되는 인품이다. 아리스토텔레스는 화자가 로고스(연설), 파토스(청자의 감정), 에토스 이 세 가지 수단으로 설득한다고 믿었고, 그중 에토스가 가장 강력하다고 생각했다. 아우구스티누스는 『그리스도교 교양』(Christian Instruction)에서 다음과 같이 동의했다.

> 화자의 말을 순종하는 마음으로 듣는지를 결정하는 데 있어 웅변의 거창함보다 화자의 삶이 더 중요하다(Doctr, Chr. 4.27.59).

설교학자들은 수 세기 동안 에토스에 그런 힘이 있다고 보았으며, 신뢰가 쌓이면 어려운 설득 작업은 거의 끝난 것이라고 믿었다.

칼 바르트가 이의를 제기하기 전까지 이것은 문제가 되지 않았다. 그는 이런 태도가 하나님의 로고스보다 설교자의 인품을 더 중요한 것으로 만들 수 있다고 경고했다. 바르트에게 있어서 그리스도 자신이 설교자이고 선포되는 것이 실제로 "하나님 말씀"이므로 설교자의 역할은 상대적으로 중요하지 않다. 오직 하나님만이 그 말씀을 유효하게 만드실 수 있다.

사도 바울은 에토스와 씨름했다. 그의

에토스(Ethos)

십자가의 로고스가 청중에게 혼란을 불러일으켰기 때문이다. 바울의 청중은 주로 그리스-로마의 수사학에 영향받은 비유대인들이었으며, 그들은 바울의 공격적 메시지만큼 그를 불편해했다. 바울은 수사학 게임의 룰을 따르지 않았다. 그는 청중이 그의 말의 내용이나 그의 삶의 모습에 조건을 내거는 것을 허용하지 않았다.

바울 시대에 수사학은 청중이 주도하는 것이었으며, 청중이 왕이었다. 그러나 바울에게 복음 선포는 메시지가 주도하는 것이었고, 그것이 복음의 전달이나 설교자의 삶의 기준을 결정했다. 바울의 청자들은 그가 매 맞고 투옥되는 것을 그에 대한 불신의 근거로 여겼다. 키케로는 진정한 덕을 갖춘 삶은 명예로워야 하며, 저주받은 삶은 바울의 삶처럼 보일 것이라고 말했다(고난의 목록과 비교하라. 예를 들어, 고전 4:8-13은 아이러니하게 그의 소명의 정당성을 입증한다).

수사학의 세계와 십자가가 충돌했을 때, 에토스는 로고스만큼이나 크게 변형되었다. 이성적 논증으로서의 십자가의 로고스는 그리스적 감성을 뒤흔들었다. 십자가의 에토스는 신뢰성에 대한 문화적 기대를 산산조각 냈다. 바울의 에토스는 역설적이고 반전이 있는 에토스로서 십자가의 로고스 안에 함축되어 있었다. 십자가를 닮은 그의 삶 자체가 십자가의 로고스를 전달하는 매개체가 되었다. 그의 삶이 로고스의 내용을 증명하는 한, 청중을 변화시킨 것은 바울의 인품이 아니라 하나님의 능력이었다.

"우리는 우리 자신이 아니라 십자가에 달리신 그리스도를 전한다."

그러나 십자가를 닮은 설교자의 삶 또한 십자가에 달리신 그리스도를 전한다.

이렇게 재구성된 설교의 목적은, 시장에서 선택권이 있다고 생각하는 소비자들의 마음을 사로잡으려는 시도에서 존재와 가치가 충돌하는 세계와 맞서는 일로 전환된다. '설득'은 소비자의 선호도를 기반으로 이루어지며, 능숙한 설교자는 거래를 성사시키기 위해 어떤 모습으로든 변할 수 있는 카멜레온 같은 존재가 된다. 그러나 선포는 십자가의 로고스가 지닌 신성한 효능을 신뢰하는 것이다.

> 우리는 수많은 사람들처럼 하나님 말씀을 혼잡하게 하지 아니하고…(고후 2:17).

자기를 설명하려 애쓰는 바울의 모습은 마치 목회자가 자신이 누구이며, 무엇을 하고, 무엇을 말하며, 왜 그렇게 하는지를 설명하는 데 지나치게 많은 시간을 소비하는 것처럼 무의미하게 보일 수 있다. 그러나 바울은 복음으로 정체성이 형성될 때, 그런 설명 자체가 복음의 사역이 된다는 사실을 깨닫게 한다.

> 그런즉 아볼로는 무엇이며 바울은 무엇이냐 그들은 주께서 각각 주신 대로 너희로 하여금 믿게 한 사역자들이니라 나는 심었고 아볼로는 물을 주었으되 오직 하나님께서 자라나게 하셨나니…(고전 3:5-6).

설교자가 끊임없이 직면하는 유혹은 더 쉬운 길을 택하는 것이다. 즉, 설교자와 교회가 십자가의 삶을 살아내고 그것을 설명하기 위한 수고를 멈추고, 세상의 기준과 욕망에 타협하는 것이다. 그 길은 더 쉽고, 누릴 수 있는 혜택도 적지 않다. 그러나 이렇게 되면 설교자와 교회의 존재 이유가 사라진다. 하나님의 은혜 안에서 말과 삶으로 십자가라는 신비한 로고스를 증언하는 사명(martos)을 잃어버린다.

참고 주제 인품

참고 문헌 Karl Barth. *Homiletic*. (1991), Alexandra Brown. *The Cross and Human Transformation*. (1995), Charles Cousar. *A Theology of the Cross*. (1990), Michael Gorman. *Cruciformity*. (2001), Ronald Osborne. *Creative Disarray: Models of Ministry in a Changing America*. (1991), Andre Resner Jr. *Preacher and Cross: Person and Message in Theology and Rhetoric*. (1999).), Andre Resner Jr. *Preacher and Cross: Person and Message in Theology and Rhetoric*. (1999).

동일화(Identification)

로버트 코노버(Robert E. Conover)

"동일화"란 철학, 문학, 사회학, 종교, 수사학 등 다양한 분야를 연구해 온 케네스 버크(Kenneth Burke, 1897-1995)가 개발한 수사학 용어다. 버크의 체계에서 동일화는 "수사학"(rhetoric), "설득"(persuasion), 그리고 "실체"(substance)나 "동일 실체성"(consubstantiality)과 같은 용어들과 긴밀하게 연결되어 있다. 설교에서 동일화가 갖는 중요성을 이해하려면, 이 모든 용어를 버크의 관점에서 간략하게 살펴볼 필요가 있다.

1. 동일화

수사학과 설득은 자주 긴밀하게 연결된다. 일반적으로 '수사학'은 "설득력 있는 연설을 가능하게 하는 예술"로 정의된다(*Random House Dictionary*). 버크는 두 용어의 연관성을 인정하면서도, "설득"이라는 용어 대신 "동일화"라는 용어를 사용했다. 동일화는 설득이 어떻게 일어나는지를 묘사하는 개념이기 때문이다. 즉, 가장 기본적인 형태의 설득은 동일화다. 버크는 다음과 같이 말한다.

말, 몸짓, 어조, 어순, 이미지, 태도, 아이디어 등 당신의 방식을 [그들의 방식과] 동일화하면서, [그들의] 언어를 말할 수 있는 한에서만 [사람들을] 설득할 수 있다 (1969a, 55).

버크가 사용하는 동일화와 긴밀하게 연결된 또 다른 용어는 "동일 실체성"(consubstantiality)이다. 사람들이 서로를 동일화할 때, 그들은 공통의 실체를 공유하거나 서로 동일 실체가 된다는 점을 인식한다. 버크의 표현을 빌리면, "A와 B를 동일화한다는 것은 A와 B를 '동일 실체'화하는 것이다"(1969a, 21). 그러나 동일화는 상대방과 똑같아진다는 뜻이 아니다. 버크는 다음과 같이 설명한다.

A는 그의 동료인 B와 같지 않지만, 그들의 이해 관계가 일치하는 한 A는 B와 동

일화된다. 또는 이해 관계가 일치하지 않더라도, 서로 일치한다고 가정하거나 그렇게 믿도록 설득되면 A는 B와 동일화할 수 있다.

수사학은 흔히 대중적 말하기와 연관되지만, 말하기에만 국한되지 않는다. 수사학은 모든 형태의 의사소통을 포괄한다. 이런 관점에서 버크가 사용하는 "실체"(substance)라는 용어는 많은 점을 일깨운다.

> 과거의 철학에서 실체는 행동이었고, 삶의 방식은 함께하는 행동이었다. 함께하는 행동에서 [사람들은] 공통의 감각, 개념, 이미지, 아이디어, 태도를 가지게 되어 그들을 동일 실체화한다(1969a, 21).

또한, 동일화는 다른 이들에게 영향력을 행사하고 그들을 설득하는 능력이 근본적으로 인간 관계에 의존한다는 사실을 이해하도록 도와준다. 버크는 두 사람이 서로 연결되거나 동일 실체화될 수 있지만, 동시에 여전히 서로 구별된 존재라고 주장한다. 이런 인식은 우리 인간관계에서 자연스럽게 존재하는 분리 상태를 조명한다. 우리는 많은 공통점을 가질 수 있지만, 개인이나 사회는 모두 서로 구별된 존재다. 이것이 인류의 자연스러운 상태이며, 동시에 인간 분리의 원인이기도 하다. 버크는 다음과 같이 설명한다.

> 분리가 존재하기 때문에 동일화가 진지하게 고려된다. 동일화는 분리에 대한 보상이다. 만약 [사람들이] 서로 분리되지 않았다면, 수사학자가 그들의 일치를 선언할 필요가 없을 것이다. 만약 [사람들이] 전적으로, 그리고 진정으로 한 실체였다면, 완전한 의사소통은 [우리의] 본성이 되었을 것이다(1969a, 22).

그러나 이런 완전한 일치는 인간공동체(교회를 포함하여)의 본질이 아니다. 따라서 우리는 차이 속에서 우리를 하나로 묶어 줄 동일화가 필요하다. 버크의 체계에서 동일화와 대비되는 개념이 분리라는 점은 주목할 만하다.

이런 간략한 배경을 토대로 우리는 세 가지를 도출할 수 있다.

첫째, 동일화는 수사학과 설득력이 단순히 말하기에만 국한되지 않으며, 몸짓, 어조, 순서, 이미지, 태도, 아이디어, 동작, 그리고 공동의 행동까지 포함한다는 점을 알도록 해 준다.

둘째, 동일화는 공통 관심사가 설득과 일치의 원천임을 알게 해 준다. 설득과 일치는 우리가 다른 이들의 방식과 동일화하고, 함께 행동하며, 다양한 공통의 경험, 아이디어, 태도에 초점을 맞출 때 더욱 강화된다.

셋째, 동일화는 분리가 인간의 자연스러운 상태임을 깨닫게 한다. 동일화는 개인이나 그룹 안의 차이를 유지하면서도, 개인들 사이와 더 큰 그룹 사이의 일치를 형성하고 촉진할 수 있음을 알게 해 준다.

2. 설교를 위한 의미

이런 논의에서 볼 수 있듯이, 설교를 위한 동일화의 의미는 두 분야, 즉 설득과 일치에 집중된다.

1) 설득

두 말할 필요도 없이, 모든 화자는 청중을 설득하기 원하며, 설교자들 역시 예외는 아니다. 적어도, 설교자들은 신앙인들이 매주 선포되는 복음의 메시지를 진지하게 받아들이기를 원하며, 최대한, 그 선포된 메시지가 그들을 변화시켜 더 의미 있는 삶을 살며 이웃을 섬기게 되기를 바란다.

책임감 있는 설교자는 설교 준비에 심혈을 기울인다. 어떤 주에는 설교 때문에 고민하며 밤잠을 설친다. 엉덩이의 통증을 참아가며 밤새 씨름하고 나서야 메시지가 완성되기도 한다. 설교자들은 자기 말을 정확하게 전달하고 명확하게 소통하기를 원한다. 또한, 설교를 어떻게 구성해야 더 큰 영향을 줄 수 있을지 고민한다.

설교자들은 사람들을 조작하려는 목적이 아니라, 사람들의 삶 속에서 복음이 살아 움직이게 하는 도구로서 설득하기를 원한다. 그렇기에 설교의 구성을 매우 중요하게 생각한다. 그러나 때때로 말씀과 형식에 집중하다 보면, 설교자의 설득력을 높일 수 있는 다른 요소를 놓치게 될 수도 있다.

동일화는 설교자들이 이미 알고 있는 중요한 내용을 상기시켜 준다. 즉, 설교는 잘 다듬어진 말들과 세련된 전달 기술만의 문제가 아니라 비언어적 표현과 설교자의 인간성에 관한 것 역시 중요하다는 것이다(인품 참고). 비언어적 표현 중 몇 가지는 앞서 언급했다. 내용의 배열은 분명 설교학 문헌에서 상당히 주목받고 있으며, 몸짓은 예전만큼은 아니지만 계속해서 그 중요성이 인정되고 있다. 그러나 버크는 어조(tonality), 태도(attitude), 행동(action)이라는 이 세 가지 요소에 더 많은 관심을 기울일 필요가 있다고 제안한다.

우리의 논의를 위해 태도와 어조는 유사한 특성으로 간주하여 함께 다룰 수 있을 것이다. 우리는 똑같은 말도 어떻게 말하느냐에 따라 완전히 다른 의미로 전달될 수 있다는 사실을 잘 알고 있다. 예를 들어, 아버지가 큰아들에게, "너는 항상 나와 함께 있구나"라고 말할 때, 이 말은 평생에 걸친 부자 간의 정을 표현하는 것일 수도 있고, 혹은 평생 집에서 아들과 함께 살겠다는 의지를 드러내는 말일 수도 있다. 어조나 태도는 의미를 결정짓는 핵심 요소다. 설교자에게 중요한 건 마음의 상태다.

그 마음이 긍휼로 가득한가?

아니면 실망으로 가득한가?

설교문에 적힌 말들이 무엇이든지 간에, 신앙인들은 설교 안에서 설교자의 마음가짐을 듣게 될 것이다.

설교자들의 행동, 즉 그들의 삶은 말만큼 큰 울림을 준다. 야고보는 행함이 없는 믿음은 "죽은 것"(2:17)이라고 말하면서, 동일화의 원리를 또 다른 방식으로 강조한다. 행동이 따르지 않는 설교자의 말들은 필연적으로 설득력을 잃게 된다.

버크는 그릇과 그 그릇 안에 담긴 내용물

동일화 (Identification)

사이의 관계에 관해 말한다(1969a, 41). 이 둘이 서로 일치하지 않을 때, 사람들은 일종의 인지 부조화를 경험하게 된다. 반면, 복음의 메시지와 복음의 삶이 설교자 안에서 서로 일치할 때, 청중을 설득할 수 있는 상당한 힘을 갖게 된다.

2) 일치

오늘날 교회 안에서 일치를 이루는 일이 지속적인 과제임은 두말할 필요가 없다. 그러나 우리는 고린도 교회를 보면서 회중들 사이의 일치 또는 회중과 설교자 사이의 일치가 이루어지기 어려운 문제였다는 것을 기억할 필요가 있다. 동일화는 공통점을 찾는 것이 일치를 촉진할 수 있는 길임을 우리에게 가르쳐 준다.

동일화의 맥락에서 볼 때, 이런 공통점은 아이디어와 종교적 신념만큼이나 행동과 활동과도 깊이 관련되어 있다. 실제로 공동 사역은 공동의 교리적 신념이나 성경 해석만큼, 어쩌면 그 이상으로 회중의 일치에 더 크게 도움을 준다. 사람들은 그들의 종교적·사회적 신념이 일치하지 않더라도, 노숙자의 식료품 저장고를 채우거나 개발도상국의 배수로를 파는 일에 자주 함께 참여하면서 하나가 된다.

함께하는 일에 대한 신학적 성찰은, 신학적 또는 사회적 관점이 서로 다를지라도, 일치를 이루는 힘을 발휘할 수 있다. 서로 다른 관점에도 불구하고 함께 행동하는 것이 관계적 일치를 가져오는 온실(greenhouse)이라는 점을 우리는 경험을 통해 안다. 공통의 행동은 관계를 만들고, 관계는 일치를 이루게 한다.

또한, 동일화는 공통점과 공통 관심사에 집중하도록 우리를 가르친다. 사실 우리는 공통점보다는 차이점에 더 눈이 간다(공통점이 많지 않고 차이점이 더 눈에 띄기 때문에). 우리는 일치를 이루기 위해 공통점에 더 초점을 맞추어야 한다. 은은한 색으로 가득 찬 마을에서 밝게 색칠된 집은 평면도와 건축 자재가 주변의 집들과 똑같을지라도 돋보이게 마련이다. 우리의 차이점도 마찬가지다. 차이점들은 쉽게 눈에 띄어 우리의 시선을 잡아끈다. 그러나 동일화는 우리의 시선을 공통점에 고정하라고 가르친다. 이를 통해 개성을 유지하면서도 일치를 강화할 수 있다.

참고 주제 설득; 교회 정체성을 형성하는 설교

3. 요약

동일화는 설득력 있게 설교하기를 원하는 설교자에게, 설교를 준비할 때 세 가지를 유념하라고 가르친다.

첫째, 마음의 태도(이것은 전달의 어조를 결정하게 될 것이다)
둘째, 설교자의 메시지와 행동 사이의 일치
셋째, 회중 내에서 공통된 행동과 관심사에 대한 강조

참고 문헌 Kenneth Burke. *A Grammar of Motives*. (1969a); Kenneth Burke. *A Rhetoric of Motives* (1969b), *Random House Dictionary of* *the English Language*. 2nd ed., s.v. "rhetoric."

로고스(Logos)

안드레 레스너(André Resner)

'로고스'라는 용어는 "말씀", "이성", "논리", "연설" 또는 "메시지" 등으로 번역될 수 있다. 초기 교회에서 이 용어가 사용된 배경에는 그리스-로마 수사학, 구약성경, 그리고 두 사상의 흐름을 결합한 필로(philo)의 유대 사상이 있다. 로고스는 아리스토텔레스가 제시한 세 가지 수사학적 설득 수단 중 하나(파토스와 에토스와 함께)로, 연설의 논리적 논증과 관련된다. 스토아 학파(Stoics)는 로고스를 모든 만물을 구성하고 질서를 부여하는 원리로 여겼다.

필로에게 로고스는 신과 창조 세계 사이의 중재자이자, 신의 주요한 자기 계시 수단이었다. 초기 기독교인들은 이 용어를 받아들여 다양한 방식으로 활용하면서, 선포된 복음과 성육신하신 예수 그리스도를 표현했다.

성경에 따르면, 하나님 말씀(로고스)은 단순한 소리가 아니라 행위, 행동, 그리고 하나님의 뜻에 따라 시간 속에서 실제로 이루어지는 사건이다. 하나님 말씀은 만물을 존재케 하시고, 아브라함, 다윗과 언약을 맺으시고, 이스라엘을 노예 신세에서 해방하시며, 이스라엘에게 토라와 예언적 말씀을 주시고, 그들과 영원한 약속을 맺으신다. 우리는 이 약속의 첫 열매를 성육신하신 로고스, 즉 예수 그리스도에게서 볼 수 있다.

승천 이후, 이 로고스는 하나님이 선택하신 인간적 수단, 즉 설교자나 교회를 통해 전달되고 삶으로 실현된다. 누가와 바울은 하나님이 부르신 설교자들의 사명을 로고스의 "인도자" 또는 "조력자"(*hypēretēs*)이자 "증인"(단수로 *martyros*)이라고 설명한다. 우리가 설교하는 이 로고스는 성령의 능력을 통해 복음의 사건을 묵시적으로 재연한다. 이 말씀이 선포되고 들려질 때, 하나님이 바라시는 일이 다시금 이루어진다.

바울에게 로고스는 특별히 십자가와 부활 사건의 행동을 의미한다. 이는 시대가 전환되고, 구원이 이루어지며, 하나님이 새로운 언약을 맺고 새 시대를 시작하신 순간이다. 십자가의 로고스가 시작한 새로운 앎의 방식은 세상 속에서 새로운 존재 방식을 형성하며, 이것은 앎과 삶의 옛 방식과 충돌한다. 예수님의 인품 안에서 육신(*sarx*)을 입은 로고스는 은혜롭고 구속적이었지만, 바울에게 우리의 육신은 십자가가 제시하는 온전하고 정의롭고 구속적인 공동체의 비전과 이념적, 실존적으로 대립된다.

이처럼 십자가의 로고스는 자기 비움과 자기 희생이라는 독특한 논리를 이해하지 못하는 사람들에게 불쾌하고 어리석은 말로 들릴 수 있다. 십자가를 닮은 사고와 행동 안에서 실천되는 이 십자가의 논리는 성령의 임재와 권능을 통해 신앙공동체 안에서 확증된다. 로고스는 신앙공동체의 정신적, 영적, 물리적 환경을 변화시키면서 하나님의 백성들이 실천하는 구체적인 예전적, 사회적 행동으로 구현된다. 단순한 소리나 음성으로서의 로고스는 하나님의 복음이 아니다.

칼 바르트의 신학적 작업은 말씀 중심적이고 말씀 주도적이었 다(하나님 말씀 참고).

로고스 (Logos)

바르트는 모든 게 하나님의 계시에 달려 있다고 생각했는데, 이 계시는 삼중 형태를 취한다.

첫째, 예수 그리스도 안에 성육신하신 하나님 말씀
둘째, 선포된 하나님 말씀
셋째, 성경 안에서 울려 퍼지는 하나님 말씀

하나님은 은혜롭게도 인간을 사용하여 하나님의 말씀을 선포하게 하시지만, 그 말씀이 성공하거나 실패하도록 결정하는 분은 인간이 아니라 하나님이다(1936, 88-124).

특히, 예수님 이후 이 말씀의 독특한 흐름에 주목하라. 로고스는 육신이 되어 우리 가운데 거하셨고, 육신은 다시 로고스가 되어 우리 가운데 선포되었다. 신성한 말씀은 눈에 보이는 존재가 된 후, 다시 인간의 언어가 되었다. 놀랍게도 하나님은 복음이 제 때 확장되도록 교회를 로고스 선포의 수단으로 선택하셨다.

직접 선포되는 신성한 말씀에서 성자 예수 안에 성육신하신 신성한 말씀에 이르기까지, 그리고 다시 선포를 통해 인간이 중재하는 신성한 연설에 이르기까지 진행 과정의 각 지점에서 그 말씀의 신뢰성은 점점 낮아지는 듯 보인다. 청중은 경이로움을 느끼거나, 성령에 감동받거나, 믿음으로 포용하거나, 아니면 불신이나 불쾌감으로 등을 돌리게 된다.

수 세기 동안 설교자, 시인, 비평가들은 복음의 말씀이 육신을 입지 못한 채 실체가 없는 추상적 개념으로만 남아있는 것이 설교의 가장 큰 실패 요인이라고 지적했다. 로고스가 청중의 삶, 특히 설교자의 삶 속에서 구현되지 못하는 것이 현대 설교의 큰 걸림돌이다. "반복"(*reduplication*)은 쇠렌 키르케고르(Søren Kiekeggard)가 사용한 용어로, 설교자의 삶 속에서 말씀이 말과 삶으로 동시에 구현되는 방식을 설명한다. 키르케고르에게 말씀이 단순한 말, 글, 강의, 책, 설교로 축소되어 삶과 단절되는 것은 최악의 이단보다 더 심각한 문제였다. 이것은 기독교의 소멸을 의미했다.

> 기독교는 교리가 아니기 때문에, 단순히 옳은 내용을 객관적으로 말하기만 하면 누가 말하든 상관없는 문제가 아니다. 그렇다. 그리스도는 가르치는 자가 아니라 따르는 자들을 부르셨다. 기독교는 교리가 아니기 때문에, 그것이 설교자의 삶 속에서 실현되지 않는다면, 그는 기독교를 전하는 것이 아니다. 기독교는 삶에 관한 메시지이며, [사람들의] 삶 속에서 실현되어야만 전해질 수 있기 때문이다(Rohde 1960, 117).

"육신을 입지 못한 말씀"의 문제는 설교자나 청중이 로고스를 무력하게 만든다는 의미가 아니다. 이것은 복음의 능력이 설교자의 도덕성에 달려 있다는 일종의 설교학적 분파주의(Donatism)가 될 수 있다. 순종적 청중의 삶도 하나님의 로고스를 효율적으로 전달할 수 있게 만들지는 않는다. 오히려 신실한 설교자와 순종적인 청중의 삶이 말씀의 효능을 증거한다.

루돌프 불트만(Rudolf Bultmann)은 설교

하고 말씀을 들을 때 다시 육신을 입는 분은 예수 그리스도 자신이라고 주장했다(Bultmann 1954, 307). 그러므로 설교자와 청중에게 나타나는 구원의 능력은 부활하신 그리스도의 능력이다.

그러나 설교학적 가현설(Docetism)의 문제는 여전히 실재한다. 그것은 실제적 육화가 없고, 로고스에 대해 행위로 입증하는 사람도 없다는 문제다. 이 문제는 한 가지 심각한 질문을 제기한다.

만약 하나님 말씀이 그분이 보내신 말씀의 목적을 성취한다고 믿는다면, 그 말씀이 저항과 불신 또는 무관심과 무지에 직면했을 때 그것은 하나님이 사람들의 마음을 거스르고 강퍅하게 만들기 위해 일부러 그 말씀을 사람들 가운데 보내셨다는 의미인가?

이상적으로 두 가지가 함께 이루어져야 한다. 즉 그것은 풍성하게 선포된 로고스가 믿음으로 가득 찬 청중의 귀에 도달하여, 그 결과 복음의 부르심에 합당한 순종의 삶으로 이어지는 것이다.

참고 주제 **하나님 말씀**

참고 문헌 Karl Barth. *Church Dogmatics*. Vol. 1, part 1. (1936); Wendell Berry. *A Place on Earth*. (1983); Rudolf Bultmann. *Theology of the New Testament*. 2 vols. (1954); André Resner Jr. *Preacher and Cross: Person and Message in Theology and Rhetoric*. (1999); Peter Rohde, ed. *The Dairy of Søren Kierkeggard*. (1960). ohde, ed. *The Dairy of Søren Kierkeggard*. (1960).

기억(Memory)

조셉 웹(Joseph M. Webb)

고대 그리스 이후 성직자의 설교를 포함한 모든 전문적인 대중 연설은 기억의 훈련을 기반으로 이루어져 왔다. 대중 연설과 설득(수사학적 예술)은 그리스 문화와 교육의 핵심이었으며, 기억력을 함양하는 것은 그 교육 환경의 본질적 요소였다. 그리스 사람들은 최초의 기억술 또는 기억 보조 장치를 고안해 냈다. 실제로, 아리스토텔레스가 알렉산더 대왕에게 암기법을 가르쳤다고 전해진다.

오늘날 일부 전문적인 연설가, 특히 정치인들은 준비된 원고를 읽으며 연설하지만, 이는 대개 그들의 발언이 정책과 관련된 공적 기록물이 될 가능성이 있다고 판단될 때만 그렇게 하는 경향이 있다. 그러나 전문 연설자 대부분은 정확한 단어 선택보다 효과적 의사소통에 더 가치를 둔다. 효과적 의사소통은 단순한 단어 선택보다 훨씬 더 복잡한 과정임을 잘 알고 있다.

신학적으로든 목회적으로든 성직자는 전문적 대중 연설가다. 설교단에서든 연단에서든 그들은 설교, 즉 메시지를 전달하기 위해 노력한다. 설교자가 무엇을 말하려고 하든 자발적이고 상호 작용적인 연설이라는 최고의 자원을 활용하여 전달하지 않는다면, 다른 것들을 사용할 때보다 효과가 덜할 것이다. 달리 말해서, 설교에 대한 보편적 기대는 그것이 신학적으로 어떻게 이해되든지 설교가 청중의 주의를 집중시킬 뿐 아니라, 설교를 듣는 것만으로도 정서적으로 감동적인 경험을 만들어 낸다는 것이다.

이를 위해 설교는 강렬하고, 직접적이며, 열정이 넘치고, 매개되지 않는 형태여야 한다. 이것은 활기찬 음악이 가득한 현대적인 예배 환경에서 젊은 청중을 대상으로 설교할 때 특히 더 그렇다(이머징 교회 설교; 청소년 설교 참고). 이런 새로운 예배 환경은 확실히 비형식적이며 그런 환경 속에서의 설교 역시 완전히 비형식적이어야만 효과적일 수 있다. 그러나 이것이 가능해지려면, 설교자가 전하려고 하는 내용의 핵심을 완전히 암기하고, 원고 없이 자연스럽고 부드럽게 말할 수 있어야 한다.

그렇다면 설교자나 기타 전문 연설가는 즉흥적으로, 머리에 떠오르는 대로 말해야 하는가?

답은 "아니오"다. 바로 여기서 기억력이 결정적 역할을 한다. 전문적 대중 연설은 설교와 마찬가지로 항상 철저하고 신중하게 준비되어야 한다. 사실 청중은 준비되지 않은 설교를 본능적으로 잘 알아차린다. 설교 준비는 절대로 무계획적이거나 대충 이루어져서는 안 된다. 원고를 완전히 작성하고 그것을 통째로 암기한 후 단순히 암송할 수 있다고 설교가 준비된 것도 아니다(원고 수행 참고). 과거에는 간혹 그렇게 하기도 했지만, 설교자들은 오늘날의 바쁜 일정 때문에 대부분 그렇게 할 수 없다. 게다가 암기한 내용을 암송하는 것 자체가 높은 수준의 연기력을 요구하는데, 이는 설교자를 포함해 소수의 연설가만이 가질 수 있는 능력이다.

오늘날 설교에서 기억력을 활용하는 가장 효과적인 방법은 설교자가 매주 철저하고 신중하게 연구하고 말하고자 하는 내용을 구상한 다음, 순서에 따라 개요를 단순하게 만드는 것이다. 그러면 마지막 단계에서 설교자는 정교하게 다듬어진 설교의 개요를 의식적으로 그리고 의도적으로 암기할 수 있다. 이것이 대중 연설의 고전적 절차다. 이를 통해 설교자는 철저한 준비를 바탕으로 말하면서도 동시에 준비된 설교를 청중과 직접, 방해 없이, 그리고 편안하게 소통할 수 있다.

이 절차는 회중들이 설교자가 "마음에서 우러나는 말"을 하고 있다고 받아들이게 한다. 그러나 이를 위해서는 암기에 대한 두려움을 극복해야 한다. "다른 사람들은 암기할 수 있을지 몰라도 나는 기억력이 그렇게 좋지 않아"라고 하거나 "나는 예전에 연극을 하다 대사를 잊어버린 적이 있어. 나는 절대로 암기할 수 없을 거야"라고 말하는 사람도 있을 것이다. 그래도 이런 두려움은 정당화될 수 없다. 이에 관한 방대한 연구에 따르면, 인간의 기억력은 우리가 아는 것보다 훨씬 강력하다.

이를 활용하기 위해 두 가지가 필수적이다.

첫째, 암기하는 법을 배워야 한다.
둘째, 암기를 연습해야 한다.

연습하면 할수록 더 잘 암기할 수 있다. 기억력을 활용하는 방법을 배우고 이를 계속 훈련하면, 이런 놀라운 정신적 능력이 우리를 실망시키지 않는다는 사실을 발견하게 된다. 각 설교에서 연구와 준비가 철저하게 이루어졌다면, 설교자가 암기해야 할 것은 단 일곱 개에서 여덟 개 정도의 항목뿐이다. 즉, 설교자가 말하고자 하는 모

기억(Memory)

든 내용을 구조화하는 핵심 개요만 기억하면 되는 것이다.

어떤 사람들은 이 과정의 일부로서 성경을 암기하는 것에 관해 궁금해한다. 일부 설교학자들은 이를 옹호하지만, 대체로 암기한 개요를 바탕으로 말하는 방식을 권장하는 이들은 이에 반대한다. 그 이유는 비격식의 대중 연설과 성경 본문의 낭독 사이에 중요한 균형이 작용하기 때문이다. 즉, 성경 낭독은 성경 본문에 어느 정도의 권위를 부여한다. 반면, 설교자의 말이 힘을 가지는 이유는 그것을 단순히 읽는 것이 아니라 "진심에서 우러나와" 선포되기 때문이다.

지난 한 세기 동안 기억에 관한 과학적 연구는 주로 교육적 연구의 급증과 함께 더욱 활발하게 진행됐다. 실제로 학습과 기억이 어떻게 관련되는지에 관한 질문은 심리학, 사회학, 신경과학, 심지어 유전학 연구에서도 많이 다루어졌다. 최근 몇 년 동안, 우리는 기억에 관한 많은 것들을 알게 되었다.

우리는 '기억'이라는 개념이 한 가지만이 아니라 다양하다는 것을 알고 있다. 그중에서 가장 중요한 두 가지 유형은 장기 기억(long-term memory)과 단기 기억(short-term memory)이다.

장기 기억에는 일부 학자들이 "에피소드적 기억"(episodic memory) 또는 "자서전적 기억"(autobiographical memory)이라고 부르는 것이 포함된다. 이 기억은 일상생활에서 자연스럽게 형성되는 개인적 기억의 세계다. 우리는 과거의 에피소드나 경험을 기억한다. 물론 모든 것을 기억하는 것은 아니지만, 굳이 기억하려고 노력하지 않아도 해마다 기억 속에 저장할 수 있는 만큼 기억한다. 에피소드적 또는 자서전적 기억 외에도 "의미 기억"(semantic memory)이라고 불리는 유형이 있다. 이 기억은 역사 이야기, 수학 공식, 영어의 문법 등과 같이 우리가 학교생활에서 배운 수많은 정보를 포함한다. 이런 기억들은 우리 삶 속에서 유용하게 활용된다.

장기 기억은 설교자가 즉흥적으로 또는 갑작스럽게 준비 없이 설교해야 할 때 중요한 역할을 한다. 예를 들어, 교회학교 교사가 예기치 않게 아프거나 초청 설교자가 나타나지 않는 등의 상황에서는 다른 설교자가 즉시 나서야 한다. 이런 과정이 설교학 문헌에서 거의 다루어진 적이 없지만, 화자(설교자도)는 장기 기억을 바탕으로 이런 상황에 잘 대처할 수 있다.

한편, 단기 기억은 전문적 연설가와 설교자들에게 가장 필요한 기억이다.

그렇다면, 우리는 단기적 기억에 관해 무엇을 알고 있는가?

우리는 아크로스틱(acrostics, 각 행의 첫 글자를 아래로 연결하여 특정 어구를 만드는 시 나 글-역주)과 같은 다양한 기억 장치가 존재하지만, 단기 기억은 가장 확실하게 말하면 연습하는 것, 더 직접적으로 말해서 반복의 예술이다. 사람들은 학생들이 시험 공부하는 것처럼 짧은 시간 동안 어떤 내용을 계속 반복한다. 말하자면, 개요로 정리된 문구들이 기억 속에 각인되고, 몇 시간에 걸쳐 여러 번 연습의 과정을 반복하면 내용은 더욱 확실하게 기억에 남는다.

우리는 몇 가지 조건이 그런 연습 과정에

서 기억을 형성하고 저장하는 정신적 능력에 방해가 된다는 사실도 알고 있다.

예를 들어, 건강이 좋지 않거나 피곤하면 암기 능력이 저하된다. 만약 사람들이 암기해야 하는 내용에 특별한 흥미가 없다면, 두뇌는 그것을 잘 받아들이지 않는다. 연습을 위해 따로 정해 놓은 시간 동안 주변에 방해 요소가 많다면 기억력이 제대로 형성되지 않는다. 암기해야 할 목록이 제대로 정리되어 있지 않거나, 두뇌가 직관적으로 이해할 수 있는 내적 논리가 없을 때 암기는 더 어려워진다.

이런 조건이 개선되면, 즉 기분이 좋고, 충분히 휴식을 취했고, 암기하려는 내용에 관심이 있고, 방해 없이 연습에 집중할 수 있고, 그 내용이 잘 정리된 순서로 배열되어 있을 때, 사람들은 상당히 복잡한 목록도 몇 시간에 안에 암기할 수 있다.

모든 기억 연구는 단기적 기억을 전적으로 신뢰할 수 있다는 점을 보여 준다(특히, 체계적 방식으로 연습 과정을 진행한다면). 물론, 사람들은 기억해 둔 내용을 말하는 중에 잊어버릴 수도 있다. 그러나 이것은 보통 두 가지 중 하나의 이유에서 비롯된다. 연습과 말하기 사이에 어떤 트라우마가 개입했거나, 개요 속에서 어떤 내용이 잘못 정리되었음을 감지했을 때이다.

첫 번째 경우는 심각한 문제를 초래할 수 있다. 이럴 경우, 설교자는 개요가 적힌 노트를 자기 앞에 준비하여 설교하는 것이 가장 좋은 해결책이다.

두 번째 경우에 설교자는 잊어버린 요점을 억지로 기억하려 하기보다 그냥 건너뛰고 다음 내용으로 넘어가는 것이 바람직하다. 설교가 마무리되었을 때 그 설교는 원래 준비되었던 것보다 더 나은 설교가 될 수도 있다. 아이러니하게도, 설교자가 암기한 개요를 바탕으로 직접적이고 강렬하게 설교할 때, 그 내용을 다 기억하지 못해 실수하더라도, 청자들은(특히 회중들은) 매우 긍정적으로 반응하는 경향이 있다. 이 과정을 한 번만 시도해 보아도, 그 안에 담긴 예상치 못한 역동성을 경험할 수 있을 것이다.

참고 주제 구두/청각 의사소통; 메모 없는 설교

참고 문헌 Alan Baddeley. *Your Memory: A User's Guide.* (2004); Elizabeth and Robert Bjork, eds. *Memory.* (1996); James L. McGraugh. *Memory and Emotion: The Making of Lasting Memories.* (2003); Endel Tulving and Fergis I. M. Craik, eds. *The Oxford Handbook of Memory.* (2000).

구두/청각 의사소통(Oral/Aural Communication)

리처드 워드(Richard F. Ward)

의사소통이란 인간이 언어, 이미지, 신체적 존재감, 몸짓을 사용하여 어떤 느낌과 정보를 전달하고, 기호와 상징에 의미를 부여하며, 사람과 사물 간의 관계를 형성하면서 의미를 생성하는 과정이다. 설교에 적용할 수 있는 구두와 청각 의사소통은 이런 과정에서 신체가 수행하는 다양한 역할에 관련된다. 결국, 의사소통은 음성, 신체, 행위라는 매개체를 통해 의도(intentionality)를 전달하는 행위다.

의사소통은 사회적 맥락 안에서 이루어진다. 이런 상호작용의 틀 안에서 관습, 스타일, 규정 및 기준이 문화적으로 조율되고 중재되며, 특정 의사소통에서 신체가 어떻게 사용되는지를 결정한다. 예를 들어, 한 문화적 환경에서는 정보 교환을 하는 동안 눈을 맞추면 바람직한 효과를 불러올 수도 있다. 반면, 다른 문화권에서는 직접적인 눈 맞춤이 무례함의 표시로 여겨질 수 있다.

의사소통 연구는 의사소통 과정을 위한 모델, 이미지, 또는 유사 개념을 중심으로 구성되며, 각각의 요소는 화자, 메시지, 또는 수신자에 미치는 효과를 다양한 방식으로 강조하는 특징이 있다. 설교 사역을 위한 교육에서 의사소통 연구는 화자 중심의 모델(speaker-based models)이 주로 선호되어 왔다.

그러나 전자 및 디지털 기술의 급속한 부상과 발전은 기존의 직선적 전달 모델(linear-transmission models)을 중심에서 밀어내 버렸다(그러나 화자, 메시지, 수신자 사이의 역동적인 상호작용은 여전히 중요한 성찰의 틀을 제공한다). 오늘날 음성과 신체를 활용하여 소통하는 행동은 상호 작용의 그물망 안에서 이루어지는 과정으로, 아마도 화자, 메시지, 청자들이 의미를 만들어 내는 춤(dance of meaning-making)을 추듯 번갈아 가며 주도권을 잡는 형태라고 상상하는 것이 가장 적절할 것이다.

화자가 구두/청각 의사소통의 춤을 주도할 때, 화자의 몸은 구두 소통의 도구로 기능한다. 그리고 청자의 몸은 집단적이고 개별적인 반응을 반사하는 표면이 된다. 우리는 이런 반응을 청자의 경험과 존재의 깊이에서 울려 퍼지는 반향으로 이해할 수 있다. 화자 중심의 의사소통 모델에 관한 언어적 표현은 때로는 직선적 이미지를, 때로는 타원형의 이미지를 사용한다.

한편으로, 우리는 화자가 청자에게 메시지를 얼마나 효과적으로 전달하는지를 평가한다. 이 과정은 활을 쏴 타켓을 겨냥하는 화살로 묘사된다("타켓 청중"이라는 말을 들어본 적이 있을 것이다).

다른 한편으로, 우리는 화자가 청자에게서 얻는 피드백을 루프(loop), 또는 화자가 청자의 신체 언어(때때는 청각적 단서를 통해)를 통해 얻게 되는 메시지로 상상하기도 한다. 유능한 화자는 청자들의 반응에 대한 해석을 바탕으로 의사소통의 목적에 맞게 자기의 말을 조정할 수 있다.

그 과정을 활과 화살로 상상하든, 호(arc)와 루프로 상상하든, 화자의 목적은 진행되는 흐름과 상호 작용을 조절하고 생각과 의도를 음성과 신체적 행위에 일치시키는 것이다. 소통의 의미를 전달하는 데 방해되는 요소는 때로 소음으로 인식된다. 화자의 음성과 신체는 종종 그 의미를 이해하는 데 방해가 되는 소음의 원천이 될 수 있다. 예를 들어, 화자가 구두 소통에서 사용하는 태도나 어조는 실제로 말한 내용보다 더 많은 의미를 전달할 수 있다. 또는 말한 내용과 그것이 전달되는 방식 사이에 일관성이

구두/청각 의사소통 (Oral/Aural Communication)

부족할 경우, 청자는 그것의 의미와 가치에 의문을 제기할 수 있다. 청자는 사고의 흐름을 방해하는 몸짓과 어조를 상당히 잘 읽어내고 알아차린다.

직선적이고 타원형적인 소통 이미지를 활용함으로써, 화자는 의미 생성의 임무를 시작하고 상호 작용을 조절하는 데 도움이 되는 습관과 행위를 학습한다. 이런 이미지를 활용해 화자를 교육하는 것은 화자가 자기의 음성과 신체를 조절하도록 돕고, 청자들이 자연스럽다고 느낄 수 있는 방식으로 생각, 움직임, 그리고 분명한 표현을 일관성 있게 구축하도록 돕는 과정이다.

물론, 연설의 주안점은 화자와 청자 모두에게 의미 있는 메시지를 전달하는 것이다. 어떤 메시지는 침묵 속에서 전달되기도 하지만, 대부분은 언어로 전달된다. 문자로 작성된 메시지는 구두로 잘 전달되지 않을 때도 있다. 침묵 가운데 홀로 독서하는 자들을 위해 구성된 언어는 귀로 듣기에 적절한 언어와는 다르기 때문이다. 구술 언어는 인간의 원초적 경험에 더 가깝게 자리하고 있어서 추상성보다 이미지를 더 중시한다.

구술 언어는 회화체나 관용어(idioms)를 피하지 않는다. 구술 언어는 시간에 대한 감각이 달라서 리듬, 반복, 후렴구를 더 자유롭게 활용한다. 구두 소통은 순식간에 나타났다가 쉬이 사라진다. 즉, 발화 순간에만 존재한다는 것이다. 청중은 연설을 위해 기록된 원고를 볼 수 없으므로, 화자가 말한 내용을 다시 확인할 수 없다. 리듬과 반복은 연설에 강조점을 부여하여, 그 연설이 청중의 경험 속에서 더 쉽게 반향을 불러일으키는 역할을 한다. 구체적 이미지는 그 연설이 청중의 기억과 상상력 안에 자리 잡도록 돕는다.

글쓰기의 목적은 그것이 구두/청각 의사소통을 위한 것일 때 달라진다. 원고나 개요를 작성한다면, 화자는 이것을 구술 사건을 위한 기억 보조 장치로 사용한다(기억 참고). 그러나 만일 화자가 그 내용을 어떻게 전달할 것인지를 간과한 채 기록된 것에만 지나치게 의존한다면, 그 메시지는 구술성이 아니라 인쇄 매체에 더 가깝게 머물게 된다.

이런 메시지는 청자의 주의력, 사고력, 상상력에 큰 영향을 주지 못한다. 예를 들어, 설교는 단순히 인쇄물을 수동적 청자에게 전달하는 것이 아니다. 오히려 화자와 청자가 시간의 흐름 속에서 설교의 의미를 공유하는, 생생한 인간 연설의 한 형태다. 설교 사건에서 발생하는 역동성 때문에, 설교는 극적(dramatic)인 것으로 이해된다. 그러나 이것은 표현력이 특출나게 풍부한 극적인 스타일이기 때문이 아니라, 언어가 만들어 내는 다양한 세계 속에서 그 형태를 취하기 때문이다. 종교, 예전 전통, 신학의 언어들이 가치와 감정을 표현하는 정서적 언어 및 일상에서 경험하는 구어체와 결합하듯이, 그 언어들은 서로 융합하고, 혼합되며, 충돌하면서, 설교자가 설교 사건을 위해 필요한 구술 언어를 형성한다.

설교를 청각/구두의 과정으로 접근하는 의사소통 연구는 화자가 성경 본문을 연구하는 데에도 도움을 줄 수 있다. 본문은 독자를 향해 말을 걸지만, 구두/청각의 맥락을 벗어나 있다. 글쓰기와 인쇄 매체는 본문을 구술성 안에 존재하는 유동성, 역동성,

상황화된 공간으로부터 분리한다. 한 본문을 해석하는 작업은 본문을 재구술함으로써 더 풍성해질 것이다. 이것은 음성과 신체라는 자원을 활용해 본문의 정서적인 특색을 탐구하고, 구두 소통을 통해 이를 전달하는 것을 포함한다.

본문의 메시지는 다의적, 다성적이라서 청중에게 다양한 차원의 의미를 전달할 수 있다. 본문의 단어, 몸짓, 태도, 구조를 소리로 표현하고 재연하는 것은 수행적인 해석에 영향을 미치고 화자와 청자에게 다양한 의미의 영역을 열어 준다. 본문은 수행(performance)을 통해 새로운 현장감을 얻고 새로운 청자를 만나며, 수행자의 신체와 음성을 통해 새로운 해석의 가능성을 확보한다. 본문이 제시하는 생각과 행동을 음성으로 표현하든지, 그것들을 연극으로 만들든지, 아니면 수행된 해석을 바탕으로 설교 준비를 하든지, 구두 해석은 문자적 의사소통을 구술로 전환하고, 화자와 청자가 본문의 전달 방식을 더 깊이 이해할 수 있게 해 준다.

거듭되는 디지털 및 전자 기술의 급격한 발전은 의미의 생성에 있어 수용(청자의 역할)을 강조하는 의사소통 연구에 주목하도록 이끌었다. 이것이 설교와 선포에 미치는 의미는 상당히 복잡하다. 신기술에 익숙한 눈, 귀, 그리고 사고방식을 지닌 청자들은 인쇄 문화에 영향받은 청중과는 다른 기준으로 좋은 연설을 평가한다. 물론, 우리 회중과 종교공동체의 소통 환경에는 디지털과 인쇄 문화 모두를 대표하는 사람들이 공존한다. 그리고 이들은 설교단에서 필요한 효과적인 의사소통 방식을 서로 다르게 인식하고 있다. 인쇄 문자를 대변하는 청중은 설교자가 말하는 것, 즉 설교의 내용(이라고 불려 왔던 것)에 더 우선순위를 둔다. 디지털/전자 시대를 대표하는 청중은 생동감 있고, 매력적이며, 심지어 대화 스타일로 말할 때 집중한다.

그러나 청자들의 눈, 귀, 신체가 어떤 매체에 의해 형성되었든지 간에, 모든 소통의 시대의 청자들은 진정성, 성실성, 신뢰 등과 같은 가치에 반응한다. 좋은 의사소통은 화자와 청자 사이에 발생하는 교감의 질에 달려 있다. 아무리 뛰어난 기술이나 스타일이 있다고 해도, 고대인들이 화자의 에토스라고 불렀던 요소를 대체할 수는 없을 것이다. 에토스는 화자의 인품, 화자의 정체성, 진실을 말할 자격, 그리고 말하는 내용, 말하는 사람, 말하는 방식 사이의 일관성을 의미한다. 구두/청각 의사소통에서 이 역할의 중요성을 아무리 강조해도 지나치지 않는다.

참고 주제 기술과 설교

참고 문헌 Jena Childers. *Performing the Word: Preaching as Theatre*. (1998); Donald Davis. *Writing as a Second Language: From Experience to Story to Prose*. (2000); Robert G. Jacks. *Just Say the Word: Writing for the Ear*. (1996); Richard F. Ward. *Speaking of the Holy: The Art of Communication in Preaching*. (2001).

파토스/감정(Pathos/Feeling)

존 홀버트(John C. Holbert)

파토스는 '겪다', '경험하다', '고생하다'라는 의미의 그리스어 동사에서 유래한 명사로 이런 광범위한 의미를 그대로 간직하고 있다. 고전 수사학 연구는 연설자(또는 웅변가)의 예술을 로고스, 에토스, 파토스라는 세 가지 기본 요소로 구분하였다. 아리스토텔레스(서기전 384-322)의 작품에서 절정에 이르러 그리스 수사학자들은 이 세 가지를 명확히 구분했다.

로고스는 주로 가르치는 데 사용되었고, 에토스는 기쁨을 주는 데, 파토스는 설득하는 데 활용되었다. 이런 구분이 유지되려면 각 요소가 화자의 역할과 명확하게 연결되어야 했다. 로고스는 연설의 내용, 에토스는 화자의 인품, 그리고 파토스는 앞의 두 요소가 만들어 내는 감정이었다.

이런 형태는 쉽게 기억될 수 있었지만 지나치게 단순화된 설명이었다. 사실, 그리스 수사학자들과 후대의 로마 수사학자들이 인식했듯이, 로고스, 에토스, 파토스의 기능은 단순한 도식에서 드러나는 것보다 훨씬 더 복잡하고 서로 뒤얽혀 있다.

키케로의 작품인 *De Oratio*(연설가에 대하여) 또는 "On the Character of the Orator"(연설가의 성격에 대하여, BCE 55년)에서 그의 말을 들어보자.

누가 모르겠는가. 웅변가의 가장 강력한 힘이 사람들의 마음속에 분노, 증오, 또는 슬픔을 불러일으키거나, 반대로 이런 격렬한 감정에서 벗어나 온화함과 연민으로 이끄는 데 있다는 것을. 인간의 본성과 모든 감정 그리고 우리 마음이 무엇에 의해 자극받거나 절제되는지를 깊이 이해한 사람이 아니라면, 웅변을 통해 이런 영향을 줄 수 없을 것이다(Cicero 1970).

그래서 에토스와 파토스는 같은 요소의 다른 측면으로 볼 수 있다. 화자는 인간 본성, 특히 우리가 어떤 요인에 의해 "자극을 받거나 절제되는지"에 대한 깊은 통찰 없이는 감정을 불러일으키거나 가라앉히는 설득을 할 수 없다. 그러므로 화자는 청중뿐 아니라 자신의 에토스에 세심한 주의를 기울여야 한다. 왜냐하면, 청중이 연설에 감동할지 아닐지는 청중의 에토스뿐만 아니라 화자의 에토스에도 달려 있기 때문이다.

이 키케로의 통찰을 바탕으로 볼 때, 강력하고 세심하게 표현된 에토스는 파토스를 형성한다고 볼 수 있다. 주목할 점은, "유창한 말솜씨"만으로, 즉 에토스(화자와 청자의 인품)와 파토스(청중이 어떻게 설득되는지 아니면 설득되지 않는지의 가능성)에 대한 세심한 고려 없이 로고스 자체만으로(논증이 얼마나 우아한지에 상관없이) 설득하기 어렵다는 것이다(설득 참고).

수사학 예술에 관한 연구는 오랜 세월 동안 이런 고전적 개념을 다양한 방식으로 발전시키고 변화시켜 왔다. 때로는 이 세 요소 중 하나를 중심으로 삼고, 때로는 이 요소들 사이의 복잡한 관계를 분석하는 데 초점을 맞추었다. 이런 역사와 그 복잡성을 잘 알지 못하는 탓에, 수사학은 대중의 인식 속에서 파토스로 축소되었고, 이 파토스는 다시 설득으로, 더 나아가 언어 조작이라는 부정적인 의미로 변질되었다. 그러나 설교자는 이런 실수를 범하지 않아야 한다. 파토스는 단순한 조작도, 막연한 감정도 아니다.

키케로의 영향을 받은 아우구스티누스가 다음과 같이 매우 적절하게 지적했다.

> 웅변가에게 필요한 것은 가르치는 것, 기쁘게 하는 것, 설득하는 것이다(*Christian Instruction*, ch. 12, paragraph 27, Rotelle 1996).

설교자들은 설득하라고 부름받은 사람들이다. 따라서 설교자들은 어떻게 설득하는지를 진지하게 고민해야 한다. 이에 관해 성경의 사례가 좋은 지침이 될 수 있을 것이다.

사무엘상 12장은 설득의 고전적 사례를 보여 준다. 하나님의 예언자 사무엘은 오직 야웨만이 이스라엘의 왕이 될 수 있다고 믿으며, 왕을 세우지 말아야 한다고 일관되게 주장했다. 그러나 사무엘이 마지못해 사울에게 기름을 부은 후(10:1), 사울은 암몬 족속을 상대로 큰 승리를 거둔다. 그 후 사무엘은 즉위식에서 백성들이 추앙하는 새로운 군사 지도자에게 기름을 붓는다. 그리고 그는 연설을 시작한다.

사무엘은 두 가지 방식으로 자기의 에토스를 강조한다.

첫째, 그는 백성들의 요구를 받아들여 왕을 세웠다고 말한다(12:1-2a). 그러나 곧바로 "나는 늙어서 머리가 희어졌다"라고 덧붙이고, 곧이어 이것이 그들을 섬기느라 고생한 결과라는 점을 강조한다(2b절). 즉, 그의 백발은 백성들을 위해 헌신한 증거라는 것이다. 결국, 사무엘은 모든 면에서 그의 백성을 위해 행동했다.

둘째, 그는 백성들에게 자기를 판단해 보라고 요구한다.

> 내가 누구의 소를 빼앗았느냐 누구의 나귀를 빼앗았느냐 누구를 속였느냐 누구를 압제하였느냐 내 눈을 흐리게 하는 뇌물을 누구의 손에서 받았느냐(삼상 12:3b).

사무엘은 온전히 흠 없고 신뢰할 만한 사람으로 서 있다. 누구도 이와 반대되는 말을 할 수 없다. 따라서 그는 오직 백성들을 위해, 온전히 의로운 방식으로 일해 왔다. 백성들도 그의 에토스에 대한 평가가 정확하다는 것을 공개적으로 인정한다(4, 6절).

이제 연설의 로고스 부분이 시작된다. 그 내용은 이스라엘의 오랜 역사에 관한 것이지만, 특별히 그들이 하나님을 거역했던 수많은 일에 초점을 맞춘다(6-12절). 이 역사적 서술의 절정에서, 사무엘은 자신을 백성들을 구하기 위해 하나님이 보내신 영웅들의 목록 안에 포함한다(여러 번역본은 11절에서 그리스어 번역본을 따라 "삼손"이라고 기록했지만, 히브리어 본문에는 분명히 "사무엘"이라고 기록되어 있다). 이렇게 해서 에토스는 로고스에 추가된다. 모세와 아론 및 다른 위대한 인물들을 보내신 것과 마찬가지로, 하나님은 아주 의롭고 자기를 희생할 줄 아는 사무엘 또한 보내신다. 따라서 사무엘의 말에는 하나님의 권위와 정당성이 부여된다. 12절은 이제 백성들을 향한 고발로 전환

파토스/감정(Pathos/Feeling)

된다. 백성들의 왕 요구는 그야말로 회개가 필요한 또 하나의 반역이었다.

사무엘은 그들이 하나님에게 순종하지 않을 때(이미 왕을 달라고 요구함으로 불순종했지만) 그들과 그들의 왕에게 닥칠 일을 경고한 후 하나님의 손이 그들을 떠나게 될 것이라고 말한다(15절). 그런 다음, 분노한 예언자는 추수할 곡식들 위에 번개와 비를 내려 달라고 기도한다. 그의 능력이 증명된 후 파토스의 요소도 드러난다. 두려움에 휩싸인 백성들은 마침내 왕을 요구한 것이 죄였음을 인정하면서 사무엘에게 자기들을 위해 기도해 달라고 간청한다(19절).

사무엘은 그들을 위해 기도하겠다고 약속하지만, 다시 한번 경고한다. 오직 의로운 행위만이 하나님의 은혜를 가져올 것이며, 그들이 반복해서 저질러 온 사악한 행동은 하나님의 진노를 사게 될 뿐 아니라 그들과 그들의 왕이 멸망하게 된다는 것이다.

이것은 로고스와 에토스가 직접 파토스로 연결되는 훌륭한 사례다. 여기서 일어나는 감정은 두려움이고, 그 결과 사람들은 사무엘의 관점을 받아들이게 된다. 이는 연설이 처음에는 온화하게 시작되었지만, 결국 목표했던 바를 이루었음을 보여 준다. 사람들이 사무엘을 어떻게 인식하는지, 그리고 사무엘과 사울, 하나님과의 관계를 어떻게 평가하는지에 따라 이 연설이 변화를 효과적으로 불러일으키는지 아니면 음울한 조작인지에 대한 평가는 달라질 수 있다. 청중의 마음속에 생성되는 감정인 파토스는 화자가 자기의 인격(에토스)을 드러내며 연설의 내용(로고스)을 전달한 결과다. 진정한 파토스는 그것이 좋은 것이든 나쁜 것이든 에토스와 로고스를 고려하지 않고서는 결코 생겨날 수 없다.

신약의 한 사례를 살펴보면 도움이 될 것이다. 바울의 편지에 나타나는 수사학적 기법은 자주 학자들의 연구 대상이 되었다. 그는 로고스와 에토스를 활용하여 변화를 끌어내는 데 강렬한 인상을 남긴 인물이다.

바울이 갈라디아서와 빌립보서에서 수신자에게 접근하는 방식이 어떻게 다른지를 비교해 보라.

갈라디아서에서는 분노로 시작한다. 바울이 전한 복음을 들은 사람들이 그의 가르침과 일치하지 않는 나중에 온 전도자의 말을 망설임 없이 믿기 시작했다는 소식을 들었기 때문이다.

그들은 도대체 얼마나 어리석단 말인가! 바울이 전한 진리는 인간에게서 배운 것이 아니라(1:11), 부활하신 예수님과의 만남에서 비롯된 것이다. 그래서 누구든지 바울이 전한 것과 다른 말을 한다면, 설령 그가 하나님의 천사일지라도(!), "저주를 받을지어다"(1:8)라고 선언한다. 이것은 로고스와 에토스를 결합한 방식으로 청자에게 수치심(파토스)을 불러일으켜 자기 잘못을 인정하게 만드는 전략이다.

빌립보서에서의 바울과 비교해 보라. 감옥에서 편지를 쓰는 사도는 빌립보에서 보냈던 시간과 그곳에 세운 공동체의 소식을 애틋하게 떠올리며 벅찬 기쁨을 느낀다. 그는 자기의 투옥을 계속 언급하며(에토스), 하나님이 복음 전파를 위해 그런 어려움조차 사용하고 계신다는 사실을 확신시킨다. 또한, 잘 알려진 그리스도 찬가(2:6-11; 로고스)

를 인용하며, 빌립보 교인들이 선한 일을 지속하고 서로를 사랑하도록 독려한다(파토스).

이처럼, 바울은 갈라디아와 빌립보에 쓴 편지에서 두 개의 매우 다른 수사적 전략을 사용한다. 빌립보 교인들에게 보내는 그의 편지에 예수 그리스도의 한없는 은혜에 대한 그의 이해와 경험이 깊이 스며 있다.

이런 성경의 사례들은 수많은 다른 사례 중에서도 설득을 위한 수사학의 강력한 힘을 잘 보여 준다. 역사적으로, 설교자들은 사무엘을 본받아 두려움을 변화의 전략으로 삼는 경우가 많았으며, 그 과정에서 로고스와 에토스는 왜곡되기도 했다. 그러나 우리는 빌립보서에서 바울이 에토스와 로고스를 활용해 새로운 공동체를 세우며, 하나님과 함께하는 더 풍요로운 미래를 향한 소망과 기쁨을 만들어 내는 모습을 볼 수 있다.

모든 설교자는 자기의 말이 복음의 기쁨과 요구를 전달하는 강력한 힘을 지니고 있다는 사실을 결코 간과해서는 안 된다. 이 힘의 다양한 가능성과, 그것이 어떻게 적절하게 사용되거나 그릇되게 오용될 수 있는지를 분별하려는 노력은 여전히 중요한 과제로 남아 있다.

참고 주제 인품; 새로운 설교학

참고 문헌 Cicero. *Cicero on Oratory and Orators*. Translated and edited by J. S. Watson. (1970) 19; O. C. Edwards Jr. *A History of Preaching*. (2004); Lawrence D. Green. "Pathos." *Encyclopedia of Rhetoric*. Edited by Thomas O. Sloane. (2001) 554-69; André Resner Jr. *Preacher and Cross*. (1999); Ronald E. Sleeth. *Persuasive Preaching*. (1956); John E. Rotelle, ed. *The Works of St. Augustine: A Translation for the 21st Century*. Vol. 11. (1996); Jacob Wisse. *Ethos and Pathos from Aristotle to Cicero*. (1989).

설득(Persuasion)

루시 린드 호간(Lucy Lind Hogan)

'설득'이란 한 사람이(또는 여러 사람이) 언어 그리고/또는 상징적 행동을 통해 다른 사람(들)의 의사결정이나 행동에 영향을 미치려고 노력하는 과정이다. 설득은 물리적 또는 정서적 강요, 힘의 격차를 이용한 통제 같은 강압이나 조작과는 다르다. 설득은 상대방이 어떤 결정을 내리거나 행동할 때 자유롭게 선택할 수 있음을 전제로 한다. 설득은 사람들에게 하기 싫은 일을 억지로 하도록 만들지 않는다.

라틴어에서 유래한 '조언'(*suasio*)이라는 말이 암시하듯, 설득은 결국 사람들을 권면하는 행위다. 그러나 그 결정은 궁극적으로 설득을 받는 사람의 몫이다. 설득하고, 관여하고, 격려하는 이런 노력은 전달자, 수신자, 아이디어, 논증, 이미지, 가치, 맥락, 시간, 긴급성 등 여러 요소가 복합적으로 얽히고 상호 작용하는 과정에서 이루어진다.

1. 설득의 고전적 이해

설득에 관한 탐구와 훈련은 그리스-로마 시민의 삶을 기반으로 발전해 왔다. 이론가들은 연설을 관찰하면서 성공적 설득 전략이 무엇인지 파악하고 설명할 수 있었다.

설득(Persuasion)

그들은 상황과 청중에 따라 서로 다른 수사적 접근이 필요하다는 사실을 깨달았다. 설득의 목적은 법정, 의회, 또는 공식 축하 행사와 같은 공적 자리에서 효과를 발휘할 수 있는 구체적 전략을 개발하는 데 있었다.

아리스토텔레스는 그의 저서『수사학』(Rhetoric)에서 주요 수사적 상황이 요구하는 본질을 검토했다. 그는 화자가 사용할 수 있는 세 가지 기본 전략 또는 설득의 수단, 즉 로고스, 파토스, 에토스를 살펴보았다(파토스/감정 참고).

가장 명확한 설득 수단은 논리적 주장이다. 로고스, 즉 합리적 호소는 일반적으로 '연역적' 추론이나 '귀납적' 추론의 형태를 취한다.

연역적 추론은 일반적 진술이나 관찰에서 출발해 구체적 사례로 나아가는 방식이다. 아리스토텔레스는 수사학, 즉 설득의 맥락에 적합한 연역적 논리를 "생략 삼단 논법"(enthymeme)이라고 불렀다. 전통적인 논리적 삼단 논법(syllogism)이 대전제-소전제-결론의 구조를 갖는 데 반해, 생략 삼단 논법은 전제 하나만을 결론과 함께 진술하고 나머지 전제는 암시하는 축약된 형태의 논증 방식이다.

로고스에 속하는 또 다른 합리적 호소 방식은 귀납적 추론 혹은 사례 제시다. 귀납적 추론은 관찰할 수 있고 입증할 수 있는 구체적 사례에서 출발하여, 그 현상에 대한 일반적인 결론이나 개념으로 도약하는 방식이다.

논증과 사례는 분명 설득 전략의 중요한 요소이지만, 화자가 청자를 설득할 수 있는 유일한 방법은 아니다. 그에 못지않게 중요한 또 다른 설득 수단은 청자의 감정 상태다. 아리스토텔레스는 사람들이 감정과 이성 모두를 통해 결정을 내린다고 주장한다. 청중의 태도와 가치관에 관한 지식은 청중을 설득하려는 화자에게 필수적이다. 화자는 이런 지식을 바탕으로 파토스를 사용할 수 있으며, 청자들을 적절한 감정 상태로 이끄는 연설을 구성할 수 있다. 예를 들어, 화자가 청중에게 전쟁을 독려하고자 한다면, 그들에게 분노나 공포와 같은 감정을 불러일으킬 필요가 있다.

끝으로, 아리스토텔레스는 연설에서 화자의 인품, 즉 에토스가 발휘되어야 한다고 주장했다. 청자들은 좋은 인품을 가졌다고 믿는 사람, 질문받은 주제에 관해 명확한 추론과 지식을 보여 주는 사람, 그리고 신뢰감을 주는 사람에게 설득당할 가능성이 더 높다고 보았다. 화자는 자기가 선택한 논증, 연설의 어조, 전달 방식 등을 통해 이런 신뢰성을 입증할 수 있다. 아리스토텔레스는 결국 에토스가 가장 강력한 설득 수단이 될 수 있다고 강조한다.

설득에 관한 논의는 로마 수사학자 키케로(On the Ideal Orator)와 퀸틸리아누스(The Orator's Education)의 공헌을 통해, 활발한 철학적 토론에서 설득의 본질과 과정에 대한 탐구로 확장되었고, 완벽한 연설 구성에 대한 안내서를 탄생시켰다. 설교에서 설득의 역할에 대한 이해는 이런 변화에 일조했으며, 설득을 철학과 변증법보다는 스타일과 유창함을 강조하는 방향으로 이끌었다. 그래도 설득을 의도적이고, 청중 중심적이며, 실천적인 행위라는 관점은 여전히 중요한 대화의 주제다.

2. 대화 새롭게 하기

현대의 수사학, 의사소통, 설득 사건에 대한 이해는 고전 수사학의 일방향적인 화자-청자-메시지 모델을 훨씬 넘어서는 수준으로 발전해 왔다. 지난 한 세기 동안 수사학과 설득에 관한 고전적 논의가 부활하면서, 공적 삶의 중요한 차원을 폄하하고 훼손해 온 오랜 세월의 폐단을 걷어내려는 노력이 있었을 뿐 아니라, 삶의 모든 영역에서 수사학과 설득이 수행하는 역할을 재고하려는 시도도 함께 이루어졌다.

이런 흐름은 흔히 "수사학의 전환"(the rhetorical turn)이라 불린다. 이 모든 형태의 인간 탐구, 특히 소위 중립성과 객관성의 위치에서 작동한다고 주장했던 인간 탐구에 내재한 설득적 측면을 탐구하려는 움직임 속에서, 현대주의적이고 실증주의적인 접근 방식은 비판의 대상이 되었다. 이런 전환에 따라, 이성은 일정 부분 사회적으로 형성되는 것으로 이해되며, 수사학과 설득은 진리와 지식이 탐구되고 발전되는 장으로 간주된다.

설득에 대한 아리스토텔레스와 키케로의 정적이고 다소 제한된 접근 방식은, 이제 훨씬 더 유동적이고 비직선적인 이해에 자리를 내주었다. 설득은 더 이상 법정, 심의, 과시라는 전통적 담론의 공간에만 국한되지 않는다. 설득은 개별 화자가 청중을 위해 연설을 준비하는 것뿐만 아니라, 사람들 간의 미시적 설득에서부터 정치나 광고 선전의 설득 노력에 이르기까지 다양한 수준에서 발생하는 것으로 이해될 수 있다. 설득은 연설 안에서, 그리고 연설을 통해 일어나지만, 그 외에도 영화, 시위 행렬, 회담, 일상적 대화 속에서도 일어난다.

또한, 로고스에 관한 재검토도 이루어졌다. 설득은 말뿐 아니라 다양한 상징적 행동, 의례, 이미지를 통해서도 발생한다. 연설이 이루어지는 맥락은 설득력을 더해준다. 설득의 구두/청각적 측면은 시각 및 운동에 관련된 감각 요소에 의해 크게 강화될 수 있다(구두/청각 의사소통 참고). 이와 마찬가지로, 설득적 논증의 본질 또한 수정되고 확장되었다. 설득은 더 이상 분석적 추론에만 의존할 수 없다.

철학자 스티븐 툴민(Stephen Toulmin), 차임 페럴만(Chaim Perelman), 루시 올브레흐츠-티테카(Lucie Olbrechts-Tyteca)는, 실천적이고 상황적이며 조건적인 현실을 다루는 과정이 되도록 돕는 설득 전략을 설명하려고 노력했다. 또한, 이야기를 설득 전략으로 이해하려는 관심도 증가하고 있다(내러티브 설교 참고). 우리는 가르치고 기쁨을 주기 위해서만 이야기하는 것이 아니라, 키케로가 *On the Ideal Orator* (이상적 연설가에 대하여) 21.69에서 말했듯이 감동을 주기 위해서도 이야기한다.

우리는 수 세기에 걸쳐, 사람들의 의사소통과 설득 방식에 중요한 변화가 있었음을 목격했다. 우선, 구두/청각 문화에서 인쇄 문화로의 전환이다. 그리고 지금 우리는 구두 문화에서 시각 문화로의 전환뿐 아니라, 인쇄 및 대중 매체 중심 문화에서 인터넷과 디지털 문화로의 전환을 경험하고 있다. 이런 변화는 우리의 설득 방식에 심오한 영향을 미치게 될 것이다.

3. 설교와 설득

설득과 설교의 관계는 교회사를 통틀어 격렬한 논쟁거리였다. 정치 세계에서도 이와 비슷한 긴장이 오랫동안 존재해 왔다. 많은 교부가 수사학을 폄하하고 거부했던 것처럼, 소크라테스 역시 마찬가지였다. 플라톤(Plato)의 『고르기아스』(*Gorgias*) 462-466에서 소크라테스는 수사학, 즉 설득을 거짓을 진실처럼 보이게 만드는 아첨의 형태라고 선언했다.

설교에서 설득의 역할에 관한 다음 두 가지 주요 쟁점은 반복해서 제기되어 왔다.

- 인식론적 질문(즉, 진리와 계시의 본질)
- 신과 협력하는 인간의 행동에 관한 인간학적 질문

대다수의 초기 교회 교부는 수사학 예술의 훈련을 받았고 수사학 교사로 활동하기도 했지만, 회심 당시 수사학의 사용을 거부했다. 설교는 설득을 위한 연설로 여겨져서는 안 되었다. 이런 초기 교회 설교자들은 진리를 발견하기 위해 수사학을 사용할 필요가 없었고, 합리적인 논증을 통해 다른 이들을 설득할 필요도 없었다. 신앙과 회심은 성령의 선물이었기 때문이다.

4세기에 히포의 아우구스티누스는 웅변과 설득을 중시하는 문화 속에서 교회와 설교자가 경쟁력을 갖기 위해서는 이런 기술을 발전시킬 필요가 있다는 점을 깨달았다. 그의 저서 『그리스도교 교양』(*Christian Instruction*) 4권에서, 가르치고, 기쁨을 주며, 감동을 줘야 한다는 키케로의 인식을 수용해, 수사학과 설득에 대한 기독교적 접근법을 최초로 정립했다.

수사학과의 갈등 속에서 아우구스티누스가 이뤄 낸 휴전은 일시적 해결에 불과했다. 설교를 설득적 담론으로 보는 관점을 거부하는 경향은 기독교적 삶에 대한 이해와 관련되어 오늘까지 지속되어 왔다.

대표적인 최근의 사례는 칼 바르트의 저서에서 찾아볼 수 있다. 그의 변증 신학은 설득을 가장 강력하게 거부하는 태도를 보인다. 바르트에 따르면, 설교는 오직 선포로만 이해되어야 하며, 선포로서의 설교는 인간의 말이 아니라 하나님 말씀이기에, 설득과는 본질적으로 반대되는 것이다. 바르트에 따르면, 오직 하나님만이 사람을 설득할 수 있으시며, 회심은 설교자의 수사적 논증이 아니라, 성경 말씀과 성령의 역사를 통해 일어난다(*The Preaching of the Gospel* 1963).

설교의 설득적 차원에 대한 이런 거부는 특정한 신학적 관점과, 어쩌면 수사학과 설득에 대한 축소된(또는 불완전한) 이해에서 비롯된 것일 수 있다. 현대적 이해는 설교와 설득 사이에 있던 아우구스티누스식 화해를 회복할 수 있는 새로운 가능성을 열어 준다.

참고 주제 대화적 설교; 새로운 설교학; 수사 비평; 수사적 장치

참고 문헌 Aristotle. *Rhetoric*; Augustine. *Christian Instruction*; Karl Barth. *The Preaching of the Gospel*. (1963); Cicero. *On the Ideal Orator*;

David S. Cunningham. *Faithful Persuasion: In Aid of a Rhetoric of Christian Theology*. (1991); Lucy Hogan. "Rethinking Persuasion: Developing an Incarnational Theology of Preaching." *Homiletic* 24(1999) 1-12; Richard Lischer. "Why I Am Not Persuasive." *Homiletic* 24 (1999) 13-16; Chaim Perelman and Lucie Olbrechts-Tyteca. *The New Rhetoric*. (1969); Plato. Gorgias; Quintilian. *The Orator's Education*; Herbert W. Simons. *Persuasion in Society*. (2001); Stephen Toulmin. *The Uses of Argument*. (2003).

수사적 장치(Rhetorical Devices)

로버트 S. 레이드(Robert S. Reid)

아리스토텔레스 시대 이후, 추론은 세 종류, 즉 논리적, 변증적, 수사적으로 구분되어 왔다. 논리적 추론과 변증적 추론이 진리 판단을 목적으로 한다면, 수사적 추론의 목적은 청자들에게 영향을 미치는 것이다. 수사학은 논리학 또는 변증법과 논증의 개념을 공유하지만, 수사적 장치는 감정, 상상력, 의지(동기 부여)와 같은 비인지적 요소에 호소하기 위해 화자가 사용하는 수사학의 고유한 수단이다. 그러므로 수사적 장치란, 의미를 강화하거나 전환하기 위해 사용되는 비논리적이고 비유적인 언어 사용을 의미한다.

이것은 전통적으로 비유적 표현(*copia verborum*)과 비유적 사고(*copia rerum*)로 구분된다.

'비유적 표현'은 한 단어의 의미를 일반적인 용법 이상으로 확장하는 것이다. 예를 들어, 은유(metaphor), 아이러니(irony), 제유(synecdoche), 환유(metonymy) 등이 여기에 속한다. 또는 그 반대로, 단어의 문자적 의미를 유지하되, 다른 단어들과의 관계 속에서 배열을 조정함으로써 새로운 의미를 부여하는 방식도 있다. 예를 들어, 두운법(alliteration), 행두 반복(anaphora), 교차배열(chiasmus), 아나바시스(anabasis), 카타바시스(catabasis) 등이 그것이다(은유와 비유적 표현 참고). 비유적 사고는 위와 같은 목적을 달성하기 위해 사용되는 보다 광범위한 언어 구조를 가리킨다. 예를 들어, 우화, 알레고리, 신탁, 비유, 속담 등이 그것이다.

고대부터 학생들은 무엇을 말할지, 그리고 어떻게 말할지를 창의적으로 개발하기 위해 수사학의 원리를 공부하고 수사적 장치들의 차이점을 익혀 왔다. 그 목적은 언제든 활용할 수 있는 아이디어와 유창한 표현의 레퍼토리를 구축하는 데 있었다. 의사소통자가 적절한 순간에 적절한 수사적 장치를 자연스럽게 꺼내 쓸 수 있을 때, 비로소 진정한 숙달이 이루어지는 것이다.

예를 들어, 1963년 워싱턴 행진 연설에서 마틴 루터 킹 주니어는 행두 반복(*anaphora*, 개별 문장이나 절의 시작에서 같은 말을 반복하는 것)이라는 수사적 장치를 활용했다. 그는 연설의 첫 부분에서 여섯 개의 단락을 통해 예언적이고 성경적인 희망의 '절정'으로 이끄는 연속적 이미지를 만들어 냈다. 킹은 한 인터뷰에서 "돌아가라"(go back)라는 문장은 '연설의 결론'을 위한 것이었다는 점을 밝힌 바 있다. 그리고 이렇게 덧붙인다.

갑자기 이전에 여러 번 사용했던 "나에게

수사적 장치 (Rhetorical Devices)

꿈이 있습니다"라는 문장이 떠올랐고 여기서 그것을 사용하고 싶다는 생각이 들었습니다(Garrow 1988, 283).

그는 "나에게 꿈이 있습니다.…", "이 믿음을 가지고", "자유가 울려 퍼지게 합시다"라는 문장을 추가함으로써 원래 준비된 연설을 단순히 유창한 시민 운동가의 말에서 영감으로 충만한 국가적 예언자의 언어로 바꾸는 수사학적 전환을 이루었다. 이 전환은 각 세대 사람들을 불러 모아 구속적 정의에 대한 종말론적 희망을 삶 속에서 살아 내도록 이끌고 있다.

1. 성경에서 사용된 수사적 장치

아우구스티누스는 『그리스도교 교양』 (*Christian Instruction*) 4권에서 평이한 스타일로 구성된 가르침의 예, 중간 스타일로 청중에게 즐거움을 주는 예, 장엄한 스타일로 청중에게 감동을 주는 성경적 사례들을 제시했다(4.33-58).

베데(Venerable Bede, 673-735)는 122개의 성경 구절에서 17가지 비유적 사고와 28가지 비유적 표현을 찾아냈다(*De Schematibus et Tropis*, 96-122).

성경을 거의 모든 수사적 장치의 사례가 담긴 보고로 간주하는 풍부한 해석 전통이 존재하며, 그 정점은 1898년에 처음 출판된 E. W. 불링거(E. W. Bullinger)의 *Figures of Speech Used in the Bible*(성경에 사용된 수사적 장치)이라는 1천 페이지 분량의 안내서에서 확인할 수 있다. 물론, 이런 장치의 사용이, 성경 저자들이 그리스-로마 수사학 전통을 의식적으로 활용했다는 증거는 아니다.

바울은 로마 시민권자가 되기 위해 요구되던 정규 교육 과정의 일환으로 그리스-로마 수사학 훈련을 받았을 가능성이 있으며, 누가와 히브리서 저자 또한 1세기 지중해권 독자들에게 설득력 있게 다가갈 수 있는 논증 구성을 익혔을 가능성이 있다. 다만, 그 외의 성경 저자들이 이런 전통 안에서 정식 교육을 받았는지는 확실하지 않다.

성경에서 비유적 표현이 광범위하게 사용된 것은, 성경 저자들이 공동체의 상상력을 자극하기 위해 합리적이면서도 비인지적인 방식으로 호소할 수 있는 다양한 표현 방식을 끊임없이 찾고자 했음을 보여 준다.

고대 근동 사상에서 자연스럽게 나타나는 수사적 장치 중 하나는 '평행 구조' (parallelism)다.

> 나의 생전에 여호와를 찬양하며
> 나의 평생에 내 하나님을 찬송하리로다
> (시 146:2).

> 여호와여 주의 오른손이 권능으로 영광을 나타내시니이다
> 여호와여 주의 오른손이 원수를 부수시니이다
> (출 15:6).

이 구절의 단순하게 짝을 이룬 평행법에서 보는 것처럼, 구약에는 한 생각을 메아리처럼 되풀이하며 강조하는 경향이 자주 나타난다.

반면, 기독교 저자들은 이와 같은 반복의 균형 구조를 대칭적으로 뒤집어 배치 (symmetrical reversal)함으로써 그 의미를 강화

하는 '대구법적 병치'(Chiastic juxtaposition)를 더 자주 사용했다.

A 누구든지 나를 따라오려거든
  B 자기를 부인하고
  B' 자기 십자가를 져라
A' 그리고 나를 따르라
A 누구든지 자기 목숨을 구원하고자 하면
  B 잃을 것이요
  B' 누구든지 나와 복음을 위해 자기 목숨을 잃으면
A' 구원하리라 (막 8:34-35)

이런 수사적 장치는 성경의 원저자가 청자들의 마음과 생각을 사로잡을 수 있는 기억에 남는 구절을 만들기 위해 어떤 노력을 기울였는지를 보여 보여 준다. 따라서 설교자들도 이런 장치의 힘에 주의를 기울여야 한다.

이런 표현의 힘이 그 내용뿐만 아니라 형태에서도 비롯된다면, 설교자들은 신학적 의미를 주해하듯 그런 수사적 장치가 지닌 정서적 기능 또한 기꺼이 주해하고자 할 것이다. 문장이나 절의 수준에서 수사적 장치를 파악하는 것은 전체 구성의 수준에서 장르를 파악하는 것만큼이나 중요하다. 영감이 깃든 문학으로서 본문의 기능에 관심이 있는 설교자라면, 성경 본문의 원래 의도에 부합하는 설교를 하기 위해 비인지적 호소와 인지적 호소를 동등하게 다루어야 할 것이다.

참고 주제 설교(신학)비평

2. 장치의 유형

수사적 장치의 정의는 라남(Lanham)의 저서 *A Handlist of Rhetorical Terms*(수사학 용어 리스트)나 인터넷 등에서 쉽게 찾아볼 수 있다. 설교에 적용할 경우 이런 장치들은 편리하게 세 가지 방식으로 구분될 수 있다.

1) 효과를 일으키는 장치

어떤 사람에게 이야기란 곧 자기 자신이다. 1인칭 단수 대명사(영어의 "I"-역주)는 인생이라는 춤이 그 주위를 도는 오월제의 기둥(Maypole, 유럽 문화권의 봄맞이 축제에서 꽃으로 장식된 기둥으로, 사람들은 그 기둥 주위를 돌며 춤을 춘다-역주)이 된다. 이런 강한 자아들은 'Me, Myself, and I, Inc.'(나를, 나 자신, 내가 주식회사)라는 견고한 이름 아래 사회라는 시장에서 활발히 거래된다. 윤리적 결정은 자기-이익을 기준으로 내려진다. 곧, "나에게 좋으면 옳고, 나에게 좋지 않으면 그르다"라는 식이다. 그 결과 세상은 자아라는 좁은 축을 중심으로 돌아가게 된다!(Ernest T. Campbell, "What's the Story?" Willimon 2005, 166)

이 글에서 '은유', '아이러니', '환유'가 연상적으로 상호작용하며, 심오한 제유법으로 마무리된다.

수사적 장치 (Rhetorical Devices)

2) 강조를 만드는 장치

[구레네 사람 시몬처럼] 믿음은 당신을 군중 속에서 불러낸다. … 무관심이라는 안전지대에서 위험 속으로, … 세습되는 믿음에서 고난받는 예수와의 관계로, … 군중 속 익명성에서 십자가와의 대면으로, 그리고 그 십자가를 짊어진 분과의 마주침으로 이끈다. 이것이 바로 십자가가 당신을 붙잡을 때 밀려오는 강력한 압력이다 (Peter Storey, "When the Cross Lays Hold on You." Willimon 2005, 278)

여기서는 '에피모네'(*epimone*, 강조를 위해 같은 말을 반복하는 기법-역주)와 행두 반복(*anaphora*)을 통해 여운이 형성되며, 이 반복은 아나바시스(감정이나 논조를 점진적으로 고조시키는 기법-역주)를 따라 점층적으로 고조되어 십자가의 사역에 관한 교차대구법과 유사한 주장으로 '절정'을 이룬다.

3) 신의 현현을 자아내는 장치

오늘, 상황이 어떻게 돌아가는지 보기 위해 뱀이 다시 등장했다. 무섭지 않은 것은 아니지만, 뱀은 여전히 하나님을 위해 일하고 있다. 그리고 이번 이야기에서 그가 가져오는 지식은 금지된 것이 아니라 구원을 주는 지식이다. 장대에 매달려 태양 아래 빛나는 그는 원수들과 천사가 겉으로는 매우 비슷하게 보일 수 있다는 사실을 일깨우는 하나님의 불 같은 표징이다. 그리고 그 차이를 진정으로 아는 유일한 분은, 모든 것, 모든 뱀조차 소유하신 그분뿐이다 (Barbara Brown Taylor, "The Snake Savior." Willimon 2005, 353.)

여기서는 '알레고리'가 대조(대조법)와 이미지의 집합(복합체)과 결합하여, 청중이 쉽게 이해할 수 있는 '비유'적 통찰을 만들어 낸다.

수사적 장치는 설교 스타일의 다양한 성향을 뒷받침하는 역할도 한다.

어떤 설교자는 자신을 성경 본문이나 교리적 신념을 해설하는 권위 있는 해석자로 제시하며, 청중에게 가르침을 주거나 정보를 제공하기를 원한다. 이런 설교자는 언어의 명확성, 간결성, 직접성을 돕는 수사적 장치를 주로 사용하는 경향이 있다.

또 어떤 설교자는 언어를 일상적 의미 이상으로 확장하기 위해 정교한 어순을 사용하는 지혜로운 현자로 자신을 묘사한다. 이런 설교자는 정교하게 다듬어진 설교에 반응하는 청중에게 흥미를 자극하거나 즐거움을 주기를 바란다.

또 다른 설교자들은 열정적 화자의 극적 페르소나를 입고, 화려하거나 장식적인 언어 배열을 활용한다. 이들은 청중의 마음에 감동과 영감을 주며, 메시지에 적극적으로 반응하도록 이끄는 인상적 아이디어와 표현을 만들어 내기를 원한다.

존 헨리 뉴먼(John Henry Newman)은 다음과 같이 말했다.

내용과 표현은 나뉠 수 없는 하나이며, 스타일은 생각이 언어로 흘러나온 것이다 (1878, 208).

다양한 수사적 장치와 수사적 스타일을 어떻게 활용할 것인지 배우는 설교자는 문장의 형식과 설교의 내용을 조화롭게 결합시켜 설교단에서 하나님과 그의 은혜를 효과적으로 드러내는 기술을 익히고 있는 것이다.

참고 주제 설득; 스타일

참고 문헌 Augustine. *De Doctrina Christiana*; Bede. *De Schematibus et Tropis*; David J. Garrow. *Bearing the Cross: Martin Luther King, Jr. and the Southern Christian Leadership Conference.* (1988); Richard A. Lanham. *A Handlist of Rhetorical Terms.* 2nd ed. (1991); Joseph Miller, Michael Prosser, and Thomas Benson, eds. "Bede's De Schematibus et Tropis." *Readings in Medieval Rhetoric.* (1973) 96-122; John Henry Newman. *The Idea of a University.* 1878 (1982); William H. Willimon, ed. *Sermons from Duke Chapel.* (2005).

스타일(Style)

O. C. 에드워즈 주니어(O. C. Edwards Jr.)

스타일은 일반 연설에서 말투나 문체(내용과는 달리 형태라는 점에서), 어떤 것의 형태나 디자인(예를 들어, 의상), 어떤 것을 행하는 방식에 있어 품위나 독특함 등 다양한 의미를 지닌다. 스타일이 있다는 것은 최신 유행을 따르고 있다는 의미다. 그러나 고대 그리스 사람들이 대중적 말하기를 효과적으로 만드는 방식에 관해 처음 분석하기 시작한 이래, 스타일은 수사학과 관련하여 더 제한된 의미를 갖게 되었다.

고전 작자들은 연설을 준비하는 데 필요한 다섯 가지 임무를 제시했다.

첫째, 요점을 명확히 하기 위해 무엇을 말해야 할지를 알아내는 착상(invention)이다.

둘째, 자료를 잘 분배하거나 윤곽을 적절하게 정하는 배열(disposition)이다.

셋째, 그리스어로 프레이시스(phrasis), 라틴어로 엘로쿠티오(elocutio)라고 불렸고 지금은 스타일(style)로 불리는 것이다. 이것은 저자의 생각을 가장 효과적으로 전달할 수 있는 언어로 바꾸는 작업이었다.

넷째, 전달을 위한 암기(memory)였다.

다섯째, 전달(delivery) 자체였다.

좋은 스타일에는 네 가지 조건이 있다고 여겨졌다.

첫째, 문법적으로 정확해야 한다.

둘째, 아이디어를 표현하는 방식과 전체 배열이 명확해야 한다.

셋째, 표현 방식을 내용에 적절하게 일치시켜야 한다.

넷째, 말하는 내용을 강조하고 특별함을 부여하기 위해, 그리고 청중과의 접촉점을 만들기 위해 사고(thought)와 소리(sound)의 비유(두운법과 같이, 아래 참고)를 사용해야 한다.

오랜 세월을 거치면서 전문 용어가 일관되게 사용되지는 않았지만, 그 비유를 나누

스타일(Style)

는 한 가지 방식은 완벽한 단어를 선택하는 노력(비유적 표현)과 효과적 방식으로 그 단어를 결합하는 노력(비유적 사고)이다.

'상황에 아주 적절한 말'(*mot juste*)을 선정하는 기준은 그 단어가 얼마나 고전적인지, 그리고 그것이 비유적으로 사용(비유 또는 비유적 표현)되는지를 고려하는 것이다. 예를 들어, 비유(tropes)는 제유법(synecdoche), 과장법(hyperbole), 은유(metaphor), 또는 단어의 고의적 오용 등이 포함한다.

우리는 이런 비유뿐만 아니라 다른 더 많은 비유를 성경에서 자주 발견할 수 있다. 예를 들어, 전체를 한 부분으로, 종(species)을 속(genus)으로 대체하는 제유법은 떡이 모든 음식을 의미하는 "사람이 떡으로만 사는 것이 아니요."(신 8:3)라는 문장에서 볼 수 있다. 과장법은 당연히 신명기 1:28의 "그 성읍들은 크고 성곽은 하늘에 닿았으며"와 같은 표현이다. 은유는 이사야 40:6의 "모든 육체는 풀이요"에서처럼, "이것은 저것이다"라고 말하는 것이다. 어떤 저서는 성경 속의 모든 비유적 표현을 나열하려고 시도한다(은유와 비유적 표현 참고).

한 단어 이상이 연관될 때, 그 실행 방식은 "구성"(composition)이라고 불렸다. 여기에는 비유적 소리나 비유적 사고, 그리고 구절의 묶음이 포함된다.

비유적 소리의 예는 다음과 같다.

- **행두 반복**(anaphora): 연속해서 같은 그룹의 단어들로 구절을 시작하는 것
- **두운법**(alliteration): 연속해서 같은 소리가 나는 단어로 시작하는 것
- **유음**(assonance): 소리가 같거나 비슷한 단어들을 중간에 함께 사용하는 것
- **미어 연결**(homoioteleuton): 단어, 구절, 또는 문장에 비슷한 어미를 사용하는 것

이런 비유들의 성경적 예는 원어에서만 관찰할 수 있다. 예를 들어, 두운법의 명확한 사례는 시편 119편이다. 그 시편에서 각 연의 모든 절은 똑같은 알파벳으로 시작하고 그 연은 알파벳의 순서로 구성되어 있다.

그러나 비유적 사고는 그 안에 담긴 아이디어에 따라 달라진다. 여기에는 다음과 같은 것이 포함된다.

- 대조: 서로 대조되는 아이디어를 설정하는 것
- 수사적 질문, 아포스트로피(apostrophe): "해와 달아 그를 찬양하며"[시 148:3]와 같이, 현존하거나 현존하지 않는 사람 또는 사물에 대한 호칭을 분리시켜 말하는 기법
- 절정: 연결된 단어나 문구를 통해 단계적으로 상승시키는 기법
- 교차배열법(chiasmus): X처럼 보이는 그리스어 문자의 이름을 붙인 것이다. 이것은 성경학자들이 즐겨 찾는 것으로서 ABBA와 같이 내용의 일부분을 역으로 뒤집어 놓은 것이다.
- 도미문(periodic sentences): 독자가 문장을 끝까지 읽어야 비로소 단어들의 전체 의미를 이해할 수 있게 구성하는 기법-역주

스타일(Style)

고전 작가들은 세 단계의 스타일을 인식하고 그것들을 연설가의 세 가지 임무에 연결했다. 평이한 스타일은 증명을 위해, 중간 스타일은 즐거움을 위해, 장엄한 스타일은 감동을 주기 위해 사용되었다. 많은 사람이 장엄한 스타일이 가장 화려하게 꾸며졌다고 생각했지만, 이것은 사실이 아니다. 모든 미사여구는 청중에게 즐거움을 주기 위한 것으로 여겨졌다. 장엄한 스타일은 연설가가 주제에 대해 진지한 태도를 가지고, 청자들에게 감동을 주어 행동을 끌어내고자 할 때 사용되었다.

카파도키아 교부들과 크리소스토무스 등 니케아 이후의 가장 위대한 설교자들은 모두 안수받기 전에 전문적 웅변가로 훈련을 받았으며, 그들의 웅변술은 거의 반사적으로 몸에 배어 있을 만큼 숙련되어 있었다. 그렇다고 해서 그들의 설교가 수사학의 모든 규칙을 따랐다는 뜻은 아니다. 그들의 설교가 성경 구절을 본문으로 삼았다는 사실은, 그들이 고전 웅변의 모든 장르에 해당하는 디스포지티오(*dispositio*)를 따를 수 없었다는 점을 의미했다. 그래도 당시 그들 가운데 누구도 유창하지 않고는 시간을 말하는 일조차 할 수 없었을 것이다. 그만큼 그들의 언어적 재능이 탁월했었다고 생각할 수 있다.

니케아 이후의 교부 중 설교 준비에 관한 설명서를 남긴 유일한 사람은 아우구스티누스다. *Teaching Christianity*(기독교 가르치기)로 가장 적절하게 번역될 수 있는 그의 책 『그리스도교 교양』(*De Doctrina Christian*)에서(그러나 표준 영어 제목은 *Christian Instruction*이다) 아우구스티누스는 만약 설교자가 수사학을 학교에서 배우지 못했다면, 좋은 설교자를 관찰하고 모방함으로써 그것을 배워야 한다고 주장하면서, 수사학의 모든 지식을 요약하지는 않았다. 그러나 그는 연설가의 세 가지 임무, 즉 증명하고, 기쁘게 하고, 감동을 주는 것에 관해 말한다. 그렇게 함으로써 그는 그것을 완수하는 데 가장 적절한 스타일의 범주를 연관시킨다. 그러나 그는 성경에서 많은 비유적 표현과 비유적 사고의 사용 사례를 제시한다(*Doctr. chr.* 4.6.9.-4.8.21).

476년 서로마제국이 멸망할 무렵에 수사학을 중심으로 한 전통적 교육 체계도 무너져 버렸고, 암흑기라고 불린 시대가 도래하면서 스타일의 고전적 요소를 충분히 보여줄 만한 교육받은 성직자는 거의 사라지게 되었다. 실제로 몇 세기 동안 성직자 대부분은 자기 방식대로 설교를 구성하는 것이 주제넘은 일이라고 느껴, 주로 교부들의 설교를 다시 설교했다. 그러나 그리스 수사학의 영향을 받은 설교 방법은 동방에서 계속되었고 설교는 복잡한 스타일을 가지게 되었다.

고전 수사학은 르네상스 시대가 되어서야 실제로 되살아났다. 중세 시대 절정기에 주제 설교라는 복잡한 설교 형태가 시작되었고, 이 형태는 복잡한 규칙을 이행하긴 했지만, 일반적으로 수사학 설명서에서 스타일로 여겨지는 요소들은 다루지 않았다. 르네상스와 종교개혁 기간에 고전적 유산 전체에 대한 대대적 재발견이 이루어졌고, 당시 많은 학자와 성직자들은 그리스-로마 수사학이 교회의 특징적 연설 형태인 설교에 규칙을 제공해야 한다고 생각했다.

스타일(Style)

위에서 언급했듯이, 어려운 점은 고전적 연설의 장르는 교부들의 설교가 대체로 잘 수행해 왔던 본문 해석의 자리를 제공하지 않는다는 것이다. 그래서 고전주의자로 훈련받아 온 칼뱅 같은 사람조차 수사학 스타일이 설교단에 적합하지 않다고 생각했다. 시간이 지남에 따라, 칼뱅의 영국 제자들인 청교도들은 많은 고전적 스타일 도구의 사용을 의식적으로 거부하면서 평이한 스타일의 설교를 발전시켰다(청교도적 평이한 스타일 설교 참고).

프랑스에서 신고전주의 운동이 시작되면서 설교는 점점 더 짧은 논문 형식을 취하기 시작하여 오늘날 주제 설교라고 불리는 것이 되었고, 고전적 기준은 더 중요해졌다. 이 운동은 영국에서 대주교 존 틸로슨(John Tillotson) 때문에 유명해진 광교회파(latitudinarian) 스타일로 구체화되었다. 그 후 낭만주의 운동이 확산하면서 설교를 설교자의 고유한 천재성이 담긴 작품으로 인식하게 되었고, 스타일은 오늘날 확실한 형태가 없는 대중적 의미를 지니게 되어, 결국 개인적인 일로 인식되게 되었다.

오늘날 스타일이라는 수사학적 자원을 현대적으로 훌륭하게 표현하고자 한다면, 캐나다의 현인 케네스 버크(Kenneth Burke)의 사상에 영감을 받은 칼린 코어스 캠벨(Karlyn Kohrs Campbell, 1982)의 연구에 주목할 필요가 있다.

캠벨은 명확함, 생생함, 적절성, 일관성이라는 스타일의 핵심 기준을 논의한 뒤, 말하기의 다양한 목적을 효과적으로 달성하기 위한 전략을 제시한다.

만약 화자의 목적이 뭔가를 증명하는 것이라면, 수사적 질문을 던지고, 더욱 강하게 (*a fortiori*) 논증을 사용하며, 사실이나 예시를 나열하고, 반대 의견을 반박하며, 핵심 용어를 명확히 정의해야 한다. 그렇게 하면, 화자의 주장은 한층 강화될 수 있다. 만약 화자의 말에 생기를 불어넣고, 생생한 이미지를 전달하고 싶다면, 설명, 묘사, 의인화, 시각화, 재연, 그리고 두운법, 유음, 운율과 같은 비유적 표현을 사용해야 한다. 그리고 만약 어떤 개념의 함축적 의미를 바꾸고 싶다면, 이름 붙이기(labeling), 표어, 은유, 암시, 동일화와 같은 전략을 사용해야 한다. 결국, 캠벨은 화자가 의도한 바를 완수하도록 돕는 데 있어 고전 수사학 작가들과 같은 입장을 공유하고 있었다.

참고 주제 수사적 장치; 설득

참고 문헌 Augustine. *The Works of St. Augustine: A New Translation for the 21th Century*. Part 1, vol. 11: *Teaching Christianity: De Doctrina christiana*. Introduction, translation, and notes by Edmund Hill. Edited by John Rotelle. (1996); Karlyn Kohrs Campbell. *The Rhetorical Act*. (1982); O. C. Edwards Jr. *A History of Preaching*. (2004); George A. Kennedy. *Classical Rhetoric and Its Christian and Secular Tradition from Ancient to Modern Times*. (1980).

기술과 설교(Technology and the Sermon)

로버트 하워드(Robert R. Howard)

이 글은 기술과 설교의 상호 작용을 살펴보면서, 오늘날의 가능성과 문제를 확인한다. 기술 혁신과 역사 속 설교의 상호 관련성을 검토하고 현재의 변화와 영향을 살펴본다.

1. 기술과 역사 속 설교

새로운 기술은 항상 다양한 방식으로 설교에 영향을 주었다. 의사소통은 글쓰기의 출현으로, 역동적 구두 대면의 상호 작용에서 다소 거리감이 있는 담화 스타일로 변화되었다. 고정된 시각적 순서로 구성된 인쇄 문화는 정확한 설명을 중요하게 여김으로써 사고에 영향을 미쳤고, 이것은 신앙을 가르치고자 하는 개신교의 열망과 결합하여 이전보다 훨씬 더 교훈적인 설교를 낳게 되었다(Ong 1982 참고).

라디오 전도는 설교를 청각적으로 접할 수 있는 기회를 제공했지만, 그 환경은 공적 예배의 공간에서 가정이라는 청취자의 사적 공간으로 바뀌었고, 언어 역시 광범위하게 유도된 웅변에서 친밀한 대화적 수사로 변화되었다. 텔레비전의 출현은 이런 역학 관계를 더욱 심화시켰는데, 텔레비전의 영향을 받은 설교는 웅변적 담론에서 친밀한 대화로 변했다(Schultze 1995 참고). 개인용 컴퓨터와 인터넷의 등장은 다양한 방식으로 설교에 영향을 미쳤다.

참고 주제 인터넷 설교 데이터베이스; 인터넷 설교 포럼

2. 설교와 오늘날의 기술

현대 설교는 그 성공 여부와 관계없이 다양한 기술 장치를 활용한다.

첫째, 텔레비전 화면이다.

움직이는 영상이든 정지된 이미지이든, 화면(때로 벽면 크기의 대형 화면)에 본문과 이미지가 투사된다. 시각적 프리젠테이션은 선명한 음향 전달을 위한 정교한 사운드 시스템과 함께 제공된다. 이런 시청각 도구는 예배 공간에 설치되어 현장에서 예배하는 회중들이 설교를 더 깊이 경험하도록 돕는 역할을 하거나, 시간이나 공간의 제약으로 현장에 참석하지 못하는 청자에게 설교에 접근할 수 있는 기회를 제공한다. 현재 여러 교회는 극장과 같은 위성 장소로 실시간 예배를 송출하는 실험을 진행하고 있다.

둘째, 컴퓨터의 활용이다.

파워포인트나 예배용 프리젠테이션 프로그램(EasyWorship, MediaShout, SongShow Plus 등과 같은)이 점점 더 많이 사용되고 있다. 설교자들은 이런 기술 도구를 통해 성경 인용, 설교 개요, 글머리 표 목록(bulleted lists), 정지 이미지, 동영상 등을 보여 주거나, 이 모든 것을 조합하여 화면에 비춰 줄 수 있다. 이를 통해 설교자들은 성경 본문을 직접 참조하고, 설교의 흐름을 따라가며, 기억해야 할 핵심 개념을 강조하거나, 아이디어를 시각적으로 전달하는 이미지를 활용할 수 있다.

셋째, 인터넷이다.

인터넷은 설교 준비를 위한 방대한 정보의 원천일 뿐 아니라, 설교를 인쇄하거나, 오디오, 비디오 형태로 저장하고, 전달하며, 검색할 수 있는 수단을 제공한다.

3. 장점

이런 새로운 기술은 설교에 많은 유익을 가져다준다. 설교자들은 더 많은 사람에게 시각적, 청각적으로 분명하게 메시지를 전달할 수 있고, 언제 어디서나 설교를 제공할 수 있게 된다. 이제 설교는 과거와는 전혀 다른 방식으로 활용될 수 있다.

좀 더 구체적으로 말하면, 설교자는 설교 경험을 창조하기 위한 풍부한 자료와 수단을 손에 쥐고 있다. 설교자는 지금까지 상상할 수 없던 방식으로 감각적 데이터를 결합하여, 향상된 시청각 경험을 만들어 낼 수 있게 된 것이다. 설교는 더 쉽게 저장되고, 수많은 사람이 이를 검색할 수 있다. 그래픽 목록은 설교의 흐름을 요약하거나, 시각적 차이를 효과적으로 드러내 청중의 이해를 돕는 도구로 사용될 수 있다.

창의적 설교자는 각 가정에서 예배에 참여하는 회중의 모습, 혹은 그날의 성경 본문을 읽는 요양원 거주자의 모습을 담은 영상을 설교 중에 삽입할 수도 있다. 이를 통해 모든 사람이 설교 안에 포함되고 있다고 느끼게 할 수 있다. 예를 들어, 선교에 대한 설교에서 전 세계 곳곳에서 도움을 기다리고 있는 선교 현장의 이미지나, 선교 여행에서 현지인들을 섬기는 청소년부의 모습을 함께 보여 줄 수 있을 것이다.

여러 측면에서 볼 때, 방대한 양의 이미지, 정보, 경험 등이 설교자의 손이 닿는 가까운 곳에 놓여 있는 시대가 되었다.

4. 단점

그러나 기술적 진보에 논란이 없었던 건 아니었다. 글을 쓰는 행동이, 설교의 핵심이라 여겨졌던 생생한 만남을 망친다고 비판받은 적이 있다. 마찬가지로 설교에 사용된 기술은 그 자체로 위험하다(Jewell 2004 참고).

첫째, 초기 비용이다. 그 비용은 대형 교회를 제외하고는 엄두도 내지 못한다. 기술적인 세부 내용에 숙달되어 소리와 이미지를 문제없이 송출하는 것 또한 종종 큰 도전으로 다가온다. 이점에 관해서는 장비를 이해하고 그 목적과 타이밍을 정확하게 전달하는 게 핵심이다.

둘째, 설교자는 초점이 분산되는 문제를 극복해야 한다. 회중은 생각의 방향과 내용뿐 아니라 설교자 음성의 어조, 리듬, 구문에 완전히 익숙해져 있어야 한다. 표상 체계(representational system)를 바꾸면 이런 부담만 가중된다(Buttrick 1987, 143-45 참고). 또한, 시각적 이미지나 영화 동영상이 구술 전달을 압도하여 청중이 삽화만 생생하게 기억할 뿐, 그 삽화가 의미하는 내용은 기억하지 못하는 상황이 발생할 위험도 있다. 이런 위험에 관해, 유명한 영화의 클립을 보여 줄 때 시청자는 항상 그 영화를 처음 보았을 때의 상황을 떠올리기 때문에 이것이 설교의 목적과는 다른 연상과 기억을 떠올리게 한다는 현실적 문제가 발생한다.

현명한 설교자는 이런 문제를 극복하기 위해 잠재적 갈등을 예측하고 시각적 이미지 앞뒤로 적절한 개념적 맥락을 제공하여 설교의 의도와 매끄럽게 연결할 것이다.

셋째, 다른 함정은 더 깊은 수준에 존재한다. 정지된 것이든 움직이는 것이든, 이미지는 예기치 않은 감정적 반응을 자주 유발한다. 더욱이 설교에서 시각적 이미지에 지나치게 의존하면 개념적 전개가 약해지거나, 청중에게 정서적 카타르시스만을 제공하는 설교에 머무를 수 있다. 그럴 경우 청중들을 신실한 제자로 양육하는 설교가 아니라 즐거움만 제공하는 설교가 될 수 있다. 정서적 심금 울리기만 계속한다면, 행복한 종교에 중독된 힘없는 회중만을 길러 내게 된다.

넷째, 설교에서 시각적 이미지를 비판 없이 사용하면, 텔레비전과 영화 산업에 뿌리박힌 엔터테인먼트 광고 이데올로기에 편승하여 복음을 또 하나의 시장 상품으로 전락시킬 위험이 있다. 그렇게 되면, 설교는 단순히 소비자의 필요를 만들어 내고 이에 대한 해결책을 제시하는 기능만 하게 된다 (Shultze 1995 참고).

다섯째, 기술 장치의 도움을 받는 시각적 프리젠테이션은 실제로 설교 자체의 성격을 바꿔놓을 수 있다. 앞서 언급했듯이, 인쇄술의 발전은 개신교 설교가 교훈적 방향으로 흘러가는 데 영향을 주었다. 시각적으로 호소력이 있는 파워포인트 이미지와 글머리표 목록은 설교자들이 매우 교훈적인 설교를 하도록 유도할 수 있다. 이것이 대부분 설교에 이미 교육과 학습의 요소가 포함된 이유이다.

그러나 파워포인트 프레젠테이션과 같은 기술 장치에 너무 의존하면, 설교가 단순히 정보만을 전달하는 수단으로 축소된다. 정보 요약은 본질적으로 상상을 통한 도약, 직감적 이해, 개인적 만남으로 이어지는 구두-수사적 실천을 방해하고, 무엇보다 경외심을 불러일으킬 가능성을 제한한다. 복음은 단순한 정보 그 이상이다(Craddock 1978 참고).

여섯째, 이 마지막 요점은, 설교에서 최신 기술을 사용할 때 발생할 수 있는 또 다른 잠재적 함정을 드러낸다. 시각적 요소에 지나치게 의존하면, 설교의 구술적 특성이 약화되고, 말씀(The Word)의 '말씀다움'(word-ness)은 희미해질 수 있다.

옹(Ong, 1967)이 명확하게 지적했듯이, 시각은 표면적인 것을 드러내며 비교와 대조를 통해 대상들을 시각적으로 구분하는 반면, 소리는 내면적인 것을 열어 보여 준다. 즉, 소리는 대상의 내면을 깊이 보게 만든다("매개체 없이 직접적"이고 "빠르게"라는 의미에서). 또한, 소리는 서로 다른 사람들을 하나 되게 만들지만, 시각은 분산시킨다. 시각적 이미지를 바라볼 때 우리는 각자의 유리한 위치에서 개별적으로 바라본다. 그러나 한 단어를 들을 때, 우리는 그 소리 속에 함께 몰입하며, 그 몰입을 통해 공동의 경험을 형성한다.

만약 "하나님 말씀의 설교는 하나님 말씀이다"라는 제2 스위스신앙고백서(the Second Helvetic Confession)의 고전적 설교 이해를 따른다면, 구술성의 우선성은 말씀의 본질에서 설교를 분리하려는 모든 기술적 시도에 대해 의미심장한 시사점을 던진다(구두/청

기술과 설교 (Technology and the Sermon)

각 의사소통 참고). 만약 소리가 내면을 드러 낸다면, 우리가 오직 눈으로 보기만 하다가, 귀로 들어야 할 계시를 놓치는 위험을 경계해야 한다(Ellul 1985 참고).

요컨대, 기술과 설교에 관한 논쟁은 그 기술이 파피루스 위에 기록된 것이든 파워포인트 슬라이드가 비춰 주는 것이든, 어제오늘의 일이 아니다. 그래도 복음 설교는 사람들에게 다가가고, 감동을 주고, 그들을 축복하기 위한 혁신적인 기술의 활용을 멈추지 않고 탐구한다.

참고 주제 기술, 비디오 영상

참고 문헌 David G. Buttrick. *Homiletic*. (1987); Fred B. Craddock. *Overhearing the Gospel*. (1978); Jacques Ellul. *The Humiliation of the Word*. Translated by Joyce Main Hanks. (1985); John P. Jewell. *Wired for Ministry*. (2004); Walter J. Ong. *The Presence of the Word*. (1967); Walter J. Ong. *Orality and Literacy*. (1983); Quentin J. Schultze. "Television and Preaching." *Concise Encyclopedia of Preaching*. Edited by William H. Willimon and Richard Lischer. (1995); Quentin J. Schultze. *Christianity and the Mass Media in American*. (2003).

제10장 설교

서문: 들리는 설교(Seeking to Be Heard)
로날드 알렌(Ronald J. Allen)

일부 설교자들은 설교를 자신이 하고 싶은 말을 표현하는 것으로 여긴다. 그러나 점점 더 많은 설교자가 회중이 설교를 어떻게 듣는지를 고려하면서 설교를 작성해야 한다는 것을 인식하고 있다(신학적인 진실성을 유지하면서). 설교자는 자신이 의도한 대로 회중이 설교의 세계로 들어가 그 안에 머물도록 할 수 있다고 자신할 수는 없다. 개인적인 상황이나 공동체적인 상황들이 그들로 하여금 설교를 들음에 방해가 될 수도 있다.

성령은 설교자가 기대하는 대로 움직이지 않으실 수도 있다(성령과 설교 참고). 그러나 설교자는 설교를 준비하기 위해 부름을 받아 회중으로 하여금 설교를 통해 중요한 신학적 실재를 접할 수 있는 기회를 갖도록 한다. 설교자는 설교 준비와 설교 전달, 그리고 후속 작업에 이르기까지 자각함과 동시에 비판적인 자세를 유지하고자 한다(자기 주해 참고).

1. 회중의 청취 문화에 맞춰 설교를 구성하라

설교자는 회중의 청취 문화, 즉 뿌리 깊고 종종 무언(unspoken)으로 주어지는 가정과 가치관, 감정과 선호도, 실천과 상징성, 그리고 기타 사항을 존중하는 설교를 준비함으로써 설교를 듣고 싶어 하도록 도움을 줄 수 있다.

그러나 교회는 문화적으로 단일하지는 않다. 이러한 공유된 문화 가운데에서 전형적인 회중 가운데에는 이웃, 지자체, 국가 및 세계와 관련된 역학 관계는 물론이고, 출신지, 성별, 인종, 민족성, 직업, 사회 계층, 경제력, 정치 및 종교적 견해와 같은 요소들과 관련된 하위문화를 형성하는 사람들 또한 포함되어 있다(본문의 관심과 설교의 관심; 문화해석학; 회중, 교단의 주해 참고).

설교자는 이러한 요소들이 특정한 회중 가운데서 어떻게 경청의 문화를 형성할 수 있는지 알고 싶어 한다.

회중이 이러한 요소들을 진지하게 받아들이는 좋은 기회를 가질 수 있도록 하려면 어떻게 설교를 구성해야 할까?

이러한 질문에 대답하기 위해 많은 설교자가 피드-포워드 그룹(feed forward group), 즉 설교 전에 설교자와 만나 성경적이고 신학적인 문제가 회중과 세상과 교차하는 지점이 어디인지를 토론하는 회중의 구성원을 활용한다(협업 참고). 이럴 경우 회중은 설교자가 자신들과 관련된 이슈들을 고려하고 있다는 것을 인식하게끔 하는 설교를 들을 가능성이 높다.

2. 설교의 목적을 밝히라

목회자는 일반적으로 설교의 목적에 관한 전반적인 이해를 가지고 있다. 이러한 이해는 설교자의 언어로 표현될 수 있음에도, 종종 설교자에게 영향을 주는 신학 계열들(복음주의 신학, 수정주의 신학, 해방신학)로부터 주어진다. 더욱이 설교자는 각각의 설교를 위한 목적을 정립해야 한다(초점 진술과 기능 진술; 주제문 참고).

많은 설교자가 회중의 생각과 마음, 행동에 어떠한 일이 일어나기를 바라는지를 말함으로써 설교의 목적을 정립해 감에 도움이 된다고 여긴다(로고스; 파토스/감정 참고). 예를 들어, 설교자는 다음과 같은 문장을 완성함을 통해 설교의 목적을 공식화할 수 있을 것이다.

"이 설교를 들음으로 인해 회중이 이해하고, 느끼고, 행하기를 바랍니다."

때로는 일련의 메시지(시리즈 설교)가 일회적 설교보다 주제나 내용을 좀 더 만족스럽게 다룰 수 있다.

3. 설교의 중심점을 결정하라: 설명 혹은 주제

설교는 일반적으로 성경 본문(또는 주제)에(강해 설교 참고) 관한 설명이나 내용에 대한 신학적 해석이라는 두 가지 중심점 중에 하나를 가지게 된다(주제 설교 참고). 대부분의 설교는 마땅히 성경의 한 구절이나 주제에 대한 설명이 중심이 된다. 설교의 목적은 성경 본문 또는 주제가 고대인들에게 믿고 행하라고 요구했던 것을 회중으로 하여금 이해하도록 돕는 성경 자료에 관한 해석을 제공하는 것이고, 오늘날 회중이 무엇을 믿고 행할지를 고려하도록 돕는 것이다.

설교자는 일반적으로 렉티오 콘티누아(*Lectio Continua*)의 일부로 성서일과와 교회력을 기초로 성경 본문을 택하던지 또는 주일마다 자유롭게 성경 본문을 선택한다. 설교자는 회중이 본문으로 들어가 그 관점으로부터 하나님과 세상을 인식하도록 돕는다. 또한, 그러한 관점과의 대화가 회중으로 하여금 어떻게 하나님과 오늘날의 세상을 인식케 하는지를 고려한다(그때와 지금 연결하기; 해석학 참고).

주제 설교에서 설교자는 성경을 포함은 하지만, 동시에 성경적 관점을 초월하는 교회의 신학적 확신의 관점으로 회중으로 하여금 주제를 해석하도록 돕는다(교리적 설교 참고). 설교자는 성경 본문이나 주제(theme)를 설명함을 통해서보다 폭넓은 신학적 성찰의 관점에서 주제(topic)를 더 잘 다룰 수 있다(교리와 성경 본문 참고). 예를 들어, 교리의 어떤 요소들은 단일한 성경 본문이나 주제(theme)를 넘어선다. 주제 설교는 일반적으로 주제를 조명하기 위해 성경의 자료를 활용하지만, 성경 본문이나 주제를 설명함을 설교의 중심에 두지는 않는다.

강해 설교는 회중이 복음을 만나고 신실함으로 성장해 가도록 돕는다고 입증되어 있기에 설교의 일반적인 기초가 되어야 한다. 그러나 특별한 경우에 주제 설교가 도움이 될 수 있다.

4. 연역적, 귀납적 또는 결합적 방식 등으로 회중이 설교에 따라가는 데 도움이 되는 움직임의 패턴을 파악하라.

움직임의 패턴과 관련해서 대부분의 설교는 연역적이거나 귀납적이거나 두 가지가 결합된 형태이다. 설교자라면 한 가지 접근 방식을 선호할 수는 있지만, 설교자는 움직임의 다양한 패턴으로 설교를 발전시킬 수 있어야 한다. 왜냐하면, 다양한 패턴이 각각의 장점과 약점을 가지고 있고, 다양한 방식으로 회중에게 호소하기 때문이다. 설교자는 회중이 설교를 긍정적 방식으로 받아들이는 데 도움이 될 좋은 패턴을 선택한다. 연역적 또는 귀납적이라는 명칭은 매우 일반적이다.

연역적 설교에서 설교자는 도입에서 설교의 주요 목적과 요점을 소개한 다음 그리고 나서 그 개념을 전개시켜간다. 설교자는 주요 요점의 함의를 끌어내거나 이를 뒷받침하는 논거들을 제시할 수 있다.

연역적 설교의 가장 큰 장점은 선명성과 안정감이다. 회중은 설교의 내용이 무엇이며 어느 방향으로 가고 있는지를 즉시 알게 된다. 이러한 설교의 유형은 회중이 설교의 목적에 관해 일반적으로 호의적인 입장을 가지고 있는 경우에 특히 적합하다. 연역적 설교는 청중의 호의적 경향을 강화할 수 있고, 설교에 어떻게 반응해야 할지 구체적으로 제시해 줄 수 있다.

연역적 설교의 단점은 설교가 어디로 가는지를 알게 됨으로 인해 회중이 흥미를 잃어버릴 수 있다는 점이다. 물론, 설교의 구조만으로 회중이 설교를 따르고자 하는 의지가 결정되는 것은 아니다. 설교자가 연역적 설교를 회중의 삶과 상황 가운데에서의 중요한 이슈들에 연결시키고 활기차게 설교를 전개한다면, 회중은 경청할 가능성이 높다. 청교도의 평이체(plain style) 설교가 주로 연역적이다.

귀납적 설교에서는 설교자가 주된 목적을 밝히지 않고 회중이 설교의 주제와 그에 대해 신학적으로 성찰하는 데 도움이 될 만한 자료들을 발견하도록 도움을 준다. 설교자는 이슈를 파악하고 적절한 자료와 통찰력에 비추어 연구한 후에, 설교 후반부에 이르러서 결론에 도달한다.

귀납적 설교의 큰 장점은 보다 실제적인 삶의 경험을 모델로 한다는 점이다. 삶은 순간순간 귀납적인 특징을 가지는 경향이 있다. 더욱이 귀납적 설교는 소설, 영화 또는 텔레비전 쇼와 비슷한 방식으로 긴장감을 조성한다. 청중은 설교의 중심에 주어지는 질문에 끌려서 질문이 해결될 때까지 계속해서 듣게 된다. 귀납적 설교는 거의 모든 맥락이나 상황에 적용될 수 있지만, 회중이 설교의 주제에 무관심하거나 설교의 신학적 주장에 저항하는 순간에 특히 적합하다. 귀납적 설교는 경험을 만들어 내는 데 특히 도움이 된다. 귀납적 접근 방식은 회중이 즉각적인 위협을 느끼지 않고 주제에 접근할 수 있게 해 준다.

귀납적 설교의 단점은 설교자가 회중이 따라갈 수 있는 방식으로 설교를 전개하지 못하게 될 때 발생한다. 네 페이지 설교 방식의 설교가 주로 귀납적이다.

어떤 설교는 귀납적 특징과 연역적 특

징을 결합하기도 한다. 예를 들어, 설교자는 귀납적으로 시작해서 중요한 요점에 이른 다음 그 요점을 연역적으로 발전시키게 된다. 이 접근 방법은 설교자가 관심을 유발하거나 비교적 사소한 저항을 극복해야 할 필요가 있을 때 유용할 수 있고, 동시에 반응하는 방식에 있어서 지속적인 지침을 제공해야 할 때도 유용할 수 있다.

4. 초청하는 방식으로 설교를 시작하고 맺으라

설교의 시작과 끝은 특별한 역할을 한다. 설교의 시작에서(도입 참고) 설교자는 보통 회중으로 하여금 설교자와 설교의 초점과 동일시하도록 도와줌을 통해 회중을 말씀의 세계로 초대한다(에토스; 동일화 참고). 회중은 설교자의 삶과 설교에서 자신의 삶의 요소들을 인식하게 될 때 설교와 자신을 동일시하게 된다. 회중은 그렇게 할 때, 비로소 설교 말씀대로 따르게 될 가능성이 높아지게 된다.

설교자는 회중으로 하여금 동일시를 경험하도록 초대하기 위해 어떤 방식으로 설교를 시작할 수 있을지 질문할 수 있을 것이다. 설교자는 종종 회중의 삶이나, 개인의 경험, 뉴스에서 소개되는 내용들, 삶의 질문, 짧은 이야기나 소설, 또는 교회력을 언급함으로 동일시를 이루도록 시도해 볼 수 있다.

설교 말미에 설교자는 일반적으로 회중으로 하여금 설교 후에도 설교 메시지에 대해 계속 생각하거나 메시지와 관련해 느끼거나 적절한 행동을 취하기를 원한다. 설교와 계속해서 상호 작용하도록 격려하는 끝 마무리 자료는 흔히 도입 부분에서 사용된 자료와 유사하다.

5. 설교의 순간을 준비하라

설교를 듣는 이들에 관한 최근 연구에 따르면 회중은 설교자가 강단에서 활발하게 존재하는 경우 설교에 가장 잘 집중할 수 있다. 청중은 설교자가 하는 말을 듣고 싶어 하고, 설교자를 보고 싶어 한다. 청중은 설교자가 그저 글을 읽는 게 아니고 자신들과 이야기하고 있다고 느끼고 싶어 한다. 그들은 설교자의 눈 맞춤, 목소리의 억양, 설교 내용에 적합한 제스처, 그리고 강단에 진솔하게 서 있는 설교자들에게 긍정적으로 반응하게 마련이다.

청중은 설교자의 이야기가 들려지지 않거나 설교자를 볼 수 없는 경우 또는 설교자가 설교를 그저 읽고 있거나 눈을 마주치지 않는 등의 경우에 설교를 경청함에 방해를 받게 된다. 그래서 설교자는 설교를 하는 순간 회중과 온전히 함께 하기 위해 설교를 충분히 내면화시키고 습득할 준비가 필요하다.

참고 주제 원고; 기억; 구두/청각 의사소통; 원고 수행하기; 설교단의 사용; 메모 없는 설교

6. 설교에 대한 청중의 반응으로부터 배우라: 피드백

회중으로부터 피드백을 수집함으로 설교자들은 청중이 긍정적으로 반응하는 설교의 특징이 무엇인지, 부정적으로 반응하는 특징이 어떠한지를 파악할 수 있다. 설교자는 목회적 경청을 하는 일상의 사역 속에서도 피드백을 얻을 수 있다. 잘 고려된 설교자의 목회적 질문은 종종 회중의 사려 깊은 반응을 가져올 수 있다. 개인적으로나 소그룹 또는 서면을 통해 설교에 관해 청중은 이야기하고 싶어 할 것이다(듣고 관찰하는 기술 참고).

그러나 설교자는 교인들이 원한다고 해서 무분별하게 설교를 거기에 맞춰 조정해서는 안 된다. 설교는 설교자의 신학적 확신에 충실해야 한다. 그러므로 설교자는 청중의 반응에 따라 어느 정도 수정하고 각색하는 것이 신학적으로 적절하지 잘 살필 필요가 있다.

참고 문헌 Ronald J. Allen. *Interpreting the Gospel: An Introduction to Preaching*. (1998); Ronald J. Allen. *Patterns of Preaching: A Sermon Sampler*. (1998); Ronald J. Allen. *Thinking Theologically: The Preacher as Theologian*. (2008); Stephen Farris. *Preaching that Matters: The Bible and Our Lives*. (1998); Lucy Lind Hogan and Robert Reid. *Connecting with the Congregation: Rhetoric and the Art of Preaching*. (1999); Joseph R. Jeter and Ronald J. Allen. *One Gospel, Many Ears: Preaching and Difference in the Congregation*. (2004); John McClure. *The Roundtable Pulpit: Where Preaching and Leadership Meet*. (1995); Mary Alice Mulligan et al. *Believing in Preaching: What Listeners Hear in Sermons*. (2005); James R. Nieman. *Knowing the Context: Frames, Tools, and Signs for Preaching*. (2008); James R. Nieman and Thomas G. Rogers. *Preaching to Every Pew: Cross-Cultural Strategies*.(2001); Leonora Tubbs Tisdale. *Preaching as Local Theology and Folk Art*. (1997).

❖   ❖   ❖   ❖

결론(Conclusions)

제리 카터(Jerry Carter)

설교의 결론은 설교에서 가장 중요한 부분 중 하나이지만, 가장 소홀히 여겨지는 부분이기도 하다. 결론은 설교에서 마지막 주어지는 말이면서 가장 큰 영향을 줄 수 있는 부분이기도 하다. 그래서 양심적 설교자라면 설교가 단순히 '끝나는 것'으로만 기대하는 게 아니라 결론에 주의를 기울여야 한다.

결론은 준비되어야 한다. 종종 설교자는 설교를 마무리할 때 깔끔하게 끝내는 대신 혼란을 야기하도록 아무렇게나 결론을 내릴 수 있다. 존 스토트(John R. W. Stott)는 이렇게 주장한다.

어떤 설교자들은 선천적으로 설교는커녕 어떤 결론도 내리지 못하는 것처럼 보인다. 안개가 가득한 날 계기비행을 할 수 없어 착륙하지 못한 비행기마냥 빙빙 돌고

대화적 설교(Conversational Preaching)

있다. 그들의 설교는 '목적 없는 비극과 다름 없다.' 어떤 설교자들은 불쑥 설교를 중단하기도 한다. 그들의 설교는 피날레가 없는 연극과도 같고, 크레센도도 절정도 없는 음악과도 같다(Stott, 1982, 245).

결론은 개인적인 것이어야 한다. 결론은 이론적인 사색과 난해한 고민을 하는 시간이 아니다. 설교자는 "간청하고, 권면하며, 설득하고, 상담하고, 인도하고, 요청하는" 하나님의 메신저이자 변호자로서 사람들에게 말하는 사람이라는 점에서 나와 너의 관계를 재확인한다. "상기시켜 드립니다", "간곡히 부탁드립니다", "간청합니다", "요청합니다"라는 말들은 설교자의 마음을 담은 말이라 할 수 있다. (Broadus 1979, 110)

결론은 설교의 핵심에 존재하는 본문/사고의 자연스러운 산물이어야 한다. "좋은 고기는 그 스스로 육즙을 만들어 낸다"는 아프리카계 미국인 설교 전통에서의 말처럼 외부로부터 결론을 가져올 필요 없이 본문과 사고 그 자체가 결론을 가져올 수 있도록 해야 한다.

설교를 마무리하는 다음과 같은 의도적인 방법들이 고려해 볼 가치가 있다.

- 묵상: 관련된 질문들과 예화들을 사용해서 설교가 끝난 후에도 회중으로 하여금 묵상하도록 조용히 격려한다.
- 적용: 청중이 행동으로 옮겨 갈 수 있는 핵심을 향해 설교를 행한다. 예수님(산상수훈)은 선포된 말씀을 어떻게 적용하는가에 따라 그 기초가 달라지는 "지혜롭고 어리석은" 건축가의 비유를 말

씀하신다. 키케로의 명언집인 *On the Ideal Orator*(이상적 연설가에 대하여)에서 "연설가는 가르치고(docker), 즐겁게 하고(delectare), 설득해야 한다(flectare/movere)"고 말한다(section 21) 목표는 청중을 특정한 방향으로 구체적으로 참여하도록 옮겨 가게 하는 것이다.
- 경축: 긍정적인 면을 강조하라. 아프리카계 미국인 설교에서 잘 알려진 경축은 설교가 항상 복음으로 끝난다는 확신이다. 복음은 때로는 좋은 소식이기 전에 나쁜 소식이 되기도 하지만, 궁극적으로는 생동감 있고 활기찬 좋은 소식으로의 선포로 절정에 이른다. 이것은 단순한 감정이나 과장된 것이 아니라, 한 주 내내 힘겹게 지내온 사람들에게 소망이 된다.

설교의 결론은 정확하고 힘 있게 설교를 마무리하기 위해 투자할 가치가 있다.

참고 주제 수사적 장치

참고 문헌 John A. Broadus. *On the Preparation and Delivery of Sermons*. (1979); John R. W. Stott. *Between Two Worlds: The Art of Preaching in the Twentieth Century*. (1982).

대화적 설교(Conversational Preaching)
로날드 알렌(Ronald J. Allen)

1960년대 이후로 일부 설교자들은 설교 중에 설교자와 회중 사이에 큰 소리로 서로

주고받는 방식을 요구해 왔다. 실제로 어떤 설교자들은 설교 중에 회중을 소그룹으로 나눠 서로 이야기를 나누도록 하기도 하고, 어떤 설교자들은 대화적 설교를 편안하게 구현(전달)하는 방식으로 여기기도 한다. 그러나 1980년대 후반과 1990년대 초반에는 대화로서의 설교라는 또 다른 개념이 형성되기 시작했는데, 여기에서 대화란 외형적 형식이기보다는 신학적 방법과 내용을 의미하고, 이러한 설교는 형식은 일반적으로 한 방향으로 이루어지긴 하지만, 그 성격적인 면에서 대화적이라 할 수 있다.

이러한 대화적 설교와 관련된 움직임은 다양한 요인에 의해 촉발되었다. 한스-크오르크 가다머(Hans-Georg Gadamer)의 철학적 해석학은 물론이고, 인간은 순수하고 객관적인 지각을 갖고 있는 것이 아니라 모든 인식이 해석적이라고 여기는 것, 통찰력이라는 것이 전문가(예를 들어, 설교자)의 전유물이 아니라 여러 비전문가(예를 들어, 평신도)도 전문가가 놓치는 통찰력을 가질 수 있다는 인식, 권위주의를 벗어나서 평등주의로 나아가는 움직임, 타자와의 만남이 회중으로 하여금 하나님과 성경, 교회와 세상, 그리고 우리 자신을 새로운 방식으로 고려할 수 있다는 인식의 증가 등이 바로 그런 다양한 요인이다.

대화로서의 설교는 설교의 형식이나 장르가 아니라 설교가 가지는 일종의 정신을 의미한다. 이러한 대화적 설교에 관한 관심은 다양하게 살펴볼 수 있다(아래 참고 문헌에 인용된 다양한 출처들 참고). 그래도 대부분의 대화적 설교자가 성경, 기독교 역사, 현대 신학과 윤리, 회중, 설교자의 개인적 삶,

기타 자료들(예를 들어, 예술과 철학, 인종적, 윤리적 분석, 젠더 분석, 사회 계층 분석)로부터의 목소리를 듣는 데 설교는 주목해야 한다고 본다. 설교자는 이러한 목소리의 진실성(타자성)을 존중하고자 한다.

대화 방식으로 설교할 때 설교자는 회중이 하나님의 임재와 섭리에 관한 적절한 해석에 이르고, 신실하게 응답하는 방법을 배우도록 돕는다는 목적을 가지고 서로의 대화에로 그러한 목소리를 이끌어 가는 것을 목표로 한다. 설교자는 단지 성경 본문이나 신학적 교리를 오늘날에 적용하거나 단순히 현대적 범주로 번역하지 않는다. 설교자는 어떤 목소리가 회중으로 하여금 하나님이 제시하시고 요청하는 것을 구분함에 도움이 되는지 분별하도록 돕는다. 설교자는 오늘날 하나님의 임재와 목적과 관련해서 우리가 무엇을 믿을 수 있고 우리가 무엇을 해야 하는지를 묻는다.

웨슬리 알렌(O. Wesley Allen Jr.)에게 회중은 정체성, 이슈, 행정적 선택, 예배와 관련해서 시간 속에 일어나는 대화들로 이루어지는 그물망과도 같다. 설교자는 매 설교가 고립된 대화의 사건이 아니라 지속적인 대화에 참여하는 것으로 여겨야 한다. 교회력 안에서 공동성서정과는 시간의 흐름 속에 이루어지는 지속적인 대화를 촉진시킬 수 있을 것이다

참고 주제 협업; 해석학; 설교학

참고 문헌 O. Wesley Allen Jr. *The Homiletic of All Believers: A Conversational Approach.* (2005); Ronald J. Allen. "Preaching as Mutual Critical

Correlation through Conversation." *Purposes of Preaching.* Edited by Jana Childers. (2004) 1-22; Jeffrey Bullock. *Preaching with a Cupped Ear: Hans-Georg Gadamer's Philosophical Hermeneutics as Postmodern Wor(l)d.* (1999); Lucy Atkinson Rose. *Sharing the Word: Preaching in the Round table Church.* (1997).

매일 설교(Daily)
그레고리 헤일리(Gregory Heille, O.P.)

매일 설교는 말씀을 전하는 설교자와 예배하는 공동체로 하여금 거룩한 시간이라는 현장 가운데 일상 속의 사건들과 상황들을 바라볼 수 있게 한다. 유대인, 기독교인, 무슬림 모두 거룩한 시간을 지킨다.

뉴욕타임즈의 종교부 수석기자 피터 스타인펠스(Peter Steinfels)는 이렇게 쓴 바 있다 (1990년 4월 4일자).

> 종교는 사상과 도덕은 물론이고 시간을 형성한다. 각 종교는 한 해를 기준으로 절기들과 휴일, 주 단위의 예배와 매일 기도, 인생의 한 단계에서 다른 단계로 넘어가는 통과 의례 등의 주기를 가진다. 종교적 달력을 지키거나 지키려고 노력하는 사람들에게 그러한 종교력(the religious calendar)은 세상의 일상을 지배하는 달력과 나란히, 때로는 그 반대편에서 작동하는 일종의 카운터 달력이다."

세례나 성인식, 결혼이나 장례 예식과 같은 다양한 목회적 행사들 속에서 한 주간 기독교 설교자들은 다른 사람들의 일생에 단 한 번뿐인 경험을 위해 사역하게 된다. 한편, 보다 일상적인 공동체적 예배 운동에서는 설교자와 회중이 주중 또는 매일 예배에 모여 그날의 성경 본문과 그날의 예전적 시간, 축일 또는 절기의 맥락에서 일상의 상황을 해석하고 매일의 일상을 하나님께 올려드리게 된다. 교회나 교단의 주중 예배가 어떻게 이루어지든, 매일 설교는 설교자로 하여금 설교자 자신은 물론이고 회중의 일상 영성을 하나님의 말씀과 예전에 깊이 뿌리 내릴 수 있게 하는 귀중한 목회적 기회를 제공해 줄 수 있게 한다.

1. 주중 성서정과와 교회력

성서정과는 한 해 중 특정한 주일이나 절기, 특별한 날의 말씀 선포를 위한 성경 본문의 목록 또는 책이라 할 수 있다.

1969년 제2차 바티칸 공의회 이후 새롭게 로마가톨릭의 성서정과는 중세의 1년 주기 방식을 벗어나 마태, 마가, 누가복음이 각 해의 중심이 되는 3년 주기의 목록이 신중하게 고려되었고, 요한복음이 사순절과 부활절 기간에 흩어져 포함되는 방식으로 구성되기 시작했다. 그뿐만 아니라 성서정과에는 주마다 어느 정도 연속적으로 읽혀지는 매 주일의 복음서와 신약성경 서신서와 관련해서 선택된 구약성경의 제1독서가 포함됐다.

더불어 연간 주기의 복음서 독서와 2년 주기로 읽혀지는 구약 독서와 함께 사도행전과 서신서 독서가 포함된 매일성서정과 (daily lectionary)가 시행되었다. 매일성서정과는 성자의 날들과 세례, 결혼, 장례 등의 특별한 날을 또한 포함했다.

이 로마교회의 성구집은 1969년에 공표되었고, 얼마 지나지 않아서 모국어 번역본으로 발행되었다. 여러 개신교단에서 역시 이런 방식으로 새로운 교단 성서정과를 곧이어 발표했다. 1983년 에큐메니컬 공동본문위원회는 준연속적인 첫 번째 구약성경의 독서를 포함하도록 수정된 3년 주기의 주일성서정과인 공동성서정과를 발행했다.

1992년 개정된 개정공동성서정과(Revised Common Lectionary)가 현재 연합감리교회와 장로교회, 그리스도제자교회, 그리스도연합교회에 의해 사용되고 있고, 성공회와 루터교회가 광범위하게 사용하는 기본 방식을 제시하고 있다. 미사를 위한 로마가톨릭의 성서정과는 1981년 이후 개정되어서 현재 주일, 대축일, 주님과 성자의 축일을 위한 독서 한 권(1998년)과 평일 및 기타 미사를 위한 독서 세 권(2002년) 등 총 네 권으로 이루어진 채플 판으로 미국에서 발행되고 있다.

제2차 바티칸 공의회 이후 더 풍성해진 성경 강론 덕분에 성경적 설교가 현재 주일과 축일, 통과 의례 예식 등 로마가톨릭 전례의 규범이 되었다. 매일성서정과 덕분에 매일 드려지는 미사는 물론이고 전체 교회력에 걸쳐 많은 교회에서 성경적 설교가 포함되고 있다. 이 매일성서정과는 다른 기독교 교회에서 매일 그리고 주중 설교를 위한 풍부한 자료로 활용될 수 있다.

주일과 매일성서정과는 종말론적인 성취를 갈망함으로 지내는 대림절의 앞부분, 성육신을 기념하는 대림절의 후반부와 성탄절기, 부활절 세례를 준비하는 교리 교육과 함께 지역교회의 예언자적이고 참회적 갈망을 가진 사순절, 부활을 매일 축하하는 부활절, 오순절로 이어지는 부활절 기간 동안 기독교 교회의 삶에 관한 계속되는 묵상 등 교회력의 광범위한 절기 주제들에 따라 디자인되어 있다. 성탄절과 사순절, 오순절과 대림절 사이의 중간 기간을 비절기 기간으로 교회력 절반이 이에 해당되며, 이 기간에는 주일과 매일 말씀과 성례가 이루어지는 패턴으로 진행되는데, 아침 찬양과 간구 그리고 저녁 감사와 회상이라는 매일의 리듬이 강조된다. 교회력 기간 중에 성자들의 날 역시 지켜진다.

2. 매일 설교의 실제 문제

매일의 말씀이나 성찬식에서, 매일 아침이나 저녁 기도회에서 또는 정규 주중 예배에서의 설교, 매일 설교는 본질적으로 목회자와 헌신적인 핵심 회중공동체 사이에서 밀접하게 여겨진다. 이 공동체 내에서 매일 설교는 보다 대화적 톤을 취하는 경향이 있고, 교인과 목회자 모두 바쁜 일정 속에서 필연적으로 간단히 진행되는 경향이 있다.

매일 설교는 한 가지 이상의 요점을 간결하게 전달하기 위해 수사학적으로 애쓰는 경우는 거의 없고, 가장 일반적인 구조는 3분에서 5분 정도로 '진행'된다(David Buttrick의 용어로 move, 23, 36). 성서정과로 정해졌거나 설교자가 선택한 매일 설교를 위한 성경 본문은 일반적으로 렉시오 컨티누아에 준하는 방식으로 이어진다. 분주한 목회자는 매일 설교를 준비함에 있어 특별히 주일 설교를 준비하는 맥락에서 짧은 시간을 할애하게 마련이다. 렉시오 디비나라는 매일 묵상(관상)의 습관을 형성하여 매일의 성경 본문에서 기도로, 그리고 예전적 절기와 회중과 이웃, 세상 속에서 목회적으로 직면하는 상황을 고려하게 된다.

지속적인 매일 설교가 성경 본문과 뉴스, 예배를 통해 일상의 삶을 해석하는 것처럼, 매일의 회중 또한 매주 성경과 성서정과 학습, 신앙의 나눔, 주일 설교와 예배를 위한 준비와 이에 대한 평가에 목회자와 함께 하는 '설교에 있어서의 동역자'(partners in preaching, Reuel Howe의 용어)가 될 수 있다.

렉시오 디비나의 관상 습관은 말씀 사역의 생명력 있는 자원을 목양, 교리 교육, 영성 형성, 이웃 참여, 교구 모임과 피정 또는 선교에 가져오고자 하는 분주한 목회자에게 큰 도움이 될 수 있다. 매일의 독서와 예전은 당면하고 있는 상황에 도움이 되는 내용을 언제나 담고 있는 듯 하다.

주일과 평일 설교의 예측 가능한 흐름이 대부분의 설교자들에게 활력을 줌에도 불구하고 맡고 있는 교인들의 세례와 입교, 결혼과 장례, 이웃과 전 세계적 위기 상황으로 인해 추가적 부담으로 다가올 수 있다. 성서정과가 이러한 상황에 맞는 성경 독서의 선택을 가능케 하기도 하지만, 종종 매일의 독서 자체가 도움이 되는 경우가 많다. 여기서도 렉시오 디비나의 습관과 매일 또는 매주 설교의 안정적 리듬은 회중의 삶에서 일어나는 일들과 위기에 대해 목회적으로 응답하고, 설교를 통해 응답하도록 부름받은 설교자들에게 설교와 관련된 제반 사항들과 근거를 가져다준다.

회중의 생활에 있어 다른 다양한 의무와 관련해서 설교의 요구를 신중하게 조정해야 하는 것이 예배공동체와 그 공동체의 목회자들에게 마땅하다. 교인들은 성경 공부, 신앙의 성찰, 설교준비와 평가에 참여함을 통해 말씀 사역에 설교자와 함께 참여하도록 초대받을 수 있다. 당회와 목회팀은 공동체의 다양한 필요를 충족시킬 유능한 설교자 공급의 필요성을 제시하고, 설교자들의 사역을 도울 최신 주해적, 예전적, 그리고 설교 자료를 제공할 수 있을 것이다.

설교 준비를 위한 적절한 시간이 주어질 수 있도록 목회적 책임을 명기할 수 있다. 매일, 매주 설교의 핵심은 목회자에게 과도한 부담을 주려는 것이 아니다. 오히려 그 설교의 목적은 목회자와 교인들을 포함한 전 공동체가 매일 하나님의 말씀이 가지는 기쁜 소식을 가지고 활기차게 살아가도록 함이다.

참고 주제 성서정과와 교회력

참고 문헌 The Roman Catholic weekday lectionary is issued in NRSV translation in Canada and NAB translation in the United States. For a thorough orientation, see the General Introduction to the Lectionary, 2nd ed. (1981), which can be found online. Weekday chapel lectionaries are published in Canada by CCCB Publications and in the United States by Liturgical Press and Catholic Book Publishing Company. David Buttrick. *Homiletic: Moves and Structures*. (1988); Reuel Howe. *Partners in Preaching: Clergy and Laity in Dialogue* (1967).

연역적 설교(Deductive)

데이브 L. 블랜드(Dave L. Bland)

연역적 설교는 일반적으로 설교자가 청중을 위해 의미를 드러내는 전제나 수용된 진리로부터 시작한다. 즉, 설교자는 시작 부분에서 주안점을 언급하고 그런 후 설교 나머지 부분을 통해 그 주제를 발전시켜 간다. 연역적 설교는 하나의 개념을 발전시켜 간다는 점에서 논리적이고 직선적이다. 연역적 설교가 가지는 추론은 일반 명제로 시작해서 세부 내용으로 이동한다.

이와는 대조적으로 귀납적 설교는 세부적인 것 또는 일반적인 인간 경험으로 시작해서 이로부터 진리라던지 원리를 발견해 낸다(귀납적 설교 참조).

연역적 설교와 귀납적 설교의 공통점은 둘 다 주제나 개념, 일종의 명제를 발전시켜간다는 것이다. 하나는 주제를 먼저 드러내고, 다른 하나는 회중으로 하여금 결론으로 그 주제에 이르도록 한다. 설교에 있어서 주제문에 관한 좋은 분석을 위해 윌슨(2004)의 책이 참조가 된다.

연역적 설교는 삼단논법을 중심으로 구성되거나 발전될 수 있다. 삼단논법 추론 위에 세워질 때 연역적 설교는 청중에 의해 받아들여지는 대전제로부터 시작해서 청중과 함께 소전제들을 발견해 가며 움직여 간다. 대전제가 무엇이든 설교자는 다양한 방식으로 그것을 탐구해 갈 자유를 가진다. 설교자는 그 전제가 가지는 함의를 찾고, 그 적용을 탐구하며, 그 한계를 검토하고, 예외를 고려하거나 그 효과를 조사할 수 있을 것이다.

그러나 오늘날에는 연역적 설교가 어려운 시기를 겪고 있다. 설교학자들과 설교자들이 연역적 설교를 두고 이제 끝났다고 경멸조로 표현하는 경우를 종종 보게 된다. 그들은 종종 연역적 설교를 두고 현학적이며 새로운 통찰력이 부족한 설교라는 고정관념을 가지고 있다. 연역적 설교는 이러한 많은 오해로 인해 어려움을 겪고 있다.

어떤 이들은 연역적 설교를 두고 삼대지 설교에 불과하며, 경직되고 흔해 빠진 한 편의 시에 지나지 않는다고 평가한다. 어떤 이들은 연역적 설교를 권위주의적이라고 비난하고, 설교자가 회중으로 하여금 스스로 생각하고 결정할 수 있도록 기회를 주지 않고 무엇을 믿어야 하는지 일방적으로 알려 준다고 주장한다.

또 다른 이들은 연역적 설교가 설교에 사용되는 본문을 그저 하나의 명제처럼 축소시킨다며 불평하기도 한다. 어떤 이들은 연역적 설교의 특성상 성경을 오용하는 경향이 있고, 결과적으로 도덕적 설교로 변질되기 쉽다고 말한다. 마지막으로, 연역적 설교는 청중을 수동적으로 머물게 한다. 설교자는 청중에게 무엇을 믿어야 하는지 말하고 청중은 이를 복종적으로 받아들이게 된다. 그래서 어떤 설교학자들은 이러한 연역적 추론을 외면하거나 심지어 배제하기까지 한다.

연역적 설교에 관한 위의 비난들이 사실일 수 있음에도 연역적 설교 본질에 원래부터 결함들이 담겨 있다 할 수는 없다. 연역적 설교가 이러한 남용으로 인해 희생될 때 문제는 연역적 설교의 형태 그 자체에 있다기 보다는 그 형태를 무분별하게 적용해

연역적 설교 (Deductive)

사용함에 더 큰 문제가 있다 하겠다. 다시 말해, 연역적 설교에 있어 주된 문제는 그 방식을 사용하는 이들의 창의성과 상상력의 부족함에 있다 하겠다. 형식 그 자체의 측면에서 연역적 형식에 관한 비난의 수준은 정당성을 가지지 못한다.

연역적 설교는 중세 시대 설교 기법(artes praedicandi) 또는 설교 예술이라고 불리는 매뉴얼의 등장과 함께 그 뿌리를 내렸다. 이 매뉴얼은 주제적으로 설교에 접근하는 방식을 옹호했다. 그러나 흥미롭게도 적어도 이론적으로 그들은 설교를 정적인 것으로가 아니라 살아 있는 것으로 보았다.

예를 들어, 연역적 설교가 유기적이라는 것을 알기 위해 설교를 시각화하는 데 사용된 나무 그림만 봐도 된다(Dieter 1965). 이러한 대지 설교나 주제 설교에서 하나의 주제문으로 시작해서 그것을 세 가지로 발전시킨다. 주제를 세 부분으로 나눈 후 설교자들은 설교의 확장을 돕기 위해 가능한 아홉 가지 이상의 표준 확장 모드를 사용했다. 설교를 나무처럼 시각화했다는 것은 자연을 모방한 살아 있는 유기체로 설교의 과정을 이해했음을 의미한다. 설교를 작성하는 것은 일종의 예술이다. 이는 곧 미적인 면에 호소함을 의미한다.

중세 시대 동안 자라온 연역적 논리는 프랑스의 인문주의자 피터 라무스(Peter Ramus, 1515-72)의 등장과 함께 더욱 엄격해지기 시작했다. 확실성을 세우기 위해 명확성과 단순성을 추구하면서 라무스는 수사학으로부터 구별된 고정되고 기계적인 논리 체계로 연역적 추론을 발전시켰다. 라무스의 접근 방식은 단순하고 직접적인 접근 방식으로 청교들의 단순한 방식의 설교로 완전히 받아들여지고 통합되었다. 이러한 설교는 교리적 신앙의 진술로 시작하고, 그 교회가 기초하는 본문의 의미에 관한 개요로 이어지고, 일상생활을 위해 그 내용이 어떻게 사용될 것인지로 마무리된다(Miller 1939).

연역적 설교의 기원으로부터 볼 수 있는 바와 같이 연역적 설교의 문제는 설교의 형식 자체에 있기보다 그것을 어떻게 사용하는가에 있다 하겠다.

설교자들이 연역적 설교를 설교의 주된 방식으로 되돌려서는 안 된다 하더라도 연역적 설교 방식을 완전히 배제해서도 안 될 것이다. 적당하게 사용하면서 창의성을 가지고 주요한 역할을 하게 할 수 있다.

예를 들어, 아리스토텔레스는 삼단논법 추론의 생략된 형태로의 생략삼단논법 사용을 선호했다. 삼단논법에 대한 창의적 대안으로 생략삼단논법은 전제 중 하나를 제외시킨다.

로이드 비처(Lloyd bitzer 1959, 408)가 생략삼단논법에 대한 아리스토텔레스의 관점에 대해 이렇게 말한다.

> 생략삼단논법은 청중에 의해 함께 만들어지기 때문에 이 삼단논법은 화자와 청중을 직관적으로 연결시키고 가능한 가장 강력한 증거를 제공한다. 청중 스스로 설득시키는 근거를 형성하는 데 도움을 준다.

마틴 루터 킹 주니어(Martin Luther King Jr.)의 〈나에게는 꿈이 있습니다〉(I have a dream) 라는 연설에는 생략삼단논법을 중심으로 이루어진 강력한 연역적 요소가 포함되어 있다. 이 연설의 생략삼단논법은 이렇게 전개된다.

하나님이 비폭력에 대해 상을 주실 것이라는 대전제에 이어 우리는 비폭력적으로 꿈을 꾸어 간다는 소전제가, 그리고 하나님이 우리의 꿈을 이루어 주실 것이라는 결론을 맺는다. 킹은 소전제의 타당성을 입증하기 위해 그 연설의 절반 이상을 사용한다. 연설의 마지막 부분은 꿈이 이루어지는 생생한 이미지를 드러내며 결론을 맺는다. 그는 대전제를 결코 언급하지 않는다. 그러나 청중이 그것을 믿고 있다고 가정하고, 그래서 그들로 하여금 그가 제시하는 추론에 참여케 한다. 그는 추상적인 원리로부터 구체적인 진리로 움직이는 연역적 논리를 사용한다. 흥미롭게도 킹은 일반적인 결론에 이르기 위해 귀납적 추론을 주로 사용해서 차별에 관한 몇 가지만을 언급한다(이 연설에 대한 분석은 Griffin 2006, 321-23을 참고).

연역적 설교라 하여 자동적으로 수동적인 청중을 만들어 내는 것이 아니다. 청중이 매우 능동적으로 참여하는 연역적 설교를 만들어 낼 수 있다.

연역적 설교는 인지적 원리와 개념을 관리하는 힘을 가진다. 반면, 내러티브 설교뿐 아니라 귀납적 설교는 인간 경험의 특수성에 특별한 관심을 가진다. 그러나 설교는 특정한 무언가에 특별히 주목할 수 없고 그래서도 안 된다. 설교는 특정 상황을 초월하는 생각 또는 보편적 개념을 구분해 내고 그러한 개념들을 새로운 상황에 옮겨 올 필요가 있다.

연역적 추론은 복음의 개념을 하나의 특정한 상황으로부터 또 다른 상황으로 옮겨 감에 있어 유익한 수단으로 기능한다.

데이비드 그린하우(David Greenhaw, 1994, 107)는 다음과 같이 말한다.

> 어떤 주장도 보편적인 것으로 주장할 수 없을 정도로 특수한 것을 철저히 포용하는 것이 가능하다. … 개념 없이는 어떤 상황에서 진실한 것을 또 다른 상황에서도 진실한 것으로 옮겨 낼 수 없다(109).

그러나 개념은 고립된 개념으로 남아 있는 것이 아니라, 새로운 상황과 문화적 덫에 놓여 있다. 그리고 설교자는 새로운 상황에서 그 개념의 의미와 함의에 관한 해석적 단서를 제공함을 통해 개념의 내용을 드러내게 된다.

성경 본문 자체는 이야기와 행함 뿐만 아니라 그 이야기에 관한 개념화 또는 해석 역시 포함한다. 예를 들어, 홍해를 건너게 된 이야기는 그 자체로 의미를 드러내지는 않는다. 이어 나오는 해석을 통해 우리는 그것이 어떻게, 그리고 왜 이루어졌는지 알게 된다(출 15:1-5). 그래서 복음 이야기는 개념화를 요구한다. 연역적 설교, 즉 연역적 추론의 다양한 구성 요소들은 설교자로 하여금 신학적 개념을 소통케 하는 데에 도움이 될 수 있다.

연역적 설교의 좋은 예를 어디에서 찾을 수 있을까?

로날드 알렌(Ronald Allen 1998)은 그의 책 『34가지 방법으로 설교에 도전하라』(*Patterns of Preaching*) 서두에 다음과 같은 다양한 형태의 설교를 포함하는 전통적 설교 방식을 소개한다.

연역적 설교 (Deductive)

- 탐 롱(Tom Long)의 "청교도의 평이한 스타일"(Puritan Plain Style)
- R. 스콧 콜글레이저(R. Scott Colglazier)의 "대지 설교"(Sermons That Points)
- 프레드 크래독(Fred Craddock)의 "구절단위 설교"(Preaching Verse by Verse)

일반적으로 인정되는 것은 아니지만, 연역적 추론의 변형된 형태가 데이비드 버트릭(David Buttrick)의 설교학(1987)에 나오는 움직임들 가운데 담겨 있기도 하다(이러한 판단은 찰스 캠벨과의 개인적 대화를 통해 이루어졌다). 버트릭의 설교에 있어서의 전개는 다섯 개에서 여섯 개의 움직임(장면)으로 이루어진다. 각 움직임은 해당 장면 속에서의 단일 의미 또는 아이디어를 진술하는 것으로 시작해서 그 아이디어를 이미지화하고 그리고 그 단일 의미를 재진술함으로 그 움직임을 마무리하게 되는 일련의 단계로 이루어진다. 그래서 버트릭의 움직임은 설교자로 하여금 연역적 움직임을 설교의 구조 안에 통합시키는 창의적 방식이다.

설교자가 연역적 추론을 역동적으로 사용할 수 있는 또 다른 고전적 예는 1694년에 설교한 존 틸로슨(John Tillotson)의 〈악한 말에 대항하는 설교〉(Sermon Against Evil Speaking, 1967)에서 찾아볼 수 있다. 그는 이러한 명제로 설교를 시작한다.

우리는 다른 사람을 비방하는 방식으로 말해서는 안 된다.

그리고는 설교가 무엇을 하는지를 요약해 드러내고, 그리고 그 주제에 대한 상세한 평·가로 이어진다. 틸로슨은 자신의 명제를 다양한 각도로부터 탐구하며 즐겁게 주고받는다.

- 이러한 금지를 어느 정도까지 확장할 것인가?
- 한계와 경계는 어떠한가?
- 이것이 과연 절대적인가?
- 예외는 있는가?
- 우리가 누군가를 정당하게 비판할 수 있을 때가 있을까?
- 이 죄의 원인이 무엇인가?
- 이러한 악을 행하면 어떠한 결과가 있는가?
- 이 죄의 희생양이 되지 않기 위해 어떻게 해야 할까?

이러한 과정에서 틸로슨은 그가 탐구하는 다양한 곤경에 대해 간단하지만, 구체적인 예를 제공한다. 인간의 본성에 관한 그의 지혜와 통찰력은 청중의 마음을 사로잡는다 (156-72).

연역적 설교는 비록 주된 설교 형태는 아니지만 오늘날 설교에 있어서도 계속해서 중요한 역할을 하고 있다. 설교자는 연역적 추론의 가치를 쉽게 무시하지 말고 하나님의 말씀을 효과적으로 전달하기 위해 창의적인 방식으로 연역적 추론 사용을 고려해야 한다. 내러티브와 비내러티브적인 방법을 모두 포괄하는 설교에로의 접근이 청중으로 하여금 복음을 경험하고 이해할 수 있게 하는 가장 건강한 설교이다. 설교에서 담화적 언어의 사용에 관한 훌륭한 설명은 캠벨의 책을 참조하면 된다(2003).

참고 주제 강해 설교; 귀납적 설교; 대지 설교; 청교도적 평이한 스타일 설교

참고 문헌 Ronald Allen. *Patterns of Preaching: A Sermon Sampler*. (1998); Lloyd Bitzer. "Aristotle's Enthymeme Revisited." *Quarterly Journal of Speech* 45 (1959) 399-408; David Buttrick. *Homiletic: Moves and Structures*. (1987); Charles Campbell. "From Narrative Text to Discursive Sermon: The Challenge of Hebrews." *Preaching Hebrews*. Edited by David Fleer and Dave Bland. (2003) 29-43. Otto Dieter. "Arbor Picta: The Medieval Tree of Preaching." *Quarterly Journal of Speech* 51 (1965) 123-44; David Greenhaw. "As One with Authority: Rehabilitating Concepts for Preaching." *Intersections: Post Critical Studies in Preaching*. Edited by Richard L. Eslinger. (1994) 105-22; Em Griffin. *A First Look at Communication Theory*. 6th ed. (2006); Perry Miller. *The New England Mind: The Seventeenth Century*. (1939); John Tillotson. "Sermon Against Evil Speaking." *An Historical Anthology of Select British Speeches*. Edited by Donald C. Bryant, Carroll C. Arnold, Frederick W. Haberman, Richard Murphy, and Karl R. Wallace. (1967) 156-72; Paul Scott Wilson. "Biblical Preaching." *Preaching and Homiletical Theory* (2004).

전달(Delivery)

참고 주제 원고 수행하기

교리적 설교(Doctrinal)

던컨 맥퍼슨(Duncan Macpherson)

모든 진정한 설교는 근본적인 기독교 가르침을 포함하거나 전제한다는 점에서 교리적이다. 좀 더 구체적으로 말하면, 교리적 설교는 성경 본문의 메시지를 선포하거나 당대의 이슈 또는 관심사들에 대해 응답한다기보다 신앙의 규칙을 가르치는 데 초점을 둔다.

1. 초기 역사적 관점

기독교 설교는 선포, 형성, 교육이라는 세 가지 범주로 나뉜다. 사도행전에 기록된 설교의 예들은 교리에 대한 교훈적 교육이기보다는 사건에 대한 선포(그리스어로 케리그마)와 관련이 있다. 교회의 교리적이고 윤리적 가르침에 있어서 체계적인 교리적 형성(그리스어로 교리 또는 가르침을 의미하는 디다케)은 최근에 세례 받은 자들을 형성하는 과정에서 그 자리를 차지했다(미스타고지 설교 참고).

『설교의 원형과 그 발전』(*The Apostolic Preaching and Its Developments*, 1936)에서 C. H. 도드(C. H. Dodd)는 사도행전(1:16-22; 2:14-36, 38-40; 3:12-26; 4:8-12, 19, 20; 5:29-32; 10:34-43; 11:5-17; 15:7-11)에 나오는 베드로의 연설을 분석하여 선지자들이 예언했던 새로운 시대가 이제 도래했음을 선포하는 케리그마 설교의 형태를 발견했다. 이러한 선포는 이제 주님과 그리스도로서 하나님의 우편에 오르신 예수님의 삶과 사역, 죽음과 부활로 말미암아 그분의 현재 능력의 증거

교리적 설교(Doctrinal)

로서 교회에 부어 주신 성령과 더불어 이루어졌다. 그리스도는 심판주로서 영광 중에 재림하실 것이고, 청중은 회개하도록 초대받는다. 도드가 초기 교회의 설교를 다소 단순화시켰지만 그러한 요약은 여전히 가치가 있다.

선포와 형성 그리고 교육은 각각 그리스도의 신비 가운데서 그 중심을 찾기 때문에 그 내용에는 필연적으로 중복되는 부분이 있다. 그러나 신비주의 설교의 교리적 내용은 보통 신조, 주기도문, 십계명과 성례에 관한 체계적 교육을 포함한다. 케리그마나 세례 교육에 보조적이지 않고 교리 중심적인 설교는 새로운 역사적 도전들에 직면하기 위해 발전됐다. 이러한 도전들 중 첫 번째는 교회의 연합에 도전하는 교리적 논쟁이었고, 두 번째 도전은 유아 세례를 받은 이들 중에 많은 사람이 성장하면서 교육받지 않은 사람들이 많다는 점이다.

초기 교회 교부들은 그리스도의 신성과 인성에 관한 교리적 논쟁에 큰 관심을 가졌다. 그런 이유로 그들의 많은 설교가 아리우스주의와 같은 이단과 싸워 가고자 했다. 그들의 설교의 목표가 된 기독론적 내용의 많은 부분이 신비주의적 설교 또는 성경 본문 설교의 제목 아래 등장했다. 그래서 신조에 관한 해설이 세례를 받은 사람들에게 하는 설교에 있어 중요한 부분이었기 때문에 알렉산드리아의 시릴(Cyril of Alexandria, 444년)과 같은 설교자들의 설교는 교리 교육이 담겨 있었고, 이단에 관해서도 종종 관심을 가지기도 했다.

2. 나지안주스의 그레고리: 모범적 교리 설교자

나지안주스의 그레고리(Gregory of Nazianzus, 대략 329-389년)는 순수한 교리 설교자의 한 예이다. 그의 신학 강론(Orationes 27-32) 다섯 권은 설교 본문을 중심으로 전개되지 않고 정교회 신앙의 고전적 수사학 해설로 독립적으로 존재한다. 이에 관해 휴즈 올리펀트 올드(Hughes Oliphant Old)는 어떤 사람들은 그런 설교에 불쾌해 할 수도 있지만 이를 두고 계몽주의 이후 근대 "경건주의적 불가지론"에 기인한다고 파악한다.

그레고리의 교리적 설교는 연구된 억양과 리듬, 운율과 알레고리, 수사학적 질문, 아이러니, 반어법 등을 포함한다(Old 1998, 67). 아리아인들이 성자의 종속을 주장하기 위해 사용했던 본문들을 가지고 그레고리는 풍자와 논리 그리고 순수한 시를 섞어 그들을 대한다. 예비적 담화에서 그레고리는 반대자들을 두고 "매우 교활하고 기발한" 혀를 가지고 있다며 비꼬며 그들을 "이상한 언어의 곡예자들"이라 불렀다.

네 번째 연설에서 그레고리는 그리스도 안에서 하나님과 인간의 연합에 관해 논리와 아이러니를 조합해서 그리스도가 역시 피조된 자라면 어떻게 신일 수 있는지를 묻는다.

창조된 자는 하나님이 아니기 때문입니다. ... 나는 당신이 새와 짐승과 물고기가 계속 생겨 나는 방식을 다 세지도 않고 그들 중 누군가에게 신성하고 형언할 수 없는 발생을 가져오지 않거나, 심지어 당신의 새로운 가설로부터 아들을 제거한다는 것이 놀랍습니다."

그러나 아리우스파가 히브리서 7:25, "그가 항상 살아 계셔서 우리를 위해 간구하심이라"를 어떻게 사용했는지를 논의하는 장면에서 그레고리가 "오, 얼마나 아름답고 신비롭고 친절한가"라는 구절을 가지고 그 논쟁에 갑자기 끼어들 때처럼 아이러니와 논리는 경이로운 신비의 감정을 자주 가져다준다.

3. 교부 시대 이후의 교리적 설교

초기 중세 시대 동안 설교는 일반적으로 쇠퇴하고 있었다. 그리고 교리적 설교는 다른 종류의 설교보다 훨씬 더 수도원에 한정되어 있었다. 그러다가 11세기로부터 대중적 설교가 다시 등장했다. 이는 우선 십자군 전쟁을 홍보하기 위함이었고, 더불어 알비파(Albigensian) 이단들에 대항하기 위함이었다.

평신도들의 영적 갱신에 주로 관심이 있는 설교를 했던 프란치스코회와 달리 도미니코 수도회는 신조, 성부, 성모 마리아에 관한 교리적 해설과 십계명에 관한 도덕적 교육에 주된 관심을 가졌다. 이러한 모든 것은 이단의 매력에 빠질 만한 사람들에게 종교적 교육으로 교정시키고자 함이었다. 이러한 교리 교육 설교는 특별 설교 예배 오후에 종종 행해졌는데, 이를 위해 더 많은 시간 할애가 가능했고 미사의 독서 또는 절기와 연결될 필요가 없었다.

4. 설교와 종교개혁

개신교 종교개혁과 로마가톨릭 종교개혁은 서구 기독교 세계 속에서 설교의 부흥을 가져왔다. 개신교 종교개혁자들은 자신들의 권위를 위해 오직 성경에만 호소했기 때문에 그들의 설교 대부분이 성경 본문에 기초했다. 그러나 루터의 교리 문답(Luther's Catechism, 1529)과 칼뱅주의 하이델베르그 교리 문답(Calvinist Heidelberg Catechism, 1563)은 논란이 되는 로마가톨릭 교리에 대한 체계적인 가르침과 논증 자료를 제공했다.

한편, 1554년 성 베드로 카니시우스(St. Peter Canisius)는 로마가톨릭 교리 문답을 발표했다. 성경 본문에 기초한 설교의 교리적 내용에 더해 이러한 교리 문답과 다른 교리 문답들은 교리적 설교를 위한 기초가 되었다.

5. 교리적 설교에 관한 현대의 논쟁

오늘날 설교학자들은 교리적 설교의 유용성에 관한 의견이 나뉘어져 있다. 개신교 그리스도인들 사이에서 보수적 복음주의자들은 성경보다 교리를 우선시하는 접근에 대해 의문을 제기하며, 자유주의자들은 일상의 현실을 무시하는 전통적 교리에 대한 강조를 못마땅하게 여긴다.

자유주의 개신교의 선구자 프리드리히 슐라이에르마허(Friedrich Schleiermacher, 1768-1834)는 종교와 설교가 교리보다 "절대적 의존의 감정"을 불러일으키는 것에 관심을 가져야 한다고 보았다. 1928년 〈설교의 문제점이 무엇인가〉(What Is the Matter with

Preaching)라는 글에서 해리 에머슨 포스딕 (Harry Emerson Fosdick)은 교리적으로나 성경에 기초한 설교보다 주제 설교가 더 흥미롭고 상관성이 있다고 주장했다.

이에 반해, 윌리엄 칼 3세는 초기 교회, 종교개혁 교회, 두 차례의 복음주의 대각성 운동(1730-1770년대, 1790-1850년대)을 경험한 교회처럼 현대 교회도 명확한 교리적 설교가 필요하다고 주장했다. 그래서 성경 본문이나 주제 중심의 접근이 설교의 출발점이 될 수 있음에도 모든 설교는 명시적으로나 암시적으로 교리적 해석학을 가지고 출발이 어떠했든지 한 가지 이상의 기독교 교리에 초점을 두어야 한다.

한편, 로마가톨릭의 설교는 성서 독서에 집중하기보다는 오히려 교리에 초점을 두는 경우가 많다. 그러나 제2차 바티칸 공의회는 성서 강론에 관한 재발견을 통해 미사에서 행해지는 강론의 주된 목적을 "말씀에 관한 살아 있는 해설"을 제공하는 것으로 여기고, 이를 예전(전례)행위의 필수적인 부분으로 규정했다(*Sacrosanctum Concilium*, 56, 7, 33, 52항).

강론은 교리 교육적이기도 하고 선포적이기도 해야 하지만, 그 주된 목적은 성경과 교회 가르침에 기초한 선포일 것이다. 교황 요한 바오로 2세는 강론이 예전적이고 성경적이며 회중의 필요에 맞는 것(교황 바오로 2세 자신이 1975년 교황의 권고인 『현대의 복음선교』[*Evangelii Nuntiandi*]에서 선호했던 표현) 이어야 할 뿐 아니라, 중요한 "교리 교육적 열매"를 맺게 되는 것이라고 강론의 중요성을 강조했다.

가톨릭 세계 일부에서는 성서정과를 중심으로 구성된 교리 교육 프로그램(성서정과와 교회력 참고)이 제안되기도 했다. 최근에는 2005년 로마에서 모인 세계 주교 시노드 헌의안 제19항에서 성직자들을 돕기 위한 것으로 신조, 성례, 계명, 주님의 기도에 관해 성서독서와 1992년 가톨릭 교회 교리 교육서를 기초로 한 주제별 강론을 준비하는 권고안을 마련했다.

그러나 이러한 프로그램은 강론의 성서적, 전례적 성격이 모호해지고 성경 본문이 관련없는 가르침에 관해 이야기하도록 하는 발판으로 사용될 위험성이 있다. 체계적인 종교 교육이 이루어지도록 하는 또 다른 해결 방안으로는 성찬 후 간단한 종교 교육을 제공하는 것을 포함하기도 할 것이다. 또는 성경 본문과 전례에 사용되는 본문을 설교함으로부터 자연스럽게 가르침이 이루어질 수도 있을 것이다.

6. 결론

설교에서 교리를 강조하는 것이 권장되는 경우가 분명히 있다. 이러한 경우 성례전 준비와 보다 일반적인 교정 교리 교육을 포함한다. 때로는 분쟁적인 신학적 이슈에 관한 주제별 논쟁에도 주목할 필요가 있다. 비록 우리 자신과는 떨어진 상황에서의 설교이긴 하지만, 나지안주스의 그레고리의 설교는 체계적인 교리적 설교의 역사적 모델을 제공해 준다.

그러나 현대 교인들은 그런 교훈적 방식으로 교리적 내용에 접근하는 것이 적합하지 않을 수 있다. 기독교 교리를 제시하는 것은 성경과 하나님의 사람들의 경험에 기초할 필요가 있다. 교리 없는 설교가 대안이라면, 모든 설교는 교리적 설교로 여겨져야만 한다(교리와 성경 본문 참고).

참고 문헌 William J. Carl III. *Preaching Christian Doctrine*. (1984); C. H. Dodd. *The Apostolic Preaching and Its Developments*. (1936); Gregory of Nazianzus. *On God and Christ: The Five Theological Orations and Two Letters to Cledonius* (Orationes 27-32). (2002); Hughes Oliphant Old. *The Reading and Preaching of the Scriptures in the Worship of the Christian Church*. Vol. 2, *The Patristic Age*. (1998). *Sacrosanctum Concilium: Constitution on the Sacred Liturgy*. (1963).

주해식 설교(Exegetical)

데이비드 A. 데이비스(Davis A. Davis)

석의적 설교는 형식과 내용에 있어 성경 본문과 밀접하게 연결되어 있다. 이러한 묘사적인 용어는 또한 설교자 자신의 성경 해석(석의) 과정과 긴밀히 연계되어 있음을 내포하고 있다. 성경적 설교와 특정 성경 본문과의 성경적 설교의 관계에 관한 기본적인 이해가 있으면 그러한 모든 설교가 어떤 식으로든 석의적이라고 확언할 수 있다. 즉, 설교자의 본문에 대한 해석 작업은 설교를 통해 전달되어질 내용에 영향을 주게 마련이다.

그러나 설교학자들은 석의적 설교가 본문과 설교의 관계를 단순히 전하는 말이 무엇인가를 넘어 그 복음의 말씀이 어떻게 전달되는가까지 고려한다는 사실에 동의한다.

석의적 설교의 가장 보편적인 형태는 성경 본문을 한 절씩 따라가는 방식이다. 언제나 각 절에 번호로 태그를 붙이는 것은 아닐지라도 설교자는 시편 23편을 이미지별로, 한 줄씩, 한 절씩 옮겨 가면서 진행하는 방식을 선택할 수 있을 것이다. 또 다른 설교자는 고린도전서 15장을 생각에 따라, 한 절 한 절씩 움직여 가면서 바울의 부활의 신학을 풀어 가 볼 수 있을 것이다. 또 다른 설교자는 호렙산에서의 엘리야 구약 이야기(왕상 19장)의 모든 세부적인 내용, 모든 구절에 멈추고 매 절로부터 청중을 잠잠하고 작은 경험으로 끌어들이기 위해 노력할 수도 있을 것이다. 이런 설교 형태에서는 가장 엄밀한 의미에서만 설교자는 "이제 4절에서"와 같이라는 식으로 언급해야 할 것이다. 상상력이 풍부한 설교자는 창의성과 다양성을 가지고 석의적 설교를 제공한다.

설교의 내용과 관련해서 모든 설교자는 많은 석의적 자료를 어떻게 설교로 가져올 것인지를 고민한다. 대부분의 설교자들은 항상 더 많은 해석적 과제가 남아 있다고 확언한다. 성경적으로 기초되고 신학적으로 건강한 설교에 필요한 기초를 제공하는 많은 학문적 자료가 설교의 자리에서 드러나지 않을 수도 있다. 그러하기에 설교를 석의적이라고 정의하는 것은 설교자가 때로는 더 많은 학술적 도구를 설교의 자리로 가져올 수 있다고 확신하는 것이다.

웃사에 대한 설교에서 하나님의 궤를 다루는 방법에 관해 의미 있는 설명을 포함할 수 있을 것이다(삼하 6장). 설교자는 주님의 영광이 세상에 비쳤을 때 목자들이 "심

주해식 설교(Exegetical)

히 두려워했다"는 것이 무엇을 의미했는지에 대한 말씀 연구의 결과를 나누는 데 많은 시간을 써야 할 수 있다(눅 2장). 어떤 설교자들은 제1이사야서나 제2이사야서에서 문맥의 중요성과 그 문맥이 선지자에 대한 청중의 이해에 영향을 준다는 점을 강조하려 할 수 있다. 석의적 설교는 단지 성경의 내용을 가르치는 일에만 주안점을 두고 오늘의 청중과의 관련성을 높이려고 시도함은 크게 고려하지 않는 설교일 수 있다.

전통적으로 석의적 설교는 강해 설교라 부르기도 했다. 이 두 가지 모두 성경 본문에 큰 가치를 두는 설교를 가리키고 성경 본문에 권위를 부여한다. 한편으로, 이러한 설교는 보다 광범위한 신학적 주제에 기초하지는 않는다. 다른 한편으로, 아주 짧은 부분이나 구절의 일부에 기반을 두지도 않는다. 설교는 말씀의 청중이 교육된 설교자에게만 주로 주어졌던 석의의 세계를 그들 역시 경험하도록 초청받았기에 성경 본문이나 이야기들 또는 미리 정해진 설교 본문들에 기초하여 행해질 것이다.

설교 이론에서 상반된 목소리를 내는 이들은 형식과 내용적인 면에서 강해 설교에 관한 이해를 보다 더 폭넓게 가질 수 있도록 도울 것이다.

프레드 크래독(Fred Craddock)과 토마스 롱(Thomas Long)의 새로운 설교학은 성경적 본문을 "실행"하는 언어를 사용한다(Craddock 1985, Long 1989). 그 의도는 특정 본문이 오늘날 세상에서 청중에게 마치 처음 듣는 것처럼 신선하게 들릴 수 있도록 하기 위함이다.

또 다른 설교학적 입장에서, 찰스 캠벨(Charles Campbell)을 비롯한 설교학자들은 성경의 내러티브 본문이 청중을 성경의 세계 속으로 이끌려 들어가도록 허용해야 한다고 주장한다(Campbell 1997). 설교자는 청중을 위해 해석하려고 시도하기보다 청중의 상상력을 사로잡는 방식으로 단순히 성경의 이야기를 전해 주면 된다.

두 가지 이론적 접근 모두를 통해 설교자는 목회자의 연구에서 이루어진 해석적 과제에 근접한 석의적 설교를 제공할 수 있을 것이다.

그런데 이러한 설교에 관심을 갖게 되는 설교자에게 몇 가지 실제 문제가 있다.

첫째, 성경학적 학술 지식을 매주 반복해서 자신의 전문성을 전하는 것에는 실제로 위험이 있다. 설교에서의 힘과 권위에 관한 대화는 자신이 얼마나 많은 지식을 가지고 있는지를 회중에게 보여 주고 싶어 하는 일부 설교자들의 경향과 씨름해야 한다. 석의적 자료가 복음과 동일시될 수 없다. 그리고 평범한 설교는 단지 헬라어나 히브리어를 더한다고 해서 나아지는 것은 아니다.

둘째, 우려는 설교 형식에 있어서 다양성의 부족과 관련되어 있다. 설교학자들은 사람들이 다른 방식으로 들으며 설교자들은 설교에 있어 형태와 움직임의 다양성에 관해 의도적이어야 한다는 점을 상기시킨다. 매주 한 절씩 명제적으로 접근하는 방식으로는 상상력이 부족하다. 마찬가지로 매주 같은 형태와 크기와 장소에서 설교의 가르침의 영역을 제공하는 설교자는 판에 박혀 있다.

셋째, 석의적 설교는 전구의 불이 꺼지

주해식 설교(Exegetical)

고는 비유적으로 설교자가 달려가서 주일날 청중과 공유하는 어떤 "아하"가 일어나는 해석의 순간을 요구한다. 대부분의 설교자들은 새로운 아이디어나 신선한 통찰력을 찾을 수 없는 주간들이 있다는 것을 안다. 설교자의 석의가 신선하지 않은 것처럼 보일 때는 또 다른 도구를 사용할 필요가 있을 것이다.

성경 석의의 세계는 지난 수십 년간 변화해 왔다. 석의에 대한 순수한 역사비평적 접근은 현재 보다 문학적이고 문화적 접근과 균형을 이루게 되었다. 석의는 과학이라기보다는 예술의 한 형태로 널리 받아들여지고 있다(Wilson 2004 참고). 설교자들이 성경 석의의 변화된 환경을 따라잡고 경험하려 한다면 석의적 설교에 대한 이해 역시 재형성되어야만 할 것이다. 그런 설교가 여전히 내용과 형식에 있어서 성경 본문에 가까이 머물러야만 하지만, 더 이상 단지 한 절 한 절 형태로 이루어지는 설교를 말하는 것은 아닐 것이다.

"The Preacher as Scribe"(서기관으로서의 설교자, 2004)라는 에세이에서 월터 브루그만(Walter Brueggemann)은 탈역사비평 세계에서 설교자, 본문, 설교 사이에 이러한 친밀한 연결을 위한 새로운 이미지를 탐구한다. 그에게 설교자는 "의도적이고 자의식적이며, 해석적인 편집의 과정"(13) 가운데서 본문을 다루는 서기관과도 같다. 설교자와 서기관은 본문과 깊이 연결되어 있고, 그들은 공동체로 하여금 본문에 다시 참여토록 이끈다.

브루그만은 다음과 같이 말한다.

설교자의 임무는 … 이 공동체를 다시 텍스트화하는 것, 즉 공동체의 상상력과 실천을 가장 기본적인 확신과 주장으로 되돌리는 것이다(13).

놀랍지 않게도 월터 브루그만의 설교는 일관되게 석의적이다. 구약의 내러티브를 풀어낼 때나, 시편을 설교할 때나, 그의 청중으로 하여금 선생이신 예수님의 발 앞으로 이끌 때나 브루그만은 설교 구조와 내용의 관점에서 본문으로부터 크게 벗어나지 않는다. 때로 그는 이 구절이나 저 구절을 언급할 것이다. 그러나 더 중요한 것은 모든 설교에서 많은 예화가 방해되지 않도록 하면서 청중과 본문 사이의 만남을 살려낸다는 사실이다. 이런 방식으로 그는 다양한 신학적 접근을 가진 다양한 전통 속의 많은 석의적 설교자들 그룹에 합류하여 성경 본문에 가까이 하는 설교를 하게 된다.

석의적 설교는 성경을 가르치고 하나님 나라에 관해 이야기하는 성경의 세계로 청중을 이끄는 도구가 될 것이다. 신앙공동체로 하여금 성경 본문에 깊게 머물러 있는 관계를 이루도록 하려는 설교자들은 설교의 내용과 형식에서 하나님 나라를 선포할 수 있는 많은 방법을 계속해서 탐구할 것이다.

참고 주제 주해; 강해 설교; 설교를 위한 연구

참고 문헌 Walter Brueggemann. "The Preacher as Scribe." *Inscribing the Text: Sermons and Prayers of Walter Brueggemann*. Edited by Anna Carter Florence. (2004) 5-19; Charles L. Campbell. *Preaching Jesus: New Directions for Homiletics* in Hans Frei's Postliberal Theology. (1997); Fred Craddock. Preaching. (1985); Thomas G. Long. The Witness of Preaching. (1989); Paul Scott Wilson. "Exegesis for Preaching." Preaching and Homiletical Theory. (2004).

강해 설교(Expository)

조엘 C. 그레고리(Joel C. Gregory)

강해 설교는 현재 상황에서 하나의 설교 방식을 정의하는 것이 아니다. 이 용어는 하나의 설교 방식을 정의하기 보다는 성경의 권위에 대한 태도를 의미한다. 20세기 후반까지 이 용어는 복음주의자들 사이에서 설교에 있어 직접 성경의 권위에 대한 일반적 자세를 보여 주었다. 일부 주류 신학 설교자들이 강해 설교를 하긴 했지만 강해라는 용어 자체를 그리 사용하지는 않았다. 강해 설교에 대한 명확한 정의가 부족하다는 것이 일반적 견해다.

강해 설교는 형태론적으로 정의할 수 있을 것이다. 강해 형식의 설교는 일반적으로 성경적 사고의 단위를 받아들인다. 그 단위는 하나의 단어, 구, 절, 문단, 장 또는 하나의 성경 책일 수 있다. 본문이 작을수록 그 세부 사항에 대한 주해적 연구가 더 철저하게 이루어지는 것이 일반적이다. 세부 단위로 강해하는 경우 개별 단어들에 대한 세심한 연구에 초점을 둔다.

마틴 로이드 존스(Martyn Lloyd-Jones 1899-1981)는 공을 들여 이러한 접근 방식을 제시해 주었다. 종합적 강해는 보다 큰 본문을 받아들이고 확장된 구절 안에서 설명이 필요한 핵심 구절들을 찾는다.

조지 캠벨 모건(George Campbell Morgan 1863-1945)은 자신의 성서 강해에서 종합적인 접극방법을 제시한다.

알렉산더 맥클라렌(Alexander MacLaren 1826-1910)은 성경 구문에 관한 문학적 강해의 특징을 가지며 종종 5-10절로 구성된 본문을 다루었다.

강해 설교는 합의된 역사적 예시를 통해 이해할 수 있다. 처음으로 초기 교부 강해 설교자로 합의 된 안디옥의 요한 크리소스토무스(John Chrysostom 347-407)는 성경을 강해했다.

루터(Luther), 츠빙글리(Zwingli), 녹스(Knox)도 뛰어난 강해 솜씨를 보여 주었음에도 칼뱅(John Calvin 1509-1564)이 종교개혁 강해 설교의 전성기를 잘 보여 주었다.

청교도 강해 설교가 구체적으로 발전하지 못했음에도 불구하고 청교도 강단은 강해 설교에 관한 리처드 박스터(Richard Baxter 1615-1691)로 대표되는 종교개혁자들의 강조점을 계승했다.

19세기는 영어권 강해 설교의 황금기였다. 런던에서 강해 설교는 프레드릭 브라더톤 마이어(Frederick Brotherton Meyer 1847-1929)의 경건 설교와 조셉 파커(Joseph Parker 1830-1902)의 웅변적 상상력으로 대표되었다. 에딘버러의 알렉산더 와이트(Alexander Whyte 1836-1921)는 지금은 사라진 강해적 박식함을 가지고 주요한 인물들의 삶을 다루면서 성경적 전기들의 형식으로 깊이 있는 종합적 강해를 보여 주었다.

존 알버트 브로더스(John Albert Broadus 1827-1895)는 그의 *On the Prepartion and*

Delivery of Sermon(설교의 준비와 전달에 관하여, 1870)이 여러 세대 미국 설교자들에게 헬라 수사학을 소개함을 통해 미국식 강해 설교를 본문에 대한 분석보다 논증적 설교로 만들어 버렸음에도, 그는 19세기 미국 강해 설교의 전성기를 보여 준다.

20세기 후반에 강해 설교는 실천보다는 위반하는 것에 더 큰 관심을 가지고 있었을지도 모른다. 강해라는 용어가 종종 찬사를 받기는 했지만 좀처럼 완성되지 않는 설교에 대한 특정한 접근 방식으로의 좌우명처럼 되었다.

강해 설교의 예는 학계, 목회자 그리고 대중 매체 강해 설교자들이 포함된다. 인용된 사람들은 주로 자신을 강해 설교자라고 밝힌 사람들로, 어떤 목록이든 신학적으로 편향될 위험이 있다.

예를 들어, 프린스턴과 에모리의 탐 롱은 강해자라고 불리는 것을 좋아하지 않을 것이지만 그는 사실 훌륭한 예가 된다.

강해 설교 학자들 중에 해돈 W. 로빈슨(Haddon W. Robinson)은 자신의 복음주의적 환경을 넘어 전국적으로 설교에 영향을 준 『강해 설교』(*Biblical Preaching*, 2001, CLC 刊)를 저술했다.

목회적 강해 설교자들은 주로 복음주의 강단을 차지하고 있다. 로이드 존 오길비(Lloyd John Ogilvie)와 제임스 몽고메리 보이스(James Montgomery Boyce) 두 명의 장로교 설교자들이 강단은 물론이고 미디어에 이르기까지 사려 깊은 강해를 감당했다. 복음주의자 찰스 R. 스윈돌(Charles R. Swindoll), 권위주의적 근본주의자 존 맥아더 주니어(John MacArthur Jr.)뿐만 아니라 목사이자 라디오 방송인, 작가 워렌 위어스비(Warren Wiersbe) 등이 저명한 문학과 미디어 강해 설교자였다.

이후 뉴욕 갈보리침례교회 강단을 담당했던 스테판 F. 올포드(Stephen F. Olford, 1918-2004)는 윌리엄 스크루지(William Graham Scroggie, 1877-1958)의 설교학에 뿌리를 둔 지금은 사라진 강해 설교의 기법의 모델이 되었다.

1. 강해 설교의 장점

강해 설교는 설교에 대한 직접적인 성경적 권위를 보장할 수 있을 것이다. 설교자가 성경 본문과 그 문맥을 진지하게 받아들인다면, 설교는 성경이 주는 울림이 잘 전달되도록 할 것이다. 문법적으로나 구문론적으로 각각의 단어, 구와 절에 대한 철저한 석의적 연구는 세심한 강해의 특징이다.

대부분의 강해 설교자는 저자의 단일한 의도가 있다고 여기는 그러한 해석학을 수용하고 그 의도를 발견하고자 노력한다. 그러한 강해 설교자는 본문을 전제하지 않고 설교의 경험에 이르려 노력한다. 그렇다고 해서 강해 설교자가 자신의 생각이 없다는 것은 아니다. 정직한 강해자는 전제를 인정하지만, 본문 자체가 말하려는 것만을 위해 본문을 풀어내려 애쓴다. 이렇게 될 때 설교자는 성경의 직접적 권위에 대한 확신을 가지고 강단에 설 수 있을 것이다.

강해 설교 지지자들은 강해 설교가 치유 설교 모델보다 포스트모던 사람들의 삶의 상황을 더 설득력 있게 다룬다고 주장한다. 성경은 모든 인간의 곤경을 원초적 형태로 반영한다. 성경은 줄기세포 연구나, 인터넷상의 포르노, 또는 습지를 무분별하게 개발하는 것 등을 언급하지 않는다. 더 심오하게는 이러한 현대적 문제 이면에 있는 거대담론을 다룬다.

- 생명이 무엇인가?
- 인간의 성은 무엇인가?
- 창조에 대한 인간의 책임은 무엇인가?

설명은 성경에서 구체적인 내용이 인간 경험의 보편성을 언급한다는 확신에 기초한다. 고대 이스라엘에 한정해서 일어난 일이 오늘날에도 실제로 일어나고 있고, 설교에서 만들어진 관련성보다 더 설득력 있게 이야기될 수 있다.

강해 설교는 인간의 딜레마를 잘못 파악하고마는 설교학적 근시로부터 설교자를 보호하게 될 것이다. 많은 설교자가 자신의 패러다임으로 인간의 힘겨운 상황을 분석하는 경향이 있다. 전도자는 회심의 필요를 보고, 사회 정의에 주목하는 설교자는 잘못을 바로 잡아야 할 필요를, 그리고 종말론적 설교자는 임박하게 다가올 종말을 경고할 필요를 본다. 모든 상황은 풍부하고 복잡한 인간 경험의 또 다른 측면을 걸러 내는 독특한 지각의 격자를 통과한다. 진정한 강해는 관점에 의한 이러한 편견에 빠지지 않도록 인도해 준다.

성경에는 인간의 탐욕, 정욕, 부패, 이타심, 우정, 충성, 절망과 인간의 욕구와 망상이 복잡하게 얽혀 있는 스펙트럼처럼 등장한다. 성경적 강해 설교는 의도적으로 억지로 꾸민듯한 관련성을 강조하는 것보다 우연히 이러한 주제들을 더 많이 다룬다. 강해 설교는 근시안적인 소홀로부터 설교자를 보호할 수 있을 것이다.

실제로 강해 설교는 설교자에게 능숙하고 안전하며 반복 가능한 접근 방식을 제공한다. 설교의 아이디어를 찾기 위해 애쓰다 보면 설교자는 어느덧 좋은 아이디어를 찾게 되고 설득력 있는 새로운 무언가를 찾게 된다. 이것은 설교자가 언제나 더 나은 아이디어를 찾는 러닝머신 위에서 살아가게 되는 앙코르 증후군(an encore syndrome)을 낳는다.

강해 설교자는 성경 본문에서 아이디어를 찾게 된다. 이러한 확신으로 무장한 채 설교자는 매주 주어진 과제에 안심하고 다가설 수 있게 된다. 본문이 손짓한다. 본문은 광산과도 같고, 설교자는 광부와 같다. 설교자는 평생에 채굴할 수 있는 것보다 더 많은 광맥이 있다는 것을 이미 알고 있다. 설교 준비는 이러한 안정감에서 시작된다.

더 나아가 강해는 반복되는 과정이다. 매주 월요일 아침마다 새롭게 로마를 세워 가고자 하는 설교자에게는 이번 주에는 어떻게 언덕 위로 돌을 굴려올릴 것인가라는 시지프스(Sisyphean)의 과제가 주어져 있다. 설교 아이디어는 본문 속에서 발견되기 때문에 강해 설교자는 그 설교 아이디어를 만들어 낼 필요가 없다.

2. 강해 설교의 약점

그러나 강해 설교에는 특징적인 약점이 있다. 본문을 단순히 역사화하는 것은 강해를 약화시킨다. 하나의 동사를 너무 많이

강해 설교 (Expository)

분석한 설교자는 졸음이 오는 회중을 소아시아의 고고학과 양보분사의 구문인 미(mi) 속 있는 동사들의 여행으로 이끌게 된다. 설교자는 갈릴리 역을 맡았는데, 또한 티베리우스(Tiberius)에서 토가를 입고 있는 것과도 같다. 그 메시지에는 '있음'이라기보다는 '있었음'의 냄새가 난다. 설교자는 회중이 사는 교외 지역이 아닌 호렙의 동굴에서 엘리야와 함께 살고 있다. 역사화하는 경향성은 강해 설교의 방법론이 가지는 가장 큰 약점을 드러낸다.

역사화하는 경향의 반대 되는 모습은 진정한 강해를 위한 힘겹고 지치는 석의적 작업을 하지 않으려는 것이다. 본문의 겉에 드러나는 뻔한 상투적 표현으로 회중을 현혹시키는 강해 설교는 강해의 의미를 희석시킨다. 주의를 기울이지 않은 회중조차도 본문의 표면에서 관찰할 수 있는 진부한 상투적 내용을 해설하는 것은 강해가 아니다.

지속적인 강해 설교자라면 분석적이고, 석의적이고, 철학적이고, 비평적인 주해를 평생의 친구로 삼고 살아간다. 그러한 설교자들의 연구는 멀리서부터 들려오는 초기 교부들의 메아리로부터 랩탑 컴퓨터의 하드 드라이브에 저장된 디지털화된 신학적 단어장까지 교회의 목소리를 모으는 것이다. 석의는 강해 설교자가 사는 동네이지 부수적인 여행을 의미하는 것이 아니다.

하나의 특정한 수사학적 구조가 강해를 표시하지 않는다. 미국의 복음주의 강해 설교는 종종 두운의 효과나 미사여구 또는 지나치게 영리한 개요에 장악되어 왔다. 하나님은 탕자에 대한 '강해' 설교를 '그의 광기, 그의 나쁨, 그의 기쁨'으로 요약한 설교자를 용서하신다. 그러한 설교에서의 서커스 속임수와 거짓된 속임이 너무나도 자주 강해에 실체를 제공하려는 따분한 석의 훈련을 대신한다.

강해 설교는 공포 영화에서 나오는 형체 없는 무언가처럼 회중에게 흘러넘치는 성경 구절에 관해 지루하게 계속되는 교훈적 주해도 아니다. 강해 설교는 설교에서 의도적인 수사학적 구조의 필요를 제거하지 않는다. 강해 설교는 한 문장으로 표현되는 주제, 명제, 중심 사상 또는 설교, 즉 한마디로 통일성을 요청한다. 강해 설교자는 현재시제, 능동태, 경계들을 정의하는 선언적 진술로 이러한 시대를 초월한 진리를 가장 잘 표현해야 한다.

강해 설교는 때때로 시간을 무시하기도 한다. 학습한 설교자에게 강해 설교에서의 솜씨는 일종의 제거의 기술과도 같다. 학습한 강해 설교자는 설교가 감당할 수 있거나 회중이 들을 수 있는 것보다 훨씬 더 많은 석의적 내용을 가지고 있을 것이다. 소질 있는 강해 설교자는 화가가 아니라 조각가와 같다. 조각은 질량을 줄이는 빼기의 예술이고, 그림 그리기는 질량을 더하는 더하기의 예술이다. 강해 설교자는 설교를 조각함에 있어 많은 양의 자료를 제거해간다.

유사한 표현으로, '강해 설교'는 성경적 사고 단위의 의미를 정확하게 드러내고 그것을 인간의 현재적 상황에 연관시키는 여느 적절한 설교에 모두 적용될 수 있을 것이다(그때와 지금 연결하기; 설교를 위한 연구; 빅 아이디어 설교 참고).

참고 문헌 John Albert Broadus. *On the*

Preparation and Delivery of Sermons. 4th ed. (1979); Haddon Robinson. *Biblical Preaching.* 2nd ed. (2001).

타락한 모습에 집중(Fallen Condition Focus)

참고 주제 빅 아이디어

네 페이지 설교(The Four Pages of the Sermon)

존 M. 라트만(John M. Rottman)

네 페이지 설교 방법은 자신의 책 『네 페이지 설교』(*The Four Pages of the Sermon: An Approach to Biblical Preaching*)에서 가장 잘 표현되고 있는 폴 스콧 윌슨(Paul Scott Wilson)의 설교학을 말한다. 더 넓은 설교학의 영역에서 네 페이지 접근 방법은 설교 구조를 안내하는 데 있어 수사학적 관심이 아닌 신학적 고려를 우선시하는 설교학적 접근법으로 분류할 수 있다(Wilson 2004, 91).

이 설교 형태는 하나님과 복음을 설교의 목적으로 강조한다. 네 페이지 설교 형태는 성경 본문에 초점을 둔 두 가지 움직임과 적용의 두 가지 움직임으로 구성된 네 가지 움직임으로 특징 지을 수 있다(움직임 참고). 첫 두 움직임(대략적으로 설교의 절반)은 문제를 탐구하는데, 먼저 성경 본문으로 이동한 다음 오늘날 세계로 움직인다. 마지막 두 움직임은 복음의 좋은 소식으로 움직여 가며 이 역시 먼저 성경 본문으로 이동한 다음 청중의 세계로 움직인다.

네 페이지 각각에 대한 고려 사항은 다음과 같은 특징을 갖는다.

1. 첫 번째 페이지: 문제의 렌즈를 통해 본 성경 본문의 세계

죄가 세상을 오염시켰기에 죄는 하나님의 심판 원인이며 우주적(인간을 포함한) 깨어짐의 원인이다. 이 설교의 첫 움직임은 문제의 렌즈를 통해 보이는 것처럼 성경 본문의 세계를 제시한다. 문제는 본문의 기록 또는 전승의 원인이 되었던 문제에 중점을 둔다. 또는 문제는 특정한 성경 이야기에서 펼쳐지는 등장 인물들 중 한 사람의 삶에서 드러나기도 한다.

보통 성경에서 문제가 이렇게 드러나는 것은 세상 속에서의 하나님의 창조하심과 구원하심이라는 역사적 구속 이야기의 일부라는 점에서 이야기 형식을 취한다. 본문에 문제가 별로 없어 보이거나 전혀 없는 것처럼 보이는 경우에는 좀 더 넓은 범위에서의 성경 이야기가 첫 번째 페이지를 위한 문제의 초점을 제공해야 한다.

2. 두 번째 페이지: 문제의 렌즈를 통해 본 세상

설교에서 이 부분은 성경 본문의 해당 세계에서 발견되는 것과 같은 동일한 종류 또는 유사한 문제를 오늘날 시대에 제시하는 적용의 움직임으로 생각할 수 있다. 이 설교의 움직임은 우리 세상에서의 깨어짐을 식별하고(수평적 초점), 인간의 실패에 대한 하나님의 심판과 불만을 드러낸다(수직적 초점). 일반적으로 이러한 움직임은 문제, 깨어짐, 실패, 죄 등을 예로 들거나 구체화하는 이야기를 포함한다. 이 부분은 설교자가 회중에게 도전을 주는 부분이다. 이 부분에서 설교자는 하나님의 심판을 외치거나 변화를 촉구하는 것을 주저할 필요없다. 실제적인 제안도 이 부분에 충분히 적절하다.

3. 세 번째 페이지:
복음의 렌즈를 통해 본 성경의 세계

설교의 이 다음 부분에서는 첫 두 페이지에서 언급되어 온 문제에 복음의 좋은 소식이 전해지기 시작한다. 이 좋은 소식은 언제나 특정한 문제, 심판, 깨어짐 또는 죄를 직면하고 있는 하나님의 백성들에게 무언가를 가능하게 하거나 힘을 주는 하나님의 구원의 행위를 의미한다.

여기에서 신학적 가정은 우리는 스스로를 구원할 수 없다는 것이다. 이 좋은 소식을 집약하는 한 문장을 설교의 주제로 여길 수 있을 것이다. 구원 행위는 무엇보다 하나님의 행위이기에 하나님(성부, 성자와 성령)께서 문장의 문법적 주어가 될 수 있을 것이다. 설교자는 백성들의 고난의 짐을 덜어 주시기 위해 하나님이 성경 본문 속에서 무엇을 하고 계시는지를 질문한다. 설교의 마지막 두 페이지는 문제를 반드시 제거하지 않으면서도 문제를 극복할 수 있는 소망, 즉 좋은 소식을 전한다.

4. 네 번째 페이지:
복음의 렌즈를 통해 본 세상

설교의 네 번째 움직임은 세 번째 페이지에서의 하나님의 행위와 동일하거나 유사하지만, 우리 시대에도 동일하게 적용되는 하나님의 행위에 대해 이야기한다. 이 부분은 설교의 전반부에서 파악된 세상에서의 문제를 해결하기 위해 하나님이 무엇을 행하시는지에 대해 말하는 적용의 두 번째 움직임으로 생각해 볼 수 있을 것이다. 타락해 버린 세상을 구원하고 회복하기 위해 지금 여기에서 일하시는 하나님의 행동을 계속해서 이야기하면서 이 세상의 특정한 깨어짐, 죄, 또는 문제를 다루는 하나님의 이야기가 여기에서 등장한다.

네 번째 페이지에서의 예화들은 성경 본문에서 하나님이 행하셨던 일들을 오늘날 하나님이 행하시고 말씀하시는지에 대한 질문을 다루는 간증의 성격을 가질 수 있다. 설교자는 그 깨어짐을 다루기 위해 특정한 회중 가운데서 이미 행하고 계시거나 행하기 시작하신 일을 주목할 수 있을 것이다. 이 부분에서 묘사되는 인간의 응답은 은혜로 우리의 성화를 이루심에 있어, 그리고 세상에서 하나님의 선교에 우리로 참여케 하심에 있어 하나님이 최상의 파트너 되심을 말한다.

네 페이지 설교는 기본적인 설교 방법이라고 생각되는 것이 당연하게 여겨지지만 또 다른 의미에서 설교에 필요한 특징에 관해 설명하기 위한 보다 깊이 있는 설교학적 문법으로서의 이론적 기능을 한다.

예를 들어, 설교자는 탕자의 비유를 설

네 페이지 설교(The Four Pages of the Sermon)

교하면서 성경 본문에만 머물러 있을 수는 없다. 설교자는 두 아들이 아버지와 멀어져 버린 상황에서 확인된 문제와 아버지의 은혜로운 용서의 사랑이라는 좋은 소식을 주목하게 될 것이다. 그렇게 하는 중에 설교자가 거의 적용하지 않거나 전혀 적용하지 않는다면, 설교는 첫 번째 페이지와 세 번째 페이지 설교라고 할 수 있을 것이다.

설교자가 아모스 4장에서 "바산의 살찐 소"에 대한 하나님의 심판을 말하는 구절을 선택하고 가난한 사람들의 필요를 외면한 자기 나라의 살찐 소에 대한 심판으로 옮겨 간다면, 설교자는 첫 번째 페이지와 두 번째 페이지 설교를 했다고 말할 수 있을 것이다.

윌슨은 첫 번째 페이지에서 네 번째 페이지까지 이어지는 순서를 일반적 페이지의 순서로 정하지만, 때때로 변형된 순서를 제안함에 있어 주저하지 않는다(Wilson 1996, 243). 수사학적으로 그리고 신학적으로 고려해야 하는 경우에 있어서 설교자는 은혜로 시작해서 문제로 끝나는 설교를 피할 수는 있지만, 어떤 경우엔 페이지의 순서를 바꾸는 것이 환영할 만한 변화를 가져다줄 수도 있다. 교회공동체가 보다 긴 설교를 기대하거나 요구하는 경우, 여섯 페이지로 이루어진 네 페이지 설교, 즉 두 가지 첫 번째 페이지와 두 가지 두 번째 페이지라던지, 은혜가 드러나는 각 페이지에서 여러 가지가 포함될 수도 있을 것이다.

설교의 서론과 결론은 중요하다. 그러나 네 페이지 설교의 보조적인 부분일 뿐이다.

서론은 설교자가 복음의 좋은 소식을 선포하기 위해 하나님의 말씀을 사용할 때 청중으로 하여금 말씀을 듣는 것에서부터 그 말씀에 참여하도록 초대하는 중요한 역할을 한다. 서론은 이야기의 형태를 띨 수 있는데, 이는 설교가 말하게 될 문제를 예고하듯 작은 두 번째 페이지처럼 또는 설교에서 전하게 될 복음의 좋은 소식을 예고하는 미니 네 번째 페이지와도 같을 수 있다. 또는 성경 본문의 특정한 측면에 초점을 맞출 수도 있고, 또는 성경 본문의 특징에 초점을 둔 후 그 본문을 더 자세히 설명하는 것으로 들어가게 하는 입구의 역할을 하게 될 수도 있다.

서론은 청중으로 하여금 여러 수사학적 측면, 특별히 에토스의 이슈를 중심으로 한 수사학적 측면을 절충할 수 있는 자리를 제공한다. 그래서 시작 부분에서 이러한 모든 수사학적 불안정성을 고려한다면 서론은 "가볍고" 충분히 길어야 하고, 이해 가능해야 한다(즉, 누구도 서론에서 죽지는 않아야 한다).

결론은 문제를 간략하게 다시 한번 언급하고, 그런 다음 하나님이 그 문제에 응답하시는 것처럼 그 문제의 짐을 덜어 주시는 하나님의 은혜를 높여 드린다.

어떤 사람들은 네 페이지 설교 방식의 설교는 예측 가능성을 가져다준다고 말한다. 청중은 각 페이지가 끝날 것을 예상하며 시간을 재거나 후반부에서 좋은 소식을 기대하며 하품하기 시작할 것이다. 그러나 청중이 각 페이지를 의식하며 듣지 않는다면 네 페이지 설교의 구조는 설교 구조를 특별히 찾지 않는 이들의 인식 아래 작동하는 것 같다. 네 페이지 설교 접근법은 다양한 신학적 관점과 다양한 성경 장르의 본문을 다룰 때 오히려 적응력이 있음을 보여 주었다.

윌슨은 설교의 절반에 해당하는 문제와 은혜 사이의 균형을 강조하는 반면, 불균형이 설교자에게 최선인 경우 또한 있을 수 있다. 성 금요일 설교는 문제를 더 많이 다루어야 할 수 있다. 반대로 장례 설교는 청중이 특별히 관을 바라보는 가운데 문제를 크게 다룰 필요가 전혀 필요 없을 것이다. 그런 경우에 설교자는 설교의 대부분을 부활의 소망을 설교하는 데에 할애할 수 있을 것이다.

참고 주제 움직임; 설교자의 한 주; 설교를 위한 연구

참고 문헌 Paul Scott Wilson. *The Four Pages of the Sermon*. (1996); Paul Scott Wilson. *Preaching and Homiletical Theory*. (2004); Paul Scott Wilson. *The Practice of Preaching*. Rev. ed. (2007).

장례 설교(Funeral)

토마스 G. 롱(Thomas G. Long)

장례 설교의 주된 목적은 비탄에 잠긴 이들의 마음을 달래거나 무언가를 설명해 주려는 것이 아니라, 장례식에서 다른 설교자가 선포하는 거짓말에 정면으로 맞서기 위함이다. 죽음이다.

1. 서론

장례식과 장례 설교를 둘러싼 많은 이슈가 1600년대 초반 뉴잉글랜드 청교도들에 의해 신앙인들로 개종했던 아메리카 원주민 부족 중 투타스왐페(Tutaswampe)라 불린 거의 잊혀진 그리스도인의 이야기에서 살펴볼 수 있다.

투타스왐페와 그의 친족들은 복음에 대해 엄격한 칼뱅주의적 이해 속에 교육을 받았고 그래서 장례 예식을 반대하는 매우 심한 편견을 가지고 있었다. 이전에 물려받았던 장례 예식을 불경스럽고 요란하다고 여겼기 때문에 청교도들은 기독교적 관습 속에서 장례식을 제거하려고 했다. 그래서 하루는 투타스왐페의 부족 중 어떤 사람이 죽었을 때, 투타스왐페와 다른 부족원들은 청교도들이 그들에게 가르쳐 주었던 것이 기독교적 방식이었기에 말이나 특정한 의식 없이 조용히 숲속 매장 장소로 들어가 친구를 떠나 보내려 했다.

그러나 슬픔에 잠긴 채 침묵 속에 오랫동안 거기에 서 있던 그들은 더 이상 이 죽음이 가져다준 말 못할 황량함을 견딜 수 없었다. 그들이 가지게 된 신학은 그들로 하여금 침묵하도록 했고, 그들의 마음은 더 많은 것을 요구하고 그래서 그들은 규칙을 어기고 말았다. 그들은 무덤으로부터 조금 걸어가서 나무 아래에 모였다. 그리고 거기에서 그들은 타투스왐페에게 희망적인 말을 해 달라고 부탁했고, 그는 그렇게 했다 (Stannard 1977, 107).

오늘날 장례 설교자들은 청교도들이 장례식을 헛되고 가볍고 감상적이라 여긴 것이 옳았다는 점을 인정하지만, 청교도들의 장례 이해가 목회적으로는 잘못되었다고 여긴 투타스왐페와 부족원들의 생각에 대해서도 동의한다. 마음은 또 다른 진리를 이해

한다. 우리는 복음이 우리가 알지 못하는 죽음의 허공으로 밀려나 버린 것 같으나 오직 믿음으로만 보이는 희망을 증거하는 인간의 말을 포함한다는 더 깊은 지혜를 발견한다. 투타스왐페의 경우처럼 하나님은 희망과 기도의 말씀으로 죽음의 침묵을 깨뜨리기 위해 계속해서 마음을 흔들어 깨우신다.

2. 장례식과 장례 설교의 목적

그러나 무엇을 말해야 하나?

설교자가 투타스왐페처럼 어두운 숲속의 어느 구석에 있는 어떤 나무 아래, 어느 묘지의 어떤 무덤 옆, 죽음을 마주하고 모인 조객들 앞에 섰을 때 무슨 말을 할 수 있을까?

장례식에서 무슨 말을 할 것인지를 결정하는 것은 훨씬 더 기본적인 질문에 어떻게 답할 것인지에 달려 있다.

우리는 하나님의 이름으로 장례식에서 도대체 무엇을 하려고 하는가?
장례식과 장례 설교의 목적은 정확히 무엇인가?
무슨 목적을 향해 우리는 말하는가?

무엇을 어떻게 말할 것인지를 알기 전에 우리는 애초에 왜 우리가 거기서 말하려 하는지에 관한 질문에 직면해야만 한다.

공식적으로 많은 기독교 교단과 운동은 설교자가 해야 할 일이 장례식에 죽은 자를 추모하고 고인을 칭찬하고 찬양하게 하려는 것이 아니라는 것을 분명히 하려고 노력해 왔다. 현재 로마가톨릭 장례 미사 전례 규정은 조사를 명시적으로 금지하고 있다. 기독교 장례 예식서에는 다음과 같이 명시하고 있다.

> 장례 예식에서 복음서 독서 후에 그 독서 본문에 기초한 간단한 강론을 하고, 철야 예배에서 독서 후에 강론을 할 수 있지만 조사는 절대로 해서는 안 된다(OCF, 27).

개신교 세계에서는 루터교 전례에 관한 매뉴얼에서는 이렇게 일반적으로 강조한다.

> 설교는 고인의 삶에 대한 인식을 포함할 수 있지만 그 목적은 조사가 아니라 그리스도 안에 있는 소망과 위로의 선포다 (Pfatteicher and Messerli 1979, 360, 강조 추가).

복음을 설교하고 교인의 삶을 설교하지 않으며 인간이 아닌 하나님께 초점을 둔다는 전례 규정이 우선될 것이 아니라는 것을 알지만 예전적으로 바람직해 보이는 것이 종종 목회적으로 문제가 된다. 대부분의 장례식에는 문자 그대로 좋은 말로서의 조사의 정의에 해당하는 고인에 대한 회상이 적어도 어느 정도는 포함되어 있고, 그렇지 않은 경우엔 차갑고 무미건조한 그런 시간처럼 보일 수 있을 것이다. 목회자들이 장례 설교의 형태와 목적에 대해 불분명한 것은 당연한 일이다.

그렇다면 장례식(그리고 장례 설교)은 무엇을 위한 것인가?
고인을 애틋한 마음으로 기억하기 위함인가?

장례 설교(Funeral)

슬픔에 빠진 이들을 위로하기 위함인가?
복음을 선포하기 위함인가?
살아 있는 이들에게 복음을 전하기 위함인가?

많은 목회자가 즐거운 찬송가와 "부활에 관해 증거하는" 힘있고 경쾌한 설교가 있는 그런 예배로 장례 예식을 만들기 위해 애쓰는 데 적극적 노력을 다한다. 이러한 이상적인 장례는 이전에 사적인 방식으로 처리되었던 시신 또는 화장하고 남은 유골로 인해 생겨났던 '산만함'이 없는 추모 예배로 점점 더 많이 고려되고 있다.

그러나 이러한 접근 방식은 장례를 고인에 대한 친척들과 이웃들의 이야기와 농담으로 채워 가는 소위 오픈 마이크 행사로 바꾸려는 보다 큰 문화적 욕구와 점점 더 충돌하고 있다. 그래서 우리는 조용하지만, 부활의 기쁨을 반추하는 다소 추상적이고 이상적인 예배와 일화와 기억을 나누는 토크쇼 형식의 잔치 사이에서 줄다리기를 하고 있다.

실상 이 두 가지 옵션은 초기 기독교 그리스도인 선조들이라면 인식하지 못할 것이다. 유대교와 로마의 장례 관습으로부터 빌려온 기독교식의 독특한 장례 관습은 5세기에 이미 확고히 자리를 잡았는데, 오늘날 기독교 장례의 모습과는 거의 닮은 점이 없다. 간단히 말하면, 기독교인들은 고인의 시신을 정성껏 씻고 기름을 바르고 세례복을 입혀 매장지로 옮기는데 이때 시편과 찬송을 부르며 이동한다. 고인들은 하나님께로 향해 가는 거룩한 자들로 여겨졌다. 매장지에서 신자들은 고인에게 평화의 입맞춤을 하고 기도와 소망의 말, 알렐루야가 섞인 눈물로 고인과의 작별을 고했다.

이러한 초기 기독교 장례 관습 가운데서 우리는 장례의 목적에 대한 우리 질문에 관한 강력한 응답과 오늘날 관습에서 분명히 수정되어야 할 것이 무엇인지를 볼 수 있다. 다시 말해, 우리가 지금 장례에 선택적 부속물로 여기는, 즉 고인의 시신을 매장지로 옮겨 가는 여정이 초기 기독교인들에게는 단지 장례의 일부가 아니었다. 그것은 장례식이었다. 겉으로 보기에는 그래도 장례 설교는 예배실에 조용히 모인 조문객들에게 묵상하게끔 하는 것이 아니다. 장례 설교는 시온의 노래를 부르며 거룩한 백성의 시신을 안고 이별의 자리로 향해 가는 순례의 여정 중간에 있는 자들에게 그 행렬 가운데서 들려주는 말씀이다.

장례 설교를 통해 하나님께 감사하게도 위로 받고 지지를 받는 경우가 많지만 우리는 주로 위로를 주기 위해 설교하지 않는다. 그리고 감사하게도 무의미함에 직면했을 때 의미에 대한 열망이 우리가 하는 말에서 종종 다루어지지만 우리는 이런 모든 일이 왜 일어났는지를 설명하지 않는다. 더불어 우리는 이미 우울한 상황에 영적 엄숙함을 더하기 위해 장례 설교를 하지 않는다. 우리가 장례 설교를 통해 해야 할 일은 사망의 음침한 골짜기를 지나 우리가 믿는 하나님의 품에 우리가 사랑하는 이를 안기도록 떠나보내는 긴 여정 가운데 그리스도인이 하고 싶고 해야 할 말을 하는 것이다.

3. 장례 설교의 과제들

그렇다면 하나님께로 나아가는 고인이 된 거룩한 백성과 함께 순례의 여정을 가는 그리스도인들이 해야 할, 그리고 하기 원하는 말은 무엇일까?

물론, 이 복음 이야기는 여러 측면을 가지고 있고, 장례 설교를 하는 설교자는 장례 설교를 준비할 때 장례식에서 들려질 수 있고 또한 들려주어야 할 주제에 대한 신학적 체크리스트를 염두에 두는 것이 좋을 것이다.

다음에 제시되는 체크리스트는 예배학자인 폴 훈(Paul Hoon)의 연구에서 영감을 얻은 것으로 장례 설교가 무엇을 말해야 하는가가 아니라 장례 예식에 대한 신학적 사고의 방법을 제시해 준다(Hoon 1976, 169-81). 각각의 장례 설교에서 신학적 강조점은 상황에 따라 다를 것이다. 그러나 장례 설교를 작성할 때 고려해야 할 여덟 가지 큰 범주는 다음과 같다.

1) 케리그마적

장례 설교의 가장 우선되는 중요한 목표는 복음의 진리를 선포하는 것, 하나님이 진실로 누구이시며 이 자리에서 하나님이 무엇을 행하시는지에 대한 좋은 소식을 알리는 것이다. 이런 점에서 장례 설교는 평상시 설교와 다르지 않다. 설교자는 특별한 상황, 특정 한순간에 서서 기대를 가지고 주의 깊게 호기심을 가지고 성경 구절을 살펴보고, 거기에서 들리는 진리를 말한다.

물론, 장례 설교가 행해지는 상황은 죽음이고 이 상황에선 하나님의 임재와 능력과 선하심에 대해 의심을 내포하게 된다. 모든 특정한 죽음도 죽음에 대한 일반적인 인간 경험과 연관되기에 노년의 성도의 평화로운 죽음조차도 이러한 의구심을 불러일으킨다. '선한' 죽음조차 우리에게 비극적인 죽음, 어린 유아의 죽음, 고통스러운 죽음 등 또다른 죽음을 떠올리게 한다.

즉, 장례 예식에서 케리그마적 설교는 단지 희망적인 말을 부드럽게 나누는 것만이 아니라 거짓말의 가면을 벗기는 것을 의미한다. 우리가 의식하든 의식하지 못하든 모든 장례 예식에는 비웃음과 야유를 외치며 장례 행렬을 따라가는 또 다른 설교자가 있는데, 이 설교자는 거짓말쟁이이다.

나는 죽음을 말할 때 대문자 D로 죽음을 말한다(대문자 D 죽음은 하나님이 인간의 삶을 위해 의도하신 모든 것을 파괴하려 하는 힘으로서 최후의 적이며, 소문자 d 죽음은 생물학적 죽음으로 때로는 친구처럼 다가올 수도 있다). 죽음은 가장 그럴 듯하게 거짓말하는 악의 설교자와도 같다. 죽음은 임재하시겠다고 약속하셨던 신이 사실상 부재하다는 사실이 밝혀졌다는 것을 설득력 있게 주장한다. 생명을 죽고 그 생명을 지키실 것이라 맹세했던 신은 그 약속을 지키지 않거나 지킬 수 없으며, 굳건한 사랑의 관계와 공동체가 계속될 것이라는 것에 관한 모든 이야기는 공허한 바람과 같다고 설득력 있게 주장한다.

죽음은 이처럼 슬프고 피할 수 없는 신조를 고백하게 만드는 음험한 설교를 전한다. "우리와 함께하시겠다고 약속하신 하나님이 정작 우리에게 필요가 생기고만 때에는 나타나지 않으셨다는 것을 믿습니다.

우리는 하나님의 공허한 약속을 포기하고 삶이 죽음에 삼키움을 당한다는 피할 수 없는 진리를 향해 돌아설 수밖에 없게 만듭니다. 죽음은 주님입니다. 오 죽음아, 여기에 너의 승리가 있구나."

죽음의 이야기가 그렇게 설득력이 있는 이유는 모든 증거가 그 쪽에 있기 때문이다. 생명 없는 육신, 식탁에 놓인 빈 의자, 희망과 의미의 풀리지 않는 이야기들을 보면 그러하다.

그러하기에 장례 설교는 단지 부드러운 위로의 메시지일 뿐 아니라 전투의 말씀과도 같다. 에이미 플랜팅가 파우(Amy Plantinga Pauw)가 주장하듯 "기독교적 희망"은 "죽음에 대한 불안한 저항을 요구한다"(Pauw 1997, 170). 우리가 아무리 부드럽게 말한다 해도, 복음의 설교자로서 우리의 임무는 죽음이 가져다주는 거짓과 치열한 전투에 참여하는 것임을 잊지 말아야 한다.

우리가 거기에서 해야 할 일은 죽음이 어떻게든 은폐하고 왜곡하려고 하는 것을 밝히고, 죽음이 거짓되게 숨기려고 하는 진리를 드러내는 것이다. 장례 설교자의 임무는 똑같은 가혹한 현실, 똑같게 보이는 반박 불가능한 증거 앞에 직면하여 서게 되지만 또 다른 이야기, 즉 복음의 이야기를 말하고, 우리의 감각보다 더 진실하고, 우리 감정보다 더 깊고, 당면한 경험적 증거보다 더 실제적인 믿음의 이야기를 전하는 것이다.

2) 교회적

죽음이 말하는 또 다른 거짓은 우리가 홀로 있다는 것이다. 우리는 혼자 죽고, 우리는 언제나 죽음과 마주하고 있기 때문에 죽음은 우리에게 결과적으로 우리는 혼자 산다는 교훈을 가르쳐 준다. 남편의 무덤 앞에 선 여인이 "모든 좋은 결혼생활은 여기에서 끝난다"고 말한 것처럼 말이다. 이러한 홀로 된다는 거짓과의 싸움에 있어서 설교자에게 성도들의 교제인 회중 그 자체보다 더 좋은 텍스트가 없다.

어떤 라틴 아메리카 회중은 예배 가운데 별세한 교인의 이름을 호명한다. 때로는 거칠게 호명하기도 한다. 그 이름들이 불려질 때 회중은 죽음을 그들에 대한 마지막이자 규정적인 단어로 받아들이지 않겠다는 의미로 "프레젠테(Presente)!"를 힘차게 외친다. "'허다한 증인들의 구름'(히 12:1)의 일부로서, 그들은 마지막 적인 죽음에게 승리하는 하나님의 생명의 선물을 통해 살아 있는 공동체임을 선언한다"(Pauw 1997, 171).

장례 설교는 조문객 개개인에게 모든 관심을 집중시키며 마치 그들 혼자서 이 문제를 마주하고 있는 것처럼 말해서는 안 된다. 대신 설교자는 고인과 함께 마지막 길을 가는 성도들의 멋진 동행이 들리고 보이도록 해야 한다.

3) 봉헌적

거짓을 말하는 그 설교자, 죽음은 언제나 모금하려 한다. 죽음은 모금 접시를 들고 회중석을 지나며 마치 통행료를 요구한다. "당신의 희망을 내게 주십시오. 나에게 당신의 추억을 주십시오. 당신의 사랑하는 이들을 나에게 주십시오. 나는 아무것도 돌려주지 않습니다."

반면, 교회는 결코 모금하지 않고 대신 봉헌을 받는다. 모금은 강제적이지만 헌금은 자유롭게 드리는 것이다. 사람들은 장례식에 와서 봉헌할 준비와 필요를 가지고 있는데 장례 설교의 기능 중 하나는 하나님의 이름으로 봉헌을 받는 것이다. 사람들은 자신의 추억과 슬픔, 자신의 이야기, 고인의 시신, 자신의 죽음에 대해 바라보는 등 다양한 종류의 봉헌물을 가져오게 되고, 설교는 이러한 봉헌물에 이름을 붙이시고 구원하시는 하나님의 사랑의 손길에 맡기는 그런 역할을 하게 된다.

장례 설교를 봉헌을 받는 것으로 생각하며 설교자는 예언자적 역할에서부터 제사장적 역할로 전환하게 되고 기도하는 마음으로 두 팔 벌려 설교하게 된다. 때로 설교자들은 장례 설교를 사람들에게 전하는 하나님의 말씀으로만 생각하기도 한다. 그래서 설교자는 오직 하나님의 생각만을 말하려는 자세를 가지고 심지어 판단자의 역할을 해야 하는 상황에 서게 된다. 그러나 때로는 최고의 장례 설교는 설교자가 강단을 비유적으로 떠나서 회중석에 서게 되고, 봉헌접시를 들어올리면서 이렇게 기도한다.

"오 하나님, 우리는 이 사람을 사랑했습니다. 오 하나님, 그를 기억할 때 우리 가운데 있는 좋은 기억과 나쁜 기억 모두를 주님께 드리는 봉헌으로 받아주시옵소서."

4) 성찬성례적

장례 설교의 또 다른 주제는 감사이지만, 이 주제는 행복함과 세심히 구별되어야 한다. 우리는 힘든 일부터 슬픔 속에 배우게 되는 교훈에 이르기까지 우리를 특별히 행복하게 만들지 않는 많은 일들에 대해 감사하게 된다. 이것은 주님의 식탁이 기독교 예배의 중심에 서 있는 이유이다. 성찬은 결국 죽음의 자리이다. 우리는 주님이 오실 때까지 주님의 죽음을 이곳에서 드러내게 된다. 이 식탁에서 우리는 깨어짐과 슬픔, 상실과 죽음 속에서도 하나님의 은혜와 구원의 자비를 발견한다. 우리가 주님의 식탁에서 일어날 때 우리의 시선이 달라진다. 우리는 이전에는 보지 못했던 것을 보게 된다. 모든 삶이 하나님의 영광이 드러나는 극장과도 같고, "감사합니다. 감사합니다"라고 말하는 것이 우리의 임무이자 기쁨이다.

장례식에서도, 장례 설교에서도 그러하다. 우리는 생명의 선물에 대해 감사하는 것이지 기쁨을 찾게 해 주거나 우리를 행복하게 해 준 삶의 일부분에 대해 감사하는 것이 아니다. 모든 것에 대해 감사하는 것이다. 모든 생명은 하나님의 은혜의 선물이며, 어떤 생명은 은혜가 분명해 보이지만 또 어떤 이의 삶은 그 은혜가 불명확해 보인다는 사실이 우리가 고통과 상실 속에서 배운 것에 관한 것조차도 하나님께 감사하는 것을 막지는 못한다.

5) 치료적

하나님의 임재는 치유가 임한다는 것이고, 장례 설교의 또 다른 임무는 그 치유의 말씀을 전하는 것이다. 치료적 문화에서는 복음의 진정한 복음적 치료와 사별에 대한 자세, 슬픔의 감정을 받아들이는 더 작고 더 심리적으로 정의된 과제를 구별하는 것이 중요하다. 치료적 과제는 심리적 평형을 이루는 것 그 이상이다. 그 과제는 이 죽음의 경험을 우리를 돌보시는 하나님의 포괄적인 이야기의 틀 안에 가져다 놓을 수 있는 능력을 회복하는 것이다.

백혈병으로 죽어 가고 있는 한 청년은 "사람들은 죽음을 두려워한다고 생각하지 않는다"고 말했다. "그들이 두려워하는 것은 삶의 불완전함이다." 그러하기에 고전적인 장례 예식에서 죽은 자의 삶은 항상 세례의 맥락에서 보게 된다. 이는 세례가 어떻게든 한 사람을 다음 사람보다 더 나은 사람으로 만들기 때문이 아니라, 세례가 한 인간의 짧고 단편적이며 에피소드적인 이야기를 예수 그리스도라는 보다 크고 전체적인 내러티브와 연결하기 때문이다.

수필가 아나톨 브로야드(Anatole Broyard)는 암으로 죽어 가며 이렇게 말했다.

> 나는 … 나를 즐겁게 해 주는 의사가 되고 싶습니다. 나는 그에게 좋은 이야기가 되고 싶습니다.

그러나 브로야드는 종교가 없는 세상에서 우리가 우리 자신의 이야기를 만들어야만 한다는 슬픈 진실을 깨닫고 다음과 같이 말했다.

> 한때 우리는 천국과 지옥의 이야기를 가지고 있지만, 지금 우리는 우리 스스로의 이야기를 만들어야 합니다(1993, 42, 45).

그러나 복음 설교자는 우리는 우리 자신의 이야기를 만들어 낼 필요가 없다고 반박한다. 우리에게 이야기가 주어졌고, 하나의 삶을 구성하는 짧은 문장 조각은 줄임표로 앞뒤를 묶어 하나님의 은혜로 그리스도의 완전하고 풍성한 이야기에로 통합되었다.

6) 기념적

장례 설교에 대해 청교도들이 부정적 반응을 보인 것은 그들이 들었던 많은 장례 설교가 하나님에 대한 묘사 없이 복음에 대해선 짧고 고인의 생애에 대한 랩소디로 가득 찬 추도사는 길었기 때문이다. 물론, 영원히 임재하시는 그리스도의 복음 대신 고인의 고귀한 모험을 설교하지 않도록 주의할 필요가 있다.

다른 한편으로, 우리는 이러한 하나님이 함께하시기로 선택한 사람들의 이야기를 떠나서 묘사될 수 있는 하나님에 대해서는 알지 못한다. 제대로 말한다면, 하나님의 이야기는 언제나 인간의 이야기고, 인간의 이야기에는 항상 하나님의 경이로움이 스며들어 있다. 좋은 장례 설교는 고인에 대한 정직한 추억을 통해 풍성해질 것이다. 여기에서 중요한 것은 고인의 덕을 보여 주는 이야기를 말하는 것이 아니라, 하나님의 은혜를 비춰주는 삶으로의 예화를 이야기하는 것이다.

고인에 대한 이야기를 들려주는 것은 부분적으로 기독교공동체가 그리스도의 정체성 안에서 시간이 지나가면서 어떻게 형성되는지를 보여 준다. 우리 삶의 이야기에서 우리가 지니는 정체성은 가장 깊은 의미에서 하나님의 형상이라는 정체성이고, 그 정체성을 주장하고 이야기하는 것이 장례 설교의 과제라 하겠다.

7) 선교적

죽음의 가장 대담한 거짓 중 하나는 그리스도인의 순례가 막다른 골목으로 이끌어 간다는 것이다. 삶이 끝났다고 느끼는 것은 죽은 자뿐 아니라 다른 모든 사람에게도 공통적인 슬픔의 경험이다. 죽음은 멈춤 사인을 들고 있다.

"더 이상 가지 마세요, 여기가 길의 끝입니다."

그러나 복음은 죽음이 아무리 비극적인 것이라 해도, 슬픔이 아무리 깊다 해도, 우리 인생의 여정을 멈추는 것이지 끝내는 것이 아니라는 사실을 경고하고 위로한다. 부활절의 메시지는 "그리스도께서 부활하셨습니다. 인내함으로 자신의 부활을 기다리십시오"가 아니라, "그리스도께서 부활하셨습니다. 세상에서 하나님을 위해 일하러 가십시오"이다.

장례 설교는 고인과 함께 묘지로 가는 사람들에게 상기시키길 묘지는 최종적 안식처가 아니라 부활절에 그러했던 것처럼 기독교 선교가 시작되는 곳이다. 순례는 무덤에서 중단되지 않고, 순례자들은 세상으로 나아가 그들의 사역과 증인 됨을 계속할 것이다. 설교는 또한 고인이 성도의 수고와 소명으로부터 멈춘 것이 아니라, 궁극적인 인간의 소명인 하나님을 찬양하는 위대한 합창에 참여했다는 것을 전할 수 있다.

8) 교육적

장례 예식은 공공의 장소에서 하나님의 백성들이 예배하는 것이고, 기독교 신앙을 모르거나 공유하지 못하는 사람들이 그곳에 참석하는 경우가 자주 있다. 장례 설교를 좁은 의미에서 전도하기 위해 사용했던 예전 방식은 하나님의 가정에 낯선 사람들이 있다는 잘못된 인식이었다. 더 좋고 신학적으로 더 건전한 반응은 환대를 보여 주는 것이고, 그러한 환대의 한 가지 설교 형태는 부드럽고 낮은 자세로 가르치는 것이다. 설교자는 그런 경우에 우리가 왜 그렇게 말하며 고백하고 기도하는지를 간단한 용어로 설명할 수 있다. 결론적으로, 우리가 삶과 죽음, 인간과 하나님을 어떻게 보는지 최대한 분명하게 보여 주는 것이 최선의 전도이다.

저명한 정교회 학자 알렉산더 슈메만(Alexander Schmemann)은 다음과 같이 언급한다.

> 기독교의 목적은 사람들을 죽음과 화해하도록 돕는 것이 아니라 진리로 사람들이 구원에 이르도록 생명과 죽음에 관한 진리를 드러내는 것이다(Schmemann 1973, 99).

그건 장례 설교도 마찬가지이다. 설교자는 죽음과 생명에 관한 진리를 전한다. 그러나 이것은 장례 예식에서 시작되는 것이 아님을 슈메만은 상기시킨다.

> 그것은 매 주일 교회가 부활절의 기쁨으로 '이 세상의 모든 염려를 제쳐두고' … 하늘

로 올라가는 것으로 시작한다(Schmemann 1973, 101).

참고 주제 인간학; 위기; 수사적 장치; 특별한 날을 위한 설교; 예배 스타일

참고 문헌 Anatole Broyard. *Intoxicated by My Illness: And Other Writings on Life and Death.* (1993); Catholic Church. *Order of Christian Funerals*; Paul Waitman Hoon. "Theology, Death, and the Funeral Liturgy." *Union Seminary Quarterly Review* 31 (Spring 1976) 169-81; Amy Plantinga Pauw. "Dying Well." *Practicing Our Faith: A Way of Life for a Searching People.* Edited by Dorothy C. Bass. (1997); Philip H. Pfatteicher and Carlos R. Messerli. *Manual on the Liturgy: The Lutheran Book of Worship.* (1979); Alexander Schememann. *For the Life of the World.* (1973); David E. Stannard. *The Puritan Way of Death: A Study in Religion, Culture, and Social Change.* (1977).

귀납적 설교(Inductive)

마이클 A. 브라더스(Michael A. Brothers)

성경 본문에 기초한 귀납적 설교는 청중을 설교의 형태와 움직임을 통해 질문에 대한 답을 찾아가는 여정으로 인도해 준다. 이 본문은 오늘 우리에게 무엇을 의미하는가?

1. 귀납적 대 연역적

귀납적 설교 형태는 귀납적 논증과 추론의 영향을 받는다. 고전적 수사학과 철학에 기초해서 귀납적 논증은 보편적인 것에서 구체적인 것으로 추론하는 연역적 논증과는 대조적으로 구체적인 것에서 보편적인 것으로 추론하는 것으로 종종 설명된다. 그러나 귀납적 논증에 대한 좀더 현대적인 이해는 특정한 사례를 통해 확실하지 않은 추론을 점검하여 보편적인 결론을 도출하는 것이다.

전제에 대한 연역적 논증의 타당성이 결론의 진리를 보증하는 반면, 귀납을 통해 얻게 되는 결론은 과정에서 소개된 새로운 정보에 따라 그 발견이 달라지게 된다. 연역과는 달리 귀납은 논증하는 가운데 또는 논증 후 새롭게 소개되는 정보가 새로운 결론을 제공할 가능성이 있기 때문에 불확실성이라는 요소를 가지게 된다.

이와 마찬가지로 연역적 설교가 결론으로 시작해서 경험과 성경의 구체적인 내용으로 이를 뒷받침하는 설교인데 반해, 귀납적 설교는 종종 경험의 구체적인 내용으로 시작해서 보편적 결론으로 끝이 나는 설교로 묘사된다. 그러나 귀납적 설교에 관한 더욱 역동적인 이해는 성경적 진리를 발견하기 위해 경험을 통해 직관을 점검하고 시행하는 본문, 설교자, 청중 사이의 참여이다. 종종 이러한 발견은 놀랍게 다가온다. 귀납적 논증처럼 청중의 경험 속에서 복음의 놀라움과 발견을 가져오게 될 때 결론은 열린 결말일 수 있다.

2. 형식과 주해

1970년대 이후 귀납적 설교의 유행은 프

귀납적 설교(Inductive)

레드 크래독(Fred Craddock)이 『권위 없는 자처럼』(As One Without Authority, 1971)에서 귀납적 방법을 소개하면서부터였다. 1950년대와 60년대 주를 이루었던 명제적 연역 설교에 대한 대안으로서 크래독은 설교의 형태가 설교자의 성경 본문에 대한 주해만큼이나 많은 기대, 감동과 발견함의 설레임을 가져야 한다고 제안했다.

토마스 롱(Thomas G. Long)은 이에 대해 다음과 같이 적절하게 요약한다.

> 크래독이 보기에 설교자에게 주해는 잠재적으로 흥분되는 발견의 과정이다. 성경 본문을 대할 때 설교자는 직감을 따라 본문을 해석하기 위해 탐구한다. 즉, 주해는 선형 논리의 과정으로 환원되는 모든 것을 거부하고 처음에는 이쪽으로 그리곤 저쪽으로 돌진하는 흥미진진한 모험이다. (1989, 81)

크래독에게 연역적 설교가 가지는 문제는 주해적인 뒷받침이나 주의 깊은 준비나 상관성을 향한 노력에 있지 않다. 그는 "잘못된 움직임은 귀납적인 주해적 예측이 연역적 권면으로 대체되는 것이다"라고 주장했다. 크래독의 해결책은 설교의 움직임이 주해에서 설교자에 의해 경험된 귀납적 모험을 청중과 함께 재생시키는 것이다 (Craddock 1971, 125; Long 1989, 81).

롱은 계속해서 이렇게 말한다.

> 크래독은 설교자들이 자신의 주해 작업에서 사용하는 것과 동일한 창의적 발견의 과정에 따라 설교를 구현할 것을 제안

했다. 설교자가 성경 본문을 연구할 때, 설교자는 그 본문이 무엇을 의미하는지 미리 알지 못하면, 마지막에 그 의미가 드러날 때까지 단서들을 조합해서 의미들을 찾아내야만 한다. 그래서 설교는 청중이 설교자의 조명 경험을 공유할 수 있도록 상상력을 발휘해서 귀납적 탐구를 재현해야 한다(1989, 97-98).

3. 장점과 한계

귀납적 설교의 장점으로 찬사받아 왔던 것은 다른 이들로부터 단점이라 판단되기도 하는데, 이는 긴장감 있는 여정에 청중이 참여해야 하고 변화하는 권위의 역할 등과 같은 단점 때문이다.

첫째, 귀납적 설교의 주된 장점은 설교의 시작부터 결론까지 청중이 직접 참여한다는 것이다. 시험하고, 질문하고, 경험을 불러일으킴을 통해 설교 내내 청중을 참여하도록 하기 때문에 시작하며 주의를 끌려 할 필요도 그리고 적용의 단계로 마무리할 필요도 없다. 설교가 끝날 무렵에는 청중이 이미 스스로 주장하기 시작한 성경적 진리를 발견하게 되는 것이 귀납적 설교가 바라는 바이다. 귀납적 형태는 성경 본문 아래에서 아직 해결되지 않은 긴장을 만들어 내기 때문에 회중이 익숙한 성경 구절로부터 새로운 의미를 발견하는 데 특별히 유용할 수 있다.

명제적 설교는 청중에게 시작부터 설교의 내용이 무엇인지를 알려 주는 데 반해 귀납적 여정의 성공 여부는 목적지에 도착하기

귀납적 설교(Inductive)

까지 설교자의 기술과 청중이 가지는 모호함과 긴장감을 얼마나 유지하게 하느냐에 달려 있다. 만약 이 둘 중 하나라도 부족하면, 설교는 탈선하거나 길을 잃게 된다.

둘째, 권위에서 장점이 있다. 이미 정해진 결론에 기초해서 의문의 여지가 없는 명제 없이 회중은 자기 스스로 결론에 도달하도록 이끌린다. 여기에서 설교자의 결론에서 청중과 성경 본문 사이의 상호 작용으로 권위의 변화가 일어난다. 이러한 권위의 변화로 인해 어떤 설교자학자들은 귀납적 형태가 설교자와 회중의 입장이 다를 때나 논쟁적 이슈를 다룰 때에 가장 적합하다고 말한다. 반면, 어떤 설교학자들은 문화 전반에서 권위의 역할이 변화하는 데에 적절한 응답으로서 귀납적 형태가 들리는 설교를 위해 가장 최선의 기회를 제공한다고 주장한다.

이러한 권위의 재배치에 관한 응답으로, 찰스 캠벨(Charles L. Campbell)은 인간 경험과 개인 반응에 관한 귀납적 설교의 강조가 성경 본문을 부차적인 것으로 만들고 "진정한 권위"가 "본문 메시지에 선행하고 이를 검증하는 청중 개개인의 경험"에 주어질 위험성이 있다고 경고한다(Campbell 1995. 271).

4. 예시

계시로의 움직임에 관한 귀납적 설교의 강조는 문제 해결을 탐구하고, 내러티브 플롯으로 전개되며, 일련의 명확한 이미지를 통해 설교의 구조를 발전시켜 왔다.

존 배놀스달(John W. Vannorsdall)은 〈기다림〉(Waiting,)이라는 제목의 설교에서 대림절 기 중에 "나 곧 내 영혼이 여호와를 기다리며…"(시 130:5-7)의 말씀을 이해하도록 청중을 이끈다. 일반적 기다림의 경험을 시험하고 탐구함을 통해 청중은 설교자와 함께 이 질문에 대한 답을 찾는다.

그러나 주님을 기다린다는 것이 무엇을 의미하는가?

진정한 귀납적 형식에서는 마지막 부분에서 극적 반전이 질문과 경험을 변화시킨다. 배놀스달은 이렇게 시작한다.

> 기다린다는 것은 우리가 무언가를 할 만큼 나이가 들지 않았다는 것을 의미했던 때가 있었다. 우리는 즉각적 준비가 되어 있다는 확신이 있었기 때문에 기다린다는 것이 전혀 도움이 되지 않았다. 사실 미국 문화의 '빨리빨리' 기질은 기다린다는 것을 완전히 나쁜 일로 만들었다.

문화와 교회의 성급함은 성경 본문에 도전한다.

> 우리 교회에서도 다르지 않다.
> 우리에게 놓여진 명령은 우리는 '그리스도를 위해 결단해야 한다'는 것이었고, 그렇게 해야 할 시간이 바로 지금, 우리가 이 예배를 떠나기 전 또는 적어도 이 특별한 '십자군 전쟁'이 끝나기 전이었다. '주님을 기다린다는 것'이 무엇을 의미할 수 있고, 어떤 유익이 이로 인해 주어지게 되는 것일까?

이 질문과 함께 배놀스달은 인간의 경험과 하나님과의 관계에서 기다린다는 것의 가치에 대한 직감으로 옮겨 간다.

세월이 가르쳐 준 것은 기다림이란 인간 경험의 평범한 부분일 뿐만 아니라, 아직 오지 않은 것을 얻기 위해 반원을 그리며 환영하는 팔, 즉 우리가 얻고자 하는 것의 모양을 팔로 묘사한다. … 그러나 주님을 기다린다는 것은 다른 종류의 기다림과는 다르다.

물이 끓기를 기다리거나 택시를 기다리거나 학교 첫날을 기다리는 '평범한 기다림'으로 시작해서 사람이나 관계를 기다리는 것으로 나아가고, 전쟁이나 크리스마스와 같은 사건에 대한 기다림으로 끝이 나는 것처럼 인간의 다양한 종류의 기다림에 관해 탐구한다. 그러한 기다림이 '주님을 기다림'에 대한 비유로서 적절한가에 따라 판단된다. 한 걸음씩 나아갈 때마다 우리는 더 가까워지지만 결국은 모두 부족함을 확인하게 된다.

그런 후 반전으로 우리의 기다림은 우리를 기다리시는 분, 즉 '자기를 기다리는 자들과 함께 기다리시기 위해 가까이 다가오시는 주님'으로 대체된다.

배놀스달은 이렇게 결론을 내린다.

우리는 오래 기다리겠지만 우리가 누구를 기다리는지를 우리는 안다. 그리고 우리의 기다림은 우리가 기여해야만 하는 가장 중요한 일이다. 우리의 기다림 자체가 우리가 되고자하는 것을 구체화하기 시작하기 때문에, 우리가 묘사하는 것은 우리를 기다리기 위해 팔을 펼쳐 맞이하시는

그분이다.

"나 곧 내 영혼은 여호와를 기다리며 나는 주의 말씀을 바라는도다"(1982, 14-19)

참고 주제 배열; 연역적 설교; 내러티브 양식; 새로운 설교학

참고 문헌 Ronald J. Allen, ed. *Patterns of Preaching*. (1998); Donald M. Borchert, ed. *Encyclopedia of Philosophy*. (2006); Charles L. Campbell. "Inductive Preaching." *Concise Encyclopedia of Preaching*. Edited by William H. Willimon and Richard Lischer. (1995); Fred B. Craddock. *As One Without Authority*. (1971); Ralph L. Lewis. *Persuasive Preaching Today*. (1979); Thomas G. Long. *The Witness of Preaching*. (1989); Thomas Mautner. *The Penguin Dictionary of Philosophy* (2005); John W. Vannorsdall. "Waiting." *Dimly Burning Wicks*. (1982).

도입(Introductions)

헨리 J. 랭크네흐트(Henry J. Langknecht)

설교의 도입은 설교에 참여하고자 하고 알고자 하는 청중의 열망을 감사하게 인정하고 그 열망에 응답한다.

모든 설교는 시작이 있다. 모든 설교에 도입이 있어야만 하는지가 설교학에서 논의되고 있다. 바르트(Barth)는 예배가 설교의 도입이며, 설교자는 성경에서 설교로 넘어가는 전환점을 제공할 뿐이라고 강조한 것으로 유명하다. 다른 한편에서는 설교를 독

립적인 사건으로 여기며 고전적 수사학의 도입 전략들로 주의 끌기, 흥미 일으키기, 호감 불러일으키기 등을 조언한 채 예배의 상황에 대해 침묵하는 설교자들도 있다.

대부분의 현대 설교학자는 예배 속에서의 설교의 배경과 설교가 제공하는 신학적, 수사학적 기능에 비추어 도입을 고려할 때 중간 지점에 서는 경향이 있다.

첫째, 신학적 기능

설교의 모든 측면과 마찬가지로 도입은 신학적 함의를 가지고 있다. 바르트는 도입이 세상과 하나님 말씀 사이에 존재하지 않는 접점을 가장할 위험이 있기 때문에 이를 금지했다. 오늘날 대부분의 설교자가 바르트의 견해를 인정하면서도 그러한 예리한 구분을 피할 것이다. 기독교 설교는 성경에 뿌리를 두고 있지만 삼위일체 하나님과의 만남, 신학적 전통, 성례전, 상상력, 경험, 이성 등과 같은 또 다른 권위의 근원으로부터 가져온다. 도입의 구체적인 신학적 기능은 설교와 설교의 권위의 근원 그리고 세상 사이의 연관성을 암시한다.

둘째, 수사학적 기능

서론이 주는 다른 기능들은 수사학적 기능으로 환대(청중과 설교자 소개), 설교 형태(청중과 맥락 속에서의 작품으로 설교를 소개하기), 설교 내용(청중과 설교 주제 소개하기)이라는 세 가지 영역이 밀접하게 연결되고 겹쳐있다. 토마스 롱(Thomas G. Long)은 도입에서 설교자가 스타일, 형태와 내용에 대한 약속을 하는 약속의 언어를 제시한다.

위에서 암시되었듯이 설교학과 고전 수사학은 주의를 기울이고, 관심을 유발하고 흥미를 불러일으키기 위한 필요에 대해 서로 다르게 접근한다. 설교자에게 주목하고 말씀에 대해 가지는 관심은 믿음의 반응으로서 설교 청중에 의해 주어진 선물이다. 또한, 대부분의 청중은 설교자와 지속적 관계를 가지고 있고, 그 관계는 설교에 의해 영향을 받기는 하지만, 거의 변하지 않는다. 설교자는 도입에서 청중의 주의와 관심과 관계를 유지하고, 설교에서 약속하고 그 약속을 지킴을 통해 환대를 확장시킨다.

환대의 한 가지 행동은 설교에 바로 앞서 이루어진 것으로부터 전환할 필요를 평가하는 것이다. 이것은 선행하는 것으로부터 단어와 이미지를 가져오는 단순한 환유의 문제일 수 있다. 그러나 앞서 행해진 것이 감동과 고조된 감정을 포함한다면, 더 전략적인 전환이 필요할 수도 있다. 환대는 설교자가 설교에 적합한 몸과 얼굴, 목소리의 어조를 취할 때에도 환대가 나타난다. 이러한 환대는 진실함을 전하고 설교자의 투자와 준비성에 있어서 청중의 신뢰를 더하게 된다.

첫 몇 문장은 설교의 내용에 힌트를 줄 수 있지만 청중에게 설교자의 목소리, 톤 그리고 스타일을 소개하는 중요한 기능을 가진다. 설교의 도입에서 설교자는 또한 이 설교의 청중을 읽고 반응하기 시작한다.

서론에서 설교 형태와 내용에 대해 하는 약속은 말을 하기도 전에 시작된다. 설교자가 자신의 공간을 가지고 주장할 때, 청중과 눈을 맞추고 말하기 전에 잠시 침묵할 때, 설교는 예전(liturgy)의 자리에서도 청중을 집중하게 하는 분명한 사건으로 구성된다.

말하기 시작할 때 찬송가의 도입처럼 서

도입(Introductions)

론은 빠르기, 어조, 강도, 장르, 분위기, 스타일, 모티브, 이미지, 관점과 같은 요소들을 놀라운 그물망으로 구축함을 통해 청중이 방향을 잡고 자신감을 가지고 설교에 참여할 수 있도록 준비시킨다.

"옛날 옛날에…" 또는 "오늘의 주제는…"과 같은 최소한의 서론조차도 따라올 내용에 대한 약속을 암시한다. 목표는 청중으로 하여금 설교에 참여도록 노력하게 하고 설교가 어디로 향하며 어떻게 앞으로 전개될 것인가를 예측하도록 하는 것이다. 이런 의미에서 훌륭한 도입은 필수적이면서도 대체 불가능하다.

청중을 섬기는 중에 설교자는 적절한 길이, 내용, 어조, 스타일에 대해 수사학적이고 미학적인 분별력을 발휘하면서 서론을 구성하며, 항상 암묵적 약속은 물론이고 설교가 그 약속을 지킬 수 있을지를 고려한다. 예를 들어, 도발적 질문이나 과장 또는 역설의 진술과 같은 방식을 사용한 서론은 효과적일 수 있지만 그건 오직 설교가 그것들을 해결하거나 응답할 경우에만 그러할 것이다. 서론적 일화나 농담은 소개하는 인물, 이미지 또는 플롯이 궁극적으로 해결된다면 설교에 도움이 될 것이다.

설교의 많은 다양한 측면과 요소를 가능한 한 많이 예상하여 도입을 구성하는 것은 더 큰 도움이 되겠지만 사실 더 어렵다. 예를 들어, 서론은 성경의 한 요소를 끌어올려 예전으로부터의 이미지와 긴장감을 유지하면서 반면 동시에 그리스도인의 삶과의 상관성을 암시할 수 있다.

도입에서 긴장감을 사용하면 흥미로운 이슈를 제기하게 된다. 청중은 궁극적으로 설교를 알고 싶어 하지만, 시간이 지남에 따라 드러나는 플롯의 전개에는 기대와 긴장이 중요하다. 도입은 청중을 참여하게 하지만, 모든 것을 드러내지는 않는다. 설교에 대해 너무 많은 정보를 드러낼 경우 청중이 이후 전개되는 것을 평가하게 될 것이다 ("7가지 포인트가 있고 첫 번째가 10분이 걸렸다니…!"). 장소, 시간 또는 관점에 대한 정보가 너무 적으면 (대명사 뒤에 모든 신분을 숨기고 있는 서론처럼) 청중으로 하여금 설교를 듣는 중에 안정감을 느끼기가 힘들다.

청중을 방해하는 또 다른 두 가지 장치는 방향과 초점을 구분하기 힘들도록 만드는 준비되지 않고 의식의 흐름에 따른 도입, 그리고 단계적 도입이다. 단계적 도입은 예를 들어 방대한 성경의 배경을 이야기하거나 보편적인 것에서 구체적인 것으로 주제를 걸러 내서 설교의 중점을 쉽게 밝히려는 설교자의 본능에서 비롯한다. 청중은 각 요소를 알아들으려 하지만, 다음 요소가 소개될 때 실망하게 되고 말 것이다.

참고 주제 수사적 장치

참고 문헌 David Buttrick. *Homiletic: Moves and Structures*. (1987); Thomas G. Long. *The Witness of Preaching*. 2nd ed. (2005); Samuel D. Proctor. *The Certain Sound of the Trumpet*. (1994); Paul Scott Wilson. *The Practice of Preaching*. Rev. ed. (2007).

원고(Manuscript)

클래이튼 J. 슈미트(Clayton J. Schmit)

설교를 준비하고 전달하는 방식에는 메모 없이 설교하기, 메모를 준비해서 설교하기, 원고 설교하기라는 세 가지 방식이 있다. 원고에 생명을 가져다주는 방법을 다루기 전에 세 가지 방식을 차례로 다뤄볼 것이다.

첫째, 일부 예외적인 경우 말하게 될 때 설교가 만들어지는 즉흥적 설교가 있다. 특정한 환경에서 이 방식은 꽤 가치 있고 기대되는 설교 방식이다. 이는 성령이 설교자에게서 활발하게 역사하신다는 증거라 할 수 있다. 이 은혜는 분명 교회 성장에 유용했지만 즉석에서 하는 노방 설교를 위해 베드로와 바울의 은사를 주장할 수 있는 설교자는 많지 않다. 보다 일반적으로 그리고 대부분의 설교 상황에서 더 적절하게 메모 없이 설교하려면 설교의 준비된 형태와 움직임에 대해 깊이 숙지해야 한다.

이러한 경우 충실하게 리허설을 거친 완성된 원고를 준비해야 하는 경우가 많다. 이런 경우 기계적으로 원고를 암기하는 것이 경직된 낭독의 전형적인 모습처럼 보임에도 불구하고 설교는 암기한 것처럼 보일 것이다. 메모 없이 설교하는 것은 원고를 암기하는 것이 아니라 설교의 논리와 언어에 철저히 익숙해지는 것이다. 이렇게 함으로 청중이 유연하게 반응하게 하는 프리젠테이션을 가져다줄 수 있다.

둘째, 전형적 설교 전달 방식은 준비된 메모로 설교하는 것이다. 메모가 대략적으로 썼든지 아니면 완전한 형태이든, 메모를 가지고 하는 설교 역시 준비된 자료를 가지고 전달함에 철저한 숙지가 요구된다. 이 경우 설교의 논리와 언어가 익숙해질 때까지 그 자료를 내면화함을 고려함으로 작업하는 것이 바람직하다. 메모를 가지고 설교할 때, 잘 준비된 설교자는 강단 자료를 단순히 요점을 전하는 개요로서가 아니라 설교에 생동감을 가져다줄 수 있도록 설교자를 안내하는 일련의 프롬프트로 사용한다.

셋째, 원고를 가지고 설교하는 것은 메모를 가지고 설교하는 것과 마찬가지로 원고 사용의 핵심은 자료를 내면화하는 것이다. 흔히 실수하게 되는 것은 원고를 그저 읽는 자료로 사용한다는 점이다. 이러한 설교 전달은 청중을 멀게 느끼게 만들고 청중에게 반응하지 못하는 전달의 결과를 낳는다. 이상적으로는 청중이 설교자가 원고를 가지고 설교하는지, 메모를 가지고 설교하는지, 아니면 메모 없이 설교하는지 모르게 해야 한다. 여기서도 융통성 없는 대본처럼 원고를 사용하는 것이 아니라 생동감 있는 소통을 위해 세심하게 준비된 메시지를 위한 자료로 원고를 사용하는 것이 원고를 가지고 하는 설교의 목표다.

어떤 설교자들은 완전한 원고를 작성하는 것이 설교할 때 성령이 역사하시는 것을 막는다고 주장할 수 있다.

바바라 브라운 테일러(Barbara Brown Talyor)는 반대 의견을 밝힌다. 그녀는 왜 항상 원고를 가지고 설교하느냐는 질문에 다음과 같이 답한다.

나는 원고로부터 벗어날 수도 있겠지만 나

원고(Manuscript)

는 정제되지 않은 상상력을 가지고 있고 그것을 설교단에서 풀어놓기 시작할 때 보통 실수하게 됩니다(Gateway Film 1977).

설교자가 메모를 가지고 설교하든 가지지 않고 설교하든 또는 원고를 가지고 설교하든 설교 본문에 대한 충실한 연구와 의미 있는 메시지를 창안하기 위한 부지런함, 그리고 설교 전달을 위한 세심한 준비가 매우 중요하다.

1. 원고에 생명력 불어넣기

1) 내면화

설교를 내면화하게 될 때 준비된 자료를 유동적이고 반응이 좋게 전달할 수 있다. 이를 위해 여러 가지 방법이 가능하다.

첫째, 설교자가 설교의 주안점과 형태를 발전시키면서 메시지가 설교자의 마음 속에 깊이 배어들기 시작한다. 설교의 논리를 갖추고 수정하고, 적절한 예화와 은유를 찾고, 자료를 선명하게 사용하는 등의 활동은 기억력을 훈련하고 메시지에 대한 설교자의 열정을 불러일으킨다.

둘째, 내면화는 설교자가 원고를 다시 쓰면서 가장 정확한 단어와 표현을 찾고 말로 전달하기 위해 문어체를 바로잡으면서 발전하게 된다.

셋째, 내면화는 메시지의 구두 리허설을 통해 완성된다. 가장 확실한 방법은 원고를 여덟 번에서 열 번을 소리 내어 읽는 것이다. 사람의 기억력과 상관없이 이 정도 리허설을 하면 메시지가 잘 내면화될 수 있을 것이다. 시간이 많이 걸리는 것처럼 보이지만, 소리 내어 연습하는 것만큼 설교의 전달을 위한 더 좋은 방법은 없다.

2) 원고의 사용

설교자가 원고 작성을 마쳤을 때, 설교를 연습하면서 계속해서 수정하는 것이 좋다. 소리 내어 연습할 때 눈으로 볼 수 없는 어려움을 발견하게 될 것이다. 또한, 설교를 소리 내어 연습하는 것은 청중의 귀에 들리도록 설교를 하고 있는지 판단하는 가장 좋은 테스트가 될 것이다.

이 단계에서 수정을 하게 되면 원고에 표시를 해 두는 것이 좋다. 설교 전달 시 핵심 단어와 문구들을 강조하고 또 찾기 쉽도록 하기 위해 표시할 수 있다. 단어에 줄을 긋고 다른 단어로 대체하는 경우, 이런 수정은 변경이 이루어졌음을 보여 주는 역할을 한다.

설교자는 컴퓨터에서 설교를 편집해서 설교 전달에 사용하기 위해 깔끔한 원고로 인쇄하고 싶어 할 수 있지만, 설교단에서 직접 손으로 표시한 원고에 의존하는 것에 더 장점이 많을 수 있다. 눈은 편집 과정에서부터 생긴 단서에 의해 자극을 받는 시각적 기억을 가진다. 눈은 또한 페이지의 위치를 파악하기 때문에 편집된 원고를 다시 인쇄하면 페이지 매김이 바뀌게 되고 눈으로 기억하는 것의 장점이 사라질 수 있다.

설교단 또는 독서대에서 원고를 올려놓는 것이 설교 전달에 도움이 되거나 방해가 될

원고(Manuscript)

수도 있다. 높이 조절이 가능한 설교단이라면 설교자는 청중과 원고 사이를 볼 때 고개를 위아래로 최소한으로 움직일 만한 높이로 단상의 높이를 올릴 수 있다. 이렇게 할 때 얼굴은 청중을 바라보게 되고 원고를 내려다보기 쉽고 그 시간도 짧아지게 되고, 자세와 호흡이 수월해지며, 후두를 제한 없이 사용할 수 있다. 단상을 조절할 수 없다면 설교자는 설교 자료를 독서대의 경사진 면에 최대한 높이 올려 놓을 수 있다. 이 방법이 아니라면 원고의 상단의 절반 또는 3분의 2에 해당하는 부분에만 인쇄하는 것도 가능하다.

3) 구현

수사학적 효과를 위해 제스처와 몸의 움직임의 사용을 주의깊게 고려할 때 원고의 전달이 향상된다. 설교자가 단어에 무게를 두는 것처럼 설교자는 설교의 어조와 강조점을 지원하거나 강화하는 움직임을 개발할 수 있다. 움직임이 인간의 소통에 있어 정상적인 부분이기 때문에 전달할 때 그 움직임이 부족하면 일반적으로 경직되어 보이거나 부자연스러워 보일 수 있다. 움직임을 가장 효과적으로 만들기 위해 설교자는 안무를 짜고 리허설을 할 수 있다. 설교 리허설을 할 때 거울을 보면서 자기 모습을 보면서 랜덤하거나 어색한 움직임을 제어할 수 있다.

발성 조절은 설교 전달에 있어 중요한 요소이다. 설교자가 조절되지 않거나 과장된 어조에 빠지면 원고에 적힌 말들이 내면화가 잘 되었다 하더라도 밋밋하고 딱딱하게 들릴 수 있다. 그러한 설교 어조는 목소리가 일상 대화에서 가지는 생기를 되찾도록 함으로써 극복할 수 있다. 음성의 높이, 속도, 어조, 크기, 말의 속도의 변동은 모든 대화에서 전형적이다. 이러한 변화를 허용하여 원고의 단어들에 색을 입히면 설교가 자연스럽게 전해지고 효과적으로 전달될 수 있다.

또한, 눈은 원고를 생동감 있게 표현하는 데 있어 기억 너머 중요한 역할을 한다. 설교자는 설교에 대한 청중의 반응을 측정하기 위해 눈을 사용하고, 분명한 소통을 위해 언어를 조정할 수 있다. 또한, 생각이나 이미지를 투사하기 위해 그들의 눈을 사용한다. 우리가 대화할 때 주로 하는 것처럼 시선을 저 너머로 돌리는 것은 어떤 아이디어, 사람 또는 사물을 고려하고 있다는 것을 시사한다. 마지막으로, 설교자는 설교에서 자신의 위치를 계속 파악하기 위해 눈을 사용한다. 설교 자료를 한 눈에 훑어보도록 훈련하는 것도 좋은 습관이다. 설교자의 눈이 그저 원고의 글을 읽는 속도에 머물고 말면, 설교는 그저 대본을 읽는 수준이 되고 만다.

참고 주제 기억; 원고 수행하기; 설교 준비; 메모 없는 설교

참고 문헌 Gateway Films. *Great Preachers: Barbara Brown Taylor.* (1977).

미스타고지 설교(Mystagogical Preaching)
던컨 맥퍼슨(Duncan Macpherson)

미스타고지 설교는 입교한 그리스도인들이 보다 더 깊은 성례전적 경험의 의미를 묵상하도록 초대하는 모든 설교를 말한다.

그리스도께서 가까이 있는 무덤에서 십자가로 옮겨지셨던 것처럼 여러분은 성스러운 세례의 거룩한 자리에 그 손길로 인도되었습니다.

예루살렘의 성 시릴(Myst. 2.4)의 이 말은 그가 새로 세례를 받은 자들에게 전한 가르침의 일부로, 고전적인 의미에서 미스타고지 설교의 전형을 보여 준다. 신비주의 또는 기독교 성례와 예전적 의식들에 관한 가르침은 그리스어 '미스타고기아'(*mystagogia*)에서 온 것으로 원래는 기독교 이전의 신비종교에서 입문을 가리키는 "신비의 해석"(문자적으로 입문자의 인도)을 말한다.

초기 교회에서는 새신자가 세례, 입교, 첫 성찬식에 관한 더 깊은 이해로 인도하는 단계를 지칭했다. 2세기 후반 무렵부터 '카테케세이스 미스타고키카이'(*Katecheseis Mystagokikai*) 또는 신비주의 교리 문답은 부활절 전야 철야와 첫 성찬식 후 그리스도의 부활하신 생명에 참여하는 새로운 지위를 상징하는 흰옷을 받아 입는 "흰옷을 입는 주간" 동안 새롭게 세례를 받은 이들에게 주어지는 교육을 말한다. 이 교육은 성경에 대한 설명, 기도에 대한 가르침, 그리고 삼위일체와 그리스도인의 도덕적 삶에 대한 설명이 포함되어 있었다(교리 참고).

오늘날 미스타고지는 로마가톨릭의 기독교 성인 입문 예식(RCIA)에서 공동체에 기반하는 입문의 일부를 구성한다. 이 예식은 1962년 다시 재개되었는데, 부분적으로는 아프리카와 다른 지역에서 성인들이 많이 개종했기 때문이고, 한편 아이 때에 세례를 받지 못한 사람들이 늘어나고 있는 서유럽 일부 지역의 새로운 상황 때문이기도 하다. 그것을 개종한 이들에 대한 개별적인 교육을 기독교공동체 안에서 신앙 교육의 경험으로 대체하려는 열정을 또한 반영한다. 어떤 개신교회에서 비슷한 입문의 과정이 개발되고 있고, 2004년 잉글랜드국교회(Church of England) 시노드에서는 〈길 위의 예식: 화해와 회복〉(*Rites on the Way: Reconciliation and Restoration*)이라 부르는 프로그램이 승인되었다.

그리스도인이 되고 싶다는 마음을 밝힌 후에 교리 문답을 할 후보자로 등록한 후에 집중적인 교육 기간이 시작되고 일반적으로 사순절 기간에 행해진다. 세례와 입교, 첫 성찬식으로 구성된 입문은 부활절에 행해지고, 부활절과 오순절 사이에 미스타고지 기간이 이어진다. 미스타고지는 새신자들로 하여금 성찬식에 자주 그리고 온전히 참여하고, 기독교공동체 다른 구성원들과 더 친밀한 우정의 유대를 맺는 자리에서 자신이 받은 성찬을 되돌아볼 수 있는 기회를 제공한다. 보다 일반적인 의미에서 미스타고지 설교는 회중을 기독교인으로의 입문으로 다시 받아들이는 설교이거나 성찬을 봉헌하는 자리에서 행하는 강론을 말한다.

참고 주제 성례전의 설교와 가르침; 설교 안의 신학 참고.

참고 문헌 Bishops' Committee on the Liturgy, National Conference of Catholic Bishops. "Rite for the Christian Initiation of Adults." *The Rites of the Catholic Church*. Vol. 1.(1990); Cyril of Jerusalem. Lecture XIX. "First Lecture on the Mysteries." *Five Catechetical Lectures to the Newly Baptized*. http://www.ccel.org/fathers2/NPNF2-07/Npni2-07-25.htm#P2710_771752; Liturgical Commission. *Rites on the Way*. (2005).

내러티브 양식(Narrative Form)

메리 도노반 터너(Mary Donovan Turner)

예수님의 가르침의 결정적 내러티브의 특성은 내러티브와 설교에 대한 논의의 출발점 중 하나이다. 예수님 자신도 자신의 유대인 조상들의 확장된 내러티브에 깊이 빠져 있으셨고, 의심의 여지 없이 이야기의 힘에 대한 이해를 잘 가지고 있으셨다. 예수님은 인간의 본성과 하나님의 통치에 대한 소망과 실현에 대한 그의 가르침, 허구적이고 피상적인 엿봄을 위해 비유를 자주 사용하셨다.

네 명의 복음서 저자 또한 예수님의 인생을 기억하고 공유하기 위한 적절한 형식으로 내러티브를 선택했다. 각기 다른 상황과 소망, 필요에 의해 형성되고 만들어진 사복음서의 저자들은 예수님의 삶과 선교에 대한 신학적 말씀을 자신들의 공동체에게 전하는 내러티브로 함께 종합하고 맞춰 갔다.

유대교와 기독교공동체에서 가르치고 배우는 것은 수 세기에 걸쳐 이야기와 어느 정도 관계를 맺으며 지속되어 왔다.

모든 구전 문화에 속한 이들과 마찬가지로 초기 히브리인들은 언약을 구체화하고 소중한 가치를 드러내기 위해 이야기를 사용했다. 이야기는 재미와 교훈을 주고 기억하기 쉬웠다. 그러므로 이야기는 다음 세대에까지 계속 전해질 수 있었다. 내러티브가 가지는 매력과 설득력 때문에, 내러티브는 초기 시대부터 헬레니즘 시대에까지 유대인의 가르침과 선포에 사용되었다.

편집된 토라, 오랜 선지자들과 지혜 문헌에서, 내러티브는 다양한 형태로 중요하고 다양한 공헌을 했다. BCE 1세기에는 토라와 율법 및 내러티브 본문에 대한 해석이 존경받는 랍비들에 의해 제공되었다. 이 구전 토라가 하나님의 말씀을 오늘날 살아 있는 말씀으로 가져다준 해설(미드라쉬)이다. 회당의 예전에서 미드라쉬는 강론으로 발전했다. 랍비들은 격언과 신랄한 해설, 유머와 자극적인 이야기에 능한 그들의 재능으로 공동체를 즐겁게 했다(Osborn 1999, 77-182).

기독교 설교 역사에서 내러티브의 사용을 기록한 종합적 연대표는 아직 없지만 그 과정에서 주목할 만한 이정표가 있다. 여기에서는 주후 6세기 경의 두 가지 대표적인 예를 들것이다. 각각의 예에서 우리는 내러티브의 역사적 사용과 이해를 엿볼 수 있는데, 이렇게 사용된 내러티브가 이후 세기까지 이어져서 결국 우리의 내러티브에도 영향을 미치게 된다.

첫째, 그레고리 대제(Gregory the Great, 540-602년)는 설교자들과 대중들을 대상으로 하는 설교자였다. 그는 기독교가 '당연하게 여겨지던' 시대를 살았으며, 설교의 목적은 청중으로 하여금 완전한 삶을 사는 방법, 그리스도인의 삶을 사는 방법을 이해하도록 돕는 것이었다. 그는 분명 자신의 설교에 비성경적 예화를 체계적 방식으로 소개한 최초의 위대한 설교자라 할 수 있다.

예를 들어, 그레고리는 임종 체험을 "제때" 시작한 사람과 그렇지 못한 사람에 관한 이야기를 들려주었다. 또 다른 설교에서 그는 거룩한 죽음을 맞이한 거지에 대해 말한다. 또 다른 설교에서는 이전에 회개한 죄인이었던 한 수도사에 대해 이야기한다. 그레고리는 이야기의 도움으로 회개의 필요를 납득시켰다(Edwards 2004, 140).

둘째, 콘타키아(kontakia) 또는 작곡가 성 로마노스(St. Romanos)의 노래들은 저자들에 의해 불려진 설교 시였다. "엘리야에 관하여"에서 로마노스는 열왕기상 17장으로부터 엘리야의 이야기를 다시 들려준다. 강력하고 시적인 수사로 그는 하나님의 친구가 되는 것으로부터 하나님의 문제가 되는 선지자의 모습을 설득력 있게 그려 낸다. 처벌 받을 엘리야는 그를 부르셨던 사랑의 하나님과 대조적인 모습을 보여 준다. 설교자 로마노스는 성령의 이야기를 다시 말하는 확장된 내러티브를 사용해서 청중을 놀라게 하고 그래서 새로운 인식과 자기 성찰로 이끈다.

이 두 가지 예는 예화로서의 내러티브와 설교 형식으로의 내러티브 두 가지 모두 기독교 전통에서 깊고 오랜 전통을 가지고 있음을 보여 준다.

그런데 흥미로운 점은 19세기 후반까지 기독교 설교에서 내러티브가 대부분 중요한 역할을 하지 않았다는 점이다. 설교에서 이야기의 등장은 단편 이야기와 소설의 인기가 높아지는 시기와 일치한다. 여기서 중요한 예외는 설교의 고대 구전 형식에 더 가까운 아프리카계 미국인 설교에서 이야기를 사용했다는 점이다. 아프리카계 미국인 공동체에서 설교자들은 뛰어난 수사학적 능력을 가지고 상황화한 방언과 관용구를 가지고 성경 이야기를 다시 들려줄 수 있었고, 또한 선명한 확장 은유와 내러티브로 억압과 자유를 그려낼 수 있었다.

최근 수십 년간 설교학과 밀접하게 관련 있는 학문 분야들에서 내러티브의 중요성과 특징을 탐구하기 시작했다. 예를 들어, 성경학 연구에서 문학비평은 모세 오경에 나오는 가족 조상의 내러티브 주기들의 구조와 특징을 연구해 왔다. 마찬가지로 복음서의 문학적 특징도 문서화되고 분석되었다.

신학자들은 하나님의 계시적 임재를 위한 장소로서 인간 경험의 성육신적 측면을 탐구해 왔다. 이러한 경험들에 관한 이야기들은 계속되는 계시적 힘을 가지고 있다고 여겨진다. 민족지학적 연구(Ethnographic studies)는 주요 연구 방법론이 되었다. 교육자들은 자신과 공동체적 학습을 촉진시키기 위해 교육적 도구로서 이야기를 사용하고 있다.

이러한 분위기로부터 내러티브와 설교에 대한 대화가 급격히 증가하고 있다. 작가와 설교학자들은 인간의 경험이 가지는 내러티

내러티브 양식(Narrative Form)

브적 특징과 선포에 있어 이야기의 한계에 대해 탐구해 왔다. 예화 자료로서 이야기와 내러티브가 사용되던 것으로부터 설교 자체를 위한 주된 구조로서 내러티브가 사용되는 것으로 논의들이 전환되었다. 이러한 변화와 함께 설교에서 청중의 중요성과 설교자의 권위에 관한 논의가 진행되고 있다.

헨리 그래디 데이비스(H. Grady Davis)와 데이비드 랜돌프(David Randolph)의 저서에서 그 기원을 찾을 수 있는 새로운 설교학(the New Homiletic)에서 주된 목소리를 내는 사람들 중에 불과 일부에 해당하지만, 프레드 크래독(Fred Craddock)과 유진 라우리(Eugene Lowry)는 여전히 이 논의에서 중요한 목소리를 내고 있다.

1971년 『권위 없는 자처럼』(*As One Without Authority*)을 출판한 프레드 크래독은 그동안 지배적이었던 연역적 설교 방식에 문제를 제기하기 시작했다. 귀납적 방식을 주장하는 크래독은 좋은 단편 이야기의 전개와 매우 유사한 형식을 찾고 있었다. 귀납적 방식을 통해 청중은 여행을 떠나 특정한 목적지로 인도된다. 이야기가 여정의 한 부분이 되고 청중을 보편적 결론으로 이끄는 구체적이고 특별한 단계를 제공하지만, 여기에서 중요한 것은 청중에게 기대감을 불러일으키는 내러티브 형식의 특성이었다.

1980년 유진 라우리는 *The Homiletical Plot: The Sermon as Narrative Art Form*(설교 플롯: 내러티브 기술 형태로서의 설교)을 출판하면서 그 논의에 참여하게 되었다. 라우리 역시 전체를 아우르는 내러티브 형식을 옹호했다. 그는 설교라면 갈등, 긴장 또는 모순적 불균형 상태로부터 시작하는 플롯이 있어야 한다고 생각했다. 그의 책 『설교 플롯』 그리고 그 이후 개정판에서 라우리는 청중을 문제상황에서 그 긴장을 해소하고, 갑작스럽게 이해하도록 해 주고, 이러한 이해로 인한 결과로의 궁극적 해소로 인도하는 설교 형식을 설명한다. 라우리는 이러한 움직임을 통해 우리가 복음을 경험하게 된다고 말한다.

설교공동체로 하여금 내러티브와 설교 간의 관계를 생각하고 평가하도록 도와 온 다른 많은 역사적, 현대적 설교학자들이 있지만, 내러티브의 내재적 본질에 있어서 가장 중요한 핵심 원칙은 선포에 있어 내러티브를 사용할 것을 권장한다.

- 우리 신앙의 조상들은 이야기의 사용을 통해 하나님과 하나님의 백성들의 경험을 후대에 전수했다.
- 신앙의 성육신적 이해는 하나님이 인간의 경험을 통해 알려지고, 인간의 경험은 이야기를 통해 드러난다고 주장한다. 인간의 경험은 내러티브 형태를 가지고 있다.
- 이야기는 기억에 남는다.
- 이야기는 넘치는 의미를 가지고 있으며, 다양한 맥락과 위치에 있는 사람들이 참여하도록 한다.
- 내러티브의 기본적인 귀납적 움직임은 청중공동체에 기대감을 가져다준다.
- 내러티브는 사고와 느낌, 생각과 감성을 자극할 수 있다.
- 이미지, 은유와 이야기를 통해 상상력이 자극되고 신학적 세계관이 확장될 수 있다.

- 내러티브는 개인과 공동체의 참여를 가능케 하고, 그래서 그들의 변화를 가능케 한다.
- 내러티브는 설교의 말하기와 듣기에 작용하는 설교자의 권위에 대한 다양한 이해를 가능하게 한다.
- 이야기는 설교에 시각적 이미지를 제공하며, 이야기 없이는 추상적이고 "세상을 만나는" 현실성이 결여될 수 있는 설교에 구체적인 소식을 제공한다.

설교에서 이야기를 사용할 때는 윤리적이고 실용적인 관련 이슈들이 내재되어 있다.

- 1인칭 내러티브가 설교에서 중요하고 유용한 역할을 할 수 있을까?
- 그 위험성과 한계는 무엇일까?
- 설교에서 타인의 이야기를 사용할 때 이와 관련된 윤리적 이슈는 무엇일까?
- 다른 사람의 이야기를 마치 자신의 것처럼 주장하는 것은 설교자와 공동체 사이에서의 관계와 신뢰를 어떻게 약화시키는가?
- 인터넷은 물론이고 일반적으로 널리퍼져 사용되는 이야기를 수월하게 사용하는 것이 설교자와 공동체 사이의 관계와 신뢰의 문제를 어떻게 약화시키는가?
- 설교자는 내러티브를 사용해서 어떻게 교회공동체에 포괄적 감수성을 가져올 수 있을까?
- 예언자적 설교에서 내러티브는 어떤 역할을 하는가?
- 정의에 대한 부르심과 관련해서 이야기의 한계가 무엇인가?

<mark>참고 주제</mark> 문학비평; 내러티브 설교; 내러티브 이론; 새로운 설교학

<mark>참고 문헌</mark> William Countryman. "When God's Friend Becomes God's Problem: The Punitive Elijah and the Loving God According to Romanos the Melode." Distinguished Faculty Lecture. The Graduate Theological Union, November 2006; Fred Craddock. *As One Without Authority*. (1971); Stephen Crites. "The Narrative Quality of Experience." *JAAR* 39 (1971); O.C. Edwards Jr. *A History of Preaching*. (2004); Richard L. Eslinger. *A New Hearing*. (1987); Eugene Lowry. *The Homiletical Plot: The Sermon as Narrative Art Form*. (1980); Ronald E. Osborn. *Folly of God: The Rise of Christian Preaching* (1999); Edmund Steimle, Morris J. Niedenthal, and Charles Rice. *Preaching the Story*. (1980).

새로운 설교학(New Homiletic)
폴 스콧 윌슨(Paul Scott Wilson)

새로운 설교학(NH)은 1950년대 시작된 설교학에서의 혁명을 말한다. 이는 대지 형태, 기계적 구조 개념, 수직적 권위 개념, 명제적 방식으로 성경의 사용, 연역적 설교, 이미 만들어진 대지들의 예화로 사용된 이야기, 진리에 대한 객관적 개념, 보편적 종교 경험, 정보로서의 신앙을 강조하는 설교를 특징으로 하는 옛 설교학으로부터 벗어나고자 함이다. 이에 반해 새로운 설교학은

새로운 설교학 (New Homiletic)

유기적 형태와 내러티브의 플롯, 수평적 권위 개념, 설교를 위한 성경의 회복, 귀납적 설교, 자신의 방식으로 자신의 요점을 만들어 내는 이야기, 진리에 대한 맥락적 이해, 역동적이고 긴장된 언어의 개념, 변혁적 경험으로의 설교를 강조한다.

리처드 에슬링거(Richard Eslinger)는 이 새로운 움직임이 이미 자리를 잘 잡았을 때 (1987, 14) "새로운 설교학"이라는 용어를 만들어 냈고, 이후 내러티브와 귀납적 설교처럼 더 제한된 용어 대신에 이 용어가 사용되었다. 옛 설교학과 새로운 설교학 모두 상당한 합의가 이루어졌던 사안이다. 어떤 사람들은 대지 형식은 오래되고 더 이상 효과가 없다고 주장하거나 새로운 설교학의 설교는 모두 내러티브식이거나, 복음주의 설교는 오래되었고 새로운 설교학의 설교는 주류 개신교와 로마가톨릭의 것이라고 주장한다.

좀 더 미묘한 차이를 이해하면 새로운 설교학이 근대성으로부터 포스트모던으로 전환하는 과정에서 모든 교단에 영향을 주었던 보다 광범위한 문화적 변화를 반영한다는 사실을 인식할 수 있을 것이다. 새로운 설교학은 하나의 신학적 운동으로 시작되었지만, 신학적 비전의 일부가 사라진 것은 분명하다.

1. 새로운 설교학의 시학

새로운 설교학에서 대부분의 예술적 측면은 1800년대 초 윌리엄 워즈워스(William Wordsworth)와 사무엘 테일러 콜리지(Samuel Taylor Coleridge)와 같은 영국 낭만주의 시인들로부터 유래한다. 시와 상상력에 대한 그들의 아이디어는 1985년대 F.W.로버트슨(F. W. Robertson)과 호레이스 부쉬넬(Horace Sushnell)의 연구를 통해 잠시간 설교학적 관심을 얻었지만 1930년대까지 학계에서 그리고 한참 이후까지 설교 강단에서 거의 잊혀지고 말았다.

1) 귀납적 움직임

설교에서 귀납적 움직임은 다양한 성경적, 현대적 경험에서 시작해서 점차적으로 통찰과 이해로 좁혀져 간다. 시는 일반적으로 귀납적으로 움직인다. W.E.상스터(Sangster)가 처음으로 귀납적 설교를 제안했으나(1954), 프레드 크래독(Fred Craddock)이 설교는 한 주 동안 성경 본문을 통해 설교자의 귀납적 여정을 반영하는 방식으로 진행되어야 한다고 주장하기까지 그의 제안은 외면되었다(1979).

청중은 식별을 통해 성경과 그 진리에 대한 경험으로 이끌린다. 반면, 연역적 설교는 결론으로 시작해서 정보를 전달하고 청중을 설득하며 행동의 변화를 이루어 가도록 동기를 부여할 목적으로 대지들로 이어지는 논리적 사례를 세워 간다.

각 설교 유형에는 각각의 장점과 단점이 있게 마련이다. 설교자들은 연구된 움직임과 방향이 요구될 때 자유롭게 연결되는 것이 귀납적 설교라고 오해할 수 있다. 귀납적 설교는 지나치게 열린 결말을 가질 수 있으며, 일부 청중은 좀 더 직접적인 소통을 원할 것이다. 반면, 연역적 설교는 성경 본문을 명제로, 신앙의 행위를 정보 습득으로 축소하는 것으로 보일 수 있다.

고대 수사학에서는 호소력을 논리(로고스 참고)뿐만 아니라 감정(파토스/감정 참고), 그리고 화자의 성격과 논의된 주제에 대한 청중의 관계(에토스 참고)에서도 찾을 수 있다고 이해했다. 분명 두 가지 형태 모두 시작에 나오든 끝에 나오든 주제 문장이 필요하고, 하이브리드 접근 방식이 바람직하다.

2) 유기적 움직임

유기적 설교의 움직임 이론은 각 설교가 부품을 더해 가는 방식으로 기계적으로 만들어진 것이라기보다 식물과 같은 고유한 생명과 형태를 가지고 있다고 가정한다.

호레이스 부쉬넬(Horace Bushnell, 1876년 사망)은 "옥수수가 성장함으로 껍질을 벗기고 잎으로 밀어내는 것처럼"(Cherry 1985, 100) 성경 본문으로부터 많은 의미를 파악한다는 점에서는 시대를 앞서 나갔지만, 설교를 나무 또는 "자라나는 아이디어"와 같이 광범위하게 여기는 것은 그레이디 데이비스(H. Grady Davis, 1958)에 이르러서였다.

새로운 설교학은 형식, 내용과 기능이 상호 연관되어 있다는 낭만적인 생각을 받아들였다. 형식은 소네트(sonnet), 왈츠, 심지어 삼대지 설교처럼 내용을 부어 넣는 틀처럼 미리 정해져 있는 것이 아니다. 형식과 내용은 예를 들어 사람들을 움직여서 찬양하게 하거나, 그들의 태도를 바꾸게 하거나, 희망을 제시하는 것처럼 의도된 수사학적 목적과 연관이 있다. 탁월함은 미리 설정된 이상적 형식에 부합하는지가 아니라, 설교는 그 목표를 달성하는 정도에 따라 결정된다. 새로운 설교학에서의 설교는 정확한 패턴을 따르지 않고 어떤 형식이든 그 목적에 부합한 효과적인 방식을 사용한다.

3) 내러티브, 상상력과 은유

새로운 설교학이 등장할 무렵 문학(예, 소설)과 대중 매체(예, 영화)에서는 새로운 예술 형태들이 이미 성숙기에 이르렀고 여러 낭만적 통찰력을 적절히 활용해 오고 있었다. 어떤 방식에서는 새로운 설교학의 대응이 늦은 편이었다. 새로운 설교학에서의 설교는 가르치는 방식만큼이나 예술 형식 정도로 여겨지게 되었다. 부분과 전체는 서로 연관되어 있고, 어떤 부분이든 제거하면 전체가 바뀌고, 전체는 각 부분에 영향을 미친다.

데이비스는 설교를 예술과 드라마에 비유했다. 유진 라우리는 새로운 설교학의 설교가 가지는 통일성과 구조를 설명하면서 다섯 가지 단계로 내러티브 플롯을 제안했다. 그 단계는 균형을 깨기, 불일치를 분석하기, 해결을 가져다주는 복음의 핵심 드러내기, 복음의 경험, 그리고 결과 기대하기의 다섯 단계이다(1980).

상상력, 이미지와 은유는 핵심이 되었다. 콜러리지(Coleridge)는 상상력이 서로 다른 두 가지를 관계 안으로 끌어오고, 그 두 가지 사이에서의 긴장을 분명한 "상반됨의 화해"로 이용한다고 말했다(1817, ch. 13). 은유는 본래적으로 긴장이 있고(사랑은 붉은 장미), 양극(사랑과 장미 한송이)을 포함하고, 청중은 그 해결책을 찾기 위해 그 긴장 속으로 들어가야만 한다(예, 사랑은 섬세하고 아

새로운 설교학(New Homiletic)

름답다). 20세기 학자들은 모든 언어에 긴장감이 있으며, 좋은 것이 나쁜 것을 암시하는 것처럼 상호 작용을 통해 의미를 부여하는 양극이 포함되어 있다는 것을 이해하게 되었다.

은유의 구조는 설교에서 이미지, 아이디어, 상징과 이야기를 사용하는 데 기초가 된다. 성경 본문과 우리의 시대, 심판과 은혜, 목회자와 예언자, 또는 교리와 이야기와 같은 두 가지가 관계 안으로 들어가게 될 때 창조적 가능성이 생겨난다(Wilson 1988). 새로운 설교학은 분명한 모순과 역설, 세상을 만들어 내는 언어의 능력을 중요하게 생각한다. 데이비드 버트릭(David Buttrick)은 설교 언어가 의식을 형성한다고 말한다 (1987, 294). 지식은 말을 통해 전달된다. 언어 그 자체는 사건적이거나 수행적이다. 언어는 단지 지시적인 것이 아니라, 약속하기, 긍정하기, 용서하기, 꿈을 꾸기와 같은 행동을 수행함을 통해 참여에 초대하고 수행을 이루어낸다.

2. 새로운 설교학의 신학적 차원

1) 사건으로서의 말씀

언어에 대한 이런 생각은 말씀과 밀접한 연관이 있다. 성경에는 하나님이 말씀하시는 사건이 실제로 일어난다(예, 창 1장, 사 55:11). 사건이라는 단어는 1960년대 에른스트 푹스(Ernst Fuchs)와 게르하르트 에벨링(Gerhard Ebeling)이 주도한 신해석학의 핵심 개념이 되었다. 하나님은 성경 말씀이 우리 시대를 위해 읽혀지고, 해석되고, 선포될 때 성경 말씀 안에서 그리고 성경 말씀을 통해서 우리에게 다가오신다. 복음이 선포될 때 성령의 능력 안에서 그리스도를 만나고 삶의 변화가 이루어진다. 설교는 변화를 일으킨다.

신해석학의 함의는 데이비드 제임스 랜돌프(David James Randolph)의 *The Renewal of Preaching*(설교 개선)을 통해 새로운 설교학에 여과되었다. 그는 다음과 같이 주장했다.

첫째, 설교는 보편적인 것이 아니라 상황적이며, 하나님은 청중의 삶의 구체적인 상황 속에서 그들을 만나신다.
둘째, 설교는 공리적 진리를 주장한다기보다 경험을 확인하기 위해 움직인다.
셋째, 성경의 이야기는 추상이나 역사로서가 아니라, 청중의 상황 속에 살아 움직임으로 그 이야기 자체의 요점을 만든다.
넷째, 성경 본문의 문학적 형식은 설교의 형태와 메시지와 관련이 있다(1969, 22-23).

2) 성경의 회복

새로운 설교학은 베트남 전쟁과 그 여파, 신의 죽음을 이야기하고, 성경의 권위를 포함한 권위에 대한 다양한 새로운 도전이 있던 격동의 시대에 생겨났다. 새로운 설교학은 역사비평과 성경의 문학적 학문의 결실을 사용해서 설교를 위해 성경을 되찾기 위한 더 큰 운동의 일부가 되었다(성서정과와 교회력 참고). 성경은 설교의 근원이자 원동력으로 다시 회복되었다. 성경은 명제적 진술과 보편적 진리를 위해서 캐내어지는 것

새로운 설교학(New Homiletic)

만이 아니라, 그 이야기와 이미지, 은유, 인물, 다양한 장르가 각각의 방식으로 소통되는 것으로 인해 존중받았다.

사건이라는 단어의 개념이 결합된 성경 본문의 수사학적 목적이 크래독으로 하여금 "본문이 말하는 것"과 "본문이 행하는 것"에 관한 설교에 초점을 두게 했다(1985, 122).

토마스 롱(Thomas G. Long)은 이것을 "설교의 초점과 기능에 대한 진술"이라 불렀다. 그는 성경 본문의 문학적 형식이 설교의 형식과 내용, 기능에 어떤 영향을 주는지를 보여 주었다(1989b). 새로운 설교학의 한 가지 영향력은 "본문의 사건성"을 "설교의 사건성"으로 이어지도록 인도하는 것이었다 (2005, 108).

3) 내러티브와 윤리

"그냥 사실대로"에 강조점을 두는 과학을 모델로 한 숨김 없는 연설은 1800년대 영어 사용에 혁명을 일으켰다(Cmiel 1990). 새로운 설교학은 내러티브를 되찾는 데 도움을 주었다. 1960년대 케리그마로서 말씀 사건에 대한 관심은 예수님에 대한 새로운 관심과 비유에서 예수님의 이야기 사용으로 이끌었다. 광고계는 교훈적 광고에서 이야기를 담은 광고로 변화되었다.

학자들은 삶이 플롯, 등장 인물과 감정에 따라 움직이는 것처럼 보이는 내러티브의 특성을 가지고 있다는 사실을 깨닫게 되었다. 내러티브신학은 상황을 명제로 요약하는 대신 사람들의 삶의 현실을 다루기 위해 많은 묘사를 사용했다. 동시에 해방신학, 페미니스트신학, 아프리카계 미국인 신학은 신학적 주장을 평가하는 데 경험과 관점의 중요성을 제기했다.

새로운 설교학은 빈곤과 인종 차별, 불의와 같은 주요 사회적 병폐를 언급하는 방법으로 특정한 상황에 있는 특정 사람들의 이야기를 들려주었다. 말씀 앞에 개인의 이야기들을 들어올려 줌으로 청중은 그 이야기와 동일시할 수 있는 기회를 가졌다. 비인간화하고 인간의 필요를 최소화하려는 세상의 과정을 뒤집어 버리는 것이다. 이전 시대에서의 설교는 일반화가 모든 사람에게 말한다고 이해했지만, 새로운 설교학은 일반화가 현상 유지를 선호하고 도움이 필요한 목소리에 침묵한다고 주장했다.

3. 새로운 설교학과 포스트모던

포스트모던 세계는 세 가지 핵심적인 근대적 개념에 도전하며(Smith 2006, 23), 새로운 설교학은 각각을 수용한다.

첫째, 본문은 객관적 실재를 가리키는 것이 아니되, 본문(또는 언어)에 의해 드러나는 것 너머의 세계는 존재하지 않는다. 새로운 설교학은 성경의 중심성을 다시 주장하고 특정한 공동체 안에서 해석적 행위를 위치시킨다.

둘째, 기독교적 이야기나 모든 것의 이론으로서 과학처럼 메타내러티브는 의심과 불신의 대상이다. 새로운 설교학은 성경적이든 그렇지 않든 개개인의 이야기들이 가지는 중요성을 회복한다. 개인의 고백이나 간증을 선호하기에 (하나님에 대해 계시된 것들을 제외하고는) 보편적 진리 주장을 피하고, 이성을 넘어서는 앎의 방식을 중요하게 여긴다.

셋째, 지식과 객관적 진리는 중립적이지 않고, 사회적 시스템 안에서 권력의 힘으로 결정된다. 새로운 설교학은 개인의 이야기와 다른 앎의 방식을 사용해서 공동체와 행위를 형성하고자 한다.

포스트모던의 힘은 탈중심적이고, 비수직적이며, 관계적이다. 이러한 동일한 힘 중 일부는 새로운 설교학에 반대할 수도 있다. 복음과 말씀 또는 그리스도 사건에 초점을 두면서 시작되었지만, 삼위일체 하나님의 역할이 종종 불분명한 본문 사건에 초점을 두는 것으로 폭넓게 발전되었다. 새로운 설교학의 가치는 여전히 중요하겠지만, 새로운 무언가를 가져다줄 수 있을지 또는 설교의 신학적 목적에 도움을 줄 수 있는지 여부가 이제 의문으로 제기되고 있다.

참고 주제 은유와 비유적 표현; 내러티브 설교; 내러티브 이론

참고 문헌 David Buttrick. *Homiletic: Moves and Structures*. (1987); Conrad Cherry, ed. *Horace Bushnell: Sermons*. (1985); Kenneth Cmiel. *Democratic Eloquence: The Fight Over Popular Speech in Nineteenth-Century America*. (1990); S. T. Coleridge. *Biographia Literaria*. (1817); Fred B. Craddock. *As One Without Authority*. (1979); Fred B. Craddock. *Preaching*. (1985); H. Grady Davis. *The Design of the Sermon*. (1958); Richard Eslinger. *A New Hearing: Living Options in Homiletical Method*. (1987); Thomas G. Long. *The Witness of Preaching*. (1989a, 2005); Thomas G. Long. *Preaching and the Literary Forms of the Bible*. (1989b); Eugene Lowry. *The Homiletical Plot: The Sermon as Narrative Art Form*. (1980); David James Randolph. *The Renewal of Preaching*. (1969); W. E. Sangster. *Craft of the Sermon*. (1954); James K. A. Smith. *Who's Afraid of Post modernism?: Taking Derrida, Lyotard, and Foucault to Church*. (2006); Paul Scott Wilson. *Imagination of the Heart: New Understandings in Preaching*. (1988).

시학(Poetics)

참고 주제 제5장 시학, 도입: 시학과 설교의 맥락 참고

대지 설교(Point Form)

스콧 M. 깁슨(Scott M. Gibson)

설교자와 청중은 일반적으로 설교가 대지로 이루어진다고 생각한다.

그러나 대지가 무엇인가?

대지는 설교자가 전하고자 하는 큰 아이디어를 뒷받침하는 하위 아이디어이다. 본문의 아이디어는 설교 아이디어의 기초가 된다. 설교의 아이디어가 결정되면, 그 아이디어를 설명하고 증명하고 적용하는 주장이 대지가 된다. 대지들은 설교의 구조를 구성한다.

설교는 아무렇게나 대지나 주장을 구성하

대지 설교(Point Form)

지 않는다. 좋은 설교는 설교를 함께 결속시키는 세 가지 요소, 즉 통일성, 순서, 진행이 있는데, 이는 타협할 수 없는 요소들이다. 설교의 통일성은 완전성을 전한다. 연역적이든 귀납적이든 두 가지가 결합된 것이든 순서는 청중에게 설교가 흐름을 가지고 있고, 그 흐름이 청중에게 의미가 있음을 보여 준다. 진행은 청중에게 설교자는 목적지를 염두에 두고 있다는 것, 즉 시작부터 끝까지 설교가 우왕좌왕하거나 느슨하게 돌아가는 것이 아니라 분명한 목적으로 가지고 어딘가로 나아가고 있다는 것을 전달한다.

설교자는 통일성과 순서, 진행을 마음에 두고 분명한 아이디어를 제시하고, 그 아이디어를 뒷받침하는 대지들을 전개시킬 수 있다. 그러나 몇 개의 대지가 설교에 있어야 하는지 질문할 수 있을 것이다. 중세 시대의 스콜라 설교는 청중이 그 설교를 기억하는 것을 돕기 위해 세 부분으로 이루어진 설교 또는 삼대지 설교를 처음으로 옹호한 것으로 보인다. 그러나 또 다른 중세 설교, 후기 청교도 설교, 그리고 현대 설교들은 더 많은 대지를 가지기도 한다.

대지는 설교자가 전달하려고 하는 내용의 조직과 관련이 있다. 대지에 대한 최근 논의는 수사학적 움직임(데이비드 버트릭), 귀납법(프레드 크래독, 랄프 루이스) (귀납적 설교 참고), 내러티브(에드먼드 스타이믈) (내러티브 양식 참고), 설교학적 "플롯"(유진 라우리), 장면(연극이나 막에서처럼), "페이지"(폴 스콧 윌슨) (네 페이지 설교 참고)에 대해 말하는 데, 이 모든 논의가 설교 내용이 어떻게 조직되는지를 제안한다. 설교의 개요 안에 정식적 대지의 서술을 생략할 수는 있겠지만 설교자와 청중을 위한 구조가 설교에 필요하다.

설교 형식은 하나일 수 없다. 설교자는 어떤 형식이 주어진 본문을 가장 잘 전달하고 청중의 필요를 드러낼 수 있는지를 결정하게 된다.

1. 대지의 목적과 대지 결정하기

대지 설교(설교 형태와 흐름)의 목적은 설교자와 청중 모두에게 일관성을 제공하는 것이다. 대지는 논리적으로 또는 심리적으로 통일성은 물론이고, 순서와 진행을 유지하는 방법을 제공한다. 설교의 대지 형식을 결정하는 다양한 방법 중에는 본문의 흐름을 따르는 방법, 설교의 목적을 결정하는 방법, 설교의 형태에 대한 아이디어를 대지가 되게 하는 방법 등이 있다.

첫째, 본문의 논리적 흐름을 따름에 의해 설교 대지가 만들어질 수 있다. 설교자는 저자의 생각의 논리적 전개를 결정하고, 설교 전개는 본문의 전개를 반영한다. 본문에서 결정된 설교 구조의 예는 마태복음 24:35-51에서 찾을 수 있다. 설교학적 아이디어는 이러하다.

"신실하고 지혜롭게 살아가며 그리스도의 재림을 기다리면 복을 받게 될 것이다."

- 우리는 그리스도께서 언제 다시 오게 되실지 알지 못한다(36-41절).
- 그러나 우리는 그를 기다려야 한다(42-44절).
- 그렇게 하면 우리는 복을 받게 될 것

이다(45-51절).
- 신실하고 지혜롭게 살면서 그리스도의 재림을 기다리면 복을 받을 것이다.

둘째, 설교 대지가 전개될 수 있는 또 다른 방법은 설교의 목적에 따른 방법이다. 다시 말해, 적용 지향적 설교의 의도가 설교의 형태에 영향을 준다. 본문이 말하는 바를 확고히 이해하고 있지만 청중을 위해 설교 형태를 만들 수도 있을 것이다. 본문의 저자는 연역적으로 자신의 주장을 전개했을 수도 있지만 귀납적으로 만들어진 설교가 청중으로 하여금 그 아이디어를 받아들이는 데 도움이 될 수도 있을 것이다. 만약 설교의 목적이 "이 설교를 듣고 청중이 하나님이 원하시는 것에 순종함으로 행하면 이 세상에서 성공할 수 있다는 것을 알기를 원한다"라고 한다면, 요한일서 2:1-7에 대한 설교는 이와 같을 수 있을 것이다.

- 힘든 시기를 살아간다.
- 힘든 시기에는 강인한 마음이 요구된다.
- 힘든 시기에는 부드러운 마음이 요구된다.
- 힘든 시기에는 강인한 마음과 부드러운 마음이 필요하다.

셋째, 설교학적 아이디어(Robinson 2001, 103-6)로도 알려진 설교 아이디어는 설교 구조를 위한 대지를 제공할 수 있을 것이다. 예를 들어, 시편 100편의 아이디어가 "하나님은 하나님이시기에 모든 사람이, 모든 곳에서, 모든 것으로 인해, 매일 하나님을 찬양해야 한다"라고 한다면, 대지는 다음과 같을 것이다.

- 모든 사람이, 모든 곳에서 하나님을 찬양해야 한다.
- 모든 사람이, 모든 곳에서, 모든 일로 인해, 매일 하나님을 찬양해야 한다.
- 하나님은 하나님이시니, 모든 사람은, 모든 곳에서, 모든 일로 인해, 매일 하나님을 찬양해야 한다.

대지를 결정하기 위한 최종 접근 방식은 병렬법이다.

브라이언 채플(Bryan Chapell, 1994, 148)은 "우리는 모든 기회 가운데서 그리스도를 제시해야 한다"는 중심 아이디어를 뒷받침하는 다음과 같은 대지를 "왜"라는 분석적 질문과 함께 제안한다.

- 예수님만이 구원을 값주고 사셨다.
- 예수님만이 구원을 소유하신다.
- 예수님만이 구원을 주신다.

2. 대지 구조의 장점과 약점

대지 형식은 설교자와 청중 모두에게 명확한 구조를 제공한다. 특히, 연역적 설교에서 대지를 미리 살펴보면 청중에게 설교의 방향성을 분명하게 파악할 수 있게 한다. 하위 대지에서의 반복 또는 병렬성은 청중이 설교를 들으면서 더 큰 설교의 아이디어를 세우고 뒷받침할 때 설교의 통일성을 제공한다. 대지 형식의 약점은 본문에 개요(반복과 핵심 단어)를 강요할 뿐만 아니라 본문에 자신의 신학적 전제를 가지라고 강요한다는 점이다.

두운법으로의 대지 형식을 주장하게 될 때 본문이 말하지 않을지도 모를 내용 또는 말하지 않는 내용을 설교에 넣을 수도 있을 것이다. 이것은 설교자가 대지 형식에 단편적인 알레고리를 강요할 때 생겨난다.

- 기도의 힘(The power of prayer)
- 기도의 목적(The purpose of prayer)
- 기도의 실천(The practice of prayer)

이 세 가지 대지는 성경적이고 정통적일 수 있지만, 본문의 의도를 반영하지 못할 수도 있다. 이러한 형식을 잘못 다루는 것은 본문을 잘못 다루는 것을 반영한다.

마찬가지로 오랜 세월 동안 검증된 설교학적 장치임에도 불구하고, 일부 핵심 단어를 강조하는 설교는 본문에 의해 뒷받침되지 않는 설교학적 대지 구조를 강요할 수 있을 것이다. 이러한 경우 대지 설교 방법론이 본문의 핵심보다 더 지배적인 역할을 하게 된다.

이어 나오는 것은 오천 명을 먹이신 사건에서 핵심 단어를 사용한 실제 예이다.

"소년은 우리에게 예를 제시하기 위해 무엇을 했는가?"

대지 형식의 구조는 본문의 핵심에서 벗어나는 것처럼 보인다.

- 그는 올바른 군중과 함께 달렸다.
- 그는 앞을 바라보았다.
- 그는 감히 다르고자 했다(다니엘이 여기에 소개된다).
- 그는 자신이 가진 모든 것을 예수님께 드렸다.

어떤 대지 형식의 도전들이 또한 설교자가 본문에 가져오는 해석학적인 전제들과 함께 따라온다. 예를 들어, 구속사적 해석학을 가지고 본문에 다가가는 설교자는 모든 설교가 예수 그리스도로 끝나야 한다고 주장할 것이다. 이런 식으로 구약 본문은 그 자체로만이 아니라 구속사적 렌즈를 통해 해석되어야만 한다. 마찬가지로 새로운 설교학을 받아들이는 설교자는 본문이 말하는 것이 본문이 행하는 것만큼 중요하지 않다는 전제와 함께 본문으로 나아온다 (Rudolph 1969, 19). 사려 깊은 설교자는 설교자의 해석학적 전제가 설교의 전개에 어떠한 영향을 주는지를 인식한다.

3. 귀납과 대지

연역적 설교는 서론에서 설교의 아이디어를 소개한 후 설교 전체에 걸쳐 그 아이디어를 설명하고 증명하고 적용한다. 귀납적 설교는 청중을 그 아이디어로 인도한다. 질문을 제기하거나 해결을 요구하는 사건을 설명함을 통해 설교에 긴장을 조성한다. 귀납적 설교의 전통적 구조는 이와 같다.

- 이것은 아니다.
- 이것도 아니다.
- 그러나 이것이다.

해돈 로빈슨(Haddon Robinson)은 2007년 고든 콘웰신학교 설교 형식에 관한 수업에서 귀납적 설교는 다음과 같은 방식으로 구성할 수 있다고 제안했다.

- 누군가가 처한 혼돈
- 하지만 보라!
  이러한 개인적 혼돈은 사실 더 큰 무언가의 일부이다.
- 그것 뿐만 아니라, 이 혼돈은 우리로부터 시작된 것이 아니었다.
- 그렇다면 더 심오한 질문이 생긴다. 어떻게 이러한 혼돈에 빠지게 된 것일까?
- 사람들은 치열한 분투 없이 쓰러지지 않는다. 그들이 빠져 있는 혼돈을 수습하기 위해 어떤 해결책을 시도했는가?
- 마지막으로, 좋은 소식이 있을 것이다. 혼돈에서 벗어날 길이 있다!

귀납법은 삶의 경험에 호소한다. 그래서 하나의 예나 이미지로부터 또 다른 것으로 움직여서 중심 아이디어에 이를 수 있게 될 것이다.

랄프 루이스(Ralph Lewis)는 다음과 같은 개요를 제안한다.

- 예시 A
- 예시 B
- 예시 C
- 중심 아이디어와 결론 (1983, 82)

유진 라우리는 설교의 줄거리를 전개하기 위해 다음과 같이 제안한다.

- 균형 깨기 ("oops")
- 불일치 분석하기 ("ugh")
- 해결의 실마리 드러내기 ("aha")
- 복음 경험하기 ("whee")
- 결과 예상하기 ("yeah") (1980, 25)

대지 설교의 형식은 설교자와 청중 모두를 돕는 명확한 전달에 중요하다.

참고 주제 연역적 설교; 강해 설교; 로고스; 스타일

참고 문헌 Bryan Chapell. *Christ-Centered Preaching: Redeeming the Expository Sermon*. (1994); Ralph Lewis with Gregg Lewis. *Inductive Preaching: Helping People Listen*. (1983); Eugene Lowry. *The Homiletical Plot*. (1980); Haddon W. Robinson. *Biblical Preaching*. (2001); David Rudolph. *The Renewal of Preaching*. (1969); Keith Willhite and Scott M. Gibson. *The Big Idea of Biblical Preaching*. (1998).

대중 심리학과 설교(Popular Psychology and Preaching)

앨리스 M. 맥켄지(Alyce M. McKenzie)

대중 심리학은 설교자로 하여금 인간의 감정적 투쟁을 진단하고 대응하는 데 도움을 줄 수는 있지만 그 심리학적 통찰력은 인간의 문제를 죄로 그리고 그 해독제를 하나님의 은혜로 인식하는 성경적, 신학적 맥락 안에서 자리해야 할 필요가 있다.

심리학은 인간의 행동과 그 기저에 있는 심리학적이고 인지적인 과정을 연구하는 과학이다. 심리학에는 인지, 게슈탈트(gestalt),

대중 심리학과 설교 (Popular Psychology and Preaching)

임상, 행동주의와 기능주의 등 다양한 분야와 학파가 있다. 응용 심리학은 매일의 상황에 관심을 두고 축적된 심리학의 지식을 실제 문제들에 적용한다. 대중 심리학은 심리학의 통찰력을 대중들이 이해할 수 있고 전유할 수 있는 용어로 대중에게 제공하고자 하는 접근 방식이고 그 결과적으로 문학의 한 장르로 종종 자기 계발서의 형태를 띠고 있다.

20세기 전반기 동안 많은 설교자가 심리학적 고려가 복음의 선포와 상반된다고 믿었다. 제2차 세계대전 이후 설교를 지배했던 신정통주의 신학 학파는 심리학적 고려가 설교 사건에 있어서는 적절하지 않다고 느꼈다. 인간의 죄의 깊이와 과학적 지식이 보다 인간적인 세상을 만들 것이라는 자유주의적 낙관주의에 환멸을 느꼈던 칼 바르트(Karl Barth)를 대표로 하는 신정통주의 신학자들은 하나님이 전적으로 타자이며 근본적으로는 초월적이라고 믿었다. 설교자는 하나님의 말씀을 전하는 메신저인데, 그렇게 전해지는 말씀이 그대로 전해질 것이라 확신했다. 인간의 상황과 정신적이고 정서적 문제들은 산만하게 느껴졌다 (Wilson 1995, 28).

한편, 다른 사람들은 반대되는 견해를 가졌다. 해리 에머슨 포스딕(Harry Emerson Fosdick)은 1931-46년 뉴욕시 모닝사이드 하이츠에 있는 리버사이드교회(Riverside Church) 강단해서 설교했고, 20세기 가장 위대한 자유주의 설교자로 평가받는다.

바르트가 설교자를 하나님 말씀에 기초하도록 한 반면, 포스딕은 설교자들로 하여금 성도들의 삶의 자리에 주목할 것을 촉구했다. 당시 강해 설교가 성경 구절마다 설명하는 방식으로 진행되었는데, 포스딕은 이러한 방식으로 인해 설교가 종종 성경에 얽매여 있다고 비판했다. 그는 또한 성경을 거의 언급하지 않은 채 한 가지 당면한 이슈만을 연달아 다루는 주제 설교 역시 비판했다.

그는 설교가 사람들의 개인적 문제에서 시작해야 한다고 믿었다. 그는 "삶의 상황을 조명하는 설교"를 개척했고, 그러한 설교를 통해 교인들에게 도전하고, 당혹케 하고, 고통을 주는 문제를 성경 본문과 성경의 통찰력을 직접 연결시켰다. 그는 설교를 그룹 단위의 목회상담으로 정의했다. 그의 설교는 도덕적 선택을 하고, 나쁜 습관을 극복하고, 올바른 우선순위를 세우고, 대인관계의 갈등을 다루는 것에 초점을 두었다. 그에게 설교는 각 청중으로 하여금 개인적으로 만나고 있다고 느끼는 일대일 상담 모임과 같은 친밀감을 가져다주었다 (Long 1898, 32-33).

인간 본성의 본질적 선함과 치유적 문제 해결 접근에 관한 포스딕의 자유주의적 낙관론은 그 세속적 형태로 데일 카네기(Dale Carnegie)와 나폴레옹 힐(Napoleon Hill)의 저서에서 확인될 수 있다.

20세기 후반의 또 다른 긍정적이고 문제 해결 방식의 설교자는 1952년에 처음 출판된 『노먼 빈센트 필의 긍정적 사고방식』(*The Power of Positive Thinking*)을 쓴 노먼 빈센트 필(Norman Vincent Peale)이며, 여전히 유명한 고전으로 남아 있다.

캘리포니아 수정교회의 로버트 슐러(Robert Schuller)는 "가능성의 복음"을 통해 수십 년 동안 자기 가치와 자존감을 키우기 위해 인간 본성에 대한 긍정적 평가를 가르쳤다(Aden and Hughes 2002, Chapter 3).

설교에서 많이 사용되는 심리학적 접근법은 유용한 진단과 실제적인 분석, 그리고 그런 통찰력을 실행에 옮기게 하기 위한 구체적인 권고를 제공할 수 있다. 그러나 그런 접근법은 또한 모든 인간의 문제에 관한 해법 또는 해답을 가지고 있다고 제안하는 경향이 있다. 사람들은 삶에서 복잡한 기원과 결과의 문제를 너무 빨리 '해결'하고 싶어 할 수도 있다. 대중 심리학은 최소한의 지식에 기초한 결정적 조언을 너무 빨리 서둘러서 제공하려는 경향이 있다. 대중 심리학의 접근법에 지나치게 의존하는 설교는 토크쇼에 나오는 심리학자라던지 텔레비전 심사관 또는 시청자 참여 프로그램의 라디오 방송 치료전문가의 접근법과 거의 구별되지 않을 정도로 약점을 가지고 있을 위험성이 있다.

대중 심리학에 지나치게 의존하는 설교의 약점 중 하나는 당면한 특정 문제를 해결하기 위해 증거 본문이나 해결 본문으로 성경을 사용하는 경향이 있다. 이러한 설교는 설교자와 본문 사이의 쌍방향 대화로부터 자라나지 않는다. 대신 본문이 문제에 관해 무엇을 말하는지에 대한 설교자의 결론이 설교자가 성경을 열기도 전에 결정된다. 성경은 농부의 연감, 요리법 책, 웹 MD 또는 컴퓨터에 관한 도움말 기능 정도로 축소되고 만다.

성경의 좋은 소식인 복음이 경제적, 사회적 또는 정치적 현상 유지를 위한 목적으로 살아가는 삶을 불안정하게 만드는 경우가 종종 있다. 얕은 신학은 설교에서 성경의 역할이 이렇게 사소화하게 되면서 나타나는 증상이다. 심리학적으로 크게 영향을 가지는 설교는 죄의 실존과 그 죄를 언급할 때 하나님의 은혜의 능력을 경시한다. 예수님의 신성을 가볍게 여기면서 예수님을 교사로 제시하는 경향이 있을 수 있고, 공적 삶을 위한 복음의 함의를 무시하는 개인적 문제에 초점을 둘 수 있다.

설교에 대한 최근의 심리학적 접근 방법들이 이러한 위험성들을 인식하고 있다. 설교에서 심리학의 이슈들을 다루었던 저자들 중에는 랜달 니콜스(Randall Nichols, 1980), 캐롤 노렌(Carol Noren, 2001), 도널드 캡스(Donald Capps, 1980), 리 램지(Lee Ramsey, 2000), 헨리 미첼(Henry Mitchell)과 에밀 토마스(Emil Thomas, 1994), 르로이 아덴(LeRoy Aden)과 로버트 휴즈(Rober Hughes, 2002)가 있다. 이러한 저자들은 일반적으로 성경을 인간의 문제를 다루는 주제들의 자료로, 복음을 자기 도움의 메시지로 축소하려는 함정을 피하려고 한다. 그들은 성경에 근거하고, 신학적으로 건전하면서 목회적으로 민감한 설교가 되도록, 어려운 시기에 인간 행동에 대한 심리적 통찰력을 적용하려고 노력한다(Aden and Hughes 2002, 35).

대중 심리학은 지혜 문학으로 알려진 성경에서 또한 우리가 발견하는 관점과도 밀접한 관련이 있다. 지혜와 관련된 주제들이 또한 요한, 야고보, 바울이 고린도 교회에 보낸 편지에 등장함에도 불구하고, 지혜서는 주로 잠언, 전도서, 욥기, 공관복음의 예수님 말씀과 비유들로 구성되어 있다. 지혜는 일상의 삶을 위한 실제 안내로 정의될 수 있다. 엄밀한 의미에서 모든 사람은 지혜를 찾고 일종의 지혜를 따라 살아간다. 자기 계발서의 인기가 이를 증명한다.

세상적인 것이든 성경적인 것이든 지혜는 몇 가지 유사한 형태를 가진다. 일상을 위한 통찰력은 격언(한 문장으로 이루어진 기억에 남는 조언)과 도덕적 이야기(삶을 위한 교훈을 주는 짧은 이야기들), 그리고 일상을 가장 잘 살아갈 수 있는 방법과 관련해서 어떤 주제에 대한 묵상과 긴 사색과 같은 형태로 찾아온다. 구약과 신약 모두 성경의 지혜서는 자기 계발서와 비슷한 격언들과 짧은 이야기들, 그리고 묵상들을 포함하고 있다.

그래서 대중적인 자기 계발 심리학의 조언과 성경의 지혜는 사람들이 일상생활의 굴곡진 길을 찾아가도록 돕는다는 동일한 목표를 가지고 있다고 말하는 것이 정확하다. 또한, 유사한 문학 형식을 사용한다고 말할 수 있다. 그러나 유사성은 거기서 끝나지 않는다. 성경적 지혜는 하나님의 뜻을 지키면서 살아가기 위한 지침이 지혜를 계속해서 구하고 지혜롭게 살아가려고 애쓰는 사람에게 주어지는 하나님의 선물이라고 믿기 때문이다. 대중 심리학은 문제를 인간의 결단에 뿌리 내린 해결책에 두고, 생산적이고 이행된 삶을 인간의 성취로 보려는 경향이 있다.

설교자들과 대중 심리학자들은 인류를 괴롭히는 심리학적 질환에 관해 부분적으로 동의한다. 설교자들과 대중 심리학자들 모두 많은 사람이 중독, 절제력 부족, 비생산적인 죄책감, 의미의 부족과 낮은 자존감으로 고통받고 있다는 데 동의한다. 대중 심리학자들이 이러한 질환들을 무지와 부정성에 기인한다고 여기는데 반해, 기독교 설교자는 그 질환들을 영적인 질병으로 규정하고 그것들을 죄와 하나님으로부터 멀어짐 탓이라고 여긴다.

설교자들과 대중 심리학자들은 모두 이러한 심리학적 질환에 대한 해독제를 제공한다. 대중 심리학은 한 인간으로 하여금 절제력의 부족을 극복하기 위해 그리고 죄책감의 비생산적인 본질을 깨닫도록 함을 통해 죄책감을 대할 수 있도록 내면의 결심에 다가갈 수 있게 하는 전략을 제공한다. 대중 심리학은 사람들이 자신의 잠재력을 실현하기 위해 애쓸 때 긍정적인 자기 대화로 낮은 자존감을 대할 수 있도록 격려한다.

대중 심리학은 인간이 가진 자원과 목표에 뿌리를 둔 해독제를 제공하는 반면, 설교자는 하나님의 임재와 권능으로부터 비롯되는 영적 해독제를 제공한다. 설교자는 절제하지 못하는 사람들 또는 중독된 사람에게 중독적인 물질 또는 행동이 아니라 하나님께 항복할 때 그 상태의 근원을 극복하게 하는 하나님의 은혜를 제공한다.

설교자는 죄책감으로 힘들어하는 사람들에게 하나님의 용서라는 값없는 선물로 취하고, 다른 사람들을 용서함으로 그 용서를 넓혀 갈 것을 격려한다. 설교자는 의미를 찾고 있는 이들에게 예수 그리스도의 제자로 살아가는 기회를 제공한다.

설교자는 낮은 자존감으로 힘겨워하는 사람에게 우리를 용납하시고 사랑하시는 하나님의 자녀로서 어떤 개인이나 그룹의 부정적인 메시지를 이겨 내도록 하는 새로운 정체성을 제시해 준다.

주해적 작업에서 설교자들은 심리학과 주해적, 신학적 분석을 구분해야 한다. 우리가 심리적 문제를 해결하기 위해서만 성경을 사용하지 않도록 주의해야 하는 것처럼 우리는 성경의 모든 빈 칸을 채우고 모든 신비를 21세기에 적용함을 통해 풀어 보려는 유혹을 물리쳐야 한다. 다윗은 중년의 위기로 힘겨워했다. 삭개오는 키 작은 남자 증후군을 앓았다. 룻은 시어머니에 대한 과잉애착으로 힘겨워했다. 우리는 심리적 언어를 사용해서 다양한 상황 속에 어떻게 느끼고 반응할 수 있는지 제안할 수는 있지만, 본문을 심리학적으로 해석하는 것을 피해야 하고, 본문이 말하거나 말하지 않음이 성경 인물들의 동기와 행위에 대한 결론을 이끌어 내도록 해야 한다.

설교자가 비판적 시각으로 대중 심리학에 접근한다면, 설교에 매우 도움이 될 수 있다. 현대인의 고통이 어떠한지, 일상 속에 어떻게 드러나는지를 알려 준다. 그런 다음 설교자는 이러한 고민을 성경적, 신학적으로 정리해서 청중에게 인간의 결단보다 더 강력한 자원을, 그리고 자기 성취보다 더 만족스럽고 정의롭고 지속적인 비전을 제시할 수 있어야 한다.

참고 주제 설득; 어린이 설교; 청소년 설교

참고 문헌 LeRoy H. Aden and Robert G. Hughes. *Preaching God's Compassion*. (2002); Donald Capps. *Pastoral Counseling and Preaching: A Quest for An Integrated Ministry*. (1980); Dale Carnegie. *How to Win Friends and Influence People*. (1936); Napoleon Hill. *Think and Grow Rich*. (1937); Thomas G. Long, *The Witness of Preaching*. (1989); Henry Mitchell and Emil Thomas. *Preaching for Black Self Esteem*. (1994); J. Randall Nichols. *The Restoring Word: Preaching as Pastoral Communication*. (1987); Carol Noren. *In Times of Crisis and Sorrow: A Minister's Manual Resource Guide*. (2001); Norman Vincent Peale. *The Power of Positive Thinking*. (1952); Lee Ramsey. *Care-full Preaching: From Sermon to Caring Community*. (2000); Paul Scott Wilson. *The Practice of Preaching*. (1995).

설교 준비(Preparation)
마이클 더두잇(Michael Duduit)

에이브러햄 링컨(Abraham Lincoln)은 이렇게 말한 적이 있다.

> 만약 나무를 자르기 위해 8시간이 나에게 주어진다면, 나는 도끼를 날카롭게 가는 데에 6시간을 사용할 것이다.

어떤 중요한 일이든 준비가 필요하고 효과적 설교 역시 그러하다.

물론, 어떤 사람은 인간의 준비가 성령의 영감과 역사에 의해 이루어지는 설교를 방해한다고 주장한다. 어떤 사전 준비 없이 강단에 서야 한다고 주장하는 설교자들도 있다. 그 순간은 오롯이 성령의 인도하심에 열려 있어야 한다고 여긴다. 그러나 대부분의 설교자들은 성령이 강단에서만이 아니라 설교를 위해 연구하고 준비하는 중에도 역사하신다고 여긴다. 꼼꼼한 준비가 성령

설교 준비(Preparation)

이 인도하시는 동행 가운데 이루어지고, 그로 인해 청중의 생각과 마음을 움직이는 설교를 만들어 낸다고 믿는 것이다.

설교에 있어 준비에 대한 논의는 설교자의 준비와 설교의 준비라는 두 가지를 고려해야 한다.

1. 설교자의 준비

설교자는 공적 연사임에도 불구하고, 사실 그 이상이라 할 수 있다. 설교하기 위해 선 사람은 목회로의 하나님의 부르심을 경험했음에 분명하다고 여겨온 것이 교회의 오랜 전통과도 같다. 설교자가 되겠다고 단순히 선택하는 것이 아니라, 하나님이 부르시고, 특별한 사명으로 구분하여 세우신다. 설교에의 부르심은 설교 사역의 준비에 있어 필수적인 요소다.

이러한 첫 부르심을 넘어서 설교자의 준비는 지속적인 영적 성장, 즉 그리스도와 함께 걸어가는 성숙함을 포함한다. 설교자는 단지 성경 본문을 연구해서 공적 연설에 맞게 구성하는 것이 아니다. 설교자는 기도로 하나님과의 시간을 가지고 본문을 연구한다. 이를 통해 하나님의 말씀의 진리가 오늘 하나님의 사람들의 필요에 어떻게 말씀하는지를 이해함에 있어 하나님의 인도하심을 구한다. 설교자는 성령의 인도하심에 의해 통찰력을 주시고 조명해 주시기를 간구한다. 하나님과의 친밀하고 성장하는 관계가 차고 넘침으로 인해 그런 영적 준비가 설교 사역을 가능케 한다.

프랭크 폴라드(Frank Pollard)는 『주석 핸드북』(*Handbook of Contemporary Preaching*, Duduit 1993, 135-41)이라는 책에서 설교자의 준비에 관해 말하면서, 모든 설교자가 대답해야 할 다섯 가지 질문을 제안한다.

첫째, 당신이 팔고자 하는 것을 당신은 구입했는가?
당신은 그리스도와의 관계가 있는가?
당신은 지금 선포하고 있는 하나님의 능력을 경험했는가?
둘째, 당신은 하나님 없이 설교할 수 있는가?
당신은 하나님에게 부르심을 받아 설교하는가, 아니면 하나님을 벗어나 설교할 수 있다고 여기는가?
셋째, 중요한 것을 정말로 중요하다 여기는가?
설교가 당신의 사역의 우선순위인가, 아니면 설교를 위해 준비해야 할 시간에 다른 것을 더 가치 있게 여겨 다른 것을 하지는 않는가?
넷째, 당신은 진실한가?
기독교인으로의 당신의 삶이 보여 주는 본이 진실한가 아니면 부끄러운가?
당신은 참된 진실함과 열정의 사람인가?
폴라드가 말하듯이, "우리는 그리스도인 지도자로의 역할을 해야만 하는 게 아니라, 그리스도인 리더가 되어야 한다."
다섯째, 당신의 미래는 누가 책임지는가?
당신의 삶과 사역을 보다 더 정확하게 잘 보여 주는 표현이 무엇인가, 야망인가 겸손인가?
어디로 이끄시든 당신은 그리스도께 당신의 사역이 나아가야 할 바를 맡기고 있는가?

설교의 첫 단어를 설교문에 쓰기 전에 설교자는 반드시 자신이 설교자로서의 사명에 부름받은 자라는 사실을 알아야만 한다. 또한, 그 설교 사역에 힘을 주시고, 해야 할 말을 주시는 그리스도와 함께 계속되고 성장하는 여정 안으로 들어가고 있다는 사실을 알아야 한다. 우리는 우리 자신이 떠나지 않는 곳으로 사람들을 이끌 수 없다.

2. 설교 준비

설교의 준비는 그 자체로 설교자 임무의 중심에 있다. 목회자가 감당해야 할 모임들, 행정적 사무 등의 시급해 보이는 일들로 인해 설교 준비의 임무가 너무 자주 뒤로 밀려나 버려서, 결국 설교에 어려움을 겪게 되기도 한다. 설교 준비를 위한 시스템이 만들어져야 할 중요성을 진지하게 여기는 일 역시 설교를 중요하게 여기는 설교자에게 중요하다.

1) 설교 계획 수립하기

종합적 계획 없이 매주 개인 설교를 하는 것만큼 스트레스가 있고 비생산적 목회 활동은 없다. 매주 월요일 아침 사무실에 와서 아무런 계획도 준비도 되어 있지 않은 채 다음 주일 설교를 감당해야 하는 요구를 마주하게 되는 목회자는 서재 카펫 바닥이 닳을 정도로 여러 일로 인한 분주함으로 인해 정작 귀중한 시간을 낭비하게 될 것이다.

보다 나은 접근 방법은 몇 달의 기간 또는 심지어 1년에 걸쳐서 하게 될 설교 계획을 준비하는 것이다. 그런 계획은 설교자가 보다 조직화된 방식으로 핵심 된 주제들을 말할 수 있게 할 것이고 미리 연구하고 앞으로 하게 될 설교를 위해 자료도 미리 수집하고, 다른 예배 인도자들에게 설교 주제와 연결된 보다 의미 있는 예배 경험을 위해 앞서 계획 할 수 있는 기회를 줄 수 있을 것이다.

설교 계획은 다양한 양식을 취할 수 있다. 많은 설교자가 성서정과로부터 설교 본문을 정하여 사용한다. 이는 성서정과 본문에 기초한 다양한 출판 자료를 사용할 수 있다는 장점을 가져다준다. 또 다른 설교자들은 성경의 한 책 또는 그중 일부분을 이어 가며 설교하는 계획을 세우기도 한다. 또는 주제나 이슈에 따라 설교 계획을 세우기도 한다. 어떤 접근 방식이든 계획을 세운다는 것은 설교자로 하여금 자신에게 주어지는 준비 시간 활용에 있어 보다 효과적이고 충실하게 감당할 수 있게 해 준다(시리즈 설교 참고).

2) 설교 준비하기

일련의 설교 계획과 함께 개별 설교를 준비하는 시간 또한 다가온다. 목회자들은 자신의 개인적 성향이나 목회적 요구, 다양한 이슈들에 기초해서 설교 준비를 위한 계획을 종종 수립하기도 한다.

헨리 워드 비처(Henry Ward Beecher)라면 한 주 내내 설교에 대해 생각을 하겠지만 주일 아침 식사 전까지는 설교 메시지 작성을 위해 자리에 앉지는 않을 것이다.

제임스 스튜워트(James S. Stewart)는 매주

설교 준비 (Preparation)

초반에는 주일 아침 메시지를 준비할 것이고, 그리고 나서 목요일과 금요일에 주일 저녁 설교를 위한 준비로 이어질 것이다.

크리스웰(W. A. Criswell)은 여전히 파자마를 입은 채 집 서재에서 말씀을 연구하며 아침 시간을 보낼 것이다. 그리고 나서 오후가 되어 옷을 갖춰 입고 교회 사무실로 들어가 모임에 참석하거나 목회 사역을 감당할 것이다.

달리 말하면, 설교 준비를 위한 정해진 표준 스케줄은 없다는 것이다. 그러나 사용하는 그 접근 방식이 어떠하든 일정한 방식의 계획을 수립하고 설교자의 말씀 연구 시간을 지키는 것이 필요하다. 설교는 식물처럼 잘 준비되어 전해질 준비가 되기 전에 싹이 트고 성장하는 시간이 필요하다.

설교자가 설교를 작성하게 되는 다양한 방법들이 있을 것이다. 그런 다양한 접근 방식은 이러하다.

(1) 설교 원고

설교 원고는 전하게 될 설교 내용 전체를 쓴 것을 말한다. 설교 원고를 쓸 때 설교자는 자신이 읽을 에세이나 문서를 쓰는 것이 아니라는 점을 기억하는 것이 좋다. 설교 원고는 구두로 전달한다는 점에 중점을 두고 작성되어야 한다. 설교는 보이도록 쓰는 것이 아니라 귀로 들리도록 써야 한다.

원고를 쓸 때에 갖는 단점도 있다. 특히, 설교가 역동적인 구두 전달이기보다 문학 작품이 될 수 있다는 위험성이 있다. 설교자가 원고를 작성할 때에도 그 문서를 회중에게 읽어 주기보다는 설교할 수 있도록 그 설교문에 대해 매우 친숙하고 익숙해져 있어야 한다. 잘 알려진 유능한 많은 설교자가 강단에서 원고를 사용한다. 그러나 그들은 일반적으로 그 원고를 잘 소화하고 있기(여러 번 설교문을 검토하고 구두로 연습까지 함을 통해)에 회중은 원고가 있는지조차 잘 인식하지 못하는 경우가 대부분이다.

원고의 큰 장점은 전하게 될 단어들과 생각들을 통해 설교자가 보다 깊이 생각할 수 있고, 분명하고 역동적인 메시지를 만들어 낼 수 있다는 점이다. 원고를 사용하면 설교자는 회중 앞에서 설교하는 동안 즉석에서 화려하게 전하려고 하기보다는 성경 메시지를 보다 효과적으로 전달할 수 있는 단어와 표현들을 미리 고를 수 있다는 장점을 가진다.

(2) 구두 원고

어떤 설교자들은 기록된 원고가 역동적 설교에는 어울리지 않는 다소 뻣뻣하고 지나치게 격식을 갖춘 스타일을 가지게 될 가능성이 크다는 점을 지적한다. 구두 원고는 대안적 준비 모델로 제안된다. 구두 원고는 설교의 최종 버전을 만들어 내기 위해 생각이나 아이디어를 큰 소리로 설교함을 통해 만들어진 대안적 준비 모델로 제안된다. 설교자가 약간의 서면 메모를 준비할 수도 있지만, 이 방식의 주된 취지는 설교를 구두로 만들어 간다는 점이다.

(3) 개요와 메모

서면으로든 구두로든 설교 전체의 원고를 작성하기보다 어떤 설교자는 단지 노트로 설교를 작성하는 것을 선호한다. 설교가 전해지는 시간까지는 설교에서 어떤 단어와 표현을 사용할 것인지가 최종 결정되지 않는다. 이런 방식은 보다 자유롭고 덜 격식에 얽매이는 설교 전달을 위한 가능성을 제공한다. 또한, 주장과 생각이 완성되지 않은 형태로 설교가 준비되기도 한다.

(4) 메모 없는 설교

현대 교회에서 점점 더 많은 수의 설교자들이 원고나 메모 없이 설교하는 경향이 있다. 물론 설교 준비에 사용한 원고나 메모가 있지만 강단에는 들고 올라가지 않는다(이러한 전달 방식은 종종 강단 자체를 치우도록 하기도 한다). 특히, 재능 있는 설교자들을 제외하고 그런 설교는 분명 추가적 준비의 노력이 요구된다. 그러나 오늘날 회중에게 매우 효과적인 전달 방식이 될 수 있다. 어떤 설교자들은 이러한 방식을 감당하기 위해 암기에 상당한 노력을 쏟는다.

창의적 설교로 유명한 목회자 에드 영(Ed Young)은 설교자가 메모 없이 설교할 수 있도록 하는 기억 보조를 위해 "마인드 매핑"(mind mapping) 기술 사용을 대중들에게 소개했다(영 2006, 107).

설교 준비는 설교자 입장에서는 일련의 다양한 방법과 기술들을 포함할 것이다. 가장 중요한 것은 상당한 시간 투자를 통해 성령의 역사에 의해 영감되고 조명되는 설교자의 마음과 생각을 활용하는 것이다. 그에 따른 준비는 능력 있는 설교와 변화되는 삶으로 이끌어 줄 것이다.

참고 주제 원고; 기억; 설교단의 사용; 설교를 위한 연구; 메모 없는 설교

참고 문헌 Michael Duduit, ed. *Handbook of Contemporary Preaching*. (1993); Ed Young. *The Creative Leader: Unleashing the Power of Your Creative Potential*. (2006).

예언자적 설교(Prophetic Message)

마빈 A. 맥미클(Marvin A. McMickle)

모든 성도 회중에서의 필수적 필요 중 하나는 구약 선지자들의 말씀과 증언에 뿌리를 둔 설교이다. 설교자는 아모스, 예레미야, 미가 같은 사람들이 이스라엘과 유다 민족의 삶 속에서 수행했던 것과 유사한 역할을 그들의 회중과 공동체의 삶 속에서 행해야 한다.

제임스 워드(James Ward)와 크리스틴 워드(Christine Ward)는 예언자적 설교에 관해 이렇게 말한다.

> 모든 종교적 공동체처럼 기독교공동체의 자연스러운 성향은 신앙의 증언을 가장 절실하게 당면한 인간의 필요에 맞춰 보려 한다는 점이다. 이렇게 할 때 공동체는 언제나 복음의 더 넓은 차원, 특히 의와 정의에 대한 하나님의 요구에 담긴 보다 넓은 함의를 모호하게 할 위험이 있다. 그러므로 필요한 것은 이러한 보다 넓은 차원을 회복하고 공동체가 그러한 차원들을 모호하게 하는 방식들을 밝히는 설교이다. (1995, 11)

예언자적 설교 (Prophetic Message)

1. 예언자적 설교란 무엇인가?

예언자적 설교는 지역교회로서 그들에게 일어나는 일에서부터 사회로서 우리에게 일어나는 일로 회중의 초점을 옮기는 것이다. 그리고는 예언자적 설교는 우리 사회와 전 세계를 걸쳐 일어나고 있는 사건들에 대해 우리 교회, 우리 연합회와 우리 교단의 역할이나 적절한 대응이 무엇인가라는 질문을 던진다. 예언자적 설교는 사회의 모든 구성원을 위한 정의와 의를 적극적으로 추구하기 위해 참신자들을 부르시는 말씀의 참하나님을 너무 쉽게 대체할 수 있는 악을 직면했을 때 위안을 주는 거짓 신과 염려의 부족과 묵인을 지적한다.

예언자들은 군주와 통치하는 엘리트들이 그 땅으로 인도하신 하나님 안에서 무언가를 행하는 것보다 군대와 동맹을 더 신뢰하는 것을 비난함으로 권력을 향해 진리를 설교했다. 예언자들은 시내산에서 하나님과 맺은 언약으로부터 아무리 떨어져 있더라도 하나님은 그들을 결코 버리지 않으신다고 믿었던 이스라엘 백성들에게 도전했다. 참을 수 없는 긴박함과 주체할 수 없는 열정으로 예언자들은 그들 대부분이 평생 동안 경험했던 조롱, 질책 그리고 노골적인 거부에도 불구하고 "그러하기에 주님께서 이렇게 말씀하십니다"며 선포했다. 예언자들의 선언이 없었다면 성경 이야기는 상상할 수 없다.

2. 예언자적 설교가 오늘날 왜 중요한가?

우리는 교회와 세상 속에서 예언자적 설교의 필요를 쉽게 발견할 수 있다. 많은 기독교인이 전쟁 지역의 폭격 받은 곳처럼 보이는 동네에 위치해 있으면서도 깨끗하게 관리된 교회에서 예배드린다. 여전히 많은 기독교인이 교외 지역으로부터 빈곤과 마약 밀매가 이루어지고, 아웃소싱과 공장 폐업으로 인해 산업의 손실이 있으며, 예산 부족과 공립학교 시스템의 붕괴로 황폐화되어 버린 지역에 위치한 교회로 찾아온다. 물론, 많은 기독교인이 도시를 벗어나 깨끗한 외곽 교외로 이주하고 교회를 상류층 지역으로 옮겼기 때문에, 그러한 광경을 보아야 하거나 도심 지역에 있는 사람들의 문제를 직면할 필요가 없게 되기도 했지만 말이다.

그래도 무너지고 부패해 가는 도시로 향하는 이들에게 교회를 둘러싼 문제와 그러한 문제의 근원인 사회 정책, 그리고 변화를 가져오는 성경적 신앙의 표현으로서 무엇을 할 수 있는지에 대한 예언자적 말씀이 필요하다. 교외 지역에 살고 거기에서 예배를 드리면서 미국의 더러운 면을 가까이에서 접할 기회가 거의 없는 사람들에게는 예언자적 설교가 훨씬 더 절실하다.

부와 권력, 영향력을 가진 사람들은 단순히 그들을 위한 세금 혜택이 아니라 동료 시민들을 위한 더 공정하고 더 정의로운 사회를 위해 그들의 자원을 잘 사용할 수 있도록 요청하는 예언자적 설교에 도전받는 것이 중요하다.

3. 예언자적 설교의 이슈와 주제는 무엇인가?

예언자들은 우리가 예언자적 설교를 정

기적으로 함을 통해 상기시켜야 하는 것처럼 하나님이 전체 피조물의 주권적 창조자이자 유지자라는 사실을 이스라엘에게 상기시킨다. 니느웨에서 구원을 전하도록 요나를 보내셨던 하나님은 바빌론과 페르시아를 하나님의 뜻의 도구로 사용하신 하나님과 동일하다. 이스라엘을 애굽의 종살이로부터 구원하셔서 위대한 나라로 만드셨던 하나님은 이스라엘을 다시 포로로 보내셔서 수금을 버드나무에 걸고 시온 강변에 앉아 예전 시온에서의 삶을 기억하며 울게 하시는 분이 동일한 하나님이시다.

하나님의 관심은 모든 피조물과 거기에 살고 있는 모든 사람에게 있다. 하나님의 백성들이 그 사실을 망각하고 마치 오직 그들과 자신의 나라만이 정말로 중요한 것처럼 행동하기 시작할 때, 예언자가 "그러하기에 주님께서 이렇게 말씀하십니다"라고 선언해야 할 때이다. 다시 말해, 하나님은 "미국에게 복이 있기를"이라고 노래하지 않으신다.

예언자적 설교는 예배하는 방법이나 기도하는 장소 또는 무엇을 먹는 것이 율법적인가라는 것보다 더 광범위한 이슈에 사람들의 관심을 집중시켰다. 모세의 언약은 과부와 고아 그리고 그들 가운데 있는 나그네를 돌보라는 일련의 명확한 계명을 포함했다. 이스라엘 백성들이 그러한 계명들을 잊었을 때, 예언자는 그 계명들을 상기시켜주었다. 오늘날 교회들이 정의와 의에 대해서보다 찬양과 예배에 더 많은 관심을 가지게 될 때, 예언자적 설교가 필요할 때이다.

그때처럼 과부와 고아와 나그네들의 상황을 개선시켜야 할 필요가 있다. 오늘날로 따지면 남편이나 남자 친구로부터 버림을 받고 홀로 아이를 키우면서 극심한 빈곤 속에 살아가는 싱글 여성들이 그러한 이들일 수 있다. 아프리카에서 벌어지는 부족 간의 전쟁, 발칸 반도에서의 인종 청소, 전 세계적으로 벌어지고 있는 테러의 행위와 맞서 싸우기 위해 테러(충격과 공포)가 발생하는 이라크와 아프가니스탄의 전쟁뿐만 아니라 '후천성 면역 결핍증'(HIV/AIDS)으로 인한 끊임없는 황폐화로 인해 고아로 남겨진 아이들이 말그대로 넘쳐난다.

오늘 역시 그 형태는 달라졌지만, 우리 가운데에도 낯선 나그네가 있다. 우리의 식량을 수확하는 이주 노동자들, 우리 집과 호텔을 청소하는 불법 이민자들, 그리고 미국의 통제 하에 있지만 미국 헌법이나 제네바 협약, 미국 시민 스스로가 기대하거나 요구하는 보편적 보호를 받지 못하는 관타나모 수용소의 수감자들(그리고 아부 그라이브 교도소에 수감된 이들)이 오늘날 바로 그러한 이방인들이다.

"아랍어로 들리는 이름"을 가진 사람이나 자신의 종교적 규범으로 터번을 쓰고 있는 인도 출신의 시크교도로 9.11 테러 이후 정부에 의해 "요주의 인물"이 되어 경계되고 언제나 몰아치는 거친 바람 속에 살아가고 있는 이들 역시 그러한 낯선 이방인들이다.

4. 예언자적 설교에서 성경은 어떻게 사용되나?

예언자적 설교는 구약성경의 예언서들 중 하나로부터 택해진 본문을 사용하도록 요구하지도 심지어 강요하지도 않는다. 또한,

BCE 8세기부터 5세기까지 이어진 고대 예언자 중 한 사람에 대한 언급조차 필요하지 않다. 예언서 말씀에 기초한 많은 설교가 예언적이라 하기보다는 오히려 한심하기 짝이 없다. 그것은 보통 성경의 예언자들을 끊임없이 사로잡았던 것, 즉 하나님의 백성들이 하나님과 백성 사이에 세워진 언약에 불순종하며 살고 있다는 사실에 예언자 자신의 초점을 두지 않은 설교자의 결과이다.

예언자적 설교는 설교자가 하나님의 백성들에게로 하나님의 뜻을 가져다주고자 할 때, 그리고 엘리자베스 악트마이어(Elizabeth Achtemeier)가 주목한 것처럼 "모든 상황에서 주님을 신뢰하고 기꺼이 감사하는 마음으로 순종하도록"(1998, 118-19) 도전할 때 이루어진다.

예언자적 설교는 설교자가 교회 건물 안에서만이 아니라 거리와 회의실, 세상의 질서라는 감옥과 같은 곳에서도 권력을 향해 진리를 말할 용기를 가질 때 일어난다. 사울 앞에 섰던 사무엘, 다윗에 맞선 나단, 여로보암을 정죄했던 아모스, 여호야김과 시드기야에게 도전했던 예레미야 그리고 헤롯 안티파스 앞에서도 침묵하거나 온순하지만은 않았던 세례 요한의 발자취를 따르는 것에 신실하고 합당하려면 우리는 마땅히 그렇게 해야 한다.

"애국하는 설교자"의 시대와 국가의 지도자들을 비난하는 것이 불경건하고 비애국적이라는 믿음을 가진 시대가 바로 예언자적 설교가 필요한 때이다. "이것이 주님의 말씀입니다"라는 말씀이 들려야 할 때이다.

참고 주제 예언자적 설교; 계시; 사회 정의; 하나님의 말씀 참고.

참고 문헌 Elizabeth Achtemeier. *Preaching from the Minor Prophets*. (1998); Walter Brueggemann. *Prophetic Imagination*. (2001); Marvin McMickle. *Where Have AH the Prophets Gone?* (2006); Mark Taylor. *Religion, Politics and the Christian Right*. (2005); James Ward and Christine Ward. *Preaching from the Prophets*. (1995); Beverly Zink-Sawyer. *From Preachers to Suffragists*. (2003).

청교도적 평이한 스타일 설교(Puritan Plain Style)

O. C. 에드워즈 주니어(O. C. Edwards Jr.)

청교도의 평이한 스타일의 설교는 엘리자베스 시대부터 왕정 복고 시기에 이르기까지 그리고 미국에서는 메사추세츠의 최초 정착 시기로부터 미국 독립 혁명기에 이르기까지 영국 칼뱅주의자들에 의해서만 행해진 설교를 말한다. 그 이후 그리고 심지어 현대 설교의 일부가 기본 구조를 공유하지만, 사실 유사한 점보다는 차이점이 더 크다.

간결함을 선호하는 대부분의 주요 설교자들이 한 말들을 수집해서 교회사를 통해 살펴볼 수 있음에도 불구하고 그러한 자료는 당시 설교가 어떠했는지를 재구성하는 데 그리 도움이 되지 않는다. 무엇보다 간결함에 대한 요구는 구조적 요구이기보다는 도덕적 요구였고, 설교는 설교자에 대한 감탄을 일으키게 하기보다 복음을 위해 봉사하

청교도적 평이한 스타일 설교 (Puritan Plain Style)

는 것이어야 한다. 간결함에 대한 청교도들의 요청은 자신들이 가진 칼뱅주의의 한 기능이었다. 칼뱅은 그러한 겸손하고 진정한 설교를 요구했지만 그러한 설교를 주장한 그의 이유는 더 깊었다. 그것은 자신의 이중 예정 교리와 설교가 선택이 효과를 가지게 하는 일반적 통로라는 그의 믿음에서 비롯되었다. 성경에 대한 그의 교리는 그에게 건강한 모든 설교는 성경 해석과 적용의 문제라는 것을 의미했다.

칼뱅의 영국 제자들은 윌리엄 퍼킨스(William Perkins, 1558-1602)의 *Arte of Prophesying*(예언의 기술)에서 그들을 위한 설교 이론을 제시했다. 퍼킨스의 설교 방법에는 네 가지 단계가 있다.

첫째, 성경의 구절 읽기
둘째, 그 구절 주해하기
셋째, 그 구절에서 가르치는 교리 파악하기
넷째, 그 구절의 의미와 교리를 회중의 삶의 자리에 적용하기

이렇게 하는 과정에서 같은 것을 가르치는 성경의 다른 구절들을 암송함으로 교리를 증명해야 했다. 이것은 구절별 주석이었고, 각 설교는 성경 전체에 걸쳐 또는 적어도 그중 주요한 부분을 통해 설교하려는 계속적인 노력의 일부였다.

칼뱅은 여러 구절로 된 본문으로 보통 설교했지만 청교들은 때로는 단 한 절로만 설교하기도 했다. 그러나 더 긴 구절을 가지고 설교할 때면 한 구절이나 연결된 구절을 퍼킨스의 모든 단계를 밟아 갔고, 그리고는 다음 절로 넘어가서 또 다시 같은 과정으로 시간이 다 될 때까지 계속했다. 이 방법을 "교리와 활용-"(doctrines and uses)으로 불렸고, 그 활용들은 교리를 적용하는 것이었다. 그리고 각 교리에는 여러 활용이 일반적으로 있었다. 이러한 설교는 보통 설교자가 이전 설교에서 중단했던 부분을 언급하는 것 이상의 서론은 없었고 활용 이외의 결론도 없었다.

청교도의 평이한 스타일 설교는 피에르 라무스(Pierre Ramus)의 논리와 오메르 탈론(Omer Talon)에 의해 제시된 수사학적 함의에 또한 기초하고 있다. 교리는 이성으로 설득해야 하고 활용은 감정을 자극해야 하지만, 선택은 인간의 생각이나 감정적 조작의 힘보다는 하나님의 일하심이라고 가정했다. 라무스 학파(Ramist) 사상은 논리학의 발견, 성향과 기억 기능을 만들고 수사학은 스타일과 전달만을 남겼다. 수사학의 절제로 청교도들은 합리적이고 열정적인 설교를 선호하면서도 결과는 온전히 하나님의 손에 맡길 수 있었다.

감정적 호소는 평이한 스타일의 설교가 적어도 어느 정도 수치의 소리와 생각을 사용했음을 의미한다. 이성적 호소는 설교가 학문적이어야 한다는 것을 의미한다. 그래서 평이함은 예술의 모자람이 아니고, 예술을 가리는 것이 최고의 예술이라는 이론 위에서 진행되었다. 이것은 또한 청교도 설교가 원고 없이 전해졌지만, 한순간의 영감을 믿고 종종 거의 학교 교육을 받지 못한 다양한 종류의 독립운동가들의 설교와는 다르게 신중하게 준비되었다는 것을 의미한다(그러나 존 번연[John Bunyan]이 보여 준 것

처럼 그들 중 일부는 복음을 유창하게 웅변할 수 있었다.)

존 웨슬리(John Wesley)의 설교를 청교도의 평이한 스타일 설교의 연속으로 생각하려는 노력이 계속되었지만 그것은 다른 근거를 가진 또 다른 운동을 나타낸다. 웨슬리는 존 틸로슨(John Tillotson) 대주교에게서 예시된 신고전주의의 수사학적 전통을 따르지만 알미니안 웨슬리가 웨일즈 대각성 운동으로부터 배웠던 영혼에 대한 정서적 호소력을 적절히 조절하기 위해 스타일을 수정했다.

현대 일부 설교학자는 성경 해석으로부터 신학적 선언을 거쳐 삶의 적용에 움직여가는 모든 설교에 청교도적 평이한 스타일의 설교라는 명칭을 사용하고, 그들이 어느 정도 적절하게 청교도 스타일로 설교했지만, 청교도들이 실제로 설교했던 방식에 더 가까운 것은 로날드 알렌(Ronald Allen)과 길버트 바르톨로뮤(Gibert Bartholomew, 2000)가 권장하는 구절별 해석에 기초한 설교이며, 더 가까운 것은 복음주의 작가들에 의해 주장되었던 강해 설교이다.

참고 주제 주해식 설교; 강해 설교; 설교(신학) 비평; 수사적 장치; 스타일; 가르치는 설교

참고 문헌 Ronald J. Allen and Gilbert L. Bartholomew. *Preaching Verse by Verse.* (2000); Perry Miller. *The New England Mind: The Seventeenth Century.* (1939); Harry S. Stout. *The New England Soul: Preaching and Religious Culture in Colonial New England.* (1992); Michael Warner, ed. *American Sermons: The Pilgrims to Martin Luther King, Jr.* (1999).

수사학(Rhetoric)

참고 주제 제9장 수사학. 도입 참고.

구도자 메시지(Seeker Messages)

메리 J. 시프레스(Mary J. Scifres)

종교개혁 이후 설교의 과제는 회심한 자들을 교육하는 데 중점을 두었다. 그러나 미국 개척지에서 설교는 17세기와 18세기 대각성 운동과 19세기의 제2차 대각성 운동에서 새로운 목적, 즉 기독교 신앙의 특정 교리에 사람들을 설득하고 개종시키는 것으로 발전해 갔다. 20세기에 이르러 전통적 설교가 회심한 자들을 교육하는 예술로 돌아갔다. 그러나 20세기에 접어들면서 종종 "구도자 친화적 설교"라고 불리는 회심 설교의 새로운 형태가 등장했다. 이러한 형식으로 이루어지는 설교가 구도자 메시지로 분류된다.

'구도자'라는 용어는 그 정의에서나 묘사함에 있어서 명확함과는 거리가 멀다. 그러나 구도자들은 대부분 기독교 신앙과 교회를 탐구하고 있는 비종교적 배경을 가진 사람들을 말한다. 구도자들은 다른 종교를 따르는 자나 종교적 경험 없는 영적인 사람, 공식적 종교에 경험이 거의 없는 사람, 또는 심지어 예전에 기독교인이었던 사람일 수도 있다. 짧은 글에서 이런 큰 집단의 사람들을 정의하는 것은 사실상 불가능하다. 그러나 이렇게 광범위한 사람들에게 하는 설교는 전통적 설교로부터 구도자 메시지를 구분하는 공통적인 요소가 있다.

구도자 메시지 (Seeker Messages)

구도자에게 민감한 교회에서는 종종 설교를 메시지라고 이름한다. 대부분의 경우에 이는 교회 고유의 언어를 피하기 위해 제목을 바꾸는 것에 불과하다. 그러나 구도자를 위한 메시지는 또한 다른 형식과 접근 방식 그리고 심지어 다른 내용을 사용한다. 구도자를 염두에 두고 예배를 디자인하는 교회는 설교자에게 매주 설교를 전달하는 임무에 대해 다시 한번 생각하도록 도전한다. 지금은 설교가 다가올 진노에 대한 두려움을 불러일으키는 불과 유황으로 하나님을 선포하는 대각성 운동의 사경회가 있던 그런 시대가 아니다.

오늘날 구도자를 위한 메시지는 본질적으로 초대하는 특성을 가지고 있고, 정직함과 청중과의 관계 속에서 영감을 준다. 하나님의 말씀은 강압이나 요구 없이 사람들을 그리스도인의 여정으로 초대하기 위해 선포된다. 메시지는 사람들에게 그들의 일상과 계속되는 영적 여정과의 관련성을 보여 주는 방식으로 구체화된다. 설교자는 세상에 대한 그리스도의 열린 돌봄과 관심을 반영하는 방식으로 사람들과 관계를 맺는다.

구도자를 위한 메시지는 청중으로 하여금 성경 이야기, 교회의 언어나 종교적 역사를 몰라도 전해진다. 오히려 이 메시지는 사람들로 하여금 기독교 역사 속으로, 앞서 간 수 많은 사람과 함께 신앙의 여정에 동참하도록 초대한다.

1. 성경적 설교

구도자를 위한 메시지는 여전히 성경적 설교일 수 있다. 결국, 그리스도인들은 거룩한 성경의 전통으로 풍성한 자들이다. 성경은 무엇보다 이야기이다. 메시지를 전하는 시간은 세상 가운데 계속되는 하나님의 일하심과 임재의 관한 고대 이야기 속으로 들어가기를 열망하는 청중과 그 이야기를 나눌 단지 하나의 기회이다.

설교자는 성경을 여러 가지 방법으로 메시지로 포함시킬 수 있지만 구도자를 위한 메시지는 사람들로 하여금 그 이야기를 알아야 한다고 요구할 수 없다. 예를 들어, 비 오는 날에 관해 길게 계속되는 농담으로 노아를 언급하는 것은 사람들이 창세기 7-9장의 이야기를 알고 있다고 가정하는 것이다. 이 고대의 유명한 이야기조차 오늘날의 문화에서는 널리 알려져 있지 않다.

구도자를 위한 메시지에서 성경을 비판적이지는 않고 초대하는 식으로 사용하게 되면 그리스도의 메시지를 가장 효과적으로 전달하게 될 것이다. 사람들을 조종하거나 기독교 신앙을 강압하는 성경을 사용하는 구도자를 위한 메시지는 종종 청중에게 전달되지 못할 것이다. 사람들을 성경 공부에 참여하도록, 하나님의 일하심의 이야기 속으로 들어가도록, 주어진 성경이나 설교의 메시지에 대해 질문하고 숙고하도록 초대하는 성경적 설교가 진정으로 구도자에게 민감한 설교이다.

구도자를 위한 메시지는 설교단으로부터 벗어남을 통해 이러한 초대적이고 비판적이지 않은 본성을 반영하게 될 것이다. 구도자를 위한 메시지는 설교단 위가 아닌 바닥 자리에서나 열린 성단소(chancel)에서 전하는 것이 일반적이다. 그런 가운데 설교자의 바디랭귀지가 기독교 메시지의 열린 형

구도자 메시지(Seeker Messages)

태의 초청하는 본질을 전달할 수 있다. 높은 의자에 앉아서도 설교자는 메시지를 전하는 시간을 좀 더 격식 없는 분위기로 만들기 위해 설교할 수 있다.

마찬가지로 포스트모던 세계에서 설교의 예술과 본질은 모든 범위의 예술과 미디어를 구도자를 위한 메시지에 통합한다. 하나님의 끝없는 사랑의 초대와 그리스도인의 계속되는 신앙 여정은 예술, 이야기, 노래, 춤과 드라마에 아름답게 반영된 메시지이다. 교회 담장 밖의 사람들과 함께 나누는 새롭게 변화하는 세상에서의 이러한 메시지는 다양한 감각을 동원할 때 매우 효과적이다.

구도자를 위한 메시지는 시각 이미지들, 스테인드 글라스, 영화 클립, 대중 음악, 무용수, 배우 또는 예술가와 함께 성경의 이야기를 전하게 될 것이다. 예를 들어, 예술가는 예레미야 18:1-6을 읽는 동안 토기를 던질 수도 있을 것이다. 구체화와 예술을 통해 하나님의 말씀을 전하는 구도자를 위한 메시지는 완전한 감각적 참여의 필요성을 다룬다.

2. 설교 스타일

구도자를 위한 메시지를 설교하는 것은 전통적 설교를 하는 것만큼이나 다양할 수 있다. 구도자를 위한 사역을 할 때 매주 한 가지 형식으로 메시지를 전달하는 것으로 제한하는 것은 필요하지도 않고 도움이 되지도 않는다. 다양한 방법과 스타일을 탐구하는 것은 설교자가 예배 환경에서 구도자들과 가장 효과적으로 소통할 수 있는 방법을 결정하는 데 도움이 될 수 있다.

그러나 구도자들을 위한 설교에 있어 가장 중요한 측면은 설교자의 진정성과 정직성이다. 정직한 묵상과 성경에 대한 열린 접근 방법을 가진 잘 전달되는 오대지 설교(five-point sermon)도 구도자를 위한 최고의 메시지가 될 수 있다! 그러나 설교의 대안적 스타일이 구도자를 위한 메시지의 초대적이고 열린 본성을 반영할 수 있다.

1) 질문을 설교하기

구도자들과 관계된 한 가지 대안적 방법은 구도자들로 하여금 메시지 시간에 참여할 수 있도록 하는 것이다. 질문하고 대답할 수 있게 하거나 설교에 대한 피드백을 하는 메시지 시간을 설계하면 참여를 격려할 수 있다. 이는 메시지 바로 다음이나 예배 후 토론과 대화를 위한 소규모 모임에서 할 수 있다. 또는 예배 전이나 예배 중에 메모지에 질문을 모아서 메시지 시간에 다루면 설교 피드백이라는 형식이 가질 시간적인 어려움을 완화시킬 수 있다. 즉흥적으로 말하는 것에 불편함이 있거나 도전적인 질문에 응답하기 위해 더 많은 준비 시간이 필요한 설교자라면 그 질문들을 모아서 다음 메시지를 위한 주제로 사용할 수 있다.

질문을 설교하기 위해 설교자는 주의를 기울여서 부지런히 성경과 본문에 관련된 신학 주제들을 연구함으로 준비할 것이다. 소설, 텔레비전, 영화, 신문과 잡지에서 유사한 주제들을 관찰하거나 구도자들과 교회 성도들로 구성된 소그룹에서 토론하는 것도 도움이 될 수 있다. 마지막으로, 잘 준비된 설교자는 많은 기도로 이 메시지 시간을 든든히 뒷받침 할 것이다.

질문을 설교하는 것은 구도자를 위한 그리스도인의 여정으로 멋지게 초대한다. 역시나 설교자에게는 견문을 넓히는 연습이 되고 청중에게는 도전이 되는 경험이 된다.

2) 이야기를 설교하기

예수님은 스토리텔링(storytelling) 기술을 통해 가장 심오한 메시지를 가르치셨다. 예수님은 일반적 이미지, 일상의 경험, 신뢰할 만한 인물을 활용해서 스토리텔링에 의존하셨다. 그리고 나서 이야기가 스스로 말하도록 하셔서 청중으로 하여금 자신의 방식으로 하나님의 말씀을 듣고 받아들이도록 하셨다.

성경 이야기를 다시 들려주거나 이야기 설교를 하는 것은 구도자들에게 다가가는 강력하고 효과적인 방법일 수 있다. 이야기 속 인물이나 사건을 극적으로 묘사해서 이야기를 다시 들려줄 수 있을 것이다. 이 이야기는 비공식적이거나 현대 언어로 다시 들려줄 수 있거나 유진 피터슨의 『메시지』(*The Message*, 1994)와 같은 책에서 인용하여 읽어 줄 수도 있다. 또 다른 이야기 설교는 허구 이야기나 시를 사용해서 성경의 메시지나 사건을 설명할 수 있다. 마찬가지로 현대적 이미지와 사건을 사용해서 재구성된 비유들이 예수님의 가르침이 현대적 삶과 연관이 있다는 것을 보여 줄 수 있다.

설교단을 떠나서 사람들을 이야기로 초대하고 더 따스한 스토리텔링 분위기를 조성할 수도 있다. 설교자가 이야기를 들려주고는 그 이야기가 자신의 삶과 사역에 어떤 영향을 주었는지를 이야기할 때 청중은 그 이야기를 자신의 삶과 연관시키는 방법을 알게 된다.

3) 말 없이 설교하기

성찰적이거나 묵상적인 예배 경험을 디자인하는 예배 기획자에게 있어 전통적 설교는 중심된 시간이나 묵상적 반추에 의해 대체될 수 있다. 묵상적 설교에서 설교자는 예배의 경험에서 중요하지 않은 존재가 되기 위해 노력한다.

구도자는 묵상 또는 반추의 시간에 하나님과 직접적으로 연결되어 하나님의 메시지를 듣는 것이 권장된다. 묵상 안내집을 사용하거나, 성경과 관련 독서를 묵상하는 시간에 앞서 성경 및 관련 독서를 제공할 수도 있다. 성경 본문을 읽은 후 몇 차례 반복적으로 침묵하는 렉시오 디비나 방법이 활용될 수 있다. 반추의 과정에서 도움을 주기 위해 성경을 기악 또는 성악과 함께 할 수 있다.

묵상적 설교를 제공할 때의 도전은 설교자가 말씀을 설교할 책임에 대한 고정관념을 극복하는 것이다. 종교개혁 이후로 이것은 특정 성경 구절을 주해하고 설명해야 할 책임을 의미하게 되었다. 묵상적 설교에서 설교자는 하나님과 하나님의 말씀이 의식, 음악, 예전과 침묵을 통해 쉽게 발견된다는 것을 인정한다.

3. 구도자를 위한 메시지를 설교하기

설교 스타일이 어떠하든 설교자의 열린 수용과 초대적 접근에 대한 태도는 중요한 측면이다. 대부분의 설교와 마찬가지로, 개인적 연결이 구도자를 위한 메시지에 있어서 중요한 요소에 해당한다. 그리스도인의 삶에 대한 메시지의 실천적 적용은 구도자에게 도움이 되는 연결 지점을 제공할 수 있다.

따뜻함을 풍기고 진심을 다하고 진정한 믿음과 사랑을 드러내 주는 설교자는 거의 모든 설교 스타일이나 형식으로 구도자에게 다가갈 수 있을 것이다. 설교자가 설교의 예술과 본질을 통해 그리스도의 사랑을 보여 줄 때, 성령은 하나님의 메시지를 듣고 받기를 바라는 모든 사람의 삶 속에서 일하실 수 있다.

참고 주제 이머징교회 설교; 전도 설교; 선교적 설교; 기술과 설교.

참고 문헌 Ed Dobson. *Starting a Seeker Sensitive Service: How Traditional Churches Can Reach the Unchurched.* (1993); Doug Pagitt. *Preaching Re-Imagined: The Role of the Sermon in Communities of Faith.* (2005); Eugene Peterson. *The Message.* (1994).

선포로서의 설교(Sermon as Proclamation)

데이비드 J. 로스(David J. Lose)

설교의 선포적 본질에 관한 최근의 관심은 20세기에 이루어진 성경적, 신학적 연구로부터 생겨났다. 예를 들어, C. H. 도드(C. H. Dodd)는 *The Apostolic Preaching and Its Developments*(사도적 설교와 그 전개)에서 초기 교회의 선포(케리그마)와 가르침(디다케)을 구분했다. 사도들의 설교로 특징지워졌던 복음의 구원적 메시지는 그들의 윤리적 또는 신학적 가르침과는 대조를 이뤘다.

> 오늘날 교회의 많은 설교가 초기 그리스도인들에게는 케리그마로 인식되지 않을 것이다(Dodd 1936, 7-8).

도드의 연구가 가르침과 선포 사이를 너무 날카롭게 구분했다는 이유로 일부로부터 비판을 받지만, 그래도 칼 바르트(Karl Barth), 디트리히 본회퍼(Dietrich Bonhoeffer), 루돌프 불트만(Rudolf Bultmann), 게르하르트 에벨링(Gerhard Ebeling) 등의 제안에 공감을 불러일으켰다.

유럽과 북미의 주류 개신교 설교의 특징은 역사적 신앙을 고백하기보다 전통의 역사적 세부 사항에 종종 몰두하느라 그만 실존적 우위를 잃었다. 설교자들은 교리적 가르침과 도덕적 권면으로 회귀하고 말았다. 많은 사람이 결론을 내리기를 설교는 진정으로 교회의 설교가 되기 위해 케리그마적인 본질을 되찾아야 한다. 20세기 중반에 이루어진 디다케로부터 케리그마로의 전환의 네 가지 요소는 오늘날의 설교학 이론과 실천의 핵심으로 남아 있다. 각 요소는 설교 안에서 그리고 설교를 통해서 하나님의 경험을 실제로 만들어 내는 방향으로의 전환을 강조한다. 우리는 케리그마 설교를 성경에서 증언되는 것처럼 예수 그리스도의 인격 안에서 하나님의 결정적인 구원 활동을 권위 있게 선포하여 현재를 사는 개인에게 주장하는 것으로 정의한다.

첫째, 기독교적 선포는 철저히 성경적이어야만 한다. 디트리히 본회퍼가 핀켄발트(Finkenwald)의 고백신학교에서 학생들에게 말했던 바와 같다.

> [기독교 설교는] 성경의 증언에 의해 위임되고 구속된다. … 그 내용은 오직 성경의 증언이다(1991, 132-33).

진정한 성경적 설교의 중심은 단지 내용, 즉 본문의 주해만이 아니라, 주어진 성경 구절에 생동감을 불어넣는 역동적 자극을 드러내 보이는 것이다. 케리그마적 설교는 성경 본문 자체에 처음 영감을 주었던 메시지와 주장을 모두 표현해 내기 위해 노력을 한다. 게르하르트 에벨링은 다음과 같이 기록했다.

> 성경은 행해진 선포를 증언하고, 이제 이루어질 선포에 대한 자극이 된다(1961, 183).

둘째, 케리그마적 설교는 본질적으로 사건 중심적이다. 분명한 성경 구절의 내용을 표현할 뿐 아니라, 청중에게 동일한 효과를 드러내기 위해 노력한다. 존 어스틴(John Austin)의 범주를 빌리면, 성경은 본질적으로 청중에게 무언가를 행하고자 하는 수행적 특징을 가진다.

에벨링은 다음과 같이 말한다.

> 우리는 단어가 무엇을 담고 있는지를 물음으로가 아니라, 단어가 어떤 영향을 주고, 어떤 방향으로 나아가며, 어떤 미래를 드러내는지를 질문함으로써 단어의 본질을 파악하게 된다(1961, 187).

케리그마적 설교는 그저 말함에 관심을 두는 게 아니라 정확히 무언가를 행함에 관심을 둔다. 그래서 설교는 용서에 관해 말해야만 하는 게 아니라, 청중으로 하여금 용서 받음의 경험을 만들어 내도록 용서해야만 한다.

셋째, 기독교 선포에는 본질적으로 객관적인 요소 있는데, 이는 설교자와 청중 모두를 넘어서는 진리를 객관적 실재로서 자신 있게 증거하기 때문이다. '케리그마적'이라는 단어는 왕의 선포를 알리도록 임무를 받은 사람을 뜻하는 그리스어 '케룩스' 또는 "전령"에서 유래했다. 마찬가지로 설교자는 다른 사람을 대신해서 하나님이 행하셨고 여전히 행하고 계신 것을 선포하며, 이 선포는 하나님 말고는 누구도 그 자격을 부여할 수 없다.

칼 바르트가 주장했던 것처럼, 설교자의 권위는 "전령을 보내는 분의 권위에 달려 있다"(1991, 50) 그러므로 이 좋은 소식, 즉 복음은 설교자의 지혜나 경험 또는 인격과는 별개로 객관적인 진리로 남아 있고, 변화하는 역사의 흐름으로부터 독립적으로 유지된다. 설교는 문화적으로 적절한 방식으로 표현되지만, 그 이면에는 시대를 초월한 진리의 선포가 있다.

넷째, 기독교 선포는 관계적이다. 그것은 예수 그리스도를 통해 중재된 하나님과 인간 사이의 관계를 형성하고 다룬다. 설교는 청중에게 하나님에 대한 정보를 제공하는 것이 아니라, 하나님과의 만남으로 청중을 이끌기 위해 노력한다.

마르틴 부버(Martin Buber)의 언어를 빌리면, 선포는 "나와 너"라는 직접적이거나 일인칭 시제의 성격을 가진다. 과거의 하나님의 행하심에 관심을 우선 가지는 것이 아니라, 하나님이 여기 그리고 지금 현재 청중의 삶 속에서 하고 계신 일에 주목하는 것이다.

루돌프 불트만이 다음과 같이 경고한다.

> [오직 역사적이거나 내러티브적인 예수님은] 우리에게 어떤 직접적인 요구도 하지 않으시고, 그분께 대적하는 우리의 어떤 행동에도 우리를 정죄하지 않으신다. … 실제로 그분은 다른 사람들에게 요구하시고 다른 사람들에게 판단을 내리시는 것만 보이기 때문이다. … 나는 그분께 잘못한 것이 없고 그분은 나를 용서할 것이 없으시다(1987, 126-28).

청중이 하나님의 심판과 약속을 만나게 하도록 설교자는 3인칭 묘사의 언어로부터 1인칭과 2인칭 관계의 언어로 전환해서 청중을 성경적 증거와 설교 속으로 끌어와야 한다.

일반적으로 신학적 연구에서 케리그마적 전환은 1960년대 후반과 1970년대 초반에 북미 설교학자들을 사로잡았고, 우리 시대에까지도 계속해서 발전하고 있다. 크래독은 『권위 없는 자처럼』(As One Without Authority)에서 에벨링과 다른 학자들의 통찰력을 설교에 적용해서 설교자들로 하여금 자신의 설교가 청중에게 단지 정보를 전달하는 것만이 아니라 오히려 실제 영향을 미칠 수 있다고 상상하도록 초대했다.

그는 우선 설교자들에게 형식과 내용 그리고 기능을 분리할 수 없으며, 설교자들이 이전에 수용해 왔던 형식이 선포라기보다는 논리적, 역사적 분석의 형식들이었다는 것을 상기시켰다. 신학적 연구와 주해 그리고 역사적 분석이 그 자체만을 위해 이루어져서는 안 된다.

> 주해는 선포에서 자연스럽고 적절한 성취를 이룬다(1979, 123).

그는 설교자들에게 살아 계신 하나님과의 만남과 경험이 일어나도록 만드는 보다 더 귀납적인 형태의 설교로 움직일 것을 강조했다. 현대 설교학자들, 특히 종교개혁의 직접 후손의 전통에 속한 설교학자들 가운데 설교의 주된 목적을 교육적이라고 규정하는 사람은 거의 없다.

오늘날 설교는 고백으로 묘사되는데, 이는 곧 현대 그리스도인들의 삶에 있어 성경의 하나님이 지속적으로 일하심을 증거하거나 증언하는 것을 말한다.

예를 들어, 토마스 롱(Thomas Long)은 다음과 같이 말한다.

> 증인으로서의 설교자는 지위나 권력으로 인해 권위를 가지는 것이 아니라 설교자가 보고 들은 것으로 인해 권위를 가지게 된다. 설교자는 음성을 듣고, 임재를 찾고, 본문을 통해 만나게 될 하나님의 외침을 소망한다(1989, 44).

안나 카터 플로렌스(Anna Carter Florence)는 설교를 간증이라 말하면서 설교자가 제공해야 할 것은 결국 성경 본문과 우리 삶 속에서 드러나는 그리스도 안에서 우리가 알게 되는 하나님에 대한 경험에 관한 간증이라고 주장한다(2007).

다른 설교학자들도 마찬가지로 신앙과 설교의 중심은 하나님의 존재에 대한 논증이나 신앙에 대한 묘사가 아니라 선포된 말씀 안에서 그리고 그 말씀을 통해 청중을 만나는 사건인 예수님의 죽음과 부활에서 하나님이 행하신 주된 활동에 관한 고백이라고 주장했다(Lose 2003).

오늘날 케리그마적 설교는 오늘날 성경 본문의 적용을 설교 중심에 위치시키는 경향을 반대한다. 디트리히 본회퍼(Dietrich Bonhoeffer)가 제안하기를 적용은 현재적 질문과 상황에 적용할 수 있는 과거의 원리나 종교적 진리를 찾으려 노력하는 것으로 구성된다. 이렇게 할 때 사도적 증언의 역동적이고 케리그마적인 요소는 성경적 대답으로 오늘날의 질문에 대답하는 설교자의 교훈적 관심에 의해 평탄화된다.

본회퍼는 적용보다는 해석을 옹호하고 설교자는 성경이 어떤 질문과 대답, 문제와 반응을 이끌어 내는지에 관해 확인하기 위해 성경을 그 나름대로 현재 안으로 말하게 한다는 입장을 지지한다. 해석적 행위에서는 답도 질문도 전제되지 않으며, 우리가 우리 자신의 상황 가운데 서서 살아 있고 능동적인 말씀에 귀기울이려 할 때 어떤 일이 일어나는지 보는 것이 과제이다.

케리그마적 설교의 주된 목적은 과거 사건과 행위에 대한 증인이 현재를 향해 말하도록 하기 위해 성경을 해석하고, 그래서 청중을 살아 있는 주님과 만나도록 인도하는 것이다.

게르하르트 포데(Gerhard Forde)는 다음과 같이 말한다.

> 선포에서는 말씀을 설명할 뿐 아니라 청중에게 말씀을 행하기도 한다(1990, 149).

그러한 설교는 하나님과 신앙에 관한 정보를 제공하고 성경과 현대의 사건을 설명할 수도 있지만, 궁극적 목적은 청중이 살아 계신 하나님의 주장을 직면하고 살아 있는 신앙으로 도전을 받도록 감동시키는 데 있다. 또는 요한복음 20:31은 설교자 복음 선포 목적에 대해 다음과 같이 말한다.

> 오직 이것을 기록함은 너희로 예수께서 하나님의 아들 그리스도이심을 믿게 하려 함이요 또 너희로 믿고 그 이름을 힘입어 생명을 얻게 하려 함이니라(요 20:31).

참고 주제 기독론; 성령과 설교; 선포의 신학; 하나님의 말씀

시리즈 설교(Sermon Series)

참고 문헌 Karl Barth. *Homiletics*. Translated by Geoffrey Bromiley and Donald Daniels. (1991); Dietrich Bonhoeffer. *Worldly Preaching: Lectures on Homiletics*. Edited and translated, and with critical commentary by Clyde E. Fant. (1991); Rudolf Bultmann. "On the Question of Christology." *Faith and Understanding*. (1987); Fred Craddock. *As One Without Authority*. 3rd ed. (1979); C. H. Dodd. *The Apostolic Preaching and Its Developments*. (1936); Gerhard Ebeling. *The Nature of Faith*. Translated by Ronald Gregor Smith. (1961); Anna Carter Florence. *Preaching as Testimony*. (2007); Gerhard Forde. *Theology Is for Proclamation* (1990). Thomas G. Long. *The Witness of Preaching*. (1989); David J. Lose. *Confessing Jesus Christ: Preaching in a Postmodern World*. (2003).

시리즈 설교(Sermon Series)
마이클 더두잇(Michael Duduit)

설교하는 목회자는 주일 설교를 위해 주제와 본문을 선택하는 것과 관련해서 두 가지 옵션이 있다. 목회자는 매 주일 완전히 독립된 설교를 할 수 있다. 예를 들어, 이번 주일날은 용서에 관해, 다음 주일은 가족에 대해, 또 다음 주에는 기도에 관해 등으로 말이다.

이와는 반대로 점점 더 많은 목회자가 시리즈로 설교 스케줄을 계획하는 옵션을 더 가치 있게 여긴다. 매 주일마다 주제를 계속 바꾸기보다는 시리즈로 설교하는 것이 더 큰 가치가 있다고 여기기 때문이다.

1. 왜 시리즈 설교인가?

시리즈 설교의 장점은 다음과 같다.

첫째, 설교 준비를 간소화해 주고, 설교자는 무엇을 설교할 것인가를 결정하는 데 시간을 줄이고, 대신 선택한 주제에 관해 무엇을 말할 것인가에 더 많은 시간을 집중할 수 있다. 매주 월요일 아침마다 다음 주일날 무엇을 할까 고민하는 대신 시리즈 설교를 하는 목회자는 한 번에 여러 가지의 메시지를 계획할 수 있다. 그런 다음 설교 준비 스케줄을 잡게 될 때 설교자는 그 주의 주제를 결정하려 하고 노력하기보다는 메시지 그 자체로 돌아갈 수 있다.

둘째, 시리즈 설교는 설교자가 더 깊고 넓게 주제를 다룰 수 있다는 점이다. 메시지가 완전히 자율적이고 더 큰 설교 계획과 관련이 없는 경우라면, 한 번의 설교에서 사용할 수 있는 시간이 제한되어 있긴 하지만, 주요 주제의 하이라이트만을 다룰 수 있는 기회가 주어진다.

중요한 주제나 성경을 피상적으로 다루고 다음 주제로 신속하게 넘어가는 대신, 시리즈 설교는 설교자가 더 깊이 파고 들어 주요 관심 분야를 더 의미 있게 다룰 수 있다. 더불어 설교자는 시리즈의 주제와 관련된 다양한 이슈를 다루도록 시리즈를 디자인할 수 있기에 폭넓은 청중에게 더욱 가치 있는 설교의 순간이 되도록 한다. 이 시리즈를 통해 다루어지는 주제를 더 잘 이해하게 되면서 회중은 진행되어 가는 움직임을 느낄 수 있게 된다.

셋째, 설교 시리즈의 또 다른 장점은 실

용적 측면이다. 설교자는 하나의 성경 책이나 주제에 연장된 시간을 할애하기 때문에 책이나 주제에 관한 연구를 위해 더 많은 자원을 투자할 여유를 가질 수 있다.

예를 들어, 설교자가 한 주간 창세기를 설교하고, 다음에 누가복음, 그리고 다음에 히브리서를 설교한다면, 설교자가 그 다음 몇 주 동안 마가복음을 설교할 것이라는 것을 알고 있다 하여도 그 설교를 위해 중요한 배경 연구를 하기엔 어려움이 있다. 하나의 책이나 주제에 몇 주를 할애하면 설교를 위한 중요한 통찰력을 얻을 수 있는 예비 연구를 위한 시간을 가질 수 있다. 마찬가지로 이러한 시리즈 설교는 긴 기간 동안 하나의 책에 집중할 것이기 때문에 설교자는 연구와 준비에 도움이 될 그 시리즈의 주제에 대한 양질의 주석이나 연구 자료를 구입해서 효과를 얻을 수 있다.

시리즈 설교는 또한 연간 설교 달력을 준비하는 과정도 간소화시킨다. 시리즈 설교를 하는 설교자는 52개의 다른 주제를 찾기 위해 52개의 주일로 되어 있는 빈 달력을 마주하는 대신, 다양한 길이의 기간 동안 진행될 6-12개 정도의 시리즈를 계획한다. 한 해의 설교를 계획하는 것이 개별 주일로 나누지 않고 몇 개의 설교 시리즈로 나누면 더 관리하기 쉬운 작업이 된다.

2. 어떤 종류의 시리즈 설교를 할 것인가?

설교 시리즈를 계획하는 데에는 다양한 접근 방법이 있고, 많은 설교자가 한 해 동안 여러 유형의 시리즈를 사용한다.

성서정과에 따라 설교하는 것이 한 가지 방법이 될 수 있다. 성서정과가 일정한 기간 동안 성경의 모든 부분을 안내해 줌에도 불구하고, 대부분의 성서정과는 복음서 중 하나와 같이 성경의 책 한 권을 여러 주에 걸쳐 다루는 본문 시리즈로 구성되어 있다. 설교자는 이러한 본문 선택과 이러한 선택으로부터의 설교에 의해 한 해 내내 다양한 성경적 설교 시리즈를 만들 수 있다.

많은 교회에서 행해지는 더 일반적인 유형의 시리즈 설교는 렉시오 콘티누아 방식으로, 성경 한 권을 확장된 설교 시리즈의 기초로 사용하는 방식이다. 그런 시리즈 설교는 몇 달 그리고 심지어 몇 년 동안 일반적으로 지속된다.

마틴 로이드 존스(Martyn Lloyd-Jones)는 금요일 저녁 예배에서 로마서를 13년 동안 설교했다(『로마서 강해』[The Romans], CLC 刊). 그리고 이후 에베소서 시리즈 설교가 8권으로 된 강해집(『에베소서 강해』[Exposition of Ephesians], CLC 刊)으로 출판되기도 했다.

그러나 오늘날 교회에서 이런 시리즈 설교는 규칙이기보다는 예외적인 방식이다. 그렇지만 성경을 기초로 한 시리즈 설교는 계속해서 여전히 일반적으로 이루어지고 있다.

어떤 설교자는 이러한 설교에서 절별 형식을 사용하고, 또 다른 설교자들은 구절을 선택하기도 한다. 이 계획된 모델에 접근하는 또 다른 방식은 전체 성경책이 아닌 성경책의 한 부분에 대한 시리즈 설교를 개발하는 것이다. 예를 들어, 산상수훈 (또는 더 좁게는 팔복), 십계명 또는 요한계시록 2-3장에서 일곱 교회에 보내는 편지를 중심으로 많은 설교 시리즈가 만들어졌다.

성경 본문을 차례대로 설교하는 방식은 어떤 이점이 있을까?

설교자는 다음 주일날 어디로 가게 될지를 알기 때문에 준비 과정은 간소화되고, 설교자는 피할 수 없는 본문을 불가피하게 다루게 될 것이기에 회중과 설교자에게 하나님의 말씀으로부터 새로운 통찰력을 열어 주고, 설교자는 논란의 여지가 있거나 어려운 구절을 하나의 독립적인 메시지로 다루기 위해 하나의 본문을 택하는 것과는 상반되게 연이은 순서의 한 일부로 다룰 수 있다. 또한, 회중은 성경 본문을 통해 계속되는 진행 과정을 측정할 수 있다는 점에서 또한 이점을 가진다.

또 다른 접근 방식은 하나의 성경 내의 책에 기초하기보다는 주제별로 시리즈를 개발하는 것이다. 예를 들어, 설교자는 가족이나 그리스도인 제자로 자라가는 방법에 관한 시리즈 설교를 할 수도 있을 것이다. 각 설교는 주제의 한 측면에 초점을 두도록 설계될 것이다. 이러한 설교는 점진적 시리즈로 계획되지만 성경 한 권으로부터의 구절들에 기초할 필요는 없다.

3. 시리즈 설교를 준비할 때 …

설교를 계획할 때, 설교자는 시리즈 설교의 길이가 과거에 비해서 점점 짧아지고 있다는 점을 고려해야 할 것이다. 과거 세대의 위대한 설교자들은 때때로 여러 해 동안 지속되는 시리즈 설교를 하기도 했다. 예되가 있긴 하지만, 오늘날 대부분의 목회자들은 한 시리즈에 대한 회중의 관심이 계속 유지되는 것이 거의 불가능하다는 것을 발견한다.

오늘날 시리즈 설교가 4주에서 8주, 때로는 12주까지 진행되는 것이 더욱 일반적이다. 그 시리즈가 길어야 하는 경우, 목회자는 종종 보다 더 짧은 시리즈를 중간에 삽입해서 시리즈를 끊는 방법을 찾기도 한다(예를 들어, 대림절과 관련된 짧은 시리즈 설교는 보다 긴 책 시리즈 설교에 삽입해서 필요한 경우 한 권의 성경책에 더 많은 시간을 할애할 수도 있다).

또 다른 주의 사항은 각 설교를 앞 뒤의 설교와 독립되게 만드는 것이다.

시리즈 설교에서 "지난 주로부터 기억하시는 것처럼"에 의존해서 거기서부터 이야기를 계속하고 싶은 유혹이 있지만, 만약 지난 주에 회중의 20퍼센트가 참석하지 않았다면 어떻게 할 것인가?

그런 경우에는 설교가 시작되면서 지난 주 참석하지 않았던 사람들(그리고 새신자들이나 방문자들)은 길을 읽게 된다. 그래서 시리즈가 주제를 점진적으로 세워 갈 수 있더라도 설교자는 이전 설교에 의존하지는 말아야 한다.

시리즈 설교를 계획할 때 교회력과 관련된 주제들에 관해 어떻게 강조하고 가르칠 수 있는 지도 고려해야 한다. 대림절, 사순절과 부활절을 중심으로 만들어진 시리즈 설교는 훌륭한 설교의 기회를 제공한다.

예를 들어, 캔사스 시티에서 부활연합감리교회의 아담 해밀턴(Adam Hamilton)은 그리스도의 고난에 관한 〈세상을 바꾼 24시간〉이라는 제목으로 여섯 번에 걸쳐 사순절 설교를 했다. 릭 워렌(Rick Warren)은 〈당신을 위한 이번 크리스마스의 하나님 선물〉

이라는 제목으로 다섯 번에 걸쳐 설교했다.

시리즈 설교는 교회가 회중의 삶 속에서 중요한 이슈를 다루도록 효과적으로 인도해 주기 위해 사용될 수 있다. 설교자는 주제를 다룰 여러 메시지를 가지고 있기 때문에 견고한 기초를 세우고, 어느 정도 상세히 그 주제를 논하고, 행동으로 이어지도록 동기를 부여할 수 있다. 그래서 많은 목회자에게 시리즈 설교가 설교 사역의 대부분을 차지한다건 놀랄 일이 아니다.

참고 주제 회중, 교단의 주해; 설교(신학) 비평; 장기적 설교 계획

참고 문헌 Adam Hamilton. *Unleashing the Word: Preaching with Relevance, Purpose, and Passion.* (2003).

교회 정체성을 형성하는 설교(Shaping Congregational Identity)

에드윈 시어시(Edwin Searcy)

설교는 세상 속에서 구분된 정체성을 가진 사람들로 세워 간다. 성공과 안위라는 우상에 의해 유혹을 받는 자들 안에서만이 아니라, 만성적 염려, 무관심과 두려움으로 인해 고통 받는 회중에게서 설교자들은 집단적 기억 상실 증세를 엿보게 된다. 교회가 누구인지, 누구의 교회인지를 잊어버릴 위험이 있을 때마다 설교자의 소명은 교회를 세워 가는 일이다(고전 14:3-4).

교회의 정체성을 형성해 가려는 설교는 성경을 통해 재묘사되는 세계로 청중을 초대한다. 그런 설교를 듣는 것은 외국 문화에 몰입되는 것과 유사하다. 그런 설교는 교회가 하나님 나라의 낯선 관습과 놀라운 삶의 방식에 관한 증인이 되기 위해 존재한다고 가정한다. 그 중심 관심은 성경이 하나님의 백성들을 어떻게 형성하는가 하는 것이다. 그로 인해 설교는 본문이 개인들에게 무엇을 의미하는지 또는 사회적 이슈에 대해 어떻게 말하는지 묻지 않는다. 이러한 본문을 따라 살아가도록 배우는 회중은 개인의 필요와 사회 안에서 직면하는 이슈를 충실하게 다룰 것이라 확신하게 된다.

예수님이 "너희는 세상의 소금이니"(마 5:13)라고 말씀하실 때, 우리는 흔히 예수님이 개인들에게 말씀하신다고 상상한다. 개인주의적 문화에 길들여진 우리들은 종종 이러한 성경 구절들이 공동체, 즉 여러분에게 말하고 있다는 사실을 인식하지 못한다. 단수형 '당신'으로부터 복수형인 '여러분'에게로의 전환은 공동체적 정체성을 세워 가는 설교를 할 때 중요한 핵심이다.

이러한 설교의 초점은 개인들의 모임으로서의 교회라기보다는 집단적 제자로서의 교회이다. 이러한 방식으로의 설교는 특정한 성품과 고유한 소명을 가진 예수님의 제자로서 회중에게 전달된다. 바디매오의 이야기에 관한 설교는 시력을 회복하게 되어 예수님을 따라 십자가의 길을 향해 가는 길에 있던(막 10:46-52) 맹인의 역할로 회중의 자리를 위치시킬 수 있을 것이다. 시간이 지나면서 이러한 설교는 세상이 복음을 듣고, 보고, 복음에 참여하도록 하기 위해 사람들의 삶이 복음에 대한 살아 있는 해석이 되도록 하는 데 도움이 된다.

의도적으로 회중의 정체성을 형성하는 설교는 해석자와 본문 사이에 교회를 위치시킨다. 오늘날 문화가 성경이 이해될 수 있도록 예화로 채굴될 필요는 없다. 대신 세례반과 성찬상에 모인 회중이 본문의 살아 있는 예화가 된다. 본문은 회중의 믿음을 향한 몸부림, 신실한 행동, 아파하는 애통과 섬김으로의 부르심을 다룬다.

성경은 현재 시제로 교회를 향해 말한다. 설교자는 현대 세계로부터 고대 세계로 마구 오가지 않는다("예수님이 제자들에게 말씀하셨다"가 아니라 "예수님이 그분의 제자들에게 말씀하신다"). 이제 사라와 아브라함은 고대의 선조가 아니라, 우리와 동시대의 인물이다. 이제 포로의 삶은 역사 교훈이 아니라 우리의 이야기이다. 이제 바울은 초기 교회에 편지를 쓰는 것이 아니라 이 회중에게 쓰는 것이다. 이제 이 교회는 감소하는 회중 숫자와 수리해야 할 지붕으로 인해 염려하는 자발적 조직이 아니라, 대신 "거룩한 나라요, 하나님의 소유된 백성"(벧전 2:9)이다.

설교에서 이러한 강조점은 회중에게 설교를 환대의 협력적 행위로 생각하도록 가르친다. 본문은 하나님의 백성들에게 놀라운 말씀을 전하는 거룩한 방문자로 다가온다(창 18:1-15; 히 13:2). 설교자는 회중에게 이러한 방문자가 제기하는 모든 문제를 해결하려고 하지 말고, 성경에 가까이 머물면서 성경에 나오는 우여곡절의 내용에 주의를 기울이며 경청하도록 초대한다. 회중은 본문에 담긴 자신의 고난과 소명에 관한 암시들을 살피는 데 시간을 쓰는 법을 배운다.

이러한 설교는 번역의 행위이기보다는 교리 교육(카테키시스[*catechesis*]: '울리다'를 의미하는 그리스어 카테케오[*katēcheo*]로부터 유래)의 실행에 가깝다. 이 설교는 세상 안에서 그리고 세상을 위해 회중 자신의 삶의 근원인 하나님 말씀의 소리를 함께 울려 퍼지게 하도록 회중을 초대한다.

회중의 정체성은 하나의 본문과 하나의 경험에서 형성되는 데 반해, 이러한 여러 본문과 경험이 밑에 깔려 있는 인물이나 유형을 통해 회중의 공통된 마음 가운데 자리하게 된다. 설교자는 여러 질문들로 이러한 인물들과 유형들을 드러낼 수 있다.

이 회중은 이것들을 어떻게 이해하는가?

이 회중은 어떤 유형의 회중인가?

그리스도의 십자가에 못박힌 제자가 된다는 것이 무엇인지를 잊게 될 위험에 처한 교회에서 교회에 관한 이러한 강력한 가정들은 하나님 나라에 대한 증거가 잊혀지거나 버려진 방식을 드러낸다. 형상적(또는 유형론적) 설교는 교회가 예수님의 짠 맛과 누룩과 같은 사람들이 되려 한다면, 이렇게 깊이 내재된 형상과 유형이 복음에 의해서 변화될 필요가 있다.

유형론적 설교자는 본문이 위치한 큰 내러티브, 즉 노예/ 출애굽/ 약속; 심판/ 포로/ 귀환; 회개/ 신뢰/ 제자도; 성 금요일/ 성토요일/ 부활절에 주의를 기울인다. 형상적 설교자는 특정한 본문들을 성경의 내부 텍스트적(intratextual) 세계 안에 자리하게 한다. 이런 식으로 회중의 이야기는 성경의 드라마와 엮어져 있다.

지금 우리의 끔찍한 결말은 복음의 이야기로 들어가는 성 금요일 입구이기 때문에 우리가 상상했던 그런 결말은 아니다. 지금 하나님을 기다리는 우리의 긴 절기는 성토요일에 속하기 때문에 신앙의 바깥에 있는 것이 아니다. 이제 부활절은 단지 삶의 순환에 대한 예상 가능한 약속이 아니라, 우리가 소망을 거의 포기했을 때 우리에게 뚫고 찾아들어오는 하나님의 새로운 창조에 대한 가공되지 않고 설명될 수 없는 실제이다. 이러한 지속적인 유형론적이고 유형론적인 내러티브 안에 본문과 우리의 삶을 위치시킴으로 인해 설교자는 회중에게 하나님의 자비와 신실하심을 공동체가 함께 깊이 기억할 수 있는 선물을 제공하게 된다.

참고 주제 협업; 회중; 교단의 주해; 동일화; 리더십; 예배 스타일

참고 문헌 Walter Brueggemann. *Texts Under Negotiation: The Bible and Postmodern Imagination*. (1993); Charles L. Campbell. *Preaching Jesus: New Directions for Homiletics in Hans Frei's Postliberal Theology*. (1997); Justo L. and Catherine G. Gonzales. *The Liberating Pulpit* (1994).

특별한 날을 위한 설교(Special Occasion)

제임스 A. 월리스(James A. Wallace, C.Ss.R.)

특별한 날에 하는 설교는 공동체로 하여금 특별한 축하나 사건의 신학적 의미에 주목하고, 숙고하며 분별하도록 한다. 설교는 주로 성경 본문의 렌즈를 통해서나 선택되고 지정된 본문을 통해서 그 사건에 관한 신앙적 관점을 제공하고 예수 그리스도 안에서 온전히 계시되었고 지금도 계속해서 계시되고 계신 하나님에 대한 신앙적 응답을 불러일으킨다.

1. 무엇이 그날을 특별하게 만드나?

특별한 날은 일반적으로 공동체에 중요하고 밀집도 있는 사건이나 사람들에 뿌리를 두고 있다. 이런 날들은 다음과 같다.

- 그리스도 사건의 대축제일들(성탄절, 부활절, 승천, 오순절)이나 마리아를 기념하는 좀 더 작은 축제일들(성모 마리아, 과달루페의 성모), 공동체가 존경하여 드려지는 성자들의 작은 절기 또는 공동체의 특정 기념일들(재의 수요일, 교회의 일치를 위한 기도의 날들)과 같은 신앙 기념일들.
- 공동체의 삶에서 일어나는 특별한 사건들의 축하하는 일들(세례, 결혼식, 기념일, 장례식),
- 공휴일(마틴 루터 킹 주니어 데이, 독립기념일, 노동절, 추수감사절), 그리고
- 기쁜 날이든 비극적인 날이든 목회적 주의를 요구하는 공동체나 국가의 삶에서 특별한 사건들을 포함한다.

2. 특별한 날을 위한 설교의 근거

특별한 날을 위한 설교는 우리가 시간을 흔히 크로노스, 즉 '시계의 시간'으로 분 단위가 시간, 날, 주, 달, 연으로 지속적으로 움직여 간다고 생각하지만, 시간은 갑작스

럽게 카이로스, 즉 하나님의 구원의 능력에 의해 감동된 은혜의 순간으로 바뀔 수 있다는 사실을 우리에게 상기시킨다.

이러한 설교는 공동체로 하여금 세상의 달력과 거룩한 달력 사이의 구분이 유동적이고, 주의력을 기르지 않으면 은혜의 흐름이 종종 예측될 수 없고 심지어 알아차리지 못하는 경우가 많음을 인식하게 돕는다. 특정한 날에 대한 깊이 차원에 집중하는 것은 삶의 모든 사건에서 일하시는 하나님을 인식하는 민감함을 형성하는 데 도움이 된다.

어떤 특별한 날에는 그날에 특별한 하나님의 은혜의 측면을 강조할 필요가 있다. 이런 설교는 사건에 대해 말하기보다는 그 특별한 날, 사건을 통해 일하시는 하나님의 은혜로운 행동을 드러낸다. 이러할 때 그러한 설교는 특별한 날에 비추어 하나님의 은혜가 무엇인지를 드러내는 일로 인식될 수 있다.

이런 설교는 또한 신앙을 약화시키고 없애 버리려 위협하는 위기의 상황에 대한 대응으로 볼 수도 있다. 조셉 지터(Joseph R. Jeter)는 슬픔 가운데 있는 사람들은 "상황의 고통이 자리할 수 있는 풍경"이 필요하다고 말한다(1998, 153). 설교는 우리 세상 속에서의 급진적 악의 힘에 대해 슬퍼하고, 그 존재의 진실을 고백하고, 우리 안에서 역사하는 복음의 능력을 통해 공동체로 하여금 적극적 저항을 요구할 기회를 제공할 때 그런 풍경을 제공할 수 있다(Christine M. Smith, 1992). 이런 기회를 통해 절망에서 희망으로 나아갈 수 있게 된다.

3. 몇 가지 실용적 제안

특별한 날의 설교는 설교자가 특별한 날, 성경 속에서의 하나님의 말씀, 그리고 공동체 사이에서의 대화를 촉진함으로부터 진전된다. 다음과 같은 단계를 제안할 수 있다.

첫째, 특별한 그날을 주해하라.
그 사건은 삶에 대해, 온전한 인간이 되는 것에 대해 무엇을 말하는가?
그 핵심 의미와 신학적 함의가 무엇인가?
둘째, 그날과 신앙공동체의 관계에 대해 묵상하라.
현재 그들에게 이날은 어떤 의미가 있나? 공동체에서 어떤 반응과 질문이 생길까?
셋째, 성경에 집중하라.
성경 본문을 선택하든 주어지든, 그 성경 본문에 귀 기울이고, 그 본문으로 기도하고, 묵상하고, 주해하라.
성경 읽기가 이날 어떻게 렌즈로 작용해서 공동체에게 생명을 주시는 하나님의 말씀을 전할 수 있을까?
넷째, 설교자, 공동체, 하나님의 말씀과 특별한 날 사이에서의 상호 작용으로부터 어떤 메시지가 나올 수 있는지 생각해 보라.
이러한 것이 주어질 수 있지 않을까?

- 경축으로 이어지는 은혜의 말씀
- 세상에서 행동할 수 있게 하는 도전의 말씀
- 참여한 자들을 내일로 인도하는 하나님 안에 있는 소망의 말씀

다섯째, 특별한 날을 기념하는 설교는 경

험적이고, 성경적이며, 교회적이고, 예전적이며, 일반적으로 그리스도 중심적이어야 한다는 것을 인식하라.

4. 특별한 날 설교의 몇 가지 예

결혼 예식이나 장례 예식처럼 주요 절기와 특정한 예식에 대한 특별한 날 설교의 예는 대부분의 설교집에서 찾을 수 있고, 설교에 대한 대부분의 책에서 전체 또는 부분적으로 예가 제시된다. 필자가 도움이 될 만한 것으로 연구와 영감을 얻기 위해 제안해 볼 세 가지 자료는 Crisis Preaching(위기 설교)의 마지막 장에서의 설교들(Jeter 1998), 2006년 2월 2일 국가 조찬 기도회에서 음악가 보노(Bono)가 아프리카의 심각한 상황에 관해 정치 지도자들에게 한 설교, 그리고 가장 놀라운 것은 1954년의 영화 〈워터 프론트〉(On the Water front)에서 정박 부두 위의 창고에서 그리스도의 이미지를 강력하게 사용한 배리 신부(Father Barry)의 설교이다.

5. 결론

이런 날들에는 최종 말씀이 아니라 계시적 말씀을, 때로는 복음적으로, 때로는 교리교육적으로, 때로는 예언적으로, 크로노스가 카이로스로 바뀌어갈 수 있도록 끝까지 마주할 수 있을 것이다. 특별한 날에 대한 설교는 과거의 위대한 날 또는 기쁜 일이든 비극적인 일이든 현재의 중요한 순간에 비추어 "그리스도 안"에 있는 공동체의 정체성을 강화하고 심지어 회복시킬 수 있다. 이런 설교는 공동체를 하나님의 말씀의 렌즈를 통해 하나님이 진실로 그들과 함께 일하시고 그들과 함께 미래로 걸어가심을 보다 더 분명하게 분별하도록 인도할 수 있다.

참고 주제 위기; 회중; 교단의 주해; 장례 설교; 설교(신학) 비평

참고 문헌 Bono. National Prayer Breakfast, February 2, 2006. http://americanrhetoric.com/speeches/bononationalprayerbreakfast.htm; Joseph Jeter. *Crisis Preaching: Personal and Public*. (1998) 139-66; Haddon Robinson and Craig Brian Larson, eds. *The Art and Craft of Biblical Preaching*.(2005); David J. Schlafer. *What Makes This Day Different? Preaching Grace on Special Occasions*. (1998); Christine M. Smith. *Preaching as Weeping, Confession, and Resistance: Radical Responses to Radical Evil*. (1992); Leonora Tubbs Tisdale. *Preaching as Local Theology and Folk Art*. (1997); James A. Wallace. *Preaching to the Hungers of the Heart: The Homily on the Feastsand Within the Rites*. (2002).

가르치는 설교(Teaching)
로날드 J. 알렌(Ronald J. Allen)

가르침은 설교의 중요한 기능이 될 수 있다. 가르침은 하나님의 본성, 세상을 향한 하나님의 목적 그리고 개인과 공동체로서 회중의 삶이 이러한 확신을 구체화할 수 있는 방식에 관해서 회중의 가장 중요한 확신을 구별하고 주장할 수 있도록 돕는다. 가르치는 설교는 회중이 기독교 전통의 내

가르치는 설교(Teaching)

용을 배우고 그 내용을 비판적으로 성찰하고, 전통과 회중의 신앙을 오늘날 환경에 어떻게 연결시킬 수 있는지에 대해 창의적으로 생각하도록 돕는다.

기독교공동체에서의 가르침은 생각이 비판적으로 명료해지도록 도울 뿐만 아니라 느낌으로의 삶과 의지의 결정을 자아와 공동체에로 통합하도록 돕는 것을 포함한다.

1. 역사

신명기 6:4-9에서 분명하게 보여 주듯, 가르침은 구약 시기에 이스라엘의 삶의 기본적인 차원이었다. 복음서는 예수님을 "교사"를 의미하는 단어로 랍비를 묘사한다(예, 막 2:13; 4:1-2; 6:6, 34). 실제로 랍비는 1세기 이후로 회당을 이끌었다. 가르침은 예수님을 따르는 자들의 초대 공동체에서 기본적인 것이었다(예, 롬 12:6-8; 고전 12:8-10, 28-30; 엡 4:11).

성경의 시대로부터 현재까지 많은 목회자가 가르침의 자질을 설교로 통합해 왔다(예, 그레고리 대제, 마르틴 루터, 존 칼뱅, 리처드 박스터, 알렉산더 캠벨). 실제로 개혁주의 전통에서 가르침은 설교의 존재 이유이다.

2. 현대적 필요

일부 설교자들과 설교 학자들은 21세기 초에 설교에서 가르침의 자질을 재강조할 때가 되었다고 생각한다. 오랜 기간 동안 세워진 교단의 많은 회중이 성경 또는 기독교 신학의 내용에 충분히 익숙하지 않고, 오늘날 세계의 상황에 적절히 연관시킬 신학적 방법도 가지고 있지 않다. 더욱이 오랜 전통을 가진 교단의 많은 회중이 뚜렷한 기독교적 정체성이나 사명감을 가지고 있지 못하다. 가르침 중심의 설교들은 그런 회중이 신학적인 예리함과 정체성 그리고 선교의 힘에 대한 더욱 확고한 감각을 키워가는 데에 도움이 될 수 있다.

3. 가르침을 가진 설교 정의하기

설교자들은 종종 가르치는 설교를 강의와 같은 방식으로 정보를 전달하는 것으로 생각한다. 그런데 기독교공동체에서의 가르침이란 정보를 전달하는 것과 관련될 뿐만 아니라 회중의 가장 깊은 신학적 확신에 부합하는 감정과 행동을 개발하도록 돕는 것과도 관련된다는 것을 인식하는 것이 더 완전한 이해이다. 오늘날 견해로부터 가르치는 목회자는 성경, 교리 또는 신학적 지식의 벽돌을 전달해 주는 사람이기보다는 회중으로 하여금 정보, 감정 및 행동의 통합을 통해 제자도를 심화시킬 수 있도록 도와주는 목적을 가진 경험으로의 설교를 만들어 내는 사람이다.

가르침은 듣는 공동체의 구성원들이 복음에 입각한 발견을 할 수 있는 자리로 들어설 수 있도록 돕고자 한다. 어떤 상황과 설교는 사실 강의와 같은 방법이 필요할 수도 있지만 설교에서의 가르침의 차원은 (강의와 같은) 제한된 방법 또는 형식에 의해서가 아니라 방금 설명했던 보다 더 큰 목적의 정신에 의해 정의된다.

모든 설교는 가르친다. 설교자가 의도하든 그렇지 않든 모든 설교는 회중으로 하여금 하나님과 세상에 대해 분명히 말하게 한다. 매주 설교자는 회중이 교회의 가장 중요한 신학적 이치를 가지고 하나님과 세상을 일관되게 해석하도록 돕는 데 주의를 기울여야 한다. 모든 설교에 대해 물어볼 수 있는 질문들은 이러하다.

"이 설교는 무엇을 가르치는가?"

"이 설교는 복음을 가르치는가?"

시간이 지나가면서 설교의 효과에 대해도 비슷한 질문을 할 수 있다.

"여러 주, 여러 달, 여러 해에 걸쳐 설교는 신앙과 증인 됨에 대해 무엇을 가르치는가?"

"회중은 이 설교(또는 절기동안의 설교들)로부터 그리스도인의 신앙과 삶에 대해 무엇을 배우는가?"

때때로 설교자들은 거의 의심할 여지 없이 가르침을 구체적 목적으로 하는 설교를 창안하고 싶어 할 것이다. 예를 들어, 회중이 성경 본문, 신학적 주제, 기독교적 실천 또는 개인이나 사회적인 상황을 적절하게 이해하지 못할 때처럼 가르치는 요소를 가진 설교가 필요한 상황도 있다. 또 다른 예를 들면, 설교자는 회중이 이미 하고 있는 것을 계속해서 믿고, 느끼고, 행하는 것이 왜 중요한지를 더욱 충분히 이해하게 되도록 돕기를 원할 것이다.

4. 가르치는 설교 준비하기

가르침에 초점을 두는 설교를 준비하려면 다음 단계들을 거칠 수 있을 것이다.

첫째, 설교자는 목회적 경청을 통해 회중의 인식, 감정 또는 행동의 한 가지 측면을 가르치는 설교(a teaching sermon)에서 다루어야 할 필요가 있음을 인식하게 될 것이다.

둘째, 설교자는 성경, 전통, 신학과 다른 출처로부터 주제와 관련해서 신학적으로 적절한 방식으로 어떻게 생각하고 느끼고 행동할 것인가를 회중이 배울 수 있도록 돕는 자료를 찾아내게 된다.

셋째, 설교자는 회중에게 필요한 발견을 하게 하는 최적의 기회를 제공하기 위해 설교 또는 시리즈 설교를 기획한다.

넷째, 설교(또는 시리즈 설교)를 한 후 설교자는 배움이 일어난 것으로 보이는 지점, 그렇지 않았던 지점에 대해서 깊이 살피고, 그리고 긍정적인 효과를 강화하고 부정적인 효과를 최소화하도록 앞으로의 설교에서 무엇을 해야 할 지에 대해서 성찰한다.

5. 시간에 걸쳐 이루어지는 가르침

여러 주일에 걸쳐 가르치는 설교를 구성하는 세 가지 패턴이 두드러진다.

첫째, 성경의 한 권(또는 한 권의 일부)을 통해서 연속적으로 설교하는 것이다. 예를 들어, 목회자는 출애굽기를 통해 여러 주 동안 설교할 수 있다.

둘째, 기독교 신앙에서 중요한 주제들을 탐구하는 시리즈 설교를 하는 것이다. 예를 들어, 목회자는 하나님, 그리스도, 성령, 교회, 세상 그리고 다가올 세상과 같은 기독교 신앙의 주요한 요소들을 한 주에 한 설교로 전할 수 있다. 그런 시리즈 설교의 요소들은 니케아 신조와 같은 신앙고백으로부터 가져올 수 있다. 설교자가 그리스도인의 삶의 한 부분의 요소들에 초점을 주도록 약간의 변형을 할 수도 있다. 예를 들어, 설교자는 그리스도의 인격과 본성에 대해서나 성례전이나 규례에 관한 메시지를 창안할 수도 있다.

셋째, 교회력이나 성서정과를 따르는 설교를 창안하는 것이다. 교회력은 대림절, 성탄절, 주현절 그리고 사순절, 부활절, 오순절이라는 두 가지 구속(redemption)의 두 사이클뿐만 아니라 긴 시간 동안의 일상절기(Ordinary Time)를 통해 그리스도인의 정체성과 행동의 근본적인 측면을 회중에게 가르치고자 한다. 성서정과에서 주된 독서 본문들은 해당 절기의 주된 신학적 주제를 조명하기 위해 선택되었다.

6. 가르침이 있는 설교를 위한 다양한 장르

가르치는 설교에는 하나의 공식만 있는 것이 아니다. 목회자는 가르치는 다양한 방식들(보다 더 직선적인 방식도 있고 보다 귀납적이고 연상적인 방식도 있음)과 연계해서 여러 설교의 장르로 가르치는 설교를 창안할 수 있다.

가르침은 청교도적 평이한 스타일의 설교(시작, 본문 강해, 신학적 성찰, 적용 그리고 결말의 단순한 형식), 성경 본문이나 교리에서 요점을 가져오는 설교, 또는 성경 한 절씩 진행하는 설교처럼 직선적 설교 모델을 통해 주로 이루어진다. 이러한 접근 방법은 종종 정신적 작용이 직선적인 사람들에 의해 잘 받아들여진다. 가르침과 관련해서 그런 접근법의 가치는 명확성과 회중으로 하여금 논리적으로 생각할 수 있도록 도와준다는 점이다.

그러나 이러한 접근 방식을 잘못 사용하게 되면 (감정이나 행동에 대한 고려 별로 없이) 주로 생각에 호소할 수 있고, 보다 연상적 방식으로 생각하는 사람들에게는 잘 연결되지 않을 수 있다. 설교자는 이러한 방식을 잘못 사용하게 되면 지배적이거나 통제적인 위계 질서를 낳게 될 것이다.

설교에서 최근 경향은 그런 직선적 모델에서 더 귀납적, 연상적, 내러티브적, 상상적, 인상적, 직관적 표현 방식으로 전환되어 왔다. 가르침과 관련해서 이러한 접근 방식들은 분석적인 이해 패턴을 가지기보다는 보다 연상적이고 내러티브적이며 직관적인 이해 패턴을 가진 사람들에게 잘 받아들여지는 경우가 많다. 이러한 방식에서의 설교는 주로 논란이 되거나, 매우 감정적이거나, 모호하게 여겨지는 그런 본문, 교리, 주제에 주로 적합하다.

그러나 때로는 청중이 이러한 설교로부터 메시지의 내용을 명확하게 이해하는 데에 어려움을 겪기도 한다. 이러한 설교를 꾸준이 듣는다고 해서 성경, 교리, 윤리와 삶에 대해 명확하고 비판적으로 생각하는 회중의 능력이 언제나 발달되는 것은 아니다.

가르침의 관점에서 유망한 접근 방식은 대화로서의 설교라 하겠다. 설교자는 성경, 전통, 교리, 기타 이해를 가져다주는 자료들, 그리고 더 넓은 세상에서의 사람들뿐만 아니라 회중의 경험을 대화로 끌어온다. 설교는 일반적으로 일인극과 같은 형식이지만 어조에서 대화적으로 함으로써 회중이 이러한 자료들과 대화하고 그래서 본문, 교리, 실천, 또는 개인적이거나 사회적인 상황에 대한 적절한 해석을 발견하도록 한다. 이러한 접근 방식은 회중에게 비판적인 신학적 묵상을 위한 방법을 가르쳐 준다.

참고 주제 교리적 설교; 주해식 설교; 설교(신학) 비평

참고 문헌 Ronald J. Allen. *The Teaching Sermon*. (1995); Ronald J. Allen. *Preaching Is Believing: The Sermon as Theological Reflection*. (2002); Ronald J. Allen. "Preaching as Mutual Critical Correlation through Conversation." *Purposes of Preaching*. (2004) 1-22; Ronald J. Allen, ed. *The Teaching Sermon Series*. 5 vols. (1997-1999); Mary Elizabeth Moore. *Teaching from the Heart: Education and Theological Method*. (1998); Clark M. Williamson and Ronald J. Allen. *The Teaching Minister*. (1991).

간증 설교(Testimonial)

카리 V. 심슨(Qary V. Simpson)

우리 설교에는 내재된 큰 긴장이 있다. 겉으로만 보면 설교자는 능동적이고, 청중은 수동적으로 보인다. 우리는 연기자이고, 회중은 청중이다. 우리는 행동하고, 그들은 지켜본다. 우리는 말하고, 그들은 듣는다. 우리는 설교가 사람들에게 행하는 무엇이라고 믿는다. 결국, 우리는 "선포하고, 예언하고, 전하라고" 부름받았다. 설교는 설교자의 입으로부터 청중의 귀로 전달되는 단어 정도로만 이해되는 경우가 많다. 실제로 설교는 그것을 듣는 사람을 위한 것이고, 그리고 그들과 함께 하는 것이다. 어떤 방식으로 청중의 삶에 진리, 생명과 도전을 전할 것인가가 매주 분투해야 할 일이다.

역설적인 것은 설교자 역시 청중이고, 회중 안으로 생명을 전하기 위해 설교자 역시 청중에게 생명을 말해야만 한다는 것이다. 만약 우리가 우리 자신을 설교가 전해질 회중의 일부라고 이해한다면 아마도 다르게 설교할 것이다.

설교는 관련성이 있어야만 한다는 것에 동의하지 못할 사람은 아무도 없을 것이다. 대부분의 경우 우리는 기술적으로 요령이 있고, 유혹적 장치와 아이디어가 있는 세계에서 가장 오래된 도구를 가지고 일한다.

성경은 고대의 책이다. 그 관습, 풍습, 관행은 한 시대의 것이고, 종종 지나간 문화이다. 설교자는 이미 지나간 시간의 사람들의 삶, 연약함과 좌절, 고난과 약속, 시련과 승리를 생생하게 가져와야만 하기 때문에 이미 불리한 상황에 있다. 우리가 살아가는 포스트모던의 문화는 이미 있는 것에 대한 타고난 혐오, 결정된 것에 대한 경멸, 그리고 구시대적인 것에 대한 무관심을 가지고 있다.

설교자가 이야기를 전할 수 있는가라는 질문을 던질 때 우리는 이러한 역학(dynamic)을 볼 수 있다. 설교자가 들려주는 이야기는 사실 기독교 증거의 긴 과정의 일부이다. 설교자는 단지 신앙공동체의 이야기 그 일부만을 전할 뿐이다. 설교는 신자들의 간증 중 일부일 뿐이다. 탐 롱(Tom Long)이 적절하게 표현한 것처럼, 설교는 "기독교인이 되라고 스스로 설득하는" 더 큰 역학의 일부분이다(Long 2004).

간증 설교(Testimonial)

때때로 설교자는 개인적 열정, 강렬함, 활력을 가지고 전할 수 있지만 청중은 여전히 관심 없어 할 수 있다. 전체 메시지가 '그들에게 무언가를 말하고' 있다면 청중의 경청 능력은 위축될 수밖에 없다.

1. 첫 번째 질문하기

어떤 설교 전통에서 청중과 연결을 갈망하는 설교자는 "증인을 허락하시겠습니까"라는 질문을 할 것이다. 이는 청중의 반응을 간청하기 위한 속임수인 경우가 상당히 많다. 설교는 수동적 청중에게 동의를 구하려는 의도에 영합하는 것이 아니다.

실제로 설교자가 회중에게 던져야 할 질문은 우선 내 안으로 향해야 한다. 그것은 '내가 증인을 구할 수 있나요'가 아니라 다음과 같은 질문들이다.

"내가 증인이 될 수 있습니까?"
"나는 무엇을 기꺼이 투자할 수 있는가?"
"나는 무엇을 기꺼이 주장할 것인가?"
나는 무엇을 기꺼이 감수할 것인가?"
또는 제자로서의 부르심의 언어로 말한다면, "나는 이 메시지에서 무엇을 위해 기꺼이 죽을 것인가?"

여기에서의 핵심은 설교는 사람들에게 행해지는 것이 아니라 사람들 사이에서 행해지는 것이라는 점이다. 여기에서의 핵심 단어는 진정성이다.

하나님의 조건 없는 사랑, 순전한 은혜, 그리고 분명한 긍휼에 대해 고상하게 말하는 것은 어렵지 않지만 설교가 요구하는 거룩한 대화는 설교자가 개인적으로 투자하고, 주장하고, 선포되는 말씀에 자신의 확신을 더하는 것이다. 설교자는 하나님의 은혜 안에서 첫 번째 증인이요, 증거물 A이다. 설교자는 설교가 만약 개인적인 자기 투자의 흔적이 없다면 회중으로부터의 확신, 도전, 책임 또는 변화를 기대할 수 없다. 설교자는 너무 자주 잘못된 질문을 한다. 그것은 "그들이 이것을 믿을까요"가 아니라, "내가 이것을 믿는가"이다.

에스겔 선지자는 "나는 너희가 앉는 자리에 앉는다"라고 선언한다. 해리 에머슨 포스딕(Harry Emerson Fosdick)은 자신의 설교는 회중이 들을 때 자기 자신과 솔직하고 열린 대화를 나눴다고 주장했다(Miller 1995, 333-78). 여기에서 설교를 순수 자서전과 구분할 때 주의해야 할 점을 추가해야 하겠다. 설교자는 너무 자주 자서전적인 통찰력을 청중에게 제시한다.

"저는 이렇게 살아왔습니다. 성숙한 신앙인으로서 하나님을 진정으로 경험하고 싶다면, 여러분도 저와 똑같이 되어야 합니다."

자서전은 간증과 다르다. 자서전에서의 주제는 나 자신이다. 간증은 세상 속에서 하나님의 인격과 하나님의 임재에 대한 증인으로서 나의 삶을 바라보는 렌즈이다.

회중이 모여서 선포를 위해 멈춰설 때마다 그건 마치 회중이 설교자들에게 직접적으로 "당신이 보았나요"라고 말하는 것과 같다. 그렇다면 "그것에 대해 나에게 말씀해 주세요." 바바라 브라운 테일러(Barbara Brown Talyor)는 그녀가 "우리가 [설교자로서] 배워야 할 모든 것은 우리가 보는 것을 말하는 것이다"라고 말하며 설교의 임무를 단순화한다(Talyor 1993, 83).

진정한 설교를 위한 노력은 진정한 삶을 위한 설교자의 분투를 통해 더욱 치열해지게 된다. 나는 구세주이신 예수 그리스도에 관한 설교를 준비했었다. 일주일 내내 나는 본문 구절과 씨름했고, 머리로는 구속의 개념을 이해했지만 설교를 위해 충분히 잘 표현해낼 수 없을 것 같아 보였다. 좀 더 "설교할 수 있는 본문으로 달려가려는 유혹을 피하라"는 디트리히 본회퍼(Dietrich Bonhoeffer)의 지시를 기억했지만, 아무런 소용이 없었다(Bonhoeffer 1991, 120-21).

그날 목요일, 나는 어린 두 아이들을 데리고 치과로 갔다. 주차 규정에 주의를 기울이지 않고 나는 견인 트럭이 차를 끌고 가고 있을 때 내 차로 돌아왔다. 상세한 것은 차치하고, 나는 그날 몇 시간이 인생의 교훈이 되고 회중의 삶 안으로 들어가 보게 되면서 구속됨이 무엇인지를 배우게 되었다. 설교를 이렇게 시작했다.

"저는 한 주 내내 구속에 대해 이해하기 위해 치열하게 분투했습니다. … 그러다가 목요일에 제 차가 견인당했습니다."

내가 어떻게 실제로 청중의 세계의 일부였는지를 이야기를 해 주는 것이 우리 모두에게 복음의 세계를 탐험해 가는 기회를 제공했다. 나에겐 오히려 비싼 설교였지만 그건 그날 그 설교를 들었던 우리 각자에게는 복음이었다.

참고 주제 자기 노출; 이야기 사용 시 윤리; 구원론

참고 문헌 Dietrich Bonhoeffer. *Worldly Preaching: Lectures on Homiletics*. Edited by Clyde Fant. (1991); Anna Carter Florence. *Preaching as Testimony*. (2007); Thomas Long. *Testimony: Talking Ourselves into Being Christian*. (2004); Robert Moats Miller. *Harry Emerson Fosdick: Preacher, Pastor, Prophet*. (1995); Barbara Brown Taylor. *The Preaching Life*. (1993).

빅 아이디어 설교(The Big Idea)

캐시 바튼(Casy Barton)

해돈 로빈슨(Haddon Robinson)의 설교학은 성경 본문으로부터 얻은 중심된 아이디어 또는 "빅 아이디어"를 찾아내고 설교의 중심 소통 개념으로 발전시키는 데에 초점을 둔다. 로빈슨은 강해 설교를 이렇게 정의한다.

> 강해 설교는 성경 본문의 맥락 안에서 역사적, 문법적, 문학적 연구를 통해 찾아내지고 전달된 성경적 개념의 소통이며, 성령이 먼저 설교자의 인격과 경험에 적용하신 다음 설교자를 통해 청중에게 적용하신다(2001, 21).

성경 본문은 설교의 생각과 전개를 지배한다. 이러한 해석학을 가지고 로빈슨은 단지 설교학적 방법이 아닌 설교를 위한 철학을 제안한다.

설교는 성경으로부터 도출된 하나의 아이디어를 설명하거나 증명하거나 또는 적용한다. 헨리 그래디 데이비스(H. Grady Davis)에게 빚은 진 것을 인정하면서 로빈슨은 아이디어를 "주 요소"(subject, 주제)와 "보충 요소"(complement, 보어)의 결합으로 정의한다. 아이디어의 주 요소는 "내가 무엇에 관해 말하는가"라는 질문에 대한 완전한 대답이다. 보충 요소는 "나는 내가 말하는 것에 대해 무엇을 말하고 있는가"라는 질문에 대한 완전한 대답이다(2001, 41). 완전한 아이디어가 함께 언급된다.

하박국 1:2-4이 그 예를 제공한다.

- 주 요소: 하박국은 유다에서 보는 불의에 대해 애통해한다.
- 보충 요소: 그는 의로우신 하나님이 왜 그 나라의 죄를 심판하지 않으시는지 궁금해한다.
- 아이디어: 하박국은 그의 의로우신 하나님이 유다의 죄를 벌하지 않으심에 애통해한다(2001, 44-45).

이것이 본문의 "주해적 아이디어"이다.

주해적 아이디어는 오늘날 그 의미와 소통을 탐구하기 위해 "정신적 질문을 전개"하기 위해 제출된다.

이것은 무엇을 의미하나?
그것이 진실인가?
어떤 차이가 만들어지는가?

그리고는 청중의 지식과 경험에 기초한 분명하고 기억에 남을 수 있는 언어로 본문의 아이디어를 현대적으로 재구성하는 "설교학적 아이디어"로 전환된다. 선한 사마리아인의 비유를 예로 들어보면, "당신의 이웃은 당신이 보고 있는 필요를 가진 자이고, 당신이 충족시켜 줄 수 있는 곳에 있는 필요를 가진 자이다"(2001, 105). 설교는 아이디어가 요구하는 형식에 따라 전개된다.

로빈슨의 중심 아이디어는 브라이언 채플(Bryan Chapell)과 폴 스콧 윌슨(Paul Scott Wilson)의 설교와 같은 다른 설교학적 프로젝트와의 유사점과 차이점을 보여 준다.

채플은 "중심 아이디어"(central idea)를 강조한다(1994, 37). 그의 설교학은 명백하게 신학적인데, 본문과 오늘을 대표하는 인류의 "타락한 상태"에 공통점이 있다고 본다(타락한 상태에 대한 초점/FCF). 각 본문에서 하나님의 은혜가 인류의 공통적인 타락을 다룬다(1994, 42).

윌슨은 또한 중심 주제(central theme)를 옹호한다(2007, 41). 채플과 함께 윌슨은 본문과 설교 안에서 하나님의 은혜에 대한 초점을 강조한다. 로빈슨은 본문이 무엇을 말하는가에 대해 질문하는 것에 초점을 두는 데 반해, 윌슨은 "하나님이 이 본문의 안에서 또는 배후에서 무엇을 하고 계시는가"를 묻는다(2007, 49). 윌슨에게 설교의 주제는 본문이 무엇을 말하는가에 더해 본문과 오늘 가운데서의 하나님의 행하심이다. 차이점은 복음에 대한 궁극적 초점이다.

그때나 지금이나 하나님의 은혜로 충만한 하나님의 행하심이 설교의 자리가 되기 때문에 본문은 여전히 필수적이다.

참고 주제 강해 설교; 초점 진술과 기능 진술; 주제 문장

참고 문헌 Bryan Chapell. *Christ-Centered Preaching: Redeeming the Expository Sermon.*

(1994); H. Grady Davis. *Design for Preaching*. (1958); Haddon Robinson. *Biblical Preaching: The Development and Delivery of Expository Messages*. 2nd ed. (2001); Paul Scott Wilson. *The Practice of Preaching*. Rev. ed. (2007).

주제 설교(Topical)

로버트 스미스 주니어(Robert Smith Jr.)

로날드 알렌(Ronald Allen)은 주제 설교를 "논의할 가치가 있는 주제를 체계적으로나 통합적으로 다루는" 설교라고 설명한다(Lischer and Willimon, 1995, 492). 책임 있는 주제 설교는 청중으로 하여금 성경 본문을 해석하고 그 본문에 의해 확증되는 주제에 대해 인지적, 정서적, 행위적으로 응답할 수 있는 통찰력을 제공한다. 주제 설교는 성경적일 수도 그렇지 않을 수도 있다. 주제 설교는 본문의 종으로서의 역할을 기억하고 성경의 큰 주제, 개념과 진리를 신실하게 선포할 때에만 하나님의 승인을 얻게 된다.

본문은 각자 자신의 삶의 자리(Sitz im Leben)에 있는 사람들에게 말해야만 한다. 본문을 일상의 관심사들에 대해 어떻게 적용할 것인지에 대한 질문에는 응답하지 않고, 본문이 가지고 있는 의미에 대한 질문만을 다루는 설교나 그 반대의 설교는 진정한 강해 설교도, 책임 있는 주제 설교도 아니다.

책임 있는 주제 설교는 본문을 적절하게 다루지 않은 채 상황에 관련되고 시기적으로 적절한 주제를 찾기 위해 신문 기사와 텔레비전 프로그램을 검색하는 잘못을 범하는 일종의 주제 설교와 인간의 어려움을 충분히 다루지 않은 채 강해 설교를 가장한 그런 종류의 설교에 대해 다리와 같은 역할을 할 수 있다.

언젠가 들었던 텔레비전 강연에서 풀톤 쉰(Fulton Sheen) 주교는 자신이 목회를 시작한다면 사람들의 익숙한 세상에서 시작할 것이고 좀 덜 익숙한 성경의 세계로 그들을 데리고 들어갈 것이라고 말했다. 속담에서 말하길 20세기의 앞선 설교자들은 성경적 계시를 오늘날 관련성으로부터 구분하는 신 포도를 먹었고, 21세기 자녀들의 이가 시었다. 관련성을 잃어버린 것을 회복하기 위해 오늘날의 설교학은 위험스럽게도 주제로 가득하고 본문은 적은 메시지에 가까워지고 있다. 책임 있는 주제 설교는 본문과 주제 사이에서 협상하지 않는다. 함께 결합된 것은 결코 나뉘어서는 안 된다.

칼 바르트(Karl Barth)가 권고한 것처럼, 설교자는 한 손에는 성경을 다른 한 손에는 신문을 들고 고대 세계의 "있었음"과 현대 세계의 "있음"을 연결시키는 것이 중요하다.

책임 있는 주제 설교는 인류학적 질문이 신학적 대답을 만나는 교차로에서 그 자리를 찾는다.

프레드 크래독(Fred Craddock)은 다음과 같이 생각했다.

> 모든 사람의 생각 깊은 곳에 하나님에 대한 질문이 숨어 있고, 즉시로 인간에 대한 질문이 뒤따른다(1987).

주제나 본문 중에 무엇이 먼저일까?

궁극적으로 이 질문은 '영원의 측면 아래'(sub specie aeternitatis)의 맥락에서 대답해야만 한다. 왜냐하면, 모든 것을 다 아시는 하나님이 선재하는 영원함 가운데서 인류의 관심사를 기대하며 기록된 말씀(성경)을, 인류의 운명을 지시하고자 말로 전해진 말씀(복음)을, 인류에게 하나님의 인간적인 얼굴을 주시기 위해 계시된 말씀(성육신하신 그리스도)을 제공해 주셨기 때문이다.

해돈 로빈슨(Haddon Robinson)은 성경 본문이 오늘날의 사람들의 관심사를 미리 전제하고 기대한다는 입장을 지지하는 것으로 보인다(Robinson 1980, 20). 그가 말하기를 강해 설교는 성경 구절에 대한 역사적이고 문법적이고 문학적인 연구를 통해 전달된 성경적 개념을 성령이 먼저 설교자의 인격과 경험에 적용하시고 그다음 설교자를 통해 청중에게 소통하시는 것이다.

해리 에머슨 포스딕(Harry Emerson Fosdick)의 설교는 독창성 없이 지나치게 세세한 것에 얽매이고 성경의 계시를 강조함으로 종종 현대적인 적절성과 동떨어진 19세기 신앙 없는 자유주의의 선포에 대한 반작용을 대표적으로 보여 주었다. 포스딕은 성경 안으로 머리를 집어 넣고 성경을 청중의 삶의 경험에로 연결시키기 위해 절대로 성경을 밖으로 드러내지 않는 '독단적' 설교자를 혐오했다.

1924년 라이먼 비처 강연(Lyman Beecher)인 〈성경의 현대적 사용〉(The Modern Use of the Bible)에서 포스딕은 다음과 같이 말했다.

> 성경을 빼앗긴 설교자는 '헌법 없는 판사처럼 길을 잃고 역사적 내용 없는 정의의 이상 위에 던져진 것'과 같은 것이다(Miller 1985, 348).

그는 설교가 후퇴하고 있고 돌이킬 필요가 있다고 믿었다. 당시 설교에 대한 분석에서 설교자들은 대중들의 환경에서 시작해서 그들을 성경의 자리로 움직여 가는 대신에 성경에서 시작했는데, 이는 그에게 잘못된 출발점이라고 여겨졌다. 그는 회중의 불타는 질문, 당혹케 하는 이슈와 골치 아픈 의심을 확인하려고 애썼고, 하나님이 이러한 것들에 통찰력을 주셔서 그들이 있는 곳에 있는 사람들을 만나고, 하나님이 계신 곳으로 그들을 데려가며, 그들을 하나님이 가시는 곳으로 (성경을 통해) 인도할 수 있게 해 달라고 기도했다.

로버트 밀러(Robert Moats Miller)의 저서 *Harry Emerson Fosdick: Preacher, Pastor, Prophet*(해리 에머슨 포스딕: 설교자, 목사, 예언자) 표지 안쪽에 보면, 헤리 에머슨 포스딕이 "이제껏 미움을 가장 덜 받고 가장 사랑받는 이단자"라는 랍비 스티븐 와이즈(Rabbi Stephen Wise)의 말을 인용한다.

해리 에머슨 포스딕은 그가 말씀의 정신을 다루기 전에 '시대 정신'(the Zeitgeist)을 먼저 언급했다는 비판을 정당하게 받을 수 있을까?

인류 역사 속에서 가장 위대한 설교자도 이러한 순서와 형식을 사용하지 않았는가?

예수님은 두 형제 간 재정 싸움(눅 12장, 곳간을 짓는 어리석은 자의 비유), 세리와 죄인들과 식탁의 교제를 가진 것으로 인한 유대 지도자들로부터의 비판(눅 15장, 잃은 양, 잃어버린 동전, 기다리는 아버지 비유), 이웃의 정의를 묻는 율법사의 질문(눅 10장, 선한 사마리아 비유)에 이르기까지 그들의 관심들을 다룸을 통해 그들에게 주어진 질문에 응답하셨다. 예수님은 인간의 혼돈에 명확성을 가져다주는 영원한 말씀을 사용하셨다. 다시 말해, 예수님은 그분의 청중의 상황과 주제를 마주할 때 하나님의 말씀의 진리를 설교하셨다.

성경 본문의 세계와 인간 삶이라는 두 세계 사이에 서 있는 설교자들은 "일반적으로 나의 복음은 사람들의 삶에서 정말로 중요한 이슈를 붙들고, 그것을 충분히 오랫동안 바라보고, 그래서 무언가를 지극히 열심히 믿도록 하고, 신약의 정신과 진리에 대한 나의 확신에 세례를 주고, 그것을 가능한 한 치열하게 사람들에게 전하는 것이다"라고 말했던 해리 에머슨 포스딕의 설교학적 의도를 받아들이는 것이 온당할 것이다 (Miller 1985 342).

참고 주제 교리적 설교; 설교(신학) 비평; 가르치는 설교

참고 문헌 Ronald J. Allen. *Preaching the Topical Sermon.* (1992); Fred Craddock. Luncheon dialogue, E. Y. Mullins Lectures on Preaching. Southern Baptist Theological Seminary, Louisville, Ky., March 5, 1987; Richard Lischer and William Willimon, eds. *Concise Encyclopedia of Preaching.* (1995); Robert Moats Miller. *Harry Emerson Fosdick: Preacher, Pastor, Prophet.* (1985); Haddon W. Robinson. *Biblical Preaching: The Development and Delivery of Expository Messages.* (1980).

구절별 강해 설교(Verse by Verse)

참고 주제 주해식 설교; 청교도적 평이한 스타일 설교

결혼 설교(Wedding)

찰스 L. 라이스(Charles L. Rice)

결혼 예식의 축하와 축복은 설교자에게 독특한 기회를 제공한다. 세속적이고 성스러운 요소가 결합된 결혼 예식의 모호함은 설교자의 상상력, 목회적 기술과 소통의 능력에 도전한다.

1. 교회의 역할과 가르침

그리스도인들은 처음엔 유대인의 관습을 따랐고 이후에 로마의 관습을 받아들였다. 두 전통 모두 약혼, 신랑의 집으로 신부가 가는 행렬, 그리고 잔치를 포함했다. 반지, 손 마주 잡기, 특별한 의복은 로마의 관습이었고, 결혼 계약서에 서명하는 것은 유대인의 관습이었다. 그리스도인들은 주교의 존재를 축하하고, 기독교의 기도와 축복으로 이교도들의 것을 대신하고, 로마의 희생제사 대신 성찬식을 사용했다.

중세 시대에 결혼 예식이 교회의 거룩한 구역에서만 치러질 정도로 교회는 결혼에 대한 전적인 책임을 맡았다. 이 의식에서의 국가적인 관심사인 공적 혼인 선언은 종종 현관이나 대기실에서 이루어졌고, 사제의 축복과 권면은 교회 영역 안에서 이루어졌다. 이렇게 실행함으로 우리는 교회 경내

결혼 설교(Wedding)

에서 일어나는 법적 거래의 지속적인 모호함이 무엇인지 보게 된다. 결혼 예식은 사제 앞에서 교회에서 이루어지지만, 결혼을 허가하고, 기록하고, 결혼 관계를 끝내는 것은 최종적으로 국가이다.

종교개혁 이후 결혼 예식이 주일 예배 때 행해지던 시기가 있었지만, 결혼은 교회 예식 안에서도 밖에서도 이루어지는 것이 아니고 일종의 중간 지대에 차지한 경우가 더 많았다.

초기부터 기독교 사상가들은 결혼의 의미와 실행에 대해 치열하게 고민해 왔다.

복음서에 나타난 것처럼 예수님의 견해는 분명하게 나타난다. 남자와 여자의 관계는 창조에 기초하고 있고, 이것은 헤어져서는 안 되는 결합의 기초이다(막 10:1-11). 이러한 견해는 마태가 결혼 문제에 대한 정경법의 복잡성을 가져온 율법주의적 사례론을 수용함으로써 복잡해졌다(마 5:32; 19:1-12).

사라져 가는 세상 속에서 결혼에 대한 애착을 수용하려고 부단히 애를 쓰는 가운데 바울은 결혼을 필요하고 선한 것으로 여기고, 그리스도인들이 결혼을 폄하하거나 금하는 지나친 금욕주의에서 벗어나도록 안내한다.

아우구스티누스도 결혼의 고유한 선함을 긍정했지만, 그는 인간의 성에 대한 기본적인 불신의 맥락에서 그러했다. 그 결과로서 성(性)과 죄는 자주 그리스도인의 마음과 연결되고, 결혼은 신성한 선물의 즐겁고 창조적인 수용이라기보다는 많은 사람이 육신에 양보하는 것으로 간주한다. 이러한 편견을 생각할 때, 1549년 『공동 기도서』가 일종의 결혼제도를 정당화하는 것으로 읽혀질 수 있는 세 가지 결혼의 목적을 제시하는 것은 놀라운 일이 아니다. "자녀 출산", "죄에 대한 해결책", "상호적 사회, 도움과 위로"를 위한 것이다.

루터는 결혼을 그리스도인의 소명으로 여겼다. 이러한 생각은 요한 크리소스토무스(John Chrysostom)에게서 엿볼 수 있는데, 그는 콘스탄티노플의 남자들과 그들의 아내들에게 돈을 추구하는 것을 포기하고 결혼생활을 진정한 순결함과 경건함으로 이끌 것을 강력히 권고했다. 크리소스토무스는 그리스도와 교회의 비유에 근거해서 결혼을 이해했고, 루터는 결혼을 은혜로 인해 의롭게 되는 삶을 살아가는 소명으로 격상시켰다.

2. 성경적이고 예전적인 자료

대부분이 이용할 수 있는 성서정과처럼 1979년 『공동 기도서』(Book of Common Prayer)에는 결혼 예식에서 읽을 수 있는 교훈과 복음서와 시편이 담겨 있다. 성서정과를 바탕으로 결혼 예식에서도 성경적 설교를 할 수 있다. 신랑과 신부는 성경 본문을 선택하고 자신의 선택에 대해 대화를 함으로써 참여할 수 있다. 그 결과로 성경과 예전, 그리고 특별한 때로부터 가져오는 본문/주제 설교가 될 수 있다.

결혼 날을 위한 예식과 독서와 연결된 네 가지 주제가 결혼의 의미에 대한 기독교적 성찰로부터 나온다. 당면한 독특한 이벤트, 즉 이 특정한 신랑과 신부, 그들의 역사와 소명, 영적 이해를 성찰하면서 설교자가 이러한 주제들을 염두에 둔다면, 설교는 그 부부와 가족 그리고 친구들과 함께 깊이 연결될 수 있다. 두 가지 간단한 움직임이 도움이 될 수 있다. 신랑 신부에게 설교할 본문을 선택하는 데 부부가 협력하도록 부탁하고, 리허설 저녁 식사에 참석한다. 그런 다음에 다음 네 가지 신학적이고 목회적인 주제를 염두에 두도록 한다.

1) 결혼과 소명

> 두 사람이 함께 하는 삶을 이러한 죄로 가득하고 깨어진 세상에 대한 그리스도의 사랑의 표징이 되도록 하시고, 그 연합이 소외를 극복하고, 용서가 죄책감을 치유하고, 기쁨이 절망을 이기게 하소서(*Book of Common Prayer*[이하 BCP-역자주] 1979, 429)

이 기도와 성경 본문을 이어 설교자는 결혼을 거룩한 소명이라 말한다. 하나님은 결혼이라는 성례전적 은사를 받은 자들을 부르셔서 그들이 함께 사는 방식으로 복음을 드러내게 하신다. 1958년 램버스 회의에서 다음과 같이 확인했다.

> 결혼은 거룩함을 향한 소명이고 이를 통해 남자와 여자는 하나님의 사랑과 창조적 목적을 함께 나누게 된다(Lambeth Conference 1958, Resolution 113, Cited in Evans and Wright 1991, 431).

결혼 예식은 치유와 회복의 소명을 가진 하나의 가정을 세우게 된다.

그날을 위한 독서는 이러한 주제에 잘 부합한다. 창세기는 창조에 결혼의 기초를 둔다. 남자와 여자가 그들에게 생명을 주신 분과의 조화를 이루며 살아야 하고, 그들은 세상과 그 피조물들을 돌보는 데 특별한 역할을 해야만 한다.

에베소서는 그리스도께서 그들의 마음에 거하시며 그리스도의 희생적 삶을 나누며 사랑 안에 걸어가도록 요청한다. 마태복음은 그들의 삶이 하나님께 영광을 돌리는 선한 행위들로 빛나는 빛이 될 것을 당부한다(5:3-16). 결혼 예식에서는 높은 감정과 높은 소명이 만난다. 설교자의 책임과 기회가 바로 거기에 있다.

2) 결혼과 은혜

> 신랑과 신부가 서로에게 상처를 주었을 때, 서로의 잘못을 인정하고 서로의 용서와 주님의 용서를 구할 수 있게 은혜를 주십시오(BCP, 429).

결혼 예식은 평범한 방식으로 하나님의 은혜를 실천하게 되는 특별한 무대이다. 램버스 회의는 다음과 같이 확인했다.

> 우리 주님의 사역이 용서에 새로운 깊이와 의미를 주기에, 그의 교회와 그 안에 있는 가정은 용서하는 사회가 되어야만 하고 교회의 구성원들이 서로에게 용서하지 못할 잘못은 없다는 것을 명심하도록 모든 교회 구성원에게 요구한다(Lambeth Conference 1958, Resolution 116, Cited in Evans and Wright 1991, 431).

이것이 대중문화와 상반될 수도 있지만 결혼 예식의 첫마디로 그리스도인의 결혼을 이루려는 자들은 은혜 안에 살아야만 결혼생활에서 성공할 수 있다는 것을 알고 경건하고 신중하게 이러한 서약으로 나아오도록 요청한다.

H. H. 파머(H. H. Farmer)는 설교를 하나님의 "궁극적인 요구와 최종적인 도움"의 선언이라고 불렀다(Farmer, 1942, 70). 어디에도 결혼에서보다 더 나은 비유와 실행을 위한 학교를 찾을 수는 없을 것이다.

예수님의 가르침이 주장하듯 결혼은 창조 안에서의 하나님의 선물인 성의 선물로부터 비롯된다. 하나님의 선물로 감사하게 받고 사랑의 목적으로 사용되기에 성은 결혼생활을 통해 지속적 선물로 이어진다. 이해와 치유, 위로와 기쁨을 주는 이 "최종적인 도움"이라는 터전은 복음의 능력에 대한 육신적인 경험이 된다. 결혼을 하고 결혼생활을 유지하는 것이야말로 은혜의 학교이다.

다음 결혼 축복문은 결혼을 성육신과 십자가의 맥락 안에 둔다.

> 지극히 은혜로우신 하나님, 예수 그리스도를 보내셔서 우리에게로 오시고, 인간의 어머니에게서 태어나셔서 십자가의 길을 생명의 길로 만들어 주신 당신의 부드러운 사랑에 감사드립니다(BCP, 430).

그리스도인의 결혼은 육신으로의 삶과 희생적 사랑을 공유하는 것으로 거룩하게 구별된다.

은혜와 용서라는 주제와 쉽게 연결되는 성경 구절은 솔로몬의 노래("많은 물로도 불같은 사랑을 끌 수 없네")와 토빗("그녀와 내가 함께 늙어갈 수 있도록")에서 찾아볼 수 있다.

고린도전서 13장은 일상에서 은혜가 어떠한 모습인지에 대한 구체적인 예를 보여주며, 골로새서 3장은 인내하는 화목 안에 살아가기 위해 그리스도 안에 거하며 살라는 부르심을 담고 있다. 요한복음 15:9-12은 그리스도께서 사랑하신 것처럼 서로를 사랑하라고 신랑과 신부를 부르신다.

오늘의 본기도(collect)와 성찬식 후 기도는 인내와 용서와 평화 속에서 살기 위해 그리스도의 은혜에 의지함에 관해 이야기한다.

3) 결혼과 섬김

> 신랑과 신부가 상대방에 대한 사랑과 관심으로 다가가도록 서로의 애정을 가득 채워 주시옵소서(BCP, 429).

세상의 필요로부터 보호되어지는 행복한 삶으로 결혼을 축하할 수 있다. 결혼을 위한 이러한 간구는 목적이 있는 섬김의 삶이 되도록 기도한다. 예를 들어, 설교자는 넘치는 그릇, 솟아나 흘러가는 샘의 은유를 그릴 수 있을 것이다. "내 잔이 넘치나이다"는 기쁨에 찬 두 사람의 함께 하는 삶이 다른 사람들을 축복하는 섬김의 그림이 된다. 일부 결혼 예식에서 결혼하는 두 사람의 첫 번째 행위가 성찬을 위한 빵과 포도주를 가져오는 것인데, 이는 모두를 섬기는 상호 기쁨이라는 기도를 실천하는 행위이다.

물론, 이 시간은 물질주의와 소비주의에 대해 이야기하는 시간이 아니다. 신랑 신부로 하여금 그들이 함께 하는 삶이 이 "죄로 가득하고 깨어진 세상"을 향해 하나님의 선물로 여기도록 이끌고자 함이다. 이것이 하나님이 "거룩한 사랑으로 모든 사람을 목적 없는 인생과 죄"(Statement of Faith, United Church of Christ)로부터 구원하고자 하신 다는 것을 그들에게 상기시키며 그 커플에게 선물이 될 것이다. 결혼 예식은 그런 선포를 가르칠 수 있는 순간이 된다.

에베소서 5장에서는 그리스도께서 우리를 사랑하신 것처럼 사랑 안에 걸어가라는 요청으로 결혼 배우자에게 서로를 섬기라고 요청한다. 마태복음 7장은 부부가 지혜롭게 살면서 하나님과 이웃을 사랑하라는 계명 위에 집을 세워 가라 요청하신다. 이러한 본문을 결혼 예식에서 나누면서 설교자는 새로 결혼하는 신랑 신부와 그 자리에서 이를 함께 듣게 되는 회중에게 섬김으로의 축복을 상기시킨다.

4) 결혼과 공동체

> 주님의 모든 자녀가 서로 연합하고, 살아있는 자가 죽은 자와 연합하는 우리 공동윤리의 연대가 주님의 은혜로 인해 변화되어 주님의 뜻이 하늘에서처럼 땅에서도 이루어지게 하여 주시옵소서(BCP, 430).

결혼은 새로운 공동체, 즉 가정을 창조하며, 그 공동체는 "결혼한 삶 속에 이 사람들을 지지하기 위해" 온 힘을 다할 것이라 약속하는 더 큰 공동체, 즉 회중에게 의지한다(BCP, 425). 그 외에도 결혼 예식은 새로운 여정을 시작하는 이 신랑 신부가 함께 하는 삶, 즉 그들의 일과 동역자 관계, 잠듦과 깨어남, 기쁨과 슬픔, 삶과 죽음에 대한 혼인의 축복을 솔직하게 인식하게 된 인간으로서 "하늘의 집에서 성도들이 영원히 잔치하는 저 식탁"으로 이어진다는 것을 상기시켜 준다(BCP, 430).

설교자는 두 가족이 함께 모였다는 간단한 상기시킴으로 시작해서 성만찬과 궁극적으로 아동 세례를 언급함으로써 신앙의 더 큰 가족을 제안할 수 있다.

창세기는 하나님, 인간과 자연 사이에서 완전한 조화를 이룬 에덴동산에서의 첫 공동체를 보여 주며 더불어 깨어짐과 나뉨도 보여 주신다.

에베소서 3장과 요한일서는 공동체의 기초로서 그리스도 안에서의 하나님 사랑을 이야기하며 이는 함께 식사를 나누는 자리에서 기도하는 가족의 모습으로 쉽게 상징화된다. 골로새서 3장은 공동체를 예배의 상황 가운데에서 설정한다. 팔복은 하나님의 통치를 반영하는 공동체를 묘사한다.

3. 실제적인 고려 사항

말씀의 예배를 위해 신랑 신부와 그 예식의 참석자들은 말씀 봉독과 설교를 위해 자리해야 한다. 설교자는 신랑 신부와 가까이 바닥에 서서 그들에게 좀 더 수월하게 직접 이야기 할 수 있다. 이렇게 하면 설교할 때에도 장점이 있다. 회중은 훨씬 더 또렷하게 신랑 신부에게 하는 이야기를 들을 수 있다.

[경험에서부터 나온 설교를 위한 법칙]
• 결혼 예식이 클수록 설교는 작아진다.

- 예식 자체가 큰 소리로 진행되기에 회중은 다양하고 다소 산만해지기 쉽다.
- 설교는 평소보다 짧게, 6-8분 정도의 길이로 적당한 어조와 스타일로 진행한다.
- 대화적이고 교훈적인 내용으로 설교는 신학적으로, 목회적으로 깊이있는 내용이어야 한다.

설교는 북미의 결혼 예식에서는 중요한 부분을 차지하지 않고 여전히 선택사항으로 남아 있다. 설교자가 예식의 집례자로, 교사나 목사로서 유서 있는 본문에 의지하여 결혼 예식에 참여할 수 있다면, 결혼 예식에서의 말씀이 물을 포도주로 바꿀 수 있을 것이다.

참고 주제 인간학; 특별한 날을 위한 설교; 예배 스타일

참고 문헌 Perry Biddle, *A Marriage Manual*. (2006); G. R. Evans and J. Robert Wright, editors. *The Anglican Tradition: A Handbook of Sources*. 1991; H. H. Farmer. *The Servant of the Word*. (1942); William Hethcock, "Preaching at Marriages." *Breaking the Word: Essays on the Liturgical Dimensions of Preaching*, Carl Daw, ed. Church Hymnal Corp., 1994, 127-35; Charles Rice, "Preaching at Weddings." *Sewanee Theological Review*, 41:3 (Pentecost, 1998): 228-40.

메모 없는 설교(Without Notes)

조셉 M. 웹(Joseph M. Webb)

메모 없이 설교한다는 것은 설교를 철저히 준비하고, 간결하게 개요를 마련하여 그것을 암기한 다음, 설교단에 서거나 열린 무대 위에서 즉흥적으로 전하는 과정을 말한다. 이러한 설교는 대중 연설에 있어서의 세 가지 일반적인 접근 방식 중 하나로, 다른 두 가지 방식은 원고를 소리내어 읽는 것과 원고를 암기하고 그 내용을 그대로 전하는 것이다. 모든 전문 대중 연설가와 스피치 교수, 스피치 관련 서적을 쓴 저자는 메모 없이 말하는 것이 메모를 사용하는 것보다 회중과의 소통에 있어 언제나 훨씬 더 효과적이라고 강조함에도, 메모를 가지고 하든 없이 하든 즉흥적으로 하는 설교는 일반적으로 같다고 여겨진다.

그리스와 로마의 연설가들이 암기된 내용을 그대로 전하는 예가 있긴 하지만, 그마저도 드물었던 것으로 보인다. 초기 기독교 시대를 포함해서 고전 시대의 연설가들은 그들의 수사학적 모든 훈련을 통해서 즉흥적 연설을 했다. 초기 교회의 교부들, 그들 중에도 크리소스토무스와 아우구스티누스의 설교는 단지 즉흥적으로 전달되었던 것뿐 아니라 메모 없이 전달되었다. 크리소스토무스는 종종 교회에 가는 길에나 예배 중에 떠오르는 생각으로 설교할 내용을 정해서 일주일 동안 집중적으로 연구하기도 했다.

격동의 시기였던 16세기와 17세기, 특히 영국에서 개신교 종교개혁이 치열하게 진행되어 가면서 설교의 본질에 있어 중요한 변화를 가져왔다. 이는 크게 두 가지 요소의

결과였다.

첫째, 새로운 개신교 성직자는 설교에서 신학에 대한 불만을 제기하면 심각하고 심지어 치명적인 어려움에 빠질 수 있기 때문에 왕실을 불쾌하지 않게 하는 것이 현명하다는 것을 깨달았다. 그래서 권세 있는 청중을 화나게 하지 않으려는 당연한 끈질긴 바램으로 성직자들은 설교를 신중하게 작성해서 읽기 시작했다. 또한, 위험한 감정적 반응을 만들어 내지 않기 위해 설교를 읽을 때 감정적으로 해서는 안 된다는 것을 금방 깨달았다. 심지어 설교를 읽을 때에도 설교단에 서서 고개를 숙이고 눈도 마주치지 않으려고 했고 가능한 한 표정 없이 감정 없이 전했다. 이러한 관행은 유럽 전역으로 퍼져 나갔고, 이상하게도 오늘날 많은 설교 자리에서 계속 이어지고 있다.

둘째, 수많은 젊은 성직자들이 당시 대두된 종교개혁 신학에 대해 아직 상대적으로 훈련 받지 않은 상태에서 그 신학이 그들의 충성스러운 마음을 사로잡았다는 사실이다. 핵심 지도자들은 점점 늘어나고 있던 개신교 설교단으로부터 읽혀져야 할 설교를 준비했다. 그렇지만 두려움 없던 급진적 청교도 설교자들은 즉흥적이고 열정적이며 메모 없이 하는 극도로 위험한 설교를 행했다.

18세기 말에는 성공회에서조차 국가가 통제하는 설교와 관련된 위험이 거의 사라졌다. 설교를 작성해 줄 사람이 필요했던 훈련받지 못한 개신교 성직자가 줄어들기도 했다.

19세기에는 특히 미국 개척지에서 번성했던 교파들 사이에서 수사학, 군중을 자극하는 대중 연설, 열정적인 설교에 관한 관심이 커져갔다(부흥 참고). 설교 준비와 대중 연설에 관한 책, 청중의 심리를 강조하고 연설의 효과성을 가져다주는 고대에 행했던 과정을 극찬하는 책들이 점점 늘어나기 시작했다. 이러한 책들 중에 가장 영향력 있는 책 중 하나는 1870년 출판된 존 브로더스의 『설교 준비와 전달에 관한 연구』(*Preparation and Delivery of Sermons*)였다. 그 이전이나 이후나 설교에서 대중 연설이 가지는 역동적인 복잡성에 대해 그토록 예리한 주의를 기울인 책은 없었다. 브로더스의 책은 종교개혁이 영향을 준 설교단에서 원고를 읽는 방식으로부터 특히 메모 없는 설교로 전통적 대중 연설의 기본으로 돌아가도록 교회에 촉구한 첫 본격적인 학문적 노력이었다.

브로더스는 다음과 같이 주장했다.

> 오직 한 가지 또는 또 다른 다양한 즉흥적 말하기에서만 [설교]가 완벽하게 자연스럽고 최고의 효과를 얻을 수 있다(Broadus 1898, 462).

그는 메모 없는 설교를 "말하기의 이상(ideal)"이라고 불렀는데, 이 이상은 "다른 어떤 방법으로도 이를 수 없는 것이다. … 그리고 공을 들이는 문화가 말하기처럼 정확하게 읽거나 암기해서 전달하려고 헛수고 하는데 반해, 즉흥적인 연설가는 비교적 쉽게 자신이 할 수 있는 최상의 전달을 할 수 있다."(462)

그러나 브로더스에게 있어서 메모 없는

메모 없는 설교(Without Notes)

설교는 설교를 "전달"하기 위해 단지 음성을 사용하는 것에 관한 것이 아니라, 설교자의 음성, 움직임, 표정, 내면의 정신, 성격, 시선 등의 전신을 자연스럽게 조화시켜서 "설교자의 온전한 힘을 발휘"하는 것이었다(462).

오늘날의 새로운 현대 예배 형식의 시대에, 메모 없는 설교는 복음을 전하는 사람들에게 새로운 필수 요소로 빠르게 자리 잡고 있다. 예배와 설교에 있어 즉흥적이고, 상호적이고, 활기차고, 열정적이고, 유동적이어야 한다는 요구가 있다. 설교자는 예배의 형태가 어떠하든 새롭게 생겨나는 예배의 흐름에 응답하도록 요구되고 있다. 이러한 음악, 성경, 드라마, 미디어와 간증의 역동적인 상호 작용 속에서 설교 상황은 주어진 순간의 요청에 따라 잘 준비되고 기획된 독특한 즉흥적 설교가 되기를 기대한다.

설교자는 자신이 무엇을 말하고 싶은지를 알아야 하지만, 동시에 설교의 시작부터 끝까지 성령이 단어를 공급하시고 문장을 펼쳐가실 수 있도록 회중과 함께 생각하고 느끼고 상호 작용할 수 있어야만 한다. 이것이 메모 없는 설교를 한다는 것이 의미하는 본질이다.

메모 없이 즉흥적으로 설교하려면 무엇이 필요할까?

세 가지 훈련이 필요하다.

첫째, 세심한 계획과 준비의 훈련이다. 설교자는 성경 본문을 주해하고, 자료를 모으고, 자신의 이야기를 전할 줄 안다. 메모 없는 설교를 가능하게 하는 훈련은 준비 중인 설교에서 다양하지만, 서로 관련성이 있는 7-8개 이하의 항목으로 간단하면서도 잘 구성된 개요를 구성하는 방법을 아는 것이다. 이것은 설교를 하나로 묶어 주는 간단한 안내 문구인데, 이러한 문구들이 설교자가 말하려는 것으로부터 귀납적으로 드러나게 될 하나의 중심 아이디어로 이어진다.

둘째, 자신의 기억을 사용하고 신뢰하는 훈련이다. 메모 없는 설교는 어느 정도의 암기가 필요하다. 시험을 위해 공부하는 같은 방식으로 관련된 항목들 또는 문구들의 준비된 개요를 암기해야 한다. 개요가 작성된 후 최대 2시간 정도가 요구된다. 계속해서 개요의 요점을 반복해서 암기한다. 우리의 암기 수준은 우리가 생각하는 것보다 훨씬 좋다. 암기의 기술을 연습하면 할수록 기억력은 더 잘 작동하게 된다.

셋째, 메모 없는 설교는 대중 연설에서 자신감을 키우는 훈련이 요구된다. 사람들 앞에 서서 말하는 것은 아무리 자주 한다 해도 언제나 주눅드는 일이다. 메모 없이 설교하려고 결정한다면, 언제나 긴장이 뒤따르게 마련이다. 그러나 변함없이 일어나는 것은 설교를 막상 시작하면 얼마 가지 않아 설교자는 회중과 함께 짜릿한 경험, 즉 브로더스의 말에 따르면, "설교자의 언어가 의식적인 노력 없이도 설교자가 구상했던 웅장함과 아름다움에 맞게 드러나는 경험"에 사로잡히게 된다(Broadus 1898, 460). 용기는 메모 없는 연설를 구현하는 데에 필요하다. 그러나 성령이 그 연설을 종종 완전히 예상치 못한 무언가로 바꾸어 주신다.

이것이 오늘날 젊은이들이 그들에게 말

하는 이에게 원하는 것이다. 그들은 주의를 사로잡는 방식으로 복음이 전해지기를 원한다. 그래서 그들에게 힘을 주고 그들의 마음을 움직이기를 원한다. 그리고 이상하게 들리지만 오늘날 새로운 예배 환경에서 그것을 진정으로 그리고 지속적으로 이룰 수 있는 것은 단 한 가지 설교뿐이다. 그것은 원고 또는 메모 없는 설교다. 다시 말해 복음이 용기 있고 잘 준비된 설교자에게서 구현되는 그런 설교이다. 그런데 사실 이러한 설교는 오늘날보다 더 새로운 적이 없는 고대의 설교 형식이다.

참고 주제 원고; 구두/청각 의사소통; 성령과 설교; 원고 수행하기

참고 문헌 John A. Broadus. *A Treatise on the Preparation and Delivery of Sermons*. 37th ed. (1898); Teri Kwal Gamble and Michael W. Gamble. *Public Speaking in the Age of Diversity*. (1998); Charles W. Roller. *Expository Preaching without Notes*. (1962); John J. Makay. *Public Speaking: Theory into Practice*.(1992); Rudolph F. Verderber. *The Challenge of Effective Speaking*. (1994); Joseph M. Webb. *Preaching without Notes*. (2001).

제11장 신학

서문: 말씀의 전달자(Bearer of the Word)

F. 게릿 이밍크(F. Gerrit Immink)

1. 신학 실천하기

설교는 하나님과 관련이 있기 때문에 설교단에서 신학을 행한다는 것은 필연적이다. 우리가 살고 있는 세상과 관련해서 하나님의 이름을 부르는 설교자는 그렇게 함으로써 일종의 실천에 관련된 신학을 구성한다. 이 신학은 지역의 신앙공동체에 내재되어 있고 실제 사람들의 생생한 경험과 연결된다. 그래서 설교는 우리 세계에로의 하나님의 참여를 묘사하고자 하기 때문에 항상 어떤 형태로든 지역 신학(local theology)을 나타낸다. 결과적으로 신학과 설교단은 필수적인 동반자가 된다.

불행히도 현대 설교자들은 설교단에서 신학을 행함에 대해 매우 조심스러워한다. 이러한 무관심의 이유가 무엇일까?

첫째, 설교자는 종종 신학을 연역적 설교와 추상적이고 생명력 없는 교리와 연관시킨다.

둘째, 내러티브적이고 귀납적인 설교가 유행하고 있고, 이러한 담론의 방식은 신앙의 보다 더 성찰적인 차원에 주의를 덜 귀울일 수 있다.

셋째, 현대 설교자들은 주일 아침에 단지 일반적 비전의 틀 안에서 설교하는 것이 아니라는 것을 깨닫는다. 그들은 세상적이면서 교회적인 다양한 경험의 맥락 안에 있는 스스로를 발견한다. 신학적 다양성이 쉽게 치열한 갈등으로 이어질 수 있다는 것을 알기 때문에, 목회자들은 교리적 이슈에 침묵하려는 유혹을 느낀다.

2. 신학적 능숙함

그러나 심오한 신학적 성찰을 외면하면 장기적으로 자신의 사역을 약화시키게 될 것이다. 설교단에서의 신학은 현대 설교에서 시급히 필요하다. 당연히 설교자들은 신학적 성찰과 관련해서 어떤 특정한 장애를 느낀다. 인간의 비참함 속에서 하나님의 은혜를 선포한다는 것은 용기와 지혜가 필요하다. 살아 있는 경험을 소중히 여기는 문화에서는 인간의 상황에 가까이 머무는 것이 더 쉬워 보인다. 그러나 설교자는 또한 하나님 나라의 좋은 소식을 전하기 위해 분명한 열정을 느낄 수도 있을 것이다.

어떻게 하면 적절한 방법으로 이를 이루어낼 수 있을까?

설교단에서 신학을 한다는 것은 실천과 연관된 신학적 능숙함이 요구된다. 즉, 일상 생활의 살아 있는 경험이 하나님의 이야기와 밀접하게 엮여 있는 신앙의 삶을 그려낼 수 있는 능력이 필요하다. 이 도전을 해결해 내기 위해 설교자는 목회적 자세를 갖추어야 할 뿐만 아니라 신앙의 실재를 다루는 데 있어서도 (직업적이고 개인적으로) 동일하게 능숙해야 한다.

설교자는 예수 그리스도 안에서 하나님의 역동적인 임재가 이러한 특정한 상황 속에서 무엇을 의미하는지를 구분해 내기 위해 신학적으로 잘 훈련되어야만 한다. 고백적 입장을 언급하는 것은 물론이고 설교자는 이러한 특정한 상황 속에서 신앙이 환기시키는 질문, 도전과 기대에 대해 민감해야만 한다. 예를 들어, 사순절 기간 동안 설교자는 전세계적 고난의 상황 속에서 예수님의 고난을 묵상해야 하는 과제를 가지고 있다.

설교단에서 신학을 행한다는 것은 사역의 소명과도 같다.

리차드 리셔(Richard Lischer)는 이렇게 말한다.

> 우리는 커뮤니케이션에 있어서 거대한 흐름을 거스를 수도 없고, 사회적 쇠퇴로부터 사역의 전문적 자리를 구할 수도 없지만, 우리는 우리의 소명을 품어 안을 수는 있다. 우리는 설교할 수 있다. 그리고 그것이 하나님으로부터 온 것이기에 그 소명은 그 책임감을 확신하지 못하는 세상 속에서 그리고 느슨한 무관심으로 언어를 대하는 문화 속에서 우리에게 표징이 될 것이다(2005, 41).

이러한 소명은 기쁨과 긴장을 가져다 준다. 종종 설교자들은 헷갈리기도 하지만, 열정을 가지고 말하기를 원한다. 생명의 경험이 신앙의 언어와 함께 서로 얽히게 되는 설교는 어떤 신학적 진리가 주장하는 바에 이르러야 한다.

3. 설교의 예

설교단에서 신학적인 관점에서 두 가지 부정적 예가 가장 도움이 될 수 있는데, 두 명의 훌륭한 설교자로부터 그 예를 가져오면 그 문제가 얼마나 만연할 수 있는지를 잘 보여줄 수 있다. 브루그만(Brueggemann)의 〈터무니없는 하나님, 쇠퇴의 계절〉이라는 설교에서 거의 스캔들과 같은 음성으로 성경적 증거를 소개한다.

> 이사야 65장의 이 시에서 분명하게 드러나는 대림절에는 매우 터무니없는 것이 있습니다. 너무 터무니없어서 우리 누구도 믿지 않습니다. 그래도 우리는 그런 본문, 그런 비전을 나누겠다고 약속한 세례 받은 사람들입니다(1996, 65).

우리 누구도 대림절을 실제로 믿지 않는다고 가정한 긴장감이 매우 강하다. 그러나 설교자는 이사야 65장의 시가 하나님이 기록하신 새로운 세상을 향한 비전으로 주어진 것이라 함으로 모인 공동체에게 동기를 부여한다. 그 새로운 세상은 더 이상 테러로 고통받는 자들이 없고, 더 이상 영아 사망도 생기지 않는 세상이다.

터무니없다고 말씀드렸지요. 하나님의 새

로운 세상은 우리의 능력은 물론이고 심지어 우리의 상상을 뛰어 넘는 것이기에 터무니없어 보입니다. 가능해 보이지 않습니다. 피로한 세상, 자기 스스로 공급하며 사는 세상, 냉소주의가 있는 우리 세상 속에서는 그런 약속이 일어날 수 없다고 깊이 믿습니다. 그러한 새로움은 시적 환상에 불과하고 불의와 슬픔과 테러가 계속되는 현실이 지금 있고, 그런 현실의 모습은 우리가 떠올릴 수 있는 미래에는 결코 끝나지 않을 것입니다(Brueggemann 1996, 66).

브루그만에 따르면 서정시의 기능은 일상 세상에 대한 인간적 냉소주의를 능가하는 것이다. 청중은 새로운 것이 자신의 세계로 들어올 수 있다는 상상을 자유롭게 할 수 있다.

이러한 새로운 세상이 너무 터무니없어서 기다리는 것 외에는 할 수 있는 일이 별로 없을까?

여기에서 설교는 윤리적 명령의 방식을 수용한다. 오래되고 파괴적인 것을 줄이고 생명을 주는 연민과 용서는 늘리는 것이다. 대림절은 하나님의 터무니없음과 감소하는 일상의 일 모두를 다룰 것을 요구한다.

신학은 여기에서 어떤 기능을 하는가?

브루그만은 일종의 변증법적 관계로 해석한다. 하나님의 새로운 세계는 전적으로 타자이다. 일상적인 삶과 하나님 나라 사이에서의 대립은 매우 강하다. 더욱이 내러티브 그 자체를 불러일으키고 상징적이고 시적인 수사법의 높은 잠재력으로 인해 하나님의 새로운 세상이 거의 허구와도 같이 들린다. 누군가는 질문할 것이다.

"하나님의 새로운 세계에 관한 이러한 주장들은 무엇을 가리키는 것일까?"

"어떤 종류의 주장을 포함하고 있을까?"

이러한 터무니없는 타자성이 신앙공동체의 삶의 방식과 관련해서 파괴적인 것을 감소시키는 비판적이고 변화를 가져오는 힘을 가지고 있다는 것이 밝혀진다. 누군가는 이것이 하나님 이야기의 참고적 차원을 줄이고, 복음의 좋은 소식에 미치지 못한다고 주장할 수 있을 것이다.

사도행전 2장 설교에서 바바라 브라운 테일러(Barbara Brown Taylor)는 성령을 풍요로운 평범한 경험 속에 존재하는 능력으로 소개한다. 성령은 우리가 숨쉬는 호흡을 통해 우리를 하나로 엮어 주시며 우리 사이를 갑자기 드나드신다. 그녀는 "위"로부터라기보다는 "아래"로부터의 성령에 대한 관점을 구성한다. 그녀는 우리가 숨쉬는 공기가 지구를 계속해서 순환하여 돌고 있는 (창조 후 계속 이어서 순환해 왔으며), 이 비유를 사용해서 예수님의 마지막 숨결과 오순절의 급하고 강한 바람과 연결한다.

예수께서 우리를 사랑하셔서 기꺼이 마지막 숨을 거두셨을 때 그 숨이 잠시 동안 공중에 떠 있다가 지상에 풀려나갔다고 믿는다. 열정으로 가득하고 생명으로 가득한 그런 강한 숨결이었기 때문에 많은 숨결이 그런 것처럼 단순히 사라지지 않았다. 오순절 날 하나님이 예루살렘의 한 다락방에 휘몰아친 강력한 바람이 될 때까지 그 숨결의 힘과 양은 커져 갔다. 하나님은 예수님의 친구들이 예수님의 숨결을 상속받기를 바란다는 것을 분명히 하기를 원하셨고, 그 일은 이루어졌다(1999, 144).

테일러에 따르면 하나님의 임재가 평범한 삶 속에서 발견되었다. 그러나 우리의 문제는 이것이다.

우리는 행동할 때 성령을 인식하는가?

그녀의 설교에서 그녀는 성령이 어떻게 일하시는지에 대한 몇 가지 초점의 사례를 제공한다. 예를 들어, 때때로 우리는 우리 경험을 어떻게 이름해야 할지 모른다.

> 그러나 여러분이 이름을 갖지 못한 일이 여러분에게 일어났을 경우, 성령이 역사하신다는 것을 믿는 몇 가지 방법을 제안하고 싶습니다(147).

또 다른 예로, 누군가와 관계가 소원해졌다가 관계를 다시 회복할 수 있는 방법을 찾을 때를 생각해 볼 수 있다.

> 여러분은 원하시는 대로 부를 수 있습니다. 나는 그것을 성령의 일하심이라고 부릅니다(148).

어떤 종류의 신학적 진리 주장이 관련되어 있나?

브루그만과 달리 테일러는 평범한 것과 거룩한 것 사이의 강력한 연속성을 가정한다. 성령의 길은 황홀한 것도, 장엄한 것도 아니다. 더 나아가 그녀는 비유적 연결 방법을 통해 성령의 나타나심을 묘사한다. 결과적으로 신적인 임재는 내재적이고 친밀한 것으로 제시된다. 테일러는 외적이고 중요한 신적 주도권을 고려하지 않은 채 하나님을 명명하는 위험을 감수한다. 이것 역시 복음에 미치지 못하는 것처럼 보인다.

4. 하나님 이야기의 기준

설교에서는 인간이 거주하는 일, 사랑, 경축과 고난의 복잡한 영역이 하나님과의 관계 속에서 표현된다. 설교자는 무섭고, 사랑스럽고, 상처 받는 인생, 그 모든 실패와 슬픔, 그 모든 갑작스러운 기쁨과 행복이 있는 하나님의 구원하심에의 참여에 대해 말해야 할 소명을 가진다. 정확하게 좋은 신학은 우리로 하여금 세상 속에 우리의 존재와 관련해서 의미 있는 하나님 이야기를 만들어 내도록 돕는다.

복음은 우리 문제에 대한 순진한 해결책이 아니다. 그러나 신학자로서 설교자는 예수 그리스도 안에서 하나님의 역동적 임재가 세상 속에서 우리가 존재하는 방식을 만들어 낸다는 것을 고백할 용기를 찾는다. 교회의 신조와 교리는 구원의 깊이와 풍요로움을 표현하고, 세상 속에 계신 하나님의 임재의 신비를 확인함에 도움을 제공해 줄 수 있다. 신조와 교리는 적절한 하나님 이야기를 위한 지침으로 기능할 수 있다. 그러한 것에 주목함을 통해 설교자는 신학적 능숙함을 더할 수 있다.

현대 청중은 포스트모던 시대의 사회적이고 영적 탐구를 해석하기 위해 일종의 고백적 틀을 필요로 한다. 신앙의 더욱 성찰적인 차원을 회복하는 것이 설교자로 하여금 삶의 신비를 더 깊이 파고 들어가서 확신과 불확실한 질문 모두 고려하고 또 재고하는데 도움을 줄 수 있다. 그래서 내러티브와 귀납적 설교에 더해서 사려 깊은 성찰과 논쟁적 담론이 신앙공동체의 정체성을 형성하는 데에 도움이 될 것이다. 그래서 설교자들은 예수 그리스도 안에서 하나님의 역동적인 임재와 내주하시는 성령의 역사하심에 대해 묵상하는 것을 너무 두려워하지 않아야 한다.

삶의 우여곡절은 신앙 관계 가운데에서 어떤 모습일까?

설교자는 공동체로 하여금 이러한 이슈들에 대해 합의에 이르도록 돕는 소명을 가진다. 이러한 관점에서 볼 때 설교자는 목회자일 뿐 아니라 성찰하는 동료 신자이다.

하나님 이야기는 위험하다. 그러나 설교자는 도망칠 수 없다. 설교자는 하나님에 대해 그리고 다가올 하나님 나라에 대해 말해야 한다. 때로는 하나님의 말씀을 말하기도 한다. 성경에 대한 탄탄한 주해 없이, 상황적 해석학에 대한 감각 없이 하나님 이야기를 할 수 없다. 동료 신자로서 또한 설교자는 공동체의 지역 신학에 대해서도 인지하고 있다. 하나님 이야기가 경험적으로, 사회적으로 지역공동체 가운데 내재되어 있기 때문에 설교자는 지역공동체와 잘 맞는 관계 가운데 서 있어야 한다.

훈련된 신학자로서, 설교자는 교회의 보다 넓은 신학적 전통과도 친숙하다. 예를 들어, 개신교 설교자라면 하나님 이야기가 설교하기와 듣기의 상호 작용 안에서 이루어지기 때문에 하나님 이야기가 하나님의 말씀, 즉 사람들이 구원을 경험하고 갱신을 얻는 만남이 될 수 있다는 사실을 잘 알고 있다.

정확하게 이러한 차원, 즉 하나님의 말씀이 되는 설교의 상호 작용은 신학적 능숙함이 요구된다. 그건 관계를 시작하시고, 정의를 회복하시고, 예수 그리스도 안에서 우리를 변화시키시는 분이 하나님이시라는 구원의 외적 기원을 언급한다. 이러한 신적 자기 계시와 종말론적 관점을 실제 상황에 맞게 적절하게 일어나도록 하는 것이 설교자의 임무이다.

설교신학의 구성과 재구성 없이 부활, 기적, 비유, 예언, 약속의 땅 등에 대해 설교하는 것은 거의 불가능하다. 설교는 특정한 신학적 습관을 필요로 한다. 그것은 바로 하나님의 계시를 위한 열린 생각과 마음이다.

참고 주제: 설교자의 권위; 소명; 선포로서의 설교

참고 문헌: Walter Brueggemann. *The Threat of Life: Sermons on Pain, Power, and Weakness.* (1996); F. Gerrit Immink. *Faith: A Practical Theological Reconstruction.* (2005); Richard Lischer. *The End of Words: The Language of Reconciliation in a Culture of Violence.* (2005); Barbara Brown Taylor. *Home by Another Way.* (1999).

인류학(Anthropology)

에이미 플랜팅가 포우(Amy Plantinga Pauw)

신학적 인류학은 하나님 앞에서의 인간의 본질과 삶의 의미와 책임에 관한 기독교적 성찰이다. 많은 기본 주장이 인간 존재에 관해 제기될 수 있을 것이다. 우리는 하나님의 선하고 사랑받는 피조물이고, 죄인이며, 성령의 능력으로 예수 그리스도 안에서 구속된 자이고, 약속된 완성을 기다리는 자들이다. 우리의 존재는 본질적으로 관계적이다. 설교자는 인간 정체성의 모든 측면을 나누며 다룬다.

1. 사중적 인간 드라마

기독교 인류학은 사중적 드라마에 참여하는 자들로서 인간을 묘사한다.

- 우리는 하나님의 선하고 사랑받는 피조물들이다.
- 우리는 죄인이다.
- 우리는 성령의 능력으로 예수 그리스도 안에서 구속함을 받은 자들이다.
- 우리는 약속된 완성을 기다린다.

이러한 인간의 정체성들은 개인적 행태와 공동체적 형태 모두로 순차적인 것이 아니라 동시적인 것으로 보는 것이 가장 좋다 (Jones 2003, 143). 우리는 구속을 경축하지만, 여전히 죄인이다. 우리는 영광스럽게 완성될 그날을 기대하고 있지만 여전히 유한한 존재이며, 죽을 수밖에 없는 존재이다. 이러한 네 가지 정체성을 고려하는 것은 특히 서구 설교에서 인간의 상태를 죄와 구속의 순서로 축소시키려는 경향성에 대항한다. 사중적 드라마 역시 우리에게 처음과 나중 단어는 기쁨이라는 것을 상기시킨다. 우리는 하나님의 넘치는 기쁨으로 창조되었고, 우리의 완성은 동일한 하나님과의 영원하고 기쁨 가득한 영적 나눔이다.

1) 창조

> 주께서 내 심장을 지으시며 나의 모태에서 나를 만드셨나이다 내가 주께 감사하옴은 나를 지으심이 심히 기묘하심이라 주께서 하시는 일이 기이함을 내 영혼이 잘 아나이다 (시 139:13-14).

하나님의 형상으로 두렵고 놀랍게 지음받은 피조물(창 1:26-27)이라는 것이 모든 일간들에게 공통된 진리이다. 우리의 많은 차이점은 우리 인간의 연합함을 복잡하게도 만들고 풍요롭게도 만들지만 모순되지는 않는다. 창조된 선함이 가지는 기본 진리를 무시함으로 설교의 폭이 좁아지고, 인간의 죄와 구속에 대한 왜곡된 이해를 가져올 수 있다. 특히, 우리의 몸이 가지는 선함에 관해 그러하다.

페미니스트신학은 신체적 존재를 정당하게 긍정하는 동시에 신체적 차이로 인해 프레임 씌우거나 평가절하하는 것을 경고한다. 설교는 우리의 육체적 존재를 주로 유혹과 고통의 원천으로 묘사해서는 안 된다. 사람의 정체성의 본질을 인종이나 출산의 능력과 같은 신체적 특성과 능력에 두어서도 안된다. 설교자는 인간의 죄에 대한 은유로 청각 장애나 시각 장애와 같은 신체적 장애를 사용하는 데에 주의해야 한다.

피조물이 된다는 것은 창조자에 의해 생겨난 존재이다. 우리 존재 자체는 하나님의 은혜의 선물이다. 그래서 의존은 우리가 존재하는 방식이다. 이것은 노예화하는 의존도 비하하는 의존도 아니라 자유와 대리하는 자로서의 전제 조건이다. 인간의 자유는 완전한 자기 결정권이나 단순히 권리와 자격의 문제로 해석되어서는 안 된다. 우리의 자유는 하나님의 선물이요 하나님과 타자를 위한 것이다.

법과 언약은 우리로 하여금 하나님과 이웃과의 올바른 관계 속에서 자유를 행사할 수 있도록 돕는 하나님의 선물이다. 자율성과 자급자족을 크게 가치 있게 여기는 문화 속에서 설교자들은 인간이 스스로 자신을 만들 수 없고 자신을 지킬 수 없으며 모든 생명의 근원이신 하나님과의 관계를 벗어나서는 진정한 삶을 발견할 수 없다고 바르게 주장한다.

피조물이 된다는 것은 유한하다는 것이다. 우리는 변화하고 성장하며, 병들고 죽는 육화된 존재들이다. 우리의 유한함은 우리를 하나님과 다른 존재임을 드러낸다. 그러나 우리에겐 부정적인 판단이 아니고 우리 안의 창조된 선함과 모순되지 않는다. 우리가 구원받음은 유한함으로부터의 구속이 아니다. 인간의 유한함에 관한 긍정적인 설교는 인간의 죄와 하나님의 심판으로부터 질병과 죽음을 분리하는 데 도움이 된다. 우리의 본질적 필요와 욕구는 우리에게 인간은 물론이고 비인간까지 다른 피조물과의 상호 의존성 안에서 살아가도록 요구한다. 지구를 지켜 가는 방식 안에서 산다는 것은 하나님의 피조물로서 우리의 신실함의 일부이다. 이것은 생태에 관한 설교의 신학적 뿌리가 된다.

2) 죄

죄인이 된다는 것은 인간에 대한 또 다른 보편적 진리이다. 그러나 죄는 인간 정체성의 타락이지, 우리 인간에 대한 최종적 진리가 아니다. 이것은 죄가 인간의 존재에 관한 설교에 있어서 중심축이 되어서는 안 된다는 것을 의미한다. 죄는 분명 죄악된 개인적 행위를 유발할 수 있지만, 일반적 인간 상태를 가장 잘 묘사해 주는 것이지 개별적 행위의 목록은 아니다.

두 가지 고전적 이미지는 죄에 대한 설교에 있어 도움이 된다.

첫째, 죄는 침입자이자 기생충과도 같아서, 우리의 선한 피조성을 먹어 치우고 오염시킨다.

둘째, 우리를 위한 하나님의 의도와는 상반된 삶은 세대를 이어 가게 되므로, 우리는 죄를 유전하게 되고 그것을 우리 자신의 것으로 주장하고는 다른 사람에게 그것을 전달하게 된다. 죄에 대한 설교는 일방성을 피해야 한다. 우리는 죄의 희생자이면서 동시에 죄에 대해 책임 있는 존재들이다. 죄는 개인 안에서 그리고 공동체적 생활의 구조와 패턴 안에 숨어 도사리고 있다.

죄는 하나님의 진노를 일으킨다. 하나님은 우리가 번성하기를 바라시기에 죄에 대해 분노하신다. 교만과 반항, 나태와 자기

비하의 형태를 가지든 죄는 우리가 거룩하고 온전한 피조물로서 하나님의 영광스러운 임재 안에 서기 위해 창조되었음을 부인한다. 죄의 가장 치명적인 영향 중 하나는 우리 자신의 죄성에 대한 실제와 결과에 관해 우리를 기만한다는 것이다.

조나단 에드워즈(Jonathan Edwards)의 유명한 설교인 〈분노하신 하나님의 손 안에 있는 죄인들〉(Sinners in the Hands of an Angry God)에서 위태로운 삶에 직면한 죄인들의 자기 기만에 대해 강조한다. 죄와 하나님의 진노에 관한 모든 훌륭한 설교처럼 에드워즈는 "그리스도는 자비의 문을 활짝 열어놓으셨다"는 것을 그의 청중에게 상기시키며 설교를 끝맺는다. 하나님의 은혜는 우리 죄의 가면을 벗겨서 우리가 진정으로 어떠한 존재인지를 보여 주는 역할을 한다. 그러나 그러한 동일한 은혜가 또한 우리에게 용서와 새롭게 하심의 소망을 허락해 주신다.

설교자들은 심지어 죄에 관해 설교할 때에조차 그들 자신의 죄의 상태로부터 벗어나지 못한다. 설교단에서 전하는 말씀이 축복하기도 하고 저주하기도 하는 엄청난 힘을 가지고 있기에 설교자들은 죄에 대해 말하는 죄를 조심해야만 한다. 죄에 관한 설교는 세상을 죄인과 비죄인으로 나누거나, 사회적으로 힘이 약한 사람들을 타겟으로 하거나, 부정적인 문화적 고정관념을 사용하거나, 죄를 한 개인이나 그룹의 본질로 삼는다는 것을 피해야 한다.

죄에 대해 설교할 때 겸손과 참회는 원칙이다. 설교자가 자신과 자신의 죄에 대해 하나님이 무어라 말씀하시는가를 질문하려 할 때 설교자는 계속해서 곤경에 빠지게 된다. 죄를 명명하는 것은 언제나 하나님의 용서와 구원을 찾으려는 목적을 위한 것이다.

3) 구속(Redemption)

죄로부터의 구속은 인류를 대하시는 하나님의 중심된 특성이다. 하나님은 "우리의 죄를 따라 우리를 다루지 않으시고 / 우리의 죄악을 따라 우리에게 그대로 갚지 아니하신다." 그러나 대신 "구덩이에서" 우리의 생명을 구속하시는 일을 계속하신다(시 103:10, 4). 사실 세상 어디든 우리는 악과 고통으로부터의 구원을 보며, 갇힌 자들의 자유와 대적들 사이에서의 회복과 소외됨의 치유와 같이 하나님의 구속하시는 힘이 역사하는 것을 보게 된다.

그러나 그리스도인들에게 모든 구속하심이 펼쳐지는 패러다임은 예수 그리스도의 삶, 죽음 그리고 부활이다. 대부분의 서구 기독교에서 그리스도의 십자가와 부활은 복음의 핵심이다. 동방 기독교는 그리스도의 완전하고 영광스러운 인성을 통해 우리를 위해 이루시는 하나님과의 연합을 특별히 강조한다. 오순절 신학은 죄와 악으로부터 우리를 자유케 하심 속에서 성령의 권능을 강조한다. 인간의 구속은 머리 되신 성삼위 하나님의 역사하심이기에 설교자는 성삼위 중 한 분 또는 그 이상을 소홀히 하거나 더 나아가 예를 들어 분노하시는 성부와 긍휼하신 성자와 같이 대비되는 것처럼 서로를 상반되게 설정하는 것을 피해야만 한다. 구속에 관한 설교는 성경의 예를 따라야 하고 다양한 이미지를 통해 우리가 어떻게 하나님과 '하나'가 되는지를 보여 주어야 한다. 예를 들어, 우리의 빚을 대신 치루시고 우리가 받아야 할 벌을 대신 받으시는 이미지만 항상 사용하면, 구속의 복음이 약해지고 일부 사람들을 그 소식을 복음으로 여기게 되는 것이 어려워지게 되기도 한다.

구속은 개인적 '사후 보험'이 아니다. 구속은 지금 이미 우리를 변화시키고, 이러한 변화는 개인적인 것일 뿐 아니라 공동체적이다. 사도 바울은 다음과 같이 선언한다.

> 그런즉 누구든지 그리스도 안에 있으면 새로운 피조물이라 이전 것은 지나갔으니 보라 새 것이 되었도다(고후 5:17).

이러한 새로운 피조물은 현재적 선물이면서 평생의 소명이다. 신학자들은 칭의와 성화라는 용어로 이러한 두 가지 구속의 측면을 구분해 왔다.

폴 틸리히(Paul Tillich)는 그의 강력한 설교 〈여러분은 받아들여졌습니다〉(You Are Accepted)에서 칭의에 관해 설교하면서 그의 청중에게 "여러분이 받아들여졌다는 사실을 단지 받아들이십시오"라고 권면했다(Tillich 1987, 201).

이와 대조적으로 디트리히 본회퍼(Dietrich Bonhoeffer)는 〈제자도의 대가〉(the cost of discipleship)라는 그의 유명한 묵상에서 그리스도인들에게 공동체 안에서 지속적 성화를 이루어 가라 요청한다(Bonhoeffer, 2001).

이 두 가지 주제와 그 둘 사이의 연관성은 설교에서 주목해 볼 가치가 있다.

기독교인들은 구속에 있어 인간이 감당해야 할 역할에 관해 다른 생각을 가지고 있다. 신앙은 주로 인간의 자유로운 응답일까 아니면 하나님의 선물일까?

예를 들어, 잘 알려진 빌리 그레이엄(Billy Graham)의 설교는 구원에 대한 하나님의 제안에 응답하는 개인의 결단의 필요성을 강조한다.

교회는 어느 정도까지 구원의 효과적 매개체가 될 수 있을까? 이해는 다양하지만 성례를 베풀고 말씀을 전하는 것, 그리고 선교적 사명을 감당하는 것이 여기에서 핵심이다. 그러나 모든 그리스도인은 구속이 하나님의 은혜에 의해 가능해진다는 것에, 그리고 그러한 구속받은 삶은 공동체 안에서 살아내지게 된다는 것에 동의한다.

비기독교인들의 구속은 어떠한가?

여기에서 성경의 전체 메시지가 "하나님의 넓으신 긍휼"이라는 점이 드러난다. 기독교 설교자들은 성령의 능력을 통해 예수 그리스도 안에서 부어 주신 은혜가 편협하고 인색한 은혜가 아니며 어떤 경우에도 자신이 베풀거나 또는 움켜잡고만 있을 수 있는 것이 아니라는 것을 신뢰하며 최선을 다해 그 은혜를 증거해야 한다.

4) 완성

기쁨과 슬픔이 있는 이 지상의 삶이 전부가 아니며 영원히 지속되지도 않을 것이다. 언젠가는 지나가 버리고, 우리의 일시적인 인간적 성취와 실패 역시 그것과 함께 사라질 것이다. 이것은 개인과 우주적 차원 모두에게 있어 사실이다. 그러나 성경은 우리에게 "사랑은 언제까지나 떨어지지 아니

인류학(Anthropology)

하되"(고전 13:8)라고 확언하며, 그 확신은 이 땅에서의 우선순위에 대해 알려 주어야 한다.

완성은 현세적 이미지를 불러일으킨다. 죽음 너머에 영원성과 영원한 생명이 존재한다. 완성은 또한 공간적 이미지를 가져온다. 이 공간적 이미지는 혼동과 불의 너머에 있으며 하나님의 뜻이 이루어지는 영역인 새 예루살렘, 즉 하나님의 나라가 있음을 말해 준다. 이러한 공간적 이미지들은 그리스도의 재림에 대한 우리의 소망을 묘사한다. 이 땅의 공간과 시간 안에서 완성은 단지 희미하고 아주 짧게만 경험된다. 그것은 비전과 시의 소재가 된다.

그래서 완성은 설교자에게 특별한 도전과 위험을 제기하고 창조, 죄 그리고 구속에 대한 기독교적 확신과 모순되는 방식으로 종종 설교된다. 예를 들어, 완성은 공동체적이면서 육신적인 존재의 선함을 부인하는 개인주의적이고 알 수 없는 방식으로 표현되어 왔다. 하늘의 보상에 대한 약속으로 이 땅에서의 고통과 불의를 정당화하는 데 사용되어 왔다. 하나님의 창조적이고 구속적인 긍휼에 관한 복음의 메시지와 모순되어 보이는 하나님의 진노가 가득한 곳이었다.

완성에 대한 설교에 가지는 과신은 시간표와 형이상학적 설명에 집착하게 만든다. 소심함으로 인해 장례식에서 하게 되는 막연하고 평범한 이야기를 제외하고는 일반적으로 이러한 주제를 피하게 된다.

완성에 관한 좋은 설교는 하나님의 신실하시고 변화하시는 임재의 확신에 기초해서 신뢰와 소망의 견고한 자세를 취한다. 그들은 믿음으로가 아닌 눈에 보이는 대로 걷척하지 않는다. 그들은 도피주의자들도 복수심에 불타오르는 자들도 아니다.

마틴 루터 킹 주니어(Martin Luther King Jr.)의 설교는 현실을 궁극적 신앙의 약속에 나란히 두는 방식에 있어 모범이 된다. 그의 설교는 우리를 "산 정상으로" 데리고 올라가서 그리스도인의 제자도를 자극하고 격려하는 방식으로 골짜기 아래의 "약속의 땅"을 보여 준다.

2. 관계의 존재

설교자는 인류학적 설교에서 현대 문화에 만연한 개인주의에 기여하는 것을 거부해야 한다. 창조, 죄, 구속과 완성은 모두 본질적으로 관계적이고, 그 네 가지는 우리 인간의 정체성을 구성하는 하나님과 이웃과의 복잡한 관계망과 관련된다. 설교자는 구속과 완성에 대한 개인주의적 이해를 피하는 데 특별한 주의를 기울여야 한다. 하나님과 '개인적 관계'를 가지는 것은 우리 이웃과의 올바른 관계로부터 분리될 수 없다.

> 누구든지 하나님을 사랑하노라 하고 그 형제를 미워하면 이는 거짓말 하는 자니 (요일 4:20).

우리의 최종적 소망의 가장 심오한 이미지는 종말론적 잔치 자리에 함께하는 것이다.

관계 속에서 우리 존재에 관한 설교는 오늘날 문화 가운데서 가장 선동적인 주제인 인종, 계급, 종교, 성의 차별을 제기한다.

인류학(Anthropology)

1) 낯선 사람에 대한 환대

모든 것을 포용하는 하나님의 환대는 우리의 육신적, 사회적, 영적 삶의 모든 측면의 전제이다. 하나님은 환대를 제공함으로써 하나님의 환대의 상호 작용에로 우리를 들어가도록 부르신다. 문화적으로 동질적인 자들과 함께하는 조촐한 모임에 만족하고 싶은 유혹이 있지만, 하나님은 나그네를 환대함으로써 인종, 계급, 종교의 경계를 뛰어넘으라며 우리를 부르신다(레 19:33-34). 대부분의 회중이 문화적으로 동질적이기 때문에 환대에 관한 설교는 내면의 변화와 더 폭넓고 깊은 타인과의 관계로의 초대하는 것이다.

2) 성

성경은 인간의 성에 대한 모호함을 반영한다. 성 관계는 하나님과 우리가 연합하는 것(엡 5:25-32)과 하나님에 대한 우리의 신실하지 못함(호 1:2-3)에 대한 은유이다. 성 관계는 최대한의 인간의 개방성과 취약함에 대한 표현으로, 그 성적 관계에서 사람들은 "한 몸"이 된다. 그래서 그 성 관계는 큰 기쁨과 친밀함을 위한 잠재성을 가져오지만 더불어 큰 육체적이고 정신적인 해를 끼칠 수도 잇다. 우리는 성적 관계 속에서 선한 피조물이기도 하고 죄인이기도 하다.

그러나 성은 교회 안에서 그리고 하나님 앞에서 우리 인간의 정체성의 가장 근본적인 표식은 아니다. 하나님의 사랑받는 피조물로서 그리고 그리스도 안에서 하나 된 자들로서 우리의 연합됨(unity)은 그 어떤 성적 차이(sexual difference)보다 더욱 강하다.

고대 이스라엘의 일부다처제의 수용으로부터 독신에 대한 바울의 권고(고전 7:6-9)에 이르기까지 성경적 전통의 범위에 걸쳐 성적인 관습은 변화해 왔다. 생물학적 자손은 하나님의 복의 징표(시 127:3-5)지만 그들의 중요성은 예수님의 가르침에서 상대화된다(마 10:37; 12:47-50). 설교자들은 인간의 성에 관한 성경적 가르침의 범위에 대해 정직해야만 한다. 그리고 성경적 견해로서 자신이 좋아하는 구절만을 제시하지 말아야 한다.

동성애 지향은 성경의 범위에 있지 않는 현대적 개념에 해당한다. 동성 간 행위는 성경의 주변적 관심사다. 그것이 등장할 때면 더 중요한 공동체적 이슈와 관련이 있게 되는데, 구약에서는 이스라엘의 육체적, 영적 생존에 대한 위협(레 20:13), 신약에서는 이스라엘에게 주어진 언약 안으로 이방인들을 포함시키기 위해 "본성을 거스르는" 하나님의 행동의 맥락에서 이방인의 무가치함과 같은 이슈들과 관련이 그러하다. 설교자는 동성애 지향이 있는 사람들이 청중 가운데 있다고 가정해야 한다. 그래서 동성애에 관한 설교는 "우리에게 주시는 하나님의 말씀"에 관련된 것이어야만 한다("죄 이야기의 죄"와 관련하여 위의 주의 사항 참조)

3. 인생 주기를 설교하기

설교자에게 주어진 큰 특권 중의 하나는 사람들의 삶 중심 순간에 함께한다는 것이다. 이러한 특별한 일들에 관한 설교는 인간의 조건이 갖는 다양한 측면을 다루어야 한다.

1) 세례

세례는 시작의 표시이다. 유아 세례의 경우 생물학적 시작을 의미하고, 다른 경우에서는 새로운 신앙생활의 시작을 의미한다. 그래서 세례를 받을 때 이 땅에서의 삶으로 인해 그리고 하나님의 은혜로 보호받고 새롭게 됨을 감사하는 것이 언제나 바람직하다. 세례는 단지 가족 의식이 아니고, 공동체 안에서의 새로운 삶의 시작이다.

하나님은 세례를 받는 사람과 모인 증인들에게 이렇게 말씀하신다.

"너는 나에게 속해 있다. 그래서 너는 서로에게도 속해 있다."

세례에서 시간과 공간을 초월해서 우리가 대부분 결코 만나지 못할 우리 그리스도인 형제자매들과 연합하고 있음을 확인한다. 세례는 죄인으로의 삶이 끝났다는 것의 표징이 아니다. 그러나 우리의 죄가 씻김 받았다는 하나님의 약속의 성례이기에 특히 죄에 의해 압도당하고 있다고 느낄 때 우리 삶을 통해 붙잡고 있어야 할 무언가가 바로 세례이다. 세례는 그리스도와 함께 마지막 날 부활하게 됨을 미리 보여 주는 죄에 대한 죽음이다.

2) 소명

청소년들을 선교 여행에 파송하고, 교회 직분을 임직하고, 새로운 목회자를 안수하는 것은 언제나 하나님의 화해의 대사로서 우리를 부르심 속에서 하나님의 관대하심을 인식하게 하는 시간이다. 설교를 구성할 때 설교자는 회중 가운데 자신의 은사나 재능을 키우지 못하거나 공식적으로 인정받지 못하는 이들이 있는지 주의를 기울여야 한다. 하나님이 주시는 소명은 피조된 자들로서 우리의 취약성 또는 죄성을 초월하는 것이 아니라, 우리의 능력과 위로의 경계를 보통 뛰어 넘는다. 그래서 설교는 우리가 우리 자신의 힘과 은사가 아닌, 하나님의 은혜와 용서에 의지하기 위해 부름받았다는 것을 강조해야 한다. 완성은 하나님의 소명의 지평이고, 우리가 하나님과 다른 사람들에게 보여 주는 사랑은 영원 속에서 열매를 맺게 될 것이다.

3) 결혼

결혼은 하나님의 완전한 신실하심을 의지하고 공명함으로 타인에 대한 평생의 신실함을 약속하는 것이다. 그것은 구체화된 삶의 선함을 전제로 한다. 결혼은 공유된 이기심이 아니다. 더 많은 사랑이 퍼져갈 수 있는 공간을 만든다. 그래서 결혼은 공동체 전체에 선물이 된다.

참 많은 결혼이 이혼으로 끝이 나고 있는 이때 결혼이 잘 성장해 갈 수 있도록 돕기 위해 공동체적 지원을 요청하는 것이 적절하다. 설교자는 결혼의 기쁨과 결실로 가득함을 자녀 출산과 너무 밀접하게 연결하려 하지 말아야 한다. 신학자 머시 암바 오두요예(Mercy Amba Oduyoye)가 주목한 것처럼 우리의 최고 소명은 그리스도 안에서 발견되는 인류의 충만함을 번성케 하고 세상을 하나님의 영광으로 채우는 것이다.

4) 죽음

완성은 장례식을 위해 유일하게 적절한 인류학적 주제가 아니다. 영원한 생명을 위한 우리의 소망은 죽음의 냉혹한 현실을 피할 수 없다. 장례 설교는 특히 피조된 생명의 선물이 갑자기 끝나 버리게 되었을 때 애통을 위한 자리를 만들어야 한다.

요한복음 11:25에서 예수님이 유명한 약속을 하신 후 마르다와 마리아와 함께 그들의 오라비 나사로의 죽음으로 인해 우신다. 죽음은 개인적이기도 하면서 공동체적이다.

> 우리 중에 누구든지 자기를 위하여 사는 자가 없고 자기를 위하여 죽는 자도 없도다 (롬 14:7).

우리가 죽으면 공동체는 우리의 삶을 슬퍼하고 또 축하하기 위해 모일 것이라는 사실을 아는 건 큰 위로가 된다. 다른 사람들의 죽음에 참여함으로 우리는 우리 자신의 죽음을 준비하게 된다.

참고 주제 회중, 교단의 주해; 장례 설교; 윤리와 하나님; 결혼 설교

참고문헌 Kathleen D. Billman and Daniel L. Migliore. *Rachel's Cry: Prayer of Lament and Rebirth of Hope*. (1999); Dietrich Bonhoeffer. *Discipleship. Dietrich Bonhoeffer Works*. Vol. 4. (2001); Serene Jones. "What's Wrong with Us?" *Essentials of Christian Theology*. Edited by William Placher. (2003) 141-58; Stephen G. Ray Jr. *Do No Harm: Social Sin and Christian Responsibility*. (2003); Jonathan Sacks. *The Dignity of Difference: How to Avoid the Clash of Civilizations*. (2002); Paul Tillich. "You Are Accepted." *The Essential Tillich: An Anthology of the Writings of Paul Tillich*. Edited by F. Forrester Church. (1987) 194-202.

권위(Authority)
토마스 G. 롱(Thomas G. Long)

기독교 설교자들이 일반적 의미에서 '세상적' 권위를 가지고 있지 않음에도 불구하고 그들은 설교에 있어서는 권위를 가지고 있다. 이 권위는 하나님에 의해 설교하도록 권위를 받음으로부터 오고, 설교에서 하나님의 말씀을 분별할 수 있는 청중의 능력에서 비롯된다.

1. 설교자의 아이러니한 권위

깊은 의미에서 설교자와 설교의 권위에 대한 문제를 제기하는 것조차 아이러니의 세례로 들어가는 것이다. 일반적으로 우리가 권위를 가진 사람을 말할 때, 우리는 특정한 종류의 인정되고 합법적인 힘을 가진 것을 말한다. 그러나 기독교 설교자들(그리고 그들 앞에 히브리 예언자들)은 적어도 그런 관례적 형태로는 권력을 가지고 있지 않다고 종종 주장해 왔다.

예레미야는 '예언자' 역할을 피하면서 그저 자신을 "한 소년일 뿐"이라고 항변했고 (렘 1:6), 이사야는 연기로 뒤덮인 신비 앞에

서 자신은 "망하게 된 자요 … 부정한 입술을 가진 사람"이라고 성전에서 몸을 숙였다(사 6:5). 아모스는 자신이 예언자도 아니요 예언자의 아들도 아니고, 목초지에서 뽑혀서 아무 말도 하지 못한 채 예언자의 사명의 자리로 던져진 단지 "목자요, 뽕나무를 재배하는 자"일 뿐이라고 항변했다(암 7:15).

본디오 빌라도는 나사렛 예수를 심문하면서 예수님이 권력의 기본 구조를 모르시는 것처럼 보인다는 건 믿을 수 없었다. 그는 씩씩거리며 "내가 너를 놓을 권한도 있고 십자가에 못 박을 권한도 있는 줄 알지 못하느냐"(요 19:10)라고 말했다. 다시 말해, 평범한 사람들의 눈에 빌라도는 권위를 가진 인물이었지만, 예수님은 그렇지 않았다.

베드로와 요한의 담대한 설교를 들었던 이들은 그들의 말에 의해서만이 아니라 그들은 "배우지 못한 평범한 사람들"(행 4:13), 즉 고대 세계에서 전형적 권위의 근원으로 여겨졌던 학문과 지위가 없는 사람들이라는 사실로 인해 놀라지 않을 수 없었다.

바울은 자신의 설교가 세상적인 지혜와 힘이 아니라 공포로 가득 차 있다고 고린도 교회를 향해 고백했다.

> 내가 너희 가운데 거할 때에 약하고 두려워하고 심히 떨었노라(고전 2:3).

요컨대, 기독교 설교자의 권위에 대한 논의는 그 권위에 대해 부정하는 것으로 시작해야만 한다. 선포의 성경적 모델은 전통적인 권위의 부재를 분명하게 강조하기 때문이다. 설교의 힘과 권위를 말하기 전에 설교에 관련된 힘의 부족, 권위의 상실에 대해 인정해야만 한다.

아우구스티누스는 그의 설교에서 고대의 전통적 권위의 자세인 왕좌와도 같은 카테드라(cathedra)에 통치자나 심판관처럼 앉아 있듯 자신이 설교한다는 사실을 알고 그 이미지를 약화시키기 위해 주의를 기울였다. 그는 다음과 같이 말했다.

> 이 높은 자리에서부터 여러분께 말한다고 해서 우리가 여러분의 선생이라 생각하지 마십시오. 모두의 선생이신 분은 단 한 분, 하늘 위 카테드라에 계신 그분이 계십니다(Sermo 301A.2, quoted in Haemless, 1995, 167-68).

2. 승인을 통한 권위와 수용을 통한 권위

반면, 설교자는 자신을 권위의 인물로 묘사하는 것을 거부한다 해도 다른 연설가들과 매우 유사하다. 그들은 종종 인정받는 리더의 위치에 있고, 그들은 평범한 인간의 언어를 사용해서 사람들에게 연설하고, 다른 대중 연설가처럼 동일한 권위의 원천과 전략에 의존하고 사용한다.

일반적으로 설교자처럼 연사의 권위는 두 가지 주된 방식, 즉 승인(Authorization)과 수용(Reception)의 측면에서 묘사될 수 있다.

승인은 설교자와 기타 연사들이 어디에서 또 어떻게 권위와 위임장, 검증과 연설 동기를 얻게 되는지와 관계가 있다.

수용은 인간 소통의 힘과 더 관련이 있다. 말하는 사람과 메시지, 설교자와 설교에 대

권위(Authority)

해 듣는 사람들이 말하는 사람과 말하는 내용에 대해 권위를 부여하게 하는 것은 무엇일까?

예를 들어, 공립학교 교사는 교육청에 의해 가르칠 수 있도록 승인되어 권한을 받는다. 교사의 자격증만 가지고 있으면 교실 문 안으로 들어갈 수는 있다. 그러나 교실 안으로 들어가게 되면, 교사가 지식이 많고, 인격적이며, 숙련된 경우에만, 두 번째 종류의 수용을 통한 권위가 작동하고 학생들은 교사를 권위 있는 사람으로 받아들인다.

1) 승인

승인의 측면에서 설교의 권한은 하나님, 예수 그리스도, 복음, 그리고 교회로부터 나온다.

(1) 하나님

설교의 행위는 궁극적으로 증인의 사명을 감당하라는 하나님의 명령에 대한 응답이다. 히브리 예언자들 중에서 승인의 표시는 그들이 그 사명에 대해 자원한 것이 아니라 대신 하나님에 의해 설교하도록 사명을 받았고, 때로는 그들의 의지에 반해 말씀 선포의 임무를 감당할 수 있도록 하나님이 주신 권한에 의해 소환된 것이다. 그의 부르심에 대한 예레미야의 설명은 극적이지만 이례적이지 않다.

> 여호와의 말씀이 내게 임하니라 이르시되 내가 너를 모태에 짓기 전에 너를 알았고 네가 배에서 나오기 전에 너를 성별하였고 너를 여러 나라의 선지자로 세웠노라 하시기로 내가 이르되 슬프도소이다 주 여호와여 보소서 나는 아이라 말할 줄을 알지 못하나이다 하니 여호와께서 내게 이르시되 너는 아이라 말하지 말고 내가 너를 누구에게 보내든지 너는 가며 내가 네게 무엇을 명령하든지 저는 말할지니라 너는 그들 때문에 두려워하지 말라 내가 너와 함께 하여 너를 구원하리라 나 여호와의 말이니라 하시고(렘 1:4-8).

예수님께 역시 설교자로서의 권위는 하나님으로부터 온 것이지만 설교하도록 예수님이 받으신 승인은 특정한 소명의 경험으로부터가 아니라 하나님의 아들로서 그분의 지위에서부터 비롯된다.

마가복음에서 예수님은 세례를 받으셨고, 그때 하늘의 음성이 그분을 "내 사랑하는 아들"이라 선언한다(막 1:11). 세례는 즉시로 예수님의 존재로 이어지는데, 그분은 광야에서 시험을 받으시고, 세례 요한이 체포됨으로써 예수님의 공적 사역이 시작한다.

> 요한이 잡힌 후 예수께서 갈릴리에 오셔서 하나님의 복음을 전파하여 이르시되 때가 찼고 하나님의 나라가 가까이 왔으니 회개하고 복음을 믿으라 하시더라(막 1:14-15).

(2) 예수 그리스도

제자들과 그들을 뒤따른 기독교 설교자들은 역시 하나님에 의해 사명을 받았지만, 설교에 대해 그들이 하나님께 받은 사명은 더 특별히 예수님 자신으로부터 나온다. 기독교 설교자들의 선포는 시작부터 예수님 자신의 설교 연장이면서 예수님이 특별히 명령하시고 승인하셨던 사역으로 이해되

권위(Authority)

었다. 예수님은 열두 제자들을 "하나님 나라를 전파하도록" 보내셨고(눅 9:2), 그리고 그 후엔 70명의 다른 사도들을 보내시며 "너희 말을 듣는 자는 곧 내 말을 듣는 것"이라고 약속하셨다.

마태복음의 마지막 말씀에서, 예수님이 남은 열한 명의 제자들에게 다음과 같이 말씀하셨다.

> 하늘과 땅의 모든 권세를 내게 주셨으니 그러므로 너희는 가서 모든 민족을 제자로 삼으라 (마 28:18-19).

사도행전에서는 베드로가 가이사랴에서 설교할 때, "(예수님이) 우리에게 명하사 백성에게 전도하되 하나님이 살아 있는 자와 죽은 자의 재판장으로 정하신 자가 곧 이 사람인 것을 증언하게 하셨다"(행 10:42). 교회 역사에 걸쳐 기독교 설교자들은 자신의 권위로 설교한 것이 아니라, 그리스도의 명령에 순종함으로 설교하는 행위에 참여하는 것으로 이해되어 왔다.

(3) 복음

베드로가 예수님이 제자들에게 설교하라고 명령하셨을 뿐 아니라 "예수께서 하나님이 세우신 분임을 증거하라"(행 10:42)고 명령하셨을 때, 이것은 교회의 형성 과정에서 예수님의 설교에서 예수님에 대한 설교로의 신학적 전환이 일어났음을 가리킨다. 기독교 설교자들은 하나님 나라에 대한 예수님의 메시지를 계속해서 설교할 뿐만 아니라, 이제 예수님에 대한 복음, 즉 예수 그리스도의 삶, 죽음과 부활이 그 왕국의 실제를 구성하는 핵심이라는 복음을 선포하기 시작한다. 기독교 설교의 많은 권위가 단지 힘을 주어 하는 말의 행위를 통해서가 아니라 복음에 신실한 메시지를 선포함으로부터 온다.

바울이 고린도 교인들에게 자신이 "성경대로 그리스도께서 우리 죄를 위하여 죽으시고 장사 지낸 바 되셨다가 성경대로 사흘 만에 다시 살아나신 것"(고전 15:3-4)을 "가장 중요한 것"으로 그들에게 "전했다"고 나타내 보여 주었을 때, 그는 자신의 설교와 가르침의 권위가 독창성의 문제가 아니라 성경적이고 케리그마적인 충실함의 문제라는 사실을 가리킨다. 처음부터 기독교인들은 이러한 승인하는 규범과 비교해서 설교의 효과성과 신뢰성을 측정해 왔다.

(4) 교회

교회 자체는 두 가지 주요한 방식으로 설교하는 사람을 승인하는 역할을 한다.

첫째, 하나님을 대신해서 사람들로 하여금 설교하도록 부르고 위임한다. 우리는 사도행전에서 이러한 설교의 교회적 승인의 초기 형태를 거의 확실히 볼 수 있다. 성령이 안디옥 교회로 하여금 "내가 불러 시키는 일을 위하여 바나바와 사울을 따로 불러 세우도록"(행 13:2) 영감을 주셨다고 묘사한다.

바나바와 사울은 금식, 기도와 안수를 포함한 안수 예배를 한 후 구브로(키프로스)로 보내져서 설교하도록 했다. 요컨대, 안디옥에 있는 기독교공동체는 성령의 음성을 듣고 하나님이 그들의 공동체에서 설교 사역

권위(Authority)

을 위해 두 사람을 불러서 하나님의 부르심을 인식하고 승인하는 과정을 행했다. 이러한 식으로 다양한 방법과 절차를 사용해서 오늘날 교회는 계속해서 설교자를 청빙하고, 준비시키고, 안수하고, 위임한다.

둘째, 설교하는 사람들에 대한 기준을 설정하고 시행하는 것이다. 성경을 허공에 흔들어대며 하나님이 보내신 설교자라고 주장하는 누구도 사실 성령과 조화 속에 있는 것이 아니고, 영을 시험하고 알곡과 쭉정이를 구분하는 것은 교회에 달려 있다.

2) 수용

설교자는 하나님에 의해 승인되고, 복음에 충실하고, 교회로부터 보증되지만 이러한 어떤 승인 요건들도 그들의 설교가 실제로 권위 있는 것으로 청중에게 수용될 것이라는 보장은 없다.

예수님의 고향 마을 회당에서 그분의 취임 설교가 거부당했지만, 산상 설교에 모여들었던 군중은 예수님의 "가르침이 권위 있는 자와 같고 그들의 서기관들과 같지 아니했기"(마 7:29)에 그분의 설교를 듣고 놀라움을 금치 못했다.

바울의 선교적 설교는 고대 세계에 새로운 기독교인들과 새로운 교회들을 남겨 놓았지만, 잇따른 설교적 실패로 점철되었고, 너무 그래서 우리가 가진 기록에 있는 그의 마지막 설교는 이사야서로부터의 비관적인 말씀을 인용한다.

이 백성이 가서 말하기를 너희가 듣기는 들어도 도무지 깨닫지 못하며 보기는 보아도 도무지 알지 못하는도다 이 백성들의 마음이 우둔하여져서 그 귀로는 둔하게 듣고…(사 6:9-10; 행 28:26-27에서 인용).

설교자로서 예수님과 바울은 승인된 의미에서 권위가 가득했지만, 수용적 의미에서는 오직 여기 저기에서만 권위를 가지고 있었다.

진정한 증인이 종종 그들의 청중으로부터 그 권위의 지위를 부정당하는 것이 사실이라면, 권위 없는 설교자, 즉 무책임하고 신실하지 못한 설교자가 열정적이고 수용적인 군중을 모으는 것 또한 상당히 가능하다. 누군가는 누가가 갈릴리 바다 옆에서 예수님 주위에 모여든 군중을 묘사한 것처럼 "하나님의 말씀을 듣기 위해 … 몰려오는" (눅 5:1) 사람들을 기대할 수도 있지만, 때로는 군중이 그저 "예수를 죽이시오. 대신 우리에게 바라바를 건네 주시오"(요 18:40, 저자 번역)라고 외치는 경우도 있다.

무엇이 사람들로 하여금 열린 귀와 수용하는 마음으로 누군가의 설교는 듣게 하고 또 다른 설교자의 설교는 거부하게 하는가? 왜 이 설교는 불타오르고, 큰 권위를 가지고 청중의 귀에 울리는데, 또다른 설교는 어깨를 으쓱이고 하품만 하게 되는 걸까?

다시 말해, 어떤 설교자와 설교는 청중에게 권위가 있는데, 또 어떤 설교는 그렇지 못한 이유는 무엇일까?

물론 그 이유는 복잡하지만, 사회학자인 막스 베버(Max Weber)의 권위에 대한 잘 알려진 분석은 우리에게 몇 가지 범주와 요인

권위(Authority)

을 알 수 있게 해 준다.

베버는 이성적-법적 권위, 전통적 권위 그리고 카리스마적 권위라는 세 가지 유형의 권위를 발견했다(Weber 1946, 78-79).

이성적-법적 권위는 특정한 규칙, 법, 규정의 합법성에 대한 믿음과 그것들을 강제하는 권위적 인물의 권한에 기반을 둔다. 주차 요원이 "당신은 예약이 된 공간인 1층에서 3층 주차장까지는 주차할 수 없습니다"라고 말할 때면, 대부분의 사람은 다른 상황에서는 권위 있는 인물로 보지 않을지 몰라도, 이 말은 권위를 가진 내용을 받아들이고 그 주차 요원의 말을 따르게 된다. 이 주차장에는 규칙이 있고, 주차 요원은 그것을 강제할 수 있는 타당한 사람이다.

전통적 권위는 오랜 시간 존중되어 온 전통과 가치에 기반한다. 예를 들어, 매우 전통적인 사회에서는 아이들은 어른을 권위 있는 인물로 존중하고 순종한다. 그건 어른들에게 반드시 순종해야 한다는 규칙이나 법이 있어서가 아니라 오랜 시간 형성된 뿌리 깊은 가치 때문이다. 사람들은 "이 사회에서 우리는 보다 더 연로한 분들을 공경하고, 그것이 마땅하다"고 말한다.

카리스마적 권위는 사람들이 권위를 행사하려고 하는 사람의 개인적인 비범한 자질과 인기 있는 매력, 즉 영웅적 행위, 강한 도덕성, 열정, 기운, 언어적 능력 등에 반응하는 곳에서 발견된다. 인기 있는 텔레비전 진행자가 어떤 특정한 책을 추천했을 때 그 책의 판매가 갑자기 수백만 권으로 급증하면, 카리스마적 권위가 행사된 것이다.

(1) 설교에서의 이성적-법적 권위

이성적-법적 권위는 일반적으로 설교에서 주된 요인이 아니지만, 이런 형태의 권위가 전혀 없는 건 아니다. 어떤 기독교 전통에서는 높은 수준으로, 그리고 거의 모든 기독교 전통에서는 적어도 어느 정도 수준까지는 설교하는 사람이 법적으로 회중 가운데서부터 주어진 권위를 가지고 있다.

한 개신교 교단에서는 한 교회에 새로운 목사를 청빙할 때 교인들에게 설교자의 공식적인 권위에 관해 이렇게 질문하고 '예'라고 대답하도록 한다.

"우리는 그/그녀가 설교하는 말씀을 들을 것이며 … 그의 권위를 존중할 … 것인가?"

그러나 대통령이나 총리마저도 국민의 허락으로 통치하게 되는 현대 민주주의 사회에서는 일반적으로 그런 이성적-법적 권위가 설교자의 수용적 권위의 주된 원천이 아니다.

(2) 설교에서 전통적 권위

설교에 있어서 훨씬 더 강력한 유형의 권위는 설교에 대한 전통적 기초이다. 많은 기독교 교단과 그룹에서, 설교자는 상징적이고, 목회자적이며, 어떤 면에서는 성례전적으로 하나님 말씀의 즉시성을 구현하는 살아 있는 전형이다. 설교자가 예배 의식에 있어서 가장 중요한 순간에 반복적으로 설교하는 사람이라는 사실은 설교자에게 존경, 영적 힘과 권위를 가득 채워 준다.

이러한 전통의 영역에서 설교의 권위에 대해 문제가 되는 이슈들이 몇 가지 더 제기되어 왔다. 예를 들어, 성직이 남성에 의해 주도되어 온 역사적 기독교 전통에서 여성 설교자들은 외부적으로 원인이 되거나 내부적으로 느껴지는 설교단에서의 침묵을 느낀 경험을 자주 전해 왔다. 교회의 규정과 법이 여성들로 하여금 설교하도록 허락이 되어 있는 이성적-법적 권위의 구조가 있는 가운데서조차, 전통의 무게는 여전히 여성들에게는 크게 비우호적일 수 있다.

(3) 설교에서 카리스마적 권위

오늘날 점점 더 증가하는 건 설교에서 가장 중요한 권위의 형태는 개인적 기술과 매력이다. 권위의 카리스마적 차원, 즉 자신의 개인적 힘으로 회중을 흔들어 움직이는 능력은 언제나 기독교 운동 가운데 존재해 왔다.

바울은 고린도 교회 회중이 다음과 같이 불평하고 있다는 것을 알고 있었다. 그의 편지가 강력하고 설득력이 있었지만 그의 실제 존재감과 그의 말하는 능력은 기대와 다르다고 불평하는 것을 알고 있었다 (고후 10:10). 고린도 교인들은 그들이 듣는 설교에서 카리스마를 원했고, 바울이 이 부분에서 부족함이 있다는 것을 지적했다.

아우구스티누스, 크리소스토무스, 루터, 웨슬리, 소저너 트루스(Sojourner Truth), 그리고 이후 다른 많은 설교자가 카리스마적 설교의 능력으로 인정받았다. 그러나 19세기 중반이 되면서 설교자의 카리스마적 권위가 다른 형식보다 능가하기 시작했다.

19세기 후반 유명한 예일대학의 설교학 강연에서, 보스톤의 설교자 필립 브룩스 (Phillips Brooks)는 설교의 본질적인 인격적 차원을 강조하면서 설교에서의 카리스마적 권위에 대해 인정했다.

> 인격을 통한 진리는 진정한 설교에 대한 우리의 설명이다(1893, 8).

오늘날 많은 회중은 매우 시적인 설교자의 수사학적 지식으로부터 대형교회의 매력을 가진 설교자의 '수줍어하는' 설교단에서의 친화력에 이르기까지, 전통적 권위와 특히 이성적-법적 권위의 명령보다는 설교가 이루어지는 순간에 일어나는 강력함에 더 많은 가치를 주게 되었다.

설교자들은 그들의 '진정성,' '자신이 전하는 말에 대한 진정한 신뢰,' '열정'과 '에너지'로 인해 높은 점수를 받고 권위를 부여받는다. 물론, 카리스마적 권위의 차원을 지나치게 강조할 때 설교자가 복음보다 설교의 핵심이 될 수 있다는 위험이 있다.

(4) 관계 속에서 설교 권위의 형태

베버는 권위에 대한 자신의 세 가지 형태가 이상적 유형이고 실제 사회에서는 순수한 형태로 존재하는 경우가 거의 없다는 것을 기꺼이 인정했다(Weber 1946, 79). 사실 설교의 모든 행위에서 세 가지 모든 형태, 즉 이성적-법적, 전통적, 그리고 카리스마적 권위가 모두 함께 존재한다. 특히, 종교개혁 이후, 설교의 역사는 전통적이고 카리스마적이라는 두 가지 가장 강력한 형태의 권위가 상호 긴장 속에 존재했고 서로 우위를 경쟁해 왔다.

전통적 권위는 교회의 질서, 정통성, 안정성을 강조하는 경향이 있는 데 반해, 카리스마적인 권위는 평신도의 힘, 혁신, 변화,

개혁을 강조한다. 물론, 교회는 두 가지 유형의 권위 모두가 필요하고, 설교의 권위에 관한 계속되는 줄다리기를 통해 그 필요를 채워 간다.

전통적 형식의 권위가 지배하기 시작할 때면, 예를 들어 침례교나 감리교처럼 교회의 전통이나 제도적 구조가 통제할 수 없는 방법과 사람들 가운데로 말씀을 불러내는 성령의 능력을 강조하는 운동이 거의 확실하게 일어나게 될 것이다.

반면, 카리스마적 형태의 권위가 설교를 지배할 때면, 교회로 하여금 다시 한번 설교의 전통을 돌아보게 하는 복음으로부터의 필연적인 과잉과 탈선이 일어나게 될 것이다.

참고 주제 설교자의 권위; 소명; 에토스; 회중; 교단의 주해; 안수; 선포로서의 설교; 하나님의 말씀

참고 문헌 Phillips Brooks. *Lectures on Preaching.* (1893); Jackson W. Carroll. *As One with Authority: Reflective Leadership in Ministry.* (1991); William Harmless. *Augustine and the Catechumenate.* (1995); Mary Lin Hudson and Mary Donovan Turner. *Saved from Silence: Finding Women's Voice in Preaching.* (1999); Max Weber. "Politics as a Vocation." *From Max Weber: Essays in Sociology.* Translated and edited by H. H. Gerth and C. Wright Mills. (1946).

기독론(Christology)
브라이언 채플(Bryan Chapell)

기독론은 우리 주 예수 그리스도의 인격과 사역에 관한 연구이다. 설교자의 기독론적 임무는 성경이 예수님에 대해 무엇을 말하는지를 분별하고 이 진리를 적용해서 청중으로 하여금 그분과의 관계와 그분에 대한 증언 속에서 성장해 가도록 하는 것이다.

사도 바울은 창조주께서 "예수 그리스도의 얼굴에 있는 하나님의 영광을 아는 빛"(고후 4:6)을 드러내신다고 기록함으로써 기독론의 중요성을 강조한다. 하나님이 예수님을 통해 자신의 영광을 인류에게 드러내셨기 때문에 하나님에 대한 우리의 이해(신학)는 그리스도에 대한(기독론) 연구가 필요하다.

사도 요한은 마찬가지로 그리스도에 대한 우리의 지식이 우리가 성부와의 연합과 서로와의 연합에 대한 이해를 밝혀 준다고 기록한다(요일 1:1-3; 요 1:14, 18과 비교). 궁극적으로 하나님과 관련된 모든 주제의 빛은 기독론의 프리즘을 통과해야만 그 영광을 온전하게 볼 수 있다(요 14:6-9).

1. 그리스도의 인성과 사역에 관한 역사적 이해

예수님의 신성과 인성의 영광스러운 신비는 다양한 기독론적 논쟁을 불러 일으켰다. 이러한 과거 문제들에 관한 지식은 설교자들이 현대적 형태에서의 동일한 오류를 피하는 데 도움이 될 수 있다.

성경적 기독론은 예수 그리스도가 삼위일체의 두 번째 위격이라고 가르친다. 로마 가톨릭과 개신교의 지배적 전통은 예수님이 권능과 영광에 있어 성부와 동일하시지만, 하나님의 영원한 아들로서 예수님이 성령을 통해 성부의 뜻을 수행하신다고 가르쳐 왔다.

성경에 따르면 예수님은 동정녀 마리아의 태에서 성령으로 잉태되셨다. 동정녀로부터 태어난 죄 없는 인간으로, 예수님은 원죄의 얼룩 없이 그분의 삶을 십자가에서의 희생에 내어 주셨고, 죽음으로부터 부활하셨다. 예수님은 죄 없는 삶과 희생적 죽음, 그리고 승리의 부활을 통해 인류의 구원을 주셨고, 그분의 신적 본성을 보여 주셨다. 이제 그분은 아버지의 우편에서 그분의 백성들을 위해 중보하시고, 말씀과 성령을 통해 그들의 영적 양육과 그리스도인의 증인 됨을 키워 가신다. 앞으로 그리스도는 다시 오셔서 악을 심판하시고, 그분을 믿는 사람들을 영원함으로 부르시고, 영원한 나라를 위해 창조를 새롭게 하실 것이다.

이 모든 구속 사역에 있어서 예수님은 신성과 인성이라는 두 가지 구분된 본성을 가지고 계시면서도 한 인격으로 계셨고 앞으로도 영원히 계실 것이다.

역사적 정통성에 대한 이러한 주장들은 여러 세기에 걸쳐 많은 도전을 받아 왔고, 교회는 기독론을 방어하고 다듬어야 했다.

2. 그리스도의 인격에 대한 역사적 이해

1) 그리스도의 인성에 관한 논쟁들

그리스도의 완전한 인성은 신약의 교회 초기부터 도전받아 왔다. 유티케스(Eutyches)를 따르는 단성론자들(Monophysites)은 그리스도의 신성한 본성이 그분의 인격 본성을 압도한다고 주장했다. 가현설을 주장한 도세티스트들(Docetists)은 예수님이 인간으로만 보이셨다고 말했다. 발렌티누스파(Valentinians)는 예수님이 인간의 육신을 지니고 계시고 하늘로부터 오셨다는 사실을 부인했다. 아폴리나리우스(Apollinaris)를 따르는 사람들은 예수님의 인간 영혼을 부인했다.

2) 그리스도의 신성에 관한 논쟁들

그리스도의 신성은 세속화되고 다원론주의적 사회에서 더 자주 도전을 받는다. 에비온파(Ebionites)는 예수님을 예언자로 존중하고 싶었지만 그분의 신성을 부인했던 유대인 분파였다. 종교개혁 시대에 테오도티안(Theodotians), 아르테모나이트(Artemonites), 포티니안(Photinians), 그리고 소시니안(Socinians)도 마찬가지로 예수께서 단지 인간 또는 특별한 지혜를 받은 하나님의 대리인이라고 믿었다. 단성론에 대한 대안적 견해는 그리스도의 신적 본성이 인간에 의해 흡수되었다고 주장했다.

다양한 견해가 그리스도의 인간 본성과 신적 본성이 어떻게 작용했는가를 부적절하게 확인했다. 아폴리나리우스파는 인간과 신적 본성이 합쳐져서 독특한 제 3의 본성(삼위일체)이 되었다고 말했다. 네스토리우스파는 인간 본성과 신적 본성이 동일한 육신을 공유하지만, 도덕적으로 결합된 분리된 인격을 유지한다고 믿었다.

다양한 형태의 양자론(Adoptionism)은 예수님이 처음에는 인간이셨다가 다음에 신이 되셨다고 가르쳤다. 오늘날 많은 오해와 비슷하게 사벨리안(Sabellians, 또는 양태론, Modalists)은 성부, 성자와 성령이 단지 신의 다른 양태/버전(인격이 아닌)이라고 가르쳤다. 아리우스파는 예수님이 신성을 가지시지만, 구원을 목적으로 성부에 의해 창조되셨다고 믿었다.

3) 그리스도의 인성과 신성에 관련된 공의회들

수 세기에 걸쳐 다양한 공의회가 성경적 기독론을 방어했다.

제1차 니케아 공의회(325년)는 성부와 성자는 "한 본질"(즉 호모우시오스, 동일본질; Schaff 1984, 58-59)이라고 말하는 니케아 신조로 아리우스에게 대응했다.

칼케돈 공의회(451년)는 두 본성이 "혼동 없이, 변동 없이, 나뉨 없이, 분리됨 없이" 완전한 일치에 있다고 말했다(Schaff 1984, 62-63). 칼케돈의 기독론은 예수님이 완전한 인간이시며 완전한 신이시라고 주장한다. 예수님의 두 가지 본성이 "위격적 연합" 안에서 공존하며 상대 본성을 감소시키지 않는다. 그 두 가지 본성은 서로 섞이거나 합쳐지거나 대체되는 것이 아니라 조화롭게 공존한다. 정통 개신교를 대표하는 웨스트민스터 신앙고백(1647)은 칼케돈의 관점을 반복하면서 "신성과 인성이라는 두 온전하고 완전하며 구분되는 본성이 전환이나 구성, 혼동 없이 한 인격 안에서 분리될 수 없이 결합되었다"고 말한다. "그 한 분이 바로 하나님이시고, 사람이시지만 한 분이신 그리스도"라는 칼케돈의 관점을 되풀이한다(8.2).

4) 그리스도의 실재에 관한 논쟁들

다양한 기독론적 관점은 인류학적 또는 우주론적으로 분류할 수 있다. 인류학적 기독론은 예수님의 인성을 고려함에 의해 그리고 그의 신적 속성을 향해 나아감으로써 "아래로부터" 시작한다.

우주적 기독론은 먼저 그리스도의 신적 본성을 고려하면서 "위로부터" 시작한다.

근본주의 (그리고 일부 복음주의) 신학은 "위로부터"에 초점을 맞추는 경향이 있으며, 그리스도의 완전한 인성을 단언하는 데 애써야 할 수도 있다.

자유주의 (그리고 일부 신정통주의) 신학은 "아래로부터"에 초점을 두는 경향이 있으며, 인류 역사 속에서 신의 실재 (또는 인지 가능성)을 부정할 수 있다. 이러한 신학자들은 "역사의 그리스도"를 "신앙의 그리스도"로부터 구분해서 신적/인간적 그리스도에 대한 전통적 묘사가 실제 역사이기보다 역사에 대한 교회적 또는 사회적 관점의 산물이라 주장할 것이다.

현대 해석학적 논의는 어떤 주제의 실체와 본질이 실제로 그것에 관해 소통될 수 있는 것과는 다르다고 가정함으로써 기독

기독론(Christology)

론적 문제를 더욱 악화시킨다.

심리학적 해석학파는 저자에 의해 식별할 수 없는 무의식적 요소와 의식적 요소의 조합으로서 텍스트에 접근해 왔다. 비판적 이론가들은 텍스트의 의미가 텍스트의 과거 저자(예, 마르크스주의, 자본주의, 페미니스트) 또는 현재 독자(예, 실존주의, 현상학, 독자반응)의 사회정치적 세계 안에 있다고 주장한다.

결과적으로 그리스도의 본성에 대해 말하는 것으로 성경을 이해하는 것은 초월적 실재라기보다는 그저 인간의 환경 또는 인식을 반영한 것으로 여겨진다(칸트, 슐라이어마허, 불트만 비교). 이러한 결론에 도전하지 않는다면 그리스도의 인격과 사역에 대한 모든 평가는 무의미할 것이다(더욱 급진적인 실존주의, 현상학적 그리고 해체주의 이론가들이 주장한 것처럼).

해석학과 설교학의 분야는 한스-게오르크 가다머(Hans-Georg Gadamer)의 사상에서 안식처와 계속되는 목적을 찾아 왔다. 그는 진정한 의미가 텍스트와 개인의 "지평"(즉, 텍스트의 의미와 개인의 경험의 분야)이 융합되는 범위에서 소통될 수 있다고 주장했다. 그래서 청중으로 하여금 본문이 무엇을 의미하고 의미하지 않는지를 경험하도록 하기 위해서는 설교자가 자신의 설교의 틀을 잡는 범위에서 실질적 소통이 일어날 수 있다. 내러티브 이론가들은 이러한 통찰을 포착했고, 설교자들에게 설교 양식을 만들어서 본문의 이야기와 청중의 경험이 함께 결합되어 가능한 많은 의미를 전달할 수 있도록 하라고 조언했다. 내러티브 이론가들은 인간의 경험의 중요한 측면을 포착했다.

그러나 그들의 공헌은 그리스도의 사역에 대한 더 깊은 통찰 없이는 불완전하다.

3. 그리스도의 사역에 대한 역사적 이해

개신교와 로마가톨릭의 전통에서 예수 그리스도의 사역은 그분이 완수하신 직분, 즉 예언자, 제사장과 왕의 관점에서 묘사되어 왔다.

1) 예언자로서의 그리스도

예언자로서 예수님은 말씀과 성령으로 우리의 구원을 위한 하나님의 뜻을 우리에게 계시하신다. 이러한 역할에서 예수님은 신적 문제에 관해서조차도 상호 소통 경험의 필요성에 대한 현대적 관심을 언급하신다. 예수님은 니고데모에게 인자와 달리 유대 지도자는 하늘을 경험하지 못했기 때문에 하늘의 일을 이해할 수 없다고 말씀하신다 (요 3:11-13).

유사하게 바울도 그렇게 말한다. 누구도 다른 사람의 생각을 나누지 않고서는 그 사람의 생각을 정말로 이해할 수 없는 것처럼, 하나님의 영이 아니면 아무도 하나님의 생각을 진정으로 이해할 수 없다고 바울은 기록한다(고전 2:11). 그러나 성경은 우리를 이러한 소통의 교착 상태에 내버려두지 않는다. 바울은 다음과 같이 썼다.

> 우리가 세상의 영을 받지 아니하고 오직 하나님으로부터 온 영을 받았으니 이는 우리로 하여금 하나님께서 우리에게 은혜로 주신 것들을 알게 하려 하심이라 우리가 이것을 말하거니와 사람

기독론(Christology)

의 지혜가 가르친 말로 아니하고 오직 성령께서 가르치신 것으로 하니 영적인 일은 영적인 것으로 분별하느니라(고전 2:12-13).

성경은 예수님이 하나님의 형상대로 지으심을 받은 자들에게 하나님의 말씀을 이해할 수 있도록 성령을 그들 가운데 거주하시도록 보내셨다고 가르치신다(요 15:26; 롬 5:5; 고전 2:10-14; 벧후 1:20-21). 성경에 영감을 주시는 동일한 영이 그리스도의 백성 안에 내주하시기 때문에 그분의 말씀을 공유하여 이해할 수 있게 된다. 이러한 말씀은 단지 페이지에 인쇄된 것만이 아니라, 성경과 성령이 증언하는 그리스도의 사역이다(요 5:39; 15:26).

성경은 예수님을 성육신하신 말씀으로 계시한다. 하나님의 계시가 육신이 되신 것이다. 사도 요한은 이 그리스도를 신적 로고스(말씀)라고 지목하는데, 우주를 창조하신 그분이 하나님을 알리기 위해 세상으로 오셨기 때문이다(요 1:1-4, 9; 요일 1:1-3 비교). 바울은 예수님을 "보이지 않는 하나님의 형상"(골 1:15)이라고 묘사하고 그리스도 안에는 "신성의 모든 충만이 육체로 거하신다"(골 2:9)고 말한다. 이로 인해 우리는 "예수 그리스도의 얼굴에 있는 하나님의 영광을 아는 지식"(고후 4:6)을 얻게 된다. 그리스도는 "하나님의 영광을 반영하고 그의 본체의 흔적을 품고 있다"(히 1:3)고 히브리서 저자는 말한다.

옛 예언자들이 하나님의 말씀을 백성들에게 계시했던 것처럼, 그리스도의 인격과 사역이 하나님을 계시한다. 성경과 우리 마음 속에 예수님을 증거하는 성령은 우리로 하여금 예수님을 통해 하나님을 이해하도록 해 주신다.

예수님은 하나님의 말씀이시며, 하나님에 대한 말씀이시다. 그래서 말씀을 설교한다는 것은 그분의 백성들을 향한 그리스도의 계속되는 사역이다. 제2차 헬베틱 신앙고백서(the Second Helvetic Confession)에서는 "하나님의 말씀의 설교는 하나님의 말씀이다"라고 선언한다. 하나님의 말씀 진리의 선포를 통해 그리스도는 여전히 그분의 백성들을 만나신다.

비문화된 말씀을 전함으로써 자신의 진리를 마음과 생각에 계시하시는 성령은 성육신하신 말씀으로 하나님 자신을 드러내신다. 이것은 설교가 단지 오래 전에 가르쳐진 도덕적 가르침에 관한 성찰만이 아니라 하나님의 백성들에게 성령을 통해 지속되는 그리스도의 임재하시는 사역임을 의미한다.

설교자는 하나님의 말씀을 "다시 제시함"을 통해 그리스도의 예언자적 사역을 지속하게 되고 그렇게 그리스도를 대신하여 말씀을 전하게 된다. 이러한 이해는 설교자가 하나님의 말씀을 진정성과 권위를 가지고 선포할 수 있게 해 준다. 그리스도가 임재하시기 때문에 설교자는 개인적 고난과 삶의 고통, 그리고 하나님의 말씀이 돕도록 고안된 은혜의 필요를 정직하게 인정해야만 한다. 동시에 그리스도는 메시지의 저자이시기도 하고 청중이시기도 하기 때문에, 설교자는 하나님의 말씀이 교정하고자 하는 개인적이고 회중적이며 사회적인 죄에 직면하는 메시지를 부끄러워하지 않아야 한다.

2) 제사장으로서의 그리스도

그리스도의 임재를 그분의 백성들에게 목양함으로써 설교는 성례전의 목적을 수행하고 그리스도의 제사장적 직분을 정의하는 데 도와준다. (성육신의 상태에서) 그리스도는 죄를 이기고, 거룩함으로 우리를 가르치고, 우리를 하나님과 화해케 하기 위해 자신을 모범과 동정과 희생으로 드리고, (승천하신 상태에서) 하나님 아버지의 우편에서 우리를 위해 계속 중보함을 통해 제사장으로 역할을 한다(롬 8:34; 히 4:14-15). 그리스도의 제사장적 사역에 대한 설교자의 이해는 설교의 동기 부여 내용을 크게 좌우한다.

세 가지 견해(종종 강하게 대조되는)가 그리스도의 제사장적 사역을 설명하기 위해 제기되었다. 각각의 견해는 인간의 필요의 다른 측면을 우선시 한다.

첫째, 대속적 속죄관은 그리스도의 공급과는 별개로 거룩한 하나님으로부터 우리를 멀어지게 하는 죄책감에 빠진 인간의 타락에 초점을 둔다. 그리스도의 죄 없는 삶과 희생적 죽음은 죄 많은 인간을 위한 대속의 희생을 주시는 것으로, 죄로 인한 징계를 받는 것과 인간의 잘못된 행동에 대한 빚을 보상함을 통해 하나님의 정의를 만족시키는 것으로 이해된다.

둘째, 그리스도 승리주의의 관점은 그리스도의 사역과 멀어져서는 우리가 저항할 수 있는 것보다 더 큰 힘에 우리를 노예 되게 하는 죄 아래 있는 인류의 타락에 초점을 둔다. 그리스도의 죽음과 부활은 우리를 사로잡고 있는 영적 세력을 이기고 하나님께 영광을 돌리는 영적 자유의 삶을 살 수 있도록 한다.

셋째, 도덕적 영향의 관점(원래는 아벨라르, 이후 리츨, 하르낙 등)은 하나님의 사랑에 대한 인류의 눈멈(blindness)에 초점을 둔다. 그리스도의 모범적 삶과 죽음은 하나님의 사랑의 본질을 드러내고, 우리에게 그 사랑의 실체를 확신케 하며, 우리를 윤리적 표현으로 인도한다.

복음주의자들과 근본주의자들은 대속적 속죄관을 기독교적 증언의 필수 요소로 인식해 왔다. 신정통주의와 자유주의 신학자들은 대속적 속죄관을 기독교 메시지의 선택적 표현으로 보거나 기독교 메시지에 반대되는 것으로 보았다.

현대적 감수성은 보복적 정의를 충족시키기 위해 아들을 희생시키신 아버지를 영화롭게 하는 것은 사랑할 수 없고 은혜와 대조되는 포악한 신을 연상시킨다는 우려를 불러일으킨다. 페미니스트, 마르크스주의자, 그리고 자유주의 신학자들은 또한 대속이 억압받는 사람들로 하여금 지배를 받아들이도록 하고 폭력의 구속적 가치를 영화롭게 한다고 주장해 왔다. 심지어 몇몇 복음주의자는 대속이 개인적 죄책감을 덜어 주는 것에만 관심을 두고, 다른 사람들에 대한 정의와 공평에 관한 성경적 우선순위를 외면하는 개인주의적 신앙을 낳는다며 우려를 표명해 왔다.

그러나 이런 모든 우려 가운데서도 성경이 그리스도의 희생을 통해 대속을 가르친다는 건 부인할 수 없다. 바울은 "그리스도 예수 안에 있는 속량으로 말미암아, 곧 하나님이 그의 피로써 속량으로 삼으신 것"(롬 3:24-25)에 대해 말하며, "우리를 위해 하나님이 죄를 알지도 못하신 이를 죄로 삼으셔서 그 안에서 우리가 하나님의 의가 되도록 하셨다"(고후 5:21)고 말한다.

베드로는 "친히 나무에 달려 그 몸으로 우리 죄를 담당하셨으니 이는 우리로 죄에 대하여 죽고 의에 대하여 살게 하려 하심이라 그가 채찍에 맞음으로 너희는 나음을 얻었다"(벧전 2:24)고 기록하고 있다.

그런 성경 말씀들은 쉽게 추가할 수 있다 (예, 롬 3:24-26; 4:25; 요일 2:2; 4:10). 그리스도의 승리의 대속에 대한 이런 직접 참고 구절에 더해서 구약의 희생 제도에 대한 예언은 대제사장으로 하나님의 어린양이 그의 백성을 구하기 위해 자기 자신을 어떻게 희생하게 될 것인지를 예언한다(고전 5:7; 히 9:11-15; 10:1-14; 벧전 1:18-19; 계 5:8-9 참조).

성경을 꾸밈없이 읽고, 죄책감으로 인해 짓눌린 마음의 바램을 잘 읽어 내는 목회자는 우리가 할 수 없는 것, 즉 하나님과의 희생적 화해와 우리 죄의 형벌/빚에 대한 만족을 예수님이 제공하신다고 설교한다. 동시에 다른 인간의 필요를 충족시키는 다른 속죄의 관점들을 제외할 이유가 없다.

성경은 또한 그리스도의 죽음과 부활이 죄의 세력을 이기셨고(예, 엡 4:8), 예수님의 도덕적 모범이 어떻게 하나님과 이웃을 위해 살고 (또 죽는지)를 우리에게 가르쳐 준다고 분명하게 가르친다(예, 마 25:45). 이러한 제사장적 기능으로 그리스도는 그분의 백성들을 자신에게 연합시키고 그들을 하나님의 영광을 위해 준비시키신다(갈 2:20). 그래서 우리는 죄인들에게는 우리를 대속하셨던 십자가에 달리신 그리스도를 설교하고, 절망하는 이들을 위해 새로운 생명을 주심으로 죽음을 이기신 승리자 그리스도를 설교하고, 냉담하고 무지한 자들에게는 양들을 위해 자신의 삶을 내려놓으심으로 삶과 사랑의 길을 우리에게 보여 주신 선한 목자 되신 그리스도를 설교한다.

3) 왕으로서의 그리스도

모든 성경 본문이 예수님을 언급하는 것은 아니지만 (그렇게 해야만 하는 것도 아니지만), 모든 성경은 예수님에게서 가장 온전히 계시된 구속의 메시지와 어느 정도 관련이 있다(눅 24:27 참조). 그리스도는 모든 성경의 왕이시고, 모든 기독교 설교가 그러해야만 하는 것처럼 성경은 그분을 가리키고, 그분의 은혜를 드러내며, 그분의 영광을 기린다.

어떤 성경 구절도 윤리적 교훈을 가져다 주는 것에만 그 목적이 한정되지는 않는다. 바울에 따르면 율법 그 자체조차 "그리스도께 우리를 인도하는 초등교사"의 역할을 한다(갈 3:24). 그의 이야기는 모든 텍스트의 기저를 이룬다. 그리스도 중심의 성경 강해는 우화나 유형론의 신비한 연금술에 의해 예수님을 드러낼 것을 요구하지 않고, 그리스도가 누구이시며, 아버지께서 그분을 보내셔서 무엇을 하게 하셨고, 왜 그러하셨는지에 대한 우리의 이해를 모든 텍스트가 어떻게 발전시키는지를 밝힌다(마 17:1-13 비교).

창세기 3:15의 약속(원시복음) 이후 성경의 인물, 사건과 가르침은 구속하시는 하나님이 그분의 통치를 완성해 가는 점진적 과

정의 드라마를 펼쳐 낸다. 더욱이 죄와 죽음을 정복하셨던 부활하신 주님으로서 그리스도는 이제 그분의 은혜로 우리를 복종케 하시고, 그분의 주권을 수립하시며, 우리를 지키시고, 그분의(우리의) 적들을 물리치기 위해 그분의 나라를 진행시키신다.

설교자들은 성경의 모든 측면이 어떻게 예측하고, 준비하고, 반영하고, 그리고/또는 그리스도의 인격과 사역으로부터 비롯된 것인지를 보여 줌에 의해 이러한 주님의 나라가 가진 관점을 유지한다.

이러한 구속사적 강해는 한결같이 주 예수 그리스도께서 인간의 딜레마를 해결하신다는 것을 보여 준다. 부활의 능력을 가지신 그분과 함께 연합함으로 우리는 타락한 세상과 본성으로부터의 자유를 얻는다(엡 1:19-23; 갈 2:20). 그는 우리의 불의를 용서하시고, 우리를 의롭다 하시고, 우리의 연약함을 위해 공급하시고, 축복의 언약과 공동체 안에서 우리를 세워 주신다. 그분의 영광이 언제나 설교의 목적이며 이유가 되고, 그분의 은혜는 설교의 능력이 된다.

그리스도 안에서 하나님의 긍휼에 대한 한결같은 찬양이 나타나는 설교는 그리스도인의 순종과 증언을 위한 주된 동기와 능력이 되시는 그분에 대한 사랑으로 마음을 채운다. 우리가 그리스도 안에서 살아 있고 우리를 구원하시는 주님을 섬기려고 갈망하기에 우리는 죄와 세상의 부패에 대항해서 진전을 이루어 간다.

참고 주제 알레고리; 알레고리적 해석; 부활; 구원론; 공관복음; 유형론

참고 문헌 Bryan Chapell. *Christ-Centered Preaching: Redeeming the Expository Sermon.* 2nd ed. (2005); Paula Frederiksen. *From Jesus to Christ: The Origins of the New Testament Images of Christ.* 2nd ed. (2000); Sidney Greidanus. *Preaching Christ from the Old Testament.* (1999); Donald MacLeod. *The Person of Christ.* (1998); Klaas Runia. *The Present-Day Christological Debate.* (1984); Philip Schaff. *The Creeds of Christendom.* Vol. 2. Rev. ed. (1984); John Stott. *The Cross of Christ.* (1986); Robert B. Strimple. *The Modern Search for the Real Jesus.* (1995); N. T. Wright. *Jesus and the Victory of God.* (1997).

교리와 성경 본문(Doctrine and Biblical Texts)

제임스 M. 차일즈 주니어(James M. Childs Jr.)

성경적 설교와 교리적 설교는 서로 간에 없어서는 안 되는 거의 불가분의 관계 가운데 있다.

한편으로, 교리는 설교자에게 본문이 가지는 신앙과 삶을 위한 함의에 초점을 맞추는 데 도움을 준다.

다른 한편으로, 설교에서 본문과 인간의 상황 사이의 생생한 관계는 교리적 함의가 실제 삶과 연결되도록 하는 데 도움이 되고, 그래서 교리 설교는 단지 교리적 주입이어서는 안 된다.

교리와 성경 본문(Doctrine and Biblical Texts)

1. 교리가 무엇인가?

아마도 가장 명백한 접근 방식은 교리가 조직신학 또는 교리신학의 전통적 주제로 이루어지는 가르침의 총체를 지칭한다고 말하는 것이다. 이러한 주제들은 말씀, 하나님, 삼위일체, 창조, 인류학, 죄, 기독론, 구원, 성령, 성화, 교회, 사역과 성례전의 교리들을 포함한다. 일부 주제는 별도의 구분된 주제로 기도와 윤리가 추가되기도 한다.

이러한 목록에 있는 대부분의 주제는 에큐메니컬 신조, 사도신경, 니케아 신조, 아타나시우스 신조에 구체화되어 있다. 이러한 신조들은 교리 문답과 고백 문서들에 자세히 설명되어 있다. 칼뱅은 그리스도의 인격과 사역 그리고 삼위일체에 관한 신조들의 집중을 다른 교리들이 파생되어 나오는 "교리의 총합"으로 보았다.

2. 교리적 차이와 그 중요성

1) 성경에 근거한 차이점

여러 다른 교파 가운데에서 다양한 교리와 그 성경적 기초에 대한 해석에 있어서 상당한 차이가 분명하게 드러날 것이다. 예를 들어, 이러한 차이들은 성례전에 관한 가르침에서 꽤 분명하게 드러난다. 어떤 사람들은 신자의 세례에 있어서 세례 받는 사람들의 신앙적 헌신을 가장 중요하다고 여긴다. 다른 사람들은 유아 세례를 믿으며, 세례에 있어서 하나님의 은혜로운 주도권에 관한 우선성을 강조한다.

그러나 이러한 차이들에도 불구하고 두 전통은 각각 나름의 방식으로 세례의 은혜와 신앙의 필요성을 단언한다.

어떤 사람들은 주님의 만찬이 예배 경험의 모든 측면에서 그리스도께서 영적으로 임재하시는 기념 잔치로 여긴다. 또 다른 사람에게는 그리스도께서 빵과 포도주 가운데 실제로 임재하신다. 다시 말하지만, 언급된 차이들에도 불구하고 그리스도는 어떤 의미에서 모든 사람들에게 진정으로 임재하시는 분으로 확신된다.

설교자들이 세례와 성찬에 대한 성찰을 설교에 포함시킬 때, 다른 기독교 전통들과 공통적으로 생기는 특징들은 설교가 시간과 공간에 걸쳐 더 큰 기독교공동체의 기능이라는 사실을 상기시켜 준다. 설교는 단지 소속된 교단, 소속된 지역의 교회공동체 문화, 또는 설교자의 주관성 표현이 아니다. 동시에 다양한 전통의 언어적 특징은 그들이 더 큰 기독교공동체에 기여하고자 하는 특별한 공헌을 상기시켜 준다.

2) 상대적 중요성에 근거한 차이점

주목할 만한 차이는 다양한 교파 가운데에서 특정 교리에 대한 상대적 중요성에서 분명해진다. 루터교와 다른 개신교 설교자들은 아마도 다른 사람들보다 은혜를 인하여 믿음으로 말미암는 칭의에 대해 말할 가능성이 더 높다. 오순절 설교자들은 성령의 은사를 강조할 것이다. 일부 감리교 설교자들이 성화 또는 그리스도인의 삶에 관심을 돌릴 때 존 웨슬리의 완전에 관한 가르침을 전하는 것을 듣게 될 것이다.

그리스도 안에서의 구원에 관한 어떤 관

교리와 성경 본문 (Doctrine and Biblical Texts)

점들은 설교자로 하여금 하나님의 은혜와 용서를 강조하고, 그 말씀을 통해 믿음을 가져다주는 성령의 능력을 믿도록 한다. 또 다른 관점에서는 그리스도 안에서 구원을 확실히 하면서도 사람들로 하여금 한 걸음 더 나아가 그들의 개인적 구원자로서 그리스도를 영접하기를 결단하도록 하는 믿음으로의 행동을 강조하기도 한다.

3) 공통의 신앙

신조와 다양한 고백과 신학적 전통에서 구체화된 교리들은 해석과 강조점에서 다양함이 있지만 여전히 공통된 신앙을 표현해 주고 있다. 교리는 하나님에 대해 그리고 우리와 세상을 향한 하나님의 목적을 명확하고 일관되게 표현하기 위한 노력으로 교회가 성경을 묵상해 온 오랜 역사적 과정의 산물이다.

이 과정은 항상 성경적 증언의 핵심을 파괴하는 것처럼 보이는 가르침의 흐름을 막고, 종교개혁에서처럼 성경에 근거한 개혁을 가져오고, 상호 수용된 교리의 세부적 부분에 대한 논쟁을 해결하고, 새로운 통찰에 대응하고, 지속적으로 변화하는 문화적 맥락의 도전에 대처하기 위한 노력의 일환이었다.

성경과 교리적 전통 사이의 이러한 밀접한 관계는 설교를 위한 분명한 함의를 가지고 있다. 즉, 기독교의 교리적 유산의 어떤 측면이나 전통에 대한 특별한 강조점을 표현함 없이 성경 본문을 설교하는 것은 사실상 불가능하다.

3. 신학, 교리와 설교

1) 전통적 교리에 대한 새로운 통찰

신학적 논의들이 성경 연구의 발전과 장소와 시간의 맥락적 특징에 대한 반응으로 전통적 교리에 새로운 통찰을 계속해서 모색하고 있다. 성경학자들과 구조주의 신학자들은 창조에 관한 성경적 교리를 과학적 세계관과 함께 진지한 대화를 하면서 설교자들이 신앙과 과학의 관계에 대한 사람들의 긴급한 관심들을 다루는 자료를 제공한다. 페미니스트 학자들은 우리를 전통적 교리와 관습에 관한 초기 가부장주의로부터 우리를 자유케 하도록 도움을 주고 있다.

2) 하나님 나라에 대한 새로운 통찰

하나님 나라의 성경적 상징에 관한 현대적 통찰은 종말론과 역사, 그리고 세계와의 관계에 대해 생각하는 우리의 방식에 큰 영향을 미쳤다. 하나님 나라를 정의와 평화, 그리고 모든 조화가 완전하게 이루어질 피조 세계 전체에 대한 하나님의 미래에 대한 약속으로 볼 때, 화평과 정의, 그리고 지구를 돌보는 것에 관한 설교는 새로운 의미를 갖게 된다.

3) 삼위일체에 관련한 새로운 통찰

삼위일체 교리에 대한 현대적 논의는 삼위일체의 위격들의 다양성 안에서 연합을 이루는 친밀한 사랑의 관계를 인간의 모범으로 강조해 왔다. 하나님의 형상으로 창조된 우리(창 1:26)는 근본적으로 포용적인 사랑의 공동체 안에서의 삶을 위해 창조되었기 때문이다. 이러한 현실을 모델로 삼는 것은 교회에게 주어진 소명의 일부이다(요 17:21; 고전 13; 갈 3:28; 요일 4:7-12). 그래서 삼위일체를 말하는 것은 신비에 대해 말하는 것 그 이상이다.

4. 성경 본문과 설교에서의 교리와의 만남

본문을 사람들의 필요와 생생하게 만나도록 하는 것은 교리의 발전과 해석으로 이끌어온 바로 그 과정을 축소해 보는 것이다. 이제 교리와 성경 본문이 인간의 상황을 다룰 때 어떻게 교차하는지 네 가지 예를 살펴보게 될 것이다.

1) 절기별 본문과 교리적 성찰

절기별 본문은 그리스도의 인격과 사역에 대한 이해와 그리스도인의 신앙과 삶에 관한 함의의 핵심으로 우리를 인도한다. 이것은 우리와 함께하시는 하나님, 임마누엘이라는 중요한 주제의 일부이다.

(1) 대림절 본문

대림절 네 번째 주일에 자주 배정되는 본문인 누가복음 1:26-38에서 우리는 천사 가브리엘이 성령의 능력으로 아들을 낳게 될 것이라고 알리는 내용을 보게 된다. 우리 주님이 태어나실 것이라는 이 예고는 동정녀 탄생 교리의 기초가 된다. 어떤 사람에게 이 교리의 진리에 대한 믿음이 하나님의 기적적 권능과 영감된 성경의 진리에 대한 참 믿음의 리트머스 시험지가 되었다. 다른 이들에게는 예수님의 무죄함의 교리를 지키기 위한 초기 교회의 전근대적 발명품이기도 하다.

그러나 그것이 진리인지 아닌지를 묻기보다 우리는 우리와 함께하시는 하나님의 절기 주제로부터 실마리를 취할 수 있고, 대신 "그것이 만일 사실이라면"이라고 질문할 수 있다. 이러한 질문의 반전을 통해 설교자는 수태고지 본문을 성육신의 다른 함의로 연결시킬 수 있게 된다. 그래서 설교는 이러한 진술 위에 세워질 것이다.

"사랑이신 하나님(요일 4:16b)이 예수님 안에서 우리와 함께하기 위해 오신 것이 사실이라면, 우리는 먼저 사랑받은 것처럼 사랑하도록 부름을 받았다. 하나님이 그리스도 안에 계시며 세상을 하나님 자신과 화목하게 하신 것이 사실이라면(고후 5:18), 우리 역시 적대감과 갈등의 세상 속에서 화해의 사역을 하게 된다. 하나님이 우리와 함께하시기 위해 오신 것이 사실이라면, 모든 생명의 근원이 죽음의 세계로 들어왔고 우리는 새로운 소망으로 다시 태어난다."

이러한 방식으로 설교자는 교리적 논쟁에서 벗어나 본문을 전달하고 그 본문의 더 깊은 의미를 열어 준다.

(2) 부활절 본문

"그것이 만일 사실이라면"이라는 똑같은 질문이 세속적 회의주의의 배경에 반해 부활의 교리를 사실상 다루어야 할 부활절에 던져질 수 있다. 이 질문은 복음의 핵심이 가지는 놀라운 의미를 펼쳐 내는 기회를 제공하며, 부활이 사실이 아니라면 삶은 참으로 황폐할 것이라는 것을 강력하게 시사한다(고전 15:12-19).

(3) 설교 예시

성탄절 본문은 비범함과 평범한 것이 섞여 있다.

말씀이 육신이 되어 아버지의 독생자의 영광이요 은혜와 진리가 충만한 요한복음 1:14에서의 선포는 엄청나고 세상을 변화시키는 성육신의 본질을 반영한다. 천사들이 목자들에게 선포한 말씀과 이어진 천군의 노래(눅 2:8-14)도 하나님의 영광과 복음의 소망으로 가득 차 있다.

그러나 누가는 예수님의 탄생에 대한 매우 평범한 상황을 전한다. 이러한 대조를 설교함으로 그리스도 안에서 하나님이 우리 육신 속에 깊이 거하셨던 것처럼 교리를 우리 삶 깊이 끌어들인다.

여기에 필자가 어려움을 겪고 있는 도심 한 교회에서 했던 설교의 일부를 소개한다.

> 하나님의 아들이 사랑으로 오셔서 우리와 같은 평범한 육신을 가지고 태어나셨기에 우리의 평범한 삶에는 비범함의 신비가 숨겨져 있습니다. … 우리의 삶은 자주 우리의 능력을 넘어서는 부담, 요구, 좌절, 절망과 패배로 가득해서 그냥 그만두고 싶을 때가 있습니다. 그러나 여기에 포기하지 않고, 교회를 위해, 회중을 위해, 방황하는 자녀를 위해, 길 잃은 영혼을 위해, 문제가 있는 배우자를 위해, 병든 부모를 위해 계속해서 오랫동안 인내하며 돌보는 평범한 사람들이 있습니다. 그리고 인내하시는 그리스도의 사랑 안에서 베들레헴의 은혜가 저 별처럼 반짝이고 있습니다. 정말 놀랍습니다.

실제 삶의 신앙과 사랑에 대한 더 많은 예시들이 베들레헴에서 그랬던 것처럼 비범함이 평범함 속에서 어떻게 드러나는지를 보여 주며 이어진다.

메리 캐서린 힐커트(Mary Catherine Hilkert)는 이 문제를 이렇게 표현한다.

> 성탄절은 '우리가 열망하는 것이 이미 여기' 평범한 사람들 안에 있다고 선포한다. … 우리는 어둠을 없애주실 하나님을 원했지만, 대신 우리는 어둠 안으로 들어오셔서 우리와 함께하심으로 어둠이 우리를 이기지 못하도록 하시겠다고 약속하셨던 하나님을 얻었다(Hilkert 2003, 85).

2) 교리가 뒷받침하는 본문 설교: 죄와 은혜

인간의 죄와 하나님의 심판과 긍휼에 관한 가르침은 성경 전체에 걸쳐 있고 교리의 핵심에 있다. 본문의 주제에도 불구하고, 그 가르침들에 관해 우리가 하는 설교는 죄와 은혜의 변증법 안에서 해결책을 찾는다.

(1) 인종: 마틴 루터 킹 주니어

〈강인한 마음과 부드러운 마음〉(A Tough Mind and a Tender Heart)이라는 제목의 설교에서, 마틴 루터 킹 주니어(Martin Luther King Jr.)는 인종적 정의 이슈에 마태복음 10:16을 적용했지만 궁극적으로는 하나님의 심판과 은혜로 그 문제를 말했다.

한편으로. 하나님은 이스라엘의 그릇된 행위에 대해 이스라엘을 징계하셨던 공의의 하나님이시고, 다른 한편으로, 하나님은 탕자가 집에 돌아왔을 때 말로 다 할 수 없는 기쁨으로 가득했던 용서의 아버지시다(King 1963, 19).

(2) 속죄: 라인홀드 니버

라인홀드 니버(Reinhold Niebuhr)는 마태복음 27장의 일부인 십자가에 달리신 예수님의 조롱을 설교하면서 우리의 세상 속에서의 정의와 관련된 것으로 하나님의 능력과 연약함에 대해 이야기한다. 그러나 궁극적으로 십자가에서 드러난 심판과 은혜는 니버를 속죄의 교리 안으로 설교의 관심사를 틀에 넣도록 이끈다.

> 그러나 정의만으로 인간을 회개에 이르게 하지는 못한다. 형벌의 피해자와 함께 그리고 그를 위해 고통받는 심판의 집행자를 볼 때까지 인간의 반역의 내적 핵심은 다루어지지 않는다. 이것이 신앙에 의해 파악되는 속죄의 의미이다(Niebuhr 1946, 147).

속죄에 관한 다양한 전통 교리는 본문에서의 주제의 틀을 잡고 그 다양성을 풍성하게 해 줄 수 있는 방식으로 심판과 은혜를 포착한다. 더불어 니버의 발췌문에서도 제안하는 것처럼 타인의 선을 위한 관심과 행동을 자극하는 목표를 가진 설교는 심판을 포함하지만, 동기를 부여하는 것은 은혜이다.

(3) 사회적 불의: 데이지 L. 마차도

데이지 L. 마차도(Daisy L. Machado)는 에스겔 37:2-5과 사도행전 3:5-8을 설교하면서 마른 뼈 그리고 베드로와 요한이 만났던 거지에게서 사회적 불의에 대한 고발과 교회는 근본적으로 다른 공동체가 되어야 한다는 소명을 본다. 심판도 속죄도 거기에 있다.

> 결론은 이것이다.
> "이 뼈들이 살아날 수 있습니까?"
> 성경은 우리 마음에 응답한다.
> "그렇다. 살아난다!"(Machado 1990, 193).

3) 다양한 성경 본문의 이미지로 풍성해진 교리적 설교

속죄에 관해 내포되거나 명시된 설명과 관련된 예수 그리스도의 인성과 사역은 기독교 설교에서 끊임없는 교리적 요소이다. 위에서 제시했던 것처럼 그리스도의 속죄 사역에 관한 풍부하고 다양한 이론이 있다. 이러한 설명은 성경적 이미지의 다양성에 의해 풍성해진다.

예수님은 이사야서 53장의 고난받는 종의 성취로 이해되는데, "그가 찔림은 우리의 허물 때문"이며 "그가 징계를 받음으로 우리를 온전케 하셨다"(5절). 예수님은 "세상 죄를 지고 가시는 하나님의 어린양"이시다(요 1:29). 그리스도는 "친구를 위하여 자기 목숨을 버리면 이보다 더 큰 사랑이 없다"(요 15:13)고 말씀하시며 자신을 암시하신다. 그리스도의 인성과 사역은 "하나님께서 그리스도 안에 계시사 세상을 자기와 화목하게 하시며 그들의 죄를 그들에게 돌리지 아니하셨다"(고후 5:19)는 바울의 진술에서 파악된다.

그래서 그리스도 안에서 우리는 "새로운 피조물"(고후 5:17)이다. 히브리서에서 우리는 제사장이시면서 희생 제물이 되신 그리스도를 보게 된다. 요한계시록에서 예수님은 보좌 위의 어린양이시며, 모든 것을 새롭게 하시는 알파와 오메가이시다. 설교자가 신앙의 핵심을 전하는 새로운 길을 발견하려고 노력할 때, 성경은 그 길을 보여 주고 계신다.

4) 교리적 설교

기독교 신앙과 기독교 내의 특정 전통의 핵심이 되는 교리에 대해 설교하는 것이 중요하고 교훈적으로 보일 때도 있다. 그런 경우 그 교리를 위한 성경적 기초가 설명될 수 있다. 이것은 교리와 본문이 우리 경험과 필요 안에서 생생하게 살아 움직일 수 있게 되는 기회이다.

(1) 믿음으로 말미암는 칭의

교리적 설교라 하여서 건조하고 학문적일 필요는 없다. 다음은 로마서 3:28을 기초로 한 게르하르트 포데(Gerhard Forde)의 〈오직 믿음으로 말미암는 칭의〉(Justification by Faith Alone)라는 설교로부터 발췌한 내용이다.

> 여러분의 자녀가 이렇게 묻는다고 가정해 보십시오.
> "아빠, 엄마, 제가 엄마 아빠의 자녀가 되기 위해 무엇을 해야 하나요?"

어떤 법이나 어떤 행위, 어떤 프로그램을 그 자녀에게 제안할 수 있으시겠습니까? 아마 여러분은 그런 질문이 생길 수 있다는 사실로 인해 무슨 대답보다도 먼저 눈물을 흘리게 될 겁니다.

그러나 뭐라고 말할 수 있을까요?

내 아이가 되기 위해 무엇을 해야 할까요? "아무것도 없어. 그냥 듣기만 해. 나를 믿기만 해. 너는 내 자식이고, 나는 너를 사랑해. 결코 너를 홀로 내버려두지 않을 거야."

그래서 자녀는 율법의 행위 없이 오직 믿음으로 인해 의롭다 함을 받습니다(Forde 2005, 89).

(2) 성령

우리의 성화와 관련한 성령의 역사에 관한 설교에서 청중의 마음을 감동시킬 수 있는 가능성은 다양하다. 모두 기초가 될 충분한 성경적 기초를 가지고 있다.

성령은 우리를 믿음에로 인도하시고 그리스도의 사랑 안에서 교육하시는 하나님의 은혜로운 능력이시다. 성령은 믿음이 약해지고 의심이 우리 마음과 영 속에 생겨날 때 우리와 함께하신다. 성령은 우리가 자비하신 하나님께 간구의 바른 말을 찾기 위해 애쓰고 있을 때 우리와 함께 기도하신다. 성령은 유혹의 순간에도 우리와 함께하신다. 성령은 우리의 생각과 마음을 괴롭히고 복음을 통해 모인 교회를 분열시키려고 위협하는 힘겨운 도덕적 결정을 직면하기 위해 말씀 가까이 모일 때 온 교회와 함께하신다. 진리의 길로 우리를 지키시기 위해 우리 주님께서 성령을 약속해 주셨다.

성령은 우리를 비록 완전하지는 않으나 하나님의 사명을 위해 구별된 자로서 거룩하게 지키시기 위해 함께하신다.

참으로 오순절 성령의 강력한 임재는 선교를 위해 우리에게 힘을 주심을 드러낼 뿐 아니라, 성령이 하나님의 선교가 추구하는바 교회 교리의 중요한 측면, 즉 보편성(catholicity)에 생명을 불어넣어 주신다. 보편성은 곧 교회의 보편성을 의미한다. 오순절에 참여한 모든 다양한 사람이 각자의 언어로 선포된 복음을 들음으로써 복음 안에서 하나가 되었다(행 2:1-11).

이 은혜로운 하나님의 능력의 행위가 바벨탑 이야기의 심판을 역전시키고, 인류를 새로운 미래 안에서 재결합시켰다(창 11:1-9). 구원의 메시지는 모두를 위한 것이며, 따라서 교회는 그 나아가는 방향에 있어 세계적이고, 편견 없이 모든 사람들을 그 교회공동체 안으로 환영한다.

참고 주제 교리적 설교; 성일과 휴일; 성서정과와 교회력; 조직/구성신학; 가르치는 설교

참고 문헌 Gerhard Forde. *The Captation of the Will* (2005); Mary Catherine Hilkert. "Two Fingers under the Door." *Just Preaching: Prophetic Voices for Economic Justice*. Edited by André Resner Jr. (2003) 83-85; Martin Luther King Jr. *Strength to Love*. (1963); Daisy L. Machado. "A Powerful Gospel." *And Blessed Is She: Sermons by Women*. Edited by David A. Farmer and Edwina Hunter. (1990) 188-95; Reinhold Niebuhr. *Discerning the Times: Sermons for Today and Tomorrow*. (1946).

교회론(Ecclesiology)

윌리엄 H. 윌리몬(William H. Willimon)

설교는 그리스도의 몸인 교회로부터 발생하고, 교회를 대상으로 하며, 교회를 형성하는 데 중요한 역할을 하는 독특한 대중 연설이다.

1. 교회에 대한 하나님의 말씀으로서의 설교

설교는 세상과 대화하고자 하시는 영원한 결단을 (성경에서) 보여 주신 삼위일체 하나님의 말씀에서 비롯된다. 이어 설교는 하나님의 백성으로의 교회를 향해 하나님의 말씀을 들려주려는 주된 책임을 가진 교회의 직분된 설교자를 통해 이루어진다. 그래서 사도신경은 아버지 하나님의 창조와 예수 그리스도 안에서의 하나님의 구속적 사역으로 시작해서, 바로 성령에 관해 말하고는 삼위일체의 소통이 가지는 위대한 정점이면서 지속적인 결과로서의 교회에 관해 이야기한다.

설교는 성경적일 때 특별히 기독교적이지만 그것이 교회적이지 않다면 성경적일 수 없다. 성경은 이스라엘과 교회가 하나님으로부터 무엇을 들어왔는지를 공동체적으로 설명한다. 진리를 다루는 성경적 방식은 본래적으로 공동체적이다.

"개인주의와 주관주의에 시달린 채 사로잡혀 있는 현대 서구 사회에서 내가 무엇을 해야 하는가?"

이 성경적 질문은 좀처럼 찾아보기 힘들다. 성경의 윤리는 언제나 우리가 무엇을 해야 하는가이다. 그래서 우리는 종종 성경

교회론(Ecclesiology)

을 "교회의 책"이라고 말하기도 한다. 성경의 내용과 목적이 가차 없이 공동체적인 경향이 있다. 코이노니아는 신약에서 38번 다양한 형태로 등장하고, 그리스도인의 삶에 관해 바울이 말하는 주된 방식이다. 그리고 설교가 성경이 본질적으로 가지고 있는 공동체적 의도에 참여할 때 설교는 성경에 충실한 것이 된다. 설교는 본회퍼의 말로 하면 부활하신 그리스도가 걸어 다니고 그분의 백성들 사이에서 이야기하는 바로 그러한 곳이다.

2. 공동체적, 구체적, 정치적 연설로서의 설교

공동체는 적어도 북미 상황에서는 오늘날 설교의 가장 큰 도전일 것이다. 미국 청중은 공식적으로 우리가 자유롭고, 자율적이며, 외부적이면서 사회적인 결정 없는 삶을 선택했을 때 가장 온전한 우리가 된다는 개념을 교육받는다. 아이러니하게도 우리는 외부적이고 사회적인 결정 없이 우리의 삶을 사는 것이 바람직하다거나 심지어 가능하다고 생각하는 것은 우리 삶이 단호한 개인주의와 자본주의적 소비 문화에 의해 외부적으로, 사회적으로 결정되어 왔다는 증거이다. 우리 중 누구도 우리 자신을 위해 사는 것이 가장 큰 인생의 목적이라 밝히지는 않는다.

이러한 문화가 복음으로 알려진 내러티브와 상반되고 상충되는 내러티브 안에서 우리를 형성시켰다. 모든 삶은 어떤 이야기로 인해 외부적으로 결정된다. 그리스도인이 된다는 것은 거의 전적으로 공동체적(예, 교회적) 이야기(복음)에 의해 이루어지고, 그 이야기에 응답하는 것이며, 공동체적 이야기가 우리에게 와서 우리와 함께하는 주된 방식은 바로 설교를 통해서이다.

그러므로 기독교 설교는 언제나 공동체를 분리케 하는 언어적 장벽을 뛰어넘는 연설이기 때문에 갈등을 가져오는 연설이 되는 경향이 있다. 공동체가 긴밀히 협력하고 생존해 가는 한 가지 방법은 공동체가 가진 독특한 언어를 통해 주어진다. 공동체는 세상을 묘사하고 현실을 전달하는 자신들의 승인된 수단을 침범하려는 시도들에 맞서 움직이는 경향이 있다.

설교자는 열린 마음으로 자유롭게 말하는 개인들이 모인 공동체에 말하고 있다고 생각하지만, 실제로는 미디어와 수년간의 학교 교육, 시시각각 이루어지는 광고에 의한 공격, 정부의 선동, 그리고 기타 여러 가지 수단을 통해 담론이 결정된 잘 형성된 공동체를 대상으로 말하고 있는 것이다. 회중 가운데 한 사람이 설교자의 설교에 대해 "나는 당신이 말하고 있는 것을 이해할 수가 없어요"라고 반응한다면, 그건 언어공동체 사이에서의 불협화음을 보여 주는 증거이다.

교회와 세상 사이의 경계는 대부분의 교회를 가로지르기에, 회중 가운데 많은 사람이 설교자가 이상한 단어를 사용한다고 느낀다. 그래서 설교자는 인내심을 가지고 시간을 들여 회중에게 교회 특유의 교회 언어를 가르치고 그들 속에 심어 줄 준비가 되어야 한다(전통적으로 교회에는 교리 교육과 전도라고 알려져 있는 임무). 교회의 신학적 언어를 비신학적 언어공동체가 더 쉽게 이해할 수 있는 언어로 번역하는 것이 어렵다. 그러나 우리 설교자들은 그렇게 해야만 한다. 세상을 향해 교회가 저항할 수 있는 주된 방법은 교회의 독특한 말하기와 교회가 가진 사랑으로 가르치고 훈련하는 것이다.

월터 브루그만(Walter Brueggemann)은 설교가 "대안적 말하기의 방식"으로의 돌봄을 포함한다고 말한다.

> 설교의 과제와 가능성은 대안적 말하기의 방식들을 가지고 복음의 좋은 소식을 전하는 것이다. … 감소된 말하기는 생명의 감소로 이어진다. 주일 아침은 카운터 스피치(counterspeech)를 통한 카운터 삶(counterlife)의 실천이다. 주일 아침이나 또는 교회가 이상한 말을 할 때마다 교회는 우리 사회에서 사람들이 새로운 믿음의 세계로 들어가고 즐거이 순종하는 삶에 참여하도록 허용하는 상상력 있는 연설을 위한 마지막 장소가 될 수 있을 것이다(1898, 3).

교회는 세상에서 항상 이해되지 않거나 심지어 허용되지 않는 것들을 말하고 행할 수 있는 자유로운 공간을 제공한다. 설교자들은 세상의 한계에 길들여진 귀에는 너무나 대담하고, 반문화적이며, 낯선 말을 자주 해야 하며, 교회는 자유로운 말(설교)을 할 수 있도록 우리에게 이러한 자유로운 공간(교회)을 주신 것에 대해 감사하는 마음을 새롭게 해야 한다.

3. 교회의 선교에 있어 필수적 설교

교회는 하나님의 것이기 때문에, 교회는 결코 보장된 기정사실, 즉 지속적이고 견고한 사실의 영원한 기관이 아니다. 교회는 언제나 하나님의 선물이며, 매 시대마다 무에서 유를 창조하고자 하나님 말씀에 의해 새롭게 생성되는 말씀의 사건이다.

그리스도께서는 다음과 같이 약속하셨다.

> 두 세 사람이 내 이름으로 모인 곳에는 나도 그들 중에 있느니라(마 18:20).

삼위일체 하나님이 무에서 유를 창조하신 주된 방법은 설교를 통해서이다. 모든 시간과 장소에서 교회는 새롭게 형성되고 지속적으로 설교를 통해 비판받는다. 설교는 성경을 들을 배짱을 가진 청중을 형성한다.

지난 세기의 많은 설교와 오늘날 설교학의 주된 차이는 적어도 유럽과 북미에서 설교자들은 교회의 존재와 사회적 중요성을 단순히 가정했다는 점이다. 이러한 가정은 오래된 국가 교회의 정신과 관련이 있는데, 국가와 교회는 서로 쉽게 동맹을 맺으면서 존재했고 문화는 교회에 일종의 소품을 제공해 주었다. 단순히 그리스도인이 된다는 것은 사려 깊고 민감한 시민과 대략 유사한 의미를 가진다고 가정된다.

현대 설교자들은 오늘날의 교회가 이전의 사회적 의미의 일부를 잃어버린 채 더 불안정한 위치에 있음을 더 잘 인식하고 있는 것 같다. 그래서 설교가 교회와 세상 사이의 차이를 분명하게 해야 하고, 설교가 교회로 하여금 구별된 모임으로 형성되고 개혁되는 주요한 수단이라는 것에 대한 새로운 인식이 생겨나고 있다. 교회는 주변의 문화적 맥락으로부터 부름을 받아 나온 사람들, 즉 에클레시아로서의 교회에 대한 인식이 높아지고 있다.

북미 상황에서는 한때 국가적 삶에 있어 강력한 요소였던 북미 교회가 점점 늘어가는 소외됨을 경험하게 되면서 선교학을 통해 교회론에 있어 가장 흥미로운 발전이 시작되어 왔다. 교회의 특수성과 거주하는 외국인 지위에 대한 새로운 인식, 즉 교회에서 하는 말과 생각이 지배적이고 정부에 종속적이며 문화적으로 제재를 받는 말과 생각과 상충된다는 의식이 커져 가고 있다. 그래서 선교적 맥락에서 독특하게 다른 교회의 정체성과 형성에 대해 염려하는 사람들의 설교에는 새로운 불쾌함과 마찰이 있다.

그래서 교회론은 설교가 언제나 사람들의 삶의 자리를 환기시켜 주는 것이라는 점에서 항상 '정치적'이라는 것을 인식하는 것이다. 성육신적 신앙에서 설교되는 말씀은 구체화되고, 통합되고, 실천되는 것을 의미한다. 강의는 사려 깊고, 어느 정도 거리를 두고, 성찰적 환경에서 이루어질 수 있다. 설교는 거의 그렇지 않다. 신실한 기독교 선포는 선포된 말씀의 사회적 구현이 여러 선택 중 하나에 불과한 가현설의 진공 상태(Docetic vacuum)에서는 일어나지 않는다.

청중으로 하여금 설교가 말하는 현실에 참여하기를 원하도록 만드는 그런 설교가 효과적 설교다. 그래서 교회는 그리스도의 몸이라고 불린다(고전 12:12). 모든 기독교 리더십의 중심에는 "봉사의 일을 하게 하며 그리스도의 몸을 세우기 위해 성도들을 무장시켜야 한다"(엡 4:12)는 정치적, 교회적 도전이 있다. 설교자만이 아니라 교회 전체가 예수 그리스도를 증거하고, 서명하고, 알리고, 가리키며, 다가오는 통치에 참여하도록 부름받았기 때문에 설교는 교회의 주된 목적이 된다. 루터가 강조한 것과 같이 설교자는 주일이면 교회에 설교하게 되고 이로써 교회 전체가 한 주 내내 세상을 향해 설교할 수 있도록 한다.

4. 설교의 보편적 맥락으로서의 교회의 예배

교회론은 설교가 성례의 맥락 안에 일반적으로 자리한다는 것을 상기시켜 준다. 아우구스티누스(Augustine)가 말한 것처럼 씻음과 같은 행위가 말씀 옆에서 행해질 때 성례가 된다. 성례는 보이는 말씀이고, 설교가 기독교 특유의 의미를 갖기 위해선 성례가 필요하다. 어떤 의미에서 모든 설교는 세례의 물로 나아가기 전 교회에 의해 듣게 된다.

어떤 설교는 길을 잃은 자들로 하여금 나아와서 교회 안에서 길을 찾으라는 복음적 요청인 반면, 또 다른 설교는 교회로 입문하게 되는 세례의 의미와 함의들을 추가적으로 탐구하기도 한다. 설교단에서 설교되는 말씀과 그 앞에서 즉각적으로 반응되고 행해지는 말씀은 하나이다.

모든 설교는 교회가 주님의 식탁에서 잔치에 참여하라는 주님의 초대에 응답하기 전에 교회에게 그리고 교회에 의해 주어지는 말이다. 식탁에서 함께 모인 가족과 함께 교회는 이 말씀이 말로만이 아니라 행함을 의미한다는 것을 상기시키며, 말로 하는 말씀을 넘어서서 행함의 말씀으로 나아간다. 이러한 거룩한 식사는 말로 표현하는

교회론 (Ecclesiology)

것 그 이상이다. 설교는 현대적이고 현재적인 말씀이며, 성찬은 종말론적이고 영원하며 제정된 말씀이다.

설교자들은 설교의 권위 대부분이 회중으로부터 주어진다는 것을 정직하게 인정해야만 한다. 목회자는 분명하게 전해진 말씀에 따라 살고 목회자의 간증에 특권을 부여하는 공동체에 의해 설교하도록 부름을 받는다. 그래서 설교는 인류 일반에게나 사회 전체를 향한 말씀이 아니라 특별히 교회에 대한 말씀이며, 회중과 친밀하게 잘 아는 목회자에 의해 전해지는 말씀이다.

설교자는 회중을 섬김으로 성경 본문에 나아가서, 그 본문 말씀을 잘 듣고, 그 말씀 안에서 놀라운 발견을 하기를 기대하며, 목회자는 그 발견을 회중에게 선언한다. 때로는 그러한 신실한 경청을 위해 설교자가 회중을 향해 말씀과 함께 서며, 설교자로서 회중을 진심으로 섬기기 위해 사랑으로 진리를 전해야 할 때도 있다.

설교는 하나님이 교회를 움직이도록 하시는 방법이지만, 안타깝게도 교회는 종종 말씀을 안정시키고 정체시키려고 시도하는 수단이기도 하다. 교회의 사회학적 현실은 그 모든 탐욕 속에서 설교단으로부터 전해지는 성령이 교회를 향해 의도하시는 신학적 부르심에 대한 우리의 죄악 된 저항의 일부이다. 하나님은 교회를 위해 큰 일을 마음에 품고 계시고, 교회는 그 소명을 앞에 두고 두려움과 실망을 느끼는 경향이 있다. 그래서 교회는 그 말씀에 대한 저항으로 가득 차 있다. 교회는 제자도의 훈련뿐만 아니라 하나님의 말씀을 피하는 다양한 기술도 훈련하는 경향이 있다.

설교에서 하나님의 말씀을 통해 교회는 아직 하나님 나라가 아님을 예언적으로 계속 기억하게 된다. 그러나 교회는 설교를 통해 교회가 교회라 불리는 현재적이고 가시적이고 사회학적인 현실 그 이상이라는 것을 세상에 계속해서 상기시킨다. 신학적으로 가장 훌륭하다고 해도 교회는 결코 교회의 진리 또는 실재의 전부가 아니고, 충만한 하나님의 나라와 결코 비길 수 없다.

설교는 교회로 하여금 하나님의 약속된 실재를 더 갈망하게 한다. 설교는 교회보다 앞서고 더 우월하다. 설교는 교회의 고유한 언어이지만, 설교는 권한이 있거나 교회에 의존하지 않는다. 설교는 교회를 위한 것이 되기 위해 종종 교회를 반대하는 것처럼 경험될 수도 있을 것이다. 설교의 말씀은 교회에서 나온 말씀이 아니라, 하나님으로부터 교회로 주어진 말씀이다. 설교자는 교회의 독특한 소명인 말씀에 대한 기쁨의 복종에 충실하기 위해 교회의 갈등, 저항과 거부를 기꺼이 감수해야만 한다. 설교자는 회중을 위해 봉사하는 것이 아니라 말씀을 위해 봉사한다.

회중의 필요에 대한 목회적 돌봄과 배려가 기독교 사역의 대부분을 사실상 압도하고 있는 오늘날, 칼 바르트(Karl Barth)는 우리 성직자가 교인들에게 제공할 수 있는 가장 최고이며 사랑스러운 봉사는 말씀에 대한 완전한 순종이라는 사실을 상기시킨다. 신실한 설교자들은 그들이 하나님의 말씀을 설교하기 전 교회가 그 말씀을 신실하게 구현하거나 실행하는 것을 기다릴 수 없다. 현재 청중의 추정되는 한계에 맞추기 위해 복음을 축소해서는 안 된다.

바르트는 또한 교회가 영원히 안으로부터 두 가지 위협, 즉 세속화와 신성화 그 자체를 마주하고 있다고 가르쳤다. 하나님을 신실하게 섬기는 데 가장 큰 위협은 교회다. 설교는 이러한 위험들을 피하는 교회의 가장 큰 수단이다. 교회가 사람들이 더 나은 사람이 되도록 돕는 유용한 수단으로써 단지 사람들의 또 다른 사회학적 모임으로 자리잡을 때, 설교는 교회의 신학적 기원과 목적, 그리고 그 사역을 나타낸다. 설교는 "하나님이 우리를 더 많은 것을 위해 부르셨다"고 말한다. 교회가 그 스스로를 우상화하고, 사도성과 신성한 가시성에 우쭐댈 때, 설교는 "아직은 아니다"라고 선포할 책임이 있다.

설교는 교회로 하여금 미묘하고 모호한 영성으로 표류하지 않도록 보호한다. 설교는 "설계하시고 건축하시는 하나님"(히 11:10)의 또 다른 도시를 향해 나아가야 할 교회의 소명을 보여 주며 교회로 하여금 현재에 만족하지 않도록 교회를 구원한다. 바르트가 말하기를 교회는 계속해서 날개로 새장을 치는 새와도 같고, 설교는 교회가 "우리의 설교보다 더 큰 무언가, 즉 하나님 나라가 위태롭다는 것"을 계속해서 상기시키는 수단이다(1959).

5. 설교 준비를 위한 교회론의 실제적 함의

교회의 활동으로서 설교의 생생한 감각은 다음과 같은 설교를 만들어 낼 것이다.

첫째, 설교의 말씀이 개인적이고 사적인 의사소통보다 더 정치적이고 공적인 의미를 갖는 공동적으로 파생되고 언급되는 말씀임을 강조하기 위해 일인칭 복수 형태로 '나'와 '나의 말'보다 '우리'와 '우리의' 사용을 우선시한다.

둘째, 일반적으로 그리고 규범적으로 그리스도의 몸의 특정한 회중을 섬기는 사람, 복음의 일반성보다 복음의 독특함을 더 잘 이해하는 사람, 특정한 삶에서 말씀을 구현하려고 시도하는 특정한 사람들 안에서 복음을 찾는 데 능숙한 사람인 목회자에 의해 설교된다.

셋째, 특정한 시간과 장소에서 맥락화되고, 회중 안에서의 문화와 관련이 있고, 따라서 이러한 것들을 떨쳐버리기가 더 어렵다.

넷째, 설교된 말씀이 가시적이면서 제정된 말씀인 성례전과 연결되는 말씀과 식탁의 완전한 경축의 맥락 속에서 정상적으로 그리고 규범적으로 생겨난다.

다섯째, 성경 본문뿐만 아니라 회중의 상황을 분석하는 데 능숙한 훌륭한 청중인 목회자들에 의해 설교된다.

여섯째, 그리스도의 몸의 일부로서 이러한 인간 모임의 응집력, 가시성, 시간 속에서 살아남기, 특수성에 기여하는 공동 행위로서 설교의 공동체적 형성 측면을 강조한다.

일곱째, 그리스도의 이름으로 교회를 세상 안으로 예언자적으로 밀어 넣는 책임을 지고, 교회가 따뜻하고 친숙한 인간의 모임 이상이 되도록 촉구하며, 그리스도께서 그분의 몸이 의도하신 모든 완전한 완성보다 못한 무언가에 안주하기를 거부한다.

여덟째, 회중에게 제공하도록 부름받은

가장 사랑스러운 봉사가 매주 신실하고 용기 있게 말씀을 전하는 것이라는 것을 깨닫는 설교자에 의해 이루어진다.

아홉째, 회중을 사랑하는 것보다 진실하고 생생한 말씀을 훨씬 더 사랑하는 목회자에 의해 설교된다.

열째, 예수 그리스도께서 실제로 가시적이고, 만질 수 있고, 세상 속에서 구현되는 임재를 의미한다는 목회자의 믿음, 즉 그리스도는 부인할 수 없는 죄된 인간들의 연약함과 불충분함에도 불구하고 그 몸을 자신의 몸으로 삼는 것을 부끄러워하지 않으시고, 구원받은 죄인들의 이 누더기 덩어리를 통해 진심으로 세상을 차지하고자 하신다는 것을 보여 준다.

참고 주제 예언자적 메시지; 예언자적 설교; 성례전 설교 및 가르침; 하나님의 말씀; 예배 스타일

참고 문헌 Karl Barth. *Dogmatics in Outline*. (1959); Walter Brueggemann. *Finally Comes the Poet: Daring Speech for Proclamation*. (1989); Stanley M. Hauerwas and William H. Willimon. *Resident Aliens: Life in the Christian Colony*. (1989). Lesslie Newbigin. *Foolishness to the Greeks: The Gospel and Western Culture*. (1986).

종말론(Eschatology)
셰릴 브리지스 존스(Cheryl Bridges Johns)

종말론적 차원 없이는 종교를 상상하기 어렵다. 특히, 기독교는 하나님이 창조된 질서 안에서 만물을 원래 의도된 광채로 회복시키는 일을 하신다는 믿음을 중심에 둔다. 종말에 대한 하나님의 능력에 대한 믿음은 수 세기 동안 기독교인들의 열정에 힘을 주었고, 박해의 시대에 평안과 악이 선을 이기는 것 같아 보이던 때 소망을 주었다. 그러나 기독교 신앙에서 종말론의 중심성에도 불구하고 설교자들 사이에서는 종말론이라는 주제에 관해 묘한 침묵이 흐르고 있다. 더욱이 기독교 전체는 죽음과 사후 세계, 그리스도의 재림, 최후의 심판의 본질 주변의 문제들로 인해 혼란스러워하고 있다.

N.T.라이트는 다음과 같이 말한다.

[이러한 혼란은] 우리의 생각, 기도, 예전, 실천 그리고 특히 우리의 선교에 있어서 매우 심각한 실수를 낳는다(2008, 6).

설교에서 마지막에 대해 소홀한 것은 여러 가지 요인이 함께 얽힌 결과이다(아래 참조). 이러한 요인들이 모여서 종말론적 설교에 대한 저항의 완전한 폭풍을 형성했다. 여러모로 미국 개신교 설교는 종말론적 비전을 상실했을 때 그 심장을 잃고 말았다. 그런 상실이 기독교 신앙의 중심인 종말론이라는 주제에 다시 접근함을 통해 회복될 수 있다. 결과적으로 설교는 다시 한 번 희망으로 가득하고 하나님 나라를 향한 열망에 힘입은 종말론적 비전을 제공할 수 있다.

종말론(Eschatology)

1. 성경적/역사적 배경

1) 구약과 신약의 종말에 대한 이미지

고대 히브리인들에게 죽음은 모호한 경험이었다. 죽음은 인생의 자연스러운 종말이지만, 또한 적으로 여겨지기도 했다. 스올로 알려진 사후 세계는 죽은 자들의 자리이자 야웨의 임재로부터의 부재를 의미했다(시 6:5). 그러나 고대 욥기서는 무덤 너머의 삶에 대한 신뢰를 확인했다.

> 내가 알기에는 나의 대속자가 살아 계시니 마침내 그가 땅 위에 서실 것이라 내 가죽이 벗김을 당한 뒤에도 내가 육체 밖에서 하나님을 보리라 내가 그를 보리니 내 눈으로 그를 보기를 낯선 사람처럼 하지 않을 것이라 내 마음이 초조하구나(욥 19:25-27).

하나님의 능력이 그들을 무덤의 권세로부터 '대속'해 주실 것이라는 것이 의인들의 소망이었다(호 13:14).
포로 기간 동안 이러한 희망에는 악인들이 심판을 받을 것이라는 이해가 포함되어 있었다.

> 많은 사람이 깨어나 영생을 받는 자도 있겠고 수치를 당하여서 영원히 부끄러움을 당할 자도 있을 것이며(단 12:2).

죽음에 대한 비전을 넘어 구약은 정의를 향한 야웨의 열망에 관한 예언자적 메시지를 전했다. 선형적 시간에 대한 이해를 가지고 이스라엘은 역사가 단지 사건을 재활용하는 것이 아니라 미래로 나아가는 것으로 보았다. BCE 200-100년 사이에 예언자들에 의해 발전되고 이후 개선되었던 종말론적 비전이 선형적 역사 위에 겹쳐 놓였다. 이 비전은 역사를 하나님과 악의 세력이 맞서는 거대한 우주적 드라마의 무대로 이해했다. 결과적으로 하나님은 세상의 모든 나라를 통치하시고, 역사는 주님의 날로 절정에 이르게 될 것이다. 이 날은 정의와 평화를 가져올 것이고, 이스라엘은 심판도 받고 무죄함을 인정받게 될 것이다.

신약의 저자들은 예수님의 부활이라는 렌즈를 통해 죽음을 보았다. 그리스도의 부활은 모든 모호함을 제거했다. 그러나 죽음은 여전히 대적이며(히 2:14), 죄의 결과로 여겨졌다. 사도 바울에 따르면 죽음은 세상 속에서 죄가 지배하는 수단이었다(롬 5:12; 6:23). 그러나 그 궁극적 힘은 그분을 믿는 자들에게 영원한 생명을 가져다주신 예수님을 통해 파괴되었다.

이런 의미에서 신약의 저자들에게 죽음은 정복된 적이었다. 죽음은 더 이상 공포의 대상이 아니고, "떠난다는 것"은 "그리스도와 함께한다"는 것이다(빌 1:23). 이것은 그리스도인의 소망이다. 그리고 그것은 이스라엘로부터 물려받았던 역사의 종말론적 비전을 포함하도록 확장되었다. 신약의 저자들에게 인류의 역사는 특별한 종말론적 시대로 들어섰다. 이 시대는 예수님의 강림, 삶, 죽음, 부활과 승천, 성령의 부으심으로 한쪽 끝에 묶여 있었다. 다른 한 쪽 끝에서는 그리스도의 재림과 최후 심판이 있었다.

신약의 그리스도인들에게 복음은 종말론적인 것으로서 약속과 심판으로 특징지어

종말론(Eschatology)

진다. 오순절 베드로에 의해 설교된 첫 기독교 설교(행 2:14-36)는 요엘 선지자로부터의 종말론적 이미지로 구성되었다. 베드로는 성령의 오심을 마지막 날에 관한 요엘의 예언의 성취로 보았다. 이 설교는 모든 육체에게 성령이 부어지리라는 약속을 포함했을 뿐 아니라, "위로 하늘에서는 기사를 아래로 땅에서는 징조를 베풀리니 곧 피와 불과 연기로다"(행 2:19)라는 언급도 포함되어 있었다. 베드로에게 있어서 예수님의 삶과 죽음, 부활과 승천은 이스라엘에 약속과 심판을 함께 제공했다.

그리스도께서 부어 주신 성령은 "너희와 너희 자녀와 모든 먼 데 사람을 위한 것"(행 2:39)이다. 약속 너머에 "회개하여 세례를 받으라"(2:38)는 부르심과 "이 패역한 세대에서 구원을 받으라"(2:40)는 부르심이 있다. 그래서 소망과 심판이 초기 기독교 설교의 구조 속에 녹아 있다.

진정한 의미에서 신약은 그리스도인들에게 "이미 그러나 아직"(already but not yet)이라는 하나님 나라의 긴장 안에 있는 시간 사이에서 신실하게 살아갈 것을 요청했다. 신실하게 살아가라는 요청에는 악에 대적하고, 선을 행하며, 그리스도의 재림을 기대하라는 것이 포함되었다. 초기 그리스도인들의 주일 예배는 그리스도의 부활에 대한 종말론적 경축이었고 그리스도의 통치 미래에 대한 희망을 드림이었다.

이러한 예배는 복음에 반대했던 악의 세력에 대한 저항의 표시였다. 하나님의 나라가 복음이 전해짐을 통해 나아가게 되는 것처럼 세상 속에서 악의 세력 역시 활동했다.

신약 저자들의 희망은 다시 오심으로 인류 역사의 정점을 가져다주게 될 그리스도의 주 되심에 있었다. 신약은 그리스도의 재림을 안내하는 종말 사건의 체크리스트를 제공해 주기보다는 재림이 가까이 왔다는 희망을 가져다준다(계 22:10).

이러한 희망은 박해 시기 동안 그리스도인들로 하여금 버텨낼 수 있게 했다. 그들은 세상의 권력은 결국 마지막에 가서는 하나님의 어린양에 의해 심판을 받을 것이고 그들의 고난은 예수님의 시련의 틀 안에서 구속될 것이라는 것을 알고 있었다. 그래서 "그리스도는 죽으셨고, 그리스도는 부활하셨으며, 그리스도는 다시 오실 것이다"라는 고대의 증언은 기독교 신앙의 기존 구성요소들과 그 종말론적 비전을 반영한다.

그리스도의 재림은 인간의 경험을 훨씬 뛰어넘는 함의를 지니고 있다. 종말론적 사건이 모든 창조의 회복을 위한 것이라 종종 간과되지만, 사도 바울은 이러한 차원에 깊이 주목했다.

> 피조물이 허무한 데 굴복하는 것은 자기 뜻이 아니요 오직 굴복하게 하시는 이로 말미암음이라 그 바라는 것은 피조물도 썩어짐의 종 노릇 한 데서 해방되어 하나님의 자녀들의 영광의 자유에 이르는 것이니라 피조물이 다 이제까지 함께 탄식하며 함께 고통을 겪고 있는 것을 우리가 아느니라(롬 8:20-22).

우주의 변화는 우주의 원소들을 근본적으로 재배열하도록 요청하는 심판이 없는 것이 아니다(벧후 3:10). 만물의 이러한 재배열은 피조물에 의도된 질서와 아름다움의 성

종말론 (Eschatology)

취를 향해 그 피조물을 해방시킨다.

2) 교회 역사에서 종말론적으로 설교하기

여러 세기에 걸쳐 기독교 종말론은 여러 가지 사상의 흐름으로 발전했다. 특히, 다가오는 왕국의 본질과 관련해서 의견의 다양성이 존재한다. 이 다양성은 예수님의 지상 통치가 이루어지는 곳을 중심으로 한다. "이 통치가 최종 완성에 앞서 이루어질까요, 아니면 최후에 이루어지게 될까요?"

이 질문에 어떻게 대답하는가는 세상에 대한 비전뿐만 아니라 그리스도 왕국의 본질에 대한 비전을 반영한다.

최종 완성에 앞서서 지상 통치가 도래한다고 이해하는 사람들은 전천년설이라고 알려진 것을 주장한다. 지상의 황금 시대 이후 그리스도의 재림을 이해하는 사람들은 후천년설주의자들이라고 불린다. 이 둘 사이의 시간을 선과 악의 혼합으로 특징지어지는 시간으로 이해하는 사람들을 천년왕국주의자들이라고 한다. 이 믿음 속에서 그리스도의 출현은 마지막 때에 일어날 것이고 교회에 대한 극심한 박해의 시기에 일어날 것이다.

콘스탄티누스 이전, 특별히 박해의 시기 동안에 기독교는 주로 전천년주의적이었다 (Justin, Dial. 80; Irenaeus, Haer. 5.30.4; 33.2). 지상의 권력이 극복되고 심판받게 될 것이라는 것, 그리고 그리스도로 인해 고난받았던 자들의 치유와 칭의의 때가 올 것이라는 것이 그리스도인의 희망이었다.

이레니우스(Irenaeus)는 다음과 같이 썼다.

그들이 수고하고 환난을 겪으며 모든 면에서 인내 속에 시험을 받은 바로 그 피조 세계 속에서 그들도 인내의 열매를 얻게 되는 것이 공평하다(Haer 5.32).

콘스탄틴 황제가 324년 리키니우스(Licinius)를 상대로 승리하고는 로마제국의 통일성을 회복하게 되었을 때, 가이사랴의 유세비우스 같은 신학자들이 이 사건을 메시아적 의미의 시대를 전하는 것으로 이해했다. 이 시대는 기독교 제국의 시작임을 드러낸다. 국가는 더 이상 심판을 받을 운명에 처한 하나님을 대적하는(anti-God) 적그리스도(anti-Christ)가 아니라(계 13장), 오히려 하나님 나라를 불러오는 도구가 되었다. 그래서 천년왕국의 희망이 거룩한 제국의 통치로 바뀌었다.

로마 멸망 후 이러한 희망이 교회의 통치로 이어졌다. 이 땅에서 그리스도의 통치를 실행했던 교회의 시대가 되었다.

위르겐 몰트만(Jurgen Moltmann)은 다음과 같이 지적한다.

전천년주의 공동체들은 미래의 메시아에 대한 기대와 함께 마치 유대인들이 그러했던 것처럼 교회 통치에 위험한 요소라고 정죄받을 수밖에 없었다(1996, 154).

종교개혁자들은 천년왕국(the millennium)을 과거의 역사적 시대로 이해했다. 그들은 교황을 이 시대의 종말을 가져온 적그리스도의 현현으로 해석했다. 루터에게 있어서 로마와의 투쟁은 적그리스도와의 투쟁이었다. 이러한 투쟁에 이어 죽은 자의 부활과 대심판이 있을 것이라고 믿었다. 종교개혁 이후엔 대심판 이전에 황금기가 올 것이라 여긴 유대교의 견해에 관한 개신교적 비난이 뒤따르기도 했다(Augsburg Confession of 1566, Article 17; Swiss Confession, Article 11).

2. 종말의 현대적 이미지

1) 개신교 설교

현대는 천년왕국적 기대의 부활로 특징지어지는 시대이다. 이 부활은 재세례파와 야콥 슈페너(Jacob Spener)와 요한 알브레히트 벵엘(Johann Albrecht Bengel)과 같은 독일 경건주의자들과 같은 급진적 종교개혁자들과 관련이 있다.

17세기에는 프로테스탄트 기독교 안에서 희망의 신학이 생겨났다. 이 희망은 인류가 그리스도의 사역에 동참하여 새로운 메시아 시대를 가져와 줄 수 있다는 믿음에 기반을 두고 있었다.

이러한 열망은 모라비안 형제단의 마지막 주교였던 요한 아모스 코메니우스(Johann Amos Comenius)에 의해 가장 신랄하게 표현되었다.

> 사물들을 전반적으로 개선하는 것은 모든 것이 표류한 상태를 새롭게 하실 예수 그리스도의 사역이 될 것이다. 그리스도께서는 우리의 도움을 필요로 하시지만 현재로서는 더 이상 어렵지 않을 것이다 (Moltmann 1996, 158).

코메니우스와 같은 경건주의자들에게는 다가올 그리스도의 통치가 계몽주의에서 경험했던 급진적 변화와 긍정적 방식으로 연결되었다.

영국과 미국에서의 대각성 운동은 천년왕국에 대한 기대의 갱신을 가져다주었다. 이러한 동요 속에서 세대주의(dispensationalism)가 등장했다. 플리머스형제단(the Plymouth Brethren) 운동과 존 넬슨 다비(John Nelson Darby, 1800-1882)의 가르침에 뿌리를 둔 세대주의는 하나님이 인류 역사 속에서 일하시는 방식에 따라 역사를 특정 시기로 구분한다. 세대주의자들은 천년왕국으로 정점을 찍을 일곱 번의 은혜의 세대를 주장했다.

스코필드 주석 성경(The Scofield Reference Bible)은 미국의 더 광범위한 청중에게 세대주의를 소개했고, 무디성경연구소(Moody Bible Institute)와 같은 수많은 성경대학이 세대주의 신학에 대해 여러 세대의 목회자를 교육하는 것을 도왔다.

2) 세대주의의 부상

미국 복음주의에 있어 미친 세대주의의 영향은 깊고 길게 지속되었다. 20세기 내내 세대주의 신학은 열정적으로 설교되었고 그리스도의 속히 재림하심(휴거)에 대한 기대와 교회의 세대를 끝내는 데 있어 현대 이스라엘의 역할에 대한 매혹으로 특징지어지는 하나의 정신을 만들어 냈다. 많은 세대주의자에게 예수님의 재림은 참된 성도들을 세상으로부터 빼앗아갈 것이고, 믿음 없음과 환난의 기간이 지나고 나면 세상을 통치하기 위한 또 다른 재림이 있을 것이라고 믿었다.

이러한 신앙은 팀 라헤이(Tim LaHaye)와 제리 젠킨스(Jerry Jenkins)가 쓴 소설 *Left Behind*(남겨진 자들) 시리즈에 의해 대중화되었다. 많은 그룹에서 세대주의 신학을 설교하는 것은 현재 사건과 관련된 타임라인(timelines)과 예측에 대한 연습이었다. 설교자들은 그리스도의 임박한 재림의 징조로, 특히 이스라엘과 중동과 관련된 사건들을 폭넓게 사용했다.

세대주의와는 상반되게 그리고 종종 이에 대한 반작용으로 서구 주류 교회들은 진화론적 역사관을 천년왕국설을 결합한 종말론에 대한 접근 방법을 제시했다. 대부분의 경우 19세기 후반 동안 이 결합은 효과가 있었다. 설교자들은 그리스도의 왕국이 온 땅에 걸쳐 알려질 때와 관련해 자신 있게 이야기했다. 문자적 예수님의 재림을 인식하는 동시에 이 왕국을 세우려는 인류의 노력에 확신을 두었던 낙관주의가 팽배했다.

20세기에는 주류 개신교가 역사비평에 더욱 동의하게 되면서 그리스도의 재림의 극적이고 종말론적인 이미지를 피하고자 하는 시도들이 있었다. 대신 설교자들과 신학자들은 세상이 새롭게 됨에 대한 일반적 희망을 강조했다. 문자적 예수님의 재림은 대개 사라진 초자연주의의 일부인 것처럼 보였다. 토마스 롱(Thomas Long)은 "주류 강단이 이상하게도 '최후의 것들'에 관해 침묵하고 있음"을 지적한다(2006, 25).

현대 설교자들은 종종 두 극단 사이에 갇혀 있다.

한편으로, 시대의 구분과 심판의 종말론적 이미지를 가진 세대주의 신학의 인기가 있다. 이러한 극단적인 주장은 종말의 체크리스트로서 성경을 읽지 않게 한다. 미래에 관한 비관주의와 때로는 공동선에 있어서 인간의 우선성에 대한 무관심으로 특징지어진다.

다른 한편으로, "모든 것이 신비롭고 실체가 없는 현재형으로 놓여 있는" 종말론적 공허감이 있다(Long 2006, 26). 이러한 극단적 입장은 진정한 희망도 예언자적 목소리도 제공하지 않는다. 그것은 그리스도의 재림과 악에 대한 심판을 말하는 성경의 많은 구절을 무시하고 인류 역사 속에서 직접적인 초자연적 개입을 거의 보지 않는다.

3. 종말론적 비전을 설교하기

기독교가 종말론적 비전을 되찾고, 결과적으로 설교가 약속과 심판, 두 가지 모두를 제시함으로 그 종말론적 목소리를 되찾아야 할 진정한 필요가 있다. 이렇게 될 때, 기독교공동체는 세상을 향해 다가올 나라의 표징을 제시하는 종말론적 모임으로 정의될 것이다. 주일 예배는 더 이상 실체 없는 실존적 사건이길 멈추고, 오히려 천국을 이 땅으로 가져오고 모든 피조물이 하나님을 찬양함에 참여하게 될 그날을 바라보는 종말론적 사건으로 여겨질 것이다.

앞으로의 과제는 설교자들이 하나님의 우주적 프로그램의 완성에 대한 희망의 표현으로 종말에 관한 성경 구절을 다시 읽도록 요청하는 것이다. 성경의 증언은 현재 상황에서 피조물을 자유케 함을 가져다주기 위해 하나님이 일하고 계신다고 강력하게 주장한다(롬 8:20-22).

종말론(Eschatology)

스탠리 그렌츠(Stanley Grenz)는 다음과 같이 지적한다.

> 피조물과 나누고자 의도하시는 교제를 위해 물리적 영역을 준비하시는 하나님의 방법은 급진적 변화를 필요로 한다(1994, 626).

그래서 심판의 이미지는 "구속받은 인류가 새로워진 피조물과 조화를 이루며 거하면서 그들의 구속자 하나님의 임재를 누리는 영원한 공동체를 세워 가시려는 목적을 위해" 옛 우주를 새롭게 변화시켜 가시는 하나님의 행위를 나타낸다(Grenz 1994, 206).

종말론적 설교는 설교자가 이러한 희망으로 주입되어야 한다. 그런 희망은 장례식에서 육신의 부활에 대한 약속을 설교할 때에만 주어지는 것이 아니다. 그것은 모든 설교에 스며들어 있다. 종말을 염두에 두고 설교할 때, 우리의 설교는 "이미"와 "아직" 사이의 긴장을 세워 가는 데 도움이 된다.

종말론적으로 설교한다는 것은 새로운 창조의 미래 희망을 설교하는 것만이 아니라, 그 미래에 대한 희망을 현재로 가져오는 것을 의미한다. 그런 의미에서 종말론적 비전을 가진 설교는 우리가 죽어서 천국에 가는 것 이상의 구원을 설교한다는 것을 의미한다.

N.T.라이트(N. T. Wright)가 주목한 것처럼 죽음 이전의 삶이 "예수님의 부활 속에서 이미 하나님의 미래 목적이 이루어졌고, 그러한 미래 목적이 교회의 사명을 통해 한층 더 기대되도록 하는 본질적이고, 필수적인 시간과 장소, 문제"가 되는 것을 의미한다(2008, 197).

종말론적으로 설교한다는 것은 하나님이 만물을 회복시키시는 데에 참여하도록 그리스도인들을 부르시는 희망의 사명을 설교하는 것이다. 종말론적으로 설교하는 설교자들은 사도 바울이 고린도교회 교인들에게 쓴 편지에서 지적한 것처럼, "주 안에서 여러분의 수고가 헛되지 않다"는 것을 알고 하나님 나라를 세우는 데에 참여할 것을 요청한다(고전 15:58).

그러므로 정의와 같은 이슈들은 본질적으로 종말론적이다. 라이트는 다음과 같이 언급한다.

> 만약 우리가 주님이 가르쳐주신 대로 하나님의 나라가 하늘에서와 같이 땅에서도 임하기를 믿고 기도한다면, 우리는 세상의 중대한 불의에 만족한 채 머무를 수 없다(2008, 216).

'제 3세계'의 부채와 같은 이슈들은 이 세상의 권세에 대한 하나님의 심판에 영향을 미친다. 정의를 설교한다는 것은 심판과 약속 모두를 전하는 것이고, 모든 것을 원래 의도된 질서대로 회복시키는 데 동참할 것을 요청하는 것이다.

또한, 교회력은 기독교의 종말론적 희망을 반영한다. 대림절은 그리스도의 초림을 기념할 뿐 아니라 그리스도의 재림을 기대한다. 사순절은 전 우주가 최종 부활을 위해 거룩해지고 준비될 날에 대한 갈망과 창조의 불완전성을 재현한다. 부활절은 지금도 우리 가운데 있는 새로운 창조의 첫날을 경축한다. 그리고 오순절은 모든 육체가 성령으로 충만해지는 기쁨을 나누며 온 우주가 최종적으로 주님의 영광으로 가득하게 될 것을 고대한다.

종말론적으로 설교한다는 것은 계몽주의 이후 기독교가 다시 한번 그 매력을 가져다주는 데 도움이 될 것이다. 이러한 설교는 고대 켈트족이 "얇은 곳"(thin places)이라고 불렀던 것, 즉 이 세상과 다가올 세상 사이의 베일이 거의 투명하게 되도록(내일을 좀더 분명하게 바라볼 수 있도록-역주) 하는 데 도움이 될 것이다. 그래서 설교자는 그 장막을 걷어 내고 미래를 현재로 불러오게 할 수 있을 것이다.

참고 주제 기독론; 장례 설교; 성서정과와 교회력; 사회 정의; 구원론

참고 문헌 Stanley J. Grenz. *Theology for the Community of God*. (1994); Thomas G. Long. "Imagine There's No Heaven: The Loss of Eschatology in American Preaching." *Journal for Preachers Advent* (2006) 21-28; Jurgen Moltmann. *The Coming of God: Christian Eschatology*. (1996); N. T. Wright. *Surprised by Hope: Rethinking Heaven, the Resurrection and the Mission of the Church*. (2008).

성령과 설교(Holy Spirit and Preaching)
셰릴 브리지스 존스(Cheryl Bridges Johns)

우리는 "우리가 살고 있는 평범한 시간, 사람과 환경으로부터 특별한 무언가가 일어날 수 있는가"라고 묻고 싶을 수 있다. 성령의 능력으로 설교의 행위는 가장 신비롭고 특별한 사건이 될 수 있다. 그래서 진정한 변화가 일어나고 예수님의 능력이 이 땅에서 드러나게 된다. 그러나 설교가 성령으로 구성되기 위해 설교자들은 제임스 포브스(James Forbes)가 "성령의 수줍음"이라고 부르는 것을 극복할 필요가 있다(1989, 21). 포브스는 성령에 대해 주의를 기울이지 않음으로 인해 설교자들이 "주인이 찾아가지 않은 소포나 개봉하지 않은 편지"처럼 성경의 힘이 가져다주는 것을 얻지 못한 채 남겨지게 되었다고 말한다.

신학과 설교에서 성령론을 무시하는 것은 여러 요인으로 인한 결과이다.

첫째, 개신교 기독교는 인간 중심적이지 않을 때 확실히 그리스도 중심적이다. 예수 그리스도에 대한 증언으로의 말씀 설교는 종종 개신교 설교학의 특징이다. 설교는 살아 계신 그리스도의 현존을 실제화하는 수단이다. 그것은 예수님의 복음이 가지는 좋은 소식을 나누는 것이다. 목회자들이 삼위일체신학을 강조함과 동시에 이러한 강조점을 유지하는 것은 힘든 일이었다.

둘째, 성령에 대한 강조는 종종 더욱 이성적이고 의지적인 강조에 비해 열정적인 종교 형식과 감정적인 예배와 관련이 있다. 부흥주의와 오순절주의에서 인지되는 과도함이 성령 중심의 종교를 광신적이라 여기는 이미지를 키워 왔다. 결과적으로 성령에 대한 광신주의(fanaticism)보다 "성령의 수줍음"이 더 선호되는 경우가 많다.

셋째, 설교는 종종 성례전보다 더 우선시된다. 이러한 이분법으로 인해 설교의 행위

성령과 설교(Holy Spirit and Preaching)

에서는 예전에서 발견되는 성령이 주어지는 신비가 제거된다.

예언자적 비평에 대한 개신교의 원리에 따른 설교는 폴 틸리히(Paul Tillich)가 지적한 것처럼 "현존하는 거룩한 존재에 대한 절대적인 의존을 불가능하게 만드는" 데 기여한다(1948, 109). 그러나 틸리히는 "그런 말씀이 성례전적 배경을 제거할 수 없고, 실제로 예언자적 비평 그 자체가 이러한 성례전적 배경에 의해서만 가능하다"고 경고했다(1948, 109). 설교의 성례전적 본질과 예전적 드라마 전체 안에서 설교가 차지하는 위치에 대한 소홀함은 성령을 무시하도록 만드는 환경을 조성했다.

성령보다 그리스도를 선택할 필요는 없다. 더욱이 설교자들이 말씀과 성령 또는 말씀과 성례전 가운데서 선택할 필요도 없다. 21세기를 위한 설교는 더욱 온전한 삼위일체론이 될 것이고, 교회의 삶에서 성령의 능력에 더 개방적일 것이다. 새로운 설교 패러다임과 새롭게 일어나고 있는 신학자들 사이에서의 삼위일체론적 성찰뿐만 아니라 풍부한 역사적 선례가 있다. 또한, 설교의 성례전적 본질에 대한 각성도 있다.

1. 역사적 선례

1) 초기 기독교 설교

누가-행전(누가복음/사도행전 참고)은 예수님을 하나님 나라의 기쁜 소식을 전하기 위해 성령의 기름 부음을 받은 분으로 묘사하고 있다. 예수님은 성령을 언급하며 자신의 사역을 시작하셨다.

> 주의 성령이 내게 임하셨으니 이는 가난한 자에게 복음을 전하게 하시려고 내게 기름을 부으시고 나를 보내사 포로 된 자에게 자유를, 눈 먼 자에게 다시 보게 함을 전파하며 눌린 자를 자유롭게 하고 주의 은혜의 해를 전파하게 하려 하심이라 하였더라(눅 4:18-19; 사 61:1-2에서 인용).

초기 기독교 케리그마는 예수 그리스도가 성령의 기름 부음 받으신 하나님의 계시라는 주장에 기초하고 있다. 오순절에 베드로는 예수님을 다음과 같이 묘사했다.

> 너희도 아는 바와 같이 하나님께서 나사렛 예수로 큰 권능과 기사와 표적을 너희 가운데서 베푸사 너희 앞에서 그를 증언하셨느니라(행 2:22).

초기 기독교인들은 "기름 부으신 거룩한 종 예수"(행 4:27)를 언급하며 하나님께 기도했다. 더 나아가 예수님을 따르는 자들이 권능을 가지고 설교하는 것은 예수님의 기름 부으심의 연장으로 여겨졌다. 이 기름 부으심은 예수님을 따르던 자들에게 부어 주신 성령의 결과였고, 이로 인해 그들은 예수님이 하셨던 것과 같은 동일한 일을 할 수 있게 되었다.

사도 바울은 고린도 교회에서의 그의 사역과 관련한 자신의 간증을 통해 성령께 자신이 의지한다는 것을 확증했다.

> 내 말과 내 전도함이 설득력 있는 지혜의 말로 하지 아니하고 다만 성령의 나타나심과 능력으로 하여 너희 믿음이 사람의 지혜에 있지 아니

하고 다만 하나님의 능력에 있게 하려 하였노라(고전 2:4-5).

누가처럼 바울은 성령을 받는다는 것을 신자들로 하여금 하나님이 가르쳐 주시는 것을 알고 말하도록 능력을 주시는 것으로 이해했다. 신자들은 "하나님께서 우리에게 거저 주신 것들"(고전 2:12)에 대한 지식을 얻었고, "성령께서 가르치신"(고전 2:13) 것들을 이야기했다.

2) 고대 교회에서의 설교

니케아 이전 시대의 교부들은 그들 삶에 실재하는 성령 체험을 전하는 방식으로 성령에 대해 이야기했다. 이러한 맥락에서 성령은 하나님과의 연합을 준비시키기 위해 개인에게 그리고 개인을 통해 작용하는 인격적 힘으로 이해되었다. 이러한 준비 속에서 성령의 일하심은 다면적이었고 악한 영을 쫓아내고 마음을 치유함으로 신자들은 하나님의 진리를 이해할 수 있게 되고, 전 존재를 거룩하게 하는 일과 관련되었다. 또한, 성령은 신자들로 하여금 그리스도의 형상을 따르도록 돕는 내적 안내자 또는 훈련자(교육자)로 역할을 하셨다.

초기 교회에서 가장 잘 알려진 성령의 활동은 말하기였다. 초기 그리스도인들은 구약의 예언자들과 사도들을 통해 말씀하신 분이 성령이라고 이해했다. 또한, 그들은 목사-교사와 예언자-교사를 통해 성령이 계속 말씀하신다고 생각했다.

목사-교사들은 그리스도의 은사를 받았고(엡 4:11-12), 성령의 인도하심 아래 일하는 것으로 간주되었다. 그들은 복음의 진리를 지키는 자들이었고, 감독의 직분으로 발전한 권위 있는 직분을 가진 자들이었다. 그들의 권위는 성령에 의해 주어진 것으로 이해되었고, 교회에 의해 인정되었다. 그래서 그들의 말은 교회를 향한 성령의 말씀이었다.

예언자-교사들은 성령으로부터 직접적으로 가르침을 가져다주는 것으로 간주되었다. 이레니우스(Irenaeus)는 2세기 후반에 다음과 같이 기록한다.

> 예언적 은사를 소유하고 성령을 통해 모든 종류의 언어를 말하며, 일반적 유익을 위해 사람들의 숨겨진 것들에 빛을 밝히고, 하나님의 신비를 선포하는 사람들이 [교회에 많다](Irenaeus, *Against Heresies*, 1:531).

3세기 초 히폴리투스(Hippolytus)는 신자들에게 예언자-교사들이 사역했던 모임에 참석하도록 격려하는 글을 썼다.

> 모든 사람으로 하여금 성령이 충만한 곳인 교회를 가도록 열심을 내도록 하자(Dix 1937, 54).

니케아 이전 교회에서 목사-교사들과 예언자-교사들의 설교와 가르침은 그들의 사역을 역사적 예수와 부활하신 주님과 연결시키는 성령의 학습법을 제공했다(Johns 1987).

3) 중세 시대 성령의 실천

중세 시대라 하여 성령의 영감을 받은 설교의 유익이 없었던 것은 아니었다. 목사-교사 직분이 감독과 사제직에 있었지만, 방랑하는 설교자들과 왈덴스(Waldense)와 같은 갱신 그룹에 계속되는 예언자적 요소가 있었다. 12세기 후반에는 이들이 프랑스, 독일과 이탈리아 전역에서 설교했다.

"성령의 가난한 자들"로 알려진 왈덴스는 삶의 성경적 패턴을 강조했고, 남녀를 모두 포함한 성령의 역사를 이해했다. 이 그룹에 더해서 프란치스코회와 도미니코회 가운데서 설교가 폭발력 있게 증가했다. 성 프란치스코의 설교는 특히 "성령 충만한" 것으로 알려져 있었다. 그의 설교에 뒤따르는 확신과 기적에 관한 이야기가 많이 전해진다.

4) 종교개혁자들의 설교에서 성령

종교개혁자들에게 설교의 행위를 통한 하나님의 계시는 성령의 임재에 달려 있었다. 칼뱅은 다음과 같이 말했다.

> 성령이 교사로서 직접 일하지 않으시면 외적인 설교는 헛되고 쓸모없다. 그래서 하나님은 두 가지 방식으로 가르치신다. 우리로 하여금 인간의 말을 통해 하나님의 음성을 듣게 하시고, 내면적으로 성령에 의해 우리를 강하게 붙드신다. 이 두 가지는 하나님 보시기에 합당하다고 생각하는 대로 함께 또는 따로 일어난다(요 14:26 주석, *Calvini Opera* 47:334-35).

칼뱅에게 성령은 설교를 하나님의 말씀으로 만들기 위해 설교를 재가하셨다. 또한, 성령은 목회자에게 소명을 가져다주는 주체이시기도 했다.

급진적 종교개혁은 신자들에게 전할 말씀을 주신다는 성령의 능력에 대한 강한 믿음을 가진 평신도 설교가 번성하는 것을 보았다. 이러한 환경 가운데서 성령과 말씀 사이의 긴장이 나눔을 만들어 냈다. "성령에 영감된 말"의 과잉은 많은 이로 하여금 성령을 의심하게 했고, 말씀을 선호하게 했다. 이러한 과잉에도 불구하고 설교자들이 효과적으로 복음을 전할 수 있게 하는 성령의 역할에 대한 감사가 있었다.

5) 마음과 영, 이성과 감정의 현대적 이분법

계몽주의로 특징지어지는 근대는 이성에 대한 새로운 강조를 가져다주었다. 종교개혁 이후 있었던 종교 전쟁으로 인해 많은 사람이 초자연적인 것과 계시에 대해 회의적으로 되었다. 르네 데카르트(Rene Descartes)와 존 로크(John Locke)와 같은 철학자들의 영향으로 이성이 인간의 담론과 진보를 위한 길이 되었다. 이성의 시대는 복음을 전하는 주요한 수단으로 논리와 이성을 강조하도록 만들었다. 반면, 이성의 시대는 경건주의와 부흥주의의 형태로 이성의 시대를 반대하는 그룹을 양산했다.

그래서 근대주의는 마음과 영, 이성과 감성의 이분법을 향해 이동했다. 설교는 두 가지 길을 취했다(Edwards 2004, 391-469). 이성은 진리를 전하는 수단이 되었고, 다른 한편으로 종교에 대한 열정은 초자연적 것으로 돌아가기를 추구했던 대중 가운데서 우세했다.

존 웨슬리(John Wesley)의 설교는 많은 회심과 외치기와 신실하기와 같이 나타나는 현상들로 잘 알려져 있었다. 웨슬리를 반대하던 사람들은 이러한 사건들을 열광의 지표로 여겼고, 심지어 대중에게 호소함에 있어서 그를 천박하고 특별함이 없다며 그를 비난했다. 미국의 대각성 운동의 설교는 지나친 감정 중심에 대한 비난을 불러 일으켰다(부흥 참고). 근대에 걸쳐 설교에서의 열정에 대한 회의론이 남아 있었다. 20세기에 이르기까지 설교자들은 감정적 호소에 대해 회의적이어야 한다고 배웠다.

근대성의 이분법은 성령론에 관한 공백을 만들었다. 과도한 열광주의를 피하기 위해 많은 개신교 설교자가 "성령에 수줍어하게" 되었다.

6) 새로운 설교학적 패러다임의 약속

20세기 후반, 근대성의 종말과 함께 설교학 분야에 있어 많은 이가 "코페르니쿠스적 전환"이라 묘사했던 것을 설교에서 경험케 되었다. 이러한 전환은 에드워드 팔리(Edward Farley)가 "브릿지 패러다임"(bridge paradigm)이라고 불렀던, 설교자가 성경 구절들의 의미를 청중의 세계로 이성적으로 연결하려고 하는 보다 더 연역적인 접근 방식에 의문을 제기했다(Farley).

그 자리에 귀납적이고 신비로운 설교의 본질을 더욱 강조하도록 하는 새로운 설교 패러다임이 등장하고 있다.

새로운 설교학을 언급하면서 유진 라우리(Eugene Lowry)는 다음과 같이 말한다.

이 패러다임의 전환이 주목할 만한 것은 근대성에 의해 금지되거나 소외되었던 설교학적 패턴과 확신으로의 전환이다(1997, 19).

새로운 패러다임이 등장하면서 생긴 공간은 설교에서 성령의 역할에 새로운 관심을 불러일으킬 수 있을 것이다.

7) 삼위일체신학의 르네상스

새로운 설교학 패러다임의 등장과 더불어 지난 한 세기 동안 삼위일체론적인 신학적 성찰이 활발했다. 이러한 성찰은 정교회, 로마가톨릭과 개신교 신학자들을 포함한 기독교 전통에 걸쳐 있다. 이러한 대화는 삼위일체의 삶이 교회와 그 실천의 아이콘으로 어떻게 역할을 하는지 강조한다.

이 대화들은 설교학 영역에서 강력한 의미를 가진다. 이러한 논의에서 공통적인 것은 내재적(immanent) 삼위일체와 경륜적(economic) 삼위일체 사이의 엄격한 분리를 거부하는 것이다. 이러한 논의에서 성령의 인격과 성령이 하나님과 인간 실존 사이의 간격을 어떻게 메우시는지에 관해 더 열려 있다. 종종 알 수 없고 멀리 있는 것처럼 보이는 하나님의 이러한 페리코레시스적 생명은 성령의 능력으로 우리에게 다가와서 우리의 생명이 된다.

삼위일체신학을 강조하는 것이 그리스도 중심적 복음으로부터 멀어지는 것이 아니다. 미로슬라브 볼프(Miroslav Volf)는 교회를 위한 삼위일체적 삶의 함의를 살피면서 성령 안에서 그리스도의 임재를 통해 태어난 교회에 대해 다음과 같이 말한다.

> 높임을 받으신 그리스도께서 성령의 은사 안에서 활동하신다는 것을 전제한다(1998, 228). …
> [더욱이] 은사와 교회 안에서 성령에 의한 그리스도의 고귀한 임재 간의 연결은 또한 은사와 고백의 필수적 구성 요소로서의 활동 사이에 친밀한 관계를 분명하게 보여준다. 구원자요 주님으로 그리스도를 고백하는 것은 은사 활동의 필수적 차원이다(1998, 228-29).

정교회 신학자 블라디미르 로스키(Vladimir Lossky, 1903-1958)는 교회가 기독론적으로 그리고 성령론적으로 구성되어 있다고 지적했다.

> 교회는 그리스도의 위격 안에 한 본성일 뿐만 아니라, 성령의 은혜 안에 여러 위격으로 구성되어 있다(1957, 182).

이러한 본질(ousia)의 통일성과 위격(hypostases)의 다양성은 하나이시면서 셋으로 존재하시는 삼위일체의 삶을 반영한다.

2. 성령과 설교 사역

1) 맥락: 성령론적으로 구성된 공동체

성령이 은사를 주신 남녀의 공동체로서 교회는 설교 사역의 주된 환경이다. 설교자라는 직분의 은사는 이러한 상호성으로 통합되어야만 한다. 이러한 환경에서 설교는 변화를 가져오고 사람들을 개인적으로 그리고 공동체적으로 하나님의 생명으로 데려가는 힘을 가지고 있다는 점에서 성례전적이다. 이런 환경은 설교자와 설교자의 임무의 고유함을 인정하지만, 또한 설교자와 회중이 함께 은혜로 가득한 성령의 역사에 의해 완전해지고 있다는 것을 강조한다.

성령으로 구성된 공동체의 맥락에서 공간, 시간과 사람들은 성화된다. 가장 평범한 공간이 거룩해질 수 있고 가장 평범한 사람들이 거룩해져서 살아 있는 아이콘이 된다. 평범한 시간이 카이로스의 시간이 된다.

설교의 행위는 사람, 시간과 공간을 거룩하게 하시는 성령에 참여하며, 설교는 속된 것과 거룩한 것 사이의 경계를 가로지르는 잠재력을 가진다. 이러한 신비한 맥락에서 설교는 "하나님이 여기 계신다"고 말하는 거룩한 언어적 상징으로의 성례전적 활동이다. 구어로서의 설교는 그것이 의미하는 현실을 현재화한다. 그러나 말씀의 자유를 이상으로 여기는 개신교에 충실하게, 이러한 성령의 공동체에서의 설교는 신선한 말씀을 제공하며 성례의 고착화와 객관화에 반대한다.

2) 은사: 계시된 그리스도의 신비

성령이 힘을 주시는 설교의 은사는 그리스도의 신비를 계시하는 것이다. 라틴어로 '사크라멘툼'(*sacramentum*)은 '계시된 것'을 의미하는 그리스어 '무스테리온'(*musterion*)의 일차 번역이다. 초기 그리스도인들에게 무스테리온은 예수 그리스도의 성육신의 신비와 교회에서의 성육신의 확대를 언급하기 위해 사용된 전문적 용어였다(롬 16:25; 고전 2:7-8; 엡 1:8-10). 신비의 회복은 설교가 의미를 설명하는 무언가이기보다 현존을 불러일으키는 사건의 관점에서 이해되는 새로운 설교학(the New Homiletic)의 또 하나의 특징이다.

3) 내용: 말씀과 성령의 일치

찰스 L. 바르토우(Charles L. Bartow)는 그리스도의 임재를 실현하는 것이 설교일 뿐만 아니라 거룩한 성례전적 공간을 창출하는 것이 성경 독서라는 점을 지적한다(1997, 20). 성경은 성령에 의해 하나님이 계시하시는 지속적 증거의 맥락 안에서 이해되어야 한다. 정경으로서 성경은 계시의 표준이자 일차적인 증거이지만 계시는 성경에 국한되어서는 안 된다.

스티븐 랜드(Steven Land)는 다음과 같이 말한다.

> 성령은 기록된 하나님의 말씀보다 앞서지만, 성령은 그 말씀에 의해 형성되고 교정되며 양육되고 준비되는 사람들의 만남 안에서 말씀을 영감하시고 지키시며 조명하신다(1993, 39).

말씀과 성령의 일치는 성경 본문을 영과 말씀으로 다차원적으로 이해하도록 한다. 그래서 본문은 생동감 있게 다가오고, 하나님의 말씀은 하나님의 임재를 전달한다. 살아 계신 말씀이신 예수 그리스도는 성령과 말씀이 결합 된 성령으로 이루어진 공동체의 맥락에서 풍성하게 임하신다.

4) 설교를 위한 함의

현대적 설교가 성령에 의해 보다 더 살아 있도록 만들기 위해 설교자는 우선적으로 예전적 드라마의 신비라는 맥락 안에서 설교가 이루어지도록 해야 한다. 그렇게 하면 설교 사역에 다시금 활기를 불어넣는 데 도움이 될 것이다.

첫째, 설교자는 기도하는 마음으로 '어떻게 하면 설교를 통해 삼위일체 생명의 거룩한 임재를 가져올 수 있을까'라고 질문해야 한다. 거룩한 것과 속된 것 사이에 놓인 문을 열거나 장막을 걷어 낼 기회를 찾아보아야 한다. 설교자는 고대 켈트족이 "얇은 곳"(thin places)이라 불렀던 초자연적 세계와 자연 세계 사이에 있는 자리(하늘과 땅이 만나는 자리, 성과 속이 만나는 자리-역주)를 만들기 위해 하나님과 함께 일하고 있다고 생각해야 한다.

둘째, 설교자들은 성령과 함께 거룩한 자리의 신비로운 영역 안으로 춤을 추며 회중을 이 춤에 참여하도록 초대하는 법을 배울 수 있다. 그렇게 하는 것은 성령이 우리 모두의 마음과 몸과 영에 형언하기 힘든 하나님의 생명으로 임재하시도록 허용하는 것만큼이나 간단하지만, 어려운 일이다.

참고 주제 부름과 응답; 경축; 성령/열정; 설교자의 창작 과정; 삼위일체

선교학(Missiology)

참고 문헌 Charles Bartow. *God's Human Speech: A Practical Theology of Proclamation*. (1997); Gregory Dix, ed. and trans. *The Treatise on the Apostolic Tradition of St. Hippolytus of Rome*. (1937); O. C. Edwards. *A History of Preaching*. (2004); Edward Farley. *Practicing Gospel*. (2003); James Forbes. *The Holy Spirit and Preaching*. (1989); Irenaeus. *Against Heresies*. Vol. 6, pt. 1; Jackie D. Johns. "The Pedagogy of the Holy Spirit According to Early Christian Tradition." (Ed.D Thesis Southern Baptist Theological Seminary. 1987); Steven J. Land. *Pentecostal Spirituality: A Passion for the Kingdom*. (1993); Vladimir Lossky. *The Mystical Theology of the Eastern Church*. (1957); Eugene Lowry. *The Sermon: Dancing on the Edge of Mystery*. (1997); John S. McClure. *Other wise Preaching: A Postmodern Ethic for Homiletics*. (2001); Paul Tillich. *The Protestant Era*. (1948); Miroslav Volf. *After Our Likeness: The Church as the Image of the Trinity*. (1998); William H. Willimon. "Overcoming Pentecost in Our Preaching: Proclamation without Spirit" in *Journal for Preachers* (2001), 31.

선교학(Missiology)

스콧 M. 깁슨(Scott M. Gibson)

선교적 설교는 구속자로서의 그리스도 안에서 구원을 복음적으로 선포하는 것이고 남녀가 그리스도를 믿고 하나님의 나라의 일부가 될 때 회개하도록 그들을 부른다.

1. 선교로서의 설교

1) 성경에서 선교로서의 설교

신약성경의 설교는 선교적 설교였다. 그리스도의 선교와 초기 교회의 선교는 선교학적으로 이해되었다. 이러한 설교는 믿음의 가정이나 성전 뜰에 있는 사람들이나 회당에 있는 사람들을 향한 것이 아니다. 대신 이러한 설교는 세상을 향한다. 이러한 설교는 베드로, 스데반과 바울의 설교에서 나오는 것처럼 이러한 설교는 역사에서의 하나님의 구속적 행위를 말하고 논증적이다. 사도행전에서의 설교들은 선교적 설교의 실행과 내용에 있어서의 예를 제공한다.

초기 교회의 경우에, "유대인에 의해 이루어진 유대인들에 대한 지역 선교로 시작된 것이 이방 세계를 포용하고 로마제국의 경계 너머로 나아갈 때까지 그 자체의 내적 추진력에 의해 계속 진행된다"(Dunn-Wilson 2005, 1). 복음 설교가 초기 교회로 하여금 지역의 지리적인 또는 정치적인 경계 너머로 나아가 복음을 선포하도록 했다.

따라서 선교적 설교는 예수 그리스도 안에서 성취된 오실 메시아의 약속으로 청중을 도전하는 설교, 즉 전도이다. 선교적 설교를 통해 청중은 자신의 죄를 회개하고, 용서를 받고, 성령을 통해 예수님의 계속되는 임재를 알게 되어서, 하나님 나라를 경험하게 된다.

2) 역사 속에서 선교로서의 설교

선교적 설교의 실행은 오순절로부터 그

선교학(Missiology)

후 수천 년 동안 다양한 사람, 언어, 지리적 위치, 민족적 표현과 문화를 포함해서 널리 퍼져 나간다. 이러한 외부를 향한 설교자들은 다음과 같다.

- 요한 크리소스토무스(John Chrysostom, 347-407)
- 브라가의 마틴(Martin of Braga, ca.520-580)
- 콜룸바와 같은 켈트족 선교사들(Celtic missionaries like Columba, ca.521-597)과 콜룸바누스(Columbanus, ca.543-615)
- 보니파스(Boniface, 680-754)
- 베젤레이의 줄리안과 같은 베네딕트회 설교자들(Benedictine preachers like Julian of Vezelay, 1080-ca.1160)
- 아시시의 프란시스(Francis of Assisi, 1181-1226)와 프란치스코회(the Franciscans)
- 바르톨로메 데 라스 카사스(Bartolome de las Casas, 1484-1566)
- 종교개혁자들(the Reformers)
- 존 엘리엇(John Eliot, 1604-1690)
- 조나단 에드워즈(Jonathan Edwards, 1703-1758)
- 로버트 워커(Robert Walker, 1716-1784)
- 토머스 찰머스(Thomas Chalmers, 1780-1847)
- 존 뉴턴(John Newton, 1725-1807)
- 찰스 시메온(Charles Simeon, 1759-1836)
- 윌리엄 캐리(William Carey, 1761-1834)
- 아도니람 저드슨(Adoniram Judson, 1788-1850)
- 사무엘 A. 크로우더(Samuel A. Crowther, 1807-1891)
- 아도니람 저드슨 고든(Adoniram Judson Gordon, 1836-1895)
- 스드락 수라프라나타(Sadrach Surapranata, 1835-1924)
- 아서 태편 피어슨(Arthur Tappan Pierson, 1837-1911)
- 피비 로우(Phoebe Rowe, 1855-1898)
- 모졸라 아베비(Mojola Agbebi, 1860-1917)
- 존 모트(John Mott, 1865-1955)
- 빌리 그레이엄(Billy Graham, 1918-)

역사적 시기에 초점을 둔 선교적 설교학에 관한 구체적 연구가 등장했다. 이러한 연구들은 다음과 같다.

- 초기 3세기에 관한 존 포스터(John Foster)의 연구
- 초기 5세기의 설교에 관한 데이비드 던-윌슨(David Dunn-Wilson)의 연구
- 19세기에 관한 슈츠(Schutz)의 연구
- 인도에 관한 빌헤름 딜거(Wilhelm Dilger)의 연구
- 미국에 관한 조지 스위지(George Sweazy)의 연구

선교적 설교는 20세기 후반 로마가톨릭의 도메니코 그라소(Domenico Grasso)와 칼 라너(Karl Rahner), 개신교의 한스 마굴(Hans J. Margull)의 저술을 통해 주목받게 되었다. 휴즈 올리펀트 올드(Hughes Oliophant Old)의 설교에 대한 인상 깊은 여러 권의 연구는 시대적 연구와 개인적 연구를 모두 포함하고 있다. 위의 연구들은 광범위하지만, 수 세기에 걸쳐 여러 대륙에서 설교를 수집하고 분석하는 데 더 많은 연구가 필요하다.

선교학(Missiology)

『설교학 사전』(*Concise Encyclopedia of Preaching*, 1995, CLC 刊)이 출판되면서 "다문화 설교", "아프리카계 미국인 설교," 아프리카, 아시아, 인도, 라틴 아메리카에서의 설교, 그리고 선교적 설교와 같은 선교학적 관심사들에 관한 이슈들이 논문으로 다루어졌다.

해돈 로빈슨(Haddon W. Robinson)과 크레이그 브라이언 라슨(Craig Brian Larson)은 "다문화 설교", "북미 히스패닉 설교", "아프리카계 미국인 설교", "북미 아시아계 설교", "설교와 다원주의" 등과 같은 선교와 설교에 관한 논문들을 담고 있는 *The Art & Craft of Biblical Preaching: A Comprehensive Resource for Today's Communicators*(성경적 설교의 예술과 기술: 오늘날 소통자들을 위한 종합 자료, 2005)를 편집했다.

아프리카계 미국인 설교에 관해서 E. K. 베일리(E. K. Bailey)와 워렌 위어스비(Warren W. Wiersbe)가 설교자들이 두 가지 문화적 관점으로부터 배울 수 있는 것을 연구한 책인 *Preaching in Black & White: What We Can Learn from Each Other*(아프리카계 미국인과 백인의 설교: 우리는 서로에게서 무엇을 배울 수 있을까, 2003)를 공동 집필했다.

한 흥미로운 연구를 통해 제롬 클레이튼 로스(Jerome Clayton Ross)는 과거 야웨이스트(Yahwists)와 현재 아프리카계 미국인 사이의 연관성을 제안한다(2000). 클레오퍼스 라루(Cleophus J. LaRue)는 자신의 책, *The Heart of Black Preaching*(아프리카계 미국인 설교의 핵심, 1999)에서 세 가지 중요한 역학 관계에 초점을 둠으로서 아프리카계 미국인 설교의 기초를 연구한다.

신흥 아프리카, 아시아, 남미 전선으로부터의 선교적 설교에 대한 포괄적 연구가 요구된다. 그런 문헌의 한 예가 존 웨슬리 즈워무논디타 쿠레와(John Wesley Zwomunondiita Kurewa)의 좋은 분석이 있다. 그는 자신의 책, *Preaching & Cultural Identity: Proclaiming the Gospel in Africa*(설교와 문화 정체성: 아프리카에서 복음 선포하기)에서 아프리카의 상황에서 복음에 대한 주장을 토착적으로 소통할 것을 주장한다.

아시아 설교에 관해 이정영(Jung Young Lee)과 김은주(Eunjoo Mary Kim)는 특별히 미국 상황에서 한국계 미국인 설교에 대한 분석을 제공했다. 매튜 김(Matthew D. Kim) 역시 "A Bi-Cultural Homiletic: Korean American Preaching in Transition"(이중 문화 설교: 전환기의 한국계 미국인 설교)이라는 논문을 통해 그러한 분석을 제공했다.

그러나 선교적 설교의 결과 글로벌 교회가 등장했다. 티모시 테넌트(Timothy C. Tennent)의 "Evangelical Preaching in the Global Christianity"(세계 기독교의 복음주의 설교)라는 논문을 포함해서 관련된 연구가 시작되고 있다.

또한, 비록 설교학 연구는 아니지만 설교학자들이 유익을 얻고 있는 필립 젠킨스(Philip Jenkins)의 『신의 미래: 종교는 세계를 어떻게 바꾸는가?』(*The Next Christendom: The Coming of Global Christianity*)는 기독교 세계의 변화하는 모습을 상세히 제시한다.

젠킨스는 기독교가 백인 중심의 북반구로부터 다문화적 비백인(multicultural non-white) 중심의 남반구로 점진적으로 이동하고 있다는 것을 주장한다. 실제로 교회가 세계의

811

많은 주요 문화권에 개척되었고, 미래에는 오직 선교적 설교를 통해 복음의 진보를 전하게 될 것이다.

3) 설교학적으로 선교로서의 설교

선교적 설교는 보다 넓은 설교학 영역에서 성장한다. 빌헤름 레이저(Wilhelm Leyser, 1592-1649)는 자신의 책, *Cursus Homileticus*(설교 과정)에서 학문적 명칭으로 설교학(homiletics)을 소개했다. 그 이후 얼마 지나지 않아 세바스찬 괴벨(Sebastian Goebel)의 *Methodologia Homileticae*(설교학 방법론, 1672)가 나왔고, 프리드리히 슐라이에르마허(Friedrich D. E. Schleiermacher)가 1830년 자신의 *Brief Outline of the Study of Theology*(신학 연구에 대한 간략한 개요)에서 그 용어를 사용했다(Jongeneel 1997, 268).

19세기 선교 행정가였던 구스타프 바르넥(Gustav Warneck)은 "선교 설교"(mission preaching, mission sermon, missionary sermon)라는 용어를 사용했고, 볼프강 젬(Wolfgang Gem)은 "선교 설교"라는 용어뿐만 아니라 "상황 설교"와 "에큐메니컬 설교"라는 용어를 사용했다. 세기 말 요하네스 헤세(Johannes Hesse)는 "선교 설교학을 위한 보조 서적"이라는 부제를 가진 설교단에서의 선교에 관한 책을 저술했다. 이 분야에서는 다른 발전도 있었다.

20세기 신학자 칼 바르트(Karl Barth)에 관해 김대령(Dae Ryeong Kim)은 다음과 같이 지적한다.

[바르트가] 일반적으로 이해되는 것처럼 기독교 교회 예배의 설교로부터 선교적 설교를 구분하려 하지 않았다. … 모든 설교는 회개와 신앙에로의 부름이다. 모든 설교는 세상을 향한 선교적 선포의 과제를 감당한다(김대령 1999, 23).

그러나 전세계적 기독교의 중심이 바뀌고 있다는 것에 비추어 볼 때 설교자는 새로운 상황에 참여하는 데 필요한 도구를 갖추어야 한다.

결과적으로 레슬리 뉴비긴(Lesslie Newbigin)이 주목한 것처럼, 성경은 그 자체가 인류 전체의 종교적 경험의 일부이기 때문에 "성경은 특권적 지위를 가질 수 없다." 그것은 우리 문화의 일부이겠지만 다른 많은 문화의 일부가 될 수는 없다(Newbigin 1986, 42). 선교적 설교자는 "특정한 문화에 복음을 전하는 담대하고 훌륭한 에세이"로서 요한복음에서 사용된 접근 방식으로부터 유익을 얻을 수 있다.

요한은 헬레니즘 세계의 사고 양식을 사용했고 그래서 영지주의자들은 "모든 시대에 걸쳐 그 책이 특별히 그들을 위해 쓰여졌다고 생각했다"(Newbigin 1986, 53). 그래서 선교적 설교자는 청중에게 "전통적으로 회심이라 불리는" 패러다임 전환을 촉구한다. 이러한 청중은 종종 "다른 타당성 구조 안에 거하고 있다"(Newbigin 1986, 62).

복음이 하나의 아이디어로 설교된다. 그러나 이보다 더한 것은 선교적 설교가 청중에 의해 이해되는 언어의 힘을 활용한다는 사실이다. 이러한 언어가 "세계" 즉 문화적 틀을 만들어 낸다. 그 틀 안에서 설교자들과 청중이 살고, 움직이고, 그들의 경험을 처리한다. 케빈 밴후저(Kevin Vanhoozer)는 "말씀의 사역은 몇 가지 진리를 전달하는 것 이상을 포함하고, 사고와 경험의 전체 방식을 전달하는 것을 포함한다"고 언급한다(Vanhoozer 2005, 74). 선교적 설교는 설교자로 하여금 경청하고, 듣고, 관찰하고, 말함으로써 그들의 청중을 이해하도록 요구한다.

레슬리 뉴비긴은 이렇게 말한다.

> 물론, 설교자는 청중의 정신 세계로부터 나오는 심오한 의미를 담고 있는 단어를 사용하는 언어를 배우는 것으로 시작해야 한다. 설교자는 청중을 위해 의미를 가진 단어를 사용하며 또한 사용해야만 한다. 설교자는 설교자의 의도와 다른 청중에게 의미 있는 단어를 사용하고 또한 사용해야 한다. 이것으로부터 벗어날 수 없다. 하나님, 죄와 구원과 같은 단어들은 기독교 전통 안에서 공유되는 총체적 경험으로부터 기독교적 내용을 도출한다(Newbigin 1995, 335).

선교적 설교자는 청중의 정신 세계를 이해해야 한다. 뉴비긴은 이렇게 말한다.

> 예를 들어, 힌두교의 청중에게 영생을 제공한다고 주장하는 설교자는 정확히 그들이 벗어나고자 애쓰고 있는 것을 제공하고 있는 것이다. 설교자가 성경이 낯선 사람들에게 그리스도 안에서의 구원의 선물을 제공한다면 그들은 그 설교자가 복지 국가의 혜택과 같은 무언가를 제공하고 있다고 생각할 것이다(Newbigin 1995, 335).

선교적 설교에 대한 설교학적 도전은 여러 세대를 걸쳐 꽤 유지되어 계속되어 왔다. 사도 요한과 사도 바울처럼, 선교적 설교자들은 영원한 진리를 구체적 상황 속에서 말한다. 설교자는 설교가 사람의 행동에 영향을 주는 공동체 가운데서 행해지기 때문에 청중이 복음을 받아들일 수 있는 방식으로 청중에게 말하도록 도전을 받는다. 공동체의 맥락과 설교가 행해지는 방식은 모두 그리스도인의 성품을 형성한다.

4) 교단적 실행

선교적 설교에 대한 교단적 헌신은 두 가지 방식으로 드러난다.

첫째, 지역 차원에서의 설교는 선교 지향적이고, 복음 중심이며, 복음으로 남녀 사람들에게 다가가기 위한 것이다.

둘째, 초기 교회와 같이 복음은 지역 교회에 제한되지 않고 전 세계로 증언되어 확장된다. 교단은 계속해서 선교사들을 훈련하고 파송해서 전 세계에 걸쳐 선교적 설교자로서 복음을 선포하게 한다.

북미와 유럽에서조차 역선교 현상이 일어나고 있다. 다른 나라로부터 온 선교사들이 그곳으로 설교하고 가르치기 위해 가고 있다. 누군가 설교할 때면 설교자는 그곳이 북미 도심 환경이든 아프리카의 시골 지역이든 지리적, 경제적, 사회적 맥락에 민감한 자세로 그 환경에 적합한 설교를 구성한다. 설교는 그 길이나 언어에 대한 현지 상황의 기대에 영향을 받는다.

대부분의 교단은 선교사로서 설교자들을 파송할 뿐 아니라 농업이나 경제 개발, 교육과 의료 지원을 제공하는데, 이 일에 참여하게 되는 사람들은 이 글에서 논의했던 것처럼 그들의 선교 사역이 설교 패턴에 맞지 않을 수도 있다.

타인에게 자신의 문화를 강요하지 않도록 유의하는 감수성이 높아져 가고 있음에도 어떤 교단들은 복음의 실제적이고 언어적인 선포에 의해 제자를 삼지 못할 위험성을 가지기도 한다.

북미로 와서 설교하고 가르치는 선교사들이 새롭게 늘어나는 건 역선교의 흥미로운 현상이다. 북미 서부가 선교 사역을 주도해 왔다면, 지금은 세계의 3분의 2가 선교적 설교의 사역에 나서고 있다.

2. 선교적 설교자 되기

교회가 감당하는 선교를 이해하는 데 있어서 최근의 발전은 선교적 설교가 되는 것이다. 이러한 운동의 지도자들은 서구의 기독교 국가들이 제도화된 교회를 발전시켰다고 비판한다.

대럴 구더(Darrell L. Guder)는 이렇게 표현했다.

> 기독교 국가의 길고 복잡한 과정에서 교회의 선교가 시민들에게 종교적 서비스를 제공하는 기관으로서의 교회로 유지됨으로 대체되었다. 이 구조에서 선교의 신학이나 언어는 부재했다. 반면, 성경적 강조점은 하나님의 백성에게 있고, 공동의 삶과 공적 증언을 가진 공동체에 있는 반면, 기독교 국가의 선입견은 구조, 전통, 특권과 부를 가진 제도와 그 자체의 보존에 집중했다(Guder 2006, 3).

밀프레드 미나트레아(Milfred Minatrea)는 이렇게 말한다.

> 개인을 그리스도의 참된 제자로 초대하고 준비시키는 선교의 목적이 현상 유지에 그치면서 사람들은 하나님과의 개인적 친밀함을 경험하지 못한 채 종교적 덫에 갇혀 살아가는 데 지쳐 버렸다. …
> 반면, [선교적 사람들은] 하나님을 엿보았고 하나님과의 친밀한 관계 외에는 안주하지 않으려 한다. … 그들은 각자의 영향력 있는 영역과 세상에서 하나님을 위한 대리자로 살아가도록 구성원들을 준비시키고 서로에게 책임을 묻는다. … 이것이 바로 진정한 제자들의 공동체를 재생산하고, 하나님이 보내신 선교사를 준비시키며, 세상 속에서 그들로 하여금 (하나님의) 나라를 살아가며 그 나라를 선포하도록 하는 선교적 교회 다(Minatrea 2004, ix-x).

선교적 교회의 질감이 다양하지만, 일반적으로 선교적 교회는 교회에 대한 회복주의적 방식을 따르지 않는 것으로 묘사된다.

선교적 교회는 1세기 교회가 아니라, 이 땅에서 하나님의 선교적 목적을 성취하기 위해 가능한 모든 수단을 사용하기에 전념하는 21세기의 교회이다. 그들은 종종 정보를 얻고 영향력을 확장시키기 위해 글로벌 소통방식과 교통 시스템을 사용한다.

그들은 개인으로서 그리고 신앙공동체로서 선교함 가운데 있다(Minatrea 2004, x).

선교적 교회에 있는 사람들은 다른 사람들이 가서 섬기도록 기도하고 헌금도 하지만, 그들에게 선교는 '파송과 후원'보다 '존재와 행함'에 있음에 더욱 중점을 둔다. 선교적 교회는 일부의 사람들이 다른 지역으로 파송된 사람들로서 후원을 받게 됨에도, 교회의 모든 구성원들이 '파송되었다'고 이해한다. 그래서 선교는 단순히 대표성을 가지기보다는 오히려 참여적이다 (Minatrea 2004, 10-11).

선교적 교회는 종종 설교에서 내용과 경험을 결합시킴에 있어 창의성을 중시한다. 선교 철학이 선교적 교회에서의 설교와 일치한다면 미래가 성공의 가장 좋은 지표가 될 것이고, 그렇지 않다면 그들이 비판하는 바로 그 현상 유지에 굴복할 것이다.

그리스도의 선교를 염두에 두고 설교하기를 원하는 설교자들에게는 교회의 모든 운동과 비전을 가장 잘 담아내는 선교적 설교의 철학을 개발하는 것이 도전이 된다.

아마도 선교적 설교의 철학을 개발하는 출발점은 선교적 설교의 어떤 전통적 요소를 상기하는 것이다.

- 하나님 나라가 가까이 왔다는 선포
- 회개에로의 부르심
- 메시아이신 그리스도에 대한 믿음에로의 초대
- 성도들이 성령의 임재 안에 살아간다는 확신

선교적 설교의 핵심은 복음, 즉 그리스도 안에서 구원의 좋은 소식에 대한 헌신일 수 있다. 이것은 선교적 설교가 본질적으로 복음적 설교라는 것을 의미한다.

밴후저(Vanhoozer)는 다음과 같이 말한다.

설교와 가르침은 사람들로 하여금 그들이 말하고 행하는 모든 것을 위한 주요한 틀로서 복음(전도) 안에 거할 수 있게 한다는 의미에서 '복음적'이어야 한다"고 말한다 (Vanhoozer 2005, 74).

이것은 모든 설교가 그리스도 안에서 구원에 대한 부르심이라는 것을 의미하는가? 대답은 내재적으로 '그렇다'이지만 분명하게 그렇지는 않다. 즉, 모든 설교는 그 안에 복음을 전하는 영적 DNA가 들어가 있다. 모든 설교는 복음적인 것으로부터 자라나기 때문에 설교는 복음을 전하는 전도를 담고 있을 수밖에 없다. 전도는 그리스도 안에 구원의 좋은 소식을 위한 원천이고, 따라서 모든 설교의 중심에 있다.

설교의 선교적 철학은 복음의 중심적 역할을 인식하고, 이러한 복음은 청중의 사고와 언어 사고 양식에 대한 민감성을 가지고 그들에게 소통된다. 목표는 청중으로 하여금 죄인에서 구속받은 죄인으로 거듭나는 패러다임의 전환을 경험하게 하는 것이다.

3. 선교적 설교의 실행

선교적 사고방식을 가진 설교는 설교자로 하여금 다음과 같은 것을 하도록 요구한다.

첫째, 선교적 설교자는 복음을 전하는 사람이라는 것을 자각하라. 선교적 설교자는 잃어버린 자들을 사랑하고 글로벌하고 넓은 세계관을 가진다.

둘째, 본문을 주해하라. 본문이 무엇을 말하는지 파악하라. 선교적 설교자는 역사적인 맥락에서 성경 본문을 이해하기 위해 열심히 노력한다.

셋째, 문화와/또는 하위 문화를 주해하라. 선교적 설교자는 하위 문화든지 대중문화든지 청중의 문화를 알고 이해하려고 노력한다.

넷째, 청중의 정신 세계와 관련된 언어로 말하라. 청중에 대한 사랑, 성경 본문의 맥락에서의 이해, 청중의 상황에 대한 이해를 가지고 선교적 설교자는 복음과 관련해서 그들의 세계를 이해하고 관여하는 능력을 보여 주는 방식으로 청중에게 말할 수 있다.

참고 주제 전도 설교; 세계화; 선교적 설교; 탈식민주의비평

참고 문헌: E. K. Bailey and Warren W. Wiersbe. *Preaching in Black and White*. (2003); David Dunn-Wilson. *A Mirror for the Church: Preaching in the First Five Centuries*. (2005); Whilhelm Dilger. *The Redemption of Man, according to Hinduism and Christianity*. (1902); Scott M. Gibson, ed. *Preaching to a Shifting Culture*. (2004); Domenico Grasso. *Proclaiming God's Message: A Study in the Theology of Preaching*. (1965); Darrell L. Guder. "Leadership in New Congregations: New-Church Development from the Perspective of Missionary Theology." *Extraordinary Leaders in Extraordinary Times*. Edited by. H. Stanley Wood. (2006); Philip Jenkins. *The Next Christendom: The Coming of Global Christianity*. (2002); PhilipJenkins. *The New Faces of Christianity: Believing the Bible in the Global South*. (2006); Jan A. B. Jongeneel. *Philosophy, Science, and Theology of Mission in the 19th and 20th Centuries: A Missiological Encyclopedia*. Part 2: Missionary Theology. (1997); Dae Ryeong Kim. "Karl Barth and a Missiology of Preaching." *Footprints of God: A Narrative Theology of Mission*. Edited by Charles Van Engen, Nancy Thomas, and Robert Gallagher. (1999); Cleophus J. LaRue. *The Heart of Black Preaching*. (1999); Hans J. Margull. *Hope in Action: The Church's Task in the World* (1962); Hans J. Margull, "Presence and Proclamation." *Eye of the Storm: The Great Debate in Mission*. Edited by Donald McGavran. (1972); Milfred Minatrea. *Shaped by God's Heart: The Passion and Practices of Missional Churches*. (2004); Lesslie Newbigin. *Foolishness to the Greeks: The Gospel and Western Culture*. (1986); Lesslie Newbigin. "Missions." *Concise Encyclopedia of Preaching*. Edited by William H. Willimon and Richard Lischer. (1995); Karl Rahner. *Theological Investigations*. (1961); Haddon Robinson and Craig Brian Larson. *The Art and Craft of Biblical Preaching: A Comprehensive Resource for Today's Communicators*. (2005); Jerome Clayton Ross. "The Cultural Affinity Between the Ancient Yahwists and the African Americans: A Hermeneutic for Homiletics." *Born to Preach:*

Essays in Honor of the Ministry of Henry and Ella Mitchell. Edited by Samuel K. Roberts. (2000); Werner Schutz. *Geischichte derchristichen Predigt.* (1972); George E. Sweazey. *The Church Is the Evangelist.* (1974); Kevin J. Vanhoozer. *The Drama of Doctrine: A Canonical Linguistic Approach to Christian Theology.* (2005); William H. Willimon and Richard Lischer. *The Concise Encyclopedia of Preaching.* (1995).

안수(Ordination)

수잔 캐런 헤달(Susan Karen Hedahl)

안수란 신앙공동체에서 영적 리더를 임명하고, 위임하고, 성별하는 교회의 의식이다. 안수는 역사적으로 누가 하나님의 말씀을 전하고 성례를 집례할 것인지를 규정하는 역할을 해 왔다. 일부 기독교공동체는 설교를 하기 위한 필수 조건으로 안수를 요구하지 않지만, 설교자를 임명하기 위한 별도의 영적, 교회적 기준을 사용한다. 이 글은 안수받은 자와 안수받지 않은 자의 설교와 관련된 안수의 역사적, 신학적, 실천적 내용을 논한다.

1. 안수의 성경적 근거와 설교

설교는 예수님의 사역과 그분의 핵심 증인인 바울의 사역에서 중요한 역할을 했다. 구원을 선포하는 그들의 역할은 구약에서 형성된 예언자적 리더십 전통에 뿌리를 두고 있다. 많은 청중이 하나님의 강력한 행동을 선포하는 그들의 설교를 예언자적 리더십 전통의 연속으로 인식했다. 마태복음의 결론 부분, 사도행전의 다양한 언급, 로마서 10장에 기록된 바울의 진술 등과 같이 설교에 관해 언급하는 신약성경 구절은 복음이 설교를 통해 전달된다는 점과, 충실한 설교는 복음의 주된 표현 수단이라는 사실을 증언한다.

초기 교회 지도자들은 한 임무와 그 임무에 적합한 사람 사이를 연결하고, 교회의 기본 질서를 유지하는 데 관심이 있었다. 교회를 그리스도의 몸으로 표현한 바울의 은유는 모두가 똑같은 임무를 가진 것이 아니라는 점을 보여 준다. 기독교인들의 다양한 은사를 인정하는 과정 속에서 설교자는 결국 공동체의 박수에 의해 공개적으로 정해졌으며, 특히 기도와 안수 행위를 통해 확정되었다.

설교자를 발견하고 구별하는 과정은 기독교공동체와 개인 안에서 성령이 역사하신다는 이해에 근거해 진행되었다. 설교의 소명은 성경적으로 안수받은 자나 안수받지 않은 자 모두에게 항상 성경적으로 성령의 부르심과 확증에 달려 있었다.

신약의 설교 리더십에는 세 가지 요소가 드러난다. 그것은 성령에 부름을 받은 사람으로서 설교자의 인품, 선포된 말씀의 본질, 그리고 설교자와 청중 사이의 상호 작용이다.

첫째, 설교자의 역할은 하나님 말씀에 종속된다는 점을 특징으로 한다. 좋은 선포와 설교자의 인품은 분리될 수 없지만, 설교자의 사역은 역설적으로 오직 하나님의 말씀에서 비롯된다. 예수님은 지속해서 하

안수 (Ordination)

나님의 통치를 강조하셨다. 바울은 그의 핵심 사명을 이렇게 선포했다.

> 우리는 우리를 전파하는 것이 아니라 오직 그리스도 예수의 주 되신 것과 또 예수를 위하여 우리가 너희의 종 된 것을 전파함이라(고후 4:5).

설교는 성육신적이다. 하나님에 관해 말하는 행위 자체가 설교하는 말씀 사역자의 태도, 선택, 그리고 행동에 영향을 준다. 예수님과 바울 모두는 고통, 투쟁, 죄 그리고 죽음과 같은 인간 삶의 현실을 통해 하나님의 통치를 선포했다. 진정한 기독교 설교자의 인품은 설교자와 회중의 삶의 경험을 기독교 선포의 참된 표시로 통합하고, 구세주의 삶과 인류 가운데 활동하시는 성령의 사역을 반영한다.

둘째, 선포된 말씀의 본질은 설교자와 청중에게 영향을 준다. 성경을 보면, 하나님의 말씀은 단순한 정보, 철학적 담론, 또는 실용적 충고와는 근본적으로 차원이 다르다. 말씀은 오히려 수행적 역할을 하며, 말씀을 받아들이는 청중 속에서 설교가 주장하는 내용을 그대로 창조하고 유발한다. 신약의 설교자들이 예수 그리스도 안에 있는 죄의 용서와 새 생명의 복음을 전할 때, 이 복음은 그것을 받아들이는 사람들의 삶 속에서 실현되었다. 상황이 변했다. 구원은 청중의 삶 속에서 구체화되었다.

신약은 반복해서 이 생생한 복음을 능력과 연결한다. 선포된 말씀은 하나님의 능력으로서, 치료하고, 회복하고, 용서하고, 일깨우고, 악을 이기고, 해방하고, 그리고 마침내, 구원한다. 이 설교의 특권은 설교자의 말과 말씀 그 자체이신 예수 그리스도와의 개인적 상호 작용을 통해 역사하시는 하나님의 능력으로 나타난다.

셋째, 설교를 통해 발생하는 청중과 화자 사이의 상호 작용은 상당한 도전 과제다. 설교단의 리더십은 설교의 목적, 목표, 동기를 분명하게 드러내고 복음에 대한 반응을 끌어낸다. 성경은 이 임무에 관해 현실적이다. 말씀의 능력은 설교자와는 독립적이지만, 그래도 설교자는 그 말씀에 대한 회중들의 반응을 경험하는 수용자다. 청자들은 복음을 행복하게 받아들일 수 있을 것이다. 또한 그들은 복음을 거절하고 설교자를 순교자로 만들 수도 있을 것이다.

안수의 역사성은 불분명하지만, 신약의 문서들은 말씀 사역자의 흔적에 대해 충분한 증거를 제공하며, 이것은 오늘날의 안수식을 뒷받침한다.

2. 설교신학과 현대의 안수 관행

교회의 구조가 초기 몇 세기 동안 안정되지 않았기 때문에, 설교와 관련된 예전 의식의 발전을 문서화하기 어려웠다. 역사적으로, 안수 예식은 단순한 행위에서 출발하여 시간이 지남에 따라 점점 더 복잡한 행위로 발전했다. 말씀 사역자를 선출하는 초기 과정에 대한 정보는 단편적이다. 그러나 기도와 머리에 손을 얹는 이중 행위(딤전 4:14 참고)가 안수의 역사적 근원이 되는 기본 요소였다는 점은 분명하다. 신앙공동체는 대부분 이런 두 행동에서 안수의 기본적인 원형을 발견한다.

개신교 예배와 로마가톨릭 미사의 현대적 안수 행위에는 복음을 전하는 역할에 대한 언급이 일부 포함되어 있다. 설교는 전체 예배와 관련해 매우 간략하게 언급되는 경향이 있고, 이것은 '말씀의 목회'(ministry of the Word), '복음 선포'(preaching the gospel), '하나님 말씀'(Word of God), '설교'(preach), '설교와 가르침'(preach and teach) 등을 포함하여 다양한 단어와 용어로 표현된다. 어떤 경우에는 가르친다는 말이 설교한다는 뜻으로 사용되는데, 이런 의미의 교환은 종교개혁의 역사에 깊이 뿌리를 두고 있다.

설교자와 관련해 모든 안수식에서 공통적으로 나타나는 요소는 무엇인가?

다음의 내용은 설교자의 일이 교회와의 관계, 설교에서 표명되는 복음과의 관계, 그리고 안수받은 지도자로서 설교자의 개인적 행위와의 관계에서 어떻게 보여야 하는지에 대한 개괄적 설명이다.

첫째, 안수 후보자는 성경적, 교회적, 제의적으로 설교의 특정한 기대감과 연결되어 있다. 안수 후보자는 교파의 여건에 따라 훈련받지만, 여기에는 교파에 상관없이 안수를 통해 발생하는 일반적 선포의 신학이 있다. 그리고 이 신학은 이런 역사적 배경을 특징으로 한다. 즉, 설교에 대한 성경적 표현(성경적 설교)과 선포 행위에 대한 성경적 성찰에 뿌리를 두고 있다.

둘째, 설교의 소명은 하나님이 주신 것이다. 성경에 근거한 선포의 신학은 설교를 위한 부르심의 주요 주체가 성령의 능력 안에서 예수 그리스도의 사역을 통해 개인들을 부르시는 하나님이라는 점을 반복해서 강조한다. 이 소명은 신앙공동체를 통해 검증되고 확정된다. 안수는 하나님의 부르심과 인간 응답의 리듬을 따르는 긴 과정의 마지막 단계이다.

안수식은 복음을 선포하라는 하나님의 부르심에 응답하기를 원하는 후보자의 경험과 의지를 검증하고 확인하는 자리다. 안수 후보자는 설교자의 길을 스스로 선택한 것이 아니다(그래도 기쁘게 설교하겠지만). 그들은 설교하라고 부름을 받았다.

셋째, 부름을 받은 일원으로서 후보자는 여러 가지 방식으로 설교자로 미리 지명된다. 소명과 부르심에 대한 신학적 이해는 교파마다 다르며, 그 다른 이해의 내용에는 다음과 같은 다양한 형태를 포함할 수 있다. 후보자 안에 성령의 내적, 인격적 역사로 임하시는 하나님의 부르심, 폭넓은 신학 교육을 통한 사역의 준비, 제비뽑기를 통한 부르심, 설교 능력과 그 밖의 특정 은사에 대한 공동체의 인식, 그리고 때때로 꿈속에서 부름을 받는 신비한 경험 등이 그것이다. 설교자의 지명은 대부분 이런 요소 중 두 개 이상의 결과로부터 온다.

넷째, 설교의 소명은 대중적이며, 공동체를 기반으로 한다. 안수를 통해 확증되는 목회의 소명과 안수 이후에 계속되는 설교는 대중적 행위이다. 이것은 선포되는 복음이 사적인 것도 아니고 소수만의 전유물도 아니라는 점을 의미한다. 사적인 선포는 사이비 종교 집단을 낳는다. 바울이 반복해서 강조했듯이, 복음은 영지주의 의식에서처럼 비밀도 아니고 은밀하게 전파되지도 않는다. 선포의 대중적 측면은 복음의 본질적 특성을 반영한다. 예수 그리스도의 복음은 차별하지 않는다.

다섯째, 안수의 주요 신학적 강조점은 설교의 성경적 강조점과 유사하다. 둘 다 성령에 근거한다. 모든 설교신학은 기독교 교파들이 목회, 특히 설교에서 행하는 성령의 사역과 역할에 관해 다양한 방식으로 말하고 있다는 점을 보여 준다.

어떤 이는 영감(inspiration)이라는 단어를 사용한다. 다른 이는 설교에서 성령의 역사를 표현하는 중요한 소재로 '은사'(gift)나 '카리스마'(Charism)와 같은 단어를 사용한다. 성령의 역사가 장기간의 신학 교육과 설교 준비를 통해 설교에서 드러난다고 이해하든지, 아니면 직접적 계시와 영감의 순간적 행동을 통해 설교에서 직접 느껴지든지, 성령은 참된 설교에 영감을 불어넣으신다. 신앙공동체 대부분은 이런 두 관점 사이에서 균형을 유지한다.

여섯째, 안수 행위는 설교를 본질적으로 성례나 준성례로 이해하게 만든다. 하나님의 뜻을 전하는 통로나 사람들을 향한 응답 또는 하나님을 경험하는 것으로서의 설교의 근본 역할이 모든 안수 예배에서 발견된다. 설교는 결코 이차적 역할로 여겨지지 않으며, 선포의 본질에 대한 견해는 신학적으로 광범위하다. 어떤 기독교인은 설교에 대한 고차원적 또는 성례전적 관점을 가지고 있다. 마르틴 루터는 설교를 다섯 가지 은혜의 수단 중 첫 번째로 여기고, 세례와 성찬의 성례보다 가치 있게 여겼다.

어떤 교파에서는 설교를 예배의 중심에 위치시키면서, 이것이 하나님에 대한 심리적, 정서적, 영적 경험을 일으키는 영적 촉진제 역할을 한다고 생각할 것이다. 어떤 신학적 관점은 설교를 윤리 및 도덕과 연결한다. 가톨릭교회는 설교를 성찬의 신비와 밀접하게 연결하는 경향이 있다. 특정 설교자의 전반적인 교파적, 신학적 관점은 청중이 한 설교를 어떻게 들어야 하는지를 결정한다.

일곱째, 모든 안수 의식은 후보자가 복음을 설교하는 행위의 신학적 의미를, 각 교파의 입장에 따라 충실히 따를 것이라는 점을 전제한다. 그 복음은 관점의 옷을 입고 전달된다. 복음을 선포하라는 하나님의 부르심에 순종하는 것은 자기를 부른 신앙공동체의 신학적 핵심 가치에 따라 설교하겠다는 안수자의 묵시적 동의를 포함한다. 루터교 설교자는 복음과 율법의 역동성을 전할 것이다. 로마가톨릭 사제는 성례전을 중시하는 설교(homilies)를 할 것이다. 영감이 깃든 언어 전통의 틀을 따르는 설교자는 그 경향을 설교에 반영할 것이다.

설교자가 교파의 핵심적인 신학적 견해를 따라 설교할 때, 설교단이 이단적 선포에 오용되는 것을 막을 수 있다. 안수 의식은 후보자의 선택이 자발적이고, 공동체적이며, 긍정적인 방식으로 이루어지고 있음을 총회와 후보자에게 확인시켜 준다. 그래서 후보자는 자기가 속한 전통으로부터 전달받은 복음의 이해를 기반으로 설교하게 될 것이다.

3. 비안수자들의 설교 수행

안수 의식을 통해 볼 수 있는 설교의 임무는 성경적, 역사적, 신학적으로 교회의 삶 속에 뿌리를 두고 있다.

그러나 안수 의식과는 별개로 복음을 설교한다는 것은 무엇을 의미하는가?

이런 설교는 안수와는 별개로 따로 선택된 사람들과 교회에서 정기적으로 설교를 하지 않는 평신도들 가운데에서 행해진다. 실제로 선포를 통한 성령의 역사는 항상 창의적이며, 때로는 교회의 형식적 구조와의 관계에서 볼 때 애매할 때도 많다. 설교에 대한 모든 리더십이 체계가 중요하다는 이유로 안수 절차만을 의존하지는 않는다. 안수받지 않은 설교자의 사례는 예배, 공동체의 구조, 필요성, 성별, 나이, 공평함과 관련된 다양한 이유로 생겨난다.

성경에 의하면, 복음을 설교하는 행위는 분명 모든 기독교인의 소명이다. 이것은 기독교인들이 설교하는 자를 결정하는 데 안수 의식이 필요하지 않다는 점을 신학적으로 확인하는 예비 단계다. 어떤 기독교인은 공식적 지도력을 요구하는 대신 말을 통해 평등주의 정신 안에서 복음을 나누는 것이 교회 구조의 본질이라고 생각한다. 퀘이커의 관행 중 어떤 형태는 신앙공동체 전체가 성령의 인도에 따라 설교할 수 있다는 사실을 보여 준다.

성별 또한 초기 교회 역사에서 중요한 역할을 했다. 이것은 여성들이 '오직 남성'만의 지도력과 남성 설교 관행만을 고수하지 않았던 특정 그룹에서 설교했다는 증거를 보여 준다. 초기 교회의 사회적 맥락을 고려해 볼 때, 여성의 설교는 남성 설교자들에게 상당한 도전이자 공공연한 위협이었다. 체계화된 교회 구조의 주변부에서 수행되었던 여성들의 설교는 설교 역사에 포함된다. 많은 일기와 설교문에는 여성들이 많은 사람에게 대중적으로 설교했던 일이나, 승인되고 안수받은 더 큰 정통 교파의 조직과는 별개로 여성들의 설교 리더십을 지지했던 그룹에서 설교했던 여성 설교자의 존재를 증언하고 있다.

안수받지 않은 사람이 설교하는 사례 중에서 어린이 설교는 더욱 드물다. 성경은 "젖먹이들의 입에서 나오는"(마 21:16, KJV) 지식에 대해 언급한다. 이런 말씀에 공감하는 일부 예배 그룹에서는 어린이들이 설교하는 전통이 존재한다. 이런 어린이 설교자 또는 어린이 전도자 중 일부는 성경을 대중적으로 사용하기 위한 기본 원칙을 배우고, 그들이 속한 예배공동체의 설교적 어조와 리듬에 대한 기초를 학습한다.

평신도 설교는 기독교 역사 전반에 걸쳐 계속되었다. 그들의 설교는 안수 의식의 규정 아래 분류되거나 교회 안에서 이루어지는 공식적 설교로 분류되지 않은 채, 다양한 형태로 존재해 왔다. 길거리에서, 선술집에서, 그리고 집회 모임에서 행하는 구세군 노동자의 담론(discourse)은 평신도 설교의 한 유형이다.

또한, 모든 교파의 평신도들은 "템플 토크"(Temple Talk)라고 불리는 형태로 그들의 교구민들에게 설교한다. 여기서 유창하게 말할 수 있는 회중 지도자가 긴급한 문제에 관해 말할 수 있다. 이 템플 토크는 일반적으로 예배의 공식적 설교를 대체하지는 않지만, 복음을 전하는 비슷한 수단을 제공한다.

평신도 설교는 현재 활동할 수 있는 안수받은 사람들의 인원이 부족하기 때문에 점점 증가하고 있다. 로마가톨릭과 개신교 본부에서는 안수받은 설교자가 없는 교회에서 설교하고 있는 사람들의 교육을 위해 계속 노력하고 있다.

어떤 교파는 안수 예배를 통해 이런 설교자를 공식적으로 승인하는 대신 설교를 위한 면허나 임시 허가증과 같은 증명서를 발급한다. 또 어떤 교파는 회중들 가운데 평신도 설교자의 은사를 계발하는 데 집중한다. 이런 모든 시도는 평신도와 안수받은 자들 사이의 긴장을 지속적으로 유발한다. 또한, 평신도 설교자의 증가는 안수받은 자의 지도력과 설교의 관계에 관해 중요한 신학적 문제를 제기한다.

4. 안수: 설교를 위한 실천적 관심

안수의 공적 특성은 한 사람을 회중의 설교자로 규정한다. 이런 의식 절차는 시간이 지남에 따라 두 가지 기능을 수행한다.

첫째, 설교자는 안수 예식의 기억이나 안수의 교리를 활용하여, 목회가 본질적으로 회중과 공유되어야 하는 사역이라는 점과, 회중이 선포된 말씀에 긴밀하게 연결되고 또 그 말씀에 책임져야 한다는 점을 언급할 수 있을 것이다. 설교 자체는 청중에게 선포의 신학과 본질을 상기시키는 정기적 교육 도구로 기능할 수 있고, 이를 통해 설교자와 회중의 목회 사역 전체에 활기를 불어넣을 수 있다. 이는 선포와 사역이 모두 설교자의 책임이라고 생각하는 공동체에 도움이 된다.

둘째, 회중은 안수를 배경으로 목회자의 설교에 대한 기쁨이나 우려를 이해할 수 있다. 설교가 본질적으로 고독하고 고립될 수 있는 사역이기 때문에, 설교자가 자기를 지나치게 드러내거나 자기 중심적으로 변하거나, 혹은 회중의 삶으로부터 단절되는 위험에 빠질 수 있다. 이런 맥락에서 설교를 안수의 의미와 연결하여 논의하는 것은 설교자와 회중 모두가 그들의 공동 사역 안에서 선포의 역할에 다시 집중할 수 있도록 돕는 데 유익할 수 있다.

자아와 자기 중심적 설교는 안수 예식이 부여하는 책임감, 만족, 그리고 선교적 지침에 대한 회중과 목회자의 공통된 인식을 통해 가장 효과적으로 제어될 수 있다. 안수 의식의 구조 안에서 설교를 이해한다면, 교회는 공동체적이고, 성경적이며, 책임감 있고, 신학적으로 균형 잡힌 상태를 유지할 수 있다.

참고 주제 설교자의 권위; 소명; 인품; 여성; 하나님 말씀

참고 문헌 John Collins. *Deacons and the Church: Making Connections between New and Old.* 2002; Beverly Mayne Kienzle and Pamela J. Walker, eds. *Women Preachers and Prophets through Two Millennia of Christianity.* (1998); Stephen V. Sprinkle. *Ordination: Celebrating the Gift of Ministry.* (2004).

계시(Revelation)

웨슬리 앨런 주니어(O. Wesley Allen Jr.)

계시의 신학적 의미는 하나님이 자기 자신, 성품, 행동, 또는 의지(즉, 하나님의 존재) 등을 인류에게 알리는 방식을 말한다. 다른 측면에서 보면, 계시의 신학적 의미는 기독교 신앙 안의 인식론 질문과 관련된다. 그래서 계시 교리를 둘러싼 논쟁에서 쟁점은 하나님을 어떻게 알 수 있느냐는 질문이다. 유한한 인간은 이 신비스럽고, 무한하신 분을 어떻게 알 수 있으며, 어떻게 이해할 수 있을까(비록 부분적이고 불완전할지라도)?

1. 계시신학에 관한 쟁점 살피기

1) 초월 vs. 내재

위 질문은 핵심적으로 유신론적 세계관 안에 존재하는 하나님의 초월성과 내재성 사이의 긴장과 관련된다. 신적 초월성과 관련해 말하면, 계시의 필요성은 하나님의 타자성(otherness)에 뿌리를 두고 있다. 인간은 유한한 존재이기에 영원한 실체이신 하나님은 본질적으로 우리에게 감춰져 있다.

그러나 하나님은 하늘과 땅을 구분 짓는 장막을 걷어 내 자기 존재의 여러 측면을 우리에게 드러내신다. 실제로 하나님의 초월성을 중요한 교리적 모티브로 강조하는 신학적 지형에서는, 하나님만이 신비의 장막을 걷어 내 하나님 자신의 특정 측면을 우리에게 보여 주실 수 있다. 신적 초월성에 대한 강조는 성경과 전통에 대한 깊은 경외감으로 이어진다. 하나님은 성경과(이

나) 교회의 가르침을 통해 자기 백성들에게 계시적 말씀을 전하신다.

그러나 하나님은 하늘에만 계시지 않는다. 우리와도 함께 계신다. 창조주는 창조 '안에'(in) 존재하시고 창조 세계'에'(to) 임재하신다. 신적 초월성보다 내재성을 더 강조하는 신학에서 하나님은 창조와 인간 경험 안에 존재하시기에 인간은 그분의 존재 일부를 발견할 수 있다. 하나님의 내재성을 강조하는 신학적 지형에 있어서, 인간의 이성과 경험은 기독교 인식론에 있어 매우 중요하다. 과학, 철학, 예술은 개인적이고 집단적인 경험과 마찬가지로 대단한 계시적 잠재력을 지니고 있다.

내재성을 완전히 부정하면서 신적 초월성을 강력하게 지지하는 신학적 입장은 세상에 존재하지 않는다는 것(그 반대도 마찬가지이다)을 분명히 해 둘 필요가 있다. 문제는 계시에 대한 신학적 접근 방식을 발전시키는 데 있어서 다른 것을 배제하고 한쪽만을 강조하는 것이 아니라 내재성과 초월성에 주어지는 상대적 비중을 결정하는 것이다.

2) 기독론

신적 내재성과 초월성의 역설을 다루는 신학적 태도가 서로 얼마나 다른지에 상관없이, 기독교 안에서 그리스도 사건은 하나님의 계시의 핵심으로 간주된다. 물론, 예수 그리스도께서 이 긴장을 어떻게 해결하시는지에 관한 다양한 기독론적 관점에 따라 이 핵심을 다르게 해석한다. 이 시점에서는 하나님 말씀인 그리스도가 하나님 존재에 대한 가장 완전한(유일한 것은 아니지만)

계시(Revelation)

표현에 해당 한다고 말하는 것으로 충분할 것이다.

계시에 관한 모든 기독교의 주장은 그리스도 사건을 통해 또는 그것과 비교하여 평가되고 해석되어야 한다. 그러나 그리스도 사건 자체는 이미 해석된 사건으로 우리에게 다가오며 그것 자체가 다양한 해석을 낳는다. 성경, 전통, 이성, 경험에 대한 다양한 해석학적 접근 방식은 예수 그리스도의 삶(사역, 죽음, 부활)과 예수 그리스도라는 인물의 계시적 의미에 대한 근본적으로 다른 해석으로 이어진다.

3) 선포

기독교의 선포는 본질적으로 계시와 관련된다. 그러나 그 관계의 본질은 논쟁의 여지가 있다. 설교자가 설교에 대한 접근 방식을 구성할 때, 이는 그들이 신적 초월성과 내재성 사이의 긴장에 접근하는 방식과 일치되어야 하고, 성경, 전통, 이성, 경험에 대한 그들의 가치 평가와도 일치되어야 하며, 나아가 그들의 기독론적 성향이 계시에 대한 신학적 이해에 미치는 영향과도 일치되도록 노력해야 한다.

설교자들은 설교 사역이 하나님을 계시하는 일에 어떻게 참여할 수 있는지, 또는 왜 그 참여에 실패하는지를 질문해야 한다. 또 설교 사역이 교회가 하나님에 대한 지식을 추구하는 데 어떻게 이바지할 수 있는지, 또는 왜 그것에 실패하는지를 물어야 한다.

2. 계시의 신학적 모델들

이런 설교학적 질문에 대한 다양한 답을 보여 주기 위해 우리는 에이버리 덜레스(Avery Dulles)의 계시 모델(Models of Revelation)을 살펴볼 필요가 있다. 덜레스는 20세기 기독교 신학에 영향을 끼쳤던 계시에 대한 다섯 가지 주요 접근 방식을 분류했다. 이 다섯 가지 모델은 모든 신학자를 속속들이 소개하는 대신 현대 신학 안의 광범위한 움직임을 보여 준다. 아래에서는 덜레스가 그 신학적 지형에서 발견한 각 모델을 살펴보고, 성경, 전통, 이성, 경험을 계시의 잠재적 원천으로 보는 방식을 분석하고, 그 모델 안에 내재한 그리스도 사건의 계시적 중요성에 대한 기본적 이해를 논의하고, 그 모델이 함의하고 있는 설교적 관점을 제시할 것이다.

이 접근 방식은 독자들이 이 지형 안에서 자기의 위치를 찾고 계시의 이해와 관계된 설교학적 방법을 성찰할 수 있게 할 것이다. 그러나 이런 모델은 서로 배타적인 것이 아니며, 설교자들은 당연히 한 가지 이상의 계시 이해와 관련되어 있음을 발견할 것이다. 설교자들은 모든 모델 사이에서 유사점을 발견하려고 노력해야 한다. 왜냐하면, 그 모델들 사이에 만만찮은 차이점이 존재하기 때문이다.

아마도 이 다섯 가지 모델을 프리즘에 의해 분산되는 빛과 비슷하다고 생각하면 도움이 될 것이다. 한 색이 어디에서 끝나고 다음 색이 어디에서 시작하는지 정확하게 구분하기 어려운 것과 같은 이치다. 빨간색은 주황색으로 번지고, 주황색은 노란색

계시(Revelation)

으로 번져 나간다. 설교자는 아래 모델 중에서 자기에게 가장 잘 맞는다고 생각되는 모델을 확인한 다음, 그것과 가장 가까운 모델에서 신학적 유사성을 발견할 수 있을 것이다.

또한, 설교자들은 그 스펙트럼에서 멀리 떨어져 있는 모델과의 명백한 차이도 볼 수 있을 것이다. 이 목록은 초월성을 강조하는 모델에서 내재성을 강조하는 모델의 흐름 순서로 제시된다.

1) 명제적 교리

첫 번째 모델에서 계시는 하나님이 교회에 제공한 하나님의 존재에 관한 명제적 진술의 형태로 온다고 여겨진다. 달리 말해서, 신적 진리는 하나님에게서 흘러나오는 (아마도 간접적으로) 논리적인 교리의 표현 안에 계시된다. 하나님은 하나님이 가르치는 내용이다.

하나님의 초월성과 인간의 죄성 때문에, 우리 인간은 자기 노력으로 하나님을 알 수 없다. 그래서 하나님은 자신을 알리시기 위해 이 타락한 세상을 향해 초자연적으로 "말씀하셔야만" 한다. 하나님은 다른 방법으로나 우리 노력으로 알 수 없는 하나님 자신, 세상, 그리고 인간 존재에 관한 진리를 알려 주신다. 이런 교리적 진리는 성경과(이나) 교회의 가르침을 통해 계시된다. 아마도 이 표현들은 기독교공동체 안에서 인간의 손에 의해 성문화되었겠지만, 이런 믿음의 표현들은 하나님의 감동(적어도 일부는)으로 이루어진 것이고 오류가 없는 것으로 여겨진다.

성경과(이나) 전통에 대한 이런 고차원적 관점은 고차원적 기독론(예를 들어, 그리스도의 신성에 대한 강조)과 짝을 이룬다. 즉, 성육신한 말씀으로서 예수 그리스도는 하나님의 자기 계시의 핵심적 구현이라는 의미다.

이 교리적 모델에서의 설교는 교훈적 성향이 강하다. 설교자는 교리를 가르치고, 그리스도에 관한 것들을 올바르게 가르치고, 회중에게 하나님에 관해 가르친다. 그들은 회중에게 성경과(이나) 전통을 가르친다(또는 전달한다).

그래서 교리의 설교자는 지난 30년 동안 설교학을 주도해 온, 연역적 설교에서 경험적 접근 방식으로 나아가는 강력한 움직임을 경계할 것이다. 교리적 모델의 설교자는 설교의 사건 중에 발생한 '복음의 경험'이 하나님에 대한 진정한 체험인지 아니면 예술적 기교에 의해 자극받은 단순한 감정인지 어떻게 확인할 수 있는지 의문을 제기할 것이다. 만약 하나님이 기독교인들이 동의해야 하는 특정 주장을 통해 자기 자신을 알리신다고 믿는다면, 설교자는 연역적 강해 설교를 행함으로 교회의 교리적 진리를 가르쳐야 하고, 그 진리가 하나님에 대한 이해, 하나님과의 관계, 기독교적 삶의 방식 등에 얼마나 중요한 의미를 지니는지를 청중에게 설득하려고 노력해야 한다.

2) 역사

이 역사 모델에서 하나님은 주로 역사의 흐름 속에서 거룩한 섭리와 구원적 행동을 통해 하나님 자신을 계시하신다고 이해된다. 교리적 모델과 비교하여 가르침보다 사건이 강조된다. 하나님은 하나님이 행하시는 행동이다.

그러나 역사의 특정 순간을 다른 것과 비교하여 더 계시적인 것으로 구분하지 않도록 조심해야 한다. 역사 전체는 우리를 위해(pro nobis) 자기를 계시하시는 하나님의 활동 장소 곧 구원 역사다. 그러나 성경 경전과 교회의 가르침은 구원사 전체를 이해하는 데 있어 몇 가지 역사적 사건을 모범으로 인정했다. 몇 가지 역사적 사건을 모범으로 인정했다. 구약에서 창조, 아브라함 계약, 출애굽, 다윗 계약, 예언적 선포, 포로 귀환과 같은 사건이 그것이다. 교회에 있어서 이 구원사의 중심에는 그리스도 사건이 있다. 하나님은 예수 그리스도를 통해 과거를 완성하고 종말론적 미래를 열어 가신다.

성경과 전통은 이 모델에서 절대적으로 중요하지만, 직접 계시로서 여겨지지 않는다. 역사는 하나님의 구원 활동의 장으로서 계시적이다. 성경과 전통은 역사 안에서 그리고 역사를 통해 하나님의 계시에 대한 증인 역할을 한다.

간단히 말해서, 이 모델에서의 설교는 성경과 전통을 하나님의 구원 역사에 대한 증언에 참여시킨다. 그렇다고 해서 설교자가 역사적 예수에 관한 연구 같은 것들에 깊이 뛰어들 필요는 없다. 오히려 이것은 설교자가 나사렛 예수를 가리키면서, 바로 이 역사적 인물 안에서 하나님이 결정적으로 행동하셨다고 주장해야 함을 의미한다.

교리적 모델의 설교자가 신앙 교리를 반복하고 그것을 해석하는 것처럼, 역사 모델의 설교자는 세상에서 활동하셨고 여전히 활동하고 계시는 하나님의 이야기를 반복하고 해석한다. 그들은 하나님이 세상에서 행하셨고 행하고 계신 일들에 대한 예언자적, 사도적, 교회적 증언을 반복한다. 실제로 과거 하나님의 활동에 대한 예증적 이야기는 현재 진행 중이고 미래에 나타날 하나님의 활동과 관련된 주장을 검증하는 수단으로 사용된다. 따라서 역사를 계시로 보는 설교자는 회중에게 그들이 하나님의 역사에 수혜자가 되고, 그 역사에 참여하며, 그 역사를 소망해야 한다는 점을 말할 것이다.

3) 변증법적 존재

이 변증법적 존재 모델의 지지자들에 따르면, 하나님은 무한하시고 인간은 그렇지 않기에, 인간의 언어는 하나님이라는 신비를 묘사하기 위한 적합한 도구가 아니다. 그러나 하나님의 성품과 의지를 말로 표현할 수 없다고 하면서 신학을 연구하거나 복음을 선포할 수는 없다. 문제는 말을 하느냐 마느냐가 아니라, 언어의 오류성에 주의를 환기시키고 이를 최소화하기 위해 어떻게 말해야 하느냐이다.

변증법적인 신학자가 이 문제에 줄 수 있는 답은 더 깊은 진리에 도달하기 위해 모순적으로 보이는 신학적 주장(긍정과 부정, 진술과 반진술)을 지속해서 나란히 배치해야 한다는 것이다.

이런 방법에 따르면, 변증법적 사상가들은 어느 한쪽을 더 강조하는 방식(여기에서 제시된 다른 모델이 행하는 것같이)으로 신적 초월성과 내재성 사이의 긴장을 해결하는 것을 거부할 뿐 아니라, 긴장을 유지하는 것이 계시에 대한 적절한 신학적 접근 방식에 필수적이라고 주장한다. 하나님은 감추어진 계시자이시다.

이 모델에서는 다양한 기독론적 성향을 수용할 수 있지만, 변증법적 접근 방식은 그리스도 중심적 모델이다. 이 모델의 지지자들은 계시의 내용이 바로 그리스도, 육신이 된 말씀이라는 점을 다양한 방식으로 주장한다. 그리스도는 하나님의 자기 소통(God's self-communication)이다. 즉, 하나님이 언제, 어디서, 무엇 때문에 기뻐하시는지를 우리에게 알려 주시는 하나님 말씀이다. 그러나 하나님이 본질상 유한하고 타락한 인간의 상황 속에서 그리고 그 상황에 말씀하시기 때문에, 계시의 행위는 하나님의 무한한 본질을 계속 감추고 있다.

그리스도 안에 존재하는 하나님의 계시는 단순히 과거에 대한 역사적 계시일 뿐만 아니라 하나님의 존재에 대한 살아 있는 종말론적 계시이다. 그래서 계시는 객관적이면서 동시에 주관적이다. 그리스도 안에 성육하셨고 성육하고 계신 말씀은 또한 우리가 받은 말씀이고 기대와 소망 가운데 기다리는 말씀이다. 하나님이 계시를 통해 그리스도를 우리에게 전해 주시기 때문에, 계시는 구원적이다. 이것은 인류에게 거저 주어지는 거룩한 심판과 용서의 말씀이다.

변증법적 존재 모델은 성경과 전통(아마도 경험과 이성도)을 하나님의 자기 계시에 대한 증거로 보지만 그 자체로는 계시가 아니라고 본다. 그러나 하나님은 원하실 때마다 자기를 계시하기 위해 성경을 사용할 수 있고 사용하실 것이다.

마찬가지로 하나님은 청중에게 자신을 계시하시기 위해 교회의 선포를 사용하실 수 있고 그렇게 하신다. 이런 인식은 자연스럽게 역설적인 설교신학으로 이어진다. 모든 설교가 하나님이 하나님의 백성들에게 하나님의 구원을 전하는 사건이 될 수 있는 잠재력을 가지고 있기 때문에, 이 관점은 고차원적 설교신학의 요소를 지닌다. 결국, 설교와 설교자는 잠재적으로 신적 행위의 도구이다. 그리스도 안에 계신 하나님은 설교의 대상이 아니라 주체이다. 그러나 이런 계시적 잠재력은 설교자의 인간성이나 기술, 설교의 형태, 또는 설교적 이미지의 정서적 잠재력과는 아무 관련이 없다. 하나님은 이런 수단을 통해 예배하는 회중에게 말씀하시지만, 그 수단에 한계가 있더라도 여전히 말씀하신다.

그래서 이 모델에서 설교자는 올바른 교리를 가르치거나, 역사에 대해 전하거나, 회중이 어떻게 살아야 하는지 그들에게 훈계하려고 들지 않는다. 설교자는 단순히 하나님의 기쁜 소식의 핵심으로서 십자가에 달리시고 부활하신 그리스도를 선포하고 나머지는 하나님과 청중에게 맡긴다. 달리 말해서, 이 모델에서 설교는 항상 선포의 형태를 취하며 교훈적, 훈계적, 또는 수사학의 경험 지향적 형태를 포함하지 않는다.

4) 내적 경험

이 신학 모델에서 하나님의 계시는, 명제적 진리의 형태이든 역사적 사건이든, 믿음의 사람들에게 객관적이고 외적인 것으로 여겨지지 않는다. 대신 계시는 하나님의 은혜나 하나님과의 친교에 관한 내적 경험

계시(Revelation)

이다. 여기서 유의할 점은, 하나님이 하나님 자신에 관해 진리를 계시하시는 곳은 인간의 경험 안(within)이 아니라는 점이다. 이 모델에 따르면 계시의 내용은 단순히 하나님 자신이다. 계시의 관점에서 하나님은 자신의 존재를 우리에게 전달하심으로써 자신을 계시하시는 분이다.

하나님이 우리에게 자기의 존재를 경험적으로 전달하시기 때문에, 성경과 전통 자체를 하나님의 계시 표현으로 여기는 것은 우상 숭배다. 오직 하나님만이 자신을 계시하신다. 그래서 이 모델에서 성경과 전통은 계시적인 것이 아니라 과거 신앙공동체의 종교 경험의 표현으로 여겨진다. 결국 이것들은 현재의 진정한 종교 경험을 판단하는 척도로 간주 된다. 이처럼 성경, 전통, 이성의 진정한 가치는 사람들의 의식을 일깨워 종교 경험에 눈뜰 수 있게 하는 잠재력에 있다.

이 모델의 지지자들은 다양한 기독론적 입장을 취할 수 있다. 이 모델에서 가장 일반적인 입장은 기독교뿐만이 아니라 모든 종교가 신에 대한 원초적 경험을 불러일으킬 수 있는 잠재력을 지녔다는 점이다.

따라서 이 모델을 고차원적 기독론으로 이해하고 있는 사람들은 자기들의 경험을 그렇게 표현하든 아니든 모든 인간 경험 속의 하나님은 실제로 그리스도 안에 계시는 하나님이라고 주장할 수 있다.

그리스도의 성품 중 인간적 측면을 강조하는 저차원적 기독론적 관점을 가진 사람들은 모든 신적 경험을 똑같은 경험으로 여기는 것을 거부할 것이다. 그들은 모든 인간의 경험에 대해 또는 하나님이 자기 존재를 계시하시는 모든 방식에 대해 주장하는 대신, 단순히 기독교인들의 경험에 관한 주장만을 펼 것이다. 즉, 기독교인들은 신약에 제시된 예수 그리스도의 내적 삶에 마음을 열어 보임으로써 하나님의 계시적 경험에 자기를 개방하게 된다는 것이다. 달리 말해서, 구원자로서의 예수라는 인물에 대한 성찰이나 그분에 대한 증언은 사람들을 신적 내재성에 대한 적절한 기독교적 자각으로 인도한다(말하자면, 무슬림의 실천과 헌신은 신적 내재성에 대한 적절한 무슬림적 자각으로 인도하는 것처럼).

그래서 이 경험적 모델에서의 설교는 성경, 전통, 이성을 결합하려고 노력하며, 실제로 그것들을 사용해서 구체적인 기독교적 방식으로 하나님에 대한 내적 경험에 마음 문을 열도록 회중들의 영적 의식을 일깨운다. 설교자들은 예배 중 청중이 복음을 직접 경험할 수 있도록 도발적이고 예술적인 방식(귀납적 설교와 내러티브 설교 등)을 사용할 것이다. 이는 예배의 순간을 벗어나 교리나 역사적 사건을 설명하는 데 초점을 맞추기보다는, 예배 자체가 복음을 경험하는 자리가 되도록 노력할 것이다. 이런 관점의 설교는 은혜의 잠재적 수단으로서 성례전적 기능을 한다. 이처럼 이런 설교의 방식은 청중 개인의 체험을 매우 강조한다.

5) 새로운 인식

이 모델에서 계시에 대한 신학적 이해는, 뭔가를 새롭게 발견하거나 깨닫는다는 의미에서 계시라는 단어의 세속적인 관용 용법에 가깝다. 달리 말해서, 계시는 우리 외부에서 오는 하나님의 선물이라기보다 하나님이 우리 안에 창조하시는 새로운 깨달음이다. 그래서 이 모델은 신적 내재성을 강조하면서도, 이것이 인간 상상력의 창조적 잠재력과 깊이 연결되어 있다고 본다. 이 모델에서 하나님은 우리 상상력의 근원이시다.

그래서 계시의 내용은 자기 자신을 전하시는 하나님이 아니라, 우리 자신과 상황 그리고 세상에 대한 이해의 전환이다. 달리 말해서, 계시는 인간의 상태를 조명하여 우리의 환상을 떨쳐 내고 잠재력을 향해 나아가도록 우리를 인도한다. 교회에 있어 그리스도는 구원이라는 이 새로운 인식의 모범이시고 전달자이시다.

이 모델은 새로운 인식의 도구로서의 인간 이성을 높이 평가하며, 경험을 이성의 동반자로 여긴다. 인간 존재에 대한 질문이 성경적, 교리적 신앙 표현과 연결될 때, 인간의 이성과 경험을 통해 존재에 대한 새로운 인식과 새로운 존재 방식이 가능해진다.

따라서 이 모델에서 설교의 목적은 기독교 신앙의 상징, 은유, 이야기, 그리고 신학적 해석을 활용하여 청중의 실존적 상상력을 자극함으로써, 그들의 삶과 세계, 그리고 이 둘의 관계를 새롭게 바라보도록 돕는 데 있다. 이런 설교는 청중이 인간의 상태를 명확히 인식하도록 이끌고 그들을 그 상태에 참여시키려고 노력한다. 이를 통해 청중이 삶에 대한 더 깊이 있는 접근 방식을 취할 수 있도록 돕는다.

참고 주제 기독론, 헌신적 삶/삶의 스타일; 교리적 설교; 상상력/창의력; 은유와 비유적 표현

참고 문헌 Paul Avis. "Divine Revelation in Modern Protestant Theology." *Divine Revelation*. Edited by Paul Avis. (1997) 45-66; Avery Dulles. *Models of Revelation*. (1982; reissued 1992); Stuart A. Frayne. "Modes of Revelation and Models of Preaching: A Review Article." *Theolodite* 8 (1988) 16-27; Mary Catherine Hilkert. "Revelation and Proclamation: Shifting Paradigms." *In the Company of Preachers*. (1993) 113-38.

죄와 악(Sin and Evil)
신시아 L. 릭비(Cynthia L. Rigby)

가장 일반적인 의미에서, 죄란 창조주 하나님과의 관계 속에서 피조물인 우리가 처해 있는 존재의 상태다. 전통적 관점에서 말하면, 죄는 무한과 유한 사이의 차이를 특징적으로 보여 주는 하나님으로부터의 분리이다. 아우구스티누스는 고전적으로 악을 "선의 부재"("결핍"으로도 번역될 수 있음-역주)로 정의하면서 상상할 수 있는 가장 나쁜 것으로 본다.

이런 정의들은 문제가 될 수 있는데, 특히 고통과 관련해서 그렇다. 이는 고통당하는 이들이 자기의 고통에 책임이 있다는 의미로 이해되거나 고통의 현실을 부정하게 만들 수 있기 때문이다. 죄와 악에 관해 설교할 때, 설교자는 고통당하는 자들을 유념하면서 동시에 하나님에 대해 설명하려고

노력해야 한다.

1. 죄, 악, 그리고 고통의 상황

인간 존재에 관한 가장 원초적인 질문 중 하나는 죄와 악의 관계에 관한 것이다. 우리가 죄에 대해 깊이 고민하거나 악의 특성에 대한 의미 있는 논쟁을 시작하기 전에도, 희망을 품고 고군분투하는 우리는 인과 관계를 찾아 세상을 이해하려고 노력한다. 우리는 이렇게 질문한다.

"어떤 악한 일이 발생하면 그것은 꼭 죄가 작용하기 때문일까?"

"내가 고통당하면, 뭔가 잘못을 저질렀기 때문일까?"

목회적 돌봄을 훌륭하게 수행하는 모든 사람이 잘 알고 있듯이, 이런 질문에 대한 첫 번째 대답은 "아니오"이다. 고통당하는 사람이 꼭 잘못을 저지른 것은 아니다.

욥기는 고통과 죄 사이에 반드시 인과 관계가 존재한다는 전체를 장문에 걸쳐 반박한다. 욥이 의로운 사람임에도 불구하고 그와 그의 가족은 고통을 겪는다. 인과 관계를 어느 정도 찾을 수 있다 해도, 그것이 죄가 인간이 겪는 고통의 실체나 그 강도를 분명히 설명하거나 어떤 식으로든 정당화할 수 있다는 뜻은 아니다.

설령 욥이 죄를 지었다손 치라더도 그 죄가 모든 자녀가 죽고, 모든 재산을 잃고, 욥 자신이 병들 만큼 그렇게 끔찍한 것일까? 결코 그렇지 않다!

우리는 그렇게 말하지 않을 수 없다.

많은 사람이 죄를 지었는데도 고통당하지 않거나 죄를 짓지 않았는데도 고통당할 때, 고통을 죄악 된 행동에 대한 처벌로 해석하는 것은 도움이 되지 않는다. 고통이 있는 곳에는, 비록 죄악된 행동이 분명히 드러나 있다 하더라도 그 고통을 유발했던 죄악 된 행동 외에 항상 더 크게 작용하는 뭔가가 존재한다.

예를 들어, 만약 내가 음주 운전 중에 누군가를 쳤다면, 거기에는 나의 죄와 그에 따른 고통 사이의 관계가 있다. 그러나 나의 죄가 발생한 고통에 관해 모든 것을 설명할 수 없다. 예를 들어, 왜 바로 그때 그 사람이 그 길을 건너고 있었는지, 또는 왜 내가 그 길과 그 시간을 택해 귀가하려고 했는지를 내 죄는 설명할 수 없다. 죄와 관련해 많은 것이 설명될 수 있을 때조차도 왜 끔찍한 일들이 발생했는지는 설명할 수 없는 요인들이 있다.

만약 인과 관계가 아니라면 죄는 악과 어떤 관련이 있을까?

우리 대부분이 죄와 악을 주제로 명쾌하게 설교하는 경우는 드물지만, 그 둘 사이의 관계를 이해하는 방식은 항상 우리 설교의 배경이 되며, 복음의 목적과 약속에 대한 우리의 이해를 형성한다. 이 질문에 대답하기 위해서는 우선 죄와 악이 무엇을 의미하는지에 관해 설명하는 것이 도움이 될 것이다.

2. 죄

죄가 하나님과의 분리이고 유한한 존재의 특징이라고 해서 유한하다는 것이 곧 죄가 된다는 의미는 아니다. 이와 반대로, 하나님은 창조의 여섯째 날 유한한 피조물을 보시고 "좋았다"라고 묘사한다. 그러나 유한한 존재가 된다는 것은 역사적 실존의 상태에 참여한다는 것이며(Tillich 1975) 우리 자신과 하나님 사이의 질적 격차가 해소되기를 염원하는 것이다.

이런 의미에서 예수 그리스도 자신도 죄에 참여하신다. 예수님은 "모든 일에 우리와 똑같이 시험을 받으신"(히 4:15) 분이고 "우리를 대신하여 죄"(고후 5:21)가 되신 분이다. 그분이 바로 "우리와 함께하시는 하나님"(마 1:23)이셨고, 지금도 그런 하나님이시다.

'죄'라는 용어는 또한 어떤 문제 있는 행동을 지칭할 때도 사용된다. 이런 식으로 용어가 사용된다면, 이것은 유한한 피조물로서 우리의 한계와 가치를 인식하며 살아가는 삶에 대해 단순한 지향뿐만 아니라, 이에 대한 적극적 저항도 포함하고 있다는 의미다. 이것은 우리가 피조물로서 창조주 하나님 앞에 서 있다는 사실을 인정하지 않으려는 우리의 거부를 의미한다.

우리와는 대조적으로, 예수님은 그분의 유한성을 거부하지 않으시고 역사적 실존 안에 온전히 참여하신다. 예수님은 "우리와 똑같이 시험을 받으신" 분이지만 "죄는 없으신"(히 4:15) 분이다. 이 말은 예수님이 그분의 온전한 신적 능력으로 죄에 대한 인간적 유혹을 완전히 극복하셨다는 뜻이 아니다. 오히려 예수님은 그분의 온전한 인간성을 확고하게 존중하는 한에서 죄가 없는 상태를 유지하셨다.

예수님은 참인간이 된다는 것은 궁극적으로 하나님에 대한 인간의 의존성을 인정하는 것이라는 점을 늘 기억하셨다. 예수님은 그분의 유한성을 부인하지 않으셨고, 무한하시고 만물의 창조주이신 성부 하나님께 복종하셨다. 그분은 돌로 떡을 만들거나 성전 꼭대기에서 뛰어내리는 것과 같은 무한한 행위에 대한 유혹에 저항하셨다. 유일하신 하나님을 경배하기보다 우리의 유한성을 넘어설 수 있다고 상상할 때 시도할 수 있는 죄악된 일들에 저항하셨다.

예수님은 교만의 죄를 짓지 않았고, 그분의 유한성을 한탄하지 않으셨으며 그 과정에서 피조물로서의 자기 존재를 깎아내리지 않으셨다. 그분은 예를 들어 "나는 돌들을 떡으로 만들 수 없다. 그래서 나는 이것을 절대 먹지 않을 것이다. 참 슬프다"라고 사탄에게 말씀하지 않으셨다.

우리가 유한성에 갇혀 있다는 것을 이해할 때, 우리는 또 다른 죄를 짓는다. 신학자들이 종종 교만의 반대로 이해하고 있는 (Saiving 1992) 자기 경시(self-deprecation)의 죄는 유한한 피조물인 우리가 그리스도 안에서 고귀하게 되어 삼위 하나님의 삶 속에 참여할 수 있게 되었다는 사실(골 3:3)을 거부하는 것이 특징이다.

예수님은 교만의 죄와 자기 경시의 죄에 대한 대안 모델이 되신다. 예수님은 "사람이 떡으로만 살지 않는다"고 사탄에게 말씀하신다. 그분은 돌을 떡으로 만들지 않으셨고 자기를 처량하게 여기지도 않으셨다. 그분은 하나님이 약속하신 돌보심에 대한 신뢰를 쌓기에 앞서, 소외를 영속화하는 죄의 행위에 연루되기를 거부하셨다. 이것은 하나님과의 분리라는 경험(죄의 상태)을 마치 우리가 극복해 내야 할 무엇으로 여기며 살아가거나(교만), 혹은 그 안에 빠져 허우

적거리며 살아가는 것(자기 경시) 같은 흔한 태도로 드러난다. 이런 태도는 우리를 죄의 상태에서 구체적인 죄의 행위로 끌어간다.

성경은 이에 대한 목록을 제시한다(예를 들어, 잠 6:6-19; 갈 5:19-21). 대대로 신학자들은 그런 것들을 분류하려고 시도해 왔다(예를 들어, 대죄[Mortal] and 소죄[venial]). 기독교 신앙인들은 모든 사람이 똑같은 죄의 상태에 있는 것이라고 인식하는 경향이 있지만, 그들은 선(하나님)을 향하기보다 악(하나님에게서 돌아선)을 향하는 죄의 정도에 따라 죄를 구별했다.

3. 악

이 시점에서 악이 활동하는 것에 관한 토론이 필요하다. 아우구스티누스는 그의 『고백록』(Confessions)에서 이를 논한다. 그의 주장은 아래와 같이 이어진다. 유일하신 하나님이 계시고 그 하나님은 선하시다. 그 유일하시고 선하신 하나님은 어떤 모호한 재료를 추가하지 않으시고 "무로부터"(ex nihilo) 만물을 창조하셨다. 존재하거나 실체를 가진 모든 게 선하신 하나님에 의해 무로부터 만들어졌기에, 존재하는 모든 것은 그 자체로 선해야 한다. 그렇다면 떠오르는 명백한 질문은 악은 어디에서 왔느냐이다.

이 질문에 대한 한 가지 가능한 대답은 유일신론을 거부하고 선하신 하나님이 아닌 어떤 힘이나 다른 신이 그것을 창조했다고 주장하는 것이다. 즉, 선하신 하나님은 좋은 것을 창조했지만, 어떤 조물주, 악마, 또는 그다지 좋지 않은, 힘이 세지 않은 신은 다른 것을 창조했다고 주장하는 것이다. 또 다른 선택지는 유일신론을 유지하면서 동시에 대체로 선하지만, 완전히 선하지는 않은 하나님을 인정하는 것이다. 하나님은 선과 함께 악도 창조하셨다고 말할 수 있을 것이다.

아우구스티누스에 따르면, 이런 대답 중 어떤 것도 우리의 종교 경험과 창세기에서 분명히 드러나듯이 하나님은 "한 분"이시고 "선하시다"라는 성령의 증언을 존중하지 않는다. 이 질문과 오랫동안 씨름을 한 끝에 아우구스티누스는 악을 어떤 기원이 있어야만 하는 것으로 생각하지 않는다면, 하나님의 주권이나 선하심을 훼손하지 않으면서도 악을 정의할 수 있다는 사실을 깨달았다.

악은 유일하신 참하나님이 아닌 한 신이나 완전히 선하지 않은 하나님으로부터 온 것도 아니다. 오히려 악은 마치 거짓 현실("선의 부재")이 실제로 사실인 것처럼 살아가면서 우리가 선하신 하나님과 하나님이 만드신 선한 것들을 외면할 때 향하게 되는 어떤 것이라고 말할 수 있다.

아우구스티누스에게, "선의 부재"는 상상할 수 있는 가장 나쁜 것이다. 만약 선이 부재하다면, 하나님과 모든 피조물도 부재한 것이 된다. 하나님과 모든 피조물은 실제로 존재하기에, 단언컨대 악은 절대로 존재하는 것이 아니고 완전한 실재가 아니다(Barth 1970). 악은 어떤 의미에서 궁극적이고 무력한 거짓말이다.

1) 악과 고통

불행히도 악에 대한 아우구스티누스의 정의는 종종 고통당하는 사람들의 비통함을 정당하게 여기지 않음으로써, 그들을 경시하는데 오용됐다. 악을 "허상"으로 여기는 인식에서 그 악의 영향력이 착각이라는 주장으로 확대될 때, 실수를 범하게 된다. 이런 주장은 고통이라는 피조물의 경험을 의심하게 만든다. 악이 허상이라는 이유로 상황이 그리 나쁘지 않다고 말하며 소망을 북돋우려는 것은 고통당하는 사람들이 절망 속에서 붙들 수 있는 유일한 소망마저 빼앗는 일이 될 수 있다. 즉, 실재하는 고통을 인정하고 자기 자신이 고통의 주체임을 확인할 때 피어나는 소망을 갈취하는 것이다. "내가 알기에는 나의 대속자가 살아 계시니"(욥 19:25)라는 욥의 열렬한 선포와 "주여 깨소서"(시 44:23)라는 시인의 대담한 요구, 그리고 "나의 하나님, 나의 하나님, 어찌하여 나를 버리셨나이까"(마 27:46)라는 예수님의 처절한 외침에서 분명하게 드러나는 것은 실제와 다른 상황에 대한 간절하고 정직한 주장이다. 이런 성경의 사례는 악을 모든 고통의 중심에 있는 무한한 심연(절망 적이고, 공허하고, 들끓는 열망)으로 이해하도록 돕는다. 이런 이해는 절대로 우리를 버리지 않겠다는 하나님의 약속 앞에서도, 절대 버리지 않으시는 분께 버림받았다고 느끼는 우리의 아픔을 탄식하도록 만든다. 악(하나님의 부재)에게 타격을 주고, 고통을 주고, 악을 절망하게 만드는 것은 하나님의 변함없는 임재에 대한 우리의 믿음이다.

이와 관련된 한 가지 실수는 죄 그리고/또는 고통을 악과 동일시하는 것이다. 죄와 고통은 모두 선의 왜곡(distortions of the good)이기 때문에 악과 직접적으로 연관되지 않는다. 죄는 하나님의 창조와 구원의 뜻에 반대되는 부재(absence)를 향해 나아감으로써 선을 왜곡한다. 앞서 언급했듯이, 고통은 죄의 결과일 수도 있고 그렇지 않을 수도 있으며, 그 정도는 역시 다양하다. 죄와 관련되어 있든 없든, 고통에는 그 부재가 우리에게 다가오는 이유에 대한 완벽한 설명이 거의 포함되어 있지 않다.

신앙의 관점에서 볼 때, 이에 대한 유일한 대답은 욥에게서 발견된다. 즉, 그의 행동이 그렇게 보이지 않을지라도 그는 하나님의 주권과 선하심을 주장한다. 그리고 그 대답은 탄식하는 시인의 대답, 즉 하나님의 본래 모습을 하나님께 상기시키는 호소에서도 발견된다. 또한, 제멋대로의 부모에게 안기고 싶어 애타는 아이처럼 자기를 버린 분을 향해 "나의 하나님"이라고 부르짖는 예수님의 대답에서도 찾아볼 수 있다.

2) 일반적 오해

마찬가지로 악을 선의 부재로 이해한다고 해서 사탄 그리고/또는 악마적 존재의 현존을 부정하는 것이 아니다. 전통적으로 사탄은 타락한 천사, 빛의 천사인 루시퍼다. 루시퍼는 선하신 하나님에 의해 본질적으로 선하게 창조되었다. 그는 하나님과 똑같은 존재가 되려고 애쓰며 자기의 유한성과 싸웠고 죄악 된 행동을 했다. 우리의 설교를 듣는 청중 속에 형성된 대중적 이해와는 달리, 사탄은 악 그 자체가 아니라, 선의 실재를 완전히 외면한 존재의 가장 대표적인 현현이다.

많은 서구 기독교 신앙인들에게 편만한 또 다른 일반적인 오해는 하나님이 편재(omnipresent)하시기 때문에 하나님의 부재(absence)를 말하는 것은 신학적으로 잘못되었다는 주장이다. 물론, 현실은 우리가 하늘에 올라가든 스올의 깊은 곳으로 내려가든(시 139편) 하나님이 우리와 함께 계신다. 그러나 우리는 이 현실을 무시하거나 부정하거나 저항하면서 살아간다. 우리는 마치 하나님이 우리와 함께 계시지 않는 것처럼 살아간다. 진실이 아님이 분명하지만, 우리 삶에 진실처럼 작용할 만큼 강력한 거짓된 부재와 관계를 맺기 시작할 때, 온갖 종류의 해로운 영향이 우리 삶에 찾아오게 된다.

하나님이 여기 계시지 않고, 하나님이 우리를 떠나셨고, 그래서 우리는 우리가 할 수 있는 모든 방법으로 우리 자신을 지켜야 한다는 말들이 바로 거짓이다. 선의 부재는 가장 실제적인 현실보다 더 실제처럼 느껴지는 거짓이다. 선의 부재로서의 악이란, 우리와 이 세상이 우리를 선하게 창조하신 전능하신 하나님을 외면하고, 우리 실존의 진정한 현실이 아닌 거짓된 삶을 사는 것을 의미한다.

물론, 이런 방식으로 살아간다는 것이 곧 죄를 짓는 것이다. 죄를 짓는다는 것은 하나님의 현실적 실제를 외면하고 실제가 아닌 것들, 즉 공허, 부재, 선의 부정을 좇는 것이다. 우리가 죄를 범한다는 것은 실체도 없고, 우리에게 실제적인 힘도 파괴력도 행사하지 못하는 악을 향해 결정적으로 돌아 서는 것을 의미한다.

3) 죄의 구조적 함의

죄는 개인적 차원뿐만 아니라 구조적 차원에서도 함의를 지닌다. 개인의 죄는 타인에게 상처를 주고 선에 대한 인식을 위협한다. 더 나아가 우리가 선하신 창조주와의 관계에서 우리 존재의 진정한 현실을 외면 할 때, 하나님 나라의 특성과 어긋나는 비현실적 실체를 지속시키는 구조를 만들어내게 된다. 우리의 죄악 된 역사적 실존의 상황 속에서 형성되어 온 많은 제도, 경제 구조, 가정 구조는 개인의 교만과 자기 비하 행위를 조장하며, 이 두 가지 죄가 함께 맞물려 작용하도록 만든다.

복음의 기쁜 소식을 선포하도록 부름 을 받은 우리는 타락한 세상에서 어느 정도 불가피하다는 이유로 구조적 죄를 절대로 용납해서는 안 된다. 구티에레즈(Gutiérrez 1991, 69)가 잘 표현했듯이, "하나님의 통치와 '옳고 정의로 운 일을 하라'는 하나님의 명령이 무시되는 시간과 공간에 하나님은 존재하지 않는다"(Gutiérrez 1991, 69). 우리가 하나님의 백성에게 선하신 분과의 올바른 관계를 회복하도록 고백과 회개를 권유하는 만큼, 하나님의 창조와 구원의 뜻에 반하는 사회 구조를 변혁시켜야 할 필요성도 강조해야 한다.

4. 죄, 악, 그리고 고통당하는 자들을 향한 설교

우리는 지금까지 유한하고 죄에 물든 피조물로서의 인간 존재가 처한 곤경과 관련하여 죄와 악을 살펴보았다. 죄는 우리 자신의 고통이든 세상의 고통이든 고통에 대한 책임과 관련된 용어다. 반면, 악은 죄악된 행동이 고통의 원인이 되었을지라도 절대로 완전히 설명할 수 없는 고통을 가리킨다. 죄와 악 사이의 인과 관계를 밝혀낼 수 없을 때 우리는 어떤 의미에서 안도감을 느낄 수 있다.

우리는 단지 죄성을 지녔다는 이유만으로 고통에 책임이 있는 것이 아니다. 그러나 동시에 두려움을 느낄 수 있다. 죄와 고통 사이의 인과 관계가 없다면, 우리가 생각했던 것보다 삶을 통제할 수 있는 범위는 좁아지기 때문이다. 따라서 우리는 특히 고통의 시기에 우리 자신을 의지하기보다 하나님께 돌아가야 한다.

1) 도덕적 악

신학자들은 죄가 분명히 드러나지만, 쉽게 완화될 수 없는 고통을 뜻하는 도덕적 악에 관해 단정적으로 말한다. 문제가 되는 죄인이 자기의 죄악 된 길에서 돌이키려고 할 때조차 회복은 생각보다 쉽지 않다. 바울은 다음의 구절에서 이렇게 호소한다.

> 내가 원하는 바 선은 행하지 아니하고 도리어 원하지 아니하는 바 악을 행하는도다 (롬 7:19).

이런 묘사는 특별히 죄의 구조를 영속화하는 데 무의식적으로 공모하고 있거나, 그 사실을 부정하려고 하거나, 변화시킬 힘이 없다고 생각하는 한 개인의 상태를 보여준다.

2) 자연적 악

신학적 관점에서 도덕적 악보다 더 다루기 힘든 것이 자연적 악의 문제이다. 자연적 악은 죄가 명확히 드러나지 않는 고통의 상황을 설명하기 위해 신학자들이 사용하는 용어이다. 2004년 쓰나미와 2005년 허리케인 카트리나 재해는 최근 발생한 대표적인 자연적 악의 사례이다. 어느 정도 통제력을 가지길 원하는 인간으로서 우리는 자연적 악의 현실을 인정하기보다 이와 관련된 죄의 비밀을 밝혀내려 지나치게 애쓰는 경향이 있다.

예를 들어, 어떤 사람들은 쓰나미에 대한 반응에서 지구 온난화와 그것을 재촉하는 우리의 죄악, 그리고 그로 인한 자연 재해 사이의 인과적 연관성을 언급한다. 지구 온난화를 야기한 죄에 대해 뉘우치는 일은 당연히 필요하지만, 우리 죄를 회개하고 환경 개선을 위해 힘쓰는 것이 우리가 제대로 행동하기만 하면 쓰나미와 카트리나를 피할 수 있다는 의미와는 질적으로 다르다는 것을 기억해야 한다.

설교자로서 우리가 죄와 악의 인과 관계를 지나치게 강조함으로써 통제력에 대한 환상을 회복하려는 압력에 굴복할 때 우리는 교구민들에게 고통이 그들과 우리, 그리고 고통받는 사람들의 잘못 때문이라는 메시지를 전달할 위험이 있다.

3) 하나님을 위한 해명

우리는 설교자로서 고통과 마주할 때 우리 자신을 해명하는 것보다 하나님을 해명하는 것이 더 어렵다는 것을 알고 있다. 우리가 증언해야 하는 근본 진리는 하나님은 모든 일과 관련되신다는 것이다. 16세기 종교개혁자 칼뱅은 다음과 같이 말했다.

> 하나님의 섭리에 관한 확신 없이 삶은 견딜 수 없을 것이다. … 하나님의 섭리에 관한 확신은 우리 마음속에 하나님을 향한 기쁨의 신뢰를 심어 준다(Calvin 1960, 1. 17. 10).

이것을 기억할 때 우리는 도덕적이든 자연적이든, 하나님과 악의 관계에 대한 심도 있는 숙고를 대신하는 비극 이야기를 피할 수 있다.

칼뱅과 욥처럼 신정론은 하나님이 모든 것을 통치하신다는 주장에 타협하지 않는다. 그들의 목적은 고통과 마주할 때 하나님의 의로움을 밝히는 것이다. 그들은 다양한 방법으로 이것을 수행한다. 예를 들어, 그들은 고통이 보이는 것처럼 그렇게 나쁜 것이 아니라거나, 하나님은 생각보다 그렇게 강한 분이 아니시라거나, 하나님은 우리가 바라는 것처럼 친절함을 발휘하실 때 그렇게 일관되지 않으신다고 주장할 수 있다. 신정론은 고통과 관련하여 하나님이 어디에 계시는지 알아내려고 항상 노력한다. 그렇게 함으로써 신정론자들은 설교자의 주요 임무, 즉 매주 설교단에 서서 하나님의 부재에도 불구하고 하나님의 임재를 재확인하는 일에 동참한다.

설교자는 하나님을 바라보는 데 있어서 고통 가운데 있는 사람들만큼 어려움을 겪는다. 의심의 순간에도 증언하라고 부름을 받은 우리는 죄와 악 사이의 인과 관계를 부각시키는 교묘한 방법을 찾고 싶은 유혹을 받을지도 모른다. 우리는 하나님이 무엇을 하고 계시는지 알 수 없기에 우리는 대신 우리 자신에게 집중한다. 그렇게 하면 우리에게 고통을 해결할 힘이 있다고 믿고 싶어 하는 사람들을 안심시킬 수 있다. 그러나 그렇게 하면 또한 의도치 않게 하나님께 책임을 묻는 게 아니라 대화에서 아예 하나님을 배제해 버리게 된다.

설교자로서 우리는 안심시키는 말(a word of reassurance)을 할 수 있다. 그것은 우리에게 통제할 수 있는 능력이 있다는 것에 대한 안심이 아니다. 오히려 회복시켜 주겠다는 하나님의 약속에 대한 안심이며 하나님의 사랑받는 자녀인 우리가 이 약속을 지켜 달라고 요청할 공개적 기회를 가질 수 있음에 대한 안심이다. 예수님은 우리에게 "우리를 악에서 구하소서"라고 기도하라고 가르치셨다. 기도와 마찬가지로 우리의 설교에서도 하나님의 임재가 항상 분명하게 보이고, 죄의 용서가 완전히 실현되며, 고통이 더 이상 존재하지 않는 하나님 나라의 도래를 주장할 수 있다.

참고 주제 위기; 네 페이지 설교; 윤리와 하나님; 구원론, 설교 안의 신학

참고 문헌 Augustine. *Confessions*. Translated by R. S. Pine-Coffin. (1984); Karl Barth. *Church Dogmatics*. Vol. 3, pt. 1. Translated by Geoffrey W. Bromiley. (1970); John Calvin. *Institutes of the Christian Religion*. Edited by John T. McNeill. Translated by Ford Lewis Battles. (1960); James

Cone. *God of the Oppressed*. (1975); Gustavo Gutiérrez. *The God of Life*. (1991); Søren Kierkegaard. *Fear and Trembling*. Edited by Edna Hong and Howard Hong. (1983); Gottfried Wilhelm Leibniz. *Theodicy: Essays on the Goodness of God, the Freedom of Man, and the Origin of Evil*. (1985); Valerie Saiving. "The Human Situation: A Feminine View." *Womenspirit Rising*. Edited by Judith Plaskow and Carol Christ. (1992) 25-42; Paul Tillich. *Systematic Theology*. Vol. 2, pt. 3, *Existence and the Christ*. (1975).

구원론(Soteriology)

셀리 브라운(Sally A. Brown)

구원론이란 하나님이 인류와 피조물의 온전함을 회복하시는 방법에 관한 기독교의 신학적 성찰이다. 20세기 후반과 21세기 초반에 구원론, 특히 속죄론(theories of atonement)을 둘러싼 활발한 논쟁(하나님의 구원 행동으로서의 예수님의 죽음과 부활에 관한 구체적인 신학적 성찰)이 있었다. 오늘날 설교에서 하나님의 구원 행동을 해석하기 위해서는 구원론적 성찰의 역사에 대한 이해가 필요하며, 예수님의 죽음과 부활이 어떻게 해석되었는지에 관한 현재의 논쟁에 귀 기울여야 한다. 또한, 예수님의 삶과 죽음, 부활 안에 드러난 하나님의 구원 행동이 어떻게 기독교의 신앙과 예배, 윤리 형성에 공헌했는지 보여 주기 위해 다양한 모델과 은유를 창의적으로 활용할 필요가 있다.

1. 현재 논쟁의 역사적 배경

모든 종교에는 구원에 대한 비전이 있다. 구원에 대한 기독교의 이해는 예수님의 삶과 죽음, 부활을 신적 구원 행위의 구심점으로 여긴다. 인간과 우주 전체를 향한 하나님의 구원 행동은 예수님의 생애와 수난과 같은 사건들보다 더 광범위하다. 그러나 구원에 대한 기독교 특유의 이해는 이런 사건들과 분리될 수 없다. 신학자들은 일반적으로 칭의(신-인 관계를 올바르게 세우는 하나님의 일)와 성화(개별적이든 집단적이든 성령을 통해 인간의 삶을 지속해서 재정비하는 하나님의 일)라는 제목 아래에서 구원론을 논의해 왔다.

특히, 초기 교회는 니케아와 칼케돈 공의회에서 삼위일체와 기독론에 관한 합의를 끌어낸 것과는 달리, 하나님의 구원 사역의 수단과 방식에 대해서는 그에 필적하는 합의된 설명을 도출하려 하지 않았다. 신약과 함께 시작되어 이후 여러 세기에 걸쳐 발전한 다양한 은유는, 예수님의 삶과 죽음, 부활 안에 드러난 하나님의 구원 사역을 이해하기 위한 해석학적 틀로서 조화롭고도 보완적인 기능을 수행했다.

신약성경의 저자들은 포로들의 해방, 죄를 위해 하나님에게 드려진 속죄물(요일 2:2; 4:10), 타인의 죽음을 막기 위해 자기 생명을 바치는 것(요 18:14), 그리고 희생 제사(히브리서와 그 밖의 다양한 참고 문헌) 등을 언급했다. 초기 교회 신학자들은 신앙을 세워 가도록 돕고자 했던 사람들의 현장 경험에서 비롯된 다른 은유들을 자유롭게 사용했다.

구원론(Soteriology)

1) 스콜라주의

중세 성기(High Middle Ages)에 스콜라주의가 부상하면서, 예수님의 죽음에 드러난 하나님의 구원 행동에 관해 더 체계적이고 표준화된 설명이 형성되었고, 이것이 후에 속죄론(atonement theory)으로 알려진 신학적 성찰의 틀이 되었다. 속죄론은 예수님의 죽음과 부활을 해석하기 위해 중심 개념이나 은유를 사용하며, 명시적이든 암시적이든 다음과 같은 내용을 포함한다.

- 인간 상태의 진단(악의 힘에 속박된 상태, 신-인 교제의 장애물로서의 죄, 또는 타락의 죄책감)
- 하나님의 본성과 동기가 하나님의 구원 행위를 유발하는 방식에 대한 묘사
- 문제(죄, 악한 힘에 의한 속박, 소외 등)를 이겨 내는 예수님의 죽음과 부활의 효력에 대한 설명

초기의 영향력 있는 속죄에 관한 설명은 안셀름(Anselm of Canterbury)의 『하나님은 왜 인간이 되셨는가?』(Cur Deus Homo?)이다. 안셀름은 예수님의 죽음을 사탄의 손아귀에서 인류를 해방하기 위한 몸값(ransom)으로서 이해하고 있던 당시의 대중적 이미지에 만족하지 못했다. 이 몸값 이론에 따르면, 하나님은 죽음을 통해 신의 아들이 사탄의 손에 넘겨지도록 허락하셨다. 사탄은 그 희생자가 사실 인간일 뿐 아니라 신이라는 사실을 너무 늦게 발견했다. 예수님은 사탄을 이겨 냈고 전 인류를 속박에서 구원했다. 그러나 하나님이 속임수를 써서 사탄을 이긴 것처럼 묘사하는 이 해석이 하나님의 존엄성에 어울리지 않는다고 본 안셀름은 그 당시 봉건 제도와 그 제도 안의 영주와 봉신 사이의 관계를 바탕으로 오늘날 만족 이론(satisfaction theory)으로 알려진 대안적 해석을 제시했다.

모두가 안셀름의 설명에 만족한 것은 아니었다. 그와 동시대인이었던 피터 아벨라드(Peter Abelard)는 하나님이 어떤 임의적인 명예 규정에 따라 행동을 제한받지 않는다고 주장했다. 아벨라드는 하나님이 예수님의 삶과 죽음을 통해, 인류가 하나님에 대한 반항을 포기할 만큼 강력한 신적 사랑을 보여 주셨다고 주장했다. 예수님의 죽음에 관한 후대 해석자들, 특히 종교개혁자들은 아벨라드의 설명이 인간의 반응에 과도하게 의존함으로써 구원의 의미를 지나치게 주관적으로 해석했다고 보았다.

모두가 안셀름의 설명에 만족한 것은 아니었다. 그와 동시대의 젊은이 피터 아벨라드(Peter Abelard)는 하나님은 어떤 임의적인 명예 규정에 따라 행동을 제한받지 않는다고 주장했다. 아벨라드는 하나님은 예수님의 삶과 죽음 안에서 인류가 하나님에 대한 반응을 포기시킬 만큼 강력한 신적 사랑을 보여 주셨다고 주장했다. 예수님의 죽음에 관한 후대 해석자들, 특히 종교개혁자들은 예수님의 죽음에 대한 구원적 의미를 설명하는 아벨라드의 설명이 지나치게 주관적(그 효과가 인간의 반응에 너무 의존하는)이라는 점을 발견했다.

2) 종교개혁자들

종교개혁자들은 인류의 구원에 관해 안셀름의 관점을 따라 하나님의 일방적 행동을 강조하는 보다 더 객관적인 이론을 선호했다. 동시에 그들은 당시의 역사적 상황에서 나온 자료를 바탕으로 속죄론을 더욱 정교하게 다듬었다.

루터는 "행복한 교환"(happy exchange)을 강조하며, 이를 통해 죄 없는 예수님이 우리 죄를 짊어지시고, 우리는 믿음으로 그리스도의 의의 옷을 입는다고 주장했다.

법학 교육을 받은 칼뱅은 형법과 형벌의 틀을 바탕으로 예수님의 십자가 사건을 해석했다. 그는 예수님이 인류를 대신해 죄에 대한 사형을 선고받고 하나님의 공의로운 진노를 온전히 당하셨다는 해석을 발전시켰다. 형벌 속죄론의 지지자들은 후에 형벌 은유를 지나치게 확대하여 아들의 끔찍한 고통과 죽음으로 자기 분노를 달래는 비성경적인 성부의 모습을 그리는 경향이 있었다.

3) 20세기

20세기 초까지 북미의 대중적 기독교 담론에서는, 만족(satisfaction)과 희생(sacrifice)의 모티프와 함께, 형벌 이론의 한 형태가 예수님의 죽음이 지닌 구원적 의미를 설명하는 지배적인 방식으로 자리잡게 되었다. 그러나 역사적으로 볼 때, 이런 대중적 속죄 신학의 표준화는 하나의 일탈이었다. 신약 시대 이래로 어떤 하나의 은유가 다른 은유를 지배하는 '주된' 은유로 기능하는 것이 허용된 적이 없다.

1930년대가 되자, 속죄론은 몸값, 만족/형벌 대속, 그리고 도덕 감화(Abelardian) 모티프라는 삼중의 유형론으로 적절하게 논의될 수 있다고 생각되었다.

구스타프 아울렌(Gustaf Aulen)의 *Christus Victor: An Historical Study of the Three Main Types of the Idea of the Atonement*(그리스도의 승리: 속죄 개념의 세 가지 주요 유형에 대한 역사적 연구, 1931)의 출판은 이런 합의를 공고히 하는 역할을 했다. 이 삼중적 접근 방식은 수십 년 동안 가르치고 배우는 데 유익한 틀로 인정받아 왔다. 그러나 20세기가 저물 무렵부터, 구원론에 관한 성찰의 역사를 충분히 반영하는 특징으로서나, 설교와 교육을 위한 기초로서 이 삼중적 유형론이 과연 적절한가에 대한 의문이 제기되기 시작했다.

아울렌의 유형론은 형벌 패러다임과 안셀름의 만족 이론을 혼동하는 경향이 있었으며, 구원론 문제에 대한 이들의 규정과 그 해결의 방식 사이의 차이점을 얼버무리고 지나갔다. 대중적인 삼중 이론의 접근 방식은 신약과 그 이후의 신학적 성찰에서 발견되는 풍부한 은유들, 곧 서로를 보완하고 균형을 이루며 다양한 문화적, 목회적 상황에 맞는 의미의 그물망을 형성해 온 해석적 자원들을 모호하게 만드는 경향이 있었다.

2. 현대의 구원론

비평적 재평가와 수정 작업은 현대적인 구원론적 성찰의 특징이었다. 세 가지 발전이 주목할 만하다.

1) 형벌 모델

전통적 속죄 이론, 특히 형벌 모델의 형태는 아프리카계, 페미니스트, 우머니스트, 탈식민주의 신학자들 사이에서 비판의 대상이었다. 그들은 가장 지배적인 속죄 모델 중 하나인 형벌 대속과 힘의 오용 사이의 위험한 상관 관계를 지적한다. 그들은 특히 사회적, 정치적으로 소외된 사람들의 신앙과 행동을 형성하는 데 특정 속죄 교리가 미치는 구체적 영향에 집중한다.

희생 모티브는 가정 폭력이나 사회적, 정치적 억압의 피해자들이 폭력을 묵인하도록 조장함으로써, 그들을 가정적, 사회적, 정치적 상황 속에서 억압자들에게 저항할 수 없도록 무력화시켰다. 형벌 대속 이론은 때때로 질서 유지를 위한 선한 수단이라는 명목 아래, 폭력을 도덕적으로 정당화하는 데 이용되었다.

오늘날 다양한 관점을 가진 신학자들은 심리학적으로는 설득력 있지만 성경적으로 미심쩍은 이 십자가의 형벌적 관점에 의문을 제기한다. 그들은 이 모델이 성경을 자의적으로 해석하여, 성경의 내적 논리에 어긋나고 하나님에 대한 성경의 묘사와도 상관없는 내용들을 주장한다고 말한다.

2) 의심스러운 이론

오늘날 구원론에 관한 두 번째 경향은 신학자들과 성경학자들이 속죄론의 개념 자체에 의문을 제기하는 것이다. 이론에 관해 말하는 것은 하나님의 구원 사역의 내적 체계를 철저하게 그리고 포괄적으로 설명할 수 있다는 의미다. 성경적 그리고 탈성경적 기독교 전통의 많은 구원론적 이미지와 개념은 은유적으로 작용한다. 즉, 예수님의 죽음과 빚의 청산, 몸값, 또는 희생과 같은 이미지나 개념 사이의 관계는 문자 그대로의 동등한 관계가 아니라 창의적인 의미론적 긴장 속에서 유사점과 차이점을 함께 유지하는 것에 달려 있다는 것이다.

예를 들어, 예수님의 죽음은 희생이지만, 구약의 의미에서의 희생은 아니다. 예수님의 죽음은 구약의 관행과 희생의 의미에 정확하게 들어맞지 않는다. 예수님은 제단 위가 아니라 십자가 위에서 돌아가셨다. 그분은 제사장이 아니라 군인들에게 죽임을 당하셨다. 그분의 피는 구약의 제사 의식에서 요구되는 특정한 방식 그대로 사용되지 않았다.

희생의 이미지가 오늘날 예수님의 삶과 죽음에 대한 우리의 이해를 설명해 줄 수 없다고 말하는 것이 아니다. 특히, 우리가 불러일으키는 의미의 그물망을 세심하게 이해한다면 더욱 그렇다. 그러나 은유적 체계의 모든 요소가 구원론적 의미를 지니지는 않는다. 신학자들과 성경학자들은 학자들과 설교자들에게 다양한 은유적 어휘를 발견하라고 촉구한다.

요한복음에 두드러지게 나타나는 우정 패러다임에서 생명을 내려놓는 것(Reid 2004)이나 포로의 해방(Ray 1998, 84-145; Weaver 2001, 12-98, 179-228)과 같은 간과되어 온 성경적 은유를 포함하고, 새로운 어휘가 문화와 관련되고 기독교 전통에 잘 맞는지를 시험하면서 다양한 은유적 어휘를 발견하라는 것이다.

구원론(Soteriology)

3) 구원론의 광범위한 개념

전통적 이론에 의문을 제기하고 다양한 은유를 수용하는 것 외에도 신학자들은 하나님의 구원 행위를 더 폭넓게 살펴보고 있다. 구원론은 속죄신학보다 더 광범위하다. 구원론에서 끊임없이 제기되는 문제는 예수님의 삶, 죽음, 그리고 부활을 어떻게 말해야 그 의미가 기독교 윤리와 모든 피조물을 위한 하나님의 궁극적 목적과 통합될 수 있느냐의 문제다.

예를 들어, 만족이나 형벌 대속 이론 중 어떤 것은 십자가 사건을 고립되고 우연히 발생한 과거 사건으로 만들어 버릴 수 있다. 이것은 예수님의 삶과 사역과 명확하게 관련되지 않거나 성화, 하나님의 정의 추구, 피조물의 회복(롬 8:18-23), 또는 만물을 그리스도 안에 하나가 되게 하는(엡 1:9-14, 22-23) 성령의 지속적 사역과 명백한 관련이 없는 성부 하나님과 성자 하나님 사이에서 발생한 법적 거래로 만들 수 있다.

3. 현대 설교에서의 구원론

설교자들이 하나님의 구원 사역을 말하는 방식은 오늘날의 기독교 신앙과 예배 그리고 공적 증언에 대한 광범위한 함의를 지닌다. 다양한 설교의 목적, 경우, 문화적 상황에 맞게 사용되는 풍성한 은유는 단일 이론이나 삼중 이론의 접근 방식보다 경전적 증언과 그에 따른 구원론적 전통에 더 잘 어울린다. 설교의 구원론적 양상은 네 가지 차원에서 고려될 수 있다.

1) 하나님의 구원 사역에 관한 편협하거나 불충분한 이해에 도전하기

설교자는 하나님의 구원 사역에 대해 지나치게 협소한 관점을 피하고, 자기의 구원론적 어휘를 넓힘으로써 청중의 어휘도 넓히는 것이 중요하다. 속죄에 대한 한 가지 은유(형벌 대속과 같은)가 성경 해석과 설교를 지배하게 방치하거나 하나님의 구원 행동을 순전히 개인적이고 영적인 용어로 말하는 것은 성경에서 말하는 속죄 언어의 다양성을 진지하게 고려하지 않는 습관이다.

2) 구원에 관한 다양한 은유 되찾기

설교자는 교회의 초기 설교자와 해석가들의 인도를 따라 설교의 문화적 맥락과 목회적 상황에 적합한 풍부한 은유적(시적) 구원론의 어휘들을 사용할 수 있다. 단일한 은유나 단일한 은유 체계만으로는 하나님의 구원 사역을 충분히 해석할 수 없다. 신학자들과 성경학자들은 성경과 그 이후에 이어지는 구원론 성찰의 역사 속에서 발견되는 상당한 규모의 은유가 현대에서 계속 사용할 수 있는지 시험해 볼 것을 권장한다. 회중의 이해에 강력한 영향을 미치는 예전과 찬송 가사의 언어도 설교에서 구원론적 비전을 확장시키는 수단으로 사용할 수 있는지를 시험해 볼 수 있다.

몸값(ransom) 은유가 20세기 말과 21세기 초반에 전성기를 누렸다는 사실에 놀랄 필요는 없다. 이 은유는 예수님의 죽음을 신적 해방의 행위(많은 사람이 사회적, 정치적, 경제적으로 억압받는 세상에서 분명한 문화적 타당성을 지닌 메시지)로 설득력 있게 묘사하기 때문이다. 그러나 신적 해방 행위라는 이런 이미지가 21세기 상황에서 중요한 만큼, 이 은유가 전통적으로 사용되어 온 다른 풍부한 이미지들을 대체하도록 허용하는 것은 잘못된 일이 될 수 있다.

아래의 다섯 가지 질문은 선택한 은유가 설교 상황에서 적절한지를 시험하는 데 도움을 줄 것이다.

- 그 은유는 어떤 하나님의 이미지를 반영하는가?
- 인간의 상태는 어떻게 묘사되는가(압제의 힘에 속박되었는가, 죄로 얼룩졌는가, 하나님으로부터 그리고 인간 서로 간에 멀어졌는가)?
- 그 은유 체계가 기독교적 경건 생활에, 특히 가정, 교회, 사회, 정치적 구조 속에 있는 가장 취약한 사람들에게 실제로 어떤 영향을 미치는가?
- 이 은유는 한편으로 예수님의 삶과 죽음 그리고 부활 사이의 연속성, 그리고 다른 한편으로 이런 예수님의 사건들과 교회와 세상 속에서 계속되는 하나님의 구원 사역 사이의 연속성을 어떻게 증명하는가?
- 이 은유는 객관적으로(하나님의 효과적인 구원 행위를 묘사하는 방식으로), 그리고 주관적으로(인간의 경험이나 반응이 하나님의 구원 사역에 어떻게 참여하고 응답하는지를 묘사하는 방식으로) 어떻게 작용하는가?

3) 신약의 구원론적 비유와 이미지 읽기

하나님의 구원 사역에 관한 설교의 세 번째 차원은 구원론적 이미지가 등장하는 신약 본문을 다룰 때 설교자의 해석학과 관련 있다. 이런 본문을 읽을 때, 의식적으로 또는 무의식적으로 형벌 대속이나 그 밖의 모델과 같은 미리 설정된 속죄 사상을 수용하는 것을 경계하는 것이 중요하다.

예를 들어, 신약에서 예수님의 죽음과 관련하여 자주 인용되는 희생에 대한 언급을 형벌 대속의 관점으로 읽는다면, 예수님의 죽음은 희생의 대가(sacrificial payment)로 이해되고, 희생의 동물은 처벌의 희생자로 보일 수 있다. 그러나 이런 개념은 구약의 희생 정신과 부합하지 않는다. 구약성경의 희생 제사 관행은 대가(payment)보다는 선물이나 정결이라는 기본 개념에 기반하고 있다.

희생은 신성한 목적을 위해 동물, 특히 생명의 피로 대표되는 한 사람의 본질적 존재를 기꺼이 성별하는 것을 의미했다. 희생 제사 의식에 익숙하지 않은 서양인들은 말 못하는 희생 제물의 폭력적 죽음만 보고 희생 대상을 신성한 형벌의 대체물로 잘못 생각할 수 있다. 사실 사람의 죄를 상징적으로 짊어진 유일한 희생 동물은 아사셀의 염소뿐이다(레 16:21-22).

이 희생 제물은 죽임을 당하지 않고 광야로 보내진다. 설교에서 희생의 은유를 회복하려면 희생의 의미를 협소하고 애매하게 만드는 희생에 대한 오해를 바로잡아야 한다. 예수님의 죽음이 희생적인 것이라면, 생명을 내어 주는 행동은 인간과 신 모두의

구원론(Soteriology)

희생 행동으로서 양 방향으로 진행되는 것처럼 보인다. 예수님은 전 생애를 통해 자기를 하나님께 내어 드렸으며, 그 충실함은 그분을 죽음에 이르게 했다. 그러나 예수님이 하나님의 현존이시며 인간의 삶 속에 나타난 하나님이시라면, 하나님은 떡과 포도주의 기독교 성찬에서 암시하는 것처럼 자기의 생명을 우리 손에 맡기신다.

4) 다양한 설교 목적, 경우, 문화적 배경에 따른 설교

오늘날 구원론적 설교의 네 번째 특징은 목회적이고, 실천적이며, 상황에 특화되었다는 점이다. 물론, 한 편의 설교나 두세 편의 설교 시리즈를 통해 몇 가지 구원 은유를 탐구하는 데 집중할 수 있다. 어떤 전통에서 이런 종류의 교리 설교는 정기적 회중 교육 과정으로 수행되기도 한다. 다른 전통에서는 전도 설교가 자주 수행되는데, 그 목적은 예수 그리스도 안에 나타난 하나님의 구원 행동에 대해 개인적 응답을 촉구하는 데 있다.

그러나 초기 기독교 설교자들은 이런 식으로 '구원론 자체'를 설교하지 않았다. 대신 그들은 구원론적으로 설교했다. 즉, 성례를 설명하고, 이단에 대응하며, 슬퍼하는 자를 위로하고, 고통에 동참하고, 예비 신자들과 기존 신자들이 사적이고 공적인 삶 속에서 기독교인으로 살아가도록 격려하는 과정에서 구원의 은유를 활용했다. 오늘날 설교자들도 이들을 본받아 다양한 설교 임무와 상황 속에서 하나님의 구원 사역의 소식을 전할 수 있을 것이다.

성례에 대한 해석은, 특히 많은 교파에서 세례와 주의 만찬을 더 풍성하게 그리고 더 자주 거행하게 되었다는 상황에 비추어 - 구원론의 은유를 살펴볼 풍부한 기회를 제공한다. 이별과 무의미한 인간 고통이 발생하는 목회적 상황은 하나님이 인간 상태에 동참하시고 죽음에 이르기까지 우리와 먼 길을 함께 걸으신다는 구원론적 이미지가 필요하다. 억압의 세력으로부터 해방된다는 은유는 중독이나 불의를 다루는 설교에 적절하다. 윤리 형성을 위한 설교는 십자가와 부활의 형상을 따라 살아가는 존재가 사적이고 공적인 삶에 미치는 영향을 조명하면서, 구원에 대한 왜곡된 이해가 초래하는 해로운 결과를 드러낼 기회를 만든다.

어떤 의미에서, 모든 기독교 설교는 구원론적이다. 왜냐하면, 기독교 설교의 핵심은 하나님이 예수 그리스도 안에서 만물을 새롭게 하신다는 선포이기 때문이다. 그러나 설교자의 주간 임무는 이 구원의 소식을 특정한 시간, 특정한 장소, 특정한 상황에 적용하는 것이다. 다양한 상황에서 마주하는 사적이고 사회적인 죄, 폭력, 상실, 억압과 같은 현실은 성경과 역사적 전통에 뿌리내리고 있으면서도 경우와 상황에 따라 창의적으로 반응하는 구원에 대한 생생한 어휘를 떠오르게 한다.

참고 주제 기독론, 성례전, 설교와 교육, 선포로서의 설교

참고 문헌 Gustiv Aulén. *Christus Victor: An Historical Study of the Three Main Types of the Idea of the Atonement*. (1931); Joel B. Green and Mark D. Baker. *Recovering the Scandal of the Cross: Atonement in New Testament and Contemporary Context*. (2000); Darby Kathleen Ray. *Deceiving the Devil: Atonement, Abuse, and Ransom*. (1998); Barbara E. Reid. "The Cross and Cycles of Violence." Interpretation 58 (2004) 376-85; Peter Schmiechen. *Saving Power: Theories of Atonement and Forms of the Church*. (2005); J. Denny Weaver. *The Nonviolent Atonement*. (2001).

조직신학, 구성신학(Systematic, Constructive Theology)

데이비드 로즈(Daivd J. Lose)

조직신학 또는 구성신학은 교회의 신앙에 관해 일관되게 설명하려고 노력하는 학문 분야다. 이 신학 분야는 교회의 설교를 지원하고 평가하는 역할을 하면서도 그 설교를 통해 형성된다. 설교와 구성(또는 조직)신학이라는 학문 사이에는 때때로 긴장으로 가득했다.

한쪽에서는 설교의 주목적이 교회의 신학적 교리를 전하는 것이라고 주장하는 반면, 다른 한쪽에서는 최고의 설교는 신학적 언어를 피해야 한다고 주장하면서 상호 간에 배타적인 두 기둥 사이를 오갔다. 당연히 둘 사이의 잘못된 이분법은 전혀 도움이 되지 않는다. 설교는 신학자의 도구가 아니지만, 훈련된 신학적 성찰을 무시하고는 설교가 발전할 수 없다. 그러므로 설교와 신학의 관계에서 역동적이고 긍정적인 요소를 살펴보기 위해서 우리는 세 가지 움직임을 살펴볼 필요가 있다.

1. 오늘날의 조직신학 또는 구성신학

신학을 설명하는 데 있어 '조직적'(systematic) 대신 '구성적'(constructive)이라는 형용사를 사용하는 것은 신학자들이 신학 연구의 예술과 기교를 바라보는 방식에 중요한 변화가 있었음을 보여 준다. '조직적'이라는 표현은 교회의 신학적 성찰의 모든 다양한 요소를 하나의 질서 있는 전체(조직) 안으로 조직화하려는 열망을 드러내지만, '구성적'이라는 표현은 잘 훈련된 접근을 지향하지만, 더 온건하거나 현실적인 열망을 추구한다. 세 가지 주요 요소가 이런 열망과 명칭의 전환을 끌어냈다.

1) 단일 체계의 한계

첫 번째는 하나님의 신비에 관한 교회의 성찰은 결국 단일한 체계 안에 온전히 담아낼 수 없다는 인식이다. 현대의 구성신학자들은 아마도 기독교 2천 년 역사의 위대한 두 신학자 토마스 아퀴나스(Thomas Aquinas)와 칼 바르트(Karl Barth)가 궁극적으로 이해할 수 없는 하나님의 신비에 대한 경외감으로 인해 완벽한 체계적 이론(아퀴나스의 『신학대전』과 바르트의 『교회 교의학』)을 세우려는 시도를 결국 포기했다는 사실에 사실에 주목한다. 그들은 포괄적 체계(comprehensive systems)에서 구성적 제안(constructive proposals)을 제시하는 방향으로 신학 작업의 초점을 전환하라고 주장해 왔다 이런 맥락에서 구성신학자들은 고전적 조직신학자들이 시도했던 하나님을 대변하는 방식을 거부하고 대신 하나님을 이해하고자 하는 교회를 대변하면서 좀 더 온건한 제안을 하려고 노력한다.

2) 특정 철학의 회피

두 번째 영향은 특정 철학 학파에 대한 신학의 무의식적 의존을 회피하려는 열망이다. 조직신학은 다양한 성경적, 신학적 주제들을 단일 체계 안으로 통합해야 하므로, 성경과 교회 전통을 뛰어넘어 기독교 교리를 조직할 수 있는 중립적 체계를 위해 철학에 의존하게 되기 쉽다.

바르트와 그의 제자들이 자주 지적했듯이, 이때의 어려움은 사람들이 기독교적 성찰을 조직화하는 공통적인 철학 언어를 추구하다 보면 독창적인 기독교 증언의 상당 부분이 불가피하게 그 철학의 언어로 전환되는 과정에서 사라져 버릴 수 있다는 점이다. 구성신학자들은 전체 기독교 사상을 외부의 이데올로기나 철학 체계를 통해 이해하기보다 자기만의 방식으로 작업하면서 기독교 전통의 다양한 부분을 인위적으로 체계화하지 않으려고 노력한다.

3) 모든 신학은 지역적이라는 인식

조직신학에서 구성신학으로의 전환을 촉진하는 세 번째 영향은 모든 신학은 궁극적으로 지역 신학이라는 인식이다. 통합적 체계에 대한 탐색을 포기할 때, 구성신학자들은 특정 신학 전통의 다양한 지역적, 상황적 요소를 진지하게 받아들일 수 있는 자유를 가진다. 기독교 사상이 다양한 지역과 민족들로부터 어떻게 출현했는지를 비교하고 대조하는 것은 분명 가능하지만, 서로 다른 신학 전통들을 하나의 통일된 체계 안에 넣음으로써 그 맥락적 차이를 획일화해서는 안 된다. 이는 기독교 성경 안에 담긴 서로 다른 목소리들을 억지로 하나로 만들려 해서는 안 되는 것과 같은 이치다. 우리는 사용할 수 있는 독특하고 특별한 신학적, 성경적, 문화적 준거 틀을 통해 여과되고 드러나는 다양한 기독교 전통의 요소들로 신학을 구성한다.

몇몇 신학자는 여전히 조직신학의 포괄적 목적과 체험적 가치(heuristic value)를 여전히 선호하지만, 최근에 등장한 구성신학은 많은 신학자에게 유용하며, 앞으로 보게 되겠지만, 설교자들에게도 상당한 도움이 된다

2. 특정한 신학적 행동으로서의 설교

일반적으로, 신학과 설교의 관계를 생각할 때 사람들은 이것을 설교의 목적, 해석학, 설교자의 권위, 선포된 말씀과 하나님 말씀 사이의 관계 등과 같은 주제가 포함된 설교신학(theology of preaching)이라고 생각한다.

설교자에게 있어 여러 신학자가 설교에 관해 말했던 내용을 경청하고 배워 가는 일은 분명 중요하다. 또한, 매주 설교단에 서는 이유에 대해 분명한 확신을 갖는 것만큼이나 자기만의 설교신학을 명확히 표현하는 것도 중요하다. 그러나 설교 그 자체가 신학의 한 형태라는 점을 인식하고 우리가 보

조직신학, 구성신학 (Systematic, Constructive Theology)

통 신학적 사상과 연관 짓는 교리적 전통과의 관계를 의도적으로 성찰하는 일 또한 중요하다.

1) 일차, 이차, 삼차 신학

이를 위해 신학자들이 때때로 일차, 이차, 삼차 신학 사이의 차이를 구별 방식을 빌려오는 것이 도움이 될 것이다.

일차 신학은 개인적 또는 공동체적 종교 생활의 실제적 실천에서 비롯되는 표현으로 이루어진다. 예배, 기도, 찬송, 설교, 전도, 신앙고백 등이 모두 일차 신학을 구성한다.

이차 신학은 이런 실천들에 대해 교회가 자기들의 규범이나 원칙이 무엇인지 분명히 밝혀 주는 훈련된 성찰이다. 이를 통해 교회는 자기들이 헌신하는 내용을 이해하고 분명히 말할 수 있다.

삼차 신학은 일반적으로 설교와의 관련성이 가장 적으며, 기독교의 규범을 다른 신앙 전통의 규범과 비교한다.

2) 교회의 신앙적 확신의 표현으로서 설교

이런 관점에서 볼 때, 신학은 왜 우리가 설교하는지에 관한 이론을 구성하는 데 충분하지 않고, 설교 또한 단순히 신학적 전통에 관해 설명하는 것에 그치지 않는다. 오히려 설교는 그 자체가 신학화 작업, 즉 하나님에 관해 말하는 한 형태이다. 다시 말해, 설교는 신학의 목적이 아니고 주체도 아니다. 가장 중요하게 생각해야 할 것은, 설교가 신학이라는 점이다.

이런 식으로 생각할 때 일차 선언이자 고백으로서 우리가 행하는 설교는 사람들이 배우고 결국 교회가 고백하는 신학의 본질을 형성한다. 사실 수 세기에 걸쳐 전해진 설교는, 즉 성경 자체에 기록된 설교뿐만 아니라 중요한 신학자들 그리고 잘 알려지지 않은 교사와 설교자가 전한 설교에 이르기까지 많은 조직신학과 구성신학을 탄생시킨 원천이다. 결국 설교 자체는 교회의 신앙적 확신이 특정 시간과 특정 장소에서 살아가는 특정 사람들에게 동시대적이고 구체적인 표현으로 전달되는 구성적이고, 상황적이며 창의적인 행위이다.

3) 일차 신학과 이차 신학의 관계

이 지점에서 설교 자체의 행위와 예술에 매우 높은 가치가 부여된다. 설교는 너무 자주 성경적, 역사적, 교리적 신학의 긴 과정 끝에 있는 종착점으로 여겨졌으며, 그 결과 모인 사람들에게 신학적 상품을 배달하는 일로 이해되었다. 설교는 단순히 여러 경로를 통해 수집된 진리를 전하는 행위가 아니다. 설교는 오히려 설교를 듣기 위해 참석한 하나님의 백성들이 직면한 현재의 도전과 기회의 상황 속에서 신앙의 의미, 가치, 관련성을 분명히 표현하도록 설교자에게 요청하는 창의적이고 심지어 도발적인 작업이다.

사실 이차 신학이 설교에 유용한 지침과 규범을 제공하는 데 중요한 역할을 한다고 강조되지만(아래에서 더 자세히 보겠지만), 이차 신학의 주된 목적은 충실한 일차 설교를 구성하는 데 필요한 규범을 세우는 것이 아니라 활기 넘치고 상황에 맞는 선포가 이루어지게 하는 원자료와 재원 그리고 배경을 제공하는 것이다. 한 신학자가 말했듯이 신학은 선포를 위한 것이다.

3. 설교 실천에서 신학의 역할

설교를 이차 신학의 성찰을 촉진하고 또 그 성찰로 뒷받침되는 일차 신학의 행위로 이해함에 따라, 우리는 구성신학이 설교에서 무슨 역할을 하는지에 관한 더 생산적인 질문으로 나아갈 수 있다. 여기서 적어도 다섯 가지 독특한 역할이 제시되는데, 각각에서 추가적 연구와 성찰을 위한 일련의 질문과 분야가 제시된다.

1) 설명적(Descriptive)

구성신학은 설교의 실천 과정에서 반복적으로 드러나는 신학적 단언과 고백을 정돈하고 이해하려는 시도가 될 수 있으며 또 그렇게 되어야 한다. 이런 의미에서 구성신학은 분명히 '설명적'(descriptive) 역할을 한다. 즉, 구성신학자들은 설교자가 예배와 설교를 통해 실제로 무엇을 말하고 있는지에 관해 질문해야 한다.

- 이런 말들은 신학자가 제공하는 더 큰 구성적인 제안에 어떤 방식으로 영향을 미치는가?
- 설교의 맥락적 요소들은 어떻게 그런 신학을 구성하는가?
- 설교자의 신학적 전통은 어떻게 그 설교 속에 드러나는가?

만약 이런 질문들을 진지하게 고려하게 되면, 사람들은 단일한 설교신학이라는 것이 존재하지 않는다는 사실을 곧 알게 된다. 오히려 개별 전통 속에 있는 설교자들은 (종교개혁, 페미니스트, 해방신학, 로만가톨릭과 그 밖의 전통) 그들이 속한 다양한 신학 전통에 의해 많은 영향을 받는다.

지금까지 논의한 내용에 비추어 더 정확히 말하면, 설교자가 제시하는 설교는 상황에 따라 달라지며 그들이 속한 신학적 입장을 형성하는 데 큰 영향을 끼친다. 마르틴 루터로부터 오스카 로메로에 이르기까지, 신학자들은 그들의 설교가 단순히 또는 일차적으로 그들의 신학을 반영하는 것이 아니라, 설교단에서 배우고 설교했던 것을 설명하기 위해 그들의 신학이 종종 그들의 설교와 교구 목회 경험을 따라가야 한다는 점을 알게 되었다.

2) 규범적(Normative)

구성신학은 설명적인 기능 외에도 설교가 기능하는 교리적 범위를 제공함으로써 규범적 역할을 한다. 이런 점에서 구성신학은 현재의 선포에 대한 충실한지를 평가하는 기준을 제공한다. 이런 기준은 현대 설교를 선포의 역사와 성경적 증언에서 비롯되는 지배적인 문법과 비교함으로써 결정될 수 있다. 이것은 또한 현대 설교의 다른 형태와 비교함으로써 결정되기도 한다. 이런 역할을 염두에 두고, 구성신학자들은 설교의 특정 사례나 현대의 전통이 과거 선포의 규범과 신념에 부합되는지를 질문할 수 있다. 현대 전통이 기존 전통과 다른 경우, 이런 차이들이 상황적인지 아니면 고백적인지를 질문할 수 있고, 그것들이 어떻게 신학과 교회생활의 현대 경향을 반영하고(거나) 발생시키는지 질문할 수 있다. 당연하게도 이 규범적 역할에서 구성신학은 신실한 선포가 이루어지는 경계를 설정하지만, 현대 설교는 상황적이라서, 구성신학자들이 설정한 규범을 확대하거나 심지어 의문을 제기할 수도 있다. 이런 맥락에서 사람들은 예배공동체의 현대적 관행, 특히 예배 중심에 있는 설교가 교회의 신학에 대해 무엇을 말해 주는지 질문할 수 있다.

3) 목적론적(Teleogical)

우리가 언급했듯이 구성신학은 설교자의 실천을 위한 독특하고 설득력 있는 근거를 구축하는 데 도움을 줄 수 있다. 우리는 이런 신학의 기능이 설교가 추구하는 목적이나 목표를 확립할 수 있게 하기에 이것을 '목적론적'이라고 말할 수 있을 것이다. 이런 관점에서 구성신학은 설교자가 지지하는 신학을 자기 설교 안에서(in) 단순히 설명하는 게 아니라, "왜 설교하는가"라는 질문을 제기하고 거기에 대답함으로써 설교의 존재 이유를 밝히고 설교신학을 분명하게 표명한다.

이 질문에 대한 대답은 다양하겠지만, 모두 설교가 겨냥하는 최종 목적(*telos*)에 따라 분류될 수 있을 것이다. 두 가지 설교의 광범위한 목적과 그에 따른 패턴이 종종 언급되어 왔다.

첫째. 설교 안에서 그리고 설교를 통해 하나님이 죄인들을 의롭게 하신다는 핵심적 확신에서 출발하며, 나아가 설교의 주된 목적은 하나님의 칭의의 말씀을 선포하는 데 있다고 본다. 이런 패턴은 16세기 개신교 종교개혁의 핵심적 통찰과 확신에서 생겨났으며, 이것은 선포된 말씀의 효력을 매우 높이 평가한다.

둘째, 칭의의 순간이나 사례에 초점을 맞추기보다 사적이든 공적이든 기독교적 삶에 관심을 둔다. 이 방식은 모인 회중이 칭의를 통해 물려받은 정체성과 약속에 합당하게 살도록 가르치고, 훈계하고, 권면하는 데 목적이 있다고 본다. 종교개혁 이전부터 존재하던 이 패턴은 종교개혁에서 기원한 전통으로 이어지며 성화를 강조한다.

이 두 패턴은 서로 배타적이지 않지만 각각이 독특한 목적을 가지고 있으며, 그래서 초점과 취지가 다르다. 설교신학의 목적론적 추진력을 확립했다면, 이와 관련해 기능하는 구성신학은 효과적인 실천을 평가하기 위한 지침과 기준을 제공할 수 있다. 구성신학자들은 설교가 바라는 목적을 이루었는지를 질문할 수 있다.

4) 형성적(Formative)

구성신학은 설교자가 회중을 위해 믿음의 규칙(rules of faith)이나 그들의 전통에서 작용하는 기초 원리가 뭔지 밝혀내는 데 도움을 주기에 교육적 역할, 좀 더 좋게 표현하면, 형성적 역할을 한다. 특정 교리는 이런 방식으로 일차 신학의 드라마가 전개되는 그 신학적 지형의 핵심 표지를 밝혀낸다.

이런 관점에서 기독교 교리는 기독교공동체에 의해 규범적으로 확립되었기 때문이 아니라 모인 회중에게 그들의 경험을 이해하는 데 도움이 되는 성찰의 항목을 제공하기 때문에 권위를 가진다.

즉, 회중이 성육신의 교리를 가치 있게 여기는 이유는 니케아 공의회에서 표명된 견해 때문이 아니라 그리스도 안에서 하나님이 인간의 운명과 삶을 취하시고 우리와 완전히 동일화하신 것에 대한 경험의 내용과 고백의 힘 때문이다. 그래서 설교자는 신학적 교리가 기독교공동체의 삶의 경험을 이해하고 해석하는 틀을 어떤 방식으로 제공하는지 또는 그것과 관련한 어떤 제안을 하는지 지속해서 물어야 한다.

5) 선포적(Kerygmatic)

신학은 우리가 예수 그리스도 안에서 그리고 그를 통해서 가장 분명하게 알고 있는 하나님의 사역을 설교자의 예배와 선포 중심에 두도록 권면하기에 '선포적' 역할을 수행한다. 설교자의 관심을 끄는 문제가 무엇이든, 성경이 증언하고 그리스도 안에 나타난 하나님의 사역을 이 세상 속 우리 삶과 관련지어 선포하고 해석하는 일은 설교 사역의 중심에 있어야 한다.

또한, 구성신학은 이 선포적, 곧 복음적 역할이 설교 임무가 존재하는 주된 이유임을 분명히 하는 데 도움을 준다. 이런 점에서 설교 임무가 하나님의 백성들을 위해 하나님 말씀을 선언하고 선포하기 위해 존재하는 한, 조직신학은 물론 좀 더 온건한 구성 신학 역시 설교자들에게 하나님을 대변하도록 요청할 것이다. 이를 위해 구성신학은 복음적 내용과 설교의 목적에 관해 설교자들에게 질문하고 그들의 선포를 평가할 수 있는 구별되는 기독론적이고 삼위일체적인 규범을 제공하기를 원한다.

점점 더 분명해지고 있듯이, 설교자는 언제나 신학적 주장을 펼치고, 항상 신학적 틀 안에서 활동하고, 신앙을 가르치기 위해 신학을 활용한다. 이런 일들을 신실하고 효과적으로 감당하기 위해 설교자들은 설교의 규범, 내용, 근거, 목적에 관한 훈련된 성찰에 정기적으로 참여해야 한다. 이를 위해 구성신학은 설교자에게 준비된 조력자이자 신뢰할 수 있는 지원군이 될 수 있다.

참고 주제 교리적 설교; 선포로서의 설교; 가르침; 설교에서의 신학; 주제 설교

참고 문헌 Ronald J. Allen. *Thinking Theologically*. (2008); Gerhard Forde. *Theology Is for Proclamation*. (1990); Robert G. Hughes and Robert Kysar. *Preaching Doctrine for the Twenty-first Century*. (1997); Serene Jones and Paul Lakeland, eds. *Constructive Theology: A Contemporary Approach to Classical Themes*. (2005); Paul Scott Wilson. *The Practice of Preaching*. (1995).

설교 안의 신학(Theology in the Sermon)

제임스 R. 니만(James R. Nieman)

설교는 세상을 위한 그리스도의 풍성한 생명을 신실하게 증언하도록 인도하는 교회의 온전한 신학적 실천으로 여겨져야 한다. 그러나 이는 최근 설교와 신학 사이의 불필요한 간격, 즉 선포와 가르침을 암묵적으로 떼어 놓으려는 그 간격을 연결하라는 요청이다. 이것은 또한 설교가 행해지는 주된 장소인 교회 안에서 그리고 교회를 위해 신학적 성찰을 확고히 해야 한다는 요청이다. 교회 안에서 행해지는 설교와 신학 사이를 연결하는 것은 설교가 할 수 있는 좀 더 역사적인 역할을 되찾고 현대 청중과 좀 더 신학적으로 소통할 수 있게 해준다.

1. 일반적 혼동

1) 잘못된 구분

일반적 용례에서 신학은 대체로 공적으로 인정된 종교적 교리를 주로 탐구하는 특수한 학문 분야의 한 형태를 지칭하는 협소한 의미로 이해되었다. 신학은 무엇보다 신앙의 내적 일관성과 그 신앙이 제공할 수 있는 외적 규범을 탐색하는 성찰의 한 분야를 가리킨다. 이런 성찰은 보통 일상생활과 상관없는 추상적인 것으로 여겨지는데, 글로 표현된 전문 용어가 이런 관점을 뒷받침한다.

우리는 이 성찰이 신학을 희화화한 것과 주로 계몽주의 이후에 사용된 일부 조직신학이나 교회 교리들에만 어울리는 말들로 축소된 것에 저항해야 한다. 그렇다 해도 한때 "과학의 여왕"으로 불리던 신학의 고귀한 위상이 오늘날 지역 중심의 교회 사역, 특히 설교와 무관하다는 대중적 인식과 맞물려 흔들리고 있다.

그러나 설교 역시 이와 유사한 이유로 더 나은 대우를 받지 못했다. 신앙의 '진정한 진리'가 이렇게 협소하게 이해되는 신학을 통해서만 발견된다면, 그 설교는 그 진리를 듣기 좋게 포장한 단순화된 적용물이 되고 만다. 설교는 오늘날의 관심사와 연관된 실제 무게나 영향력을 별로 기대하기 어려운 단순히 꾸미고 설득하는 일이 될 것이다. 설교가 신앙을 피상적이고 안일하게 다루게 됨에 따라, 신학은 더 동떨어지고 무미건조하게 보이게 된다.

이에 따라 설교자는 설교의 행위에서 신학자로 여겨지는 것을 피하게 되고 대신 설교단에서 돌보고 즐겁게 하는 일에 집중하게 되어 교회의 독특한 언어로 말해야 하는 사명이 무시당한다. 신학이 실제로 설교에서 사용되는 경우가 드문 상황에서 설교는 우리를 위한 하나님의 길을 분명하게 선포하기보다 올바른 교리의 홍보가 그 자체의 목적이 되어 버리는 비신학적 모습으로 보인다.

2) 왜곡된 관계

이런 식으로 신학과 설교를 분리할 때 바람직하지 않은 몇 가지 관계가 형성된다.

첫째, 신학에 종속된 설교다. 이런 설교는 신학적 주제를 설명하거나 교리를 수정하기 위한 교리와 가르침의 내용에 종속된다. 물론, 예배, 성경, 행위의 문제에 관한 소중한 신학적 통찰을 가르친 교리 문답식의 설교가 교회 역사에 존재했었다.

문제는 설교가 공공연하게 신학에 초점을 맞추는 데 있는 것이 아니라, 삶의 현장으로부터 단절될 가능성이 있다는 것이다. 세례식(4세기 신비적인 교리 교육으로서)을 새롭게 치른 사람들에게 그 예식의 풍부함을 자세히 설명하는 것과 그런 심오한 경험과는 별개로 구원론이나 성화를 설명하는 것은 전혀 다른 것이다. 더욱이 이런 경우의 설교는 신학적 아이디어를 제시하는 기능적 장치가 되고, 다른 곳에서 제공되는 내용을 담는 무의미하고 하찮은 그릇이 된다.

둘째, 단일한 설교신학이다. 설교신학을 채용함으로써 신학과 설교의 관계를 설정하는 것도 역시 도움이 되지 않는다. 물론, 계시, 목회, 또는 교회론의 교리와 같은 더 큰 신학적 틀에 비추어 설교의 역할이나 목적을 평가하는 것은 설교의 역사에서 가치 있는 일이었다. 이렇게 하는 것은 광범위한 신학적 전통에서 설교가 무엇이고 또는 무엇이 될 수 있는지를 분명히 하는 데 유용하지만, 특정 설교의 신학적 정당성을 판단하는 데 이 틀을 사용하는 것은 더 많은 의문을 낳는다

신학을 교회의 실천을 평가하기 위한 중심 담론으로 취급할 경우, 신학은 역설적으로 평가와 교정의 역할에만 국한되고 만다. 동시에 설교는 뭔가를 온전히 발생시킬 수 없는 파생적인 것으로 자리매김하게 되며, 교리적 왜곡에 도전하고 그것을 거부한 설교를 했던(중세와 초기 근대 개혁자들의 설교에서처럼) 교회 역사의 중요한 시기를 외면하게 된다.

설교와 신학의 극명한 분리와 그로 인해 형성된 잘못된 관계는 신학이 설교 안에 자리할 수 있는 좀 더 관대한 방식을 상상하지 못하게 한다. 우리에게 남는 것은 다른 방식으로 이미 언급된 내용을 강조하기 위해 단순히 삽입된 신학이나 설득력이 약한 내용을 정당화하기 위해 설교에 결합된 신학뿐이다. 결국, 신학과 설교는 모두 타락하게 된다. 신학은 설교에서 소비되는 수익률이 떨어지는 상품이 되고 설교는 신학적 화물을 최종 목적지에 운반하는 운송 수단이 된다.

2. 신학 회복하기

1) 인접한 역할들

이 난관과 어려움은 일차 신학과 이차 신학이라고 불리는 고대 언어 *theologia prima*와 *theologia secunda*의 회복을 통해 극복될 수 있다. 설교는 신학적 작업이 일차적 방식으로 수행되는 전형적인 예다. 에이단 카바나(Aidan Kavanagh)가 강조했듯이, 설교는 교회가 "본연의 모습을 가장 명확하게 드러내는" 여러 가지 실천 중 하나다(1984, 75). 교회는 설교를 통해 교회를 존재하게 하시고 세상에 영원한 생명을 주시는 하나님과 관계를 맺는 근본적인 사역을 한다.

설교의 가장 기본적인 신학적 의미는 설

교 행위 자체 안에서 그리고 그것을 통해 발생한다. 그러나 그 신학적 의미는 그 설교 사건에서 다 고갈되지 않으며, 이것이 이차적 방식으로 행하는 신학적 작업의 초점이 된다. 학문적으로 조직신학(불행하게도 '신학'이라는 용어 자체와 혼용됐다)은 일차 신학에 대한 반응이다. 이 조직신학은 간접적 방식으로 설교와 같은 일차적 표현의(또는 그것에 관한) 신학적 의미를 밝히려고 한다. 여기서 우리의 목적에 비추어, 이차 신학(우리는 이것을 "학문적 신학"이라고 부를 수 있을 것이다)은 설교의 일차 방식에서 표명된 것을 위한 핵심적인 준비이자 그에 대한 반응이 된다.

이런 사고방식은 설교를 최고의 위치에 두는 새로운 위계 질서를 부여하여 신학의 판도를 뒤엎으려는 책략이 아니다. 대신 이런 사고방식은 심장의 수축과 이완처럼 근본적으로 서로 다른 경향을 가진 교회의 두 가지 실천 사이의 생산적이고 분리할 수 없는 관계를 회복한다. 설교의 언어는 말하는 대로 실행되는 언어를 사용하기에("나는 당신을 용서합니다"라는 말을 통해 용서가 바로 일어날 때와 같이) 수행적(performative)이다.

학문적 신학은 앞서 수행적 언어가 어느 정도 배제된다는 점('화해'라는 주제를 자세하게 설명하는 것처럼)을 고려해 볼 때, 형식에 있어서는 더 사변적(reflective)이다. 설교와 신학의 목적도 서로 다르다. 설교는 대체로 담화적이다(discursive). 이것은 교회의 증언에 공헌하고 사람들을 위한 담론의 모델이 되는 "말하기"다. 학문적 신학은 정교함(refinement)을 더 추구한다. 이것은 전통적 지혜를 기반으로 하되 똑같은 증언을 목적으로 행하는 '시험'이다. 설교와 신학은

언어와 목적에 있어서 확실히 겹치는 부분이 있지만, 더 중요한 것은 서로를 필요로 한다는 점이다.

이차 신학을 외면하는 설교는 해롭지는 않더라도 경솔해질 것이며, 일차 신학을 생성하지 못하는 학문적 신학은 무시되지는 않더라도 무기력해질 것이다. 설교자는 회중 가운데서 선포의 일차 신학과 이차 신학 모두를 지지하라고 부름을 받은 현장 신학자다. 그들은 설교를 통해 증언의 촉매제가 되고 신학을 통해 지혜의 보존자가 된다.

2) 올바른 관계

오랜 시간에 걸쳐 검증된 신학과 설교 사이의 연계는 두 영역 사이의 관계를 좀 더 견고하고 역동적이게 만들어 준다. 이 관계는 설교를 신학 그 자체로 간주하면서 시작한다. 신학은 필연적으로 설교단에서 그 성패가 좌우된다. 이를 무시하면 암묵적인 신학적 주장들이 우발적으로 설교에 들어와 설교를 왜곡시킬 위험이 발생한다.

예를 들어, 널리 퍼진 문화적 가치를 무심코 받아들이면 설교에 나름의 신학적 색채가 입혀질 수 있지만, 그런 설교는 사회적 무관심과 자기 보전의 내용으로 가득 차 결국 별다른 유익을 주지 못한다. 온전한 신학적인 설교는 이것을 용납하지 않으며, 이런 주장을 의도적으로 경계한다. 이것이 오래전 다른 장소의 설교들이 신선하게 느껴지는 이유다. 그 설교들은 신적 소망의 지평 한가운데서 인간 고통의 깊이를 진지하게 다룬다. 그들은 설교를 신학적 행동으로 보는 것을 결코 주저하지 않는다.

설교 안의 신학(Theology in the Sermon)

우리는 여전히 이 세상에서 직면하는 기쁨과 슬픔에 대해 달콤한 위로가 아닌 신학적으로 반응해야 하는 이 선포의 임무를 지니고 있다. 그러나 복잡한 교리를 재치 있는 속담으로 간단히 정리하는 것만으로는 이것을 완수해 내지 못할 것이다. 대신 설교자는 '학문적 신학의 사변적 통찰'과 '신학적 설교의 역동적인 표현'의 인접한 두 영역 사이를 오가야 한다.

이런 밀접한 연관성에서, 우리는 설교를 '위한' 신학의 위치를 인식하고 그 가치를 이해하는 법을 다시 배울 수 있다. 학문적 신학을 수행하는 데 필요한 엄격하고 끈기 있는 노력은, 때때로 그것이 일부 사람들을 신학에서 멀어지게 하는 안타까운 일도 일으키지만, 설교를 더 중요한 목표로 삼을 때 오히려 선물이 된다. 직접적 영향력만으로 설교를 평가하려는 충동을 거부하고, 한 걸음 물러서서 천천히 살펴볼 때 큰 유익이 따른다.

학문적 신학은 지속 가능한 신학적 전략을 파악하고, 신학적인 유산과의 연관성을 심화하며, 신학적인 함정을 예상하게 하는 소중한 도구를 설교에 제공한다. 이런 학문적 도구를 인식하고 사용한다고 해서 설교가 학문적 신학의 내적 기준을 당연히 옳은 것으로 받아들일 필요는 없다. 학문적 신학에서 필요한 전문 용어 및 연역적 논리와 구조적 일관성을 추구하는 태도는 청중을 소외시킬 수 있으며 설교의 목적과 충돌할 수 있다.

그러나 우리가 이런 점을 조심한다면, 엄격한 신학적 통찰력은 시간이 지남에 따라 우리 설교를 더 확고하게 만들어 줄 것이며, 역사적이고 전반적인 기독교의 더 깊은 지혜와 조화를 이룰 수 있게 해 줄 것이다. 이런 관계의 수혜자는 설교만이 아니다. 설교가 학문적 신학을 중요하게 인식할 때, 이런 학문성이 교회의 살아 있는 대화와 선교에 뿌리를 내리게 된다.

설교와 학문적 신학이 서로에게 제공하는 독특하고도 중요한 공헌을 다시 회복시킴으로써, 우리는 설교'에서' 신학에 대한 더 건강한 인식을 발전시킬 수 있다. 역사적 사례는 때때로 중대한 신학적 쟁점이 설교에 쉽게 통합되는 것을 보여 준다.

예를 들어, 밀라노의 암브로시우스(Ambrose of Milan)는 교리 문제를 설교에 섬세하고 능숙하게 통합하곤 했다. 그는 동방 박사가 예수님께 드린 황금, 유향, 몰약을 떠올리면서(마 2:11) 다음과 같이 선포했다.

> 하나는 통치자의 징표입니다.
> 다른 하나는 하나님의 권능에 대한 예물입니다.
> 또 다른 하나는 매장될 분에게 바치는 존경의 표시로, 죽은 몸을 파괴하지 않고 보존합니다.

이것은 단순한 알레고리가 아니었다. 암브로시우스는 대신 단순한 사물들을 사용하여 예수님의 인성과 신성을 그분의 죽음의 더 큰 목적에 연결하는 포괄적 기독론을 암시했다. 더 나아가 바로 그다음에 이어지는 말은 이 신학적 암시를 바탕으로 다른 암시로 이어진다.

이런 말씀을 듣고 읽는 우리도 우리 보물

중 작은 일부를 함께 나눕시다. 우리는 질그릇 안에 보물을 가졌기 때문입니다. 그러므로 자신의 존재를 자신에게서 온 것이 아니라 그리스도에게서 온 것으로 여긴다면, 자신의 소유 또한 자신의 것이 아니라 그리스도의 것임을 더욱 깊이 받아들여야 하지 않겠습니까(Expositio Evangelii secundum Lucam. PL 15: 1569.12-21).

마찬가지로 분명한 용어로 말하면, 그리스도에 대한 교리는 결국 인류와 창조 교리 둘 모두를 함의하고 있었다. 암브로시우스는 십자가에 달린 분의 본성이 제자도와 청지기직의 본성을 어떻게 형성하는지 보석 같은 말로 묘사했다. 이 모든 것이 몇 문장 안에서 단순하고도 부드럽게 드러난다. 암브로시우스에게 신학과 설교는 양자택일의 문제가 아니라 상호 보완적인 동반자이기 때문이다. 우리에게 남겨진 질문은 이런 비슷한 통합의 방식을 오늘날 설교에서 어떻게 인식하느냐이다.

3. 설교 전략

1) 신학 수행을 위한 자극

설교는 본질적으로 신학적이지만, 설교자들에게 때로 신학을 좀 더 명확하고 깊이 있게 다룰 특별한 기회가 생기기도 한다. 신학을 이렇게 다루기 위한 자극은 다음과 같다.

첫째, 상황적 자극(situational prompts)
예를 들어, 출생, 질병, 관계의 변화 또는 죽음과 같은 인간 삶의 주기에 뒤따르는 심오한순간들, 그리고 이와 연관된 기독교 의례는 자연스럽게 기쁨, 소망, 상실, 공포, 한계 등에 관한 신학적 질문을 제기한다. 마찬가지로 교회 축제나 사회적 위기 또는 문화적 기념일과 같은 공동체의 중요한 사건들은 하나님의 시간(kairos)과 종말(eschaton)에 관하여 우리 시대를 해석하는 의미 있는 순간이 될 수 있다.

이런 상황들은 추상적인 교리적 질문에 관심을 가지도록 청중을 유도하기보다, 우리가 이미 깊은 관심이 있는 구체적인 종교적 쟁점을 부각한다. 설교는 이런 쟁점들을 정직하게 말하고, 신학적으로 재구성하고, 설득력 있게 다룸으로써, 신앙적 사고 및 말하기 모델을 제시할 수 있는 기회를 얻는다.

둘째, 성경(biblical)
그러나 이 기회는 더 큰 도전이 될 수 있다. 왜냐하면, 성경을 단순히 흥미로운 예화로 사용하거나 설교를 정당화하기 위해 피상적으로 다루는 유혹을 극복해야 하기 때문이다. 이와 반대로, 설교자가 성경을 통해 우리가 살아 계신 하나님과의 관계 안에서 새로운 존재로 자신을 성찰할 수 있도록 이끈다면, 설교는 진정한 신학적 잠재력을 더욱 깊이 실현할 수 있다.

성경은 신학적 내러티브를 위한 출발점을 설교에 제공한다. 우리 세상의 이야기는 그 자체로 종결된 줄거리에 머무르지 않고, 그리스도의 자비와 약속 안에서 새롭게 조명되고 다시 이야기된다.

또한, 성경은 신학적 명료성을 위한 출발점을 설교에 제공한다. 존중은 받지만 여전히 낯선 본문은, 적극적 해석과 정교화 과정 없이 우리의 현대적 관점에 의미 있는 공헌을 하지 못한다. 달리 말해서, 성경은 설교가 하나님의 관점에서 이 세상을 해석하는 신학적 작업을 수행하도록 자극하며, 우리가 여전히 그 거룩한 이야기의 일부임을 확인하는 데 공헌한다. 그러므로 성경이 진정으로 받아들여진다는 강력한 표징은 설교가 신학적 작업을 자연스럽게 수행하는 기회가 된다는 점이다.

셋째, 지역(local)

우리가 주의 깊게 바라보면, 회중이 이미 신학적 주장과 행동으로 가득 차 있다는 것을 알 수 있고, 설교는 바로 이런 주장과 행동들을 신학적으로 다룬다. 이를 위해서는 설교나 목회 활동뿐만 아니라 교회의 삶 전반에 걸쳐 나타나는 일차 신학을 포착할 수 있는 민감성이 필요하다.

또한, 우리는 이런 신학적인 표현을 사람들에게 행동 방식을 지시하는 도덕화(moralizing)의 수단으로 전락시키지 말아야 한다. 대신 현명한 설교자는 특정 공동체의 형태와 관행이 단순한 행위가 아니라, 신뢰, 의미, 가치, 소망, 또는 방향성과 같은 초월적 관심을 암시하고 표현하는 신학적 반응의 표징임을 인식해야 한다. 이런 신학적 설교는 이런 표징들을 단순히 인식하는 데 그치지 않고, 그것들을 신학적으로 탐구할 가치가 있는 것으로 여기면서 더 큰 전통에 기반한 신학적 분별력을 통해 다룬다. 그래서 이런 지역적 사례들은 설교가 신학적으로 더 큰 활력을 얻는 또 다른 방식이 된다.

2) 신학을 보여 주는 방식

위에서 언급한 자극을 인식한다면, 이런 신학은 실제로 설교에서 어떤 모습으로 드러날까?

그것이 드러나는 한 가지 방법은 언어의 형태를 통해서이다. 우리는 학문적 신학을 왜곡 없이 설교 안에 가져올 수 없다는 점에 주목했다. 동시에 설교는 선포되는 신비의 무게를 전달하는 데 실패하지 않도록 단순화된 용어 이상의 신학을 수행해야 한다. 설교 안의 신학은 사건을 일으키는 역동적 언어(개념을 숙고하는 말이 아니라 하나님과의 만남을 더 불러일으키는 말)가 필요하다.

그러므로 설교는 종종 줄거리가 있는 이야기, 다의적 이미지, 탐구적 대화 등을 사용하여 시간 흐름 속에서 발전해 가는 하나님과 인간 사이의 복잡한 관계를 전달한다. 이렇게 함으로써 신학은 대화의 진전을 방해하는 고정된 주장이 아니라, 우리가 거주할 수 있는 언어의 세계로 들리게 된다. 그 언어의 세계는 우리가 하나님을 만날 수 있는 실제 경험의 기반을 형성한다.

또 다른 더 미묘한 방식으로 신학이 설교에서 드러나는 방법은 구조적 패턴을 통해서이다. 회중 안에서 반복적으로 나타나는 주요 신학적 주제를 발견하고, 이를 향후 설교에서 예상하며 다루는 데에는 시간이 필요하다. 마찬가지로 한 편의 설교에서도 효과적인 신학적 만남이나 구조를 형성하는 데도 시간이 걸린다.

요점은 설교자들이 설교의 기저에서 신학이 어떻게 기능하는지를 점차 인식하게 된다는 점이다. 이는 우리가 반복적으로 다루는 심층적 주제들에서부터 실제로 말하는 내용을 뒷받침하는 사고의 흐름에 이르기까지 설교 전체 과정에 스며 있는 패턴을 통해 드러난다. 시간이 흐르면서 설교자들은 이런 패턴들이 상투적이거나 진부해졌는지, 아니면 여전히 유익한지를 솔직하게 평가할 수 있게 된다.

신학이 드러나는 마지막이자 아이러니한 방법은 훈련된 절제를 통해서이다. 우리는 한 편의 설교에서, 또는 계속 이어지는 설교에서 모든 신학적 주제를 다룰 수 없다. 설교자는 어떤 관심이 가장 시급한지 또는 의미가 있는지를 결정해야 한다. 그래서 이런 신학적 절제는 설교가 지속적인 신앙적 대화 속에서 단지 하나의 촉매적 순간에 불과하다는 겸손함을 반영한다.

실제로 특정 설교에서 다루지 못한 내용은 교육, 상담, 교제와 같은 교회생활의 다른 영역에서 신학적으로 더 적절하게 다룰 수 있다. 교회 전통에서 비롯된 이차 신학에 근거해 있는 설교자들은 설교 이외의 영역에서 일차 신학을 실천할 다른 기회에 관심을 가진다. 그래서 설교를 마무리할 때, 대화가 확장되도록 열린 방식으로 끝내는 것이 더 중요해졌다. 그렇게 함으로써 우리는 설교 안에서 신학의 자리를 인식하고, 교회의 언어로서 신학의 가치를 회복할 수 있다.

참고 주제 교리적 설교; 설교(신학)비평; 조직, 구성신학; 가르치는 설교; 주제 설교

참고 문헌 Ronal J. Allen. *Preaching Is Believing: The Sermon as Theological Reflection*. (2002); Burton Z. Cooper and John S. McClure. *Claiming Theology in the Pulpit*. (2003); Gerhard O. Forde. *Theology Is for Proclamation*. (1990); Aidan Kavanagh. *On Liturgical Theology*. (1984) (; Leonora Tubbs Tisdale, *Preaching as Local Theology and Folk Art*. (1997); Paul Scott Wilson. "Theology in the Sermon." *The Practice of Preaching*. (1995) 82-97.

선포의 신학(Theology of Proclamation)

제임스 F. 케이(James F. Kay)

20세기는 종교개혁 이후로 기독교 선포에 관한 신학적 논의가 가장 활발했던 시기로 볼 수 있다. 신학자들이 전례 없는 변화의 시기에 기독교의 가르침과 설교를 안내할 규범적 기준을 분명히 제시하려고 함에 따라, 성경에 증언된 기독교 메시지의 형태와 내용을 성찰하는 일이 다시 신학의 주요한 주제가 되었다.

전 세계 교회에 영향을 끼친 신약 신학자 루돌프 불트만(Rudolf Bultmann, 1884-1976)과 스위스의 개혁파 교의학자 칼 바르트(Karl Barth, 1886-1968)의 저작들은 개신교 설교학뿐만 아니라 제2 바티칸 이후에 집필된 로마가톨릭 설교학 교재에도 큰 영향을 끼쳤다. 그 결과, 에른스트 푹스(Ernst Fucks, 1903-1983)와 게르하르트 에벨링(Gerhard Ebeling, 1912-2001)의 후기 불트만주의 신해석학은 데이비드 제임스 랜돌프(David James Randolph)와 프레드 크래독(Fred Craddock)에 의해 북미의 새로운 해석학(New Homiletic)으로 전이되었다. 새로운 설교학은 여러 해

방신학자, 상황주의자, 후기 자유주의 신학자들의 지속적 도전에도 불구하고 상당히 주목받았다.

1. 선포: 예비적 고려 사항

'선포'(proclamation)라는 영어 명사는 라틴어의 *proclamatio*와 이와 관련된 동사 *proclamare*에서 유래했다. 이 라틴어 배후에 그리스어 동사 케루소(*Kerysso*)가 있으며, 이는 보통 "포고하다"(to herald)나 "선포하다"(to proclaim)로 번역된다(고후 4:5절). 또한, 이와 관련된 명사 케리그마(*kerygma*)는 "선포"나 "설교"를 의미한다(롬 16:25, 고전 2:4, 15:14절). 케리그마는 선포의 행동(고전 2:4절)이나 그 선포의 내용(고전 15:14절)을 의미할 수 있다. 이 용어는 또한 권한을 부여받은 메신저 또는 "전령"(딤전 2:7; 딤후 1:11)을 통해 이루어지는 지정된 선포를 뜻한다. 이들은 때때로 "사도" 또는 "보냄을 받은 자"(롬 16:7; 고전 9:5; 고후 11:5, 13; 12:11-12)라고도 불린다. 여기서 바울은 설교자를 군주의 지시를 선포하거나 주권자의 임박한 도착을 알리기 위해 왕실의 수행원보다 먼저 급파된 전령으로 묘사한다.

이처럼 전령은 "자기 자신"을 선포하지 않는다(고후 4:5). 그들은 그들의 통치자가 승인한 내용만을 선포한다. 군주가 전령의 입을 통해 말하는 것은 마치 특사가 국가 원수의 권위 있는 메시지를 전달하는 것과 같다. 이런 이유로 바울은 다음과 같이 선언할 수 있었다.

그러므로 우리가 그리스도를 대신하여 사신이 되어 하나님이 우리를 통하여 너희를 권면하시는 것같이(고후 5:20).

케루소의 동의어는 "복음을 전하다"(고전 15:1-2)라는 뜻의 유앙겔리조(*euangelizo*)다. 바울은 케리그마를 유앙겔리온(*euangelion*, "기쁜 소식"이나 "복음")으로 표현하면서 이사야 52:7(롬 10:15 참고)과 61:1-3을 떠올리게 만든다. 기독교 메시지가 무엇이든지 간에, 이 표현은 유익하고 시의적절하다고 말할 수 있다. 올바르게만 이해된다면, 선포된 케리그마는 피조물에게 해가 되거나 시의적절하지 못하다고 여겨질 이유가 없다.

기독교의 메시지는 긴급하게 선포되어야 하며(사 49:8을 떠올리게 만드는 고후 6:2), 이것은 청중과 세상의 유익을 위해 중요하다. 게다가 이 메시지는 교회가 지어낸 내용이 아니다. 이것은 교회가 "받은 것"이고 교회는 그 메시지 위에 "서 있다"(고전 15:1). 이런 이유로 바울은 기원을 나타내는 속격(genitive)을 사용하여 복음을 "하나님의 복음"이라고 표현한다(롬 1:1).

2. 선포에 대한 자유주의 개신교의 영향

선포와 관련된 20세기 신학적 성찰의 요람은 알브레히트 리츨(Albrecht Ritschl, 1822-1889)의 독일 자유주의 개신교였다. 리츨의 신학적 후계자들 가운데 아돌프 폰 하르낙(Adolf von Harnack, 1851-1930)과 빌헬름 헤르만(Wilhelm Herrmann, 1846-1922)은 바르트와 불트만의 스승이었다. 자유주의는 계몽주의 이후 기독교의 역사적 기원을 재구성하고, 새롭게 등장한 역사과학의 기준에 따라 기독교 신앙을 재해석하려는 시도였다. 이것은 설교에 막대한 영향을 끼쳤다.

1) 성경 무오성에 대한 도전

성경은 더 이상 오류 없는 영감받은 "하나님 말씀"으로 여겨지지 않고, 오랜 시간 동안의 형성 과정을 거치며 변화하는 역사적 환경을 반영하는 다양한 관점을 담은 종교적 저술들의 모음집으로 인식되었다. 예를 들어, 문학비평과 역사비평은 모세오경이 모세의 저작이 아니라 여러 자료의 산물이며, 최종 편집은 포로기 이후에 이루어졌다는 사실을 밝혀냈다.

2) 초자연적 신적 대리인에 대한 거부

자유주의는 계몽주의와 보조를 맞추어 신적 대리인에 대한 초자연주의적 개념을 거부했다. 세상에 대한 과학적 이해는 내재적 인과 관계의 불가침성을 고수하면서 역사에 대한 신적 개입을 비정상적이고 불합리한 것으로 여겼다. 그래도 자유주의는 역사적 과정에서 하나님을 완전히 제거한 이신론(Deism)과는 달리 역사 과정 자체를 세상 속에서 하나님의 계시나 활동으로 이해했다. 성경이 적절한 역사적 시대의 틀 안에서 해석될 때, 사람들은 그 사상이 점진적으로 발전하는 과정을 볼 수 있다.

성경을 역사적으로 읽으면, 이스라엘 족속이 유일신 야웨를 섬기는 배타적 단일신교(henotheism)에서 온 인류를 위한 한 분 하나님을 선포한 이스라엘 예언자들의 위대한 유일신교(monotheism)로 나아가는 과정을 볼 수 있다. 이 움직임은 이스라엘 예언자 중 예수님만이 하나님의 세상 통치에 따른 하나님 사랑과 이웃 사랑을 자신의 삶과 사역을 통해 완벽히 구현하셨으며, 그분의 가르침에서 절정을 이루었음을 잘 보여 준다. 예수님은 이 메시지에 충실하다가 십자가에 달리셨다. 그분의 부활은 비교할 수 없는 그분의 인격이 역사 속에서, 그리고 역사를 통해 하나님의 통치가 점진적으로 이루어지도록 지속해서 영향을 미치고 있음을 보여 주는 방식이라고 말할 수 있다.

3) 대계명의 구현자로서의 예수 그리스도

미국에서 자유주의 신학의 대중적 옹호자는 뉴욕시에 있는 리버사이드교회(Riverside Church)를 창립한 헨리 에머슨 포스딕(Harry Emerson Fosdick, 1878-1969)이었다. 그는 〈성경의 현대적 활용〉(The Modern Use of the Bible)이라는 주제로 열린 1924년 비처 강연(Beecher Lectures)에서 고전적 명언을 남겼다.

포스딕에게 기독교의 선포는 하나님을 사랑하고 이웃을 자기 몸과 같이 사랑하라는 대계명이며, 역사적 예수는 그런 사랑이 실제로 가능하다는 것을 보여 준 비교할 수 없는 본보기이자 기쁜 소식이다. 더 나아가 우리는 예수님이 구현하신 이 이상에 우리 자신을 바칠 때, 역사는 하나님 사랑과 이웃 사랑이 승리하는 그날을 향해 나아가며, 우리는 그 여정에 주님과 동행하게 된다.

이런 패러다임에서 현대 기독교인들을 초기 기독교인들과 연결하는 것은 주님(Lord), 그리스도(Christ), 로고스(Logos)와 같은 정통적 기독론 표현들, 고대의 교리들,

신화적 모티프들이 아니다. 이것들은 모두 예수님보다 훨씬 이전에 이미 고대 근동과 그리스-로마 세계에 존재했었고, 그 이후 꽤 다양한 상황에서 예수님께 적용되었다. 그래서 시간을 초월해 지속되는 기독교의 메시지는 이런 변화하는 범주들에서 비롯되는 것이 아니라, 처음에 이런 범주들을 유발한 비교할 수 없는 예수님의 인격에 대한 지속적 경험에서 비롯된다.

이런 이유로, 포스딕과 이후 마틴 루터 킹 주니어(1929-1968)와 같은 자유주의자들의 설교는 기독교적 삶과 제자도의 모범으로서 예수님의 삶과 사역에 집중했고, 도덕적 훈계에 자유롭게 참여했으며, 평화, 사랑, 정의의 하나님 나라가 세상에 임하고 있다는 가시적 증거를 통해 미래를 낙관적으로 전망했다.

3. 자유주의에 대한 불트만의 비평

루돌프 불트만은 자유주의를 신약 케리그마에서 역사적 요소와 신화적 요소를 구분하는 데 유용한 접근법으로 이해했지만, 의도적으로 자유주의가 실패한 지점을 끊임없이 드러내고자 했다(Kay 2000, 84).

1) 역사의 부적절성

자유주의의 실수는 신약의 선포가 예수님의 구속적 의미를 역사주의적 관점, 즉 세상에 잠재된 가능성을 실현하는 일로 이해하지 않았다는 사실을 인식하지 못한 데 있었다.

오히려 신약의 선포는 그분의 오심이 최후 심판이나 세상의 끝날에 대한 전조라는 종말론적 의미에서 예수님을 이해한다. 이것은 바울의 편지 곳곳에 요약된 형태(예를 들어, 롬 6:10; 8:34; 10:9, 14:9; 고전 15:3-5; 고후 5:15; 13:4; 빌 2:6-11; 살전 4:14)로 스며들어 있는 그분의 십자가-부활 선포의 묵시적 언어에 포함되어 있다. 이는 또한 공관복음이 전해 주는 내용이며, "위로부터"(from above) 세상에 임하신 신성한 계시자에 관해 말하는, 영지주의에서 유래된 제4 복음서(요 1:1-14; 8:23)의 개념과 틀에서도 드러난다.

2) 하나님의 종말론적 구원으로서의 예수 그리스도

달리 말해서, 하나님 나라를 선포하셨던 유대인 예언자 나사렛 예수님은 기독교의 역사적 전제이지만, 기독교 신앙의 진정한 원천이자 규범은 십자가에 못 박혔다가 부활하신 이 예수님의 운명에 관한 또는 하나님의 종말론적 구원 사건에 관한 선포다. (하나님 나라의) 선포자는 (교회의) 선포 대상이 되었고, 기독교 신앙은 오직 후자의 선포에서 비롯된다.

그러므로 자유주의자들이 역사적 예수와 그분의 메시지를 묘사하면서 묵시적이고 영지주의적인 신화를 제거했을 때, 그들은 의도치 않게 기독교 신앙의 종말론적 본질을 제거하여 구원에 있어서 예수님의 중요성을 간과해 버렸다. 이런 결과, 종말론적 구원의 메시지가 처음에는 신화적 언어로 선포되었음에도, 교회가 어떻게 그 메시지를 계속 선포할 수 있었는지가 쟁점이 되었다. 이것은 단순히 학문적 문제가 아니라, 복음을 설교한다는 것의 본질적 의미와 직결된 문제였다. 불트만의 해결책은 신약 케리그마에 대한 실존주의적 해석을 주장하는 것이었으며, 이것이 "비신화화"로 알려진 해석학적 프로그램이었다.

3) 비신화화

이 "비신화화"는 신약의 신화가 문자적으로 제시하는 속죄의 희생물, 되살아난 몸, 처녀 탄생과 같은 객관화된 실체들을 다루는 것이 아니라, 그런 신화적 구조가 상징하는 존재에 대한 이해를 다룬다는 전제를 기반으로 한다. 그래서 설교자는 복음의 낡은 우주적 개념을 현대의 실존적 개념으로 번역하여 전달해야 한다. 예를 들어, 바울이 말하는 그리스도의 십자가가 물리친 우주적 권세에 대한 신화(고전 2:6-8; 골 2:13-15과 비교하라)는 이 세상의 규범과 패턴, 지나간 과거, 고통과 죽음의 위협 속에서 자신을 지키려는 헛된 시도에 사로잡힌 상태를 표현하는 하나의 방식이다.

4) 옛 생활에 대한 죽음으로서의 십자가 처형

그러므로 "그리스도와 함께 십자가에 못 박혔다"(갈 2:19-20; 5:24; 6:14)는 것은, 세상을 의존하는 우리의 잘못에 대한 하나님의 심판을 받아들이고, 죽음을 두려워하지 않으며 미래를 포용할 수 있도록 하나님의 자유를 받아들이는 것을 의미한다. 우리의 과거를 심판하고 우리를 옛 생활로부터 돌아서게 하는 말씀은 우리를 다시 창조하는 말씀, 즉 "구원을 주시는 하나님의 능력"(롬 1:16)이다.

신앙이란 지금 여기에서(here and now) 종말론적 실존 속으로, 이웃에 대한 사랑 속으로, 그리고 더 이상 죽음의 권세에 의해 결정되지 않는 자유 안으로 들어가는 것을 의미한다. 그래서 예수님의 부활은 단순히 죽은 몸의 소생을 의미하지 않는다. 이것은 십자가의 말씀이 참된 실존을 향한 호소로 다가갈 때, 그 말씀이 청중 안에서 살아 움직이며, 선포된 심판과 은혜가 그들 안에서 역사한다는 것을 나타내는 방식이다.

불트만은 우주적 개념을 실존주의적 개념으로 번역함으로써, 그리스도-신화(Christ-myth)가 오늘날에도 여전히 한 개인을 진정한 존재로 변화시키는 그리스도-사건(Christ-event)으로 선포되고 경험될 수 있음을 보여 주었다. 그래서 불트만의 마르부르크(Margburg) 설교와 미국에서의 폴 틸리히(Paul Tillich, 1886-1965) 설교에서 우리는 "두 시대"(the two ages)의 묵시적 이원론이 결단의 이원론(하나님과 이웃을 위한 새로운 자유의 삶을 살기 위해, 우리에게 절대적 충성을 요구하는 영원하지 않은 모든 주장에 대한 의존을 포기하라는 분명한 소명)으로 전환된 점을 발견한다.

4. 그리스도-사건에서 말씀-사건으로

1) 신해석학

최근의 북미 설교학 이론에 지대한 영향을 준 1950년대와 1960년대의 후기 불트만주의 신해석학(the post-Bultmannian new hermeneutic)은 불트만의 결론을 기독교 선포에 대한 성찰의 출발점으로 삼는다.

(1) 더 확대된 비신화화

예를 들어, 신해석학은 기독교 케리그마에 대한 실존주의적 해석의 필요성을 인정하지만, 불트만의 비신화화 프로그램을 한층 더 발전시킨다. 불트만이 부활하신 그리스도를 현대적 복음 선포를 통해 발휘되는 수행적 작용(performative agency)과 동일시할 때, 신해석학은 그가 여전히 평범한 설교 언어를 비범하고 효과적으로 만드는 하나님의 초자연적 행위에 의존하고 있다고 본다. 그래서 불트만의 사상에는 일종의 "언어의 마법"에 해당하는 신화적 잔재가 남아 있다.

(2) 케리그마의 수행 능력

이와 반대로, 마르틴 하이데거(Martin Heidegger, 1889-1976)의 언어에 대한 성찰에 영향받은 신해석학은 케리그마의 수행 능력이 언어 자체 안에 내재해 있다고 보는데, 이는 언어가 본질적으로 부재한 것을 존재하게 만들고, 감춰진 것을 드러내며, 새로운 미래를 열어 가는 능력을 갖추고 있기 때문이다. 설교자의 임무는 단순히 말씀을 해석하는 것이 아니다. 말씀을 통해 존재를 해석하는 것이다. 이것이야말로 언어의 진정한 기능이다. 그래서 기적적인 그리스도-사건(Christ-event)에 의존할 필요가 없다.

오히려 기독교 메시지의 능력은 말씀-사건(Word-event)에 있다. 이 말씀-사건을 통해서, 역사적 예수의 설교에서 자기를 드러내신 하나님은 오늘날 우리 설교에서도 자기를 드러내시고 역사하신다.

(3) 하나님 말씀에 대한 신뢰로서의 신앙

비유를 통해 예수님이 선포하신 하나님의 통치는 미래에 일어날 묵시적 사건으로서가 아니라 하나님의 '가까이 계심' 또는 직접 임재로서 하나님의 통치다. 이는 불안이 아니라 하나님에 대한 신뢰와 이웃 사랑이 원동력이 되는 삶의 방식을 요구한다.

예수님의 발걸음으로부터 시작된 이 신앙의 길에 들어서는 것은 기독교인이 된다는 것을 의미하고, 이와 같은 메시지를 선포하는 것은 기독교의 설교자가 된다는 것을 의미한다. 이런 바탕 위에서, 예수님의 부활은 그분의 사역과 메시지를 통해 선포된 하나님 말씀이 그분의 죽음 이후에도 여전히 승리하고 있음을 확인하는 한 방식일 뿐이다. 이런 방식으로, 예수님의 설교는 "예수 케리그마"로 불리며, 바울이 요약하고 공관복음서의 수난 기사가 언급한 그리스도-케리그마를 해석하는 기능을 한다. 더 나아가 이것은 현대의 기독교 선포를 위한 궁극적 원천과 규범으로서 그리스도-케리그마를 대체한다.

2) 새로운 설교학

새로운 설교학은 신해석학의 통찰을 설교 실천에 활용하고자 했다. 언어를 도구적이고 지시적인 의미 전달로 이해하던 관점에서 벗어나, 존재가 드러나고 진정한 인간 존재가 조명되는 장소나 매개체로서 이해하는 하이데거의 사고 전환에 발맞추어, 새로운 설교학은 더 이상 명제적 또는 관념적 내용을 강조하는 "설교가 무엇을 말하는가"가 아니라 "설교가 무엇을 행하는가"에 초점을 맞춘다.

의사소통의 인지적(cognitive) 차원보다 수행적(performative) 차원이 더 우선시됨에 따라, 설교는 '기독교 메시지에 대한 해설'에서 '그 메시지를 실행하는 것'으로 새롭게 인식되고 있다. 여기서 하나님의 나라가 가장 완전하게 표현된 예수님의 설교와 비유는 설교를 위한 새로운 예술적 규범으로 제시된다. 예수님의 비유를 설교학적 모델로 선택할 때, 설교가 말하려고 하는 것과 행하려고 하는 것 사이의 격차는 사라진다. 비유는 인간 존재와 관련된 하나님 나라를 말할 뿐 아니라, 그 나라를 새로운 가능성으로 제시하면서 새로운 삶의 방식을 보여 주기 때문이다.

비유는 지적 추상성보다는 '구체성'이나 경험적 구현을 선호한다는 점을 보여 주기에, 잘 구사된 이야기는 단순한 요점의 설명이 아니라 그 자체가 요점이 될 수 있고, 간접적이고 암시적인 담론은 논리적으로 정확한 논증보다 더 쉽게 변화를 불러오는 만남으로 이어지고, 청중을 존중하는 초대의 어조는 명령을 지키라는 호통보다 더 효과적이다.

새로운 설교학의 전형적 특징인 이런 관점은 프레드 크래독과 바바라 브라운 테일러의 설교 방식에 많은 영향을 주었다.

3) 새로운 설교학에 대한 반대 목소리

신해석학이 북미의 설교학 이론과 설교를 재형성하는 데 대단한 성공을 거두었음에도, 기독교 선포를 적절하게 설명하는 데 있어 그 적합성에 관해 몇 가지 문제가 제기될 수 있다.

(1) 사회적, 정치적 관련성에 대한 필요

위르겐 몰트만(Jürgen Moltmann)과 도로시 죌러(Dorothee Soelle, 1929-2003)의 정치 신학, 레베카 춥(Rebecca Chopp)이 발전시킨 페미니스트 선포 신학, 칼 바르트의 고전적 교의학, 찰스 캠벨(Charles L. Campbell)의 새로운 후기 자유주의 설교학 등은 각각 다양한 이유로 불트만과 신해석학 그리고 새로운 설교학에서 전형적으로 나타나는 실존주의적 복음의 축소를 거부한다.

불트만과 후기 불트만주의 전통에 대해 문제를 지적하는 비평가들에게, 진정한 복음 선포는 해방을 위한 변혁의 대항문화적 공동체로서 교회를 형성하고 건설하는 복음의 능력을 간과하고 복음의 사회적, 정치적 관련성을 간과하는 한 이루어질 수 없다.

새로운 설교학이 지향하는 설교에서 그러하듯, 실존주의의 자율적 개인주의가 기독교 선포의 사회, 정치적 연관성을 간과할 때, 복음의 구원 범위와 보편적 비전이 심각하게 약화될 수 있다. 이런 이유로, 성경 내러티브의 공동체 형성 능력을 강조하는 월터 브루그만의 후기-자유주의적 설교와 사회 윤리의 시금석으로서 그리스도의 십자가를 끊임없이 강조하는 프레밍 러틀럿지(Fleming Rutledge)의 설교는 오늘날 북미 설교에서 일반적으로 나타나는 것보다 복음의 정치, 문화적인 관련성을 더 강력하게 강조한다.

(2) 성령의 역할

바르트의 전통은 삼위일체 교리에 따라 신해석학이 언어의 타고난 능력 덕분이라고 여겼던 관점(하나님을 언어적 사건 또는 실체라고 간주하는 것)을 성령의 조명 덕분이라고 본다. 그래서 새로운 설교학이 선호하는 해석학적 작업은 성령의 은사를 대체하는 것으로 간주될 수 있다. 이런 이유로 다음과 같은 질문이 제기된다.

그것은 십자가-부활의 케리그마 단독으로, 혹은 비신화화 여부와 상관없이 예수님의 케리그마 단독으로, 제4 복음서(예를 들어, 요 14:16-17, 26)에서 증언되고 사도행전(예를 들어, 2:14-36)의 사도적 설교에서 드러나며, 한 분 하나님을 성부, 성자, 성령으로 묘사하는 복음서 내러티브(마 3:13-17; 막 1:9-11; 눅 3:21-22; 요 1:29-34)의 삼중 지시성(threefold referentiality)을 통해 나타난 성령의 계시적 활동을 충분히 설명할 수 있는가?

이와 관련해 오순절파 설교에서 발견되고 제임스 포브스(James Forbes)의 설교에서 두드러지는 성령의 사역에 대한 강조는 복음의 구원적 선포의 근원과 목표가 되시는 하나님에 대한 축소된 이해도 교정할 수 있을 것이다.

참고 주제 성령과 설교; 수행적 언어; 선포로서의 설교; 하나님 말씀

참고 문헌 Paul Achtemeier. *An Introduction to the New Hermeneutic*. (1969); Karl Barth. *The Word of God and the Word of Man*. (1957); Rudolf Bultmann. *New Testament and Mythology and Other Basic Writings*. (1984); Charles L. Campbell. *Preaching Jesus: New Directions for Homiletics in Hans Frei's Postliberal Theology*. (1997); Rebecca Chopp. *The Power to Speak: Feminism, Language, God*. (1989); Fred B. Craddock. *As One Without Authority*. Rev. ed. (2001); Harry Emerson Fosdick. *The Modern Use of the Bible*. (1924); James F. Kay. "Bultmann, Rudolf (1884-1976)." *The Oxford Companion to Christian Thought*. Edited by Adrian Hastings, Alistair Mason, and Hugh Pyper. (2000) 83-84; David James Randolph. *The Renewal of Preaching*. (1969); Fleming Rutledge. *The Bible and the New York Times*. (1999).

삼위일체(Trinity)

마이클 퀵(Michael J. Quicke)

일부 설교자들은 삼위일체를 문제가 많고, 지나치게 기술적이며, 뚜렷한 성경적 근거가 부족할 뿐 아니라 실천적 의미가 적은 무미건조한 신학으로 보기도 한다. 그러나 20세기의 많은 신학자가 삼위일체를 생동감 있는 교리로 재조명하면서 새로운 관심을 불러일으켰다. 1년에 한 번 삼위일체 주일에 이런 주제를 소극적으로 다루기보다(모든 성서정과 본문이 삼위일체와 별로 상관없어 보일 때), 설교자들은 일상적 설교에서 삼위일체적 사고와 언어로 이 주제를 다룰 필요가 있다.

성경의 삼위일체 및 초기 교회의 고전적 용어와 모델은 설교의 언어, 내용 그리고 실천에 지속해서 영향을 미친다. 삼위일체

삼위일체(Trinity)

적 방식으로 설교하지 않는다면, 하나님의 묘사는 왜곡되고, 구원과 예배의 이해는 빈약해지고, 설교의 내용과 실천에 필요한 중요한 생동감은 사라진다.

1. 성경에 나타난 삼위일체

'삼위일체'(Trinity)라는 말이 성경에 등장하지 않지만, 이에 대한 개념은 신약 전체에 스며 있다. 구약의 유일하신 하나님이 예수 그리스도 안에서 사도들을 만나 주셨다는 부활 이후의 확신에 근거하여, 역사적 예수는 요한복음 20:28과 같은 초기 신앙고백에서 신적 존재로 인식된다. 즉, "나의 주님이시오 나의 하나님이시니이다"라는 고백은 히브리어 '야훼'의 그리스어 번역이 '예수'에 적용된 사례다. 또한, 사도들은 오순절에 교회가 생동감 있게 태동하면서 성령의 인격("다른 보혜사"[요 14:16])을 경험했다(행 1:8; 2:1-4, 32-33).

복음서들은 예수님의 사역에서 하나님의 세 위격 간의 밀접한 연관성을 기록한다. 특히, 수태고지(눅 1:35)와 세례(눅 3:21-22) 이야기를 보라. 예수님은 성부(눅 10:22; 요 5:18-23)와 성령(마 12:28)과의 독특한 관계에 관해 말씀하셨다. 요한복음은 성부와 성자의 연합(10:29-30; 14:9-10)과 예수님이 성령을 보내신다는 점(16:7-15)을 강조한다. 마태복음 28:19은 삼위일체에 관한 진술을 가장 명확하게 제공한다. 각 이름 앞에 정관사를 붙임으로써, 성부, 성자, 성령이라는 단수성과 복수성을 동시에 강조한다.

신약성경 저자들은 빌립보서 2:9-11(사 45:23)과 로마서 10:11(사 28:16)과 같은 구절에서 구약의 구절들을 예수님께 직접 적용했다. 서신서 안에는 고린도후서 13:13의 축복문에서 보는 것처럼, 삼위일체에 관한 명시적 언급이 간혹 등장한다. 골로새서 1:19과 요한일서 1:3에서처럼 성부와 성자는 구별되어 언급된다. 특히, 구원의 사역에 관한 삼위일체의 역할을 다룬 좀 더 긴 구절들도 있다(롬 8:3-4, 15-17; 고전 1:4-7; 2:4-5; 6:11; 12:4-6; 고후 1:21-22; 갈 4:4-6; 엡 1:13-14; 3:16-19; 4:4-7; 살전 1:2-6; 살후 2:13 참고하라. 또한, 다른 서신서 벧후 1:2; 유 20-21절을 참고하라). 삼위일체적 함의는 신약 성서 곳곳에서 발견된다.

엄격한 유일신교 사상을 내포한 구약에서도 도발적인 복수적 표현들이 발견된다(출 20:2-7; 신 6:4). 특히, 창세기 1:26-27이 중요하다.

> 하나님이 이르시되 우리의 형상을 따라 우리의 모양대로 우리가 사람을 만들고 … 하나님이 자기 형상 곧 하나님의 형상대로 사람을 창조하시되 남자와 여자를 창조하시고…(창 1:26-27).

남자와 여자로 창조된 인류는 하나님의 위격적 상호 교제를 반영하며, 이는 복수성 안에서의 연합을 보여 준다. 복수적 언어(창 3:22; 11:7)는 성령(창 1:2), 주님의 천사(창 16:7-14; 22:11; 출 3:2-6; 삿 13:2-22), 세 명의 방문자(창 18:1-9), 그리고 지혜(잠 8장)의 역할 등의 예에서 보는 것처럼, 흥미롭게도 인격화된 모습으로 표현된다.

성경의 하나님은 삼위일체이신 분(triune)이고, 기독교 신앙은 삼위일체적(Trinitarian)이다. 설교자들은 이 교리에 진지하게 주의를 기울이면서 몇 가지 구체적 삼위일체 본문을 탐구하는 법을 배워야 한다(뒷부분의 설교 사례 참고). 삼위일체를 드러내는 내러티브(예를 들어, 눅 1:35; 3:21-22)와 하나님의 삼위일체적 행위를 통합적으로 가르치는 교리(롬 8장과 같이)는 하나님의 삼위일체적 본성을 강조하기 위해 의도적으로 발전시켜야 한다.

그러나 삼위일체적 틀이 하나님에 대한 기독교적 이해를 구조화하기 때문에 예배와 기독교적 삶의 어떤 측면도 삼위일체와 무관한 것으로 이해되어서는 안 된다. 삼위일체적 틀은 설교 본문이 무엇이든 설교자의 언어에 근본적인 영향을 미쳐야 한다.

2. 교회사 속의 삼위일체

성경으로부터 삼위일체 교리를 정립하는 것이 복잡하고 힘든 신학적 과정이었지만, 그 결과, 성부와 성자 간의 영원한 관계가 계시와 구원에 본질임을 강조했던 니케아-콘스탄티노플 신조(Nicene-Constantinople Creed, CE 381년)가 탄생했다. 하나님은 본질적 존재(ousia) 안에서 한 분이지만, 성부, 성자, 성령의 세 위격(hypostases) 안에서 영원히 존재하신다는 교리의 정립은 이후 계속되는 신학적 성찰의 기초가 되었다. 교회가 이를 주제로 논쟁하는 동안, 다양한 모델과 용어가 등장했으며, 이것들은 초기 학자들이 직면했던 다른 문제들과 함께 오늘날 설교자들에게 흥미 있는 주제로 남아 있다.

1) 두 가지 모델

일반적으로 서방교회는 하나님의 단수성(신격의 일체성 또는 일원성)을 강조하는 경향이 있었다. 중요한 사상가 중에는 삼위일체라는 용어를 처음 사용(Olson and Hall 2002, 29)한 터툴리안(Tertullian, CE 160-225년)과 삼위일체를 인간 정신의 세 가지 차원(기억, 이해, 의지)으로 비유했던 아우구스티누스(CE 354-430년) 등이 있다.

이와 반대로, 동방정교회는 복수성, 즉 하나님의 삼위성에서 시작했다. 초기에는 두 위격(성부와 예수)의 완전한 공존을 강조했고, 나중에는 성령의 위격에 대한 강조가 추가되었다. 카파도키아 교부들, 즉 바실 대제(Basil the Great, 대략 330-379년), 나지안주스의 그레고리(Gregory of Nazianzus, 329-389년), 닛사의 그레고리(Gregory of Nyssa, 대략 330-395년)는 여기에 큰 영향을 끼쳤던 사상자들이다. 이들의 사상은 니케아-콘스탄티노플 신조를 정립하는 데 중요한 역할을 했다.

일원성과 복수성 사이의 긴장은 두 가지 모델을 탄생시켰다.

첫째, 내재적 삼위일체 모델(immanent Trinity, 때때로 존재론적, 심리적, 혹은 개인적 모델로 불림)은 하나님을 단일성 안에서 삼위적 존재로 설명했다. 창조와는 별개로 세 위격이 공유하는 하나님의 내적 역동성은 신성의 본질적 속성에 초점을 맞추며 하나님의 자유와 구원의 은혜를 강조한다.

둘째, 경세적 삼위일체 모델(economic Trinity)은 세 위격 안에 계신 하나님이 창조와의 관계에서(창조 행위 자체 안에서, 그리고 성육신, 십자가 처형, 부활, 오순절 성령 강림을 통해) 어떻게 가장 명확하게 드러나는지를 설명한다. 이 모델은 세 위격의 관계성과 참여를 강조함으로써, 특히 성 빅토르의 리처드(Richard of St. Victor, CE 1173년 사망)가 발전시킨 사회적 삼위일체 모델을 위한 기초를 마련했다(Olson and Hall 2002, 57). 이 모델은 오늘날 매우 큰 영향력을 행사하고 있다.

한 분 하나님의 일체성과 세 위격의 개별성 모두를 보존하는 데 매우 중요한 교부들의 페리코레시스(pericōresis) 교리(이후 8세기에 다마스쿠스의 존에 의해 발전됨)는 삼위일체의 위격들이 서로 독립적으로 분리된 존재가 아니라 상호 내주하며(요 10:38; 14:8-11), 서로에게 속해 있고, 서로에게 생명을 공급하며, 그래서 상호 관계를 통해서만 경험될 수 있다고 주장한다. 그들의 상호 관계성 때문에 어떤 위격도 서로 분리되어 행동하지 않는다.

예를 들어, 창조 과정에서 성부는 창조자이시지만, 성령이 이 창조에 관여하신 것처럼(시 104:30), 예수님도 이 과정에 참여하신다(요 1:3). 에베소서 1:3-14에서 성부는 선택하시고(4-5절, 11절), 성자는 구원하시며(3절, 7-8절), 성령은 그 결과를 확증하신다(13-14절).

초기 교회 교부들은 삼위일체의 역할을 전유(appropriations)라고 불렀다. 바실 대제는 이와 관련해, 성부(근원적 원인)는 모든 신적 사역의 기원이 되시고, 성자(실행하는 원인)는 그것을 실행하시며, 성령(완성하는 원인)은 이것을 완성하신다고 정의했다(Quicke 2003, 58).

설교는 삼위일체와 깊이 연관되어 있다. 성부는 창조와 계시 안에서 그분의 말씀을 전하시고, 성자는 영원히 선포되는 말씀이시다. 그리고 성령은 그 말씀이 들려지고 선포되도록 역사하신다. 설교는 필연적으로 성령의 전유(appropriations), 즉 성령의 능력이 그리스도 안에 계신 하나님을 알리는 행위로 여겨져 왔다(살전 1:5). 루터는 페리코레시스의 개념을 반영하면서 다음과 같이 담대하게 주장한다.

> 신성한 삼위일체 안에 설교의 장이 존재한다. … 하나님의 삼위적 존재는 영원한 대화이며, 성령은 들은 것을 우리에게 전해 주시기 때문에 우리가 이 대화에 참여한다(Gunton 2001, 2)

2) 핵심 문제

삼위일체를 정의하는 것은 하나님의 일체성과 복수성의 균형을 유지하는 것과 관련되기에, 어느 한쪽이 강조될 때마다 문제가 발생했다.

한쪽 극단에서 보면, 복수성을 희생하면서 하나님의 일체성을 강조할 때 양태론(modalism)에 빠졌다. 때때로 사벨리안주의(Sabellianism, 3세기의 사상가 사벨리우스에 기원)로 불리는 이 견해는 성부, 성자, 성령을 한 분 하나님의 양태 또는 연속적 현현(successive appearance)으로 간주했다.

다른 한쪽에서 보면, 삼신론(tritheism)은 삼위일체를 각각 다른 책임을 진 세 개의 별개 신으로 이해했다. 예를 들면, 아리우스주의(Arianism, CE 256-336년의 아리우스에 기원)는 성부는 완전한 하나님이시며, 성자는 비록 완전한 하나님보다 열등한 존재이시지만 최고 피조물의 지위를 가지시며, 성령은 성자보다는 열등한 존재라고 가르쳤다.

이런 선택지들이 비록 극단적이긴 하지만, 설교자들은 삼위일체에 관해 무심히 또는 진부하게 요약해 버리는 일이 없도록 조심해야 한다. 의도치 않게 이 극단적 사상을 반복할 가능성이 있기 때문이다. 예를 들어, 물, 얼음, 수증기와 같은 단순한 비유를 사용하는 것은 즉시 양태론에 빠지게 된다.

훨씬 더 간과하기 쉬운 문제는 의도치 않은 실천적 유니테리언주의(unintentional practical Unitarianism)와 관련된다. 정통 설교자들은 하나님을 단일한 한 위격으로 보고 그리스도와 성령의 신성을 부정하는 유니테리언주의를 배격하지만, 그들은 그리스도와 성령의 지속적 사역을 배제하는 예배와 설교를 실행할 위험에 빠질 수 있다. 설교자들은 예배와 설교 구조에서 성부, 성자, 성령에게 적절한 중요성을 부여해야 한다.

3. 오늘날의 삼위일체

지난 세기 동안 신학자들은 삼위일체와 관련된 많은 문제를 제기해 왔다. 과정신학은 고전적으로 표현된 하나님의 존재와 위격의 본성이 고정된 것처럼 보인다는 의문을 제기했다. 그 밖의 다른 신학자들은 하나님에 대해 남성적 언어만을 사용하는 것을 비판하면서, 창조자(Creator), 구원자(Redeemer), 지지자(Sustainer)라는 표현을 선호했다. 그러나 전통적 언어는 하나님이 남성이거나 세상의 아버지와 유사하다는 의미가 아니라, 우리를 형제와 자매가 되게 하신 성자 예수님의 특수성을 통해 성경의 하나님을 인격적으로 이해하도록 한 것으로 보아야 한다.

칼 바르트를 시작으로, 칼 라너(Karl Rahner), 볼프하르트 판넨베르그(Wolfhart Pannenberg), 위르겐 몰트만(Jürgen Moltmann), 레오나르도 보프(Leonardo Boff), 캐서린 라쿠냐(Catherine LaCugna), 존 지지울라스(John Zizioulas)를 포함한 20세기의 주요 신학자들은 고전적 삼위일체 모델과 용어를 연구하면서 그 중요성을 재해석해 왔다.

두 모델 모두 여전히 영향을 미치고 있다. 관계성과 상호성을 통해 사랑을 표현하는 내재적 삼위일체는 심오한 인류학적 함의를 지닌 채 발전해 왔다. 하나님은 일체성 속의 다양성(a plurality-in-unity)이기 때문에, 인류를 위한 이 패턴은 고립된 위격이 아니라 사랑의 윤리에 근거한 관계 속의 위격이다. 하나님의 삼위적 형상으로 창조된 인류(창 1:26-28)는 관계 속에서 살아가지 않으면 완전할 수 없으며, 이는 현재 서구 사회가 개별성에 집착하는 상황에서 특히 두드러진 강조점이다.

경세적 삼위일체는 창조와 구원 역사 속에서 하나님의 인간과의 상호 내주적(perichoretic) 관계를 표현하며, 삼위일체의 강력한 역동성 안에 믿는 자들의 참여를 장려하는 방향으로 발전해 왔다. 성부, 성자, 성령 사이의 상호 작용은 특히 예배를 "성령을 통해 성육신한 성자와 성부 간의 교제 속에 참여하는 은혜"로 이해하는 활기찬 예배관을 형성한다(Torrance 1996, 20). 그리스도가 "아래로부터"뿐만 아니라 "위로부터" 행동하신다는 이중 움직임을 강조하는 기독론은 믿는 자들이 예배와 성찬이라는 이중 움직임, 즉 하나님이 성령 안에서 성자를 통해 인간을 향해 나아가는 성부의 움직임과 성령 안에서 성자를 통해 성부를 향해 나아가는 인간의 움직임 안에 참여할 수 있게 만든다.

이 이중 움직임 안에 참여하는 것은 설교 행위 자체에 대한 깊은 의미를 지닌다. 대중적 은유 중 하나는 설교자를 성경과 청중을 연결하는 데 모든 책임을 떠맡은 다리 건설자(bridge builder)로 묘사한다. 그러나 이 삼위일체적 역동성은 설교가 하나님 말씀이 하나님께로 돌아간다는 큰 역동성 안에 속해 있음을 제안한다(사 55:11; 요일 1:3). 삼위의 하나님은 설교의 과정을 성경 속 하나님의 계시로 시작하여, 그리스도의 중보적 임재와 성령의 능력으로 지속하시며, 하나님의 목적을 위해 청중에게 영향력을 미치면서 그 과정을 완성하신다.

그러므로 삼위일체의 생생한 교리는 설교자의 준비와 설교 전달을 성부, 성자, 성령의 지속적 사역 안에 위치시킨다. 이런 삼위일체적 틀이 없다면, 매주 설교 사역은 설교자가 모든 책임을 떠맡는 실천적 유니테리언주의로 전락하고 만다. 대신 설교자는 실천적 삼위일체주의자가 되어 하나님의 삼위일체적 삶에 참여할 수 있게 허락하신 은혜를 감사하면서 성령의 인도를 받아 본문에 접근해야 한다. 삼위일체적 설교자는 하나님의 계시된 말씀에 깊이 잠기며, 성령의 능력으로 성자의 권위 아래서 설교한다.

4. 삼위일체 설교하기

그러므로 활기 넘치는 삼위일체신학은 설교를 포함하여 모든 예배 요소에 영향을 미친다. 삼위일체적 언어는 기도, 찬송, 그리고 설교를 풍성하게 만든다. 비예전적 예배를 행하는 교회는 초기 단계의 실천적 유니테리언주의를 경계해야 한다. 이는 의도치 않게 삼위일체의 위격들 중 특히 성령을 경시하는 결과를 초래할 수 있기 때문이다.

1) 삼위일체 주일

설교자들은 삼위일체가 교회력의 정기적 흐름 속에서 핵심 교리로 선포되도록 해야 할 책임이 있다. 삼위일체 주일은 예전적 교회를 위한 중요한 기회를 제공하며, 비예전적 교회도 이와 유사한 기회를 만들어야 한다. 삼위일체를 직접 선포하지 않으면, 교회는 성경과 교회의 핵심적 신앙을 방어할 신학과 교리를 잃게 될 위험이 있다.

설교자는 가장 적합한 성서정과 본문을 선택해야 한다. 레위기 16:1-10, 에베소서 2:11-22, 마가복음 10:13-16의 성서정과 본문이 주어졌을 때, 콜린 건튼(Colin Gunton)은 다음과 같은 에베소서 2:18("이는 그[그리스도]로 말미암아 우리 둘이 한 성령 안에서 아버지께 나아감을 얻게 하려 하심이라)에 초점을 맞췄다(다른 본문들도 언급했지만, Gunton 2001, 55-60).

그는 삼위일체 교리가 구체적이고 실천적

인 함의를 지닌다고 주장하면서, 그 교리가 인간공동체와 특히 교회공동체에 미치는 인격적 영향력을 강조한다.

인격적 접근, 즉 우리가 서로 주고받는 관계 속에서 사람들에게 다가가는 것은 공동체 안에서 인간됨의 핵심이다. 그리고 삼위일체 교리는 추상적인 신학적 이론이 아니라, 인격의 우선권에 관한 것이다. 하나님이 성부, 성자, 성령이시라는 사실은 그분의 본질적 존재 안에서, 영원부터 영원까지, 하나님은 인격적 존재라는 사실을 드러낸다. 그분은 서로 간의 관계 속에서 그 위격들 덕분에 하나님이 되신다. … 만물의 창조자인 하나님께 접근하는 것은 어떤 율법을 준수하거나, 절대적인 권력에 굴복하거나, 우리의 인격을 부정하거나 훼손하는 방식으로 이루어지지 않는다. 하나님께 접근하는 길은 성령에 의해, 그의 아들의 위격을 통해서이다(Gunton 2001, 59).

그러나 더 중요한 것은 교회를 위한 함의들이다.

우리 세상에는 인격적 가치를 향한 절박한 요구가 있다 … 이것은 단순히 그것에 대해 말하는 것만으로는 얻어질 수 없다. 핵심은 오히려 인간공동체의 패턴을 형성하는 데 있다. … 즉, 삼위일체를 닮은 공동체라고 부를 수 있는 공동체를 형성하는 것이다. 이것이 교회의 소명이다. 교회에서 우리 삶은 매주 우리가 말씀 아래 서고 주님의 식탁 주변에 설 때 그 관계 안에서 형성된다(Gunton 2001, 60).

그가 공동체 안에서 인간다움을 추구하기 위해 내재적 삼위일체의 도전을 어떻게 사용하는지, 그리고 삼위일체를 닮은 공동체를 형성하기 위해 성자와 성령을 통한 경세적 삼위일체의 참여를 어떻게 사용하는지를 유념하라.

우리는 뜨거운 열정으로 삼위일체에 접근할 수 있다. 고린도후서 1:15-22에 기반한 내 설교의 제목은 〈하나님의 '예스'와 우리의 '아멘'〉이었다.

바울이 변덕스럽고, 결단력이 없다는 비난을 받았을 때, 그는 자기 사역이 '그렇다 아니다, 된다 안 된다, 안다 모른다, 그럴 수 있다 그럴 리 없다'의 문제가 아니라고 대답합니다. 예수 그리스도는 절대로 "그렇다 아니다, 된다 안 된다, 안다 모른다, 그럴 수 있다 그럴 리 없다"라고 말씀하지 않으시지만, 모든 하나님의 약속에 대해서는 항상 "예스"라고 말씀하십니다. 그리고 우리가 "예스"의 약속을 말할 때, 이것은 교회에서 우리를 더 기분 좋게 해주는 영적 생각들이 아닙니다. 그것들은 새 창조의 든든한 반석이며, 삶을 변화시키는 실체입니다.
"하나님은 우리를 그리스도 안에서 함께 굳건히 세워 가시며(이것은 개인만을 위한 것이 아니라 함께하는 사건이라는 점을 주목하십시오), 우리에게 그의 인장을 찍으시고 우리 마음에 그의 성령을 주심으로써 우리에게 기름을 부으셨습니다."
이것은 성부, 성자, 성령의 사역입니다. 이것은 '그렇다 아니다, 된다 안 된다, 안다 모른다, 그럴 수 있다 그럴 리 없다'의 문제가 아닙니다. 여기에 하나님의 은혜와 확실한 보증이 온전히 담겨 있습니다. 우리의 남은 삶은 하나님의 영광을 위해, "아멘"이라고 고백하고 그것을 실천하며 살아가는 여정입니다.

이 설교는 본문에 나타난 삼위 하나님의 사역을 잘 풀어냈으며, 예배는 성찬으로 마무리되었다.

2) 일관되게 강조되는 삼위일체

기독교 구원의 전체 구조는 하나님의 삼위일체적 본질(God's three-in-oneness)에 달려 있다. 성경 본문이 삼위일체를 직접 언급할 때, 설교자들은 그 삼위일체적 차원을 놓치지 않도록 해야 한다. 예를 들어, 마태복음 28:16-20은 보통 지상 명령(Great commission)에 대한 선교적 소명으로 선포되지만, 이 소명은 삼위일체적 틀 안에서만 적절하게 이해될 수 있다. 모든 삼위일체적 언급은, 비록 그것이 명확하지 않을 때조차도, 세심하게 살펴야 한다.

누가복음 3:21-23, 4:1-13에 근거한 나의 세례 설교 제목은 〈세례와 그 이후〉였다. 예수님은 믿는 자들을 위한 중요한 영적 사건들의 본을 보여 주신다.

성부께 드리는 기도: 기도는 기술에 관한 것이 아닙니다. 관계에 관한 것입니다.

성령으로 충만한 것: 이는 회개와 믿음(행 2:38에서처럼)을 통해 삼위일체의 세 번째 위격이신 하나님을 실제로 경험하는 것입니다.

원수와의 싸움: 세례 후에 하나님을 기쁘시게 하고 하나님의 뜻을 따르기 위한 전투가 있습니다. 그 점에 놀라지 마십시오.

전치사가 중요하다. 로마서 11:36의 "이는 만물이 주에게서(from) 나오고 주로 말미암고(through) 주에게로(to) 돌아감이라"와 에베소서 4:6의 "만유 위에(above) 계시고 만유를 통일하시고(through) 만유 가운데(in) 계시도다"라는 말씀에 나오는 전치사에 주목하라. 기도라는 주제로 설교할 때, 설교자는 성령으로 말미암아, 성자를 통해, 성부에게 기도하는 고전적 패턴을 강조하는 동시에 기도가 예수님(계 5:11-14)과 성령께 드려질 수도 있다는 점을 청중에게 상기시킬 필요가 있다. 설교자들은 또한 삼위일체적 구조를 가진 사도신경을 설교하는 데서 가치를 발견했다(Van Harn 2004 참고).

어떤 예배도 삼위일체를 명시적으로 언급하지 않고 행해져서는 안 된다. 예배로 부름, 기도, 신앙고백, 축도 등은 삼위일체를 반영해야 한다. 모든 설교 역시 기독교적 삶의 기본 교리를 의도적으로 다뤄야 한다

참고 주제 기독론; 성령과 설교; 계시

참고 문헌 Colin Gunton. *Theology through Preaching*. (2001); Catherine Mowry LaCugna. *God for Us: The Trinity and Christian Life*. (1991); Roger E. Olson and Christopher A. Hall. *The Trinity*. (2002); Michael J. Quicke. *360 Degree Preaching: Hearing, Speaking, and Living the Word*. (2003); James B. Torrance. *Worship, Community & the Triune God of Grace*.

(1996); Roger E. Van Harn, ed. *Exploring and Proclaiming the Apostles' Creed.* (2004).

하나님 말씀(Word of God)

찰스 바토우(Charles L. Bartow)

교회 그리고 교회의 설교자 및 회중은 예수 그리스도가 바로 그들을 위한 하나님 말씀이라고 믿는다. 그리스도를 증언하는 성경 또한 교회에서 기록된 하나님 말씀으로 받아들여져야 한다. 그래서 예배에서 성경을 봉독한 후, 봉독자는 "주님의 말씀입니다"라고 말하고, 회중은 "주님께 감사드립니다"라고 대답한다.

설교가 끝난 후 설교자의 "주님의 말씀입니다"라는 말이나 회중의 "주님께 감사드립니다"라는 응답을 듣지 못하더라도, 설교는 하나님 말씀으로 들려지고 받아들여져야 한다. 그 이유는 설교가 정경은 아니지만, 대신 성경의 증언과 일치하는지에 따라 받아들여지고 평가받는 그리스도 예수에 대한 증언이기 때문이다. 달리 말해서, 성경의 증언은 복음으로 옷을 입은 예수 그리스도에 충실할 때 그 정당성을 얻는다. 설교자의 증언은 성경이 주장하는 그리스도에 충실할 때 정당성이 인정된다.

칼 바르트는 이 문제를 다음과 같이 고전적으로 설명했다.

계시된 하나님 말씀(The revealed Word of God)은 교회의 선포를 위해 채택된 성경이나 그 성경에 근거한 선포를 통해서만 알 수 있다. 기록된 하나님 말씀(The written Word of God)은 선포를 가능하게 하는 계시를 통해서나 그 계시로 가능해진 선포를 통해서만 알 수 있다. 선포된 하나님 말씀(The proclaimed Word of God)은 성경이 증언하는 계시를 알거나 계시를 증언하는 성경을 알 때만 가능하다(1936, 136).

1. 하나님 말씀의 해석

그렇다면 다음과 같은 질문이 제기된다. "설교자들은 성경이라는 기록된 말씀을 자신과 회중을 위한 하나님의 말씀으로 어떻게 읽고, 받아들이며, 마음에 깊이 새길 수 있는가?"

이 질문은 거리 두기와 객관성을 특징으로 하는 역사비평과 그 뒤를 이어 등장한 다양한 사회적 분석, 예를 들어, 마르크스주의 분석과 페미니스트비평(이후에 이어지는 우머니스트비평 포함)으로 인해 더욱 절실해졌다. 이런 것들은 학문적 흐름 중 두 가지에 불과하지만, 일반적 역사 연구와 더불어 본문 배후에 있는 것들이나 본문의 논증, 이야기, 해설을 통해 추론되는 것, 즉 본문이 감추거나 암시적으로 혹은 명시적으로 부정하는 전통 속에 감춰진 것에서 더 많은 관련성과 현대적 의미를 찾으려 한다.

1) 필수성

데이비드 바틀렛(David L. Bartlett)은 설교자가 활용할 수 있는 수많은 역사적, 해방주의적 본문 연구에서 얻을 수 있는 것과 잃을 수도 있는 것을 명쾌하게 설명했다. 또한, 그는 잠재적 이득과 손실을 언급하면서 다음과 같이 했다.

첫째, 다양한 문학적 성경 해석 방법을 탐구했다.

둘째, 경전비평과 같은 교회의 교리적 대응을 설명했다.

셋째, 성경 해석이 어느 정도 즉각적인 체감적 필요를 충족시키는 듯 보일 수 있지만, 그 복잡한 해석의 역사를 전혀 고려하지 않는 손쉬운 성경 해석을 피하라고 조언했고(1999, 164).

넷째, 설교자들이 현시대의 신학적, 문화적 담론에서 긴급한 문제들에 대해 시의적절하고 건설적으로 대응하면서 거기에 관여할 때 따르는 중대한 위험을 감수해야 한다는 점을 상기시켰다.

> 성경은 충실한 설교의 원천과 기준을 제공한다. 설교는 성경 본문에서 시작된다. 그러나 설교는 단순히 성경을 큰 목소리로 읽거나 드라마틱하게 낭독하는 것에 관한 문제가 아니다. 새로운 상황은 새로운 해석, 새로운 뉘앙스, 그리고 우리 선조들이 상상하지 못했던 적용을 요구한다(1999, 16).

2) 도전

산드라 슈나이더스(Sandra M. Schneiders)는 폴 리쾨르의 해석학 이론을 교회에 적용하는 문제(ecclesiastical appropriation)를 다룬다(1999). 그녀는 리쾨르의 사상에서 바틀렛이 논하고 검토한 성경 본문에 대한 다양한 비판적 접근법의 공헌을(그것에 최종적이거나 독점적인 가치를 부여하지 않으면서도) 인정하는 방법을 발견했다. 바틀렛과 마찬가지로 그녀는 이를 통해 보편적 교회에서 예수 그리스도의 복음을 성경적으로 정당하게 선포할 수 있도록 돕고자 했다.

그녀의 관점은 로마가톨릭 전통 안에서 신약성경과 영성 형성에 관해 깊고 열성적인 연구와 교육을 바탕으로 한 그녀의 페미니스트적 헌신을 반영한다. 동시에 필연적으로 그녀의 작업은 전체 교회에 (ecumenically) 관대하다. 그래서 그녀의 작업은 당연히 개신교 성경학자, 설교학자, 설교자들로부터 진지한 관심을 받고 있다.

이 지면에서 슈나이더스가 폴 리쾨르의 사상을 어떻게 다루었는지 상세히 검토하는 것은 불가능하다. 여기서는 그녀가 리쾨르 사상의 역사와 발전 과정을 추적했으며, 그 과정에서 여전히 영향을 미치는 그의 몇 가지 접근법을 강조했다는 점을 언급하는 것으로 충분할 것이다.

예를 들어, 리쾨르는 "이상적 의미"("저자의 의도"와 대조되는 개념)와 새로운 의미(문장의 명제적 무결성에 근거해 독자가 구성한 본문의 의미)를 긴장 관계 속에 놓았다. 또한, 그는 본문이 투영하는 "세계"라는 개념을 제시했는데, 이 세계는 끊임없이 변화하고 움직이는 관계의 균형으로 구성되어 있으며, 독자에게 정향(orientation), 탈정향(disorientation), 재정향(reorientation)의 경험을 제공한다.

이 경험은 독자-설교자가 본문을 해석하는 동시에 본문이 독자-설교자를 해석할 수 있는 능력을 보여 준다. 그는 또한 "올바른" 해석보다는 "타당한" 해석을 목표로 삼았다. 이것을 리쾨르의 독특한 용어로 표현하면, 생각이나 말을 글로 기록하는 행위는 사유를 저자의 독점적인 의도로부터 해방한다. 그렇게 해방된 본문은 역사비평이 재구성한 본문 배후의 상황과 해석자의 상황, 즉 이념적 성향의 지배로부터 해석자의 해석적 상상력을 자유롭게 한다.

3) 설교자의 역할

그래서 경전으로서의 성경 본문은 완전한 통제의 장소가 아니라 절제된 해방의 장소다. 그러므로 슈나이더스는 다음과 같이 말할 수 있다.

> 본문의 이상적 의미를 규명하는 주해가와 비평가의 작업은 내가 해석의 객관적 측면이라 부르는 것과 관련된다. 예를 들어, "예수는 우리가 범죄한 것 때문에 내줌이 되고 우리를 의롭다 하시기 위하여 살아나셨느니라"라는 문장이 무엇을 의미하는지 규명하는 것, 즉 이 문장이 무엇을 말하며, 그것이 형성된 시간, 장소, 사상의 범주에서 어떤 진리를 주장하는지는 모든 해석 작업의 전제 조건이자 필수 요소다. 신학자, 설교자 … 또는 성경 해석자가 이 진술의 완전한 개인적, 공동체적 의미에 관해 무슨 설명을 하든 … 반드시 주해가-비평가가 확립한 이상적 의미를 이해하고, 일관된 방식으로 이를 참조해야 한다. 그렇지 않으면, 이 주해적 주장에 대해 대안적 의미를 제시하며 효과적으로 도전해야 한다.

여기에서 슈나이더스가 독자, 해석자, 설교자에게 요구되는 자기 의심을 강조하고 있다는 점에 주목하라. 이들은 본문이 증언하는 그리스도에 대해 특권적 판단자의 위치에 있지 않다. 오히려 이들 자신이 본문과 함께 비평의 대상이 된다. 달리 말해서, 성경 본문에 대한 비평적 평가는 필연적으로 본문을 해석하는 사람에 대한 비평적 평가를 수반한다. 슈나이더스는 이 문제를 이렇게 설명한다.

> 페미니스트 해석자들이 가부장적 본문에 대해 비판적일 뿐만 아니라 페미니스트적 전제에 대해서도 자기 비판적이어야 하듯이, 종교적으로 헌신적인 해석자들 역시 세속주의의 전제에 대해 비판적일 뿐만 아니라 교리적 전제나 신앙으로 위장된 복음주의적 과제에 대해서도 자기 비판적이어야 한다(1999, xxxviii).

4) 교회의 책으로서의 성경

그래도 슈나이더스에게 성경은 무엇보다 교회의 책이다. 이것은 역사적 사실로도, 해석적 전제로도 받아들여질 수 있다. 그래서 교회는 예전, 교리적 역사, 그리고 선교적 확장(비록 논쟁의 여지가 있지만)을 통해 타당한 주해적/해석적 연구와 연관되어 있으며, 이런 연구의 주요 무대가 된다. 슈나이더스의 말로 표현하면, 다음과 같다.

> 성경의 완전하고 본질적인 의미가 드러나는 가장 적절한 맥락은 … 교회다. 즉, 예수님의 파스카(paschal) 신비 안에서 세례를 받고 그분의 영으로 충만하여 세상 속에서 그분의 몸으로서 신실하게 살아가는 예수

님의 제자공동체다(1999, 64).

요약하면, 성경은 해석자들을 해석한다(그들이 성경을 비판적으로 해석하는 것과 마찬가지로). 또한, 교회가 교리 역사와 예전의 실행을 통해 성경을 해석하듯, 성경도 교회를 해석한다. 예수 그리스도의 복음을 선포하도록 임명된 사람들은, 개인적으로 그들이 가진 해석학적 전제나 깊이 숙고되지 않은 성향, 또는 그들의 사회적 위치가 어떠하든지, 성경과 교회의 변증법적 긴장 속에 자리하게 된다. 설교자는 성경에서 증언된 예수 그리스도를 설교하며(혹은 바르트의 표현대로 하면, "설교하려고 노력하며"), 교회로부터 성경에 대한 책임을, 성경으로부터 교회에 대한 책임을 부여받은 사람으로서 이 일을 행한다.

2. 실천적 함의

폴 스콧 윌슨(Paul Scott Wilson)은 설교자들이 성경 본문을 신성한 말씀으로 받아들이도록 돕기 위해 과거의 교훈을 설교 연구에 적용한다. 윌슨은 설교자들이 성경을 해석할 때, 성경이 스스로를 해석하는 방식을 따르도록 도우려고 한다. 윌슨의 연구로부터 "실질적인" 교훈을 도출하여 간략히 설명할 수 있다.

윌슨의 접근 방식은 설교를 위한 신고전주의적 실천해석학(neoclassical practical hermeneutic)이라고 부를 수 있다. 바틀렛과 슈나이더스가 설정한 방향을 따르는 이 신고전주의적 실천해석학은 실천적일 뿐 아니라 비평적이다. 그러나 이것은 설교학적으로 비평적이다. 이는 설교자들로 하여금 교회의 소명에 따라 본문을 설교할 의무를 맡은 사람으로서 본문에 주의를 기울이고, 또한 본문을 성육신하신 하나님 말씀에 대한 기록된 증언으로 설교하도록 한다는 점에서 비평적이다.

1) 예수 그리스도가 중심이다

그래서 해석의 판단 기준은 성경에 증거되고 그 백성들의 찬양 가운데 좌정하신 그리스도 예수 자신이다. 여기에 강력하고 지배적인 성육신의 교리("성육신은 모든 다른 계시를 그 안에 통합하는 역사적 사건이다")가 전제되어 있다(Jewett 1958, 48). 그래서 성육신에는 성경 계시에 대한 강력한 관점이 내포되어 있으며, 이 관점은 "역사란 영원하신 하나님이 단번에 자기를 계시하신 매개체"라는 것이다(Jewett 1958, 46). 그리고 이 하나님은 "계시의 행위를 통해 [인간]을 만나시되, 하나의 아이디어나 부동의 동자(Unmoved Mover)가 아니라, 우리에게 말씀하시고 우리에게 응답을 요구하시는 인격적 존재로 만나신다"(Jewett 1958, 57)

2) 중립은 불가능하다

해석에서의 이런 판단 기준은 중립성을 제공하지 않는다. 그러나 소위 포스트모던 사상이 설교자에게 가르친 것이 있다면, 그것은 성경 해석이나 복음 선포에서 중립적 견해는 있을 수 없다는 점이다. 또한, "'말씀하시는 하나님'(Deus loquens)은 기독교 신앙공동체와 그 유대적 뿌리 모두의 근본적 경험이다"(Fretheim and Froehlich 1998, 9) 더 나아가 루터는 다음과 같이 말했다.

> 성경의 하나님 말씀과 현재 선포되고 들리는 말씀을 분리하지 못했을 것이다. … 내적 말씀(*verbum internum*)은 외적 말씀(*verbum externum*)인 성경과 그 선포에 선행하며, 이를 통해 매개된다. 성경이 그 매개체다(Fretheim and Froehlich 1998, 9)

3) 본문 속 하나님의 의미

설교는 "믿음으로 믿음에 이르게 하기 위해"(롬 1:17a) 이루어진다. 윌슨의 설교를 위한 해석학에 따르면, 이런 설교는 설교자들이 성경에서 "하나님의 의미"(God sense)를 발견하도록 만든다. 이것은 "하나님의 본성, 행동, 인간과 피조물 사이의 관계를 말하는 차원과 교회의 책인 성경(the Bible)을 성경(Scripture)으로 읽히게 하는 차원으로 정의된다"(Wilson 2001, 68).

성경을 신학적이며 교회적으로 읽으라는 요청은 본문에 대한 엄밀한 역사비평적 연구와 사회문화적 비평을 무시하라는 뜻으로 받아들여져서는 안 된다. 왜냐하면, 콜린 브라운(Colin Brown)이 교황청성서위원회(Pontifical Biblical Commission)의 성경 해석 작업을 성찰하며 지적했듯이 말이다.

> 신앙과 역사적 연구는 상호 배타적인 것이 아니다. 오히려 이 둘은 서로를 필요로 한다. 그러나 [교황청성서위원회는] 학문적 연구를 배제하려는 소위 신학적 성경 읽기의 기만적 피상성을 경고한다. 피상적

인 해결책은 '온전한 믿음으로 성경신학을 연구하더라도, 그 연구에 필요한 견고한 기초를 제공할 수 없다'(Brwon 1991, 70)

4) 성경의 다른 의미들

이 점을 염두에 두더라도, 윌슨은 설교자들이 성경 해석에서 세 가지 고전적 접근 방식, 즉 "도덕적(moral) 의미", "알레고리적(allegorical) 의미", "영적(anagogic), 즉 신비적이고 종말론적인 의미"를 위한 본문 읽기를 새롭게 이해하고 다시 고려할 것을 권한다(Wilson 2001, 159-61).

(1) 도덕적 의미

도덕적 의미를 도덕주의적으로 이해해서는 안 된다. 본문의 도덕적 의미를 발견한다는 것은 오히려 하나님이 누구시며 예수 그리스도 안에서 하나님이 무엇을 행하셨는지를 고려하여, 본문이 사람들에게 어떤 존재가 되며 무엇을 행하기를 요청하는지 진지하게 다루는 것이다. 여기에서 인간 존재와 인간 행위에 대한 정의가 발견되는데, 이는 자율적이고 자기 지시적인 정의가 아니라, 기독론적인 정의이다. 그래서 도덕적 의미와 그에 따른 도덕적 행위는 "모든 생각을 사로잡아 그리스도에게 복종하게" 하는 것과 관련된다(고후 10:5).

(2) 알레고리적 의미

마찬가지로 알레고리적 의미를 찾기 위해 성경을 읽는 것은 본문의 숨겨진 의미를 추측하라는 초대가 아니다. 오히려 본문이 처음 해석되었던 역사적 상황을 재구성하며

확고한 진리를 확립하려는 것이다. 현재의 해석 상황에 대한 세심한 주의도 요구된다(Wilson 2001, 135).

노스롭 프라이(Northrop Frye)의 관점에 기반해, 윌슨은 알레고리를 시적 이미지와 아이디어를 연결하는 것이라고 보았다(2001, 140-41). 이는 오래전 파머(H. H. Farmer)가 "구체성"(concreteness)이라고 부른 것(1964, 66-88)이나 랜달 니콜스(J. Randall Nichols)가 "즉각성"(immediacy)이라고 부른 것과 마찬가지로 상상력을 요구한다. 이는 본문의 의미가 인간의 삶에서 "가장 직접적인 압박감"(1980, 36)과 관련된 모든 사안에 주의를 기울이는 것을 의미한다. 이렇게 이해되는 알레고리는 예수님 자신이 제자들에게 씨와 밭의 비유(마 13:1-23)를 해석하며 그분의 의미를 설명하셨던 방식에서 증명된다.

(3) 신비적 의미

신비적 의미는 감각과 시간을 초월한 문제들과 관련되지만, 하나님의 관점, 즉 하나님의 돌보심과 정의로부터 분리되지 않는다. 그리스도 안에서 미래가 우리 가운데 현존한다(Wilson 2001, 156). 그러나 이 현존은 삶에서 신비를 제거하지 않는다. 오히려 미래는 인격적이며 중요한 의미를 지닌다는 점을 분명히 한다. 달리 말해서, 하나님은 세상의 미래(Peter 1992, 특히 306-31)로서, 성경이 증언하듯이, 예수 그리스도 안에서 계시된 하나님의 은혜에 내재한 모든 정의와 자비 안에 존재하신다. 여기서 종말론 교리는 섭리의 교리와 연결된다. 달리 말해서, "하나님-세상의 미래"(Peters 1992)를 신뢰하는 사람은 다음 순간을 두려워하며 살지 않는다.

3. 설교의 결과

윌슨이 제안한 설교를 위한 해석학의 실제적 결과는 다음과 같다. 만약 설교가 성경에 대한 신전통주의적인 "도덕적", "알레고리적", "신비적" 해석에 의존한다면, 설교는 존재와 행위, 진리와 시적 울림, 시간과 영원을 생생한 긴장 속에 유지할 것이다. 또한, 그렇게 함으로써, 설교자가 회중과 함께 신성한 본문을 해석하는 것처럼, 성경이 설교자와 회중을 해석할 수 있게 할 것이다. 특히, 성경은 그 자체의 내재적 능력으로(마치 마술책처럼) 이 일을 행하는 것이 아니라, 성경과 설교를 "거룩하게 사용" 하게 하시는 생명을 주는 성령의 능력으로 이 일이 이루어진다고 이해될 것이다.

성경을 하나님 말씀으로 해석한다는 것은 성경을 성령 안에서 그리스도 예수님(성육신하신 하나님 말씀이며, 인간의 기대를 초월하여 모든 역사와 예언, 기도와 찬양을 신성한 의미로 가득 채우시는 예수님)이 직접 하신 말씀으로 받아들인다는 것이다.

> 내 입에서 나가는 말도 이와 같이 헛되이 내게로 되돌아오지 아니하고 나의 기뻐하는 뜻을 이루며 내가 보낸 일에 형통함이니라 (사 55:11).

헬무트 틸리케(Helmut Thielicke)는 그의 시대에 성경을 도덕적, 알레고리적, 신비적 방식으로 동시에 해석했다고 볼 수 있다. 그는 진정으로 사람들이 어떤 존재가 되어야 하며, 어떻게 살아야 하는지를 설교했다.

하나님 말씀(Word of God)

그는 이를 구체적이고, 명확하며, 즉각적으로 말했다. 또한, 그는 하나님을 세상의 참된 미래이자 현재의 소망으로 이해하는 관점에서 설교했다. 그의 설교는 종말적 파국으로 치닫는 듯한 오늘날의 세계와도 묘하게 맞닿아 있는 것처럼 보인다. 이런 점에서, 틸리케의 설교는 깊이 모방할 만한 가치가 있다.

틸리케는 다음과 같이 설교했다.

> 대량 … 파괴와 증가하는 폭정의 압박 속에서도, 우리는 하나님의 영원한 심포니 … 안에 안전한 장소가 있다는 사실을 아는 사람들의 … 긴 안목을 가져야 합니다. 권력 다툼과 우리 개인의 삶에 닥치는 모든 위기와 위협 위에, 하나님의 약속이 … 울려 퍼지기 때문입니다. 이 땅이 남아 있는 동안에는, 심는 때와 거두는 때, 추위와 더위, 여름과 겨울, 낮과 밤은 그치지 않을 것입니다.

틸리케는 하나님이 직접 결론을 말씀하시게 한다.

> 아무도 나를 섬기는 일에서 벗어나지 못하리라 생각하지 말아라. 권위가 극단적으로 왜곡된 상황 속에서도 … [사람들은] 나의 질서를 일부라도 지켜야 하며, 그들은 나의 세계를 … 악마화하는데 … 절대로 성공할 수 없다. 그리고 … 내가 너의 작은 생명을 보호할 수 없겠느냐. 너의 질문과 신음을 듣고, 복잡하게 얽힌 너의 문제를 풀 수 없겠느냐(Thielicke 1961, 295-96).

사람들은 이런 설교에 대해 "이것은 주님의 말씀입니다"라고 말하며, "주님께 감사드립니다"라고 응답하고 싶을지도 모른다.

참고 주제 알레고리; 알레고리적 해석; 주해; 성경의 네 가지 의미; 해석학; 유형론

참고 문헌 Karl Barth. *Church Dogmatics*. Vol. 1, part 1. Translated by G. T. Thomson. (1936); David L. Bartlett. *Between the Bible and the Church*: *New Methods for Biblical Preaching*. (1999); Colin Brown. "Scripture and Christology: A Protestant Look at the Work of the Pontifical Biblical Commission." *Perspectives on Christology*: *Essays in Honor of Paul K. Jewett*. (1991) 39-76; H. H. Farmer. *The Servant of the Word*. (1964); Terrence E. Fretheim and Karlfried Froehlich. *The Bible as Word of God*: *In a Postmodern Age*. (1998); Paul K. Jewett. "Special Revelation as Historical and Personal." *Revelation and the Bible*. (1958); J. Randall Nichols. *Building the Word*: *The Dynamics of Communication and Preaching*. (1980); Ted Peters. *God–The World's Future*: *Systematic Theology for a Postmodern Era*. (1992); Sadra M. Schneiders. *The Revelatory Text*: *Interpreting the New Testament as Sacred Scripture*. (1999); Helmut Thielichke. *How the World Began*. Translated by John W. Doberstein. (1961); Paul Scott Wilson. *God Sense*: *Reading the Bible for Preaching*. (2001).

CLC 추천 도서

선교학 사전
A. 스캇 모로우 외 2인 편집 | 김만태 외 12명 옮김 | 신국판 양장 | 1,840면

기독교 교육학 사전
마이클 J. 앤서니 편집 | 신현광 감수 | 한국복음주의 실천신학회 옮김 | 1,046면

성경 해석자 사전
도널드 K. 맥킴 편저 | 강규성, 장광수 옮김 | 신국판 양장 | 1024면

설교학 사전
윌리엄 윌리몬, 리챠드 리스쳐 편집 | 이승진 옮김 | 국판 양장 | 776면

새성경 사전
F.F 브루스, 존 스타트 외 4인 지음 | 나용화, 김의원 옮김 | 신국판 양장 | 1,898면

성경 이미지 사전

릴런드 라이큰, 제임스 C. 윌호잇, 트램퍼 롱맨 3세 편집 | 홍성희, 노진준, 이은순 옮김 | 신국판 양장 | 1600면

복음주의 인물사

티모시 라슨 편집 | 이재근, 송 훈 옮김 | 신국판 양장 | 1,240면

기독교 상담 사전

팀 클린턴, 론 호킨스 편집 | 장보철 옮김 | 신국판 양장 | 824면

구약 핵심 주제 사전 (설교를 위한)

월터 브루그만 지음 | 차준희 옮김 | 신국판 양장 | 572면

New Interpreter's 설교 핸드북

폴 스콧 윌슨 편집 | 최진봉, 주교돈, 이상규, 구아름 옮김 | 신국판 양장 | 880면

New Interpreter's 설교 핸드북

2025년 5월 15일 초판 발행

책임편집	|	폴 스콧 윌슨
번역위원	|	최진봉·주교돈·이상규·구아름

편　　집	|	전희정
디 자 인	|	서민정
펴 낸 곳	|	(사)기독교문서선교회
등　　록	|	제16-25호(1980.1.18.)
주　　소	|	서울특별시 동대문구 천호대로 71길 39
전　　화	|	02-586-8761~3(본사) 031-942-8761(영업부)
팩　　스	|	02-523-0131(본사) 031-942-8763(영업부)
이 메 일	|	clckor@gmail.com
홈페이지	|	www.clcbook.com
송금계좌	|	기업은행 073-000308-04-020 (사)기독교문서선교회
일련번호	|	2025-39

ISBN 978-89-341-2812-0 (93230)

이 한국어판 저작권은 Riggins Rights Management 에이전시를 통해 Abingdon Press(UMPH)와 독점 계약한 (사)기독교문서선교회가 소유합니다. 신저작권법에 의하여 한국 내에서 보호를 받는 저작물이므로 무단 전재와 무단 복제를 금합니다.